MINISTÈRE DE L'INSTRUCTION PUBLIQUE

ET DES BEAUX-ARTS

DIRECTION DE L'ENSEIGNEMENT SECONDAIRE

RECUEIL DE RÈGLEMENTS

RELATIFS

À L'ENSEIGNEMENT SECONDAIRE

PARIS

IMPRIMERIE NATIONALE

MDCCCC

RECUEIL DE RÈGLEMENTS

RELATIFS

À L'ENSEIGNEMÈNT SECONDAIRE

MINISTÈRE DE L'INSTRUCTION PUBLIQUE

ET DES BEAUX-ARTS

DIRECTION DE L'ENSEIGNEMENT SECONDAIRE

RECUEIL DE RÈGLEMENTS

RELATIFS

À L'ENSEIGNEMENT SECONDAIRE

PARIS

IMPRIMERIE NATIONALE

MDCCCC

NOTE PRÉLIMINAIRE.

On a réuni dans le présent recueil les règlements actuellement en vigueur dans l'enseignement secondaire public et libre.

Les chapitres ɪ et ɪɪ renferment tout ce qui se rapporte à l'administration générale de l'enseignement secondaire et à l'administration des académies.

Les chapitres ɪɪɪ et ɪᴠ ont trait à l'administration des lycées et collèges et au personnel de ces établissements.

Les chapitres ᴠ à ᴠɪɪ comprennent tous les documents qui intéressent les élèves, c'est-à-dire les règlements relatifs à l'emploi du temps et au développement physique, aux programmes d'enseignement, aux bourses et remises, à l'éducation et au régime disciplinaire.

Enfin le chapitre ᴠɪɪɪ est consacré à l'enseignement secondaire libre.

Ce recueil constitué, il sera facile, et de combler les lacunes qu'on ne peut manquer d'y rencontrer, et de le tenir au courant à mesure que des modifications législatives ou réglementaires seront apportées à l'état présent.

TABLE GÉNÉRALE DES MATIÈRES.

CHAPITRE PREMIER.
ADMINISTRATION GÉNÉRALE.

CHAPITRE II.
ADMINISTRATION ACADÉMIQUE.

CHAPITRE III.
ÉTABLISSEMENTS PUBLICS D'ENSEIGNEMENT SECONDAIRE.

CHAPITRE IV.
PERSONNEL DES ÉTABLISSEMENTS D'ENSEIGNEMENT SECONDAIRE.

CHAPITRE V.

PLANS D'ÉTUDES ET PROGRAMMES.

I. ENSEIGNEMENT.

CHAPITRE VI.

RÉGIME INTÉRIEUR.

CHAPITRE VII.

BOURSES ET REMISES.

CHAPITRE VIII.

RECUEIL DE RÈGLEMENTS

RELATIFS

À L'ENSEIGNEMENT SECONDAIRE.

—⟶⊕⟵—

CHAPITRE PREMIER.
ADMINISTRATION GÉNÉRALE.

———

I. — DIRECTION DE L'ENSEIGNEMENT SECONDAIRE.

DÉCRET PORTANT RÈGLEMENT D'ADMINISTRATION PUBLIQUE POUR L'ORGANISATION DE L'AD-
MINISTRATION CENTRALE DU MINISTÈRE DE L'INSTRUCTION PUBLIQUE ET DES BEAUX-
ARTS. (26 novembre 1897.)

———

TITRE PREMIER.
ORGANISATION GÉNÉRALE.

Art. 1er. L'Administration centrale du Ministère de l'instruction publique et des beaux-arts comprend, indépendamment du cabinet du Ministre :

. . . .

La Direction de l'enseignement secondaire [1] :

1er bureau. – Plans d'études, programmes et discipline de l'enseignement secondaire public. – Enseignement secondaire libre. –

---

[1] *Attributions des différents bureaux de la Direction de l'enseignement secondaire.*

1er bureau. — Inspection académique dans ses rapports avec l'enseignement secondaire. Règlements et affaires concernant l'enseignement et la discipline des lycées et des collèges communaux. Conseils d'enseignement. Comités de patronage. Instruction des affaires disciplinaires et contentieuses réservées à l'examen du Conseil

supérieur de l'Instruction publique. Associations des anciens élèves des lycées et des collèges; examen de leurs statuts; reconnaissance légale. Acceptation de dons et legs. Questions de préséance.

Affaires relatives aux établissements libres d'instruction secondaire. Distinctions honorifiques.

Concours général des lycées et collèges de la Seine et de Versailles, des lycées et

Inspection académique dans ses rapports avec l'enseignement secondaire. – Bourses.

2ᵉ bureau. – Personnel des lycées et collèges de garçons.

3ᵉ bureau. – Dépenses et comptabilité des lycées de garçons. – Constructions.

collèges des départements pour l'enseignement classique et l'enseignement moderne.

Concours pour l'agrégation des lycées. Concours pour les certificats d'aptitude à l'enseignement des langues vivantes, à l'enseignement du dessin, au professorat des classes élémentaires. Agrégation des lycées de jeunes filles. Certificats d'aptitude à l'enseignement dans les lycées et collèges de jeunes filles.

École normale de Sèvres. Admission des élèves. Enseignement et discipline.

Bourses de l'État dans les lycées et collèges de jeunes gens et de jeunes filles. Bourses de langues vivantes. Bourses départementales et communales. Examens d'aptitude. Dégrèvements. Fondations de bourses. Exemptions dans les lycées de garçons et de filles.

2° bureau. — Personnel des lycées et collèges de garçons. Nominations, classement, promotions, congés, admission à la retraite. Personnel appartenant au cadre de l'Instruction publique (enseignement secondaire) détaché au collège Chaptal, au collège Stanislas, au collège Sainte-Barbe, à l'école alsacienne, ou mis à la disposition du Ministre des affaires étrangères (lycée de Tunis, collège Sadiki, à Tunis, lycée de Galata Seraï), du Ministre de la guerre (examinateurs d'admission à Saint-Cyr, Prytanée militaire de la Flèche), du Ministre de la marine (École navale), et du Ministre des colonies (lycée de Saint-Denis [Réunion], de Saint-Pierre [Martinique], de la Pointe-à-Pitre [Guadeloupe] et du collège de Cayenne). Correspondance relative au service militaire et aux engagements décennaux. Propositions pour la Légion d'honneur et les distinctions honorifiques. Délivrance des passages gratuits pour l'Algérie et *vice versa*.

3° bureau. — Administration économique et comptabilité des lycées. Personnel de l'économat. Cautionnement des économes. Règlement des budgets et des comptes d'administration des lycées. Examen des comptes de gestion des économes. Traitement des agrégés non employés. Indemnités pour interruption de traitement et traitements d'inactivité des fonctionnaires des lycées de garçons. Ordonnancement des indemnités pour frais de déplacement des fonctionnaires des lycées de garçons. Secours aux anciens fonctionnaires et à leurs veuves. Bureaux d'administration des lycées. Commissions d'hygiène des lycées. Liquidation des dépenses relatives aux bourses de l'État dans les lycées, des frais des concours de l'agrégation et des dépenses des concours généraux. Remises d'ordre, remises de principe et exonérations hors cadre. Répartition des subventions allouées pour les lycées. Modifications à l'installation matérielle des lycées, restauration et agrandissement des bâtiments de ces établissements. Enseignement de la gymnastique et des exercices militaires dans les lycées (personnel et matériel). Statistique de l'enseignement secondaire (lycées).

Service de la première section de la caisse des lycées, collèges et écoles primaires. Emprunts et subventions. Commission des bâtiments. Examen et approbation des projets de construction et de réparation concernant les lycées et les collèges communaux de garçons et de jeunes filles.

Services des livres et des bibliothèques dans les lycées.

4° bureau. — Création et organisation des collèges communaux de garçons. Règle-

4ᵉ bureau. — Enseignement secondaire des jeunes filles. — Dépenses et comptabilité des lycées et collèges de jeunes filles et des collèges de garçons.

. . . .

II. — CONSEIL SUPÉRIEUR.

LOI RELATIVE AU CONSEIL SUPÉRIEUR DE L'INSTRUCTION PUBLIQUE ET AUX CONSEILS ACADÉMIQUES.

(27 février 1880.)

TITRE PREMIER.

DU CONSEIL SUPÉRIEUR DE L'INSTRUCTION PUBLIQUE.

Art. 1ᵉʳ. Le Conseil supérieur de l'instruction publique est composé comme il suit :

Le Ministre, président;

ment des budgets et des comptes administratifs de ces établissements. Répartition des subventions allouées pour les collèges communaux. Traitements d'inactivité. Indemnités pour interruption de traitement des fonctionnaires des collèges. Ordonnancement des indemnités pour frais de déplacement des fonctionnaires des collèges. Liquidation des dépenses relatives aux bourses de l'État dans les collèges. Enseignement de la gymnastique et exercices militaires dans les collèges (personnel et matériel). Bureaux d'administration des collèges communaux de garçons. Propositions pour les distinctions honorifiques. Statistique de l'enseignement secondaire (collèges communaux).

Service des livres et des bibliothèques dans les collèges communaux.

Enseignement secondaire des jeunes filles. — Personnel des lycées et collèges de jeunes filles et de l'école normale supérieure d'enseignement secondaire de Sèvres. Nominations, classement, promo-tions, congés. Organisation des cours et répartition des subventions de l'État. Règlement des budgets et des comptes des cours secondaires. Création des lycées et des collèges communaux de jeunes filles. Administration et comptabilité de l'école normale de Sèvres, des lycées et collèges communaux de jeunes filles. Personnel de l'économat. Cautionnement des économes. Règlement des budgets et des comptes d'administration des lycées et des collèges communaux de jeunes filles. Bureaux d'administration. Liquidation des dépenses relatives à l'entretien des boursières de l'État dans les lycées et collèges. Remises de frais d'études dans les lycées de jeunes filles. Matériel d'enseignement des lycées, des collèges et des cours. Répartition des subventions allouées pour les lycées et collèges de jeunes filles. Statistique des établissements d'enseignement secondaire pour les jeunes filles.

Service des livres et des bibliothèques dans les lycées et les collèges de jeunes filles.

Cinq membres de l'Institut, élus par l'Institut en assemblée générale et choisis dans chacune des cinq classes;

Neuf conseillers, nommés par décret du Président de la République en Conseil des Ministres, sur la présentation du Ministre de l'instruction publique, et choisis parmi les directeurs et anciens directeurs du Ministère de l'instruction publique, les inspecteurs généraux et anciens inspecteurs généraux, les recteurs et anciens recteurs, les inspecteurs et anciens inspecteurs d'académie, les professeurs en exercice et anciens professeurs de l'enseignement public;

Deux professeurs du Collège de France, élus par leurs collègues;

Un professeur du Muséum, élu par ses collègues;

Un professeur titulaire des Facultés de théologie protestante, élu par les professeurs, les chargés de cours et les maîtres de conférences;

Deux professeurs titulaires des Facultés de droit, élus au scrutin de liste par les professeurs, les agrégés et les chargés de cours;

Deux professeurs titulaires des Facultés de médecine ou des Facultés mixtes, élus au scrutin de liste par les professeurs, les agrégés en exercice, les chargés de cours et les maîtres de conférence pourvus du grade de docteur;

Un professeur titulaire des écoles supérieures de pharmacie ou des Facultés mixtes, élu dans les mêmes conditions.

Dans les Facultés mixtes, les professeurs de l'enseignement médical voteront pour les deux professeurs de médecine, et les professeurs de l'enseignement de la pharmacie voteront pour le professeur de pharmacie;

Deux professeurs titulaires des Facultés des sciences, élus au scrutin de liste par les professeurs, les suppléants, les chargés de cours et les maîtres de conférences pourvus du grade de docteur;

Deux professeurs titulaires des Facultés des lettres, élus dans les mêmes conditions;

Deux délégués de l'École normale supérieure, un pour les lettres, l'autre pour les sciences, élus par le directeur, le sous-directeur et les maîtres de conférences de l'école, et choisis parmi eux;

Un professeur de l'École nationale des chartes, élu par les membres du conseil de perfectionnement et les professeurs, et choisi parmi eux;

Un professeur titulaire de l'École des langues orientales vivantes, élu par ses collègues ;

Un délégué de l'École polytechnique, élu par le commandant, le commandant en second, les membres du conseil de perfectionnement, le directeur des études, les examinateurs, professeurs et répétiteurs de l'école, et choisi parmi eux ;

Un délégué de l'École des beaux-arts, élu par le directeur et les professeurs de l'école, et choisi parmi eux ;

Un délégué du Conservatoire des arts et métiers, élu par le directeur, le sous-directeur et les professeurs, et choisi parmi eux ;

Un délégué de l'École centrale des arts et manufactures, élu par le directeur et les professeurs de l'école, et choisi parmi eux ;

Un délégué de l'Institut agronomique, élu par le directeur et les professeurs de cet établissement, et choisi parmi eux ;

Huit agrégés en exercice de chacun des ordres d'agrégation (grammaire, lettres, philosophie, histoire, mathématiques, sciences physiques ou naturelles, langues vivantes, enseignement spécial), élus par l'ensemble des agrégés du même ordre, qui sont professeurs ou fonctionnaires en exercice dans les lycées ;

Deux délégués des collèges communaux, élus, l'un dans l'ordre des lettres, l'autre dans l'ordre des sciences, par les principaux et professeurs en exercice dans ces collèges, pourvus du grade de licencié dans le même ordre ;

Six membres de l'enseignement primaire, élus au scrutin de liste par les inspecteurs généraux de l'instruction primaire, par le Directeur de l'enseignement primaire de la Seine, les inspecteurs d'académie des départements, les inspecteurs primaires, les directeurs et directrices des écoles normales primaires, les inspectrices générales et les déléguées spéciales chargées de l'inspection des salles d'asile [1].

Quatre membres de l'enseignement libre, nommés par le Président de la République sur la proposition du Ministre.

[1] Les directeurs et directrices d'écoles primaires supérieures publiques et les instituteurs et institutrices nommés membres du Conseil départemental seront adjoints au corps électoral chargé (aux termes de l'article 1er de la loi du 27 février 1880) d'élire les membres de l'enseignement primaire qui font partie du Conseil supérieur de l'instruction publique (*art. 51 de la loi du 30 octobre 1886*).

Art. 2. Tous les membres du Conseil sont nommés pour quatre ans. Leurs pouvoirs peuvent être indéfiniment renouvelés.

Art. 3. Les neuf membres nommés conseillers par décret du Président de la République, et six conseillers que le Ministre désigne parmi ceux qui procèdent de l'élection, constituent une section permanente.

Art. 4. La section permanente a pour fonctions :

D'étudier les programmes et règlements avant qu'ils soient soumis à l'avis du Conseil supérieur.

Elle donne son avis :

Sur les créations de Facultés, lycées, collèges, écoles normales primaires ;

Sur les créations, transformations ou suppressions de chaires ;

Sur les livres de classe, de bibliothèque et de prix qui doivent être interdits dans les écoles publiques ;

Et enfin sur toutes les questions d'études, d'administration, de discipline ou de scolarité qui lui sont renvoyées par le Ministre.

Art. 5. Le Conseil donne son avis :

Sur les programmes, méthodes d'enseignement, modes d'examens, règlements administratifs et disciplinaires relatifs aux écoles publiques, déjà étudiés par la section permanente ;

Sur les règlements relatifs aux examens et à la collation des grades ;

Sur les règlements relatifs à la surveillance des écoles libres ;

Sur les livres d'enseignement, de lecture et de prix qui doivent être interdits dans les écoles libres comme contraires à la morale, à la Constitution et aux lois ;

Sur les règlements relatifs aux demandes formées par les étrangers, pour être autorisés à enseigner, à ouvrir ou à diriger une école.

Art. 7. Le Conseil supérieur statue en appel et en dernier ressort sur les jugements rendus par les conseils académiques en matière contentieuse ou disciplinaire.

Lorsqu'il s'agit : 1° de la révocation, du retrait d'emploi, de la suspension des professeurs titulaires de l'enseignement public ;

2° de l'interdiction du droit d'enseigner ou de diriger un établissement prononcée contre un membre de l'enseignement public ou libre, la décision du Conseil supérieur de l'instruction publique doit être prise aux deux tiers des suffrages.

Art. 8. Le Conseil se réunit en assemblée générale deux fois par an. Le Ministre peut le convoquer en session extraordinaire.

DÉCRET RELATIF À L'ÉLECTION DU CONSEIL SUPÉRIEUR DE L'INSTRUCTION PUBLIQUE ET AUX ÉLECTIONS POUR LES CONSEILS ACADÉMIQUE.

(16 mars 1880.)

Art. 1er. Lorsqu'il y a lieu de procéder à l'élection des membres du Conseil supérieur de l'instruction publique, le Ministre de l'instruction publique et des beaux-arts fixe, par un arrêté, l'époque des élections. Un délai minimum de quinze jours est obligatoire entre la publication de l'arrêté au *Journal officiel* et les élections.

Art. 2. L'élection a lieu au scrutin secret et à la majorité absolue des suffrages exprimés.

Si un second tour de scrutin est nécessaire, il y est procédé quinze jours après; dans ce cas, la majorité relative suffit.

Art. 3. Les bulletins sont valables, bien qu'ils portent plus ou moins de noms qu'il y a de conseillers à élire.

Les derniers noms inscrits au delà de ce nombre ne sont pas comptés.

Les bulletins blancs ou illisibles, ceux qui ne contiennent pas une désignation suffisante, ou dans lesquels les votants se font connaître, n'entrent pas en compte dans le résultat du dépouillement, mais ils sont annexés au procès-verbal.

Art. 4. En cas d'égalité de suffrages, la préférence se détermine par l'ancienneté des services, et par l'âge si l'ancienneté est la même.

En cas de refus d'un candidat élu à la majorité absolue, il est procédé à une nouvelle élection.

En cas de refus d'un candidat élu à la majorité relative, il sera procédé à un nouveau tour de scrutin.

Le délégué élu par plusieurs corps est tenu de faire connaître son option au Ministre, dans les trois jours qui suivent l'insertion au *Journal officiel* du procès-verbal des opérations électorales.

A défaut d'option dans ce délai, le Ministre, assisté de la commission instituée par l'article 13, détermine par voie du sort le corps dont l'élu devra être représentant.

Il sera procédé quinze jours après à une nouvelle élection.

En cas de vacance, par décès ou démission, dans le Conseil supérieur et dans les Conseils académiques, il est pourvu à la vacance dans un délai de trois mois.

L'acceptation par un membre élu d'une fonction qui ne lui conserve pas l'éligibilité dans la catégorie spéciale où il est placé donne lieu également à vacance. Il est alors pourvu au remplacement de ce membre dans le délai de trois mois.

ART. 7. Au jour fixé par l'arrêté ministériel, les professeurs de chaque faculté et des écoles supérieures de pharmacie se réunissent sous la présidence du doyen ou du directeur. Le scrutin est ouvert durant deux heures. Il a été dressé au préalable, en double, une liste des électeurs de chaque faculté ou école, liste certifiée par le recteur et le doyen ou le directeur. Chaque électeur, en signant cette liste en face de son nom, remet au doyen un pli cacheté ne portant aucun signe extérieur et renfermant son bulletin de vote. Tous les plis cachetés ainsi recueillis sont mis, séance tenante, sous une enveloppe générale avec un exemplaire de la liste émargée et le procès-verbal de la séance. Le tout est scellé, parafé par le doyen et le plus ancien des professeurs, et expédié le même jour au Ministre.

ART. 8. Les mesures édictées par l'article 7 sont applicables aux agrégés des lycées et aux professeurs des collèges communaux. Les votes sont recueillis par le chef des établissements, assisté du plus âgé et du plus jeune des électeurs présents.

ART. 9. Les agrégés qui ont obtenu ce titre, soit dans les lettres, soit dans les sciences, pendant la période où les agrégations spéciales ont été supprimées, votent avec les agrégés de la classe où ils enseignent actuellement, s'ils sont professeurs; de la dernière classe où ils ont enseigné, s'ils appartiennent actuellement à l'administration des lycées.

Art. 10. Les agrégés de l'enseignement classique et de l'enseignement spécial, attachés aux collèges communaux, votent avec les professeurs licenciés de ces collèges.

. . . .

Art. 12. Une commission présidée par le vice-recteur et composée des inspecteurs de l'Académie de Paris procède, dans un local accessible aux électeurs, au dépouillement des votes transmis au Ministre conformément aux articles 7, 8, 9 et 10.

Procès-verbal de l'examen des opérations et du dépouillement est publié au *Journal officiel.*

Dans les cinq jours de cette publication, les opérations électorales pourront être attaquées par tout électeur du même groupe, devant le Ministre, qui statuera dans le délai d'un mois.

La décision du Ministre pourra être déférée au Conseil d'État dans le délai de quinze jours à partir de la notification.

Faute par le Ministre d'avoir prononcé, dans le délai d'un mois, la réclamation pourra être portée directement devant le Conseil d'État statuant au contentieux.

Art. 13. Les mesures édictées dans les articles précédents sont applicables aux élections pour les conseils académiques; le recteur centralise les votes et en fait le dépouillement avec l'assistance d'une commission composée de deux inspecteurs d'académie au moins, dans un local accessible aux électeurs.

Les trois derniers paragraphes de l'article 12, relatif aux recours, sont applicables aux opérations électorales des conseils académiques.

———————

CIRCULAIRE RELATIVE À L'EXÉCUTION DE LA LOI DU 27 FÉVRIER 1880 ET DU DÉCRET DU 16 MARS 1880 SUR LA CONSTITUTION ET LES ÉLECTIONS DU CONSEIL SUPÉRIEUR DE L'INSTRUCTION PUBLIQUE. (18 mars 1880.)

———

Extraits.

Monsieur le Recteur, j'ai l'honneur de vous adresser :

1° La loi du 27 février 1880, relative au Conseil supérieur de l'instruction publique et aux conseils académiques;

2° Un décret du 16 mars 1880, portant règlement d'administration publique pour les élections au Conseil supérieur et aux conseils académiques, décret délibéré en Conseil d'État.

Observations générales. — Le droit de vote est attaché à la fonction sous des conditions de grade précises; par suite, quand un électeur appartient à plusieurs corps électoraux, il vote plusieurs fois.

Ainsi le même électeur peut voter comme membre de l'Institut, comme professeur de faculté et comme professeur dans un autre établissement; il peut voter à la fois dans l'enseignement supérieur et dans l'enseignement secondaire : par exemple, un docteur, maître de conférences près d'une faculté, s'il est en même temps professeur agrégé dans un lycée, vote deux fois.

. . . .

Enseignement secondaire[1]. — En ce qui concerne l'enseignement secondaire, j'aurais désiré que les professeurs agrégés du collège Rollin et du collège Stanislas, qui ont des rapports étroits avec les lycées de Paris et les mêmes intérêts, pussent prendre part au vote avec ces établissements. Mais j'ai dû reconnaître, après avoir consulté le Conseil d'État, que les termes formels de la loi du 27 février ne me permettaient pas cette interprétation. Le collège Rollin, établissement municipal, doit être classé avec les collèges communaux et concourir à l'élection de leurs deux représentants. Le collège Stanislas, établissement privé, ne peut prendre part au vote.

Deux questions relatives au droit électoral ont appelé particulièrement mon attention :

1° Les professeurs agrégés ou licenciés en congé sont-ils électeurs ? Le doute ne me semble pas possible pour ceux d'entre eux qui, n'ayant obtenu qu'un congé limité de quelques mois ou même d'un an, n'ont été rem-

[1] *Instructions supplémentaires du 3 mai 1880 concernant les élections au Conseil supérieur de l'instruction publique :*

Monsieur le Recteur, diverses difficultés m'ont été soumises au sujet du titre II de la loi du 27 février 1880.

J'ai l'honneur de vous faire connaître ma réponse à ces questions.

. . . .

2° Les professeurs de l'enseignement secondaire spécial votent dans leur ordre d'agrégation soit avec les professeurs de sciences, soit avec les professeurs de lettres.

3° Les agrégés des langues vivantes, dans les lycées, prennent part aux élections pour le conseil académique avec les agrégés de l'ordre littéraire.

4° Dans les collèges, les principaux chargés d'une classe et licenciés ont droit de vote, comme les professeurs ordinaires pourvus du même grade.

5° Le corps électoral des lycées et collèges ne comprend que les professeurs : les paragraphes 8, 9 et 10 sont précis.

En conséquence, les membres de l'administration qui ne sont pas en même temps professeurs ne votent pas.

placés que par un suppléant, et ont conservé leur titre ainsi que le droit de reprendre leurs fonctions dans l'établissement auquel ils n'ont pas cessé d'appartenir. Ces professeurs agrégés ou licenciés voteront avec leurs collègues, dans le lycée ou dans le collège où ils sont titulaires. Ceux, au contraire, qui ont été mis en congé de disponibilité ou d'inactivité, sans conserver leur titre ni rester attachés à aucun établissement, ne peuvent être considérés comme en exercice et ne prennent pas part au vote.

2° Les agrégés qui n'appartiennent pas à la nationalité française sont-ils électeurs? Malgré les services qu'ils ont rendus et rendent chaque jour à l'enseignement, ils ne sont pas Français aux yeux de la loi et ne peuvent, par suite, prendre part à la nomination d'une assemblée française. Il a donc paru impossible d'admettre à cet égard une dérogation aux lois générales sur la matière.

Opérations électorales. — Vous aurez à informer MM. les proviseurs et principaux qu'ils peuvent, jusqu'à l'ouverture du vote, inscrire un candidat qui aura justifié de ses droits, sauf à vous en informer par un rapport qui devra m'être transmis.

DÉCRET RELATIF AU RÈGLEMENT INTÉRIEUR DU CONSEIL SUPÉRIEUR.

(11 mars 1898.)

ART. 1er. Le Conseil supérieur de l'instruction publique est présidé par le Ministre.

Un vice-président, pris parmi les membres du Conseil, est nommé chaque année par arrêté ministériel.

En cas d'empêchement, le vice-président est remplacé provisoirement par un membre du Conseil désigné par le Ministre.

Les fonctions de secrétaire sont remplies par un membre du Conseil nommé par le Ministre.

Des secrétaires-rédacteurs sont adjoints au secrétaire.

ART. 2. La date et la durée de chaque session sont fixées par arrêté ministériel.

Cet arrêté est publié au *Journal officiel* huit jours au moins avant l'ouverture de la session.

ART. 3. A l'ouverture de la session, le Ministre fait distribuer aux membres du Conseil le bordereau des affaires.

Sur la proposition du Ministre, le Conseil nomme, à chaque session, les commissions chargées d'examiner les affaires et d'en faire rapport.

Art. 4. La Commission des affaires contentieuses et des affaires disciplinaires est nommée, au scrutin secret, pour la durée des pouvoirs du Conseil.

Elle comprend douze membres.

Un secrétaire-rédacteur peut lui être attaché.

Art. 5. Chaque commission nomme son président et son secrétaire.

Art. 6. Tout membre du Conseil a le droit de soumettre au Ministre, soit pendant la session, soit en dehors des sessions, des propositions sur les objets qui sont de la compétence du Conseil.

Les propositions doivent être formulées par écrit et signées.

Art. 7. Toute proposition est renvoyée de droit à la section permanente.

La section permanente examine d'abord si la proposition est ou non de la compétence du Conseil.

Dans le premier cas, elle donne son avis, après avoir entendu, s'il en fait la demande, l'auteur de la proposition.

Dans le second cas, la proposition revient au Ministre, sans avis sur le fond. L'avis n'est donné par la section que si le Ministre le lui demande par application de l'article 4 § 7 de la loi du 27 février 1880.

Le Ministre peut demander l'avis du Conseil sur une proposition émanée d'un de ses membres.

Art. 8. Les appels en matière contentieuse et en matière disciplinaire sont inscrits au secrétariat du Conseil, suivant les dates d'arrivée, sur un registre à ce destiné.

Ils sont jugés dans la plus prochaine session.

Les dossiers de première instance peuvent être communiqués, sur place, aux parties, après leur inscription au secrétariat du Conseil.

Art. 9. La Commission des affaires contentieuses et disciplinaires peut être convoquée par le Ministre avant l'ouverture des sessions.

Art. 10. La Commission instruit les affaires par tous les moyens qu'elle juge propres à l'éclairer, et elle en fait rapport écrit.

Les rapports et les pièces des dossiers sont déposés par les rapporteurs au secrétariat du Conseil pour être tenus à la disposition des parties, de leurs conseils et des membres du Conseil, un jour franc avant le jour fixé pour la délibération.

Art. 11. Au jour fixé pour la délibération, la Commission donne lecture de son rapport.

La partie et, si elle en fait la demande, son conseil sont ensuite introduits et entendus dans leurs observations.

Après que la partie et son conseil se sont retirés, le président met l'affaire en délibération, et le Conseil statue.

Art. 12. La présence de la moitié plus un des membres du Conseil est nécessaire pour la validité des délibérations.

En cas de partage, si la matière n'est ni contentieuse, ni disciplinaire, la voix du président est prépondérante.

Si la matière est disciplinaire, le partage est interprété en faveur de l'inculpé.

Si la matière est contentieuse, il en est délibéré de nouveau, dans la même session, et les membres absents, lors de la première délibération, sont spécialement convoqués.

En cas de nouveau partage, la voix du président est prépondérante.

Art. 13. En matière disciplinaire, si plusieurs pénalités différentes sont proposées au cours de la délibération, la pénalité la plus forte est mise aux voix la première.

Art. 14. En matière contentieuse et en matière disciplinaire les décisions sont prises au scrutin secret.

Art. 15. Les décisions en matière contentieuse et en matière disciplinaire sont rendues dans les formes suivantes :

« À la majorité absolue, la moitié plus un des membres du Conseil étant présents. »

Ou : « À la majorité des deux tiers, la moitié plus un des membres du Conseil étant présents », dans le cas où la loi exige la majorité des deux tiers.

Art. 16. Ces décisions sont notifiées par le Ministre, par l'intermédiaire des recteurs ou des préfets. Une expédition destinée à la partie est jointe à la notification.

Les décisions en matière contentieuse et en matière disciplinaire sont publiées au *Bulletin administratif* du Ministère de l'instruction publique.

Art. 17. Les séances du Conseil ne sont pas publiques.

Les procès-verbaux des séances sont signés par le président et par le secrétaire.

Ils sont conservés au secrétariat du Conseil.

Une copie certifiée conforme par le secrétaire en est transcrite sur un registre spécial.

Ils ne peuvent être rendus publics qu'en vertu d'une décision spéciale du Ministre.

Un compte rendu analytique de chaque session est publié au *Bulletin administratif* du Ministère de l'instruction publique par les soins du Ministre.

Art. 18. La section permanente est présidée par le Ministre et, à défaut, par un membre de la section désigné par lui.

En matière disciplinaire, la section permanente est tenue d'entendre l'inculpé et son conseil dans leurs explications, si l'inculpé en fait la demande.

Art. 19. Le décret du 11 mai 1880 est et demeure abrogé.

III. — INSPECTEURS GÉNÉRAUX.

LOI GÉNÉRALE SUR L'INSTRUCTION PUBLIQUE.
(11 floréal an x.)

. . . .

Art. 17. Il sera nommé par le Premier Consul trois inspecteurs généraux des études, qui visiteront une fois au moins l'année les lycées, en arrêteront définitivement la comptabilité, examineront toutes les parties de l'enseignement et de l'administration et en rendront compte au Gouvernement.

DÉCRET.

(9 mars 1852.)

ART. 1er. Le Président de la République, sur la proposition du Ministre de l'instruction publique, nomme et révoque..... les inspecteurs généraux.....

. . . .

ART. 6 , § 3. Six inspecteurs généraux de l'enseignement, trois pour les lettres, trois pour les sciences, sont chargés, sous l'autorité du Ministre, de l'inspection des lycées nationaux, des collèges communaux les plus importants et des établissements d'instruction secondaire libre.

DÉCRET.

(12 février 1862.)

ART. 1er. Il est créé deux nouveaux emplois d'inspecteurs généraux de l'enseignement secondaire [1].

DÉCRET.

(13 janvier 1879.)

ART. 1er. Le nombre des inspecteurs généraux de l'instruction publique (ordre de l'enseignement secondaire) est porté de huit à dix [2].

. . . .

---

[1] Ce décret vise la loi de finances du 28 juin 1861. — [2] Ce décret vise la loi de finances du 22 décembre 1878.

Les créations d'emplois d'inspecteurs généraux des langues vivantes et de l'économat des lycées n'ont pas fait l'objet de décrets spéciaux.

Les crédits nécessaires à ces créations d'emplois ont été inscrits pour les premiers (deux emplois d'inspecteurs généraux des langues vivantes) au budget de l'exercice 1874 (loi de finances du 29 décembre 1873) et pour les seconds aux budgets de l'exercice 1886 (un emploi d'inspecteur général de l'économat) (loi de finances du 8 août 1885) et de l'exercice 1888 (deuxième emploi) (loi de finances du 30 mars 1888).

IV. — COMITÉ CONSULTATIF DE L'ENSEIGNEMENT PUBLIC.

DÉCRET PORTANT RECONSTITUTION
DU COMITÉ CONSULTATIF DE L'ENSEIGNEMENT PUBLIC.

(11 mai 1880.)

ART. 1er. Le Comité consultatif de l'enseignement public est divisé en trois sections, correspondant aux trois ordres d'enseignement : supérieur, secondaire, primaire.

ART. 2. . . . .
La section de l'enseignement secondaire se compose d'inspecteurs généraux de l'enseignement secondaire, d'inspecteurs généraux des langues vivantes, du vice-recteur de l'Académie de Paris, du directeur de l'École normale supérieure.

Les directeurs des trois ordres d'enseignement font partie de droit du Comité.

Chaque section a pour secrétaire un chef de bureau de l'Administration centrale.

. . . .

ART. 4. Les membres de l'Institut et les fonctionnaires de l'enseignement public appelés annuellement par le Ministre à présider les jurys d'agrégation, les inspecteurs d'académie qui ont rempli durant l'année les fonctions d'inspecteur général peuvent être appelés, par arrêté du Ministre, à siéger au Comité avec voix délibérative.

. . . .

ART. 10. La section d'enseignement secondaire délibère sur toutes les questions relatives au personnel et aux promotions qui lui sont soumises par le Ministre.

. . . .

ART. 12. Sont abrogées les dispositions antérieures contraires au présent décret.

DÉCRET.
(15 décembre 1888.)

ART. 1er. Les Recteurs des académies peuvent être appelés par décision du Ministre à siéger au Comité consultatif de l'enseignement public avec voix délibérative.

CHAPITRE II.

ADMINISTRATION ACADÉMIQUE.

I. — CIRCONSCRIPTIONS ACADÉMIQUES.

LOI RELATIVE AUX CIRCONSCRIPTIONS ACADÉMIQUES.
(14 juin 1854.)

ART. 1er. La France est divisée en seize circonscriptions acadé-
miques dont les chefs-lieux sont : Aix, Besançon, Bordeaux, Caen,
Clermont, Dijon, Douai [1], Grenoble, Lyon, Montpellier, Nancy,
Paris, Poitiers, Rennes, *Strasbourg* et Toulouse.

ART. 2. Chacune des académies est administrée par un recteur
assisté d'autant d'inspecteurs d'académie qu'il y a de départements
dans la circonscription.

DÉCRET.
(13 juin 1860.)

ART. 1er. Les départements de la Savoie et de la Haute-Savoie
forment une académie, dont le chef-lieu est à Chambéry, et qui
est administrée par un vice-recteur.

Le vice-recteur a sous ses ordres deux inspecteurs d'académie,
dont l'un réside à Chambéry et l'autre à Annecy.

DÉCRET.
(28 août 1862.)

ART. 1er. L'académie de Chambéry sera, à l'avenir, administrée
par un recteur.

[1] Le chef-lieu de cette académie a été transféré de Douai à Lille. (Loi du 17 décembre 1888.)

DÉCRET.
(15 août 1875.)

A<small>RT</small>. 3. L'Algérie forme une circonscription académique, dont le chef-lieu est Alger.

II. — RECTEURS.

DÉCRET.
(9 mars 1852.)

. . . .

A<small>RT</small>. 1er. Le Président de la République, sur la proposition du Ministre de l'instruction publique, nomme et révoque les recteurs.

. . . .

DÉCRET RELATIF À L'ADMINISTRATION DE L'INSTRUCTION PUBLIQUE.
(22 août 1854.)

A<small>RT</small>. 1er. Jusqu'à ce qu'il en soit autrement ordonné, le Ministre de l'instruction publique et des cultes exerce les fonctions de recteur de l'Académie de Paris. Le vice-recteur, chargé d'assister le Ministre de l'instruction publique et des cultes, est nommé par nous.

. . . .

A<small>RT</small>. 15. Les fonctionnaires de l'Administration académique sont :
1° Le recteur ;
2° Les inspecteurs d'académie ;

. . . .

A<small>RT</small>. 16. Nul ne peut être nommé recteur s'il n'est pourvu du grade de docteur.

A<small>RT</small>. 17. Les attributions du recteur comprennent :

. . . .

2° La direction et la surveillance des établissements publics d'enseignement secondaire ;
3° La surveillance de l'enseignement secondaire libre ;

. . . .

Art. 19. Le recteur dirige, assisté au besoin des inspecteurs d'académie, les établissements publics d'enseignement secondaire.

. . . .

Il reçoit, avec l'avis de l'inspecteur d'académie, les rapports des proviseurs des lycées et des principaux des collèges communaux. Il les résume dans le rapport mensuel qu'il adresse au Ministre.

Lorsqu'il est en tournée, il réunit, s'il y a lieu, les bureaux d'administration placés près des lycées et des collèges communaux.

Art. 20. Le recteur surveille, soit par lui-même, soit par l'intermédiaire des inspecteurs d'académie, l'enseignement secondaire libre. Il pourvoit à ce que les établissements particuliers soient inspectés une fois au moins par an, et il adresse au Ministre le résumé des rapports d'inspection.

III. — INSPECTEURS D'ACADÉMIE.

DÉCRET.
(29 juillet 1850.)

. . . .

Art. 36. Les fonctions d'inspecteur d'académie sont incompatibles avec tout autre emploi public rétribué.

. . . .

DÉCRET.
(9 mars 1852.)

. . . .

Art. 3. Le Ministre, par délégation du Président de la République, nomme et révoque les..... inspecteurs d'académie......

LOI RELATIVE À L'ADMINISTRATION DE L'INSTRUCTION PUBLIQUE.
(14 juin 1854.)

. . . .

Art. 9, § 2. Sous l'autorité du recteur, il (l'inspecteur d'académie) dirige l'administration des collèges et lycées, et exerce, en ce qui concerne l'enseignement secondaire libre, les attributions déférées au recteur par la loi du 15 mars 1850.

DÉCRET RELATIF À L'ADMINISTRATION DE L'INSTRUCTION PUBLIQUE.
(22 août 1854.)

. . . .

ART. 22, § 1. L'inspecteur d'académie correspond avec le recteur pour tout ce qui concerne..... les affaires de l'enseignement secondaire public ou libre......

En l'absence du recteur, il préside, s'il y a lieu, les bureaux d'administration placés près des lycées et des collèges communaux.

. . . .

ART. 30. Il y a huit inspecteurs au chef-lieu de l'Académie de Paris.

Sous l'autorité du recteur;

. . . .

Deux sont attachés à l'enseignement littéraire et scientifique des lycées et collèges de la ville de Paris;

Un est chargé des affaires qui concernent l'enseignement secondaire libre......

IV. — CONSEILS ACADÉMIQUES.

LOI RELATIVE AU CONSEIL SUPÉRIEUR DE L'INSTRUCTION PUBLIQUE ET AUX CONSEILS ACADÉMIQUES.
(27 février 1880.)

TITRE II.
DES CONSEILS ACADÉMIQUES[1].

. . . .

ART. 9. Il est institué au chef-lieu de chaque académie un Conseil académique composé :

1° Du recteur, président;

[1] Voir le décret du 16 mars 1880 relatif à l'élection des membres du Conseil supérieur et des Conseils académiques, page 7.

2° Des inspecteurs d'académie;

3° Des doyens des Facultés de théologie protestante, de droit, de médecine, des sciences et des lettres, des directeurs des écoles supérieures de pharmacie de l'État, des directeurs des écoles de plein exercice et préparatoires de médecine et de pharmacie, et des directeurs des écoles préparatoires à l'enseignement supérieur des sciences et des lettres du ressort;

4° D'un professeur titulaire de chacune de ces facultés ou écoles supérieures de pharmacie du ressort, élu dans chacune d'elles par les professeurs, les suppléants, les agrégés en exercice, les chargés de cours et les maîtres de conférences;

5° D'un professeur titulaire des écoles préparatoires de médecine et de pharmacie du ressort, élu par l'ensemble des professeurs, chargés de cours ou suppléants de ces écoles, pourvus du grade de docteur ou de pharmacien de 1re classe;

6° D'un professeur titulaire des écoles préparatoires à l'enseignement supérieur des sciences et des lettres du ressort, élu par l'ensemble des professeurs et chargés de cours;

7° D'un proviseur et d'un principal de l'un des lycées et collèges communaux de plein exercice du ressort, désignés par le Ministre;

8° De deux professeurs de l'ordre des sciences, agrégés ou docteurs, élus au scrutin de liste par les professeurs du même ordre, agrégés ou docteurs, en exercice dans les lycées du ressort;

9° De deux professeurs de l'ordre des lettres, agrégés ou docteurs, élus dans les mêmes conditions;

10° De deux professeurs des collèges communaux du ressort, pourvus du grade de licencié, l'un pour l'ordre des lettres, l'autre pour l'ordre des sciences, élus par l'ensemble des professeurs de ces établissements, pourvus des mêmes grades et appartenant au même ordre;

11° De deux membres choisis par le Ministre dans les conseils généraux et dans les conseils municipaux qui concourent aux dépenses de l'enseignement supérieur ou secondaire du ressort.

Art. 10. Les membres du Conseil académique, nommés par le Ministre ou élus, le sont pour quatre ans. Leurs pouvoirs peuvent être renouvelés. Les pouvoirs des conseillers généraux et des conseillers municipaux cessent avec leur qualité de conseillers généraux et de conseillers municipaux.

ART. 11. Le Conseil académique donne son avis sur les règlements relatifs aux collèges communaux, aux lycées, sur les budgets et comptes d'administration de ces établissements, sur toutes les questions d'administration et de discipline concernant ces mêmes établissements, qui lui sont renvoyés par le Ministre.

Il adresse, chaque année, au Ministre, un rapport sur la situation des établissements d'enseignement public, secondaire et supérieur, et sur les améliorations qui peuvent y être introduites.

Le Conseil est saisi par le Ministre ou le recteur des affaires contentieuses ou disciplinaires qui sont relatives à l'enseignement secondaire ou supérieur, public ou libre; il les instruit et il prononce, sauf recours au Conseil supérieur, les décisions et les peines à appliquer.

L'appel au Conseil supérieur d'une décision du Conseil académique doit être fait dans le délai de quinze jours à partir de la notification qui en est donnée en la forme administrative. Cet appel est suspensif; toutefois le Conseil académique pourra, dans tous les cas, ordonner l'exécution provisoire de ses décisions, nonobstant appel.

Les membres de l'enseignement public ou libre, traduits devant le Conseil académique ou le Conseil supérieur, ont le droit de prendre connaissance du dossier, de se défendre ou de se faire défendre de vive voix, ou au moyen de mémoires écrits.

Pour les affaires contentieuses ou disciplinaires intéressant les membres de l'enseignement libre, supérieur ou secondaire, deux membres de l'enseignement libre, nommés par le Ministre, sont adjoints au Conseil académique.

ART. 12. Le Conseil académique se réunit deux fois par an en session ordinaire. Il peut être convoqué extraordinairement par le Ministre.

ART. 13. Indépendamment du pouvoir disciplinaire réglé par les articles 7 et 11 de la présente loi, le Ministre peut prononcer contre tout membre de l'enseignement public la réprimande devant le Conseil académique et la censure devant le Conseil supérieur. Ces décisions ne sont susceptibles d'aucun recours [1].

Art. 14. Il peut également prononcer la mutation pour un emploi inférieur, en ce qui concerne un professeur de l'enseignement supérieur, sur l'avis conforme du Conseil supérieur, et, en ce qui concerne un professeur de l'enseignement secondaire, après avoir pris l'avis de la section permanente [2].

Art. 15. Le Ministre peut prononcer la suspension pour un temps qui n'excédera pas un an, sans privation de traitement. La suspension pour un temps plus long, avec privation totale ou partielle de traitement, ne pourra être prononcée que par le Conseil académique ou, en appel, par le Conseil supérieur [3].

DÉCRET PORTANT RÈGLEMENT INTÉRIEUR DES CONSEILS ACADÉMIQUES.

(26 juin 1880.)

Art. 1er. Le Conseil académique est présidé par le recteur. En cas d'empêchement, le recteur délègue, avec l'autorisation du Ministre, ou à condition de lui en référer, un vice-président pour le remplacer.

Le secrétaire de l'académie remplit les fonctions de secrétaire du Conseil sans voix délibérative.

[1] La mutation pour un emploi équivalent ne constitue pas une peine disciplinaire; elle rentre dans la catégorie des décisions que peut prendre le Ministre et qui ne sont susceptibles d'aucun recours. (*Décision du Conseil d'État* statuant au contentieux, en date du 8 décembre 1899.)

[2] La rétrogradation de classe n'étant pas prévue parmi les peines dont sont passibles les professeurs des lycées ne peut, à aucun titre, leur être appliquée. (Avis du Conseil d'État du 16 janvier 1900.)

[3] *Circulaire relative à l'interprétation de l'article 15 de la loi du 27 février 1880* (29 juillet 1896). Monsieur le Recteur, j'ai saisi la section permanente du Conseil supérieur de l'instruction publique d'une question relative à l'interprétation de l'article 15 de la loi du 27 février 1880. La section permanente a été d'avis «que la disposition de l'article 15 de la loi du 27 février 1880, portant que la suspension pour un temps plus long (un an), avec privation totale ou partielle du traitement, ne pourra être prononcée que par le Conseil académique, ou en appel par le Conseil supérieur, ne doit pas être entendue en ce sens que le Conseil académique ne pourrait pas prononcer la suspension pour un temps plus court, avec ou sans traitement, ni les autres peines inférieures».

J'ai l'honneur de vous transmettre cet avis.

Recevez, etc.

Art. 2. Le Conseil se réunit deux fois par an, en session ordinaire, avant les vacances et après la rentrée.

La durée de chaque session est fixée par les lettres de convocation.

Le recteur, avec l'autorisation du Ministre, convoque le Conseil en session extraordinaire.

Art. 3. A l'ouverture de chaque session, le recteur fait distribuer au Conseil la liste des affaires qui seront traitées dans la session.

Art. 4. La première session est spécialement consacrée à l'examen de la situation de l'enseignement secondaire public; la seconde, à l'examen de la situation de l'enseignement supérieur public.

Le Conseil examine, en outre, dans sa première session ordinaire, les comptes des établissements d'enseignement supérieur et secondaire pour l'exercice précédent, et, dans la seconde session, les budgets des mêmes établissements pour l'exercice suivant.

Art. 5. Sur la proposition du recteur, le Conseil se divise en commissions de l'enseignement supérieur, de l'enseignement secondaire et de la comptabilité.

Le Conseil nomme, quand il y a lieu, au scrutin secret, une commission des affaires disciplinaires et contentieuses.

Le recteur est membre de droit de toutes les commissions; il les préside quand il y assiste; elles nomment leurs rapporteurs; en l'absence du recteur, elles nomment leur président.

Art. 6. Les rapports présentés au Conseil sur la comptabilité des lycées et collèges et sur la situation des établissements d'enseignement secondaire sont préparés par les inspecteurs d'académie.

Les rapports concernant la situation de l'enseignement supérieur sont préparés par les doyens et les directeurs des écoles.

Art. 7. Les membres qui veulent soumettre une proposition au Conseil la font parvenir par écrit au recteur, avant l'ouverture de la session. Cette proposition est renvoyée à la commission compétente.

Dans un rapport adressé au recteur, la commission émet l'avis qu'il y a lieu soit de discuter immédiatement la proposition, soit de l'ajourner à une session ultérieure, soit de ne pas la prendre en considération.

Art. 8. En matière disciplinaire, la commission spéciale instruit l'affaire et en fait rapport. Ce rapport et le dossier des pièces à l'appui sont mis à la disposition de l'inculpé, au secrétariat de l'académie, un jour franc avant la délibération du Conseil.

Au jour fixé pour la délibération, la commission donne lecture de son rapport; l'inculpé et, s'il en fait la demande, son conseil sont ensuite introduits et entendus dans leurs observations; après qu'ils se sont retirés, le président met l'affaire en délibération et le Conseil statue.

Art. 9. La présence de la moitié plus un des membres est nécessaire pour la validité des délibérations.

En cas de partage, lorsque la matière n'est ni disciplinaire ni contentieuse, la voix du président est prépondérante; si la matière est contentieuse, il en est délibéré à nouveau, et les membres qui n'ont pas assisté à la délibération sont spécialement convoqués; s'il y a de nouveau partage dans la seconde délibération, la voix du président est prépondérante; si la matière est disciplinaire, l'avis favorable à l'inculpé prévaut.

Lorsqu'il s'agit : 1º de la révocation, du retrait d'emploi, de la suspension des professeurs titulaires de l'enseignement public supérieur ou secondaire, ou de la mutation pour un emploi inférieur des professeurs titulaires de l'enseignement public supérieur; 2º de l'interdiction du droit d'enseigner ou de diriger un établissement, prononcée contre un membre de l'enseignement libre secondaire ou supérieur; 3º de l'exclusion d'un étudiant de l'enseignement public ou libre de toutes les académies, la décision du Conseil doit être prise aux deux tiers des suffrages.

Art. 10. A la suite de chaque session, une copie des procès-verbaux est adressée au Ministre.

Art. 11. Les procès-verbaux ne peuvent être rendus publics, à moins de décision spéciale du Ministre. En matière disciplinaire ou contentieuse, les intéressés ont toujours le droit d'obtenir une copie certifiée de la décision qui les concerne.

CHAPITRE III.
ÉTABLISSEMENTS PUBLICS
D'ENSEIGNEMENT SECONDAIRE.

I. — RENSEIGNEMENTS GÉNÉRAUX.

LOI RELATIVE À L'ENSEIGNEMENT.
(15 mars 1850.)

. . . .

Art. 71. Les établissements publics d'enseignement secondaire sont les lycées et les collèges communaux. Il peut y être annexé des pensionnats.

. . . .

DÉCRET RELATIF À LA DÉNOMINATION DES ÉTABLISSEMENTS D'INSTRUCTION SECONDAIRE.
(25 février 1860.)

Art. 1er. Les établissements d'instruction secondaire fondés, entretenus et dirigés par l'État portent seuls le nom de *lycée*.

Les établissements de même nature fondés et entretenus par les communes, sous la surveillance et la direction de l'État, portent seuls le nom de *collège*.

Art. 2. Il est interdit aux chefs des établissements libres d'instruction secondaire de donner aux institutions, pensionnats ou écoles qu'ils dirigent les dénominations déterminées par l'article précédent.

Art. 3. Néanmoins, le Ministre de l'instruction publique, sur l'avis du Conseil impérial, pourra conserver, à titre honorifique, le titre de *collège libre* :

1° Aux anciens collèges communaux tranformés en établissements libres et régulièrement autorisés à recevoir des villes une subvention ou une concession de bâtiments;

2° Aux anciens établissements qui, avant la loi du 15 mars 1850, portaient le titre de collège.

CIRCULAIRE RELATIVE AUX DÉNOMINATIONS PARTICULIÈRES DES LYCÉES ET COLLÈGES.

(4 septembre 1898.)

Monsieur le Recteur, mon administration reçoit chaque année des demandes concernant des dénominations à donner à des établissements publics d'enseignement secondaire.

La section permanente du Conseil supérieur de l'instruction publique, à laquelle ces demandes sont soumises, a constaté que les propositions faites par les autorités locales n'étaient pas toujours justifiées et elle a dû, à diverses reprises, émettre un avis nettement défavorable.

Il importe, en effet, que le personnage dont le nom est proposé ne soit pas uniquement une célébrité locale, mais que, par l'illustration attachée à son nom et par l'éclat des services qu'il a pu rendre au pays, il soit réellement digne de l'hommage public qu'on voudrait décerner à sa mémoire; il faut aussi, sauf dans certains cas tout à fait exceptionnels, qu'il ait eu, de son vivant, des attaches avec l'établissement, soit qu'il y ait enseigné ou fait ses études, soit, du moins, qu'il soit né dans la ville ou dans les environs immédiats. Enfin, il me paraît indispensable que la proposition réunisse l'unanimité des suffrages dans les assemblées locales appelées à se prononcer.

Alors même que ces diverses conditions se trouveraient remplies, il pourrait se faire que le changement de dénomination d'un lycée ou collège fût plutôt nuisible qu'avantageux. La section permanente estime que si, dans les villes où se trouvent plusieurs lycées, il est nécessaire d'avoir un moyen de les distinguer entre eux, il n'en est pas de même pour les localités pourvues d'un établissement unique, et que, en pareil cas, il est préférable, afin d'éviter toute confusion, de laisser à l'établissement la dénomination géographique sous laquelle il est connu dans la région et apprécié des familles, souvent depuis de nombreuses années.

Les dossiers que vous aurez à me transmettre à l'appui des propositions dont vous serez saisi devront comprendre, outre votre avis personnel, les délibérations du conseil municipal, du bureau d'administration, du bureau de l'association des anciens élèves et du Conseil académique, accompagnées des rapports présentés à ces assemblées.

II. — LYCÉES.

LOI RELATIVE À L'ENSEIGNEMENT.

(15 mars 1850.)

. . . .

Art. 72. Les lycées sont fondés et entretenus par l'État avec le concours des départements et des villes.

Art. 73. Toute ville dont le collège communal sera, sur la demande du Conseil municipal, érigé en lycée, devra faire les dépenses de construction et d'appropriation requises à cet effet, fournir le mobilier et les collections nécessaires à l'enseignement, assurer l'entretien et la réparation des bâtiments.

Les villes qui voudront établir un internat près du lycée devront fournir le local et le mobilier nécessaires, et fonder pour 10 ans, avec ou sans le concours du département, un nombre de bourses, fixé de gré à gré avec le Ministre. A l'expiration des 10 ans, les villes et les départements seront libres de supprimer les bourses sauf le droit acquis aux boursiers en jouissance de leur bourse.

Dans le cas où l'État voudrait conserver le pensionnat, le local et le mobilier resteront à sa disposition, et ne feront retour à la commune que lors de la suppression de cet établissement.

DÉCRET RELATIF AUX BUREAUX D'ADMINISTRATION DES LYCÉES NATIONAUX
ET DES COLLÈGES COMMUNAUX.

(20 janvier 1886.)

Extrait relatif aux bureaux d'administration des lycées.

Art. 1er. Tout lycée national de garçons dans les départements est pourvu d'un bureau d'administration. Ce bureau sera composé ainsi qu'il suit, savoir :

L'inspecteur d'académie, membre de droit ;

Le préfet et le sous-préfet, *idem ;*

Le maire, *idem ;*

Le proviseur, membre de droit.

Six membres nommés pour trois ans par le Ministre, sur la présentation du recteur, après avis du préfet. Trois de ces membres sont choisis parmi les conseillers municipaux de la ville où se trouve le lycée; leurs pouvoirs cessent avec ceux du conseil dont ils font partie.

Le secrétaire est désigné par le bureau.

Le recteur est président de droit du bureau d'administration de tous les lycées de son ressort académique. En l'absence du recteur, la présidence revient à l'inspecteur d'académie; néanmoins, dans ce cas, lorsque le préfet assiste personnellement à la séance, il prend la présidence.

Le préfet, membre de droit des bureaux d'administration de tous les lycées situés dans son département, peut se faire représenter dans le bureau du lycée du chef-lieu par un conseiller de préfecture.

En cas de partage, la voix du président est prépondérante.

Art. 2. Le bureau d'administration surveille et contrôle l'administration matérielle des lycées; il vérifie par ses délégués, et conformément à l'article 6, si le service économique est régulièrement organisé, si la maison est tenue avec tout le soin que réclame le bien-être des élèves, si les prescriptions réglementaires sur l'hygiène et la nourriture sont scrupuleusement observées, si les fournitures de toute nature sont faites dans de bonnes conditions et soumises à un contrôle efficace.

Un ou deux membres de bureau, désignés par le recteur, assistent, avec l'inspecteur d'académie, à l'inventaire des approvisionnements qui existent dans les magasins du lycée, et en constatent l'état. Le résultat du contrôle est consigné, avec tous les détails nécessaires, sur le procès-verbal de l'inventaire.

Le médecin du lycée peut être appelé aux séances du bureau, à titre consultatif, pour les questions où sa compétence serait jugée utile.

Art. 3. Le bureau d'administration examine les projets de budget préparés par le proviseur et y mentionne ses propositions; le rapport et la délibération sont transmis au recteur avec le projet de budget.

Il exprime son avis sur l'opportunité et sur l'utilité de toutes les demandes de crédits supplémentaires et extraordinaires concernant le service matériel et économique, ainsi que sur les travaux de construction ou de réparation. Ces affaires sont introduites par le proviseur, après autorisation du recteur.

Il vérifie le compte d'administration, ainsi que toutes les pièces de dépense qui s'y rattachent, et expose dans un rapport motivé son opinion tant sur le compte lui-même que sur le résultat de l'administration du proviseur et de la gestion de l'économe pendant l'année écoulée. Dans ce rapport, il mentionne expressément toutes les améliorations qu'il juge utile d'introduire dans les services matériels. Lorsqu'à la suite de l'examen des comptes d'administration, le bureau entre en délibération, le proviseur cesse d'assister à la séance.

Le bureau d'administration discute les modes de marchés proposés par le proviseur et qui doivent être soumis à l'approbation du conseil académique. Il arrête, sauf approbation du recteur, les cahiers des charges et les clauses et conditions des marchés de toute nature.

ART. 4. Les questions d'études, de discipline intérieure et de personnel ne rentrent pas dans les attributions du bureau d'administration.

ART. 5. Le bureau se réunit au moins une fois tous les trois mois. Il est, en outre, convoqué par le président toutes les fois que les besoins du service l'exigent. Les réunions ont lieu dans la salle des actes du lycée.

Il est tenu procès-verbal des séances sur un registre particulier, qui est coté et paraphé par le recteur ou l'inspecteur d'académie et qui reste déposé dans l'établissement.

La présence de six membres au moins est nécessaire pour la validité des délibérations du bureau.

ART. 6. Dans les séances trimestrielles, le bureau désigne les délégués qui doivent, au moins une fois par mois, visiter le lycée, accompagnés de l'inspecteur d'académie ou du proviseur.

Il est rendu compte, dans chaque séance, des visites faites depuis la séance précédente; les observations des délégués et la discussion à laquelle elles peuvent donner lieu sont consignées au procès-verbal.

Une copie du procès-verbal est adressée au recteur, qui la transmet, s'il y a lieu, au Ministre, avec ses observations.

ART. 7. Pour l'ensemble des lycées du département de la Seine, les attributions du bureau d'administration sont exercées par une commission administrative que préside le vice-recteur, conformément à la convention intervenue entre le Ministre de l'instruction publique et la ville de Paris, les 12 et 31 décembre 1884.

III. — COLLÈGES COMMUNAUX.

LOI RELATIVE À L'ENSEIGNEMENT.
(15 mars 1850.)

. . . .

ART. 72. Les collèges communaux sont fondés et entretenus par les communes.

Ils peuvent être subventionnés par l'État.

. . . .

ART. 74. Pour établir un collège communal, toute ville doit satisfaire aux conditions suivantes : fournir un local approprié à cet usage et en assurer l'entretien; placer et entretenir dans ce local le mobilier nécessaire à la tenue des cours et à celle du pensionnat si l'établissement doit recevoir des élèves internes; garantir pour cinq ans au moins, le traitement fixe du principal et des professeurs, lequel sera considéré comme dépense obligatoire pour la commune en cas d'insuffisance des revenus propres du collège, de la rétribution collégiale payée par les externes et des produits du pensionnat. Dans le délai de deux ans, les villes qui ont fondé des collèges communaux en dehors de ces conditions devront y avoir satisfait.

ART. 75. L'objet et l'étendue de l'enseignement dans chaque collège communal seront déterminés, eu égard aux besoins de la localité, par le Ministre de l'instruction publique, en Conseil supérieur, sur la proposition du conseil municipal et l'avis du Conseil académique.

. . . .

DÉCRET RELATIF AUX BUREAUX D'ADMINISTRATION DES LYCÉES ET COLLÈGES.

(20 janvier 1886.)

(Extrait relatif aux bureaux d'administration des Collèges communaux.)

. . . .

ART. 8. Tout collège communal est pourvu d'un bureau d'administration.

. . . .

Ce bureau se compose ainsi qu'il suit :
L'inspecteur d'académie, président, membre de droit;
Le préfet ou le sous-préfet, *idem;*
Le maire, *idem ;*
Le principal, *idem.*
Quatre membres nommés pour trois ans par le Ministre, sur la présentation du recteur, après avis du préfet. Deux de ces membres sont choisis parmi les conseillers municipaux de la ville où est établi le collège; leurs pouvoirs cessent avec ceux du conseil dont ils font partie.
Le recteur est président de droit des bureaux d'administration de tous les collèges communaux de son académie.
Le secrétaire est choisi par le bureau.
Dans les chefs-lieux de préfecture, le préfet peut se faire représenter par un délégué; lorsqu'il assiste personnellement à la séance, la présidence lui appartient, en l'absence du recteur.
Dans les chefs-lieux de sous-préfecture, en l'absence de l'inspecteur d'académie, le bureau est présidé par le sous-préfet, qui ne peut se faire représenter par un délégué. En l'absence de l'inspecteur et du sous-préfet, le maire préside.
Dans les villes qui ne sont pas chefs-lieux de département ou

d'arrondissement, le maire préside le bureau en l'absence de l'inspecteur d'académie.

La présence de cinq membres au moins est nécessaire pour la validité des délibérations du bureau.

En cas de partage des voix, celle du président est prépondérante.

ART. 9. Le bureau d'administration surveille et contrôle l'administration matérielle des collèges; il vérifie par ses délégués, et conformément à l'article 13, si le service économique est régulièrement organisé, si la maison est tenue avec tout le soin que réclame le bien-être des élèves, si les prescriptions réglementaires sur l'hygiène et la nourriture sont scrupuleusement observées, si les fournitures de toute nature sont faites dans de bonnes conditions et soumises à un contrôle efficace [1].

Le médecin du collège peut être appelé aux séances du bureau, à titre consultatif, pour les questions où sa compétence serait jugée utile.

ART. 10. Le bureau d'administration exprime son avis sur l'opportunité et l'utilité des dépenses que peuvent exiger l'entretien et l'amélioration du mobilier scolaire et scientifique, sur les travaux de construction et de réparation, sur la création de nouvelles chaires.

Il examine les projets de budget et donne son avis sur la répartition des fonds accordés par la ville pour l'entretien du collège. Le compte administratif des recettes et des dépenses lui est également soumis chaque année.

Les délibérations du bureau d'administration ne peuvent recevoir leur effet qu'après approbation du Ministre, sur la proposition du recteur.

ART. 11. Les questions d'études, de discipline intérieure et de personnel ne rentrent pas dans les attributions du bureau d'administration.

ART. 12. Le bureau se réunit une fois tous les trois mois. Il est en outre convoqué par l'inspecteur d'académie lorsque les besoins du service l'exigent.

---

[1] Cf. Règlement de janvier 1899, sur l'administration financière des collèges, art. 3.

Les réunions ont lieu au collège et, à défaut de local convenable, dans l'une des salles de la mairie.

Il est tenu procès-verbal des séances sur un registre particulier, qui est coté et paraphé par l'inspecteur d'académie et reste déposé dans l'établissement.

ART. 13. Dans les séances trimestrielles, le bureau désigne les délégués qui doivent, au moins une fois par mois, visiter le collège, accompagnés de l'inspecteur d'académie ou du principal.

Il est rendu compte, dans chaque séance, des visites faites depuis la séance précédente; les observations des délégués et la discussion à laquelle elles peuvent donner lieu sont consignées au procès-verbal. Une copie du procès-verbal est adressée au recteur, qui la transmet, s'il y a lieu, au Ministre avec ses observations.

IV. — UTILISATION DES LOCAUX SCOLAIRES.

CIRCULAIRE RELATIVE À L'UTILISATION DES LOCAUX SCOLAIRES POUR LE LOGEMENT DES TROUPES.
(3 mai 1893.)

MONSIEUR LE RECTEUR, des difficultés se sont élevées à diverses reprises, entre les administrations intéressées, au sujet de l'utilisation des locaux scolaires pour le logement ou le cantonnement des troupes, soit en temps de paix, soit en temps de guerre, La question a été examinée en commun par les départements de la Guerre, de l'Intérieur et de l'Instruction publique, et réglée par une convention que je crois devoir porter à votre connaissance.

Aux termes de la loi du 3 juillet 1877 (art. 13), il appartient aux municipalités de veiller à ce que la charge du logement et du cantonnement soit répartie avec équité sur tous les habitants. Dans ces conditions, l'utilisation et l'emploi des locaux scolaires se feront de la façon suivante, soit pendant les appels du temps de paix, soit en cas de mobilisation, toutes les fois que les municipalités jugeront devoir y recourir :

« 1° Les écoles de filles continueront à bénéficier des dispositions du règlement d'administration publique du 23 novembre 1886, concernant les établissements occupés par des femmes ou des filles vivant seules. Aux termes dudit règlement, tout établissement de cette catégorie est considéré comme non soumis à la charge du logement en nature et comme ne devant fournir le cantonnement que dans les bâtiments qui peuvent être complètement isolés des locaux occupés par l'habitation.

« 2° Les établissements scolaires de garçons seront, quelle qu'en soit la nature, mis à la disposition des troupes, chaque fois que les municipalités jugeront devoir y recourir pour le logement ou le cantonnement.

« Il est d'ailleurs entendu que cette occupation ne pourra jamais s'étendre à la partie des locaux effectivement habitée par les élèves présents. En outre, les autorités municipales devront, avant de fixer la quantité d'hommes que peut recevoir un établissement pendant la période de scolarité, consulter son directeur, afin de n'y loger ou cantonner, sauf le cas de force majeure, que le nombre d'hommes compatible avec le fonctionnement du service scolaire.

« D'autre part, il sera rappelé que la présence de literie et de mobilier disponibles dans un établissement scolaire n'implique, en aucune façon, leur mise à la disposition des troupes simplement cantonnées.

« 3° Les dégats causés par les militaires dans les bâtiments scolaires seront estimés dans les mêmes formes que ceux dont aurait à se plaindre un particulier, et les imputations qui en résulteront seront mises à la charge du département de la Guerre. »

MM. les Ministres de l'intérieur et de la guerre ont donné ou vont donner des instructions aux fonctionnaires placés sous leurs ordres.

Je vous prie, de mon côté, de vouloir bien porter ces dispositions à la connaissance des inspecteurs d'académie et des chefs d'établissements placés sous votre autorité directe, lycées, collèges, écoles normales, etc., et de veiller, en ce qui vous concerne, à leur application, tout en faisant le possible pour qu'il ne s'élève à l'avenir aucune réclamation, soit de la part de l'autorité militaire, soit de la part des municipalités.

V. — ASSOCIATIONS D'ANCIENS ÉLÈVES.

CIRCULAIRE.
(8 mars 1867.)

Monsieur le Recteur, l'institution des sociétés d'anciens élèves des lycées et des collèges a généralement pour but, outre l'entretien des relations d'amitié formées dans l'enfance, la fondation de bourses et de prix annuels en faveur des élèves et la dispensation de secours à d'anciens condisciples ou à d'anciens maîtres nécessiteux. On ne peut, assurément, qu'applaudir à un pareil programme. Mais il m'a paru possible d'y ajouter une disposition qui rentrerait dans les vues généreuses que se proposent ces sociétés : ce serait de leur confier le patronage des élèves qui sont sur le point de sortir du lycée. A ce moment, les associations peuvent intervenir de la manière la plus utile en donnant à ces jeunes gens de sages directions, en leur aplanissant les difficultés qu'on rencontre à l'entrée dans le monde, en leur facilitant l'accès d'une carrière en rapport avec leur vocation, leur capacité et leur position de famille; en un mot, elles peuvent avoir sur l'avenir des enfants de nos lycées, et plus spécialement des boursiers, une influence décisive et qui, par ses effets de toute nature, prendrait le caractère d'un véritable service social. Je ne manque pas, quand des statuts de sociétés sont présentés à mon approbation, de recommander l'addition d'une clause dans le sens que je viens d'indiquer, et je me plais à constater que mes recommandations ont toujours été accueillies avec empressement.

Je vous invite, Monsieur le Recteur, à provoquer, de concert avec MM. les proviseurs des lycées et les principaux des collèges, la constitution de sociétés formées sur ces bases, ou la reconstitution, à ce point de vue, de celles qui existent déjà et qui n'auraient pas inscrit le patronage dans leurs statuts. Les Conseils de perfectionnement, créés par la loi du 21 juin 1865, sont investis, par l'article 3 de l'arrêté du 6 mars 1866, des attributions d'un comité de patronage, et autorisés à s'adjoindre, pour cet objet, un certain nombre d'anciens élèves. Par ce côté, ils se rapprochent des associations avec lesquelles ils peuvent se concerter et combiner leur action pour le plus grand bien de la jeunesse.

. . . .

CIRCULAIRE RELATIVE AU MÊME OBJET.

(21 avril 1894.)

Monsieur le Recteur, par circulaire du 13 février 1884, vous avez reçu communication d'un modèle de statuts élaboré par le Conseil d'État, pour les associations qui se proposent de demander leur reconnaissance comme établissements d'utilité publique.

La Haute Assemblée a adopté récemment un nouveau type de statuts, qui doit remplacer le modèle de 1884 ; vous en trouverez ci-joints plusieurs exemplaires.

Je saisis cette occasion pour vous prier d'attirer l'attention de MM. les proviseurs et de Mmes les directrices des lycées de votre ressort sur l'utilité des associations d'anciens élèves. Ces sociétés peuvent nous prêter un concours très précieux, non seulement par des fondations de bourses et de prix, mais par le patronage qu'elles exerceraient sur les élèves qui sont à la veille de sortir du lycée; elles peuvent, comme le faisait observer un de mes honorables prédécesseurs, « intervenir de la manière la plus utile en donnant à ces jeunes gens de sages directions, en leur aplanissant les difficultés qu'on rencontre à l'entrée dans le monde, en leur facilitant l'accès d'une carrière en rapport avec leur vocation, leur capacité et leur position de famille ».

Mon administration ne pourrait donc qu'encourager vivement les efforts qui seraient tentés par les autorités locales, soit pour fonder des associations d'anciens élèves là où il n'en existe pas, soit pour étendre les bienfaits et développer les moyens d'action de celles qui fonctionnent déjà.

Comme la reconnaissance légale confère des avantages considérables, j'appuierais volontiers les demandes formées à cet effet par les associations qui, ne jouissant pas encore de la personnalité civile, rempliraient néanmoins les conditions exigées par la jurisprudence du Conseil d'État. Je vous rappelle que, d'après cette jurisprudence, les sociétés qui se mettraient en instance devraient compter un assez grand nombre d'adhérents, justifier d'une certaine durée antérieure, posséder un fonds de réserve suffisant et des ressources annuelles assez élevées pour assurer leur existence, ainsi que l'accomplissement de leur mission, pour faire face aux dépenses imprévues et garantir les dettes qui pourraient être exigibles, en cas de dissolution.

MODÈLE DE STATUTS

DES

ASSOCIATIONS, SOCIÉTÉS, ETC.,

QUI SOLLICITENT LA RECONNAISSANCE COMME ÉTABLISSEMENTS D'UTILITÉ PUBLIQUE.

I. BUT ET COMPOSITION DE L'ASSOCIATION.

Art. 1er. L'Association dite   , fondée en   , a pour but de   .

Elle a son siège à

Art. 2. Les moyens d'action de l'Association sont [1] :

Art. 3. L'Association se compose de membres titulaires et de membres [2].

Pour être membre titulaire, il faut : 1° être présenté par deux membres de l'Association et agréé par le Conseil d'administration; 2° payer une cotisation annuelle dont le minimum est de   francs.

La cotisation peut être rachetée en versant une somme fixe de ou égale à   fois le montant de la cotisation annuelle.

Pour être membre il faut   [3].

Art. 4. La qualité de membre de l'Association se perd :

1° Par la démission;

2° Par la radiation prononcée, pour motifs graves, par le Conseil d'administration, le membre intéressé ayant été préalablement appelé à fournir ses explications, sauf recours à l'assemblée générale, ou par l'assemblée générale, sur le rapport du Conseil d'administration.

II. ADMINISTRATION ET FONCTIONNEMENT.

Art. 5. L'Association est administrée par un Conseil composé de membres élus pour   ans par l'assemblée générale.

En cas de vacance, le Conseil pourvoit au remplacement de ses membres, sauf ratification par la plus prochaine assemblée générale.

Le renouvellement du Conseil a lieu   [4].

Les membres sortants sont rééligibles.

Ce Conseil choisit parmi ses membres un bureau composé des président, vice-président, secrétaire, trésorier.

Le bureau est élu pour   an [5].

Art. 6. Le Conseil se réunit [6]   et chaque fois qu'il est convoqué par son président ou sur la demande du quart de ses membres.

La présence du [7]   des membres du Conseil d'administration est nécessaire pour la validité des délibérations.

---

[1] A titre d'exemples : Bulletin, publications, mémoires, conférences et cours, écoles, musées et expositions, bourses, pensions, concours, prix et récompenses, secours.

[2] A titre d'exemples : Membres fondateurs, donateurs, bienfaiteurs; souscripteurs perpétuels; honoraires, auxiliaires; correspondants.

[3] Indiquer à quelles conditions le Conseil peut conférer les titres énumérés dans la note précédente.

[4] Le renouvellement peut avoir lieu soit intégralement, soit par moitié, tiers, quart ou cinquième, suivant la durée du mandat.

[5] La durée du mandat ne saurait excéder la durée des fonctions du Conseil.

[6] Autant que possible tous les mois.

[7] Le minimum du tiers paraît nécessaire.

Il est tenu procès-verbal des séances.

Les procès-verbaux sont signés par le président et le secrétaire.

Art. 7. Toutes les fonctions de membre du Conseil d'administration et du bureau sont gratuites.

Art. 8. L'assemblée générale des membres [1] de l'Association se réunit [2] et chaque fois qu'elle est convoquée par le Conseil d'administration ou sur la demande du quart au moins de ses membres.

Son ordre du jour est réglé par le Conseil d'administration.

Son bureau est celui du Conseil.

Elle entend les rapports sur la gestion du Conseil d'administration, sur la situation financière et morale de l'Association.

Elle approuve les comptes de l'exercice clos, vote le budget de l'exercice suivant, délibère sur les questions mises à l'ordre du jour et pourvoit au renouvellement des membres du Conseil d'administration [3].

Le rapport annuel et les comptes sont adressés, chaque année, à tous les membres, au préfet du département et au Ministre de l'intérieur.

Art. 9. Les dépenses sont ordonnancées par le président. L'Association est représentée en justice et dans tous les actes de la vie civile par [4].

Art. 10. Les délibérations du Conseil d'administration relatives aux acquisitions, échanges et aliénations d'immeubles, aliénation de valeurs dépendant du fonds de réserve, prêts hypothécaires, emprunts, constitutions d'hypothèques et baux excédant neuf années, ne sont valables qu'après l'approbation de l'assemblée générale.

Art. 11. Les délibérations du Conseil d'administration relatives à l'acceptation des dons et legs, les délibérations de l'assemblée générale relatives aux acquisitions et échanges d'immeubles, aliénation de valeurs dépendant du fonds de réserve et prêts hypothécaires, ne sont valables qu'après l'approbation du Gouvernement.

---

[1] En général elle est composée seulement des membres *titulaires* ; mais elle peut comprendre aussi statutairement d'autres membres désignés à l'article 3.

[2] L'assemblée doit se réunir au moins une fois par an.

[3] Le Conseil d'État autorise parfois, en cas de nécessité démontrée, le vote dans les assemblées générales, tantôt par correspondance, tantôt par procuration, pourvu que le mandataire soit déjà sociétaire et qu'il ne puisse réunir plus de cinq voix, y compris la sienne.

[4] Le président, le trésorier ou le secrétaire.

III. RESSOURCES ANNUELLES ET FONDS DE RÉSERVE.

ART. 12. Les ressources annuelles de l'Association se composent :

1° Des cotisations et souscriptions de ses membres;

2° Des subventions qui pourront lui être accordées;

3° Du produit des ressources créées à titre exceptionnel et, s'il y a lieu, avec l'agrément de l'autorité compétente [1];

4° Enfin du revenu de ses biens et valeurs de toute nature.

ART. 13. Le fonds de réserve comprend :

1° La dotation;

2° Le dixième au moins de l'excédent des ressources annuelles;

3° Les sommes versées pour le rachat des cotisations;

4° Le produit des libéralités autorisées sans affectation spéciale.

ART. 14. Le fonds de réserve est placé en rentes nominatives 3 p. o/o sur l'État ou en obligations nominatives de chemins de fer dont le minimum d'intérêt est garanti par l'État.

Il peut également être employé en acquisition d'immeubles, pourvu que ces immeubles soient nécessaires au fonctionnement de la société, ou en prêts hypothécaires, pourvu que le montant de ces prêts réuni aux sommes garanties par les autres inscriptions ou privilèges qui grèvent l'immeuble ne dépasse pas les deux tiers de sa valeur estimative.

IV. MODIFICATION DES STATUTS ET DISSOLUTION.

ART. 15. Les statuts ne peuvent être modifiés que sur la proposition du Conseil d'administration ou du dixième des membres titulaires, soumise au bureau au moins un mois avant la séance.

L'assemblée extraordinaire, spécialement convoquée à cet effet, ne peut modifier les statuts qu'à la majorité des deux tiers des membres présents.

L'assemblée doit se composer du quart, au moins, des membres en exercice.

ART. 16. L'assemblée générale, appelée à se prononcer sur la dissolution de l'Association et convoquée spécialement à cet effet, doit comprendre, au moins, la moitié plus un des membres en exercice. La dissolution ne peut être votée qu'à la majorité des deux tiers des membres présents.

ART. 17. En cas de dissolution ou en cas du retrait de la reconnaissance de l'Association comme établissement d'utilité publique, l'assemblée

[1] Quêtes, conférences, tombolas, loteries, concerts, bals et spectacles autorisés au profit de l'Association.

générale désigne un ou plusieurs commissaires chargés de la liquidation des biens de l'Association. Elle attribue l'actif net à un ou plusieurs établissements analogues, publics ou reconnus d'utilité publique.

Ces délibérations sont adressées sans délai au Ministre de ⁽¹⁾.

Dans le cas où, l'assemblée générale n'ayant pas pris les mesures indiquées, un décret interviendrait pour y pourvoir, les détenteurs des fonds, titres, livres et archives appartenant à l'Association s'en dessaisiront valablement entre les mains du commissaire liquidateur désigné par ledit décret.

Art. 18. Les délibérations de l'assemblée générale prévues aux articles 15, 16 et 17 ne sont valables qu'après l'approbation du Gouvernement.

V. RÈGLEMENT INTÉRIEUR ET SURVEILLANCE.

Art. 19. Un règlement, adopté par l'assemblée générale et approuvé par le Ministre de l'intérieur, après avis du Ministre⁽¹⁾ arrête les conditions de détail propres à assurer l'exécution des présents statuts. Il peut toujours être modifié dans la même forme.

Art. 20. Le Ministre de⁽¹⁾   aura le droit de faire visiter par ses délégués les établissements fondés par l'Association et de se faire rendre compte de leur fonctionnement.

PIÈCES À PRODUIRE.

1. Exposé indiquant :
    L'origine et le développement de l'œuvre ;
    Son but d'utilité publique ;
    Importance des travaux ou services rendus ;
    Justification de ressources proportionnées aux besoins de l'Association et pouvant garantir sa durée.
2. Comptes des trois dernières années.
3. Budget de l'année courante.
4. État de l'actif et du passif.
5. Liste des membres.
6. Délibération de l'assemblée générale demandant la reconnaissance légale, adoptant les statuts présentés, déléguant deux de ses membres, auxquels elle donne tous pouvoirs pour consentir les modifications qui peuvent être demandées par le Gouvernement.
7. Avis favorables du préfet et du Ministre compétent.

⁽¹⁾ Indiquer le Ministre au département duquel ressortit l'Association.

CHAPITRE IV.

PERSONNEL DES ÉTABLISSEMENTS D'ENSEIGNEMENT SECONDAIRE.

I. — NOMINATION ET ATTRIBUTIONS.

1. — PROVISEURS.

LOI SUR L'INSTRUCTION PUBLIQUE.
(11 floréal an x.)

. . . .

ART. 13. L'Administration de chaque lycée sera confiée à un proviseur : il aura immédiatement sous lui un censeur des études et un procureur gérant les affaires de l'école.

ART. 14. Le proviseur, le censeur et le procureur de chaque lycée seront nommés par le Premier Consul.

RÈGLEMENT RELATIF À L'ENSEIGNEMENT DES LYCÉES.
(19 septembre 1809.)

. . . .

ART. 2. La direction et l'administration de chaque lycée sont confiées à un proviseur, auquel tous les autres fonctionnaires sont subordonnés.

STATUT CONCERNANT LES COLLÈGES ROYAUX.
(4 septembre 1821.)

. . . .

ART. 3. La direction et l'administration (du lycée) sont confiées au proviseur. Tous les autres fonctionnaires lui sont subordonnés en tout ce qui concerne leurs fonctions.

Art. 4. Le proviseur, responsable devant Dieu et devant les hommes de la bonne administration du collège exerce une surveillance générale sur tout ce qui intéresse la religion, les mœurs, l'ordre et les études[1].

Art. 5. Le proviseur dirige aussi la gestion économique.

Art. 6. Le proviseur notifie et fait exécuter les ordonnances, jugements, arrêtés et décisions relatifs au collège.

Art. 7. Il visite souvent le refectoire, pendant le temps des repas, pour s'assurer si les élèves sont nourris comme ils doivent l'être.
Il assiste de temps en temps avec le censeur aux leçons des professeurs. Il visite les salles d'études.
S'il a remarqué des contraventions graves qui puissent être attribuées à la négligence des fonctionnaires, il en avertit par écrit le censeur, qui est chargé d'y remédier.

Art. 8. Le proviseur examine tous les matins le journal de chaque classe, sur lequel sont inscrits les notes que les élèves internes ont méritées de la part des divers fonctionnaires. Chaque journal lui est remis la veille au soir par le censeur. Après l'examen de ces notes, il fait appeler ceux des élèves à qui il juge convenable d'adresser des remontrances ou des exhortations.

Art. 9. Le proviseur..., se rend dans chaque salle d'études avec le censeur, pour assister à une lecture solennelle du résumé des notes de la semaine.

. . . .

Art. 11. Le proviseur adresse aux parents, tous les trois mois, une note sur la conduite, les progrès, la tenue et l'état de santé de leurs enfants.

. . . .

Art. 59. L'infirmerie est particulièrement recommandée à la sollicitude du proviseur[2].
Le médecin et le chirurgien font, tous les jours, avec lui, au moins une visite à l'infirmerie.

[1] Voir, page 93, la circulaire du 20 janvier 1895, relative aux vacances du personnel administratif et, page 110, la circulaire du 28 mai 1900 relative aux distributions de prix.
[2] *Règlement du 19 septembre 1809.* Art. 101. L'infirmerie est particulière-ment et immédiatement soumise au proviseur, qui la visitera tous les jours. ·Art. 107. Tout élève doit être vacciné avant d'être admis dans le pensionnat Ainsi le proviseur enverrait à l'infirmerie. à cet effet, l'élève qui n'aurait pas été vacciné.

ORDONNANCE ROYALE RELATIVE À L'ADMINISTRATION DE L'INSTRUCTION PUBLIQUE.
(26 mars 1829.)

. . . .

ART. 18. Les proviseurs et les censeurs des collèges royaux devront être licenciés, soit dans la faculté des sciences, soit dans celle des lettres.

2. — CENSEURS.

ARRÊTÉ PORTANT RÈGLEMENT GÉNÉRAL DES LYCÉES.
(21 prairial an II.)

. . . .

ART. 13. Le censeur surveillera la conduite, les mœurs, le travail et le progrès des élèves.

ART. 14. Les maîtres d'études lui seront subordonnés.

ART. 15. Il rendra compte chaque jour au proviseur, de l'état du lycée.

ART. 16. Il exercera une police particulière sur les externes, dont il surveillera l'entrée et la sortie.

. . . .

ART. 18. Il examinera tous les livres, dessins et gravures qui entrent dans le lycée, et écartera ceux qui pourraient être dangereux pour les mœurs.

ART. 19. Il présidera aux repas, au lever et au coucher des élèves, à l'entrée et à la sortie des classes, aux récréations et aux promenades.

ART. 20. Il pourra entrer à toute heure dans les salles d'études et dans les dortoirs.

RÈGLEMENT RELATIF À L'ENSEIGNEMENT DES LYCÉES.
(19 septembre 1809.)

. . . .

ART. 10. Le censeur est subordonné au proviseur, et supérieur à tous les autres fonctionnaires du lycée. Il veille au progrès des études, à la direction de l'enseignement, au maintien de l'ordre et de la discipline. Il surveille particulièrement la conduite des externes, leur entrée et leur sortie.

Art. 11. Le censeur reçoit les ordres du proviseur, et lui rend compte de leur exécution. Il présente au proviseur des notes qui lui seront fournies toutes les semaines par les divers préposés à l'enseignement et à la discipline, sur la docilité, les mœurs, la capacité et les progrès des élèves [1].

Art. 12. Il a la surveillance de la bibliothèque.

STATUT CONCERNANT LES COLLÈGES ROYAUX.
(4 septembre 1821.)

. . . .

Art. 13. Le censeur est le surveillant spécial et immédiat de tout ce qui concerne l'enseignement et la discipline.

Il reçoit directement les ordres du proviseur et lui rend compte de l'exécution.

Il le remplace dans toutes ses fonctions, en cas d'absence ou d'empêchement.

Art. 14. Le censeur reçoit, tous les soirs, des maîtres d'études, et remet au proviseur les journaux de chaque classe, contenant les notes que chacun des élèves internes a méritées.

Art. 15. Le samedi soir, il remet au proviseur le résumé de ces notes de chaque jour, comme aussi les notes des professeurs sur la conduite et le travail des élèves externes pendant la semaine.

Art. 16. Le censeur surveille personnellement le lever et le coucher des élèves, l'entrée et la sortie des classes, le réfectoire, les promenades et le parloir.

Art. 17. Le censeur est le conservateur de la bibliothèque et de toutes les collections d'objets relatifs aux sciences.

DÉCRET RELATIF AU PERSONNEL DES LYCÉES.
(29 juillet 1859.)

Art. 1er. A l'avenir, les censeurs des études dans les lycées impériaux seront choisis :

1° Parmi les agrégés ;

[1] Voir page 93 la circulaire du 20 janvier 1895 relative aux vacances du personnel administratif.

2° Parmi les licenciés pourvus du titre d'officier d'académie, qui auront rempli, pendant cinq années, les fonctions soit de chargés de cours dans un lycée, soit de surveillants généraux pourvus d'une nomination ministérielle, soit de principaux de collèges [1].

. . . .

3. — AUMÔNIERS.

ARRÊTÉ RELATIF À L'ORGANISATION DE L'ENSEIGNEMENT DANS LES LYCÉES.
(19 frimaire an XI.)

. . . .

ART. 28. Il y aura un aumônier dans chaque lycée.

RÈGLEMENT RELATIF À L'ENSEIGNEMENT DES LYCÉES.
(19 septembre 1809.)

. . . .

ART. 32. L'aumônier du lycée sera nommé par le grand maître et approuvé *ad hoc* par l'évêque.

STATUT CONCERNANT LES COLLÈGES ROYAUX.
(4 septembre 1821.)

. . . .

ART. 18. L'aumônier est chargé d'instruire les élèves dans la religion.

ART. 19. . . . . . Il est nommé sur la présentation du proviseur et l'avis du recteur, qui consulte préalablement l'évêque diocésain.

. . . .

ART. 22. L'aumônier célèbre l'office divin dans la chapelle du collège et fait aux élèves une instruction religieuse.

. . . .

ART. 24. L'aumônier prépare les élèves à la première communion et à la confirmation.

[1] Pour les surveillants généraux délégués dans les fonctions de censeurs, voir le décret du 28 août 1891, art. 23 et note relative à cet article, p. 74.

CIRCULAIRE RELATIVE AUX AUMÔNIERS PROTESTANTS OU ISRAÉLITES.
(12 novembre 1835.)

Dans tous les collèges royaux, toutes les fois qu'il se trouvera des élèves appartenant à l'un des cultes reconnus par la loi, et s'il existe dans la ville une église de ce culte, vous ferez en sorte, en vous concertant avec le consistoire et avec les parents, qu'un des pasteurs soit appelé pour donner à ces élèves l'instruction religieuse, et que toutes les facilités nécessaires lui soient assurées pour cette instruction et pour les pratiques de son culte.

Toutes les fois que le nombre des élèves ainsi confiés aux soins d'un pasteur s'élèvera à dix, une indemnité lui sera allouée.

Quel que soit le nombre des élèves, aucun pasteur ne sera admis à donner dans un collège l'instruction religieuse sans que j'en aie été préalablement informé et sans que je lui ai donné mon approbation.

Je ne puis mettre d'office à la charge des villes une dépense extraordinaire, mais je vous recommande d'employer tous vos soins, afin que les mesures ci-dessus indiquées pour les collèges royaux reçoivent, s'il y a lieu, dans les collèges communaux, leur pleine exécution.

4. — PROFESSEURS DE LYCÉES.

DÉCRET RELATIF AUX FONCTIONNAIRES DES LYCÉES.
(10 avril 1852.)

. . . .

Art. 6. Pour obtenir le titre de professeur dans un lycée, il faut être agrégé à la suite d'une épreuve publique.

DÉCRET RELATIF AUX PROFESSEURS DE L'ENSEIGNEMENT SPÉCIAL.
(28 mars 1866.)

Art. 3. Les professeurs titulaires de l'enseignement secondaire spécial dans les lycées sont pris exclusivement, soit parmi les agrégés de l'enseignement secondaire spécial, soit parmi les agrégés de tout ordre de l'enseignement secondaire.

. . . .

Art. 5. Les professeurs titulaires, les professeurs divisionnaires, les chargés de cours et les maîtres élémentaires des lycées
attachés à l'enseignement secondaire classique, peuvent être, en
outre, appelés à concourir à l'enseignement spécial, jusqu'à concurrence du nombre d'heures de service auquel ils sont tenus par
les règlements.

DÉCRET RELATIF À LA NOMINATION DES AGRÉGÉS.
(26 novembre 1875.)

Art. 1er. 1° Les agrégés pourvus d'un emploi dans les lycées
pourront être, quel que soit leur âge, nommés, dans ces établissements, professeurs à titre provisoire.

Ils jouiront, en cette qualité, de la totalité des émoluments
attachés à leur emploi.

2° Nul ne pourra être nommé professeur titulaire avant l'âge
de 25 ans accomplis et s'il ne compte cinq années d'exercice dans
l'enseignement public.

DÉCRET RELATIF À LA NOMINATION DES PROFESSEURS DE DESSIN.
(28 janvier 1882.)

Art. 1er. Les professeurs de dessin sont nommés par le Ministre
dans les lycées, les collèges . . . . .

Nul ne pourra être nommé professeur titulaire dans un lycée
s'il n'est pourvu du brevet supérieur de dessin.

En l'absence de candidats pourvus de l'un ou l'autre brevet, des
professeurs non diplômés pourront être chargés de cours à titre
provisoire, mais seulement après avis du Ministre des arts.

. . . .

ARRÊTÉ RELATIF À LA NOMINATION DES PROFESSEURS DE GYMNASTIQUE.
(13 décembre 1882.)

Art. 1er. Nul ne peut être nommé professeur de gymnastique
dans les lycées, s'il n'est pourvu du certificat d'aptitude institué

par le décret du 3 février 1869, et s'il ne donne au moins douze heures de leçons par semaine.

. . . .

5. — CHARGÉS DE COURS.

CIRCULAIRE CONCERNANT LES CHARGÉS DE COURS DES LYCÉES VERSÉS DANS LE CADRE
DES PROFESSEURS DE COLLÈGE.

(23 octobre 1890.)

Monsieur le Recteur, un certain nombre de chargés de cours de lycée ont été récemment versés dans le cadre des professeurs de collège. Les fonctions de chargé de cours, par leur nature même, sont, en effet, essentiellement révocables. Je crois devoir appeler sur ce caractère toujours provisoire de leur emploi l'attention des fonctionnaires intéressés.

Il serait sans doute rigoureux, lorsque des chargés de cours sont depuis longtemps en possession de leur emploi, et que, n'étant plus en âge de se préparer aux concours d'agrégation, ils savent cependant se maintenir à la hauteur de leur tâche, de les déposséder d'une situation où ils ont rendu et rendront encore de bons services. La très grande majorité, je suis heureux de le constater, est dans ce cas.

Mais tous les chargés de cours dont l'insuffisance ou la négligence seraient constatées, ou ceux qui, étant en âge de le faire, se dispenseraient de travailler en vue des concours d'agrégation ou qui, s'y étant présentés, n'obtiendraient pas des notes satisfaisantes, ceux, en particulier, qui ont été nommés le plus récemment dans ces emplois, ne sauraient se prévaloir du titre de premier occupant pour être maintenus à leur poste, à l'exclusion de postulants pourvus du titre d'agrégé et qui, parfois, ont en outre des services égaux ou supérieurs.

D'autre part, en ce qui concerne le traitement, il n'est pas possible de conserver toujours intégralement aux chargés de cours versés dans les cadres des professeurs de collège leur traitement de chargés de cours. Des raisons d'ordre budgétaire et des raisons de justice s'y opposeraient : les droits des autres professeurs de collège à l'avancement s'en trouveraient compromis.

Il n'y a pas de règle générale qui puisse déterminer d'une manière absolue le classement d'un chargé de cours qui est nommé professeur de collège. Les dispositions du décret du 7 juillet dernier, déterminant, par le traitement dont ils jouissaient, la classe des fonctionnaires qui changent d'ordre ou de catégorie, ne visent que les cas de mutations de fonctions par avancement régulier. La seule règle à observer ici, c'est de compter, au point de vue de l'ancienneté, le temps de service accompli dans les lycées comme accompli dans les collèges. L'application de cette règle laisse d'ailleurs, pour la détermination de la classe, une certaine latitude dont il appartient à l'Administration d'user par décisions d'espèces, suivant les titres et la qualité des services.

Je vous prie de donner communication de cette circulaire aux fonctionnaires qu'elle intéresse dans votre académie.

DÉCRET CONFÉRANT AUX CHARGÉS DE COURS
LES PRÉROGATIVES DES PROFESSEURS TITULAIRES EN MATIÈRE DISCIPLINAIRE.
(21 février 1897.)

ART. 1er. Les chargés de cours des lycées nationaux relèvent, lorsqu'ils ont cinq ans de services, accomplis soit à titre de chargés de cours, soit à titre de professeurs de collèges, des mêmes juridictions disciplinaires que les professeurs titulaires.

Toutefois, en ce qui concerne la mutation pour un emploi inférieur, ils ne sont admis au bénéfice de l'article 14 de la loi du 27 février 1880 que par décisions individuelles. Ces décisions ne peuvent être prises qu'en faveur des chargés de cours comptant au moins quinze ans de services et après avis conforme du Comité consultatif de l'enseignement public (2e section).

CIRCULAIRE RELATIVE AUX PRÉROGATIVES ACCORDÉES AUX CHARGÉS DE COURS DES LYCÉES.
(Du 25 février 1897.)

MONSIEUR LE RECTEUR, j'ai reçu, par l'entremise de quelques-uns de vos collègues, communication de vœux exprimés par les chargés de cours de plusieurs lycées.

Ces fonctionnaires demandent : 1° le droit d'élection et d'égilibilité au Conseil supérieur de l'instruction publique; 2° le droit d'élection et d'éligibilité au Conseil académique; 3° la titularisation après un stage d'une durée à déterminer.

J'ai examiné ces vœux avec le désir d'y donner satisfaction en ce qu'ils ont de légitime.

Les conditions du droit d'élection et d'égilibilité au Conseil supérieur ont été fixées par le titre Ier de la loi du 27 février 1880. Proposer une modification de ces dispositions spéciales de la loi serait évidemment remettre en question la loi tout entière. Il m'a paru qu'il y avait plus d'inconvénients que d'avantages à engager actuellement cette réforme.

Quant aux conseils académiques dont la composition et les attributions seront, sans doute, modifiées à bref délai, j'ai demandé au Parlement, dans le projet de loi que j'ai récemment déposé à la Chambre des députés, de reconnaître le droit de vote, mais non d'éligibilité, à tous les chargés de cours des lycées; j'estime même que d'autres catégories de fonctionnaires devront jouir de cette prérogative, par exemple les maîtres élémentaires des lycées, les professeurs non licenciés des collèges, etc.

En ce qui concerne la titularisation des chargés de cours des lycées, il ne peut évidemment être question, en aucun cas, d'assimiler de tous points la condition des chargés de cours à celle des agrégés. Depuis l'origine de l'Université, le titre et le traitement de professeur de lycée ont appartenu seulement aux agrégés; ces avantages doivent leur rester réservés à titre exclusif. Les étendre à d'autres fonctionnaires, si estimables qu'ils soient d'ailleurs, serait déprécier le titre d'agrégé, affaiblir l'émulation féconde qu'il provoque, dispenser plus ou moins de l'effort intense et prolongé qu'il exige et dont il est le légitime prix. Comme conséquence, le niveau du concours d'agrégation s'abaisserait infailliblement, et, avec ce concours, s'abaisserait aussi, à bref délai, l'enseignement de nos lycées.

Mais le vœu des intéressés eux-mêmes n'est sans doute pas allé si loin. Ce qu'ils demandent, c'est de n'être pas exclu de certaines prérogatives générales conférées par la loi aux professeurs titulaires des collèges aussi bien que des lycées. Ces prérogatives sont de deux ordres.

D'une part, le professeur titulaire ne peut être révoqué, mis en retrait d'emploi, suspendu de ses fonctions, avec privation totale ou partielle de traitement que par un jugement au Conseil académique, dont il a le droit d'interjeter appel du Conseil supérieur. Il est juste que le chargé de cours, qui pourrait être, qui souvent a été professeur titulaire de collège, participe à ces prérogatives. Le décret ci-joint les lui confère sous condition d'un stage de cinq ans qui, aux termes de règlements toujours en vigueur, est exigible même des agrégés.

D'autre part, en vertu de l'article 14 de la loi du 27 février 1880, le professeur titulaire ne subit de mutation pour un emploi inférieur que sur l'avis de la section permanente. A cet égard, l'assimilation du chargé de cours avec le professeur n'est pas de plein droit, car le chargé de cours, pourvu des grades requis pour une chaire de collège, n'a pas le titre exigible pour la chaire qu'il occupe dans un lycée. Néanmoins, il a paru équitable qu'en raison des preuves de bon vouloir et de capacité qu'il aurait fournies dans son emploi, il pût, après un stage suffisant, recevoir les garanties d'une sorte d'investiture. La propriété de la chaire de lycée que l'agrégé acquiert par son titre, le chargé de cours aura à la conquérir par ses bons services. Sur l'avis conforme du Comité consultatif, après quinze ans de services, il pourra être admis au bénéfice de l'article précité de la loi du 27 février 1880.

Vous voudrez bien, Monsieur le Recteur, porter ces dispositions à la connaissance des intéressés. Sans doute les chargés de cours savaient déjà que s'ils n'étaient pas jusqu'ici protégés par des textes de loi, l'Administration n'avait jamais abusé du pouvoir qui lui était laissé à cet égard. Les assurances, qui leur ont été données plusieurs fois par mes prédécesseurs, n'ont point été démenties par les faits. Mais si les prescriptions positives d'un règlement ne peuvent qu'ajouter peu de chose à leur sécurité, elles ajouteront à leur dignité.

Désormais, les chargés de cours auront leur charte personnelle. Ils sauront, j'en ai l'assurance, reconnaître les prérogatives nouvelles par un surcroît de dévouement à l'Université.

6. — ÉCONOMES.

RÈGLEMENT POUR LE SERVICE ÉCONOMIQUE DES LYCÉES.

(30 mars 1863.)

TITRE Iᵉʳ.

Art. 1ᵉʳ. L'économe est chargé, sous la direction et l'autorité du proviseur, de tous les détails du service intérieur.

Il choisit les domestiques, avec l'agrément du proviseur; il les surveille il s'assure que la salubrité et la propreté règnent dans toutes les parties de la maison.

Il assiste à la réception des fournitures de toute espèce, et notamment aux livraisons quotidiennes de la viande et du pain.

Il fait les achats, prépare les cahiers des charges et les conditions des marchés.

Il dirige le travail du bureau, arrête la caisse chaque soir, et tient personnellement le livre des consommations journalières et le livre d'entrée et de sortie des denrées et marchandises.

Il demeure en outre chargé de la correspondance afférente à son service.

INSTRUCTIONS RELATIVES AU SERVICE ÉCONOMIQUE DES LYCÉES.

(9 avril 1863.)

. . . .

Le titre 1ᵉʳ (du règlement du 30 mars 1863) énumère les obligations principales des économes [1].

Conformément aux dispositions des règlements en vigueur, le proviseur est le chef de l'administration du lycée; il en a la direction et la haute surveillance; l'économe le seconde en exerçant son action et son contrôle sur tous les détails du service matériel et de la gestion économique; il a son initiative et sa responsabilité; c'est lui qui choisit, avec l'agrément du proviseur, les domestiques de l'établissement, qui les surveille et les dirige; il veille particulièrement au bien-être des élèves, au régime alimentaire du lycée; sa vigilance prévient les abus, sa surveillance, exercée assidûment sur tous les détails du service, assure d'heureuses économies et sert efficacement la prospérité financière du lycée.

. . . .

Les fonctions de l'économe sont essentiellement actives; sans doute, la bonne tenue des livres et des écritures est nécessaire au contrôle des opérations, mais ces opérations elles-mêmes sont l'objet principal de ses soins et de ses devoirs. Il doit donc laisser au commis tout le travail du bureau qui n'exige point absolument ses soins personnels, pour se réserver tout entier aux opérations mêmes de la gestion. Il est toutefois quelques parties des écritures dont il importe qu'il reste personnellement chargé. Il doit chaque jour vérifier la caisse et en arrêter le journal; il ne peut se dispenser de tenir le registre des consommations journalières et le livre de magasin, dont le continuel usage lui est nécessaire pour suivre tous les mouvements de la consommation et pour tenir réunis les éléments d'un contrôle qui doit s'appliquer à tous les détails. Il devra aussi, toutes les fois qu'il le pourra, encaisser lui-même les recettes sur les familles, car il y trouvera une occasion précieuse et unique de se mettre en rapports avec les parents d'élèves.

. . . .

Les articles 5 . . . . . sont consacrés au personnel des commis et des employés de l'économat. Le commis d'économat doit être initié de bonne heure à la surveillance et à la gestion économique. Destiné à devenir économe à son tour, il importe qu'il fasse l'apprentissage de ces fonctions pour être en état de les exercer utilement plus tard. Seul, il a le droit de

_____

[1] Voir page 93 la circulaire du 20 janvier 1895 relative aux vacances du personnel administratif.

remplacer l'économe empêché ou de le suppléer dans quelques-unes de ses attributions, et ces attributions sont expressément déterminées elles-mêmes dans un ordre de service proposé par l'économe à l'approbation du proviseur. Cette délégation ne décharge pas l'économe des devoirs que lui impose sa responsabilité.

Quand le nombre des élèves l'exigera, un second commis pourra être adjoint à l'économat. Ce second commis prendra le nom de *commis aux écritures* et sera spécialement employé au travail du bureau. Il demeure entendu que le commis d'économat, tout en prenant part à la surveillance intérieure, ne sera point dispensé de concourir au travail de la comptabilité.

Pour assurer autant que possible le recrutement de cette partie importante du personnel, j'ai décidé que des examens, dont les programmes sont ci-annexés, constateraient l'aptitude des candidats.

Ces examens seront subis par les candidats aux fonctions de commis aux écritures après un stage fait dans les bureaux des lycées, et par les commis aux écritures après deux années d'exercice.

Les maîtres répétiteurs qui demanderont à travailler dans les bureaux de l'économat pourront y être autorisés par vous, sur la présentation du proviseur.

. . . .

7. — COMMIS D'ÉCONOMAT.

ARRÊTÉ.
(30 mars 1863.)

. . . .

ART. 2. Le commis d'économat, sous l'autorité de l'économe, prend part à la surveillance intérieure et peut être chargé de menus achats, suivant un ordre de service approuvé par le proviseur[1].

ART. 3. Aucune partie des attributions ci-dessus énumérées ne peut être déléguée aux agents inférieurs[1].

. . . .

[1] Voir page 80.

Art. 5. Dans les lycées ou les besoins l'exigent, il peut être nommé un second commis.

Les seconds commis prennent le nom de commis aux écritures, et sont, en cette qualité, spécialement chargés du travail relatif aux registres et aux pièces de comptabilité.

. . . .

Art. 7. Pour être nommé commis d'économat, il faut justifier de deux années d'exercice dans les fonctions de commis aux écritures et d'un examen subi avec succès sur les matières portées au programme.

. . . .

L'examen sera subi devant les inspecteurs généraux en tournée.

ARRÊTÉ RELATIF À LA NOMINATION DES COMMIS AUX ÉCRITURES.
(7 juillet 1890.)

Art. 1er. Pour être nommé commis aux écritures, il faut :
1° Être pourvu d'un diplôme de bachelier ès lettres ou ès sciences, ou de l'enseignement secondaire spécial; 2° avoir été délégué par le Ministre pendant un an au moins dans les fonctions de commis aux écritures; 3° avoir subi un examen conforme au programme n° 1 annexé à l'arrêté susvisé.

Art. 2. Pour être délégué dans les fonctions de commis aux écritures, il faut être âgé de moins de trente ans et avoir satisfait à la loi sur le recrutement en ce qui concerne le service actif en temps de paix.

Art. 3. La durée de la délégation est d'une année. Elle pourra, sur la proposition du recteur, être portée à deux ans en faveur des commis qui, bien qu'ayant échoué à l'examen, auraient fait preuve d'aptitude et de savoir.

Art. 4. A la fin de chaque trimestre, le recteur adressera au Ministre un état certifié par l'économe et visé par le proviseur, faisant connaître leur avis sur l'aptitude et les progrès des commis aux écritures délégués.

Art. 5. Les articles 6, 8, 9 et 10 de l'arrêté du 30 mars 1863 sont et demeurent abrogés.

MONSIEUR LE RECTEUR, la loi du 15 juillet 1889 sur le recrutement de l'armée et le décret du 23 novembre suivant qui en règle l'application en ce qui concerne les membres de l'instruction publique, nous obligent à modifier les conditions dans lesquelles les fonctionnaires pourront désormais être admis dans le service économique des lycées. Je vous transmets ci-joint ampliation de l'arrêté que j'ai pris à ce sujet le 7 juillet courant.

Aux termes de l'article 1er, pour être nommé commis aux écritures, il faut être pourvu d'un diplôme de bachelier; avoir été délégué pendant un an au moins dans les fonctions de commis aux écritures, et avoir subi un examen conforme au programme n° 1 annexé à l'arrêté du 30 mars 1863.

L'article 2 porte que, pour être délégué dans les fonctions de commis aux écritures, il faut être âgé de moins de trente ans et avoir satisfait à la loi sur le recrutement en ce qui concerne le service actif en temps de paix.

Enfin l'article 3 spécifie que la durée de la délégation pourra, sur la proposition des recteurs, être portée à deux ans en faveur des commis qui, bien qu'ayant échoué à l'examen, auraient fait preuve d'aptitude et de savoir.

Ainsi que vous le remarquerez, Monsieur le Recteur, la principale modification apportée à l'état de choses actuel consiste dans la suppression du stage auquel étaient soumis jusqu'ici les candidats aux fonctions de commis aux écritures. Il a semblé, en effet, que ces fonctionnaires, pendant la délégation d'un an qui leur sera confiée et où ils s'occuperont exclusivement du service de l'économat, auront le temps d'acquérir une instruction professionnelle suffisante. Rien ne s'oppose, d'ailleurs, à ce que les maîtres qui auraient l'intention d'embrasser plus tard cette carrière viennent travailler à l'économat dans leurs moments de loisir.

Les examens devront, comme par le passé, être subis devant les inspecteurs généraux de l'économat en tournée. Il ne pourra être fait exception à cette règle que dans des cas dont je resterai seul juge, et sur une autorisation spéciale de ma part.

Je vous prie de faire parvenir un exemplaire de la présente circulaire aux inspecteurs d'académie et proviseurs de votre ressort. Vous voudrez bien aussi m'adresser la liste des candidats aux fonctions de commis aux écritures, actuellement stagiaires dans les lycées de votre académie, et qui remplissent les conditions fixées par l'article 2 de l'arrêté.

8. — RÉPÉTITEURS.

DÉCRET RELATIF À LA NOMINATION ET AU SERVICE DES RÉPÉTITEURS.

(28 août 1891.)

Art. 1ᵉʳ [1]. Les répétiteurs pourvus d'une nomination ministérielle sont membres de l'enseignement public et jouissent de toutes les prérogatives attachées à cette qualité.

Art. 2 [2]. Les répétiteurs des lycées et collèges concourent à l'éducation et à l'enseignement.

[1] *Circulaire du 31 décembre 1891.* Art. 1ᵉʳ. Il résulte de cet article que la qualité de membre de l'enseignement public n'est pas reconnue aux stagiaires. On devra, par suite, éviter autant que possible de prolonger sensiblement au delà des délais indiqués à l'article 2 la période d'essai des répétiteurs. J'appelle sur ce point votre attention en ce qui concerne surtout les répétiteurs de collèges. Jusqu'à ce jour, la titularisation n'entraînait pas d'augmentation de traitement en leur faveur, par suite, on omettait quelquefois pendant plusieurs années d'y procéder.

Les stagiaires figureront nominativement, par ordre alphabétique, à la suite du tableau d'ancienneté dont la publication est prescrite par l'article 4 du décret du 29 août 1891.

[2] Art. 2. Le texte du décret de 1887, peu conforme d'ailleurs en ce point à son inspiration véritable, semblait faire de la surveillance la fonction principale et presque le résumé de toutes les fonctions du maître répétiteur. En fait, son service se réduisait trop souvent à ce rôle tout négatif. Les maîtres répétiteurs eux-mêmes s'en sont plaints plus d'une fois, non sans raison. Le présent décret, faisant droit à leur juste ambition, définit expressément leurs fonctions par un concours actif aux deux fins générales de toute la vie scolaire : l'éducation et l'enseignement.

Je désire que, dans la pratique, on fasse appel à ce concours dans la mesure la plus large. Il faut que désormais les répétiteurs ne demeurent étrangers à rien de ce qui se fait dans nos établissements en vue du bien matériel, intellectuel et moral de nos élèves. Cette marque de confiance est due à un personnel qui a, en moyenne aujourd'hui, plus d'âge et d'expérience, plus de savoir, plus de titres que dans les périodes qui ont précédé. Il saura y répondre, je n'en doute pas, par un surcroît de zèle et de bonne volonté. Pour des services de simple surveillance, toujours un peu ingrats en eux-mêmes, c'est déjà beaucoup de demander et d'obtenir une conscience et une exactitude rigoureuses ; en associant franchement les répétiteurs à notre œuvre tout entière, jusque dans ses parties les plus essentielles, on doit obtenir de leur part tout le dévouement dont cette œuvre est digne.

Ce relèvement de la fonction a paru nécessiter une modification du titre qui la désigne. Le titre de *maître répétiteur*, excellent en soi, était, en quelque sorte, déprécié dans l'usage par son association ordinaire avec des services de moindre portée que ce titre même. Celui de *répétiteur*, souligne la partie de la fonction jusqu'à ce jour la plus sacrifiée et par suite fait bénéficier la fonction tout entière

Ils sont chargés de la surveillance et du maintien de la discipline. Dans les salles d'études, ils dirigent le travail des élèves, ils

de la considération qui naît toujours dans l'esprit des élèves de la participation, même réduite, même indirecte, à l'enseignement.

Ce titre nouveau et le service qu'il désigne sont d'ailleurs en rapport avec la capacité attestée par les grades que possèdent généralement aujourd'hui les répétiteurs. Remplissant déjà toutes les conditions requises pour donner, d'un jour à l'autre, l'enseignement magistral soit dans les collèges, soit même dans les lycées, ils doivent être à plus forte raison en état de seconder l'enseignement des professeurs et d'en assurer les effets. On devra donc tenir la main à ce que ce titre de répétiteur ne demeure pas purement honorifique. Il cesserait d'ailleurs bientôt de l'être s'il ne répondait à quelque service effectif.

Pour ce qui est d'abord de la direction du travail dans les études, il n'y a qu'à demander à tous les maîtres de suivre l'exemple qui leur est donné par un grand nombre d'entre eux. A cet égard, la règle à suivre c'est de ne faire ni trop ni trop peu ; l'un encourage la paresse, l'autre décourage l'effort maladroit ou malheureux. Un bon répétiteur s'assignera comme tâche d'écarter de son étude ce double fléau : l'oisiveté et le travail stérile, qui mènent finalement l'une et l'autre au dégoût et à l'incapacité de tout travail. L'idéal à atteindre serait de n'avoir dans une étude que des élèves qui travaillent et qui aiment à travailler parce qu'ils savent travailler et travaillent avec fruit.

Le décret prescrit en outre l'institution de conférences spéciales faites par les répétiteurs à certains élèves, sur les indications et sous le contrôle des professeurs. L'utilité de ces conférences, particulièrement à l'approche des examens et pour les classes nombreuses, est évidente, puisque les élèves qui ont le plus besoin de l'enseignement du maître sont ceux-là même qui ont le plus de peine à en profiter. Elles ne seront d'ailleurs pas moins utiles aux maîtres eux-mêmes : aux répétiteurs qui y feront un apprentissage de leur futur métier de professeur ; aux professeurs, dont elles allégeront la tâche parfois accablante. Par surcroît, les uns comme les autres y apprendront à coordonner leurs efforts pour le succès de leurs communs élèves et le bien général de la maison.

L'article 2 maintient l'obligation pour les répétiteurs de participer à la surveillance des divers cours, dans tous les cas reconnus nécessaires : c'est au chef de l'établissement de prendre à cet égard, en tenant compte des circonstances, les décisions d'espèces qu'il jugera nécessaires. Je vous avais déjà fait connaître mon opinion à ce sujet par ma circulaire du 1er octobre 1890 (*). Il est bien entendu d'ailleurs, que le maintien de la surveillance de certains cours ne doit pas avoir pour effet d'élever le service des répétiteurs au-dessus du maximum normal, non plus que la dispense de cette surveillance ne saurait avoir pour effet d'abaisser ce service au-dessous du minimum prévu par le présent décret.

(*) « J'ai été informé que dans certains établissements on avait pu, sans inconvénients, dispenser les maîtres répétiteurs de la surveillance des cours de dessin et d'instruction religieuse, des exercices gymnastiques et militaires, des leçons d'art d'agrément.

Partout où la surveillance paraîtra suffisamment assurée par les professeurs spéciaux de ces différents cours, il y aura lieu de faire bénéficier les maîtres répétiteurs de dispenses analogues. Et, d'une manière générale, je donne d'avance mon approbation à toutes les mesures tendant à alléger le service des maîtres répétiteurs sans préjudice pour le bon ordre et les études. Il appartient aux maîtres eux-mêmes de faciliter des mesures de ce genre en s'appliquant à donner aux élèves qui leur sont confiés de solides habitudes de discipline et de travail. »

s'assurent du soin avec lequel les devoirs sont faits et les leçons apprises et transmettent régulièrement leurs notes au censeur ou au principal et aux professeurs. Ils peuvent être chargés de faire, sur les indications et sous le contrôle des professeurs, des conférences spéciales pour certains élèves. Ils participent à la surveillance des divers cours dans tous les cas reconnus nécessaires.

Art. 3 [1]. Dans les lycées, les répétiteurs titulaires se répartissent en répétiteurs divisionnaires et répétiteurs généraux.

Les répétiteurs titulaires appartenant à la première classe peuvent recevoir le titre de répétiteur principal.

Art. 4 [2]. Le proviseur ou le principal, sous l'autorité de l'inspecteur d'académie ou du recteur, répartit le service entre les répétiteurs.

Toute réclamation est transmise par le chef de l'établissement au recteur, qui statue.

Art. 5 [2]. Le service des répétiteurs de lycée est réglé de telle manière que chaque répétiteur ait, les jours de classe :

[1] Art. 3. L'article 2 de l'ordonnance du 14 novembre 1844 avait institué des maîtres *suppléants*. Choisis d'ordinaire parmi les plus anciens, ils furent, dans la pratique, exclusivement chargés du service de jour; les plus jeunes étaient, sauf de rares exceptions, spécialement attachés à une division d'élèves et désignés sous la qualification de *divisionnaires*.

L'article 3 du décret du 28 août 1891 consacre cette répartition des divers services en y attachant des dénominations différentes, *répétiteurs divisionnaires, répétiteurs généraux* (anciens suppléants). Un titre nouveau, celui de *répétiteur principal*, est réservé aux répétiteurs à qui leurs longs et bons services auront justement acquis dans les lycées une autorité particulière.

[2] Art. 4 et 5. Pour le répétiteur divisionnaire, l'évaluation du total des services quotidiens n'offrira d'ordinaire aucune difficulté; il n'en sera peut être pas toujours de même pour le répétiteur général, dont le service sera parfois morcelé de telle sorte que le temps de présence au lycée exigé par ce service pourra se trouver sensiblement plus long que le temps effectivement consacré aux élèves.

Il n'a pas semblé possible de déterminer *a priori*, d'une manière uniforme, la valeur qu'il convient d'attribuer, à titre d'équivalents de service effectif, aux intervalles plus ou moins longs qui séparent les moments de service effectif. Les chefs d'établissement sauront en tenir un compte équitable.

Il n'est pas inutile d'ailleurs, de remarquer ici que le minimum de liberté et le nombre d'heures consécutives de liberté, déterminés pour la première fois d'une manière ferme par le présent décret, dans une journée de travail, dont, pour la première fois aussi, les limites sont elles-mêmes déterminées, garantissent aux répétiteurs, de quelque façon que leur service soit distribué, le loisir indispensable tant pour le repos que pour le travail personnel.

Indépendamment du service du dortoir et de la première étude du matin, six heures de service au maximum;

Dans le cas où il est dispensé du service du dortoir, six heures de service au minimum et six heures de liberté au minimum, du lever au coucher des élèves.

Dans les deux cas, il est accordé aux répétiteurs trois heures de liberté consécutives.

Le temps de service fourni par les répétiteurs dans les études doit être effectivement consacré aux élèves placés sous leur direction (contrôle et direction du travail, dictée ou correction des textes, notes, rapports, bulletins trimestriels et bitrimestriels).

Art. 6 [1]. Dans les lycées d'internes, pour chaque quinzaine où ils n'auront pas bénéficié d'un congé général, les répétiteurs auront un congé d'une journée entière, du lever au coucher des élèves.

Les jours qui ne seront ni jours de classe ni jours de sortie, il sera accordé aux répétiteurs cinq heures de liberté.

Pendant les grandes vacances, les congés des répétiteurs comprendront un congé d'au moins trente jours consécutifs.

---

[1] Art. 6. L'article 6 qui règle les congés des répétiteurs n'a fixé que des minima; mais je donne d'avance mon approbation à toutes les dispositions que les chefs d'établissement croiraient pouvoir prendre, sans nuire aux intérêts du service, en vue d'accorder des libertés supplémentaires aux répétiteurs qui s'en seraient montrés dignes, et spécialement à ceux qui préparent des examens ou des concours.

Une journée de congé par quinzaine sera accordée à chaque répétiteur qui n'aura pas, dans cette quinzaine, bénéficié d'un congé général. Si le répétiteur est externe, soit aux frais de l'établissement, soit à ses frais, le congé sera naturellement de 24 heures. Si le répétiteur est chargé d'un service de dortoir, ce congé prendra fin au coucher des élèves. Si enfin, tout en étant dispensé du service de dortoir, il a son domicile dans l'établissement, il devra y être rentré à l'heure ordinaire de la fermeture des portes, qui aura lieu à 10 heures au plus tôt et 11 heures au plus tard, sauf le cas de permission spéciale.

Le Conseil supérieur n'a pas admis que cette permission pût être accordée une fois pour toutes, pour les jours où il plairait au répétiteur d'en user, ni même une fois par quinzaine, à moins de motif particulier dont le chef de la maison doit rester juge. En maintenant à cet égard une règle toujours reconnue nécessaire, le Conseil supérieur n'a pas obéi à un sentiment de défiance, puisqu'il a accordé d'ailleurs aux répétiteurs la faculté de l'externement dans toute la mesure compatible avec les exigences du service; il a eu seulement le juste souci de la responsabilité des administrations collégiales et de l'Université envers les familles.

Dans les lycées d'externes, le service sera assuré les dimanches, les jours de congé et en temps de vacances au moins par un répétiteur.

Art. 7 [1]. Le service d'un répétiteur peut être, un des jours de la semaine, porté au delà de son maximum, à condition qu'une compensation soit établie un des jours suivants par une diminution de service équivalente.

Art. 8 [2]. Il ne sera dérogé aux prescriptions des articles 5, 6 et 7 qu'à titre exceptionnel et dans le cas où il y aurait à pourvoir à des nécessités momentanées de service. Mention spéciale en sera

[1] *Art. 7.* Cette prescription a semblé nécessaire pour faciliter ou même dans certains cas pour rendre possible l'exécution des articles 5 et 6. Si les nécessités du service parfois très complexe d'un établissement ne permettent pas d'assurer invariablement, jour par jour, à chaque maître tout le temps de liberté auquel il a droit, il faut au moins qu'il retrouve son dû dans l'ensemble de la semaine.

Ce système de compensations peut parer à des nécessités permanentes comme à des nécessités transitoires. Il peut être adopté non seulement pour une semaine en particulier, mais pour un trimestre, pour un semestre et, s'il y a lieu, pour l'année entière. Il est à présumer d'ailleurs qu'il sera généralement accepté avec faveur par les répétiteurs. Il fournira, en certains cas, le moyen de donner aux uns, sans préjudice pour les autres, un temps de liberté plus aisé à utiliser pour le travail personnel. Il va sans dire qu'en aucun cas le régime ne devra être établi de telle sorte qu'un maître se trouve, à certains jours, privé du minimum de liberté nécessaire pour le repos.

[2] *Art. 8.* Aucune organisation, si savante et si prévoyante qu'on la suppose, des services d'un grand établissement ne suffit à pourvoir aux difficultés et aux embarras accidentels qui proviennent soit des choses, soit des personnes.

En pareil cas, administrateur, professeur ou répétiteur, chacun doit être prêt à payer de sa personne et à faire tout ce qu'exigent les circonstances. Dans une maison d'éducation, il n'est pas d'horaire ni de maximum de service qui puissent jamais prévaloir contre l'intérêt manifeste des élèves. Si le répétiteur qui devait conduire une division d'élèves en promenade est indisposé, il ne faut pas pour cela que les élèves soient privés de promenade, dût un autre maître se priver, pour les y conduire, de deux ou trois heures de liberté. La suppléance réciproque, assurant aux élèves la continuité de la même surveillance et des mêmes soins, est un devoir commun pour tous ceux qui ont solidairement la charge d'une maison d'éducation. Si le maître qui a fourni de la sorte un supplément de service peut, un autre jour, conformément à l'article 7, être dispensé d'un service équivalent, la justice sera de l'en dispenser en effet. Mais au besoin il saura accepter, sans compensation, une surcharge momentanée. En attendant que les moyens me soient fournis de lui en tenir compte, la mention spéciale portée, en ce cas, au bulletin adressé à l'inspecteur d'académie, mention qu'exige pour la première fois le présent décret, lui garantit qu'on ne fera appel, ni sans raison, ni sans mesure, à sa bonne volonté, pour des services exceptionnels.

faite au bulletin hebdomadaire ou bimensuel adressé à l'inspecteur d'académie [1].

ART. 9 [2]. Dans les collèges, le service est réglé de manière que chaque répétiteur ait, les jours de classe, au moins quatre heures de liberté, dont deux heures consécutives.

Il lui est accordé, le dimanche ou le jeudi, une demi-journée de congé deux fois par mois et quatre heures, autant que possible consécutives, les autres dimanches et jours de fête.

[1] *Circulaire du 18 juillet 1893. Soins médicaux et indemnité de nourriture pendant les vacances aux répétiteurs des lycées.* MM. les répétiteurs des lycées m'ont adressé des demandes tendant à obtenir :

1° Que les répétiteurs généraux externes soient soignés à l'infirmerie, aient droit à la visite du médecin de l'établissement et aux médicaments;

2° Que les répétiteurs généraux externés seulement pour le logement puissent, en cas de maladie, recevoir en argent l'équivalent de la nourriture du lycée;

3° Que les répétiteurs aient droit, pendant les vacances, à une indemnité de nourriture pendant tout le temps qu'ils passent hors de l'établissement.

Ainsi que l'ont fait remarquer avec juste raison un certain nombre de vos collègues, les répétiteurs externes qui jouissent de l'indemnité de logement renoncent par là même aux avantages dont bénéficient naturellement les fonctionnaires qui sont logés au lycée. Leur situation est alors assimilable à celle des professeurs. Il n'est donc pas possible de les admettre par privilège, en cas de maladie, à se faire soigner à l'infirmerie, non plus que de leur reconnaître le droit aux médicaments et aux visites du médecin de l'établissement. Celui-ci ne saurait, d'ailleurs, être tenu de se rendre, après ses visites au lycée, chez des répétiteurs logés au dehors.

Pour ce qui est des répétiteurs qui, logés en dehors du lycée, mais nourris au lycée, se trouvent retenus chez eux par la maladie, j'ai décidé qu'ils recevraient, à leur choix, soit la nourriture du lycée, soit une indemnité de nourriture calculée au prorata des jours d'absence. Mais cette dernière mesure ne peut être étendue, quant à présent du moins, aux répétiteurs qui renoncent volontairement, pendant les vacances, au bénéfice du séjour au lycée. Il s'ensuivrait, en effet, une dépense dépassant probablement 100,000 francs, que la situation actuelle des crédits ne permet absolument pas d'engager.

Je vous prie de notifier ces dispositions à MM. les proviseurs et de les inviter à les porter sans retard à la connaissance de MM. les répétiteurs.

[2] *Art. 9.* Il y a lieu d'espérer que dans les collèges importants les minima fixés par l'article 9 seront largement dépassés. Les municipalités comprendront, je n'en doute pas, qu'en améliorant la situation des répétiteurs, elles les intéresseront à la prospérité de l'établissement auquel ils appartiennent et, dans certains cas, réussiront même à les y attacher.

Là où le nombre des répétiteurs de collège ne pourra être augmenté, l'article 33 indique un moyen de donner, sans grand supplément de dépense, un peu plus de liberté aux fonctionnaires dont il s'agit. Je vous prie de signaler tout particulièrement ces dispositions à MM. les maires des villes de votre ressort qui entretiennent des collèges communaux.

ART. 10 [1]. Les répétiteurs titulaires des lycées et des collèges sont nommés par le Ministre, sur la proposition du recteur, après un stage dont la durée est déterminée ci-après.

Les répétiteurs stagiaires des lycées et des collèges sont nommés, déplacés et révoqués par le recteur. Avis de la nomination, du déplacement, de la révocation est immédiatement donné au Ministre.

ART. 11 [2]. Les répétiteurs des lycées et collèges doivent être Français ou naturalisés Français, âgés de 18 ans au moins et pourvus d'un diplôme de bachelier. Les répétiteurs titulaires des collèges doivent avoir exercé au moins un an comme stagiaires. Ce stage n'est pas exigé des candidats licenciés ou pourvus d'un certificat de l'enseignement secondaire [3].

Les répétiteurs des lycées sont choisis, soit parmi les licenciés ou assimilés, soit parmi les répétiteurs titulaires des collèges. Lors-

[1] *Art. 10.* Avis doit être aussi donné au Ministre de la démission d'un répétiteur titulaire ou stagiaire. Il est bien entendu qu'en cas de démission, un répétiteur doit attendre, pour cesser ses fonctions, que sa démission ait été acceptée par le Ministre s'il est titulaire, par le recteur s'il est stagiaire.

[2] *Art. 11.* Les candidats aux fonctions de répétiteur qui ne justifieront de la qualité de Français que dans les conditions prévues par l'article 8, paragraphe 4, du Code civil, modifié par la loi du 26 juin 1889 (ᵃ), devront produire le certificat de renonciation mentionné par l'article 11 du décret du 13 août 1889 (ᵇ).

Le paragraphe 3 ne permet de choisir les répétiteurs de deuxième ordre des lycées que parmi les répétiteurs titulaires de collège; il va de soi que les professeurs classés des collèges communaux, qui en feront la demande, pourront être nommés, comme par le passé, répétiteurs titulaires de lycée; les prescriptions du décret du 7 juillet 1890 leur seront applicables. Lorsque les fonctions du répétiteur stagiaire prendront fin, avis devra en être donné au Ministre.

[3] Voir le Décret du 22 janvier 1896 relatif aux aspirants aux fonctions de l'enseignement secondaire public, page 297.

(ᵃ) Article 8 du Code civil, modifié par la loi du 26 juin 1889. — Est Français :
. . . .
4° Tout individu né en France d'un étranger et qui, à l'époque de sa majorité est domicilié en France, à moins que, dans l'année qui suit sa majorité telle qu'elle est réglée par la loi française, il n'ait décliné la qualité de Français et prouvé qu'il a conservé la nationalité de ses parents par une attestation en due forme de son gouvernement, laquelle demeurera annexée à la déclaration, et qu'il n'ait, en outre, produit, s'il y a lieu, un certificat constatant qu'il a répondu à l'appel sous les drapeaux, conformément à la loi militaire de son pays, sauf les exceptions prévues aux traités.

(ᵇ) Article 11 du décret du 13 août 1889. — La renonciation du mineur à la faculté qui lui appartient, par application des articles 8, paragraphes 4, 12 et 18 du Code civil, de décliner à sa majorité la qualité de Français, est faite, en son nom, par les personnes désignées dans l'article 9, paragraphe 2, du Code civil (par son père; en cas de décès du père, par sa mère; cas de décès du père et de la mère, par son tuteur autorisé par délibération du conseil de famille).

qu'un licencié est appelé aux fonctions de répétiteur dans un lycée, il n'est nommé titulaire qu'après un stage probatoire de trois mois, s'il n'a pas rempli, pendant une durée au moins égale, des fonctions dans l'instruction publique; pendant la durée de ce stage probatoire, il reçoit le traitement de la dernière classe.

Les fonctions des stagiaires cessent de droit si, à l'expiration du stage, ils ne sont pas proposés pour l'emploi de répétiteur titulaire ou pour un nouveau stage d'un an dans les collèges, de trois mois dans les lycées [1].

Art. 12 [2]. Il ne peut être accordé de congés qu'aux répétiteurs titulaires.

[1] Un répétiteur stagiaire de collège parvenu au terme de son stage ne peut être titularisé que si le traitement prévu au budget du collège pour l'emploi qu'il occupe est de 700 francs. (*Cf. art. 5, § 1er du décret du 29 août 1891, page 136.*)

Si aucun emploi à 700 francs n'est vacant, le recteur peut, en attendant, autoriser le répétiteur stagiaire qui mérite d'être titularisé à continuer son stage jusqu'à ce qu'une occasion se présente, soit sur place, soit dans un autre collège du ressort.

Les répétiteurs bacheliers des collèges ne peuvent être appelés dans un lycée que s'ils sont investis d'une nomination ministérielle de répétiteur titulaire; mais il convient de remarquer que l'ajournement de la titularisation du répétiteur stagiaire de collège ne saurait lui porter aucun préjudice au point de vue de son passage dans un lycée.

Extrait d'une lettre ministérielle adressée à ce sujet à plusieurs recteurs.

. . . .

Lorsqu'un répétiteur stagiaire de collège, remplissant les conditions de stage exigées par les articles 11, § 2, du décret du 28 août 1891, n'aura pu être titularisé faute de vacance d'emploi à 700 francs et qu'il vous paraîtra mériter d'être appelé par avancement dans un lycée, je ne refuserais pas d'accueillir les propositions que vous m'adresseriez en ce sens. Par deux arrêtés, pris le même jour, je lui conférerais une nomination de répétiteur titulaire de collège et je l'appellerais à l'emploi de répétiteur de lycée pour lequel vous l'auriez présenté.

. . . .

[2] Art. 12. J'appelle tout spécialement votre attention sur les dispositions de l'arrêté du 11 avril 1889 (*) et de la

(*) *Arrêté du 11 avril 1889 :*

Art. 1er. Tout maître répétiteur titulaire qui obtient un congé *d'un an*, soit pour des raisons de santé, soit pour des intérêts de famille ou pour des motifs graves, reste titulaire de son emploi pendant la durée du congé qui lui est accordé. La suppléance est faite par un maître désigné à cet effet.

Art. 2. Le maître répétiteur, à l'expiration de son congé, reprend, dans l'établissement auquel il est attaché, l'emploi qu'il occupait ou un emploi équivalent.

Art. 3. Si le congé est renouvelé, le maître est définitivement remplacé, sauf à être ultérieurement pourvu d'un poste de même nature, au fur et à mesure des vacances, soit dans l'établissement auquel il appartenait, soit dans un autre établissement.

Il garde, au point de vue de l'ancienneté, le rang que lui donne le total de ses années de services effectifs dans l'Université...

Les stagiaires peuvent être autorisés par le recteur à interrompre leur stage ; avis en est immédiatement donné au Ministre.

ART. 13 [1]. Le Ministre détermine, sur la proposition du rec-

circulaire du 3o août 1890 (ᵃ), qui restent en vigueur. Il est indispensable de donner aux répétiteurs qui obtiennent un congé pour les raisons indiquées dans l'arrêté précité et particulièrement à ceux qui sont appelés sous les drapeaux toutes les garanties désirables de sécurité.

[1] ART. 13. Tous ceux qui seront chargés de l'exécution du présent décret, recteurs, inspecteurs, chefs d'établissements, comme aussi les maîtres qu'il intéresse spécialement, doivent être avertis que cette exécution est tout entière subordonnée à celle du présent article. En effet, une disposition essentielle du décret, et qui en commande beaucoup d'autres, prévoit une augmentation notable du nombre des maîtres dans les lycées des villes sièges de facultés. Aucun crédit spécial n'étant accordé à cet effet, il faut, de toute nécessité, que cette augmentation soit compensée par une diminution équivalente du nombre des maîtres dans d'autres établissements. Cette diminution est certainement possible, puisque, depuis 1886, la proportion des élèves internes s'est sensiblement abaissée dans beaucoup de lycées. Je fais appel pour la réaliser à toute la bonne volonté et à toute l'expérience des proviseurs et des censeurs. À cet effet, ils devront : 1° tenir la main à ce que chaque répétiteur donne effectivement son minimum de service ; 2° chercher une organisation des services qui économise le plus possible la surveillance ; 3° grouper un plus grand nombre d'élèves par division. C'est à ces conditions seulement, je le répète, que les avantages garantis par le présent décret aux répétiteurs leur seront procurés.

(ᵃ) *Circulaire du 3o août 1890* : Un certain nombre de maîtres répétiteurs de lycées et de collèges seront appelés sous les drapeaux au mois de novembre prochain, par application des dispositions de la nouvelle loi militaire.

J'ai dû me préoccuper de la situation qui leur sera ainsi faite tant au moment de leur départ que lors de leur renvoi dans leurs foyers.

J'ai décidé tout d'abord que chacun des maîtres en question restera libre de choisir l'époque à laquelle il cessera ses fonctions et, par conséquent, le jour à dater duquel comptera son congé, mais à la condition de prévenir, par l'entremise du proviseur ou du principal, le chef de l'académie dont il dépend avant le 1ᵉʳ août.

Si le fonctionnaire a exprimé le désir de ne cesser ses fonctions qu'au moment de répondre à l'appel, son traitement lui sera naturellement payé jusqu'au jour de son départ ; dans le cas où, au contraire, il aurait préféré ne pas reprendre ses fonctions au mois d'octobre, il sera payé jusqu'au 3o septembre ; il sera tenu de s'acquitter de son service de vacances dans les mêmes conditions que ses collègues.

Quel que soit, d'ailleurs, le point de départ du congé (octobre ou novembre), ce congé sera, si les maîtres le désirent, valable jusqu'au 3i décembre de l'année suivante, sans que les maîtres perdent le bénéfice des dispositions de l'arrêté du 11 avril 1889, qui ne visait que les congés d'un an ; mais tous les fonctionnaires devront, un mois au moins avant la date de leur libération, faire connaître au chef de l'académie dont ils dépendaient au moment de leur départ, l'époque à laquelle ils compteront prendre possession du poste dont ils seront restés titulaires.

En ce qui concerne les maîtres répétiteurs stagiaires, il n'est pas possible de leur assurer le bénéfice des dispositions de l'arrêté du 11 avril 1889 ; mais s'ils se mettent, dans le délai indiqué ci-dessus, à la disposition du chef de l'académie, ils seront admis à terminer leur stage au fur et à mesure des vacances et seront choisis de préférence aux candidats qui n'auront pas encore rempli leurs obligations militaires.

teur, le nombre de divisions d'élèves dans chaque établissement, ainsi que le nombre des répétiteurs généraux. Les divisions comprennent de 3o à 35 élèves.

Un répétiteur divisionnaire est spécialement attaché à chaque division.

Art. 14 [1]. Dans les lycées des villes qui ne sont pas sièges de

L'augmentation du contingent d'élèves par division peut présenter, en certains cas, des difficultés matérielles, en raison de la disposition des locaux. Ces difficultés seront l'objet d'un examen tout particulier. A cet effet, je vous prie de m'adresser tous les ans, avant le 15 novembre (Direction de l'enseignement secondaire. — 3e et 4e bureau) pour chacun des établissements de votre ressort, un état de propositions établi sur le cadre spécialement préparé.

[1] Art. 14. Tous les répétiteurs attachés au lycée entreront en compte dans

les proportions indiquées par le paragraphe 1er de l'article 14 concernant les lycées des villes qui ne sont pas sièges de facultés, sauf ceux qui auront été délégués, *avec mon autorisation,* dans les fonctions ci-après :

1° Chargés d'une classe élémentaire ou primaire ;

2° Surveillant général ;

3° Préparateur.

Le contingent de répétiteurs affecté à chacun des lycées situés dans les villes qui ne sont pas sièges de facultés se décomposera donc ainsi qu'il suit :

1° Nombre normal ....

A   Répétiteurs divisionnaires.   Leur nombre sera égal au nombre des divisions, nombre déterminé lui-même par celui des pensionnaires, demi-pensionnaires et externes surveillés, chaque division devant comprendre de trente à trente-cinq élèves.

B   Répétiteurs généraux....   Moitié plus un du nombre des divisions, ce nombre étant déterminé ainsi qu'il est dit ci-dessus.

2° ....   Répétiteurs chargés, *par autorisation ministérielle,* de services spéciaux dans les conditions indiquées ci-dessus.

3° ....   Répétiteurs (divisionnaires ou généraux) supplémentaires attachés au lycée en raison de nécessité spéciale de service, de dispositions défectueuses des locaux, etc. — Les décisions qui autoriseront ces créations d'emploi ne seront prises chaque année que pour l'année en cours.

Quant aux lycées situés dans les villes sièges de facultés des lettres ou des sciences, le contingent des répétiteurs se décomposera ainsi qu'il suit :

1° Nombre normal (double du nombre des divisions constituées ainsi qu'il est dit ci-dessus).

A   Répétiteurs divisionnaires.   Leur nombre est égal au nombre des divisions.

B   Répétiteurs généraux....   Leur nombre est égal au nombre des divisions.

2° ....   Répétiteurs chargés, *par autorisation ministérielle,* d'une classe élémentaire ou primaire, des fonctions de surveillant général ou de préparateur.

3° ....   Répétiteurs (divisionnaires ou généraux) supplémentaires affectés au service des écritures, de la correspondance administrative et de l'infirmerie : le nombre de ces emplois sera déterminé chaque année après examen des propositions des proviseurs, en tenant compte de l'importance de chaque lycée et de son organisation particulière, de la proportion des internes et des externes, etc.

5.

facultés, il doit y avoir, en sus des divisionnaires, un nombre de répétiteurs généraux égal au moins à la moitié plus un du nombre des divisionnaires.

Les répétiteurs délégués par décision ministérielle dans la surveillance générale ou dans les fonctions de préparateur n'entrent pas en compte dans les proportions indiquées ci-dessus.

Il en est de même du répétiteur chargé du service de l'infirmerie dans les lycées comptant plus de quatre cents internes.

Dans chaque lycée, un des répétiteurs peut être employé aux écritures et à la correspondance administrative et chargé, en outre, d'autres services.

Dans les lycées qui comptent plus de six cents élèves, le nombre des répétiteurs affectés aux services ci-dessus peut être porté à deux.

En temps de vacances, les répétiteurs de service doivent participer, selon les besoins, au travail des écritures qui ne se rattachent pas au service de l'économat.

En cas de nécessité, le répétiteur général remplit les fonctions de divisionnaire.

Art. 15 [1]. Les emplois de répétiteur général sont attribués au fur et à mesure des vacances, par décision rectorale, sur l'ensemble

Il résulte nécessairement de tout ce qui vient d'être dit qu'aucune proposition pour la création d'un emploi supplémentaire de répétiteur ne pourra être prise en considération si elle n'est accompagnée de renseignements précis sur les circonstances spéciales et exceptionnelles qui peuvent la justifier.

Si le répétiteur général, astreint par les exigences momentanées du service à remplir les fonctions de divisionnaire, est titulaire d'un emploi externe, le chef de l'établissement ne devra lui imposer le service du dortoir qu'en cas d'absolue nécessité; avis en sera donné dans le bulletin hebdomadaire ou bimensuel adressé à l'inspecteur d'académie.

[1] Art. 15. Il n'y a pas lieu de faire figurer au tableau d'ancienneté dont il est ici question :

1° Les répétiteurs visés à l'article 7 du décret du 29 août. En effet, ce tableau ne peut comprendre, aux termes de l'article 15, que les répétiteurs des «deux ordres», c'est-à-dire les licenciés et assimilés et les bacheliers (baccalauréat classique ou spécial);

2° Les répétiteurs délégués dans une classe élémentaire ou primaire, dans les fonctions de surveillant général ou de préparateur de physique à moins qu'ils ne soient pourvus d'une nomination ministérielle de répétiteur, aptes à être rangés dans l'un des deux ordres, et qu'ils ne renoncent à leur délégation. Le tableau ne peut comprendre que les répétiteurs faisant effectivement fonctions de répétiteurs.

Pourront figurer sur le tableau, mais ne pourront être désignés pour un poste

des répétiteurs du ressort, aux répétiteurs divisionnaires comptant au moins deux ans de services effectifs dans un lycée, dans les proportions ci-après : un tiers à l'ancienneté, deux tiers au choix.

A cet effet, il est dressé dans chaque académie un tableau d'ancienneté des répétiteurs du ressort réunissant dans chacune des classes les répétiteurs des deux ordres.

Le rang d'ancienneté y est déterminé par l'ancienneté totale des services évalués conformément aux dispositions de l'article 2 du décret du 20 juillet 1889.

Le choix est déterminé par les grades, les notes professionnelles, les appréciations et les notes des professeurs de faculté en correspondance avec les candidats et les notes des professeurs de lycée chargés des conférences préparatoires à la licence.

Art. 16 [1]. La non-acceptation par un divisionnaire d'un poste de répétiteur général attribué à l'ancienneté ne lui enlève pas son droit pour une vacance ultérieure.

Art. 17 [2]. La nomination à l'ancienneté d'un divisionnaire à un poste de répétiteur général peut être provisoirement ajournée par le recteur, sur la proposition du proviseur, jusqu'à la réunion des inspecteurs d'académie du ressort.

De nouveaux ajournements peuvent être prononcés après avis de cette réunion pris à la majorité des deux tiers des voix.

La décision motivée est notifiée à l'intéressé.

de répétiteur général, quelle que soit leur ancienneté totale de services, les répétiteurs qui ne remplissent pas la condition établie au paragraphe 1er de l'article 15, à savoir : deux ans de services effectifs dans un lycée.

Il est bien entendu que la proportion de l'ancienneté et du choix doit être établie sur l'ensemble des nominations de répétiteurs généraux de tout le ressort.

Les désignations pour les postes de répétiteur général (ancienneté et choix) étant dans les attributions des chefs d'académie, une note de service devra m'informer immédiatement des décisions prises.

[1] Art. 16. Il va sans dire que le droit du répétiteur pour cette vacance ultérieure n'entraîne pas le droit à la résidence même dans laquelle cette vacance se produira. Un autre répétiteur général peut avoir, soit par l'ancienneté, soit par la valeur de ces services, des titres supérieurs pour obtenir cette résidence.

[2] Art. 17. Extrait du procès-verbal de la réunion des inspecteurs devra m'être adressé.

Art. 18[1]. Dans les lycées situés dans les villes sièges de facultés des lettres et des sciences, le nombre des répétiteurs généraux est égal au nombre des divisionnaires attachés aux divisions d'internes.

Le même régime est applicable, pour la moitié des divisions seulement, aux lycées d'Aix, de Marseille et d'Alger.

[1] Art. 18. L'article 18 institue une organisation spéciale dans les lycées des villes sièges de facultés. Cette organisation est de nature à servir à la fois les intérêts des facultés auxquelles, sans parler des boursiers de licence et d'agrégation, elle assure un auditoire d'élite — et ceux des maîtres eux-mêmes, qui y seront appelés en plus grand nombre et dans des conditions beaucoup plus favorables que par le passé, pour y recevoir cette préparation excellente au professorat que les facultés ou l'École normale seules sont en mesure de donner. Les lycées des facultés deviendront ainsi, comme le voulait déjà l'ordonnance du 6 décembre 1845 et la circulaire du 25 mars 1868, de véritables écoles normales secondaires.

Cependant les intérêts propres de ces établissements ne s'en trouveront pas compromis : les services qui incombent aux répétiteurs y restent assurés.

D'une part, en effet, les divisionnaires appelés, à ce titre, dans des lycées pour y préparer des grades, sont tenus, tout en ayant la liberté voulue pour cette préparation, de fournir dans l'établissement un service réel et sérieux. A la différence des anciens maîtres auxiliaires, ils n'apporteront pas à leurs collègues un concours insignifiant ou illusoire : ils seront chargés, en particulier, du dortoir et de l'étude du matin. Ils auront d'ailleurs l'expérience et l'autorité voulues pour ces services, car ils ne seront appelés dans les lycées dont il s'agit pour se préparer aux fonctions de professeur qu'après avoir fait dans d'autres établissements leur apprentissage de répétiteur. C'est par leur aptitude professionnelle et les notes de leurs chefs, aussi bien que par leur aptitude intellectuelle, qu'ils seront désignés au choix des recteurs.

D'autre part, pour servir de soutien et en quelque sorte, de cadre à cette élite de jeunes maîtres, le lycée d'une ville siège de faculté disposera d'un corps solide de répétiteurs généraux tout entier formé de maîtres ayant déjà fait leurs preuves, d'abord comme répétiteurs divisionnaires puis comme répétiteurs généraux, dans d'autres lycées du ressort.

De la sorte les services de l'établissement confiés à ces deux catégories de maîtres, dont les uns se sont signalés à l'attention de leurs chefs dès leur entrée dans la carrière, dont les autres l'ont déjà honorablement parcourue en grande partie, se trouvent convenablement assurés.

Pour l'application des prescriptions du paragraphe 5, vous aurez à m'adresser chaque année, du 1er au 5 septembre trois tableaux :

Sur le premier figureront les noms des divisionnaires qui pourront être maintenus au lycée du chef-lieu du ressort pendant une seconde et même une troisième année;

Le deuxième comprendra la liste des répétiteurs des lycées ou collèges de votre ressort qui seront proposés pour les fonctions de divisionnaire au lycée du chef-lieu du ressort. Cette liste devra être établie dans l'ordre de vos préférences.

Le troisième contiendra vos propositions en faveur des répétiteurs qui seraient jugés dignes d'être appelés au lycée d'une ville siège de facultés, mais qui ne trouveraient pas dans les facultés de votre ressort les conditions d'études nécessaires à la préparation des grades auxquels ils aspirent.

En sus du nombre des répétiteurs visés ci-dessus, des répétiteurs généraux sont chargés du service des écritures, de la correspondance administrative et de l'infirmerie; ils peuvent être chargés en outre d'autres services.

Les répétiteurs généraux de ces lycées sont choisis parmi les répétiteurs généraux des autres lycées, licenciés ou bacheliers; ces derniers devront compter au moins huit ans de service.

Les divisionnaires sont choisis par le Ministre sur une liste dressée d'après l'ensemble des propositions des recteurs. Pour ces propositions, indépendamment des conditions de stage exigées par l'article 11, § 3, il est tenu compte des services, des notes professionnelles et de l'aptitude littéraire ou scientifique.

Ces divisionnaires peuvent être des candidats à une licence, à un certificat de l'enseignement secondaire ou à une agrégation. Ils sont tenus de suivre les cours de la Faculté.

Comme candidats à une licence, à un certificat ou à une agrégation, ils ne peuvent être maintenus dans le lycée d'une ville siège de facultés que pendant deux années, sauf le cas où ils seraient l'objet de propositions spéciales du recteur, après avis du proviseur et du doyen de la faculté.

Ils peuvent y être attachés successivement comme candidats à une licence ou à un certificat et comme candidats à une agrégation [1].

[1] *Circulaire du 1er juillet 1893, relative aux répétiteurs des lycées de facultés. — Application de l'article 18 du décret du 28 août 1891.* MONSIEUR LE RECTEUR, dans les rapports qui me sont adressés à la fin de chaque trimestre sur le travail des étudiants, j'ai constaté que MM. les doyens se plaignent fréquemment du défaut d'assiduité de certains répétiteurs aux cours et conférences des facultés.

Il me paraît, par suite, nécessaire de rappeler les obligations imposées à cet égard aux répétiteurs des lycées situés dans les villes sièges de facultés et les sanctions qui y sont attachées.

En ce qui concerne les répétiteurs généraux de ces lycées, alors même qu'ils seraient déjà licenciés, leur propre intérêt aussi bien que les services qu'ils sont appelés à rendre à leurs élèves, soit présentement comme répétiteurs ou comme suppléants de professeurs, soit ultérieurement comme professeurs en titre, les engage à ne pas rompre tout commerce avec le haut enseignement et à continuer d'accroître leurs connaissances en suivant certains cours ou en participant aux conférences; faute de quoi, leur acquis actuel, chaque jour appauvri, risquerait de se trouver insuffisant lorsque, chargés à leur tour d'enseigner, il leur sera le plus nécessaire.

Toutefois, comme ce n'est pas spécialement en vue de préparer des grades que les répétiteurs sont appelés en qualité de répétiteurs généraux dans les lycées dont il s'agit, et comme d'ailleurs leur

Art. 19 [1]. Les lycées Janson-de-Sailly, Michelet, Lakanal, Hoche, le collège Rollin et les lycées d'externes (Condorcet, Buffon,

service les retient fréquemment au lycée à l'heure des cours de la Faculté, le décret du 28 août 1891 (art. 27) ne leur fait pas une obligation formelle d'y assister.

Au contraire, en ce qui concerne les répétiteurs divisionnaires des mêmes lycées, si ledit décret a constitué pour eux, au prix de sérieux sacrifices de l'État, un régime spécial qui leur ménage, dans le cours de la journée, des heures nombreuses de liberté, c'est en vue de leur donner toute facilité de s'initier à la haute culture auprès de maîtres éprouvés, et de préparer les grades supérieurs dans les conditions les plus favorables. Il en résulte que ces maîtres ont, à titre d'étudiants, près des facultés, des obligations positives, aussi bien qu'au lycée même, à titre de répétiteurs. C'est pourquoi, aux termes du décret précité (art. 18), «ils sont tenus de suivre les cours de la Faculté». Exceptionnellement et à titre transitoire, vous pourrez, Monsieur le Recteur, pour des motifs dont vous êtes juge, accorder une dispense à tel ou tel de ces maîtres; M. le doyen en sera nécessairement informé. Mais, d'une manière générale, il importe d'assurer l'exécution des prescriptions qui viennent d'être rappelées.

La sanction de ces prescriptions, c'est le maintien des répétiteurs dans les lycées situés au siège des facultés ou leur déplacement pour d'autres lycées du ressort.

En principe, les répétiteurs divisionnaires sont maintenus deux ans dans lesdits lycées. S'ils donnent toute satisfaction tant au lycée qu'à la faculté, ils pourront, sur votre proposition spéciale, et après avis du doyen et du proviseur, obtenir une prolongation de séjour soit pour préparer une seconde licence ou une agrégation, soit encore, mais exceptionnellement, pour réparer un échec qui aurait pu paraître inattendu. Par contre, il n'y a aucune raison de conserver pendant deux ans ou même pendant un an, les avantages particuliers de ces postes de

choix à des maîtres qui n'en savent ou n'en veulent pas profiter. En ce cas, dès que l'insuffisance ou le manque de zèle est bien constaté, il n'est que juste de donner la place à d'autres maîtres réellement désireux de s'instruire et qui attendent impatiemment d'être appelés dans les établissements où ils en trouveront plus facilement les moyens.

Conformément à ces instructions, que vous voudrez bien porter à la connaissance des inspecteurs d'académie, des doyens et des proviseurs de votre ressort, vous aurez, Monsieur le Recteur, à m'adresser, à la date prévue par ma circulaire du 31 décembre 1891, c'est-à-dire du 1er au 5 septembre prochain, vos propositions en vue du déplacement et du remplacement des répétiteurs divisionnaires dont le temps normal de séjour dans les lycées sièges de facultés se trouve écoulé, ou qui, bien que n'ayant qu'un an ou moins d'un an de service dans ces lycées, ne vous paraîtraient pas avoir mérité d'occuper plus longtemps des postes expressément réservés à des maîtres zélés et studieux.

[1] Art. 19. Il résulte de cet article que les lycées Louis-le-Grand, Henri IV, Saint-Louis et Montaigne sont assimilés aux lycées situés dans les villes sièges de facultés. Par suite, les prescriptions de l'article 18 sont applicables à ces établissements.

En ce qui concerne les lycées d'externes, il va de soi que la règle générale du maximum et du minimum de service (art. 5), qui vaut pour ces lycées comme pour tous les autres, détermine, dans ces lycées comme dans tous les autres, le nombre minimum et le nombre maximum des répétiteurs. Dans ces limites, le nombre des répétiteurs y sera fixé en tenant compte de leur organisation spéciale. Tous les répétiteurs de ces lycées devant être des répétiteurs généraux, nul ne pourra y être appelé, s'il ne remplit les conditions prévues par l'article 15.

Charlemagne et Voltaire) sont assimilés aux lycées situés hors de résidence des facultés, mais, dans les lycées d'externes, tous les emplois de répétiteur sont considérés comme emplois de répétiteur général.

Art. 20 [1]. Dans les lycées, le Ministre détermine, d'après les besoins du service et après avis du recteur, le nombre des emplois de répétiteur pouvant être admis à loger hors de l'établissement.

Ces emplois sont confiés, par ordre d'ancienneté de services, à des répétiteurs généraux.

Dans le tableau spécial dressé à cet effet par académie, les services des répétiteurs mariés, veufs avec enfants ou soutiens de famille et justifiant de quatre ans de services effectifs, sont comptés pour le double de leur durée effective.

Art. 21 [2]. Il est ouvert dans les bureaux de chaque académie un registre où sont régulièrement inscrits les titres et les antécédents des candidats à l'emploi de répétiteur.

Art. 22 [3]. Les répétiteurs titulaires sont directement admis-

---

[1] Art. 20. L'article 20 vise un des principaux avantages assurés par le nouveau décret aux répétiteurs. Vous trouverez au sujet de l'application de cet article des instructions spéciales dans le paragraphe de la présente circulaire relatif à l'article 8 du décret du 29 août 1891.

Je me borne ici à vous faire remarquer que l'obligation de justifier de quatre ans de services effectifs, pour que les services soient comptés pour le double de leur durée effective, s'applique aux trois catégories de répétiteurs mentionnés dans le paragraphe 2, c'est-à-dire aux répétiteurs mariés, aux veufs avec enfants et aux soutiens de famille.

[2] Art. 21. Il arrivera parfois que le chef d'une académie ne pourra confier un emploi de répétiteur stagiaire qu'à un très petit nombre des candidats qui se seront mis en instance de poste auprès de lui, tandis qu'un de ses collègues sera en peine d'assurer le recrutement du personnel nécessaire dans son ressort; une en-

tente à ce sujet pourra facilement s'établir.

Chaque recteur devra, d'ailleurs, m'adresser annuellement, le 10 novembre, la liste alphabétique des candidats qui n'ont pu être pourvus de poste de répétiteur stagiaire (*nom, prénoms, date et lieu de naissance, grades, situation au point de vue militaire, domicile*); un relevé général sera fait par les soins de mon administration et immédiatement adressé à tous les chefs d'académie.

[3] Art. 22. Je tiendrai le plus grand compte, pour les désignations aux emplois visés dans cet article, des services rendus en qualité de répétiteur.

La durée seule de ces services ne saurait, d'ailleurs, déterminer mon choix. Je désire donc connaître votre appréciation sur chaque répétiteur et je tiens *essentiellement* à recevoir tous les ans, de même que pour tous les autres fonctionnaires de l'Université, la notice individuelle de chaque maître, avec les indications qui peuvent m'éclairer sur la manière dont il s'acquitte de ses fonctions.

sibles, sous réserve des conditions de grade exigées par les règlements aux emplois ci-après : commis d'administration académique, commis aux écritures, commis d'économat, préparateur, professeur de classe élémentaire et chargé de cours dans les lycées, professeur dans les collèges communaux.

Les répétiteurs de 1re classe ayant reçu le titre de répétiteur principal peuvent être appelés aux fonctions de principal de collège.

Art. 23 [1]. Dans les lycées, les répétiteurs généraux peuvent être délégués par le Ministre, sur la proposition du recteur, dans les fonctions de surveillant général.

Les répétiteurs généraux licenciés comptant au moins cinq ans de services et les répétiteurs généraux bacheliers comptant au moins huit ans de services peuvent être nommés surveillants généraux par le Ministre, sur la proposition du recteur.

Art. 24 [2]. Les répétiteurs des lycées et les répétiteurs titulaires des collèges font partie, ainsi que les surveillants généraux, de l'assemblée générale des professeurs; ils sont représentés au conseil de discipline dans les conditions prévues par l'article 18 du règlement du 5 juillet 1890 ; ils prennent part à la confection du tableau d'honneur, à la préparation des notes trimestrielles et à l'attribution du prix d'excellence dans les conditions prévues aux articles 16, 20 et 23 dudit règlement.

Art. 25 [3]. Les répétiteurs titulaires et les surveillants généraux

[1] Art. 23. Vous remarquerez que l'article 23 a pour objet de répondre aux vœux exprimés par un certain nombre de conseils académiques et qu'il permettra l'application du décret du 7 juillet 1890 relatif au classement des fonctionnaires qui changent d'ordre ou de catégorie. Grâce aux dispositions qu'il contient, les répétiteurs qui aspirent à devenir surveillants généraux pourront obtenir, dans un délai plus court, leur nomination à ces fonctions.

J'ai décidé d'autre part que le surveillant général *licencié* qui fait fonctions de censeur recevra une indemnité spéciale de 300 francs, non soumise aux retenues pour le service des pensions civiles; il aura droit, en outre, aux prestations en nature communément accordées aux censeurs.

[2] Art. 24. Les dispositions de l'article 24 établies par des règlements antérieurs sont déjà dans la pratique. Je n'ai pas à revenir ici sur leur importance signalée dans des instructions antérieures. Dans les assemblées et les conseils, où ils sont désormais admis, les répétiteurs auront à cœur de faire apprécier de plus en plus des chefs des établissements et des professeurs la valeur et la nécessité de leur collaboration.

[3] Art. 25. L'article 25 reproduit une disposition du statut de 1847 tombée en désuétude. Il a paru bon de la remettre

concourent, en toute circonstance, à représenter le lycée ou le collège; ils prennent rang après les professeurs. Ceux dont la présence n'est pas nécessaire auprès des élèves sont appelés aux réceptions officielles et aux solennités. Ils peuvent porter la robe.

Art. 26 [1]. Les répétiteurs ont, sous la surveillance du censeur ou du principal, l'usage de la bibliothèque.

Une pièce convenablement meublée, éclairée et chauffée est mise à leur disposition pour le travail en commun.

Partout où la disposition des bâtiments le permet, chaque répétiteur, logé dans le lycée ou dans le collège, a droit à une chambre spéciale, même lorsqu'il couche au dortoir.

Le service de cette chambre est fait aux frais de l'établissement, sous la surveillance de l'économe dans les lycées ou du principal dans les collèges.

Les répétiteurs prennent leurs repas dans une salle distincte du réfectoire des élèves ou, en cas d'impossibilité et s'ils en font la demande, à une table distincte de celle des élèves.

Art. 27 [2]. Les répétiteurs sont tenus de suivre régulièrement, sauf dispense accordée par le recteur, les cours et conférences organisés pour les préparer aux grades supérieurs.

Art. 28 [3]. Les répétiteurs titulaires ne peuvent être déplacés que par le Ministre, sur la proposition du recteur.

en vigueur. Rien n'est de trop de ce qui peut, en associant le répétiteur soit aux actes intérieurs de la vie scolaire, soit aux cérémonies et aux solennités où l'établissement est représenté, lui rendre plus propre et plus sensible l'honneur du corps et de la maison dont il fait partie.

[1] Art. 26. L'externement d'un certain nombre de répétiteurs dans chaque établissement permettra, ce semble, presque partout l'application du paragraphe 2 de l'article 26.

Je m'efforcerai d'ailleurs, à l'aide des crédits dont je dispose, d'en assurer la pleine et entière exécution. J'ajouterai que l'attention de l'économe devra se porter tout spécialement sur la manière dont se fait le service de la chambre affectée à chaque répétiteur.

[2] Art. 27. Il y a lieu de rappeler aux répétiteurs mentionnés à l'article 7 du décret du 29 août, que rien ne les empêche aujourd'hui de se préparer à subir au moins les épreuves du baccalauréat de l'enseignement moderne; ceux d'entre eux qui ne se livreraient pas à un travail personnel sérieux devront m'être signalés.

[3] Art. 28. Jusqu'à ce jour, il arrivait parfois que les maîtres étaient déplacés, soit sur leur demande, soit parce qu'ils n'avaient pas réussi dans l'établissement, par simple décision rectorale soumise ensuite à l'approbation ministérielle.

L'article 28 ne permet plus cette manière de procéder. A l'avenir, la décision du Ministre devra toujours précéder le déplacement.

S'ils sont tranférés dans un autre ressort, extrait de leur dossier sera adressé au recteur de l'académie dans laquelle ils auront été appelés.

ART. 29 [1]. Les peines disciplinaires applicables aux répétiteurs sont :

1° L'avertissement;

2° La réprimande;

3° La rétrogradation des fonctions de répétiteur général aux fonctions de divisionnaire;

4° La rétrogradation de classe;

5° La mutation pour un emploi inférieur;

6° Le retrait d'emploi avec suspension totale ou partielle du traitement;

7° La révocation;

8° L'interdiction à temps pour une durée qui ne peut excéder cinq ans;

9° L'interdiction absolue.

ART. 30 [1]. L'avertissement est donné par l'inspecteur d'académie.

La réprimande est infligée par le recteur, sur la proposition du proviseur ou du principal et de l'inspecteur d'académie.

La rétrogradation des fonctions de répétiteur général aux fonctions de divisionnaire est prononcée par décision rectorale après avis de la réunion des inspecteurs d'académie du ressort; notification motivée est faite à l'intéressé.

La même mesure peut être prise par le recteur, à titre provisoire, en dehors de la réunion des inspecteurs.

La rétrogradation de classe, la mutation pour un emploi inférieur, le retrait d'emploi sont prononcés par le Ministre sur la proposition du recteur.

La révocation est prononcée par le Ministre après avis du Comité consultatif de l'enseignement public (section de l'enseignement secondaire).

---

[1] ART. 29 et 30. L'échelle des mesures disciplinaires établies par les articles 29 et 30 a été graduée de telle sorte que la peine puisse être plus exactement proportionnée à la faute.

Dès qu'il s'agit d'une mesure ayant pour effet de diminuer une situation acquise, l'avis d'une commission a été jugé indispensable.

L'interdiction est prononcée par le Conseil académique dans les conditions et les formes prévues par la loi du 27 février 1880.

ART. 31 [1]. Les répétiteurs seront toujours entendus et leurs explications écrites transmises à l'autorité compétente avant qu'une mesure disciplinaire soit prononcée contre eux.

ART. 32 [1]. Dans les cas graves et urgents, le proviseur ou le principal peut enjoindre à un répétiteur de cesser ses fonctions et, s'il y a lieu, de quitter l'établissement, sauf à en référer immédiatement au recteur.

Le répétiteur suspendu conserve son traitement jusqu'à décision de l'autorité compétente.

ART. 33 [2]. Les professeurs des lycées et collèges, les chargés de cours et les professeurs de classes élémentaires peuvent être chargés, sur leur demande, d'une partie des fonctions de répétiteur ou de surveillant général; ils ont droit, de ce chef, à une rétribution spéciale.

---

[1] ART. 31 et 32. Les garanties assurées par l'article 31 aux maîtres répétiteurs, comme à tous les fonctionnaires de l'Université, sont, pour ainsi dire, de droit commun. Elles étaient aussi déjà d'usage commun. Il y a avantage pour tous, pour les chefs comme pour les subordonnés, à ce qu'elles soient formellement reconnues et consacrées par une règle précise.

Alors même qu'un rapport ou des notes défavorables concernant un fonctionnaire ne seraient pas de nature à provoquer immédiatement à son égard une mesure disciplinaire, si ce rapport ou ces notes visent, non pas seulement son intelligence, sa capacité, ses aptitudes professionnelles, mais sa conduite, son caractère, l'accomplissement de ses devoirs professionnels, il est juste et nécessaire qu'un avertissement donné au fonctionnaire accompagne toujours l'avis donné à l'autorité supérieure.

Quand une faute n'entraîne une répression que par sa persistance ou sa répétition, l'avertissement préalable doit toujours précéder la punition.

[2] ART. 33. Il y aurait, sous bien des rapports, de grands avantages à ce que le personnel enseignant acceptât ou recherchât la charge d'une partie des fonctions de répétiteur. L'épreuve a déjà été faite à la satisfaction commune. Je vous engage donc à provoquer des demandes de ce genre.

Les conditions de cette participation devant varier avec les établissements et la situation des fonctionnaires qui l'auront sollicitée, il n'a pas paru possible de fixer à l'avance, et d'une manière générale, le taux de la rétribution. Il sera déterminé, pour chaque cas spécial, après avis du recteur.

Dans les collèges, l'application de l'article 33 sera souvent le seul moyen d'assurer aux répétiteurs le temps de liberté concédé par le présent décret. Ainsi que je vous l'ai déjà fait connaître dans le paragraphe de cette circulaire relatif à l'article 9, j'aime à penser que les municipalités ne refuseront pas de participer aux dépenses minimes qui en résulteront.

9. — PRINCIPAUX ET PROFESSEURS DE COLLÈGES.

DÉCRET PORTANT ORGANISATION DE L'UNIVERSITÉ.

(17 mars 1808.)

Art. 31, § 3. Les principaux et les régents de collège devront avoir le grade de bachelier dans les Facultés des lettres ou des sciences, suivant qu'ils enseigneront les langues ou les mathématiques.

DÉCRET.

(12 janvier 1867.)

Art. 1ᵉʳ. A l'avenir, les régents des collèges porteront le titre de professeur.

DÉCRET RELATIF AU CLASSEMENT DES PROFESSEURS ET DES PRINCIPAUX CHARGÉS DE CLASSE DANS LES COLLÈGES COMMUNAUX DE GARÇONS.

(27 juin 1892.)

Art. 1ᵉʳ. Les professeurs des collèges communaux de garçons sont divisés en trois ordres.

Art. 2. Nul ne peut être nommé professeur de premier ordre s'il n'est pourvu d'une agrégation de l'enseignement secondaire ou d'une licence ès lettres ou ès sciences, ou d'un certificat d'aptitude à l'enseignement secondaire ou du brevet de Cluny [1].

Nul ne peut être nommé professeur de deuxième ordre s'il n'est pourvu d'un baccalauréat ou d'un brevet de capacité de l'enseignement spécial obtenu antérieurement au 1ᵉʳ janvier 1887.

Nul ne peut être nommé professeur de troisième ordre s'il n'est pourvu du brevet supérieur et du certificat d'aptitude pédagogique.

Art. 3. Le nombre de professeurs de collège de chacun des

[1] Voir le décret relatif aux candidats aux fonctions de l'enseignement secondaire, page 297.

trois ordres est déterminé dans chaque collège par le nombre des chaires de premier, de deuxième et de troisième ordre, prévues au traité concernant l'entretien de l'établissement ou inscrites au traité au cours de son exécution.

. . . .

DÉCRET RELATIF AUX PROFESSEURS DE 3ᵉ ORDRE DES COLLÈGES.

(14 mai 1897.)

ART. 1ᵉʳ. Par dérogation aux prescriptions du paragraphe 3 de l'article 2 du décret du 27 juin 1892, peuvent être, sur la proposition des recteurs, classés dans le troisième ordre des professeurs des collèges communaux, sans être pourvus du brevet supérieur de l'enseignement primaire, les maîtres en exercice dans les lycées et collèges avant le 27 juin 1892, à condition qu'ils justifieront du certificat d'aptitude pédagogique.

ART. 2. Cette disposition aura son effet à dater du 1ᵉʳ janvier 1897[1].

. . . .

[1] Le décret du 11 août 1887, relatif au classement des professeurs des collèges communaux, permettait de classer dans le troisième ordre des fonctionnaires dont il s'agit les «professeurs munis de l'un des brevets primaires».

Le paragraphe 3 de l'article 2 du décret du 27 juin 1892 concernant le classement des professeurs et principaux des collèges communaux prescrit que «nul ne pourra être nommé (et par suite classé) professeur de troisième ordre s'il n'est pourvu du brevet supérieur et du certificat d'aptitude pédagogique».

La possession de ces grades a paru nécessaire parce que nul ne peut plus, aux termes des règlements, être nommé instituteur ou institutrice titulaire dans les écoles primaires élémentaires s'il ne justifie du certificat d'aptitude pédagogique et que, d'autre part, en fait, on ne nomme pour ainsi dire plus d'instituteurs ou d'institutrices non pourvus du brevet supérieur.

Mais, à l'époque de la promulgation du décret de 1892, il y avait un certain nombre de maîtres en fonctions à divers titres dans les collèges, qui ne possédaient que le brevet élémentaire de l'enseignement primaire; quelques-uns de ces maîtres, s'étant depuis lors pourvus des grades qui leur faisaient défaut, ont pu obtenir une nomination de professeur de troisième ordre; les autres n'ont encore que le brevet élémentaire. Or, d'une part, il semble difficile d'exiger d'eux, en raison de leur âge, la préparation du brevet supérieur; d'autre part, ces maîtres comptent, pour la plupart, environ dix ans de services ou même davantage, et il n'est pas possible, s'ils tiennent convenablement leur emploi, soit de les congédier, soit de leur refuser

10. — MÉDECINS, CHIRURGIENS, PHARMACIENS.

RÈGLEMENT.
(19 septembre 1809.)

· ·

Art. 103. Le médecin, le chirurgien et le pharmacien sont choisis par le proviseur, sur la proposition duquel leurs traitements seront déterminés par le conseil académique.

ARRÊTÉ.
(30 décembre 1831.)

Article unique. L'article 3 des statuts du 4 septembre 1821 est modifié en ce sens, qu'à l'avenir les proviseurs des collèges royaux seront tenus de présenter à l'approbation du Ministre les nominations des médecins et chirurgiens qui devront être attachés aux dits établissements.

11. — AGENTS INFÉRIEURS.

CIRCULAIRE RELATIVE À LA SITUATION DES GARÇONS DE PHYSIQUE DANS LES LYCÉES DE GARÇONS.
(20 décembre 1893.)

Monsieur le Recteur, mon attention a été appelée sur la nécessité de relever la situation des garçons de physique des lycées.

Vous savez quels services ces modestes agents rendent à nos établissements.

Dans les lycées dont l'importance justifie la présence d'un préparateur, la multiplicité des cours qui ont lieu simultanément, le nombre des appa-

indéfiniment un titre et des avantages qu'ils pouvaient obtenir sous l'empire du décret encore en vigueur, lorsqu'ils sont entrés en fonctions.

Le décret ci-joint permettrait au Ministre d'accorder la titularisation et le bénéfice du classement à ceux de ces maîtres (ré-

pétiteurs, maîtres ou maîtresses primaires, maîtres internes) qui, sans être pourvus du brevet supérieur, sont ou seraient placés dans des chaires classées, justifieraient de la possession du certificat d'aptitude pédagogique et seraient proposés par les recteurs.

reils à mettre en usage et à tenir toujours en état exigent du garçon de physique une activité particulière et une habileté de main qui ne peut s'acquérir que par une sorte d'éducation professionnelle prolongée.

Dans les lycées moins importants, ce n'est qu'à la condition de trouver dans le garçon de physique un auxiliaire entendu et zélé, pour l'entretien des collections, la tenue parfaite des instruments, l'installation des appareils, la préparation des expériences, que le professeur peut se passer d'un préparateur. Parfois les garçons de physique se montrent, en outre, capables d'opérer, au besoin, certaines réparations peu importantes, ce qui dispense, en bien des cas, de renvoyer les instruments au constructeur.

Il y a donc avantage et économie pour nos lycées, grands ou petits, à y attirer et à y attacher pour un temps assez long des garçons de physique qui aient bien les capacités de l'emploi.

Or, les rémunérations allouées à ces agents sont insuffisantes pour assurer leur recrutement dans des conditions satisfaisantes. Leurs gages sont, en effet, la plupart du temps, ou seulement égaux ou à peine supérieurs à ceux des domestiques proprement dits (garçons de dortoir, d'infirmerie, etc.). Il y a lieu de leur assurer une situation mieux en rapport avec la nature et l'importance de leurs services.

En conséquence, je serais disposé, dans le cas où un garçon de physique présenterait des garanties suffisantes et ferait preuve d'aptitude et d'activité, à lui donner le titre d'*aide de physique* et à lui allouer une rémunération plus élevée qu'aux autres agents. Des augmentations pourraient même lui être accordées après un nombre déterminé d'années de services, sur la proposition du proviseur.

Afin de me mettre à même de préparer un travail d'ensemble, je vous serai obligé, Monsieur le Recteur, de vouloir bien, après vous être concerté avec MM. les proviseurs des lycées de votre ressort, me faire connaître :

1° Les lycées où le garçon actuellement attaché au cabinet de physique pourrait être nommé *aide de physique*;

2° Les gages actuels de cet agent;

3° Les émoluments que vous seriez d'avis de lui accorder dès maintenant.

ARRÊTÉ RELATIF AUX AIDES DE PHYSIQUE.
(30 avril 1894.)

ART. 1er. Les garçons attachés dans les lycées au service du laboratoire peuvent, après un stage d'une année au moins, recevoir le titre d'*aide de physique*. Ce titre leur est conféré par le Recteur, sur la proposition du proviseur et après avis des professeurs de physique de l'établissement, lorsque l'agent aura fait preuve d'aptitudes professionnelles et de dévouement dans l'exercice de ses fonctions. La nomination des aides de physique est soumise à l'agrément du Ministre.

ART. 2. Les aides de physique sont divisés en trois classes, recevant les gages annuels ci-après :

DÉSIGNATION.		1re CLASSE.	2e CLASSE.	3e CLASSE.
		francs.	francs.	francs.
Lycées de la Seine et de Seine-et-Oise.	Lycées d'externes......	1,200	1,100	1,000
	Lycées d'internes.......	800	700	600
Lycées des départements...............		600	500	400

Les promotions à une classe supérieure ne peuvent être accordées qu'après cinq ans au moins passés dans la classe immédiatement inférieure.

Après dix ans de première classe, les aides de physique pourront, sur la proposition des Recteurs, recevoir des gratifications personnelles pour ancienneté de services. Ces gratifications sont fixées à 200 francs par an pour les lycées de la Seine et de Seine-et-Oise, et à 100 francs pour les lycées des autres départements.

ART. 3. Les aides de physique figureront parmi les gens de service. Leur rémunération annuelle sera, en conséquence, prévue chaque année sur l'annexe n° 7 du budget (gages des gens de service), et il continueront à participer aux étrennes.

CIRCULAIRE RELATIVE AUX AIDES DE PHYSIQUE DANS LES LYCÉES DE GARÇONS.

(30 avril 1894.)

MONSIEUR LE RECTEUR, je vous transmets ci-joint un certain nombre d'exemplaires d'un arrêté en date du 30 avril courant, relatif à l'amélioration de la situation des garçons de physique des lycées.

Aux termes de l'article 1er, c'est à vous, Monsieur le Recteur, qu'il appartiendra, sur la proposition des chefs d'établissement, de conférer une nomination d'*aide de physique* au garçon qui aura fait preuve d'aptitudes professionnelles et de dévouement dans l'exercice de ses fonctions. Les propositions des proviseurs devront être accompagnées d'un rapport des professeurs de physique du lycée constatant que le garçon de physique est en état de les seconder efficacement dans la préparation des expériences et d'effectuer les menues réparations d'appareils. Ces propositions devront être soumises à mon approbation, et ce n'est qu'après qu'elles auront reçu mon agrément que vous pourrez conférer la nomination.

Les aides de physique seront divisés en trois classes; nul ne pourra être nommé aide de physique de 3e classe *qu'après un stage d'une année au moins*, pendant laquelle il recevra les mêmes gages que les autres domestiques.

Les aides de physique figureront dans le cadre du personnel des gens de service; ils continueront à participer, s'il est nécessaire, au service général de la maison et à recevoir des étrennes, au même titre que les autres domestiques.

. . . .

II. — SERVICE ET OBLIGATIONS PROFESSIONNELLES.

1. — SERVICE HEBDOMADAIRE.

ARRÊTÉ PORTANT RÈGLEMENT DU SERVICE DES PROFESSEURS DES LYCÉES DE LA SEINE ET DE SEINE-ET-OISE.

(25 août 1892.)

ART. 1er. Le service hebdomadaire des professeurs des lycées nationaux de la Seine et de Seine-et-Oise est fixé ainsi qu'il suit.

PROFESSEURS.	MAXIMUM DE SERVICE.
De mathématiques spéciales..................	10 heures, plus 2 heures obligatoires supplémentaires.
De rhétorique (cours préparatoire à l'École normale supérieure et à la Faculté des lettres).........	Décisions d'espèce.
De philosophie, rhétorique, histoire............	12 heures.
De mathématiques (1re chaire). { Centrale, Saint-Cyr.......... Navale (dernière année)........ Élémentaires............... 1re moderne (sciences)........	12 heures.
De physique et de chimie....................	1re chaire. 12 heures [1]. 2e chaire. 14 heures.
D'histoire naturelle.......................	14 heures.
De mathématiques (2e chaire)................	14 heures.
De lettres (seconde et troisième).............	15 heures.
De grammaire...........................	15 heures.
De langues vivantes.......................	15 heures.
De lettres (enseignement moderne)............	15 heures.
De sciences (enseignement moderne)...........	Même service que les professeurs de science de l'enseignement classique.
Des classes élémentaires (septième et huitième)....	19 heures.

[1] Voir la circulaire du 24 octobre 1892, page 87.

Le maximum de service prévu ci-dessus pour les professeurs de physique et chimie et d'histoire naturelle est abaissé d'une heure pour celui des professeurs de chacun de ces ordres qui est chargé de l'entretien du cabinet.

Le maximum de service prévu ci-dessus pour les professeurs de rhétorique, de lettres et de grammaire de l'enseignement classique est abaissé d'une heure pour ceux de ces professeurs qui, indépendamment de leur service dans l'enseignement classique, sont chargés de tout l'enseignement du français dans une classe d'enseignement moderne [1].

[1] *Décret du 28 mars 1866, portant organisation de l'enseignement secondaire spécial.*
Art. 5. Les professeurs titulaires, les professeurs divisionnaires, les chargés de cours et les maîtres élémentaires des lycées attachés à l'enseignement secondaire classique peuvent être, en outre, appelés à concourir à l'enseignement spécial, jusqu'à concurrence du nombre d'heures de service auquel ils sont tenus par les règlements.

Art. 2. Les professeurs des classes élémentaires pourvus d'un certificat d'aptitude à l'enseignement d'une langue vivante (anglais ou allemand) dans les lycées et collèges, ou écoles normales et écoles primaires supérieures, recevront une indemnité de 300 francs, à la condition que, dans les dix-neuf heures réglementaires de classe fournies par ces professeurs, seront comprises quatre heures consacrées à l'enseignement de la langue vivante mentionnée sur ledit certificat.

Art. 3. Le maximum de service des chargés de cours qui n'ont pas atteint cinquante ans d'âge est supérieur d'une heure au service des professeurs titulaires donnant le même enseignement.

A partir de cinquante ans, le maximum de service des chargés de cours est égal à celui des professeurs titulaires.

Art. 4. Tout professeur ou chargé de cours peut être tenu de fournir, en sus de son maximum de service, sauf empêchement motivé par raisons de santé, deux heures supplémentaires de service donnant lieu à rétribution spéciale d'après le taux fixé par les règlements.

ARRÊTÉ PORTANT RÈGLEMENT DU SERVICE DES PROFESSEURS DES LYCÉES DES DÉPARTEMENTS AUTRES QUE CEUX DE LA SEINE ET DE SEINE-ET-OISE.

(25 août 1892.)

Art. 1er. Le service hebdomadaire des professeurs des lycées nationaux des départements autres que ceux de la Seine et de Seine-et-Oise est fixé ainsi qu'il suit :

PROFESSEURS.	MAXIMUM DE SERVICE.
De mathématiques spéciales..................	12 heures.
De philosophie, rhétorique, histoire.............	14 heures.
De mathématiques (1re chaire.) { Centrale, Saint-Cyr........... / Navale (dernière année)........ / Élémentaires .... / 1re moderne (sciences).........	14 heures.

PROFESSEURS.	MAXIMUM DE SERVICE.
De physique et de chimie......................	1re chaire. 14 heures [1].
	2e chaire. 15 heures.
D'histoire naturelle	15 heures.
De mathématiques (2e chaire)................	15 heures.
De lettres (seconde et troisième)..............	16 heures.
De grammaire...........................	16 heures.
De langues vivantes.......................	16 heures.
De lettres (enseignement moderne)............	16 heures.
De sciences (enseignement moderne)...........	Même service que les professeurs de sciences de l'enseignement classique.
Des classes élémentaires (7e et 8e)..............	20 heures.

[1] Voir la circulaire du 24 octobre 1892, page 87.

Le maximum de service prévu ci-dessus pour les professeurs de physique et de chimie et d'histoire naturelle est abaissé d'une heure pour celui des professeurs de chacun de ces ordres qui est chargé de l'entretien du cabinet.

Le maximum de service prévu ci-dessus pour les professeurs de rhétorique, de lettres et de grammaire de l'enseignement classique est abaissé d'une heure pour ceux de ces professeurs qui, indépendamment de leur service dans l'enseignement classique, sont chargés de tout l'enseignement du français dans une classe d'enseignement moderne [1].

ART. 2. Les professeurs des classes élémentaires pourvus d'un certificat d'aptitude à l'enseignement d'une langue vivante (anglais ou allemand) dans les lycées et collèges, ou dans les écoles normales et écoles primaires supérieures, recevront une indemnité de 300 francs, à la condition que dans les vingt heures réglementaires

[1] Décret du 20 mars 1866, portant organisation de l'enseignement secondaire spécial.
ART. 5. Les professeurs titulaires, les professeurs divisionnaires, les chargés de cours et les maîtres élémentaires des lycées attachés à l'enseignement secondaire classique peuvent être, en outre, appelés à concourir à l'enseignement spécial, jusqu'à concurrence du nombre d'heures de service auquel ils sont tenus par les règlements.

de classe fournies par ces professeurs seront comprises. quatre heures consacrées à l'enseignement de la langue vivante mentionnée sur ledit certificat.

Art. 3. Le maximum de service des chargés de cours qui n'ont pas atteint cinquante ans d'âge est supérieur d'une heure au service des professeurs titulaires donnant le même enseignement.

A partir de cinquante ans, le maximum de service des chargés de cours est égal à celui des professeurs titulaires.

Art. 4. Tout professeur ou chargé de cours peut être tenu de fournir, en sus de son maximum de service, sauf empêchement motivé par raisons de santé, deux heures supplémentaires de service donnant lieu à une rétribution spéciale, d'après le taux fixé par les règlements.

_____

CIRCULAIRE RELATIVE AU SERVICE DES PROFESSEURS DE LYCÉES.

(24 octobre 1892.)

_____

Monsieur le Recteur, des doutes se sont élevés au sujet de l'interprétation du paragraphe des arrêtés du 25 août dernier qui concerne les professeurs de physique. Il s'agit de savoir quels sont, parmi les professeurs de cet ordre, ceux qui doivent être admis à bénéficier du maximum fixé pour les premières chaires, et ceux qui peuvent être astreints au maximum fixé pour les deuxièmes chaires.

Pour ce qui est des professeurs de mathématiques, sont de première chaire, aux termes de l'arrêté, ceux qui donnent l'enseignement des mathématiques dans les classes de mathématiques élémentaires, première moderne (sciences), et dans les cours préparatoires aux écoles centrales, de Saint-Cyr et navale (*dernière année*), quelles que soient d'ailleurs les classes où ils fournissent le surplus exigible de leur service.

J'ai décidé que, par assimilation, les professeurs de physique seront de première chaire lorsqu'ils fourniront, dans une ou plusieurs desdites classes ou en mathématiques spéciales, un nombre d'heures de service égal au nombre minimum suffisant pour faire attribuer le maximum de première chaire aux professeurs de mathématiques.

Or, le cours de mathématiques en première moderne (sciences) ne comporte que six heures de classe, et les professeurs chargés de ce cours ont comme maximum celui de première chaire. En conséquence, les professeurs de physique qui donneront au minimum six heures de classe régulière, soit en mathématiques spéciales, soit dans une ou dans plusieurs des classes désignées ci-dessus, bénéficieront également de ce maximum.

En ce qui concerne les quelques professeurs de lettres qui sont, *par nomination*, spécialement chargés, dans certains grands lycées, des cours de lettres aux élèves de sciences, ils ne se trouvent pas expressément compris dans les arrêtés du 25 août dernier.

L'importance et la difficulté reconnues de cet enseignement, comme aussi la grande responsabilité qu'il entraîne, rendent légitimes l'assimilation de ces professeurs à ceux de philosophie, d'histoire et de rhétorique, etc., j'ai décidé que le maximum de service serait, comme pour ces derniers, de quatorze heures en province et de douze heures à Paris.

DÉCRET RELATIF AU SERVICE DES PROFESSEURS DE DESSIN.
(16 septembre 1880.)

Les professeurs titulaires de dessin et chargés de cours de dessin sont tenus à un maximum de seize heures de leçons par semaine.

ARRÊTÉ RELATIF AU SERVICE DES PROFESSEURS DE GYMNASTIQUE.
(13 décembre 1882.)

Seize heures de service par semaine peuvent être imposées aux professeurs de gymnastique sans augmentation de traitement.

---

2. — INSTALLATION. — SUPPLÉANCES.

CIRCULAIRE RELATIVE À L'INSTALLATION DES FONCTIONNAIRES.
(5 novembre 1891.)

Monsieur le Recteur, il est de règle que tout fonctionnaire, appelé pour la première fois à un poste dans un lycée ou collège, ou attaché, par mutation d'emploi, à un nouvel établissement, signe, dès son arrivée, le procès-verbal d'installation.

Quelques chefs d'académie seulement ont conservé l'habitude de me transmettre un exemplaire de ce document, qui doit être inséré au dossier du fonctionnaire et peut, par la suite, éviter des difficultés lors de la liquidation des pensions de retraite.

Je vous prie d'informer MM. les proviseurs et principaux de votre ressort qu'un exemplaire du procès-verbal d'installation de tout nouveau fonctionnaire doit m'être transmis le jour même de l'installation, par votre entremise.

Vous voudrez bien mettre votre visa sur le document et me l'adresser sans lettre d'envoi.

DISPOSITIONS RELATIVES AU PAYEMENT DES TRAITEMENTS.

Extraits du décret du 16 octobre 1867.

. . . .

ART. 19. Les pouvoirs d'émarger que donnent, en cas d'éloignement de leur résidence et par forme de lettre, conformément à l'article 1985 du code civil, les employés et préposés des administrations sont dispensés du timbre et de l'enregistrement.

. . . .

ART. 27. Les traitements se payent par mois et à terme échu, tous les mois étant indistinctement comptés pour trente jours. En cas de décès d'un employé ou de cessation d'activité dans le cours du mois, il est produit un décompte établissant la somme due en raison du nombre des jours de service. Le jour du décès est compris dans le décompte.

ART. 28. Le traitement d'un employé absent pour cause d'altération des facultés mentales et traité dans un établissement public peut être payé, sauf déduction des retenues prescrites, sur l'acquit du receveur de cet établissement appuyé d'une quittance à souche et sur la production d'un certificat de vie du malade, délivré par le directeur de l'établissement dont la signature doit être légalisée par le maire de la commune . . .

ART. 30. Les traitements ou allocations passibles de retenues qui sont acquittés par les comptables sont portés pour le *brut* dans les... mandats, et il y est fait mention spéciale des retenues à exercer pour pensions. Les comptables chargés du payement des ...mandats, les imputent en dépense pour leur montant intégral et ils constatent en recette le produit des retenues à un article distinct (*services hors budget*) intitulé : *Retenues sur traitements pour le service des pensions civiles*, conformément à l'article 5 du décret du 9 novembre 1853. Les... mandats n'en doivent pas moins être acquittés pour le montant brut. La dépense afférente à ces retenues est balancée dans les comptes (*services hors budget*) pour une somme égale à celle portée en recettes.

<hr />

ARRÊTÉ RELATIF AUX SUPPLÉANCES ÉVENTUELLES.
(4 octobre 1883.)

Art. 1er. Le service des suppléances éventuelles, en cas d'empêchement des professeurs, sera confié, soit aux maîtres répétiteurs du lycée, soit à des professeurs libres, licenciés ou agrégés.

Art. 2. Ces professeurs seront pourvus à cet effet d'une délégation du Recteur; ils pourront recevoir, outre l'indemnité de remplacement déterminée en l'article 3, une allocation annuelle payable par dixième et non soumise aux retenues pour les pensions civiles. Le chiffre de cette allocation sera fixé par le Ministre.

Art. 3. Les indemnités de remplacement, payables à la fin de chaque trimestre, seront attribuées aux maîtres répétiteurs et aux professeurs chargés des suppléances éventuelles. Elles seront calculées ainsi qu'il suit pour une classe de deux heures :

	Lycées de Paris, Vanves et Versailles.	Lycées des départements.
Classes élementaires..................	5 francs.	3 francs.
Classes de grammaire.................	6	4
Classes supérieures	7	5

Les rétributions ci-dessus seront réduites de moitié pour une leçon d'une heure[1].

[1] Voir la circulaire du 28 janvier 1893, page 91.

Art. 4. Il sera opéré une retenue, pour toute classe manquée, sur le traitement des professeurs et des maîtres chargés d'une classe. Pour les classes de deux heures, cette retenue sera égale au millième du traitement annuel, non compris l'indemnité d'agrégation. Elle sera réduite de moitié pour les classes d'une heure.

Art. 5. Les professeurs auront droit au remboursement des retenues en cas de maladie régulièrement constatée ou d'absence autorisée ou justifiée.

Ces retenues seront remboursées à la fin de chaque mois, sur la proposition du proviseur, en vertu d'une décision du Recteur.

CIRCULAIRE RELATIVE AU MODE DE CALCUL DES INDEMNITÉS DUES POUR SUPPLÉANCES ÉVENTUELLES.

(28 janvier 1893.)

Monsieur le Recteur, j'ai pu constater fréquemment que MM. les proviseurs et économes ne se rendent pas un compte suffisamment exact de la manière dont ils doivent calculer les indemnités dues pour suppléances éventuelles aux diverses catégories de fonctionnaires qui peuvent en être chargés. Il m'a paru nécessaire de rappeler les règles précédemment établies à cet égard, et de donner des exemples des cas appelés à se reproduire le plus souvent.

Il convient de séparer les maîtres chargés de suppléances en trois catégories : 1° les professeurs et surveillants généraux; 2° les préparateurs; 3° les répétiteurs.

Pour les professeurs et surveillants généraux, aucune contestation ne peut s'élever : les professeurs doivent être rémunérés d'après le tarif plein, les surveillants généraux sont également payés au tarif plein s'ils ont fait classe, et ils doivent être payés au tarif réduit s'ils ont simplement surveillé les élèves.

En ce qui concerne les préparateurs, ces maîtres sont, par la nature même de leurs fonctions, obligés d'assister à toutes les classes de physique chimie et histoire naturelle. La suppléance du professeur ne leur impose donc qu'un faible surcroît de travail; le tarif réduit doit leur être appliqué en cas de suppléance effective. Si, pour une raison quelconque, le préparateur a seulement surveillé les élèves, il n'a droit à aucune indemnité.

Quant aux répétiteurs, les règles ci-après devront être suivies à leur égard.

Répétiteurs généraux ou divisionnaires sans service de dortoir. — Par application de l'article 5 du décret du 28 août 1891, les maîtres de ces deux catégories doivent un minimum de service de *huit heures par jour.* Lorsqu'ils sont chargés d'une suppléance, deux cas peuvent se présenter :

1° *Le maître fournit d'ailleurs son maximum :* la suppléance effective (classe faite) est payée au tarif plein, la simple surveillance au tarif réduit;

2° *Le maître donne d'ailleurs moins de huit heures.* Cette hypothèse comporte deux cas :

a. La suppléance a été effective : de la durée de cette suppléance on fait deux parts. La première égale à la différence entre le service de répétiteur fait par le maître et son maximum (huit heures), est payée au tarif réduit, le surplus étant rétribué au tarif plein.

b. Le répétiteur a été, le même jour, chargé d'une suppléance effective et d'une simple surveillance. Supposons que son service de répétiteur ait été ce jour-là de six heures trois quarts, et qu'il ait été, en outre, chargé pendant deux heures et demie, d'une suppléance de professeur, savoir : une heure et demie de surveillance et une heure de classe réellement faite.

La différence entre son service maximum (huit heures) et son service réel (six heures trois quarts) est d'une heure et un quart. Comme il a fait une surveillance d'une heure et demie, on prendra sur ce laps de temps une heure et un quart pour compléter à huit heures le service du maître, et aucune indemnité ne sera accordée. Il restera à accorder un quart d'heure de surveillance (tarif réduit) et une heure de classe (tarif plein).

Répétiteurs divisionnaires ordinaires. Lycées au dehors du siège des facultés. — Le même mode de procéder leur est applicable en substituant le maximum de service de six heures au maximum de huit heures.

Le jour où un répétiteur aura eu sa journée de liberté entière, il sera considéré comme ayant fourni ce jour-là son maximum de service.

On ne devra pas oublier, en dressant les états de propositions, qu'il est indispensable de donner, *jour par jour et heure par heure,* le détail des suppléances ou surveillances faites.

J'appelle tout particulièrement votre attention sur les inconvénients qui résultent de la non application de ces prescriptions (renvois pour corrections, retards dans le payement des indemnités aux intéressés, perte de temps pour les diverses administrations) et sur la nécessité de les éviter par un examen attentif de chaque cas particulier et une exacte appréciation des règles qui le concernent.

. . . .

3. — VACANCES, DÉPLACEMENTS, ABSENCES, CONGÉS.

CIRCULAIRE RELATIVE AUX VACANCES DU PERSONNEL ADMINISTRATIF.

(20 janvier 1895.)

Monsieur le Recteur, pendant les dernières vacances et par suite d'une surveillance insuffisante, des détournements ont été opérés dans un lycée par le commis d'économat qui remplaçait l'économe en congé. L'enquête qui a été faite à ce sujet a démontré la nécessité de prendre des mesures très précises en vue de répartir entre les fonctionnaires de l'Administration le service des vacances et d'éviter, par l'observation rigoureuse des règlements, le retour du scandale qui vient de se produire.

Le service administratif des vacances devra être partagé, d'une part, entre le proviseur et le censeur, ou le surveillant général faisant fonctions de censeur dans les lycées où il n'existe pas de censeur; d'autre part, entre l'économe et un commis d'économat.

Les surveillants généraux et les commis aux écritures participeront au service des vacances, sous la surveillance et la direction des fonctionnaires ci-dessus, mais ils ne seront jamais chefs de service.

On aura soin, d'ailleurs, de faire en sorte que le proviseur soit de service avec le commis d'économat, et le censeur avec l'économe.

Il ne convient pas, en effet, Monsieur le Recteur, que l'on continue, ainsi que cela se pratique dans un certain nombre d'établissements, à laisser, pendant les vacances, à la tête de nos lycées, tantôt un surveillant général ou un simple répétiteur pour remplacer le proviseur, tantôt un commis aux écritures pour suppléer l'économe. Une telle organisation, en provoquant parfois de légitimes réclamations de la part des familles, peut présenter, sous le rapport financier, des inconvénients que les faits signalés plus haut dispensent d'énumérer.

Aux termes des règlements, l'économe est chargé *seul*, sous sa responsabilité, du maniement des deniers du lycée; mais il peut, dans certains cas exceptionnels, se faire suppléer par un commis d'économat, à qui il délègue ses pouvoirs par une procuration régulière. Pendant les vacances, et lorsque l'absence du comptable responsable doit avoir une certaine durée, des dispositions particulières paraissent nécessaires pour sauvegarder les intérêts du lycée. Il convient, par exemple, de restreindre, durant cette période, les opérations financières le plus possible. On évitera de faire des payements importants; les menues dépenses journalières, effectuées en dehors des fournisseurs attitrés, seront seules acquittées, en l'absence de l'économe. Il en résultera ainsi un roulement de fonds peu considérable; rien ne s'opposera plus à ce que l'on renferme dans la grande caisse la presque totalité des valeurs et espèces non déposées à la Caisse des dépôts et consignations. La petite caisse pourra alors ne contenir que de faibles sommes. Ces dispositions constitueront une sérieuse garantie pour le lycée et même pour le comptable. Il y aura cependant à pourvoir à une dépense importante que l'on ne saurait ajourner. Il s'agit du payement des traitements du mois d'août. Pour cette opération, la présence de l'économe serait désirable, et on ne peut que la recommander instamment. Je reconnais, toutefois, que l'intérêt bien entendu du service économique exigera souvent que ce fonctionnaire soit présent au lycée au commencement et à la fin des vacances. Dans ces conditions, il ne sera peut-être pas toujours possible que l'économe paye lui-même les traitements d'août. S'il doit se faire remplacer par un commis d'économat, deux cas se présenteront :

1° Le payement des traitements du mois d'août ne nécessitera pas de retrait de fonds de la Caisse des dépôts et consignations. Le proviseur aura soin, pendant les quelques jours fixés à l'avance, et dont il sera donné connaissance au personnel, pour le payement des traitements, d'extraire chaque matin de la grande caisse, pour les remettre au commis d'économat dûment autorisé par l'économe, les fonds nécessaires aux payements prévus de la journée; le soir, il se fera rendre rigoureusement compte des opérations qui auront eu lieu, et fera rentrer dans la grande caisse les sommes disponibles. Ces dispositions seront obligatoires tant que l'économe sera absent; .

2° Le payement des traitements occasionnera un retrait de fonds.

Il paraît indispensable de rappeler ici les règles prescrites pour ces opérations. Aux termes de l'article 3 de l'arrêté du 14 juin 1842, les retraits des fonds déposés à la caisse des dépôts et consignations sont opérés *sur une demande écrite des proviseurs.* Les économes donnent quittance sur les mandats ou ordres de dépôts signés par ces fonctionnaires jusqu'à concurrence des sommes retirées. Deux signatures sont donc nécessaires, celle du proviseur et celle de l'économe. En cours d'année, cette formalité ne présente aucune difficulté; le proviseur et l'économe déposent un spécimen de leur signature, à Paris, à la Caisse des dépôts et consignations; *dans les départements*, à la Trésorerie générale. Mais, à l'époque des vacances, il convient de préciser ces instructions. Les demandes de retraits de fonds doivent *exclusivement* être signées par le proviseur, qui ne peut, en aucun cas, même pendant les vacances, se faire remplacer dans ces attributions. Ainsi donc, lorsqu'il y aura lieu de retirer les fonds pendant les vacances, la lettre de retrait doit porter la signature du proviseur. Une seule exception paraît devoir être faite : c'est en cas de vacance du poste de proviseur. Une délégation ministérielle sera donnée au fonctionnaire chargé des fonctions d'ordonnateur, qui sera tenu alors de fournir à la Caisse des dépôts et consignations ou à la Trésorerie générale la preuve de sa qualité d'ordonnateur et de déposer le spécimen de sa signature. Quant à la quittance de l'économe, elle pourra, en l'absence de ce comptable, être donnée par un commis d'économat muni d'une procuration spéciale à cet effet, établie sur timbre et visée par le proviseur.

Toutefois, la signature du commis d'économat sera, au préalable, déposée à la Caisse des dépôts et consignations ou à la Trésorerie générale. Le proviseur veillera à ce que les fonds remboursés soient immédiatement renfermés dans la grande caisse, ainsi que le récépissé dûment vérifié, et leur emploi sera réglé comme il est dit plus haut.

Il est bien entendu, d'ailleurs, qu'on se conformera strictement aux prescriptions de la circulaire du 25 juin 1890, article 39, § 4, concernant la vérification de la caisse pendant les vacances.

J'insiste tout particulièrement en terminant, Monsieur le Recteur, sur l'obligation imposée au proviseur de ne jamais se dessaisir de la clef de la grande caisse. Ainsi que le rappellent les prescriptions de la circulaire précitée du 25 juin 1890, le proviseur ne peut, dans aucun cas, remettre à l'économe, et encore moins au commis d'économat délégué, la clef dont il est dépositaire. Il importe que l'on observe rigoureusement les dispositions de la circulaire du 12 mai 1854, qui a décidé que la caisse des lycées serait à deux compartiments : l'un s'ouvrant avec la première clef est désigné sous le nom de *petite caisse* et reste à l'entière disposition de l'économe : la clef ne peut jamais en être remise au proviseur; l'autre, appelé *grande caisse*, se ferme avec la clef du proviseur. C'est dans ce dernier compartiment que l'on doit, en cours d'année, faire déposer toutes les sommes dépassant les besoins courants et, pendant les vacances, en l'absence de l'économe, la presque totalité des fonds non déposés à la Caisse des dépôts et consignations.

La clef de la grande caisse, dont le proviseur est l'unique dépositaire, sera remise, pendant les vacances, au censeur, lorsque ce fonctionnaire remplacera le chef de l'établissement et en remplira les fonctions. Mais le censeur, tenu aux mêmes devoirs et soumis aux mêmes responsabilités que le proviseur, ne pourra jamais s'en dessaisir que pour la rendre au proviseur. Si, *exceptionnellement*, le censeur remplissait les fonctions d'ordonnateur, en même temps qu'un commis d'économat suppléerait l'économe, il devrait se conformer, à l'époque du payement des traitements, à toutes les prescriptions relatives à la tenue de la caisse.

Des dispositions analogues seront prises, dans les lycées de jeunes filles, en ce qui concerne le retrait des fonds et la tenue de la caisse.

Je vous prie de faire parvenir un exemplaire de la présente circulaire aux inspecteurs d'académie, proviseurs, directrices, censeurs et économes des lycées de votre ressort, et de veiller à l'exécution scrupuleuse des dispositions qu'elle contient [1].

RÈGLEMENT RELATIF AUX FRAIS DE DÉPLACEMENT.
(11 novembre 1826.)

Il peut être accordé des indemnités aux fonctionnaires dont le bien du service a exigé le déplacement.

Ces indemnités ne sont pas accordées lorsque le fonctionnaire déplacé obtient de l'avancement ou une augmentation de traitement, ni lorsque le fonctionnaire a demandé à passer d'une ville dans une autre.

Le fonctionnaire qui croit avoir droit à une indemnité de déplacement adresse une demande au Ministre par l'intermédiaire du recteur.

ARRÊTÉ RELATIF AUX DISPOSITIONS RÉGLEMENTAIRES CONCERNANT LES ABSENCES DES PROFESSEURS ET RÉPÉTITEURS DES LYCÉES.
(14 mars 1854.)

Le Ministre au département de l'instruction publique, des beaux arts et des cultes;

[1] *Circulaire relative aux absences des fonctionnaires de l'Administration* (18 mars 1895). MONSIEUR LE RECTEUR, j'ai l'honneur de vous transmettre ci-après, à titre de renseignement, copie des instructions adressées par un de vos collègues aux inspecteurs d'académie de son ressort.

«Monsieur l'Inspecteur, les chefs et les économes des établissements d'enseignement secondaire et des écoles normales, sauf les cas urgents et exceptionnels, ne peuvent s'absenter qu'avec l'autorisation écrite du recteur et après avoir assuré le service, conformément à ses instructions. Cette obligation existe, non seulement pour les grandes vacances, mais encore et surtout pour les petits congés pendant lesquels tous les élèves ne rentrent pas dans leur famille. Les fonctionnaires de l'ordre administratif sont chargés de la garde de nos maisons d'éducation, de la gestion de leurs intérêts et de la correspondance avec les autorités et les familles.

C'est pourquoi les règlements les obligent, de même que les fonctionnaires de l'administration académique, à n'interrompre leur service qu'avec une autorisation spéciale, et après s'être fait remplacer. S'ils désirent quitter leurs établissements, ils devront, par votre intermédiaire, m'en demander l'autorisation en temps utile et m'adresser des propositions pour l'organisation du service pendant leur absence.

«Je vous prie d'appeler sur ce point l'attention du proviseur et de l'économe des lycées de garçons, des principaux des collèges, de la directrice et de l'économe des lycées de jeunes filles, de la directrice des cours secondaires de jeunes filles, du directeur, de la directrice et des économes des écoles normales de votre département. Vous voudrez bien les inviter à se conformer, à l'avenir, aux instructions ministérielles et à vous accuser réception de la présente circulaire.

Vu les arrêtés des 2 mars 1810, 11 avril et 24 juin 1831, 30 juin 1840 et 30 janvier 1851, relatifs au remplacement des professeurs des lycées impériaux;

Vu l'article 3 du décret du 17 août 1853, qui détermine les divers services dont les maîtres répétiteurs sont chargés et au nombre desquels est compris le remplacement des professeurs empêchés;

Considérant qu'en exécution du décret du 16 avril 1853 la division des lycées en différentes classes a cessé d'exister et que la rémunération des professeurs a été modifiée;

Que le service des professeurs est un service permanent qui ne peut point éprouver d'interruption, et que lorsque ces fonctionnaires s'absentent, ils doivent nécessairement être remplacés; qu'il importe dès lors, dans l'intérêt de la discipline et des études, que des retenues, qui seront remboursées s'il y a lieu, ou qui demeureront acquises aux lycées, soient exercées sur le traitement des professeurs absents.

Arrête :

Art. 1er. Les professeurs et maîtres répétiteurs des lycées qui se trouveront dans l'impossibilité de faire leurs classes ou leurs conférences, en avertiront le proviseur par écrit et feront connaître les motifs de leur absence.

Art. 3. Des retenues seront exercées sur le traitement des professeurs et maîtres chargés de classes qui se seront absentés.

Art. 4. Les professeurs et maîtres n'auront droit au remboursement des retenues qu'en cas de maladie régulièrement constatée, ou lorsque l'absence aura eu lieu par suite de circonstances extraordinaires, ce qui devra être justifié.

Art. 5. A la fin de chaque trimestre, le proviseur fera dresser l'état des retenues opérées et proposera le remboursement de celles qu'auront subies les professeurs et maîtres qui se trouveront dans les cas prévus par l'article 4.

L'état des retenues et les propositions du proviseur seront transmis au Ministre par l'intermédiaire du recteur, qui y joindra son avis.

Les retenues dont le remboursement n'aura pas été autorisé demeureront acquises au lycée.

ART. 6. Les dispositions des arrêtés ci-dessus visés, relatifs au remplacement des professeurs, sont et demeurent rapportées.

CIRCULAIRE RELATIVE AUX ABSENCES ET CONGÉS DES FONCTIONNAIRES.
(21 juin 1851.)

Le fonctionnaire qui a obtenu un congé est tenu de revenir à son poste pour le jour où le congé expire. A son arrivée, il se présente au chef de l'établissement, celui-ci prévient immédiatement le recteur du retour du fonctionnaire. Le recteur en donne avis au Ministre; il a soin de rappeler le temps qui avait été accordé, et de faire observer si ce temps a été excédé ou non.

Les fonctionnaires en congé doivent faire renouveler leur congé avant la réouverture des classes, sans quoi ils s'exposent à être remplacés définitivement.

CIRCULAIRE RELATIVE AUX VACANCES DES RÉPÉTITEURS.
(19 mai 1897.)

MONSIEUR LE RECTEUR, l'article 6 § 3 du décret du 28 août 1891 dispose que « pendant les grandes vacances, les congés des répétiteurs comprendront un congé d'au moins trente jours consécutifs ».

J'ai lieu de penser que cette disposition réglementaire n'a soulevé jusqu'ici aucune difficulté dans la pratique et que, depuis la promulgation du décret, elle a reçu son entière exécution dans tous les lycées et collèges de votre ressort.

Je suis même informé que certains chefs d'établissement ont pu, sans inconvénient, dispenser les répétiteurs de tout service de vacances.

Pour répondre à un vœu récemment exprimé par les répétiteurs des lycées et collèges, il m'a paru désirable que la mesure, due à l'initiative de quelques proviseurs et principaux, fût étendue à tous les établissements où il ne reste pas d'élèves pendant les vacances, et qu'à l'exception peut-être de la première semaine du mois d'août *et de la dernière semaine du mois de septembre*, les répétiteurs fussent, en principe, exonérés pendant ces deux mois de tout service effectif.

Pour parer toutefois aux nécessités qui pourraient se produire, un service éventuel sera organisé par le chef de l'établissement entre les répétiteurs qui, en cas de besoin, seraient rappelés d'urgence au lycée ou au collège, d'après l'ordre indiqué sur un tableau dressé avant les vacances.

Je vous prie de porter ces nouvelles dispositions à la connaissance de MM. les proviseurs et principaux de votre ressort et de les inviter à prendre les mesures nécessaires en vue de les mettre, dès cette année, à exécution.

CIRCULAIRE RELATIVE AUX RETENUES EXERCÉES SUR LE TRAITEMENT DES PROFESSEURS.

(15 octobre 1883.)

Monsieur le Recteur, un arrêté du 26 janvier 1882 a décidé qu'à l'avenir, et sauf le cas d'absence non justifiée[1], les retenues déterminées par l'article 3 de l'arrêté du 14 mars 1854 ne seraient plus exercées sur le traitement des professeurs des lycées qui n'auraient pu faire leur classe.

D'après les renseignements qui me sont transmis, j'ai lieu de craindre que, depuis quelque temps, les absences ne tendent à se multiplier. Je sais quel est le zèle de MM. les professeurs et combien ils sont pénétrés du sentiment de leurs devoirs et du souci de leur dignité. Ils n'ignorent pas, d'ailleurs, que toute classe qu'ils ne font pas est, en réalité, une classe perdue pour leurs élèves, le maître répétiteur qui les remplace ne pouvant que très imparfaitement les suppléer. Ils n'oublient pas non plus que le temps fourni à leur place par le maître est pris sur les heures de travail et de loisir qui lui sont réservées. Je suis donc convaincu qu'ils n'obéissent, en s'absentant, qu'à un motif sérieux d'empêchement. Toutefois, les observations que j'ai reçues des familles me font un devoir de vous inviter à

[1] *Note de service* (14 novembre 1895). Je suis informé que des autorisations d'absence de huit, dix et même quinze jours ont été récemment accordées à des fonctionnaires des lycées et collèges à l'occasion de leur mariage. Des absences si prolongées portent aux élèves un préjudice certain et provoquent, à juste titre, surtout lorsqu'elles suivent presque immédiatement les grandes vacances ou les petits congés de l'année scolaire, le mécontentement des familles. Les plaintes qui m'ont été adressées à ce sujet sont absolument justifiées.

En conséquence, je vous prie, Monsieur le Recteur, de restreindre dorénavant les permissions qui vous seront demandées à ce sujet à trois ou quatre jours y compris les dimanches et les jeudis. Ce temps suffit pour les déplacements et les formalités nécessaires, et j'estime que nous n'avons pas le droit d'y ajouter un congé d'agrément pris sur un temps qui appartient à nos élèves. Toutefois, si, en raison de circonstances exceptionnelles, une absence un peu plus longue vous paraissait justifiée, vous voudriez bien m'en référer avant de prendre une décision.

appeler tout particulièrement l'attention de MM. les proviseurs sur ce point, et à leur expliquer ce qui m'a amené à prendre les mesures que je porte à votre connaissance.

Dorénavant, les professeurs qui se trouveront dans l'impossibilité de faire leur classe devront justifier de leur absence par la production d'un certificat de médecin. Il vous appartiendra ensuite de décider si les retenues doivent être ou non exercées.

Je vous prie de donner des instructions dans ce sens à MM. les proviseurs des lycées de votre académie.

EXTRAIT DE LA LOI DE FINANCES.

(28 décembre 1895.)

. . . .

ART. 40. Les retenues à verser annuellement par les fonctionnaires en congé, en non-activité ou en disponibilité, qui sont admis par la loi du 9 juin 1853 à conserver leurs droits à la retraite, ne peuvent être inférieures à celles qu'ils supportaient sur leur dernier traitement d'activité.

Toutefois, cette disposition n'est pas applicable aux fonctionnaires en congé pour maladie.

DÉCRET RELATIF À LA RETENUE DU DOUZIÈME DE PREMIER TRAITEMENT.

(28 juillet 1897.)

ART. 1er. La retenue du douzième que les fonctionnaires et employés doivent supporter sur leurs rétributions, conformément aux articles 3 et 4 de la loi du 9 juin 1853, lors de la première nomination ou en cas de réintégration, est exercée par quart sur les quatre premières allocations qui sont acquises pour un mois entier au fonctionnaire ou à l'employé.

Les fonctionnaires et employés rétribués au moyen de salaires ou de remises variables ont la faculté de verser la retenue du douzième par quart et mensuellement dans le cours des quatre mois qui suivent leur installation.

Ceux qui sont rétribués par trimestre subissent la retenue du quart des allocations mensuelles comprises intégralement dans la première allocation qui est faite.

Le complément de la retenue est prélevé sur les allocations suivantes.

Art. 2. En cas de décès, de démission ou de révocation survenu avant que la retenue du douzième ait été totalement versée, la partie non recouvrée de cette retenue est prélevée jusqu'à due concurrence sur les rétributions restant dues au fonctionnaire ou à l'employé.

Dans le cas où le fonctionnaire démissionnaire ou révoqué est réintégré dans ses fonctions ou dans des fonctions différentes avant d'avoir versé l'intégralité de la retenue du premier douzième, il a à subir, en une fois, sur sa première allocation mensuelle, la retenue de ce qui restait dû sur le douzième exigible au moment de sa première nomination.

Le fonctionnaire ou l'employé ayant cessé temporairement ses fonctions pour accomplir son service militaire ou pour cause de maladie, puis rappelé à l'activité avant que la retenue du douzième ait été totalement versée, continue à subir cette retenue par quart jusqu'à complet acquittement.

Art. 3. Les fractions de retenue de douzième, prélevées conformément à l'article 28 de la loi du 29 mars 1897, sont rattachées au même exercice que les rétributions sur lesquelles elles portent, les ordonnances et mandats émis par les ordonnateurs doivent indiquer l'ordre des prélèvements par 1er, 2e, 3e, 4e et dernier quart, et rappeler le numéro du dernier mandat sur lequel le précédent prélèvement a été fait.

Les versements opérés au même titre par les fonctionnaires ou employés rétribués au moyen de remises variables sont rattachés à l'exercice de l'année pendant laquelle le fonctionnaire a été installé. Il en est de même des versements opérés par les fonctionnaires et employés rétribués sur d'autres fonds que ceux de l'État et admis au bénéfice de la loi du 9 juin 1853.

Toutefois, si l'exercice de l'année de l'installation est clos au moment du versement, la retenue est rattachée à l'exercice courant.

CIRCULAIRE RELATIVE AU DÉCOMPTE DES TRAITEMENTS, ALLOCATIONS ET RETENUES
CONCERNANT LES FONCTIONNAIRES.

(30 mai 1898.)

Monsieur le Recteur, l'examen des états de traitements qui me sont
transmis, au commencement de chaque mois, pour le service des retenues a
donné lieu de constater que la liquidation des traitements et des retenues
pour pensions civiles n'est pas partout régulièrement opérée en ce qui
concerne les professeurs de lycée ou de collège *en congé pour maladie, par
application du paragraphe 7 de l'article 16 du décret du 9 novembre 1853,* et
les suppléants de ces professeurs.

Il m'a donc paru nécessaire de vous rappeler quelles sont les règles à
suivre dans le décompte des traitements et des retenues des fonctionnaires
dont il s'agit.

Aux termes du paragraphe 7 dudit article 16, « en cas d'absence pour
cause de maladie dûment constatée, le fonctionnaire ou l'employé peut être
autorisé à conserver l'intégralité de son traitement pendant un temps qui
ne peut excéder trois mois. Pendant les trois mois suivants, il peut obtenir
un congé avec la retenue de la moitié au moins et des deux tiers au plus
du traitement ».

Les professeurs qui obtiennent un congé pour maladie, en vertu de cette
disposition, doivent donc continuer à recevoir leur traitement sur les fonds
de l'établissement auquel ils appartiennent, sous déduction des retenues
pour pensions civiles qui peuvent être tantôt la retenue du 20e seulement,
tantôt cette même retenue ainsi que la retenue pour congé.

La situation visée au paragraphe 7 de l'article 16 dure six mois au plus
au cours d'une année.

Lorsque le fonctionnaire malade conserve l'intégralité de son traitement,
ce qui ne peut avoir lieu que pendant trois mois au maximum, il n'est
astreint qu'à la retenue du 20e sur ce traitement et il continue à toucher
chaque mois la différence entre son traitement mensuel brut et cette retenue.

Le décompte du traitement de la retenue et du net à payer est établi
sur les états de traitements dans la forme ordinaire; aucune difficulté ne
peut se produire à ce sujet.

Si le fonctionnaire malade ne reçoit qu'une partie de son traitement,
son traitement mensuel doit néanmoins être intégralement mandaté à son
profit et compris sur les états en regard de son nom pour la totalité, avec
prélèvement de la retenue du 20e sur ce traitement intégral. La somme
nette est ensuite divisée en deux parties : celle qui revient au fonctionnaire

est inscrite sur les états dans la colonne du net à payer; l'autre, qui forme la retenue pour congé et qui doit, de même que la retenue du 20ᵉ, être versée au Trésor, comme retenues pour pensions civiles, est portée dans la colonne « Retenues à titres divers ».

L'état mensuel des traitements est établi, dans ce cas, de la manière suivante :

NOMS.	FONC-TIONS.	TRAI-TEMENTS		RETENUES POUR PENSIONS CIVILES				NET À PAYER.	OBSERVATIONS.
		par an.	par mois.	du 20ᵉ.	du 1ᵉʳ 12ᵉ	à divers titres.	TOTAL.		
N......	Prof⁰ de...	4,000ᶠ	333ᶠ 33	16ᶠ 67	»	158ᶠ 33	175ᶠ00	158ᶠ 33	En congé de 3 mois pour maladie, avec 1/2 traitement à partir du 1ᵉʳ mai 1898. (Arrêté du 4 mai.)

Vous voudrez bien remarquer, Monsieur le Recteur, que la retenue du 20ᵉ doit être prélevée sur le traitement intégral et non sur la portion que reçoit réellement le fonctionnaire malade. Pendant ce congé, ce fonctionnaire ne cesse pas, en effet, d'être en activité; son traitement moyen des six dernières années d'exercice comprend, au moment de la liquidation de sa pension, son traitement nominal pendant la période ou les périodes durant lesquelles il est resté en congé pour maladie, en vertu du paragraphe 7 de l'article 16 du décret précité, au cours de ces six dernières années. En outre, ces périodes sont comptées dans le calcul de la retraite, en dehors des cinq ans d'inactivité prévus par l'article 10 de la loi du 9 juin 1853.

Toutefois il convient de rappeler que, la plupart du temps, le professeur placé dans la position indiquée par le paragraphe 7 de l'article 16 est suppléé dans ses fonctions. Lorsque le suppléant est un fonctionnaire d'un autre établissement, il peut conserver son traitement et continuer à le recevoir sur les fonds du budget de l'établissement auquel il ne cesse pas d'appartenir[1]. Mais, s'il n'en est pas ainsi, le suppléant doit être tout d'abord rémunéré à l'aide de la partie du traitement du professeur malade qui est retenue à ce dernier pour congé. Le paragraphe 4 du même article 16 autorise en ces termes ce prélèvement : « Si, pendant l'absence de

[1] La transmission de ce traitement dans la résidence temporaire de ce professeur se fait par l'intermédiaire des comptables du Trésor au moyen d'une quittance préparée par l'économe et visée sans opposition; cette quittance, que le professeur acquitte et dont il reçoit le montant à la caisse du comptable du Trésor de sa résidence temporaire, est ensuite rattachée à l'état de traitements sur lequel il figure.

l'employé, il y a lieu de pourvoir à des frais d'intérim, le montant en sera précompté jusqu'à due concurrence sur la retenue (pour congé) qu'il doit subir». Dans le cas où cette retenue excède l'allocation attribuée au suppléant, le reliquat est seul versé au Trésor à titre de retenue pour congé. Si elle est égale au montant de ladite allocation, elle est entièrement attribuée au suppléant et aucune retenue pour congé n'est versée au Trésor. Enfin, si elle est inférieure, elle est encore absorbée entièrement par le suppléant; le complément de l'allocation de ce dernier est prélevé sur les fonds du lycée ou du collège et remboursé à l'établissement au moyen d'une subvention spéciale que j'ordonnance sur les crédits inscrits pour cet objet au budget de mon Ministère aux époques indiquées par les notes de service des 15 janvier et 4 avril 1898 (Direction de l'enseignement secondaire, 3e et 4e bureaux).

Lorsque le suppléant est un débutant, il ne peut subir la retenue sur aucune partie de l'allocation qu'il reçoit pour l'intérim essentiellement temporaire dont il est chargé. Cette allocation constitue, en effet, une gratification éventuelle, un salaire de travail extraordinaire que l'article 21 du décret du 9 novembre 1853 affranchit expressément de toute contribution pour la retraite. Lorsque la suppléance est confiée à un fonctionnaire déjà en exercice, qui ne conserve pas son traitement sur les fonds de l'établissement auquel il est lui-même attaché, celui-ci ne peut subir la retenue du 20e sur la partie de l'allocation qui lui est attribuée pour la suppléance et qui est prélevée sur la retenue de congé imposée au fonctionnaire malade, la retenue du 20e ayant déjà été prélevée sur ladite somme; mais il verse la retenue sur le complément qui lui est avancé par le lycée ou par la ville et qui est remboursé par l'État à l'aide des crédits spéciaux inscrits au budget de l'Instruction publique, comme je l'ai rappelé plus haut.

Le suppléant figure sur l'état mensuel, à la suite du fonctionnaire suppléé, pour la partie de son allocation prélevée sur la retenue pour congé subie par le professeur malade. Le reste de son allocation doit faire l'objet d'un état spécial.

Vous trouverez ci-après les modèles de décomptes auxquels donnent lieu ces suppléances.

ÉTAT MENSUEL DES TRAITEMENTS.

NOMS.	FONC-TIONS.	TRAITEMENTS		RETENUES POUR PENSIONS CIVILES				NET À PAYER.	OBSERVATIONS.
		par an.	par mois.	du 20e.	du 1er 12e.	à divers titres.	TOTAL.		
1er cas[1]. — Le suppléant reçoit, pour l'intérim dont il est chargé, une allocation inférieure au montant de la retenue pour congé supportée par le fonctionnaire malade.									
N......	Prof^r de 4e.	4,000^f	333^f33	16^f67	"	58^f33	75^f00	158^f33	En congé de 3 mois pour maladie, avec 1/2 traitement à partir du 1er mai 1898. (Arrêté du 4 mai.)
S......	Suppléant.	"	"	"	"	"	"	100 00	M. S..., chargé de la suppléance de M. N... pendant ce congé, reçoit une allocation mensuelle de 100 francs. (Même arrêté.)
2e cas[1]. — Le suppléant reçoit, pour son intérim, une allocation égale au montant de la retenue pour congé supportée par le fonctionnaire malade.									
N......	Prof^r de 4e.	4,000^f	333^f33	16^f67	"	"	16^f67	158^f33	En congé de 3 mois pour maladie, avec 1/2 traitement à partir du 1er mai 1898. (Arrêté du 4 mai.)
S......	Suppléant..	"	"	"	"	"	"	158 33	M. S..., chargé de la suppléance de M. N... pendant ce congé, reçoit à ce titre une allocation de 158 fr. 33, égale à la retenue pour congé.
3e cas. — Le suppléant reçoit, pour son intérim, une allocation supérieure au montant de la retenue pour congé supportée par le fonctionnaire malade.									
N......	Prof^r de 4e.	4,000^f	333^f33	16^f67	"	"	16^f67	158^f33	En congé de 3 mois pour maladie, avec 1/2 traitement à partir du 1er mai 1898. (Arrêté du 4 mai.)
S......	Suppléant..	"	"	"	"	"	"	158 33	M. S..., chargé de la suppléance de M. N... pendant ce congé, reçoit à ce titre une allocation mensuelle de 208^f33, savoir : 158 f. 33 représentant la totalité de la retenue pour congé de M. N..., et 50 francs qui font l'objet d'un état spécial. (Voir l'état spécial.)

[1] La suppléance peut être confiée en même temps à plusieurs personnes. Le décompte du traitement et des retenues concernant le professeur malade n'est pas modifié de ce fait. Les suppléants sont inscrits sur l'état mensuel à la suite du suppléé, et, en regard du nom de chacun d'eux, est portée dans la colonne du «Net à payer» l'allocation qui leur est attribuée sur la retenue pour congé.

ÉTAT SPÉCIAL.

ÉTAT DES TRAITEMENTS OU ALLOCATIONS DUS PENDANT LE MOIS DE MAI 1898 AUX SUP-
PLÉANTS DE FONCTIONNAIRES EN CONGÉ POUR MALADIE, CONFORMÉMENT AU PARA-
GRAPHE 7 DE L'ARTICLE 16 DU DÉCRET DU 9 NOVEMBRE 1853. (SUBVENTIONS DE
L'ÉTAT.)

NOMS.	FONC-TIONS.	TRAITE-MENTS ou ALLOCATIONS		RETENUES pour PENSIONS CIVILES			NET à PAYER	OBSERVATIONS.
		par an.	par mois.	du 20e.	du 1er 12e	TOTAL.		
	1er cas. — Le suppléant est un débutant.							
S......	Suppléant de M. N..., prof' de 4e.	»	50f	»	»	»	50f	M. S... est chargé de la suppléance de M. N... pendant la durée de son congé pour maladie, avec une allocation calcu-lée à raison de 2,500f par an , soit 208f 33 par mois (1res fonctions). M. S... reçoit sur la partie du traitement retenue à M. N........... 158f 33 Il lui reste dû.............. 50 00 somme portée sur le présent état et non soumise à retenue (art. 21 du décret du 9 nov. 1853). Total......... 208 33
	2e cas. — Le suppléant est un débutant.							
S......	Suppléant de M. N..., prof' de 4e.	»	50f	2f 50	»	2f 50	47f 50	M. S... est chargé de la suppléance de M. N... pendant la durée de son congé pour maladie, avec une allocation calcu-lée à raison de 2,500f par an , soit 208f 33 par mois. Vient du lycée de X..., où il jouissait, en qualité de répétiteur, d'un traitement de 1,500f soumis à retenue. M. S... reçoit la partie de traitement retenue à M. N........... 158f 33 (Voir l'état mensuel.) Il lui reste dû.............. 50 00 somme portée sur le présent état et soumise à retenue. Total......... 208 33

Je vous prie, Monsieur le Recteur, de vouloir bien transmettre cette
circulaire à MM. les proviseurs de lycées et principaux de collèges de
garçons, ainsi qu'à Mmes les directrices des lycées et collèges de jeunes filles
de votre académie, et je vous serais obligé de veiller personnellement à
son exacte application.

4. — PÉTITIONS.

CIRCULAIRE RELATIVE AUX REQUÊTES ADRESSÉES AU MINISTRE PAR LES FONCTIONNAIRES
DE L'INSTRUCTION PUBLIQUE.

(20 décembre 1892.)

Monsieur le Recteur, j'ai pu constater que des membres de l'enseignement public adressent directement des requêtes au Ministre, ou les lui font parvenir par d'autres voies que la voie hiérarchique.

Cette façon d'agir, qui ne peut qu'affaiblir l'action et la responsabilité de ceux qui ont charge d'administrer, est contraire au principe d'une bonne administration. Elle ne l'est pas moins aux intérêts mêmes de ceux qui croient devoir en faire usage, car en paraissant vouloir échapper au témoignage de leurs chefs, ils donnent à présumer que ce témoignage ne leur serait pas favorable. Il importe donc, dans l'intérêt du service et dans l'intérêt des personnes, que les règles plusieurs fois posées par mes prédécesseurs soient exactement suivies.

Tout fonctionnaire a le droit de recourir au Ministre et personne n'a qualité pour empêcher la requête du plus humble de parvenir jusqu'à lui, mais la seule voie à suivre est la voie hiérarchique. Je vous prie de le rappeler au personnel de votre académie.

5. — INCOMPATIBILITÉS.

DÉCRET.

(16 avril 1853.)

. . . .

Art. 13. Il est interdit aux fonctionnaires et employés dans les écoles dépendant du Ministère de l'instruction publique, de faire des classes ou conférences dans les établissements particuliers d'instruction publique, ou d'y donner des répétitions.

. . . .

Monsieur le Préfet, plusieurs administrations ont constaté que certains fonctionnaires se livraient à des opérations commerciales soit ouvertement, soit sous le couvert de prête-noms. Le Gouvernement ne saurait admettre une telle situation. Déjà la loi du 30 octobre 1886, sur l'organisation de l'enseignement primaire, interdit aux instituteurs et aux institutrices publics les professions commerciales et industrielles. Mais je tiens à rappeler, d'une manière générale, aux divers fonctionnaires de l'Université qu'ils doivent toute leur activité au service de l'État.

Ils ne pourraient que perdre une partie de leur autorité dans cette confusion de leurs fonctions avec les affaires commerciales; ils s'exposeraient à être accusés de subordonner leurs devoirs professionnels à des préoccupations personnelles et à être suspectés d'employer l'autorité qui leur est déléguée à favoriser des intérêts particuliers et à créer au commerce une concurrence facile.

Je vous prie donc, Monsieur le Préfet, de renouveler expressément ces prescriptions au personnel de tout ordre placé sous votre direction. Vous mettrez en demeure d'opter ceux qui ne s'y seraient point conformés.

6. — DISTRIBUTION DES PRIX. QUESTIONS DE PRÉSÉANCE.

ARRÊTÉ.
(10 juillet 1860.)

Article unique. La présidence de la distribution des prix, dans tous les lycées de l'Empire, sera désormais déléguée par le Ministre de l'instruction publique et des cultes.

INSTRUCTION RELATIVE AUX DISTRIBUTIONS DE PRIX.
(19 juillet 1860.)

Monsieur le Recteur, la distribution des prix dans les lycées impériaux est une cérémonie universitaire à laquelle nous sommes heureux de convier les membres du clergé et les principaux fonctionnaires de la magistrature, de l'administration et de l'armée.

Leur présence, outre qu'elle ajoute à l'éclat de cette cérémonie si sympathique aux familles, témoigne hautement du vif intérêt que l'État porte à l'instruction publique et qui est dû à ses établissements.

C'est pour manifester cet intérêt, pour exprimer la gratitude de l'Université, que j'ai résolu, par mon arrêté du 10 de ce mois, de déléguer directement la présidence de la distribution des prix dans les lycées des départements, ainsi que cela est pratiqué pour les lycées de Paris et de Versailles. Le fonctionnaire ainsi délégué par moi représente alors le Ministre de l'instruction publique, dont il a accepté la mission.

Il est bien entendu, d'ailleurs, que le recteur préside de droit partout où il juge convenable d'user de ce privilège attaché à ses fonctions de chef de l'académie.

Je crois utile, Monsieur le Recteur, de déterminer d'une manière précise l'ordre matériel à suivre dans nos distributions de prix.

La cérémonie étant purement universitaire, le président doit être assisté, au chef-lieu de l'académie, par le recteur placé à sa droite et l'inspecteur d'académie placé à sa gauche.

Dans les autres villes, l'inspecteur d'académie se placera à la droite du président, et le proviseur à la gauche. Le bureau sera ainsi universitairement constitué par le président, délégué du Ministre de l'instruction publique, assisté de deux membres du corps enseignant.

Derrière le bureau seront rangés tous les membres de l'Université.

A droite et à gauche seront réservées les places d'honneur pour tous les fonctionnaires invités. Leurs fauteuils seront disposés suivant l'ordre des préséances établi par le décret du 24 messidor an XII[1].

Tel est l'usage adopté, depuis la fondation de l'Université impériale, dans la plupart des académies.

---

[1] Le décret de messidor a été remplacé par celui du 28 décembre 1875, dont extrait suit :

Les autorités qui, d'après le classement résultant du décret du 28 décembre 1875, ont rang individuel, sont les suivantes :

1° Les cardinaux;
2° Les ministres;
3° Les maréchaux et les amiraux;
4° Le grand chancelier de la Légion d'honneur;
5° Les conseillers d'État chargés de missions extraordinaires en vertu de décrets du Président de la République;
6° Les généraux de division, gouverneur de Paris, gouverneur de Lyon, commandant les corps d'armée. — Les vice-amiraux, commandants en chef, préfets maritimes;
7° Les grands-croix et les grands officiers de la Légion d'honneur;

8° Les généraux de division commandant les régions de corps d'armée après le départ du corps d'armée mobilisé;
9° Les premiers présidents des cours d'appel;
10° Les archevêques;
11° Les généraux de division commandant un groupe de subdivisions de région;
12° Les préfets;
13° Les présidents de cours d'assises;
14° Les évêques;
15° Les généraux de brigade investis du commandement territorial de subdivisions de région;
Les contre-amiraux majors généraux de la marine.
Les généraux de brigade commandant les subdivisions de région après le départ du corps d'armée;
16° Les commissaires généraux de police;
17° Les sous-préfets;
18° Les majors généraux de la marine qui ne sont pas contre-amiraux;

ARRÊTÉ RELATIF AUX DISTRIBUTIONS DE PRIX.
(29 octobre 1873.)

ART. 1er. Les présidents des distributions de prix dans les lycées seront choisis par le Ministre de l'instruction publique.

Chaque année, avant la fin du mois de juin, les recteurs adresseront au Ministre une liste de trois candidats pour chacun des lycées de la circonscription académique. Le Ministre pourra choisir les présidents en dehors des listes de présentation. Si la désignation par le Ministre n'a pas été faite avant le 15 juillet suivant, le recteur choisira les présidents.

ART. 2. Les présidents des distributions de prix dans les collèges communaux seront désignés par le recteur de l'académie avant le 15 juillet de chaque année.

. . . .

ART. 4. Aucun discours ne devra être prononcé dans les fêtes scolaires dont il est parlé aux articles précédents, s'il n'a reçu, au préalable, l'approbation du président [1].

CIRCULAIRE RELATIVE AU RANG DES FONCTIONNAIRES DE L'UNIVERSITÉ
DANS LES CÉRÉMONIES PUBLIQUES.
(10 janvier 1880.)

MONSIEUR LE RECTEUR, des conflits de préséance s'étant élevés à plusieurs reprises en ces derniers temps, je crois nécessaire de vous rappeler les dis-

19° Les présidents des tribunaux de première instance;

20° Les présidents des tribunaux de commerce;

21° Les maires;

22° Les commandants de places ou d'armes;

23° Les présidents de consistoires;

24° Une députation des membres de la Légion d'honneur.

[1] *Circulaire du 28 mai 1900.* — MONSIEUR LE RECTEUR, j'ai l'honneur de vous communiquer la lettre ci-jointe, que j'ai récemment adressée à un de vos collègues au sujet du discours d'usage dans les distributions de prix des lycées de garçons :

«En réponse à votre lettre du 25 avril dernier, j'ai l'honneur de vous informer que je ne vois aucun inconvénient à ce que le discours d'usage, dans les distributions de prix des lycées de garçons, soit parfois prononcé par le chef de l'établissement lui-même.

«J'estime, avec vous, qu'il peut y avoir intérêt à déroger, dans certaines circonstances, à la règle généralement suivie jusqu'ici, afin de permettre à un proviseur de profiter de la solennité qui réunit les élèves et leurs parents, pour exposer ses idées personnelles et faire entendre telles paroles qu'il croirait utiles pour le bien de l'établissement.»

positions du décret du 15 novembre 1811 qui règlent le rang des fonctionnaires de l'Université dans les cérémonies publiques.

Art. 165. Le corps de l'Académie, composé du recteur, des inspecteurs, du Conseil académique et des Facultés, prendra rang immédiatement après le conseil municipal.

Art. 166. Lorsqu'une Faculté résidera dans un chef-lieu de département qui ne sera pas chef-lieu d'académie, elle prendra le même rang.

Le doyen se mettra à la tête de la Faculté.

Art. 167. Les proviseurs de lycées assisteront aux cérémonies publiques et marcheront avec l'Académie ou la Faculté, au rang de leur grade dans la Faculté.

D'après ces dispositions, qui concordent avec celles du décret du 24 messidor an XII, les fonctionnaires de l'Université n'ont aucun rang de préséance dans les villes où il n'existe ni académie ni faculté, et dans les villes qui en sont pourvues, les fonctionnaires expressément désignés par le décret ont, seuls, une place marquée dans les cortèges et les cérémonies officielles.

D'autre part, nulle fraction du corps académique (hors les facultés, dans le cas spécifié par l'article 166) ne saurait, comme on l'avait pensé à certaine époque, avoir qualité pour le représenter. En effet, les honneurs sont personnels et ne se délèguent point. Toute instruction, contenant une appréciation contraire, doit donc être considérée comme non avenue. Les corps auxquels aucun rang n'a été assigné par les décrets précités ne sont point, d'ailleurs, tenus d'assister aux cérémonies publiques.

J'ai l'honneur de vous inviter, Monsieur le Recteur, à donner des instructions dans ce sens, afin de prévenir le retour des difficultés qui m'ont été signalées par plusieurs de vos collègues.

CIRCULAIRE RELATIVE À L'ORDRE DE PRÉSÉANCE DES FONCTIONNAIRES.
(24 juillet 1897.)

À plusieurs reprises, des difficultés se sont élevées et des réclamations m'ont été adressées au sujet de l'ordre assigné dans les lycées aux diverses catégories de fonctionnaires.

Après avoir pris l'avis du Comité consultatif de l'enseignement secondaire, j'ai pensé qu'il y avait lieu de compléter les dispositions du décret du 17 mars 1808, titre IV, et j'ai décidé que, sur les états ou registres de traitements, les budgets, les comptes, les palmarès de distributions de prix, etc., les fonctionnaires seraient rangés dans l'ordre et sous les rubriques suivants, d'après la nature de leurs fonctions.

1° *Administration* : proviseur, directeur de petit lycée, censeur ou surveillant général délégué dans les fonctions de censeur;

2° *Cultes et enseignement religieux* : aumôniers des différents cultes;

3° *Enseignement et surveillance* : professeurs et chargés de cours, surveillants généraux, répétiteurs;

4° *Service économique* : économe, commis d'économat, commis aux écritures;

5° *Services auxiliaires* : médecins, etc.

Dans les cérémonies, visites officielles, réceptions chez les autorités, distributions de prix, etc., l'économe, en sa qualité de chef de service, prendra rang après les professeurs agrégés.

CIRCULAIRE RELATIVE À LA PRÉSENCE DES FONCTIONNAIRES EN COSTUME OFFICIEL
AUX CÉRÉMONIES PUBLIQUES.

(12 mai 1888.)

MONSIEUR LE RECTEUR, au cours du dernier voyage du Président de la République, les membres de l'Université, dans plusieurs académies, ont paru devant le chef de l'État sans leurs costumes officiels, alors que tous les autres corps constitués se présentaient revêtus de leurs insignes.

Veuillez rappeler aux fonctionnaires placés sous vos ordres que les règlements leur font un devoir de paraître en costume aux cérémonies publiques et qu'il n'en est pas de plus solennelle qu'une visite au premier magistrat de la République. Le corps enseignant, si digne de respect par lui-même, ne peut que gagner encore en dignité à suivre cette prescription et MM. les professeurs apprécieront, j'en suis sûr, le sentiment auquel j'obéis en la leur rappelant[1].

Vous voudrez bien, Monsieur le Recteur, porter à la connaissance de

---

[1] Les professeurs pourvus du certificat d'aptitude peuvent être assimilés aux professeurs licenciés de l'enseignement classique et par suite porter deux rangs d'hermine à l'épitoge (*Lettre ministérielle du 30 juin 1886*).

Il y a lieu d'attribuer aux chargés de cours le même costume qu'aux professeurs titulaires, avec cette différence que, s'ils ne sont pas pourvus du grade de docteur, ils ne doivent porter que deux rangs d'hermine à l'épitoge.

Il convient d'étendre au costume l'assimilation qui existe entre la licence et les certificats d'aptitude à l'enseignement spécial et à l'enseignement des langues vivantes (*Circulaire du 16 juin 1888*).

Les professeurs pourvus du certificat d'aptitude des classes élémentaires ne sont autorisés à porter, dans les cérémonies officielles, qu'un rang d'hermine à l'épitoge (*Lettre ministérielle du 4 août 1891*).

MM. les doyens et proviseurs de votre ressort la présente circulaire dont je vous charge d'assurer l'exécution.

DÉCRET CONCERNANT LE COSTUME DES MEMBRES DE L'UNIVERSITÉ..
(21 juillet 1809.)

1° Les membres de l'Université impériale porteront, dans l'exercice de leurs fonctions et dans les cérémonies publiques, le costume dont la description suit :

Le grand-maître. — 2° Simarre de soie violette, ceinture pareille à glands d'or, robe pareille bordée d'hermine, l'épitoge en hermine, cravate de dentelle, toque violette brodée d'or à deux rangs.

Inspecteurs généraux. — 5° Même forme de costume, simarre et robe noires sans hermine, ceinture violette à glands d'argent, chausse violette herminée de 12 centimètres, toque noire avec deux galons d'argent, palmes en argent.

Recteurs des académies et inspecteurs. — 6° Même costume, glands de soie à la ceinture, chausse violette herminée de 8 centimètres, un seul galon à la toque, cravate de batiste, palmes en argent.

Membres de l'Université. — 8° Les officiers des académies et les simples membres de l'Université porteront la robe et la toque noires, cravate de batiste; pour les officiers des académies, chausse avec un passe-poil d'hermine, et, pour les membres de l'Université, sans passe-poil; palmes en soie bleue et blanche.

III. — CLASSEMENT ET AVANCEMENT.

---

1. — CLASSEMENT.

DÉCRET PORTANT RÈGLEMENT D'ADMINISTRATION PUBLIQUE SUR LE CLASSEMENT
DES FONCTIONNAIRES ET PROFESSEURS DES LYCÉES.
(16 juillet 1887.)

ART. 1er. La division des lycées en catégories, établie par le décret du 25 septembre 1872, est et demeure supprimée.

Art. 2. Les professeurs et fonctionnaires des lycées sont classés conformément au tableau ci-dessous. Les classes et les traitements qui y sont attachés sont personnels et indépendants de la résidence.

FONCTIONS.	CLASSES.	TRAITEMENTS.	
LYCÉES DU DÉPARTEMENT DE LA SEINE ET LYCÉE DE VERSAILLES.			
Proviseurs [1]	Unique.	9,000ᶠ	Non compris le traitement d'agrégation [4].
Censeurs [1]	Idem...	8,000	*Idem.*
Économes (lycées d'internes) [1] [2]	Idem...	8,000	Dans les lycées dont la recette ordinaire annuelle dépassera 200,000 fr.,
Économes (lycées d'externes) [1] [2]	Idem...	7.000	les économes recevront, pour chaque fraction indivisible de 10,000 francs en sus, un supplément de traitement de 1 pour mille soumis à retenue, fixé d'après les recettes ordinaires de l'exercice précédent.
Professeurs titulaires de l'enseignement classique et de l'enseignement spécial (6 classes)	1ʳᵉ....	7,500	Non compris le traitement d'agrégation [4].
	2ᵉ.....	7,000	
	3ᵉ.....	6,500	
	4ᵉ.....	6,000	
	5ᵉ.....	5,500	
	6ᵉ.....	5,000	
Professeurs des classes élémentaires de l'enseignement classique pourvus de la licence ou du certificat complet, surveillants généraux licenciés [1] [3];	1ʳᵉ....	4,800	
	2ᵉ.....	4,400	
	3ᵉ.....	4,000	
	4ᵉ.....	3,600	
	5ᵉ.....	3,200	
	6ᵉ.....	3,000	Mille francs en moins pour les surveillants généraux qui jouissent de tous les avantages de l'internat, pour les maîtres et les préparateurs.
Préparateurs licenciés (4 classes)	1ʳᵉ....	4,000	Cinq cents francs en moins pour les surveillants généraux nourris et non logés, pour les maîtres et les préparateurs.
	2ᵉ.....	3,600	
	3ᵉ.....	3,200	Trois cents francs en moins pour les surveillants généraux logés et non nourris, pour les maîtres et les préparateurs.
	4ᵉ.....	3,000	
Maîtres élémentaires de l'enseignement classique non pourvus de la licence ou du certificat complet; maîtres élémentaires de l'enseignement spécial; surveillants généraux non licenciés (6 classes)	1ʳᵉ....	4,200	
	2ᵉ.....	3,900	
	3ᵉ.....	3,600	
	4ᵉ.....	3,300	
	5ᵉ.....	3,000	
	6ᵉ.....	2,700	

[1] Voir, page 122, la circulaire et l'arrêté relatifs aux prestations en nature.
[2] Voir, page 123, le décret du 1ᵉʳ novembre 1898, relatif à l'indemnité allouée aux économes des lycées.
[3] Les traitements des surveillants généraux ont été augmentés par le décret du 13 juin 1899, reproduit ci-dessous, page 128.
[4] Voir, page 123, les décrets des 31 décembre 1879 et du 26 janvier 1882, relatifs à l'indemnité d'agrégation.

FONCTIONS.	CLASSES.	TRAITEMENTS.

LYCÉES DU DÉPARTEMENT DE LA SEINE ET LYCÉE DE VERSAILLES. (*Suite.*)

FONCTIONS.	CLASSES.	TRAITEMENTS.	
Professeurs de dessin d'imitation (3 classes)...............	1re....	4,000f	
	2e.....	3,500	
	3e.....	3,000	
Chargés de cours de dessin d'imitation (2 classes)...............	1re....	2,400	
	2e.....	2,000	
Professeurs de gymnastique (5 classes).	1re....	2,400	
	2e.....	2,200	
	3e.....	2,000	
	4e.....	1,800	
	5e.....	1,600	

LYCÉES AUTRES QUE CEUX DE VERSAILLES ET DU DÉPARTEMENT DE LA SEINE.

FONCTIONS.	CLASSES.	TRAITEMENTS.	
Proviseurs (4 classes) [1]...........	1re....	7,500f	Non compris le traitement d'agré-gation [3].
	2e.....	7,000	
	3e.....	6,500	
	4e.....	6,000	
Censeurs (4 classes) [1]...........	1re....	5,600	Non compris le traitement d'agré-gation [3].
	2e.....	5,000	
	3e.....	4,400	
	4e.....	3,800	
Économes (6 classes) [1] [2].........	1re....	6,500	Même complément que pour les économes de Paris et de Versailles.
	2e.....	6,000	
	3e.....	5,500	
	4e.....	5,000	
	5e.....	4,500	
	6e.....	4,000	
Professeurs titulaires de l'enseignement classique et de l'enseignement spécial (6 classes).................	1re....	5,200	Non compris le traitement d'agré-gation [3].
	2e.....	4,800	
	3e.....	4,400	
	4e.....	4,400	
	5e.....	3,600	
	6e.....	3,200	

[1] Voir l'arrêté relatif aux prestations en nature, page 122.
[2] Voir note 2, page 114.
[3] Voir les décrets du 31 décembre 1873 et du 26 janvier 1882, page 123.

FONCTIONS.	CLASSES.	TRAITEMENTS

LYCÉES AUTRES QUE CEUX DE VERSAILLES ET DU DÉPARTEMENT DE LA SEINE. (*Suite.*)

FONCTIONS.	CLASSES.	TRAITEMENTS
Chargés de cours de l'enseignement classique licenciés ou pourvus du certificat d'aptitude à l'enseignement des langues vivantes; chargés de cours de l'enseignement spécial licenciés (6 classes)	1re	4,800^f
	2^e	4,400
	3^e	4,000
	4^e	3,600
	5^e	3,200
	6^e	2,800
Chargés de cours de l'enseignement spécial pourvus du certificat d'aptitude institué par les décrets des 3 août 1884 et 21 décembre 1885 (4 classes) ou du brevet dit *de Cluny*.	1re	4,000
	2^e	3,600
	3^e	3,200
	4^e	2,800
Chargés de cours de langues vivantes non licenciés ni pourvus du certificat d'aptitude; chargés de cours de l'enseignement spécial non pourvus des certificats ou brevets ci-dessus mentionnés (6 classes).............	1re	3,600
	2^e	3,300
	3^e	3,000
	4^e	2,700
	5^e	2,400
	6^e	2,100
Professeurs des classes élémentaires de l'enseignement classique licenciés ou pourvus du certificat complet; surveillants généraux licenciés (6 classes) [1] [2]	1re	3,900
	2^e	3,600
	3^e	3,300
	4^e	3,000
	5^e	2,700
	6^e	2,500
Préparateurs licenciés (4 classes).....	1re	3,300
	2^e	3,000
	3^e	2,700
	4^e	2,500
Maîtres élémentaires de l'enseignement classique non pourvus de l'un des deux diplômes ci-dessus; maîtres élémentaires de l'enseignement spécial; surveillants généraux non licenciés [2] (6 classes)............	1re	3,100
	2^e	2,900
	3^e	2,700
	4^e	2,500
	5^e	2,300
	6^e	2,100
Professeurs de dessin d'imitation (4 classes).............	1re	2,600
	2^e	2,400
	3^e	2,200
	4^e	2,000

Mille francs en moins pour les maîtres, les surveillants généraux internes et les préparateurs.

Cinq cents francs en moins pour les surveillants généraux nourris et non logés, pour les maîtres et les préparateurs.

Trois cents francs en moins pour les surveillants généraux logés et non nourris, pour les maîtres et les préparateurs.

[1] Les traitements des surveillants généraux ont été augmentés par le décret du 13 juin 1899. Voir page 128.
[2] Voir l'arrêté relatif aux prestations en nature, page 122.

FONCTIONS.	CLASSES.	TRAITEMENTS.
LYCÉES AUTRES QUE CEUX DE VERSAILLES ET DU DÉPARTEMENT DE LA SEINE. (*Suite.*)		
Chargés de cours de dessin d'imitation (4 classes)...................	1re....	2,200^f
	2e....	2,000
	3e....	1,800
	4e....	1,600
Professeurs de gymnastique (4 classes).	1re....	1,800
	2e....	1,600
	3e....	1,400
	4e....	1,200

Art. 3. Un complément de traitement, soumis à retenue, pourra être alloué aux professeurs agrégés comptant au moins cinq ans d'exercice dans la première classe. Ce traitement complémentaire sera de 1,000 francs dans les lycées de la Seine et de Versailles, de 500 francs dans les autres lycées. Le nombre des professeurs de 1re classe admis à jouir de ce complément ne pourra dépasser 5 p. 100 du nombre total des professeurs agrégés en exercice, soit dans les lycées de la Seine et de Versailles, soit dans l'ensemble des lycées des autres départements[1].

Art. 4. Les professeurs et fonctionnaires des différents ordres seront répartis, d'après les bases ci-après, dans les classes établies à l'article 2 :

S'il y a six classes : 14 p. 100 dans la première classe, 14 p. 100 dans la deuxième, 16 p. 100 dans la troisième, 18 p. 100 dans la quatrième, 18 p. 100 dans la cinquième, 20 p. 100 dans la sixième;

S'il n'y a que quatre classes : 20 p. 100 dans la première, 20 p. 100 dans la deuxième, 30 p. 100 dans la troisième, 30 p. 100 dans la quatrième;

S'il y a trois classes : 30 p. 100 dans la première, 30 p. 100 dans la deuxième, 40 p. 100 dans la troisième;

S'il y a deux classes : 40 p. 100 dans la première, 60 p. 100 dans la seconde.

---

[1] La répartition par classe du nombre des professeurs, prévue par l'article suivant (art. 4), a été établie, depuis 1897, en vertu du vote d'un crédit spécial, d'après le nombre des professeurs, déduction faite des 5 p. 100 indiqués dans le présent article.

ART. 5. Tout fonctionnaire, tout professeur appelé pour la première fois à un poste dans un lycée sera compris dans la dernière classe de l'emploi auquel il aura été appelé[1].

ART. 6. Aucune promotion à une classe supérieure ne pourra être obtenue qu'après deux ans au moins passés dans la classe inférieure.

ART. 7. Les promotions n'auront lieu qu'en décembre. Elles auront leur effet à partir du 1er janvier de l'exercice suivant. Elles seront accordées par le Ministre, sur la proposition des recteurs, après avis du Comité consultatif de l'enseignement public (section de l'enseignement secondaire).

ART. 8. Avant le 1er décembre, il sera dressé un état des vacances survenues dans le cours de l'année et des sommes disponibles pour avancement de classe. Il ne sera fait emploi, pour les promotions de classe et les traitements complémentaires, que des sommes disponibles.

ART. 9. Les professeurs du collège Rollin seront classés et rétribués comme ceux des lycées du département de la Seine et de Versailles. Mais leur promotion sera subordonnée au vote des traitements qui leur seront alloués par l'administration municipale. Ils pourront entrer dans les lycées de l'État en conservant leur classe personnelle et leurs droits à l'avancement.

ART. 10. Les professeurs et fonctionnaires du lycée de Lyon, tout en étant compris dans le classement général établi à l'article 2, continueront à toucher un traitement supplémentaire en vertu de la convention passée avec l'administration municipale de Lyon, approuvée par décret du 30 juin 1880. Mais s'ils sont appelés dans un autre établissement, soit sur leur demande, soit par mesure administrative, ils n'auront droit qu'au traitement attaché à leur classe personnelle.

ART. 11. Les professeurs et fonctionnaires des lycées de l'Algérie seront classés comme ceux de la métropole. S'ils rentrent en France,

---

[1] Cette disposition se trouve, en certains cas, abrogée par les dispositions du décret du 7 juillet 1890. (Voir p. 156.)

il ne leur sera tenu compte, dans leur nouvelle résidence, que de leur classe personnelle, en dehors du quart colonial.

ART. 12. Les membres du corps enseignant dans les lycées coloniaux relevant du Ministère de la marine obtiendront, à leur retour, le traitement et le classement auxquels ils auraient eu droit, aux termes du présent décret, si leurs services s'étaient accomplis dans un lycée de même catégorie relevant du Ministère de l'instruction publique. Une promotion pourra leur être accordée, après examen comparatif de leurs titres, dans les conditions de l'article 6.

ART. 13. Les professeurs des collèges communaux appelés dans les lycées comme chargés de cours pourront, dans les conditions de l'article 6, obtenir une promotion si, en dehors des suppléments facultatifs accordés par les administrations communales, ils jouissaient d'un traitement normal supérieur à celui de la dernière classe des chargés de cours.

ART. 14. Les professeurs titulaires de l'enseignement supérieur qui passent dans l'enseignement secondaire ne peuvent recevoir un traitement inférieur à celui qu'ils touchaient comme professeurs d'enseignement supérieur. Il leur est attribué, s'il y a lieu, une indemnité compensatrice soumise à retenue, égale à la différence entre le traitement de la classe dans laquelle ils sont placés et celui qu'ils recevaient comme professeurs de l'enseignement supérieur.

Les chargés de cours et maîtres de conférences des facultés, qui sont nommés dans l'enseignement secondaire, débutent par la dernière classe s'ils n'ont pas encore appartenu à l'enseignement secondaire, ou reprennent rang dans la classe à laquelle ils appartenaient, s'ils étaient professeurs de l'enseignement secondaire avant d'entrer dans l'enseignement supérieur. Dans l'un et l'autre cas, ils peuvent, sur l'avis du Comité consultatif de l'enseignement secondaire, obtenir un avancement en dehors des prescriptions de l'article 6, en raison du temps passé par eux dans l'enseignement supérieur.

Les proviseurs et censeurs des lycées qui quittent les fonctions administratives pour rentrer dans l'enseignement reprennent rang dans la classe à laquelle ils appartenaient. Ils peuvent, sur la proposition du Comité consultatif, obtenir un avancement qui

leur maintienne la jouissance de leur ancien traitement. La même
règle est applicable aux professeurs nommés proviseurs ou censeurs.

ART. 15. Le temps passé par les agrégés dans les Écoles d'Athènes
ou de Rome, dans les fonctions de surveillant et de préparateur à
l'École normale, dans les autres établissements d'enseignement supérieur ou en mission à l'étranger, est compté comme service actif
dans les lycées et peut donner droit à promotion, dans les conditions de l'article 6[1].

ART. 16. *Dispositions transitoires.* — Les professeurs et fonctionnaires des lycées actuellement en exercice seront rattachés à la classe
dont les rapprochera le plus le traitement dont ils jouissent; à la
classe inférieure, si leur traitement est à égale distance de celui de
deux classes consécutives.

Si leur traitement actuel est supérieur à celui de la classe dans
laquelle ils auront été compris, un supplément de traitement, passible de retenue, leur sera accordé jusqu'à ce qu'ils aient été promus à une classe supérieure. Si le traitement de la classe à laquelle
ils auront été rattachés est supérieur à leur traitement actuel, ils
ne toucheront le traitement de la classe qu'en vertu d'une décision
ultérieure rendant leur classement définitif. Dans le cas où, par
application des dispositions ci-dessus, les chiffres réglementaires
fixés à l'article 4 se trouveraient dépassés dans certaines classes,
des promotions pourront continuer à être faites dans la proportion de cinq nominations pour sept vacances dans chacune de ces
classes, jusqu'à ce qu'elles aient été ramenées au chiffre normal.

ART. 17. Les promotions extraordinaires en faveur des professeurs comptant de longs services dans les lycées actuels de troisième

---

[1] *Décret du 29 juillet 1893.* —
ART. 1er. Le bénéfice de l'article 15 du
décret du 16 juillet 1887 est étendu aux
jeunes gens qui ont obtenu, soit une
bourse de voyage ou une bourse d'études
du Ministère de l'instruction publique,
soit une bourse de voyage ou une bourse
d'études de la ville de Paris, sur la proposition de la Commission des hautes études et à ceux qui seraient désignés pour
participer à la fondation Thiers ou à
d'autres fondations analogues (*).

(*) Il résulte de la discussion au Conseil supérieur du texte de ce décret, que les prescriptions ci-dessus, qui ne sont applicables qu'aux agrégés, n'ont pas d'effet rétroactif et que,
par suite, ces prescriptions ne sont applicables qu'aux fonctionnaires qui ont obtenu une bourse
de voyage, une bourse d'études, etc., à dater du 1er octobre 1893.

et de deuxième catégorie et les relèvements de traitements, inscrits au budget de 1887 pour une somme de 160,000 francs, ne pourront être accordés, à l'avenir, que dans la limite des crédits spéciaux alloués chaque année pour ces relèvements par la loi de finances.

DÉCRET CONCERNANT LE TRAITEMENT DES AUMÔNIERS DES LYCÉES DES DÉPARTEMENTS[1].
(16 avril 1853.)

. . . .

ART. 5. Les. . . . . aumôniers . . . . des lycées sont distribués en différentes classes, dans les proportions déterminées par les articles suivants.

Ils ne peuvent être promus à une classe supérieure qu'après une année au moins de service dans la classe inférieure.

ART. 6. Le traitement fixe des. . . . . aumôniers . . . . des lycées est réglé de la manière suivante :

Aumôniers	1re classe	2,500 fr.
	2e classe	2,200
	3e classe	2,000

DÉCRET RELATIF AU TRAITEMENT DES AUMÔNIERS DES LYCÉES DE LA SEINE ET DE VERSAILLES.
(29 janvier 1874.)

LE PRÉSIDENT DE LA RÉPUBLIQUE FRANÇAISE,

Sur le rapport du Ministre de l'instruction publique, des cultes et des beaux-arts;
Vu le décret du 16 avril 1853, article 6.

DÉCRÈTE :

ART. 1er Les premiers aumôniers et les seconds aumôniers[1] des

[1] Voir l'arrêté relatif aux prestations en nature, page 122.

lycées de la Seine et de Versailles sont divisés en trois classes et leurs traitements sont fixés ainsi qu'il suit :

Premiers aumôniers.....
- 1re classe................... 4,500 fr.
- 2e classe................... 4,000
- 3e classe................... 3,500

Seconds aumôniers.....
- 1re classe................... 3,400
- 2e classe................... 3,000
- 3e classe................... 2,600

CIRCULAIRE RELATIVE AUX PRESTATIONS EN NATURE.
(2 avril 1896.)

Monsieur le Recteur, je vous transmets ci-joint copie d'un arrêté, en date du 31 mars 1896, fixant à nouveau les quantités maxima de combustible qui seront désormais allouées aux proviseurs, censeurs, aumôniers, économes et surveillants généraux des lycées des départements.

Il est entendu que, dans les lycées où les chiffres indiqués dans l'arrêté ne seraient pas atteints, le *statu quo* sera maintenu et que les quantités actuellement allouées ne seront pas dépassées.

Je vous prie de notifier ces dispositions à MM. les proviseurs et économes des lycées de votre ressort.

ARRÊTÉ.
(31 mars 1896.)

Art. 1er. Les prestations de chauffage et d'éclairage allouées aux proviseurs, censeurs, aumôniers, économes et surveillants généraux des lycées des départements sont fixées aux quantités maxima ci-après :

DÉSIGNATION.	NATURE DES PRESTATIONS.	
	BOIS.	HUILE.
	stères.	kilogrammes.
Proviseur..	13	75
Censeur ou surveillant général faisant fonctions de censeur...	8	50
Aumônier..	5	25
Économe et bureau du commis d'économat.............	12	70
Surveillant général...............................	5	25

Art. 2. Le présent arrêté aura son effet à dater du 1er janvier 1896.

DÉCRET RELATIF À L'INDEMNITÉ ALLOUÉE AUX ÉCONOMES DES LYCÉES.

(1er novembre 1898.)

Art. 1er. L'indemnité de 1 p. 1,000, allouée aux économes des lycées sur la partie des recettes ordinaires et qui excède 200,000 francs, sera calculée, à partir du 1er janvier 1900, non plus sur les droits constatés (compte d'administration, chap. Ier, col. 4), mais sur les recettes réellement effectuées (compte d'administration, chap. Ier, 1re section, col. 7).

DÉCRET RELATIF À L'INDEMNITÉ D'AGRÉGATION ALLOUÉE AUX FONCTIONNAIRES DES LYCÉES DE PARIS.

(31 décembre 1879.)

Art. 1er. Les fonctionnaires et les professeurs des lycées de Paris, de Vanves et de Versailles, pourvus du titre d'agrégé, recevront, à dater du 1er janvier 1880, une indemnité qui sera de 500 francs pour les divers ordres d'agrégation de l'enseignement classique, et de 300 francs pour l'agrégation de l'enseignement spécial [1].

Art. 2. Cette indemnité sera passible des retenues pour le fonds de retraites.

Art. 3. Les fonctionnaires des établissements ci-dessus désignés, admissibles aux épreuves de l'agrégation, recevront, pendant deux ans, une indemnité qui sera de 300 francs pour les candidats admissibles aux divers ordres d'agrégation de l'enseignement classique, et de 200 francs pour les candidats admissibles à l'agrégation de l'enseignement spécial.

DÉCRET RELATIF À L'INDEMNITÉ D'AGRÉGATION
ALLOUÉE AUX FONCTIONNAIRES DES LYCÉES DES DÉPARTEMENTS.

(31 décembre 1873.)

Art. 1er. Les proviseurs, censeurs et professeurs des lycées des départements, pourvus du titre d'agrégé, recevront, à partir du 1er janvier 1874,

---

[1] *Décret du 26 janvier 1882, relatif à l'indemnité d'agrégation.*
Art. 1er. L'indemnité allouée aux fonctionnaires des lycées et collèges pourvus du titre d'agrégé de l'enseignement spécial est portée, de 300 francs, à 500 francs.

Art. 2. L'indemnité allouée, pendant deux ans, aux fonctionnaires de l'enseignement spécial reconnus admissibles aux épreuves de l'agrégation de l'enseignement spécial et qui ont subi toutes les épreuves du concours, est élevée, de 200 francs, à 300 francs.

une indemnité qui sera de 500 francs pour les divers ordres d'agrégation de l'enseignement classique, et de 300 francs pour l'agrégation de l'enseignement spécial[1].

ART. 2. Cette indemnité sera passible des retenues pour le fonds de retraites.

ART. 3. Les fonctionnaires de l'enseignement secondaire, reconnus admissibles aux épreuves de l'agrégation, recevront, pendant deux ans, une indemnité qui sera de 300 francs pour les candidats admissibles aux divers ordres d'agrégation de l'enseignement classique.

NOTE CONCERNANT LES MAÎTRES ÉLÉMENTAIRES DES LYCÉES.

(3 mai 1890.)

Il est à désirer que, pendant quelques années, les postes vacants dans les *classes primaires* des lycées soient le plus souvent confiés aux *maîtres élémentaires* exerçant actuellement dans nos établissements; ces derniers fonctionnaires devant être remplacés, au fur et à mesure des vacances, par des professeurs munis de la licence ou du certificat d'aptitude. Les *maîtres élémentaires* chargés ainsi des classes primaires continueront à jouir des avantages que leur a accordés le décret du 16 juillet 1887; quant aux instituteurs ou institutrices, ou maîtres répétiteurs, en ce moment délégués dans les classes primaires des lycées, plusieurs d'entre eux ont obtenu, au mois de février dernier, des augmentations de traitement; je ne refuserai pas de prendre à leur égard, quand il y aura lieu, des décisions individuelles en tenant un compte particulier des efforts qu'ils feront pour obtenir les grades qui leur manquent souvent, par exemple le certificat d'aptitude pédagogique, s'ils désirent être maintenus dans les classes primaires, et le certificat d'aptitude à l'enseignement des classes élémentaires, s'ils ambitionnent des postes de ce genre.

DÉCRET CONCERNANT LES INSTITUTEURS ET INSTITUTRICES PRIMAIRES DES LYCÉES DE GARÇONS [2].

(31 octobre 1892.)

ART. 1er. L'enseignement est donné, dans les classes primaires des lycées de garçons, par des instituteurs et institutrices titulaires

---

[1] Voir décret du 26 janvier 1882, page 123 en note.

[2] *Note de service du 18 janvier 1894.* MONSIEUR LE RECTEUR, Lors des dernières séances du Comité consultatif de l'enseignement public (section de l'enseignement secondaire), la liste des propositions de promotion de classe des insti-

des écoles élémentaires détachés dans les lycées par arrêté ministériel, sur la proposition du recteur, après entente avec le préfet.

Art. 2. Ces fonctionnaires continuent à figurer dans leur cadre

tuteurs et institutrices primaires des lycées de garçons n'a pas été dressée; il a été décidé que les propositions définitives des chefs d'académie ne seraient envoyées au Ministère que lorsque le travail aurait été préparé dans les conditions fixées par le décret du 31 octobre 1892.

Pour éviter toute erreur, je crois devoir vous prier de faire connaître aux inspecteurs d'académie de votre ressort que le crédit spécial, inscrit au budget de 1894 (chapitre des lycées), sera, sans aucun doute, suffisant pour permettre de promouvoir à la classe supérieure tous les instituteurs et toutes les institutrices primaires des lycées de garçons présentés par eux, avec votre assentiment, et qui rempliront les conditions fixées par le décret précité, savoir :

Tableau G bis. (*Première section.*) — Les fonctionnaires proposés devront remplir les conditions d'ancienneté de service et d'ancienneté de classe exigées des instituteurs et institutrices primaires de l'enseignement public : il y a lieu, bien entendu, de substituer, aux articles de la loi du 19 juillet 1889 mentionnés dans l'article 4 du décret du 31 octobre 1892, les prescriptions nouvelles de la loi du 25 juillet 1893.

Les inspecteurs d'académie ne devront pas perdre de vue que les fonctionnaires qui figurent dans cette section du tableau d'ancienneté peuvent, par la suite, être versés dans les cadres de l'enseignement primaire public en conservant leur classement et que, par conséquent, ils doivent avancer dans des conditions se rapprochant, autant que possible, de celles qui régleraient leur avancement, s'ils étaient en fonction dans une école primaire élémentaire.

Chaque feuille de proposition devra être signée par l'inspecteur d'académie du

département et indiquer que la présentation est faite dans les conditions réglementaires.

Tableau G bis. (*Deuxième section.*) — Les fonctionnaires peu nombreux qui sont inscrits dans cette section au tableau d'ancienneté continuent à appartenir à leur cadre d'origine et *y conservent leurs droits à l'avancement* (décret du 31 octobre 1892, art. 2).

Par suite, ils doivent être traités comme s'ils exerçaient dans une école primaire publique et obtenir les promotions qui pourraient leur être attribuées dans ces établissements.

En conséquence, l'avis de MM. les préfets, qui est exigé d'ailleurs pour la nomination des instituteurs et institutrices dans les lycées, est indispensable pour leurs promotions.

Chaque feuille de proposition sera signée par l'inspecteur d'académie du département et indiquera que la présentation est faite avec l'assentiment du préfet.

Il est bien entendu, Monsieur le Recteur, que c'est à vous qu'il appartient de réunir les propositions des inspecteurs d'académie concernant tous les instituteurs et institutrices primaires des lycées de garçons de votre ressort (tableau G bis — 1re et 2e sections) et que vous aurez, en me les transmettant, à me faire connaître votre avis.

Il est à peine besoin d'ajouter que les *délégués*, c'est-à-dire les fonctionnaires auxquels il est impossible d'attribuer un classement, ne peuvent être l'objet d'aucune proposition de promotion.

Je désire recevoir le travail relatif à votre académie dans la semaine qui suivra la date à laquelle seront effectuées les promotions des instituteurs et institutrices des écoles primaires élémentaires.

d'origine, conformément à l'article 4 du règlement d'administration publique du 6 juin 1891 [1], et y conservent leurs droits à l'avancement.

Leur traitement, payé sur les fonds des lycées, est égal à celui des instituteurs et institutrices de leur classe [2]. Ils reçoivent, en outre, sur les mêmes fonds, pour leur tenir lieu d'indemnité de résidence et de logement, une allocation représentative, non soumise à retenues, égale aux indemnités de résidence et de logement des instituteurs et institutrices titulaires exerçant dans les écoles élémentaires de la localité où se trouve situé le lycée dans lequel ils sont détachés.

Art. 3. Les instituteurs et institutrices primaires pourvus du certificat d'aptitude à l'enseignement de la langue anglaise ou de la langue allemande dans les lycées et collèges ou dans les écoles normales et écoles primaires supérieures reçoivent, tant qu'ils sont détachés dans les lycées, une indemnité personnelle de 300 francs non soumise à retenues pour pensions civiles.

Art. 4. Dispositions transitoires. — Les maîtres et maîtresses primaires, les instituteurs et institutrices et les maîtres répétiteurs pourvus d'un brevet de l'enseignement primaire, chargés actuellement d'une classe primaire dans les lycées de garçons, seront répartis par le Ministre de l'instruction publique en cinq classes, dont les traitements correspondront à ceux des classes qui ont été créées par l'article 6 de la loi du 19 juillet 1889 [2] pour les instituteurs et institutrices des écoles élémentaires.

La répartition dans ces classes sera effectuée d'après le montant du traitement sur lequel ces maîtres subissent actuellement les re-

---

[1] Art. 4 du décret du 6 juin 1891 : Les instituteurs détachés par arrêté ministériel dans un service d'enseignement autre que celui où ils exercent leurs fonctions, continuent à figurer dans leur cadre d'origine et y conservent leurs droits à l'avancement.

[2] Loi du 25 juillet 1893 (art. 7, modifiant l'art. 6 de la loi du 19 juillet 1889):

Art. 7. Le traitement des instituteurs et institutrices de chaque classe est fixé ainsi qu'il suit :

5e classe...	Instituteurs	1,000 fr.
4e classe...	—	1,200
3e classe...	—	1,500
2e classe...	—	1,800
1re classe...	—	2,000
5e classe...	Institutrices	1,000
4e classe...	—	1,200
3e classe...	—	1,400
2e classe...	—	1,500
1re classe...	—	1,600

tenues pour pensions civiles et d'après leurs années de service au 1ᵉʳ janvier 1892, en suivant les mêmes règles que celles qui sont contenues dans les paragraphes 2, 3 et 4 de l'article 34 de la loi du 19 juillet 1889.

Ces fonctionnaires recevront l'allocation représentative des indemnités de résidence et de logement attribuées aux instituteurs et institutrices détachés dans les lycées, telle qu'elle est déterminée par l'article 2 du présent décret.

Toutefois, lorsque le traitement actuel du fonctionnaire sera supérieur au traitement de la classe dans laquelle il aura été rangé, l'excédent continuera de lui être attribué et d'être soumis aux retenues pour pensions civiles, sauf déduction d'une somme égale sur l'allocation représentative des indemnités de résidence et de logement à laquelle il aurait droit.

Les traitements de ces fonctionnaires et leurs allocations représentatives seront payés sur les fonds des lycées.

Leur avancement a lieu sur la proposition du recteur, après avis de la réunion des inspecteurs d'académie du ressort.

Les promotions auront effet du 1ᵉʳ janvier de chaque année.

Elles ne peuvent être accordées qu'aux instituteurs et institutrices qui rempliront les conditions fixées par les paragraphes 4 et 5 de l'article 24 et par l'article 35 de la loi du 19 juillet 1889 [1].

Art. 5. Les maîtres élémentaires pourvus d'un brevet de l'enseignement primaire, actuellement en exercice dans les lycées, pourront, sur leur demande et sur la proposition de l'inspecteur d'académie et du recteur, recevoir, dans les conditions fixées par l'article 4, une nomination d'instituteur primaire dans le même lycée.

---

[1] Art. 24, § 2 et 3, et art. 34, § 2, de la loi du 23 juillet 1893, modifiant les §§ 4 et 5 de l'article 24 et l'article 35 de la loi du 19 juillet 1889 :

Art. 24........................

Les promotions aux 4ᵉ et 3ᵉ classes ont lieu, pour les trois quarts, à l'ancienneté, et pour un quart au choix; à la 2ᵉ classe, moitié à l'ancienneté, moitié au choix; à la 1ʳᵉ classe, exclusivement au choix.

Peuvent seuls être admis aux deux premières classes les maîtres pourvus du brevet supérieur et ayant passé trois années dans la classe précédente.

Art. 35........................

Par dérogation au dernier paragraphe de l'article 24, les maîtres et maîtresses en fonctions au 19 juillet 1889 pourront être promus à la 2ᵉ et à la 1ʳᵉ classe sans être pourvus du brevet supérieur.

DÉCRET RELATIF AUX SURVEILLANTS GÉNÉRAUX.

(13 juin 1899.)

———

LE PRÉSIDENT DE LA RÉPUBLIQUE FRANÇAISE,

Sur le rapport du Ministre de l'instruction publique et des beaux-arts;

Vu le règlement d'administration publique en date du 16 juillet 1887;

Vu la loi de finances du 30 mai 1899;

DÉCRÈTE :

ART. 1er. Le traitement affecté à chacune des six classes des surveillants généraux des lycées de garçons est uniformément augmenté de 300 francs.

ART. 2. Le présent décret aura son effet à dater du 1er juillet 1899.

———

DÉCRET FIXANT LES TRAITEMENTS DES FONCTIONNAIRES ET PROFESSEURS DU LYCÉE DE LYON.

(31 décembre 1887.)

———

ART. 1er. Les traitements normaux des fonctionnaires et professeurs du lycée de Lyon sont fixés conformément au tableau ci-annexé.

ART. 2. Les fonctionnaires et professeurs actuellement en exercice seront répartis dans les différentes classes, conformément aux dispositions de l'article 10 du décret du 16 juillet 1887. Ils ne pourront bénéficier, s'il y a lieu, d'une augmentation qu'en vertu d'une décision ultérieure, distincte de l'arrêté de classement.

ART. 3. Le Ministre de l'instruction publique, des cultes et des beaux-arts est chargé de l'exécution du présent décret.

LYCÉE DE LYON.

TRAITEMENTS DES FONCTIONNAIRES DE DIVERS ORDRES, PAR APPLICATION DE L'ARTICLE 10
DU DÉCRET DU 16 JUILLET 1887.

DÉSIGNATION.	CLASSES.		OBSERVATIONS.
Proviseurs [1]	1re....	8,200	Non compris le traitement d'agrégation [2].
	2e....	7,700	
	3e....	7,200	
	4e....	6,700	
Censeurs [1]	1re....	6,100	Non compris le traitement d'agrégation [2].
	2e....	5,500	
	3e....	4,900	
	4e....	4,300	
Économes [3]	1re....	7,200	Lorsque la recette ordinaire annuelle dépassera 200,000 francs, l'économe recevra, pour chaque fraction indivisible de 10,000 francs en sus, un supplément de traitement de 1 p. 1,000 soumis à retenue, fixé d'après les recettes ordinaires de l'exercice précédent.
	2e....	6,600	
	3e....	6,000	
	4e....	5,500	
	5e....	5,000	
	6e....	4,500	
Professeurs titulaires de l'enseignement classique et de l'enseignement spécial.	1re....	5,700	Non compris le traitement d'agrégation [2].
	2e....	5,200	
	3e....	4,800	
	4e....	4,400	
	5e....	4,000	
	6e....	3,600	
Chargés de cours de l'enseignement classique licenciés ou pourvus du certificat d'aptitude à l'enseignement des langues vivantes. Chargés de cours de l'enseignement spécial licenciés.	1re....	5,200	
	2e....	4,800	
	3e....	4,400	
	4e....	4,000	
	5e....	3,600	
	6e....	3,200	
Chargés de cours de l'enseignement spécial pourvus du certificat d'aptitude institué par les décrets des 3 avril 1884 et 21 décembre 1885 ou du brevet dit de Cluny.	1re....	4,400	
	2e....	4,000	
	3e....	3,600	
	4e....	3,000	

[1] Voir les arrêtés du 31 mars 1896, page 122. — [2] Voir les décrets des 31 décembre 1873 et 26 janvier 1882, page 123. — [3] Voir le décret du 1er novembre 1898, page 123.

DÉSIGNATION.	CLASSES.	OBSERVATIONS.
Chargés de cours de langues vivantes non licenciés ni pourvus du certificat d'aptitude. Chargés de cours de l'enseignement spécial non pourvus des certificats ou brevets ci-dessus mentionnés........................	1re.... 3,900^f 2e.... 3,600 3e.... 3,300 4e.... 3,000 5e.... 2,700 6e.... 2,400	
Professeurs des classes élémentaires de l'enseignement classique licenciés ou pourvus du certificat complet. Surveillants généraux licenciés [1].....	1re.... 4,200 2e.... 3,900 3e.... 3,600 4e.... 3,300 5e.... 3,000 6e.... 2,800	1,000 francs en moins pour les maîtres, les surveillants généraux internes et les préparateurs. 500 francs en moins pour les surveillants généraux nourris et non logés, pour les maîtres et les préparateurs. 300 francs en moins pour les surveillants généraux logés et non nourris, pour les maîtres et les préparateurs.
Préparateurs licenciés.............	1re.... 3,600 2e.... 3,300 3e.... 3,000 4e.... 2,800	
Maîtres élémentaires de l'enseignement classique non pourvus de l'un des deux diplômes ci-dessus. Maîtres élémentaires de l'enseignement spécial. Surveillants généraux non licenciés [1].................	1re.... 3,400 2e.... 3,200 3e.... 3,000 4e.... 2,800 5e.... 2,600 6e.... 2,400	1,000 francs en moins pour les maîtres, les surveillants généraux internes et les préparateurs. 500 francs en moins pour les surveillants généraux nourris et non logés, pour les maîtres et les préparateurs. 300 francs en moins pour les surveillants généraux logés et non nourris, pour les maîtres et les préparateurs.
Professeurs de dessin d'imitation....	1re.... 2,800 2e.... 2,600 3e.... 2,400 4e.... 2,200	
Chargés de cours de dessin d'imitation.....................	1re.... 2,400 2e.... 2,200 3e.... 2,000 4e.... 1,800	
Professeurs de gymnastique........	1re.... 2,200 2e.... 1,800 3e.... 1,600 4e.... 1,400	

[1] Voir le décret du 13 juin 1899 relatif au traitement des surveillants généraux, page 128, et le décret du 31 mars 1896, page 122.

DÉCRET.

(30 juillet 1891.)

Art. 1er. Le lycée de Marseille est placé hors classe.

Art. 2. Les traitements du personnel seront désormais fixés conformément au tableau ci-annexé [1].

EXTRAITS DU DÉCRET RELATIF AU TRAITEMENT DES COMMIS D'ÉCONOMAT.

(29 décembre 1881.)

Art. 2. Les traitements des commis attachés au service économique sont réglés de la manière suivante [2].

DÉSIGNATION DES ÉTABLISSEMENTS.	COMMIS AUX ÉCRITURES.	COMMIS D'ÉCONOMAT.		
		1re CLASSE.	2e CLASSE.	3e CLASSE.
	francs.	francs.	francs.	francs.
Lycée de Lyon [1]	1,300	1,500	1,700	1,900
Lycées des départements de France et d'Algérie	1,200	1,400	1,600	1,800
[1]. Dispositions étendues au lycée de Marseille.				

Une indemnité annuelle de 300 francs pourra être accordée aux commis comptant trois ans de 1re classe et dix ans de service dans l'économat; l'indemnité sera portée à 500 francs, lorsque ces fonctionnaires atteindront douze ans de service dans l'économat.

Les commis d'économat mariés pourront être dispensés de loger au lycée et d'y prendre leurs repas; ils recevront, en compensation de ces avantages, une indemnité de 1,000 francs.

Pour les commis mariés qui seront logés dans l'établissement mais non nourris, l'indemnité sera réduite à 700 francs.

[1] Voir le tableau annexé au Décret relatif au Lycée de Lyon, page 129.

[2] Voir page 55, les règlements relatifs aux conditions d'admission aux emplois de commis d'économat et de commis aux écritures.

Dans le cas où des commis nourris au lycée ne pourraient être logés, il leur sera alloué une indemnité de 500 francs.

Art. 3. ....

Les commis d'économat seront répartis par tiers dans les trois classes qui leur sont attribuées.

DÉCRET RELATIF AUX TRAITEMENTS DES COMMIS ATTACHÉS AU SERVICE ÉCONOMIQUE
DANS LES LYCÉES DE LA SEINE ET DE VERSAILLES.

(15 novembre 1893.)

Art. 1er. Les traitements des commis attachés au service économique dans les lycées de la Seine et de Versailles sont fixés ainsi qu'il suit :

Commis d'économat de 1re classe....................	2,100 francs.
Commis d'économat de 2e classe.....................	1,900
Commis d'économat de 3e classe	1,700
Commis aux écritures.............................	1,500

DÉCRET RELATIF AU CLASSEMENT DES RÉPÉTITEURS.

(29 août 1891.)

Art. 1er [1]. Les répétiteurs des lycées sont partagés en deux ordres :

Sont classés dans le premier ordre ceux qui sont pourvus d'un diplôme de licencié ès lettres ou ès sciences ou d'un des certificats d'aptitude de l'enseignement secondaire;

Sont classés dans le deuxième ordre les répétiteurs pourvus d'un diplôme de bachelier.

---

[1] Art. 1er. *Circulaire du 31 décembre 1891* : Le Conseil supérieur n'a pas cru devoir assimiler aux licences ès lettres ou ès sciences la licence en droit qui ne donne directement accès à aucune des fonctions de l'enseignement secondaire.

Il y a lieu de remarquer d'ailleurs que cette assimilation n'a pas été faite par la loi sur le recrutement de l'armée (15 juillet 1889), dans l'article 23 concernant les dispenses.

Art. 2[1]. Le premier ordre comprend six classes, le traitement de la sixième classe est fixé à 1,200 francs.

Les traitements des cinq autres classes sont égaux à ceux qui

[1] Art. 2. Le décret du 28 août dernier relève la fonction du répétiteur par la nature des services qu'il lui assigne, par le titre et les prérogatives qu'il lui confère. Une amélioration de sa situation, au point de vue des avantages matériels, devait en être la conséquence. Elle est le principal objet du présent décret.

A un autre point de vue encore, cette amélioration était nécessaire. La plupart des répétiteurs sont entrés dans la carrière du répétitorat en vue de passer à brève échéance dans celle du professorat. C'est dans cet espoir que beaucoup d'entre eux ont conquis des grades supérieurs. Mais le nombre de chaires à pourvoir restant sensiblement le même, la réalisation de cet espoir est devenue pour eux plus chanceuse et plus lointaine à mesure que croissait le nombre des candidats qui s'étaient rendus aptes à les occuper. Le répétitorat, au lieu d'un simple temps de stage qu'il était, tend donc à devenir, pour beaucoup de répétiteurs, une partie notable de leur carrière ou même toute leur carrière. Dès lors, des avantages jugés suffisants pour un stage relativement court deviennent manifestement insuffisants pour une carrière prolongée ou même définitive. Pour que cette carrière n'apparût pas désormais à ceux qui s'y sont engagés comme une sorte d'impasse, pour qu'elle fût acceptée sans déception pour un temps assez long, ou même à titre définitif, il fallait à la fois l'étendre par l'addition de classes nouvelles et l'améliorer par un relèvement des traitements.

Dans quelle mesure et d'après quelle règle ?

Le Conseil supérieur a pris pour mesure et pour règle l'assimilation avec la carrière même que se proposent comme but prochain la plupart des répétiteurs, à savoir: celle de professeurs de collège.

De part et d'autre, une fois le premier pas accompli dans la carrière du répétitorat, égalité d'avantages à égalité de titres. Par suite, aussi égales conditions pour l'obtention de ces avantages, c'est-à-dire, même minimum de stage dans chaque classe, même limitation du nombre des promotions par les crédits rendus disponibles en raison des vacances, même proportion des promotions à l'ancienneté et des promotions au choix, même règle pour le tableau d'ancienneté, même date pour les promotions.

On ne pouvait, ce semble, faire ni plus ni moins. Faire davantage en faveur des répétiteurs, leur accorder des traitements supérieurs ou un avancement plus rapide c'eût été non seulement déprécier en quelque sorte moralement la carrière des professeurs de collège, mais encore porter un vrai préjudice matériel à ces fonctionnaires, puisque le jour où les répétiteurs deviendront, à leur tour, professeurs de collège, ils seront classés au tableau des professeurs d'après leur traitement de répétiteur et le temps pendant lequel ils en ont joui. On a donc fait tout ce qu'il était actuellement possible de faire en assurant aux répétiteurs, dans la carrière même où ils sont, des avantages égaux à ceux de la carrière qu'ils ambitionnent.

Par contre, faire moins en leur faveur c'était non seulement tromper leur attente légitime, mais encore déprécier des grades qui valant assurément, comme preuve de capacité, ce qu'ils valaient autrefois, doivent assurer, sinon la même situation qu'autrefois, du moins des avantages équivalents.

Il est à remarquer d'ailleurs que l'assimilation dont il vient d'être parlé n'est pas seulement à l'avantage des répétiteurs; elle permet au professeur de collège qui désire se préparer aux grades supérieurs de passer un certain temps au

ont été fixés par le décret du 27 juin 1892 pour les cinq classes des professeurs de collège pourvus des mêmes grades, diminués d'une somme de 1,000 francs représentant les avantages de l'internat (nourriture, logement, etc.).

Le deuxième ordre comprend cinq classes ; les traitements sont égaux à ceux qui ont été fixés par le décret susvisé pour les professeurs de collège pourvus du même grade, diminués d'une somme de 1,000 francs représentant les avantages de l'internat (nourriture, logement, etc.). (*Décret du 20 mai 1897.*)

Les traitements ci-dessus sont uniformément augmentés de 100 francs pour les répétiteurs des lycées de Lyon et de Marseille, et de 300 francs pour les répétiteurs des lycées de la Seine et de Seine-et-Oise.

ART. 3 [1]. Dans les deux ordres, les promotions ne peuvent avoir lieu d'une classe à une autre que dans les conditions prévues pour les promotions des professeurs de collège, à l'article 3 du décret du 11 août 1887 [2], c'est-à-dire après quatre ans passés dans la classe inférieure.

Toutefois les répétiteurs du premier ordre pourront être promus à la 4e classe après deux ans passés dans la 5e classe.

ART. 4 [3]. Les promotions des répétiteurs ont lieu, pour chaque classe de chaque ordre, dans la limite des crédits disponibles, partie au choix et partie à l'ancienneté, d'après les proportions prévues

lycée de Faculté en qualité de répétiteur divisionnaire, sans subir aucune diminution de traitement, ni aucun retard pour l'avancement.

La majoration des traitements visée par le paragraphe 4 du même article en faveur des répétiteurs des lycées de la Seine et de Seine-et-Oise, de Lyon et de Marseille doit être considérée comme une sorte d'indemnité de résidence. Il est bien entendu que si les répétiteurs primitivement attachés à ces lycées sont appelés dans un autre établissement, soit sur leur demande soit par mesure administrative, ils n'auront droit qu'au traitement attaché à leur classe personnelle. (*Cf. art. 10 du décret du 16 juillet 1887.*)

[1] ART. 3. Pour le calcul de l'ancienneté de promotion, comme pour le calcul de l'ancienneté de services, les services effectifs doivent seuls entrer en ligne de compte ; déduction sera toujours faite du temps passé en qualité de boursier, en inactivité, etc., conformément à l'article 2 paragraphe 4, du décret du 20 juillet 1889.

[2] Reproduites dans le décret du 27 juin 1892.

[3] ART. 4. En exécution du dernier paragraphe de l'article 4, vous aurez à m'adresser avant le 10 décembre de chaque année :

1° Le tableau d'ancienneté des répétiteurs de votre ressort (première partie : répétiteurs de lycées ; deuxième partie : répétiteurs de collèges) ;

à l'article 1er du décret du 20 juillet 1889 pour les promotions des professeurs chargés de cours, maîtres élémentaires, préparateurs des lycées et professeurs des collèges, c'est-à-dire : pour les classes inférieures à la deuxième classe, moitié au choix et moitié à l'ancienneté; pour la deuxième et la première classe, deux tiers au choix et un tiers à l'ancienneté.

Il est publié, chaque année, au mois de novembre, un tableau d'ancienneté des répétiteurs de chaque ordre, dressé d'après les règlements en vigueur pour le tableau du personnel enseignant.

Le temps passé dans un collège comme répétiteur par un licencié lui est compté comme service actif dans la 5e classe du 1er ordre des répétiteurs de lycée, et peut, lorsqu'il est nommé répétiteur dans un lycée, lui donner droit à promotion dans les conditions prévues par le présent décret. Il en est de même du stage probatoire dans les lycées.

Les propositions de promotions au choix sont faites par le recteur, sur la présentation du proviseur, après avis de la réunion des inspecteurs d'académie de chaque ressort présidée par le recteur.

Une promotion à l'ancienneté peut être ajournée sur le rapport du proviseur, après avis de cette assemblée pris à la majorité des deux tiers des voix. L'ajournement motivé est notifié à l'intéressé.

Les promotions des répétiteurs sont faites à la même époque que celles des autres fonctionnaires des lycées et collèges; elles ont également leur effet à partir du 1er janvier.

2° Vos propositions de promotions au choix;

3° Copie du procès-verbal de la réunion des inspecteurs d'académie.

Les dispositions du paragraphe 3 sont analogues à celles qui sont prescrites par le décret du 30 août 1890 au sujet des professeurs agrégés appelés par nécessité de service à un poste de professeur de collège.

Les prescriptions du paragraphe 5 ne font qu'étendre aux répétiteurs une règle actuellement appliquée aux membres du personnel enseignant par l'article 3 du décret du 20 juillet 1889 (*).

(*) « Le droit de l'ancienneté ne peut pas davantage être absolu en ce sens qu'il n'admettrait, en ce qui concerne la qualité des services, ni conditions, ni réserves. Si, à défaut de mérite saillant, l'ancienneté peut donner des droits, il ne s'agit pas, bien entendu, de l'ancienneté du démérite. Un minimum de zèle et de conscience, une conduite correcte sont toujours exigibles. On ne saurait admettre au bénéfice d'un avancement quelconque un fonctionnaire qui, par sa négligence ou ses écarts de conduite, dessert et compromet l'établissement auquel il appartient.

« Dans ces cas de mauvais services, l'effet de l'ancienneté doit être suspendu. Seulement, pour donner aux fonctionnaires toute garantie, la mesure devrait être prise par le Comité consultatif à la majorité des deux tiers des voix et notifiée à l'intéressé avec l'indication des motifs. » (Note présentée au Conseil supérieur de l'Instruction publique, décembre 1889.)

Art. 5[1]. Les répétiteurs des collèges jouissent des avantages de l'internat; leurs traitements ne peuvent être inférieurs, pour les répétiteurs stagiaires, à 600 francs, pour les répétiteurs titulaires, à 700 francs.

Après cinq ans d'exercice comme titulaires dans un collège, les répétiteurs peuvent recevoir un traitement complémentaire de 300 francs.

Art. 6[2]. Lorsque les répétiteurs seront appelés, par avancement, à d'autres fonctions dans l'enseignement secondaire, leur classement sera déterminé par leur traitement en y comprenant la somme de 1,000 francs représentative des avantages de l'internat, conformément aux dispositions du décret du 7 juillet 1890 concernant les fonctionnaires des lycées et collèges qui changent d'ordre ou de catégorie.

Art. 7[3]. Les maîtres répétiteurs de l'enseignement spécial

[1] Art. 5. Vous voudrez bien, le 10 décembre de chaque année, après avoir demandé l'avis de la réunion des inspecteurs, me faire parvenir vos propositions pour l'attribution des traitements complémentaires de 300 francs qui peuvent être alloués, aux termes du paragraphe 2 de l'article 5, aux répétiteurs des collèges qui comptent cinq années d'exercice comme titulaires.

Il y aura lieu de mentionner les émoluments de toute nature que perçoivent, à un titre quelconque, les répétiteurs que vous proposerez.

Lorsqu'un répétiteur de collège recevant le traitement complémentaire en question sera appelé par avancement à un autre emploi dans l'enseignement secondaire, il ne sera pas fait déduction de cette somme pour la détermination du traitement fictif qui devra servir à arrêter son nouveau classement.

[2] Art. 6. La transformation en traitement de l'allocation précédemment accordée, pour ancienneté, aux répétiteurs, permettra de ranger dans des classes plus élevées ceux d'entre eux qui seront appelés par avancement à d'autres fonctions

dans l'enseignement secondaire; mais il est bien entendu qu'on ne devra pas faire entrer en compte la majoration des traitements visés par le paragraphe 4 de l'article 2 du présent décret.

[3] Art. 7. Je n'ai pas besoin de vous rappeler qu'il ne faut pas considérer comme rangés dans la catégorie des maîtres répétiteurs de l'enseignement spécial ceux qui sont pourvus du brevet de Cluny ou du brevet de capacité de l'enseignement spécial obtenu avant le 1er janvier 1887 : ces répétiteurs sont depuis longtemps assimilés aux bacheliers ou même aux licenciés.

L'article 7 vise seulement les maîtres qui ne sont en possession que d'un brevet primaire ou du diplôme de fin d'étude de l'enseignement spécial.

Il y aura lieu d'engager ces derniers à subir le plus promptement possible les épreuves d'un baccalauréat (baccalauréat scientifique ou littéraire de l'enseignement classique, baccalauréat de l'enseignement spécial, baccalauréat de l'enseignement moderne).

Dans tous les cas, les dispositions relatives au titre de répétiteur général, et, à nommés en vertu de l'article 4 du décret du 28 mars 1866 et de l'article 1ᵉʳ du décret du 30 janvier 1882, en exercice au mois de mars 1887, conservent tous les droits à l'avancement qu'ils tenaient des règlements antérieurs.

ART. 8[1]. Les répétiteurs titulaires des emplois mentionnés dans l'article 20 du décret du 28 août courant reçoivent, dans la limite des crédits disponibles, en suivant l'ordre d'ancienneté prévu audit article, une indemnité de 500 francs.

Cette indemnité est portée à 1,000 francs pour ceux d'entre eux qui, mariés ou veufs avec enfant ou soutiens de famille, demandent à ne pas être nourris au lycée.

ART. 9[2]. Lorsqu'un répétiteur remplace en classe un professeur momentanément empêché, il a droit à la rétribution prévue à l'ar-

plus forte raison, celles qui concernent l'externement ne peuvent leur être appliquées.

Les maîtres dont il s'agit figureront sur une liste spéciale à la suite du tableau d'ancienneté et, tant qu'ils continueront à exercer les fonctions de la surveillance, ils devront être attachés de préférence aux divisions composées d'élèves appartenant aux classes élémentaires et primaires.

[1] ART. 8. De l'article 20 du décret du 28 août 1891 rapproché de l'article 8 du présent décret il résulte que le nombre des emplois de répétiteurs pouvant être externés dans chaque lycée sera fixé exclusivement d'après les besoins du service et sans faire entrer en compte le montant des sommes nécessaires au payement des allocations d'externement.

Chaque année, je vous ferai connaître si les crédits mis à ma disposition permettent d'accorder l'indemnité d'externement à tous les répétiteurs généraux titulaires des emplois susceptibles d'être externés.

Dans le cas de la négative, les indemnités seront accordées :

1° À ceux qui les ont déjà reçues l'année précédente;

2° Aux plus anciens des répétiteurs

généraux récemment appelés aux emplois dont il s'agit.

Les répétiteurs généraux titulaires d'un emploi susceptible d'être externé qui ne pourront momentanément, faute de ressources nécessaires, recevoir l'indemnité, devront conserver provisoirement les avantages de l'internat, à moins qu'ils demandent l'autorisation de loger hors du lycée, sans indemnité. Vous pourrez, sans qu'il soit nécessaire de m'en référer, leur accorder ladite autorisation, sous réserve toutefois qu'ils éliront domicile en ville et qu'ils abandonneront leur droit à une chambre spéciale dans le lycée ainsi qu'aux prestations en nature.

Il reste bien entendu qu'au fur et à mesure des vacances ou de l'augmentation des crédits, les sommes disponibles leur seront affectées.

Enfin, il va de soi que l'on ne saurait imposer l'externement à un répétiteur qui désire conserver les avantages de l'internat.

[2] ART. 9. Le proviseur de chaque lycée devra m'adresser, par votre entremise, au commencement de chaque trimestre (Enseignement secondaire, 3ᵉ bureau), la demande des crédits nécessaires au payement des indemnités de suppléances qui auront été faites par les répétiteurs pendant le trimestre précédent :

ticle 3 de l'arrêté ministériel du 4 octobre 1883[1], lorsque ce service est fourni en sus de son maximum; dans le cas contraire, cette rétribution est réduite de moitié.

Si le rôle du répétiteur chargé du remplacement se réduit à une simple surveillance, il a droit à la moitié de la rétribution prévue à l'article susvisé, lorsque ce service est fourni en sus de son maximum; dans le cas contraire, il n'est dû aucune rétribution.

Art. 10. Un arrêté ministériel déterminera les conditions dans lesquelles les répétiteurs actuellement en exercice seront répartis dans les différentes classes établies par le présent décret[2].

on devra mentionner dans cette demande le nom du professeur momentanément empêché, la cause de son absence, le nom et les grades du répétiteur chargé de le suppléer, le point de départ et le terme de la suppléance, la durée du service quotidien imposé audit répétiteur, abstraction faite de cette suppléance; il y aura lieu d'indiquer, en outre, si le rôle du répétiteur s'est réduit à une simple surveillance.

[1]. Voir page 90.

[2]. Arrêté du 30 mars 1892. Art. 1er. Les répétiteurs en fonctions dans les lycées au 31 décembre 1891 seront, dans chacun des deux ordres établis par le décret du 29 août 1891, rattachés à la classe dont le traitement correspond à leur traitement actuel. Si ce traitement actuel ne coïncide pas avec un de ceux qui sont prévus à l'article 2 dudit précité, ils seront placés dans la classe dont le traitement est immédiatement inférieur.

Art. 2. Aucun répétiteur ne pourra prendre rang dans la troisième classe du premier ordre qu'autant qu'il comptera au minimum quatre ans de service comme licencié.

Art. 3. Les répétiteurs stagiaires non pourvus de la licence ou d'un certificat d'aptitude de l'enseignement secondaire actuellement en fonctions dans les lycées ne prendront rang comme titulaires dans la quatrième classe du deuxième ordre qu'à dater du jour où ils justifieront d'une

année de service dans l'enseignement public.

Art. 4. Si le traitement de la classe dans laquelle le répétiteur aura été rangé est inférieur à son traitement actuel, y compris l'indemnité d'ancienneté, la différence sera payée au moyen d'une indemnité personnelle soumise à retenues jusqu'à ce que, par l'effet d'une promotion, le répétiteur obtienne un traitement égal ou supérieur à ses émoluments actuels.

Art. 5. L'ancienneté de classe de chaque répétiteur est déterminée de la manière suivante:

1° S'il obtient par son nouveau classement une augmentation de traitement égale ou supérieure au taux d'une promotion de son ordre, l'ancienneté est comptée à partir du 1er janvier 1892;

2° S'il obtient une augmentation inférieure au taux précité, son ancienneté de classe est calculée à raison de la fraction de promotion représentée par la différence entre le montant de cette augmentation et le taux d'une promotion, cette fraction étant multipliée par le temps pendant lequel il en a joui;

3° S'il n'obtient aucune augmentation, son ancienneté de classe est déterminée par le temps durant lequel il a joui d'un traitement au moins égal au traitement de sa classe actuelle; s'il a droit à l'indemnité complémentaire prévue par l'article 4 du présent arrêté, son ancienneté de classe est, en outre, augmentée à raison

Le traitement dont jouit chaque répétiteur lui sera garanti quel que soit le classement qui lui sera attribué[1].

de la fraction de promotion représentée par cette indemnité, cette fraction étant multipliée par le temps pendant lequel il a joui de son dernier traitement.

Note présentée à la section permanente. — Ce projet d'arrêté a été préparé en exécution de l'article 10 du décret du 29 août 1891. En principe, c'est le traitement dont les répétiteurs jouissaient au 31 décembre dernier qui détermine leur classement (art. 1er).

Mais une des innovations des décrets des 28 et 29 août 1891, consistant dans l'assimilation des traitements des répétiteurs à ceux des professeurs de collège, dans l'application aux répétiteurs des règlements relatifs à l'avancement des professeurs de collège, et, conséquemment, dans la faculté, accordée aux répétiteurs appelés à une chaire de collège, d'être inscrits au tableau d'ancienneté des professeurs dans la classe et avec l'ancienneté de promotion qui leur étaient attribuées au tableau d'ancienneté des répétiteurs, il a paru indispensable, en vue de maintenir la parité de situation et d'éviter de porter préjudice aux professeurs de collège, de poser la règle énoncée dans l'article 2. Les professeurs de premier ordre ne peuvent, en effet, être promus à la troisième classe (art. 3 du décret du 11 août 1887) qu'après quatre ans, au moins, d'exercice dans la quatrième classe, c'est-à-dire après un délai *minimum* de quatre années à partir du jour où ils ont obtenu le grade de licencié.

L'article 3 est la conséquence d'un principe établi par l'ancienne législation des répétiteurs comme par les décrets qui les régissent actuellement. Un stage probatoire d'au moins une année dans l'enseignement public a été jusqu'alors, et continue d'être, exigé des répétiteurs qui ne sont pas pourvus de la licence ou d'un certificat d'aptitude à l'enseignement secondaire pour obtenir une nomination ministérielle et le bénéfice du classement.

Ce stage pouvait, sous le régime de 1887, être accompli dans les lycées; à l'avenir, il le sera exclusivement dans les collèges. L'article 3 vise donc un petit nombre de maîtres qui continuent à bénéficier d'une situation acquise, mais qui, sous le rapport du classement, ne peuvent être avantagés par rapport aux répétiteurs qui accompliront ou accomplissent déjà leur stage dans les conditions du décret du 28 août 1891.

Les articles 4 et 5 appliquent, d'une manière spéciale, aux répétiteurs les prescriptions générales du décret du 7 juillet 1890, sur le classement des fonctionnaires qui changent d'ordre ou de catégorie. Les dispositions qu'ils contiennent n'ont rien de restrictif; elles sauvegardent, au contraire, tous les intérêts en établissant des règles fixes et précises pour le calcul de l'ancienneté de promotion.

Il doit être, d'ailleurs, entendu que la majoration d'ancienneté prévue à l'article 5, § 3, deuxième partie, pour le temps pendant lequel le répétiteur a joui de son dernier traitement jusqu'au moment du classement (31 décembre 1891) devra se faire aussi dans la suite pour le temps pendant lequel il jouira de l'indemnité complémentaire prévue à l'article 4.

[1] *Observations complémentaires.* Il n'y aura plus lieu à l'avenir de constituer des services mixtes de surveillance et d'enseignement confiés à des répétiteurs: ces situations mal définies ne devront pas être conservées au delà de la présente année scolaire. Lorsqu'un emploi de professeur sera reconnu nécessaire et régulièrement créé, il devra être occupé, à défaut de titulaire, par un délégué dont la situation sera réglée pour l'année en cours en tenant compte de ses grades, de ses services, etc. Il est entendu qu'une délégation ne donne pas nécessairement droit à une nomination ultérieure à un poste de professeur dans un lycée ou un collège. Si les besoins de l'enseignement n'exi-

Monsieur le Recteur, en exécution des dispositions de la loi de finances de 1898, l'indemnité d'externement complet a été allouée par décisions des 8 avril, 28 avril et 6 mai derniers à tous les répétiteurs mariés et âgés de plus de 25 ans et à un certain nombre de répétiteurs célibataires âgés de plus de 30 ans; mais, vu l'époque avancée de l'année scolaire et pour n'apporter aucun trouble dans la répartition des services, il a été décidé que la surveillance de nuit resterait provisoirement confiée aux maîtres qui en avaient été jusqu'alors chargés.

J'attache un intérêt tout particulier à ce que les répétiteurs qui ont fait l'objet de ces décisions ne soient plus astreints, à partir de la rentrée des classes, à un service quotidien de dortoir et puissent bénéficier, au moins en partie, de l'externement qui leur a été accordé.

Il y a donc lieu de procéder à une réorganisation des services de l'internat dans les lycées.

Il importe tout d'abord de prévoir, pour chaque établissement, autant de services de nuit qu'il y a de dortoirs occupés, plus un service dit de permanence, destiné à parer aux éventualités qui pourraient se produire (remplacement dans un dortoir d'un maître malade, surveillance d'un ou de plusieurs élèves à l'infirmerie, etc.). Un service distinct d'infirmerie restera établi d'une manière permanente dans les lycées des villes sièges d'Universités ou dans les autres lycées qui comptent plus de 400 internes.

La surveillance de chaque dortoir, la permanence de nuit et, s'il y a lieu, la surveillance de l'infirmerie seront assurées désormais soit par un répétiteur interne, soit par deux répétiteurs externes qui se partageront le service, alternativement, par semaine ou par quinzaine.

gent pas la création d'un emploi de professeur, les cours dont il s'agit seront, selon les circonstances, confiés à un ou à plusieurs répétiteurs divisionnaires ou généraux, dont le service ordinaire ne devra pas être diminué de ce chef et qui recevront une indemnité calculée à raison de 150 francs par heure s'ils sont licenciés, et de 100 francs s'ils ne sont pas pourvus de ce grade.

Les répétiteurs actuellement délégués dans les classes élémentaires ou primaires, devront être avertis que leurs délégations ne leur seront pas renouvelées s'ils ne se mettent pas à bref délai en mesure de subir avec succès les épreuves du certificat d'aptitude à l'enseignement dans les classes élémentaires des lycées; en attendant, aucune modification ne sera apportée à leur situation; ainsi que je vous l'ai fait connaître plus haut, ils ne seront pas admis à bénéficier des nouveaux avantages (titres, garanties, externement, etc.), accordés aux répétiteurs chargés exclusivement des fonctions de répétiteurs.

Il est bien entendu que les répétiteurs qui ont obtenu l'externement avant le 1ᵉʳ octobre 1897 demeureront dispensés de tout service de nuit.

Dans ces conditions, il convient de prendre les mesures nécessaires en vue d'éviter l'accumulation dans les mêmes lycées de tous les maîtres qui ont déjà reçu l'indemnité d'externement.

Vous voudrez bien, en conséquence, m'adresser :

1° La liste des répétiteurs qui, ayant obtenu l'indemnité d'externement au mois d'avril ou de mai dernier, ne pourraient être exonérés, dans le lycée auquel ils sont attachés, de la moitié du service de dortoir.

2° Vos propositions en vue de les appeler, à la suite d'une vacance ou par permutation, dans d'autres lycées de votre ressort où il sera possible de leur assurer cette dispense partielle.

La plupart de ces répétiteurs étant mariés, il est désirable qu'ils soient avisés le plus tôt possible du changement de résidence que nécessitent les nouveaux avantages qui leur sont concédés.

Je vous serai donc obligé de me faire parvenir vos propositions dans le plus bref délai et au plus tard le 25 août courant.

CIRCULAIRE RELATIVE À L'INDEMNITÉ DE NOURRITURE À ACCORDER AUX RÉPÉTITEURS.

(21 mars 1899.)

Monsieur le Recteur, la loi de finances de 1898, qui a inscrit au chapitre 43 du budget la première annuité d'un crédit destiné, suivant les intentions du Parlement, à accorder l'indemnité de nourriture et de logement à tous les répétiteurs (généraux ou divisionnaires) qui, comptant quatre années de services effectifs, sont mariés (ou soutiens de famille) et âgés de 25 ans ou célibataires et âgés de 30 ans, a implicitement abrogé l'article 20 du décret du 28 août 1891, aux termes duquel cette indemnité ne pourrait être allouée qu'à des répétiteurs généraux.

En exécution de cette loi, les sommes votées pour l'exercice 1898 ont été intégralement réparties par les décisions générales des 6 avril, 28 avril et 6 mai derniers et par quelques décisions spéciales; d'autre part, dans une circulaire en date du 6 août 1898, des dispositions ont été prises en vue d'établir une organisation nouvelle des services de nuit, permettant aux répétiteurs qui venaient d'être admis à bénéficier de l'indemnité d'externement de n'être plus astreints d'une manière permanente à la surveillance d'un dortoir.

Mais une réforme de ce genre ne peut s'accomplir sans provoquer quelques réclamations de la part de fonctionnaires qui, sous l'empire de la législation jusqu'alors en vigueur, pouvaient espérer des avantages plus complets ou plus immédiats au point de vue de l'externement.

Il y a évidemment quelque difficulté à tenir compte, non seulement des prérogatives déjà acquises en vertu des règlements antérieurs, mais encore, autant que possible, de certaines situations privilégiées de fait, tout en donnant satisfaction aux maîtres qui, confiants dans la promesse du législateur, sont en droit d'espérer, puisqu'ils remplissent les conditions qu'il a posées, obtenir à bref délai un externement partiel.

Pour aplanir autant qu'il se pourra ces difficultés, des mesures transitoires sont nécessaires. C'est pourquoi j'ai cru devoir sérier les cas qui peuvent se produire et répartir, au point de vue de l'externement, les répétiteurs en un certain nombre de catégories.

I

RÉPÉTITEURS GÉNÉRAUX EXTERNÉS EN VERTU DE L'ARTICLE 20 DU DÉCRET DU 28 AOÛT 1891.

A. *Répétiteurs généraux externés avant le 1er octobre 1897.* — Conformément aux dispositions de la circulaire en date du 6 août 1898, ces maîtres demeurent dispensés de tout service de nuit, sauf dans les cas exceptionnels prévus à l'article 14, § 7 du décret du 28 août 1891.

B. *Répétiteurs généraux externés après le 1er octobre 1897.* — Quant aux répétiteurs généraux externés au début de l'année scolaire 1897-1898, dans la période comprise entre le 1er octobre et le 31 décembre 1897, ils ont dû être prévenus des conditions auxquelles l'indemnité de nourriture et de logement leur était accordée. Dès le mois de mai 1897, c'est-à-dire près d'un an avant la promulgation de la loi de finances, vous aviez été avisé « qu'une réorganisation des services de l'internat étant à l'étude, « il convenait de prévenir les maîtres à qui vous aviez l'intention de con-« fier des emplois externes que, selon toute probabilité, ils seraient, « même une fois externés, appelés à participer au service de nuit, tout en « restant domiciliés hors du lycée et en recevant l'indemnité d'externe-« ment ».

Il n'y a donc pas lieu de leur reconnaître actuellement le droit à la dispense complète du service de nuit.

Ils pourront être appelés à assurer pour moitié le service de l'infirmerie ou de la permanence, mais ils seront placés par ordre d'ancienneté de services dans la 1re section du tableau dressé en vue de l'externement total.

II

RÉPÉTITEURS GÉNÉRAUX INTERNES DÉSIGNÉS PAR LES RECTEURS, SOIT À L'ANCIENNETÉ, SOIT AU CHOIX, ANTÉRIEUREMENT AU 1ᵉʳ JANVIER 1898.

Il y a lieu de remarquer que, si les répétiteurs généraux internes étaient, en principe, dispensés de la surveillance d'un dortoir, ils étaient chargés de l'infirmerie ou de la permanence. Cela posé, les maîtres dont il est ici question peuvent se subdiviser en deux catégories :

A. *Admis à bénéficier de l'indemnité de nourriture et de logement par décisions générales des 8 et 28 avril 1898, ou postérieurement, par des décisions d'espèce.* — Ces répétiteurs resteront, sauf les cas exceptionnels prévus à l'article 14, § 7, du décret du 28 août 1891, exempts de la surveillance d'un dortoir, mais, comme ceux de la précédente catégorie, ils pourront être appelés à assurer *pour moitié* le service de l'infirmerie ou de la permanence. Ils seront d'ailleurs placés par ordre d'ancienneté de services dans la deuxième section du tableau dressé en vue de l'externement total.

B. *Internes.* — Comme les précédents, ces maîtres demeureront exempts, sous la même réserve, de la surveillance d'un dortoir; mais un service *complet* d'infirmerie ou de permanence pourra leur être imposé. Le jour où ils rempliront les conditions minima déterminées par le Parlement pour obtenir l'indemnité de logement et de nourriture, ils figureront en tête de la liste des candidats à la dispense *partielle* du service de nuit, et, en outre, dès qu'ils auront obtenu cette dispense, ils seront placés par ordre d'ancienneté de services dans la troisième section du tableau dressé en vue de l'externement total.

En attendant, je donne d'avance mon approbation aux mesures spéciales qui pourront être prises en vue d'accorder à ces maîtres (IIᵉ série, catégories A et B) toutes les immunités compatibles avec les exigences du service.

III

RÉPÉTITEURS DIVISIONNAIRES DISPENSÉS EN FAIT, AVANT LE 1ᵉʳ JANVIER 1898, DU SERVICE DU DORTOIR DANS LES LYCÉES AUTRES QUE LES LYCÉES DE FACULTÉS.

Dans les lycées où certaines études ont été composées uniquement de demi-pensionnaires ou d'externes surveillés, les répétiteurs chargés de ces études ont pu, en raison même du service qui leur était confié, être dispensés de toute surveillance de nuit. La même dispense a pu être aussi accordée à des répétiteurs divisionnaires chargés de services accessoires (écritures, etc.). La désignation de ces maîtres a été faite quelquefois au choix, le plus souvent en suivant l'ordre d'ancienneté dans la maison. Il n'était tenu, dans tous les cas, que peu de compte de l'ancienneté générale des services. Or l'article 20 du décret du 28 août 1891 stipulait que l'ancienneté totale des services conférait *seule* des *droits* à l'externement.

Les répétiteurs qui bénéficiaient ainsi d'une situation *de fait,* susceptible d'être modifiée d'un instant à l'autre, seraient donc mal fondés à invoquer de prétendus droits que ne leur a jamais reconnus la législation qui les a régis jusqu'à ce jour. La consolidation pure et simple d'un tel privilège serait au contraire manifestement injuste puisqu'elle aurait pour conséquence d'empêcher la concession de la dispense partielle du service de nuit à des répétiteurs qui, par leur âge, leurs services, leur situation de famille, remplissent les conditions requises pour obtenir l'externement.

Les répétiteurs dispensés en fait du service du dortoir peuvent également se subdiviser en deux catégories.

A. *Admis à bénéficier de l'indemnité d'externement par décisions générales, en date des 8 avril et 6 mai 1898, ou, postérieurement, par des décisions d'espèce.* — A leur situation antérieure, qui n'offrait aucune garantie de stabilité, a été substituée une situation nouvelle : la dispense partielle du service de nuit avec jouissance de l'indemnité d'externement. Il ne paraît pas possible de leur concéder des avantages supérieurs sans soulever de justes réclamations.

B. *Non encore admis à bénéficier de l'indemnité de logement et de nourriture.* — On ne saurait, ainsi qu'il est dit plus haut, consolider leur privilège; mais, lorsque ces maîtres rempliront les conditions minima fixées par le Parlement pour obtenir l'indemnité de logement et de nourriture, ils seront placés immédiatement après les répétiteurs généraux de la catégorie B (série II) sur la liste des candidats à la dispense *partielle* du service de nuit.

IV

RÉPÉTITEURS GÉNÉRAUX DÉSIGNÉS, SOIT À L'ANCIENNETÉ, SOIT AU CHOIX, POSTÉRIEUREMENT AU 1er JANVIER 1898.

La loi du 13 avril 1898, en faisant dépendre l'externement de l'âge et de l'état civil des répétiteurs, a enlevé, par là même, au titre de répétiteur général, la principale des prérogatives qui s'y trouvaient jusque alors attachées, à savoir : l'aptitude exclusive à l'externement.

La situation des maîtres investis de ce titre depuis le 1er janvier 1898 n'est donc, à ce point de vue, autre que le droit commun créé par ladite loi.

Indépendamment de la liste des répétiteurs internes aptes à obtenir, avec l'indemnité de nourriture et de logement, la dispense partielle du service de nuit, il sera dressé, dans chaque académie, un tableau des répétiteurs qui, dispensés déjà partiellement du service de nuit, peuvent prétendre à l'exemption totale de ce service.

Il résulte des dispositions qui précèdent que ce tableau sera divisé en plusieurs sections.

Les trois premières comprendront tous les maîtres qui ont obtenu le titre de répétiteur général avant le 1er janvier 1898.

Jusqu'à cette date, en effet, le titre de répétiteur général conférait, en quelque sorte, aux maîtres qui en étaient investis, l'admissibilité à l'externat total. Si les répétiteurs généraux n'avaient aucune certitude d'être nommés titulaires d'emplois externes dans un délai déterminé, ils figuraient sur une liste exclusivement composée de candidats à ces emplois. Sans doute, il était possible que l'inscription ultérieure sur cette liste de quelques-uns de leurs collègues plus récemment nommés répétiteurs généraux, mais dont l'ancienneté de service était supérieure à la leur, eût pour conséquence de retarder le moment où ils comptaient tout d'abord être externés; il n'en est pas moins vrai qu'ils avaient le légitime espoir de bénéficier, dès qu'ils deviendraient titulaires d'emplois externes, de la dispense *totale* du service de nuit.

La première section de ce tableau comprendra donc les maîtres nommés répétiteurs généraux avant le 1er janvier 1898 et externés dans la période comprise entre le 1er octobre et le 31 décembre 1897.

La deuxième section, les maîtres nommés répétiteurs généraux avant le 1er janvier 1898, mais externés postérieurement à cette date.

La troisième, les maîtres nommés répétiteurs généraux avant le 1er janvier 1898, mais qui, encore internes, ne seront externés que le jour où ils rempliront les conditions exigées par le législateur.

Une quatrième section sera ouverte ultérieurement. Des instructions spéciales seront données à cet effet.

Dans quelle proportion et par quelle autorité les dispenses totales du service de nuit seront-elles accordées?

En principe, une dispense totale du service de nuit ne semble devoir être accordée que lorsqu'une vacance se sera produite par suite du départ d'un répétiteur totalement dispensé lui-même de ce service. Encore y aura-t-il lieu, dans le cas d'une vacance de ce genre, de comparer les titres, services, situation de famille, etc., du répétiteur qui, bénéficiant déjà d'une dispense partielle, se trouve inscrit le premier sur le tableau dressé en vue de la dispense totale, avec ceux des deux répétiteurs internes, généraux ou divisionnaires, qui figurent en tête de la liste des candidats à la dispense partielle.

Seul, le chef de l'académie peut procéder à un semblable examen. Il devra m'aviser, dans le plus bref délai, de la décision qu'il aura prise.

Vous voudrez bien, Monsieur le Recteur, porter ces instructions à la connaissance de MM. les proviseurs des lycées de votre ressort. Je vous prie de leur rappeler en même temps les dispositions de la circulaire du 31 décembre 1891 (commentaire de l'article 6 du décret du 28 août de la même année). Indépendamment des raisons d'ordre général qui s'opposent à ce que des permissions de nuit soient accordées, sauf circonstances spéciales, à des répétiteurs qui, ordinairement chargés du dortoir, n'ont pas de domicile en dehors du lycée, il est clair que des permissions de cette nature auraient pour conséquence d'entraver le fonctionnement des nouveaux services de l'internat et de priver d'un externement régulier un certain nombre de maîtres qui peuvent légitimement y prétendre.

DÉCRET PORTANT RÈGLEMENT D'ADMINISTRATION PUBLIQUE SUR LE CLASSEMENT DES PRINCIPAUX DES COLLÈGES COMMUNAUX.

(7 janvier 1892.)

LE PRÉSIDENT DE LA RÉPUBLIQUE FRANÇAISE,

Sur le rapport du Ministre de l'instruction publique et des beaux-arts;

Vu la loi du 15 mars 1850 (art. 73 et 74);

Vu l'article 9 du décret du 9 novembre 1853;

Vu l'article 29 de la loi de finances du 26 décembre 1890, ainsi conçu :

«À partir du 1er janvier 1891, les principaux de collège ayant le pensionnat à leur compte ne subiront les retenues pour pensions civiles que sur le traitement attribué à la classe dans laquelle ils auront été rangés par décision ministérielle.

«Cette disposition s'applique à tous les principaux de collège de cette catégorie, sans qu'il y ait lieu de faire une distinction au profit de ceux qui sont, en outre, professeurs ou chargés de cours»;

Vu l'avis de la section permanente du Conseil supérieur de l'instruction publique, en date du 22 juillet 1891;

Vu l'avis du Ministre des finances, du 7 octobre 1891;

Le Conseil d'État entendu,

DÉCRÈTE :

ART. 1er. Les principaux de collège ayant le pensionnat à leur compte sont divisés en cinq classes. Le traitement attribué à ces fonctionnaires pour le décompte de la retenue qu'ils doivent subir est fixé ainsi qu'il suit :

1ʳᵉ classe.....................................	5,500 fr.
2ᵉ classe.....................................	5,000
3ᵉ classe.....................................	4,500
4ᵉ classe.....................................	4,000
5ᵉ classe.....................................	3,500

Les chiffres ci-dessus fixés seront élevés de 500 francs pour les principaux pourvus d'une des agrégations.

Art. 2. Les principaux seront répartis dans ces classes, dans un délai de cinq ans d'après les bases ci-après :

1ʳᵉ classe	16 p. 100
2ᵉ classe	18
3ᵉ classe	20
4ᵉ classe	22
5ᵉ classe	24

Art. 3. Les promotions ont toutes lieu au choix.

Nul ne peut être promu d'une classe à une autre qu'après trois ans passés dans la classe inférieure.

Art. 4. *Dispositions transitoires.* — Le délai de trois ans spécifié à l'article 3 pour obtenir une promotion de classe ne sera exigé qu'à partir du 1ᵉʳ janvier 1894.

Art. 5. La première répartition dans les classes établies par l'article 1ᵉʳ devra être faite avant le 31 janvier 1892.

Elle aura effet à partir du 1ᵉʳ janvier 1891.

Art. 6. Sont et demeurent rapportées les dispositions de l'article 9 du décret du 9 novembre 1853, en ce qu'elles ont de contraire au présent règlement.

DÉCRET RELATIF AU CLASSEMENT DES PROFESSEURS DES COLLÈGES.
(27 juin 1892.)

Art. 1ᵉʳ. Les professeurs des collèges communaux de garçons sont divisés en trois ordres.

ART. 4. (*Modifié par le décret du 20 mai 1897.*) Chaque ordre comprend cinq classes.

Les traitements sont fixés ainsi qu'il suit :

1ᵉʳ ordre..	1ʳᵉ classe.............................	3,700 fr.
	2ᵉ classe.............................	3,400
	3ᵉ classe.............................	3,100
	4ᵉ classe.............................	2,800
	5ᵉ classe.............................	2,500
2ᵉ ordre..	1ʳᵉ classe.............................	3,000
	2ᵉ classe.............................	2,700
	3ᵉ classe.............................	2,400
	4ᵉ classe.............................	2,100
	5ᵉ classe.............................	1,900
3ᵉ ordre..	1ʳᵉ classe.............................	2,700
	2ᵉ classe.............................	2,400
	3ᵉ classe.............................	2,100
	4ᵉ classe.............................	1,900
	5ᵉ classe.............................	1,600

ART. 5. L'indemnité d'agrégation et l'indemnité d'admissibilité à l'agrégation sont payées aux ayants droit en dehors des traitements désignés ci-dessus.

ART. 6. Les allocations supplémentaires accordées sur les fonds communaux ne sont pas passibles de retenues pour le service des pensions civiles.

Toutefois, les professeurs qui sont actuellement en possession d'une allocation soumise à retenues continueront à subir la retenue sur cette allocation jusqu'à ce que, par suite de promotion de classe, ils obtiennent un traitement régulier égal ou supérieur à celui dont ils jouissent actuellement.

ART. 7. (*Modifié par le décret du 20 mai 1897.*) Les professeurs de chaque ordre seront, au fur et à mesure des crédits alloués à cet effet par le Parlement, répartis ainsi qu'il suit, dans les cinq classes :

16 p. 100.................................	dans la	1ʳᵉ.
18 —	dans la	2ᵉ.
20 —	dans la	3ᵉ.
22 —	dans la	4ᵉ.
24 —	dans la	5ᵉ.

ART. 8. Les promotions ne peuvent avoir lieu d'une classe à une autre qu'après quatre ans passés dans la classe inférieure.

Art. 9. Lorsqu'un professeur est maintenu par nécessité de service dans une chaire d'un ordre inférieur à celui dans lequel son grade le rend apte à être placé, il demeure classé dans l'ordre de la chaire qu'il occupe, mais le temps passé par lui en activité, dans ces conditions, depuis l'acquisition de ce grade, lui est compté, lorsqu'il est classé dans l'ordre supérieur, comme service actif dans cet ordre et peut donner droit à une promotion dans les conditions prévues à l'article 8.

Art. 10. (*Modifié par le décret du 20 mai 1897.*) Les principaux[1] qui occupent une chaire prévue au traité constitutif du collège sont répartis, à ce titre, en trois classes.

Ils reçoivent des indemnités fixées ainsi qu'il suit :

Principaux pourvus de la licence ou d'un certificat d'aptitude à l'enseignement secondaire et occupant une chaire de premier ordre :

1re classe......................................	3,700 fr.
2e classe......................................	3,400
3e classe......................................	3,100
4e classe......................................	2,800

« Principaux bacheliers occupant une chaire de premier ou de deuxième ordre :

1re classe......................................	3,000 fr.
2e classe......................................	2,700
3e classe......................................	2,400
4e classe......................................	2,100

Ces dernières indemnités sont majorées de 300 francs pour les principaux pourvus de la licence ou d'un certificat d'aptitude à l'enseignement secondaire occupant, par nécessité de service, une chaire de deuxième ordre.

Les promotions d'une classe à une autre ne peuvent avoir lieu qu'après quatre ans passés dans la classe inférieure. Elles sont toutes accordées au choix.

L'indemnité de principalat prévue au traité constitutif du collège ne se confond pas avec les indemnités ci-dessus.

Art. 11. Les prescriptions des articles précédents auront leur effet à partir du 1er juillet 1892.

_____

[1] Il s'agit des principaux visés par le décret précédent.

DÉCRET CONCERNANT LES PROFESSEURS AGRÉGÉS, APPELÉS À TITRE PROVISOIRE
AUX FONCTIONS DE PROFESSEURS DE COLLÈGE.

(30 août 1890 [1].)

Art. 1er. Lorsqu'un agrégé des lycées est appelé, par nécessité
de service, à un poste de professeur dans un collège, le temps
passé dans l'exercice de ces fonctions lui est compté comme service
actif dans les lycées, et peut, lorsqu'il est pourvu d'un poste dans
un lycée, donner droit à promotion dans les conditions prévues
par les décrets des 16 juillet 1887 et 20 juillet 1889.

Art. 2. Les dispositions de l'article 1er sont applicables rétroactivement aux agrégés qui appartiennent encore à la 6e classe.

DÉCRET RELATIF À LA NOMINATION, AU CLASSEMENT ET AU SERVICE DES PROFESSEURS
DE DESSIN DANS LES COLLÈGES COMMUNAUX DE GARÇONS.

(26 novembre 1897.)

Art. 1er. Nul ne peut être nommé professeur de dessin des collèges communaux de garçons s'il n'est pourvu du certificat d'aptitude à l'enseignement du dessin dans les lycées et collèges, institué
par l'article 1er du décret du 6 août 1880.

Art. 2. Un emploi de professeur titulaire de dessin de collège

[1] *Note présentée à la section permanente du Conseil supérieur de l'instruction
publique :*

Depuis quelques années le nombre des
postes vacants à la rentrée des classes
n'est pas toujours suffisant pour permettre d'assigner immédiatement des
chaires de lycées à tous les agrégés qui
se mettent à la disposition du Ministre de
l'instruction publique.

Quelques-uns d'entre eux sont obligés
d'accepter, à titre provisoire, des emplois
de professeurs de collège.

Si les dispositions de l'article 2 du
décret du 20 juillet 1889 leur étaient

appliquées, leur ancienneté dans l'ordre
des professeurs des lycées daterait seulement du jour de leur nomination dans
un lycée et ils seraient ainsi, par le fait
de circonstances accidentelles, dans une
situation désavantageuse par rapport à
ceux d'entre leurs collègues qui, agrégés
de la même date, sont appelés dans un
lycée dès leur agrégation.

Grâce au projet de décret ci-joint,
l'ancienneté, dans l'ordre des professeurs
de lycée, sera la même pour tous les
agrégés de même date, qu'ils soient au
début employés dans un lycée ou dans un
collège.

ne peut être créé qu'autant que le service comporte un minimum de dix heures de cours par semaine.

Art. 3. Les professeurs de dessin des collèges communaux de garçons sont répartis en quatre classes ainsi qu'il suit :

1ʳᵉ classe......................................	2,000 fr.
2ᵉ classe......................................	1,800
3ᵉ classe......................................	1,600
4ᵉ classe......................................	1,400

Art. 4. Aucune promotion à une classe supérieure ne pourra être obtenue qu'après quatre ans au moins passés dans la classe inférieure.

Art. 5. Les promotions n'auront lieu qu'en décembre; elles auront leur effet à partir du 1ᵉʳ janvier de l'exercice suivant. Elles seront accordées par le Ministre, sur la proposition des recteurs, après avis du Comité consultatif de l'enseignement public (section de l'enseignement secondaire).

Art. 6. Le service maximum des professeurs titulaires de dessin dans les collèges communaux est fixé à dix-huit heures par semaine. Lorsque le service hebdomadaire d'un professeur de collège n'atteindra pas le maximum réglementaire, le professeur pourra être tenu de compléter son service sans rémunération supplémentaire dans les établissements d'enseignement public de la même ville.

2. — MODE D'AVANCEMENT DU PERSONNEL.

DÉCRET RELATIF AU MODE D'AVANCEMENT DES PROFESSEURS, CHARGÉS DE COURS, MAÎTRES ÉLÉMENTAIRES ET PRÉPARATEURS DES LYCÉES ET DES PROFESSEURS DE COLLÈGES.

(20 juillet 1889.)

Art. 1ᵉʳ. Les promotions des professeurs, chargés de cours, maîtres élémentaires et préparateurs des lycées, et des professeurs des collèges, prévues par les articles 6 et 7 du décret du 16 juillet 1887 et par l'article 3 du décret du 11 août suivant[1], ont lieu, pour chaque classe de chaque catégorie ou de chaque ordre, dans les limites des crédits disponibles, partie au choix et partie à l'ancienneté, d'après les proportions suivantes.

[1] *Note présentée au Conseil supérieur de l'instruction publique concernant l'avancement par promotions de classe du personnel enseignant des lycées et collèges.* La question de l'avancement du personnel enseignant des lycées et collèges n'a pas été déterminée avec précision par les décrets des 16 juillet et 11 août 1887 (remplacé par le décret du 27 juin 1893), qui se bornent à cet égard à fixer comme condition de toute promotion de classe un temps minimum d'exercice dans la classe inférieure.

Par cela même, tout avancement, sous réserve de ces conditions réglementaires, se trouve, en fait, avoir le choix pour principe. Il va sans dire d'ailleurs que, pour le choix lui-même, il peut être et il a toujours été tenu compte de la durée des services aussi bien que de leur valeur.

Des réclamations se sont élevées à plusieurs reprises contre ce système, et des vœux émanant de conseils académiques ou d'assemblées de professeurs ont été adressés en assez grand nombre au Ministre de l'instruction publique à l'effet d'obtenir que, dans l'avancement du corps enseignant, une part distincte et déterminée fût faite à l'avancement par ancienneté.

Il paraît équitable et utile de ne pas refuser à ces vœux toute satisfaction.

En principe, le choix est, sans doute, la règle à suivre dans l'avancement des professeurs. Les fonctions de l'enseignement sont, en effet, par excellence, un service actif. Pour les bien remplir, ce n'est pas assez de l'exactitude et de la docilité s'il ne s'y joint un bon vouloir généreux qui ne compte ni le temps ni la peine; ce n'est pas assez non plus du savoir constaté à l'origine, si ce savoir n'est entretenu et renouvelé par d'incessants efforts personnels. Or, si l'amour

de sa profession et le sentiment profond de sa responsabilité sont pour un membre de l'enseignement les principaux mobiles de son zèle et de ses efforts, il n'en est pas moins vrai qu'un système d'avancement peut et doit les encourager en leur offrant la récompense d'un avancement plus rapide. L'avancement au choix répond seul à ce besoin.

Mais il ne s'ensuit pas que l'avancement au choix, excellent comme règle générale, doive être érigé en règle unique et absolue. Dans ce cas, au contraire, tout en demeurant un stimulant très puissant pour l'élite, il risque d'engendrer le mécontentement et le découragement dans la masse.

D'abord, il est dans la nature des choses que le choix n'apparaisse pas toujours comme pleinement justifié à ceux qui n'en sont pas l'objet. Si rien ne corrige cette impression, l'avancement au choix prend aisément, dans beaucoup d'esprits, l'apparence d'un régime d'arbitraire et de faveur. De là des reproches et des réclamations auxquels il est bon d'ôter tout prétexte.

Il est juste, d'ailleurs, qu'un fonctionnaire dont le mérite n'a rien de saillant, mais dont les services sont honnêtes et réguliers, puisse prétendre aux premières classes de son emploi pour la fin d'une carrière qui, faute de cet espoir, deviendrait pour lui une impasse. L'avancement au choix lui donne, à cet égard, moins de sécurité, alors même que dans le choix la durée des services entre en ligne de compte, qu'une part quelconque régulièrement assurée à l'ancienneté. Aucun comité, si éclairé et si bien intentionné qu'il soit, n'est infaillible : la médiocrité consciencieuse peut être oubliée, même le talent modeste est quelquefois ignoré ou méconnu. Une part

Pour les classes inférieures à la seconde classe, moitié au choix et moitié à l'ancienneté;

faite à l'ancienneté a pour effet de réparer heureusement des erreurs ou des oublis inévitables. A ce titre, elle est, au point de vue des intérêts matériels, rassurante pour tout le monde ; c'est un recours et un appel.

D'autre part, au point de vue moral, l'avancement à l'ancienneté, sous certaines conditions et dans certaines limites, a pour le personnel une signification honorable. Il suppose à son égard, de la part de l'administration, une bonne opinion préconçue. Lui accorder une part d'avancement à l'ancienneté, c'est admettre, en effet, comme une présomption légitime que, dans l'ensemble et sauf des exceptions auxquelles on pourvoira aisément par des mesures particulières, ce personnel fait son service avec assez de conscience pour que la simple durée des services lui crée un droit réel à l'avancement. Une telle présomption admise pour les membres de l'enseignement supérieur et de l'enseignement primaire n'est pas moins bonne à professer pour la dignité des membres de l'enseignement secondaire.

On peut ajouter enfin que l'intérêt même du choix demande qu'une part soit faite à l'ancienneté. Quand elle ne l'est pas, le choix demeure hésitant et timide. Préoccupé de se justifier aux yeux de tous, il devient, par excès de scrupule, infidèle le plus souvent à son propre principe; il fait à l'ancienneté autant ou plus de part qu'au mérite. Les promotions auxquelles il aboutit n'ont, en fin de compte, pour la plupart, ni caractère bien franc, ni signification bien nette. Restreindre l'étendue du choix, c'est lui conférer, dans le ressort qui lui est laissé propre, la juste liberté qui est la condition de sa vertu.

Si l'on est d'accord sur ces principes, il ne s'agira plus que de déterminer l'espèce et l'étendue du droit qu'il convient d'attribuer à l'ancienneté.

Tout d'abord, l'ancienneté qui créera le droit à l'avancement sera-t-elle comptée à partir de l'origine des services ou seulement du jour de la dernière promotion? C'est une marque de modération très digne d'être relevée que, dans les vœux soumis au Ministre de l'instruction publique, l'ancienneté totale des services ait été subordonnée à l'ancienneté de promotion. L'administration n'aura garde d'aller à l'encontre d'un vœu si sage. Pour dresser le tableau d'ancienneté d'après l'ancienneté de service, il y aurait tout d'abord à affecter des coefficients divers aux services de différentes natures, car il est difficile d'assigner la même valeur aux services d'un agrégé, d'un licencié, d'un professeur, d'un maître d'étude, etc. Or, sans parler du travail interminable et bien délicat à contrôler auquel donnerait lieu l'établissement du tableau d'ancienneté d'après ce système, l'attribution de coefficients quelconques aux services divers serait inévitablement taxée d'arbitraire et soulèverait, sans aucun doute, d'innombrables réclamations.

Mais l'objection la plus grave, c'est l'importance excessive que prendrait fatalement, dans ce système, le facteur de l'ancienneté, au détriment des facteurs qui déterminent le choix. Conservant, après chaque promotion qu'il aurait déterminée, tout son poids pour en déterminer de nouvelles, et s'accroissant sans cesse avec les années, le privilège de l'ancienneté ainsi entendue condamnerait ceux qui auraient d'abord obtenu, par choix, un avancement plus rapide, à ne plus avancer qu'au choix dans toute la suite de leur carrière, sous peine d'attendre indéfiniment de l'ancienneté une promotion ultérieure et de perdre ainsi tout le bénéfice de l'avance qu'ils avaient su mériter. Si, en effet, celui qui est promu, jeune encore, à une certaine classe, est mis dans l'ordre d'ancienneté à la suite de tous ceux qui y arrivent en même temps ou y arriveront les années suivantes avec une plus grande durée de service,

Pour la deuxième et la première classe, deux tiers au choix et un tiers à l'ancienneté.

la promotion à l'ancienneté, indéfiniment reculée, n'est plus pour lui un espoir, mais un véritable châtiment.

Au contraire, avec l'ancienneté de promotion pour base, il n'est plus besoin de coefficient des services, puisque le concours pour l'avancement se trouvera dès lors généralement limité aux services rendus dans la même classe, c'est-à-dire par des fonctionnaires qui possèdent les mêmes grades ou des grades équivalents. Dans les cas seulement d'égale ancienneté dans une même classe, la priorité serait déterminée par l'ancienneté de service. Mais l'ancienneté de service n'intervenant ainsi qu'en seconde ligne et n'ayant alors d'autre effet que d'avancer d'un an pour les uns, de retarder d'un an pour les autres le tour de promotion, il serait peu pratique de poursuivre vainement une évaluation absolument exacte des services par un système de coefficients qui ferait surgir, sans aucun doute, de bien autres difficultés. — D'autre part, dans ce système, l'avancement au choix garde toute sa valeur et produit son plein et légitime effet, puisqu'il met ceux qui ont été élevés au choix à une certaine classe en position de concourir, même au point de vue de l'ancienneté, avec ceux qui y arrivent beaucoup plus âgés, par l'effet de la longue durée des services.

L'ancienneté ainsi définie, comment fonctionnera le droit qu'on lui attribue?

Il est à peine utile de dire qu'il ne saurait être question de conférer à l'ancienneté un droit absolu en ce sens que, du jour où ils auraient un certain temps de service dans une classe, tous les fonctionnaires qui en font partie devraient obtenir une promotion. Cet avancement mécanique, à échéances fixes, serait aussi désastreux pour le bien du service que pour les finances de l'État. L'ancienneté ne peut donner droit qu'au partage des sommes disponibles pour les promotions, quand il y en a.

Le droit de l'ancienneté ne peut pas davantage être absolu en ce sens qu'il n'admettrait, en ce qui concerne la qualité des services, ni conditions ni réserves. Si, à défaut de mérite saillant, l'ancienneté peut donner des droits, il ne s'agit pas, bien entendu, de l'ancienneté de démérite. Un minimum de zèle et de conscience, une conduite correcte sont toujours exigibles. On ne saurait admettre au bénéfice d'un avancement quelconque un fonctionnaire qui, par sa négligence ou ses écarts de conduite, dessert et compromet l'établissement auquel il appartient.

Dans ces cas de mauvais services, l'effet de l'ancienneté doit être suspendu. Seulement, pour donner aux fonctionnaires toute garantie, la mesure devrait être prise par le Comité consultatif à la majorité des deux tiers des voix et notifiée à l'intéressé avec l'indication des motifs. Il y a lieu de croire que l'avancement à l'ancienneté, réglementé de la sorte et agissant tout à la fois par l'espoir d'un avancement certain et la crainte d'en ajourner l'échéance, serait pour beaucoup de fonctionnaires un stimulant plus efficace que la vague possibilité d'un avancement au choix, auquel le défaut de distinction ne leur permet pas de prétendre sûrement.

Il n'est pas davantage admissible que l'ancienneté puisse, par elle-même, donner le droit d'occuper les postes les plus importants. C'est à juste titre qu'on les qualifie de postes de choix. On doit à l'ancienneté un traitement convenable; on ne lui doit pas de l'installer, à tout risque, dans des chaires où la médiocrité ressort avec plus de désavantage pour les élèves et pour le maître lui-même. Les chaires principales des grands lycées de province et, en général, toutes celles des lycées de Paris, doivent être réservées au talent qui a fait ses preuves.

Les promotions de classe étant le seul

Les compléments de traitement prévus à l'article 3 du décret du 16 juillet 1887 ne sont accordés qu'au choix.

avancement auquel l'ancienneté puisse par elle-même donner droit, il reste à déterminer quelle part sera faite à l'ancienneté dans les promotions.

Les propositions des recteurs à ce sujet diffèrent notablement, comme le montre le tableau ci-joint.

PART de L'AVANCEMENT à l'ancienneté.	PART de L'AVANCEMENT au choix.	
1/4...	3/4...	(1 recteur.)
1/3...	2/3...	(6 recteurs,)
1/2...	1/2...	(3 recteurs.)
3/5...	2/5...	(1 recteur.)
2/3...	1/3...	{ 3 recteurs et plusieurs assemblées de professeurs.

A quelle proposition convient-il de s'arrêter?

A cet égard, l'expérience seule sera juge en dernier ressort. Cette expérience se fera, ce semble, dans de bonnes conditions, si, par une sorte de moyenne prise entre les proportions ci-dessus, on accorde à l'ancienneté la moitié des promotions jusqu'à la troisième classe inclusivement et le tiers des promotions pour les deux classes supérieures. Quant aux promotions dites hors classe, qui d'ailleurs sont soumises à des conditions d'âge et d'exercice particulièrement rigoureuses, elles seraient toutes réservées au choix.

Circulaire du 15 octobre 1889.

. . . .

Vous remarquerez, Monsieur le Recteur, que les dispositions du nouveau décret ne sont applicables qu'au personnel enseignant; il m'a paru nécessaire, en effet, pour ce qui concerne les fonctionnaires de l'ordre administratif, de réserver les promotions à ceux qui seront l'objet des témoignages les plus favorables de leurs chefs hiérarchiques et des inspecteurs généraux, en tenant compte,

d'ailleurs, comme on l'a toujours fait, de l'ancienneté des services.

Circulaire du 5 mars 1890.

. . . .

On remarquera que, pour la simplification des calculs, toute fraction de mois est comptée pour un mois entier et que, d'autre part, toutes les nominations effectuées à des dates diverses pendant les mois de vacances sont considérées comme datées du 1er octobre.

. . . .

On croit devoir rappeler que, conformément aux prescriptions réglementaires, *le temps passé soit à l'école normale, soit comme boursier près des facultés, soit comme maître auxiliaire, soit en congé d'inactivité, n'entre pas en ligne de compte.* Il est inutile d'ajouter que les services dans *l'enseignement public* peuvent seuls être comptés. Toutefois le temps passé sous les drapeaux lors de la guerre de 1870 par les fonctionnaires de l'enseignement public qui, pourvus d'une nomination régulière, se sont engagés comme volontaires à cette époque, n'est pas déduit de la durée de leurs services.

Circulaire du 13 novembre 1890.

. . . .

Quelques fonctionnaires ont paru étonnés que le temps passé par eux en congé sans traitement et *même avec un traitement d'inactivité* ait été déduit des nombres qui indiquent leur ancienneté totale de services et leur ancienneté de promotion; ils ont vu dans cette prescription une mesure qui pouvait par la suite leur être défavorable lors de la liquidation de leur pension de retraite. Je vous prie de les informer que la règle édictée par le paragraphe 4 de l'article 2 du décret du 20 juillet 1889 n'a pas la portée qu'ils lui attribuent; les fonctionnaires de l'Université conservent les droits qu'ils tiennent des règlements actuellement en vi-

Art. 2. Il est publié chaque année, au mois de novembre, un tableau du personnel enseignant par ordre d'ancienneté.

Le rang d'ancienneté dans chaque classe est déterminé par la date de la nomination à cette classe.

A égalité d'ancienneté dans une classe, la priorité est déterminée par le nombre total des années de services; à égalité de services, par l'ancienneté d'âge.

Le temps passé soit à l'école normale, soit comme boursier près des facultés, soit comme maître auxiliaire, soit en congé d'inactivité n'entre pas en ligne de compte dans la comparaison des services.

Art. 3. Les promotions se font :

A l'ancienneté, conformément au tableau prévu à l'article 2;

Au choix, sur la proposition des recteurs et après avis du Comité consultatif de l'enseignement public (section de l'enseignement secondaire).

Une promotion à l'ancienneté peut être ajournée sur la proposition du recteur, après avis du Comité consultatif pris à la majorité des deux tiers des voix.

L'ajournement motivé est notifié à l'intéressé.

DÉCRET CONCERNANT LE CLASSEMENT DES FONCTIONNAIRES DES LYCÉES ET COLLÈGES QUI CHANGENT D'ORDRE OU DE CATÉGORIE.

(7 juillet 1890. [1])

Art. 1er. Lorsqu'un fonctionnaire en exercice dans les lycées ou collèges change, par avancement, d'ordre ou de catégorie, la classe à laquelle il est rattaché est déterminée par le traitement

gueur, qu'il n'est pas question d'ailleurs de modifier; la déduction du temps passé en inactivité a pour unique effet de permettre une comparaison équitable des services rendus par les fonctionnaires. On ne saurait admettre, en effet, qu'un professeur puisse acquérir par une série de congés des droits à l'avancement et prive ainsi de promotions des collègues qui n'ont jamais quitté leur chaire.

[1] *Note présentée à la section permanente du Conseil supérieur de l'instruction publique.* Les décrets des 16 juillet 1887 (fonctionnaires des lycées), 11 août 1887 (fonctionnaires des collèges), 8 juillet 1887 (maîtres répétiteurs), ont déterminé les catégories, ordres et classes dans lesquelles doivent être placés tous les fonctionnaires de l'enseignement secondaire.

Les décrets des 20 juillet et 9 décembre

normal dont il jouissait. Si ce traitement est intermédiaire entre les traitements de deux classes, le fonctionnaire est rangé dans la

1889 ont prescrit la publication d'une liste d'ancienneté et établi des règles précises pour l'avancement des fonctionnaires qui restent dans la même catégorie ou le même ordre.

Mais les changements de catégorie ou d'ordre, assez fréquents d'ailleurs, ne sont pas soumis à une règle précise.

Chaque année, en effet : 1° des chargés de cours de lycée subissent avec succès les épreuves de l'agrégation et sont rangés dans la catégorie des professeurs titulaires; 2° des professeurs de collèges bacheliers ou pourvus d'un brevet primaire obtiennent le grade de licencié ou des diplômes assimilés et passent, par suite, du deuxième ou du troisième ordre dans le premier; 3° les professeurs de collèges les mieux notés sont nommés chargés de cours dans les lycées; 4° des maîtres répétiteurs sont appelés aux fonctions de professeur de collège, de préparateur, de chargé de cours, de professeur des classes élémentaires des lycées; 5° des professeurs sont nommés censeurs; 6° des censeurs sont nommés proviseurs, etc.

Jusqu'à ce jour, le nouveau classement du fonctionnaire, dont on avait ainsi modifié la situation, était l'objet d'une décision d'espèce, susceptible de varier d'un cas à l'autre. Ce classement, quel qu'il fût, obligeait le fonctionnaire à prendre, pour l'ancienneté de promotion, le dernier rang de la classe dans laquelle il était placé.

Le projet de décret ci-joint, qui complète l'ensemble des dispositions des règlements de 1887 et de 1889, offre de nouvelles garanties aux membres de l'Université; il assure au fonctionnaire qui a conquis de nouveaux grades ou qui a su, par ses qualités professionnelles, mériter d'être rangé dans une catégorie ou dans un ordre dont le traitement maximum est plus élevé, le maintien du traitement et

des droits acquis dans la classe qu'il vient de quitter.

Il a d'ailleurs paru équitable, lorsque le fonctionnaire perd les avantages de l'internat, de lui en tenir compte dans l'établissement de son nouveau traitement; le décret du 16 juillet 1887 évalue ces avantages à 1,000 francs pour les surveillants généraux, professeurs des classes élémentaires, préparateurs et maîtres élémentaires; il ne semble pas qu'il y ait lieu d'adopter une autre évaluation lorsqu'il s'agit de maîtres répétiteurs.

Mais l'indemnité d'ancienneté [*] accordée aux maîtres répétiteurs bacheliers ou licenciés après cinq ans de première classe ne pourrait entrer en ligne de compte pour le classement dans les emplois du professorat sans leur constituer un privilège illégitime sur les professeurs qui n'ont pas passé par les fonctions de répétiteur ou qui n'y ont fait qu'un stage de courte durée en raison de la valeur de leurs services ou des notes qu'ils ont su obtenir auprès des facultés : le professeur, en effet, n'obtient pas, comme, en fait, dans presque tous les cas le maître répétiteur, une augmentation de traitement à échéance fixe, dès qu'il a accompli dans sa classe le minimum réglementaire de stage; son droit à promotion par ancienneté est limité par les droits de ses collègues et l'allocation de ressources par le Parlement.

Lorsque le maître répétiteur sera, sur sa demande, pourvu d'une chaire, on ne saurait donc équitablement faire davantage que d'assimiler ses services à ceux qu'il aurait pu rendre en qualité de professeur.

Les prescriptions relatives aux maîtres répétiteurs de Paris, de Versailles, de Lyon et de Marseille paraissent indispensables; ces fonctionnaires ne sont pas, comme les professeurs, appelés dans les

[*] N'existe plus, depuis le décret du 29 août 1891, que pour les anciens répétiteurs de l'enseignement spécial.

classe inférieure, mais il reçoit une indemnité complémentaire soumise à retenue [1].

Lorsqu'un maître répétiteur est appelé dans un établissement d'enseignement secondaire à un poste auquel ne sont pas attachés les avantages de l'internat, la classe à laquelle il est rattaché est déterminée par un traitement fictif établi ainsi qu'il suit :

1° Addition est faite à son traitement d'une somme de 1,000 fr. représentant les avantages de l'internat;

2° Déduction est faite des indemnités allouées à titre personnel pour ancienneté de classe [2];

3° Pour les maîtres répétiteurs des lycées et collèges de la Seine, de Versailles et de Lyon [3], appelés à un poste situé hors de ces résidences, déduction est faite de la portion de traitement qu'ils touchent en sus des traitements des maîtres répétiteurs de même catégorie et de même classe des lycées des départements.

ART. 2. L'ancienneté de promotion dans la classe à laquelle est rattaché le fonctionnaire est déterminée de la manière suivante :

1° S'il obtient, par son nouveau classement, une augmentation de traitement égale ou supérieure au taux d'une promotion de son nouvel ordre ou de sa nouvelle catégorie, l'ancienneté est comptée à partir de la date du nouveau classement;

résidences précitées par choix, en raison de la durée et de la valeur de leurs services. Quelques-uns y débutent, d'autres y sont nommés pour des motifs d'ordre divers; on ne saurait, par suite, sans léser les droits de leurs collègues des autres lycées, comme aussi ceux des professeurs de collège, faire entrer en ligne de compte pour leur classement, lorsqu'ils sont appelés à des postes de province, la portion de leur traitement qui ne leur était attribuée en réalité qu'à titre d'indemnité de résidence.

Malgré ces réserves nécessaires, le projet de décret suivant sauvegarde, dans toute la mesure du possible, les intérêts des maîtres répétiteurs appelés aux fonctions du professorat.

L'article 4 assure rétroactivement le bénéfice des prescriptions du décret qui concernent l'ancienneté de classe aux fonctionnaires qui n'ont pas obtenu de promotion depuis leur changement d'ordre ou de catégorie. Faute de cette disposition, les fonctionnaires qui changeront ultérieurement d'ordre ou de catégorie auraient pu, à raison du nouveau mode d'évaluation des services prescrit par le présent décret, prendre dans le tableau d'ancienneté le pas sur ceux qui ont été classés antérieurement à la promulgation de ce décret, lors même que leurs services seraient égaux ou même moindres.

[1] Voir la circulaire du 23 octobre 1890, concernant les chargés de cours de lycées qui sont versés dans le cadre des professeurs de collège.

[2] Cette indemnité n'existe plus, depuis le décret du 29 août 1891, que pour les anciens maîtres répétiteurs de l'enseignement spécial.

[3] Et de Marseille.

2° S'il obtient une augmentation inférieure au taux précité, son ancienneté de classe est calculée à raison de la fraction de promotion représentée par la différence entre le montant de cette augmentation et le taux d'une promotion, cette fraction étant multipliée par le temps pendant lequel il en a joui;

3° S'il n'obtient aucune augmentation, il lui est attribué une ancienneté de promotion égale à celle qu'il avait dans la classe qu'il vient de quitter; s'il a droit à l'indemnité complémentaire prévue par l'article 1er, son ancienneté de classe est, en outre, augmentée à raison de la fraction de promotion représentée par cette indemnité, cette fraction étant multipliée par le temps pendant lequel il a joui de son dernier traitement.

ART. 3. Lorsque l'ancienneté attribuée au fonctionnaire dans la classe à laquelle il se trouve rattaché par application des dispositions de l'article 1er est supérieure au minimum de stage exigible pour une promotion à la classe supérieure, cette promotion peut, s'il y a lieu, être immédiatement accordée.

En ce cas, l'ancienneté du fonctionnaire dans la classe où il entre date du jour de sa promotion.

ART. 4. Les dispositions de l'article 2 sont applicables rétroactivement aux fonctionnaires visés dans l'article 1er qui appartiennent encore à la classe où ils ont été placés lors de leur changement d'ordre ou de catégorie.

ART. 5. Les dispositions contraires au présent décret sont et demeurent abrogées.

DÉCRET CONCERNANT L'ÉTABLISSEMENT ANNUEL DU TABLEAU D'ANCIENNETÉ DES FONCTIONNAIRES DES LYCÉES ET COLLÈGES.

(1er juillet 1897.)

LE PRÉSIDENT DE LA RÉPUBLIQUE FRANÇAISE,

DÉCRÈTE :

L'article 2 du décret du 20 juillet 1889 est modifié ainsi qu'il suit :

ART. 2. Il est publié, chaque année, au mois de novembre, un tableau du personnel enseignant par ordre d'ancienneté.

Le rang d'ancienneté dans chaque classe est déterminé par la date de la nomination à cette classe.

A égalité d'ancienneté dans une classe, la priorité est détermi-née par le nombre total des années de services; à égalité de ser-vices, par l'ancienneté d'âge.

Le temps passé, soit à l'école normale, soit comme boursier près des facultés, soit comme maître auxiliaire, soit en congé d'inacti-vité, n'entre pas en ligne de compte dans la comparaison des services.

Toutefois, dans le cas de congé pour cause de maladie dûment constatée, le temps passé en congé est compté pendant une durée maxima de six mois comme temps de service actif.

Le fonctionnaire ne pourra bénéficier de nouveau de cette dispo-sition avant un an au moins de service actif après l'expiration dudit congé.

---

3. — FONCTIONNAIRES DÉTACHÉS.

EXTRAIT DU DÉCRET CONCERNANT L'ORGANISATION DU PRYTANÉE.
(11 mai 1888.)

. . . .

ART. 10. L'instruction est donnée au Prytanée d'après le plan des études des lycées.

ART. 11. Le personnel attaché à l'enseignement est composé de:
Un inspecteur des études;
Un surveillant général et autant de professeurs agrégés ou licen-ciés, de chargés de cours[1] et de maîtres répétiteurs que l'exigeront les besoins de l'enseignement.

ART. 12. Tout le personnel enseignant attaché au Prytanée militaire est nommé par le Ministre de la guerre, sur la proposition du Ministre de l'instruction publique[2].

. . . .

[1] Les traitements des professeurs agré-gés et chargés de cours du Prytanée sont les suivants :

Agrégés 1re classe 5,494f 74
Agrégés 2e classe 5,286 32
Agrégés 3e classe 5,096 74

Chargés de cours 1re classe . . 4,812 63
Chargés de cours 2e classe . . 4,395 79
Chargés de cours 3e classe . . 3,997 90

[2] *Avis relatif à l'avancement des pro-fesseurs des lycées nommés au Prytanée militaire :* Par décision en date du 7

Art 27. Chaque année, le Ministre de l'instruction publique désigne trois inspecteurs de l'Université pour visiter le Prytanée : un de la section des lettres, l'autre de la section des sciences et le troisième pour les langues vivantes.

Ces visites donnent lieu à des rapports concernant la situation morale du personnel enseignant, l'état et les progrès des élèves.

Une expédition de ces rapports est transmise au Ministre de l'instruction publique, une autre parvient au Ministre de la guerre [1].

mars 1890, et après entente avec l'Administration de la guerre, les fonctionnaires des lycées (personnel enseignant) nommés au Prytanée militaire de la Flèche seront désormais soumis, quant à l'avancement, aux mêmes règles que leurs collègues des lycées. A cet effet, leurs titres seront, à la fin de chaque année, soumis au Comité consultatif de l'enseignement secondaire, et, s'il y a lieu, des promotions de classe pourront être accordées à ceux d'entre eux qui rempliront les conditions exigées par l'article 6 du décret précité (deux ans dans la classe inférieure) et dont les services dans cet important établissement seront l'objet de rapports favorables de la part de l'inspection générale et de l'administration du Prytanée.

Ces promotions n'auront pas, d'ailleurs, d'effet immédiat et les fonctionnaires continueront à jouir, durant leur séjour au Prytanée, des traitements spéciaux fixés par l'Administration de la guerre.

Les fonctionnaires nommés au Prytanée sans avoir de services antérieurs dans les lycées, seront naturellement rangés, à leur entrée dans cet établissement, dans la dernière classe de la catégorie à laquelle leurs grades les rattachent.

Les dispositions ci-dessus ont été appliquées aux professeurs actuellement en fonctions au Prytanée, qui y ont été nommés postérieurement au décret du 16 juillet 1887.

Pour ceux qui étaient déjà en fonctions dans cet établissement antérieurement à la suppression des catégories de lycées, ils ont été classés conformément aux dispositions de l'article 16 du décret précité, c'est-à-dire qu'on leur a attribué la classe qui correspond à leur traitement.

[1] *Note relative au recrutement des répétiteurs du Prytanée.* Par suite d'un accord intervenu entre l'Administration de la guerre et celle de l'instruction publique, il a été décidé que les candidatures aux postes de répétiteur au Prytanée seraient examinées par le colonel commandant cet établissement; les candidats choisis par lui parmi les licenciés ou les répétiteurs titulaires des lycées ou collèges, seront, sur la demande du Ministre de la guerre, mis, par le Ministre de l'instruction publique, à la disposition de l'Administration de la guerre.

Ces répétiteurs figureront au tableau de classement publié chaque année en exécution du décret du 29 août 1891, comme tous les autres fonctionnaires du Prytanée; ils seront l'objet, pendant leur séjour dans cet établissement de promotions de classe, soit au choix sur la proposition du commandant du Prytanée et après avis du Comité consultatif de l'enseignement public, soit à l'ancienneté d'après leur rang sur le tableau des répétiteurs.

Si, par la suite, ils sont remis à la disposition du Ministre de l'instruction publique, ils seront chargés d'un emploi de répétiteur de lycée et conserveront la

DÉCRET RENDANT APPLICABLE AUX LYCÉES COLONIAUX LE DÉCRET DU 17 JUILLET 1887
SUR LE CLASSEMENT DES FONCTIONNAIRES ET PROFESSEURS DES LYCÉES DE LA MÉTRO-
POLE.   (14 avril 1889.)

RAPPORT AU PRÉSIDENT DE LA RÉPUBLIQUE.

Monsieur le Président, un décret du 16 juillet 1887 a supprimé
la division en catégories des lycées de la métropole et a établi une
classe personnelle pour les professeurs de nos établissements secondaires.

Pour la plupart, les membres du personnel enseignant des lycées
coloniaux sont empruntés au Ministère de l'instruction publique et
peuvent, après un séjour plus ou moins prolongé dans nos possessions d'outre-mer, être remis à la disposition de ce Département,
en vue de leur replacement dans la métropole. Pour ce motif, il
m'a paru nécessaire d'étendre les dispositions du décret précité aux
fonctionnaires des lycées de la Martinique, de la Guadeloupe et de
la Réunion, afin de leur assurer les mêmes avantages qu'à leurs
collègues de France.

En conséquence, d'accord avec M. le Ministre de l'instruction
publique et des beaux-arts, j'ai l'honneur de vous prier de vouloir
bien revêtir de votre signature le projet de décret ci-joint rendant
applicables au personnel des lycées coloniaux les dispositions du
décret du 16 juillet 1887 sur le classement des fonctionnaires et
professeurs des lycées de la métropole.

Le Président de la République française,

Sur le rapport du Président du Conseil, Ministre du commerce,
de l'industrie et des colonies, et du Ministre de l'instruction pu
blique et des beaux-arts;

classe personnelle qui leur aura été attribuée en dernier lieu au Prytanée par le
Ministre de l'instruction publique.

Les répétiteurs du Prytanée ne sont pas
logés; ils peuvent être nourris moyennant
300 francs par an.

Leurs traitements sont les suivants :

1re classe	2,633 fr.
2e classe	2,330
3e classe	2,046
4e classe	1,743
Aspirants	1,440

Vu le décret du 16 juillet 1887 sur le classement des fonctionnaires et professeurs des lycées de France,

DÉCRÈTE :

ART. 1er. Le décret du 16 juillet 1887 sur le classement des fonctionnaires et professeurs des lycées de la métropole est rendu applicable aux fonctionnaires et professeurs des lycées coloniaux de la Martinique, de la Guadeloupe et de la Réunion [1].

ART. 2. Le Président du Conseil, Ministre du commerce, de l'industrie et des colonies, et le Ministre de l'instruction publique et des beaux-arts sont chargés, chacun en ce qui le concerne, de l'exécution du présent décret, qui sera inséré au *Journal officiel* de la République française et au *Bulletin officiel* de l'Administration des colonies.

DÉCRET PORTANT ORGANISATION DU LYCÉE DE SAINT-DENIS (RÉUNION).

(7 novembre 1896.)

CHAPITRE Ier.

ART. 1er. Le lycée de Saint-Denis (Réunion) reçoit des élèves pensionnaires, demi-pensionnaires et des externes libres ou surveillés.

Il reçoit également des élèves boursiers de la colonie et des communes, dont le nombre est fixé, chaque année, par le conseil général et les conseils municipaux.

---

[1] *Note concernant le personnel des lycées des colonies.* Le cadre du personnel administratif et enseignant des lycées des colonies est fixé par le sous-secrétaire d'État des colonies.

Le traitement des membres de ce personnel comprend :

1° Un traitement d'Europe égal à la solde de classe et de grade du fonctionnaire dans la métropole;

2° Un supplément colonial qui, d'ordinaire, n'est pas inférieur au traitement d'Europe.

Le personnel emprunté au cadre métropolitain ne cesse pas de faire partie de ce cadre. Il est mis à la disposition du département des colonies par un arrêté pris par le Ministre de l'instruction publique et des beaux-arts.

Assimilé, en ce qui concerne le classement du personnel de la métropole, il est soumis aux mêmes règles d'avancement.

11.

Ces bourses sont attribuées aux titulaires à la suite d'un concours dans l'ordre d'admissibilité arrêté par la commission d'examen.

Le programme de ce concours, déterminé par un arrêté du gouverneur, est soumis à l'approbation du Ministre des colonies.

ART. 2. Le lycée constitue un établissement public; il est représenté dans les actes de la vie civile par le proviseur, agissant, sauf pour les actes conservatoires, en vertu des délibérations du bureau d'administration approuvées par le gouverneur.

ART. 3. La colonie de la Réunion prendra à sa charge la solde entière du personnel, la dépense d'entretien des bâtiments existants et la construction de ceux qui seraient reconnus nécessaires au développement du lycée. Elle fournira le mobilier des logements dûs à divers fonctionnaires du lycée, celui de la pension et des classes, la bibliothèque et les collections diverses nécessaires à l'enseignement.

CHAPITRE II.

DE L'INSTRUCTION.

ART. 4. L'enseignement du lycée comprend:

1° L'enseignement classique complet (division des sciences, division supérieure des lettres, division de grammaire);

2° L'enseignement secondaire moderne;

3° L'enseignement élémentaire;

4° L'enseignement des classes primaires.

Il comprend en outre des cours préparatoires et des leçons d'art d'agrément.

L'enseignement religieux est donné au lycée, aux élèves dont les parents en font la demande, par un aumônier attaché à l'établissement et, au besoin, par les ministres des cultes non catholiques, qui recevront une indemnité fixée par le gouverneur en conseil privé, après avis du conseil général.

ART. 5. Les programmes et règlements d'études des lycées de la métropole sont suivis au lycée de la Réunion.

CHAPITRE III.

DU PERSONNEL DU LYCÉE.

Art. 6. Le cadre du personnel administratif et enseignant est fixé par le Ministre des colonies.

Art. 7. Le traitement des membres de ce personnel comprend :

1° Un traitement d'Europe égal à la solde de classe et de grade du fonctionnaire dans la métropole ;

2° Un supplément colonial fixé par le gouverneur, en conseil privé, après avis du Conseil général, sans que ce supplément puisse, en aucun cas, être inférieur au traitement d'Europe pour les professeurs agrégés, et aux quatre cinquièmes de ce même traitement pour les autres professeurs.

Le traitement d'Europe est passible des retenues fixées par la loi du 6 juin 1853 et par l'article 22 du règlement d'administration publique du 9 novembre suivant.

Des allocations supplémentaires ou indemnités peuvent être accordées, dans les formes fixées par le paragraphe 2 du présent article, aux professeurs et fonctionnaires du lycée, qui sont chargés de cours ou de travaux spéciaux.

Art. 9. Le proviseur doit être pourvu de la licence ès lettres ou ès sciences. Le titre d'agrégé donne lieu à un supplément de traitement.

Le censeur des études est choisi :

1° Parmi les agrégés ;

2° Parmi les licenciés pourvus du titre d'officier d'académie, qui ont rempli pendant cinq années les fonctions, soit de chargés de cours dans un lycée, soit de surveillant général pourvus d'une nomination ministérielle, soit de principal de collège. Le titre d'agrégé donne lieu à un supplément de traitement.

Les professeurs titulaires de l'enseignement classique, de l'enseignement moderne et de l'enseignement des langues vivantes doivent être pourvus de l'agrégation.

Les chargés de cours des mêmes enseignements doivent être pourvus d'un diplôme de licence ou d'un certificat équivalent.

Les professeurs titulaires des classes élémentaires doivent être pourvus du certificat d'aptitude à l'enseignement des classes élémentaires.

Les maîtres titulaires de classes primaires doivent être pourvus du brevet supérieur et du certificat d'aptitude pédagogique.

Les répétiteurs titulaires doivent être pourvus d'un diplôme de baccalauréat.

Sont dispensés de justifier des titres exigés par le présent décret les professeurs actuellement en fonctions au lycée.

Art. 9. Le personnel emprunté au cadre métropolitain ne cesse pas de faire partie de ce cadre. Il est mis à la disposition du Département des colonies par un arrêté du Ministre de l'instruction publique et des beaux-arts.

Le personnel administratif et enseignant du lycée de la Réunion est assimilé, en ce qui concerne le classement, au personnel de la métropole; il est soumis aux mêmes règles pour l'avancement et les promotions de classe.

Les membres du corps administratif et enseignant du lycée de la Réunion, remis, à leur retour dans la métropole, à la disposition du Ministre de l'instruction publique, obtiennent un emploi dans un lycée; ils conservent le traitement de la catégorie et de la classe dans laquelle ils étaient rangés au moment où ils ont quitté la colonie.

En cas d'empêchement de l'un des fonctionnaires ou professeurs, il est pourvu provisoirement à son remplacement par le gouverneur, sur la proposition du chef du service de l'instruction publique.

Les intérimaires peuvent être dispensés des conditions d'âge et de capacité exigées des titulaires.

CHAPITRE IV.

DES ÉLÈVES.

Art. 10. Un arrêté du gouverneur, rendu en conseil privé, après l'avis de la Commission centrale de l'instruction publique, statue :

1° Sur les conditions générales pour être admis au lycée;

2° Sur tout ce qui est relatif au trousseau des élèves, aux livres classiques et aux fournitures scolaires;

3° Sur la discipline intérieure de l'établissement.

CHAPITRE V.

DU RÉGIME FINANCIER DU LYCÉE.

ART. 11. Le gouverneur, par des arrêtés en conseil privé, statue sur la forme du budget et de la comptabilité du lycée, conformément aux principes posés par les règlements des 16 octobre 1867 et 30 décembre 1868, sur la comptabilité des lycées de la métropole.

Les attributions conférées par ces règlements à la Cour des comptes, au Ministre et au recteur, sont remplies, dans la colonie par le conseil privé, le gouverneur et par le chef du service de l'instruction publique.

Les décisions par lesquelles le gouverneur arrête le budget et approuve le compte d'exercice du proviseur sont rendues sans avis préalable du conseil privé.

ART. 12. Le budget est présenté au conseil général dans la forme usitée pour les autres services.

La subvention nécessaire pour assurer l'équilibre du budget du lycée est obligatoire pour la colonie dans les conditions prévues aux articles 7 et 8 du sénatus-consulte du 4 juillet 1866.

ART. 13. Il est statué, par arrêté du gouverneur en conseil privé, après avis du conseil général ou, à son défaut, de la commission coloniale, sur le prix de la pension, de la demi-pension et sur le prix des bourses ou fractions de bourse entretenues par la colonie ou par les communes.

ART. 14. Le bureau d'administration dont les attributions sont définies au règlement du 16 octobre 1867 se compose :

1° Du chef du service de l'instruction publique, président;

2° De deux délégués élus pour trois ans, l'un par le conseil général de la colonie, l'autre par le conseil municipal de Saint-Denis;

3° De trois membres nommés pour trois ans par le gouverneur.

Les membres du bureau d'administration ne peuvent être choisis parmi le personnel de l'enseignement public ou privé de la colonie.

En l'absence du chef du service de l'instruction publique, la présidence du bureau appartient au doyen d'âge.

ART. 15. A défaut de payement entre les mains de l'économe, dans les quinze jours de chaque échéance, le recouvrement de toutes les sommes dues au lycées est poursuivi et opéré comme en matière de contributions directes.

Les rôles ayant pour objet ces recouvrements sont établis par l'économe, visés par le proviseur et le directeur de l'intérieur et rendus exécutoires par le gouverneur; chaque débiteur est informé administrativement par le directeur de l'intérieur et au moyen d'une notification à personne et à domicile de son inscription sur les rôles de la rétribution scolaire du lycée.

Le dépôt des rôles au Trésor n'a lieu qu'à l'expiration du mois qui suit cette notification. En cas de contestation, les réclamations des débiteurs sont jugées par le conseil privé, siégeant comme conseil du contentieux administratif, après instruction dans la forme prescrite au dernier paragraphe de l'article 103 du décret du 5 août 1881.

ART. 16. L'économe, en sa qualité de détenteur des deniers et des matières du lycée, doit fournir un cautionnement dont le chiffre est déterminé par arrêté du gouverneur en conseil privé.

ART. 17. Les dispositions contraires au présent décret sont et demeurent abrogées.

ART. 18. Le Ministre des colonies et le Ministre de l'instruction publique et des beaux-arts sont chargés, chacun en ce qui le concerne, de l'exécution du présent décret, qui sera inséré au *Journal officiel* de la République française, au *Bulletin des lois*, au *Bulletin officiel* du Ministère des colonies, aux *Journal* et *Bulletin officiels* de la colonie.

DÉCRET PORTANT TRANSFORMATION DE L'ÉCOLE COLONIALE D'ENSEIGNEMENT PRIMAIRE COMPLET DE CAYENNE EN COLLÈGE D'ENSEIGNEMENT SECONDAIRE MODERNE ET ORGANISATION DE CET ÉTABLISSEMENT.

(4 janvier 1894.)

. . . .

ART. 8. Le principal doit présenter les garanties de titres de capacité et de services exigées des principaux de la métropole. Au point de vue de l'avancement et du traitement d'Europe, le principal appartient à l'une des trois classes ci-après :

1ʳᵉ classe... 5,000 francs
2ᵉ classe... 4,500
3ᵉ classe... 4,000

Aʀᴛ. 9. Les professeurs sont divisés en trois ordres.

Nul ne peut être nommé professeur de premier ordre s'il n'est pourvu d'une agrégation de l'enseignement secondaire ou d'une licence ès lettres ou ès sciences, ou d'un certificat d'aptitude à l'enseignement secondaire.

Nul ne peut être nommé professeur de deuxième ordre s'il n'est pourvu d'un baccalauréat ou d'un brevet de capacité de l'enseignement spécial, obtenu antérieurement au 1ᵉʳ janvier 1887.

Nul ne peut être nommé professeur de troisième ordre s'il n'est pourvu du brevet supérieur et du certificat d'aptitude pédagogique.

Aʀᴛ. 10. Chaque ordre comprend quatre classes. Les traitements de parité d'office et les traitements d'Europe sont fixés ainsi qu'il suit :

1ᵉʳ ordre.

1ʳᵉ classe. Traitement de parité d'office................ 3,400 francs.
1ʳᵉ classe. Traitement d'Europe...................... 4,100
2ᵉ classe. Traitement de parité d'office................ 3,100
2ᵉ classe. Traitement d'Europe...................... 3,800
3ᵉ classe. Traitement de parité d'office................ 2,800
3ᵉ classe. Traitement d'Europe...................... 3,500
4ᵉ classe. Traitement de parité d'office................ 2,500
4ᵉ classe. Traitement d'Europe...................... 3,200

2ᵉ ordre.

1ʳᵉ classe. Traitement de parité d'office................ 2,700 francs.
1ʳᵉ classe. Traitement d'Europe...................... 3,400
2ᵉ classe. Traitement de parité d'office................ 2,400
2ᵉ classe. Traitement d'Europe...................... 3,100
3ᵉ classe. Traitement de parité d'office................ 2,100
3ᵉ classe. Traitement d'Europe...................... 2,800
4ᵉ classe. Traitement de parité d'office................ 1,900
4ᵉ classe. Traitement d'Europe...................... 2,600

3ᵉ ordre.

1ʳᵉ classe. Traitement de parité d'office....................	2,400 francs.
1ʳᵉ classe. Traitement d'Europe........................	3,100
2ᵉ classe. Traitement de parité d'office....................	2,100
2ᵉ classe. Traitement d'Europe.........................	2,800
3ᵉ classe. Traitement de parité d'office................	1,900
3ᵉ classe. Traitement d'Europe........................	2,600
4ᵉ classe. Traitement de parité d'office....................	1,600
4ᵉ classe. Traitement d'Europe........................	2,300

Art. 11. Les traitements d'Europe ci-dessus fixés seront élevés de 500 francs pour les principaux et les professeurs pourvus d'une des agrégations.

Art. 12. Nul ne peut être nommé répétiteur s'il n'est pourvu du diplôme de bachelier.

Art. 13. Les répétiteurs sont logés et non nourris. Ils sont divisés en deux classes auxquelles correspondent les traitements de parité d'office et les traitements d'Europe suivants :

Titulaires hors classe. — Traitement de parité d'office : 1,500 francs; traitement d'Europe : 2,100 francs;

Titulaires. — Traitement de parité d'office : 1,200 francs; traitement d'Europe : 1,800 francs;

Stagiaires. — Traitement de parité d'office : 1,100 francs; traitement d'Europe : 1,700 francs.

Art. 14. Le traitement colonial du personnel administratif et enseignant comprend :

1° Un traitement d'Europe tel qu'il est établi ci-dessus;

2° Un supplément colonial égal au traitement d'Europe.

Le traitement de parité d'office est seul passible des retenues fixées par la loi du 9 juin 1853 et par l'article 22 du règlement d'administration publique du 9 novembre suivant.

Des indemnités sont allouées aux professeurs et aux répétiteurs qui sont chargés de cours ou de travaux spéciaux, en dehors du maximum d'heures du service exigible.

Ces indemnités sont fixées par le gouverneur en conseil privé.

Une indemnité de 900 francs est allouée à celui des professeurs qui est chargé, par le sous-secrétaire d'État des colonies, de remplir les fonctions de sous-principal.

Art. 15. Le maximum d'heures de service exigible du personnel enseignant est déterminé dans la forme indiquée au dernier paragraphe de l'article précédent.

En dehors de leur spécialité et dans la limite de leur maximum, les professeurs peuvent être chargés de cours ou de travaux pour lesquels les désigneraient leurs aptitudes ou leurs titres.

Art. 16. Le personnel administratif et enseignant est nommé et avancé par le sous-secrétaire d'Etat des colonies.

Art. 17. Les promotions d'une classe à une autre, pour le principal et les professeurs, ne sont accordées qu'après quatre ans, au moins, passés dans la classe inférieure.

Art. 18. Les répétiteurs stagiaires ne sont que délégués. Ils peuvent être nommés titulaires après une année de stage. Leur délégation leur est retirée si, au bout de deux ans, leur manière de servir ne permet pas de les titulariser. Ils sont alors simplement licenciés, sans avoir droit à aucune indemnité.

Pour être promus hors classe, les répétiteurs doivent réunir un minimum de cinq ans d'exercice comme titulaires.

Art. 19. Toutefois, le personnel emprunté au cadre métropolitain ou admis à en faire partie, ne cessant pas d'appartenir à ce cadre, est avancé par arrêté du Ministre de l'instruction publique et du sous-secrétaire d'Etat aux colonies. Il est mis à la disposition de l'Administration des colonies par arrêté du Ministre de l'instruction publique et obtient, à sa rentrée en France, des postes dans les collèges communaux *où il conserve le classement et le traitement de parité d'office qu'il avait dans la colonie.*

Art. 20. Le sous-secrétaire d'Etat des colonies pourra accorder au principal et aux professeurs, qui auront atteint la 1re classe et qui réuniront les conditions ordinaires exigées pour l'avancement, des compléments de traitement successifs de 600 francs, dans la limite maximum de 1,800 francs. Les compléments s'ajouteront moitié au traitement d'Europe, moitié au supplément colonial; mais les fonctionnaires ne pourront s'en prévaloir pour leur remplacement dans la métropole.

Cette disposition est applicable aux répétiteurs titulaires hors classe.

Art. 21. En cas d'empêchement de l'un des membres du personnel administratif et enseignant, il sera pourvu provisoirement à son remplacement par le gouverneur, sur la proposition du directeur de l'intérieur.

Les intérimaires peuvent être dispensés des conditions d'âge et de capacité exigées des titulaires.

Art. 22. Les peines disciplinaires applicables aux membres du personnel administratif et enseignant sont :

1° L'avertissement ;
2° La réprimande ;
3° La suspension de traitement ;
4° La rétrogradation de classe ;
5° La révocation.

Art. 23. L'avertissement est donné par le directeur de l'intérieur.

La réprimande est infligée par le gouverneur sur la proposition du directeur de l'intérieur.

La suspension de traitement, dans la limite de trois mois, est prononcée par le gouverneur, après avis du comité local de l'instruction publique.

La rétrogradation de classe et la révocation sont prononcées par le sous-secrétaire d'État des colonies, sur la proposition du gouverneur, après avis du comité local de l'instruction publique.

Toutefois, les membres du personnel appartenant au cadre métropolitain ne sont rétrogradés et révoqués que par arrêté du Ministre de l'instruction publique et du sous-secrétaire d'État des colonies.

Art. 24. Le sous-secrétaire d'État des colonies est toujours libre de remettre par mesure disciplinaire, simplement ou accessoirement, à la disposition du Département de l'instruction publique, les fonctionnaires appartenant au cadre métropolitain.

Art. 25. Les fonctionnaires seront toujours entendus et leurs explications écrites transmises à l'autorité compétente, avant qu'une mesure disciplinaire soit prononcée contre eux.

Art. 26. En cas de faute grave pendant un congé en France, le sous-secrétaire d'État des colonies aura le droit de prononcer les peines ci-dessus énumérées après avoir pris connaissance des explications du fonctionnaire inculpé.

Art. 27. Le gouverneur conserve le pouvoir, qu'il tient de l'article 78 de l'ordonnance organique du 27 août 1828, de suspendre provisoirement de leurs fonctions, dans des circonstances exceptionnelles, les membres du personnel par mesure de discipline et en attendant une décision supérieure.

Cette suspension de fonctions peut entraîner celle du traitement sous réserve de l'observation de la formalité imposée par le troisième paragraphe de l'article 23.

EXTRAIT DU DÉCRET RELATIF À L'ORGANISATION D'UN COLLÈGE À SAINT-PIERRE ET MIQUELON.

(18 octobre 1892.)

. . . .

Art. 7. Le minimum du nombre de professeurs affectés au collège colonial de Saint-Pierre est fixé à quatre, se décomposant comme suit :

Un directeur, chargé du cours de l'enseignement classique, dont les appointements ne sauraient être inférieurs à 6,000 francs.

Deux professeurs pourvus du brevet supérieur dont les traitements seront au minimum de 3,000 francs, et un maître répétiteur à 2,500 francs[1].

DÉCRET BEYLICAL RELATIF À L'ORGANISATION DU LYCÉE DE TUNIS.

(29 septembre 1893.)

Art. 1er. Il est créé à Tunis un établissement d'enseignement secondaire qui prendra le nom de «lycée».

---

[1] Le personnel emprunté au cadre métropolitain ne cesse pas de faire partie de ce cadre. Il est mis à la disposition du Département des colonies par un arrêté pris par le Ministre de l'instruction publique.

Assimilé, en ce qui concerne le classement, au personnel de la métropole, il est soumis aux mêmes règles d'avancement.

Art. 6. Le personnel du lycée de Tunis pourra comprendre :

1º Des fonctionnaires mis à la disposition du Gouvernement tunisien par le Gouvernement français[1].

Art. 7. Les fonctionnaires appartenant aux cadres de l'instruction publique de France recevront le traitement afférent à la classe dans laquelle ils sont rangés dans la métropole, majoré d'une indemnité supplémentaire. Cette indemnité sera de :

Pour le proviseur.	2,500 francs.
Pour le censeur et l'économe.	1,600
Pour les professeurs et chargés de cours mariés	1,600
Pour les professeurs et chargés de cours célibataires	1,300
Pour les professeurs des classes élémentaires mariés	1,200
Pour les professeurs des classes élémentaires célibataires	1,000

Art. 8. Les répétiteurs recevront les appointements suivants :

Répétiteurs de 1er ordre.	1re classe	2,400 francs.
	2e classe	2,100
	3e classe	1,800
	4e classe	1,500
	5e classe	1,200
Répétiteurs de 2e ordre.	1re classe	1,700
	2e classe	1,400
	3e classe	1,100
	4e classe	900

Les répétiteurs du premier ordre recevront une indemnité supplémentaire de 600 francs; ceux de deuxième ordre une indemnité supplémentaire de 450 francs.

En principe les répétiteurs seront soumis à l'internat; ceux qui seront autorisés à être externes recevront une indemnité de logement et de nourriture de 900 francs.

Art. 9. Le proviseur du lycée de Tunis sera nommé par nous sur la proposition du directeur de l'enseignement public.

Le censeur, l'économe, les professeurs et les chargés de cours seront nommés par notre premier Ministre sur la proposition du directeur de l'enseignement public.

Les professeurs des classes élémentaires, les maîtres primaires et

[1] Les règles de classement et d'avancement applicables aux membres de l'Université qui sont appelés dans les lycées des colonies sont observées à l'égard de ceux qui sont attachés au lycée tunisien.

les répétiteurs seront nommés par le directeur de l'enseignement public.

Ces fonctionnaires ne pourront être privés de leur emploi que dans les mêmes conditions.

Art. 11. Le maximum des heures de service exigible des professeurs est fixé ainsi qu'il suit :

Maîtres des classes primaires, trente heures.

Maîtres des classes élémentaires pourvus du certificat d'aptitude, vingt-quatre heures.

Professeurs ou chargés de cours des classes de sixième, cinquième, quatrième, troisième et seconde, dix-huit heures.

Professeurs ou chargés de cours de rhétorique, philosophie, histoire, mathématiques, physique, seize heures.

Art. 12. Les heures supplémentaires seront payées sur le taux de 180 francs par heure et par an. Les professeurs ne pourront pas se refuser à faire les heures supplémentaires.

Art. 14. Les grandes vacances dureront trois mois environ, du commencement du mois de juillet à la fin du mois de septembre.

RÈGLEMENT RELATIF AU LYCÉE DE GALATA-SERAÏ.

Le personnel de l'instruction publique détaché au lycée ottoman de Galata-Seraï ne cesse pas de faire partie du cadre métropolitain.

Mis à la disposition du Gouvernement ottoman par un arrêté pris par le Ministre de l'instruction publique, il est assimilé, en ce qui concerne le classement, au personnel de la métropole et soumis aux mêmes règles d'avancement.

LETTRE MINISTÉRIELLE CONCERNANT LE PERSONNEL DU COLLÈGE STANISLAS.
(20 mars 1894.)

Les fonctionnaires appelés au collège Stanislas postérieurement au 1er janvier 1894 se divisent en deux catégories : les agrégés d'une part et, de l'autre, ceux qui ne sont pas pourvus d'une agrégation.

Les agrégés pourront être agréés par le Ministre de l'instruction publique qu'ils aient ou non des services antérieurs : s'ils n'ont pas encore exercé dans les établissements d'enseignement secondaire public, ils seront classés dans la 6ᵉ classe des agrégés des lycées des départements; s'ils ont déjà été classés comme professeurs de lycées, ils conserveront leur classement en entrant à Stanislas.

Quant aux candidats proposés par le directeur de Stanislas qui ne seront pas agrégés, ils ne pourront être agréés par le Ministre de l'instruction publique que s'ils ont déjà exercé dans des établissements d'enseignement secondaire et s'ils ont été l'objet d'un classement.

En résumé, sauf en ce qui concerne les agrégés qui pourront débuter à Stanislas, on appliquera à cet établissement les règles prescrites pour le collège Sainte-Barbe et l'école Alsacienne; c'est en vertu de l'article 4, § 3, de la loi du 9 juin 1853, que le Ministre de l'instruction publique autorisera certains fonctionnaires à exercer à Stanislas sans cesser d'appartenir au cadre permanent de l'instruction publique.

Les fonctionnaires précités, agrégés ou non, pourront obtenir des promotions de classe dans les conditions réglementaires (décrets de 1887 et de 1889) après avis du Comité consultatif.

Pour tous les fonctionnaires classés de Stanislas, c'est sur le traitement correspondant au classement que les retenues pour pensions civiles seront opérées; ceux d'entre eux qui quitteront le collège dans des conditions régulières obtiendront dans un établissement public d'enseignement secondaire, aussitôt que les vacances le permettront, un poste correspondant au classement qui leur a été attribué.

CONVENTIONS INTERVENUES ENTRE L'ÉTAT, L'INSTITUTION SAINTE-BARBE
ET L'ÉCOLE MONGE.
(27 juillet 1892.)

Extrait.

. . . .

ART. 8. Les fonctionnaires actuels de l'école Monge [1] et de l'institution Sainte-Barbe qui seront agréés par le Ministre de

---

[1] L'école Monge a été achetée par l'État. Le lycée Carnot a été établi dans les bâtiments de cette école.

l'instruction publique seront classés dans le cadre des fonctionnaires des lycées.

Les fonctionnaires qui seront ultérieurement mis à la disposition des directeurs de ces établissements par le Ministre de l'instruction publique conserveront leur classement.

En aucun cas, les traitements des directeurs, administrateurs, professeurs et employés ne pourront excéder les traitements des fonctionnaires de même ordre des lycées de l'État.

ART. 11. Les professeurs et autres fonctionnaires mis à la disposition des directeurs de ces établissements seront admis à bénéficier du régime institué par la loi sur les pensions civiles.

EXTRAIT DE LA LOI DE FINANCES CONCERNANT LES PROFESSEURS DE L'ÉCOLE ALSACIENNE.

(26 juillet 1893.)

ART. 47[1]. Les professeurs de l'école Alsacienne agréés par le Ministre de l'instruction publique sont autorisés à verser les retenues réglementaires pour le service des pensions civiles, conformément à la loi du 9 juin 1853.

DÉCRET CONCERNANT L'APPLICATION DES RÈGLEMENTS D'ADMINISTRATION PUBLIQUE RELATIFS AU COLLÈGE CHAPTAL ET AUX ÉCOLES PRIMAIRES SUPÉRIEURES DE LA VILLE DE PARIS.

(26 janvier 1896.)

I. DU COMITÉ CONSULTATIF.

ART. 1er. Il est institué au Ministère de l'instruction publique un Comité consultatif chargé d'étudier les questions relatives au personnel du collège Chaptal et des écoles primaires supérieures de la ville de Paris, et de soumettre au Ministre les propositions

---

[1] Il résulte de la discussion relative à cet article, au Sénat, que seuls peuvent bénéficier de la disposition ci-dessus les fonctionnaires qui, antérieurement à leur entrée à l'école Alsacienne, ont appartenu aux cadres de l'instruction publique.

concernant les nominations, promotions, mutations et autres mesures intéressant le personnel.

Art. 2. Ce Comité consultatif est composé comme il suit :

Président : le vice-recteur de l'académie de Paris;

Vice-présidents : le directeur de l'enseignement primaire et le directeur de l'enseignement secondaire au Ministère de l'instruction publique; le président de la Commission de l'enseignement du conseil municipal;

Quatre membres de la Commission de l'enseignement du conseil municipal désignés par ce conseil;

Trois membres désignés par le Conseil supérieur de l'instruction publique et pouvant être pris soit parmi les membres de ce conseil, soit parmi les membres de la commission visée à l'article 12;

Deux inspecteurs généraux de l'enseignement secondaire et trois inspecteurs généraux de l'enseignement primaire, nommés par le Ministre;

L'inspecteur d'académie, directeur de l'enseignement primaire de la Seine.

Un chef et deux sous-chefs de bureau rempliront les fonctions de secrétaire et de secrétaires adjoints.

Art. 3. Le Comité est renouvelé chaque année au mois de janvier.

Art. 4. Les membres du personnel administratif ou enseignant, ainsi que ceux des comités de patronage des établissements susvisés que le Comité croit utile d'entendre, peuvent être appelés aux séances, avec voix consultative.

Art. 5. Toutes les fois qu'une vacance d'emploi se produit dans le cadre du personnel, mention en est faite au *Bulletin administratif* du Ministère.

Art. 6. Pour les fonctions de directeur et de directrice, de préfet des études, de surveillant général et de surveillante générale, les candidats sont choisis dans le personnel du collège Chaptal, des écoles primaires supérieures et des écoles professionnelles de la ville de Paris.

A défaut de candidats appartenant au personnel de Paris et

remplissant les conditions requises, le Comité présente au Ministre d'autres candidats.

Art. 7. Pour les nominations de professeur titulaire dans les écoles primaires supérieures ou dans les classes primaires supérieures du collège Chaptal, le Comité présente au Ministre une liste de trois candidats dont un au moins appartenant au personnel des maîtres répétiteurs, délégués, suppléants ou auxiliaires déjà attachés aux écoles primaires supérieures et remplissant les conditions réglementaires.

Pour la nomination de délégués dans les mêmes classes, le Comité peut ne présenter qu'un seul candidat.

Les candidats débutent dans la dernière classe, quels que soient leurs services antérieurs.

Art. 8. Pour les promotions, l'article 11 du décret du 26 juillet 1895 est applicable aux professeurs de toutes les écoles primaires supérieures de Paris.

Art. 9. Pour les nominations et promotions des professeurs de l'enseignement secondaire au collège Chaptal, il est fait application de l'article 14 du décret du 26 juillet 1895.

Toutefois, pour les nominations, les propositions du Comité consultatif de l'enseignement secondaire sont communiquées au Comité consultatif institué par le présent décret, qui y joint ses observations. Elles sont ensuite soumises au Ministre avec l'avis des deux Comités.

II. DE L'INSPECTION.

Art. 10. Le collège Chaptal et les écoles primaires supérieures sont soumis, pour l'inspection, aux autorités désignées dans l'article 9 de la loi du 30 octobre 1886. Toutefois, les classes d'enseignement secondaire ne seront inspectées que par les inspecteurs d'académie et par les inspecteurs généraux désignés à cet effet par le Ministre.

Art. 11. Les membres du Comité consultatif ont le droit d'assister aux divers exercices des établissements auxquels s'applique le présent décret. Ils transmettent, s'il y a lieu, leurs observations et leurs propositions au Comité.

12.

ART. 12. Chaque année, le Ministre, après avis du Comité consultatif, nomme une commission chargée de l'inspection générale du collège Chaptal et des écoles primaires supérieures. Les rapports de cette commission sont communiqués au Comité consultatif.

III. DE L'ENSEIGNEMENT.

ART. 13. L'organisation pédagogique de chacune des écoles primaires supérieures de Paris sera déterminée par arrêté ministériel, après avis des professeurs réunis sous la présidence du directeur et sur le rapport du Comité consultatif.

ART. 14. Chaque année, à la rentrée des classes, la répartition des heures d'enseignement entre les différents professeurs est réglée par le directeur de l'enseignement sous réserve de l'approbation du directeur de l'enseignement primaire de la Seine.

Toutes les fois que la mesure proposée comporte une modification budgétaire ou donne lieu à une contestation, il doit en être référé au Comité consultatif qui adresse au Ministre un rapport motivé.

Les formalités prévues par l'article 13 de la loi organique du 30 octobre 1886 [1] et par l'article 2 du règlement d'administration publique du 7 avril 1887 [2] sont applicables aux écoles primaires supérieures et aux classes primaires supérieures du collège Chaptal.

ART. 16. L'organisation pédagogique du collège Chaptal est arrêtée comme suit :

Sont considérées comme classes d'enseignement primaire supérieur, avec faculté de suivre un programme spécial complété par des emprunts partiels à celui de l'enseignement secondaire moderne, toutes les classes jusqu'à la troisième année inclusivement.

---

[1] ART. 13. Le Conseil départemental, après avoir pris l'avis des conseils municipaux, détermine, sous réserve de l'approbation du Ministre, le nombre, la nature et le siège des écoles primaires publiques de tout degré qu'il y a lieu d'établir ou de maintenir dans chaque commune, ainsi que le nombre des maîtres qui y sont attachés.

[2] ART. 2. Lorsque l'école ou la classe à créer n'est pas de celles dont l'établissement donne lieu à une dépense obligatoire pour la commune, le préfet ne peut saisir le Conseil départemental que sur la demande de la commune et après avis de l'inspecteur d'académie.

A partir de la troisième année, les élèves peuvent suivre ou des classes d'enseignement primaire supérieur (quatrième, cinquième et sixième année), ou des classes d'enseignement secondaire moderne proprement dit, correspondant à la troisième moderne, à la seconde moderne et à la première moderne, lettres et sciences.

Au delà de la sixième année, sont rattachés à l'enseignement secondaire moderne les cours de mathématiques élémentaires et spéciales (préparation aux Écoles centrale, normale, polytechnique, navale, Saint-Cyr, Institut agronomique, etc.).

ART. 17. Un programme ou plan d'études spécial pour le collège Chaptal est arrêté par le Ministre, après avis des professeurs réunis sous la présidence du directeur et sur le rapport du Comité consultatif.

ART. 18. Les professeurs du collège Chaptal, qu'ils soient classés dans le cadre secondaire ou dans le cadre primaire, peuvent être chargés de leçons et de cours dans l'un et dans l'autre enseignement.

ART. 19. L'article 14 du décret du 3 août 1890[1] est applicable au collège Chaptal, même pour les classes d'enseignement moderne.

ART. 20. Outre les cours et les classes réglementaires, le conseil municipal de Paris peut instituer, soit au collège Chaptal, soit dans les écoles primaires supérieures, des conférences hors cadre confiées à des personnes d'une compétence reconnue dans des matières touchant à l'enseignement littéraire, scientifique, économique ou artistique, qu'elles appartiennent ou non à l'enseignement public ou privé. Toute autorisation de ce genre doit être soumise à l'agrément du Ministre, après avis du Comité consultatif.

---

[1] Cet article est ainsi conçu :

Lorsque sur la proposition de l'inspecteur d'académie, le Ministre a décidé d'établir dans une des écoles primaires supérieures une surveillance spéciale dite direction d'études; les professeurs qui, en dehors des heures réglementaires fixées par l'article 9, sont chargés de cette direction, reçoivent un supplément de traitement qui ne peut excéder 1,000 francs.

Dans aucun cas, le nombre des professeurs chargés de ces directions d'études ne peut dépasser le nombre des divisions d'élèves.

IV. MESURES TRANSITOIRES.

Art. 21. Conformément aux articles 18 du décret du 3 août 1890 et 17 du décret du 26 juillet 1895, les fonctionnaires actuellement en exercice dans les établissements susvisés conservent leur emploi, leur traitement, leur classe, et leurs droits à l'avancement, sans avoir à justifier des conditions nouvelles qui peuvent être requises.

Ils ne seront déplacés que sur leur demande ou sur la demande du directeur de l'établissement, ratifiée par le directeur de l'enseignement primaire de la Seine, et après avis conforme du Comité consultatif.

Art. 22. Les professeurs du collège Chaptal seront classés, les uns dans le cadre de l'enseignement primaire supérieur, les autres dans celui de l'enseignement secondaire moderne, suivant les titres dont ils justifieront. Ceux qui justifieront de titres leur permettant de réclamer l'un ou l'autre classement seront libres de choisir le cadre auquel ils désirent être rattachés.

Art. 23. Les professeurs et maîtres actuellement en exercice qui ne pourraient, faute des titres requis, être classés ni dans l'un ni dans l'autre cadre, conserveront leurs fonctions dans les conditions prévues à l'article 18.

DÉCRET PORTANT RÈGLEMENT D'ADMINISTRATION PUBLIQUE SUR L'ORGANISATION SPÉCIALE DU COLLÈGE CHAPTAL.

(26 juillet 1895.)

Art. 1er. Le collège Chaptal est un établissement spécial d'enseignement primaire supérieur, auquel est annexée une section d'enseignement secondaire moderne.

I. DU PERSONNEL ADMINISTRATIF.

Art. 2. Le personnel administratif fait partie du personnel de l'enseignement primaire supérieur et comprend :

Un directeur; un préfet des études; deux surveillants généraux.

Art. 3. Le directeur, le préfet des études et les surveillants généraux sont nommés par le Ministre de l'instruction publique.

Le directeur et le préfet des études doivent être munis soit du grade de licencié ès sciences ou ès lettres, soit du titre d'agrégé de l'enseignement secondaire spécial. Toutefois, le préfet des études peut être dispensé de ce dernier titre, s'il est pourvu du certificat d'aptitude à l'enseignement secondaire spécial.

Les surveillants généraux doivent être pourvus du grade de licencié ès lettres ou ès sciences ou du certificat d'aptitude soit à l'enseignement secondaire spécial, soit au professorat des écoles normales et des écoles primaires supérieures (titre complet).

Art. 4. Le directeur et les surveillants généraux reçoivent les émoluments fixés par les articles 6 et 7 du décret du 3 août 1890 [1] et sont soumis aux conditions d'avancement établies par lesdits articles.

Le préfet des études reçoit un traitement de 4,000 francs, qui peut s'élever à 6,000 francs et lui être attribué d'après les mêmes règles que celles visées au paragraphe précédent.

Il a droit, en outre, aux mêmes allocations supplémentaires que les surveillants généraux.

II. PERSONNEL DE L'ENSEIGNEMENT SECONDAIRE MODERNE.

Art. 12. Le personnel de l'enseignement secondaire moderne comprend :

1° Des professeurs;

2° Des répétiteurs.

---

[1] Ces articles sont ainsi conçus :

Art. 6. — Les directeurs reçoivent un traitement de 5,000 francs qui peut s'élever jusqu'à 7,000 francs au maximum, par augmentations successives de 500 francs; mais ces augmentations ne peuvent être accordées qu'après trois années au moins de jouissance du dernier traitement.

Ils jouissent, en outre, de tous les avantages réservés par la loi du 19 juillet 1889 aux directeurs d'écoles primaires supérieures.

Art. 7. — Les surveillants généraux reçoivent un traitement de 3,000 francs, qui peut s'élever, dans les conditions prescrites à l'article précédent, jusqu'à 5,000 francs au maximum.

Ils ont droit, en outre, à une allocation, non soumise à retenue, fixée à 1,000 francs pour les écoles de moins de 1,000 élèves et à 2,000 francs pour les autres. Cette allocation leur tient lieu de toute indemnité de résidence.

Ils doivent être logés dans l'établissement où ils exercent leurs fonctions.

Art. 13. Les professeurs de l'enseignement secondaire moderne doivent être munis du titre d'agrégé correspondant à l'ordre d'enseignement dans lequel ils sont appelés à exercer.

Les professeurs de dessin doivent justifier qu'ils possèdent le certificat d'aptitude à l'enseignement du dessin (degré supérieur).

Art. 14. Les professeurs et les répétiteurs font partie du personnel des professeurs et des répétiteurs des lycées et sont soumis à toutes les règles de nomination, de traitement, d'avancement et de discipline établies pour ce personnel.

Ils figurent, dès leur nomination au collège Chaptal, dans le cadre des professeurs et des répétiteurs du département de la Seine.

Les professeurs reçoivent, outre leur traitement, l'indemnité d'agrégation telle qu'elle est fixée par les règlements en vigueur.

III. DISPOSITIONS GÉNÉRALES.

Art. 15. Le nombre d'heures de classe exigible des professeurs des deux ordres d'enseignement est fixé, par semaine, à quatorze heures au minimum et à seize heures au maximum.

Il pourra leur être demandé des heures supplémentaires chaque fois que les besoins du service l'exigeront.

Ils seront, dans ce cas, rémunérés de chaque heure d'enseignement par semaine au moyen d'une indemnité non soumise à retenue de 300 francs par an.

Art. 16. Lorsque l'enseignement d'une des matières obligatoires dans l'enseignement primaire supérieur et dans l'enseignement secondaire moderne n'est pas susceptible de comporter le nombre minimum d'heures fixé par l'article précédent, le Ministre peut charger de cet enseignement des maîtres pris en dehors de l'école, pourvu qu'ils justifient des titres de capacité exigés des professeurs de l'ordre d'enseignement dans lequel ils sont appelés à exercer.

Ils sont rémunérés de chaque heure d'enseignement au moyen d'allocations annuelles non soumises à retenue et fixées ainsi qu'il suit :

Enseignement des mathématiques spéciales...............	500 francs.
Enseignement des mathématiques élémentaires.............	400
Autres enseignements................................	300

Ces allocations seront soumises à la retenue dans le cas où le délégué, antérieurement à sa délégation, aurait obtenu une nomination ministérielle.

Art. 17. Les professeurs actuellement en exercice au collège Chaptal seront classés suivant les titres dont ils justifient, soit comme professeurs de l'enseignement primaire supérieur, soit comme professeurs titulaires dans le cadre des lycées de Paris ou dans celui des départements, soit seulement comme chargés de cours dans ce dernier.

Ceux de ces professeurs qui seront, à un titre quelconque, classés dans le cadre des lycées des départements pourront être maintenus au collège Chaptal, à titre de délégués.

Les maîtres répétiteurs actuellement en exercice seront classés soit comme maîtres répétiteurs dans le cadre des écoles primaires supérieures de la ville de Paris, soit comme répétiteurs des lycées de la Seine.

Quelle que soit la classe dans laquelle les professeurs et les maîtres répétiteurs seront placés en vertu des paragraphes précédents, ils conserveront l'intégralité des traitements et allocations qu'ils reçoivent tant qu'ils resteront chargés des services actuels, si l'ensemble de leurs émoluments est supérieur au traitement correspondant à la classe dans laquelle ils ont été compris.

Toutefois, le taux des heures supplémentaires sera, dès la publication du présent règlement, établi pour tout le personnel enseignant ainsi qu'il est fixé à l'article 15.

Art. 18. Toutes les dispositions de règlements contraires au présent décret sont abrogées.

DÉCRET RELATIF AU PERSONNEL DÉTACHÉ A L'ÉTRANGER.
(9 décembre 1898.)

Art. 1er. Le temps passé, avec l'autorisation du Ministre de l'instruction publique, par les membres de l'enseignement supérieur et de l'enseignement secondaire publics, dans des établissements d'enseignement à l'étranger est compté, au point de vue de l'avancement, comme service actif dans les universités, les lycées ou collèges de France et peut donner droit à promotion, dans les conditions fixées par les décrets et règlements pour les fonctionnaires en exercice dans lesdits établissements.

Art. 2. Le Ministre de l'instruction publique et des beaux-arts est chargé de l'exécution du présent décret.

IV. — RÉGIME DISCIPLINAIRE

ET DISTINCTIONS HONORIFIQUES.

1. — PEINES DISCIPLINAIRES.

Pour les peines disciplinaires applicables aux professeurs, voir la *Loi du 27 février 1880, articles 7 et 11, pages 6 et 23*; pour les peines applicables aux répétiteurs, voir le *Décret du 28 août 1891, article 27, page 76*.

CIRCULAIRE RELATIVE AU DÉPLACEMENT DES PROFESSEURS.

(27 février 1894.)

Monsieur le Recteur, lors de la dernière session du Conseil supérieur de l'instruction publique, il a été rendu compte de la suite donnée à des vœux précédemment déposés par certains membres de cette assemblée.

Vous trouverez la réponse faite à ces vœux dans le supplément du Bulletin administratif n° 1091, publié récemment [1].

[1] Vœu émis par certains membres du Conseil supérieur demandant que le changement de résidence, qui, dans la plupart des cas, a pour le fonctionnaire le caractère d'une mesure disciplinaire, eût réellement ce caractère, c'est-à-dire que cette mesure fût accompagnée des garanties ordinaires et nécessaires, notamment et surtout de la communication effective à l'intéressé des rapports figurant à son dossier; qu'une indemnité convenable fût accordée aux fonctionnaires déplacés pour nécessité de service; que le motif des déplacements (les causes d'incapacité professionnelle ou de situation morale étant exceptées) figurât dans l'acte officiel signifiant son déplacement à l'intéressé.

La section permanente, en ce qui concerne la partie du vœu relative à l'indemnité de déplacement, considérant que la

J'appelle tout spécialement votre attention sur le vœu émis au sujet du déplacement des professeurs.

Conformément à l'avis de la Section permanente, j'ai décidé que les dispositions de l'article 31 du décret du 28 août 1891 [1] seraient appliquées dans les cas de déplacement causé par d'autres motifs que des nécessités de service.

Je vous prie de signaler cette disposition à MM. les inspecteurs d'académie, proviseurs et principaux de votre ressort et de leur rappeler, à cette occasion, les termes des circulaires des 31 décembre 1891 et 17 juin 1892. Vous voudrez bien, notamment, prescrire les mesures nécessaires pour que tout avertissement donné à un fonctionnaire par un de ses chefs hiérarchiques soit signalé immédiatement à l'Administration centrale; des formules spéciales doivent vous être envoyées à cet effet.

AVIS DU CONSEIL D'ÉTAT.

(16 janvier 1900.)

Avis adopté par le Conseil d'État sur la question de savoir si la rétrogradation de classe personnelle peut être considérée comme une des formes de la mutation pour un emploi inférieur, qu'aux termes de l'article 14 de la loi du 27 février 1880, le Ministre peut prononcer contre un professeur de l'enseignement secondaire, après avis de la section permanente du Conseil supérieur de l'instruction publique.

La Section de l'intérieur, des cultes, de l'instruction publique et des beaux-arts du Conseil d'État, qui, sur le renvoi ordonné par M. le Ministre question n'est pas de sa compétence, déclare qu'elle n'a pas d'avis à émettre à ce sujet; en ce qui concerne les garanties accordées aux fonctionnaires en cas de déplacement, considérant que, si ce déplacement n'est pas proprement une mesure disciplinaire, il y a lieu cependant, lorsqu'il est causé par d'autres motifs que des nécessités de service, de donner au fonctionnaire auquel un déplacement est imposé, les garanties qui accompagnent l'application des peines disciplinaires proprement dites, est d'avis que les dispositions de l'article 31 du décret du 28 août 1891, dispositions qui ont été étendues à tous les fonctionnaires de l'enseignement secondaire et dont un vœu déposé, à la session du mois de juillet 1891 du Conseil supérieur, par les représentants élus des agrégés de cet enseignement a reconnu le libéralisme, soient appliquées dans les cas de déplacement spécifiés ci-dessus; que ces garanties sont suffisantes et qu'elles rendent notamment inutile l'indication du motif du déplacement dans l'acte officiel qui le signifie, ce motif ne pouvant, dès lors que l'article susvisé est appliqué, être ignoré de l'intéressé.

M. le Ministre a adopté cet avis.

[1] Cet article est ainsi conçu : «Les répétiteurs seront toujours entendus et leurs explications écrites transmises à l'autorité compétente avant qu'une mesure disciplinaire soit prononcée contre eux.»

de l'instruction publique, a pris connaissance de la dépêche par laquelle son avis est demandé, sur la question de savoir si la rétrogradation de classe personnelle peut être considérée comme une des formes de la mutation pour un emploi inférieur, qu'aux termes de l'article 14 de la loi du 27 février 1880, le Ministre peut prononcer contre un professeur de l'enseignement secondaire, après avis de la section permanente du Conseil supérieur de l'instruction publique;

Vu la dépêche ministérielle en date du 2 décembre 1899;

Vu les lois du 15 mars 1850, art. 76, et du 27 février 1880, art. 7, 13, 14 et 15;

Vu le décret du 16 juillet 1887, sur le classement des fonctionnaires et des professeurs des lycées;

Considérant que, d'après les dispositions du décret ci-dessus visé, du 16 juillet 1887, les classes dans lesquelles les professeurs des lycées doivent être répartis sont personnelles et indépendantes de la résidence; qu'elles sont distinctes de l'emploi et ne servent qu'à fixer la quotité des émoluments à attribuer à chaque professeur; qu'il résulte de ce texte que la rétrogradation de classe aboutirait uniquement, dans l'état actuel de la législation, à une réduction de traitement; qu'ainsi limitée, elle constituerait une peine spéciale et ne saurait être considérée comme une mutation pour un emploi inférieur, dans le sens des lois des 25 mars 1850 et 27 février 1880;

Considérant qu'il suit de là que la rétrogradation de classe, n'étant pas prévue parmi les peines dont sont passibles, en vertu des lois précitées, les professeurs des lycées, ne peut, à aucun titre, leur être appliquée;

Est d'avis :

Qu'il y a lieu de répondre dans le sens des observations qui précèdent.

CIRCULAIRE RELATIVE AUX GARANTIES ASSURÉES AUX FONCTIONNAIRES
DE L'ENSEIGNEMENT SECONDAIRE.
(17 juin 1892.)

Monsieur le Recteur, l'article 31 du décret du 28 août 1891, relatif aux répétiteurs des lycées et collèges, porte que « les répétiteurs seront toujours entendus et leurs explications écrites transmises à l'autorité compétente avant qu'une mesure disciplinaire soit prononcée contre eux ».

Lors de la discussion du projet de décret par le Conseil supérieur de l'instruction publique, l'Administration a déclaré que les garanties dont il s'agit étaient assurées à tous les fonctionnaires de l'Université; cette déclaration a été renouvelée devant le Conseil, dans sa session de décembre 1891, en réponse à un vœu qui avait été déposé par plusieurs membres de la Haute Assemblée; d'autre part, la circulaire du 31 décembre 1891 a déterminé les conditions dans lesquelles l'article précité serait appliqué; elle a stipulé notamment que l'avertissement donné au fonctionnaire accompagnerait toujours l'avis donné à l'autorité supérieure, alors même qu'un rapport ou des notes défavorables concernant ce fonctionnaire ne seraient pas de nature à provoquer immédiatement à son égard une mesure disciplinaire.

Je vous prie de vouloir bien rappeler ces dispositions à MM. les proviseurs et principaux de votre ressort. Il importe qu'elles soient libéralement appliquées à tous les degrés de la hiérarchie administrative.

2. — DISTINCTIONS HONORIFIQUES.

DÉCRET PORTANT RÈGLEMENT POUR L'OBTENTION DES DÉCORATIONS UNIVERSITAIRES.

(24 décembre 1885.)

Art. 1er. Les décorations d'officier d'académie et d'officier de l'instruction publique, créées par l'article 32 du décret organique du 17 mars 1808, sont conférées par le Ministre de l'instruction publique, des beaux-arts et des cultes, sous les conditions ci-après déterminées [1].

. . . .

Art. 3. Ces distinctions honorifiques sont conférées, sur la proposition des recteurs et après avis des inspecteurs généraux, aux membres de l'enseignement supérieur et de l'enseignement secondaire, public ou libre, aux fonctionnaires de l'Administration de l'instruction publique, ainsi qu'aux fonctionnaires des écoles normales primaires. Elles sont conférées aux fonctionnaires des établissements littéraires et scientifiques et des écoles spéciales ressortissant au Ministère de l'instruction publique, sur la proposition des directeurs de ces établissements et de ces écoles.

[1] Voir le décret du 4 août 1898, art. 2, p. 191.

Les fonctionnaires de l'administration centrale du Ministère de l'instruction publique, des beaux-arts et des cultes seront nommés sur la proposition du chef du cabinet, après avis de leurs chefs hiérarchiques.

. . . .

ART. 7. Les distinctions honorifiques accordées aux personnes qui auraient bien mérité de l'instruction publique, soit par leur participation aux travaux des délégations cantonales et des conseils ou commissions établis près des lycées, des collèges, des écoles normales (conseils de perfectionnement, bureaux d'administration, commissions administratives, etc.), soit par le concours efficace qu'elles auraient prêté au développement de l'enseignement, à tous ses degrés et sous toutes ses formes, sont conférées sur la proposition du recteur, après avis du préfet.

ART. 8 [1]. Les candidats appartenant aux catégories visées par les articles 3 et 7 du présent décret, ne peuvent être nommés officiers d'académie qu'après cinq ans au moins de services ou d'exercice.

. . . .

ART. 10. Nul ne peut être nommé officier d'instruction publique s'il n'est, depuis cinq ans au moins, officier d'académie.

Il ne pourra être dérogé à cette règle qu'en faveur des personnes déjà titulaires du grade d'officier de la Légion d'honneur.

ART. 11 [1]. Les nominations d'officiers d'académie et d'officiers de l'instruction publique auront lieu au 1er janvier, au 14 juillet et, pour les membres des sociétés savantes et des sociétés des beaux-arts des départements, à l'époque de la réunion, à Paris, de ces sociétés.

ART. 12. Le tableau des nominations est publié au *Journal officiel*, conformément aux dispositions du décret du 17 mars 1808.

ART. 13. Sont abrogés les décrets et ordonnances relatifs aux décorations universitaires en ce qu'ils ont de contraire aux dispositions du présent décret.

[1] Modifié par le décret du 4 août 1898. Voir p. 191.

DÉCRET.

(4 août 1898.)

Art. 1er. Les articles 2, 8 et 11 du décret du 24 décembre 1885 sont modifiés ainsi qu'il suit :

Art. 2. Le chiffre maximum des décorations à accorder annuellement est fixé ainsi qu'il suit :

1° Aux fonctionnaires de l'instruction publique : 800 officiers d'académie et 300 officiers de l'instruction publique.

. . . .

Art. 8. Les candidats visés par l'article 7 ne peuvent être nommés officiers d'académie qu'après 10 ans de services ou d'exercice.

. . . .

Art. 11. Les nominations d'officiers d'académie et d'officiers de l'instruction publique auront lieu :

Au 1er janvier pour les personnes étrangères à l'enseignement public ;

Au 14 juillet pour les fonctionnaires de l'enseignement public ; et, pour les membres des sociétés savantes et des sociétés des beaux-arts des départements, à l'époque de la réunion de ces sociétés.

En dehors des dates ci-dessus indiquées, aucune distinction ne pourra être conférée, sauf dans les cérémonies officielles présidées par le Président de la République, l'un des Présidents des deux Chambres, un Ministre ou un sous-secrétaire d'État en personne.

. . . .

Art. 12. Les distinctions décernées dans les cérémonies officielles seront prises sur les contingents respectifs attribués aux membres de l'enseignement public et aux personnes étrangères à cet enseignement.

V. — SERVICE MILITAIRE.

LOI SUR LE RECRUTEMENT DE L'ARMÉE [1].

(15 juillet 1889.)

TITRE PREMIER.

CHAPITRE Iᵉʳ.

Art. 1ᵉʳ. Tout Français doit le service militaire personnel.

Art. 2. L'obligation du service militaire est égale pour tous.
Elle a une durée de vingt-cinq années.
Le service militaire s'accomplit selon le mode déterminé par la
présente loi [2].

. . . .

CHAPITRE II.

Art. 18. Les opérations du recrutement sont revues, les réclamations auxquelles ces opérations peuvent donner lieu sont entendues, les causes d'exemption et de dispense prévues par les
articles 20, 21, 22, 23 et 50 de la présente loi sont jugées en
séance publique par un conseil de révision.

. . . .

Art. 21. En temps de paix, après un an de présence sous les
drapeaux, sont envoyés en congé dans leurs foyers, sur leur demande, jusqu'à la date de leur passage dans la réserve :
1° L'aîné d'orphelins de père et de mère, ou l'aîné d'orphelins
de mère dont le père est légalement déclaré absent ou interdit;
2° Le fils unique ou l'aîné des fils, ou, à défaut de fils ou de

---

[1] Voir plus loin la modification apportée par la loi du 11 juillet 1892.

[2] Art. 37. Tout Français reconnu
propre au service militaire fait partie
successivement :
De l'armée active pendant trois ans;

De la réserve de l'armée active pendant
sept ans;
De l'armée territoriale pendant six
ans;
De la réserve de l'armée territoriale
pendant neuf ans.

gendre, le petit-fils unique ou l'aîné des petits-fils d'une femme actuellement veuve ou d'une femme dont le mari a été légalement déclaré absent ou interdit, ou d'un père aveugle ou entré dans sa soixante-dixième année;

3° Le fils unique ou l'aîné des fils d'une famille de sept enfants au moins [1];

Dans les cas prévus par les trois paragraphes précédents, le frère puîné jouira de la dispense si le frère aîné est aveugle ou atteint de toute autre infirmité incurable qui le rende impotent;

4° Le plus âgé des deux frères inscrits la même année sur les listes de recrutement cantonal;

5° Celui dont un frère sera présent sous les drapeaux au moment de l'appel de la classe, soit comme officier, soit comme appelé ou engagé volontaire pour trois ans au moins, soit comme rengagé, breveté ou commissionné après avoir accompli cette durée de service, soit enfin comme inscrit maritime levé d'office, levé sur sa demande, maintenu ou réadmis au service, quelle que soit la classe de recrutement à laquelle il appartient.

Ces dispositions sont applicables aux frères des officiers mariniers des équipages de la flotte appartenant à l'inscription maritime et servant en qualité d'officiers mariniers du cadre de la maistrance;

6° Celui dont le frère sera mort en activité de service ou aura été réformé ou admis à la retraite pour blessures reçues dans un service commandé ou pour infirmités contractées dans les armées de terre ou de mer.

La dispense accordée conformément aux paragraphes 5 et 6 ci-dessus ne sera appliquée qu'à un seul frère pour un même cas, mais elle se répétera dans la même famille autant de fois que les mêmes droits s'y reproduiront.

Les demandes, accompagnées de documents authentiques justifiant de la situation des intéressés, sont adressées, avant le tirage au sort, au maire de la commune où les jeunes gens sont domiciliés. Il en sera donné récépissé.

L'appelé ou l'engagé qui, postérieurement, soit à la décision du conseil de révision, soit à son incorporation, entre dans l'une des

---

[1] L'expression « fils unique » suppose ici le cas où les six autres enfants seraient des filles.

catégories prévues-ci-dessus, est, sur sa demande et dès qu'il compte un an de présence au corps, envoyé en congé dans ses foyers jusqu'à la date de son passage dans la réserve.

Le jeune homme omis, qui ne s'est pas présenté ou fait représenter par ses ayants cause devant le conseil de révision, ne peut être admis au bénéfice des dispenses indiquées par le présent article si les motifs de ces dispenses ne sont survenus que postérieurement à la décision de ce conseil.

Le présent article n'est applicable qu'aux enfants légitimes.

Les enfants naturels reconnus par le père ou par la mère ne pourront jouir que de la dispense organisée par l'article suivant et dans les conditions prévues par cet article.

. . . .

Art. 22. En temps de paix, après un an de présence sous les drapeaux, peuvent être envoyés en congé dans leurs foyers sur leur demande, jusqu'à la date de leur passage dans la réserve, les jeunes gens qui remplissent effectivement les devoirs de soutiens indispensables de famille.

Les demandes sont adressées, avant le tirage au sort, au maire de la commune où les jeunes gens sont domiciliés. Il en sera donné récépissé. Elles doivent comprendre à l'appui :

1° Un relevé des contributions payées par la famille et certifié par le percepteur;

2° Un avis motivé de trois pères de famille résidant dans la commune et ayant un fils sous les drapeaux ou, à défaut, dans la réserve de l'armée active, et jouissant de leurs droits civils et politiques.

La liste de ces jeunes gens est présentée par le maire au conseil de revision, avec l'avis motivé du conseil municipal.

Le nombre de jeunes gens dispensés par le conseil départemental de revision, à titre de soutiens indispensables de famille, ne peut dépasser 5 p. 100 du contingent à incorporer pour trois ans.

Toutefois le Ministre de la guerre peut autoriser les chefs de corps à délivrer, en plus du chiffre fixé ci-dessus, des congés à titre de soutiens indispensables de famille aux militaires comptant un an et deux ans de présence sous les drapeaux.

Le nombre des congés accordés en vertu du paragraphe précédent ne pourra pas dépasser 1 p. 100 après la première année et 1 p. 100 après la seconde.

Il sera calculé d'après l'effectif des hommes de la classe appartenant aux corps.

Les intéressés devront produire les justifications mentionnées ci-dessus.

Tous les ans, le maire de chaque commune présente au conseil de revision, siégeant au chef-lieu de canton, une délibération du conseil municipal faisant connaître la situation des jeunes gens qui ont été renvoyés dans leurs foyers comme soutiens de famille. Il est tenu de signaler au conseil de revision les plaintes des personnes dans l'intérêt desquelles l'envoi en congé a eu lieu en vertu du présent article et de l'article précédent.

Le conseil départemental de revision décide s'il y a lieu ou non de maintenir ces dispenses. Les jeunes gens dont le maintien en congé n'est pas admis sont soumis à toutes les obligations de la classe à laquelle ils appartiennent.

. . . .

Art. 23. En temps de paix, après un an de présence sous les drapeaux, sont renvoyés en congé dans leurs foyers, sur leur demande, jusqu'à la date de leur passage dans la réserve :

1° Les jeunes gens qui contractent l'engagement de servir pendant dix ans dans les fonctions de l'instruction publique, dans les institutions nationales des sourds et muets ou des jeunes aveugles, dépendant du Ministère de l'intérieur, et y rempliront effectivement un emploi de professeur, de maître répétiteur ou d'instituteur;

Les instituteurs laïques ainsi que les novices et membres des congrégations religieuses vouées à l'enseignement et reconnues d'utilité publique, qui prennent l'engagement de servir pendant dix ans dans les écoles françaises d'Orient et d'Afrique subventionnées par le Gouvernement français;

2° Les jeunes gens qui ont obtenu ou qui poursuivent leurs études en vue d'obtenir :

Soit le diplôme de licencié ès lettres, ès sciences, de docteur en droit, de docteur en médecine, de pharmacien de 1re classe, de vétérinaire, ou le titre d'interne des hôpitaux nommé au concours dans une ville où il existe une Faculté de médecine;

13.

Soit le diplôme délivré par l'École des chartes, l'École des langues orientales vivantes et l'École d'administration de la marine;

Soit le diplôme supérieur délivré aux élèves externes par l'École des ponts et chaussées, l'École supérieure des mines, l'École du génie maritime;

Soit le diplôme supérieur délivré par l'Institut national agronomique, l'École des haras du Pin aux élèves internes, les Écoles nationales d'agriculture de Grandjouan, de Grignon et de Montpellier, l'École des mines de Saint-Étienne, les Écoles des maîtres ouvriers mineurs d'Alais et de Douai, les Écoles nationales des arts et métiers d'Aix, d'Angers et de Châlons, l'École des hautes études commerciales et les Écoles supérieures de commerce reconnues par l'État;

Soit l'un des prix de Rome, soit un prix ou médaille d'État dans les concours annuels de l'École nationale des beaux-arts, du Conservatoire de musique et de l'École nationale des arts décoratifs;

3° Les jeunes gens exerçant les industries d'art qui sont désignés par un jury d'État départemental formé d'ouvriers et de patrons. Le nombre de ces jeunes gens ne pourra, en aucun cas, dépasser un demi pour cent du contingent à incorporer pour trois ans;

4° Les jeunes gens admis, à titre d'élèves ecclésiastiques, à continuer leurs études en vue d'exercer le ministère dans l'un des cultes reconnus par l'État.

En cas de mobilisation, les étudiants en médecine et en pharmacie et les élèves ecclésiastiques sont versés dans le service de santé.

Tous les jeunes gens énumérés ci-dessus seront rappelés pendant quatre semaines pendant le cours de l'année qui précédera leur passage dans la réserve de l'armée active. Ils suivront ensuite le sort de la classe à laquelle ils appartiennent.

Des règlements d'administration publique détermineront : les conditions dans lesquelle sera contracté l'engagement décennal visé au paragraphe 1er; les justifications à produire par les jeunes gens visés aux paragraphes 2 et 4, soit au moment de leur demande, soit chaque année, pendant la durée de leurs études; la nomenclature des industries d'art qui donneront lieu à la dispense prévue au paragraphe 3; le mode de répartition de ces dispenses entre les départements, le mode de constitution du jury d'État pour les ouvriers d'art, ainsi que les justifications annuelles d'aptitude, de travail et d'exercice régulier de leur profession, que les jeunes gens dispensés sur la proposition du jury devront fournir jusqu'à l'âge de vingt-six ans.

Les mêmes règlements fixeront le nombre des diplômes supérieurs à délivrer annuellement, en vue de la dispense du service militaire, par chacune des écoles énumérées au troisième alinéa du paragraphe 2, et définiront ceux de ces diplômes qui ne sont pas définis par la loi; ils fixeront également le nombre des prix et des médailles visés au quatrième alinéa du même paragraphe.

Art. 24. Les jeunes gens visés au paragraphe 1er de l'article précédent qui, dans l'année qui suivra leur année de service, n'auraient pas obtenu un emploi de professeur, de maître-répétiteur ou d'instituteur, ou qui cesseraient de le remplir avant l'expiration du délai fixé;

Ceux qui n'auraient pas obtenu avant l'âge de vingt-six ans les diplômes ou les prix spécifiés aux alinéas du paragraphe 2;

Les jeunes gens visés au paragraphe 3 qui ne fourniraient pas les justifications professionnelles prescrites;

Les élèves ecclésiastiques mentionnés au paragraphe 4, qui, à l'âge de vingt-six ans, ne seraient pas pourvus d'un emploi de ministre de l'un des cultes reconnus par l'État;

Les jeunes gens visés par les articles 21, 22 et 23 qui n'auraient pas satisfait, dans le cours de leur année de service, aux conditions de conduite et d'instruction militaire déterminées par le Ministre de la guerre;

Ceux qui ne poursuivraient pas régulièrement les études en vue desquelles la dispense a été accordée;

Seront tenus d'accomplir les deux années de service dont ils avaient été dispensés.

Art. 25. Quand les causes de dispense prévues aux articles 21, 22 et 23 viennent à cesser, les jeunes gens qui avaient obtenu ces dispenses sont soumis à toutes les obligations de la classe à laquelle ils appartiennent.

Ils peuvent se marier sans autorisation.

Art. 26. La liste des jeunes gens de chaque département, dispensés en vertu des articles 21, 22, 23 et 50, sera publiée au Bulletin administratif, et les noms des dispensés de chaque commune seront affichés dans leur commune à la porte de la mairie.

En cas de guerre, ils sont appelés et marchent avec les hommes de leur classe.

Les dispositions de l'article 55 ci-après leur sont applicables.

Art. 27. Peuvent être ajournés deux années de suite à un nouvel examen du conseil de révision, les jeunes gens qui n'ont pas la taille réglementaire de 1 m. 54, ou qui sont reconnus d'une complexion trop faible pour un service armé.

Les jeunes gens ajournés reçoivent, pour justifier de leur situation, un certificat qu'ils sont tenus de représenter à toute réquisition des autorités militaire, judiciaire ou civile.

A moins d'une autorisation spéciale, ils sont astreints à comparaître à nouveau devant le conseil de révision du canton devant lequel ils ont comparu.

Ceux qui, après l'examen définitif, sont reconnus propres au service armé ou auxiliaire, sont soumis, selon la catégorie dans laquelle ils sont placés, aux obligations de la classe à laquelle ils appartiennent.

Ils peuvent faire valoir les motifs de dispenses énoncés aux articles 21, 22 et 23.

Les droits à la dispense, prévus au paragraphe numéroté 5 de l'article 21, qui existaient au moment de l'ajournement, peuvent être valablement invoqués l'année suivante, lors même que, pendant l'ajournement, le frère du réclamant aurait cessé d'être présent sous les drapeaux.

Art. 32. Les décisions du conseil de révision sont définitives. Elles peuvent, néanmoins, êtres attaquées devant le Conseil d'État pour incompétence, excès de pouvoir ou violation de la loi.

Le recours au Conseil d'État n'aura pas d'effet suspensif, et il ne pourra en être autrement ordonné.

L'annulation prononcée sur le recours du Ministre de la guerre profite aux parties lésées.

. . . .

Art. 36. Il est tenu, par subdivision de région, un registre matricule sur lequel sont portés tous les jeunes gens inscrits sur les listes du recrutement cantonal.

Ce registre mentionne l'incorporation de chaque homme inscrit ou la position dans laquelle il est laissé et, successivement, tous les changements qui peuvent survenir dans sa situation jusqu'à sa libération définitive.

Tout homme inscrit sur le registre matricule reçoit un livret individuel, qu'il est tenu de représenter à toute réquisition des autorités militaire, judiciaire ou civile.

En cas d'appel à l'activité ou de convocation pour des manœuvres exercices ou revues, la représentation du livret individuel doit avoir lieu dans les vingt-quatre heures de la réquisition.

En tout autre cas, le délai est de huit jours.

. . . .

TITRE III.

Les dispositions des articles 43 et 44 [1] ne sont pas applicables aux jeunes gens dispensés en vertu des articles 21, 22 et 23.

Art. 45. La durée du service actif ne pourra pas être interrompue par des congés, sauf le cas de maladie ou de convalescence, ou en exécution des articles 21, 22 et 23 de la présente loi.

. . . .

CHAPITRE III.
DU SERVICE DANS LES RÉSERVES.

Art. 48. Les hommes envoyés dans la réserve de l'armée active, dans l'armée territoriale et dans la réserve de ladite armée sont affectés aux divers corps de troupe et services de l'armée active et de l'armée territoriale.

Ils sont tenus de rejoindre leur corps en cas de mobilisation, de rappel de leur classe ordonné par décret, et de convocation pour des manœuvres ou exercices.

[1] Armée de mer et troupes coloniales.

A l'étranger, les ordres de mobilisation, de rappel ou de convocation sont transmis par les soins des agents consulaires de France.

Le rappel de la réserve de l'armée active peut être fait d'une manière distincte et indépendante pour l'armée de terre, pour l'armée de mer ou pour les troupes coloniales; il peut être fait pour un, plusieurs ou tous les corps d'armée, et, s'il y a lieu, distinctement par arme. Dans tous les cas, il a lieu par classe, en commençant par la moins ancienne.

Les mêmes dispositions sont applicables à l'armée territoriale.

La réserve de l'armée territoriale n'est rappelée à l'activité qu'en cas de guerre et à défaut de ressources suffisantes fournies par l'armée territoriale. Le rappel se fait par classe ou par fraction de classe, en commençant par la moins ancienne.

En cas de mobilisation, les militaires de la réserve domiciliés dans la région et, en cas d'insuffisance, les militaires de la réserve domiciliés dans d'autres régions, complètent les effectifs des divers corps de troupe et des divers services qui entrent dans la composition de chaque corps d'armée.

Les corps de troupe et services qui n'entrent pas dans la composition des corps d'armée sont complétés avec des militaires de la réserve pris sur l'ensemble du territoire.

Mention du corps d'affectation est portée sur le livret individuel.

Les hommes désignés dans l'article 5 comme devant être incorporés dans les bataillons d'infanterie légère d'Afrique, et qui n'auront point été jugés dignes d'être envoyés dans d'autres corps au moment où ils passeront dans la réserve, seront, lors de leur passage dans la réserve, affectés à ces mêmes corps.

En temps de paix, ils accompliront leurs périodes d'exercices dans des compagnies spécialement désignées à cet effet.

Les dispositions des deux derniers paragraphes seront appliquées aux hommes qui, après avoir quitté l'armée active, ont encouru les condamnations spécifiées à l'article 5.

Art. 49. Les hommes de la réserve de l'armée active sont assujettis, pendant leur temps de service dans ladite réserve, à prendre part à deux manœuvres, chacune d'une durée de quatre semaines.

Les hommes de l'armée territoriale sont assujettis à une période d'exercices dont la durée sera de deux semaines.

Peuvent être dispensés de ces manœuvres ou exercices, comme soutiens indispensables de famille, et s'ils en remplissent effectivement les devoirs, les hommes de la réserve et de l'armée territoriale qui en font la demande.

Le maire soumet les demandes au conseil municipal, qui opère comme il est prescrit à l'article 22 ci-dessus.

Les listes de demandes annotées sont envoyées par les maires aux généraux commandant les subdivisions, qui statuent.

Ces dispenses peuvent être accordées, par subdivision de région, jusqu'à concurrence de 6 p. 100 du nombre des hommes appelés momentanément sous les drapeaux; elles n'ont d'effet que pour la convocation en vue de laquelle elles sont délivrées.

Peuvent être dispensés de ces manœuvres ou exercices les fonctionnaires et agents désignés au tableau B de la présente loi.

. . . .

Art. 51. En cas de mobilisation, nul ne peut se prévaloir de la fonction ou de l'emploi qu'il occupe pour se soustraire aux obligations de la classe à laquelle il appartient.

Sont seuls autorisés à ne pas rejoindre immédiatement, dans le cas de convocation par voie d'affiches et de publications sur la voie publique, les titulaires des fonctions ou emplois désignés aux tableaux A, B et C annexés à la présente loi, sous la condition qu'ils occupent ces fonctions ou emplois depuis six mois au moins.

Les fonctionnaires et agents portés au tableau A, qui ne relèvent pas déjà des Ministres de la guerre ou de la marine, sont mis à la disposition de ces Ministres et attendent leurs ordres dans leur situation respective.

Les fonctionnaires et agents du tableau B, qui ne comptent plus dans la réserve de l'armée active, ne rejoignent leurs corps que sur ordres spéciaux.

Les hommes autorisés à ne pas rejoindre immédiatement sont, dès la publication de l'ordre de mobilisation, soumis à la juridiction des tribunaux militaires, par application de l'article 57 du Code de justice militaire.

Art. 55. Tout homme inscrit sur le registre matricule est astreint, s'il se déplace, aux obligations suivantes :

1° S'il se déplace pour changer de domicile ou de résidence, il fait viser, dans le délai d'un mois, son livret individuel par la gendarmerie dont relève la localité où il transporte son domicile ou sa résidence;

2° S'il se déplace pour voyager pendant plus d'un mois, il fait viser son livret avant son départ par la gendarmerie de sa résidence habituelle;

3° S'il va se fixer en pays étranger, il fait de même viser son livret avant son départ, et doit, en outre, dès son arrivée, prévenir l'agent consulaire de France, qui lui donne récépissé de sa déclaration et en envoie copie dans les huit jours au Ministre de la guerre.

A l'étranger, s'il se déplace pour changer de résidence, il en prévient, au départ et à l'arrivée, l'agent consulaire de France, qui en informe le Ministre de la guerre.

Lorsqu'il rentre en France, il se conforme aux prescriptions du paragraphe 1ᵉʳ ci-dessus.

Art. 56. Les hommes qui se sont conformés aux prescriptions de l'article précédent, ont droit, en cas de mobilisation ou de rappel de leur classe, à des délais supplémentaires pour rejoindre, calculés d'après la distance à parcourir.

Ceux qui ne s'y sont pas conformés sont considérés comme n'ayant pas changé de domicile ou de résidence.

. . . .

Art. 58. Les hommes de la disponibilité et de la réserve de l'armée active peuvent se marier sans autorisation. Ils restent soumis, néanmoins, à toutes les obligations de service imposées à leur classe.

Les réservistes qui sont pères de quatre enfants vivants passent de droit dans l'armée territoriale.

TITRE IV.

CHAPITRE PREMIER.

DES ENGAGEMENTS VOLONTAIRES.

Art. 59. . . . .

La durée de l'engagement volontaire est de trois, quatre ou cinq ans.

L'engagé volontaire admis, après concours, à l'École normale supérieure, à l'École centrale des arts et manufactures, ou à l'une des écoles spéciales visées à l'article 23 [1], pourra bénéficier des dispositions dudit article, après un an de présence sous les drapeaux, à la condition que la demande ait été formulée au moment de l'engagement.

Le service militaire fixé par l'article 37 ci-dessus compte du jour de la signature de l'acte d'engagement.

. . . .

TITRE VI.

RECRUTEMENT EN ALGÉRIE ET AUX COLONIES.

Art. 81. Les dispositions de la présente loi sont applicables dans les colonies de la Guadeloupe, de la Martinique, de la Guyane et de la Réunion.

Elles sont également applicables en Algérie et dans toutes les colonies non désignées au paragraphe précédent, mais sous les réserves suivantes :

En dehors d'exceptions motivées et dont il serait fait mention dans le compte rendu prévu par l'article 86 ci-après, les Français et naturalisés Français résidant en Algérie ou dans l'une des colonies autres que la Guadeloupe, la Martinique, la Guyane et la Réunion, sont incorporés dans les corps stationnés soit en Algérie, soit aux colonies, et, après une année de présence effective sous les drapeaux, envoyés dans la disponibilité s'ils ont satisfait aux conditions de conduite et d'instruction militaire déterminées par le Ministre de la guerre.

CIRCULAIRE RELATIVE AUX BOURSIERS DE LICENCE. ENGAGEMENT DÉCENNAL.

(5 octobre 1889.)

Monsieur le Recteur, lorsque furent faits les règlements relatifs aux bourses de licence, la loi militaire en vigueur était la loi de 1872. Aussi disposa-t-on que les boursiers de licence pourraient être nommés maîtres

[1] Voir p. 225 la loi du 11 juillet 1892 modifiant cet article.

auxiliaires dans un lycée et être admis, en cette qualité, à contracter l'engagement décennal en vue de la dispense du service militaire. En retour, on exigea d'eux l'engagement de restituer à l'État le prix de la bourse dont ils auraient joui, dans le cas où ils ne réaliseraient pas l'engagement décennal.

Ces dispositions sont devenues inutiles depuis la promulgation de la nouvelle loi du 15 juillet 1889 sur le recrutement de l'armée.

En effet, aux termes de cette loi, tout Français doit le service militaire personnel; la dispense pleine et entière de service qu'entraînait auparavant l'engagement décennal est supprimée.

Mais, soucieux de concilier, autant que possible, les intérêts des hautes études avec les exigences de la défense nationale, le législateur a décidé qu'en temps de paix certaines catégories de jeunes gens pourraient, à des conditions déterminées, être envoyés, sur leur demande, en congé dans leurs foyers, après un an de présence sous les drapeaux, jusqu'à la date de leur passage dans la réserve.

Dans ces catégories se trouvent les jeunes gens qui ont obtenu ou qui poursuivent leurs études en vue d'obtenir le diplôme de licencié ès sciences ou de licencié ès lettres. Comme c'est le cas de tous les boursiers de licence, il est inutile de leur demander un engagement décennal qui ne leur assurerait pas d'autres avantages. L'engagement décennal étant supprimé, l'engagement de restitution qui en était corrélatif doit l'être également.

Je n'ai pas besoin d'ajouter qu'aujourd'hui moins que jamais, avec ces dispositions nouvelles, les boursiers de licence ne sont en droit de se considérer comme des fonctionnaires auxquels l'État devrait une place à l'expiration de leur bourse. Sans doute, ils continueront, comme par le passé, à fournir à l'enseignement secondaire de sérieuses et de nombreuses recrues; mais l'administration de l'instruction publique n'a jamais contracté d'engagement envers eux.

Je désire qu'il n'y ait sur ce point aucune méprise. Vous voudrez bien, en conséquence, prier MM. les doyens des facultés et les chefs des établissements d'enseignement secondaire de votre ressort de porter les présentes dispositions à la connaissance des boursiers et des candidats aux bourses de licence.

CIRCULAIRE RELATIVE AU SERVICE MILITAIRE ET AUX CONGÉS.

(9 octobre 1889.)

Monsieur le Recteur, la loi du 15 juillet dernier sur le recrutement de l'armée dispose, article 23, *qu'en temps de paix, après un an de service sous les drapeaux, sont envoyés en congé dans leurs foyers sur leur demande, jusqu'à la date de leur passage dans la réserve, les jeunes gens qui ont obtenu ou qui poursuivent leurs études en vue d'obtenir les diplômes suivants :*

> *Docteur en droit;*
> *Docteur en médecine;*
> *Licencié ès lettres;*
> *Pharmacien de 1re classe.*

Un règlement d'administration publique déterminera prochainement les justifications à produire par ces jeunes gens soit au moment de leur demande, soit chaque année pendant le cours de leurs études.

Sans préjuger ce que sera ce règlement, il appartient dès maintenant à l'administration de l'instruction publique de prendre dans les facultés, au début même de l'année scolaire, les mesures d'ordre intérieur qui permettront aux étudiants faisant partie de la prochaine classe de réclamer le bénéfice de l'article 23 de la loi du 15 juillet.

Facultés des sciences et facultés des lettres. — Dans ces deux ordres de facultés, les règlements prescrivent quatre inscriptions trimestrielles pour la licence. En fait, le plus souvent, elles sont prises cumulativement, à la veille de l'examen, et par ceux-là seuls des étudiants qui se présentent à l'épreuve.

Il faut, dès aujourd'hui, qu'il en soit autrement, sauf pour les aspirants qui ont satisfait à la loi sur le recrutement et qui ne se proposent pas de réclamer le bénéfice de l'article 23 de la loi du 15 juillet dernier.

En conséquence, *à partir du 1er novembre prochain, les étudiants des facultés des lettres et des sciences, aspirants à la licence, seront tenus de prendre régulièrement une inscription à chaque trimestre, aux époques réglementaires.* Faute par eux de s'être conformés à cette prescription, ils s'exposent à perdre tout droit au bénéfice de l'article 23.

Vous voudrez bien, Monsieur le Recteur, veiller à l'exécution de ces prescriptions et, en outre, faire afficher dans les facultés, lycées et collèges de votre ressort, l'extrait suivant de la loi du 15 juillet :

Art. 23. En temps de paix, après un an de présence sous les drapeaux, sont envoyés en congé dans leurs foyers, sur leur demande, jusqu'à la date de leur passage dans la réserve :

Les jeunes gens qui ont obtenu ou qui poursuivent leurs études en vue d'obtenir soit le diplôme de licencié ès lettres, ès sciences, de docteur en droit, de pharmacien de 1re classe..., soit le diplôme délivré par l'École des chartes, l'École des langues orientales vivantes...

Art. 24. Les jeunes gens qui n'auraient pas obtenu avant l'âge de vingt-six ans les diplômes spécifiés...

Ceux qui ne poursuivraient pas régulièrement les études en vue desquelles la dispense a été accordée;

Seront tenus d'accomplir les deux ans de service dont ils avaient été dispensés.

CIRCULAIRE RELATIVE À L'APPLICATION DE LA LOI DU 15 JUILLET 1889
SUR LE RECRUTEMENT DE L'ARMÉE. (ENGAGEMENTS DÉCENNAUX.)

(15 décembre 1889.)

Monsieur le Recteur, la loi du 15 juillet a maintenu l'engagement décennal contracté au titre de l'instruction publique, mais elle n'y a pas attaché les mêmes effets que par le passé. Désormais, l'engagement décennal ne dispense plus, comme autrefois, de tout service militaire; il permet seulement à celui qui l'a contracté de demander et d'obtenir, en temps de paix, d'être envoyé en congé dans ses foyers, après un an de présence sous les drapeaux, jusqu'à la date de son passage dans la réserve (art. 23 de la loi).

Cette dispense de deux années de présence sous les drapeaux, étant corrélative d'un service public, celui qui ne remplirait pas une des fonctions dans lesquelles peut être réalisé l'engagement décennal ou qui cesserait de la remplir avant l'expiration de cet engagement est tenu d'accomplir les deux années de service dont il aurait été dispensé (art. 24 de la loi).

J'ajoute qu'en vertu du même article, les jeunes gens qui, en principe, auraient obtenu la dispense dont il s'agit, par suite de leur engagement décennal, mais qui, pendant leur année de service, n'auraient pas satisfait aux conditions de conduite et d'instruction militaire déterminées par le Ministre de la guerre, seraient tenus d'accomplir sans délai les deux années de service dont ils auront été dispensés.

J'arrive maintenant aux conditions d'exécution qui sont l'objet du décret du 23 novembre.

L'engagement décennal au titre de l'instruction publique continue d'être contracté devant le recteur de l'Académie (art. 7 du décret).

Vous trouverez annexée au décret la formule de l'engagement. Vous aurez à vous assurer, avant d'accepter les engagements, que ceux qui les ont souscrits sont en possession, en vertu d'une nomination régulière, de l'un des emplois ou fonctions énumérés au paragraphe 1er de l'article 9 du règlement.

Lorsque les signataires de l'engagement décennal sont âgés de moins de vingt ans, l'engagement doit être accompagné de l'autorisation de leur père, mère ou tuteur.

Aux termes de la loi de 1872, l'engagement devait être accepté avant le tirage au sort. La loi du 15 juillet 1889 n'a rien prescrit à cet égard. Le règlement du 23 novembre étend jusqu'à l'incorporation le délai pour produire les pièces justificatives exigées par l'article 8. Il en résulte que l'engagement décennal peut être accepté par vous, non pas simplement jusqu'au jour de la comparution des intéressés devant le conseil de révision, mais jusqu'au moment de l'incorporation. Si l'engagement décennal a été accepté avant la comparution devant le conseil de révision, c'est à ce conseil que seront présentées les pièces justificatives; s'il a été accepté après la comparution devant le conseil de révision, mais avant l'incorporation, elles seront produites au commandant de recrutement.

Le règlement fixe à dix-huit ans accomplis l'âge minimum à partir duquel l'engagement décennal peut être contracté.

La loi a nettement déterminé les catégories générales d'emplois qui permettent de contracter l'engagement décennal, ce sont ceux « de professeur, de maître répétiteur et d'instituteur ». Le règlement d'administration publique du 23 novembre a dressé, dans ces limites, la nomenclature de ces emplois. Ce sont ceux d'instituteur stagiaire accomplissant son stage dans une école primaire publique ou dans une école normale; instituteur titulaire; directeur ou professeur titulaire ou délégué à l'École normale supérieure d'enseignement primaire de Saint-Cloud, dans les écoles normales primaires, dans les écoles primaires supérieures et dans les écoles d'apprentissage nationales, départementales ou municipales; inspecteur primaire; principal de collège; maître répétiteur stagiaire, maître répétiteur surveillant général, maître élémentaire, chargé de cours ou professeur des lycées et collèges, de l'École normale de Cluny et du Prytanée de la Flèche; aide-naturaliste du Muséum; maître surveillant, préparateur et chef des travaux pratiques; professeur, suppléant et chargé de cours dans les établissements publics d'enseignement supérieur.

Vous remarquerez que dans cette nomenclature ne figurent pas un certain nombre d'emplois qui permettaient auparavant de contracter et de réaliser l'engagement décennal : tels sont, en particulier, ceux de commis aux écritures, commis d'économat, économes des lycées. Ce ne sont pas des emplois d'enseignement, les seuls pour lesquels la loi ait admis les dispenses.

Les emplois ci-dessus énumérés sont aussi les seuls dans lesquels peut être réalisé l'engagement décennal. Tout jeune homme qui a contracté l'engagement est tenu, après avoir accompli son année de service militaire, d'exercer, dans l'année qui suit et jusqu'à l'expiration de son engagement, l'un de ces emplois ou l'une de ces fonctions.

Il en justifie chaque année, du 15 septembre au 15 octobre, par un certificat (modèle E) délivré par vous et produit au commandant du bureau de recrutement de la subdivision à laquelle appartient le canton dans lequel il a concouru au tirage (art. 10 et 36 du décret).

C'est à l'intéressé et non à l'Administration qu'incombe le soin de retirer et de produire ce certificat.

La réalisation de l'engagement décennal court à partir du jour où il a été accepté par vous. Vous aurez donc à accepter les engagements au fur et à mesure de leur production, après vous être assuré de leur régularité.

L'année passée sous les drapeaux n'entre pas en compte dans la réalisation de l'engagement.

Il en est autrement des congés accordés pour cause de maladie, mais de ceux-là seulement. Vous remarquerez que, dans ce cas, la maladie doit être dûment constatée par deux médecins dont l'un désigné par l'autorité militaire.

Ce n'est pas à dire que, sauf le cas de maladie, l'engagement décennal doive être nécessairement et toujours réalisé sans solution de continuité. Il peut se faire que des congés soient accordés aux titulaires de l'engagement décennal pour d'autres causes que la maladie; il peut se faire aussi qu'avant d'avoir réalisé pleinement cet engagement, ils exercent temporairement des fonctions qui ne sont pas comprises dans la nomenclature rapportée ci-dessus.

Le règlement autorise ces interruptions à la double condition qu'elles soient mentionnées sur la justification que les intéressés doivent produire chaque année et qu'au total elles ne reculent pas de plus de trois ans l'accomplissement de l'engagement décennal. C'est à vous, Monsieur le Recteur, qu'il appartient de veiller à l'exécution de ces dispositions.

Vous remarquerez que le département de l'Instruction publique n'est pas le seul où il puisse être contracté des engagements décennaux; il en est reçu par M. le Ministre de l'intérieur pour les institutions des sourds-muets et des jeunes aveugles, et par M. le Ministre des affaires étrangères pour les écoles françaises d'Orient et d'Afrique subventionnées par le gouvernement français.

L'engagement décennal contracté au titre de l'instruction publique peut être réalisé dans les écoles nationales des sourds-muets ou des jeunes aveugles, et réciproquement; il peut l'être également dans les écoles françaises d'Orient et d'Afrique; il peut l'être encore à titre d'instituteur, de professeur ou de maître répétiteur dans les écoles d'enseignement professionnel agricole visées par l'article 10 de la loi du 30 juillet 1875, et dans l'une des écoles préparant aux diplômes compris dans la nomenclature du paragraphe 2 de l'article 23 de la loi du 15 juillet 1889, à savoir : l'École des chartes, l'École des langues orientales vivantes, l'École d'administration de la marine, l'École des ponts et chaussées, l'École supérieure des mines, l'École du génie maritime, l'Institut national agronomique, l'École des haras du Pin, les Écoles nationales d'agriculture du Grand-Jouan, de Grignon et de Montpellier, l'école des mines de Saint-Étienne, les écoles des maîtres ouvriers mineurs d'Alais et de Douai, les Écoles nationales des arts et métiers d'Aix, d'Angers et de Châlons, l'école des hautes études commerciales et les écoles supérieures de commerce reconnues par l'État.

Dans ces différents cas, la mutation doit être autorisée par le département ministériel auquel appartient l'engagé décennal qui passe d'un département ministériel dans un autre et doit notifier l'autorisation qu'il a obtenue au commandant du bureau de recrutement de la subdivision dans laquelle est situé le canton où il a participé au tirage au sort (modèle F).

Je termine en vous rappelant que les dispositions de la loi du 15 juillet dernier et celles du décret du 23 novembre sont désormais seules en vigueur.

<hr />

RÈGLEMENT SUR LES DISPENSES MILITAIRES.

(23 novembre 1889.)

<hr />

CHAPITRE PREMIER.

DES DISPENSES RÉSULTANT DE L'OBTENTION DE CERTAINS DIPLÔMES, TITRES, PRIX ET RÉCOMPENSES.

Article 1er. Sont, sur leur demande (*modèle A*), envoyés ou maintenus définitivement en congé dans leurs foyers, jusqu'à la date de leur passage dans la réserve, pourvu qu'ils aient une année de présence sous les drapeaux, les jeunes gens qui obtiennent ou ont obtenu un des diplômes, titres, prix ou récompenses mentionnés au paragraphe 2° de l'article 23 de la loi du 15 juillet 1889, soit avant leur incorporation, soit pendant leur présence sous les drapeaux à titre d'appelés, soit pendant leur séjour en congé dans leurs foyers dans les divers cas prévus par les articles 21, 22 et 23 de ladite loi.

Les jeunes gens qui ont obtenu avant leur comparution devant le conseil de revision un de ces diplômes, titres, prix ou récompenses, doivent produire au conseil des pièces officielles constatant cette obtention.

Pour les jeunes soldats présents sous les drapeaux, l'envoi en congé est prononcé par l'autorité militaire, sur le vu des diplômes ou pièces officielles. Pour les jeunes gens présents dans leurs foyers, avant leur incorporation ou qui y sont envoyés en congé, la dispense est également prononcée par l'autorité militaire, après remise des pièces justificatives au commandant du bureau de recrutement de la subdivision de région à laquelle appartient le canton où ils ont concouru au tirage au sort. Dans ces deux derniers cas, la production des pièces justificatives doit avoir lieu dans le mois qui suit l'obtention des diplômes, titres, prix ou récompenses.

. . . .

CHAPITRE II.

DES DISPENSES AU TITRE DE L'ENGAGEMENT DÉCENNAL DANS L'ENSEIGNEMENT.

ART. 7. L'engagement décennal donnant droit à la dispense, soit au titre des fonctions de l'instruction publique, soit au titre des institutions nationales des sourds-muets ou des jeunes aveugles relevant du Ministère de l'intérieur, soit au titre des écoles françaises d'Orient et d'Afrique subventionnées par le Gouvernement français, est reçu :

1° Pour les fonctions de l'instruction publique, par les recteurs des académies;

2° Pour les institutions nationales des sourds-muets ou des jeunes aveugles, par le Ministre de l'intérieur;

3° Pour les écoles françaises subventionnées d'Orient et d'Afrique, par le Ministre des affaires étrangères.

ART. 8. Les jeunes gens qui se proposent de contracter l'engagement décennal doivent présenter à l'acceptation du recteur de l'Académie, du Ministre de l'intérieur ou du Ministre des affaires étrangères, suivant le cas, une déclaration sur papier timbré, conforme aux modèles ci-annexés (modèles B, C, D).

Cette déclaration est accompagnée, pour les signataires âgés de moins de vingt ans, de l'autorisation de leur père, mère ou tuteur.

ART. 9. Pour être admis à signer l'engagement décennal, les jeunes gens doivent être âgés de dix-huit ans au moins.

Cet engagement ne peut être contracté et réalisé que si les jeunes gens occupent, en vertu de nomination régulière, l'un des emplois ou fonctions ci-après, savoir :

1° S'ils appartiennent au département de l'Instruction publique : instituteur stagiaire accomplissant son stage dans une école primaire publique ou dans une école normale; instituteur titulaire; directeur ou professeur titulaire ou délégué à l'École normale supérieure d'enseignement primaire de Saint-Cloud, dans les écoles normales primaires, dans les écoles primaires supérieures et dans les écoles d'apprentissage nationales, départementales ou municipales; inspecteur primaire; principal de collège; maître répétiteur stagiaire, maître répétiteur, surveillant général, maître élémentaire, chargé de cours ou professeur des lycées et collèges, de l'École normale de Cluny et du Prytanée de la Flèche; aide-naturaliste du Muséum; maître surveillant, préparateur et chef des travaux pratiques; professeur, suppléant et chargé de cours dans les établissements publics d'enseignement supérieur;

2° S'ils appartiennent aux institutions nationales des sourds-muets ou des jeunes aveugles : maître surveillant stagiaire ou adjoint; maître surveillant; surveillant général; censeur; professeur titulaire ou adjoint chargé de l'enseignement intellectuel;

3° En ce qui concerne les écoles françaises subventionnées d'Orient et d'Afrique : instituteur laïque.

Les déclarations d'engagement des instituteurs laïques sont transmises au département des Affaires étrangères, par les représentants d'une des sociétés reconnues d'utilité publique et vouées à la propagation de la langue française à l'étranger . . . . .

Art. 10. Après avoir accompli son année de service militaire, le jeune homme qui a contracté l'engagement décennal au titre du Ministère de l'instruction publique, du Ministère de l'intérieur ou du Ministère des affaires étrangères, doit exercer, dans l'année qui suit son année de service, et jusqu'à l'expiration de cet engagement, l'un des emplois ou fonctions spécifiés respectivement aux paragraphes 1er, 2 et 3 de l'article 9. A partir de son entrée en fonctions, il en justifie chaque année, du 15 septembre au 15 octobre, par un certificat (modèle E) produit à l'autorité militaire et que délivrent : pour les membres de l'instruction publique, le recteur de l'académie; pour les institutions nationales des sourds-muets et des jeunes aveugles, le Ministre de l'intérieur; pour les écoles françaises d'Orient et d'Afrique, l'autorité consulaire du lieu où exerce l'intéressé. Dans ce dernier cas, le certificat est visé par le Ministre des affaires étrangères.

Aucune portion de l'engagement décennal ne peut être réalisée en congé, sauf pour cause de maladie dûment constatée par deux médecins, dont l'un désigné par l'autorité militaire. Les autres interruptions régulièrement autorisées ne comptent pas pour la réalisation de l'engagement décennal sans que l'époque normale de l'accomplissement de cet engagement puisse être reculée de plus de trois années.

Art. 11. L'engagement décennal contracté au titre du Ministère de l'instruction publique peut être réalisé :

Soit au titre de l'une des institutions nationales des sourds-muets ou des jeunes aveugles, s'il a été signé au titre de l'instruction publique et réciproquement;

Soit au titre des écoles françaises d'Orient et d'Afrique;

Soit enfin comme instituteur, professeur ou maître répétiteur dans l'une des écoles préparant aux diplômes compris dans la nomenclature du paragraphe 2 de l'article 23 de la loi du 15 juillet 1889, et dans les écoles d'enseignement professionnel agricole visées par l'article 10 de la loi du 30 juillet 1875;

Sous la condition que la mutation ait été autorisée par le département ministériel auquel appartient l'engagé décennal et par celui qui le reçoit.

Le titulaire de l'engagement décennal qui passe d'un département ministériel à un autre doit notifier l'autorisation qu'il a obtenue au commandant du bureau de recrutement de la subdivision dans laquelle est situé le canton où il a participé au tirage au sort (*modèle F*).

CHAPITRE III.

DES DISPENSES RÉSULTANT DES ÉTUDES LITTÉRAIRES, SCIENTIFIQUES OU TECHNIQUES.

ART. 12. Les jeunes gens qui poursuivent leurs études en vue d'obtenir soit le diplôme de licencié ès lettres ou ès sciences, de docteur en droit, de docteur en médecine, de pharmacien de 1re classe, soit le titre d'interne des hôpitaux nommé au concours dans une ville où il existe une faculté de médecine, doivent, pour obtenir la dispense, présenter un certificat du doyen de la faculté ou du directeur de l'école de pharmacie ou de médecine et de pharmacie à laquelle ils appartiennent, constatant qu'ils sont régulièrement inscrits sur les registres et que leurs inscriptions ne sont pas périmées (*modèle G*).

Ceux qui poursuivent leurs études en vue d'obtenir le diplôme de l'École des chartes ou de l'École des langues orientales vivantes doivent produire un certificat du directeur constatant leur admission dans l'une ou l'autre de ces écoles (*modèle G*).

ART. 13. Les jeunes gens visés à l'article précédent doivent, jusqu'à l'obtention des diplômes ou titres spécifiés audit article, produire annuellement jusqu'à l'âge de vingt-six ans fixé par l'article 24 de la loi du 15 juillet 1889, un certificat établi par les doyens des facultés ou par les directeurs des écoles dont il s'agit, constatant qu'ils continuent à être en cours régulier d'études. Sauf en ce qui concerne les élèves de l'École des chartes et de l'École des langues orientales vivantes, ledit certificat doit être visé par le recteur de l'académie; pour ces deux dernières écoles, il est visé par le Ministre de l'instruction publique (*modèle G*).

Les registres d'inscription des facultés, écoles supérieures de pharmacie, écoles de plein exercice et préparatoires de médecine et de pharmacie, sont tenus à la disposition de l'autorité militaire, qui peut en prendre connaissance sans déplacement.

Les étudiants en médecine et en pharmacie qui obtiennent après concours le titre d'interne des hôpitaux dans une ville où il existe une faculté de médecine justifient de leur situation : à Paris, par un certificat du directeur de l'assistance publique visé par le préfet de la Seine; dans les départements, par un certificat du maire, président de la commission administrative, visé par le préfet (*modèle G*).

. . . .

CHAPITRE VII.
DISPOSITIONS GÉNÉRALES.

Art. 35. Les pièces justificatives que les jeunes gens doivent produire à l'appui de leurs demandes (*modèle A*), par application des dispositions des articles 8, 12 à 25, 29 et 33 du présent décret, sont présentées : 1° au conseil de revision; 2° au commandant du bureau de recrutement, avant l'incorporation, si ces pièces n'ont été délivrées qu'après la comparution de l'intéressé. La dispense est prononcée, dans le premier cas, par le conseil de revision, et, dans le second cas, par l'autorité militaire, sur le vu desdites pièces justificatives.

Art. 36. Les dispensés aux titres des chapitres II à VI du présent décret doivent produire, du 15 septembre au 15 octobre de chaque année, jusqu'à l'âge de vingt-six ans, au commandant du bureau de recrutement de la subdivision à laquelle appartient le canton où ils ont concouru au tirage, les certificats prévus auxdits chapitres dans le but d'établir qu'ils continuent à remplir les conditions sous lesquelles la dispense leur a été accordée.

Art. 37. L'année de service imposée aux jeunes gens dispensés en vertu des articles 21, 22 et 23 de la loi du 15 juillet 1889 doit être uniquement consacrée à l'accomplissement de leurs obligations militaires; sous aucun prétexte ils ne pourront être détournés de ces obligations ni recevoir des exemptions de service à l'effet de poursuivre leurs études.

. . . .

CHAPITRE VIII.
DISPOSITIONS TRANSITOIRES.

Art. 38. Les diplômes, titres ou récompenses mentionnés au chapitre 1er du présent décret et obtenus avant sa promulgation, procurent la dispense de service militaire prévue par l'article 23 de la loi du 15 juillet 1889, sous les réserves et aux conditions déterminées par les articles 39 et 40 ci-après.

Art. 39. Les diplômes ou titres supérieurs, délivrés antérieurement à la promulgation du présent décret aux élèves des écoles mentionnées à l'article 2 ci-dessus, pour lesquelles il existe deux ordres de diplômes ou de titres constatant l'achèvement régulier des études, seront considérés comme pouvant procurer la dispense du service militaire prévue par l'article 23 de la loi du recrutement.

En ce qui concerne l'école des mines de Saint-Étienne et les écoles des maîtres ouvriers mineurs d'Alais et de Douai, les deux premiers ordres de titres constatant l'achèvement régulier des études seront considérés comme pouvant procurer la dispense du service militaire.

En ce qui concerne les écoles pour lesquelles il n'existe qu'un ordre de certificat de fin d'études, la dispense ne sera accordée que si les élèves ont été classés à la sortie par rang de mérite, et seulement aux deux premiers tiers de la liste de classement.

Art. 40. En ce qui concerne l'École des beaux-arts, le Conservatoire national de musique et l'École des arts décoratifs, les premiers prix et les premières médailles obtenus avant la promulgation du présent décret dans l'un des concours spécifiés aux articles 4, 5 et 6 ci-dessus, pourront procurer la dispense de service militaire prévue par l'article 23 de la loi du 15 juillet 1889.

. . . .

MODÈLES.

MODÈLE A

(Articles 1 et 35 du décret du 23 novembre 1889.)

Modèle de demande de dispense à déposer pour les jeunes gens qui se trouvent dans les situations déterminées par l'article 23 de la loi du 15 juillet 1889.

Je soussigné [1]

né le   18   à   canton d

département d   , domicilié à   , résidant

à   , fils d   et de   ,

domiciliés à   , canton d   , département d

, appelé, par la loi du 15 juillet 1889 sur le recrutement de l'armée à

concourir au tirage au sort de la classe de   dans le canton d   ,

département d   , demande à bénéficier de la dispense prévue

par l'article 23 de ladite loi, et dépose à l'appui de cette demande la pièce ci-jointe [2].

Fait à   , le   19   .

(*Signature légalisée.*)

[1] Nom et prénoms.
[2] Indiquer la nature de la pièce produite.

MODÈLE B

(Article 8 du décret du 23 novembre 1889.)

Modèle d'engagement décennal au titre du Ministère de l'instruction publique.

Je soussigné [1]

né le   18   , à   , canton d   ,
département de   , domicilié à   , résidant
à   , fils de   et de   ,
domiciliés à   , canton d   , département
d   [2]

appelé, par la loi du 15 juillet 1889 sur le recrutement de l'armée, à concourir au
tirage au sort de la classe de   , dans le canton d   , département d   , déclare contracter devant le Recteur de l'Académie
d   , conformément à l'article 23 de la loi précitée, l'engagement de me vouer pendant dix ans à l'enseignement public.

Fait à   , le   19   .

(*Signature.*)

[3]

Vu pour la légalisation de la signature

de

Le Maire d

Nous, recteur de l'Académie d

Vu l'engagement ci-dessus signé par le sieur [1]

Vu le certificat en date du   et les pièces à l'appui
constatant que ledit sieur

est régulièrement en possession du titre d

Arrêtons :

Conformément à l'article 23 de la loi du 15 juillet 1889 et au décret du 23 novembre 1889, est reçu l'engagement de se vouer pendant dix ans à l'enseignement
public contracté le   par le sieur   ,
né le   18   , à   , canton de   ,
département d   .

Fait à   , le   18   .

Le Recteur de l'Académie d

---

[1] Nom et prénoms.

[2] Indiquer la qualité du signataire et la date de la décision qui lui a conféré ses fonctions.

[3] Si le signataire est âgé de moins de 20 ans, porter ici la mention suivante ·
Autorisé (Signature des père, mère ou tuteur).

MODÈLE E

(Article 10 du décret du 23 novembre 1889.)

————

Modèle du certificat d'exercice que les engagés décennaux doivent produire annuellement, du 15 septembre au 15 octobre, à l'autorité militaire.

————

Nous [1]

Certifions que le sieur [2]

né le　　　　　　18　, à　　　　　　　　　, canton d

département d　　　　　　　　　, qui a concouru au tirage au sort de la classe

d　　, dans le canton d　　　　　　, département d　　　　　　　,

et qui a été dispensé en vertu de l'article 23 de la loi du 15 juillet 1889 sur le recru-

crutement de l'armée, a régulièrement et sans interruption occupé　　　　emploi

d [3]

à

depuis le 15 septembre de l'année précédente jusqu'à ce jour :

Sauf les interruptions suivantes [4]

et qu'en conséquence le sieur　　　　　　　　a réalisé　　　ans　　　mois

jours de son engagement décennal.

Fait à　　　　　　　, le　　　　　19　.

(Signature.)

————

[1] *Recteur de l'Académie de*..... (pour les membres de l'instruction publique); *Ministre de l'intérieur* (pour les Institutions nationales des sourds-muets ou des jeunes aveugles); *Autorité consulaire* (pour les écoles françaises d'Orient et d'Afrique).
[2] Nom et prénoms.
[3] Indiquer les emplois et postes successivement occupés.
Pour les écoles françaises d'Orient et d'Afrique, l'énonciation du certificat ne peut com-prendre que des écoles subventionnées par le Gouvernement français. Le certificat est, de plus, visé par le Ministre des affaires étrangères.
[4] Mentionner les interruptions régulièrement autorisées.

MODÈLE F

(Article 11 du décret du 23 novemdre 1889.)

———

Modèle du certificat de mutation que les engagés décennaux, qui réalisent leur engagement dans un département ministériel autre que celui au titre duquel il a été contracté, doivent produire à l'autorité militaire.

———

Nous, soussigné [1]

Certifions que le sieur [2]

né le   , 18   , à   , canton d

département de   , fils d   et d

domiciliés à   , canton d   , département

d   , ayant concouru au tirage au sort de la classe d   dans

le canton d   , département d   , et ayant

obtenu la dispense prévue par l'article 23 de la loi du 15 juillet 1889 sur le recrutement de l'armée comme [3]

a été autorisé par décision de M. le Ministre [4]   en date

du   à réaliser son engagement décennal à [5]

                   , relevant du Ministère d   .

Fait à   , le   19   .

(*Signature*).

V_u :

Le Ministre d   .

———

(1) Indiquer la qualité du signataire du certificat.
(2) Nom et prénoms.
(3) Indiquer le titre sous lequel la dispense a été accordée.
(4) Désignation du département ministériel auquel appartenait primitivement le dispensé.
(5) Indiquer l'établissement où le dispensé a été autorisé à exercer.

MODÈLE G

(Articles 12 à 25 du décret du 23 novembre 1889.)

———

MODÈLE du certificat à délivrer aux jeunes gens qui, poursuivant leurs études dans les conditions énumérées au paragraphe 2 de l'article 23 de la loi du 15 juillet 1889, réclament la dispense ou doivent justifier de la continuation du droit à la dispense.

———

Nous [1]

Certifions que le sieur [2]

né le   18   , à   , canton d   ,

département d   , fils de   et de   ,

domiciliés à   ., canton d   , département

d   , appelé par la loi du 15 juillet 1889 sur le recrutement

de l'armée à concourir au tirage au sort de la classe d   .

dans le canton d   , département d   .

est actuellement.

Fait à   , le   18   .

(*Signature.*)

Vu :

Le [3]

[1] Se reporter, pour la qualification du signataire du certificat, pour la manière dont il doit être formulé, et pour le visa à y apposer, aux articles du décret spéciaux à chaque catégorie.

[2] Nom et prénom.

[3] Ministre compétent, recteur de l'académie ou préfet, selon les cas.

CIRCULAIRE RELATIVE AUX AJOURNEMENTS À ACCORDER AUX MEMBRES DE L'ENSEIGNEMENT
APPELÉS À ACCOMPLIR DES PÉRIODES D'INSTRUCTION.

(2 décemdre 1890.)

Le Président du Conseil, Ministre de la guerre, à M. le général commandant le   corps d'armée.

Mon cher Général, j'ai été consulté sur la question de savoir s'il y avait lieu de continuer à appliquer les dispositions de l'article 196 de l'instruction du 28 décembre 1879, *relatives aux dispenses à accorder aux membres de l'enseignement appelés pour une période d'instruction.*

J'ai l'honneur de vous faire connaître que cette question doit être résolue négativement, sauf en ce qui concerne les proviseurs et principaux des lycées et collèges de l'État, seuls personnels de cette catégorie figurant au tableau B [1].

Mais les membres de l'enseignement, autres que ceux qui sont mentionnés à ce tableau, pourront obtenir, sur leur demande appuyée de l'avis de l'autorité universitaire et dans les conditions spécifiées à l'article 165 de l'instruction du 28 décembre 1879 [2], un ajournement qui leur permettra d'accomplir leur période d'instruction à l'époque des vacances scolaires s'ils étaient normalement appelés à un autre moment de l'année.

Je vous prie de vouloir bien assurer l'exécution de ces dispositions.

[1] Il y a lieu d'ajouter les aumôniers des lycées.

[2] Dans le but de concilier l'exécution de la loi avec les ménagements que commandent certaines situations dignes d'intérêt, MM. les Commandants de corps d'armée en ce qui concerne les officiers et les gradés de l'armée territoriale, les généraux et les subdivisionnaires, en ce qui concerne tous les réservistes (gradés ou non gradés) et les soldats de l'armée territoriale, sont autorisés, dans des cas particuliers que je laisse à leur appréciation, tels que les suivants : établissement industriel ou exploitation agricole dont le travail pourrait se trouver compromis par l'appel simultané des patrons et des ouvriers; office ministériel dont les maîtres et les clercs appartiennent aux classes convoquées; stations thermales où la présence des étrangers pendant quelques mois de l'année constitue pour certains hommes leur principal moyen d'existence; maladie d'un enfant, d'un parent, etc., à ajourner l'appel de l'homme à la convocation *normale* de l'année suivante.

Toutefois, quand il s'agit de sauvegarder de graves intérêts que l'application de cette règle peut compromettre, les commandants de corps d'armée pour les gradés de l'armée territoriale et les généraux commandant les subdivisions pour tous les réservistes (gradés ou non gradés) et les soldats de l'armée territoriale accordent, à titre exceptionnel, des ajournements ayant pour conséquence de convoquer au printemps des hommes de la réserve ou de l'armée territoriale devant l'être à l'automne et réciproquement.

NOTE MINISTÉRIELLE AYANT POUR OBJET DE METTRE L'ADMINISTRATION DES HOMMES CLASSÉS DANS LA NON-DISPONIBILITÉ OU DANS L'AFFECTATION SPÉCIALE EN HARMONIE AVEC LES DISPOSITIONS DE LA LOI DU 15 JUILLET 1889, SUR LE RECRUTEMENT DE L'ARMÉE. (D. INF. RÉSERVES ET ARMÉE TERRITORIALE.)

(20 mars 1891.)

Afin de ne pas désorganiser au moment de la mobilisation différents services publics dont le fonctionnement présente un intérêt supérieur d'ordre général, ou répond à des nécessités primordiales des services de l'armée, la loi du 15 juillet 1889 (art. 51) a permis de dispenser les disponibles, réservistes et territoriaux, titulaires de certains emplois ou fonctions, de répondre aux convocations par voie d'affiche.

Les personnels auxquels il peut être fait application de ces dispositions sont déterminés par le tableau B annexé à la loi précitée.

Tableau B. Services publics. — *Désignation des fonctionnaires et agents qui, en cas de mobilisation, sont autorisés à ne pas rejoindre immédiatement, quand ils n'appartiennent pas à la réserve de l'armée active.*

1° Classement des personnels visés au tableau B dans la non-disponibilité, dans l'affectation spéciale, dans un corps de troupe.

. . . .

Aucune affectation de guerre ne sera donnée au personnel du tableau B dès que celui-ci aura cessé d'appartenir à la réserve de l'armée active, et ce personnel sera qualifié « non-disponibles », expression consacrée pour désigner les réservistes et territoriaux qui, par suite de leurs fonctions particulières, ne sont pas susceptibles de recevoir une affectation de guerre.

2° Administration des hommes ayant une affectation spéciale ou classés dans la non-disponibidité.

. . . .

On ne devra pas perdre de vue que le classement dans la non-disponibilité ne peut être effectué que sous la condition que les intéressés occupent, depuis six mois (au lieu de trois mois dans le système d'administration précédent) au moins, les emplois qui motivent leur inscription sur les contrôles de ces catégories.

Les six mois mentionnés au paragraphe précédent, sont comptés, s'il y a lieu, depuis la date de l'entrée en fonctions dans l'Administration, lors même que cette date serait antérieure à celle de l'origine du service militaire.

3° OBLIGATIONS MILITAIRES EN TEMPS DE PAIX DES PERSONNELS DES TABLEAUX B.

Les obligations militaires du temps de paix de ces personnels seront déterminées par celles du temps de guerre, c'est-à-dire que les hommes qui sont maintenus à leur poste en cas de mobilisation seront dispensés des périodes d'instruction et que les autres qui rejoignent un corps d'affectation les accompliront.

En conséquence,

. . . .

TABLEAU B. — Les hommes du tableau B sont dispensés de la période d'exercices qu'ils doivent accomplir dans l'armée territoriale.

Toutefois, il est fait une exception à la règle générale posée ci-dessus en faveur d'une partie du personnel du tableau B d'après les dispositions du dernier paragraphe de l'article 49 de la loi de recrutement. On a indiqué par un astérisque, sur le tableau B ci-annexé, les agents et fonctionnaires qui seront dispensés des périodes d'exercices qu'ils devraient accomplir dans la réserve.

Il doit être entendu que, conformément aux dispositions en vigueur, les hommes classés dans les non-disponibles seront affranchis des déclarations de changement de domicile et de résidence prescrites par l'article 55 de la loi du 15 juillet 1889.

Remarque. — Les jeunes gens renvoyés en congé dans leurs foyers d'après les dispositions de l'article 23 doivent, aux termes de cet article, être rappelés sous les drapeaux pendant quatre semaines au cours de l'année qui précédera leur passage dans la réserve.

Ces hommes ne sont donc pas complètement libérés de leur service dans l'armée active après leur année de présence sous les drapeaux; ils ne sauraient d'autre part être classés dans la non-disponibilité ou dans l'affectation spéciale avant d'avoir rempli toutes les obligations militaires que la loi leur impose pendant les trois années où ils appartiennent à l'armée active; par suite, ce n'est qu'après l'accomplissement des quatre semaines d'exercices auxquelles ils sont astreints au cours de l'année qui précédera leur passage dans la réserve que les hommes dont il s'agit pourront être inscrits sur les contrôles de la non-disponibilité.

EXTRAIT DU TABLEAU B.

DÉSIGNATION des ADMINISTRATIONS.	FONCTIONNAIRES OU ADMINISTRATIONS chargés de la tenue des contrôles des non-disponibles.	COMMANDANTS des BUREAUX DE RECRUTEMENT désignés pour admi..istrer les non-disponibles,
MINISTÈRE DE L'INSTRUCTION PUBLIQUE, DES BEAUX-ARTS ET DES CULTES. Proviseurs et principaux des lycées et collèges de l'État. Aumôniers des lycées..........	Le vice-recteur de l'Académie de Paris ou le fonctionnaire délégué par lui pour l'Académie de Paris. Le recteur ou le fonctionnaire délégué par lui pour les autres départements.	Recrutement du chef-lieu de région.

OBSERVATION. — Il ne s'agit dans cette nomenclature que des fonctionnaires n'ayant pas déjà été dispensés comme voués à l'enseignement.

CIRCULAIRE RELATIVE À LA SURVEILLANCE DES JEUNES GENS ADMIS AU BÉNÉFICE DES ARTICLES 21, 22 ET 23 DE LA LOI DU 15 JUILLET 1889 ET DE L'ARTICLE 20 DE LA LOI DU 27 JUILLET 1872.

(28 septembre 1891.)

La loi du 16 juillet 1889, qui accorde aux jeunes gens appartenant aux catégories visées dans ses articles 21, 22 et 23 le bénéfice de l'envoi en congé, après un an de présence sous les drapeaux, soumet ces jeunes gens, après l'accomplissement de leur année de service, à une surveillance particulière.

. . . .

Pour les dispensés de l'article 23, la surveillance s'exerce conformément aux prescriptions du règlement d'administration publique du 23 novembre 1889.

L'article 36 du règlement impose, en effet, à tous les jeunes gens dispensés dans les conditions prévues par l'article 23 de la loi du 15 juillet 1889, l'obligation de produire annuellement, du 15 septembre au 15 octobre, les certificats (modèles E, F, I, L, annexés audit règlement) constatant qu'ils ont conservé la situation qui leur a procuré la dispense.

Les dispensés qui n'auraient pas produit ces certificats au 15 octobre devront être mis en demeure de régulariser leur position avant le 1er novembre, faute de quoi ils seront mis en route avec la classe appelée au cours dudit mois de novembre, et tenus de compléter, conformément aux dispositions du dernier alinéa de l'article 24 de la loi, les deux années de service dont ils avaient été dispensés.

Pour les dispensés de l'article 23 liés en vertu d'un engagement décennal au titre des Ministères de l'instruction publique, de l'intérieur ou des affaires étrangères (art. 10 du décret du 23 novembre, § numéroté 1° de l'article 23 de la loi); il est un cas cependant où le rappel sous les drapeaux n'est pas la conséquence forcée de la non-production du certificat réglementaire (modèle E); c'est le cas où le dispensé produit, au lieu dudit certificat, une attestation du département ministériel dont il relève, établissant qu'il est *en congé d'inactivité.* Les congés de cette nature ne peuvent être d'une durée totale de plus de trente-six mois et ne comptent pas pour la réalisation de l'engagement, à moins qu'ils ne soient accordés pour cause de maladie. Dans ce cas, ils ne sont valables que pour une année et ne sauraient être délivrés que sur l'avis de deux médecins dont l'un est désigné par l'autorité militaire. Cette désignation est faite par le général commandant la subdivision dans laquelle réside le dispensé qui demande à être examiné. Elle doit toujours porter sur un médecin militaire du grade de major de 2e classe au moins. L'autre médecin est désigné par le préfet du département. Les frais de visite, s'il y en a, sont à la charge du réclamant. En cas de divergence d'appréciation, le congé est refusé. Le médecin militaire, d'ailleurs, provoquera, le cas échéant, la comparution devant la commission spéciale de réforme.

Les dispensés liés par des engagements décennaux au titre des départements de l'instruction publique, de l'intérieur ou des affaires étrangères susvisés, sont considérés comme en état d'interruption de l'engagement décennal régulièrement autorisée ne comptant pas dans la durée dudit engagement, pendant le temps qui s'écoule entre l'envoi en congé et l'époque où ils sont pourvus d'un emploi. Le certificat (modèle E), que produit le dispensé le 15 octobre de l'année qui suit l'époque où il a quitté les drapeaux, est donc valable s'il constate que le dispensé a été pourvu d'un emploi au cours de l'année et qu'il l'occupe encore à la date du certificat.

Dispositions transitoires. — Aux termes de la loi du 15 juillet 1889 (art. 92) les jeunes gens des classes antérieures à la classe de 1889, dispensés conditionnellement du service actif en temps de paix, conformément à l'article 20 de la loi du 27 juillet 1872, conservent la situation qui leur est faite par ladite loi sous la réserve, pour les renonciataires et pour ceux qui n'accomplissent pas les conditions sous lesquelles la dispense leur a été accordée (art 21 de la loi précitée du 27 juillet 1872) d'être assujettis au service jusqu'à l'âge de quarante-cinq ans. La surveillance de ces dispensés était, jusqu'à ce jour, aux termes des instructions en vigueur dévolue aux préfets. Il m'a paru conforme à l'esprit de la nouvelle législation de la confier désormais à l'autorité militaire, qui est appelée à surveiller les hommes obtenant, sous l'empire de la législation nouvelle, des dispenses analogues.

J'ai donc décidé que les préfets ne m'adresseront plus dorénavant l'état du 1er mars, dont l'envoi était prescrit par la circulaire du 29 novembre 1873. Par contre, les dispensés dont il s'agit auront à présenter au commandant du bureau de recrutement de la subdivision dans laquelle ils ont tiré au sort, entre le 15 septembre et le 15 octobre, les certificats annexés au règlement du 23 novembre 1889.

LOI AYANT POUR OBJET LA MODIFICATION DE L'ARTICLE 59 DE LA LOI DU 15 JUILLET 1889. ENGAGEMENT.

(11 juillet 1892.)

ARTICLE UNIQUE. L'avant-dernier alinéa de l'article 59 de la loi du 15 juillet 1889 est modifié comme suit :

« L'engagé volontaire qui remplira l'une quelconque des conditions fixées par l'article 23 pourra bénéficier des dispositions dudit article, après un an de présence sous les drapeaux, à la condition que la demande ait été formulée au moment de l'engagement. »

CIRCULAIRE DE M. LE MINISTRE DE LA GUERRE À MM. LES GOUVERNEURS MILITAIRES DE PARIS ET DE LYON, LES GÉNÉRAUX COMMANDANT LES CORPS D'ARMÉE, LES PRÉFETS DES DÉPARTEMENTS ET LES SOUS-PRÉFETS.

(21 juillet 1892.)

MESSIEURS, j'ai l'honneur de vous adresser ampliation d'une loi, en date du 11 de ce mois, qui modifie l'avant-dernier alinéa de l'article 59 de la loi du 15 juillet 1889, relatif aux engagements volontaires avec faculté d'envoi en congé au bout d'un an de présence sous les drapeaux.

Désormais, tous les jeunes gens se trouvant dans l'une quelconque des situations indiquées à l'article 23, qu'ils soient en cours d'études ou déjà diplômés, pourront, en contractant un engagement volontaire, conserver le bénéfice de l'envoi en congé, sous la condition d'en faire la demande par écrit au moment où ils s'engageront, et de produire, à l'appui de cette demande, les pièces justificatives qu'ils auraient à présenter au conseil de revision, après avoir tiré au sort, pour obtenir la dispense.

Les actes d'engagement devront, conformément aux prescriptions de l'article 8 du décret du 28 septembre 1889, porter mention de ces demandes et des pièces justificatives produites, qui seront annexées à la minute de l'acte.

Ils ne seront reçus qu'à partir du 1er octobre et jusqu'à la date annuellement fixée pour la mise en route de la classe.

Les jeunes gens s'engageront exclusivement pour les régiments d'infanterie, d'artillerie et du génie désignés par la circulaire de répartition pour recevoir les hommes du contingent appelés pour un an dans la subdivision où leur famille est légalement domiciliée.

CIRCULAIRE RELATIVE À LA LOI DU 11 JUILLET 1892 MODIFIANT L'ARTICLE 59 DE LA LOI SUR LE RECRUTEMENT DE L'ARMÉE.

(28 juillet 1892.)

MONSIEUR LE RECTEUR, la loi du 11 juillet courant a apporté une importante modification à l'article 59 de la loi du 15 juillet 1889 sur le recrutement de l'armée.

Aux termes de cet article, pouvaient seuls contracter un engagement volontaire, à partir de dix-huit ans accomplis, et réclamer le bénéfice de l'article 23 (envoi en congé dans leurs foyers, après un an de présence sous les drapeaux, à condition que la demande en ait été formulée au moment de l'engagement) les jeunes gens admis après concours à l'École normale supérieure ou à l'une des écoles spéciales visées audit article 23.

La loi du 11 juillet 1892 vient d'étendre cette disposition à tout engagé volontaire qui remplira l'une quelconque des conditions fixées par l'article 23. En conséquence, peuvent dès maintenant être admis à contracter l'engagement volontaire, avec bénéfice de l'article 23, les jeunes gens âgés de dix-huit ans accomplis, qui ont obtenu ou qui poursuivent leurs études en vue d'obtenir soit le diplôme de licencié ès lettres, ès sciences, de docteur en droit, de docteur en médecine, de pharmacien de 1re classe, etc.

Je vous prie de donner d'urgence la plus grande publicité à ces dispositions dans les facultés, dans les classes supérieures des établissements d'enseignement secondaire et dans les circonscriptions des inspections académiques de votre ressort.

Vous trouverez ci-joint le texte d'une circulaire de M. le Ministre de la guerre, en date du 21 juillet courant, pour l'application de la susdite loi.

CIRCULAIRE RELATIVE AUX CONGÉS ACCORDÉS AUX FONCTIONNAIRES DE L'INSTRUCTION PUBLIQUE.
(17 mai 1893.)

Aux termes du règlement du 23 novembre 1889, art. 10, les congés accordés aux fonctionnaires de l'instruction publique, qui bénéficient des dispositions de l'article 23 de la loi du 15 juillet 1889, peuvent ou non entrer en ligne de compte pour la réalisation de l'engagement décennal, selon qu'ils ont été délivrés pour cause de maladie dûment constatée par deux médecins, dont l'un est désigné par l'autorité militaire, ou pour toute autre raison.

L'application de ces dispositions a donné lieu à des difficultés. En effet, des congés rentrant dans la seconde catégorie, c'est-à-dire dont la durée ne pouvait compter pour la réalisation de l'engagement décennal, ont été néanmoins autorisés pour cause de maladie.

Cette identité de motifs prête à une confusion de nature à préjudicier aux intéressés.

Aussi, d'accord avec mon collègue, M. le Ministre de la guerre, ai-je décidé qu'à l'avenir, l'arrêté d'attribution de congé serait motivé, suivant le cas, de la façon suivante :

Si le congé ne doit pas interrompre la réalisation de l'engagement décennal, l'arrêté portera expressément que ce congé est accordé pour *cause de maladie,* constatée par les certificats de deux médecins, dont un médecin militaire.

Si, au contraire, la réalisation de l'engagement décennal est suspendue, la décision qui interviendra, à quelque cause qu'elle soit due, ne pourra être autrement motivée que *pour convenance personnelle.*

Conformément au règlement, l'époque normale de la réalisation de l'engagement décennal ne peut être reculée au delà de trois ans.

. . . .

CIRCULAIRE RELATIVE AUX ENGAGEMENTS DÉCENNAUX.
(27 septembre 1893.)

Par application de l'article 35 du règlement du 23 novembre 1889, les pièces justificatives concernant les engagements décennaux souscrits par les membres de l'instruction publique doivent être présentées : 1° *au Conseil de révision;* 2° *au commandant du bureau de recrutement, si ces pièces n'ont été délivrées qu'après la comparution de l'intéressé.*

Des difficultés, susceptibles de se renouveler dans l'avenir, s'étant déjà

15.

produites, à plusieurs reprises, à la suite de retards apportés dans la remise des pièces dont il s'agit, je crois devoir appeler tout particulièrement votre attention sur les points suivants :

Lorsque l'engagement porte une date d'approbation antérieure à la comparution devant le Conseil de revision, les pièces justificatives doivent être présentées au plus tard avant la clôture des opérations dudit conseil; tout retard apporté par l'intéressé dans la remise des pièces dont il s'agit, quand bien même il ne lui serait pas imputable, serait de nature à lui faire perdre le bénéfice de la dispense au regard de l'autorité militaire.

Vous voudrez bien, en conséquence, pour tout engagement souscrit antérieurement à la comparution devant le Conseil de revision, renvoyer à l'intéressé l'acte approuvé par vous assez à temps pour qu'il puisse le présenter dans le délai voulu. J'ajoute qu'il sera prudent de suspendre l'approbation des engagements décennaux pendant toute la durée de la session des Conseils de revision et même à l'approche de cette session. Un exemple récent vient de prouver, en effet, qu'un engagement accepté dans les conditions précitées peut ne pas parvenir en temps utile à l'intéressé.

Lorsque, au contraire, l'engagement porte une date d'approbation postérieure à la clôture de la session du Conseil de revision, et, dans ce cas seulement, c'est au commandant du bureau de recrutement que les pièces justificatives doivent, aux termes de l'article 35 du même règlement, être présentées, au plus tard, la veille de l'incorporation.

Il est bien entendu, d'ailleurs, qu'on ne saurait trop engager les fonctionnaires, dans leur propre intérêt, à souscrire l'engagement décennal le plus tôt possible, fût-ce à une époque antérieure d'une ou même de plusieurs années au tirage au sort. On ne doit pas perdre de vue, en effet, que c'est à partir de la date à laquelle l'engagement a été signé et approuvé que les années de service, sous la réserve toutefois de la condition d'âge minimum (dix-huit ans), entrent en compte dans la réalisation. En outre, il convient de remarquer que tout engagement souscrit antérieurement à la comparution devant le Conseil de revision est nécessairement conditionnel et ne lie pas définitivement le fonctionnaire au regard de l'instruction publique. Ce dernier peut, en effet, jusqu'au jour de sa comparution, renoncer au bénéfice de la dispense accordée au titre de l'engagement décennal, et même, ledit jour, invoquer une autre cause de dispense (situation de famille, préparation aux grades, etc.). Quant à l'Administration de l'instruction publique, elle reste libre, à toute époque, d'annuler l'engagement en retirant au fonctionnaire son emploi dans les conditions prévues par les lois et règlements en vigueur.

Vous ne manquerez pas d'appeler sur ces considérations l'attention de tous les fonctionnaires de votre ressort qui sont en âge et en situation de contracter un engagement décennal. Vous trouverez d'ailleurs ci-joint, à cet effet, un nombre suffisant d'exemplaires de la présente circulaire pour vous permettre de la communiquer immédiatement à tous les chefs d'établissement de votre ressort.

ARRÊT DU CONSEIL D'ÉTAT RELATIF AUX DISPENSES MILITAIRES.
(27 avril 1894.)

Un arrêt du Conseil d'État, en date du 27 avril 1894, autorise les jeunes gens à invoquer devant le Conseil de revision plusieurs causes de dispense prévues par l'article 23 de la loi du 15 juillet 1889.

Le Conseil d'État a émis l'avis (17 mars 1896), « que le fait d'avoir, antérieurement à l'entrée au service, contracté un engagement décennal ne peut empêcher un jeune homme d'invoquer postérieurement, dans les conditions prévues à l'article 1er du décret du 23 novembre 1889, le bénéfice du paragraphe 2 de l'article 23 de la loi du 15 juillet 1889; que la dispense définitive de deux années de service qui en résulte pour lui fait disparaître, au point de vue de la loi militaire, les obligations de l'engagement décennal qu'il a contracté. »

CIRCULAIRE DU MINISTRE DE LA GUERRE AUX COMMANDANTS DE CORPS D'ARMÉE.
(15 mai 1897.)

MESSIEURS, diverses questions m'ont été posées au sujet de l'interprétation des articles 21, 22, 23 de la loi du 15 juillet 1889 sur le recrutement de l'armée.

J'ai l'honneur de vous faire connaître ci-après la solution qu'il convient de donner à chacune d'elles :

QUESTIONS.	RÉPONSES.
1. *Art. 21.* Quand les causes de dispense prévues par les paragraphes 4 et 5 viennent à cesser, y a-t-il lieu d'appliquer l'article 25 en rappelant à l'activité le frère dispensé?	*Non.* La dispense conférée en vertu des paragraphes 4 et 5 de l'article 21, résultant de l'existence d'un fait matériel à une époque déterminée, doit être tenue pour définitive, comme l'est également, pour le même motif, la dispense du paragraphe 6. Mais l'article 25 est applicable aux autres cas de dispense résultant de l'une des situations de famille mentionnées aux paragraphes 1, 2 et 3.

2. *Art. 21.* Les élèves des militaires préparatoires qui ont contracté, à la sortie des écoles, un engagement pour cinq ans (loi du 15 avril 1892), peuvent-ils être renvoyés dans leurs foyers par application des dispositions finales de l'article 21 de la loi du 15 juillet 1889, lorsqu'ils entrent, postérieurement à leur engagement, dans l'une des distinctions prévues audit article?

Oui. L'antepénultième alinéa de l'article 21 n'établit, en effet, aucune espèce de distinction entre les diverses catégories d'engagés.

3. *Art. 22.* Les dossiers des militaires envoyés en congé à titre de soutien de famille par le corps, doivent-ils être conservés par eux ou transmis aux commandants de recrutement, comme cela a lieu pour les militaires renvoyés dans leurs foyers par application des dispositions finales de l'article 21?

La transmission aux commandants de recrutement des justifications présentées par les militaires envoyés en congé en vertu des dispositions finales de l'article 21, a pour but de permettre à ces officiers supérieurs de s'assurer de la situation exacte des réclamants et de signaler toute erreur qui aurait pu se produire dans l'application de la loi.

La concession d'un congé à titre de soutien de famille étant basée, non sur un droit défini par la loi, mais sur un ensemble de faits susceptibles d'appréciations diverses, les pièces produites par les intéressés doivent être conservées par l'autorité qui a concédé le congé.

4. *Art. 22.* Les engagés volontaires peuvent-ils réclamer le bénéfice de l'article 22?

Oui, il y a lieu d'appliquer aux engagés volontaires la règle commune. En conséquence, les dispositions de la loi doivent être interprétées dans ce sens, que la proportion (1 p. 100) des congés à accorder à titre de soutien de famille par le corps, doit être déterminée d'après l'effectif de la classe, augmenté de celui des engagés volontaires incorporés avec elle, ou, en d'autres termes, d'après l'effectif de la classe de mobilisation.

5. *Art. 23.* Le jeune homme engagé dans les conditions de la loi du 11 juillet 1892 peut-il invoquer, ultérieurement, devant le Conseil de revision, pour obtenir la dispense prévue par l'article 21, une situation de famille qui existait déjà lors de son engagement?

Non. L'intéressé a définitivement réglé sa situation par son engagement; le Conseil de revision se borne à l'inscrire comme engagé sur la quatrième partie de la liste de recrutement (arrêt du Conseil d'État du 22 janvier 1897). Mais il peut, le cas échéant, réclamer, au même titre que les engagés ordinaires, l'application des dispositions finales de l'article 21, lorsque la situation de famille invoquée a pris naissance postérieurement à la signature de son engagement.

6. *Art. 23.* Quelles sont les justifications que doivent produire, jusqu'à l'âge de 26 ans, les jeunes gens dispensés comme étudiants ecclésiastiques?

A la suite d'une entente avec M. le Ministre de la justice et des cultes, il a été jugé inutile d'exiger des dispensés ecclésiastiques ordonnés ou consacrés avant l'âge de 26 ans, la justification annuelle de leur situation.

Ces dispensés n'auront donc plus à produire, désormais, que les pièces suivantes :

A. Après l'envoi en congé et jusqu'à l'ordination ou la consécration : un certificat annuel, modèle K, établissant qu'ils ont repris et qu'ils continuent leurs études ;

B. Lorsqu'ils ont été ordonnés ou consacrés : un certificat modèle L;

C. Enfin, à l'âge de 26 ans : un certificat d'emploi, modèle L.

7. *Art. 21* et *23.* Les jeunes gens de la classe 1894 et des classes antérieures qui justifieront avoir été, lors des opérations du Conseil de revision, en état d'invoquer plusieurs cas de dispense prévus aux articles 21 et 23 de la loi du 15 juillet 1889, peuvent-ils être admis à invoquer, à leur gré et au mieux de leurs intérêts, jusqu'à la libération complète du service actif, l'un de ces cas de dispense?

Oui, à la condition de produire les pièces justificatives exigées pour chaque cas différent. Mais cette disposition ne saurait être appliquée aux jeunes gens de la classe 1895 et des classes suivantes. Ceux-ci ne peuvent, en effet, invoquer l'ignorance des modifications apportées par la circulaire du 6 décembre 1894, au numéro 114 de l'instruction ministérielle du 28 mars 1890.

8. Le bénéfice de l'article 23 doit-il être maintenu aux jeunes gens qui, dispensés à un titre quelconque, abandonnent leurs études primitives et entreprennent de nouvelles études en vue d'obtenir l'un des diplômes, titre, prix ou récompenses mentionnés au paragraphe 2 dudit article?

Oui, ces jeunes gens peuvent, conformément aux dispositions de l'article 1er du décret du 23 novembre 1889, modifier à leur gré l'orientation de leurs études, tout en conservant le bénéfice de l'article 23, mais à la condition de produire le certificat annuel et d'obtenir, avant l'âge de 26 ou de 27 ans, l'un des diplômes, titres ou récompenses dont il s'agit.

Il est bien entendu, d'ailleurs, que cette faveur n'est accordée qu'autant que les nouvelles études entreprises sont celles qui sont mentionnées au paragraphe 2; elle ne saurait être concédée, par exemple, au dispensé qui, renonçant à ses études primitives (droit, médecine, etc.), demanderait à souscrire un engagement décennal pour entrer dans l'enseignement. M. le Ministre de l'instruction publique, consulté, partage cette manière de voir.

9. *Art. 21, 22 et 23.* Les jeunes gens qui ont obtenu la dispense en vertu des articles 21, 22 et 23, peuvent-ils y renoncer à toute époque de l'année et être mis en route immédiatement?

Ces jeunes gens peuvent, sur demande écrite et signée par eux, être rappelés à l'activité à toute époque de l'année, sans qu'il y ait lieu d'attendre la mise en route du contingent.

INSTRUCTION DU MINISTRE DE LA GUERRE RELATIVE AUX DISPENSES MILITAIRES.

(12 décembre 1899.)

Prorogation du délai accordé aux jeunes gens, dispensés en vertu de l'article 23, paragraphe 2, de la loi du 15 juillet 1889, pour justifier de leur droit à la dispense définitive.

Aux termes des circulaires des 30 mars et 26 juillet 1895, les jeunes gens se trouvant dans l'un des cas visés par le paragraphe 2 de l'article 23 de la loi du 15 juillet 1889 doivent être rappelés sous les drapeaux, s'ils n'ont pas obtenu les diplômes, prix ou titres donnant droit à la dispense, avant le 1er novembre qui suit la date à laquelle ils atteignent l'âge de 27 ans, s'ils sont aspirants au doctorat en droit ou en médecine, au diplôme de pharmacien de 1re classe ou à l'internat des hôpitaux, — 26 ans s'ils appartiennent à l'une des autres catégories spécifiées audit paragraphe 2.

Ce délai a paru pouvoir être prolongé d'un mois en raison de la session d'examens qui a lieu en novembre dans les diverses facultés.

Les jeunes gens dont il s'agit seraient, le cas échéant, maintenus provisoirement dans leurs foyers par les commandants de bureaux de recrutement, au moment du départ du contingent annuel, sur la production d'un certificat délivré par le doyen de la faculté ou le directeur de l'école à laquelle ils appartiennent, constatant qu'ils doivent passer leur dernier examen dans le courant de novembre.

Tous ceux qui justifieront avoir obtenu leur titre ou diplôme avant le 1er décembre seront définitivement inscrits sur les contrôles de la réserve; les autres seront mis en route le 1er décembre.

Par mesure transitoire, les jeunes gens actuellement en sursis ou déjà incorporés qui devaient obtenir leur diplôme avant le 1er novembre 1899 et qui justifient l'avoir obtenu avant le 1er décembre, seront immédiatement maintenus ou renvoyés dans leurs foyers, suivant le cas.

VI. PENSIONS CIVILES.

LOI SUR LES PENSIONS CIVILES.

(9 juin 1853.)

TITRE II.

CONDITIONS DU DROIT À PENSION POUR LES FONCTIONNAIRES QUI ENTRERONT
EN EXERCICE À PARTIR DU 1er JANVIER 1854.

. . . .

Art. 3. Les fonctionnaires et employés directement rétribués
par l'État et nommés à partir du 1er janvier 1854 ont droit à pension conformément aux dispositions de la présente loi et supportent
indistinctement, sans pouvoir les répéter dans aucun cas, les retenues ci-après :

1° Une retenue de 5 p. o/o sur les sommes payées à titre de
traitement fixe ou éventuel, de préciput, de supplément de traitement, de remises proportionnelles, de salaires, ou constituant, à
tout autre titre, un émolument personnel;

2° Une retenue du douzième des mêmes rétributions, lors de la
première nomination ou dans le cas de réintégration, et du douzième
de toute augmentation ultérieure;

3° Les retenues pour cause de congés ou d'absence et par mesure
disciplinaire.

Art. 4. Les fonctionnaires de l'enseignement, rétribués, en tout
ou en partie, sur les fonds départementaux et communaux, ou sur
le prix des pensions payées par les élèves des lycées nationaux,
ont droit à pension conformément aux dispositions de la présente
loi, et supportent, sur leur traitement et leurs différentes rétributions, la retenue déterminées par l'article 3.

. . . .

Il en est de même des fonctionnaires et employés qui, sans
cesser d'appartenir au cadre permanent d'une administration publique, et en conservant leurs droits à l'avancement hiérarchique,
sont rétribués en tout ou partie sur les fonds départementaux ou

communaux, sur les fonds des compagnies concessionnaires, et même sur les remises et salaires payés par les particuliers.

ART. 5. Le droit à la pension de retraite est acquis par ancienneté à soixante ans d'âge et après trente ans de services.

. . . .

Est dispensé de la condition d'âge établie au premier paragraphe du présent article le titulaire qui est reconnu par le Ministre hors d'état de continuer ses fonctions.

ART. 6. La pension est basée sur la moyenne des traitements et émoluments de toute nature soumis à retenues, dont l'ayant droit a joui pendant les six dernières années d'exercice.

Néanmoins, dans les cas prévus par l'article 4, la moyenne ne pourra excéder celle des traitements et émoluments dont le fonctionnaire aurait joui s'il eût été rétribué directement par l'État.

ART. 7. La pension est réglée, pour chaque année de services civils, à un soixantième de traitement moyen.

Néanmoins, pour vingt-cinq ans de services rendus entièrement dans la partie active, elle est de la moitié du traitement moyen, avec accroissement, pour chaque année de service en sus, d'un cinquantième de traitement.

En aucun cas elle ne peut excéder ni les trois quarts du traitement moyen, ni les maxima déterminés au tableau annexé à la présente loi sous le numéro 3 [1].

ART. 8 [2]. Les services dans les armées de terre et de mer concourent avec les services civils pour établir le droit à pension et seront comptés pour leur durée effective, pourvu toutefois que la durée des services civils soit au moins de douze ans dans la partie sédentaire.

Si les services militaires de terre ou de mer ont été déjà rémunérés par une pension, ils n'entrent pas dans le calcul de la liquidation. S'ils n'ont pas été rémunérés par une pension, la liquidation est opérée.

. . . .

[1] Maximum des pensions. Fonctionnaires de l'enseignement: deux tiers du traitement moyen sans pouvoir dépasser 6,000 francs. — [2] Voir *loi de finances* du 28 avril 1893 art. 50, p. 236 (en note.)

Art. 10. Les services civils rendus hors d'Europe[1] par les fonctionnaires et employés envoyés d'Europe par le Gouvernement français sont comptés pour moitié en sus de leur durée effective, sans toutefois que cette bonification puisse réduire de plus d'un cinquième le temps de service effectif exigé pour constituer le droit à pension[2].

Le supplément accordé à titre de traitement colonial n'entre pas dans le calcul du traitement moyen.

Après quinze années de services rendus hors d'Europe, la pension peut être liquidée à cinquante-cinq ans d'âge.

A l'égard des fonctionnaires de l'enseignement, le temps d'inactivité durant lequel ils ont été assujettis à la retenue est compté comme service effectif.

Il ne peut être admis dans la liquidation pour plus de cinq ans[3].

[1] Les agents civils envoyés hors d'Europe ne sont autorisés à verser la retenue au profit du Trésor que s'ils ont été mis à la disposition du Ministre des colonies par une disposition spéciale de l'administration à laquelle ils appartiennent; ceux qui se rendraient dans les colonies sans autorisation préalable s'exposeraient à se trouver privés de tout droit à pension à la fin de leur carrière. La loi confiant aux préfets le droit de nommer les instituteurs et institutrices, c'est à eux qu'ils doivent s'adresser pour obtenir leur mise à la disposition du département des Colonies. (*Circulaire aux préfets du 1er juin 1882.*)

[2] La bonification coloniale ne peut être accordée aux agents de l'enseignement détachés hors d'Europe et placés sous l'autorité d'un gouvernement étranger et même protégé, cette bonification ne pouvant rémunérer que des services rendus à l'État dans les termes de l'article 3 de la loi du 9 juin 1853. *Circulaire aux recteurs du 1er juillet 1890.*)

[3] *Avis du Conseil d'État du 11 décembre 1895 relatif aux catégories de fonctionnaires pouvant bénéficier des dispositions* de *l'article 10, § 4, de la loi du 9 juin 1853.* «Si l'article 10 de la loi 9 juin 1853 et l'article 16, § 11, du décret du 9 novembre suivant décident, à l'égard des fonctionnaires de l'enseignement, que le temps passé par eux en inactivité avec traitement est compté comme service effectif, pour cinq ans au plus, ces dispositions n'ont pu viser que les catégories de fonctionnaires qui pouvaient jouir, avant la loi du 9 juin 1853, d'un traitement d'inactivité soumis à retenue, et auxquels on a voulu conserver le bénéfice de cette faveur que des décisions spéciales leur avaient concédée antérieurement.

«On ne saurait dès lors, en l'absence d'un texte formel, étendre ces dispositions exceptionnelles à des catégories qui ne tiennent leur droit à pension que de la loi du 9 juin 1853 ou de lois postérieures.

«Les dispositions de l'article 16, § 4, de la loi du 9 juin 1853, et de l'article 16, § 11, du décret du 9 novembre suivant, ne sont pas applicables aux fonctionnaires de l'enseignement appartenant à des catégories qui ne jouissaient pas du droit à pension avant la loi précitée.»

Art. 11. Peuvent exceptionnellement obtenir pension, quels que soient leur âge et leur activité :

2° Les fonctionnaires et employés qui auront été mis hors d'état de continuer leur service soit par suite d'un acte de dévouement dans un intérêt public, ou en exposant leurs jours pour sauver la vie d'un de leur concitoyens, soit par suite de lutte ou combat soutenu dans l'exercice de leurs fonctions;

2° Ceux qu'un accident grave, résultant notoirement de l'exercice de leurs fonctions, met dans l'impossibilité de les continuer.

Peuvent également obtenir pension, s'ils comptent cinquante ans d'âge et vingt ans de services, ceux que des infirmités graves, résultant de l'exercice de leurs fonctions, mettent dans l'impossibilité de les continuer, ou dont l'emploi aura été supprimé.

. . . .

Art. 12. Dans les cas prévus par le paragraphe 1ᵉʳ de l'article précédent, la pension est de la moitié du dernier traitement, sans pouvoir excéder les maxima déterminés au tableau n° 3.

Dans le cas prévu par le paragraphe 2, la pension est liquidée à raison d'un soixantième du dernier traitement pour chaque année de service civil; elle ne peut être inférieure au sixième dudit traitement.

Dans les cas prévus par le dernier paragraphe de l'article précédent, la pension est également liquidée à raison d'un soixantième du traitement moyen pour chaque année de services civils.

Art. 13. A droit à la pension la veuve du fonctionnaire qui a obtenu une pension de retraite en vertu de la présente loi, ou qui a accompli la durée de service exigée par l'article 5, pourvu que le mariage ait été contracté six ans avant la cessation des fonctions du mari.

La pension de la veuve est du tiers de celle que le mari avait obtenue ou à laquelle il aurait eu droit. Elle ne peut être inférieure à 100 francs, sans toutefois excéder celle que le mari aurait obtenue ou pu obtenir.

Le droit à pension n'existe pas pour la veuve dans le cas de séparation de corps prononcée sur la demande du mari [1].

[1] Cet article a été modifié par l'article 50 de la loi de finances du 28 avril 1893, dont le texte suit :

Art. 50. A partir de la promulgation de la présente loi, les services militaires compris dans la liquidation des pensions

Art. 14. Ont droit à pension :

1° La veuve du fonctionnaire ou employé qui, dans l'exercice ou à l'occasion de ses fonctions, a perdu la vie dans un naufrage ou dans un des cas spécifié au paragraphe 1 de l'article 11, soit immédiatement, soit par suite de l'événement;

2° La veuve dont le mari aura perdu la vie par un des accidents prévus au paragraphe 2 de l'article 11, ou par suite de cet accident.

Dans le premier cas, la pension est des deux tiers de celle que le mari aurait obtenue ou pu obtenir par application de l'article 12 (premier paragraphe).

Dans le second cas, la pension est du tiers de celle que le mari aurait obtenue ou pu obtenir en vertu dudit article (deuxième paragraphe).

Dans les cas spécifiés au présent article, il suffit que le mariage ait été contracté antérieurement à l'événement qui a amené la mort ou la mise à la retraite du mari.

. . . .

Art. 16. L'orphelin ou les orphelins mineurs d'un fonctionnaire ou employé ayant obtenu sa pension, ou ayant accompli la durée de services exigée par l'article 5 de la présente loi, ou ayant perdu la vie dans un des cas prévus par les paragraphes 1 et 2 de l'article 14, ont droit à un secours annuel lorsque la mère est ou décédée, ou inhabile à recueillir la pension, ou déchue de ses droits.

Ce secours est, quel que soit le nombre des enfants, égal à la pension que la mère aurait obtenue ou pu obtenir, conformément aux articles 13, 14 et 15. Il est partagé entre eux par égales portions et payé jusqu'à ce que le plus jeune des enfants ait atteint l'âge de vingt et un ans accomplis, la part de ceux qui décéderaient ou deviendraient majeurs faisant retour aux mineurs.

civiles seront calculés d'après le minimum affecté au grade par les lois en vigueur à la date où ils ont été terminés.

La veuve de tout fonctionnaire ou employé décédé postérieurement au 31 décembre 1892, après vingt-cinq ans de service, aura droit, si elle compte six ans de mariage, à une pension égale au tiers de la pension produite par la liquidation des services de son mari. Une pension temporaire de même importance sera accordée à l'orphelin ou aux orphelins mineurs du fonctionnaire, lorsque la mère sera décédée, ou inhabile à recueillir la pension, ou déchue de ses droits.

Les articles 8, 13, 15 et 16 de la loi du 9 juin 1853 sont abrogés en ce qu'ils ont de contraire à ces dispositions.

S'il existe une veuve et un ou plusieurs orphelins mineurs provenant d'un mariage antérieur du fonctionnaire, il est prélevé sur la pension de la veuve, et sauf reversibilité en sa faveur, un quart au profit de l'orphelin du premier lit, s'il n'en existe qu'un en âge de minorité, et la moitié, s'il en existe plusieurs [1].

Art. 17. Les pensions et secours annuels qui seront accordés conformément aux dispositions du présent titre sont inscrits au Grand-Livre de la dette publique.

. . . .

TITRE IV.
DISPOSITIONS D'ORDRE ET DE COMPTABILITÉ.

Art. 19. Aucune pension n'est liquidée qu'autant que le fonctionnaire aura été préalablement admis à faire valoir ses droits à la retraite par le Ministre du département auquel il ressortit.

Art. 20. Il ne peut être concédé annuellement de pension, en vertu de la présente loi, que dans la limite des extinctions réalisées sur les pensions inscrites. Dans le cas, toutefois, où cette limite devrait être dépassée, par suite de l'accroissement de liquidation auquel donneront lieu les nouvelles catégories de fonctionnaires soumis à la retenue et appelés à la pension par l'article 3, l'augmentation de crédit nécessaire sera l'objet d'une loi spéciale.

. . . .

Art. 22. Toute demande de pension est adressée au Ministre du département auquel appartient le fonctionnaire. Cette demande doit, à peine de déchéance, être présentée avec les pièces à l'appui dans le délai de cinq ans, à partir de la promulgation de la présente loi, pour les droits ouverts antérieurement, et, pour les droits qui s'ouvriront postérieurement, à partir savoir : pour le titulaire, du jour où il aura été admis à faire valoir ses droits à la retraite, ou du jour de la cessation de ses fonctions, s'il a été autorisé à les continuer après cette admission, et, pour la veuve, du jour du décès du fonctionnaire.

Les demandes de secours annuels pour les orphelins doivent

[1] Voir la *loi de finances* du 28 avril 1893, art. 50, p. 236 (en note.)

être présentées dans le même délai à partir de la promulgation de la présente loi, ou du jour du décès de leur père ou de celui de leur mère.

Art. 23. Les pensions sont liquidées d'après la durée des services, en négligeant sur le résultat final du décompte les fractions de mois et de franc.

Les services civils ne sont comptés que de la date du premier traitement d'activité et à partir de l'âge de vingt ans accomplis. Le temps de surnumérariat n'est compté dans aucun cas.

Art. 24. La liquidation est faite par le Ministre compétent, qui la soumet à l'examen du Conseil d'État avec l'avis du Ministre des finances.

Le décret de concession est rendu sur la proposition du Ministre compétent. Il est contresigné par lui et par le Ministre des finances.

Il est inséré au *Bulletin des lois*.

Art. 25. La jouissance de la pension commence du jour de la cessation du traitement, ou du lendemain du décès du fonctionnaire; celle du secours annuel, du lendemain du décès du fonctionnaire ou du décès de la veuve.

Il ne peut, en aucun cas, y avoir lieu au rappel de plus de trois années d'arrérages antérieures à la date de l'insertion au *Bulletin des lois* du décret de concession.

Art. 26. Les pensions sont incessibles. Aucune saisie ou retenue ne peut être opérée, du vivant du pensionnaire, que jusqu'à concurrence d'un cinquième pour débet envers l'État, ou pour des créances privilégiées, aux termes de l'article 2101 du Code civil, et d'un tiers dans les circonstances prévues par les articles 203, 205, 206, 207 et 214 du même Code.

Art. 27. Tout fonctionnaire ou employé démissionnaire, destitué, révoqué d'emploi, perd ses droits à la pension. S'il est remis en activité, son premier service lui est compté.

Celui qui est constitué en déficit pour détournement de deniers ou de matières, ou convaincu de malversations perd ses droits à la pension, lors même qu'elle aurait été liquidée ou inscrite.

La même disposition est applicable au fonctionnaire convaincu de s'être démis de son emploi à prix d'argent, et à celui qui aura été condamné à une peine afflictive ou infamante. Dans ce dernier cas, s'il y a réhabilitation, les droits à la pension seront rétablis.

Art. 28. Lorsqu'un pensionnaire est remis en activité, dans le même service, le payement de sa pension est suspendu.

Lorsqu'il est remis en activité dans un service différent, il ne peut cumuler sa pension et son traitement que jusqu'à concurrence de 1,500 francs.

Après la cessation de ses fonctions, il peut rentrer en jouissance de son ancienne pension, ou obtenir, s'il y a lieu, une nouvelle liquidation basée sur la généralité de ses services.

Art. 29. Le droit à l'obtention ou à la jouissance d'une pension est suspendu par les circonstances qui font perdre la qualité de Français, durant la privation de cette qualité.

La liquidation ou le rétablissement de la pension ne peut donner lieu à aucun rappel pour les arrérages antérieurs.

TITRE V.

DISPOSITIONS APPLICABLES AUX PENSIONS DE TOUTE NATURE.

Art. 30. Les pensions et secours annuels sont payés par trimestre; ils sont rayés des livres du Trésor après trois ans de non-réclamation, sans que leur rétablissement donne lieu à aucun rappel d'arrérages antérieurs à la réclamation.

La même déchéance est applicable aux héritiers ou ayants cause des pensionnaires qui n'auront pas produit la justification de leurs droits dans les trois ans qui suivront la date du décès de leur auteur.

Art. 31. Le cumul de deux pensions est autorisé dans la limite de 6,000 francs, pourvu qu'il n'y ait pas de double emploi dans les années de service présentées pour la liquidation.

La disposition qui précède n'est pas applicable aux pensions que des lois spéciales ont affranchies des prohibitions du cumul.

. . . .

(*Extraits.*)

. . . .

TITRE II.
PERCEPTION DES RETENUES.

Art. 5. Les traitements ou allocations passibles de retenues, qui sont acquittés par les comptables du Trésor, sont portés pour le brut dans les ordonnances et mandats, et il est fait mention spéciale des retenues à exercer pour pension.

Ces comptables chargés du payement de ces ordonnances ou mandats les imputent en dépense pour leur montant intégral, et ils constatent en recettes les retenues opérées au crédit du budget de chaque exercice et à un compte distinct intitulé : *Retenues sur traitements pour le service des pensions civiles.*

. . . .

Art. 7. Les retenues afférentes aux traitements, tant fixes qu'éventuels, des fonctionnaires des lycées sont précomptées chaque mois ou chaque trimestre, à l'instant du payement, par l'économe et par lui versées à la caisse du receveur des finances. A l'appui de chaque versement et comme titre de perception, l'économe fournit au receveur une expédition des états de traitement certifiée par le proviseur et visée par le recteur.

Art. 8. Les retenues à exercer sur les traitements des fonctionnaires des . . . . collèges communaux et en régie, au compte des villes, sont précomptées de la même manière par le receveur municipal et par lui versées dans la caisse du receveur des finances, auquel il remet, comme titre de perception, une expédition des états de traitement, certifiée par . . . . le principal et visée par le recteur.

Art. 9. A l'égard des collèges communaux où le pensionnat est au compte des principaux, le montant des retenues est précompté par le receveur municipal sur les différents termes de la subvention allouée par la ville à l'établissement. A cet effet, le principal remet au receveur, chaque mois ou chaque trimestre, selon que les traitements sont acquittés mensuellement ou trimestriellement, un état des traitements dressé en double expédition, certifié par lui et visé par le recteur. Le traitement attribué au principal pour le décompte de la retenue qu'il doit subir sera calculé sur le traitement du régent le mieux rétribué, augmenté d'un quart[1].

Une des deux expéditions est produite par le receveur municipal au receveur des finances, pour justifier le versement des retenues.

Dans les collèges auxquels la ville n'alloue pas de subvention, les retenues sont précomptées par le principal et versées directement par lui dans la caisse du receveur des finances, à qui il remet une expédition de l'état des traitements, certifié comme il a été dit ci-dessus.

. . . .

ART. 13. Les fonctionnaires et employés rétribués sur d'autres fonds que ceux de l'État, qui ont néanmoins droit à pension conformément au dernier paragraphe de l'article 4 de la loi du 9 juin 1853, supportent la retenue sur l'intégralité de leurs rétributions.

Ceux qui sont placés en France et en Algérie doivent effectuer le versement de cette retenue, par trimestre et dans les premiers jours du trimestre qui suit le trimestre échu, à la caisse du receveur des finances; ils transmettent la déclaration de ce versement au Ministre du département auquel ils ressortissent. Ceux qui résident à l'étranger sont tenus de faire acquitter, pour leur compte, les retenues qui les concernent, et de faire faire en même temps la déclaration ci-dessus prescrite; ils sont autorisés à faire un seul versement par année.

Les Ministres transmettent, chaque trimestre, au Ministre des finances, des états nominatifs par département desdits fonctionnaires et employés; ces états indiquent le traitement applicable à chaque agent et la retenue à exercer, aux receveurs des finances.

. . . .

[1] Cet article a été modifié par le décret du 7 janvier 1892, p. 146.

Art. 16. Les fonctionnaires et employés ne peuvent obtenir, chaque année, un congé ou une autorisation d'absence de plus de quinze jours sans subir une retenue. Toutefois, un congé d'un mois sans retenue peut être accordé à ceux qui n'ont joui d'aucun congé et d'aucune autorisation d'absence pendant trois années consécutives.

Pour les congés de moins de trois mois, la retenue est de la moitié au moins et des deux tiers au plus du traitement.

Après trois mois de congé, consécutifs ou non, dans la même année, l'intégralité du traitement est retenue et le temps excédant les trois mois n'est pas compté comme service effectif pour les pensions de retraite.

Si, pendant l'absence de l'employé, il y a lieu de pourvoir à des frais d'intérim, le montant en sera précompté, jusqu'à due concurrence, sur la retenue qu'il doit subir.

La durée du congé avec retenue de la moitié au moins et des deux tiers au plus du traitement peut être portée à quatre mois pour les fonctionnaires et employés exerçant hors de France, mais en Europe ou en Algérie, et à six mois pour ceux qui sont attachés au service colonial ou aux services diplomatique et consulaire hors d'Europe.

Sont affranchies de toute retenue les absences ayant pour cause l'accomplissement d'un des devoirs imposés par la loi.

En cas d'absence pour cause de maladie dûment constatée, le fonctionnaire ou l'employé peut être autorisé à conserver l'intégralité de son traitement pendant un temps qui ne peut excéder trois mois. Pendant les trois mois suivants, il peut obtenir un congé avec la retenue de la moitié au moins et des deux tiers au plus du traitement.

Si la maladie est déterminée par l'une des causes exceptionnelles prévues aux premier et deuxième paragraphes de l'article 11 de la loi du 9 juin 1853, le fonctionnaire peut conserver l'intégralité de son traitement jusqu'à son rétablissement ou jusqu'à sa mise à la retraite.

. . . .

Il n'est dérogé par le présent article ni. . . . . ni aux règles spéciales concernant la mise en activité des agents

16.

extérieurs du Département des affaires étrangères et des fonctionnaires de l'enseignement.

. . . .

Art. 25. Le fonctionnaire démissionnaire, révoqué ou destitué, s'il est réadmis dans un emploi assujetti à la retenue, subit de nouveau la retenue du premier mois de son traitement et celle du premier douzième des augmentations ultérieures.

Celui qui, par mesure disciplinaire ou par mutation volontaire d'emploi, est descendu à un traitement inférieur, subit la retenue du premier douzième des augmentations ultérieures.

Le fonctionnaire placé dans la situation indiquée par le dernier paragraphe de l'article 10 de la loi du 9 juin 1853 est assujetti à la retenue sur son traitement d'inactivité, mais il ne subit pas la retenue du premier douzième lorsqu'il est rappelé à un emploi actif.

. . . .

Art. 26. . . . . A l'égard des principaux des collèges communaux qui administrent le pensionnat à leur compte, le traitement moyen est réglé sur le traitement du régent le mieux rétribué surélevé d'un quart[1].

Art. 27. A l'égard des . . . . fonctionnaires de l'enseignement qui sont admis à la retraite, dans la position d'inactivité prévue par le quatrième paragraphe de l'article 10 de la loi du 9 juin 1853, le traitement moyen s'établit sur les six années des services qu'ils ont rendus, comme titulaires d'emploi, avant leur mise en inactivité.

. . . .

TITRE III.

JUSTIFICATION DU DROIT À PENSION, MODE DE LIQUIDATION.

Art. 29. L'admission du fonctionnaire à faire valoir ses droits à la retraite est prononcée par l'autorité qui, aux termes des règlements, a qualité pour prononcer sa révocation.

_____

[1] Cet article a été modifié par le décret du 7 janvier 1892, page 146.

L'acte d'admission à la retraite spécifie les circonstances qui donnent ouverture au droit à la pension, et indique les articles de la loi applicables au fonctionnaire.

Art. 30. Lorsque l'admission à la retraite a lieu avant l'accomplissement de la condition d'âge imposée par l'article 5 de la loi du 9 juin 1853, cette admission est prononcée dans les formes suivantes :

Si l'impossibilité d'être maintenu en activité résulte pour le fonctionnaire d'un état d'invalidité morale inappréciable pour les hommes de l'art, sa situation est constatée par un rapport de ses supérieurs dans l'ordre hiérarchique ;

Si l'incapacité de servir est le résultat de l'invalidité physique du fonctionnaire, l'acte prononçant son admission à la retraite doit être appuyé, indépendamment des justifications ci-dessus spécifiées, d'un certificat des médecins qui lui ont donné leurs soins et d'une attestation d'un médecin désigné par l'Administration et assermenté, qui déclare que le fonctionnaire est hors d'état de continuer utilement l'exercice de son emploi.

Art. 31. Le fonctionnaire admis à la retraite doit produire, indépendamment de son acte de naissance et d'une déclaration de domicile :

1° Pour la justification des services civils :

Un extrait dûment certifié des registres et sommiers de l'administration ou du ministère auquel il a appartenu, énonçant ses noms et prénoms, sa qualité, la date et le lieu de sa naissance, la date de son entrée dans l'emploi avec traitement, la série de ses grades et services, l'époque et les motifs de leur cessation et le montant du traitement dont il a joui pendant chacune des six dernières années de son activité.

Cet extrait est dressé dans la forme du modèle n° 3 [1].

Lorsqu'il n'aura pas existé de registres, ou que tous les services administratifs ne se trouveront pas inscrits sur les registres existants, il y sera suppléé, soit par un certificat du chef ou des chefs compétents des administrations où l'employé aura servi, relatant

_____
[1] Voir page 251.

les indications ci-dessus énoncées, soit par un extrait des comptes et états d'émargement certifié par le greffier de la Cour des comptes.

Les services civils rendus hors d'Europe sont constatés par un certificat distinct délivré par le Ministre compétent. Ce certificat, conforme au modèle n° 4 [1], énonce, pour chaque mutation d'emploi, le traitement normal du gradé et le supplément accordé à titre de traitement colonial.

A défaut de ces justifications, et lorsque, pour cause de destruction des archives dont on aurait pu les extraire ou du décès des fonctionnaires supérieurs, l'impossibilité de les produire aura été prouvée, les services pourront être constatés par acte de notoriété.

2° Pour la justification des services militaires de terre et de mer :

Un certificat directement émané du Ministère de la guerre ou de celui de la marine.

Art. 32. Les veuves prétendant à pension fournissent, indépendamment des pièces que leur mari aurait été tenu de produire :

1° Leur acte de naissance ;

2° L'acte de décès de l'employé ou du pensionnaire ;

3° L'acte de célébration du mariage ;

4° Un certificat de non-séparation de corps, et, si le mariage est antérieur à la loi du 8 mai 1816, un certificat de non-divorce [2] ;

5° Dans le cas où il y aurait eu séparation de corps, la veuve doit justifier que cette séparation a été prononcée sur sa demande.

Les orphelins prétendant à pension fournissent, indépendamment des pièces que leur père aurait été tenu de produire :

1° Leur acte de naissance ;

2° L'acte de décès de leur père ;

3° L'acte de célébration de mariage de leurs père et mère ;

---

[1] Voir page 252.

[2] Le divorce ayant été rétabli par la loi du 27 juillet 1884, il y a lieu désormais de produire un certificat de non-divorce.

En outre, si le mariage de la veuve ne remonte pas à plus de vingt et un ans accomplis, il est nécessaire de joindre aux pièces à produire une attestation portant que le mari n'a pas laissé d'enfants mineurs d'un précédent mariage. (*Circ. aux préfets. du 30 novembre 1886.*)

4° Une expédition ou un extrait de l'acte de tutelle;

5° En cas de prédécès de la mère, son acte de décès;

En cas de séparation de corps, expédition du jugement qui a prononcé la séparation ou un certificat du greffier du tribunal qui a rendu le jugement :

En cas de second mariage, acte de célébration;

Les veuves ou orphelins prétendant à pension produisent le brevet délivré à leur mari ou père, lorsqu'il est décédé en jouissance de pension, ou une déclaration constatant la perte de ce titre.

ART. 33. Si le fonctionnaire a été justiciable direct de la Cour des comptes, soit en deniers, soit en matières, il doit produire un certificat de la comptabilité générale des Finances ou du Ministère compétent, constatant, sauf justification ultérieure du quitus de la Cour des comptes, que la vérification provisoire de sa gestion ne relève aucun débet à sa charge.

Si le prétendant à pension n'est pas justiciable direct de la Cour des comptes, sa situation en fin de gestion est constatée par un certificat du comptable supérieur duquel il relève.

ART. 34. Les enfants orphelins des fonctionnaires décédés pensionnaires ne peuvent obtenir des secours, à titre de réversion, qu'autant que le mariage dont ils sont issus a précédé la mise à la retraite de leur père.

ART. 35. Dans les cas spécifiés aux paragraphes 1er et 2e de l'article 11, 1er et 2e de l'article 14 de la loi du 9 juin 1853, l'événement donnant ouverture au droit à pension doit être constaté par un procès-verbal en due forme dressé sur les lieux et au moment où il est survenu. A défaut de procès-verbal, cette constatation peut s'établir par un acte de notoriété rédigé sur la déclaration des témoins de l'événement ou des personnes qui ont été à même d'en connaître et d'apprécier les conséquences. Cet acte doit être corroboré par les attestations conformes de l'autorité municipale et des supérieurs immédiats du fonctionnaire.

Dans le cas d'infirmités, prévu par le troisième paragraphe de l'article 11 de la loi du 9 juin, ces infirmités et leurs causes sont constatées par les médecins qui ont donné leurs soins au fonctionnaire et par un médecin désigné par l'Administration et assermenté.

Ces certificats doivent être corroborés par l'attestation de l'autorité municipale et celle des supérieurs immédiats du fonctionnaire.

ART. 36. Dans les cas exceptionnels prévus par les premier et deuxième paragraphes dudit article 11, il est tenu compte à l'employé de ses services militaires de terre et de mer, suivant le mode spécial de rémunération réglé par l'article 8 de la loi, indépendamment de la liquidation déterminée pour les services civils par les deux paragraphes de l'article 12.

La liquidation s'établit, dans les mêmes cas, sur le traitement moyen, lorsqu'il est plus favorable à l'employé que le dernier traitement d'activité.

. . . .

TITRE IV.

DISPOSITIONS D'ORDRE ET DE COMPTABILITÉ.

. . . .

ART. 40. En exécution de l'article 24 de la loi du 9 juin 1853, le Ministère compétent réunit les pièces justificatives du droit à pension, arrête la liquidation, et, après l'avoir communiquée au Ministre des finances, la soumet, après l'avis de ce Ministre, à l'examen de la section des finances du Conseil d'État.

Sur l'avis de cette section, le Ministre liquidateur prépare le décret de concession qui doit être contresigné par le Ministre des finances.

ART. 41. Les décrets de concession, conformes au modèle n° 5, mentionnent les nom, prénoms, grade, date et lieu de naissance du pensionnaire, la nature et la durée de ses services, la date des lois, décrets et ordonnances réglementaires en vertu desquels la pension a été liquidée, la quotité du traitement qui a servi de base à la liquidation, la part de rémunération afférente aux services militaires et celle afférente aux services civils, la limitation au maximum, la quotité de la pension, la date d'entrée en jouissance et le domicile de la partie. Ces décrets indiquent, en outre, la date de l'avis rendu par la section des finances et, s'il y a lieu, celle de l'avis du Conseil d'État.

. . . .

ART. 42. La date de la présentation de la demande en liquidation est constatée par son inscription sur un registre spécial tenu dans chaque Ministère.

Un bulletin de cette inscription est délivré à la partie intéressée.

ART. 43. Lorsqu'un fonctionnaire, dont la pension est liquidée ou inscrite, se trouve dans l'un des cas prévus par les deux derniers paragraphes de l'article 27 de la loi du 9 juin 1853, sa perte du droit à la pension est prononcée par un décret rendu sur la proposition du Ministre des finances, après avoir pris l'avis du Ministre liquidateur et après avoir consulté la section des finances du Conseil d'État.

ART. 44. Lorsqu'un pensionnaire est remis en activité, il en est immédiatement donné avis par le Ministre compétent au Ministre des finances, pour que le payement de la pension soit suspendu, ou pour qu'il soit fait application des dispositions de l'article 31 de la loi du 9 juin, relatives au cumul.

ART. 45. Lorsqu'un fonctionnaire a disparu de son domicile et que plus de trois ans se sont écoulés sans qu'il ait réclamé les arrérages de sa pension, sa femme ou les enfants qu'il a laissés peuvent obtenir, à titre provisoire, la liquidation des droits de réversion qui leur seraient ouverts par les articles 13 et 16 de la loi du 9 juin 1853 en cas de décès dudit pensionnaire.

ART. 46. Tout titulaire d'une pension inscrite au Trésor doit produire, pour le payement, un certificat de vie délivré par un notaire, conformément à l'ordonnance du 6 juin 1839, lequel certificat contient, en exécution des articles 14 et 15 de la loi du 15 mai 1818, la déclaration relative au cumul.

La rétribution fixée par le décret du 21 août 1806 et l'ordonnance du 20 juin 1817, pour la délivrance des certificats de vie, est modifiée ainsi qu'il suit.

Pour chaque trimestre à percevoir :

De 6oo francs et au-dessus....................... o'5o
De 6oo francs à 3o1 francs....................... o 35
De 3o1 francs à 1o1 francs....................... o 25
De 1oo francs à 5o francs....................... o 2o
Au-dessous de 5o francs....................... o oo

ART. 48. Lorsque l'intérêt du service l'exige, le fonctionnaire admis à faire valoir ses droits à la retraite peut être maintenu momentanément en activité, sans que la prolongation de ses services puisse donner lieu à un supplément de liquidation. Dans ce cas, la jouissance de sa pension part du jour de la cessation effective du traitement.

TABLEAU N° 3.

MINISTÈRE DE L'INSTRUCTION PUBLIQUE,
DES BEAUX-ARTS ET DES CULTES.

État des services de M
ex   à   dépᵗ d
né le   à   dépᵗ d
entré en fonctions le   et admis à faire valoir ses droits
à la retraite à partir du   .

LIEUX OÙ LES FONCTIONS ont été exercées.		NATURE DES FONCTIONS et emplois.	DATE DE L'ENTRÉE en exercice.	DURÉE des SERVICES.			OBSERVATIONS.
Départements.	Résidences.			Ans.	Mois.	Jours.	

A DÉDUIRE....
Surnumérariat....................
Service avant l'âge de 20 ans........
. . . . .
Interruptions.
. . . . .
. . . . .
Services effectifs admissibles.........

Traitement fixe de chacune des dernières années d'activité.

	Ans.	Mois.	Jours.		fr. c.
Du au				A raison de par année..................	
Du au				A raison de par année..................	
TOTAL des années.				TOTAL du traitement......	

L'année moyenne est de..................

Vu et vérifié :   Pour extrait conforme au registre du per-
Le Chef du bureau des pensions,   sonnel et aux états de traitement du Ministère
                                         de l'instruction publique et des beaux-arts.
                                                Paris, le   189 .
                                         Le Directeur du secrétariat et de la comptabilité,

MINISTÈRE DE L'INSTRUCTION PUBLIQUE,
DES BEAUX-ARTS ET DES CULTES.

État des services de M

ex   à   dépᵗ d

né le   à   dépᵗ d

entré en fonctions le   et dont l'activité hors d'Europe

a cessé le

LIEUX OÙ LES FONCTIONS ont été exercées.		NATURE DES FONCTIONS et emplois.	DATE DE L'ENTRÉE en exercice.	DURÉE des SERVICES.			OBSERVATIONS.
Départements.	Résidences.			Ans.	Mois.	Jours.	
A DÉDUIRE....	Surnumérariat....................						
	Service avant l'âge de 20 ans........						
	Interruptions.						
	Services effectifs admissibles........						
	Bonification de moitié en sus........						
	TOTAL................						

Traitement normal de chacune des dernières années d'activité.

	Ans.	Mois.	Jours.		fr. c.
Du au				A raison de par année................	
Du au				A raison de par année................	
TOTAL des années.				TOTAL du traitement......	

L'année moyenne est de....................

VU et VÉRIFIÉ :   Pour extrait conforme au registre du personnel et aux états de traitement du Ministère

Le   ,   de   .

Paris, le   189 .

Le   ,

(26 décembre 1890.)

(*Extrait.*).

ART. 29. A partir du 1er janvier 1891, le principaux de collèges, ayant le pensionnat à leur compte, ne subiront les retenues, pour pensions civiles, que sur le traitement attribué à la classe dans laquelle ils auront été rangés par décision ministérielle.

Cette disposition s'applique à tous les principaux de collèges de cette catégorie sans qu'il y ait lieu de faire une distinction au profit de ceux qui sont, en outre, professeurs ou chargés de cours.

DÉCRET.
(22 juillet 1895.)

ART. 1er. Les fonctionnaires des lycées nationaux et des collèges communaux, remplissant les conditions d'âge et de services prévues par l'article 5 de la loi du 9 juin 1853, sont admis, dans la mesure des crédits disponibles, à faire valoir leurs droits à la retraite.

Toutefois, un fonctionnaire remplissant ces conditions peut être maintenu en activité par décision spéciale du Ministre de l'instruction publique, après avis du Comité consultatif de l'enseignement public (section de l'enseignement secondaire).

ART. 2. Les dispositions contraires au présent décret sont abrogées.

DÉCRET RELATIF AU MAINTIEN EN EXERCICE DES FONCTIONNAIRES ADMIS À LA RETRAITE.
(27 mai 1897.)

ART. 1er. L'article 47 du décret du 9 novembre 1853 est modifié ainsi qu'il suit :

« Le fonctionnaire admis à faire valoir ses droits à la retraite pour ancienneté, par application des paragraphes 1 et 2 de l'article 5 de la loi du 9 juin 1853, continue à exercer ses fonctions jusqu'à la délivrance de son brevet de pension, à moins de décision contraire rendue sur sa demande ou motivée soit par la suppression de son emploi, soit par l'intérêt du service.

« Après la délivrance de son brevet de pension, il peut encore, lorsque l'intérêt du service l'exige, être maintenu momentanément en activité.

« En cas de prolongation de ses services, conformément aux deux paragraphes précédents, il ne peut y avoir lieu à un supplément de liquidation, et la jouissance de la pension part du jour de la cessation effective du traitement.

« Les dispositions du présent article ne sont pas applicables aux fonctionnaires tenus de produire un certificat de non-débet. »

Art. 2. Le présent décret ne sera appliqué qu'aux fonctionnaires admis à faire valoir leurs droits à la retraite après sa promulgation.

LOI DE FINANCES.

(29 mars 1897.)

(Extrait.)

Art. 31. Les Ministres de l'instruction publique et des finances sont autorisés à comprendre dans la liquidation des pensions de retraite des fonctionnaires de l'enseignement supérieur et de l'enseignement secondaire, aux conditions prévues par l'article 10 de la loi du 9 juin 1853, le temps pendant lequel ceux de ces fonctionnaires qui ne sont pas visés par le paragraphe 11 de l'article 16 du décret du 9 novembre suivant ont été, jusqu'à la promulgation de la présente loi, mis en non-activité ou en congé avec traitement soumis à retenue.

Art. 32. Les années passées, à partir de l'âge de vingt ans, en qualité d'élèves, à l'École normale supérieure et à l'École normale de Cluny sont comprises dans le compte des années de service lors de la liquidation de la pension de retraite.

LOI DE FINANCES.

(13 avril 1898.)

(*Extrait.*)

ART. 44. Les veuves de militaires, marins ou assimilés ainsi que les veuves des fonctionnaires civils placés sous le régime de la loi du 9 juin 1853 ont droit à pension lorsque le mari réunit au jour de son décès, survenu après le 1er janvier 1896, vingt-cinq ans de services tant militaires que civils et que la condition de durée du mariage, requise par la loi de pension sous le régime de laquelle le mari était placé en dernier lieu, avait été remplie.

Si le mari titulaire en dernier lieu d'un emploi civil décède avant d'avoir accompli six ans de services civils, la part de pension afférente aux services civils est calculée sur la moyenne des traitements perçus pour l'ensemble de ces services.

Lorsque la mère est décédée, ou inhabile à recueillir la pension, ou déchue de ses droits, l'orphelin ou les orphelins ont droit, jusqu'à leur majorité, à une pension temporaire égale à celle que la mère a obtenue ou aurait pu obtenir.

VII. — PRÉPARATION AUX GRADES.

I. ÉCOLE NORMALE SUPÉRIEURE.

DÉCRET.

(17 mars 1808.)

. . . .

ART. 10. Il sera établi à Paris un pensionnat normal, destiné à recevoir jusqu'à 300 jeunes gens, qui y seront formés à l'art d'enseigner les lettres et les sciences.

ORDONNANCE.

(6 décembre 1845.)

Art. 1ᵉʳ, § 2. L'École normale, qui forme des professeurs pour les collèges royaux et pour les facultés, prendra le titre d'École NORMALE SUPÉRIEURE.

DÉCRET.

(4 août 1848.)

Art. 1ᵉʳ. A dater du 1ᵉʳ octobre 1848, l'entretien des élèves admis à l'École normale supérieure sera complètement à la charge de l'État.

RÈGLEMENT.

(7 décembre 1850.)

Art. 1ᵉʳ. Les places d'élève à l'École normale supérieure sont données à la suite d'épreuves, qui ont lieu chaque année, pour le nombre de places déterminé par le Ministre, sur l'avis de la section permanente, d'après les besoins de l'enseignement.

Art. 2. Les inscriptions des candidats ont lieu du 1ᵉʳ janvier au 1ᵉʳ février.

Un registre est ouvert à cet effet dans toutes les académies de la République.

Aucune inscription n'est reçue si le candidat n'est Français ou admis à jouir des droits civils, et s'il n'a déposé, au secrétariat d'une des académies, les pièces suivantes :

1° Son acte de naissance, constatant qu'au 1ᵉʳ janvier de l'année dans laquelle il se présente, il était âgé de dix-huit ans au moins ou de vingt-quatre ans au plus. S'il est âgé de plus de vingt ans, il sera produit un certificat du maire de sa commune constatant qu'il a satisfait à la loi du recrutement ;

2° Un certificat de vaccine ;

3° Un certificat constatant que le candidat n'est atteint d'aucune infir-

mité ou d'aucun vice de constitution qui le rende impropre à l'enseignement.

Ce certificat est délivré par un médecin que le recteur nomme à cet effet;

4° L'engagement, légalisé, de se vouer pendant dix ans à l'instruction
publique, si le candidat est majeur, et, en cas de minorité, une déclaration
du père ou tuteur, aussi légalisée, l'autorisant à contracter cet engagement[1];

5° Une note signée de lui, indiquant, avec la profession de son père et
la demeure de sa famille, le lieu ou les lieux qu'il a habités depuis l'âge de
quinze ans;

6° Un certificat d'aptitude morale aux fonctions de l'enseignement,
délivré par le chef ou les chefs des établissements auxquels il peut avoir
appartenu, soit comme élève, soit comme maître.

ART. 3. Le 1er février, à midi, la liste des inscriptions est close dans
toutes les académies, et transmise, ce jour-là même, en un seul envoi, à
M. le Ministre de l'instruction publique, avec toutes les pièces à l'appui.

ART. 4. Avant le 15 mai, les recteurs font parvenir au Ministre les renseignements détaillés qu'ils ont recueillis, avec leur avis sur chacun des
candidats. Les Conseils académiques peuvent aussi être consultés.

ART. 5. Les renseignements adressés par les recteurs sont transmis par
le Ministre à la section permanente du Conseil supérieur de l'instruction
publique, qui, avant le 15 juillet, donne son avis au Ministre sur la liste
des candidats qui peuvent être admis à prendre part aux épreuves.

Avant le 25 juillet, le Ministre notifie sa décision aux recteurs, qui en
instruisent immédiatement les jeunes gens qu'elle concerne.

[1] *Engagement décennal en vue de l'admission à l'École normale supérieure.* —
Je soussigné (*nom et prénoms*), né à
, département de , le
18 , demeurant à ,
candidat à l'École normale supérieure
pour le concours de 19 , m'engage à
servir pendant dix ans dans les fonctions
de l'enseignement public, dans le cas où
je serais admis à ladite École.

Je m'engage en outre à rembourser à
l'État mes frais de pension dans le cas où
je viendrais à quitter l'École, soit volontairement, soit par suite d'exclusion,
comme aussi si je renonçais aux fonctions
de l'enseignement avant la réalisation de
mon engagement.

Fait à , le .
Consentement du père ou tuteur. — Je
soussigné (*nom, prénoms, qualité et résidence*), autorise par les présentes M. (*nom
et prénoms*), mon , candidat à
l'École normale supérieure, à contracter
l'engagement de servir pendant dix ans
dans les fonctions de l'enseignement public.

Fait à , le .

Les candidats n'appartenant pas à la
nationalité française doivent, en outre,
prendre l'engagement, sur papier timbré,
de se faire naturaliser à leur majorité.
Cet engagement doit être approuvé par
le père ou tuteur et être dûment légalisé.

Art. 6. Les épreuves pour l'admission à l'École normale se composent de deux séries : les unes portent sur tous les candidats autorisés à concourir, et déterminent l'admission ou la non-admission de chacun d'eux aux épreuves orales ; les autres ont lieu entre les candidats jugés admis à l'épreuve orale pour décider de leur admission définitive.

Art. 7. Les premières épreuves sont subies dans les académies où les inscriptions ont lieu ; elles commencent le 1ᵉʳ août, ou le 2 si le 1ᵉʳ est un jour férié, et doivent être terminées au plus tard le 7 ou le 8.

Art. 8. Ces épreuves consistent en compositions écrites, qui sont faites chacune le même jour, durant le même espace de temps, sur le même sujet dans toutes les académies.

Art. 9. (Modifié par l'arrêté du 26 décembre 1885.) Voir page 262.

Art. 10. (Modifié par l'article 5 de l'arrêté du 17 janvier 1896.) Voir page 262.

Art. 11. Les compositions sont rédigées sous la surveillance immédiate des recteurs, et transmises au Ministre le jour même de la dernière composition.

Art. 12. Les compositions, procès-verbaux et notes sont ensuite renvoyés à deux commissions nommées par le Ministre, l'une pour les lettres, l'autre pour les sciences. Les membres de ces commissions ne peuvent être choisis que parmi les membres du Conseil supérieur de l'instruction publique, les membres de l'Institut, les inspecteurs généraux, les professeurs agrégés des facultés et les maîtres de conférences de l'École normale. Le directeur et un fonctionnaire de l'École, proposé par lui, en font nécessairement partie.

Deux listes par ordre alphabétique, contenant un nombre de candidats double de celui des places à donner, sont dressées en conséquence, signées par les membres de la commission et transmises au Ministre par le président, de telle sorte que la liste générale des candidats admis à l'épreuve orale puisse être arrêtée par le Ministre avant la fin du mois d'août.

Art. 13. Les candidats admis à l'examen oral sont invités par les recteurs des académies, respectivement informés, à se trouver présents à l'École normale le 15 octobre, afin d'y subir la seconde série d'épreuves prévue par l'article 6.

En outre des pièces mentionnées à l'article 2, ils produiront les pièces suivantes :

1° Le diplôme de bachelier ès lettres ou le diplôme de bachelier ès sciences mathématiques, selon la section d'études à laquelle ils se destinent ;

2° L'engagement légalisé des père et mère, ou tuteur, de restituer à l'État le prix de la pension dont ils auront joui, dans tous les cas où, par leur fait, ils ne rempliraient pas l'engagement décennal.

Le même engagement doit être souscrit, solidairement avec les parents, par les candidats, à leur entrée à l'École, s'ils sont alors majeurs, ou pendant leur séjour à l'École, au moment où ils atteignent leur majorité.

Tout engagement fait pour un concours n'est plus valable pour un autre concours.

Les candidats qui n'auront point, au 15 octobre, produit lesdites pièces, ne pourront être admis à subir la seconde série d'épreuves.

Les candidats sont, en outre, soumis, avant les épreuves orales, à la visite des médecins de l'École, et ne peuvent prendre part à ces épreuves que s'il est constaté qu'ils ne sont atteints d'aucune infirmité ou d'aucun vice de constitution qui les rende impropres à l'enseignement.

Art. 14. Ces dernières épreuves consistent :

Pour la section des lettres, en explications et interrogations grammaticales, historiques et littéraires sur les textes des auteurs étudiés dans les classes de rhétorique et de philosophie;

Pour la section des sciences, en interrogations sur les matières comprises dans le cours de première et de deuxième année de mathématiques et physique des lycées [1].

Ces interrogations dureront une heure au moins pour chaque candidat.

En outre, les candidats admis à l'examen oral pour la section des sciences exécuteront une épure sur une des questions de géométrie descriptive, et copieront une tête au trait.

L'épreuve de l'interrogation et de l'explication est subie devant les membres des commissions dont il a été question à l'article 12.

Cette épreuve donne lieu à une liste par ordre de mérite, pour la rédaction de laquelle les juges tiendront compte de l'aptitude intellectuelle et morale des candidats.

Les membres de chaque commission, après avoir comparé les résultats de l'épreuve écrite et de l'épreuve orale avec les divers renseignements recueillis sur les candidats, dressent, en conséquence, et proposent au Ministre la liste de ceux qui doivent être définitivement admis.

Art. 15. L'admission est prononcée par arrêté ministériel.

Art. 16. Les pièces relatives à l'admission des élèves resteront aux archives de l'École avec les compositions des candidats définitivement admis.

[1] Cet article a été modifié par l'article 6 de l'arrêté du 17 janvier 1896. Voir page 263.

Art. 5, § 1er. L'École normale supérieure prépare aux grades de licencié ès lettres, de licencié ès sciences, et à la pratique des meilleurs procédés d'enseignement et de discipline scolaire.

RÈGLEMENT.
(15 septembre 1852.)

. . . .

Art. 1er. L'enseignement de l'École normale supérieure se divise en deux sections : celle des lettres et celle des sciences.

Art. 2. Le cours d'études de chacune des deux sections dure trois années.

Art. 3. Les deux sections sont distinctes dès la première année, sauf pour quelques objets d'étude qui pourront leur être communs.

Art. 4. Pendant toute la durée du cours, l'enseignement de chaque section a pour but de donner aux élèves non seulement une instruction forte et précise, mais toutes les qualités nécessaires aux professeurs.

Ce dernier point de vue domine surtout dans les exercices de troisième année.

Art. 11, § 1er. Tous les élèves des lettres, comme ceux des sciences, seront tenus de suivre, sans distinction d'année, les cours de langue allemande ou de langue anglaise. Ils seront chaque année, après examen, partagés pour cette étude en trois divisions.

. . . .

Art. 13. A partir de la rentrée des vacances de Pâques, les élèves de troisième année seront admis à assister et à participer aux classes dans les lycées et collèges de Paris.

Ces exercices dureront un mois au plus. Le directeur de l'École et le recteur de l'académie de la Seine se concerteront pour en assurer la surveillance et le bon ordre.

Les épreuves terminées, MM. les chefs d'établissement et professeurs rédigeront et adresseront au recteur un rapport spécial dans lequel ils apprécieront la manière dont les élèves tiennent la classe et leur aptitude à l'enseignement.

ARRÊTÉ.
(7 février 1865.)

. . . .

ART. 2, § 1er. Les examens de fin de troisième année sont supprimés.

ARRÊTÉ.
(26 juin 1872.)

ART. 1er. Les examens de fin de deuxième année de l'École normale supérieure pour la section des lettres s'étendront à toutes les matières enseignées pendant le cours de cette même année.

ART. 2. Les appréciations résultant de ces examens, jointes aux notes des maîtres de conférences, détermineront la répartition et le classement des élèves dans la troisième année.

ART. 3. Ceux des élèves qui, dans lesdits examens, se seraient montrés hors d'état de suivre utilement les exercices de la troisième année, pourront cesser de faire partie de l'École.

ART. 4. Les autres examens de fin d'année et les examens semestriels établis par les règlements antérieurs sont et demeurent supprimés.

ARRÊTÉ.
(15 février 1869.)

ART. 1er. Tout élève de la section des lettres de l'École normale supérieure qui, avant l'ouverture du cours de deuxième année, n'est pas reçu licencié, cesse de faire partie de l'École.

ART. 2. (Modifié par l'arrêté du 23 novembre 1875 ci-dessous.)

RÈGLEMENT.
(23 novembre 1875.)

ARTICLE UNIQUE. L'article 2 de l'arrêté du 15 février 1869 est modifié comme il suit :

« Toutefois, un élève refusé à la licence ès lettres avant l'ouverture des cours de deuxième année pourra, à raison de ses notes à l'intérieur de l'École et sur le rapport du directeur, être autorisé, par décision spéciale du Ministre, à subir une nouvelle épreuve. »

ARRÊTÉ.
(26 décembre 1885.)

ARTICLE UNIQUE. L'article 9 de l'arrêté en date du 7 décembre 1850 portant règlement pour l'admission à l'École normale supérieure est modifié ainsi qu'il suit :

Les compositions pour la section des lettres sont :
Une dissertation de philosophie en français;
Une composition latine;
Une composition française;
Une version latine;
Un thème grec;
Une composition d'histoire.

ARRÊTÉ RELATIF AU CONCOURS D'ADMISSION À L'ÉCOLE NORMALE SUPÉRIEURE (SECTION DES SCIENCES).
(17 janvier 1896.)

LE MINISTRE DE L'INSTRUCTION PUBLIQUE, DES BEAUX-ARTS ET DES CULTES,

Vu le règlement du 7 décembre 1850 pour l'admission à l'École normale supérieure;

Vu l'arrêté du 22 janvier 1885 portant modification des conditions d'admission à la section des sciences de ladite École;

Le Conseil supérieur de l'Instruction publique entendu.

ARRÊTE :

ART. 1er. Les candidats à l'École normale supérieure (section des sciences) doivent justifier du grade de bachelier de l'enseignement secondaire classique ou de l'enseignement secondaire moderne.

ART. 2. Les épreuves du concours sont divisées en épreuves de 1er degré et en épreuves du 2e degré.

ART. 3. Les épreuves du 1er degré, à la suite desquelles il est dressé une liste d'admissibilité comprenant au moins un nombre de noms double du nombre des places mises au concours, sont subies aux chefs-lieux des académies, chacune le même jour, à la même heure, durant le même temps et sur les mêmes sujets.

ART. 4. Les épreuves du 2e degré sont subies à Paris.

ART. 5. Les épreuves du 1er degré consistent en :

1° Une composition de mathématiques;

2° Une composition de physique;

3° Une dissertation française.

La durée de chacune de ces épreuves est de six heures.

ART. 6. Les épreuves du 2e degré consistent en :

1° Une interrogation sur les mathématiques;

2° Une interrogation sur la physique;

3° Une interrogation sur la chimie;

4° Une épreuve pratique de mathématiques tirée des matières étudiées en mathématiques spéciales;

5° Une composition en version.

Pour cette dernière épreuve, trois textes sont remis à chaque candidat : un texte latin, un texte allemand et un texte anglais. Chaque candidat traduit deux de ces textes à son choix.

La durée de l'épreuve pratique de mathématiques est de quatre heures; il est accordé également quatre heures pour les deux versions.

ART. 7. Chacune des épreuves du 1er et du 2e degré est notée de 0 à 20.

Les coefficients suivants sont attribués aux différentes épreuves.

Épreuves du 1er degré :

Composition de mathématiques.	10
Composition de physique.	7
(Il sera tenu compte de la rédaction dans ces deux compositions.)	
Dissertation française.	3

Épreuves du 2e degré :

Interrogation sur les mathématiques.	40
Interrogation sur la physique.	20
Interrogation sur la chimie.	12
Épreuve pratique de mathématiques.	5
Version.	4

ART. 8. Le Directeur de l'École normale supérieure est chargé de l'exécution du présent arrêté qui abroge toutes les dispositions contraires des règlements antérieurs et qui sera mis à exécution à dater du concours de 1896.

2. — BOURSES ET CONFÉRENCES DE FACULTÉS.

RÈGLEMENT CONCERNANT LES BOURSES DE L'ÉTAT DANS LES FACULTÉS
DES SCIENCES ET DES LETTRES.
(31 mai 1886.)

ART. 1er. Les bourses entretenues par l'État dans les facultés des sciences et des lettres sont de trois sortes :

Les bourses de licence ;

Les bourses d'agrégation ;

Les bourses d'études.

ART. 2. Les candidats aux bourses de licence s'inscrivent, au secrétariat de l'académie dans laquelle ils résident, du 20 mai au 20 juin.

Ils doivent être français et être âgés de 18 ans au moins, de 25 ans au plus.

Ils désignent, en s'inscrivant, les facultés auxquelles ils désirent être attachés de préférence, et joignent à cette déclaration les pièces suivantes :

1° Leur acte de naissance ;

2° Leur diplôme de bachelier ès sciences ou de bachelier ès lettres;

3° Une note signée d'eux, indiquant la profession de leur père, la résidence de leur famille, l'établissement ou les établissements dans lesquels ils ont fait leurs études, ou auxquels ils ont appartenu comme maîtres, le lieu ou les lieux qu'ils ont habités depuis leur sortie desdits établissements ;

4° Un certificat du chef ou des chefs desdits établissements contenant, avec une appréciation du caractère et de l'aptitude du candidat, l'indication des succès qu'il a obtenus dans le cours de ses classes ;

5° Une déclaration de situation de fortune conforme au modèle ci-annexé.

ART. 3. Le concours a lieu en juillet au siège de la Faculté, au jour fixé par le Ministre.

Les sujets des compositions écrites sont choisis par le Ministre.

ART. 4. Chaque jury se compose de trois membres désignés par le recteur, sur la proposition du doyen.

ART. 5. Les épreuves des concours pour les bourses de licence sont :

1° Dans les facultés des lettres :

Une composition française et une composition latine; des explications approfondies d'un auteur grec, d'un auteur latin et d'un auteur français des classes de rhétorique et de philosophie des lycées. Les aspirants à la licence ès lettres, avec mention de philosophie, sont interrogés, en outre, sur la philosophie; les aspirants à la licence ès lettres, avec mention d'histoire, sur l'histoire. Les aspirants à la licence ès lettres, avec mention de langues vivantes, expliquent un auteur allemand ou anglais de la classe de rhétorique; à cette explication est joint un thème oral allemand ou anglais. Pour les aspirants à la licence ès lettres proprement dite, l'explication latine est double et porte sur un prosateur et sur un poète.

2° Dans les facultés des sciences :

Une composition et des interrogations sur des sujets de mathématiques, de physique, de chimie et d'histoire naturelle, suivant la licence à laquelle se prépare le candidat.

Les épreuves orales durent une heure au moins pour chaque candidat.

ART. 6. Les compositions écrites sont corrigées et annotées par les membres du jury; la valeur en est exprimée par un chiffre qui varie de o à 20.

Un procès-verbal détaillé fait connaître les textes expliqués, les questions posées aux candidats à l'examen oral, et la manière dont ils ont subi ces épreuves.

Une note spéciale variant de o à 20 est attribuée à chaque partie, explication ou interrogation, des épreuves orales; deux notes distinctes sont attribuées à la double explication latine exigée des aspirants à la licence ès lettres proprement dite.

Les copies et les procès-verbaux des examens sont transmis au Ministre.

Le Comité consultatif de l'enseignement public dresse la liste des candidats par ordre de mérite, en tenant compte des besoins de l'enseignement secondaire.

ART. 7. Peuvent obtenir directement une bourse de licence, sans subir les épreuves prescrites par l'article 5 :

Les candidats à l'École normale supérieure déclarés admissibles aux épreuves orales et les élèves qui ont obtenu un des trois prix d'honneur au concours général des lycées de Paris ou des départements.

ART. 8. Le boursier reçu à l'une des licences ès sciences peut obtenir, sans nouveau concours, une bourse pour l'une des deux autres licences.

Cette nouvelle bourse est d'une année et ne peut être renouvelée que sur un rapport spécial du doyen, du recteur et sur l'avis conforme du Comité consultatif.

Art. 9. La Faculté désigne, chaque année, les cours que suivent les boursiers. Cette désignation devient obligatoire, après l'approbation du recteur.

Art. 10. Tout boursier signe, à la fin de chaque cours et de chaque conférence, un registre de présence. Le relevé des absences est transmis, chaque trimestre, au recteur. En cas d'absences réitérées, d'indiscipline ou d'inconduite, le recteur, d'accord avec la Faculté. décide s'il y a lieu de demander au Ministre le retrait de la bourse.

Art. 11. Les boursiers de licence sont pourvus d'une nomination de maîtres auxiliaires et contractent en cette qualité un engagement décennal pour la dispense du service militaire, conformément à l'arrêté du 31 janvier 1879 [1].

Art. 12. Le boursier de licence, reçu licencié, est tenu de se mettre à la disposition du Ministre. S'il ne se rend pas au poste qui lui est assigné, il perd les avantages de l'engagement décennal [1].

Art. 13. Les candidats aux bourses d'agrégation adressent leur demande, avant le 1er août, au doyen de la faculté où ils ont pris le grade de licencié.

Ils joignent à leur demande les certificats des chefs des établissements où ils ont enseigné. S'ils ont été boursiers de licence, ils ajoutent un rapport spécial des professeurs dont ils ont suivi les cours.

Toutes ces pièces, accompagnées des notes de licence et des conclusions motivées du doyen et d'un rapport faisant connaître comment la Faculté entend préparer à l'agrégation, sont adressées, par l'entremise du recteur, au Ministre, qui prend l'avis du Comité consultatif.

Des bourses d'agrégation peuvent être accordées sur le rapport des jurys des diverses agrégations de l'enseignement secondaire.

Art. 14. Les candidats aux bourses d'agrégation doivent être âgés de moins de 30 ans.

Les élèves sortis de l'École normale supérieure ne peuvent obtenir une bourse d'agrégation.

Art. 15. Les candidats aux bourses d'études se font inscrire au secrétariat des académies, avant le 1er août. Ils joignent à leur demande : 1° une

[1]. Voir la circulaire du 5 octobre 1889 relative aux boursiers de licence, page 203.

note indiquant les établissements auxquels ils ont appartenu, leur situation de fortune et les études particulières auxquelles ils se sont consacrés et qu'ils désirent poursuivre; 2° leurs travaux imprimés ou manuscrits et toutes pièces de nature à faire apprécier leurs aptitudes. Les dossiers sont soumis à l'examen de la faculté compétente.

Les bourses d'études sont accordées sur la proposition de la Faculté et après avis du Comité consultatif.

Il peut en être donné, en vue des études littéraires, à des étudiants en droit, en vue des études scientifiques, à des aspirants au doctorat en médecine et au grade de pharmacien de 1re classe.

ART. 16. Les bourses de toute catégorie sont accordées pour un an, à partir du 1er novembre; elles sont payables par douzièmes et d'avance; elles peuvent être prolongées pendant une seconde année sur le rapport du doyen et du recteur, après avis du Comité consultatif.

Elles ne peuvent être cumulées avec aucune fonction rétribuée.

Les boursiers de licence reçus licenciés pendant les sessions de novembre ou d'avril cessent de recevoir l'indemnité à la fin du mois de leur réception; ceux qui auront été admis au grade pendant la session de juillet-août toucheront l'indemnité jusqu'au 30 octobre suivant.

ART. 17. Sont abrogées les dispositions des règlements antérieurs en ce qu'elles ont de contraire au présent arrêté.

CIRCULAIRE RELATIVE AUX BOURSES DANS LES FACULTÉS DES SCIENCES ET DES LETTRES.
(31 mai 1886.)

MONSIEUR LE RECTEUR, j'ai l'honneur de vous adresser un arrêté en date de ce jour, portant règlement pour la concession des bourses de l'État dans les facultés des sciences et des lettres. Un certain nombre de modifications sont apportées aux règlements antérieurs; je crois devoir les signaler tout particulièrement à votre attention, en vous priant de veiller avec le plus grand soin à ce qu'elles soient portées, sans retard, à la connaissance des intéressés.

L'arrêté du 3 juin 1880 avait institué deux sortes de bourses : les bourses de licence et les bourses d'agrégation. Par l'arrêté de ce jour, il en est créé une nouvelle espèce, les bourses d'études, sur le caractère particulier desquelles j'insisterai plus loin.

Bourses de licence. — Elles seront, comme par le passé, accordées à des jeunes gens qui se destinent à l'enseignement; seulement le nombre en sera désormais limité d'après les besoins de l'enseignement secondaire. Jusqu'ici on avait pu les accorder sans autres limites que celles des crédits mis à la disposition du Ministre par les pouvoirs publics, il fallait en effet fournir aux lycées et surtout aux collèges communaux les licenciés qu'ils n'avaient pas. Mais chaque année, depuis la création des bourses, le nombre des licenciés croissant, les besoins extraordinaires sont allés diminuant, et il serait imprudent de ne pas prévoir dès maintenant le jour assez prochain où nous n'aurons plus à pourvoir qu'aux besoins courants du recrutement. Il est vrai que du développement et des progrès de l'enseignement secondaire naîtront de nouveaux besoins.

Ainsi le nouveau programme de l'enseignement spécial que va discuter, dans sa session de juillet, le Conseil supérieur, pourra donner plus d'extension que par le passé aux langues vivantes. Il importe de se préparer à cette éventualité. Je suis informé que le nouveau régime de la licence ès lettres avec mention de langues vivantes, inauguré cette année, promet de sérieux résultats. S'il en est ainsi, je suis disposé à concéder un assez grand nombre de bourses en vue de cette licence et cela dans des conditions spéciales, de nature à nous préparer de bons maîtres pour les langues allemande et anglaise. Les bourses de licence avec mention de langues vivantes seraient accordées en principe pour deux ans : pendant la première année, les jeunes gens qui les auraient obtenues, tout en étant attachés à l'une des facultés, résideraient à l'étranger, en Allemagne ou en Angleterre; ils recevraient, en outre de la bourse, une indemnité pour frais de voyage et de séjour; la seconde année, ils reviendraient en France et suivraient les cours de la Faculté. Il est du plus haut intérêt que ces dispositions soient connues sans retard des élèves des hautes classes de nos lycées et de nos collèges; c'est surtout au sortir de l'enseignement secondaire qu'un séjour à l'étranger peut être profitable.

Le présent règlement abaisse la limite d'âge supérieure pour le concours des bourses de licence : elle était précédemment fixée à 30 ans; elle l'est désormais à 25.

Toutefois, cette année encore, vous recevrez les inscriptions de candidats âgés de plus de 25 ans et de moins de 30.

Les candidats devront désigner en s'inscrivant les facultés auxquelles ils désirent être attachés de préférence. Cette disposition m'a paru nécessaire. Dans certaines académies, à Paris en particulier, le nombre des candidats est hors de proportion avec le nombre des bourses. Cependant plusieurs des candidats qui ne viennent pas en rang utile ont subi des épreuves supérieures à celles des candidats classés les premiers dans d'autres académies. Il est juste qu'ils puissent avoir une bourse dans une autre faculté que celle où ils ont concouru. Déjà l'an dernier, sur l'avis du Comité consultatif, un certain nombre de candidats de Paris ont été envoyés dans des facultés des départements. Il y a tout intérêt à ce qu'il continue d'en être ainsi.

Les candidats produisent, en s'inscrivant, leur diplôme de bachelier ès lettres pour les bourses de licence ès lettres, de bachelier ès sciences ou de bachelier de l'enseignement spécial pour les bourses de licence ès sciences. Comme par le passé, vous recevrez les inscriptions conditionnelles des candidats qui doivent subir les épreuves du bacalauréat à la prochaine session de juillet. Vous aurez soin de me faire connaître sans retard le résultat de leur examen.

Aux pièces exigées par les précédents règlements, les candidats devront joindre une déclaration de situation de fortune conforme au modèle qui vous a été adressé. J'attache une sérieuse importance à ce que cette pièce soit établie et contrôlée avec la plus scrupuleuse exactitude. Comme mes prédécesseurs l'ont dit et répété, ce serait aller directement à l'encontre des intentions des pouvoirs publics que d'accorder des bourses de licence à qui n'en aurait pas besoin. Vous m'indiquerez pour chaque candidat s'il peut se contenter d'une demi-bourse ou même d'une fraction moindre.

Pour chaque ordre de bourses, le jury se compose de trois membres de la Faculté désignés par vous, sur la proposition du doyen. Devront en outre siéger, s'il y a lieu, dans le jury des lettres, un professeur de philosophie, un professeur d'histoire et un professeur de littératures et de langues étrangères.

Il n'est rien changé aux épreuves pour les bourses de licence ès sciences. Pour les lettres, plusieurs changements sont apportés au règlement de 1880. Les épreuves écrites sont toujours une composition française et une composition latine; les épreuves orales comprennent toujours, comme parties communes, trois explications approfondies d'un auteur grec, d'un auteur latin et d'un auteur français. Mais, suivant la spécialité à laquelle ils se destinent, les candidats auront à subir soit une interrogation de philosophie, soit une interrogation d'histoire, soit une épreuve de langue vivante, explication d'un texte allemand ou anglais avec thème oral dans la même langue, soit une seconde explication latine. De la sorte l'ensemble des épreuves orales donnera lieu, pour chaque candidat, à quatre notes distinctes. La double explication latine exigée des candidats aux bourses de licence ès lettres proprement dite portera sur un prosateur et sur un poète.

Jusqu'ici les candidats aux bourses de licence avaient à signer deux engagements décennaux, l'un au moment de l'inscription, l'autre avant le tirage au sort, en vue de la dispense du service militaire. Malgré la précision de mes instructions antérieures, il n'est pas d'année que ce double engagement décennal ne produise des confusions regrettables. Pour y obvier, j'ai décidé que les candidats ne présenteraient plus, en se faisant inscrire, l'engagement prescrit par les règlements antérieurs. Ceux d'entre eux qui obtiendront une bourse seront en même temps pourvus d'une nomination de maître auxiliaire et, en cette qualité, ils contracteront devant vous l'engagement décennal valable pour la dispense du service militaire[1]. Ils n'entreront en possession de leurs bourses qu'après avoir contracté cet engagement et produit l'engagement de restitution prescrit par la circulaire du 17 septembre 1880.

Bourses d'agrégation. — Rien n'est changé à la réglementation de ces bourses; seulement la limite d'âge supérieure est abaissée de 35 à 30 ans. Toutefois, cette année encore, il pourra être accordé des bourses d'agrégation à des candidats âgés de 35 ans.

Bourses d'études. — Dans la circulaire du 1er octobre 1880, un de mes prédécesseurs vous disait : «Nous arriverons au moment où, la préparation aux grades étant devenue une habitude facile et un accessoire, nous songerons surtout à la science et aux hautes études qui sont le grand devoir que les Facultés ont à l'égard du pays.» La création des bourses d'études s'inspire de cette pensée; elle est destinée à favoriser dans nos facultés des sciences et des lettres les recherches libres et désintéressées. Ces bourses d'une nouvelle espèce seront, chaque année, en nombre variable, selon que les besoins de l'enseignement secondaire feront varier le nombre des bourses de licence et des bourses d'agrégation. Elles seront accordées sur la proposition des facultés et après avis du Comité consultatif de l'enseignement supérieur.

Les conditions pour les obtenir sont des plus larges : à la rigueur, aucun grade n'est requis; il suffira d'avoir fait preuve d'aptitude dans une branche déterminée de la science. Aujourd'hui que les professeurs ne vivent plus isolés des étudiants, ils connaissent les vocations : ils signaleront celles qui méritent d'être encouragées. De la sorte, nous attacherons peu à peu à nos facultés des sciences et des lettres une clientèle distincte des aspirants aux grades, et plus spécialement préoccupée des recherches d'ordre scientifique, et ainsi sera réalisé un nouveau et décisif progrès dans notre haut enseignement.

Un certain nombre de bourses d'études seront réservées pour des étudiants en droit, en médecine et en pharmacie, en vue des études littéraires et scientifiques.

Les dossiers des candidats aux bourses de licence devront m'être transmis par vos soins, au plus tard le 25 juillet; les dossiers des candidats aux bourses d'agrégation, au plus tard le 15 août; ceux des candidats aux bourses d'études, au plus tard le 1er octobre.

[1] Voir la circulaire du 5 octobre 1889 relative aux dispensés militaires, page 203.

CIRCULAIRE RELATIVE AUX BOURSES DE LICENCE ET D'AGRÉGATION.
(25 octobre 1888.)

Monsieur le Recteur, lorsque furent instituées les bourses de licence et d'agrégation, une des pensées du Gouvernement et des pouvoirs publics, conforme d'ailleurs au vœu des Facultés, était de faire servir ces institutions au recrutement des établissements d'enseignement secondaire. Le but poursuivi a été pleinement atteint; depuis dix ans les facultés ont fourni aux lycées et aux collèges, avec un succès chaque année croissant, un nombre considérable de licenciés et d'agrégés. La préparation aux grades et aux concours qui ouvrent l'accès de l'enseignement secondaire est désormais chose acquise, et l'on peut prévoir le jour où nul n'entrera dans l'enseignement secondaire sans avoir reçu l'enseignement soit de l'École normale, soit des facultés.

Vous savez, Monsieur le Recteur, par quelle méthode patiente ces résultats ont été obtenus. J'en rapporte tout l'honneur aux facultés des sciences et des lettres. Le dévouement qu'elles ont montré jusqu'ici me fait espérer qu'elles auront à cœur de perfectionner cette partie de leur tâche, avec le concours, qui ne leur fera pas défaut, de l'enseignement secondaire. C'est une vérité aujourd'hui banale que les fonctions des facultés sont multiples; la plus haute de toutes est, sans contredit, le progrès et le perfectionnement de la science; mais ce n'est pas la seule; il doit s'y joindre, dans une certaine mesure, la vulgarisation des résultats de la science, et aussi, dans une mesure plus large, la distribution de cette culture d'ordre encore général, quoique déjà plus spécialisée, à laquelle prépare l'enseignement du lycée, et qu'il faut avoir reçue pour faire un bon maître de lycée ou de collège.

La démarcation entre le travail purement scientifique et le travail professionnel des facultés des sciences et des lettres s'est faite spontanément et devait se faire. Il y a divers degrés dans l'initiation scientifique et il faut distinguer entre l'étudiant déjà propre aux recherches savantes et ceux qui, pour l'instant du moins, se préparent seulement aux grades ou aux concours placés à l'entrée du professorat de l'enseignement secondaire.

A ceux-ci, on n'a guère donné jusqu'ici que l'instruction; le moment me paraît venu de faire plus et mieux, et à l'instruction de joindre l'éducation professionnelle, en commençant l'expérience là où elle est le plus nécessaire, par les facultés des lettres.

Nos jeunes licenciés et nos jeunes agrégés ont, au sortir de la faculté, une instruction solide et étendue; mais, à de rares exceptions près, il leur manque ce qui est donné avec tant d'abondance dans un autre ordre d'enseignement, une culture pédagogique. Ne serait-il pas indispensable qu'avant d'avoir charge d'âmes, ils eussent plus l'occasion de réfléchir aux devoirs du professeur et aux méthodes de l'enseignement, qu'ils s'en fussent entretenus, en des conférences familières et pratiques, entre eux et avec leurs maîtres, qu'ils eussent appris à connaître, non pas seulement la lettre, mais l'esprit des programmes d'études, qu'ils se fussent rendu compte par eux-mêmes de la façon dont les diverses parties en sont organisées, distribuées et graduées, qu'ils se fussent pénétrés de cette vérité, trop souvent méconnue, que les programmes ne valent que par ce que le professeur y met de personnel et par l'adaptation qu'il en fait chaque année à l'intelligence moyenne de ses élèves? Ne serait-il pas nécessaire qu'ils eussent lu ce qu'ont écrit sur ces matières les meilleurs auteurs et surtout que joignant déjà, dans la mesure restreinte où la chose est possible, la pratique à la théorie, ils aient vu la classe en acte avant de faire la classe, et vu de près des élèves avant d'en avoir à leur tour?

La pédagogie est un art plus qu'une science, et tout art, même pour les mieux doués, a besoin d'un apprentissage. Nous ne pouvons songer, comme la chose se pratique en d'autres pays, à faire faire un stage d'une année, près d'un lycée, à nos licenciés et à nos agrégés, avant de leur confier une classe. Mais nous pouvons du moins, pendant qu'ils sont à la faculté, leur ouvrir les meilleures classes de nos lycées, les mettre, pendant quelques semaines, à l'école des meilleurs professeurs.

Je vous prie de vous concerter sans retard à ce sujet avec M. le doyen de la Faculté des lettres, avec M. le proviseur du lycée et avec ceux des professeurs de la faculté qui, avec ou sans titre, sont plus spécialement des *directeurs d'études,* vous ferez appel aussi aux professeurs du lycée les plus expérimentés, à ceux qui vous paraîtront les plus propres à donner à nos futurs professeurs la direction pédagogique la plus sûre.

Je n'ai pas à ce sujet de mesures uniformes à prescrire. Vous vous inspirerez des circonstances et des hommes. Là où le nombre des aspirants professeurs est tel à la faculté qu'on ne saurait les envoyer tous dans les classes du lycée, on choisira telle ou telle catégorie, les candidats à l'agrégation, ou ceux à la licence, ceux de première année ou ceux de seconde, au gré des facultés; ailleurs, on pourra les envoyer tous, boursiers et étudiants libres.

Je me bornerai aux recommandations suivantes. En premier lieu, il importe que les deux ou trois semaines que les étudiants passeront ainsi au lycée, soit en une, soit en plusieurs fois, ne soient ni tout à fait au commencement ni tout à fait à la fin de l'année scolaire; les classes ne sont pas encore en train ou n'y sont plus assez. En second lieu, il n'est pas nécessaire que les étudiants soient distribués un par classe; mieux vaut, au contraire, qu'ils soient plusieurs ensemble. Enfin les professeurs des classes où ils iront n'auront pas un instant la pensée de les considérer comme des substituts temporaires et de confier les élèves à leur inexpérience; ils les tiendront pour ce qu'ils sont, pour des élèves qui ont besoin d'apprendre à devenir des maîtres; ils les initieront soit séance tenante, soit avant ou après la classe, aux méthodes qu'ils appliquent; ils leur feront saisir le jeu intérieur de la classe; ils les associeront à la préparation et à la correction des devoirs, et aussi à l'enseignement. Je suis convaincu que ce sera là pour nos élèves l'occasion de réflexions utiles et même de travaux sur les questions d'enseignement, lesquels pourront devenir, à l'intérieur des conférences, l'objet de discussions fructueuses. Ainsi s'établira, pour le plus grand bien de l'enseignement public, une nouvelle réciprocité de services entre l'enseignement supérieur et l'enseignement secondaire.

Vous voudrez bien, Monsieur le Recteur, me rendre compte, avant le 31 décembre prochain, des mesures que vous aurez prises pour assurer l'exécution des présentes dispositions.

ARRÊTÉ RELATIF AUX CONFÉRENCES DANS LES FACULTÉS.
(5 novembre 1877.)

Art. 1er. Les conférences instituées dans les facultés ont pour objet soit de fortifier par des répétitions et exercices pratiques les leçons des professeurs titulaires, soit de compléter par l'adjonction de nouveaux enseignements le cadre des études de la faculté.

Dans le premier cas, les maîtres de conférences reçoivent la direction des professeurs auxquels ils sont attachés; dans le deuxième cas, ils enseignent suivant un programme qu'ils ont soumis au doyen et qui doit recevoir l'approbation du Ministre en comité consultatif.

Art. 2. Les maîtres de conférences sont nommés par le Ministre pour une année, mais leur délégation peut être indéfiniment renouvelée. Leur traitement normal est fixé à 3,000 francs.

Art. 3. Les élèves inscrits dans les facultés sont seuls admis à suivre les conférences.

Art. 4. Les conférences de tout ordre sont nécessairement accompagnées d'interrogations adressées par le professeur aux élèves, ou échangées entre les élèves sous sa direction.

Elles peuvent donner lieu à des compositions ou à des concours.

ART. 5. Les conférences sont confiées, dans les facultés et dans les écoles supérieures de pharmacie, à des agrégés, ou à défaut d'agrégés, à des docteurs.

ART. 6. Elles peuvent être confiées, dans les facultés des sciences et des lettres :

1° A des membres sortants des Écoles de Rome et d'Athènes, ou à des répétiteurs de l'École pratique des hautes études pourvus du grade de licencié, sur le rapport motivé des directeurs ou présidents de section de ces écoles ;

2° A des agrégés des lycées qui justifient cette désignation par le rang qu'ils ont obtenu au concours.

ART. 7. Les membres des Écoles de Rome ou d'Athènes, les répétiteurs de l'École des hautes études et les agrégés des lycées doivent avoir déposé leurs thèses de doctorat dans le cours de l'année qui suit leur nomination et justifier de l'approbation de ces thèses avant le renouvellement de leur mandat.

ART. 8. Les maîtres de conférences pourvus du grade de docteur peuvent seuls être admis à participer aux examens.

ART. 9. Les conférences ont lieu dans les locaux des facultés ou dans les locaux annexes. Elles sont annoncées à la suite des cours de la faculté.

ART. 10. Les conférences sont annuelles et chacune d'elles comprend nécessairement trois leçons ou exercices d'une heure par semaine.

Les élèves choisissent leurs maîtres de conférences.

ART. 11. A la fin de chaque trimestre les maîtres de conférences sont tenus de remettre au doyen ou au directeur des notes sur le travail de leurs élèves.

ART. 12. A l'époque du renouvellement des délégations, le doyen ou directeur adresse au recteur, pour être transmis au Ministre, un rapport sur les résultats obtenus dans chacune des conférences.

CIRCULAIRE RELATIVE À L'AUTORISATION DE SUIVRE LES CONFÉRENCES DES FACULTÉS.

(10 mars 1898.)

Monsieur le Recteur, depuis plusieurs années, le Ministre de l'instruction publique accorde à certains fonctionnaires des lycées et collèges de garçons, sur la proposition des recteurs, l'autorisation de suivre les conférences des facultés avec remboursement total ou partiel des frais de voyage.

Il m'a paru préférable, à tous égards, de déléguer aux chefs d'académie les pouvoirs nécessaires pour désigner eux-mêmes les fonctionnaires qui leur paraîtront dignes de la faveur dont il s'agit.

À l'avenir, après avoir pris l'avis des doyens des facultés et du chef hiérarchique du fonctionnaire, le recteur donnera à ceux qu'il choisira, dans les limites des crédits mis à sa disposition, l'autorisation de suivre les cours de l'Université située dans le ressort académique ou même d'une autre Université, avec le droit au remboursement total ou partiel de chaque voyage effectué, ou d'une partie seulement des voyages effectués.

Les remboursements aux ayants droit seront opérés sur la production d'états conformes au modèle ci-joint, certifiés par le chef de l'académie. Ces documents devront être dressés séparément pour les fonctionnaires des lycées et pour ceux des collèges, en raison de la séparation des chapitres du budget sur lesquels la dépense devra être imputée; ils seront produits trois fois par an, aux époques ci-après :

Dans les quinze premiers jours d'avril, pour les voyages effectués pendant le 1er trimestre;

Dans les quinze premiers jours d'août, pour les voyages effectués pendant les 2e et 3e trimestres;

Dans les quinze premiers jours de janvier, pour les voyages effectués pendant le 4e trimestre.

L'ensemble des remboursements demandés ne devra pas dépasser le montant de la somme annuellement déterminée pour les fonctionnaires de chaque ressort académique.

VIII. — EXAMENS ET CONCOURS.

1. — AGRÉGATIONS. CERTIFICATS D'APTITUDE.

RÈGLEMENTS[1] RELATIFS AUX CONCOURS D'AGRÉGATION DE L'ENSEIGNEMENT SECONDAIRE, DU CERTIFICAT D'APTITUDE À L'ENSEIGNEMENT DES LANGUES VIVANTES DANS LES LYCÉES ET COLLÈGES ET DU CERTIFICAT D'APTITUDE AU PROFESSORAT DES CLASSES ÉLÉMENTAIRES.

STATUTS ET ARRÊTÉS DIVERS.

(29 juillet 1885.)

TITRE Ier.

ÉPOQUE DES CONCOURS. — JUGES DES CONCOURS.
GRADES DES CANDIDATS.

ART. 1er. L'époque de chaque concours d'agrégation est fixée par le Ministre au moins six mois d'avance.

ART. 2. Les juges des concours sont nommés par le Ministre de l'instruction publique. Ils sont au nombre de trois au moins pour chaque concours.

ART. 3. Les candidats doivent justifier qu'ils sont pourvus des grades ci-après déterminés :

Agrégation de philosophie. — 1° Licence ès lettres; 2° baccalauréat de l'enseignement secondaire classique : lettres-mathématiques[2], ou certificat constatant qu'ils ont suivi au moins une des trois séries (cours et travaux pratiques) comprises dans l'enseignement prépa-

---

[1] On a réuni sous ce titre, toutes les dispositions actuellement en vigueur sur les concours d'agrégation et sur les certificats d'aptitude à l'enseignement dans les lycées et collèges de garçons.

[2] Il est entendu que les candidats pourvus du diplôme du baccalauréat ès sciences, complet ou restreint, aujourd'hui supprimé, seront admis, comme par le passé, à présenter ce diplôme pour l'inscription.

ratoire au certificat d'études physiques, chimiques et naturelles et subi avec succès la partie correspondante de ces épreuves.

Ces titres sont exigibles au moment de l'inscription en vue du concours; aucune dispense provisoire ne peut être accordée. (*Arrêté du 31 juillet 1896.*)

Agrégation des lettres. — Licence ès lettres.

Agrégation d'histoire et de géographie. — 1° Licence ès lettres; 2° diplôme d'études supérieures d'histoire et de géographie, ou, à défaut, soit le diplôme d'archiviste-paléographe, soit le diplôme de l'École des hautes études (section d'histoire et de philologie). (*Arrêté du 28 juillet 1894.*)

Les candidats déclarés définitivement admissibles à cette agrégation, c'est-à-dire admissibles au second degré, aux concours de 1892 à 1895 inclusivement, sont dispensés de la production du diplôme d'études supérieures d'histoire et de géographie et autorisés à présenter devant le jury d'agrégation la thèse avec laquelle ils auront été déclarés admissibles.

Indépendamment de la leçon critique prévue au paragraphe *b* de l'article 2 de l'arrêté du 28 juillet 1894, ces candidats auront à expliquer un texte choisi par le jury parmi les documents de la thèse et indiqué vingt-quatre heures à l'avance. (*Arrêté du 18 janvier 1899.*)

Agrégation de grammaire. — Licence ès lettres.

Agrégation des langues vivantes. — Licence ès lettres ou certificat d'aptitude à l'enseignement des langues vivantes.

Agrégation de l'ordre des sciences. — Diplôme de licencié ès sciences avec mention des certificats ci-après déterminés :

AGRÉGATION DES SCIENCES MATHÉMATIQUES.

1. Calcul différentiel et calcul intégral.
2. Mécanique rationnelle.
3. Un autre certificat de l'ordre des sciences mathématiques, au choix des candidats.
4. Physique générale.

AGRÉGATION DES SCIENCES PHYSIQUES.

1. Physique générale.
2. Chimie générale.
3. Minéralogie ou un autre certificat de l'ordre des sciences mathématiques, physiques ou naturelles.
4. Mécanique rationnelle.

AGRÉGATION DES SCIENCES NATURELLES.

1. Zoologie ou physiologie générale.
2. Botanique.
3. Géologie.
4. Physique générale ou chimie générale.

Les diplômes des licences ès-sciences (ancien régime) sont admis, en vue de l'inscription pour les concours d'agrégation de l'ordre des sciences, comme équivalents aux certificats ci-après désignés, savoir :

LICENCE ÈS SCIENCES MATHÉMATIQUES.

Calcul différentiel et intégral.
Mécanique rationnelle.
Astronomie.

LICENCE ÈS SCIENCES PHYSIQUES.

Physique générale.
Chimie générale.
Minéralogie.

LICENCE ÈS SCIENCES NATURELLES.

Zoologie.
Botanique.
Géologie. (*Arrêté du 16 août 1899.*)

Les docteurs ès sciences physiques, s'ils sont licenciés ès sciences naturelles, et les docteurs ès sciences naturelles, s'ils sont licenciés ès sciences physiques, peuvent être dispensés, pour l'agrégation des sciences physiques, de produire le diplôme de licencié ès sciences mathématiques.

Les docteurs en médecine pourvus de la licence ès sciences physiques et les pharmaciens pourvus du diplôme supérieur et de la licence ès sciences physiques peuvent prendre part au concours d'agrégation des sciences naturelles. (*Statut du 29 juillet 1885*, art. 3, § 9 et 10.)

Les candidats pourvus du diplôme de docteur ès sciences sont admis de droit aux épreuves définitives sans être dispensés néanmoins des épreuves préparatoires. (*Arrêté du 22 décembre 1864.*)

Certificat d'aptitude à l'enseignement des langues vivantes. — Aspirants : un diplôme de bachelier ou un titre étranger reconnu équivalent; le certificat d'aptitude à l'enseignement secondaire spécial (lettres); le certificat d'aptitude au professorat des classes élémentaires; le certificat d'aptitude au professorat des écoles normales [lettres]. (*Arrêté du 24 décembre 1887.*)

Aspirantes : soit les titres et grades énumérés ci-dessus, soit le brevet de capacité supérieur de l'enseignement primaire, soit le diplôme de fin d'études secondaires des jeunes filles. (*Arrêté du 31 juillet 1883.*)

DISPOSITIONS PARTICULIÈRES AUX CANDIDATS DE L'ANCIENNE AGRÉGATION DE L'ENSEIGNEMENT SPÉCIAL.

Par dérogation à l'article 3 du statut du 29 juillet 1885 et pour les candidats pourvus, avant le 1ᵉʳ janvier 1891, du certificat d'aptitude à l'enseignement secondaire spécial (ordre des sciences), qui ont été autorisés à se présenter, jusqu'en 1896 inclusivement, soit au concours de l'agrégation des sciences mathématiques, en ne produisant que le diplôme de licencié ès sciences mathématiques, soit au concours de l'agrégation des sciences physiques, en ne produisant que le diplôme de licencié ès sciences physiques, soit au concours de l'agrégation des sciences naturelles, en ne produisant que le diplôme de licencié ès sciences naturelles, les autorisations, une fois accordées, sont valables pour les concours ultérieurs. (*Arrêté du 29 juillet 1891.*)

Le bénéfice de ces dispositions est étendu aux candidats qui justifient de la possession du brevet dit « de Cluny » (*Arrêté du 4 janvier 1894*).

Les candidats qui ont été déclarés admissibles aux épreuves

orales de l'une des agrégations scientifiques de l'enseignement spécial peuvent se présenter, alors même qu'ils ne seraient pas pourvus
du certificat d'aptitude ou du brevet dit « de Cluny », soit à l'agrégation des sciences mathématiques, soit à l'agrégation des sciences
physiques ou à celle des sciences naturelles, en produisant le diplôme de licencié correspondant à l'agrégation pour laquelle ils
devront concourir (*Arrêté du 4 janvier 1894*).

TITRE II.
INSCRIPTIONS POUR LES CONCOURS.

ART. 4. Les aspirants se font inscrire, au moins deux mois avant
le jour de l'ouverture du concours, au secrétariat de l'académie
dans laquelle ils résident.

Le recteur doit donner avis de cette inscription, dans les huit
jours, au Ministre de l'instruction publique, en y joignant ses observations.

ART. 5. Les listes des candidats sont définitivement arrêtées par
le Ministre.

Les candidats admis à prendre part aux épreuves de l'agrégation sont avertis quinze jours au moins avant l'ouverture du concours.

TITRE III.
FORMES GÉNÉRALES DES CONCOURS.

ART. 6. Les épreuves de l'agrégation des lycées sont de deux
sortes : les épreuves préparatoires et les épreuves définitives.

ART. 7. Les épreuves préparatoires consistent en compositions
écrites. Elles durent quatre heures pour les thèmes et les versions,
sept heures pour les autres compositions.

Elles ont lieu à Paris, sous la surveillance d'un des membres du
jury, et hors de Paris, au chef-lieu académique, sous l'autorité
du recteur et sous la surveillance d'inspecteurs d'académie, de professeurs de facultés ou de lycées désignés par le recteur.

ART. 8. Avant de subir les épreuves préparatoires, chaque candidat appose sa signature sur une feuille disposée à cet effet, en y
joignant l'indication de ses grades universitaires ou des titres qui

y sont assimilés. Cette signature est reproduite sur chacune des compositions[1].

ART. 9. Les sujets de composition sont donnés par le président du jury, sous l'approbation du Ministre.

Les candidats ne peuvent, sous peine d'exclusion, s'aider d'aucun manuscrit ni d'aucun ouvrage imprimé, à l'exception de dictionnaires grecs ou latins ou de tables de logarithmes; ils ne peuvent avoir aucune communication soit entre eux, soit au dehors.

ART. 10. Il est attribué à chaque candidat, pour chacune des épreuves préparatoires, une note distincte établie d'après les coëfficients ou les maxima fixés chaque année par décision ministérielle avant le 1er octobre.

D'après le résultat de ces épreuves, le jury dresse une liste des candidats admis à prendre part aux épreuves définitives.

La liste, transmise au Ministre et publiée immédiatement après les opérations du jury, est établie par ordre alphabétique (*Arrêté du 16 janvier 1897*).

ART. 11. Les épreuves définitives sont subies à Paris.

Elles consistent en explications de textes, en leçons et en épreuves pratiques.

[1] Cette dernière dispotition n'est plus appliquée depuis la mise en vigueur des dispositions de la circulaire ci-dessous :

Monsieur le Recteur, mon attention a été appelée sur l'utilité qu'il y aurait, en vue d'éviter toute réclamation, à généraliser la mesure prescrite par l'article 136 de l'arrêté du 18 janvier 1887 et relative aux compositions des candidats aux brevets de capacité.

Aux termes de cet article, «les compositions doivent porter en tête et sous pli cacheté les noms et prénoms des candidats. Ce pli n'est ouvert qu'après l'achèvement de la correction des copies et l'inscription des notes données pour chacune d'elles».

J'ai décidé, conformément d'ailleurs à la proposition qui m'en a été faite par plusieurs présidents des jurys d'agrégation ou de certificats d'aptitude, qu'à l'avenir la même prescription serait rendue applicable à tous les examens ou concours de l'enseignement secondaire et primaire (agrégations, — certificats d'aptitude,— inspection, — professorat, — langues vivantes, — travail manuel, — chant, — dessin, — comptabilité, — concours d'admission aux écoles de Sèvres, de Fontenay et de Saint-Cloud, ainsi qu'aux concours d'admission à l'École normale supérieure).

Je vous adresserai en temps utile mes instructions relativement à l'application de cette mesure.

Vous voudrez bien m'accuser réception de cette circulaire. (*22 novembre 1895.*)

Les explications sont précédées d'un quart d'heure de préparation sans secours d'aucune sorte.

Les épreuves orales sont publiques.

Art. 12. La liste des auteurs sur lesquels portent les interrogations est publiée chaque année par le Ministre, sur la proposition du jury, avant le 1ᵉʳ octobre.

Art. 13. Les candidats sont tenus, à peine d'exclusion, de subir toutes les épreuves aux jours et heures qui leur sont indiqués. Aucune excuse n'est admise si elle n'est jugée valable par le jury.

TITRE IV.

AGRÉGATION DE PHILOSOPHIE.

(*Arrêté du 31 juillet 1896.*)

Art. 14. Le concours d'agrégation de philosophie se compose des épreuves suivantes :

Épreuves préparatoires. — *a.* Trois dissertations : deux de philosophie dogmatique, portant sur des matières appartenant à des parties différentes de la philosophie (psychologie, logique, morale et éducation, métaphysique); une d'histoire de la philosophie, dont le sujet est tiré d'un programme arrêté par le Ministre et comprenant plusieurs périodes d'histoire de la philosophie.

Après le jugement de ces épreuves, il est dressé une liste d'admissibilité au premier degré.

b. Une leçon sur un sujet d'histoire de la philosophie ou de critique philosophique, tiré par le jury de celui des auteurs d'explication que les candidats auront désigné.

L'épreuve, qui est précédée d'une préparation de vingt-quatre heures, dure une heure au plus.

A la suite de cette épreuve, le jury dresse la liste d'admissibilité définitive.

Épreuves définitives. — *c.* Pour première épreuve définitive, les candidats expliquent et commentent, après vingt minutes de préparation :

1° Un texte d'un philosophe grec;

2° Un texte de philosophie ancienne ou moderne, en latin;

. 3° Un texte en français d'un philosophe moderne.

Les textes sont tirés au sort par le candidat parmi les ouvrages indiqués par le Ministre avant le 1ᵉʳ octobre; la liste de ces ouvrages ne sera renouvelée que par moitié chaque année.

L'épreuve, sur chaque texte, dure une demi-heure au plus.

d. Pour seconde épreuve définitive, les candidats font, après vingt-quatre heures de préparation, une leçon sur un sujet de philosophie pris dans le programme de l'enseignement des lycées.

Cette leçon dure une heure au plus.

TITRE V.

AGRÉGATION DES LETTRES.

(*Arrêté du 17 juillet 1897.*)

Art. 18. Pour épreuve préparatoire, les candidats font une composition française, une composition latine, une composition sur une ou plusieurs questions de grammaire, une version latine, des exercices écrits de prosodie et de métrique élémentaire, et un thème grec.

La composition de grammaire et les exercices de prosodie et de métrique sont réunis en une seule composition et se font dans une même séance dont la durée est de huit heures.

Art. 19. Pour première et pour seconde épreuve définitive; les candidats expliquent et traduisent un texte grec et un texte latin de difficulté moyenne, tirés au sort parmi les textes choisis par le jury en vue de cette épreuve.

Il est accordé aux candidats, pour chacun des deux textes, un quart d'heure de préparation en lieu clos, sans livres et sans notes.

La durée de l'épreuve est d'une demi-heure au plus pour chaque texte.

Art. 20. Pour troisième épreuve définitive, les candidats expliquent un texte français classique tiré au sort dans la liste des ouvrages désignés par le Ministre, chaque année, avant le 1ᵉʳ octobre. Ils ont à fournir sur ce texte toutes les remarques que comporte l'explication en classe.

Les candidats traduisent et expliquent, en outre, quelques lignes d'un texte d'ancien français tiré de la même liste d'ouvrages.

Un quart d'heure de préparation, en lieu clos, sans livres et sans notes, leur est accordé pour cette double épreuve, dont la durée est d'une demi-heure au plus.

Art. 21. Pour quatrième épreuve définitive, les candidats expliquent un texte grec ou latin tiré au sort dans la liste des ouvrages désignés par le Ministre chaque année, avant le 1ᵉʳ octobre.

L'explication est accompagnée d'un commentaire littéraire et philologique.

Il est accordé à chaque candidat cinq heures de préparation libre.

La durée de l'épreuve est de trois quarts d'heure au plus.

Art. 21 *bis*. Pour cinquième épreuve définitive, les candidats font une leçon sur un sujet de littérature classique, désigné par le sort et tiré des auteurs du programme.

Il est accordé à chaque candidat vingt-quatre heures de préparation libre.

La durée de l'épreuve est d'une heure au plus.

TITRE VI.
AGRÉGATION DE GRAMMAIRE.
(*Arrêté du 31 juillet 1896.*)

Art. 22. Pour épreuve préparatoire, les candidats font une composition française, une composition sur une ou plusieurs questions de grammaire grecque et latine, de prosodie et de métrique grecque et latine élémentaire, une composition sur une ou plusieurs questions de grammaire, de prosodie et de métrique française[1], un thème latin, un thème grec, une version latine.

Par dérogation à l'article 7 du titre III du statut, la durée de la composition de grammaire, de prosodie et de métrique française est de quatre heures.

---

[1] L'usage de tout dictionnaire, de tout ouvrage imprimé ou manuscrit est interdit pour les compositions de grammaire, de prosodie et de métrique.

Art. 23. Pour première épreuve définitive, les candidats expliquent et traduisent un texte grec et un texte latin de difficulté moyenne, tirés au sort parmi les textes choisis par le jury en vue de cette épreuve.

Il est accordé aux candidats, pour les deux textes réunis, vingt minutes de préparation en lieu clos, sans livres et sans notes.

La durée de l'épreuve est de vingt minutes pour chaque texte.

Art. 24. Pour deuxième épreuve définitive, les candidats expliquent un texte français classique tiré au sort dans la liste des ouvrages désignés par le Ministre, chaque année, avant le 1er octobre. Ils traduisent et expliquent, en outre, quelques lignes d'un texte d'ancien français tiré de la même liste d'ouvrages.

Les candidats ont à fournir sur ces textes toutes les remarques que comporte l'explication en classe.

Un quart d'heure de préparation, en lieu clos, sans livres et sans notes, leur est accordé pour cette épreuve, dont la durée est d'une demi-heure.

Art. 25. Pour troisième épreuve définitive, les candidats expliquent un texte grec et un texte latin tirés au sort dans la liste des ouvrages désignés par le Ministre chaque année, avant le 1er octobre [1].

L'explication est suivie d'un commentaire approfondi.

[1] *Lettre au président du jury d'agrégation de grammaire (26 janvier 1897)* : Monsieur le Président, j'ai soumis à la section permanente du Conseil supérieur de l'instruction publique les propositions que vous m'avez adressées au sujet du concours de l'agrégation de grammaire et tendant :

1° A ce que la durée de la préparation de la leçon d'histoire fût portée de cinq heures à vingt-quatre heures;

2° A ce que les deux explications, constituant la troisième épreuve définitive, fussent faites séparément et que le temps de préparation fût élevé à quatre heures pour chacune d'elles.

Sur le premier point, la section a été d'avis qu'il convenait d'attendre les résultats de l'expérience avant de modifier une disposition votée par le Conseil supérieur à une date toute récente.

Sur le second point, la section a émis l'avis, par voie d'interprétation, qu'il était loisible au jury d'autoriser la séparation des deux explications en question, et qu'en ce cas, la durée de chaque explication devrait être d'une demi-heure à trois quarts d'heure, et la durée de la préparation de chacune d'elles de deux heures et demie à trois heures.

J'ai l'honneur de vous faire savoir que j'ai adopté cet avis.

Il est accordé à chaque candidat cinq heures de préparation libre.

La durée de l'épreuve est d'une heure au plus.

Les ouvrages à expliquer sont en majorité les mêmes que pour l'agrégation des lettres.

ART. 25 *bis.* Pour quatrième épreuve définitive, les candidats font une leçon d'histoire ancienne.

Il est accordé à chaque candidat cinq heures de préparation libre.

La duré de l'épreuve est d'une demi-heure au plus.

TITRE VII.

AGRÉGATION D'HISTOIRE ET DE GÉOGRAPHIE.

(*Arrêté du 16 juillet 1897.*)

Le concours d'agrégation d'histoire et de géographie se compose des épreuves suivantes :

a. Quatre compositions écrites, savoir : une composition d'histoire ancienne, une composition d'histoire du moyen âge, une composition d'histoire moderne ou contemporaine, une composition de géographie, dont les sujets sont choisis dans un programme déterminé par arrêté ministériel.

Les candidats peuvent faire usage d'une chronologie désignée par le jury.

Après le jugement de ces épreuves, il est dressé une liste d'admissibilité au premier degré;

b. Une épreuve d'enseignement, soit historique, soit géographique, au choix du candidat. Les sujets sont tirés au sort vingt-quatre heures à l'avance. Pour l'histoire, ils sont choisis dans une même période : antiquité, ou moyen âge, ou temps modernes. Cette période est tirée au sort par le jury. Pour la géographie, les sujets sont choisis dans la géographie physique.

Le candidat explique comment il traiterait le sujet devant des élèves.

A la suite de cette épreuve, le jury dresse la liste d'admissibilité définitive;

c. Deux leçons d'histoire et une leçon de géographie.

Les leçons d'histoire sont choisies dans les deux périodes autres que celle où ont été pris les sujets de l'épreuve d'enseignement.

Les candidats qui ont pris un sujet géographique pour l'épreuve d'enseignement font une leçon d'histoire ancienne ou d'histoire du moyen âge et une leçon d'histoire moderne.

Chaque leçon est tirée au sort vingt-quatre heures à l'avance. La durée de la leçon est de trois quarts d'heure au *maximum*.

Les candidats déclarés définitivement admissibles remettent au président du jury, s'ils sont pourvus du diplôme d'études supérieures d'histoire et de géographie, le mémoire qu'ils ont présenté à l'examen pour l'obtention de ce diplôme; s'ils sont pourvus du diplôme d'archiviste-paléographe ou du diplôme de l'École des hautes études (section d'histoire et de philologie), la thèse qu'ils ont présentée soit à l'École des chartes, soit à l'École des hautes études.

Le mémoire ou la thèse servira d'élément d'appréciation pour le classement des candidats proposés pour le titre d'agrégé.

TITRE VIII.

AGRÉGATION DES SCIENCES MATHÉMATIQUES.

Art. 31. Pour épreuve préparatoire, les candidats font :

1° Une composition de mathématiques élémentaires;

2° Une composition de mathématiques spéciales;

3° Une composition sur l'analyse et ses applications géométriques;

4° Une composition de mécanique rationnelle.

L'une de ces deux dernières compositions porte sur le programme de la licence, l'autre sur certaines questions de mathématiques supérieures se rattachant principalement au même programme et désignées chaque année par le Ministre avant le 1er octobre.

Art. 32. Les épreuves définitives comprennent :

1° Une leçon de mathématiques élémentaires, après trois heures de préparation à huis clos;

2° Une leçon de mathématiques spéciales, après quatre heures de préparation à huis clos.

Le sujet de chacune de ces leçons est tiré d'un programme publié chaque année avant le 1ᵉʳ octobre.

Ces sujets sont tirés au sort. (*Arrêté du 18 janvier 1897.*)

Les candidats ne doivent avoir à leur disposition ni livres ni notes pour la préparation des leçons;

3⁰ Deux compositions : une épreuve de géométrie descriptive et un exercice de calcul.

La durée de chacune de ces compositions est fixée par le jury.

TITRE IX.

AGRÉGATION DES SCIENCES PHYSIQUES.

(*Arrêté du 19 janvier 1897.*)

Art. 33. Pour épreuve préparatoire, les candidats à l'agrégation des sciences physiques font :

1⁰ Une composition de physique;

2⁰ Une composition de chimie.

Les sujets de ces compositions sont pris dans les programmes de l'enseignement secondaire classique et de l'enseignement secondaire moderne;

3⁰ Une composition dont le sujet est pris dans une ou plusieurs parties de la physique, indiquées chaque année par le Ministre avant le 1ᵉʳ octobre;

4⁰ Une composition portant sur des problèmes et des applications.

Art. 34. Les épreuves définitives se composent :

1⁰ D'une leçon sur une question de physique et d'une leçon sur une question de chimie.

La durée de chacune de ces leçons est d'une heure au plus.

L'une des leçons, au choix du candidat, est précédée d'une préparation de vingt-quatre heures, l'autre d'une préparation de cinq heures en lieu clos.

Les documents nécessaires à la préparation de cette dernière leçon sont mis à la disposition du candidat;

2⁰ D'une épreuve pratique consistant en une ou plusieurs opérations de physique et de chimie. La durée de cette épreuve est fixée par le jury.

TITRE X.

AGRÉGATION DES SCIENCES NATURELLES.

(Arrêté du 18 janvier 1897.)

Art. 35. Pour épreuve préparatoire, les candidats à l'agrégation des sciences naturelles font quatre compositions :

1° Une sur la zoologie;

2° Une sur la botanique;

3° Une sur la géologie et la paléontologie;

4° Une sur une question relative aux méthodes et aux systèmes dans les sciences naturelles.

Le sujet de ces compositions est choisi dans un programme spécial, publié chaque année.

Art. 36. Pour épreuve définitive, les candidats font trois leçons : une sur une question de zoologie, une sur une question de botanique, une sur une question de géologie et de paléontologie.

Chacune de ces leçons, qui dure une heure, est faite après trois heures de préparation à huis clos; l'une au choix du candidat, sans documents d'aucune sorte; les deux autres, avec l'aide d'ouvrages et de cartes dont une liste est publiée avec le programme.

Les sujets de ces leçons sont choisis dans le programme fixé pour les compositions.

Art. 37. Les candidats subissent, en outre, les épreuves pratiques ci-après :

1° Préparations d'anatomie animale et végétale, avec emploi du microscope;

2° Déterminations d'échantillons pris dans les trois règnes, avec l'emploi des instruments et ouvrages que le jury jugera nécessaires à ces déterminations.

TITRE XI.

AGRÉGATION DES LANGUES VIVANTES.

(Allemand ou anglais.)

Art. 38. L'épreuve préparatoire comprend :

1° Un thème;

2° Une version;

3° Une composition en langue étrangère;

4° Une composition française.

L'une des compositions porte sur une question de littérature, l'autre sur une question de langue.

Les candidats ne peuvent faire usage de dictionnaires ni de lexiques.

ART. 39. La première épreuve définitive consiste :

1° Dans l'explication d'un passage tiré au sort parmi les auteurs classiques, allemands ou anglais, indiqués par le Ministre chaque année avant le 1er octobre;

2° En un thème oral.

ART. 40. La seconde épreuve définitive comprend deux leçons : l'une en français, l'autre dans la langue étrangère choisie par le candidat. Le sujet d'une de ces deux leçons est tiré de l'un des auteurs du programme; l'autre est emprunté à l'histoire littéraire. Chaque leçon dure une heure au plus; elle est précédée d'une préparation de vingt-quatre heures.

ART. 41. La troisième épreuve définitive porte sur une seconde langue vivante.

Elle consiste dans la traduction d'un auteur de prose anglais pour les candidats à l'agrégation d'allemand, d'un auteur de prose allemand pour les candidats à l'agrégation d'anglais.

AGRÉGATION DES LANGUES VIVANTES [ESPAGNOL-ITALIEN].
(*Arrêté du 5 août 1898.*)

ART. 1er. Les candidats à l'agrégation des langues vivantes (espagnol, italien) sont tenus de justifier, en s'inscrivant, de la possession de l'un des grades ou titres suivants :

Licence ès lettres, certificat d'aptitude à l'enseignement de l'espagnol ou de l'italien avec baccalauréat de l'enseignement secondaire classique (1re partie) ou un titre étranger reconnu équivalent audit baccalauréat.

ART. 2. L'épreuve préparatoire comprend :

1° Un thème;

2° Une version;

3° Une composition en langue étrangère;

4° Une composition française.

L'une des compositions porte sur une question d'histoire littéraire relative à la littérature étrangère, l'autre sur un des auteurs étrangers inscrits au programme.

Les candidats ne peuvent faire usage de dictionnaires ni de lexiques.

Art. 3. La première épreuve définitive consiste :

1° Dans l'explication d'un passage tiré au sort parmi les auteurs classiques espagnols ou italiens indiqués par le Ministre avant le 1ᵉʳ octobre de l'année qui précède le concours;

2° En un thème oral.

Art. 4. La seconde épreuve définitive comprend deux leçons : l'une en français, l'autre dans la langue étrangère choisie par le candidat. Le sujet d'une des deux leçons est tiré de l'un des auteurs du programme; l'autre porte sur une question de grammaire ou de langue.

Chaque leçon est précédée d'une préparation de vingt-quatre heures.

Art. 5. La troisième épreuve définitive porte sur une seconde langue vivante. Elle consiste dans la traduction d'un auteur italien pour les candidats à l'agrégation d'espagnol, d'un auteur espagnol pour les candidats à l'agrégation d'italien.

Art. 6. La durée de chacune des épreuves du concours est la même que celle des épreuves correspondantes du concours d'agrégation d'allemand ou d'anglais.

Art. 7. Par mesure transitoire, les candidats pourvus actuellement du certificat d'aptitude à l'enseignement de l'espagnol ou de l'italien, qui ne justifient pas de la possession du baccalauréat de l'enseignement secondaire classique (1ʳᵉ partie) ou d'un titre étranger reconnu équivalent, sont admis à s'inscrire pour le concours, sous la réserve qu'ils auront obtenu une note suffisante dans une épreuve de version latine qui aura lieu au moins un mois avant l'ouverture du concours.

(Allemand, anglais, italien, espagnol.)

Art. 42. L'épreuve préparatoire comprend :

1° Un thème;

2° Une version;

La durée de chacune de ces compositions est de trois heures.

3° Une composition française portant sur la grammaire ou sur la littérature de la langue choisie par le candidat, auquel cas le sujet est tiré d'un programme arrêté chaque année par le Ministre.

La durée de cette composition est fixée à quatre heures. (*Arrêté du 18 janvier 1897.*)

Les candidats ne peuvent faire usage de dictionnaires ni de lexiques.

Art. 43. Les épreuves définitives consistent :

1° En un thème oral;

2° En une version orale;

3° En une leçon grammaticale et en une conversation dans la langue étrangère choisie par le candidat;

4° En deux interrogations, l'une sur la littérature étrangère, l'autre sur la littérature française.

Les commentaires se font tour à tour en français et dans la langue étrangère.

La liste des auteurs à expliquer est publiée chaque année par le Ministre avant le 1er octobre.

La durée de la préparation de la leçon est d'une heure.

La prononciation du français et de la langue étrangère est l'un des éléments essentiels de l'appréciation du jury.

Art. 44. Il est attribué à chaque candidat, pour chacune des épreuves définitives, une note distincte établie d'après les coefficients ou les maxima fixés chaque année par décision ministérielle avant le 1er octobre.

D'après le résultat de ces épreuves, combiné avec celui des épreuves préparatoires, le jury dresse, par ordre de mérite, la liste des candidats qu'il propose soit pour le titre d'agrégé, soit pour l'obtention du certificat d'aptitude. (*Arrêté du 16 janvier 1897.*)

Art. 45. Le procès-verbal de toutes les opérations du concours, séance par séance, est dressé par un des juges remplissant les fonctions de secrétaire, et signé par tous. Chacun d'eux peut y joindre ses observations particulières.

Ce procès-verbal est transmis au Ministre de l'instruction publique avec un rapport du président du jury.

Art. 46. Un délai de dix jours est accordé, pendant lequel tout concurrent ayant pris part à tous les actes du concours pourra se pourvoir devant le Ministre contre les résultats dudit concours, mais seulement pour violation des formes prescrites. L'institution ne sera donnée qu'après l'expiration de ce terme et le jugement des réclamations qui seraient intervenues.

Art. 47. Les dispositions des règlements antérieurs sont abrogées en ce qu'elles ont de contraire au présent arrêté.

DÉCRET RELATIF AU CONCOURS DU CERTIFICAT D'APTITUDE AU PROFESSORAT
DES CLASSES ÉLÉMENTAIRES.

(31 juillet 1894.)

Le Président de la République française,

Sur le rapport du Ministre de l'instruction publique et des beaux-arts ;
Vu le décret du 8 janvier 1881 ;
Le Conseil supérieur de l'instruction publique entendu,

Décrète :

Art. 1er. Le certificat d'aptitude, institué par le décret du 8 janvier 1881, prend le nom de « Certificat d'aptitude au professorat des classes élémentaires de l'enseignement secondaire ».

Art. 2. L'article 2 du décret du 8 janvier 1881 est remplacé par l'article suivant :

Les candidats doivent être âgés de vingt ans accomplis au moment de l'ouverture du concours et produire un des titres ci-après :

Diplôme de bachelier ;

Certificat d'aptitude à l'enseignement secondaire spécial ou brevet de Cluny ;

Brevet supérieur avec certificat d'aptitude pédagogique primaire ;

Certificat d'aptitude (sciences ou lettres) au professorat des écoles normales et des écoles primaires supérieures (certificat complet);

Diplôme de fin d'études secondaires des jeunes filles.

Art. 3. Le jury est nommé par le Ministre ; il est composé de quatre membres au moins, dont un appartient à l'enseignement primaire.

Art. 4. Les épreuves du concours porteront sur les matières qui seront déterminées par un nouvel arrêté délibéré en Conseil supérieur de l'instruction publique.

Art. 5. Les articles 3, 4, 5 et 6 du décret du 8 janvier 1881 sont et demeurent abrogés.

Art. 6. Le Ministre de l'instruction publique et des beaux-arts est chargé de l'exécution du présent décret.

ARRÊTÉ RELATIF AUDIT CONCOURS.

(1ᵉʳ août 1894.)

LE MINISTRE DE L'INSTRUCTION PUBLIQUE ET DES BEAUX-ARTS,

Vu le décret et l'arrêté du 8 janvier 1881 ;

Vu le décret du 31 juillet 1894 ;

Le Conseil supérieur de l'instruction publique entendu,

ARRÊTE ainsi qu'il suit le programme du concours pour le certificat d'aptitude au professorat des classes élémentaires de l'enseignement secondaire.

Art. 1ᵉʳ. ÉPREUVES ÉCRITES. a. *Composition française* (4 heures) [1]. Dictée [2]. — Diverses questions grammaticales ou littéraires sur le texte de la dictée; explication de mots et d'idées; analyse grammaticale et logique; famille de mots, étymologies, synonymes, homonymes, etc.

Dans l'explication de mots, l'étymologie, à moins d'être explicitement demandée, ne doit être donnée que si elle sert à éclairer et à préciser le sens.

La dictée, abstraction faite des exercices qui y sont rattachés, servira d'épreuve pour l'écriture.

b. *Allemand* (4 heures). Thème et version.

c. *Histoire et géographie* (4 heures). Une question d'histoire. — Une question de géographie avec tracé.

d. *Sciences* (4 heures). — 1° Une ou plusieurs questions d'arithmétique (théorie ou problèmes, ou les deux à la fois). — 2° Une ou plusieurs questions sur les éléments des sciences physiques ou naturelles.

Art. 2. ÉPREUVES ORALES. a. *Lecture d'un texte français* emprunté à un écrivain du xvııᵉ, du xvıııᵉ ou du xıxᵉ siècle. — Explication du texte, idées et mots (épreuve, 20 minutes; préparation, 20 minutes).

b. *Exercices pratiques* de langue et de grammaire, autant que possible au tableau, sur un texte donné : application de règles grammaticales; construction de la phrase, lien des propositions, choix et place des mots, valeur du tour, etc.; critique raisonnée et, s'il y a lieu, correction du texte. Un devoir d'élève peut servir de matière à ces exercices (épreuves, 20 minutes; préparation, 20 minutes).

c. *Lecture d'un texte allemand.* — Traduction d'un passage du texte lu; questions grammaticales; conversation en allemand (durée, 20 minutes).

---

[1] Par arrêté en date du 19 janvier 1900, la durée des épreuves écrites a été fixée uniformément à quatre heures.

[2] Le temps consacré à la dictée du texte n'entre pas dans la durée de l'épreuve.

d. *Leçon d'histoire ou de géographie* (épreuve, 20 minutes; préparation, 40 minutes). — Un livre désigné par le jury sera mis à la disposition des candidats.

La leçon de géographie est faite au tableau.

e. *Leçon soit sur l'arithmétique, soit sur les sciences physiques ou naturelles*, avec les objets, s'il y a lieu, qui font le sujet de la leçon (épreuve, 15 minutes; préparation, 30 minutes).

f. *Exposé sur une question de pédagogie.* — Un texte d'auteur pourra servir de matière à cet exercice (épreuve, 15 minutes; préparation, 15 minutes).

Art. 3. Les sujets des épreuves écrites et des épreuves orales en histoire, en géographie et en sciences sont tirés des programmes des classes élémentaires (septième et huitième).

Art. 4. Les exercices pratiques, les leçons d'histoire, de géographie et de sciences doivent être appropriés aux classes élémentaires; toutes les épreuves orales peuvent être complétées par des interrogations.

Art. 5. Les sujets des leçons sont tirés au sort.

Les dispositions contenues dans les articles 10 et 44 du statut du 29 juillet 1885 pour les concours des agrégations de l'enseignement secondaire et du certificat d'aptitude à l'enseignement des langues vivantes dans les lycées et collèges sont applicables au concours du certificat d'aptitude au professorat des classes élémentaires. (*Arrêté du 16 janvier 1897.*)

DÉCRET RELATIF AU CERTIFICAT D'APTITUDE À L'ENSEIGNEMENT DU DESSIN.

(6 août 1880.)

Art. 1er. Un concours annuel est institué à Paris pour les aspirants au certificat d'aptitude (premier degré et degré supérieur) à l'enseignement du dessin dans les lycées et collèges.

Art. 2. Sont considérés comme pourvus du certificat d'aptitude du premier degré les candidats aux emplois de professeur de dessin qui auront obtenu, soit un prix de Rome, soit, antérieurement au présent décret, un des diplômes de l'École des beaux-arts.

DÉCRET RELATIF AUX ASPIRANTS AUX FONCTIONS DE L'ENSEIGNEMENT SECONDAIRE PUBLIC POUR LESQUELLES EST REQUIS LE GRADE DE LICENCIÉ ÈS SCIENCES.

(22 janvier 1896.)

Art. 1er. Les aspirants aux fonctions de l'enseignement secondaire public pour lesquelles le grade de licencié ès sciences est requis doivent justifier d'un diplôme portant un des groupes suivants de mentions :

I. Calcul différentiel et intégral;

Mécanique rationnelle;

Astronomie, ou une autre matière de l'ordre des sciences mathématiques.

II. Physique générale;

Chimie générale;

Minéralogie, ou une autre matière de l'ordre des sciences mathématiques, physiques ou naturelles;

III. Zoologie [1];

Botanique;

Géologie.

Art. 2. Il sera tenu compte aux aspirants aux fonctions de professeur dans les collèges ou de chargé de cours dans les lycées des mentions complémentaires obtenues par eux, notamment des men-

[1] Par arrêté en date du 16 janvier 1897, les mentions du groupe III ont été modifiées ainsi qu'il suit :
III. Zoologie ou physiologie générale; botanique; géologie.

tions de l'ordre des sciences physiques, s'ils justifient du diplôme portant le groupe de mentions n° I;

De l'ordre des sciences naturelles, s'ils justifient du diplôme portant le groupe de mentions n° II;

De l'ordre des sciences physiques, s'ils justifient du diplôme portant le groupe de mentions n° III.

CHAPITRE V.

PLANS D'ÉTUDES ET PROGRAMMES.

I. — ENSEIGNEMENT.

1. — DÉFINITION DE L'ENSEIGNEMENT.

LOI SUR L'INSTRUCTION PUBLIQUE.

(11 floréal an x.)

Art. 1. L'instruction sera donnée :

. . . .

2° Dans les écoles secondaires établies par les communes ou tenues par des maîtres particuliers;

3° Dans des lycées et des écoles spéciales entretenues aux frais du Trésor public.

. . . .

Art. 6. Toute école, établie par les communes ou tenue par les particuliers, dans laquelle on enseignera les langues latine et française, les premiers principes de la géographie, de l'histoire et des mathématiques, sera considérée comme école secondaire.

. . . .

Art. 10. On enseignera dans les lycées les langues anciennes, la rhétorique, la logique, la morale et les éléments des sciences mathématiques et physiques.

Le nombre des professeurs de lycée ne sera jamais au-dessous de huit, mais il pourra être augmenté par le Gouvernement, ainsi que celui des objets d'enseignement, d'après le nombre des élèves qui suivront les lycées.

ARRÊTÉ RELATIF À L'ENSEIGNEMENT DES LYCÉES.

ARRÊTÉ RELATIF À L'ENSEIGNEMENT DES LYCÉES.

(19 frimaire an II.)

ART. 1er. On enseignera essentiellement dans les lycées le latin et les mathématiques.

LOI PORTANT ORGANISATION DE L'ENSEIGNEMENT SECONDAIRE SPÉCIAL [1].

(21 juin 1865.)

ART. 1er. L'enseignement secondaire spécial comprend : l'instruction morale et religieuse; la langue et la littérature françaises; l'histoire et la géographie; les mathématiques appliquées; la physique, la mécanique, la chimie, l'histoire naturelle et leurs applications à l'agriculture et à l'industrie; le dessin linéaire, la comptabilité et la tenue des livres.

Il peut comprendre en outre :

Une ou plusieurs langues vivantes étrangères; des notions usuelles de législation et d'économie industrielle et rurale, et d'hygiène; le dessin d'ornement et le dessin d'imitation; la musique vocale et la gymnastique.

ART. 2. Dans les communes qui en font la demande, les collèges communaux peuvent être organisés en vue de cet enseignement, après avis du Conseil académique.

ART. 3. Il est institué un conseil de perfectionnement près de chacun des établissements dépendant du Ministère de l'instruction publique où est donné l'enseignement secondaire spécial.

ART. 4. A la fin des cours, les élèves sont admis à subir, devant un jury dont les membres sont nommés par le Ministre de l'instruction publique, un examen, à la suite duquel ils obtiennent, s'il y a lieu, un diplôme.

Les élèves de l'enseignement libre peuvent se présenter devant le jury et obtenir le même diplôme.

[1] Voir ci-après le décret du 4 juin 1891 portant réorganisation de l'enseignement secondaire spécial.

Art. 5. La composition du conseil de perfectionnement, celle des jurys et les conditions d'examen sont réglées par des arrêtés délibérés en Conseil impérial de l'instruction publique.

Art. 6. Le diplôme de bachelier peut être suppléé, pour l'ouverture d'un établissement libre d'enseignement secondaire spécial, par un brevet de capacité, à la suite d'un examen dont les programmes sont réglés par des arrêtés délibérés en Conseil impérial de l'instruction publique.

Nul n'est admis à subir cet examen avant l'âge de dix-huit ans.

La condition de stage prescrite par l'article 60 de la loi du 15 mars 1850 n'est pas exigible.

Art. 7. Les établissements libres jouissent, pour l'enseignement secondaire spécial, du bénéfice de l'article 69 de la loi du 15 mars 1850.

Art. 8. Les dispositions de la présente loi ne font pas obstacle à ce que les chefs ou directeurs d'établissements d'instruction primaire, fondés en exécution de la loi du 28 juin 1833 sur l'instruction primaire, et de celle du 15 mars 1850 sur l'enseignement, continuent à donner l'instruction primaire, prévue par ces deux lois.

Art. 9. A dater de la promulgation de la présente loi, l'enseignement primaire peut comprendre, outre les matières déterminées par le paragraphe 2 de l'article 23 de la loi du 15 mars 1850, le dessin d'ornement, le dessin d'imitation, les langues vivantes étrangères, la tenue des livres et des éléments de géométrie.

DÉCRET PORTANT RÉORGANISATION DE L'ENSEIGNEMENT SECONDAIRE SPÉCIAL
ET DONNANT À CET ENSEIGNEMENT LE NOM D'ENSEIGNEMENT SECONDAIRE MODERNE.

(4 juin 1891.)

Art. 1er. L'enseignement secondaire spécial prend le nom d'enseignement secondaire moderne.

Art. 2. Les classes actuellement désignées sous les noms de première année, deuxième année, etc., prennent respectivement les noms de classe de sixième, classe de cinquième, etc.

La classe de première est divisée en deux sections, l'une littéraire, l'autre scientifique.

La section littéraire prend le nom de première (lettres), la section scientifique le nom de première (sciences).

Art. 3. L'enseignement secondaire moderne comprend : la langue et la littérature françaises, les langues et les littératures allemandes et anglaises, la philosophie et la morale, les principes du droit et des notions d'économie politique, l'histoire, la géographie, les mathématiques, la physique et la chimie, les sciences naturelles, le dessin, la comptabilité.

Dans certains établissements, l'étude de l'anglais pourra être remplacée par celle de l'italien ou de l'espagnol.

Art. 4. A l'issue de la classe de troisième, les élèves peuvent recevoir un certificat qui leur est délivré dans les conditions prévues par l'article 2, § 2, du décret du 8 août 1886 [1].

Art. 5. A l'issue de la classe de seconde, les élèves peuvent entrer soit dans l'une des sections de la classe de première, soit dans la classe de mathématiques élémentaires.

Art. 6. A partir de l'année 1894, il ne sera plus ouvert de concours pour l'agrégation de l'enseignement secondaire spécial ni de session d'examen pour l'obtention du certificat d'aptitude audit enseignement.

Art. 7. Les dispositions des règlements antérieurs sont abrogées en ce qu'elles ont de contraire au présent décret.

SANCTIONS DU BACCALAURÉAT DE L'ENSEIGNEMENT SECONDAIRE MODERNE.

Le baccalauréat de l'*enseignement secondaire moderne* jouit des mêmes prérogatives que les autres baccalauréats, en ce qui concerne l'admission aux concours ou l'entrée dans les diverses carrières ci-après indiquées :

MINISTÈRE DE L'AGRICULTURE.

Administration centrale;
Écoles nationales d'agriculture (dispense de l'examen commune aux

---

[1] **Décret du 8 août 1886.**
Art. 2, § 2. — Les élèves pourront recevoir après la 4ᵉ année et à la suite de l'examen de passage, un certificat d'études s'ils en sont jugés dignes; ce certificat contiendra le résumé de leurs notes et indiquera le rang qu'ils occupaient dans leur classe; il sera délivré par le chef de l'établissement en conseil des professeurs, sous le contrôle de l'autorité académique.

bacheliers ès sciences et aux bacheliers de l'enseignement secondaire moderne);

Institut agronomique (avantage de points commun à tous les bacheliers);
Écoles vétérinaires.

MINISTÈRE DU COMMERCE ET DE L'INDUSTRIE.

Administration centrale;

Postes et télégraphes (avantage de points réservé aux bacheliers de l'enseignement moderne);

École des hautes études commerciales (avantage de points pour tous les bacheliers);

Écoles supérieures de commerce de Paris, de Bordeaux, du Havre, de Lyon, etc. (avantage de points pour tous les bacheliers);

Institut industriel de Lille (les bacheliers ès sciences et de l'enseignement secondaire moderne sont admis de droit, en deuxième année, dans la division de technologie, et, en première année, dans la division du génie civil);

École centrale lyonnaise (dispense de l'examen pour les bacheliers de l'enseignement secondaire moderne et les bacheliers ès sciences).

MINISTÈRE DES FINANCES.

Administration centrale : commis stagiaire;
Contributions directes : surnumérariat;
Enregistrement, Domaine et Timbre : surnumérariat et cadres auxiliaires;
Perceptions;
Manufactures nationales.

MINISTÈRE DE LA GUERRE.

Administration centrale :
École polytechnique;
École de Saint-Cyr.

MINISTÈRE DE L'INTÉRIEUR

Administration centrale;
Commissaire de police;
Inspecteur spécial de la police des chemins de fer.

MINISTÈRE DE LA JUSTICE ET DES CULTES.

Administrations centrales.

Administrations centrales;
Personnel administratif des ports et arsenaux;
Emplois de pharmacien de 1re classe.

MINISTÈRE DES TRAVAUX PUBLICS[1].

Administration centrale;
Personnel administratif secondaire des ponts et chaussées (Dispense de l'examen pour tous les bacheliers).

MINISTÈRE DE L'INSTRUCTION PUBLIQUE.

Administration centrale;
Licence ès sciences;
Pharmacien de 1re classe;
Pharmacien de 2e classe;
École normale supérieure (sciences);
Emplois de l'administration académique;
Emplois de répétiteurs;
Certificat d'aptitude à l'enseignement des langues vivantes (lycées et écoles normales);
Certificat d'aptitude à l'enseignement des classes élémentaires;
Certificat d'aptitude au professorat des écoles normales;
Certificat d'aptitude à l'inspection primaire.

---

2. — RÉPARTITION DES HEURES DE CLASSE.

ARRÊTÉ RELATIF À L'EMPLOI DU TEMPS DANS LES LYCÉES ET COLLÈGES.

(12 juin 1890.)

. . . .

ART. 2. Dans les classes primaires et dans la division élémen-

---

[1] On rappelle qu'aucun diplôme n'est exigé pour le concours d'admission à l'École centrale des arts et manufactures.

taire, les classes dureront deux heures et seront coupées par une récréation d'un quart d'heure[1]

ARRÊTÉ RÉGLANT LA RÉPARTITION DES HEURES DE CLASSE ET DE CONFÉRENCE DANS LES LYCÉES ET COLLÈGES DE GARÇONS.

(20 juillet 1897.)

ART. 1er. Dans la division de grammaire et dans la division supérieure de l'enseignement secondaire classique et de l'enseignement secondaire moderne, les classes ont une durée de deux heures ou d'une heure.

Toutefois, notamment en raison du nombre des élèves dans certaines classes, les classes d'une heure et demie pourront être autorisées par le recteur, après avis de l'assemblée des professeurs.

Au point de vue du nombre d'heures attribué à chaque enseignement, la classe d'une heure et demie sera considérée comme équivalente à la classe de deux heures.

ART. 2. La répartition des heures de classe et de conférence entre les différentes matières d'enseignement est déterminée ainsi qu'il suit :

I. — ENSEIGNEMENT SECONDAIRE CLASSIQUE.

CLASSE DE SIXIÈME.

Français et latin...................... 6 classes de 2 heures et 1 classe de 1 heure par semaine.

Histoire et géographie.................. 1 classe de 2 heures par semaine.

---

[1] *Répartition hebdomadaire des diverses matières de l'enseignement secondaire classique.*

DIVISION ÉLÉMENTAIRE.

	CLASSE PRÉPARATOIRE.	HUITIÈME.	SEPTIÈME.
Français.........................	$9^h 1/2$	9^h	9^h
Langues vivantes....................	4	4	4
Histoire........................	1 1/2	1 1/2	1 1/2
Géographie.......................	1 1/2	1 1/2	1 1/2
Sciences.........................	2 1/2	3	3
Dessin..........................	1	1	1

Langues vivantes . . . . 3 heures par semaine.
Zoologie . . . . 1 heure par semaine.
Calcul . . . . 1 heure par semaine.

CLASSE DE CINQUIÈME.

Français, latin et, à partir du 1ᵉʳ janvier, grec[1]. . . . 6 classes de 2 heures et 1 classe de 1 heure par semaine.

Histoire et géographie . . . . 1 classe de 2 heures par semaine.

Langues vivantes . . . . 3 heures par semaine.
Géologie et botanique . . . . 1 heure par semaine.
Calcul . . . . 1 heure par semaine.

CLASSE DE QUATRIÈME.

Français, latin et grec . . . . 6 classes de 2 heures et 1 classe de 1 heure par semaine.

Langues vivantes . . . . 2 heures par semaine.
Histoire . . . . 1 classe de 2 heures par semaine.

Géographie . . . . 1 heure par semaine.
Géométrie . . . . 2 heures par semaine.

Des conférences de langues vivantes d'une heure par semaine, sans devoirs ni leçons, seront instituées en quatrième, en troisième et en seconde, dans les classes où le nombre des élèves d'allemand ou d'anglais sera supérieur à vingt.

CLASSE DE TROISIÈME.

Français, latin et grec . . . . 6 classes de 2 heures par semaine.
Langues vivantes . . . . 2 heures par semaine.
Histoire . . . . 1 classe de 2 heures par semaine.
Géographie . . . . 1 heure par semaine.
Mathématiques . . . . 3 heures par semaine.

CLASSE DE SECONDE.

Français, latin et grec . . . . 6 classes de 2 heures par semaine.
Langues vivantes . . . . 2 heures par semaine.
Histoire . . . . 1 classe de 2 heures par semaine.
Géographie . . . . 1 heure par semaine.
Mathématiques . . . . 3 heures par semaine.

[1] Une circulaire du 9 avril 1895 a autorisé les chefs d'établissement, après entente à ce sujet entre les professeurs de grammaire, à reporter le début de l'étude du grec à une date quelconque du 1ᵉʳ semestre de l'année scolaire. Voir page 356.

CLASSE DE RHÉTORIQUE.

Français, latin et grec................	6 classes de 2 heures par semaine.
Langues vivantes.....................	3 heures par semaine.
Histoire............................	1 classe de 2 heures par semaine.
Géographie.........................	2 heures par semaine pendant un semestre et 1 heure par semaine pendant l'autre semestre.
Mathématiques......................	2 heures par semaine et 1 conférence facultative de 1 heure.

CLASSE DE PHILOSOPHIE.

Philosophie.........................	4 classes de 2 heures par semaine pendant toute l'année et 1 classe de 1 heure par semaine pendant un semestre.
Histoire............................	3 heures par semaine.
Physique et chimie...................	5 heures par semaine.
Histoire naturelle....................	2 heures par semaine.
Mathématiques......................	1 classe de 2 heures par semaine [1].
Langues vivantes.....................	1 conférence facultative de 1 heure par semaine.
Hygiène............................	12 conférences de 1 heure.

II. — ENSEIGNEMENT SECONDAIRE MODERNE.

CLASSE DE SIXIÈME.

Français............................	6 heures par semaine.
Langue allemande....................	6 heures par semaine.
Histoire et géographie................	3 heures par semaine.
Arithmétique.......................	2 classes de 1 heure par semaine.
Zoologie...........................	1 heure par semaine.
Calligraphie........................	1 heure par semaine.

[1] Cette classe n'est pas obligatoire pour tous les élèves, ceux d'entre eux qui ne se destinent pas aux écoles scientifiques ou à la médecine pourront, à titre exceptionnel, en être dispensés par le recteur. (Circulaire du 13 août 1896.)

20.

CLASSE DE CINQUIÈME.

Français...........................	6 heures par semaine.
Allemand.........................	}
Anglais...........................	} 8 heures par semaine.
Histoire...........................	1 classe de 2 heures par semaine.
Géographie........................	1 heure par semaine.
Arithmétique......................	2 classes de 1 heure par semaine.
Géologie et botanique..............	1 heure par semaine.

CLASSE DE QUATRIÈME.

Français................	5 heures par semaine.
Langue allemande ou anglaise............	4 heures par semaine.
Langue anglaise ou allemande, espagnole, italienne ou russe.....................	4 heures par semaine.
Histoire...........................	2 heures par semaine.
Morale pratique....................	1 heure par semaine.
Géographie........................	1 heure par semaine.
Mathématiques.....................	3 heures par semaine.

CLASSE DE TROISIÈME.

Français...........................	4 heures par semaine.
Langue et littérature allemandes ou anglaises..	3 heures par semaine.
Langue et littérature anglaises ou allemandes, espagnoles, italiennes ou russes.........	3 heures par semaine.
Histoire...........................	2 heures par semaine.
Géographie........................	1 heure par semaine.
Mathématiques.....................	4 heures par semaine.
Physique et chimie.................	3 heures par semaine.

CLASSE DE SECONDE,

Français...........................	5 heures par semaine.
Langue et littérature allemandes ou anglaises..	3 heures par semaine.
Langue et littérature anglaises ou allemandes, italiennes, espagnoles ou russes.........	3 heures par semaine.
Histoire...........................	2 heures par semaine.
Géographie........................	1 heure par semaine.
Mathématiques.....................	4 heures par semaine.
Physique et chimie.................	4 heures par semaine.

CLASSE DE PREMIÈRE-LETTRES.

Français...........................	3 heures par semaine.
Philosophie........................	8 heures par semaine.

Principes du droit et économie politique..... 2 heures par semaine pendant un semestre et 1 heure par semaine pendant l'autre semestre.

Histoire.......................... 3 heures par semaine.
Histoire de la civilisation et histoire de l'art... 2 heures par semaine.
Géographie générale.................. 1 heure par semaine.
Sciences naturelles.................. 2 heures par semaine.
Langue et littérature allemandes ou anglaises
(facultatif)...................... 1 heure par semaine.
Langue et littérature anglaises ou allemandes,
italiennes, espagnoles ou russes (facultatif). 1 heure par semaine.
Comptabilité (facultatif)............... 1 heure par semaine.

CLASSE DE PREMIÈRE-SCIENCES.

Mathématiques...................... 6 heures par semaine.
Physique et chimie.................. 4 heures par semaine.
Histoire naturelle.................. 2 heures par semaine.
Philosophie........................ 2 heures par semaine.
Principes du droit et économie politique..... 2 heures par semaine pendant un semestre et 1 heure par semaine pendant l'autre semestre.

Histoire.......................... 3 heures par semaine.
Géographie générale.................. 1 heure par semaine.
Comptabilité....................... 1 heure par semaine.
Langue et littérature allemandes ou anglaises
(facultatif)...................... 1 heure par semaine.
Langue et littérature anglaises ou allemandes,
italiennes, espagnoles ou russes (facultatif). 1 heure par semaine.

III. — CLASSE DE MATHÉMATIQUES ÉLÉMENTAIRES.
(COMMUNE AUX DEUX ENSEIGNEMENTS.)

Mathématiques...................... 10 heures par semaine.
Physique et chimie.................. 6 heures par semaine.
Histoire naturelle.................. 1 heure par semaine.
Philosophie........................ 2 heures par semaine.
Histoire.......................... 3 heures par semaine.
Langues vivantes.................... 1 heure par semaine.

Art. 3. Les dispositions des règlements antérieurs sont abrogées en ce qu'elles ont de contraire au présent arrêté.

CIRCULAIRE RELATIVE À LA RÉPARTITION DES HEURES DE CLASSE.

(27 juillet 1897.)

Monsieur le Recteur, j'ai l'honneur de vous adresser ci-joint un certain nombre d'exemplaires de l'arrêté du 20 juillet 1897, réglant la répartition des heures de classe et de conférence dans les lycées et collèges de garçons.

Vous remarquerez que, d'une manière générale, les classes auront désormais une durée de deux heures ou d'une heure. Toutefois, dans certaines classes, en raison du nombre des élèves, les classes d'une heure et demie pourront être autorisées par le recteur, après avis de l'assemblée des professeurs. Dans les collèges en particulier, et notamment dans ceux de moindre importance, cette disposition procurera sans doute de grandes facilités d'organisation.

Je crois devoir, d'autre part, appeler plus particulièrement votre attention sur les points suivants :

Le nombre des heures de classes consacrées à l'étude des langues vivantes a été porté à trois heures par semaine en sixième, en cinquième et en rhétorique, et réduit à deux heures en quatrième, en troisième et en seconde.

Mais, dans ces dernières classes, des conférences d'une heure par semaine seront organisées là où le nombre des élèves d'allemand ou d'anglais sera supérieur à vingt. Dans le cas où ces conférences ne seront pas instituées, il paraîtra sans doute avantageux de répartir en deux classes d'une heure les deux heures consacrées aux langues vivantes.

Une conférence facultative d'une heure est instituée en rhétorique pour les mathématiques. A cette conférence peuvent être admis les futurs élèves de mathématiques élémentaires et ceux de philosophie; mais il conviendra de ne pas perdre de vue que cette conférence est spécialement destinée à mettre les futurs élèves de la classe de mathématiques élémentaires en mesure de suivre sans difficulté le programme de cette classe.

Dans la classe de philosophie, la substitution d'une classe de deux heures de mathématiques par semaine à la conférence actuelle d'une heure a spécialement pour but de mettre les élèves en état, soit d'entrer dans la classe de mathématiques élémentaires, soit de suivre avec profit les cours du certificat d'études physiques, chimiques et naturelles.

Je rappelle qu'aux termes de la circulaire du 13 août 1896, cette classe n'est pas obligatoire pour tous les élèves. Ceux d'entre eux qui ne se destinent pas aux écoles scientifiques ou à la médecine peuvent, à titre exceptionnel, en être dispensés par le recteur, sur la proposition du chef de l'établissement.

Pour l'enseignement même de la philosophie, le règlement prévoit quatre classes de deux heures pendant toute l'année et une classe d'une heure par semaine pendant le premier semestre. Cette classe d'une heure devra être spécialement consacrée à l'explication des auteurs grecs et latins.

Dans les classes de première-sciences et de mathématiques élémentaires, les heures de philosophie ont été fixées au même nombre pour permettre la réunion des élèves des deux classes.

Les heures d'histoire ont été également fixées de manière à rendre possible, au besoin, la réunion de ces deux groupes d'élèves avec ceux de première-lettres et de philosophie.

Aucune modification n'a été apportée au règlement en vigueur, en ce qui concerne le nombre des heures consacrées à l'enseignement du dessin.

Quant aux cours et exercices qui ne sont pas mentionnés au tableau de la répartition des heures de classe (dessin, chant, gymnastique), ils doivent trouver leur place pendant le temps des études. Mais il ne faut pas que ces cours et exercices, particulièrement la gymnastique, interrompent, sauf le cas de nécessité absolue, les études principales. Ils doivent être placés, de préférence, pendant les petites études, ainsi que dans la matinée du jeudi et du dimanche.

Je vous prie de vouloir bien adresser un exemplaire de la présente circulaire et de l'arrêté qui l'accompagne à MM. les inspecteurs d'académie, ainsi qu'à MM. les proviseurs et principaux de votre ressort académique.

---

3. — ENSEIGNEMENT RELIGIEUX.

DÉCRET MODIFIANT LES CONDITIONS DE L'ENSEIGNEMENT RELIGIEUX
DANS LES ÉTABLISSEMENTS PUBLICS D'INSTRUCTION SECONDAIRE.

(24 décembre 1881.)

ART. 1er. Dans les établissements publics d'instruction secondaire, le vœu des pères de famille sera toujours consulté et suivi en ce qui concerne la participation de leurs enfants à l'enseignement et aux exercices religieux.

ART. 2. L'instruction religieuse sera donnée par les ministres des différents cultes dans l'intérieur de l'établissement, en dehors des heures de classe.

Art. 3. Sont et demeurent abrogées les dispositions contraires au présent décret.

Art. 4. Le Ministre de l'instruction publique et des cultes est chargé de l'exécution du présent décret.

CIRCULAIRE RELATIVE À L'ENSEIGNEMENT RELIGIEUX.

(24 janvier 1882.)

Monsieur le Recteur, le décret du 24 décembre 1881, rendu sur l'avis unanime du Conseil supérieur de l'instruction publique, a définitivement introduit dans les lycées et collèges le respect de la liberté de conscience, que la Révolution avait proclamée en principe, que la loi du 28 juin 1833 établissait dans l'enseignement primaire et que les Chambres ont pris soin, récemment, d'inscrire dans l'acte d'organisation de l'enseignement secondaire des jeunes filles. Il n'y a pas là une innovation à proprement parler.

La réforme dont vous avez à surveiller l'application était depuis longtemps souhaitée, adoptée en quelque sorte par l'opinion publique, et l'administration universitaire, par sa circulaire du 26 mars 1881, avait déjà pris sur elle de devancer, dans ses prescriptions, le décret du 24 décembre dernier.

Vous veillerez à ce que le vœu des pères de famille soit toujours consulté et suivi en ce qui concerne la participation de leurs enfants à l'enseignement et aux exercices religieux. A cet effet, les chefs d'établissements d'enseignement secondaire devront tenir un registre spécial sur lequel, à côté du nom de chaque élève, seront portés, sous la signature du père ou de son représentant autorisé, des réponses aux questions prévues ci-dessous :

1° M. . . . . . désire-t-il oui ou non que l'élève. . . . . suive :
. . . . . l'enseignement religieux? . . . . . les exercices religieux?

2° Quel enseignement?. . . . . Quels exercices?. . . . . (Indiquer le culte.)

Vous rappellerez aux chefs d'établissements qu'ils sont responsables de la stricte exécution de la volonté des familles.

Je ne crois pas nécessaire, d'ailleurs, de rendre obligatoires, dès aujourd'hui, les inscriptions au registre.

Elles ne le deviendront qu'à la rentrée prochaine, c'est-à-dire en octobre 1882.

Mais elles pourront, dès maintenant, être accordées aux familles qui les réclameraient, et elles devront être exigées, sans exception, pour tous les élèves nouveaux, à partir du 1er février prochain.

Le décret du 24 décembre 1881 ne précise rien en ce qui concerne la prière, qui a toujours été faite jusqu'ici en commun à l'étude du matin et à l'étude du soir. Je connais assez les sentiments de tolérance mutuelle qui règnent dans nos lycées et collèges pour juger superflue toute modification à l'usage. Cette prière aura donc lieu comme par le passé. Car il serait difficile, pour la surveillance, et choquant, au point de vue de la bonne confraternité qui règne entre nos écoliers, de diviser, deux fois par jour, chaque étude en plusieurs sections. L'élève chargé de la prière sera seulement choisi parmi ceux qui auront été désignés par leur famille comme devant prendre part aux pratiques religieuses. Les autres auront assez le respect des croyances d'autrui pour assister en silence à un exercice, d'ailleurs assez court, et qui leur permettra de se recueillir eux-mêmes comme ils l'entendront.

Quant à la prière que le professeur devait faire au début et à la fin de chaque classe, elle est tombée presque partout en désuétude et doit être supprimée.

Enfin, la préparation à la première communion a pu, dans certains établissements, prendre une extension excessive. Vous ferez comprendre à MM. les aumôniers que le travail de chaque jour peut se concilier avec la piété la plus haute et que les RETRAITES ont une portée morale d'autant plus efficace qu'elles sont plus prudemment limitées, moins oisives et mieux remplies.

Dans cet ordre d'idées, Monsieur le Recteur, je vous prie de signaler toutes les difficultés graves que pourrait soulever l'application du présent décret et de trancher vous-même les difficultés de détail qui se présenteraient. Vous vous inspirerez à la fois du double sentiment qui anime mon administration : la ferme volonté de faire respecter les droits de chacun, de ne permettre aucun empiètement nuisible au bien général et à l'intérêt des études, et aussi une tolérance libérale et sage, le désir de ne heurter aucune croyance ou même aucune susceptibilité sincère et recommandable.

Vous aurez probablement à tempérer l'ardeur des uns, à calmer l'inquiétude des autres. Vous ne céderez à aucun entraînement. Je sais que je puis compter, en cette matière délicate, sur votre prudence et votre impartialité.

RÈGLEMENT RELATIF À L'ORGANISATION DES LYCÉES.

(19 septembre 1809.)

Extrait concernant l'enseignement religieux.

Art. 36. S'il y a dans le lycée des élèves non catholiques, le proviseur laissera aux parents toute facilité pour leur faire apprendre et pratiquer leur religion [1].

4. — EXAMENS DE PASSAGE.

CIRCULAIRE RELATIVE AUX EXAMENS DE PASSAGE DES BOURSIERS.

(11 juin 1889.)

. . . .

Je vous prie, Monsieur le Recteur, de donner des instructions pour que tous les boursiers, non compris dans la première moitié de leur classe, se présentent à l'examen de passage dès le commencement de juillet, et de veiller à la stricte application du règlement en vertu duquel le Ministre seul a le droit d'autoriser les élèves de cette catégorie à doubler, s'il y a lieu, la classe de l'année précédente [2]. Ceux qui auront échoué me seront signalés dans un état spécial à joindre aux documents ci-dessus énumérés : les uns pourront être admis à subir une nouvelle épreuve à la rentrée ; les autres pourront obtenir l'autorisation de recommencer l'année ; ceux dont les antécédents laisseraient à désirer et qui seraient jugés incapables de poursuivre utilement leurs études seront rendus à leurs familles. Les résultats des examens seront soumis à l'assemblée des professeurs, dans la séance où elle aura à s'occuper de la rédaction du tableau d'honneur. Sur l'avis conforme de l'assemblée, le chef de l'établissement autorisera les boursiers, dont l'échec ne devrait être attribué qu'à leur insuffisance sur certaines matières relativement peu importantes du programme, à renouveler l'examen après la rentrée.

. . . .

[1] Voir sur ce sujet, chapitre IV, aumôniers, p. 48. — [2] Aux termes du décret en date du 19 novembre 1895, les recteurs peuvent donner ou refuser cette autorisation.

CIRCULAIRE RELATIVE AUX EXAMENS DE PASSAGE.

(27 mai 1890.)

Monsieur le Recteur, une circulaire du 11 juin 1889 vous a invité à donner des instructions pour que les résultats des examens de passage que les boursiers ont à subir fussent soumis à l'assemblée des professeurs. L'échec aux examens pouvant avoir pour les élèves de cette catégorie des conséquences graves, il y avait intérêt à exiger l'accord du chef de l'établissement avec les professeurs et de ceux-ci entre eux au sujet des mesures à prendre ou à proposer. Cette délibération en commun avait, d'ailleurs, été déjà prescrite par l'article 11 du décret du 19 janvier 1881. pour la rédaction du tableau d'honneur de fin d'année.

Le même principe me paraît devoir être appliqué aux examens de passage des élèves libres.

D'après les renseignements statistiques qui m'ont été communiqués. ces examens sont généralement pratiqués avec une juste sévérité également éloignée d'une indulgence extrême, qui aurait pour effet d'encombrer nos classes de non-valeurs, et d'une rigueur excessive, qui permettrait trop facilement de se débarrasser d'élèves médiocres avant d'avoir épuisé les moyens d'en obtenir tout ce qu'ils peuvent donner.

Il importe qu'on ait soin de se maintenir dans ces limites.

La circulaire du 28 septembre 1880 dispose qu'aux examens de passage, chacun des professeurs de la classe « donnera une note spéciale et indépendante » et que le proviseur décidera de l'admission ou du rejet d'après l'ensemble des notes. Cette manière de procéder ne m'a pas paru offrir toutes les garanties désirables. L'entente de tous les professeurs entre eux et des professeurs avec le chef de l'établissement, fournissant le moyen soit d'expliquer certaines faiblesses, soit de signaler certaines négligences systématiques, permet seule de prononcer en toute sécurité et en parfaite connaissance de cause sur le sort des élèves.

J'ai décidé, en conséquence, que l'admission dans la classe supérieure des élèves soumis aux examens de passage ou leur ajournement définitif en juillet et en octobre serait prononcé *par le chef de l'établissement, sur l'avis collectif et concerté de tous les professeurs de la classe réunis.*

Dans le mois qui précèdera les examens. chaque professeur dressera la liste de ses élèves par ordre de mérite, en attribuant à chacun d'eux une note spéciale pour chaque matière d'enseignement. Les notes seront exprimées en chiffres de 0 à 20. Toute note égale ou supérieure à 10 dans une faculté dispensera de l'examen dans cette faculté.

Après l'examen, les élèves seront classés en trois catégories :

1° Élèves admis à entrer dans la classe supérieure;

2° Élèves ajournés à une nouvelle épreuve au moment de la rentrée d'octobre;

3° Élèves ajournés définitivement, c'est-à-dire reconnus incapables de suivre avec fruit la classe supérieure.

Pour établir ce classement, il pourra être fait des compensations entre les notes obtenues par l'élève dans les différentes facultés.

Les élèves ajournés à une nouvelle épreuve seront placés provisoirement, à la rentrée, dans la classe immédiatement supérieure à celle d'où ils sortent. Ils seront interrogés de nouveau sur les matières pour lesquelles l'ajournement a été prononcé.

A la suite de cet examen, ils seront admis à passer dans la classe supérieure ou invités à redoubler la classe qu'ils viennent de faire.

Comme le recommandait la circulaire du 28 septembre 1880, cette dernière mesure sera prescrite toutes les fois qu'on aura bien constaté que l'élève ne peut tirer aucun profit du cours, et que sa présence serait véritablement de nature à entraver la marche régulière de l'enseignement. Mais les chefs d'établissement ne manqueront pas de prévenir les familles, dès la fin de juillet, du résultat de l'examen et de leur indiquer les facultés pour lesquelles les enfants auront échoué; ceux-ci pourront ainsi travailler pendant les vacances en vue de réparer leur échec; ils n'auront à s'en prendre qu'à eux-mêmes si la seconde épreuve leur est défavorable.

---

5. — CONCOURS GÉNÉRAL.

ARRÊTÉ CONCERNANT LE CONCOURS GÉNÉRAL ENTRE LES ÉLÈVES DES LYCÉES ET COLLÈGES DE LA SEINE ET DE VERSAILLES.

(1er août 1894.)

LE MINISTRE DE L'INSTRUCTION PUBLIQUE ET DES BEAUX-ARTS,

Vu les arrêtés du 14 septembre 1852 et du 28 décembre 1880;

Vu les décrets du 4 juin 1891 et du 28 juillet 1894;

Vu les plans d'études et les programmes de l'enseignement secondaire classique et de l'enseignement secondaire moderne;

Le Conseil supérieur de l'instruction publique entendu,

Arrête :

Art. 1er. Le concours général entre les élèves des lycées et collèges de la Seine et du lycée de Versailles a lieu dans les classes ci-après désignées :

Enseignement classique. — Classe de troisième; classe de seconde; classe de rhétorique; classe de philosophie.

Enseignement moderne. — Classe de troisième; classe de seconde; classe de premières-lettres; classe de premières-sciences.

Classe de sciences communes aux deux ordres d'enseignement. — Classe de mathématiques élémentaires (cours normal); classe de mathématiques spéciales.

Art. 2. Le concours porte sur les facultés suivantes :

ENSEIGNEMENT CLASSIQUE.

TROISIÈME.

Thème latin et version latine;
Thème grec et version grecque;

Langues vivantes (thème, version et épreuve orale).

SECONDE.

Composition française;
Thème latin;
Version latine;
Thème grec;

Version grecque;
Langues vivantes (thème, version et épreuve orale.)

RHÉTORIQUE.

Composition française;
Composition latine;
Version latine;
Version grecque:
Histoire;

Géographie;
Langues vivantes (thème, version et épreuve orale);
Mathématiques.

PHILOSOPHIE.

Dissertation sur un sujet de philosophie..
Histoire......................
Histoire naturelle.................
Physique......................

(En commun avec les élèves de premières-lettres.)

ENSEIGNEMENT MODERNE.

TROISIÈME.

Composition française;
Allemand (thème, version et épreuve
   orale);

Anglais (thème, version et épreuve
   orale);
Mathématiques.

SECONDE.

Composition française;
Allemand (thème, version et épreuve
   orale);

Anglais (thème, version et épreuve orale);
Mathématiques;
Physique et chimie.

PREMIÈRE (LETTRES).

Composition de philosophie.......... |
Histoire naturelle .... } (En commun avec les élèves de philo-
Histoire .... | sophie.)
Principes du droit et économie politique.. } (En commun avec les élèves de pre-
Géographie générale...............)   mière-sciences.)

PREMIÈRE (SCIENCES).

Mathématiques. |
Principes du droit et économie politique. } Physique et chimie.
Géographie générale...............) (En commun avec les élèves de pre-
                        mière-lettres.)
Philosophie (en commun avec les élèves de mathématiques élémentaires).

CLASSES DE SCIENCES COMMUNES AUX DEUX ORDRES D'ENSEIGNEMENT.

MATHÉMATIQUES ÉLÉMENTAIRES (COURS NORMAL).

Mathématiques;
Physique et chimie;

Philosophie (en commun avec les élèves
   de première-sciences).

MATHÉMATIQUES SPÉCIALES.

Mathématiques;
Physique;

Chimie.

Pour la classe de seconde moderne, l'usage de tout dictionnaire
ou lexique est interdit dans les compositions de langues vivantes.

Art. 3. Les sujets de composition sont donnés par le Ministre
de l'instruction publique et choisis conformément aux programmes
de chaque classe.

Art. 4. Un premier et un second prix sont attribués à chaque composition. Il peut être décerné des prix *ex æquo*.

Le nombre des accessits est de 8 au maximum. Des mentions honorables peuvent en outre être décernées.

Dans les classes de rhétorique et de philosophie, le nombre des nominations est augmenté en raison de celles qui sont obtenues par les vétérans.

Deux prix et six accessits peuvent être décernés aux vétérans. Pour obtenir un prix, les vétérans doivent être classés dans les deux premiers; pour obtenir un accessit, dans les huit premiers, sur l'ensemble des concurrents.

Les nouveaux sont classés à part des vétérans, et les nominations qui leur sont attribuées sont indépendantes de celles que ceux-ci peuvent obtenir.

Art. 5. Des prix d'honneur sont attribués :

En mathématiques spéciales, à la composition de mathématiques;

En philosophie et en première moderne, à la dissertation française;

En rhétorique, à la composition française;

En seconde moderne, à la composition française.

Le prix d'honneur est unique pour chaque composition. Les vétérans et les nouveaux concourent ensemble pour les prix d'honneur.

Art. 6. L'arrêté prévu à l'article 8 du présent règlement déterminera les règles à suivre pour la fixation du nombre des élèves à admettre au concours dans chaque classe et dans chaque division, les divisions d'une même classe étant considérées comme des classes distinctes.

Toutefois, les vétérans seront choisis indistinctement dans toutes les divisions.

Art. 7. Le compte rendu des résultats du concours général indiquera la valeur proportionnelle des succès obtenus dans chaque établissement, en tenant compte, pour chacun d'eux, du nombre des concurrents.

Art. 8. Un arrêté ministériel déterminera les formes et conditions du concours.

RÈGLEMENT DÉTERMINANT LES FORMES ET CONDITIONS DU CONCOURS GÉNÉRAL
ENTRE LES ÉLÈVES DES LYCÉES ET COLLÈGES DE LA SEINE ET DE VERSAILLES.

(20 février 1895.)

———

LE MINISTRE DE L'INSTRUCTION PUBLIQUE, DES BEAUX-ARTS ET DES CULTES,

Vu les arrêtés du 14 septembre 1852 et du 28 décembre 1880;
Vu l'arrêté du 1er août 1894,

ARRÊTE :

TITRE I.

DES CONDITIONS À REMPLIR PAR LES CONCURRENTS.

ART. 1er. Peuvent être admis à concourir les élèves qui n'ont pas dépassé, au 1er janvier de l'année du concours :

ENSEIGNEMENT CLASSIQUE.

Dans la classe de troisième.	16 ans révolus;
Dans la classe de seconde.	17 ans révolus;
Dans la classe de rhétorique.	18 ans pour les nouveaux; 20 ans pour les vétérans;
Dans la classe de philosophie.	20 ans pour les nouveaux; 21 ans pour les vétérans.

ENSEIGNEMENT MODERNE.

Dans la classe de troisième.	17 ans révolus;
Dans la classe de seconde.	18 ans révolus;
Dans la classe de première (lettres et sciences)	20 ans révolus.

CLASSES DE SCIENCES COMMUNES AUX DEUX ENSEIGNEMENTS.

Dans la classe de mathématiques élémentaires	20 ans révolus;
Dans la classe de mathématiques spéciales.	21 ans révolus.

ART. 2. Nul n'est admis à concourir, sauf les exceptions prévues aux articles 3 et 4, s'il n'a suivi régulièrement, au moins depuis le 30 janvier de l'année du concours, dans un ou plusieurs établissements publics d'enseignement secondaire, tous les cours de la classe à laquelle il appartient.

Dans le cas où l'élève a changé d'établissement après le 30 janvier, il peut, en raison des motifs de ce changement, être rayé de la liste des concurrents après avis du Comité des proviseurs.

ART. 3. Sont nouveaux en rhétorique ou en philosophie, pour toutes les facultés, si leur âge le permet, les élèves qui ont fait leur rhétorique ou leur philosophie partout ailleurs que dans les établissements appelés au concours général de Paris, à la condition expresse qu'ils auront suivi régulièrement dans l'année, sans aucune exception, tous les cours prescrits par le plan d'études pour ces mêmes classes. Dans tout autre cas, ils sont considérés comme vétérans.

ART. 4. Sont vétérans en rhétorique ou en philosophie pour toutes les facultés :

1° Les élèves qui ont déjà fait une année de rhétorique ou de philosophie dans un des établissements appelés au concours général de Paris;

2° Les élèves qui sont entrés dans ces classes avec l'âge de la vétérance.

Les élèves des classes de rhétorique supérieure et les élèves vétérans qui suivent simultanément les cours littéraires de philosophie et ceux de rhétorique peuvent être envoyés au concours, mais seulement comme vétérans, dans celle des deux classes de rhétorique ou de philosophie pour laquelle ils auront été désignés après entente entre leurs professeurs et le chef de l'établissement.

Ils ne peuvent, en aucun cas, y être envoyés pour les deux classes à la fois.

En rhétorique et en philosophie, les vétérans peuvent être dispensés des cours de sciences.

Les élèves de mathématiques élémentaires, pourvus du baccalauréat de l'enseignement secondaire classique avec la mention *Lettres-Philosophie* ou du baccalauréat de l'enseignement secondaire moderne avec la mention *Lettres-Philosophie,* peuvent concourir dans les compositions de mathématiques, de physique et de chimie, lors même qu'ils auraient été dispensés des cours de lettres et d'histoire. Ils ne sont pas admis au concours pour les autres facultés.

Les licenciés ès sciences ou ès lettres ne sont pas admis à prendre part au concours général, même en qualité de vétérans.

ART. 5. L'élève qui, dans une classe, a obtenu une nomination au concours général dans une année antérieure, ne peut concourir dans la même faculté que pour une nomination au moins égale.

ART. 6. Les listes des concurrents sont dressées par les professeurs de chaque classe ou de chaque division et soumises au proviseur ou directeur.

Ces listes contiennent l'indication des nom, prénoms, date et lieu de naissance de chaque élève, certifiée par le proviseur ou directeur sur le vu de l'acte de naissance. Le proviseur ou directeur atteste l'âge en ces termes : *Certifié conforme aux actes de naissance vus et examinés par moi, proviseur,* etc. Il certifie, en outre, que *les concurrents ont suivi exactement toutes les parties de l'enseignement de la classe dans laquelle ils sont appelés à concourir,* ou *qu'ils remplissent les conditions fixées par l'article 4.*

Les certificats délivrés aux élèves par le proviseur du lycée Hoche sont visés par l'inspecteur d'académie en résidence à Versailles.

Dans les listes des concurrents des classes de rhétorique et de philosophie, les élèves vétérans sont désignés par une mention spéciale.

Art. 7. Les proviseurs ou directeurs font remettre les listes ainsi établies au chef-lieu de l'académie, avec les actes de naissance des concurrents, *six jours au moins avant la composition.*

À défaut de l'acte civil de naissance, les pièces qui seraient présentées pour en tenir lieu ne sont admises que sur une décision du vice-recteur.

TITRE II.

DU NOMBRE DES CONCURRENTS.

Art. 8. Le nombre des concurrents est fixé comme il suit pour chaque classe ou, s'il y a lieu, pour chaque division d'une même classe :

Pour une classe ou une division de 2 à 10 élèves, 2 concurrents.
Pour une classe ou une division de 11 à 15 élèves, 3 concurrents.
Pour une classe ou une division de 16 à 20 élèves, 4 concurrents.
Pour une classe ou une division de 21 élèves et au delà, 5 concurrents.

Dans les classes de rhétorique et de philosophie, qui comprennent des vétérans, l'effectif de la classe par lequel est déterminé le nombre des élèves admis au concours en qualité de nouveaux, est celui des élèves nouveaux, défalcation faite des vétérans.

En outre, les classes de philosophie et de rhétorique peuvent envoyer au concours des vétérans d'après les proportions suivantes :

Pour une classe comptant de 1 à 5 vétérans, 1 concurrents.
Pour une classe comptant de 6 à 10 vétérans, 2 concurrents.
Pour une classe comptant de 11 à 15 vétérans, 4 concurrents.

et ainsi de suite, en augmentant d'une unité par groupe de 5 vétérans.

Si la classe compte plusieurs divisions, l'effectif des vétérans, par lequel est déterminé le nombre d'élèves admis au concours en cette qualité, est constitué par les vétérans réunis de toutes les divisions, et les concurrents sont choisis indistinctement dans toutes les divisions.

Le chiffre constituant l'effectif d'une classe ou d'une division est celui relevé sur l'état de présence du 3o janvier.

Art. 9. Lorsque les élèves de classes différentes, qui concourent ensemble pour certaines compositions, sont réunis pour les cours correspondants, ils sont considérés comme ne formant qu'une seule classe.

TITRE III.

DE LA DURÉE ET DE LA SURVEILLANCE DES COMPOSITIONS.

Art. 10. La durée des compositions est fixé ainsi qu'il suit :

ENSEIGNEMENT CLASSIQUE.

TROISIÈME.

Thème latin et version latine, 5 heures; | Langues vivantes, épreuve écrite (thème
Thème grec et version grecque, 5 heures; | et version), 5 heures.

SECONDE.

Composition française, 5 heures; | Version grecque, 4 heures;
Thème latin, 4 heures; | Langues vivantes, épreuve écrite (thème
Version latine, 4 heures; | et version), 5 heures.
Thème grec, 4 heures; |

RHÉTORIQUE.

Composition française, 8 heures; | Géographie, 4 heures;
Composition latine, 6 heures; | Langues vivantes, épreuve écrite (thème
Version latine, 4 heures; | et version), 5 heures;
Version grecque, 4 heures; | Mathématiques, 5 heures.
Histoire, 6 heures; |

PHILOSOPHIE.

Dissertation sur un sujet de philosophie, | Histoire naturelle, 6 heures;
  8 heures; | Physique, 6 heures.
Histoire, 6 heures; |

ENSEIGNEMENT MODERNE.

TROISIÈME.

Composition française, 5 heures; | Anglais, épreuve écrite (thème et ver-
Allemand, épreuve écrite (thème et ver- | sion), 5 heures;
  sion), 5 heures; | Mathématiques, 5 heures.

SECONDE.

Composition française, 8 heures;

Allemand, épreuve écrite (thème et version), 5 heures;

Anglais, épreuve écrite (thème et version), 5 heures;

Mathématiques, 5 heures;

Physique et chimie, 5 heures.

PREMIÈRE-LETTRES.

Composition de philosophie, 8 heures;

Histoire naturelle, 6 heures;

Histoire, 6 heures;

Principes du droit et économie politique, 5 heures;

Géographie générale, 4 heures.

PREMIÈRE-SCIENCES.

Mathématiques, 6 heures;

Physique et chimie, 6 heures;

Principes du droit et économie politique, 5 heures;

Géographie générale, 4 heures.

Philosophie, 5 heures.

CLASSES DE SCIENCES COMMUNES AUX DEUX ORDRES D'ENSEIGNEMENT.

MATHÉMATIQUES ÉLÉMENTAIRES (COURS NORMAL).

Mathématiques, 6 heures;

Physique et chimie, 6 heures;

Philosophie, 5 heures.

MATHÉMATIQUES SPÉCIALES.

Mathématiques, 8 heures;

Physique, 6 heures;

Chimie, 6 heures.

Le temps consacré à faire l'appel des élèves, à dicter le texte et à le relire, n'est pas compris dans la durée de la composition.

ART. 11. Toutes les compositions commencent à 8 heures et demie du matin et se font au chef-lieu de l'académie.

ART. 12. Un inspecteur de l'académie de Paris est chargé, chaque jour, de présider aux opérations du concours. Il est assisté par 4 professeurs lorsque le nombre des concurrents ne dépasse pas 100, et par 6 professeurs lorsque ce nombre dépasse 100. Ces professeurs sont choisis parmi ceux de la classe appelée à composer et désignés par le vice-recteur.

Le président et les professeurs surveillants doivent être arrivés au moins un quart d'heure avant l'heure de l'appel. Ils ne se retirent qu'après l'accomplissement des formalités prescrites par les articles 23, 24, 25, 26 et 27.

Art. 13. Chaque élève, au moment où il est appelé, remet à l'un des surveillants son billet d'admission, délivré par le professeur de sa classe et visé par le proviseur ou le directeur.

Art. 14. Aucun élève n'est admis après l'appel terminé.

Art. 15. Les élèves sont placés dans l'ordre déterminé d'avance par la liste d'appel. La liste est dressée de telle sorte que les élèves d'un même établissement ne soient pas placés les uns à côté des autres.

Art. 16. Le président, en ouvrant la séance, donne lecture de l'article 17 du présent règlement, de l'article 18 (3ᵉ, 4ᵉ, 5ᵉ et 6ᵉ paragraphes), et des quatre derniers paragraphes de l'article 19.

Art. 17. Les élèves ne peuvent apporter aucun cahier ni aucun livre, excepté, pour les compositions littéraires, les dictionnaires de langues non pourvus de grammaire. Toutefois, conformément à l'article 2 de l'arrêté du 1ᵉʳ août 1894, l'usage de tout dictionnaire et de tout lexique est interdit pour les compositions de langues vivantes de la classe de seconde moderne.

La contravention à cet article est punie par l'exclusion du concours.

Art. 18. Le président du concours décachette, en présence des élèves, l'enveloppe renfermant le sujet de la composition, lequel est dicté par un des surveillants et relu par un autre.

Si le texte est court, il est en outre écrit au tableau noir. Dans le cas contraire, le président s'entend avec les surveillants pour qu'il en soit fait immédiatement deux copies, lesquelles sont mises, avec l'original, à la disposition des élèves.

Pour toute composition de thème ou de version, en quelque langue que ce soit, ainsi que pour les compositions de sciences, il y a trois sujets. On ne décachettera le sujet de composition n° 2 que s'il est bien établi que le sujet n° 1 a été traité, en tout ou en partie, par un groupe de concurrents. — Même observation pour le n° 3.

Les prescriptions qui précèdent ne sont applicables à aucune des facultés autres que celles énoncées ci-dessus. Elles sont applicables aux compositions de sciences pour les problèmes, mais non pour les questions de cours.

Si la composition dont le texte est changé devait être commune à Paris et aux départements, la comparaison qui se fait en pareil cas n'a pas lieu.

Tout groupe de concurrents qui, ayant traité, en tout ou en partie, le sujet d'une des compositions spécifiées ci-dessus, ne l'a pas déclaré immédiatement après la lecture du texte, est exclu du concours pour cette composition : les copies des autres concurrents sont seules classées.

Art. 19. Le président fait distribuer aux élèves, pour écrire leurs compositions, des feuilles de papier uniforme.

Chaque feuille a une tête imprimée, où l'élève écrit lui-même ses nom et prénoms, le lieu et la date de sa naissance, le nom du lycée ou collège auquel il appartient, la classe ou la division dont il fait partie, ainsi que le nom du professeur dont il suit le cours. Il indique, en outre, s'il est interne ou externe libre, ou élève d'une pension, et, dans ce dernier cas, à quelle pension il appartient.

Dans les classes de rhétorique et de philosophie, les élèves indiquent, de plus, s'ils sont *nouveaux* ou *vétérans*.

Les élèves ne doivent rien écrire au verso de la bande de papier qui contient les indications énoncées ci-dessus.

Art. 20. Les élèves ne quittent leur place, sous aucun prétexte, que l'un après l'autre, et ils ne peuvent la quitter que pour leurs besoins ou pour consulter le texte de la composition.

Art. 21. Toute espèce de communication avec le dehors leur est interdite, sous peine d'exclusion du concours.

Il est défendu aux élèves, sous la même peine, de communiquer entre eux, soit de vive voix, soit par écrit.

Art. 22. Tout élève qui cause du trouble dans la salle est sur-le-champ exclu de la salle par le président du concours.

Art. 23. Aucune copie n'est reçue après l'heure marquée pour la clôture du concours.

Les élèves ne peuvent, même après avoir remis leur copie, quitter la salle de composition qu'à la clôture du concours, sauf pour les compositions qui ont une durée de plus de quatre heures; dans ce cas, une sortie peut avoir lieu à midi.

Art. 24. Pour les compositions qui durent plus de quatre heures, les élèves sont autorisés à faire une légère collation, à partir de midi.

Art. 25. Chaque élève remet lui-même sa copie au président du concours; dès qu'il l'a remise, il ne peut plus la reprendre sous aucun prétexte.

A la fin de chaque composition, le président coupe la bande de papier contenant les indications des nom, prénoms, âge, etc. Il y inscrit lisiblement un numéro et une devise, qui sont répétés par lui au bas de la copie.

Chaque devise est composée de trois mots.

Les bandes ou bulletins sont enfermés par le président dans une enveloppe, sur laquelle il appose un sceau particulier, qui lui aura été remis par le vice-recteur.

Art. 26. Ces opérations terminées, il en est dressé procès-verbal par le président, en présence des surveillants, qui signent avec lui. Le procès-verbal est enfermé, ainsi que les copies et les bandes contenant les noms, dans une boîte scellée comme il vient d'être dit, et sur chaque boîte on désigne la classe, la nature et la date de la composition.

Art. 27. Immédiatement après la clôture de chaque séance, le président du concours remet au vice-recteur la boîte mentionnée dans l'article précédent.

TITRE IV.

DE L'EXAMEN DES COMPOSITIONS.

Art. 28. L'examen des compositions est fait au chef-lieu de l'académie par des commissions particulières formées par le Ministre de l'instruction publique, sur la proposition du vice-recteur de l'académie.

Les membres de ces commissions déclarent, sur leur honneur, qu'ils n'ont eu, ni directement ni indirectement, aucune connaissance des compositions, et ils sont invités à signer cette déclaration; ils s'imposent le secret le plus absolu sur les opérations du bureau d'examen et sur le résultat de ses jugements.

Art. 29. Aux jours et heures indiqués par le vice-recteur, le président de chaque commission ouvre devant les examinateurs la boîte contenant les copies et les noms. L'enveloppe renfermant les noms est remise sur-le-champ au vice-recteur.

Art. 30. Lorsque l'examen d'une composition ne peut être terminé dans une première séance, les copies sont renfermées, à la fin de chaque séance, dans la boîte, qui est scellée du cachet du président.

La clé reste entre les mains du président.

Art. 31. Les examinateurs assignent les places par ordre de mérite, en désignant les copies par les numéros et les devises qu'elles portent. Ils dressent procès-verbal des opérations et renferment le tout dans une boîte, scellée du cachet du président, qui est remise au vice-recteur.

Art. 32. Lorsqu'une composition est commune à deux classes, elle ne donne lieu qu'à un seul classement et à une seule série de récompenses. Mention spéciale est faite, dans la liste des récompenses, de la classe à laquelle appartiennent les lauréats.

Art. 33. L'ouverture des boîtes qui contiennent les procès-verbaux et des enveloppes où sont renfermés les bulletins correspondant aux copies désignées pour les prix et les accessits se fait à la Sorbonne, l'avant-veille du jour de la distribution des prix, sous la présidence du vice-recteur, assisté des inspecteurs de l'académie de Paris, et en présence des proviseurs et directeurs des établissements admis au concours.

Art. 34. Le vice-recteur de l'académie de Paris est chargé de l'exécution du présent arrêté.

***

DÉCRET RELATIF AU CONCOURS GÉNÉRAL ENTRE LES ÉLÈVES DES LYCÉES ET COLLÈGES DES DÉPARTEMENTS.
(28 juillet 1894.)

Art. 1er. A partir de l'année 1895, le concours général entre les élèves des lycées et collèges des départements pour l'enseignement secondaire classique, institué par le décret du 22 juin 1880, aura lieu dans les conditions déterminées par un règlement délibéré en Conseil supérieur de l'instruction publique.

Art. 2. Il est institué un concours général entre les élèves des lycées et collèges pour l'enseignement secondaire moderne.

Le règlement de ce concours sera déterminé par un arrêté délibéré en Conseil supérieur.

Art. 3. Les dispositions du décret du 22 juin 1880 sont abrogées en ce qu'elles ont de contraire au présent décret.

Art. 4. Le Ministre de l'instruction publique et des beaux-arts est chargé de l'exécution du présent décret.

***

ARRÊTÉ CONCERNANT LE CONCOURS GÉNÉRAL ENTRE LES ÉLÈVES DES LYCÉES ET COLLÈGES DES DÉPARTEMENTS.
(20 février 1895.)

Art. 1er. Le concours général entre les élèves des lycées et collèges des départements a lieu dans les classes ci-après désignées :

Enseignement classique. — Classe de rhétorique; classe de philosophie.

Enseignement moderne. — Classe de seconde; classe de première (lettres et sciences).

Classes de sciences communes aux deux ordres d'enseignement. — Classe de mathématiques élémentaires (cours normal); classe de mathématiques spéciales.

Art. 2. Le concours porte sur les facultés suivantes :

ENSEIGNEMENT CLASSIQUE.

RHÉTORIQUE.

Composition française;
Version latine;
Composition latine;
Version grecque;

Histoire et géographie;
Langues vivantes (anglais, allemand, thème et version).

PHILOSOPHIE.

Dissertation française.............. }
Histoire .... } En commun avec les élèves de première-lettres.
Physique et histoire naturelle.

ENSEIGNEMENT MODERNE.

SECONDE.

Composition française;
Mathématiques;

Langues vivantes (allemand, anglais, thème et version).

PREMIÈRE-LETTRES.

Dissertation française................ }
Histoire .... } En commun avec les élèves de philosophie.
Histoire naturelle.

PREMIÈRE-SCIENCES.

Mathématiques;

Physique et chimie.

CLASSES DE SCIENCES COMMUNES AUX DEUX ORDRES D'ENSEIGNEMENT.

MATHÉMATIQUES ÉLÉMENTAIRES.

Mathématiques;

Philosophie.

MATHÉMATIQUES SPÉCIALES.

Mathématiques.

Art. 3. Les sujets de composition sont donnés par le Ministre de l'instruction publique et choisis conformément aux programmes de chaque classe.

Art. 4. Un premier et un second prix sont attribués à chaque composition. Il peut être décerné des prix *ex æquo*.

Le nombre des accessits est de huit au maximum. Des mentions honorables peuvent en outre être décernées.

Dans les classes de rhétorique et de philosophie, le nombre des nominations est augmenté en raison de celles qui sont obtenues par les vétérans.

Deux prix et six accessits peuvent être décernés aux vétérans. Pour obtenir un prix, les vétérans doivent être classés dans les deux premiers; pour obtenir un accessit, dans les huit premiers sur l'ensemble des concurrents.

Les nouveaux sont classés à part des vétérans, et les nominations qui leur sont attribuées sont indépendantes de celles que ceux-ci peuvent obtenir.

Art. 5. Des prix d'honneur sont attribués :

En mathématiques spéciales, à la composition de mathématiques;

En philosophie et en première moderne, à la dissertation française;

En rhétorique, à la composition française;

En seconde moderne, à la composition française;

Le prix d'honneur est unique pour chaque composition; les vétérans et les nouveaux concourent ensemble pour le prix d'honneur.

Art. 6. Par mesure transitoire, les élèves de troisième moderne seront appelés à prendre part au concours général, aussi longtemps que le nombre des élèves de première-lettres ou sciences ne sera pas suffisant pour permettre d'instituer le concours dans cette dernière classe.

Le concours général de troisième moderne comprendra :

Une composition française;

Une composition de langues vivantes (allemand et anglais, thème et version).

RÈGLEMENT DÉTERMINANT LES FORMES ET CONDITIONS DU CONCOURS GÉNÉRAL ENTRE LES ÉLÈVES
DES LYCÉES ET COLLÈGES DES DÉPARTEMENTS.

(20 février 1895.)

TITRE I.

DES CONDITIONS À REMPLIR PAR LES CONCURRENTS.

ART. 1ᵉʳ. Peuvent être admis à concourir les élèves qui n'ont pas dépassé, au 1ᵉʳ janvier de l'année du concours :

ENSEIGNEMENT CLASSIQUE.

Dans la classe de rhétorique........	18 ans pour les nouveaux; 20 ans pour les vétérans.
Dans la classe de philosophie.......	20 ans pour les nouveaux; 21 ans pour les vétérans.

ENSEIGNEMENT MODERNE.

Dans la classe de seconde..........	18 ans révolus.
Dans la classe de première (lettres et sciences)...................	20 ans révolus.

CLASSES DE SCIENCES COMMUNES AUX DEUX ENSEIGNEMENTS.

Dans la classe de mathématiques élémentaires (cours normal)........	20 ans révolus.
Dans la classe de mathématiques spéciales....................	21 ans révolus.

ART. 2. Nul n'est admis à concourir, sauf les exceptions prévues à l'article 3, s'il n'a suivi régulièrement, au moins depuis le 30 janvier de l'année du concours, dans un ou plusieurs établissements publics d'enseignement secondaire, tous les cours de la classe à laquelle il appartient.

Dans le cas où l'élève a changé d'établissement après le 1ᵉʳ janvier, il peut, en raison des motifs de ce changement, être rayé par le recteur de la liste des concurrents.

ART. 3. Sont vétérans en rhétorique ou en philosophie pour toutes les facultés :

1° Les élèves qui ont déjà fait une année de rhétorique ou de philosophie dans un des établissements appelés au concours général;

2° Les élèves qui sont entrés dans ces classes avec l'âge de la vétérance.

Les élèves des classes de rhétorique supérieure et les élèves vétérans qui suivent simultanément les cours littéraires de philosophie et ceux de rhétorique peuvent être envoyés au concours, mais seulement comme vétérans, dans celle des deux classes de rhétorique et de philosophie pour laquelle ils auront été désignés après entente entre leurs professeurs et le chef de l'établissement.

Il ne peuvent, en aucun cas, y être envoyés pour les deux classes à la fois.

En rhétorique et en philosophie, les vétérans peuvent être dispensés des cours de sciences.

Les élèves de mathématiques élémentaires, pourvus du baccalauréat de l'enseignement secondaire classique avec la mention *Lettres-Philosophie* ou du baccalauréat de l'enseignement secondaire moderne avec la mention *Lettres-Philosophie,* peuvent concourir dans les compositions de mathématiques, de physique et de chimie, lors même qu'ils auraient été dispensés des cours de lettres et d'histoire. Ils ne sont pas admis au concours pour l'autre faculté.

Les licenciés ès sciences ou ès lettres ne sont pas admis à prendre part au concours général, même en qualité de vétérans.

Art. 4. L'élève qui, dans une classe, a obtenu une nomination au concours général dans une année antérieure, ne peut concourir dans la même faculté que pour une nomination au moins égale.

Art. 5. Les listes des concurrents sont dressées par les professeurs de chaque classe ou de chaque division et soumises au proviseur ou principal.

Ces listes contiennent l'indication des nom, prénoms, date et lieu de naissance de chaque élève, certifiée par le proviseur ou principal sur le vu de l'acte de naissance.

Le proviseur ou principal atteste l'âge en ces termes : *Certifié conforme aux actes de naissance vus et examinés par moi, proviseur,* etc. Il certifie, en outre, que *les concurrents ont suivi exactement toutes les parties de l'enseignement de la classe dans laquelle ils sont appelés à concourir, ou qu'ils remplissent les conditions fixées par l'article 3.*

Dans les listes des concurrents des classes de rhétorique et de philosophie, les élèves vétérans sont désignés par une mention spéciale.

Art. 6. Les proviseurs ou principaux font remettre, avec les actes de naissance des concurrents, les listes ainsi établies à l'inspecteur d'académie pour être transmises au recteur.

Un exemplaire de chacune de ces listes est adressé par les soins du recteur au Ministère de l'instruction publique, pour le 15 mai au plus tard.

A défaut de l'acte de naissance, les pièces qui seraient présentées pour en tenir lieu ne sont admises que sur une décision du recteur.

TITRE II.
DU NOMBRE DES CONCURRENTS.

ART. 7. Le nombre des concurrents est fixé comme il suit pour chaque classe ou, s'il y a lieu, pour chaque division d'une même classe :

Pour une classe ou une division de 1 à 5 élèves, 1 concurrent.
Pour une classe ou une division de 6 à 10 élèves, 2 concurrents.
Pour une classe ou une division de 11 à 20 élèves, 3 concurrents.
Pour une classe ou une division de 21 élèves et au delà, 4 concurrents.

Dans les classes de rhétorique et de philosophie qui comprennent des vétérans, l'effectif de la classe par lequel est déterminé le nombre des élèves admis au concours en qualité de nouveaux est celui des élèves nouveaux, défalcation faite des vétérans.

En outre, les classes de philosophie et de rhétorique peuvent envoyer au concours des vétérans, dans les proportions ci-après :

Pour une classe comptant de 1 à 5 vétérans, 2 concurrents;
Pour une classe comptant de 6 à 10 vétérans, 3 concurrents;
Pour une classe comptant de 11 à 15 vétérans, 4 concurrents,

et ainsi de suite, en augmentant d'une unité par groupe de 5 vétérans.

Si la classe compte plusieurs divisions, l'effectif des vétérans par lequel est déterminé le nombre d'élèves admis au concours en cette qualité est constitué par les vétérans réunis de toutes les divisions, et les concurrents sont choisis indistinctement dans toutes les divisions.

Le chiffre constituant l'effectif d'une classe ou d'une division est celui relevé sur l'état de présence du 30 janvier.

ART. 8. Lorsque les élèves de classes différentes, qui concourent ensemble pour certaines compositions, sont réunis pour les cours correspondants, ils sont considérés comme ne formant qu'une seule classe.

ART. 9. Les frais de déplacement des concurrents et des personnes qui les accompagnent sont à la charge des établissements intéressés.

TITRE III.

DE LA DURÉE ET DE LA SURVEILLANCE DES COMPOSITIONS.

Art. 10. La durée des compositions est fixée ainsi qu'il suit :

ENSEIGNEMENT CLASSIQUE :

RHÉTORIQUE.

Composition française, 8 heures ;
Composition latine, 6 heures ;
Version latine, 4 heures ;
Version grecque, 4 heures ;

Histoire et géographie, 6 heures ;
Langues vivantes (thème et version), 5 heures.

PHILOSOPHIE.

Dissertation française, 8 heures ;
Histoire, 6 heures ;

Physique et histoire naturelle, 6 heures.

ENSEIGNEMENT MODERNE :

SECONDE.

Composition française, 8 heures ;
Allemand (thème et version), 5 heures.

Anglais (thème et version), 5 heures ;
Mathématiques, 5 heures.

PREMIÈRE-LETTRES.

Dissertation française, 8 heures ;
Histoire naturelle, 6 heures ;

Histoire, 6 heures.

PREMIÈRE-SCIENCES.

Mathématiques, 6 heures ;

Physique et chimie, 6 heures.

CLASSES DE SCIENCES COMMUNES AUX DEUX ORDRES D'ENSEIGNEMENT

MATHÉMATIQUES ÉLÉMENTAIRES (COURS NORMAL.)

Mathématiques, 6 heures ;

Philosophie, 5 heures.

MATHÉMATIQUES SPÉCIALES.

Mathématiques, 8 heures.

Le temps consacré à faire l'appel des élèves, à dicter le texte et à le relire, n'est pas compris dans la durée de la composition.

Art. 11. Toutes les compositions commencent à 8 heures et demie du matin et se font au chef-lieu de chaque département dans l'hôtel de la Préfecture.

Art. 12. Les compositions ont lieu sous la surveillance de l'inspecteur d'académie, de l'inspecteur primaire et d'un ou plusieurs professeurs du lycée ou du collège appartenant à une classe autre que celle qui concourt, et désignés par le recteur.

Le président et les professeurs surveillants doivent être arrivés avant l'heure de l'appel. Ils ne se retirent qu'après l'accomplissement des formalités prescrites par les articles 23, 25 et 26.

Art. 13. Chaque élève, au moment où il est appelé, remet à l'un des surveillants son billet d'admission, délivré par le professeur de sa classe et visé par le proviseur ou le principal.

Art. 14. Aucun élève n'est admis après l'appel terminé.

Art. 15. Les élèves sont placés dans l'ordre déterminé d'avance par la liste d'appel. La liste est dressée de telle sorte que les élèves d'un même établissement ne soient pas placés les uns à côté des autres.

Art. 16. Le président, en ouvrant la séance, donne lecture des articles 17 et 19 du présent règlement.

Art. 17. Les élèves ne peuvent apporter aucun cahier ni aucun livre, excepté, pour les compositions littéraires, les dictionnaires de langues non pourvus de grammaire. Toutefois, dans les compositions de langues vivantes de la classe de seconde moderne, l'usage de tout dictionnaire et de tout lexique est interdit.

La contravention à cet article est punie par l'exclusion du concours.

Art. 18. Le président du concours décachette, en présence des élèves, l'enveloppe renfermant le sujet de la composition, lequel est dicté par un des surveillants et relu par un autre.

Si le texte est court, il est en outre écrit au tableau noir. Dans le cas contraire, le président s'entend avec les surveillants pour qu'il en soit fait immédiatement deux copies, lesquelles sont mises, avec l'original, à la disposition des élèves.

Art. 19. Le président fait distribuer aux élèves, pour écrire leurs compositions, des feuilles de papier uniforme.

Chaque feuille a une tête imprimée, où l'élève écrit lui-même ses nom et prénoms, le lieu et la date de sa naissance, le nom du lycée ou collège auquel il appartient, la classe ou la division dont il fait partie, ainsi que le nom du professeur dont il suit le cours. Il indique s'il est interne ou externe.

Dans les classes de rhétorique et de philosophie, les élèves indiquent s'ils sont *nouveaux* ou *vétérans*.

Les élèves ne doivent rien écrire au verso de la bande de papier qui contient les indications énoncées ci-dessus.

Les copies qui ne portent aucun nom sont considérées comme non avenues. Il en est de même pour celles qui porteraient, soit à la fin, soit dans le corps de la composition, la signature de l'élève ou un signe quelconque pouvant indiquer la provenance d'une copie.

Art. 20. Les élèves ne quittent leur place, sous aucun prétexte, que l'un après l'autre; et ils ne peuvent la quitter que pour leurs besoins ou pour consulter le texte de la composition.

Art. 21. Toute espèce de communication avec le dehors leur est interdite, sous peine d'exclusion du concours.

Il est défendu aux élèves, sous la même peine, de communiquer entre eux, soit de vive voix, soit par écrit.

Art. 22. Tout élève qui cause du trouble dans la salle est sur-le-champ exclu de la salle par le président du concours.

Art. 23. Aucune copie n'est reçue après l'heure marquée pour la clôture du concours.

Les élèves ne peuvent, même après avoir remis leur copie, quitter la salle de composition qu'à la clôture du concours, sauf pour les compositions qui ont une durée de plus de quatre heures; dans ce cas, une sortie peut avoir lieu à midi.

Art. 24. Pour les compositions qui durent plus de quatre heures, les élèves sont autorisés à faire une légère collation, à partir de midi.

Art. 25. Chaque élève remet lui-même sa copie au président du concours; dès qu'il l'a remise, il ne peut plus la reprendre sous aucun prétexte.

Art. 26. A la fin de chaque séance, le président adresse au Ministre de l'instruction publique, dans une enveloppe sur laquelle il appose le sceau de l'Inspection académique, les copies des concurrents. Il y joint un procès-verbal constatant la régularité des opérations. Ce procès-verbal doit faire mention de tous les incidents qui auront pu se produire; il est signé par tous les membres de la Commission de surveillance.

A<small>RT</small>. 27. Dès que les compositions sont parvenues au ministère de l'instruction publique, un numéro est inscrit au bas de chaque copie et répété sur la bande de papier qui contient les indications des nom, prénoms, âge, etc. Cette bande ou bulletin est ensuite détaché de la copie. Les copies sont alors transmises au président de la Commission de correction.

TITRE IV.

DE L'EXAMEN DES COMPOSITIONS.

A<small>RT</small>. 28. L'examen des compositions est fait, à Paris, par des commissions particulières formées par le Ministre de l'instruction publique.

Les membres de ces commissions déclarent, sur leur honneur, qu'ils n'ont eu, ni directement ni indirectement, aucune connaissance des compositions, et ils sont invités à signer cette déclaration; ils s'imposent le secret le plus absolu sur les opérations du bureau d'examen et sur le résultat de ses jugements.

A<small>RT</small>. 29. Les examinateurs assignent les places par ordre de mérite, en désignant les copies par les numéros qu'elles portent. Ils dressent procès-verbal de leurs opérations et renferment le tout dans une enveloppe, scellée du cachet du président, qui est transmise au Ministre de l'instruction publique.

A<small>RT</small>. 30. Lorsqu'une composition est commune à deux classes, elle ne donne lieu qu'à un seul classement et à une seule série de récompenses. Mention spéciale est faite, dans la liste des récompenses, de la classe à laquelle appartiennent les lauréats.

A<small>RT</small>. 31. L'ouverture des enveloppes qui contiennent les procès-verbaux et de celles où sont renfermés les bulletins correspondant aux copies désignées pour les prix et les accessits se fait au Ministère.

A<small>RT</small>. 32. Les résultats du concours sont portés à la connaissance des recteurs d'académie, qui sont chargés d'aviser chaque proviseur ou principal des succès remportés par les élèves du lycée ou du collège qui ont pris part au concours.

II. — PROGRAMMES.

1. — PROGRAMMES DE L'ENSEIGNEMENT DANS LA DIVISION ÉLÉMENTAIRE.

(ARRÊTÉ DU 28 JANVIER 1890.)

CLASSE PRÉPARATOIRE.

Langue française[1], 9 heures et demie de classe par semaine. Langues vivantes (allemand ou anglais), 4 heures. Histoire, 1 heure et demie. Géographie, 1 heure et demie. Sciences, 2 heures et demie. Dessin, 1 heure.

Langue française.
(9 heures et demie.)

Recueil élémentaire de morceaux choisis [2].

Lecture, récitation française : explication du sens des mots et des phrases.

Les élèves seront exercés à composer des phrases françaises.

Grammaire française : étude élémentaire des différentes espèces de mots. Étude du substantif, de l'article, de l'adjectif. Exercices de conjugaison régulière. Exercices sur l'accord du genre et du nombre.

Exercices oraux et écrits de langue française et d'orthographe.

Écriture.

Livre de lecture, lu et commenté en classe.

PROGRAMME D'ENSEIGNEMENT DE LA LANGUE FRANÇAISE.

Il est entendu que les règles seront surtout enseignées par l'usage. Le professeur ne manquera aucune occasion de faire constater aux enfants qu'ils sont déjà en possession des différentes sortes de mots, et qu'ils appliquent instinctivement les règles de la grammaire. Il rattachera donc constamment son enseignement aux exemples fournis par le langage parlé ou écrit.

Lecture. — Écriture.

Chaque exercice sur la grammaire est pratiqué en classe durant quelque temps, oralement et par écrit, avant qu'un exercice du même genre soit exigé comme travail à faire aux heures d'étude.

---

[1] Voir l'instruction relative à l'enseignement du français dans les classes élémentaires. p. 698. — [2] Les Morceaux choisis sont obligatoires dans les classes élémentaires.

Langues vivantes [1].
(4 heures.)

ALLEMAND OU ANGLAIS.

Prononciation et accentuation.

Exercices oraux de vocabulaire. Insister, en allemand, sur le genre.

Lecture à haute voix; lecture rythmée; chant.

Exercices accompagnés de gestes pour faire connaître les mots indiquant les directions.

Écriture allemande.

Exercice de langue usuelle à propos de lectures faites en classe et de tableaux figurés mis sous les yeux des élèves.

Petits exercices de calcul.

Petites poésies apprises par cœur.

Éléments de grammaire : les formes indispensables de la conjugaison et de la déclinaison; mots invariables usuels.

Pendant le second semestre, petits devoirs écrits; phrases d'application très courtes.

Livre de lectures enfantines.

LANGUE ARABE (DANS L'ACADÉMIE D'ALGER) [2].

Arabe vulgaire.

Alphabet, voyelles et signes orthographiques. Prononciation. Exercices oraux de vocabulaire. Mots usuels. Exercices de numération. Écriture. Éléments de grammaire : verbe *être*; article, pronoms affixes.

Ouvrages proposés.

Bel Kassem ben Sedira : *Cours pratique de langue arabe.*

Machuel : *Méthode de l'arabe parlé.*

Histoire [3].
(1 heure et demie.)

Biographies d'hommes illustres des temps anciens et modernes. — Scènes historiques célèbres.

Petits récits faits par le maître et répétés de vive voix par l'élève.

---

[1] Voir l'instruction du 15 juillet 1890, p. 588, 593 et suivantes. — [2] Le programme d'arabe a été fixé par arrêté du 15 février 1892. — [3] V. p, 599.

22.

Géographie [1].
(1 heure et demie.)

Faire comprendre par des descriptions et par des exemples, empruntés autant que possible au pays habité par l'enfant, le sens des principaux termes géographiques.

Indiquer sur le globe et sur la carte murale la position des océans et des continents, spécialement celle de l'Europe et de la France.

Descriptions simples; petits récits de voyages.

Sciences [2].
(2 heures et demie.)

1° CALCUL.
(1 heure et demie par semaine pendant toute l'année.)

Calcul des nombres entiers. — Exercices de calcul mental. — Petits problèmes.

CONSEILS GÉNÉRAUX. — Faire faire *régulièrement* des exercices de calcul mental. Exercer les enfants aux quatre règles des opérations sur les nombres entiers, *sans aucune théorie*, et en choisissant toujours des exemples portant sur de petits nombres.

2° LEÇONS DE CHOSES.
(1 heure par semaine pendant toute l'année.)

Les leçons de choses ayant pour objet de développer l'esprit d'observation de l'enfant et de l'exercer à exprimer le résultat de ses observations, le professeur fera, pour trouver la matière de ses leçons, un choix judicieux et restreint parmi les choses usuelles, les animaux et les plantes les plus familières à ses élèves. Il se préoccupera surtout d'exercer les enfants à apporter de la précision et de l'ordre dans l'examen des sujets proposés à leur étude.

Le professeur mettra, toutes les fois que cela sera possible, les objets sous les yeux des élèves.

Ces leçons ne doivent donner lieu à aucun devoir écrit.

En ce qui concerne la pratique de la leçon, on croit utile de faire remarquer que le professeur devra amener les enfants à prendre une part active à la leçon, les guider et leur faire trouver eux-mêmes les réponses.

---

[1] Voir p. 640.

[2] On recommande tout particulièrement aux professeurs de s'attacher à bien faire comprendre les démonstrations et la liaison des faits, et de *ne point* dicter leur cours. Ils pourront, s'ils le jugent convenable, mettre entre les mains des élèves un texte autographié ou un livre qui les dispense de développer personnellement toutes les parties du cours.

Exemples de sujets.

Charbon et principaux combustibles.

Métaux usuels. — Monnaies.

L'eau. — L'évaporation, les nuages, la pluie, la neige, la glace, les sources, les rivières, les lacs, les puits, les canaux.

L'eau de la mer et le sel marin.

L'air. — Le vent, les orages, les aérostats.

Animaux. — Animaux les plus connus des élèves : leur aspect extérieur, leur caractère, leurs mœurs.

Végétaux. — Plantes les plus utiles : leur culture, leurs usages.

Dessin [1].
(1 heure.)

PROGRAMME.

§ 1er. — Tracé et division de lignes droites en parties égales. — Évaluation des rapports de lignes droites entre elles.

§ 2. — Reproduction et évaluation des angles.

§ 3. — Principes élémentaires du dessin d'ornement. — Circonférences. — Polygones réguliers. — Rosaces étoilées.

§ 4. — Courbes régulières autres que la circonférence. — Courbes elliptiques, spirales. — Courbes empruntées au règne végétal. — Tiges, feuilles, fleurs.

§ 5. — Premières notions sur la représentation des objets dans leurs dimensions vraies (éléments du dessin géométral) et sur la représentation de ces objets dans leur apparence (éléments de la perspective).

Ces différentes études donneront lieu à des exercices variés.

CLASSE DE HUITIÈME.
(NEUF ANS.)

Langue française, 6 heures de classe par semaine. Langues vivantes, 4 heures. Histoire, 1 heure et demie. Géographie, 1 heure et demie. Sciences, 3 heures. Dessin, 1 heure.

Langue française.
(9 heures.)

Recueil élémentaire de morceaux choisis.

Lecture, récitation française : explication du sens des mots et des phrases. Écriture.

---

[1] Voir p. 680.

Grammaire française : étude et définition des différentes parties du discours; conjugaison; verbes irréguliers les plus usuels; sujet et compléments.

Analyse grammaticale réduite à ses formes les plus simples.

Exercices de langue française et d'orthographe.

Remplacer dans de petites phrases l'actif par le passif, le présent par le futur, etc.

Courtes reproductions d'une description ou d'un récit préparés en classe.

Langues vivantes[1].

(4 heures.)

ALLEMAND OU ANGLAIS.

Continuation des exercices oraux de vocabulaire.

Exercices de conversation sur des objets usuels ou au moyen de tableaux figurés.

Explication et récitation de textes faciles.

Thèmes oraux.

Traduction orale et écrite de petites phrases françaises formées avec les mots appris.

Grammaire. — Le verbe régulier; les verbes *sein, haben* et *werden*.
Morceaux choisis de prose et de poésie.

LANGUE ARABE (DANS L'ACADÉMIE D'ALGER.)

Arabe vulgaire.

Exercices de lecture et d'écriture. Continuation des exercices oraux de vocabulaire.

Éléments de grammaire : règles d'accord des substantifs et des adjectifs. Verbe trilitère.

Traduction orale et écrite de petites phrases françaises et arabes formées avec les mots appris.

Ouvrages proposés.

Bel Kassem ben Sedira : *Cours pratique de langue arabe.*
Machuel : *Méthode de l'arabe parlé.*

---

[1] Voir l'instruction du 15 juillet 1890, p. 588, 593 et suivantes.

Histoire [1].

(1 heure et demie.)

Histoire sommaire de la France, jusqu'à la mort de Louis XI.

Courts sommaires dictés par le maître et récités par l'élève. Courts exposés, récits simples répétés de vive voix par l'élève.

PROGRAMME D'HISTOIRE.

La Gaule et les Gaulois. La conquête romaine. Le Christianisme. — Aspect de la Gaule. Les Gaulois à Rome. Jules César et Vercingétorix. — Le pont du Gard. — Sainte Blandine à Lyon.

Invasion des Barbares. Les Mérovingiens. — Clovis baptisé à Reims. La mort de Brunehaut. Charles Martel à Poitiers.

Les Carlovingiens. — Charlemagne recevant la soumission de Witikind. Charlemagne couronné empereur par le pape. Charlemagne visitant les écoles. Les Normands devant Paris.

Les premiers Capétiens et les Croisades. — Le seigneur dans son château fort. Un suzerain recevant l'hommage. Hugues Capet sacré roi. Robert et les pauvres. Robert excommunié. La Trêve de Dieu. — Un chevalier. — Urbain II et Pierre l'Hermite prêchant la première croisade. Godefroy de Bouillon à Jérusalem.

Louis VI et Louis VII. — Louis VI devant le château du Puiset. Saint Bernard prêchant la seconde croisade. — Les bourgeois de Laon révoltés contre leur seigneur. Un seigneur accordant une charte de commune. Le trouvère au château du seigneur. — La construction de la cathédrale de Chartres. Le portail d'une église gothique.

Philippe-Auguste et saint Louis. — Philippe-Auguste à Bouvines. Les Halles de Paris. Les écoliers de l'Université de Paris. Saint Louis élevé par Blanche de Castille. Saint Louis et les pauvres. Saint Louis rendant la justice. Saint Louis prisonnier en Égypte. Mort de saint Louis.

Philippe le Bel. — Les premiers États généraux dans l'église Notre-Dame. Supplice de Jacques de Molay.

Les Valois et la guerre de Cent ans. — Philippe VI vaincu à Crécy. — Les bourgeois de Calais. Le Grand Ferré. — Jean II prisonnier à Poitiers. L'enfance de Du Guesclin. Charles V dans l'Hôtel Saint-Pol. — La folie de Charles VI. L'assassinat de Louis d'Orléans. Perrinet Leclerc et les Bourguignons. — Jeanne d'Arc.

[1] Voir p. 599 et suivantes.

Louis XI. — Louis XI à Péronne. Charles le Téméraire à Granson et à Nancy. Louis XI au Plessis-les-Tours. — Les premiers imprimeurs et les premiers livres.

Géographie [1].
(1 heure et demie.)

GÉOGRAPHIE ÉLÉMENTAIRE DES CINQ PARTIE DU MONDE.

La mer et les continents. Les océans; les cinq parties du monde. — Les régions polaires.

Europe, Asie, Afrique, Océanie, Amérique.

Forme et limites : mers, grands golfes et détroits, caps, presqu'îles, îles.

Grandes chaînes de montagnes. Fleuves et lacs. — Pays chauds et pays froids. Déserts. Animaux et plantes remarquables.

Principaux États avec leurs capitales. Grands ports de commerce et grandes villes.

Sciences.
(3 heures.)

1° Calcul.
(2 heures par semaine pendant toute l'année.)

Calcul des nombres entiers.

Exercices de calcul mental. — Petits problèmes.

2° Leçons de choses.
(1 heure par semaine pendant toute l'année.)

Le programme est commun à la classe préparatoire et à la classe de huitième. Voir page 340.

Dessin.
(1 heure.)

Voir le programme de la classe préparatoire, page 341.

CLASSE DE SEPTIÈME
(dix ans.)

Langue française, 9 heures de classe par semaine. Langues vivantes, 4 heures. Histoire, 1 heure et demie. Sciences, 3 heures. Dessin, 1 heure.

Langue française.
(9 heures.)

Recueil élémentaire de morceaux choisis.

[1] Voir p. 640.

Lecture, récitation française : explication du sens des mots et des phrases.

Écriture.

Grammaire française : étude des règles les plus importantes de la syntaxe.

Analyse logique réduite à ses formes les plus simples.

Exercices de langue française et d'orthographe.

Petits exercices de composition; courtes reproductions d'une description ou d'un récit préparés en classe.

Langues vivantes[1].

(4 heures.)

ALLEMAND OU ANGLAIS.

Vocabulaire; exercices sur les mots appris.

Explication et récitation de textes faciles.

Exercices de conversation sur les lectures faites en classe.

Thèmes faciles; les mêmes thèmes repris de vive voix.

Dictées faciles, faites et corrigées en classe.

Grammaire allemande. — Revision du verbe régulier. Déclinaison des substantifs. Déclinaison des adjectifs. Verbes *dürfen, mögen, können, müssen, sollen, wollen.* Verbes irréguliers les plus usuels. Indications sommaires sur les verbes à particules inséparables et séparables. Règles de construction.

Grammaire anglaise. — Révision du verbe régulier. Verbes irréguliers les plus usuels. Verbes *shall* et *will, may* et *ought.* Pluriel des substantifs. Construstion interrogative et négative.

AUTEURS INDIQUÉS.

Allemands.

Morceaux choisis.

Chr. von Schmid : *Hundert kurze Erzählungen.*

Anglais.

Morceaux choisis.

Day : *Sandford and Merton.*

Miss Edgeworth : *Moral Tales, Popular Tales* (choix); *Old Poz.*

[1] Voir instruction du 15 juillet 1890, p. 588, 593 et suivantes.

LANGUE ARABE (DANS L'ACADÉMIE D'ALGER.)

Arabe vulgaire.

Exercices de lecture et d'écriture. Exercices de vocabulaire (mots usuels), de conversation élémentaire.

Dictées et traductions orales et écrites de petites phrases françaises et arabes, formées avec les mots appris.

Verbes sourds, assimilés et concaves. Règles de construction et d'annexion (verbes et compléments). Pluriels des substantifs.

Ouvrages proposés.

Bel Kassem ben Sedira : *Cours pratique de langue arabe.*
Machuel : *Méthode de l'arabe parlé.*

Histoire [1].
(1 heure et demie.)

Histoire sommaire de la France jusqu'en 1815.
Courts sommaires dictés. Récits simples. Courts exposés.

PROGRAMME D'HISTOIRE.

Charles VIII et Louis XII. Guerres d'Italie. — Charles VIII à Naples. Bayard au pont du Garigliano. Gaston de Foix à Ravenne. François Ier à Marignan.

Lutte de François Ier et de Charles-Quint. — François Ier vaincu à Pavie, prisonnier à Madrid. Le connétable de Bourbon et Bayard. Charles-Quint à Paris. — Siège de Metz sous Henri II.

La Réforme et les guerres de religion. — Mort de Henri III. — La Saint-Barthélemy. — La journée des barricades. Assassinat de Henri de Guise; de Henri III.

Henri IV. — Enfance de Henri IV. Henri IV à Ivry. Entrée de Henri IV dans Paris. — Henri IV et Sully. Assassinat de Henri IV.

La guerre de Trente ans. Louis XIII et Richelieu. — La digue devant la Rochelle. Exécution de Cinq-Mars. — Condé à Rocroy, à Fribourg.

Mazarin. La Fronde. — Anne d'Autriche à la journée des barricades. Courage civil de Mathieu Molé. — Charité de saint Vincent de Paul. — Turenne et Condé au combat du faubourg Saint-Antoine.

[1] Voir p. 599 et suivantes.

Louis XIV. — Captivité de Fouquet. — Colbert, les artisans et les paysans. Le canal du Midi. — Passage du Rhin par Louis XIV. Turenne en Alsace. Sa mort. — Louis XIV et Vauban devant Valenciennes. — Tourville à la Hogue. Exploits de Jean Bart. — Louis XIV à Versailles. Boileau et la pension de Corneille. — Le duc d'Anjou proclamé roi d'Espagne. — Villeroi à Crémone. — Fénelon à Cambrai. — Louis XIV et Villars. Villars à Denain. Vendôme à Villaviciosa. Louis XIV et Samuel Bernard. Mort de Louis XIV.

Louis XV. — Les agioteurs à la rue Quincampoix. Villeroi et l'éducation de Louis XV. — Le comte de Plélo à Dantzig. Chevert à Prague. Maurice de Saxe à Fontenoy. — Dupleix à Pondichéry. Montcalm au Canada. Exécution de Lally-Tollendal.

Louis XVI. — Le roi et Turgot. — La Fayette en Amérique. — Franklin et Voltaire. — Le combat de la *Belle-Poule.* — Mort de La Pérouse.

L'Assemblée constituante. — Mirabeau et le marquis de Dreux-Brézé. La journée du 20 juin. La prise de la Bastille. La nuit du 4 août. La fête de la Fédération. La fuite du roi.

La Législative et la Convention. — Les enrôlements volontaires. Valmy. L'arrestation et le supplice des Girondins. — Hoche en Alsace. L'entrée des Français à Amsterdam.

Le Directoire. — Bonaparte à Arcole, à Rivoli. — Bonaparte aux Pyramides. — Masséna à Zurich.

Le Consulat et l'Empire. — Passage du grand Saint-Bernard. Desaix à Marengo. — Napoléon couronné empereur. — Napoléon à Austerlitz. Davout à Auerstaedt. Ney à Friedland. — Napoléon à Tilsitt. Lannes et Masséna à Essling. — Le général Éblé et les pontonniers à la Bérésina. Napoléon à Fontainebleau. La Garde à Waterloo. Napoléon à Sainte-Hélène.

Dans les dernières leçons, le professeur racontera les grands épisodes des guerres d'Algérie, de Crimée, d'Italie et de la guerre de 1870.

Géographie [1].
(1 heure et demie.)

Géographie élémentaire de la France.

Configuration. Situation.

Les côtes : mers, golfes, détroits, caps, îles.

Frontières de terre; la frontière de l'Est avant et depuis 1871.

Les montagnes : Massif central et Cévennes, Alpes, Jura, Vosges, Pyrénées : principaux sommets. — Grandes plaines et grandes vallées.

[1] Voir p. 640.

Les grands fleuves : Rhône, Garonne, Loire, Seine, Meuse. Indication des fleuves secondaires.

Anciennes provinces et départements; chefs-lieux.

Les grandes villes.

Algérie et Tunisie. Principales colonies de la France.

Éléments de dessin géographique à l'aide du tableau noir. Petits croquis.

Sciences.
(3 heures.)

1° CALCUL.
(2 heures par semaine pendant toute l'année.)

Calcul des nombres entiers et décimaux. — Petits problèmes.

Système métrique.

CONSEILS GÉNÉRAUX. — L'enseignement devra être donné dans le même esprit que dans les classes précédentes et toujours sans théorie. On rappelle aussi qu'il y aura lieu de continuer à faire faire aux élèves des exercices de calcul mental.

2° PREMIÈRES NOTIONS SUR LES PIERRES ET LES TERRAINS.
(1 heure par semaine pendant toute l'année).

Le professeur n'oubliera pas qu'il s'agit ici d'un enseignement oral, purement descriptif, très élémentaire et portant sur des objets placés sous les yeux des élèves.

L'enseignement sera complété, quand cela sera possible, par des excursions dirigées par le professeur lui-même.

Pierres qui font effervescence avec les acides. — Calcaires : pierre à bâtir, marbre, craie. — Action de la chaleur sur le calcaire : fours à chaux; chaux, mortiers.

Pierres qui ne font pas effervescence avec les acides. Pierre à plâtre. — Action de la chaleur sur la pierre à plâtre, propriétés du plâtre.

Argile : plasticité de l'argile; effets de la cuisson; briques, poteries, faïence, porcelaine.

Pierres siliceuses : cristal de roche, agate, silex, pierre à fusil, pierres meulières, grès.

Granit : structure complexe du granit.

Sables et cailloux roulés.

Terre végétale : terres sablonneuses et argileuses.

Dépôts formés par les eaux. — Fossiles. — Carrières.

Volcans.

CONSEILS GÉNÉRAUX. — Les professeurs sont invités tout spécialement à s'inspirer des recommandations faites dans la note 1 de la page 340. Ils devront prendre la matière de leur enseignement dans ce programme; mais ils ne seront pas obligés de le développer dans toutes ses parties.

Dessin.
(1 heure.)

Voir le programme de la classe préparatoire, page 339.

Après la septième, examen de passage.

---

2. — PROGRAMMES DE L'ENSEIGNEMENT SECONDAIRE CLASSIQUE.

DIVISION DE GRAMMAIRE.
(ARRÊTÉS DES 28 JANVIER 1890, 15 FÉVRIER 1892, 8 AOÛT 1895, 20 JUILLET 1897
ET 6 AOÛT 1898.)

CLASSE DE SIXIÈME.
(ONZE ANS.)

Français et latin, 6 classes de 2 heures et 1 classe de 1 heure par semaine. Langues vivantes, 3 heures par semaine. Histoire et géographie, 1 classe de 2 heures par semaine. Zoologie, 1 heure par semaine. Calcul, 1 heure par semaine. Dessin, 1 heure et demie.

Langue française.
(3 heures.)

Grammaire française.
Lecture, explication et récitation d'auteurs français.
Exercices de langue française et d'orthographe.
Petits exercices de composition.

Les règles seront enseignées par l'usage, ce qui ne dispensera pas les élèves d'apprendre le texte de la grammaire. Le professeur ne manquera aucune occasion de faire constater aux élèves qu'ils appliquent instinctivement les règles. Il rattachera donc constamment son enseignement aux exemples fournis par le langage parlé ou écrit. L'étude de la grammaire aura pour objet de résumer dans des formules précises, apprises par cœur, les règles tirées de l'expérience.

PROGRAMME D'ENSEIGNEMENT DE LA LANGUE FRANÇAISE [1].

Revision et étude plus développée de la syntaxe.

AUTEURS FRANÇAIS [2].

Morceaux choisis de prose et de vers des classiques français. — Lecture et explication de textes suivis et de morceaux choisis.

---

[1] Voir l'instruction du 15 juillet 1890, p. 574 et suivantes. — [2] Voir le rapport relatif aux auteurs classiques et circulaire du 10 juillet 1896, p. 405 et 417.

La Fontaine : *Fables* (les six premiers livres).
Fénelon : *Télémaque.*
Buffon : Extraits descriptifs.
Récits extraits des prosateurs et poètes du moyen âge et mis en français moderne (livre de lecture ou d'explication cursive).

Langue latine [1].
(10 heures.)

Grammaire latine.
Explication et récitation d'auteurs latins.

Une grande importance sera donnée à la préparation et à l'explication des textes.

Thème latin, surtout oral.
Version latine.

PROGRAMME D'ENSEIGNEMENT DE LA LANGUE LATINE [1].

Lecture. — Voyelles brèves et longues. — Accent tonique. — Différents ordres de consonnes.
Le nom, l'adjectif, les pronoms. — Degrés de comparaison. — Noms de nombre. — Le verbe substantif. — Conjugaison régulière de l'actif et du passif. — Verbes déponents. — Principales particules indéclinables.
Indications sur la manière de traduire une phrase latine.

Les élèves seront exercés en classe à reconnaître la construction, à distinguer le verbe, le sujet, le complément.

Petits exercices instantanés de traduction en latin.

Le professeur lit lentement une phrase française dont tous les noms ont déjà été vus des élèves, et ceux-ci écrivent la phrase en latin.

AUTEURS LATINS [2].

Recueil de textes faciles et gradués.
Epitome Historiæ Græcæ (édition simple et de difficulté graduée).
De Viris illustribus urbis Romæ (2° semestre).

Langues vivantes [3].
(3 heures par semaine.)

ALLEMAND OU ANGLAIS.

Vocabulaire.

[1] Voir l'instruction du 15 juillet 1890, p. 566. — [2] Voir le rapport relatif aux auteurs classiques et la circulaire du 10 juillet 1896, p. 405 et 417. — [3] Voir l'instruction du 15 juillet 1890, p. 588, 593 et suivantes.

Explication et récitation d'auteurs.
Exercices oraux sur les mots appris et sur les textes expliqués.
Thèmes oraux et écrits.
Versions, thèmes d'imitation.
Étude méthodique des formes grammaticales et de leur emploi.

Grammaire allemande. — Le verbe régulier et irrégulier. Emploi des temps et des modes. Étude des particules, de leur construction, des modifications qu'elles apportent au sens des verbes.

Grammaire anglaise. — Le verbe régulier et irrégulier. Des particules. Emploi des temps et des modes; le participe présent. Le verbe passif; son emploi. Le verbe réfléchi.

AUTEURS INDIQUÉS.

Allemands.

Morceaux choisis.
Choix de contes et de fables.
Bénédix : *Der Prozess.*

Anglais.

Morceaux choisis.
Choix de contes.
Aikin et Barbauld : *Evenings at home.*
Miss Corner : *A Short History of England.*

LANGUE ARABE (DANS L'ACADÉMIE D'ALGER).

Arabe vulgaire.

Revision des éléments de grammaire exposés dans les classes précédentes en insistant sur la conjugaison, la numération et les pluriels.
Exercices de lecture et d'écriture.
Exercices oraux sur les mots usuels.
Thèmes sur la revision des éléments de grammaire. Versions faciles dictées.
Conversation.

Ouvrages proposés.

Bel Kassem ben Sedira : *Cours pratique de langue arabe.*
Machuel : *Méthode de l'arabe parlé.*

Histoire et géographie [1].

(Une classe de 2 heures par semaine.)

1° HISTOIRE.

Histoire de l'Orient.

Égypte. — Description de l'ancienne Égypte. Le Nil. — Memphis et l'ancien empire; Thèbes et les Rhamsès; l'Égypte conquise. — Religion, monuments, mœurs, industrie. — Découverte de Champollion; les égyptologues français.

Chaldéens et Assyriens. — Description de la région du Tigre et de l'Euphrate.—Ninive et Babylone. Sargon et Nabuchodonosor. — Ruine de Babylone. — Mœurs et coutumes, monuments.— Découvertes contemporaines.

Les Israélites. — Description de la Palestine. — Les Israélites en Égypte et dans la Terre promise. — Moïse, les Juges. — Le royaume de David et de Salomon; le Temple. — Le schisme des dix tribus. — Destruction des deux royaumes.

Les Phéniciens. — Description de la Phénicie. — Sidon et Tyr: le commerce, l'industrie, les colonies. — Fondation de Carthage. — L'alphabet.

Les Mèdes et les Perses. — Description de l'Iran et de l'Asie Mineure. — Les Mèdes et les Perses. Cyrus, Cambyse, Darius. Conquête de la plus grande partie de l'ancien Orient, et organisation de l'empire des Perses. — Monuments, religion, mœurs et coutumes.

2° GÉOGRAPHIE.

Géographie générale du monde. — *Géographie du bassin de la Méditerranée.*

Le globe. L'horizon.

Simples notions sur les pôles, l'équateur, les méridiens, les parallèles. Points cardinaux. Latitude et longitude.

Europe, Asie, Afrique, Océanie, Amérique.

Dimensions comparées; forme générale. — Mers, détroits, presqu'îles, caps, îles.

Chaînes de montagnes, plateaux et grandes plaines. Fleuves, lacs.

Énumération des principaux États; indication de leurs productions caractéristiques. Capitales, villes importantes et grands ports de commerce. Possessions des Européens.

Étude plus particulière des pays riverains de la Méditerranée, spécialement de la Turquie d'Asie, de l'Égypte, de la péninsule turco-hellénique, de l'Italie.

_____

[1] Voir p. 599 et suivantes, p. 640 et suivantes.

Sciences.

1° ZOOLOGIE.

(1 heure par semaine.)

Ce cours doit être très élémentaire.

Le professeur devra se borner à un très petit nombre d'exemples; les démonstrations devront être données, soit sur des échantillons des animaux eux-mêmes, soit à l'aide de planches ou mieux de dessins tracés sur le tableau, propres à mettre nettement en évidence les caractères essentiels.

Étude très sommaire de l'organisation de l'homme, prise comme terme de comparaison.

Grandes divisions du règne animal.

Vertébrés. — Mammifères : caractères essentiels. — Exemples choisis dans quelques-uns des principaux ordres.

Oiseaux : caractères essentiels. — Exemples choisis dans les principaux ordres.

Reptiles : caractères essentiels. — Crocodiles, Tortues, Lézards, Serpents.

Batraciens : caractères essentiels. — Métamorphoses.

Poissons : caractères essentiels. — Exemples de Poissons osseux et de Poissons cartilagineux.

Articulés. — Insectes : caractères essentiels. — Métamorphoses. — Exemples choisis dans quelques-uns des principaux ordres.

Arachnides, crustacés : quelques exemples.

Vers : caractères essentiels.

Mollusques : seiche, escargot, moule.

Quelques mots sur les *Rayonnés* et les *Protozoaires.*

2° CALCUL.

(1 heure par semaine.)

Revision des opérations sur les nombres entiers. — Continuation des exercices de calcul mental et des problèmes.

Fractions ordinaires. — Réduction de plusieurs fractions au même dénominateur. — Opérations sur les fractions.

Nombres décimaux. — Opérations.

CONSEILS GÉNÉRAUX. — Le professeur doit continuer à s'abstenir de toute théorie.

Dessin [1].

(1 heure et demie.)

§ 1er. — Représentation géométrale, au trait, et représentation perspective, avec les ombres, de solides géométriques et d'objets usuels simples.

§ 2. — Dessin d'après des ornements en relief empruntant leurs éléments à des formes non vivantes, telles que : moulures, oves, rais de cœur, perles, denticules, etc.

§ 3. — Dessin d'après des ornements en bas-relief empruntant leurs éléments à des formes vivantes, telles que : feuilles et fleurs ornementales, palmettes, rinceaux, etc.

§ 4. — Dessin d'après des fragments d'architecture, tels que dés, piédestaux, bases et fûts de colonnes, antes, corniches.

§ 5. — Dessin de la tête humaine. — Premières notions sur sa structure générale et sur les proportions de ses différentes parties.

Nota. — Dans le courant de cette année et des deux suivantes, quelques leçons seront réservées pour l'exécution de dessins d'architecture à l'aide de la règle et du compas.

CLASSE DE CINQUIÈME.
(DOUZE ANS.)

Français et latin, et, à partir du 1er janvier, grec, 6 classes de 2 heures et 1 classe de 1 heure par semaine. Langues vivantes, 3 heures par semaine. Histoire et géographie, 1 classe de 2 heures par semaine. Géologie et botanique, 1 heure par semaine. Calcul, 1 heure par semaine. Dessin, 1 heure et demie.

Langue française [2].
(3 heures.)

Grammaire française : étude plus approfondie des principales difficultés de la syntaxe. — Étude plus complète des formes.

Lecture, explication et récitation d'auteurs français.

Exercices de langue française et d'orthographe.

Compositions très simples.

AUTEURS FRANÇAIS [2].

Morceaux choisis de prose et de vers des classiques français. — Lecture et explication de textes suivis et de morceaux choisis.

Corneille : scènes choisies.

[1] Voir p. 680. — [2] Voir l'instruction du 15 juillet 1890, p. 574 et suivantes.

Molière : scènes choisies.
Racine : *Esther*.
La Fontaine : *Fables* (les six premiers livres).
Fénelon : *Télémaque*.
Buffon : Extraits descriptifs.
Contes et récits en prose, tirés des écrivains du xvıı° et du xvııı° siècle
(Le Sage, Voltaire, etc.).

Langue latine [1].

(10 heures, dans le premier trimestre; 8 heures, à partir du 1er janvier.)

Grammaire latine : revision des éléments; syntaxe complète.
Groupement des mots par familles. Mots primitifs et mots dérivés.
Éléments de prosodie latine.
Explication et récitation d'auteurs latins.
Une grande importance sera donnée à la préparation et à l'explication des textes.

Thème latin, écrit et oral.
Version latine.
Biographie sommaire des auteurs, à l'occasion des textes expliqués et
dictés.

PROGRAMME D'ENSEIGNEMENT DE LA LANGUE LATINE [1].

Revision. — Déclinaison irrégulière. — Comparatifs et superlatifs irréguliers. — Étude détaillée des pronoms. — Conjugaison régulière et irrégulière.
Premiers éléments de syntaxe générale. Syntaxe d'accord. Emplois principaux des cas. Complément direct et indirect des verbes. Propositions
infinitives. Propositions secondaires.
Exercices instantanés de traduction du français en latin. — La construction latine comparée à la construction française. — Reproduction de mémoire des morceaux expliqués en classe.
Explication des auteurs, instantanée ou après préparation.
Vers hexamètres, pentamètres et ïambiques à scander.

AUTEURS LATINS [2].

De Viris illustribus urbis Romæ (1er semestre).
Selectæ e profanis scriptoribus historiæ (édition simple et de difficulté gra-
duée).
Cornélius Népos (2° semestre).
Phèdre : *Fables* choisies (2° semestre).
Justin : Extraits.

---

[1] Voir l'instruction du 15 juillet 1890, p. 566. — [2] Voir le rapport sur les
auteurs classiques et la circulaire du 10 juillet 1895, p, 405 et 417.

Langue grecque.
(2 heures, à partir du 1er janvier [1].)

Grammaire grecque.
Exercices sur la déclinaison et la conjugaison.

PROGRAMME D'ENSEIGNEMENT DE LA LANGUE GRECQUE.

Lecture, en tenant compte de l'accent.
Écriture : esprits.
Déclinaison : article, noms, adjectifs, pronoms.
Adverbes et prépositions.
Conjugaison du verbe εἰμί et des verbes en ω pur non contractés, aux trois voix.

AUTEUR GREC [2].

Chrestomathie élémentaire.

Le professeur devra exercer les élèves à retenir les mots qui reviennent le plus souvent dans l'explication.

Langues vivantes [3].
(3 heures par semaine.)

———

ALLEMAND OU ANGLAIS.

Vocabulaire.
Explication et récitation d'auteurs.
Exercices oraux sur les mots appris et sur les textes expliqués.
Thèmes oraux et écrits.
Versions; thèmes d'imitation.
Étude méthodique des formes grammaticales et de leur emploi.

---

[1] *Circulaire relative à l'enseignement de la langue grecque* (9 avril 1895). — MONSIEUR LE RECTEUR, l'arrêté déterminant le plan d'études de l'enseignement secondaire classique dispose que la langue grecque sera enseignée en cinquième à partir du 1er janvier, à raison de 2 heures par semaine.

Plusieurs membres du Conseil supérieur de l'instruction publique ont demandé que le début de l'étude du grec, dans cette classe, fût reporté au commencement de l'année scolaire.

J'ai pensé que, sans troubler d'une manière sensible l'harmonie du plan d'études, il était possible de tenir compte de ce vœu. En conséquence, sur l'avis de la Section permanente, j'ai décidé que les chefs d'établissements seraient autorisés, après entente à ce sujet entre les professeurs des classes de grammaire, à reporter le début de l'étude du grec à une date quelconque du premier semestre de l'année scolaire.

Il doit être entendu que la mesure a un caractère essentiellement facultatif et que la date à choisir pourra varier suivant les établissements.

Vous voudrez bien donner des instructions en conséquence à MM. les proviseurs et principaux de votre ressort.

[2] Voir note [2], p. 355.

[3] Voir l'instruction du 15 juillet 1890, p. 588, 593 et suivantes.

Grammaire allemande. — Le substantif, l'article et l'adjectif. Emploi de l'article défini et de l'article indéfini. Étude complète de la déclinaison du substantif et de l'adjectif. Les degrés de comparaison. Déclinaison des pronoms. Règles de construction.

Grammaire anglaise. — Le substantif, l'article et l'adjectif. Emploi de l'article défini et de l'article indéfini. La place de l'adjectif. Les degrés de comparaison. Emploi des pronoms. Règles de construction.

AUTEURS INDIQUÉS.

Allemands.

Morceaux choisis.
Campe : *Der junge Robinson.*
Grimm : *Kinder und Hausmærchen* (choix).
Bénédix : Scènes choisies dans le *Haustheater.*

Anglais.

Morceaux choisis.
De Foë : *Robinson Crusoé.*
Franklin : *Autobiography.*
Miss Corner : *History of Greece* (extraits).

LANGUE ARABE (DANS L'ACADÉMIE D'ALGER).

COURS : *Arabe littéral.*

Différences d'écriture et de prononciation.
Notions générales de grammaire d'arabe littéral (verbes, pronoms, substantifs, règles de construction).
Thèmes et versions élémentaires sur les notions d'arabe littéral.

Ouvrages proposés.

Mouliéras : *Manuel algérien* (partie littérale).
Machuel : *Grammaire d'arabe régulier.*

Textes.

Mouliéras : *Chrestomathie élémentaire.*

CONFÉRENCE : *Arabe vulgaire.*

Conversations : idiotismes.
Traductions orales et écrites d'historiettes arabes.
Thèmes oraux d'imitation.

Ouvrages proposés.

Bel Kassem ben Sedira : *Cours pratique de langue arabe.*
Machuel : *Méthode pour l'étude de l'arabe parlé.*

Histoire et géographie [1].
(Une classe de 2 heures par semaine.)

———

1° HISTOIRE.
Histoire grecque.

Géographie de la Grèce ancienne et du littoral de la Méditerranée orientale.

La race hellénique. — Les dieux et les légendes; la guerre de Troie; les poèmes d'Homère. — Les oracles, les amphictyonies, les jeux : Olympe, Delphes, Délos.

Les Doriens et les Ioniens. — Les villes grecques d'Asie. Les colonies de la Grande-Grèce, de la Sicile et de l'Afrique. — Premier développement du commerce et des arts.

Sparte. — Ses mœurs. — Les rois, le Sénat, les éphores. — Lycurgue.

Athènes. — Ses mœurs. — L'ancienne royauté, l'archontat, l'Aréopage. Solon, Pisistrate, Clisthène.

Les guerres médiques. — Batailles de Marathon, Salamine, Platée. — Miltiade, Thémistocle, Aristide, Cimon.

Suprématie d'Athènes. — Périclès, la constitution de la démocratie athénienne. — Le commerce athénien, le Pirée.

Les arts et les lettres à Athènes. — L'Acropole; Phidias. — Les fêtes et les représentations théâtrales, le théâtre. Les poètes dramatiques. — L'assemblée du peuple et les orateurs. — La vie grecque. — Les historiens.

Guerre du Péloponèse. — Alcibiade, Lysandre. — Prise d'Athènes. — Mort de Socrate.

Suprématie de Sparte. — Expédition de Cyrus et retraite des Dix mille. — Agésilas. — Traité d'Antalcidas.

Suprématie de Thèbes. — Épaminondas.

Suprématie de la Macédoine. — Philippe et Démosthène. — Bataille de Chéronée.

———

[1] Voir p. 599 et suivantes : 640 et suivantes.

Alexandre le Grand. — Destruction de Tyr, fondation d'Alexandrie. — Conquête de l'Asie. — Les philosophes et les savants grecs.

Principaux États formés du démembrement de l'empire d'Alexandre. — Les Ptolémées. — Diffusion de l'esprit grec en Orient. Alexandrie. Pergame.

Dernières luttes civiles en Grèce. — Les ligues Achéenne et Étolienne; Aratus et Philopœmen. — La conquête romaine. Diffusion de l'esprit grec en Occident.

Revision des grands faits et résumé du cours.

2° GÉOGRAPHIE [1].

Géographie de la France.

Configuration et dimensions de la France. Superficie.

Mers et côtes; golfes, presqu'îles, caps, îles; dunes, falaises, plages, côtes rocheuses, marais salants, lagunes. Principaux ports.

Frontières de terre; pertes territoriales de la France en 1871.

Relief du sol : chaînes de montagnes, massifs, plateaux; plaines et grandes vallées (altitude, neiges perpétuelles, glaciers).

Eaux : versants et bassins, fleuves et principaux affluents, lacs. Régions de marais.

Climat et principales productions.

Anciennes provinces, départements et chefs-lieux. Villes importantes.

Principaux canaux. Chemins de fer de grande communication.

Description de l'Algérie et de la Tunisie.

Possessions coloniales.

Sciences.

1° GÉOLOGIE ET BOTANIQUE [2].

[Programme modifié par l'arrêté du 6 août 1898.]
(1 heure par semaine.)
(Géologie, jusqu'au 1er janvier. — Botanique, à partir du 1er janvier.)

Notions préliminaires de géologie.

Ce programme est strictement limitatif.

Le professeur devra toujours faire porter ses explications sur des échantillons de roches mis sous les yeux des élèves; il se servira également de planches murales et de dessins tracés au tableau. L'enseignement sera complété, autant que possible, par des excursions dirigées par le professeur.

[1] Voir note [1], p. 358. — [2] Voir la circulaire du 10 août 1898, p. 703.

Notions sommaires sur les principales roches : granit, porphyre, basalte, argile et schistes, calcaires, marnes, grès et sables, meulières, gypse.

Modifications continues du sol.

Dégradation des roches par l'action de l'eau et de l'air; creusement des vallées. — Alluvions; dépôts d'eau douce et dépôts marins. — Deltas.

Glaciers : moraines; blocs erratiques.

Chaleur interne du globe; sources thermales, dépôts, filons métallifères.

Volcans : filons de roches.

Tremblements de terre : déplacements des lignes de rivage.

PROGRAMME DE BOTANIQUE.

Ce cours doit être très élémentaire.

Le professeur devra toujours faire porter ses explications, soit sur des échantillons de plantes mis entre les mains des élèves, soit sur des planches ou mieux des dessins tracés au tableau, indiquant les caractères essentiels.

L'enseignement sera complété, autant que possible, par des excursions dirigées par le professeur.

Étude sommaire des différents organes d'une plante à fleurs : racine, tige, feuille, fleur, fruit, graine. — Exemples importants des variations de forme de ces organes.

Grandes divisions du règne végétal. — Exemples empruntés à quelques-unes des familles suivantes :

Phanérogames. — Dicotylédones : Renonculacées, crucifères, papavéracées, légumineuses, rosacées, ombellifères, composées, rubiacées, primulacées, solanées, personnées, labiées, amentacées.

Monocotylédones : Liliacées, iridées, orchidées, palmiers, graminées.

Gymnospermes : Conifères.

Cryptogames. — Notions sommaires sur les cryptogames. — Cryptogames à racines : Fougères, prêles, lycopodes. — Cryptogames sans racines : Mousses, algues, champignons, lichens.

2° CALCUL [1].

(1 heure par semaine.)

Règle de trois, par la méthode de réduction à l'unité. — Intérêt simple. — Escompte commercial. — Rente.

Problèmes simples relatifs aux mélanges et aux alliages. — Revision du système métrique : exercices relatifs à la mesure des aires et des volumes.

CONSEILS GÉNÉRAUX. — Le professeur insistera surtout sur la règle de trois simple, et, en ce qui concerne les règles de trois composées, il ne les fera pas porter sur trop de grandeurs à la fois.

[1] Voir p, 673.

Dessin.

(1 heure et demie.)

Voir le programme de la classe de sixième, page 354.

CLASSE DE QUATRIÈME.

(TREIZE ANS.)

Français, latin et grec, 6 classes de 2 heures et 1 classe de 1 heure par semaine. Langues vivantes, 2 heures [1]. Histoire, 1 classe de 2 heures. Géographie, 2 heures. Dessin, 1 heure et demie.

Langue française [2].

(2 heures.)

Grammaire française. Revision complète de la grammaire.

Lois qui ont présidé à la formation des mots français. Notions élémentaires de versification.

Lecture, explication et récitation d'auteurs français.

Exercices de langue française et d'orthographe.

Biographie sommaire des auteurs, à l'occasion des textes expliqués et dictés.

Compositions très simples.

Vers français à retourner et à compléter.

PROGRAMME D'ENSEIGNEMENT DE LA LANGUE FRANÇAISE.

Notions élémentaires sur la formation des mots de la langue française. — Mots d'origine populaire, savante, étrangère. — Persistance de l'accent tonique dans les mots d'origine populaire. — Mots tirés du latin par les savants, souvent en opposition avec les règles de l'accent tonique : doublets.

AUTEURS FRANÇAIS [3].

Morceaux choisis de prose et de vers des classiques français. — Lecture et explication de textes suivis et de morceaux choisis.

Corneille : scènes choisies.

Molière : scènes choisies.

Racine : *Athalie.*

---

[1] Des conférences de langues vivantes d'une heure par semaine, sans devoirs ni leçons, seront instituées en quatrième, en troisième et en seconde, dans les classes où le nombre des élèves d'allemand ou d'anglais sera supérieur à vingt.

[2] Voir instruction du 15 juillet 1890, p. 574 et suivantes.

[3] Voir rapport sur les auteurs classiques et la circulaire du 10 juillet 1896, p. 405 et 417.

La Fontaine : *Fables* (les six derniers livres).
Boileau : *Le Lutrin*.
Fénélon : choix de *Dialogues* et de *Fables*.
Voltaire : *Charles XII*.
Portraits et récits extraits des Mémoires du xvii° et du xviii° siècle.
Chateaubriand : récits, scènes et paysages.
Michelet : extraits tirés de l'Histoire du moyen âge.

Langue latine [1].
(5 heures.)

Grammaire latine : revision.
Éléments de prosodie latine.
Explication et récitation d'auteurs latins.
Une grande importance sera donnée à la préparation et à l'explication des textes [1].
Thème latin, écrit et oral.
Version latine.
Biographie sommaire des auteurs, à l'occasion des textes expliqués et dictés.

PROGRAMME D'ENSEIGNEMENT DE LA LANGUE LATINE [1].

Revision du cours de cinquième (page 355), en insistant sur la syntaxe particulière.
Gallicismes et latinismes. — La construction latine comparée à la construction française. Exemples tirés des textes expliqués.
Exercices oraux sur les procédés de dérivation et de composition des mots.
Exercices oraux sur le vocabulaire.
Explication des auteurs.
Les élèves seront encouragés à faire, en dehors de la classe, des lectures supplémentaires; les auteurs de l'année précédente peuvent être recommandés pour cette lecture privée.
Exercices de prosodie. — Vers hexamètres et pentamètres à retourner.

AUTEURS LATINS [2].

Cornelius Nepos (1ᵉʳ semestre).
César : *De Bello Gallico*.
Cicéron : *De Senectute*.
Quinte-Curce.
Virgile : *Énéide* (livres I, II et III).
Ovide : *Métamorphoses* (morceaux choisis).
Pages et pensées morales extraites des auteurs latins.

[1] Voir l'instruction du 15 juillet 1890, p. 566 à 574. — [2] Voir la note [2], p. 361.

Langue grecque [1].
(6 heures.)

Grammaire grecque.
Exercices sur la déclinaison et la conjugaison.
Version grecque.

PROGRAMME D'ENSEIGNEMENT DE LA LANGUE GRECQUE [1].

Lecture et écriture, en tenant compte de l'accent. Notions élémentaires d'accentuation.

Revision et complément de la déclinaison (noms, adjectifs et pronoms). — Degrés de comparaison. — Noms de nombre.

Revision et complément de la conjugaison (verbes en ω; verbes contractes; verbes en μι; verbes irréguliers les plus usuels).

Conjonctions.

Éléments de la syntaxe.

Exercices sur les procédés de dérivation et de composition des mots. Mots simples. Groupement des mots dérivés ou composés.

Exercices oraux et écrits de traduction du français en grec.

Exercices oraux sur le vocabulaire.

AUTEURS GRECS [2].

Chrestomathie.

Fables d'Ésope.

Xénophon : extraits de la *Cyropédie*.

Élien : morceaux choisis.

Lucien : extraits (*Dialogues des Morts, Dialogues des Dieux* et *Histoire vraie*).

Langues vivantes [3].
(2 heures par semaine.)

ALLEMAND OU ANGLAIS.

Vocabulaire.

Explication et récitation d'auteurs.

Exercices oraux sur les mots appris et sur les textes expliqués.

Idiotismes et proverbes.

Monnaies, poids et mesures.

Thèmes et versions, repris de vive voix.

Étude méthodique des formes grammaticales et de leur emploi. — Les mots invariables; les propositions et les conjonctions. Formation et dérivation des mots.

---

[1] Voir l'instruction du 15 juillet 1890, p. 566 à 574. — [2] Voir la note [2], p. 361. — [3] Voir l'instruction du 15 juillet 1890, p. 588-593 et suivantes.

Allemands.

Morceaux choisis.
Lessing : *Minna von Barnhelm.*
Musæus : *Volksmärchen der Deutschen* (choix).
Kotzebue : *Die deutschen Kleinstädter.*

Anglais.

Morceaux choisis.
Walter Scott : *Tales of a Grandfather.*
W. Irving : *The Life and Voyages of Christopher Columbus* (extraits): *The Sketch Book.*
Miss Corner : *History of Rome* (extraits).

LANGUE ARABE (DANS L'ACADÉMIE D'ALGER).

COURS : *Arabe littéral.*

Revision des notions de grammaire en insistant sur les substantifs et les pronoms.
Thèmes oraux et écrits.
Versions écrites.
Explication et récitation d'un texte facile.

Ouvrages proposés.

Mouliéras : *Manuel algérien.*
Machuel : *Grammaire d'arabe régulier.*

Textes.

Mouliéras : *Chrestomathie élémentaire d'arabe régulier.*
Machuel : *Les voyages de Sindbad le Marin* (extrait des *Mille et une Nuits*).

CONFÉRENCE : *Arabe vulgaire.*

Conversation : proverbes et idiotismes.
Traductions orales et écrites d'historiettes arabes.
Thèmes oraux d'imitation.

Ouvrages proposés.

Mejdoub : *Choix de fables arabes.*
Allaoua : *Recueil de thèmes et versions d'arabe parlé.*

Histoire [1].

(Une classe de 2 heures par semaine.)

Histoire romaine.

Géographie de l'Italie. — Anciennes populations : les Étrusques; les colonies grecques.

Fondation de Rome. — Époque royale; le Sénat; le patriciat et la clientèle; la plèbe. — Notions sommaires sur le culte.

Abolition de la royauté. — Le consulat; la dictature, le tribunat; les comices. — Une séance du Sénat; une assemblée du peuple. Le Forum.

Conquête de l'égalité civile, politique et religieuse. — Les décemvirs et la loi des Douze Tables. — La censure; la préture.

Les premières luttes de Rome. — Conquête de l'Italie. — L'armée; les colonies; les voies militaires.

Les guerres puniques. — Hamilcar et Annibal; les deux Scipions. — Ruine de Carthage.

Conquête du bassin de la Méditerranée. — Caractère de la politique et de la guerre en Orient et en Occident.

Conséquences des conquêtes. — L'hellénisme à Rome. Révolution religieuse, morale et littéraire. — Caton le Censeur.

Conséquences politiques et sociales. — La noblesse; l'ordre équestre; la plèbe; l'esclavage. — L'administration des provinces.

Lois agraires et projets de réforme de Tibérius et de Caïus Gracchus.

Marius et Sylla. — Guerres contre Jugurtha, les Cimbres, Mithridate. Guerre sociale et guerre civile. Extension du droit de cité. Proscriptions. Les lois Cornéliennes.

Pompée. — Son rôle militaire et politique. Spartacus. — Cicéron; Verrès; Catilina.

César. — Premier triumvirat. Conquête des Gaules; Vercingétorix.

Guerre civile. — Pharsale. — Dictature, réformes et projets de César. — Octave et Antoine. Bataille d'Actium. — Fin du gouvernement républicain.

L'Empire. — Auguste. Organisation du gouvernement nouveau. — Administration de Rome et des provinces. Lutte contre les Germains : Varus. — Limites de l'Empire.

---

[1] Voir p. 599 et suivantes.

Les lettres et les arts. — Grands écrivains depuis la mort de Sylla jusqu'à la mort d'Auguste. — Monuments. Commerce, routes.

Les empereurs de la famille d'Auguste. — Conquête de la Bretagne. — Les Flaviens. — Ruine de Jérusalem.

Les Antonins. — Conquêtes de Trajan. — Voyages d'Adrien. — Antonin et Marc-Aurèle. — Gouvernement des Antonins.

Les arts. — Grands monuments à Rome et dans les provinces. — Les spectacles. — La maison romaine.

Les lettres. — Grands écrivains depuis la mort d'Auguste jusqu'à la mort de Marc-Aurèle. — Les Stoïciens.

Le Christianisme. — Église primitive; catacombes.

Septime Sevère. — Les grands jurisconsultes; l'édit de Caracalla. — Anarchie. — Premières invasions. — Relèvement de l'Empire par Dioclétien.

Constantin. — L'édit de Milan. Le concile de Nicée. — Organisation de l'Église chrétienne. — Fondation de Constantinople. — Nouvelle organisation de l'Empire.

Derniers temps de l'Empire. — Julien. Théodose. Suppression officielle du paganisme. — Les deux Empires. — Étendue du monde romain.

Révision des grands faits et résumé du cours.

Géographie [1].

(1 heure par semaine.)

Géographie générale. — *Étude du continent américain.*

La mer, marées, courants. Le fond des mers. — Les régions polaires. L'atmosphère : vents alizés, moussons, cyclones.

La pluie et la circulation des eaux. — Climats. Végétaux.

Les continents : montagnes, plateaux et plaines, fleuves; comparaison de leurs principaux traits dans les cinq parties du monde.

Notions élémentaires sur la répartition des races humaines. La vie civilisée et la vie sauvage.

AMÉRIQUE.

Situation et forme générale du continent. Océans Pacifique, Atlantique, Glacial. — Grandes divisions. Populations. L'Amérique latine et l'Amérique anglo-saxonne.

[1] Voir p. 640.

Amérique du Nord, Amérique centrale, Amérique du Sud. — Grands traits du relief du sol; fleuves, lacs. Climats, régions naturelles. Faune.

Principaux États et possessions européennes : productions les plus importantes de l'agriculture, des mines, de l'industrie (insister sur le Canada, les États-Unis, le Brésil, le Chili, la République Argentine). Immigration.

Communications principales des grands États entre eux et avec l'Europe, l'Asie et l'Océanie.

Sciences [1].

GÉOMÉTRIE.
(2 heures par semaine.)

Ligne droite et plan. — Angles.
Triangles. — Cas d'égalité.
Perpendiculaire et obliques.
Théorie des parallèles. — Parallélogramme.
Cercle. — Dépendance mutuelle des cordes et des arcs.
Sécante, tangente.
Positions relatives de deux cercles.
Mesure des angles.
Problèmes élémentaires sur la droite et le cercle.

Dessin [2].
(1 heure et demie.)

PROGRAMME.

§ 1er. — Dessin d'après des fragments d'architecture tels que : chapiteaux, mascarons, griffes et griffons, masques de théâtre. — Vases, têtes décoratives d'animaux.

§ 2. — Dessin de l'ensemble et proportions de la figure humaine, d'après des estampes et d'après des bas-reliefs.

§ 3. — Étude et dessin des parties du corps humain. — Notions élémentaires d'anatomie. — Copie d'extrémités et de détails de la figure humaine d'après l'estampe et d'après la bosse.

Nota. — Dans le courant de l'année, quelques leçons seront réservées pour l'exécution de dessins d'architecture à l'aide de la règle et du compas.

Après la quatrième, examen de passage.

[1] Voir p. 673. — [2] Voir p. 680.

DIVISION SUPÉRIEURE.

(ARRÊTÉS DES 28 JANVIER ET 12 AOÛT 1890, 15 FÉVRIER 1892, 8 AOÛT 1895,
20 JUILLET 1897 ET 6 AOÛT 1898.)

CLASSE DE TROISIEME.
(QUATORZE ANS.)

Français, latin et grec, 6 classes de 2 heures par semaine. Langues vivantes, 2 heures par semaine. Histoire, 1 classe de 2 heures. Géographie, 1 heure. Mathématiques, 3 heures. Dessin, 1 heure et demie.

Langue française [1].
(2 heures.)

1° Revision des lois qui ont présidé à la formation des mots français; exemples et applications.

2° Étude grammaticale et littéraire de la langue française.

Lecture, explication et récitation d'auteurs français.

Compositions françaises.

Notions sommaires d'histoire littéraire à l'occasion des textes expliqués ou dictés.

Analyses écrites et orales de morceaux empruntés aux poètes et aux prosateurs français.

Vers français à retourner et à compléter.

AUTEURS FRANÇAIS [1] [2].

Morceaux choisis de prosateurs et de poètes des XVIe, XVIIe, XVIIIe et XIXe siècles. — Lecture et explication de textes suivis et de morceaux choisis.

Portraits et récits extraits des prosateurs du XVIe siècle.

Corneille : théâtre choisi.

Molière : théâtre choisi.

Racine : théâtre choisi.

Boileau : *Satires* et *Épîtres*.

La Bruyère : les Portraits.

Lettres choisies du XVIIe et du XVIIIe siècle.

Chefs-d'œuvre poétiques de Lamartine et de Victor Hugo.

Chateaubriand : récits, scènes et paysages.

Michelet : extraits tirés de l'Histoire du moyen âge.

[1] Voir l'instruction du 15 juillet 1890, p. 574 et suivantes. — [2] Voir la note [2], p. 369.

Langue latine [1].
(5 heures.)

Grammaire latine : revision.

Prosodie latine.

Explication et récitation d'auteurs latins.

Une grande importance sera donnée à la préparation et à l'explication des textes.

Version. — Thème.

Notions sommaires d'histoire littéraire à l'occasion des textes expliqués ou dictés.

Analyses écrites et orales de morceaux empruntés aux poètes et aux prosateurs latins.

AUTEURS LATINS [2].

Narrationes (recueil de récits extraits principalement de Tite-Live).

Cicéron : *Catilinaires*, *Pro Archia*.

Salluste.

Théâtre latin : extraits.

Virgile : *Géorgiques* (principalement les Épisodes) ; *Énéide* (livres IV à VIII).

Anthologie des poètes latins (à l'exclusion des ouvrages compris dans les programmes).

Pages et pensées morales extraites des auteurs latins.

Langue grecque [1].
(5 heures.)

Revision et continuation de la grammaire grecque.

Explication et récitation d'auteurs grecs.

Version grecque.

Thème grec.

Notions sommaires d'histoire littéraire à l'occasion des textes expliqués ou dictés.

AUTEURS GRECS [2].

Hérodote : morceaux choisis.

Xénophon : *Anabase*.

Lucien : Extraits (*Timon*, *le Songe*, *l'Icaro-Ménippe*, *Charon*).

Homère : *Odyssée*.

Pages et pensées morales extraites des auteurs grecs.

---

[1] Voir l'instruction du 15 juillet 1890, p. 566 à 574. — [2] Voir le rapport sur les auteurs classiques et la circulaire du 10 juillet 1896, p. 405 et 417.

Langues vivantes [1].

(2 heures par semaine.)

ALLEMAND OU ANGLAIS.

Études de vocabulaire.

Explication et récitation d'auteurs.

Lecture courante de morceaux faciles.

Exercices de conversation sur les textes lus ou expliqués et sur les mots appris.

Thèmes grammaticaux.

Versions et thèmes d'imitation.

AUTEURS INDIQUÉS.

Allemands.

Morceaux choisis.

Gœthe : *Campagne in Frankreich;* extraits des mémoires (*Dichtung und Wahrheit*).

Schiller : *Wilhelm Tell; Maria Stuart; Der Neffe als Onkel.*

Anglais.

Morceaux choisis.

Goldsmith : *The Vicar of Wakefield.*

Lamb : *Tales from Shakspeare.*

Macaulay : *History of England* (extraits).

LANGUE ARABE (DANS L'ACADÉMIE D'ALGER).

Cours : *Arabe littéral.*

Revision des notions de grammaire en insistant sur les verbes et les formes verbales.

Thèmes oraux et écrits.

Versions écrites.

Explication et récitation d'un auteur facile.

Ouvrages proposés.

Mouliéras : *Manuel algérien.*

Machuel : *Grammaire d'arabe régulier.*

Houdas : *Histoire de Djouder le Pêcheur* (extrait des *Mille et une Nuits*).

Mouliéras : *Chrestomathie élémentaire d'arabe.*

[1] Voir l'instruction du 15 juillet 1890, p. 588-593 et suivantes.

Conversations : proverbes et idiotismes.
Traductions orales et écrites d'historiettes arabes.
Thèmes oraux d'imitation.
Exercices de déchiffrement de pièces manuscrites.

Ouvrages proposés.

Mejdoub : *Choix de fables arabes.*
Allaoua : *Recueil de thèmes et versions d'arabe parlé.*
Houdas : *Lettres manuscrites.*

Histoire [1].
(Une classe de 2 heures par semaine.)

HISTOIRE DE L'EUROPE ET DE LA FRANCE JUSQU'EN 1270.

L'Empire romain à la fin du IVe siècle. — L'empereur, les préfets, l'impôt; la cité; les grandes propriétés; les colons.

Civilisation romaine : écoles, monuments, mœurs. Exemples pris en Gaule. Comparaison de la Gaule avant la conquête et de la Gaule romaine.

Le christianisme; les évêques, les conciles.

Les Barbares. — Mœurs des Germains. — Les invasions germaniques : Alaric. Simple énumération des États fondés par les Germains. — Les Huns et Attila. — Les Goths et Théodoric.

Les Francs : Clovis. Conquête de la Gaule et d'une partie de la Germanie.

Mœurs de l'époque mérovingienne : loi salique. Les rois, les grands, les évêques; Grégoire de Tours. Les régions franques : Neustrie, Austrasie, Bourgogne, Aquitaine.

Empire romain d'Orient. — Justinien. Mœurs byzantines, la cour, les lois; l'église Sainte-Sophie.

Les Arabes. — Mahomet : le Coran; l'empire arabe; la civilisation arabe.

La papauté. — Grégoire le Grand, monastères et missions en Occident.

Les ducs austrasiens. — Charles Martel. Relations avec les papes. Avènement de Pépin le Bref.

L'Empire franc. — Charlemagne; la cour, les assemblées, les Capitulaires, les écoles; l'armée et la guerre; restauration de l'Empire.

---

[1] Voir p. 599 et suivantes.

Louis le Pieux. Le traité de Verdun. Démembrement de l'Empire en royaumes. Les Normands en Europe.

La féodalité. — Démembrement de la France en grands fiefs. Avènement des Capétiens.

Le régime féodal : l'hommage, le fief, le château, le serf; la Trêve de Dieu; évêques et abbés. — La chevalerie.

L'Allemagne et l'Italie. — Les duchés allemands; Henri Ier; les Marches; Othon Ier en Italie. Nouvelle restauration de l'Empire.

L'empereur et le pape : la réforme de l'Église. Grégoire VII : la querelle des investitures. Alexandre III et Frédéric Barberousse. Innocent III; Frédéric II.

Les Croisades. — Fondation du royaume de Jérusalem. La prise de Constantinople. Influence de la civilisation orientale sur l'Occident. — Croisades et missions dans l'orient de l'Europe.

Les villes. — Progrès des populations urbaines et rurales en Occident. — Les communes. L'industrie, le commerce, les métiers, les foires.

La royauté française. — Les premiers rois capétiens. Le roi, sa cour, son domaine; les grands vassaux.

Louis VI, Louis VII et Philippe Auguste. Progrès du pouvoir royal; extension du domaine.

Le règne de saint Louis.

L'Angleterre. — Guillaume le Conquérant; Henri II. La Grande Charte. Le Parlement.

Civilisation chrétienne et féodale. — L'église; les hérésies; les ordres mendiants; l'Inquisition; la croisade albigeoise. — Les écoles; l'Université de Paris. — La littérature : trouvères, troubadours; Villehardoin, Joinville. Les arts : un château, une église romane, une église gothique.

Revision des grands faits et sommaire général du cours.

Géographie [1].
(1 heure par semaine.)

———

AFRIQUE, ASIE, OCÉANIE.

Configuration, superficie; mers et côtes; archipels et grandes îles.

Grands traits du relief du sol; fleuves, lacs; climats; régions naturelles. Faune.

Principaux États et possessions européennes.

[1] Voir p. 640.

Productions les plus importantes de l'agriculture, des mines, de l'industrie.

Populations : races indigènes et immigrations.

Langues et religions. Grands souvenirs historiques. Grands voyages de découvertes.

Commerce extérieur. Principaux ports. Grandes voies de communication par terre et par mer.

Résumé. — Les plus grands États des cinq parties du monde comparés entre eux. Relations entre les cinq parties du monde. Répartition des races. Grandes lignes de navigation et de télégraphie.

Sciences mathématiques [1].
(3 heures par semaine.)

ARITHMÉTIQUE.

Numération.

Addition, soustraction et multiplication des nombres entiers.

Théorèmes simples relatifs à la multiplication.

Division des nombres entiers. — Caractères de divisibilité par chacun des nombres 2, 5, 4, 9 et 3.

Plus grand commun diviseur et plus petit commun multiple de deux ou plusieurs nombres.

Opérations sur les fractions.

Fractions décimales. — Opérations sur les nombres décimaux; quotient de deux nombres entiers ou décimaux à moins d'une unité décimale d'un ordre donné.

Carré. — Racine carrée (règle pratique).

Rapports et proportions.

CONSEILS GÉNÉRAUX. — Dans cette classe, au lieu de se borner, comme dans les classes précédentes, à familiariser les élèves avec la pratique du calcul, il faut démontrer les règles, tout en se limitant strictement au programme.

Les règles concernant les opérations sur les nombres décimaux seront déduites des règles établies pour les opérations sur les fractions ordinaires.

En ce qui concerne la racine carrée, on se bornera à l'extraction de la racine carrée d'un nombre entier ou décimal à moins d'une unité décimale d'un ordre donné.

ALGÈBRE.

Emploi des lettres pour représenter les inconnues. — Problèmes simples conduisant à des équations du premier degré.

Emploi des lettres pour représenter les données. — Formules algébriques.

[1] Voir p. 673.

Emploi des nombres positifs ou négatifs pour la représentation des grandeurs susceptibles d'être portées dans un sens ou dans le sens opposé : longueurs comptées à partir d'un point, temps, vitesses, degrés thermométriques.

Opérations sur les nombres positifs et sur les nombres négatifs.

Équation du mouvement uniforme.

GÉOMÉTRIE.

Lignes proportionnelles.

Similitude.

Relations entre les côtés d'un triangle rectangle.

Propriétés, en ce qui concerne le cercle, des sécantes issues d'un même point.

Constructions géométriques. — Quatrième proportionnelle et moyenne proportionnelle.

Polygones réguliers. — Carré, hexagone, triangle équilatéral. — Mesure des aires : rectangle, parallélogramme, triangle, trapèze.

Rapport des aires de deux polygones semblables.

Rapport de la circonférence au diamètre. — Aire du cercle.

Dessin [1].

(1 heure et demie.)

———

PROGRAMME [2].

§ 1er. Dessin d'après des fragments d'architecture. — Figures décoratives. — Cariatides. — Vases ornés de figures. — Frises ornées. — Ensemble et détails de l'ordre dorique, de l'ordre ionique et de l'ordre corinthien.

§ 2. Dessin de la figure humaine et des animaux d'après l'estampe et surtout d'après la ronde bosse.

Nota. — Les photographies ne peuvent êtres admises comme modèles qu'autant qu'elles reproduisent des dessins de maîtres.

———

CLASSE DE SECONDE.

(QUINZE ANS.)

Français, latin et grec, 6 classes de 2 heures par semaine. Langues vivantes, 2 heures. Histoire, 1 classe de 2 heures. Géographie, 1 heure. Mathématiques, 3 heures. Géologie, 12 conférences de 1 heure. Dessin (facultatif), 2 heures.

[1] Voir p. 680. — [2] Ce programme est commun aux classes de troisième et de seconde.

Langue française.
(3 heures par semaine.)

Continuation des études antérieures, à l'occasion des textes lus et expliqués.

Explication et récitation d'auteurs français.

Compositions françaises.

Analyses écrites et orales de morceaux empruntés aux poètes et aux prosateurs français.

Histoire sommaire de la littérature française jusqu'à la mort de Henri IV. (Quinze leçons d'une heure au plus, y compris les interrogations [1].)

PROGRAMME D'HISTOIRE DE LA LITTÉRATURE FRANÇAISE [2].

1. Formation de la langue française : résumé rapide. — Langue d'oc et langue d'oïl. — Poésie lyrique du Midi : les Troubadours.

2. Les Trouvères. — Chansons de geste. — Les trois cycles.

3. Les fabliaux et le roman de *Renart*.

4. Le roman de la *Rose* et la poésie allégorique. — Poésie lyrique du Nord (du XIIIᵉ au XVᵉ siècle).

5. Poésie dramatique : les *Mystères*.

6. Suite de la poésie dramatique : *Farces, Soties* et *Moralités*.

7. La prose ; les quatre grands chroniqueurs : Villehardouin, Joinville, Froissard, Comines.

8. XVᵉ siècle : aperçu rapide. — XVIᵉ siècle : la Renaissance, la Réforme.

9 et 10. La poésie : Clément Marot et son école; Ronsard et la Pléiade.

11. Le théâtre : commencements de la tragédie et de la comédie.

13. La prose : sa richesse en tous les genres : érudits, philosophes, théologiens, politiques, historiens, conteurs.

13. Rabelais. — Montaigne.

14. Les auteurs de *Mémoires*. — La satyre Ménippée.

15. D'Aubigné. — Régnier. — Malherbe.

AUTEURS FRANÇAIS [2] [3].

Morceaux choisis de prosateurs et de poètes des XVIᵉ, XVIIᵉ, XVIIIᵉ et XIXᵉ. siècles. — Lecture et explication de textes suivis et de morceaux choisis.

---

[1] L'histoire de la littérature (dans la classe de seconde) comprend trente-cinq leçons ; il y aura une leçon d'une heure par semaine; on traitera successivement l'histoire de la littérature grecque, de la littérature latine et de la littérature française.

[2] Voir instruction du 15 juillet 1890, p. 579 et suivantes.

[3] Voir le rapport sur les auteurs classiques et la circulaire du 10 juillet 1896, p. 405 et 417.

Chanson de Roland. — Villehardouin, Joinville, Froissard, Comines : extraits.

Chrestomathie du moyen âge.

Montaigne : principaux chapitres et extraits.

Chefs-d'œuvre poétiques de Marot, Ronsard, du Bellay, d'Aubigné, Régnier.

Corneille : théâtre choisi.

Molière : théâtre choisi.

Racine : théâtre choisi.

La Fontaine : *Fables.*

Boileau : *Satires* et *Épîtres.*

Bossuet : *Oraisons funèbres.*

La Bruyère : *Caractères.*

Lettres choisies du xviie et du xviiie siècle.

J.-J. Rousseau : morceaux choisis.

Chefs-d'œuvre poétiques de Lamartine et de Victor Hugo.

Langues latine et grecque [1].

(9 heures par semaine.)

1° Langue latine.

Exercices de prosodie; études des principaux mètres employés par Horace.

Explication et récitation d'auteurs latins.

Une grande importance sera donnée à la préparation et à l'explication des textes.

Version latine.

Thème et exercices latins.

Notions sommaires d'histoire de la littérature latine. (Dix leçons d'une heure au plus.)

PROGRAMME D'HISTOIRE DE LA LITTÉRATURE LATINE.

1. Premiers temps de la littérature latine : premiers essais de poésie sous l'influence de la Grèce.

2. Les poètes comiques.

3. Cicéron.

4. La poésie au temps de Cicéron.

5. Les grands historiens.

6. Les poètes au siècle d'Auguste.

[1] Voir l'instruction du 15 juillet 1890, p. 566 à 574.

7. Sénèque. — Les deux Pline. — Quintilien.
8. Les poètes épiques après Virgile.
9. Les poètes satiriques après Horace.
10. Derniers temps de la littérature latine. — La littérature chrétienne.

AUTEURS LATINS [1].

Cicéron : *De Suppliciis, De Signis; Songe de Scipion.*
Tite-Live : un livre de la 3ᵉ décade.
Tacite : *Vie d'Agricola; Germanie.*
Pline le Jeune : choix de lettres.
Théâtre latin : extraits.
Virgile : *Énéide* (livres IX à XIII); *Bucoliques.*
Horace : *Odes.*
Anthologie des poètes latins (à l'exclusion des ouvrages compris dans les programmes).
Pages et pensées morales extraites des auteurs latins.

2° LANGUE GRECQUE [2].

Revision de la grammaire.
Explication et récitation d'auteurs grecs.
Version grecque.
Thème grec.
Notions sommaires d'histoire de la littérature grecque. (Dix leçons d'une heure au plus.)

---

[1] Voir la note [1], p. 375.

[2] *Circulaire relative à la prononciation du grec* (25 mars 1896). MONSIEUR LE RECTEUR, j'ai fait examiner s'il serait opportun de substituer, dans l'enseignement de la langue grecque, l'usage de la prononciation moderne à celui de la prononciation érasmienne. Il a semblé que, dans l'état actuel des choses, une réforme absolue pourrait présenter des inconvénients. Mais il y a certainement intérêt à se rendre compte, par des expériences pratiques, des services que peut rendre à bien des égards la connaissance de la prononciation moderne.

Sans prétendre poser de nouveau et encore moins résoudre la question de savoir en quoi la prononciation moderne diffère de la prononciation ancienne, il est certain que la première peut aider à saisir les liens étroits de parenté entre les langues grecque, latine et française, que la seconde employée seule, ne suffit pas à dévoiler. De plus, l'importance actuelle de la langue hellénique dans tout le bassin oriental de la Méditerranée est un fait qu'il n'est pas permis de négliger; il n'est donc pas indifférent que l'attention de nos élèves soit appelée sur les rapports du grec ancien avec le grec moderne, et il est impossible de le faire sans les initier à la prononciation moderne.

Il est, d'ailleurs, reconnu par tout le monde qu'une étude attentive de quelques heures suffit pour acquérir la connaissance de cette prononciation. Il ne saurait y avoir là de difficulté sérieuse, pour les professeurs, et si les élèves doi-

PROGRAMME D'HISTOIRE DE LA LITTÉRATURE GRECQUE.

1. Les premières traditions poétiques de la Grèce. Homère, Hésiode.
2. Les poètes lyriques.
3. Les poètes tragiques.
4. Les poètes comiques.
5. Les historiens au ve et au ive siècle.
6. Les philosophes.
7. Les orateurs.
8. Les poètes alexandrins.
9. La littérature gréco-romaine.
10. L'éloquence chrétienne au ive siècle.

AUTEURS GRECS [1].

Xénophon : *L'Économique.*
Platon : *Menexène, Ion.*

vent y employer un peu plus de temps, ils n'y trouveront pas un surcroît inutile de travail.

Vous voudrez bien, en conséquence, Monsieur le Recteur, inviter MM. les proviseurs et MM. les principaux à s'entendre avec MM. les professeurs pour mettre facultativement à l'essai, dès la présente année scolaire, l'usage simultané des deux prononciations. Je suivrai avec un vif intérêt la marche de cette expérience, pour le succès de laquelle je compte avant tout sur la bonne volonté et l'esprit d'initiative du personnel des lycées et collèges. Afin de faciliter l'étude de la prononciation moderne, je vous fais parvenir un certain nombre d'exemplaires d'un petit traité de prononciation, rédigé par M. Émile Burnouf; vous voudrez bien le distribuer à MM. les proviseurs et principaux, à MM. les censeurs et à MM. les professeurs intéressés.

Je désire que vous m'adressiez, avant le 15 juillet, un rapport sur les efforts qui auront été tentés dans votre académie pour l'emploi des deux prononciations et sur les résultats obtenus.

Circulaire relative à la prononciation du grec (14 décembre 1896). MONSIEUR

LE RECTEUR, l'application de la prononciation moderne à l'étude du grec a été mise à l'essai, dans les lycées et collèges, pendant les quatre derniers mois de l'année scolaire écoulée.

Il résulte de l'examen des rapports qui m'ont été adressés, que MM. les proviseurs se montrent, en général, peu partisans de l'innovation, l'emploi de la prononciation moderne ne présentant, à leur avis, ni assez d'intérêt, ni assez de profit, tant au point de vue scientifique et éducatif qu'au point de vue pratique et international. Toutefois, l'impression qui semble se dégager des diverses constatations faites, c'est qu'on pourrait, non sans utilité pour les études, initier, en quelques leçons, les élèves à la prononciation moderne, à partir d'une classe où ils seraient déjà familiarisés avec les formes et la syntaxe grecques.

Il m'a paru, en conséquence, qu'il serait intéressant de poursuivre, dans ces conditions, l'expérience dans les classes de seconde ou de rhétorique.

Je vous serai obligé d'inviter MM. les proviseurs et principaux à en donner avis aux professeurs intéressés.

[1] Voir la note (1), p. 375.

Plutarque : extraits suivis des Vies parallèles (Alexandre et César, Démosthène et Cicéron, Alcibiade et Coriolan, Périclès et Fabius Maximus).

Homère : *Iliade*.

Euripide : une tragédie (les deux *Iphigénie, Alceste, Hécube, Hippolyte, Médée*).

Pages et pensées morales extraites des auteurs grecs.

Langues vivantes [1].
(2 heures par semaine.)

ALLEMAND OU ANGLAIS.

Suite des études de vocabulaire.

Explication et récitation d'auteurs.

Lecture courante.

Essais de conversation et de composition sur les textes lus ou expliqués.

Thèmes et versions.

AUTEURS INDIQUÉS.

Allemands.

Morceaux choisis.

Gœthe : *Hermann und Dorothea*.

Schiller : *Wallenstein* (les trois parties); extraits des OEuvres historiques.

Hauff : *Lichtenstein*.

Extraits des historiens allemands.

Anglais.

Morceaux choisis.

Shakspeare : *Julius Cæsar* ; *Coriolanus*.

Goldsmith : *The deserted Village*.

Walter Scott : un roman.

Dickens : *A Christmas carol; David Copperfield*.

Extraits des historiens anglais.

LANGUE ARABE (DANS L'ACADÉMIE D'ALGER).

Cours : *Arabe littéral.*

Revision générale des notions de grammaire. Syntaxe. Thèmes oraux et écrits.

Versions écrites.

Explication et récitation d'auteurs.

---

[1] Voir l'instruction du 15 juillet 1890, p. 588-593 et suivantes.

Ouvrages proposés.

Mouliéras : *Manuel algérien.*
Machuel : *Grammaire d'arabe régulier.*

Texte.

Bel Kassem ben Sedira : *Cours de littérature arabe.*

CONFÉRENCE : *Arabe vulgaire.*

Conversation : proverbes et idiotismes.
Traductions orales et écrites d'historiettes arabes.
Thèmes oraux d'imitation.
Exercices de déchiffrement de pièces manuscrites.

Ouvrages proposés.

Mejdoub : *Choix de fables.*
Allaoua : *Recueil de thèmes et versions d'arabe parlé.*
Houdas : *Lettres manuscrites.*
Recueil de devoirs (lettres) publiés par l'École des lettres d'Alger

Histoire[1].

(Une classe de 2 heures par semaine.)

HISTOIRE DE L'EUROPE ET DE LA FRANCE DE 1270 À 1610.

L'Europe à la fin du XIIIe siècle. — Empire et papauté. Principaux États.

La royauté en France. — Philippe le Bel ; caractère nouveau du gouvernement ; l'impôt et l'armée ; le Parlement ; les États généraux. Lutte contre Boniface VIII. Condamnation des Templiers. Avènement des Valois.

La guerre de Cent ans. — Les armées et les grandes compagnies. Les États généraux ; Étienne Marcel ; la Jacquerie. — Charles V et Du Guesclin. Paris au XIVe siècle. — Charles VI et la maison de Bourgogne. — Charles VII ; Jeanne d'Arc. Expulsion des Anglais.

France et Angleterre à la fin de la guerre de Cent ans. — Institutions de Charles VII : armée permanente ; pragmatique de Bourges. — Féodalité : Bretagne et Bourgogne. — Troubles en Angleterre : Henri VI.

L'Église. — Les papes à Avignon ; le grand schisme d'Occident ; Wiclef et Jean Huss ; les grands conciles.

[1] Voir p. 599 et suivantes.

L'anarchie en Allemagne et en Italie. — Avènement des Habsbourg : affranchissement de la Suisse ; la Bulle d'Or ; la Hanse. Les grandes villes d'Italie : Florence et Venise.

Démembrement de l'Empire grec et formation de l'Empire ottoman. — Slaves et Hongrois ; les Turcs ; Mahomet II. — L'Europe orientale : la Moscovie ; Ivan III.

Les États de l'Europe occidentale à la fin du xvᵉ siècle. — France : Louis XI et Charles le Téméraire. Charles VIII et Anne de Beaujeu. États de 1484.
Angleterre : les Tudors.
Espagne : formation du royaume. Ferdinand et Isabelle.

Le déclin du moyen âge. — Commencements de la Renaissance en Italie : Dante, Giotto, Pétrarque, Brunelleschi, Donatello.
Les grandes inventions et leurs effets sur la civilisation générale. — Poudre à canon, boussole, papier ; imprimerie. — Les découvertes maritimes : connaissances géographiques à la fin du xvᵉ siècle ; découvertes des Portugais et des Espagnols ; Christophe Colomb. Les voies de commerce ; les épices et l'or.

La politique européenne. — Guerres d'Italie : les États italiens à la fin du xvᵉ siècle ; les belligérants : France, Espagne, maison d'Autriche. Jules II et Léon X.

La rivalité des maisons de France et d'Autriche. — François Iᵉʳ et Charles-Quint ; Henri VIII et Soliman. Henri II. — Abdication de Charles-Quint. Traité de Cateau-Cambrésis.

Le pouvoir royal en France. — La cour au temps de Francois Iᵉʳ et de Henri II ; les principales familles nobles ; le clergé et le concordat de 1516 ; l'armée, la justice, les finances.

La Renaissance. — Les arts et les lettres en Italie : Machiavel, Arioste, le Tasse ; Léonard de Vinci, Raphaël, Michel-Ange, Titien. — Renaissance aux Pays-Bas et en Allemagne ; retour sur l'histoire de l'art aux Pay-Bas : les Van Eyck. — Érasme ; Durer. — Kopernic. — Renaissance en France : le cardinal d'Amboise ; le Collège de France ; Rabelais, Ronsard, Montaigne ; les Italiens à Fontainebleau ; Jean Goujon et Philibert Delorme. Châteaux et palais.

La Réforme. — Zwingle, Luther, Calvin. La paix d'Ausbourg. — Propagation du luthéranisme au nord, du calvinisme à l'ouest. — Henri VIII et l'anglicanisme.

La contre-réforme. — Le concile de Trente ; l'Inquisition : la Société de Jésus.

Guerres politiques et religieuses. — Philippe II : politique religieuse en Espagne et aux Pays-Bas. Affranchissement des Provinces-Unies ; Guillaume le Taciturne. Aperçu général de la politique de Philippe II en Europe. Décadence de l'Espagne.

Angleterre : lutte d'Élisabeth contre Philippe II ; Marie Stuart. — Prospérité de l'Angleterre : bourgeoisie, industrie, marine. Shakspeare.

France : catholiques et protestants : l'Hospital et le parti de la tolérance: les Guises, Coligny, la Saint-Barthélémy ; Henri III et la Ligue.

Henri IV : lutte contre l'Espagne ; édit de Nantes. Sully. Reconstitution du royaume.

Revision des grands faits et sommaire général du cours.

Géographie [1].
(1 heure par semaine.)

EUROPE.

1° *Étude générale.*

Bornes et superficie de l'Europe. Configuration générale. Place de l'Europe dans l'ancien continent.

Description des mers principales et des côtes. Courants.

Relief du sol : principaux massifs de montagnes ; plateaux, plaines et grandes vallées.

Hydrographie : principaux centres de distribution et direction générale des eaux. Principaux groupes de lacs. Les grands fleuves.

Climat moyen de l'Europe et climat moyen des principales régions. Extrêmes de froid et de chaud. Rapports de la végétation et du climat, de la végétation et de l'altitude. Exemples pris parmi les végétaux les plus caractéristiques.

Les races européennes et les familles de peuples. Les religions, les langues.

2° *Description des États.*

Énumération des États avec leur population, leurs capitales, leurs grandes villes.

Étudier pour chacun des principaux États les traits caractéristiques de la géographie physique et de la géographie économique ; les éléments de la géographie publique et administrative, les régions historiques, les grandes villes.

Résumé. — Superficie et population comparées des principaux États ;

[1] Voir p. 640.

comparaison de la puissance économique et des forces militaires. Grandes voies de communications internationales.

Rapports entre l'Europe et les autres parties du monde. Tableau des colonies européennes.

Sciences mathématiques [1].

(3 heures par semaine.)

ALGÈBRE.

Revision des premières notions de calcul algébrique données dans la classe de troisième (p. 373).

Monômes et polynômes. — Addition, soustraction et multiplication des polynômes.

Résolution des équations du premier degré à une et à plusieurs inconnues (explication des diverses méthodes sur des systèmes d'équations numériques).

Application à la résolution de quelques problèmes simples.

GÉOMÉTRIE.

Géométrie dans l'espace. — Perpendiculaire et obliques à un plan.

Parallélisme des droites et des plans.

Angles dièdres. — Plans perpendiculaires.

Notons sur les angles trièdres et les angles polyèdres. (On ne parlera pas des trièdres supplémentaires.)

Polyèdres. — Mesure des volumes : parallélipipède, prisme, pyramide, tronc de pyramide.

Géologie [2].

[Arrêté du 6 août 1898.]
(12 conférences de 1 heure.)

Dans ces conférences, l'énumération des diverses couches : étages, sous-étages, et les listes de fossiles sont rigoureusement proscrites. Le professeur se bornera à faire connaître les traits principaux de chacun des âges de la terre, à décrire les formes vivantes les plus importantes au moyen d'objets mis sous les yeux des élèves, de planches murales, de phothographies et de dessins exécutés au tableau noir. Quelques excursions seront indispensables pour compléter le cours.

Revision sommaire des phénomènes actuels : comparaison avec les phénomènes anciens.

Roches éruptives, roches sédimentaires, stratification, fossiles.

[1] Voir p. 673. — [2] Voir la circulaire du 10 août 1898, p. 703.

Les temps primaires. — Principales forme animales : brachiopodes, articulés, premiers vertébrés. Alluvions végétales; origine et importance de la houille.

Répartition des mers et des continents. — Principales roches.

Les temps secondaires. — Ammonites, bélemnites. — Extension des reptiles, premiers oiseaux et mammifères. — Apparition des plantes à fleurs. — Répartition des terres et des mers. — Extension des récifs de coraux. — Principales roches.

Les temps tertiaires. — Extension des mammifères. — Les découvertes de Cuvier dans le gypse. — Les mers et les continents; climats. — Formation des grandes chaînes de montagne. — Principales roches.

Les temps quaternaires. — Phénomènes glaciaires; leur grande extension. — Creusement des vallées.

Apparition de l'homme ; cavernes, cités lacustres. — Faune : mammouth, rhinocéros, renne.

Phénomènes volcaniques des périodes tertiaire et quaternaire.

Dessin[1].
(2 heures.)

Voir le programme de la Classe de troisième, page 374.

CLASSE DE RHÉTORIQUE.
(SEIZE ANS.)

Français, latin et grec, 6 classes de 2 heures par semaine. Langues vivantes, 3 heures par semaine. Histoire, 1 classe de 2 heures par semaine. Géographie, 2 heures par semaine pendant un semestre et 1 heure par semaine pendant l'autre semestre. Mathématiques, 2 heures par semaine et une conférence facultative de 1 heure. Dessin (facultatif), 2 heures.

Langue latine.
(4 heures par semaine.)

Explication et récitation d'auteurs.

Discours et compositions en français.

Analyses littéraires d'auteurs français.

Histoire sommaire de la littérature française depuis l'avènement de Louis XIII. (Quinze leçons d'une heure au plus, y compris les interrogations.)

---

[1] Le dessin est facultatif en seconde.

PROGRAMMES D'HISTOIRE DE LA LITTÉRATURE FRANÇAISE [1].

1. La littérature sous Louis XIII et Richelieu : l'hôtel de Rambouillet; l'Académie française.

2. La tragédie au xviie siècle.

3. La comédie au xviie siècle.

4. La poésie didactique. — La satire. — La fable.

5. Les moralistes.

6. L'éloquence de la chaire.

7. Les lettres ; les mémoires.

8. Montesquieu et Buffon.

9. Voltaire.

10. Jean-Jacques Rousseau.

11. Le théâtre et la poésie au xviiie siècle.

12. Caractère général du xviiie siècle : les philosophes et les savants.

13. La littérature pendant la Révolution et l'Empire.

14. La poésie dans la première moitié du xixe siècle. Classiques et romantiques.

15. La prose dans la première moitié du xixe siècle.

AUTEURS FRANÇAIS [2].

Morceaux choisis de prosateurs et de poètes des xvie, xviie, xviiie et xixe siècles. — Lecture et explication de textes suivis et de morceaux choisis.

Montaigne : principaux chapitres et extraits.

Corneille : théâtre choisi.

Molière : théâtre choisi.

La Fontaine : *Fables.*

Boileau : *Épîtres, Satires, Art poétique*; extraits des œuvres en prose.

Pascal : *Pensées; Provinciales* (I, IV, XIII et extraits).

Bossuet : *Oraisons funèbres;* sermons choisis; extraits de ses œuvres diverses.

La Bruyère : *Caractères.*

Fénelon : *Lettre à l'Académie*; Extraits des autres œuvres.

Montesquieu : *Considérations sur les causes de la grandeur des Romains et de leur décadence*; extraits de l'*Esprit des Lois* et des œuvres diverses.

Buffon : extraits (Discours et vues générales).

Voltaire : extraits des œuvres historiques et des autres ouvrages en prose.

Diderot : extraits.

J.-J. Rousseau : morceaux choisis; *Lettre à d'Alembert sur les Spectacles.*

---

[1] Voir instruction du 15 juillet 1890. pages 579 et suivantes. — [2] Voir le rapport sur les auteurs classiques et la circulaire du 10 juillet 1896, pages 405 et 417.

Chefs-d'œuvre poétiques de Lamartine et de Victor Hugo.
Choix des moralistes du xviiᵉ, du xviiiᵉ et du xixᵉ siècle.
Choix des principaux historiens du xixᵉ siècle.

Langue latine [1].

(4 heures par semaine.)

Explication et récitation d'auteurs latins.

Une grande importance sera donnée à la préparation et à l'explication des textes.

Version latine.
Thème latin.
Composition latine.
Analyses littéraires d'auteurs latin.

HISTOIRE LITTÉRAIRE.

Le professeur, sans faire un cours suivi d'histoire littéraire, s'attachera, à propos de l'explication des auteurs et de la correction des devoirs, à mettre en lumière les caractères essentiels de la littérature des principales époques, à marquer la filiation des grandes œuvres et à indiquer la place occupée par les genres secondaires.

AUTEURS LATINS [2].

Cicéron : choix de *Lettres* ; *Pro Milone* ; *Pro Murena* ; extraits et analyses des principaux discours ; extraits des Traités de rhétorique.
Conciones.
Tite-Live : un livre de la 3ᵉ décade.
Sénèque : extraits des *Lettres à Lucilius* et des Traités de morale.
Tacite : *Annales*, *Histoires* ; *Dialogue des Orateurs*.
Lucrèce : extraits.
Virgile.
Horace : *Satires* et *Épîtres*.
Lucain : extraits.
Anthologie des poètes latins (à l'exclusion des ouvrages compris dans les programmes).
Pages et pensées morales extraites des auteurs latins.

Langue grecque [3].

(4 heures par semaine.)

Explication et récitation d'auteurs grecs.
Version grecque.
Analyses littéraires d'auteurs grecs.

---

[1] Voir l'instruction du 15 juillet 1890, pages 566 à 574. — [2] Voir note (1). — [3] Page 385.

AUTEURS GRECS[1].

Thucydide : extraits.
Xénophon : *Mémorables*.
Platon : extraits.
Démosthène : *Les sept Philippiques; Le Discours sur la Couronne.*
Orateurs attiques : extraits (Lysias, Isocrate, Eschine, Hypéride).
Aristote : extraits de la *Rhétorique*.
Homère : *Iliade* et *Odyssée.*
Eschyle : extraits.
Sophocle : une tragédie.
Aristophane : extraits.
Théocrite : *Idylles* et morceaux choisis.
Pages et pensées morales extraites des auteurs grecs.

Langues vivantes[2].
(3 heures par semaine.)

ALLEMAND OU ANGLAIS.

Explication et récitation d'auteurs.
Exercices de lecture et de conversation. — Thème écrit et oral.
Rédaction libre.
Notions d'histoire littéraire, à propos des textes expliqués.

AUTEURS INDIQUÉS.

Allemands.
Morceaux choisis.
Lessing : *Hamburgische Dramaturgie* (extraits).
Gœthe : *Iphigenie auf Tauris;* extraits des œuvres en prose.
Poésies lyriques de Gœthe et de Schiller.
Schiller : *Die Jungfrau von Orleans; Die Braut von Messina.*
Choix de ballades allemandes.

Anglais.
Morceaux choisis.
Shakspeare : *Macbeth; King Richard III.*
Byron : *Childe Harold.*
Tennyson : *Enoch Arden.*
Dickens : *Nicholas Nickleby.*
George Eliot : *Silas Marner.*

---

[1] Voir note (1), page 385. — [2] Voir l'instruction du 15 juillet 1890, pages 588-593 et suivantes.

LANGUE ARABE (DANS L'ACADÉMIE D'ALGER).

Cours : *Arabe littéral.*

Notions élémentaires de la littérature arabe.
Thèmes oraux et écrits.
Versions écrites.
Explication et récitation d'auteurs.

Ouvrage proposé.

Bel Kassem ben Sedira : *Cours de littérature arabe.*

Conférence : *Arabe vulgaire.*

Conversation.
Traduction orale et écrite d'historiettes arabes.
Thèmes oraux d'imitation.
Lecture de lettres manuscrites.

Ouvrages proposés.

Mejdoub : *Choix de fables.*
Allaoua : *Recueil de thèmes et de versions d'arabe parlé.*
Recueil de devoirs (lettres) publiés par l'École des lettres d'Alger.
Houdas : *Lettres manuscrites.*

Histoire[1].

(Une classe de 2 heures par semaine.)

HISTOIRE DE L'EUROPE ET DE LA FRANCE DE 1610 À 1789.

La France, de l'avènement de Louis XIII à la mort de Mazarin. — Les États de 1614. — Richelieu : lutte contre les protestants et les grands. Accroissement de l'autorité monarchique. Marine et colonies. — Minorité de Louis XIV; Mazarin, la Fronde.

La politique européenne. — La maison d'Autriche. Les catholiques et les protestants en Allemagne. — La guerre de Trente ans : intérêts des puissances qui y sont engagées; les armées et les bandes; grands généraux, principales actions militaires.
La paix de Westphalie et la paix des Pyrénées.

L'Angleterre sous les Stuarts. — La révolution de 1648. Cromwell. La restauration.

---

[1] Pages 599 et suivantes.

État de l'Europe vers 1660. — Décadence de l'Espagne. Prospérité de la Hollande. Prépondérance de la Suède dans le Nord. La paix d'Oliva.

Mouvement intellectuel. — Sciences et philosophie : Bacon, Galilée, Descartes, Spinoza. — Lettres : l'influence espagnole, Cervantès et Lope de Vega. — L'Académie française : Corneille, Pascal. — Les arts : Poussin, Le Sueur.

La société française. — L'hôtel de Rambouillet. La misère au temps de la Fronde : saint Vincent de Paul.

Louis XIV, la monarchie absolue. — Théorie du roi sur le pouvoir royal. La cour, les conseils, les secrétaires d'État : Colbert, Louvois, Vauban. Les affaires religieuses : la déclaration de 1682; la révocation de l'édit de Nantes.

La politique de Louis XIV. — Lionne et Pomponne. — Guerre de Hollande. — Formation de la ligue d'Augsbourg.

La Révolution d'Angleterre. — Les Stuarts et le Parlement : whigs et tories. Déclaration des droits : avènement de Guillaume III.

Les coalitions contre Louis XIV. — La succession d'Espagne.

Dernières années de Louis XIV. — La cour; Port-Royal; détresse financière; testament et mort du roi.

Le mouvement intellectuel. — Les lettres : les grands classiques. Les arts : Le Brun, Mansart. Le Louvre, Versailles. — Les sciences.
Commencement d'opposition : Fénelon et le duc de Bourgogne. Vauban. — Bayle.

L'Europe vers 1715. — L'Europe occidentale après les traités d'Utrecht et de Rastadt. L'Europe orientale après les traités de Carlowitz, de Passarowitz et de Nystadt. Pierre le Grand.

La France, de 1715 jusqu'au milieu du XVIII⁰ siècle. — La régence et les essais de réforme. Law, Fleury, d'Argenson, Machault.

Les affaires européennes. — Règlement de la succession d'Espagne, des successions de Pologne et de Toscane. Les Bourbons d'Espagne en Italie. Stanislas Leczinski en Lorraine.

Autriche et Prusse pendant la première moitié du XVIII⁰ siècle. — L'État prussien. Frédéric II. Marie-Thérèse. — Guerres de la succession d'Autriche et de Sept ans : exposé général de la politique. Indication des principales actions militaires. Rôle de la France dans ces guerres.

Les affaires maritimes et coloniales. — Rivalité de la France et de l'Angleterre en Amérique et aux Indes. L'empire anglais. Voyages de découvertes.

L'Europe orientale. — La Russie : Catherine II. Conquêtes sur la Turquie. Partages de la Pologne.

La fin du règne de Louis XV. — Le Parlement. — Choiseul et Maupeou.

Le mouvement intellectuel et politique. — Les lettres et les arts, les sciences, les philosophes et les économistes en France. Les livres, la presse, les salons, les Parlements.

Le gouvernement parlementaire en Angleterre. — Rois, Parlement et ministres; triomphes des whigs : les libertés politiques, la presse.

Mouvement de réformes en Europe. — Influence des idées françaises. Charles III en Espagne; Pombal en Portugal; Léopold de Toscane et Beccaria en Italie; Gustave III en Suède.

Joseph II en Autriche. — Frédéric II en Prusse. — Situation de la Prusse en Allemagne à la fin du règne de Frédéric II.

Préludes de la Révolution française. — La France à l'avènement de Louis XVI. — État des esprits à cette époque; opposition entre les idées et les institutions. — Essais de réforme : Turgot, Malesherbes, Necker. Désordres financiers. Les États généraux.

La guerre d'Indépendance en Amérique. — Les colonies anglaises d'Amérique, leur soulèvement. — Intervention de la France. — Constitution américaine de 1787.

Vue générale sur l'Europe en 1789. — *Conclusion du cours.*

Géographie [1].

(2 heures par semaine pendant un semestre et 1 heure par semaine pendant l'autre semestre.)

GÉOGRAPHIE DE LA FRANCE.

Observations sur la configuration, la constitution géologique, le relief du sol, le régime des eaux, le climat.

Étude de la France par grandes régions naturelles et par provinces : traits caractéristiques de l'orographie, de l'hydrographie, de la géographie économique. Mœurs, traditions, grands souvenirs historiques.

La nationalité française.

La population : densité.

[1] Voir page 640.

Le régime administratif étudié particulièrement dans le département et dans la commune.

L'organisation militaire. La frontière. Défenses naturelles et places fortes de la France et des pays limitrophes.

L'Algérie et le protectorat de Tunisie. Forces productrices; développement de la colonisation.

Les colonies françaises. Colonies d'Amérique; possessions et établissements de l'Afrique occidentale, de l'Afrique orientale; Inde, Indo-Chine, Océanie françaises.

Rapports de la France avec les grands pays du globe. L'émigration et l'immigration; échanges. Voies internationales de communication. Comparaison de la puissance économique et militaire de la France avec celle d'autres États.

Sciences mathématiques [1].

(3 heures par semaine et une conférence facultative de 1 heure [2].)

ARITHMÉTIQUE.

Revision et complément du cours d'arithmétique de la classe de troisième (p. 373).

Propriétés élémentaires des nombres premiers.

Carré. — Racine carrée.

ALGÈBRE.

Revision du cours d'algèbre des classes de troisième et de seconde (p. 373).

Équations du premier degré à une ou plusieurs inconnues.

Équation du second degré.

GÉOMÉTRIE.

Revision des cours précédents.

Cylindre, cône, tronc de cône : surface et volume.

Sphère. — Section plane. — Grands cercles. — Petits cercles. — Pôles d'un cercle. — Plan tangent. — Surface et volume de la sphère.

CONSEILS GÉNÉRAUX. — Dans l'enseignement de la géométrie, le professeur s'attachera à bien mettre en évidence l'enchaînement des propositions. Dans la résolution des problèmes, il emploiera la méthode analytique de préférence à la méthode synthétique.

---

[1] Voir la note 1 de la page 383.

[2] « A cette conférence peuvent être admis les futurs élèves de mathématiques élémentaires et ceux de philosophie; mais il conviendra de ne pas perdre de vue que cette conférence est spécialement destinée à mettre les futurs élèves de la classe de mathématiques élémentaires en mesure de suivre sans difficulté le programme de cette classe. » Circulaire du 27 juillet 1897.

COSMOGRAPHIE.

(Dix leçons au maximum.)

Sphère céleste. — Principales constellations. — Mouvement diurne. — Ascension droite et déclinaison.

Forme sphérique de la terre. — Détermination de la longitude et de la latitude. — Rayon de la terre.

Soleil. — Mouvement apparent sur la sphère céleste. — Écliptique: constellations zodiacales. — Saisons.

Lune. — Ses phases.

Éclipses de lune et de soleil.

Description générale du système solaire. — Planètes et leurs satellites: Système de Kopernic.

Détails succincts sur les diverses planètes.

Comètes. — Étoiles filantes.

Amas d'étoiles. — Nébuleuses.

Dessin [1].

(2 heures.)

PROGRAMME [2].

§ 1er. — Développements et applications des études précédentes.

Nota. — Quelques leçons pourront être consacrées à l'étude de la tête d'après nature.

§ 2. — Études de paysage d'après l'estampe.

Nota. — Quand les circonstances le permettront, les élèves pourront être exercés à dessiner d'après nature des paysages et des édifices.

CLASSE DE PHILOSOPHIE [3].

Philosophie : 4 classes de 2 heures par semaine pendant toute l'année et 1 classe de 1 heure par semaine pendant un semestre [4]. Langues vivantes : 1 conférence facultative de 1 heure par semaine. Histoire : 3 heures. Physique et chimie : 5 heures. Histoire naturelle : 2 heures. Hygiène : 12 conférences de 1 heure. Mathématiques : 1 classe de 2 heures. Dessin (facultatif) : 2 heures.

[1] Le dessin est *facultatif* en rhétorique.
[2] Commun aux classes de rhétorique et de philosophie.
[3] Voir l'instruction du 15 juillet 1890 pages 656 et suivantes.
[4] «Il ne faudrait pas croire que, par cela seul que certaines questions sont omises dans le programme, elles doivent par là même disparaître du cours; mais seulement que le professeur n'est plus tenu de leur donner un développement particulier et d'en faire l'objet d'une étude spéciale.» *Extrait du rapport de* M. P. Janet.

Philosophie et auteurs philosophiques.

(4 classes de 2 heures par semaine pendant toute l'année et 1 classe
de 1 heure par semaine pendant un semestre.)

1° PHILOSOPHIE.

Cours de philosophie.
Explication d'auteurs philosophiques.
Devoir : dissertation française.

PROGRAMME DU COURS DE PHILOSOPHIE.

(Arrêtés des 22 janvier 1885 et 9 mars 1897.)

Introduction.

La science; les sciences; la philosophie. — Objet et division de la philosophie.

Psychologie.

Objet de la psychologie; caractères propres des faits qu'elle étudie : les faits psychologiques et les faits physiologiques.

Méthode de la psychologie : méthode subjective : la réflexion; méthode objective : les langues, l'histoire, etc. De l'expérimentation en psychologie.

Classification des faits psychologiques : sensibilité, intelligence, volonté.

Sensibilité. — Le plaisir et la douleur; sensations, sentiments.
Les inclinations. — Les passions.

Intelligence. — Acquisition, conservation, élaboration de la connaissance. Les données de l'expérience et l'activité de l'esprit.

Les sens et la conscience.

La mémoire. L'association. L'imagination.

L'abstraction et la généralisation. — Le jugement et le raisonnement.

Principes directeurs de la connaissance. Peut-on les expliquer par l'expérience, l'association ou l'hérédité?

La volonté. — Instinct; liberté; habitude.

L'expression des faits psychologiques : les signes et le langage.

Le beau et l'art.

Les rapports du physique et du moral. — La folie. — Influence de l'alcoolisme sur la genèse de la folie. — Affaiblissement de l'intelligence et de la volonté par l'usage des boissons alcooliques.

Notions très sommaires de psychologie comparée; l'homme et l'animal.

Logique.

Logique formelle. — Des termes. — Des propositions. — Des différentes formes du raisonnement.

Logique appliquée. — Méthode des sciences exactes : axiomes, définitions; démonstration.

Méthode des sciences physiques et naturelles : observation, expérimentation; hypothèse, induction ; classification, analogie, définitions empiriques.

De la méthode dans les sciences morales. — Le témoignages des hommes; la méthode historique.

Des erreurs et des sophismes.

Morale.

Principes de la morale. — La conscience, le bien, le devoir.
Examen des doctrines utilitaires.
La responsabilité et la sanction.

Les devoirs. — Devoirs envers soi-même : sagesse, courage, tempérance. — Dommages causés par l'alcoolisme à la race, à la famille, à la société, au pays.

Devoirs envers nos semblables : le droit et la justice; la charité.

Devoirs particuliers envers la famille. — L'éducation.

Devoirs envers la patrie : obéissance aux lois. L'éducation des enfants. L'impôt. Le vote. Le service militaire. Dévouement à la patrie.

Des rapports de la morale et de l'économie politique. — Le travail. Le capital. La propriété.

Influence de l'alcoolisme sur l'appauvrissement et le plus souvent sur la misère de l'individu et de la famille.

Effets sur la richesse publique. — Ce que l'alcoolisme coûte à la France. — Autres effets : criminalité, suicide, accidents de travail.

Éléments de métaphysique.

De la valeur objective de la connaissance : dogmatisme, scepticisme, idéalisme.

De l'existence du monde extérieur.

De la nature en général : diverses conceptions sur la matière et sur la vie.

De l'âme : matérialisme et spiritualisme.

Dieu; la Providence. Le problème du mal.

L'immortalité de l'âme. — La religion naturelle.

Notions sommaires sur les principales doctrines philosophiques.

Socrate; Platon; Aristote; Épicuréisme et Stoïcisme. — Bacon; Descartes; Locke; Spinoza; Leibniz; Kant.

Nota. — L'ordre adopté dans le programme n'enchaîne pas la liberté du professeur; il suffit que les questions indiquées soient toutes traitées.

Pour ce qui concerne l'histoire de la philosophie, le professeur sera libre, soit d'enseigner les matières séparément, soit de les introduire dans le cours théorique ou dans l'analyse des textes; pourvu qu'il fasse connaître aux élèves la succession des écoles et l'enchaînement des idées.

2° AUTEURS PHILOSOPHIQUES.

Le professeur choisira, dans la liste suivante, un auteur grec, un auteur latin et deux auteurs français.

AUTEURS GRECS [1].

Xénophon : Un livre des *Mémorables*.
Platon : *Phédon; Gorgias;* VIe ou VIIe ou VIIIe livre de la *République*.
Aristote : VIIIe ou IXe ou X[e] livre de la *Morale à Nicomaque;* VIIIe livre de la *Politique*.
Épictète : *Manuel*.

AUTEURS LATINS [1].

Lucrèce : *De Natura rerum*, livre V.
Cicéron : Un livre du *De Officiis;* une des *Tusculanes; La République*.
Sénèque : Les XVI premières *Lettres à Lucilius*.
Bacon : *De Dignitate et Augmentis Scientiarum* (principaux chapitres).

AUTEURS FRANÇAIS [1].

Descartes : *Discours de la Méthode;* les *Méditations;* les *Principes*, livre I.
Pascal : Opuscules; *Pensées*.
Malebranche : *De la recherche de la vérité*, livre II.
Bossuet : *Traité de la Connaissance de Dieu et de soi-même*, livres I, IV et V.
Fénelon : *Traité de l'Existence de Dieu*.
Leibniz : *Nouveaux Essais*, livre I; la *Théodicée* (Extraits); la *Monadologie*.
Condillac : *Traité des Sensations*, livre I.
Montesquieu : *Esprit des Lois*, livre I.
J.-J. Rousseau : *Contrat social*, livres I et II.
Jouffroy : Extraits.

[1] Voir le rapport sur les auteurs classiques et la circulaire du 10 juillet 1896, pages 405 et 417.

Auguste Comte : *Cours de philosophie positive,* 1re et 2e leçons.
Cousin : *Du Bien.*
Claude Bernard : *Introduction à l'étude de la médecine expérimentale,* 1re partie.
Kant : *Fondements de la métaphysique des mœurs.*
Stuart Mill : *Logique,* tome II, livre VI.

Langues vivantes [1].

(Une conférence facultative de 1 heure par semaine.)

ALLEMAND OU ANGLAIS.

Exercices de conversation sur les lectures faites.

AUTEURS INDIQUÉS.

Allemands.

Morceaux choisis.
Gœthe : *Faust* (1re partie).
Auerbach : *Die Frau Professorin.*
Freytag : *Bilder aus der deutschen Vergangenheit* (extraits sur le xviiie et le xixe siècle); *Soll und Haben.*
Poésies lyriques du xviiie et du xixe siècle.

Anglais.

Morceaux choisis.
Shakspeare : *Hamlet.*
Macaulay : *Essays.*
George Éliot : *Adam Bede, The Mill on the Floss.*
Choix de poésies du xixe siècle.

LANGUE ARABE (DANS L'ACADÉMIE D'ALGER).

Arabe parlé.

Même programme qu'en rhétorique (page 388).

Une conférence complémentaire facultative sera destinée à faire connaître sommairement aux élèves des spécimens des principaux genres de la littérature arabe : Le *Coran* et commentaires, grammaire, histoire, géographie, littérature et poésie. La *Chrestomathie* de M. Wright est proposée comme le meilleur ouvrage et le plus complet.

----

[1] Voir l'instruction du 15 juillet 1890, pages 188, 593 et suivantes.

Histoire [1].

(3 heures par semaine.)

I

HISTOIRE CONTEMPORAINE (1789 à 1889).

Préliminaires et causes générales de la Révolution. — L'ancien régime : l'arbitraire et le privilège; la cour, le gouvernement et l'administration : impôt, justice, armée. — Les trois ordres.

Les États généraux et la Constituante. — Les cahiers. Les orateurs de la Constituante. Suppression de l'ancien régime et constitution du nouvel état de choses.

Les monarchies européennes vers 1789. — La question d'Orient. Impression produite par la Révolution. Rôle de l'émigration.

Assemblée législative et Convention. — Chute de la royauté. Girondins; Montagnards. Les clubs; les Jacobins; la commune de Paris. Le Comité du Salut public. La Terreur.

Lutte contre l'Europe et contre les soulèvements à l'intérieur. Les armées et les généraux de la République. Traités de Bâle.

Esprit des réformes de la Convention. Constitution de l'an III.

Le Directoire. — Campagnes d'Italie, d'Égypte. Nouvelle coalition. Les coups d'État. Le 18 Brumaire.

Le Consulat et l'Empire. — La Constitution de l'an VIII et ses transformations jusqu'en 1807.

Esprit des institutions du Consulat et de l'Empire :

Les Codes. Le Concordat. La Légion d'honneur; la Cour impériale; la noblesse d'Empire. L'Université. Les institutions financières. Travaux publics.

Guerres jusqu'en 1807 : la Grande Armée, les généraux de l'Empire.

Le blocus continental. Commencement des résistances nationales.

Caractères de la Guerre d'Espagne et de la guerre de 1809.

État de l'Empire et de l'Europe vers 1810. Caractère du pouvoir impérial. — Lutte contre le pape.

Dernières luttes : Moscou; la bataille de Leipzig. L'invasion. Waterloo et Sainte-Hélène.

Le Congrès de Vienne; caractère de son œuvre. L'Europe de 1815.

---

[1] Voir pages 599 et suivantes.

II

La Sainte-Alliance et les peuples. — Le pouvoir absolu et le régime parlementaire.

La Charte de 1814 en France. Le régime parlementaire sous Louis XVIII. Principaux orateurs et hommes d'État. Charles X. La congrégation.

Les Congrès. Lutte contre l'esprit nouveau en Italie, en Espagne et en Allemagne. — Insurrections et interventions. Affranchissement de la Grèce. Politique de la France. Prise d'Alger.

La révolution de 1830.

Mouvement des esprits depuis la fin du XVIII siècle. — Part de la France, de l'Angleterre, de l'Allemagne. Renouvellement des littératures allemande et anglaise. Caractère de la littérature française sous l'Empire. Influences étrangères. Le romantisme. La critique littéraire.

Développement de l'érudition. Rénovation des connaissances sur l'Orient, l'antiquité classique, le moyen âge. L'archéologie et les grandes découvertes. L'histoire.

Renaissance de l'esprit classique dans l'art pendant la Révolution et l'Empire. Le romantisme dans l'art. — La musique symphonique et dramatique.

Développement des sciences exactes, physiques et naturelles. Applications : la vapeur, l'électricité. Progrès de l'industrie.

Louis-Philippe. — La nouvelle Charte. Principaux orateurs et hommes d'État. Les partis : les sociétés secrètes.

Effet produit par la révolution de 1830 en Europe : Belgique, Pologne, Espagne.

La question d'Orient ; caractères de la politique extérieure de Louis-Philippe. — Conquête de l'Algérie.

III.

Révolution de 1848. — Causes de la révolution en France. La question électorale. La République de 1848. Contre-coup en Europe.

Changements survenus dans le gouvernement de la France depuis 1848. — La constitution de 1852 et le second Empire. — La République. Lois constitutionnelles de 1875.

La politique extérieure. — Formation de l'unité italienne ; guerre de 1859. Le royaume d'Italie.

Formation de l'unité allemande : guerre italo-prussienne contre l'Autriche. Nouvelle constitution de l'Allemagne, de l'Autriche-Hongrie.

Guerre de 1870-1871 : l'invasion, le siège de Paris; la lutte en province. — L'Empire allemand. Les stipulations du traité de Francfort.

La question d'Orient : guerres de Crimée et des Balkans. Le Panslavisme.

L'Angleterre et la Russie en Asie.

L'Angleterre. — Principaux hommes d'État et grandes réformes au XIXᵉ siècle. L'Irlande.

Le Nouveau Monde. — Formation des principaux États de l'Amérique du Sud. Extension des États-Unis de l'Amérique du Nord.

IV.

DÉVELOPPEMENT OU TRANSFORMATION DES PRINCIPES DE 1789.

Liberté politique. — Régime constitutionnel; principales formes de gouvernement dans le monde actuel.

Liberté religieuse. — Liberté des cultes, suppression des religions d'État.

Respect de la personnalité humaine. — Abolition de la traite, de l'esclavage, du servage.

Idées démocratiques et questions sociales. — Suffrage universel, instruction populaire service militaire obligatoire. — Socialisme : organisation du travail.

Mouvement intellectuel. — Esprit d'observation dans la littérature et dans l'art. L'érudition. Les sciences.

Industrie et commerce. — Généralisation de l'emploi de la vapeur et de l'électricité. Multiplication des voies de communication à travers le monde. — Protection et libre-échange. Traités de commerce et conventions internationales. Expositions universelles.

Expansion de la civilisation européenne. — Explorations. Distribution des principales langues européennes à la surface du globe.

Résumé du rôle de la France dans l'histoire politique, sociale et intellectuelle depuis 1789.

Physique et Chimie [1].

(5 heures par semaine.)

1° PHYSIQUE.

Pesanteur. — *Équilibre des liquides et des gaz.*

Divers états de la matière.

Principe de l'inertie. — Forces. — Énoncé sans démonstration, de la

[1] Voir l'instruction du 15 juillet 1890, page 674.

règle du parallélogramme des forces et de celle de la composition de deux forces parallèles.

Direction de la pesanteur. — Centre de gravité, poids. — Balance.

Surface libre des liquides en équilibre. — Égalité de pression en tous sens. — Pressions sur les parois: vases communiquants.

Principe d'Archimède. — Application à la mesure des poids spécifiques: aréomètres à poids constant.

Pression atmosphérique: baromètre.

Loi de Mariotte; expériences de Mariotte.

Machine pneumatique. — Pompes. — Presse hydraulique. — Siphon. Aérostats.

Chaleur.

Dilatation des corps par la chaleur.

Thermomètre.

Maximum de densité de l'eau.

Définition des chaleurs spécifiques. — Principe de la méthode des mélanges.

Fusion. — Solidification. — Dissolution. — Cristallisation. — Chaleur de fusion (simple définition).

Vaporisation: vapeurs saturantes et non saturantes. — Maximum de tension.

Définition de l'état hygrométrique. — Pluie, neige, rosée.

Évaporation, ébullition, distillation. — Chaleur de vaporisation (simple définition). — Froid produit par l'évaporation.

Conductibilité.

Acoustique.

Production du son. — Propagation. — Vitesse dans l'air et dans l'eau. Réflexion du son. — Echo.

Intensité; hauteur. — Cordes vibrantes; loi des longueurs. — Principaux intervalles musicaux. — Harmonique. — Timbre.

Électricité. — Magnétisme.

Production de l'électricité par le frottement.

Électrisation par influence: électroscope à feuilles d'or; électrophore: machine électrique.

Condensateur; bouteille de Leyde; batteries. — Foudre. — Paratonnerre.

Pile de Volta. — Piles de Daniell, de Bunsen. — Courant électrique. — Effets physiologiques, physiques et chimiques de la pile.

Galvanoplastie; dorure, argenture.

Aimants naturels et artificiels.

Définition de la déclinaison et de l'inclinaison.

Expérience d'OErstedt. — Galvanomètre.

Action des courants sur les courants.

Action de la terre sur un courant fermé, mobile autour d'un axe vertical; conducteurs astatiques.

Solénoïdes : composition d'un solénoïde et d'un aimant.

Aimantation par les courants : électro-aimants. — Principe du télégraphe électrique.

Induction par les courants et les aimants. — Bobine de Ruhmkorff. — Téléphone. — Principe des machines magnéto-électriques.

Optique.

Propagation rectiligne de la lumière. — Vitesse.

Lois de la réflexion. — Miroirs plans.

Miroirs sphériques concaves et convexes.

Réfraction. — Prisme. — Lentilles (étude expérimentale).

Loupe. — Principe de la lunette astronomique, du microscope et du télescope.

Décomposition et recomposition de la lumière.

Spectre solaire. — Spectres des diverses sources lumineuses.

Chaleur rayonnante.

Photographie.

Compléments.

Lois de la chute des corps. — Machine d'Atwood.

Pendule. — Applications.

Travail. — Force vive. — Énergie.

Définition de l'équivalent mécanique de la chaleur.

Principe de la machine à vapeur : condenseur, détente.

2° Chimie.

Corps simples et corps composés.

Eau : analyse et synthèse. — Hydrogène. — Oxygène.

Air : analyse. — Azote.

Combustion. — Notions générales sur la combinaison chimique. — Chaleur dégagée. — Changement de propriétés.

Principes de la nomenclature et de la notation chimiques.

Acides. — Bases.

Oxydes de l'azote. — Acide azotique. — Ammoniaque.

Lois des combinaisons en poids et en volumes.

Chlore. — Acide chlorhydrique. — Eau régale. — Iode.

Soufre. — Acide sulfureux. — Acide sulfurique. —Acide sulfhydrique.
Phosphore. — Acide phosphorique. — Hydrogène phosphoré.
Carbone. — Acide carbonique. — Oxyde de carbone. — Sulfure de carbone. — Cyanogène et acide cyanhydrique.
Carbures d'hydrogène. — Acétylène. — Gaz oléfiant. — Gaz des marais. — Benzine. — Gaz de la houille. — Flamme.
Silice.
Généralités sur les métaux, les oxydes et les sels.
Généralités sur les principales matières organiques, au double point de vue de leur extraction des êtres vivants et de leur formation artificielle[1].

Histoire naturelle.

(2 heures par semaine.)

ANATOMIE ET PHYSIOLOGIE ANIMALES ET VÉGÉTALES.

[Programme modifié par l'arrêté du 6 août 1898.]

En ce qui concerne l'anatomie et la physiologie animales et végétales, et en particulier pour toutes les questions relatives à la structure des organes, on ne donnera de développements histologiques que dans la mesure où ils pourront servir à élucider la physiologie.

Caractères généraux des êtres vivants. — Animaux et végétaux.

Anatomie et physiologie animales.

Caractères généraux des animaux. — Principaux tissus.

I. — *Fonctions de nutrition.* (Étude spéciale de l'homme.)
Digestion : appareil digestif; aliments; phénomènes mécaniques et chimiques de la digestion.
Circulation : sang, appareil circulatoire sanguin; mécanisme de la circulation; lymphe et canal thoracique.
Absorption.
Respiration : appareil respiratoire; phénomènes mécaniques, physiques et chimiques.
Chaleur animale.
Appareils d'élimination : reins, glandes de la peau.
Foie : ses fonctions.
Notions sommaires sur les appareils de la circulation et de la respiration dans la série animale.

[1] Une leçon.

II. — *Fonctions de relation.* (Étude spéciale de l'homme.)
Organes des sens :
L'œil, la vision, l'accommodation. — Quelques mots sur les anomalies de la vision.
L'oreille, l'audition.
L'odorat, le goût et le toucher.
Le larynx, la voix.
Appareil du mouvement : os, squelette, articulations. — Muscles : structure, fonctions.
Centres nerveux : fonctions. — Nerfs moteurs, nerfs sensitifs.
Principales modifications des appareils de relation dans la série animale.

III. — *Notions sommaires de paléontologie* [1].
Les animaux des temps primaires. — Développement des invertébrés : trilobites; insectes de la houille; premiers poissons.
Les animaux des temps secondaires : ammonites et bélemnites. — Développement des vertébrés à sang froid. — Premiers oiseaux.
Les animaux des temps tertiaires et quaternaires. — Développement des vertébrés à sang chaud. Leurs rapports avec les types actuels. — Histoire du cheval. — L'homme.

Anatomie et physiologie végétales.

Caractères généraux des végétaux.
Principaux tissus.

I. — *Nutrition.* (Étude spéciale d'une plante phanérogame.)
Racine. — Radicelles. — Croissance et fonctions de la racine.
Tige : croissance et fonctions de la tige.
Feuille : structure; croissance et fonctions.
Nutrition en général : plantes à chlorophylle, plantes sans chlorophylle. — Aliments. — Réserves nutritives. — Respiration.

II. — *Reproduction.* (Étude spéciale d'une plante phanérogame.)
Fleur : enveloppes florales : étamine, anthère, pollen; carpelles, ovule. Fécondation et développement.
Fruit et graine.
Germination : phénomènes qui l'accompagnent.
Cryptogames : reproduction et formes alternantes. — Parasitisme.

---

[1] Ces notions représentent, *au maximum*, la matière de cinq leçons d'une heure; le professeur s'attachera surtout à montrer les liens qui unissent les formes anciennes aux formes actuelles, et à mettre en évidence les phénomènes d'adaptation.

Hygiène [1].

[Programme modifié par arrêté du 9 mars 1897.]

L'eau. — Les diverses eaux potables : eau de source, eau de rivière, eau de puits. — L'eau de source seule est pure; toutes les autres peuvent être contaminées; modes de contamination.

Les moyens de purifier l'eau potable : filtration, ébullition.

L'air. — De la quantité d'air nécessaire dans les habitations, etc. — Dangers de l'air confiné. — Renouvellement de l'air. — Ventilation. — Altération de l'air par les poussières, les gaz.

Voisinage des marais.

Les aliments. — Falsifications principales des aliments usuels, solides et liquides.

Viandes dangereuses : parasitisme et germes infectieux (trichinose; ladrerie, charbon, tuberculose): viandes putréfiées (intoxication par la viande du porc, les saucisses).

Boissons alcooliques. — Boissons fermentées : cidre, bière, vin. — Action physiologique des boissons fermentées. — Effets pathologiques de leur abus.

Boissons distillées : eaux-de-vie. — Effets pathologiques de leur usage habituel.

Boissons alcooliques additionnées d'essences : absinthe et autres liqueurs prétendues apéritives et digestives. — Graves effets pathologiques de leur usage.

L'ivresse et l'alcoolisme. — Influence de l'alcoolisme sur la race (maladies héréditaires).

Les maladies contagieuses. — Qu'est-ce qu'une maladie contagieuse ou transmissible? Exemple : une maladie type dont la transmission est expérimentalement facile. Le charbon, expériences de Pasteur.

Indication rapide des principales maladies contagieuses de l'homme: voies de transmission : l'air, l'eau, l'appareil respiratoire, l'appareil digestif.

Teigne, gale, fièvres éruptives, variole, rougeole, scarlatine, tuberculose.

Vaccination. Revaccination. — Mortalité par variole.

Mesures de préservation. — Prophylaxie. — Désinfection. — Propreté corporelle.

---

[1] Douze conférences de 1 heure. — Ces conférences seront faites par le professeur chargé des cours d'anatomie et de physiologie.

Conditions de salubrité d'une maison. — La maison salubre, la maison insalubre.

Les maladies transmises par les déjections humaines : fièvre typhoïde, choléra.

Notions de police sanitaire des animaux. — Maladies transmissibles à l'homme. La rage, la morve, le charbon, la tuberculose.

Abatage, enfouissement (loi du 21 juillet 1881 sur la police sanitaire des animaux).

Mathématiques [1].

(2 heures par semaine.)

Révision des cours précédents.

Dessin [2].

(2 heures.)

Voir le programme de la classe de rhétorique, page 392.

RAPPORT PRÉSENTÉ AU CONSEIL SUPÉRIEUR DE L'INSTRUCTION PUBLIQUE DANS SA SESSION DE JUILLET 1895 AU NOM DE LA COMMISSION CHARGÉE DE L'EXAMEN DU PROJET D'ARRÊTÉ PORTANT MODIFICATION AUX LISTES D'AUTEURS ADOPTÉS POUR LES CLASSES DE L'ENSEIGNEMENT SECONDAIRE CLASSIQUE.

I

Messieurs, le projet d'arrêté qui vous est soumis, portant modification des listes d'auteurs grecs, latins et français, adoptés pour l'enseignement secondaire classique, répond à un désir plus d'une fois exprimé, au cours de ces dernières années, par des membres du corps enseignant. Les listes jusqu'ici en usage, établies avec le soin que vous savez, assez larges pour qu'il fût à peu près possible, dans le cours d'une année scolaire, d'en passer en revue tous les auteurs, assez prudemment restreintes à des œuvres incontestées pour préserver de tout écart la témérité même ou l'inexpérience, fixant, par des attributions exclusives, à chaque classe sa part dans l'étude des littératures classiques, semblaient, au premier abord, tout en laissant certaine latitude à la liberté des maîtres, offrir toutes les garanties de rigueur, de précision, d'adaptation exacte à l'esprit des élèves,

---

[1] Aux termes de l'*arrêté du 20 juillet 1897*, il est institué, en philosophie, une classe de 2 heures par semaine, exclusivement consacrée à la revision des cours précédents de mathématiques et à des exercices.

[2] Le dessin est facultatif en philosophie.

qu'on doit exiger d'un programme d'enseignement. Mais à les voir si souvent varier, et, à chaque remaniement, des auteurs y apparaître, en disparaître, s'y déplacer, on comprenait ce que cachait d'arbitraire cette rigueur apparente, et de quelles concessions réciproques entre des préférences justifiées au même titre était fait cet équilibre instable. On était donc porté à se demander si par la simple substitution, à ces listes limitatives, de listes élargies, en même temps qu'on satisferait des goûts personnels également légitimes, on n'arriverait pas à assurer à cette partie des programmes la permanence relative qui est une de leurs qualités essentielles.

Une semblable réforme paraissait d'ailleurs présenter d'autres avantages encore. Il y a des auteurs dont on ne se lasse pas, qui doivent demeurer le fond de l'éducation, que renouvelle sans cesse pour le maître la neuve révélation qu'il en fait à chaque génération d'élèves. Cependant, l'enfermer, tout au long de sa carrière, dans un même cercle très limité, était-ce le meilleur moyen de lui faciliter ce perpétuel rajeunissement où réside sa vraie force? Lui donner, au contraire, plus de liberté dans ses choix, lui permettre de les varier au moins partiellement d'année en année, ne serait-ce pas l'aider à garder intactes sa souplesse et sa fraîcheur d'esprit, à faire plus largement profiter sa classe du fruit de ses études personnelles à mettre dans ses leçons l'accent d'une émotion que n'a pas atténuée l'habitude, et cette flamme de vie à laquelle peut parfois ne suppléer qu'imparfaitement, au prix d'un épuisant effort, le sentiment le plus élevé du devoir professionnel? Puis, en les inscrivant dans les listes officielles, on introduirait par là même dans les bibliothèques scolaires et dans le répertoire des lectures usuelles un plus grand nombre d'écrivains et d'ouvrages remarquables, aujourd'hui difficilement accessibles; on multiplierait ainsi les chances de ces contacts féconds où, par de secrètes correspondances, dans un esprit inerte jusque-là, une lecture fait jaillir l'étincelle. Enfin, nos critiques et nos érudits se trouvant stimulés à faire, des œuvres ainsi recommandées à leur attention, l'objet de leurs travaux, la science même, aussi bien que les études secondaires, tirerait profit de cette revision et de cet élargissement des programmes.

Un vœu, dont les considérants résumaient à peu près ces idées, ayant été, lors d'une de vos récentes sessions, approuvé par votre Section permanente et accueilli par M. le Ministre, une Commission, composée de représentants de l'Administration et d'un grand nombre de professeurs, et présidée par M. le vice-recteur de l'académie de Paris, a été chargée de préparer la réforme. De ses longues et attachantes délibérations, résumées dans un remarquable rapport qui vous a été distribué, est sorti le projet que vous avez sous les yeux, expression par conséquent de l'opinion moyenne du corps enseignant, et auquel nous n'avons apporté que de très légères modifications.

II

Quelques idées très simples et très nettes ont présidé à la confection des listes nouvelles. En premier lieu, ç'a été le souci d'approprier le plus exactement possible les programmes à la force vraie des élèves. Rien n'est plus essentiel, dans la série des explications, qu'une gradation progressive des difficultés; rien ne serait plus dangereux qu'une hâte ambitieuse, qui, en voulant forcer le progrès, lasserait et découragerait l'effort. De là, pour les trois langues, les suppressions ou les transpositions opérées sur plusieurs textes de l'ancienne liste : le *Discours sur l'Histoire universelle* en quatrième, en troisième les *Considérations* de Montesquieu et les *Lettres* de Pline, en seconde l'*Apologie de Socrate*, en rhétorique le *Phédon*, etc. De là aussi les recommandations relatives à la composition des recueils destinés aux premières classes, et les indications qui, en sixième ou en cinquième, réservent certains auteurs pour le second semestre. Mais un tel choix ne peut être réalisé d'une façon complète que par la libre initiative des professeurs, dont l'attention ne saurait trop être appelée sur cette partie délicate de leur tâche. Si les débuts, à peu de chose près, sont partout les mêmes, la marche est ensuite plus ou moins rapide. Les aptitudes des élèves d'une classe diffèrent d'année en année, et d'établissement à établissement. L'*Odyssée*, par exemple, qui en troisième dépasserait peut-être la portée des élèves de tel petit collège, dans la même classe d'un grand lycée pourra être expliquée avec fruit. Thucydide ou Aristote, Eschyle ou Théocrite, peu accessibles évidemment à d'humbles candidats au baccalauréat, pour les vétérans d'une rhétorique supérieure sont matière à de féconds efforts. De même pour les auteurs latins, pour les auteurs français. La richesse des programmes qui vous sont soumis, croissante à mesure qu'on avance dans le cours d'études, a dans ce fait encore une de ses justifications : en y inscrivant pour une même année des textes inégalement difficiles, on a pensé les mieux adapter, non pas théoriquement à une classe idéale, mais pratiquement à toute la diversité des classes réelles.

N'a-t-on pas dans ce sens été bien loin, cependant, et jusqu'à contredire le principe d'abord posé, en faisant figurer en si grand nombre, pour la littérature française surtout, les mêmes auteurs au programme de plusieurs classes, et sans toujours attribuer, comme autrefois, à chacune, une portion déterminée de leur œuvre? Ne s'est-on pas exposé aussi, par ces répétitions, au danger de redites qui pourraient engendrer le dégoût et encourager la paresse, qui seraient, à tout le moins, une perte de temps? Nous ne le croyons pas. La répartition, entre les années du cours d'études, d'œuvres qui ne se distinguent ni par des degrés divers de difficulté dans la langue, ni par le caractère plus ou moins abstrait de la pensée, nous a paru rentrer dans cet ordre de combinaisons factices qui entravaient inuti-

lement la liberté des maîtres. On ne voit pas bien par quel décret mystérieux tel chant de l'*Iliade* ou de l'*Odyssée*, tel livre de Tite-Live, telle des
grandes tragédies de Corneille auraient été spécialement destinés aux
élèves de troisième plutôt qu'aux élèves de seconde, et pourquoi un chef-
d'œuvre que, dans l'année fatidique, le professeur n'aurait pas eu le temps,
ou le goût, de faire expliquer, devrait être, par là même, condamné à
être à tout jamais ignoré des élèves. Quand ils auront en mains, plusieurs
années de suite, l'*Iliade* ou l'*Odyssée* entière, ou le recueil des chefs-d'œuvre de Corneille, toutes les parties de ces livres auront d'égales chances
d'être expliquées une année ou l'autre, et celles qui ne le seront pas, pour
les auteurs français du moins, d'être lues et relues par eux. Toutes les
fois, d'ailleurs, qu'une raison, si faible fût-elle, semblait conseiller le
maintien de l'ancien système, les indications restrictives ont subsisté.
Dans les classes de grammaire, Racine n'est toujours représenté que par
Esther et *Athalie*, les seules peut-être de ses œuvres qui soient en partie
accessibles à de jeunes esprits; Corneille et Molière n'y sont introduits que
sous la forme de *Scènes choisies*, dans la sélection et le commentaire desquelles on devra tenir grand compte de l'âge des élèves et du genre d'intérêt et de profit qu'ils y peuvent trouver; Buffon n'y figure que pour un
recueil *descriptif*, distinct de celui où les élèves de rhétorique trouveront
ses grandes vues de science et de philosophie. Les six derniers livres de
La Fontaine continuent à être ajournés jusqu'à la quatrième; l'œuvre critique et morale de Boileau jusqu'à la troisième. Si La Bruyère s'ajoute au
programme de cette classe, ce libellé : les *Portraits*, invite le professeur à
choisir, pour introduire ses élèves dans un livre dont une grande partie
les dépasse, les morceaux les plus pittoresques et les plus amusants, qui
sont aussi les plus faciles. Le professeur de seconde, à son tour, laissera à
son collègue de rhétorique le soin d'expliquer, dans Montaigne ou Rousseau,
les chapitres les plus abstraits. Les mêmes précautions sont prises dans la
liste des auteurs grecs : l'*Odyssée*, plus séduisante encore pour des imaginations jeunes, précède l'*Iliade*, pour se retrouver avec elle en rhétorique;
Xénophon, avec des *Extraits de la Cyropédie*, placés avant l'*Anabase*, dont
le récit continu et un peu monotone piquerait moins que les anecdotes variées du premier recueil la curiosité des débutants, avec l'*Économique* ensuite, puis les *Mémorables*, fournit, comme langue et comme pensée, des
textes d'une difficulté graduée; Platon, représenté en seconde par le *Mé-
néxène* et l'*Ion*, moins subtils que certaines parties de l'*Apologie*, le sera en
rhétorique par des *Extraits*, dans lesquels tant de belles pages, mais exigeant déjà plus d'effort, pourront, autour du tableau de la vie et de l'enseignement de Socrate, se grouper en un recueil d'une féconde unité; les
discussions philosophiques les plus profondes et les plus abstruses, telles
qu'en contenait le *Phédon* inscrit aux anciens programmes, seront d'ailleurs

écartées de ce recueil et réservées à la philosophie. Enfin, parmi les auteurs latins, la même progression est observée : de Virgile, les *Géorgiques*, plus difficiles souvent que l'*Enéide*, ne viennent qu'en troisième, et pour les épisodes plutôt que pour les développements techniques; les *Bucoliques*, si peu naïves en réalité, et de fond et de forme, contrairement à une ancienne tradition, sont ajournées jusqu'à la seconde; quant à l'*Enéide*, si l'ancienne division par groupes de livres a été maintenue, sans qu'on y fût amené par des raisons du même ordre, c'est qu'on a désiré perpétuer la tradition qui fait, de la lecture suivie de ce chef-d'œuvre classique entre tous, un des moyens d'assurer l'unité et la continuité des études, aussi nécessaires que leur variété; les *Satires* et les *Épîtres* d'Horace demeurent réservées à la rhétorique, où commencent seulement à pouvoir être abordés des textes qui soulèvent tant de problèmes de toute nature; de ses *Odes*, bien difficiles aussi, un certain nombre du moins peuvent être comprises des élèves de seconde. Tite-Live n'apparaît en troisième que sous forme de récits détachés, dans le *Narrationes;* Tacite qu'en seconde avec des opuscules d'une facilité relative. Pour Cicéron, depuis les *Catilinaires*, qui passent de seconde en troisième, où elles rejoignent le *Catilina* de Salluste, jusqu'aux *Extraits des œuvres morales et philosophiques*, heureuse nouveauté à côté de laquelle reparaissent les *Extraits*, naguère classiques, des *tra tés de rhétorique* et des *principaux discours*, la série de ses œuvres sera aussi en accord avec le progrès naturel des élèves. Ces indications détaillées répondent suffisamment aux objections que nous indiquions tout à l'heure Le principe de l'adaptation des programmes à la force des élèves a été constamment respecté. Le danger des redites n'existe pour ainsi dire pas ; pour le très petit nombre de cas dans lesquels elles restent possibles, nous ferons remarquer seulement que, des classes de grammaire aux classes de lettres, l'intelligence des élèves se développe assez notablement, la différence de méthode dans l'étude des textes est assez marquée pour que les répétitions possibles soient plus utiles peut-être que fâcheuses; et que, d'une classe à une autre classe de la même série, le champ offert par un même livre est assez large pour qu'une entente facile à établir entre les professeurs suffise à éviter tout inconvénient de ce genre.

Ces retours fréquents des mêmes noms ont d'ailleurs l'avantage, qui n'était pas à négliger au moment où on élargissait les programmes, de montrer bien nettement quels sont les écrivains et les œuvres qui en restent l'essentiel et qui doivent continuer à faire le fond de l'enseignement secondaire; qui, d'un bout à l'autre des études, ou du moins aussitôt que les enfants peuvent les comprendre, doivent être constamment sous leurs yeux, et, soit par les explications en classe, soit par les lectures hors de classe, exercer sur leur esprit la plus profonde et la plus durable influence.

III

Sur le choix de ces œuvres et de ces écrivains, il ne pouvait guère y avoir ni embarras, ni discussions. La voie était toute tracée par les programmes anciens, que celui-ci n'a pas la prétention de condamner, mais de continuer et de compléter. Nous n'avions, comme leurs auteurs, qu'à nous laisser guider par l'admiration des siècles et par les traditions de l'enseignement français.

Avec les additions commençait la partie délicate de la tâche. Encore était-elle, pour les littératures antiques, relativement facile. Élargir, dans l'œuvre considérable d'écrivains consacrés, le domaine des lectures scolaires, comme on l'a fait en grec pour Sophocle et Euripide, pour Platon, Xénophon, Lucien et Plutarque, en latin pour Cicéron et Tacite, cela allait de soi, dans un système de plus grande liberté. Inscrire aux programmes quelques noms glorieux, dont certains y avaient naguère figuré, comme ceux d'Eschyle, d'Aristophane, de Thucydide, de Lysias, Isocrate et Hypéride, d'Aristote, de Sénèque, des dramaturges latins, ce n'était que réparer des oublis ou cesser d'exiger des sacrifices que l'on regrettait. Y admettre un *Choix* de Théocrite, si proche de nous souvent dans sa rusticité savante, son réalisme délicat et savoureux, une *Anthologie latine,* grâce à laquelle des chants exquis des élégiaques, des pages éloquentes et mordantes des satiriques, d'ingénieux et raffinés développements des épiques de la décadence, mêleraient des accents plus tendres ou plus âpres, une variété de nuances plus subtiles, à la perfection simple et sereine des grands modèles; réhabiliter Lucain, sur la demande d'un de nos maîtres les plus classiques, de la sentence un peu sévère prononcée jadis contre son « romantisme »; de semblables hardiesses, en flattant le goût de bien des professeurs, ne risquaient pas de compromettre celui de nos élèves; et peut-être, pour attirer les meilleurs d'entre eux vers la libre lecture des textes anciens, n'est-ce pas trop aujourd'hui que la séduction d'une piquante nouveauté.

Les tentations étaient plus nombreuses, plus périlleuses aussi, pour la liste des auteurs français. Les progrès de l'érudition, le souci de la continuité à faire sentir dans tout notre passé, semblaient réclamer pour le moyen âge et le xvi° siècle une plus grande part. L'attrait si puissant d'œuvres et d'idées récentes et dont nous vivons tous, le désir de bien marquer qu'entre les études classiques et la réalité moderne il y a contact et solidarité étroite, entraînaient à étendre celle de l'époque contemporaine, confinée jusqu'ici dans les recueils de morceaux choisis. Mais, à percer dans ces deux sens de trop larges avenues, ne risquait-on pas de paraître inviter professeurs et élèves à trop de séduisants vagabondages loin de ces siècles classiques qui restent comme la citadelle et le sanctuaire des fortes études de lettres françaises ? Donner la faculté de faire, dans l'intérieur même des programmes, l'école buissonnière, n'était-ce pas préparer, à bref délai, l'abandon de ces maîtres dont les beautés un peu austères ne se laissent quelquefois pénétrer qu'avec effort, et auxquels il y a bien peu de chances que revienne plus tard celui qui n'a pas été, de bonne heure, initié à les comprendre et à les aimer ? Les discussions de la Commission préparatoire ont été, sur ce point, longues et vives. Nous avons adopté ses conclusions, à la fois libérales et prudentes, et que, suivant son désir, pourront compléter et préciser des instructions ajoutées aux programmes.

Pour le moyen âge, où il s'agit moins d'œuvres qui s'imposent par leur perfection, et d'une tradition de pensée et de forme en étroite parenté avec l'esprit moderne, que de l'intérêt historique et patriotique qu'éveille la recherche de nos origines littéraires et nationales, la place qui leur était faite jusqu'ici en seconde a paru suffisante. Quelques récits mis en français actuel d'après ses épopées et ses chroniques, viendront seulement en sixième ajouter à une liste un peu courte un livre, non pas d'explication, mais de lecture, offrant cette séduction qu'ont, pour les imaginations enfantines, les productions des époques primitives et simples. Certains membres de votre Commission auraient voulu qu'on restreignît, si même on ne les supprimait entièrement, le nombre des ouvrages en vieux français inscrits aux programmes. Il leur semblait peu opportun de mettre dès le lycée, entre les mains des élèves, des textes dont l'étude, dans les facultés même, est si malaisée et donne si peu de résultats, et dont l'interprétation approfondie, au point de vue des formes, suppose des connaissances qu'aucun examen n'exige bien complètes de nos professeurs. Sans méconnaître la force de ces objections, nous n'avons pas cru pouvoir exclure de nos études secondaires une période de notre littérature qui est admise, à l'étranger, dans des programmes correspondants à ceux-ci, et pendant laquelle les lettres françaises ont jeté un si vif éclat et exercé sur l'Europe entière une si féconde influence ; au moment où nous enrichissions nos listes, nous avons hésité à en proscrire l'héroïque épopée où l'amour de la « douce France » trouva, pour la première fois, une expression bien gauche encore, mais déjà si fière et si pénétrante, et ces modèles de narration vaillante, naïve et pittoresque que trouvent dans nos vieux chroniqueurs les élèves que nous exerçons à la composition française. La *Chrestomathie* même, qui ne figurait pas aux derniers programmes, nous a paru pouvoir être, pour le cours d'histoire littéraire, un auxiliaire utile, grâce auquel quelques leçons concrètes et vivantes se substitueront à des généralités vagues ou à d'arides nomenclatures de noms, de titres et de dates ; il en sera du moins ainsi si l'on veut bien composer, en vue de cet usage, des livres courts et simples, sans appareil d'érudition, donnant des divers genres littéraires et des écrivains notables les spécimens les mieux appro-

priés à la jeunesse, et joignant au texte en langage ancien, comme nous
le souhaitons aussi pour la *Chanson de Roland* et pour les *Chroniqueurs*,
une traduction en français d'aujourd'hui.

Le XVIᵉ siècle, si moderne souvent par la pensée, et reconnu aujourd'hui
comme le créateur de l'esprit classique, du programme de seconde, où
reste son centre, rayonnera maintenant sur ceux de troisième et de rhétorique. Si ses plus grands écrivains sont difficiles à aborder dès le collège
dans l'intégralité de leur œuvre, il semble bon, pour inciter nos élèves à
en faire plus tard l'objet de leurs lectures et de leurs réflexions, de les
leur présenter de bonne heure dans leurs parties les plus accessibles et les
plus attrayantes, et peut être dégagés, comme l'ont été depuis longtemps
les écrivains du XVIIᵉ siècle, d'une orthographe compliquée qui semble
mettre entre eux et nous plus de distance. Les *Portraits et récits* tirés surtout des auteurs de mémoires et des historiens, mais auxquels de grands
écrivains d'un autre ordre, Rabelais par exemple, pourront fournir d'u-
tiles éléments, seront, en troisième, comme les volumes analogues que le
XVIIᵉ et le XVIIIᵉ siècle fournissent à la quatrième et à la cinquième, des
livres de lecture intéressants et d'utiles modèles de qualités qu'ont toujours
possédées à un degré éminent les écrivains français. Ce serait mutiler,
dans l'esprit des jeunes gens, la gloire de notre poésie, que ne pas leur
faire connaître, d'une façon plus complète qu'on ne le fait souvent, l'œuvre
de la Pléiade et de ses principaux disciples : les *Chefs-d'œuvre poétiques de
Marot, Ronsard, du Bellay, d'Aubigné* et *Régnier*, renouvellent d'ailleurs,
mais avec plus de choix, une tentative heureuse d'un programme antérieurs
où figurait un volume de *Morceaux choisis des écrivains du XVIᵉ siècle*. Quant
à Montaigne, au double point de vue de l'étude de l'homme et de l'adaptation à la vie moderne de la substance morale des anciens, la lecture de
ses *principaux chapitres* n'est-elle pas un complément naturel, et en un sen-
comme une introduction, à celle de notre littérature classique ?

Pour les écrivains de la fin du XVIIIᵉ et du commencement du XIXᵉ siècle,
si préoccupé qu'on soit de ne pas induire les maîtres en tentation de négliger pour eux l'étude d'auteurs plus proprement scolaires, d'éviter aux
élèves certaines séductions quelquefois dangereuses pour un goût encore
mal formé, on n'en reconnaît pas moins l'intérêt qu'il y a à susciter par
des œuvres plus proches d'eux, quelquefois même par l'attrait de brillants
défauts, la curiosité des jeunes esprits et le sentiment littéraire; la nécessité aussi d'élargir progressivement le champ des études comme s'élargit
celui du passé que notre histoire embrasse, et l'à-propos d'ajouter aux
chefs-d'œuvre classiques les chefs-d'œuvre produits dans des genres nouveaux et par une inspiration différente. Les conclusions auxquelles on a
abouti ne paraîtront sans doute à personne manquer de sagesse. Rousseau,
déjà admis dans les programmes antérieurs, reçoit une part un peu plus

grande. Chateaubriand, si proche parfois, malgré certain apprêt, de la beauté classique, et propre, par les excès mêmes de sa manière, à rendre sensible à des esprits jeunes le travail de l'écrivain artiste; Michelet, si grand aussi, mais restreint à la partie de son œuvre la moins contestable au double point de vue de la science et du goût, sont inscrits aux programmes de quatrième et de troisième, c'est-à-dire là où ils seront des ferments pour l'imagination sans risquer de devenir des modèles peut-être périlleux. Un *Choix des historiens du XIX*e *siècle*, que votre Commission a préféré à un volume qu'aurait seul occupé Fustel de Coulanges, mais où ce grand esprit gardera sa place à côté d'illustres devanciers, offrira aux élèves de rhétorique, dans une forme moins originale sans doute, mais plus sobre et plus classique souvent que celle de Chateaubriand et de Michelet, la matière de réflexions sérieuses sur les grandes questions que pose l'histoire. Enfin, et ce n'est que justice, la partie la plus parfaite, la plus classique peut-être de la production littéraire moderne, les chefs-d'œuvre élégiaques, lyriques et épiques du romantisme, sont introduits dans les trois classes de lettres sous la forme d'un recueil des *Chefs-d'œuvre poétiques* de Lamartine et de Victor Hugo.

IV

On remarquera peut-être que, dans ce travail d'enrichissement, les morceaux choisis, sous des titres divers, se sont multipliés. Nous ne croyons pas avoir à justifier longuement, sur ce point, les programmes que nous vous proposons de voter. Écartés, avec une rigueur un peu absolue, des listes de 1880, les recueils de ce genre ont depuis lors, sans soulever de protestations, reparu en assez grand nombre. Le plus ancien et le plus célèbre d'entre eux, le *Conciones*, rentre à son tour en usage; nos élèves de rhétorique et de rhétorique supérieure y étudieront, comme leurs devanciers, l'art de la composition, les secrets du style latin, la philosophie de la politique telle que l'ont conçue les grands historiens de Rome, la psychologie des grands acteurs de l'histoire à l'une des sources où ont été la puiser nos grands tragiques du XVIIe siècle. Quant aux autres recueils analogues, il est évident qu'ils sont la seule forme sous laquelle peuvent être présentés aux élèves certains genres littéraires ou certaines époques, certains écrivains parmi les plus grands, et, dans l'œuvre même de ceux, Bossuet, Fénelon, Montesquieu, Voltaire, par exemple, dont les programmes admettent des ouvrages entiers, les parties qui ne peuvent y être inscrites, et qu'il serait cependant fâcheux qu'on continuât à ignorer. Mais vous tiendrez essentiellement, comme nous, à ce que dans aucune de ces catégories on n'entende par *Choix, Extraits, Morceaux choisis*, des fragments sans développement suffisant et sans lien, ou disposés dans un ordre arbitraire. C'est par morceaux offrant un sens plein et un mouvement complet, aussi peu coupés que possible, reliés par des analyses et rangés dans l'ordre même du tout d'où ils seront détachés, que les auteurs qui ne peuvent y entrer autrement doivent figurer dans les recueils scolaires. Se rapprocher le plus possible des œuvres intégrales, qui continuent d'ailleurs à remplir la plus grande partie de nos listes, tel doit être l'idéal proposé à ces sortes de livres.

V

Il en est un cependant dont le titre même semble admettre une composition au besoin un peu différente et plus fragmentée, et dans lequel, à des développement suivis, à des pages de réflexions ou d'analyse intime, se mêleront de courtes remarques, des sentences, de brèves et frappantes formules. C'est le volume inscrit pour le latin à partir de la quatrième, pour le grec à partir de la troisième, sous ce titre : *Pages et pensées morales.* Il attire l'attention à un autre point de vue. Si on rapproche de l'indication qu'il fournit ce fait qu'un *Choix de moralistes français,* où le XIXᵉ siècle a sa place, figure au programme de rhétorique; qu'avec Montaigne, Bossuet, Fénelon, Montesquieu, Voltaire, Rousseau, le *Choix d'historiens,* la philosophie morale et sociale est plus largement que jamais représentée dans les listes françaises; que des additions analogues, avec Xénophon, Platon, Cicéron, Sénèque, ont été faites aux listes grecques et latines, on reconnaîtra qu'une des préoccupations principales des auteurs de ce programme a été d'y mettre en relief l'intention éducative, et d'y bien faire voir qu'une sorte de « philosophie diffuse », comme il a été dit dans la Commission préparatoire, doit faire de tout le cours des études secondaires une préparation progressive à la vie. On a reproché quelquefois à l'Université de savoir instruire, mais de ne savoir pas élever. Aucun reproche, en aucun temps, n'a été plus injuste. Outre que former les enfants, comme elle a toujours tenu et doit tenir plus que jamais à le faire, à la discipline, au respect, à l'effort, c'est poser les fondements nécessaires de toute éducation morale et sociale, parce que c'est imprimer à l'esprit et à la volonté les habitudes sans lesquelles toute conception théorique du devoir et de la conduite resterait lettre morte, dans l'étude même des littératures, qui est le centre de l'enseignement classique, c'est toujours, avec celle de la raison, l'éducation du caractère que tout, au moins depuis Port-Royal et Rollin, nos devanciers ont comme nous cherchée. Humanité, pour eux, a toujours voulu dire formation de l'homme, et non pas seulement du lettré. Mais en un temps où le dilettantisme a séduit plus d'un parmi les meilleurs, où les progrès de l'érudition, là même où elle ne devrait avoir sa place que comme préparation antérieure du maître, risquent de pousser quelques esprits à donner dans l'enseignement trop de place au fait et à la forme pure, pas assez à l'idée et à l'âme, où il est de nécessité sociale urgente qu'on tende de bonne heure le ressort des volontés, ce qui a toujours été sous-entendu comme évident de soi est peut-être bon à dire très haut, pour rassurer les uns et guider les autres. Nous ne demandons pas, et nul ne peut songer à demander — ce serait s'exposer à compromettre, par l'imprudence des ardeurs inexpérimentées ou par la sécheresse des convictions un peu tièdes, la cause même que l'on veut servir — que le professeur dans sa chaire se transforme en prédicateur de morale. On ne lui impose aucun livre, dans un programme que domine l'idée de sa liberté. On lui rappelle seulement, en lui offrant tous ceux où il peut trouver une aide utile, et on rappelle aussi à ceux qui au dehors seraient disposés à l'oublier, que parler au cœur des enfants, comme à leur raison naissante et à la curiosité de leur esprit, qu'éveiller et guider discrètement, et selon leur portée, leur intérêt pour les questions vitales qui passionnent tout homme digne de ce nom, a toujours été regardé, par les maîtres de l'Université, comme la partie la plus féconde et la plus élevée de leur effort, comme celle qui fait surtout l'attrait supérieur, le charme intime, la dignité sociale de leur mission.

VI

Moins que toute autre, la classe de philosophie, s'adressant à des esprits plus mûrs, et qui auront le lendemain à prendre parti sur les problèmes que leur posera la vie, peut s'abstraire de la réalité vivante et se dispenser de préparer à l'action. En élargissant là aussi les listes d'auteurs dont l'explication n'a pas cessé d'y être prescrite, on n'a pas voulu seulement, comme par l'addition du *Phédon* et du *Gorgias* dans la liste des auteurs grecs, d'un volume de Bacon en latin, des *Méditations*, des *Pensées*, d'extraits de la *Théodicée*, des traités philosophiques de Bossuet et de Fénelon, offrir au choix du professeur des éléments plus variés. En même temps que les deux premières leçons du *Cours de philosophie positive* et l'*Introduction à la médecine expérimentale* viennent appuyer en quelque sorte la partie du cours relative aux méthodes des sciences, l'extension des rubriques sous lesquelles figurent la *République* de Platon et la *Morale à Nicomaque*, l'inscription d'un livre de la *Politique* d'Aristote, de la *République* de Cicéron, d'une partie de l'*Esprit des lois* et du *Contrat social*, des *Fondements de la métaphysique des mœurs*, des *Extraits* de Jouffroy, du livre où Stuart Mill traite de la logique des sciences morales, ont une claire signification. Dans le choix des textes, tant anciens que modernes, tant étrangers (dont pour la première fois quelques-uns entrent dans les programmes) que français, se marque la préoccupation de faire dans les lectures des élèves, à côté de la philosophie spéculative et critique, une place aux questions concrètes, aux réalités morales et sociales.

VII

Cet exposé des idées principales que l'on a voulu faire apparaître dans la composition de ces programmes ne serait pas complet si on n'insistait à nouveau, en finissant, sur une remarque répétée à plusieurs reprises dans les pages qui précèdent. En élargissant, pour les trois littératures, le champ des explications et des lectures possibles, on n'a eu en aucune façon la pensée, ni de disperser le travail des classes sur un plus grand nombre de textes, ni de déplacer le centre de la culture classique. L'effort des élèves ne doit pas se jouer sur les surfaces, mais s'exercer en profondeur, et, pour cela, se concentrer sur un groupe limité d'objets. Quant à l'esprit général des études, on tient à n'y rien changer. Pour le latin et pour le grec, les œuvres ajoutées au programme, à peu près sans exception, ne diffèrent par aucun caractère essentiel de celles qu'un long usage avait déjà consacrées. C'est donc seulement, ici, contre la tentation de trop multiplier, au cours d'une année, les changements d'auteurs, et de les effleurer tous sans tirer vraiment parti d'aucun, que les maîtres auront à se défendre. Pour le français, en inscrivant sur ces liste des écrivains et des genres de la période classique qui ne pénétraient point jusqu'ici dans l'enseignement secondaire, en étendant la part faite, soit aux origines, soit surtout à l'époque contemporaine, on entend bien maintenir à sa place et dans sa valeur, comme base permanente et principal instrument de la culture classique, le XVIIe siècle représenté par les chefs-d'œuvre de ses grands prosateurs et de ses grands poètes : Pascal, Bossuet, Fénelon, La Bruyère, Corneille, Racine, Molière, La Fontaine, Boileau. Les professeurs ne devront pas perdre de vue qu'à la fin des études un élève de l'enseignement secondaire classique doit s'être familiarisé avec les principales œuvres de ces auteurs. Ils s'efforceront d'assurer ce résultat, chacun pour sa part, en usant des moyens que les programmes de leur classe mettent à leur disposition, et dont, sous le bénéfice de ces indications générales, on confie, suivant leur désir, le maniement à leur libre initiative. Si, par exemple, au cours d'une année, en s'attachant autant que possible, surtout dans les classes supérieures, à faire aux textes en prose et aux textes en vers une part à peu près égale, chacun d'eux choisit, pour en faire l'objet d'une réflexion prolongée et d'une étude approfondie, deux ou trois œuvres des auteurs que nous venons de nommer, autour de ces livres essentiels, sous forme d'explications plus ou moins rapides, de lectures en classe ou hors de classe, de leçons, il pourra en faire apparaître, à son gré et selon sa méthode, en évitant seulement de les multiplier à l'excès, quelques autres, à l'aide desquels il donnera à son enseignement plus de variété, de richesse et d'étendue.

Mais, pour qu'à travers ce double choix se maintienne d'année en année, pour chaque génération d'élèves, la suite et l'enchaînement nécessaire dans cette partie des études, et principalement pour que soit organisé dans la mesure qui convient, sans oubli grave et sans double emploi, leur commerce avec les auteurs qui viennent d'être désignés comme essentiels, il sera indispensable que, dans chaque établissement, les professeurs fassent de leur liberté personnelle un usage concerté. A la fin sans doute de chaque année scolaire, les professeurs des classes de grammaire d'une part, ceux des classes de lettres de l'autre, devront donc, sous la présidence du proviseur et du principal, se réunir pour dresser ensemble, en se conformant à l'esprit du programme tel que nous l'avons défini, et en imposant des limites raisonnables au nombre des livres exigés dans chaque classe, la liste des textes que chacun d'eux se proposera de faire étudier pendant l'année suivante.

Le détail des mesures à prendre pour organiser cette entente ne doit pas être improvisé. D'autres problèmes pratiques sont, d'ailleurs, aussi à résoudre, pour que cette réforme soit accueillie de tous les intéressés comme elle mérite de l'être : notamment les questions relatives aux conséquences de cette revision des programmes, soit pour le choix des compositions de baccalauréat, soit au point de vue des explications d'auteurs dans les épreuves orales de ce même examen. La commission préparatoire a, sur ces diverses questions, émis des idées intéressantes. Nous n'avions pas pour le moment à en délibérer. Mais elles sont délicates et doivent être étudiées à loisir. C'est pourquoi, comme votre section permanente, nous vous proposons, par l'article 2 du projet, d'ajourner à la rentrée de 1896 l'application d'une réforme importante, désirée, et dans laquelle rien ne doit être laissé au hasard si l'on veut qu'elle porte tous ses fruits. Grâce à ce délai, d'ailleurs, l'élaboration des livres nouveaux que contiennent ces programmes se poursuivra dans de meilleures conditions, et les administrations des lycées et collèges, invitées à se montrer, au cours de l'an prochain, particulièrement économes dans l'achat des livres du programme actuel, pourront se ménager ainsi les ressources nécessaires pour un prochain enrichissment de leurs bibliothèques.

CIRCULAIRE RELATIVE AUX AUTEURS ADOPTÉS POUR L'ENSEIGNEMENT SECONDAIRE CLASSIQUE.

(10 juillet 1896.)

MONSIEUR LE RECTEUR, l'arrêté du 8 août 1895, portant modification des listes d'auteurs adoptés pour les classes de l'enseignement secondaire classique, doit être appliqué à partir de l'année scolaire 1896-1897.

J'ai confié à une commission spéciale le soin d'étudier les mesures de détail à prendre pour en assurer l'exécution : vous trouverez ci-joint un extrait du rapport qui m'a été soumis au nom de la commission et dont j'ai approuvé les conclusions.

Je vous prie, en conséquence, d'inviter MM. les proviseurs et principaux de votre ressort à réunir, dans le plus bref délai, sous leur présidence, MM. les professeurs de lettres et de grammaire, afin qu'ils dressent ensemble, pour les élèves qui entreront en sixième au mois d'octobre prochain, la liste des textes qu'ils auront à étudier obligatoirement dans toute la série des classes de la sixième à la rhétorique. Il y aura lieu d'établir de même, pour les élèves qui sont en cours d'études, la liste des textes obligatoires à partir de la classe dans laquelle ils sont entrés jusqu'à la fin des classes d'humanités. . . .

Recevez, etc.

Extrait du rapport de la Commission des auteurs classiques.

« Les additions de textes latins et grecs faites aux listes actuelles ne peuvent soulever, dans la pratique, aucune difficulté. Les œuvres nouvellement admises, à part quelques-unes destinées surtout à varier le programme des vétérances et des rhétoriques supérieures, ne sont pas classiques à un moindre degré que les plus anciennement inscrites. Si donc, comme pour toutes les parties de l'enseignement, un échange de vues entre les divers professeurs d'un même lycée ou d'un même collège peut contribuer, pour les explications de textes, à mettre entre les classes successives toute l'harmonie désirable, il n'y a ici aucune raison de limiter, par des prescriptions officielles, la liberté de chacun d'eux dans le maniement des nouveaux programmes.

« La seule recommandation, sur laquelle il importe d'insister, est celle de ne pas trop multiplier les achats de livres imposés aux élèves, et de ne pas disperser, dans une même année, sur trop de textes divers, leur effort et celui du maître. L'habitude de voir, d'une façon nécessairement hâtive et trop fragmentée, tous les textes du programme, prêtait déjà à la critique avec les anciennes listes. Elle serait maintenant une grave erreur de méthode.

« Cette recommandation s'applique également aux textes français. Mais ici elle ne peut suffire. On a, en effet, pour le français, notablement agrandi la place faite à des œuvres, à des auteurs, à des genres, à des périodes littéraires jusqu'ici peu représentés dans l'enseignement. On a voulu étendre les horizons de l'éducation secondaire. Mais, au centre de son domaine élargi on a tenu à dresser les siècles classiques comme « la citadelle et le sanctuaire des fortes études de lettres françaises ». Les textes moins consacrés par nos traditions scolaires fourniront donc, dans l'enseignement du français, la partie mobile, variant, dans une même classe, selon les années et les maîtres. On entend que nos grands classiques en demeurent l'élément commun et permanent.

« Pour obtenir ce résultat, un moyen, en apparence très simple, se présentait : distinguer, dans les programmes, des textes obligatoires et des textes facultatifs. Mais une liste officielle, classe par classe, de textes obligatoires, ou bien, un peu longue, eût abouti à interdire l'emploi des textes facultatifs, ou bien, très courte, eût prêté, dans le choix fait entre les œuvres d'un même auteur, dans l'attribution des textes aux diverses classes, au reproche d'arbitraire qu'on adressait justement aux programmes antérieurs.

« Le Conseil supérieur a tenu, au contraire, à introduire dans les programmes tout ce qui pouvait y figurer de l'œuvre de nos principaux écrivains. Quand aucune raison bien évidente n'imposait l'attribution de tel ouvrage à telle classe, il a voulu laisser à la libre initiative des professeurs de chaque établissement le soin d'opérer cette répartition et de la modifier, s'ils le jugent bon, au cours des années. Mais il a cru nécessaire, pour qu'ils pussent tirer parti de son œuvre dans l'esprit même qui l'a inspirée, et organiser « sans oubli grave et sans double emploi » le commerce de chaque génération d'élèves avec les textes essentiels, la prescription d'une entente annuelle entre les professeurs d'un même collège ou d'un même lycée. Cette entente nous a semblé facile à organiser, et voici sous quelle forme nous avons cru qu'on pouvait la concevoir.

« Chaque année, au mois de juillet, dans chaque lycée ou collège, le proviseur ou le principal convoquerait en assemblée les professeurs de grammaire et de lettres. Là, d'un commun accord, serait dressée, pour la génération d'élèves entrant l'année suivante en sixième classique, une liste comprenant pour chacune des classes qu'ils traverseront de la sixième à la rhétorique un nombre minimum de textes français en prose et en vers du xviie et du xviiie siècle (deux par exemple pour les classes de grammaire, trois pour les classe de lettres), destinés à une étude approfondie. La liste serait combinée de telle sorte que ces élèves, au cours de leurs études, fussent suffisamment familiarisés avec des parties caractéristiques de l'œuvre de nos grands classiques. Corneille, Racine, Molière, La Fontaine, Boileau, Pascal, Bossuet, Fénelon, La Bruyère et Voltaire en fourniraient les éléments ; telle pièce, tel chapitre, tel discours, telle partie d'un recueil, suffisant bien entendu à représenter chacun d'eux dans les années où on le ferait figurer. On éviterait le retour d'un même texte d'une classe de grammaire à une autre classe de grammaire, d'une classe de lettres à une autre classe de lettres ; les répétitions, de l'un à l'autre cycle de classes, présenteraient moins d'inconvénients. La

série entière des auteurs, eussent-ils même figuré déjà dans le programme
des classes de grammaire, devrait autant que possible être représentée
dans celui des classes de lettres.

« La liste ainsi constituée dans chaque établissement — et qu'il y aurait
peut-être intérêt a laisser unique même dans le cas de divisions multiples
— serait annuellement remise en discussion pour chaque nouvelle génération d'élèves, et pourrait, ou bien rester identique, ou bien être,
en tout ou en partie, modifiée. Registre serait tenu de ces décisions, et
chaque professeur, en le consultant, serait d'avance prévenu des textes
obligatoires qui devraient trouver place d'année en année, dans le temps
qu'il consacre à l'étude du français.

« Ainsi seraient asssurées à la fois la liberté, pour les maîtres, de
varier leur enseignement jusque dans les parties les plus essentielles,
l'harmonie pour les élèves, entre leurs classes successives, et, par le
maintien à la place d'honneur des œuvres que la tradition a consacrées,
la valeur éducatrice de l'enseignement.

« Des décisions aussi précises paraissent, nous l'avons dit, moins nécessaires à prescrire pour les auteurs latins et grecs ; il appartiendrait
cependant aux assemblées, dans leur pleine liberté, de décider si elles
étendraient à ces auteurs l'entente instituée pour les textes français. Du
moins semble-t-il que, dans les trois littératures, tout en échangeant sur
ce point leurs idées et en faisant au besoin prévoir leurs choix, les professeurs devront rester maîtres de fixer eux-mêmes, par décisions individuelles, les livres qu'ils voudront ajouter à la liste limitée, à dessein, des
textes obligatoires. De ceux là comme des autres, l'indication sera seulement enregistrée, conservée comme document, et communiquée chaque
année au professeur de la classe suivante, pour que, dans ses choix facultatifs aussi, il puisse tenir compte des études antérieures des élèves. »

3. — PROGRAMME DE L'ENSEIGNEMENT
SECONDAIRE MODERNE.

(ARRÊTÉS DES 15 JUIN 1891, 31 JANVIER ET 15 FÉVRIER 1892, 9 MARS ET 20 JUILLET 1897.

DIVISION DE GRAMMAIRE.

CLASSE DE SIXIÈME.
(ÉLÈVES DE 11 À 12 ANS EN MOYENNE.)

Français, 6 heures par semaine. Langue allemande, 6 heures. Histoire et géographie, 3 heures. Arithmétique, 2 classes de 1 heure. Zoologie, 1 heure. Calligraphie, 1 heure. Dessin, 3 heures.

Langue et littérature françaises [1].
(6 heures par semaine.)

ENSEIGNEMENT ET EXERCICES.

Grammaire de l'usage [2].

Exercices simples d'analyse grammaticale et d'analyse logique.

Exercices sur le vocabulaire [3].

Lectures (vers et prose) suivies de questions et d'explications.

Récitation. — On fera, de préférence, apprendre par cœur des morceaux de poésie.

Reproduction libre, de vive voix et par écrit, des écrivains lus en classe.

Petits exercices de composition.

TEXTES D'EXPLICATION ET DE RÉCITATION [4].

Fénelon : *Télémaque,* extraits et analyse.

---

[1] Voir instruction du 15 juillet 1890 p. 574 et suivantes.

[2] Dans les deux premières années, les règles seront surtout enseignées par l'usage. Le professeur ne manquera aucune occasion de faire constater aux enfants qu'ils sont déjà en possession des différentes sortes de mots, et qu'ils appliquent instinctivement les règles de la grammaire. Il rattachera donc constamment son enseignement aux exemples fournis par le langage parlé ou écrit. L'étude de la grammaire aura pour objet de résumer dans des formules précises, dont les plus importantes seront apprises par cœur, les règles tirées de l'expérience.

[3] Formation des mots; mots simples, dérivés, composés, synonymes, homonymes, etc. Groupement des mots par familles, par analogie de sens, par ordre de matières (les arts, les métiers, le commerce, l'industrie, l'agriculture, etc.); exercices oraux et écrits appropriés à cette étude.

[4] Le professeur choisira parmi les auteurs indiqués. La même observation s'applique à toutes les classes.

Recueil de morceaux choisis du moyen âge au xviii° siècle[1].
Recueil de morceaux choisis des prosateurs du xix° siècle[2].
Recueil de morceaux choisis des poètes du xix° siècle[2].

LIVRES DE LECTURE ET D'ANALYSE.

Homère : *Odyssée,* analyse et extraits.
Plutarque : *Vie des Grecs illustres* (choix).
Hérodote : extraits.

Langues vivantes[3][4].

LANGUE ALLEMANDE.
(6 heures par semaine.)

Prononciation et accentuation.
Exercices de vocabulaire. — Les mots sont dits à haute voix par le

[1] Un même recueil de morceaux choisis comprenant des textes de prose et de poésie du moyen âge au xviii° siècle inclusivement doit suffire pour les trois classes de la division de grammaire. Les morceaux tirés des auteurs antérieurs au xvii° siècle ne seront étudiés qu'à partir de la quatrième.

[2] Un même recueil doit suffire pour les trois classes de la division de grammaire.

[3] «Les élèves de l'enseignement secondaire moderne sont tenus d'apprendre deux langues vivantes (ª) : l'une qui sera, obligatoirement, l'allemand ou l'anglais; l'autre qui, suivant les établissements, sera au choix, l'allemand, l'anglais, l'italien, l'espagnol, l'arabe ou le russe.

«Par décision spéciale, la langue anglaise pourra prendre, dans l'emploi du temps, la place de la langue allemande (ᵇ) et réciproquement. Ce régime pourra être adopté notamment, pour un groupe d'élèves, dans les établissements où les classes d'enseignement moderne comprennent plusieurs divisions.» (*Arrêté du 29 juillet 1893, art. 1 et 2.*)

«Il y aura lieu, d'ailleurs, comme par le passé, d'assurer, pour les élèves qui auraient commencé l'étude de l'anglais dans les classes élémentaires, les moyens de continuer cette étude dans la classe de sixième, soit en les admettant à suivre en totalité ou en partie le cours d'anglais de l'enseignement classique, soit en instituant pour eux une conférence spéciale, s'il est absolument impossible de faire autrement.» (*Circulaire du 5 août 1893.*)

[4] Voir l'instruction du 15 juillet 1890 p. 588, 596 et suivantes.

(ª) Aux termes de la circulaire explicative du *5 août 1893,* «l'étude de *deux* langues vivantes «demeure *obligatoire* pour tous les *élèves qui se proposent de suivre le cours entier* de l'enseignement moderne.»

Mais «En ce qui concerne les *élèves qui, d'après la volonté des parents, ne doivent pas ache-*«*ver le cours entier* d'études de l'enseignement moderne, ils pourront être, par autorisation «rectorale, dispensés de l'une des deux langues vivantes et admis à étudier seulement l'une quel-«conque de celles qui sont enseignées dans l'établissement. La demande de dispense et la dési-«gnation de la langue choisie seront faites par la famille».

(ᵇ) Cette décision spéciale pourra être prise, sur la proposition motivée du recteur, en raison des besoins particuliers de certaines régions ou de certaines localités.

professeur; les élèves les répètent; les mots sont ensuite écrits au tableau, copiés par les élèves et appris par cœur.

Les élèves sont exercés à l'écriture allemande.

Les mots choisis parmi ceux qui sont les plus notés sont, autant que possible, présentés par séries se rapportant à un même ordre d'idées : le mobilier de la classe, les parties du corps, le vêtement, etc. Les substantifs allemands sont toujours précédés de l'article.

Exercices gradués de lecture.

Exercices oraux à l'aide des mots appris et des lectures faites.

Les noms de nombre. Petits exercices de calcul.

Poésies faciles apprises par cœur.

Dictée des mots connus des élèves.

Grammaire élémentaire.

Thèmes d'imitation, oraux et écrits, sur les mots et les phrases déjà connus [1].

AUTEURS ALLEMANDS [2].

Morceaux choisis de poésie et de prose.
Choix de contes et de fables.

LANGUE ARABE (DANS L'ACADÉMIE D'ALGER) [3].

———

Arabe vulgaire.

Éléments de grammaire.
Exercices de lecture et d'écriture.
Exercices oraux sur les mots usuels.
Versions faciles dictées en devoir.
Thèmes sur les éléments de grammaire.
Conversation.

Ouvrages proposés.

Bel Kassem ben Sedira : *Cours pratique d'arabe.*
Machuel : *Méthode pour l'étude de l'arabe parlé.*

---

[1] Les actes et les mouvements de la classe sont commandés en langue étrangère. — Il en sera de même pendant toute la série des classes.

[2] Le professeur choisira parmi les auteurs indiqués. Il pourra reprendre les auteurs d'une classe antérieure. Cette observation s'applique à toute la série des classes.

[3] En Algérie, la langue arabe, dont le programme a été fixé par arrêté du *15 février 1892*, est admise à remplacer la langue allemande dès la classe de sixième.

Histoire et Géographie [1].

(3 heures par semaine.)

1° HISTOIRE.

Histoire de l'ancien Orient [2] *et de la Grèce.*

L'Égypte : le Nil. — Memphis et Thèbes. — Religion. monuments. mœurs, industrie. — Découvertes modernes.

Les Assyriens. — La région du Tigre et de l'Euphrate. — Babylone et Ninive d'après les récits anciens et les découvertes modernes.

Les Israélites. — La Palestine. — Jérusalem. — Le Temple. — Dispersion des Juifs.

Les Phéniciens. — Tyr et Carthage. — Le commerce et les colonies. — L'alphabet.

Les Mèdes et les Perses. — Le plateau de l'Iran. — Monuments et religion. — L'empire de Cyrus.

Géographie de la Grèce ancienne et du littoral de la Méditerranée orientale.

Grèce primitive : légendes. — La guerre de Troie. — Les dieux, les oracles, les jeux.

Commerce et colonies des Grecs dans le bassin de la Méditerranée. — Les institutions de Sparte et d'Athènes : Lycurgue et Solon.

Les guerres médiques : Léonidas, Thémistocle, Aristide.

Suprématie d'Athènes au temps de Périclès: lettres, théâtre, arts. — Principaux monuments.

Rivalités entre les cités grecques. — Guerre du Péloponèse. — Prise d'Athènes. — Mort de Socrate. — Suprématie de Sparte.

Suprématie de Thèbes : Épaminondas.

Suprématie de la Macédoine : Philippe et Démosthène.

Alexandre le Grand : Conquête de l'Orient.

Démembrement de l'empire d'Alexandre : les Ptolémées.

La fin de la Grèce. — La conquête romaine.

Révision de grands faits et résumé du cours.

NOTA. — Les élèves de l'enseignement secondaire moderne n'étant pas soutenus par l'explication des textes, il sera bon de mettre entre leurs mains, pour faciliter l'intelligence du cours, un «Choix de lectures extraites des auteurs anciens et modernes sur l'histoire grecque».

---

[1] Voir p. 599 et suivantes. — [2] L'histoire des peuples de l'Orient ne doit pas occuper plus d'un trimestre.

2° GÉOGRAPHIE [1].
Géographie élémentaire de la France.

Configuration et dimensions de la France. Superficie.

Mers et côtes, golfes, presqu'îles, caps, îles, dunes, falaises, plages, côtes rocheuses, marais salants, lagunes, principaux ports.

Frontières de terre, pertes territoriales de la France en 1871.

Relief du sol : chaînes de montagnes, massifs, plateaux, plaines et grandes vallées (altitude, neiges perpétuelles, glaciers).

Eaux : versants et bassins, fleuves et principaux affluents, lacs, régions de marais.

Climat et principales productions.

Anciennes provinces, départements et chefs-lieux, villes importantes.

Principaux canaux, chemins de fer de grande communication.

Description de l'Algérie et de la Tunisie.

Possessions coloniales.

Sciences.

INSTRUCTION GÉNÉRALE. — Les cours de sciences ne seront jamais dictés. — Le professeur pourra, s'il le juge convenable, mettre entre les mains des élèves un livre ou un texte autographié, qui le dispense de développer personnellement toutes les parties du cours.

Arithmétique.
(2 classes de 1 heure par semaine.)

Opérations sur les nombres entiers. Exercices de calcul mental.

Caractères de divisibilité par 2, 5, 9 et 3 (règles pratiques).

Fractions ordinaires. Réduction de plusieurs fractions au même dénominateur.

Opérations sur les fractions ordinaires.

Nombres décimaux. Opérations (règles pratiques).

Sphère terrestre. — Verticale. — Horizon.

Simples notions sur les pôles, les méridiens, les parallèles et l'équateur terrestre. — Points cardinaux. — Longitude et latitude géographiques.

Le professeur devra s'abstenir de toute théorie.

Zoologie.
(1 heure par semaine.)

Le cours devra être très élémentaire. Le professeur devra se borner à un petit nombre d'exemples; les démonstrations devront être données, soit sur des échantillons des animaux eux-mêmes, soit à l'aide de planches, ou mieux de dessins tracés sur le tableau, propres à mettre en évidence les caractères essentiels.

[1] Voir instruction du 15 juillet 1890, p. 640.

Étude très sommaire de l'organisation de l'homme, prise comme terme de comparaison.

Grandes divisions du règne animal.

Vertébrés. — Mammifères : caractères essentiels. — Exemples choisis dans les principaux ordres.

Oiseaux : caractères essentiels. — Exemples choisis dans les principaux ordres.

Reptiles : caractères essentiels. — Crocodiles, tortues, lézards, serpents.

Batraciens : caractères essentiels. — Métamorphoses.

Poissons : caractères essentiels. — Exemples de poissons osseux et de poissons cartilagineux.

Articulés. — Insectes : caractères essentiels. — Métamorphoses. — Exemples choisis dans les principaux ordres.

Arachnides, Myriapodes, Crustacés; quelques exemples.

Vers : caractères essentiels.

Mollusques : seiche, escargots, moule.

Quelques mots sur les *Rayonnés* et les *Protozoaires.*

Dessin [1].
(3 heures par semaine.)

———

N° 1. — DESSIN À MAIN LEVÉE.

Nota. — On admet que les élèves de la sixième, soit qu'ils aient passé par les classes primaires, soit qu'ils aient suivi le cours de dessin de la classe de septième de l'enseignement classique, ont été exercés sur les premiers éléments du dessin.

§ 1er. Principes élémentaires du dessin d'ornement. — Circonférences. — Polygones réguliers. — Rosaces étoilées.

§ 2. Courbes régulières autres que la circonférence. — Courbes elliptiques. — Spirales, etc.

Courbes empruntées aux éléments du règne végétal, tiges, feuilles, fleurs.

§ 3. Premières notions sur la représentation des objets dans leurs dimensions vraies (éléments du dessin géométral) et sur la représentation de ces objets dans leur apparence (éléments de la perspective).

Nota. — Les exercices de cette partie du programme seront limités à la représentation, sans les ombres, des principaux solides géométriques : le cube, le prisme, le cylindre, la pyramide, le cône.

———

[1] Voir p. 680.

N° 1 *bis*. — DESSIN GÉOMÉTRIQUE.

§ 1er. Emploi des instruments pour le tracé des lignes droites et des circonférences. — Emploi de la règle, des compas, de l'équerre et du rapporteur.

§ 2. Exécution, avec les instruments, de dessins géométriques dans lesquels n'entreront que des lignes droites, et reproduisant des motifs simples de décoration de surfaces planes. — Carrelages; vitraux; parquetage; lavis, à l'encre de Chine et à la couleur, de quelques-uns de ces dessins.

CLASSE DE CINQUIÈME.

(ÉLÈVES DE 12 À 13 ANS EN MOYENNE.)

Français, 6 heures par semaine. Langues allemande et anglaise, 8 heures. Histoire, 1 classe de 2 heures par semaine. Géographie, 1 heure. Arithmétique, 2 classes de 1 heure par semaine. Géologie et botanique, 1 heure. Dessin, 3 heures.

Langue et littérature françaises [1].

(6 heures par semaine.)

ENSEIGNEMENT ET EXERCICES.

Étude plus approfondie des principales difficultés de la syntaxe; étude plus complète des formes [1].

Exercices écrits et oraux de la langue française.

Notions élémentaires de versification.

Vers français à retourner et à compléter.

Lectures (vers et prose) suivies de questions et d'explications.

Récitation. On fera, de préférence, apprendre par cœur des morceaux de poésie.

Analyse orale ou écrite de lectures d'auteurs français ou de traductions, faites hors de la classe sur l'indication du professeur.

Compositions très simples.

TEXTES D'EXPLICATION ET DE RÉCITATION.

Racine : *Esther*.

Boileau : choix de *Satires*, épisodes du *Lutrin*.

[1] Voir les notes 1 et 2 de la page 421, au sujet de l'enseignement de la grammaire.

Recueil de morceaux choisis du moyen âge au xviiie siècle.
Recueil de morceaux choisis des prosateurs du xixe siècle.
Recueil de morceaux choisis des poètes du xixe siècle.

LIVRES DE LECTURE ET D'ANALYSE.

Homère : *Iliade*, analyse et extraits.
Plutarque : *Vie des Romains illustres* (choix).
Tite-Live : extraits.
Virgile : analyse et extraits.

Langues vivantes : Allemand et anglais [1].

(8 heures par semaine.)

1° LANGUE ALLEMANDE.

Continuation des exercices de l'année précédente.
Acquisition de nouvelles parties du vocabulaire. Insister sur les principaux adverbes. — Monnaies, poids et mesures.
Exercices oraux sur les mots appris.
Exercices de conversation sur des objets usuels ou au moyen de tableaux figurés.
Les principales phrases dites en classe sont rapportées par écrit et apprises par cœur.
Exercices gradués de lecture en insistant sur l'accent des mots et sur l'accent de la phrase.
Exercices de conversation sur les lectures faites.
Textes faciles en vers ou en prose appris par cœur.
Dictées.
Grammaire élémentaire.
Thèmes d'imitation, oraux ou écrits.

AUTEURS ALLEMANDS.

Morceaux choisis.
Grimm : *Kinder und Hausmärchen* (extraits).
Hebel : *Schatzkästlein* (extraits).

[1] «Le programme de langue anglaise, tel qu'il est déterminé par l'arrêté du 15 juin 1891, pour la classe de quatrième, sera suivi dans les deux classes de cinquième et de quatrième.» (*Arrêté du 29 juillet 1893, art. 3.*)
Les professeurs d'anglais devront s'en référer, pour l'esprit dans lequel ce programme sera à appliquer, aux programmes de l'enseignement de l'allemand dans les classes de sixième, cinquième et quatrième (pages 350, et 356).
Voir l'instruction du 15 juillet 1898 p. 588, 593 et suivantes.

2° Langue anglaise.

Prononciation et accentuation.
Exercices de vocabulaire et de conversation.
Grammaire élémentaire.
Lectures et dictées.
Textes appris par cœur.
Thèmes d'imitation oraux et écrits[1].

AUTEURS ANGLAIS.

Morceaux choisis.
Miss Edgeworth : *Old Poz.*
Franklin : *Autobiography* (extraits).
Swift : *Gulliver's Travels* (extraits).
Ouida : *A Leaf in the Storm; A Dog of Flandres.*

LANGUE ARABE (DANS L'ACADÉMIE D'ALGER).

Écriture.
Conversations : idiotismes.
Traductions orales et écrites d'historiettes arabes.
Thèmes oraux d'imitation.
Éléments de grammaire.

Ouvrages proposés.

Bel Kassem ben Sedira : *Cours pratique d'arabe.*
Machuel : *Méthode pour l'étude de l'arabe parlé.*

Histoire [2].
(1 classe de 2 heures par semaine.)

HISTOIRE ROMAINE.

Géographie de l'Italie : Latins, Étrusques, colonies grecques.
Fondation de Rome : époque royale. — La religion, la famille, la cité. — Les rois, le Sénat,
Lutte des Patriciens et des Plébéiens. — La République. — Le consulat, la dictature et le tribunat.
Le décemvirat et la loi des Douze tables. — Conquête de l'égalité civile et politique. — Les comices. — Le forum.

---

[1] Les actes et les mouvements de la classe sont commandés en anglais. —
[2] Voir p. 599 et suivantes.

Conquête de l'Italie. — L'armée. — Les colonies. — Les voies militaires.

Les guerres puniques. — Hamilcar et Hannibal. — Les deux Scipions. — Ruine de Carthage.

Conquête du bassin de la Méditerranée. — Caractères de la politique romaine en Orient et en Occident.

Conséquences des conquêtes. — Influence du génie grec sur Rome. — Premiers écrivains latins. — Caton le Censeur. — Révolution dans la cité. — La plèbe romaine, l'esclavage. — Les Gracques et les lois agraires.

Marius et Sylla. — Guerres contre Jugurtha. — Les Cimbres. — Mithridate.

Guerres civiles. — Les proscriptions. — Dictature de Sylla. — Rôle militaire et politique de Pompée; Spartacus. — Cicéron, Verrès, Catilina.

César. — Premier triumvirat. — Conquête des Gaules. — Vercingétorix.

Guerre civile : Pharsale. — Dictature; réformes et projets de César. — Octave et Antoine. — Bataille d'Actium. — Fin du gouvernement républicain.

L'Empire. — Auguste : organisation du gouvernement nouveau. — Administration de Rome et des provinces. — Lutte contre les Germains : Varus. — Limites de l'Empire.

Les lettres et les arts. — Grands écrivains de l'époque de César et d'Auguste. — Monuments, commerce. — Les routes, les postes.

Les empereurs de la famille d'Auguste : conquête de la Bretagne. — Les Flaviens. — Ruine de Jérusalem.

Les Antonins. — Conquêtes de Trajan. — Voyages d'Adrien. — Antonin et Marc-Aurèle.

Les arts. — Grands monuments à Rome et dans les provinces. — Les spectacles. — Les lettres. — Écrivains et philosophes de l'époque des Antonins.

Le christianisme. — Église primitive. — Catacombes.

Septime Sévère. — Les grands jurisconsultes; l'édit de Caracalla. — Anarchie. — Relèvement de l'Empire par Dioclétien.

Constantin : l'édit de Milan, le concile de Nicée. — Organisation de l'église chrétienne. — Fondation de Constantinople.

Derniers temps de l'Empire. — Les invasions. — Théodose. Les deux Empires. — Étendue du monde romain.

Revision des grands faits et résumé du cours.

Nota. Les élèves de l'enseignement secondaire moderne n'étant pas soutenus par l'explication des textes, il sera bon de mettre entre leurs mains, pour faciliter l'intelligence du cours, un «Choix de lectures extraites des auteurs anciens et modernes sur l'histoire romaine».

Géographie [1].

(1 heure par semaine.)

———

GÉOGRAPHIE GÉNÉRALE : L'EUROPE, L'AMÉRIQUE.

———

I. — *Géographie générale* (1er trimestre).

La mer : marées, courants. Le fond des mers. Les régions polaires.
L'athmosphère : vents alizés, moussons, cyclone.
La pluie et la circulation des eaux.
Climats. Végétaux.
Les continents : montagnes, plateaux et plaines, fleuves. Comparaison de leurs principaux traits dans les cinq parties du monde.
Notions élémentaires sur la répartition des races humaines. La vie civilisée et la vie sauvage.

II. — *L'Europe* (2e trimestre).

Configuration, limites et dimensions.
Les mers. Description des côtes.
Les montagnes. Les plateaux et les grandes plaines.
Volcans.
Fleuves et rivières. Principaux groupes de lacs.
Climats. Rapports de la végétation et du climat.
Description particulière des États de l'Europe, moins la France. Traits caractéristiques de leur géographie physique; leurs villes principales, leur population.

III. — *L'Amérique* (3e trimestre).

Situation et forme générale du continent. Océans : Pacifique, Atlantique, Glacial. Grandes divisions. Population. L'Amérique latine et l'Amérique anglo-saxonne.
Amérique du Nord, Amérique centrale, Amérique du Sud. Grands traits du relief du sol. Fleuves, lacs, climat, régions naturelles. Faune.
Principaux États et possessions européennes : productions les plus importantes de l'agriculture, des mines, de l'industrie (insister sur le Canada, les États-Unis, le Brésil, le Chili, la République Argentine). Immigration.
Communications principales des grands États entre eux et avec l'Europe, l'Asie, l'Océanie.

———

[1] Voir instruction du 15 juillet 1890, p. 640.

SCIENCES [1].

Arithmétique.
(2 classes de 1 heure par semaine.)

Revision.

Nombres premiers. — Décomposition d'un nombre en ses facteurs premiers. — (Aucun développement théorique.)

Système métrique. — Exercices relatifs à la mesure des aires et des volumes.

Extraction de la racine carrée d'un nombre entier (règle pratique).

Règle de trois par la méthode de réduction à l'unité.

Intérêt simple. — Escompte commercial. — Rentes.

Problèmes relatifs aux mélanges et aux alliages.

Géologie et botanique.
(1 heure par semaine.)

PROGRAMME DE GÉOLOGIE.

Le professeur devra toujours faire porter ses explications sur des échantillons de roches ou de fossiles mis sous les yeux des élèves; il se servira également de planches ou mieux de dessins tracés au tableau. L'enseignement sera complété, autant que possible, par des excursions dirigées par le professeur.

Notions sommaires sur les principales roches : granit, porphyre, argile, schiste, calcaire, marne, grès.

I. *Modifications continues du sol.* — Dégradations des roches par l'action de l'eau et de l'air. — Creusement des vallées. — Alluvions, deltas, dépôts marins.

Glaciers, moraines. — Blocs erratiques.

Sources thermales, dépôts, filons métallifères.

Volcans. — Filons de roches.

Soulèvements et affaissements lents. — Tremblements de terre. — Failles.

II. Roches stratifiées et non stratifiées.

Fossiles; leur utilité pour caractériser les terrains.

Aperçu général sur la formation du sol de la France.

[1] Voir l'*Instruction générale*, page 425.

Indication sommaire des terrains qu'on y rencontre, de leur ordre de formation, des fossiles principaux qui les caractérisent et des principales substances minérales utiles qu'ils renferment.

Idée de l'apparition successive des divers groupes d'animaux et de végétaux.

PROGRAMME DE BOTANIQUE.

Ce cours doit être très sommaire. Le professeur devra faire porter ses explications soit sur des échantillons de plantes mis entre les mains des élèves, soit sur des planches ou mieux des dessins tracés au tableau, indiquant les caractères essentiels. — L'enseignement sera complété, autant que possible, par des excursions dirigées par le professeur.

Étude sommaire des différents organes d'une plante à fleurs; racine, tige, feuille, fleur, fruit, graine. — Exemples importants des variations de forme de ces organes.

Grandes divisions du règne végétal. — Exemples empruntés à quelques-unes des familles suivantes :

Phanérogames. — Dicotylédones : renonculacées, crucifères, papavéracées, légumineuses, rosacées, ombellifères, composées, rubiacées, primulacées, solanées, personnées, labiées, amentacées.

Monocotylédones : liliacées, iridées, orchidées, palmiers, graminées.

Gymnospermes : conifères.

Cryptogames. — Notions sommaires sur les cryptogames. — Cryptogames à racines : fougères, prêles, lycopodes. — Cryptogames sans racines : mousses, algues, champignons, lichens.

Dessin [1].

(3 heures par semaine.)

N° 2. — DESSIN À MAIN LEVÉE.

§ 1er. Représentation géométrale, au trait, et représentation perspective avec les ombres, de solides géométriques et d'objets usuels simples.

§ 2. Dessin, d'après des ornements en relief empruntant leurs éléments à des formes non vivantes; moulures, rais de cœur, oves, perles, denticules, etc.

N° 2 *bis*. — DESSIN GÉOMÉTRIQUE.

§ 1er. Exécution, avec les instruments, de dessins géométriques dans lesquels entreront des lignes droites et des circonférences, et empruntés à

[1] Voir p. 680.

des motifs de décoration de surfaces planes. — Parquetages. — Dallages. — Mosaïques, vitraux. — Reliures.

Lavis, à l'encre de Chine et à la couleur, de ces dessins.

§ 2. Relevé avec cotes, et représentation géométrale, au trait, à une échelle déterminée, de solides géométriques et d'objets très simples.

CLASSE DE QUATRIÈME.
(ÉLÈVES DE 14 À 15 ANS EN MOYENNE.)

Français, 3 heures par semaine. Langue allemande *ou* langue anglaise, 4 heures. Langue anglaise *ou* allemande, espagnole, italienne *ou* russe, 4 heures. Histoire, 2 heures. Morale pratique, 1 heure. Géographie, 1 heure. Mathématiques, 3 heures. Dessin, 3 heures.

Langue et littérature françaises [1].
(5 heures par semaine.)

ENSEIGNEMENT ET EXERCICES.

Notions élémentaires de grammaire historique. Notions d'étymologie. Lois principales qui ont présidé à la formations de la langue française [2]. Époques de l'histoire de la langue.

Développement du vers français.

Exercices sur la langue française. Lectures expliquées de quelques xtes français du moyen âge et du xvıᵉ siècle.

Vers français à retourner et à compléter.

Explication, récitation et lectures d'auteurs français (vers et prose).

Analyse écrite ou morale d'auteurs français ou de traductions lus hors de la classe sur l'indication du professeur.

Compositions françaises: narrations, lettres, développement d'une idée morale, résumés et analyses d'auteurs.

TEXTES D'EXPLICATION ET DE RÉCITATION [1].

Corneille : *Le Cid, Horace.*
Racine : *Iphigénie, Les Plaideurs.*
Molière : *L'Avare, Le Malade imaginaire.*
La Fontaine : *Fables* (I à VI).
Voltaire : *Histoire de Charles XII.*

---

[1] Voir l'instruction du 15 juillet 1890 p. 574 et suivantes.

[2] Notions élémentaires sur la formation des mots de la langue française. Mots d'origine populaire, savante, étrangère.

Persistance de l'accent tonique dans les mots d'origine populaire. Mots tirés du latin par les savants, souvent en opposition avec les règles de l'accent tonique; doublets.

Recueil de morceaux choisis du moyen âge au xviii° siècle.
Recueil de morceaux choisis des prosateurs du xix° siècle.
Recueil de morceaux choisis des poëtes du xix° siècle.

LIVRES DE LECTURE ET D'ANALYSE.

Xénophon : analyse et extraits.
Salluste.
Cervantès : analyse et extraits.
Le Tasse : *Jérusalem délivrée* (extraits et analyse).
Analyse et extraits des chroniqueurs français : Villehardouin, Joinville,
Comines. (Traductions.)
Recueil de morceaux choisis de littératures étrangères. (Traductions.)

Langues vivantes [1].

ALLEMAND OU ANGLAIS.
(4 heures par semaine.)

ANGLAIS OU ALLEMAND, ESPAGNOL, ITALIEN OU RUSSE.
(4 heures par semaine.)

ARABE (DANS L'ACADÉMIE D'ALGER[2]).

Langue allemande.

Continuation des exercices de l'année précédente.
Acquisition de nouvelles parties du vocabulaire, avec des exercices
oraux correspondants.
Suite des exercices de lecture.
Explication et récitation d'auteurs.
Conversation sur les lectures faites et sur les textes expliqués.
Thèmes oraux.
Thèmes écrits, repris de vive voix.
Versions et thèmes d'imitation.
Étude méthodique des formes grammaticales et de leur emploi.

[1] Voir l'instruction du 15 juillet 1890, p. 588, 593 et suivantes.
[2] En Algérie, les élèves, qui dès la classe de sixième, ont opté pour la langue arabe, en continuant l'étude dans les classes supérieures. Pour seconde langue vivante, ils ont à choisir entre l'allemand, l'anglais, l'espagnol, l'italien ou le russe.

Morceaux choisis.

Benedix : scènes choisies dans le *Haustheater*.

Choix de nouvelles allemandes.

Schiller : *Der Neſſe als Onkel*.

Langue anglaise.

Le programme est le même que celui de la classe de cinquième. Voir ce programme, page 429.

Langue italienne.

Prononciation. — Insister sur l'accent tonique, en le comparant avec le français.

Exercices de vocabulaire et de conversation.

Grammaire élémentaire.

Lectures et dictées.

Textes appris par cœur.

Thèmes d'imitation oraux et écrits[1].

AUTEURS ITALIENS.

Soave : *Novelle morali*.

Gaspare Gozzi : *Favole, Novelle e Lettere*, recueillies par G. Mastica, pour les écoles élémentaires et secondaires.

Langue espagnole.

Alphabet et prononciation. — Analogies et différences entre la prononciation des voyelles et des consonnes en français et en espagnol.

Accent tonique. — Comparaison de la place occupée par l'accent tonique dans les mots français et dans les mots espagnols.

Exercices gradués de lecture.

Correction des défauts de prononciation et d'intonation.

Observations générales sur l'orthographe espagnole.

Observations générales sur les rapports phonétiques des mots français et des mots espagnols correspondants. — Dictées.

Conjugaison des verbes *haber, ser, estar, tener*.

Propositions et phrases simples où entrent les mots présentés par séries se rapportant à un même ordre d'idées : parties du corps, vêtements, mobilier de la classe, etc.

[1] Les actes et les mouvemente de la classe sont commandés en italien.

Notions élémentaires de grammaire. — Avoir soin d'indiquer les analogies et les différences existant entre le français et l'espagnol pour ce qui concerne le genre et le nombre dans l'article, le substantif, l'adjectif et ses divers degrés, l'emploi ou la suppression du pronom dans la conjugaison du verbe.

Thèmes d'imitation[1].

AUTEURS ESPAGNOLS.

Morceaux choisis de prose et de poésie.
Juanito : *Lecturas morales.*
Antonio de Trueba : *Countos populares.*

LANGUE ARABE (DANS L'ACADÉMIE D'ALGER).

Arabe littéral.

Différence d'écriture et de prononciation.
Notions générales de grammaire d'arabe régulier (verbes, pronoms, substantifs, règles de construction).
Thèmes et versions élémentaires sur les notions de grammaire.

Ouvrages indiqués.

Mouliéras : *Manuel algérien. Chrestomathie élémentaire d'arabe régulier.*
Machuel : *Grammaire d'arabe régulier.*

Arabe vulgaire.

Conversation ; proverbes et idiotismes.
Traductions orales et écrites d'historiettes arabes.
Thèmes oraux d'imitation.

Ouvrages indiqués.

Bel Kassem ben Sedira : *Cours pratique d'arabe.*
Machuel : *Méthode pour l'étude de l'arabe parlé.*
Mejdoub : *Choix de fables.*
Allaoua : *Recueil de thèmes et versions en arabe parlé.*

[1] Les actes et les mouvements de la classe sont commandés en espagnol.

Histoire [1].

(2 heures par semaine.)

HISTOIRE DE L'EUROPE ET DE LA FRANCE JUSQU'EN 1270.

L'Empire romain à la fin du IVe siècle. — L'empereur, les préfets, l'impôt, la cité; les grandes propriétés; les colons.

Civilisation romaine : écoles, monuments, mœurs. Exemples pris en Gaule avant la conquête de la Gaule romaine.

Le christianisme; les évêques, les conciles.

Les Barbares. — Mœurs des Germains. — Les invasions germaniques: Alaric. Simple énumération des États fondés par les Germains. — Les Huns et Attila. — Les Goths et Théodoric.

Les Francs : Clovis. Conquête de la Gaule et d'une partie de la Germanie.

Mœurs de l'époque mérovingienne : loi salique. Les rois, les grands, les évêques; Grégoire de Tours. Les régions franques : Neustrie, Austrasie, Bourgogne, Aquitaine.

Empire romain d'Orient. — Justinien, mœurs byzantines, la cour, les lois ; l'église Sainte-Sophie.

Les Arabes. — Mahomet : le Coran ; l'empire arabe ; la civilisation arabe.

La papauté. — Grégoire le Grand; monastères et missions en Occident.

Les ducs austrasiens. — Charles Martel. Relations avec les papes. Avènement de Pépin le Bref.

L'Empire franc. — Charlemagne : la cour, les assemblées, les Capitulaires, les écoles ; l'armée et la guerre ; restauration de l'Empire.

Louis le Pieux. Le traité de Verdun. Démembrement de l'Empire en royaumes. Les Normands en Europe.

La féodalité. — Démembrement de la France en grands fiefs. Avènement des Capétiens.

Le régime féodal ; l'hommage, le fief, le château, le serf; la Trêve de Dieu ; évêques et abbés. — La chevalerie.

L'Allemagne et l'Italie. — Les duchés allemands ; Henri Ier; les Marches; Othon Ier en Italie. Nouvelle restauration de l'Empire.

---

[1] Voir p. 599 et suivantes.

L'empereur et le pape ; la réforme de l'Église, Grégoire VII : la querelle des investitures. Alexandre III et Frédéric Barberousse. Innocent III ; Frédéric II.

Les croisades. — Fondation du royaume de Jérusalem. La prise de Constantinople. Influence de la civilisation orientale sur l'Occident. — Croisades et missions dans l'Orient de l'Europe.

Les villes. — Progrès des populations urbaines et rurales en Occident. — Les communes. L'industrie, le commerce, les métiers, les foires.

La royauté française. — Les premiers rois capétiens. Le roi, sa cour, son domaine ; les grands vassaux.
Louis VI, Louis VII et Philippe Auguste. Progrès du pouvoir royal ; extension du domaine.
Le règne de saint Louis.

L'Angleterre. — Guillaume le Conquérant ; Henri II. La Grande Charte. Le Parlement.

Civilisation chrétienne et féodale. — L'Église ; les hérésies ; les ordres mendiants ; la croisade albigeoise ; l'Inquisition. — Les écoles ; l'Université de Paris. — La littérature : trouvères, troubadours ; Villehardouin, Joinville. Les arts : un château, une église romane, une gothique.

Revision des grands faits et vue d'ensemble du cours.

Morale pratique.
(1 heure par semaine.)

Notions préliminaires. — Premières données de la conscience.

Devoirs domestiques. — Devoirs des enfants envers les parents.
Devoirs des parents envers les enfants.
Devoirs des frères et sœurs.

Devoirs sociaux. — Respect de la vie humaine.
Respect de l'honneur et de la réputation. Les outrages, la calomnie, la médisance. Condamnation de la délation et de l'envie.
Respect de la propriété. Le vol et la fraude sous toutes ses formes.
Caractère sacré des promesses et des contrats.
Équité. Reconnaissance. La bienfaisance : l'aumône ; l'obligation d'assister ses semblables dans le péril ; le dévouement, le sacrifice. Devoirs de l'amitié. Respect de la vieillesse, des supériorités morales.
Devoirs à l'égard des animaux.
Devoirs réciproques des maîtres et des serviteurs.

Devoirs civiques. — La patrie et le patriotisme. L'obéissance aux lois, le respect des magistrats, l'impôt, le service militaire, le vote.

Devoirs personnels. — Devoir de conservation personnelle. Le suicide. Principales formes du respect de soi-même : tempérance, prudence, courage. Respect de la vérité ; sincérité vis-à-vis de soi-même.

Devoir de cultiver et de développer toutes nos facultés. Le travail : sa nécessité, son influence morale. Devoirs religieux et droits correspondants.

Géographie[1].
(1 heure par semaine.)

AFRIQUE, ASIE, OCÉANIE.

Configuration, superficie ; mers et côtes ; archipels et grandes îles.

Grands traits du relief du sol ; fleuves, lacs, climats, régions naturelles. Faune.

Principaux États et possessions européennes.

Productions les plus importantes de l'agriculture, des mines, de l'industrie.

Populations : races indigènes et immigrations. — Langues et religions. Grands souvenirs historiques. Grands voyages de découvertes.

Commerce extérieur. Principaux ports. Grandes voies de communication par terre et par mer.

Résumé. — Les plus grands États des cinq parties du monde comparés entre eux. Relations entre les cinq parties du monde. Répartition des races. Grandes lignes de navigation et de télégraphie.

SCIENCES [2].

Mathématiques.
(3 heures par semaine.)

ARITHMÉTIQUE.

Revision.

Rapports et proportions. — Grandeurs proportionnelles.

Applications à l'arithmétique commerciale : Escompte, méthodes des diviseurs et des parties aliquotes : bordereau d'escompte ; comptes courants ; règles de société et de mélanges. Applications aux calculs des rentes.

---

[1] Voir p. 640 et suivantes. — [2] Voir l'*Instruction générale*, p. 425.

GÉOMÉTRIE.

Ligne droite et plan. — Angles. — Droites perpendiculaires.
Triangles. — Triangle isocèle. — Cas d'égalité des triangles.
Perpendiculaires et obliques. Triangles rectangles. — Cas d'égalité. —
Définition d'un lieu géométrique. — Lieu géométrique des points équidistants de deux points ou de deux droites.
Droites parallèles. Somme des angles d'un triangle, d'un polygone convexe. Propriétés des parallélogrammes.
Figures symétriques par rapport à un point ou à une droite. — Deux figures sysmétriques sont égales.
Usage de la règle et de l'équerre.

Cercle. — Intersection d'une droite et d'un cercle. — Tangente au cercle; les deux définitions de la tangente. — Arcs et cordes.
Positions relatives de deux circonférences.
Mesures des angles.
Usage de la règle et du compas. — Rapporteur.
Problèmes élémentaires et lieux géométriques. Mener une tangente à un cercle par un point extérieur. Mener une tangente à un cercle parallèlement à une droite donnée. Mener une tangente commune à deux cercles.
Décrire sur une droite donnée un segment capable d'un angle donné.

Dessin [1].
(3 heures par semaine.)

N° 3. — DESSIN À MAIN LEVÉE.

§ 1er Dessin d'après des ornements en bas-relief empruntant leurs éléments au règne végétal. — Feuilles et fleurs ornementales. — Palmettes, rinceaux, etc.

§ 2. Dessin d'après des fragments d'architecture. — Piédestaux. — Bases et fûts de colonnes. — Antes. — Corniches. — Vases.

§ 3. Dessin de la tête humaine. — Premières notions sur la structure et les proportions de ses différentes parties.

N° 3 *bis.* — DESSIN GÉOMÉTRIQUE.

§ 1er. Notions sur la ligne droite, sur le plan et sur les projections.

§ 2. Projections des solides géométriques et d'objets usuels les plus simples. — Déplacements de ces objets et de ces solides parallèlement aux plans de projection.

[1] Voir p. 680 et suivantes.

Notions pratiques élémentaires sur le lavis des surfaces planes et des surfaces courbes.

§ 3. Éléments du dessin d'architecture. — Les murs et les moulures.

Ensemble et détails de l'ordre dorique. (Cette étude d'architecture sera faite d'après un monument de l'art grec ou de l'art romain.)

DIVISION SUPÉRIEURE.

CLASSE DE TROISIÈME.
(ÉLÈVES DE 14 À 15 ANS EN MOYENNE.)

Français, 4 heures par semaine; Langue et littérature allemandes *ou* anglaises, 3 heures. Langue et littérature anglaises *ou* allemandes, espagnoles, italiennes *ou* russes, 3 heures. Histoire, 2 heures. Géographie, 1 heure. Mathématiques, 4 heures. Physique et chimie, 3 heures. Géologie, 12 conférences de 1 heure. Dessin, 3 heures.

Langue et littérature françaises.
(4 heures par semaine.)

ENSEIGNEMENT ET EXERCICES [1].

Étude grammaticale et littéraire de la langue française.

Notions sur les principales qualités du style et les règles essentielles de la composition, étudiées, non d'après un cours théorique, mais sur les textes et à l'occasion des devoirs journaliers.

Histoire sommaire de la littérature française jusqu'à la mort de Henri IV. (Quinze entretiens d'une heure au plus, y compris les interrogations [2].)

Explication, récitation, lecture et analyse d'auteurs français.

Lecture et analyse de traductions choisies.

[1] Voir l'instruction du 15 juillet 1890, p. 582 et suivantes.

[3] *Programme d'histoire de la littérature française :* 1. Formation de la langue française : résumé rapide. Langue d'oc et langue d'oïl. Poésie lyrique du Midi, les troubadours.

2. Les trouvères. Chansons de geste. Les trois cycles.

3. Les fabliaux et le roman du *Renart*.

4. Le roman de *la Rose* et la poésie allégorique. — Poésie lyrique du Nord (XIIIᵉ au XVᵉ siècle).

5. Poésie dramatique : *Les Mystères*.

6. Suite de la poésie dramatique : *Farces, Soties et Moralité*.

7. La prose : les quatre grands chroniqueurs : Villehardouin, Joinville, Froissard, Commines.

8. XVᵉ siècle : aperçu rapide. — XVIᵉ siècle : la Renaissance, la Réforme.

9 et 10. La poésie. Clément Marot et son école. Ronsard et la Pléiade.

11. Le théâtre : commencements de la tragédie et de la comédie.

12. La prose : sa richesse en tous les genres : érudits, philosophes, théologiens, politiques, historiens, conteurs.

13. Rabelais. Montaigne.

14. Les auteurs de *Mémoires*. La Satire Ménippée.

15. D'Aubigné. Régnier. Malherbe.

Compositions et exercices littéraires de genres divers : narrations, discours, dialogues, portraits, développement de pensées (littérature, morale, histoire, etc.).

TEXTES D'EXPLICATION ET DE RÉCITATION [1].

Montaigne : extraits.
Boileau : *Épîtres.*
Bossuet : *Oraisons funèbres.*
La Bruyère : *Caractères.*
Molière : *Les Précieuses ridicules ; les Femmes savantes.*
Lettres choisies du xvii⁰ siècle.
Rousseau : extraits de prose.
Recueil de morceaux choisis (du moyen âge au xviii⁰ siècle) [2].
Recueil de morceaux choisis des prosateurs du xix⁰ siècle [3].
Recueil de morceaux choisis des poètes du xix⁰ siècle [3].

LIVRES DE LECTURE ET D'ANALYSE.

Eschyle, Sophocle, Euripide (choix).
Plaute, Térence : extraits choisis.
César.
Bossuet : *Histoire universelle,* III⁰ partie.
Montesquieu : *Considérations sur les causes de la grandeur des Romains et de leur décadence.*
Recueil de morceaux choisis de littératures étrangères. (Traductions.)

Langues et littératures étrangères [4].

ALLEMAND OU ANGLAIS.
(3 heures par semaine.)

ANGLAIS OU ALLEMAND, ESPAGNOL, ITALIEN OU RUSSE [5].
(3 heures par semaine.)

ARABE (DANS L'ACADÉMIE D'ALGER).

Langues et littératures allemandes, anglaises et italiennes.

Continuation des exercices de l'année précédente.

[1] Le professeur choisira parmi les auteurs indiqués. La même observation s'applique à toutes les classes.

[2] Un même recueil de morceaux choisis, comprenant des textes de prose et de poésie du moyen âge au xviii⁰ siècle inclusivement, doit suffire pour les trois classes de la division supérieure.

[3] Un même recueil doit suffire pour les trois classes de la division supérieure.

[4] Voir l'instruction du 15 juillet 1890, p. 588, 593 et suivantes.

[5] Il n'a pas été publié de programme pour l'enseignement de la langue russe.

Étude de vocabulaire. Reproduction de vive voix de lectures ou de récits faits en classe.

Explication et récitation d'auteurs. — L'explication prendra un caractère plus littéraire que dans la classe précédente ; on choisira de temps en temps des morceaux qui donnent lieu à des comparaisons avec la littérature française.

Lecture courante de textes faciles.

Exercices de conversation sur les textes lus ou expliqués et sur les mots appris.

Étude méthodique des différentes parties du discours.

Thèmes oraux et écrits ; thèmes grammaticaux.

Versions dictées ; thèmes d'imitation.

Essais de composition très simples : récits; descriptions, lettres familières, etc.

Notions d'histoire littéraire à l'occasion des auteurs expliqués [1].

AUTEURS ALLEMANDS [2].

Morceaux choisis.

Gœthe : *Campagne in Frankreich* ; extraits des mémoires (*Dichtung und Wahrheit*).

Schiller : *Wilhelm Tell ; Maria Stuart ; Poésies lyriques.*

Kotzebue : *Die deutschen Kleinstädter.*

AUTEURS ANGLAIS.

Morceaux choisis.

Goldsmith : *She stoops to conquer ; The Vicar of Wakefield.*

Lamb : *Tales from Shakspeare.*

Macaulay : *Essays* (extraits).

Cox : *The gods and the heroes.*

AUTEURS ITALIENS.

Zirardini (Giuseppe): *Fiore di letture italiane*, prose et vers.

Silvio Pellico : *Le mie Prigioni.*

Gaspare Gozzi : *Ragionamenti e dialoghi di morale e di critica letteraria*, pour les écoles secondaires.

---

[1] Les actes et les mouvements de la classe sont commandés en langue étrangère.

Il en sera de même pendant toute la série des classes.

[2] Le professeur choisira parmi les auteurs d'une classe antérieure. Il pourra reprendre les auteurs indiqués. Cette observation s'applique à toute la série des classes.

Langue et littérature espagnoles.

Continuation des exercices de l'année précédente.

Classification des verbes : conjugaison complète des verbes réguliers.

Classification des verbes irréguliers.

Formation et emploi des participes présent, passé.

Rôle du gérondif en espagnol.

Formation des temps simples, des temps composés.

Continuation de la grammaire élémentaire. — Analogie et différences entre la conjugaison française et la conjugaison espagnole. — Noms de nombre. — Principaux adverbes. — Adverbes en *mente*. — Analogie et différence pour leur formation et leur emploi avec les adverbes français en *ment*.

Exercices gradués de lecture et de conversation. — Dictées.

Textes faciles en prose ou en vers appris par cœur.

Thèmes d'imitation, oraux et écrits, d'après les textes connus.

AUTEURS ESPAGNOLS.

Morceaux choisis de prose et de poésie.

Choix de fables de Yriarte, de Samaniego.

Diego de Mendoza : *Guerra de Granada.*

Antonio de Solis : *Historia de la conquista de Mejico.*

Don M. J. Quintana : *Vidas de Españoles celebres.*

LANGUE ARABE (DANS L'ACADÉMIE D'ALGER).

———

Arabe littéral.

Revision des notions de grammaire, en insistant sur les substantifs et les pronoms.

Thèmes oraux et écrits.

Versions écrites.

Explication et récitation d'auteurs.

Ouvrages proposés.

Mouliéras : *Manuel algérien.*

Machuel : *Grammaire d'arabe régulier.*

Textes.

Mouliéras : *Chrestomathie élémentaire d'arabe régulier.*
Machuel : *Histoire de Sindbad le Marin.*

Arabe vulgaire.

Conversation : proverbes et idiotismes.
Traductions orales et écrites d'historiettes arabes.
Thèmes oraux d'imitation.
Exercice de déchiffrement et de lecture de pièces manuscrites.

Ouvrages proposés.

Mejdoub : *Choix de fables.*
Allaoua : *Recueil de thèmes et de versions d'arabe parlé.*
Houdas : *Lettres manuscrites.*

Histoire [1].

(2 heures par semaine.)

———

HISTOIRE DE L'EUROPE ET DE LA FRANCE DE 1270 À 1610.

L'Europe à la fin du XIIIe siècle. — Empire et papauté. Principaux États.

La royauté en France. — Philippe le Bel; caractère nouveau du gouvernement; l'impôt et l'armée; le Parlement; les États généraux. Lutte contre Boniface VIII. Condamnation des Templiers. — Avènement des Valois.

La guerre de Cent ans. — Les armées et les grandes compagnies. Les États-généraux; Étienne Marcel. — La Jacquerie. — Charles V et Duguesclin. — Paris au XIVe siècle. — Charles VI et la maison de Bourgogne. — Charles VII. Jeanne d'Arc. Expulsion des Anglais.

France et Angleterre à la fin de la guerre de Cent ans. — Institutions de Charles VII : armée permanente ; pragmatique de Bourges. — Féodalité : Bretagne et Bourgogne. — Troubles en Angleterre : Henri VI.

L'Église. — Les papes à Avignon ; le grand schisme d'Occident ; Wiclef et Jean Huss; les grands conciles.

L'anarchie en Allemagne et en Italie. — Avènement des Habsbourg : affranchissement de la Suisse; la Bulle d'or ; la Hanse. Les grandes villes d'Italie; Florence et Venise.

[1] Voir p. 599 et suivantes.

Démembrement de l'empire grec et formation de l'empire ottoman. — Slaves et Hongrois ; les Turcs : Mahomet II. L'Europe orientale : la Moscovie. Ivan III.

Les États de l'Europe occidentale à la fin du xvᵉ siècle. — France : Louis XI et Charles le Téméraire. Charles VIII et Anne de Beaujeu. États de 1484.
Angleterre : les Tudors.
Espagne : Formation du royaume : Ferdinand et Isabelle.

Le déclin du moyen âge. — Commencement de la Renaissance en Italie : Dante, Giotto, Pétrarque, Brunelleschi, Donatello.

Les grandes inventions et leurs effets sur la civilisation générale. — Poudre à canon, boussole, papier ; imprimerie. — Les découvertes maritimes : connaissances géographiques à la fin du xvᵉ siècle : découvertes des Portugais et des Espagnols ; Christophe Colomb. Les voies de commerce ; les épices et l'or.

La politique européenne. — Guerres d'Italie : les États italiens à la fin du xvᵉ siècle ; les belligérants : France, Espagne, maison d'Autriche. Jules II et Léon X.

La rivalité des maisons de France et d'Autriche. — François Iᵉʳ et Charles-Quint ; Henri VIII et Soliman. Henri II. Abdication de Charles-Quint ; traité de Cateau-Cambrésis.

Le pouvoir royal en France. — La cour au temps de François Iᵉʳ et de Henri II ; les principales familles nobles ; le clergé et le concordat de 1516 : l'armée, la justice, les finances.

La Renaissance. — Les arts et les lettres en Italie : Machiavel, Arioste, le Tasse ; Léonard de Vinci, Raphaël, Michel-Ange, Titien. — Renaissance aux Pays-Bas et en Allemagne : retour sur l'histoire de l'art aux Pays-Bas : les Van Eyck. — Erasme, Dürer. — Kopernik. — Renaissance en France : le cardinal d'Amboise ; le collège de France ; Rabelais, Ronsard, Montaigne ; les Italiens à Fontainebleau ; Jean Goujon et Philibert Delorme. Châteaux et palais.

La Réforme. — Zwingle, Luther, Calvin. La paix d'Augsbourg. — Propagation du luthéranisme au nord, du calvinisme à l'ouest. — Henri VIII et l'anglicanisme.

La contre-réforme. — Le concile de Trente ; l'Inquisition : la Société de Jésus.

Guerres politiques et religieuses. — Philippe II : politique religieuse en Espagne et aux Pays-Bas. Affranchissement des Provinces-Unies : Guillaume le Taciturne. Aperçu général de la politique de Philippe II en Europe. Décadence de l'Espagne.
Angleterre : lutte d'Elisabeth contre Philippe II ; Marie Stuart. — Prospérité de l'Angleterre : bourgeoisie, industrie, marine. Shakspeare.

France : catholiques et protestants : l'Hospital et le parti de la tolérance; les Guises, Coligny, la Saint-Barthélemy; Henri III et la Ligue.

Henri IV : lutte contre l'Espagne; édit de Nantes. Sully; reconstitution du royaume.

Révision des grands faits et vue d'ensemble du cours.

Géographie [1].

(1 heure par semaine.)

EUROPE.

1° Étude générale.

Bornes et superficie de l'Europe. Configuration générale. Place de l'Europe dans l'ancien continent.

Description des mers principales et des côtes. Courants.

Relief du sol : principaux massifs de montagnes; plateaux, plaines et grandes vallées.

Hydrographie : principaux centres de distribution et direction générale des eaux. Principaux groupes de lacs. Les grands fleuves.

Climat moyen de l'Europe et climat moyen des principales régions. Extrêmes de froid et de chaud. Rapports de la végétation et du climat, de la végétation et de l'altitude. Exemples pris parmi les végétaux les plus caractéristiques.

Les races européennes et les familles de peuples. Les religions; les langues.

2° Description des États.

Énumération des États avec leur population, leurs capitales, leurs grandes villes.

Étudier pour chacun des principaux États les traits caractéristiques de la géographie physique et de la géographie économique; les éléments de la géographie politique et administrative, les régions historiques, les grandes villes.

3° Résumé.

Superficie et population comparée des principaux États; comparaison de la puissance économique et des forces militaires. Grandes voies de communications internationales.

Rapports entre l'Europe et les autres parties du monde. Tableau des colonies européennes.

[1] Voir p. 640 et suivantes.

SCIENCES [1].

INSTRUCTION GÉNÉRALE. — *Les cours de sciences ne seront jamais dictés.* — *Le professeur pourra, s'il le juge convenable, mettre entre les mains des élèves un livre ou un texte autographié qui le dispense de développer personnellement toutes les parties du cours.*

Mathématiques.
(4 heures par semaine.)

ARITHMÉTIQUE THÉORIQUE.

Numération.

Addition, soustraction et multiplication des nombres entiers.

Théorèmes relatifs à la multiplication.

Division des nombres entiers. Caractères de divisibilité par chacun des nombres 2, 5, 4, 9 et 3. Reste de la division par chacun de ces nombres.

[1] *Extrait des rapports présentés au Conseil supérieur de l'instruction publique.* — «Le professeur de sciences ne perdra pas de vue que l'objet de son enseignement n'est pas uniquement d'apprendre aux élèves un certain nombre de vérités acquises, mais qu'il est aussi, particulièrement dans le cours d'études modernes où les sciences tiennent une large place, de contribuer à la culture générale de l'esprit. Il fera donc en sorte que la haute vertu éducative propre à la science, dont bénéficient ceux qui s'y adonnent, subsiste autant que possible dans ses leçons.

«Animé de l'esprit scientifique, l'enseignement doit donner à l'élève, comme ferait la science elle-même, le besoin de la clarté en toutes choses et le solliciter à mettre partout dans ses idées la précision, l'ordre et la liaison que comporte leur nature. Il doit lui donner le sentiment d'une vérité objective, indépendante de notre volonté, qui se démontre tantôt par un raisonnement rigoureux, tantôt par une expérimentation rigoureuse et, par là, l'amener au respect de toute vérité. Il doit encore, par l'intérêt des choses enseignées, lui communiquer la curiosité scientifique et, par l'exemple de la découverte du vrai, développer en lui, s'il en a le germe, l'esprit d'invention.

«L'enseignement scientifique, bien compris, donne tout à la fois le savoir, la discipline et l'éveil.

«À cette fin, le professeur de sciences sera, cela va sans dire, méthodique dans ses leçons. Mais il doit l'être en suivant et en imitant, dans la mesure du possible, la méthode de la science même. Si, par exemple, dans le cours de physique et de chimie, l'expérience n'intervient jamais que pour confirmer ou illustrer après coup une vérité déjà affirmée et acceptée comme telle, l'enseignement dénature la science et manque son but principal. Et ce n'est pas encore assez de procéder suivant la vraie méthode, si cette méthode, engagée dans ses applications, demeure comme voilée pour les élèves. Qu'on ne craigne donc pas de l'en séparer au besoin, — comme le professeur de lettres dégage parfois d'un discours, pris comme type, les procédés de composition, — pour l'exposer et la discuter en elle-même, pour en formuler les règles, pour en démontrer les avantages ou les défauts. L'élève sera d'autant mieux en état d'en comprendre les applications et d'en apprécier

Plus grand commun diviseur de deux nombres. — Propriétés élémentaires des nombres premiers. — Plus grand commun diviseur et plus petit commun multiple de plusieurs nombres.

Opérations sur les fractions.

Fractions décimales. — Opérations sur les nombres décimaux ; quotient de deux nombres entiers ou décimaux à moins d'une unité d'un ordre décimal donné.

Carré et racine carrée.

GÉOMÉTRIE.

Lignes proportionnelles. — Toute parallèle à l'un des côtés d'un triangle divise les deux autres côtés en parties proportionnelles. — Réciproque.

Propriétés des bissectrices d'un triangle. — Lieu géométrique des points dont le rapport des distances à deux points fixes est constant.

Théorème relatif aux sécantes d'un cercle issues d'un même point.

Relations métriques dans le triangle rectangle.

Relations métriques dans un triangle quelconque.

Problèmes. — Diviser une droite donnée en parties égales, en parties proportionnelles à des longueurs données. — Quatrième proportionnelle. — Moyenne proportionnelle.

Polygones réguliers. — Inscription du carré, de l'hexagone, du triangle équilatéral.

Longueur d'un arc de cercle. — Rapport de la circonférence au diamètre. Calcul de π.

Aires des polygones, aire du cercle. — Mesure de l'aire du rectangle, du carré, du parallélogramme, du triangle, du trapèze, d'un polygone quelconque. Applications et problèmes.

Le carré construit sur l'hypothénuse d'un triangle rectangle est égal à

les résultats. Dans l'enseignement secondaire, la *logique de la science* fait de droit partie de tout programme scientifique. Nul n'a d'aussi bonnes occasions d'en parler que le professeur de sciences et ne peut le faire avec plus de compétence et d'autorité.

« Pour cette même raison d'éducation générale de l'esprit, le professeur ne négligera pas non plus l'*histoire de la science.* L'élève a parfois moins à retirer de l'exposé d'une vérité que de l'historique de sa découverte. Le génie scientifique en travail fournit à la jeunesse, par ses initiatives, ses doutes, ses erreurs même, autant que par ses succès, un enseignement éminemment suggestif et moral. — Par là enfin le professeur de sciences peut relier ses leçons à celles des professeurs de lettres, d'histoire, de philosophie. Tout en exposant les lois et l'évolution de la nature, il fait connaître, comme eux et par des exemples non moins éclatants, les lois et les progrès de l'esprit humain. Il collabore à sa manière à l'enseignement de l'histoire et des humanités. »

la somme des carrés construits sur les côtés de l'angle droit. — Rapport des aires de deux polygones semblables.

Aire d'un polygone régulier convexe. — Aire d'un cercle, d'un secteur, d'un segment. — Rapport des aires de deux cercles.

Notions d'arpentage. — Usage de la chaîne et de l'équerre d'arpenteur.

Notions sur le levé de plans. — Levé au mètre, levé à l'équerre, levé au graphomètre, levé à la planchette.

ALGÈBRE.

Emploi des lettres. — Formules algébriques. — Problèmes conduisant à des équations numériques du premier degré. — Nombreux exemples.

Introduction des nombres négatifs. — Exemples : position d'un point sur un axe; formule du mouvement uniforme. — Opérations sur les nombres négatifs. — Fractions algébriques. — Extension des propriétés démontrées en arithmétique.

Monômes. — Polynômes. — Termes semblables.

Addition, soustraction et multiplication des polynômes.

Équations du premier degré à une inconnue.

Équations numériques à plusieurs inconnues. Diverses méthodes de résolution.

Problèmes. — Mise en équation; résolution des équations.

Inégalités numériques du premier degré à une inconnue.

Physique et chimie.

(3 heures par semaine.)

À la démonstration des vérités scientifiques, le professeur rattachera à l'occasion l'exposé des méthodes et l'histoire des découvertes.

1° PHYSIQUE.

Pesanteur. — Équilibre des liquides et des gaz.

Divers états de la matière.

Direction de la pesanteur. — Fil à plomb. — Centre de gravité. — Poids. — Balance. — Poids spécifique (définition).

Surface libre des liquides en équilibre.

Étude expérimentale de la pression sur le fond et sur les parois des vases. — Vases communiquants. — Presse hydraulique, puits, puits artésiens.

Principe d'Archimède.

Pression atmosphérique. — Baromètre.
Loi de Mariotte. — Loi du mélange des gaz.
Machine pneumatique.
Pompes. — Siphon. — Aérostats.

Chaleur.

Dilatation des corps. — Thermomètres.
Coefficients de dilatation. — Applications usuelles.
Maximum de densité de l'eau.
Conductibilité des corps pour la chaleur.
Définition de la chaleur spécifique des solides et des liquides. — Principe de la méthode des mélanges.
Mélanges réfrigérants.
Vaporisation. — Formation des vapeurs dans le vide. — Vapeurs saturantes et non saturantes. — Force élastique maximum.
Mélange des gaz et des vapeurs.
Définition de l'état hygrométrique.
Évaporation. — Ébullition. — Distillation. — Chaleur de vaporisation.

2° Chimie.

Métalloïdes.

Eau. Analyse et synthèse. — Hydrogène. — Oxygène.
Air; analyse. — Azote. — Combustion.
États divers de la matière. — Notions générales sur les combinaisons chimiques. — Corps simples et corps composés.
Acides, bases, sels. — Nomenclature parlée et écrite.
Oxydes de l'azote. — Acide azotique. — Ammoniaque.
Chlore. Acide chlorhydrique. — Iode. — Brome. — Acide fluorhydrique.
Soufre. Acide sulfureux. Acide sulfurique. Acide sulfhydrique.
Phosphore. Acide phosphorique. — Hydrogène phosphoré.
Carbone. Oxyde de carbone. Acide carbonique. Sulfure de carbone.
Acétylène. — Gaz des marais. — Gaz oléfiant.
Acide borique. — Silice.

Manipulations de chimie.
(Manipulations sur les métalloïdes : 20 heures.)

Hydrogène. — Oxygène.
Azote. — Protoxyde d'azote. — Bioxyde d'azote.

Acide azotique. — Ammoniaque.

Chlore. — Acide chlorhydrique. — Chlorate de potasse.

Soufre. — Acide sulfureux. — Acide sulfhydrique.

Acide sulfurique. — Acide phosphorique.

Iode. — Extraction du brome.

Oxyde de carbone. — Acide carbonique.

Noir animal. — Noir de fumée. — Préparation du sulfure de carbone.

Gaz de la houille. — Acide borique. — Acide silicique.

Dessin.
(3 heures par semaine.)

N° 4. — DESSIN À MAIN LEVÉE.

§ 1er. Dessin d'après les fragments d'architecture tels que : chapiteaux, mascarons, griffes et griffons, vases, têtes décoratives d'animaux, etc.

§ 2. Dessin de l'ensemble de la figure humaine d'après les bas-reliefs empruntés à l'art antique.

§ 3. Etude et dessin des parties du corps humain. — Premières notions simplifiées d'anatomie.

Copie de détails de la figure humaine, alternativement d'après la bosse et d'après l'estampe.

N° 4 bis. — DESSIN GÉOMÉTRIQUE.

§ 1er. Ombres usuelles et pratique raisonnée du lavis (ombres propres, ombres portées). — Lavis des surfaces de révolution les plus simples.

§ 2. Dessin et lavis d'architecture. Ensemble et détails de l'ordre ionique. — Porte ou fenêtre.

(Ces études d'architecture seront faites d'après les monuments de l'art grec ou de l'art romain.)

§ 3. Dessin et lavis de machines. Les organes de machines les plus simples. — Relevé avec cotes de ces organes et leur représentation géométrale, à une échelle déterminée. — Quelques-uns de ces dessins seront lavés.

Certificat d'études.

A l'issue de la Classe de troisième, *les élèves peuvent recevoir un Certificat d'études, s'ils en sont jugés dignes; ce certificat contiendra le résumé de leurs notes et indiquera le rang qu'ils occupaient dans leur classe; il est délivré par le chef de l'établissement en conseil des professeurs, sous le contrôle de l'autorité académique.*

CLASSE DE SECONDE.
(ÉLÈVES DE 15 À 16 ANS EN MOYENNE.)

Français, 5 heures par semaine. Langue et littérature allemandes *ou* anglaises, 3 heures. Langue et littérature anglaises *ou* allemandes, espagnoles, italiennes *ou* russes, 3 heures. Histoire, 2 heures. Géographie, 1 heure. Mathématiques, 4 heures. Physique et chimie, 4 heures. Dessin, 3 heures.

Langue et Littérature françaises.
(5 heures par semaine.)

ENSEIGNEMENT ET EXERCICES.

Histoire sommaire de la littérature française depuis l'avènement de Louis XIII jusqu'en 1789. (Quinze entretiens d'une heure au plus, y compris les interrogations [1].)

Explication, récitation, lecture et analyse d'auteurs français.

Lecture et analyse de traductions choisies.

Compositions françaises de genres divers : narrations, discours, dialogues, portraits, développement de pensées (littérature, morale, histoire, etc.).

TEXTES D'EXPLICATION ET DE RÉCITATION [2].

Corneille : *Cinna, Polyeucte.*
Racine : *Athalie, Britannicus, Andromaque.*
Pascal : choix de *Pensées.*
Bossuet : sermons choisis et extraits des autres œuvres.
Molière : *Le Misanthrope. Tartufe.*
La Fontaine : *Fables* (livres VII à XII).
Voltaire : extraits de prose.
Lettres choisies du xviiie siècle.
Recueil de morceaux choisis (du moyen âge au xviiie siècle).
Recueil de morceaux choisis des prosateurs du xixe siècle.
Recueil de morceaux choisis des poètes du xixe siècle.

---

[1] *Programme d'histoire de la littérature française.* — 1. La littérature sous Louis XIII et Richelieu : l'hôtel de Rambouillet : l'Académie française.
2. La tragédie au xviie siècle.
3. La comédie au xviie siècle.
4. La poésie didactique. — La satire. — La fable.
5. Les moralistes.
6. L'éloquence de la chaire.
7. Les lettres ; les mémoires.
8. Montesquieu et Buffon.
9. Voltaire.
10. Jean-Jacques Rousseau.
11. Le théâtre et la poésie au xviiie siècle.
12. Caractère général du xviiie siècle : les philosophes et les savants.
[2] Voir l'instruction du 15 juillet 1890. pages 578 et 582.

Eschyle, Sophocle, Euripide (pièces choisies).
Aristophane : pièces choisies; extraits.
Cicéron : extraits (traités, discours, lettres).
Sénèque : extraits.
Tacite : extraits.
Fénelon : *Lettre à l'Académie.*
Saint-Simon : extraits.
Buffon : *Époques de la nature.*
Diderot : extraits.
Michelet : extraits.
Recueil de morceaux choisis de littératures étrangères. (Traductions.)

Langues et littératures étrangères[1].

ALLEMAND OU ANGLAIS.
(3 heures par semaine.)

ANGLAIS OU ALLEMAND, ESPAGNOL, ITALIEN OU RUSSE[2].
(3 heures par semaine.)

ARABE (DANS L'ACADÉMIE D'ALGER).

Langues et littératures allemandes et anglaises.

Continuation des exercices de l'année précédente.
Suite des études de vocabulaire, avec des exercices oraux correspondants.
Explication et récitation d'auteurs.
Les textes expliqués sont commentés autant que possible en langue étrangère.
Lecture courante.
Reproduction de vive voix de lectures ou de récits faits en classe.
Thèmes oraux et écrits. Versions. — L'exercice du thème et de la version devra prendre, dans cette classe, un caractère plus littéraire.
Essais de composition sur les textes lus ou expliqués.
Étude méthodique de la syntaxe. Formation et composition des mots. Notions de prosodie.
Notions d'histoire littéraire dans l'ordre chronologique.

---

[1] Voir l'instruction du 15 juillet 1890, pages 588, 593 et suivantes. — [2] Il n'a pas été publié de programme pour l'enseignement de la langue russe.

AUTEURS ALLEMANDS.

Lessing : *Dramaturgie* (extraits).
Gœthe : *Hermann et Dorothée.*
Schiller : *Wallenstein* (les trois parties); *Die Jungfrau von Orleans* (les trois premiers actes). — Extraits des œuvres historiques.
Kleist : *Michael Kohlhaas.*
Heine : morceaux choisis, prose et poésie.
Poésies lyriques de Gœthe.
Choix de lectures historiques et géographiques.

AUTEURS ANGLAIS.

Shakspeare : *Julius Cæsar, Coriolanus.*
Milton : extraits.
Walter Scott : un roman.
Byron : *Childe Harold.*
Dickens : *A Christmas Carol, David Copperfield.*
Longfellow : extraits.
Extraits des voyageurs, des historiens et des économistes anglais.

Langue et littérature italiennes.

Continuation des exercices de l'année précédente.
Suite des études de vocabulaire, avec des exercices oraux correspondants.
Explication et récitation d'auteurs. Les textes expliqués sont commentés autant que possible en italien.
Lecture courante.
Reproduction de vive voix de lectures ou de récits faits en classe.
Thèmes oraux et écrits. Versions. — L'exercice du thème et de la version devra prendre, dans cette classe, un caractère de plus en plus littéraire.
Essais de composition sur les textes lus ou expliqués.
Étude méthodique de la syntaxe. Idiotismes, particules explétives. Augmentatifs, diminutifs. Formules de politesse. Formation et composition des mots. Notions de prosodie. Différence entre la langue de la poésie et la langue de la prose.
Histoire sommaire de la littérature italienne.

AUTEURS ITALIENS.

Zirardini : *Fiore di letture italiane.*
Guicciardini (Fr.) : *Ritratti, allocuzioni e pensieri*, tirés de sa *Storia d'Italia.*

Machiavelli : *Discorsi sopra la prima Deca di T. Livio*, réduits à l'usage des classes supérieures. — *Libro dell' arte della guerra*, édition Domenico Carbone.

Ariosto : *Orlando furioso*, à l'usage de la jeunesse, par l'abbé Avesani.

Torquato Tasso : *Gerusalemme liberata*, édition Domenico Carbone.

Langue et littérature espagnoles.

Continuation des exercices de l'année précédente.

Acquisition de nouvelles parties du vocabulaire.

Construction de la phrase espagnole. — Place des divers compléments.

Exercices de lecture.

Explication et récitation d'auteurs.

Conversations sur les lectures faites et sur les textes expliqués.

Thèmes oraux, thèmes écrits.

Versions orales, versions écrites.

Analyses de textes espagnols déjà expliqués.

Reproduction orale ou écrite des idées principales d'un récit, d'un chapitre.

Etude méthodique de la syntaxe.

Notions d'histoire littéraire à l'occasion des auteurs expliqués.

AUTEURS ESPAGNOLS.

Cervantès : *Don Quijote* (1re partie). — *Novelas ejemplares.*

Ramon Mesonero Romanos : *Escenas Matritenses.*

Guillen de Castro : *Mocedades del Cid.*

Alarcon : *La Verdad sospechosa.*

Choix de lectures historiques, géographiques et scientifiques.

LANGUE ARABE (DANS L'ACADÉMIE D'ALGER).

Arabe littéral.

Revision des notions de grammaire en insistant sur les verbes et les formes verbales.

Thèmes oraux et écrits. — Versions écrites.

Explication et récitation d'auteurs.

Ouvrages proposés.

Mouliéras : *Manuel algérien.*

Machuel : *Grammaire d'arabe régulier.*

Textes.

Mouliéras : *Chrestomathie élémentaire d'arabe régulier.*
Bel Kassem ben Sedira : *Cours de littérature arabe.*

Arabe vulgaire.

Conversation : proverbes et idiotismes.
Traductions orales et écrites d'historiettes arabes.
Thèmes oraux d'imitation.
Exercices de lecture de pièces manuscrites.

Ouvrages proposés.

Mejdoub : *Choix de fables.*
Allaoua : *Recueil de thèmes et versions d'arabe parlé.*
Houdas : *Lettres manuscrites.*
Recueil de devoirs (lettres) publiés par l'école des lettres d'Alger.

Histoire[1].
(2 heures par semaine.)

HISTOIRE DE L'EUROPE ET DE LA FRANCE DE 1610 À 1789.

La France, de l'avènement de Louis XIII à la mort de Mazarin. — Les États
de 1614. — Richelieu : lutte contre les protestants et les grands. Accroissement de l'autorité monarchique. Marine et colonies. — Minorité de
Louis XIV; Mazarin, la Fronde.

La politique européenne. — La maison d'Autriche. Les catholiques et les
protestants en Allemagne. — La guerre de Trente ans : intérêts des puissances qui y sont engagées; les armées et les bandes; grands généraux,
principales actions militaires.
La paix de Westphalie et la paix des Pyrénées.

L'Angleterre sous les Stuarts. — La Révolution de 1648. Cromwell. La
Restauration.

État de l'Europe vers 1660. — Décadence de l'Espagne. Prospérité de
la Hollande. Prépondérance de la Suède dans le nord. La paix d'Oliva.

Mouvement intellectuel. — Sciences et philosophie : Bacon, Galilée, Des-
cartes, Spinoza. — Lettres : l'influence espagnole, Cervantès et Lope de
Vega. — L'Académie française : Corneille, Pascal. — Les arts : Poussin,
Le Sueur.

---

[1] Voir pages 599 et suivantes.

La société française. — L'hôtel de Rambouillet. La misère au temps de la Fronde : saint Vincent de Paul.

Louis XIV, la monarchie absolue. — Théorie du roi sur le pouvoir royal. La cour, les conseils, les secrétaires d'Etat. Colbert, Louvois, Vauban. Les affaires religieuses : la déclaration de 1682 ; la révocation de l'édit de Nantes.

La politique de Louis XIV. — Lionne et Pomponne. — Guerre de Hollande. — Formation de la ligue d'Augsbourg.

La Révolution d'Angleterre. — Les Stuarts et le Parlement : Whigs et Tories. Déclaration des droits : avènement de Guillaume III.

Les coalitions contre Louis XIV. — La succession d'Espagne.

Dernières années de Louis XIV. — La cour ; Port-Royal ; détresse financière ; testament et mort du roi.

Le mouvement intellectuel. — Les lettres : les grands classiques. — Les arts : Le Brun, Mansart. Le Louvre, Versailles. — Les sciences.
Commencement d'opposition : Fénelon et le duc de Bourgogne. Vauban. Bayle.

L'Europe vers 1715. — L'Europe occidentale après les traités d'Utrecht et de Rastadt. L'Europe orientale après les traités de Carlowitz, de Passarowitz et de Nystadt. Pierre le Grand.

La France, de 1715 jusqu'au milieu du XVIIIᵉ siècle. — La Régence et les essais de réforme. Law. Fleury. D'Argenson. Machault.

Les affaires européennes. — Règlement de la succession d'Espagne, des successions de Pologne et de Toscane. Les Bourbons d'Espagne en Italie. Stanislas Leczinski en Lorraine.

Autriche et Prusse pendant la première moitié du XVIIIᵉ siècle. — L'État prussien. Frédéric II et Marie-Thérèse. Guerre de la succession d'Autriche et de Sept ans : exposé général de la politique. Indications des principales actions militaires. Rôle de la France dans ces guerres.

Les affaires maritimes et coloniales. — Rivalité de la France et de l'Angleterre en Amérique et aux Indes. L'empire anglais. Voyages et découvertes.

L'Europe orientale. — La Russie : Catherine II. Conquêtes sur la Turquie. Partages de la Pologne.

La fin du règne de Louis XV. — Le Parlement. — Choiseul et Maupeou.

Le mouvement intellectuel et politique. — Les lettres et les arts, les sciences, les philosophes et les économistes en France. Les livres, la presse, les salons; les parlements.

Le gouvernement parlementaire en Angleterre. — Rois. Parlement et ministres; triomphes des Whigs : les libertés politiques, la presse.

Mouvement de réforme en Europe. — Influence des idées françaises. Charles III en Espagne; Pombal en Portugal; Léopold de Toscane et Beccaria en Italie; Gustave III en Suède.

Joseph II en Autriche. — Frédéric II en Prusse. — Situation de la Prusse en Allemagne à la fin du règne de Frédéric II.

Préludes de la Révolution française. — La France à l'avènement de Louis XVI. — État des esprits à cette époque; opposition entre les idées et les institutions. — Essais de réformes : Turgot. Malesherbes. Necker. Désordres financiers. Les États généraux.

La guerre d'Indépendance en Amérique. — Les colonies anglaises d'Amérique; leur soulèvement. — Intervention de la France. — Constitution américaine de 1787.

Vue générale sur l'Europe en 1789. — *Conclusion du cours.*

Géographie[1].

(1 heure par semaine.)

GÉOGRAPHIE DE LA FRANCE.

Observations sur la configuration, la constitution géologique, le relief du sol, le régime des eaux, le climat.

Étude de la France par grandes régions naturelles et par provinces : traits caractéristiques de l'orographie, de l'hydrographie, de la géographie économique. Mœurs, traditions, grands souvenirs historiques.

La nationalité française.

La population : densité.

Le régime administratif étudié particulièrement dans le département et la commune.

L'organisation militaire. La frontière. Défenses naturelles et places fortes de la France et des pays limitrophes.

L'Algérie et le protectorat de Tunisie. Forces productrices; développement de la colonisation.

Les colonies françaises. Colonies d'Amérique; possessions et établisse-

---

[1] Voir pages 640 et suivantes.

ments de l'Afrique occidentale, de l'Afrique orientale; Inde, Indo-Chine, Océanie française.

Rapports de la France avec les grands pays du globe. L'émigration et l'immigration; échanges. Voies internationales de communication. Comparaison de la puissance économique et militaire de la France avec celle d'autres États.

SCIENCES [1].

Mathématiques.
(4 heures par semaine.)

GÉOMÉTRIE.

Du plan et de la ligne droite dans l'espace. — Perpendiculaires et obliques au plan. — Parallélisme des droites et des plans.

Angles dièdres. — Plans perpendiculaires.

Notions sur les angles dièdres et polyèdres.

Polyèdres. — Prisme, pyramide.

Mesure des volumes. Parallélipipède, prisme, pyramide, tronc de pyramide.

Notions sommaires sur les polyèdres semblables. Rapport des surfaces, des volumes.

Cylindre droit à base circulaire. — Mesure de la surface latérale et du volume.

Cône droit à base circulaire. — Surface latérale du cône, du tronc de cône à bases parallèles; volume du cône et du tronc de cône.

Sphère; sections planes. Grands cercles; petits cercles; pôles d'un cercle. Étant donnée une sphère, trouver son rayon par une construction plane.

Plan tangent à la sphère.

Mesure de la surface engendrée par une ligne brisée régulière tournant autour d'un axe mené dans son plan et par son centre; aire de la zone, de la sphère.

Mesure du volume de la sphère.

[1] Voir : 1° l'*Instruction générale*, page 449; 2° l'*Extrait des rapports présentés au Conseil supérieur*, page 449, note [1].

ALGÈBRE.

Équation du deuxième degré à une inconnue.

Relations entre les coefficients et les racines de l'équation : $ax^2+bx+c=0$.

Inégalités du second degré à une inconnue.

Progressions arithmétiques. — Progressions géométriques.

Logarithmes vulgaires. — Définitions et propriétés. (On ne considérera que les nombres qui peuvent faire partie de la progression géométrique après insertion de moyens géométriques.)

Usage des tables à cinq décimales.

Application des logarithmes aux questions d'intérêts composés et d'annuités.

TRIGONOMÉTRIE.

Définition du sinus, du cosinus, de la tangente et de la cotangente d'un angle plus petit que 90 degrés. — Formules relatives au triangle rectangle.

Usage des tables trigonométriques (à cinq décimales).

Résolution d'un triangle rectangle dans lequel on connaît deux éléments dont un côté. — Applications numériques.

Détermination de la hauteur d'une tour verticale.

Extension de la définition des lignes trigonométriques aux angles compris entre 90 et 180 degrés. Principales relations entre les éléments d'un triangle.

Résolution d'un triangle dans lequel on connaît trois éléments dont un côté. (On établira géométriquement les formules dont on a besoin.) Applications numériques.

Hauteur d'une tour verticale dont de pied est inaccessible. — Distance de deux points inaccessibles. — Notions sur la triangulation.

GÉOMÉTRIE DESCRIPTIVE.

Préliminaires. — Point. — Ligne droite. — Représentation d'un plan.

Problèmes sur l'intersection de deux plans, de trois plans, d'une droite et d'un plan. — Droite et plan perpendiculaire.

Méthode des rabattements. Application de cette méthode aux problèmes sur les angles et les distances.

COSMOGRAPHIE.
(10 leçons au maximum.)

Sphère céleste. — Principales constellations. — Mouvement diurne. — Ascension droite et déclinaison.

Forme sphérique de la terre. — Détermination de la longitude et de la latitude. — Rayon de la terre.

Soleil. — Mouvement apparent sur la sphère céleste. — Écliptique : constellations zodiacales. — Saisons.

Lune. — Ses phases.

Éclipses de lune et de soleil.

Description générale du système solaire. — Planètes et leurs satellites. Système de Kopernik.

Détails succincts sur les diverses planètes.

Comètes. — Étoiles filantes.

Amas d'étoiles. — Nébuleuses.

Physique et chimie.

(4 heures par semaine.)

À la démonstration des vérités scientifiques le professeur rattachera, à l'occasion, l'exposé des méthodes et l'histoire des découvertes.

1° PHYSIQUE.

Électricité statique.

Électrisation par le frottement. — Énoncé de la loi des attractions et des répulsions électriques. — Notions sur la distribution de l'électricité à la surface des corps conducteurs. — Effets des pointes.

Électrisation par influence. — Électroscopes. — Électrophore. — Machine électrique.

Condensation. — Bouteille de Leyde. — Batteries.

Foudre. — Paratonnerres.

Magnétisme.

Aimants naturels et artificiels. — Pôles. — Aiguille aimantée.

Définition de la déclinaison et de l'inclinaison.

Boussoles usuelles.

Aimantation par simple touche.

Électricité dynamique.

Pile de Volta. — Effets chimiques du courant.

Piles à courant constant.

Effets calorifiques et lumineux.

Action du courant sur l'aiguille aimantée. — Galvanomètre.

Action des courants sur les courants. — Solénoïdes.
Aimantation par les courants. — Électro-aimants.
Notions élémentaires sur l'induction électrique.

Acoustique.

Production du son. — Sa propagation dans l'air; sa vitesse.
Réflexion. — Écho. — Résonances.
Qualité du son. — Intensité. — Hauteur. — Mesure du nombre de vibrations.

Optique.

Propagation rectiligne de la lumière. — Ombre; pénombre. — Comparaison des intensités de deux sources lumineuses.

Lois de la réflexion. Propriétés des miroirs plans et des miroirs sphériques.

Lois de la réfraction. — Prisme. — Réflexion totale. — Chambre claire. Lentilles.

Décomposition et recomposition de la lumière. — Spectre solaire.

Microscope solaire. — Loupe. — Microscope. — Lunette astronomique. — Lunette de Galilée. — Télescope de Newton.

Chaleur rayonnante (étude expérimentale).

2° CHIMIE.

Métaux.

Métaux. Propriétés générales. — Alliages. — Oxydes. — Sulfures. — Chlorures.

Sels; propriétés générales.

Actions des acides, des bases et des sels sur les sels.

Notions sur les équivalents.

Azotates. — Sulfates. — Carbonates.

Potassium. — Sodium. — Oxydes, chlorures, azotates, sulfates, carbonates.

Sels ammoniacaux.

Baryte.

Chaux. Carbonate, sulfate, phosphate. — Chlorures décolorants.

Magnésium. — Magnésie; carbonate et sulfate.

Zinc. — Oxydes, chlorure, sulfate.

Aluminium. — Alumine. — Aluns, feldspaths, argiles, poteries, verres.

Manganèse (composés oxygénés).

Fer. — Oxydes, chlorures, sulfates.

Minerais de fer. — Principes de la métallurgie du fer. — Fontes. — Aciers.

Nickel. — Chlorure, sulfate.

Étain. — Oxydes et chlorures.

Cuivre. — Plomb. — Oxydes, sulfures, chlorures, sulfates, carbonates.

Mercure. — Argent. — Principaux composés.

Or. — Platine.

Manipulations de chimie.
(Manipulations sur les métaux : 3o heures.)

Oxydation du fer, du zinc, du plomb par l'oxygène.

Réduction des oxydes de fer et de cuivre par l'hydrogène.

Réduction des oxydes de plomb. — Action du chlore sur l'antimoine, sur la chaux éteinte, sur la chaux vive.

Action du soufre sur le fer. Réduction du sulfure de plomb par le fer. — Réduction du chlorure d'argent par voie sèche. — Action du charbon sur le sulfate de chaux.

Électrolyse de l'eau. — Précipitation du cuivre par la pile. — Argenture et dorure galvaniques.

Potasse caustique en lessive et solide. — Cuisson du plâtre. — Cristallisation de l'azotate de potasse. — Bicarbonate de potasse. — Sulfate de soude.

Baryte caustique. — Chlorure de baryum. — Alumine. — Alun.

Permanganate de potasse. — Peroxyde de fer anhydre et hydraté.

Sulfate de protoxyde de fer.

Sulfate de zinc. — Bioxyde d'étain. — Protochlorure d'étain. — Bisulfure d'étain.

Céruse. — Bioxyde de plomb. — Sulfate de plomb. — Protoxyde de cuivre. — Sulfate de cuivre.

Oxyde de mercure. — Protochlorure et bichlorure de mercure. — Nitrate, oxyde et chlorure d'argent.

Dessin [1].
(3 heures par semaine.)

N° 5. — DESSIN À MAIN LEVÉE.

§ 1er. Dessin d'après les fragments d'architecture. — Figures décoratives. — Cariatides. — Vases ornés de figures. — Frises ornées.

§ 2. Dessin d'animaux d'après les bas-reliefs et d'après la ronde bosse.

§ 3. Dessin de la figure humaine entière, d'après l'antique.

[1] Voir pages 68o et suivantes.

N° 5 *bis*. — DESSIN GÉOMÉTRIQUE.

§ 1ᵉʳ. Complément de la théorie des ombres et du lavis. — Surfaces annulaires. — Surfaces hélicoïdales.

§ 2. Notions de perspective linéaire.

§ 3. Dessin et lavis d'architecture. L'ordre corinthien. Ensemble et détails d'après des monuments de l'art grec ou de l'art romain.

§ 4. Dessin de machines et dessin de construction. — Relevé avec cote et représentation géométrale, à une échelle déterminée, d'organe ou de partie de machines, et d'éléments de construction.

Les épreuves de la PREMIÈRE PARTIE *du baccalauréat de l'enseignement secondaire moderne ont pour base le programme de la classe de* SECONDE.

Toutefois, en vertu du décret du 1ᵉʳ août 1893, les textes de langues vivantes à expliquer peuvent être choisis dans le programme des classes de TROISIÈME *et de* SECONDE.

A l'issue de la classe de seconde, les élèves peuvent entrer, soit dans l'une des sections de la classe de première, soit dans la classe de mathématiques élémentaires.

CLASSE DE PREMIÈRE (LETTRES).

(ÉLÈVES DE 16 À 17 ANS EN MOYENNE.)

Français, 3 heures par semaine. Philosophie, 8 heures. Principe du droit et économie politique, 2 heures par semaine pendant un semestre, et 1 heure par semaine pendant l'autre semestre. Histoire, 3 heures. Histoire de la civilisation et histoire de l'art, 2 heures. Géographie générale, 1 heure. Sciences naturelles, 2 heures. Langue et littérature allemandes *ou* anglaises, 1 heure (*facultatif*). Langue et littérature anglaise *ou* allemandes, espagnoles, italiennes *ou* russes, 1 heure (*facultatif*). Comptabilité, 1 heure (*facultatif*). Dessin, 1 heure et demie (*facultatif*).

Langue et littérature françaises [1].
(3 heures par semaine.)

ENSEIGNEMENT ET EXERCICES.

Esquisse de l'histoire de la littérature grecque et de la littérature latine. (Le cours ne sera pas dicté. Le professeur s'attachera surtout à faire connaître et comprendre les principaux chefs-d'œuvre [2].)

Esquisse sommaire de la littérature française de 1789 jusqu'à nos jours.

Compositions françaises de genres divers.

[1] Voir l'instruction du 15 juillet 1890, page 582.

[2] A. — *Littérature grecque.* 1. Le peuple grec; races et dialectes. Longue durée de la littérature grecque; principales périodes; caractères généraux. 2. L'époque homérique : l'*Iliade*, l'*Odyssée*. — Hésiode.

I. Traduction des principaux chefs-d'œuvre grecs et latins.

II. L'éloquence en France depuis 1789 (genres divers) : choix de discours et d'extraits de discours.

Les historiens français du xixe siècle : Augustin Thierry, Guizot, Michelet, Thiers, Mignet, etc. : extraits.

La critique littéraire : extraits des principaux critiques français.

Chateaubriand : extraits.

Mᵐᵉ de Staël : extraits.

De Tocqueville : Introduction à la *Démocratie en Amérique* : extraits de ses œuvres.

Sainte-Beuve : extraits des *Lundis* et des *Portraits*.

Victor Hugo : choix de poésies.

Lamartine : choix de poésies.

Recueil de morceaux choisis du moyen âge au xviiie siècle.

Recueil de morceaux choisis des prosateurs au xixe siècle.

Recueil de morceaux choisis des poètes du xixe siècle.

Recueil de morceaux choisis de littératures étrangères (traductions).

Philosophie [1].

[Programme modifié par l'arrêté du 9 mars 1897.]
(8 heures par semaine.)

INTRODUCTION.

La science; les sciences; la philosophie. — Objet et division de la philosophie.

3. La poésie lyrique (ïambe, élégie, ode) : Solon, Pindare.

4. La tragédie attique : Eschyle, Sophocle, Euripide.

5. La comédie attique : Aristophane, Ménandre.

6. L'histoire : Hérodote, Thucydide, Xénophon, Polybe.

7. L'éloquence : Démosthène.

8. La philosophie : Socrate, Platon (l'*Apologie*, le *Phédon*, le *Criton*).

9. Théocrite; l'*Anthologie*.

10. Plutarque, Lucien.

B. — *Littérature latine.* 1. Le peuple romain : formation de sa littérature; origines nationales; influence grecque. Principales périodes ; caractères généraux.

2. Période républicaine :

a. La comédie (Plaute, Térence).

b. Lucrèce.

c. Cicéron; ses discours, ses autres œuvres.

d. L'histoire (César, Salluste).

3. Période impériale :

a. La poésie (Horace, Virgile, Lucain, Juvénal).

b. L'histoire (Tite-Live, Tacite).

c. La philosophie et la science (Sénèque, Pline).

d. Pline le Jeune. Fin de la littérature.

e. La littérature chrétienne (grecque et latine).

[1] Voir l'instruction du 15 juillet 1890, pages 656 et suivantes.

PSYCHOLOGIE.

Objet de la psychologie; caractères propres des faits qu'elle étudie : les faits psychologiques et les faits physiologiques.

Méthode de la psychologie : méthode subjective : la réflexion; méthode objective : les langues, l'histoire, etc. De l'expérimentation en psychologie.

Classification des faits psychologiques : sensibilité, intelligence, volonté.

Sensibilité. — Le plaisir et la douleur; sensations, sentiments. Les inclinations. — Les passions.

Intelligence. — Acquisition, conservation, élaboration de la connaissance. Les données de l'expérience et l'activité de l'esprit.

Le sens et la conscience.

La mémoire. L'association. L'imagination.

L'abstraction et la généralisation. — Le jugement et le raisonnement.

Principes directeurs de la connaissance. Peut-on les expliquer par l'expérience, l'association ou l'hérédité?

La volonté. — Instinct; liberté; habitude.

L'expression des faits psychologiques : les signes et le langage.

Le beau et l'art.

Les rapports du physique et du moral. — La folie. — Influence de l'alcoolisme sur la genèse de la folie. — Affaiblissement de l'intelligence et de la volonté par l'usage des boissons alcooliques.

Notions très sommaires de psychologie comparée : l'homme et l'animal.

LOGIQUE.

Logique formelle. — Des termes. — Des propositions. — Des différentes formes de raisonnement.

Logique appliquée. — Méthode des sciences exactes : axiomes, définitions; démonstration.

Méthode des sciences physiques et naturelles : observation, expérimentation; hypothèse, induction; — classification, analogie, définitions empiriques.

De la méthode dans les sciences morales. — Le témoignage des hommes; la méthode historique.

Des erreurs et des sophismes.

MORALE.

Principes de la morale. — La conscience; le bien; le devoir.
Examen des doctrines utilitaires.
La responsabilité et la sanction.

Les devoirs. — Devoirs envers soi-même : sagesse, courage, tempérance.
— Dommages causés par l'alcoolisme à la race, à la famille, à la société,
au pays.
Devoirs envers nos semblables : le droit et la justice; la charité.
Devoirs particuliers envers la famille. — L'éducation.
Devoirs envers la patrie : obéissance aux lois. L'éducation des enfants.
L'impôt. Le vote. Le service militaire. Dévouement à la patrie.
Des rapports de la morale et de l'économie politique. — Le travail.
Le capital. La propriété.
Influence de l'alcoolisme sur l'appauvrissement et le plus souvent sur
la misère de l'individu et de la famille.
Effet sur la richesse publique. — Ce que l'alcoolisme coûte à la France.
— Autres effets : criminalité, suicide, accidents de travail.

ÉLÉMENTS DE MÉTAPHYSIQUE.

De la valeur objective de la connaissance; dogmatisme, scepticisme,
idéalisme.
De l'existence du monde extérieur.
De la nature en général : diverses conceptions sur la matière et sur la vie.
De l'âme : matérialisme et spiritualisme.
Dieu; la Providence. Le problème du mal.
L'immortalité de l'âme. — La religion naturelle.

AUTEURS PHILOSOPHIQUES.

Descartes : *Discours de la Méthode;* — *Les Principes de la philosophie,*
livre Ier.
Malebranche : *De la Recherche de la vérité,* livre II (*De l'Imagination*),
1re partie, chap. I et V; 2e et 3e parties en entier.
Pascal : *De l'Autorité en matière de philosophie;* — *De l'Esprit géométrique;*
— *Entretien avec M. de Sacy.*
Leibnitz : *Nouveaux Essais sur l'entendement humain,* avant-propos et
livre Ier : — *Monadologie.*
Condillac : *Traité des sensations,* livre I.
V. Cousin : *Le Vrai, le Beau et le Bien,* 3e partie (*le Bien*).

Le professeur devra faire expliquer, chaque année, deux textes français choisis par lu
dans la liste précédente.

Principes du droit et économie politique [1].

(Deux heures par semaine pendant un semestre et une heure
par semaine pendant l'autre semestre.)

1° Droit.

Introduction.

Le droit. — Le droit naturel et le droit positif. — Rapports de la morale avec le droit. — Divisions du droit : 1° droit public (droit constitutionnel, droit administratif, droit criminel, droit des gens); 2° droit privé (droit civil, droit commercial et industriel). — Les codes.

Ire partie. — Droit public.

I. *Droits garantis aux citoyens.* — Égalité civile. — Liberté individuelle. — Liberté de conscience. — Liberté du travail. — Liberté de réunion et d'association. — Liberté de la presse. — Vote de l'impôt. — Service militaire.

II. *Les pouvoirs publics.* — Les lois constitutionnelles de 1875. — Le pouvoir législatif et le pouvoir exécutif ; comment et pourquoi ils sont séparés. — Pouvoir législatif : le Sénat et la Chambre des députés. — Pouvoir exécutif : le Président de la République et les Ministres.

III. *Organisation administrative.* — Division du territoire en départements, arrondissements et communes. — 1° Le département : le préfet et le conseil général. — 2° L'arrondissement : le sous-préfet et le conseil d'arrondissement. — 3° La commune : le maire et le conseil municipal.

IV. *Organisation judiciaire.* — Publicité et gratuité de la justice. — Les juridictions civiles : 1° la Cour de cassation; — 2° les cours d'appel; — 3° les tribunaux de première instance; — 4° les tribunaux de commerce; — 5° les juges de paix; — 6° les conseils de prud'hommes. — Le ministère public. — Les avocats, les avoués et les huissiers. — Notion sommaire des juridictions administratives : la Cour des comptes, le Conseil d'État et les conseils de préfecture.

---

[1] Le professeur évitera de donner à l'enseignement un caractère trop abstrait. En ce qui concerne le droit, il devra s'attacher à familiariser les élèves avec les institutions juridiques et avec les principes généraux qui dominent la législation. En économie politique, il initiera les élèves, dans la mesure que leur âge comporte, à la connaissance des faits économiques et sociaux, en insistant sur les lois générales qui s'en dégagent.

V. *Idée générale du droit criminel.* — Fondement du droit de punir. — Des personnes punissables et des peines. — Tribunaux de répression : cours d'assises, tribunaux correctionnels et tribunaux de simple police.

IIe partie. — Droit civil.

I. *Les personnes et la famille.* — 1° *Nationalité :* dans quel cas on est Français. — Condition des étrangers en France. — 2° *Constitution de la famille :* comment elle se forme : mariage, adoption. — Parenté et alliance. — Droits et devoirs dans la famille : autorité paternelle, autorité maritale. — 3° *Protection des incapables :* mineurs, interdits, aliénés, prodigues et faibles d'esprit. — 4° *Constatation des principaux faits de la vie civile :* actes de l'état civil. — 5° *Notions de la personnalité civile :* les sociétés civiles et commerciales.

II. *Les biens.* — 1° *La propriété :* comment elle s'acquiert. — Son inviolabilité (expropriation pour cause d'utilité publique). — Ses principaux démembrements : usufruit, servitudes. — La propriété littéraire et industrielle. — 2° *Droits de créance :* différentes espèces d'obligations. — Comment naissent les droits de créance : contrats et délits, — Notions sommaires sur les principaux contrats. — Droits du créancier. — 3° *Moyens de crédit :* privilège, hypothèque, effets de commerce.

III. *Les successions.* — Différentes classes d'héritiers. — Égalité entre les enfants. — Obligations des héritiers; bénéfice d'inventaire. — Du testament : différentes formes de testaments; différentes espèces de legs.

IV. *Comment on défend ses droits.* — Notions sommaires sur la procédure, — le jugement, — les voies de recours (appel et pourvoi en cassation). — Notions sommaires sur les voies d'exécution, — la faillite.

2° ÉCONOMIE POLITIQUE.

Introduction.

L'économie politique. — Son but. — Ses rapports avec les autres sciences et notamment avec le droit. — Divisions de l'économie politique: production, distribution, circulation et consommation des richesses.

Ire partie. — Production de la richesse.

Les éléments de la production :
1° La terre et les agents naturels.
2° Le travail et l'industrie : organisation et liberté du travail, aperçu

historique, les corporations, Turgot. — Classification des industries. — Le commerce. — Le rôle de l'entrepreneur dans l'industrie.

3° Le capital : différentes espèces de capital. — Comment l'épargne le forme, l'accroît et le conserve.

IIe partie. — Distribution de la richesse.

I. *La propriété.* — La propriété individuelle; exposé et réfutation des principaux systèmes qui la nient; fondement de la succession *ab intestat* et du droit de tester.

II. *Les conventions* : 1° *le fermage* : la rente du sol. — Différents systèmes de culture; grande et petite culture; inconvénients d'un trop grand morcellement ou d'une concentration excessive de la propriété;

2° *La part du capital dans la répartition de la richesse* : l'intérêt; légitimité du prêt à intérêt;

3° *La part de l'entrepreneur* : le profit.

4° *La part de l'ouvrier* : application de la loi de l'offre et de la demande au travail. — Salaire. — Participation aux bénéfices. — Associations ouvrières. — Syndicats ouvriers. — Le socialisme; ses formes diverses; réfutation.

La question de la population dans ses rapports avec la distribution de la richesse; la pauvreté et le paupérisme.

IIIe partie. — Circulation de la richesse.

I. *L'échange* : ses diverses formes. — La valeur et le prix. — Lois qui président à la fixation, aux variations et à l'équilibre des prix; prix courant, coût de production. — Concurrence. — Monopoles.

II. *La monnaie.* — En quel sens c'est une marchandise. — Monnaie d'or, d'argent et de billon. — Titre et tolérance. — Union latine. — Monométallisme et bimétallisme. — Système monétaire.

III. *Le crédit.* — Comment il supplée à la monnaie et est une source de richesse. — Ses rapports avec l'épargne. — 1° Crédit privé : commerce de banque. — Différentes espèces de banque : les banques d'émission et le billet de banque, — Circulation fiduciaire. — La Banque de France. — Le crédit immobilier (sociétés de crédit foncier) et le crédit mobilier (monts-de-piété, avances sur titres, magasins généraux). — 2° Crédit public : sur quelles bases il repose; emprunts de l'État. — 3° Théorie des annuités et de l'amortissement (obligations des chemins de fer et du crédit foncier; rente amortissable). — Conversion des dettes publiques. — Cours légal et cours forcé. — La Bourse : son rôle au point de vue du crédit.

IV. *Le commerce intérieur et extérieur.* — Le change. — Les crises commerciales : leurs causes et leurs remèdes. — Importation et exportation; les débouchés. — Balance du commerce : comment elle se règle par le numéraire ou par les fonds internationaux. — Libre échange, protection et prohibition; traités de commerce; droits de douane; entrepôts, ventes publiques.

IVe partie. — Consommation de la richesse.

I. *L'épargne.* — Ses sources, la prévoyance. — Assurances sur la vie, contre l'incendie et les divers accidents. — Caisses d'épargne. — Sociétés de secours mutuels.

II. *Le luxe.*

V^e partie. — Application de l'économie politique à la législation financière.

I. *Impôt.* — Différentes espèces d'impôts. — L'impôt proportionnel et l'impôt progressif.

II. *Budget.* — Comment un budget s'établit. — Vote du budget. — Annalité et spécialité du budget.

Histoire [1].
(3 heures par semaine.)

I

HISTOIRE CONTEMPORAINE (1789-1889).

Préliminaires et causes générales de la Révolution. — L'ancien régime : l'arbitraire et le privilège; la cour, le gouvernement et l'administration : impôt, justice, armée. — Les trois ordres.

Les États généraux et la Constituante. — Les cahiers. Les orateurs de la Constituante. Suppression de l'ancien régime et constitution du nouvel état de choses.

Les monarchies européennes vers 1789. — La question d'Orient. Impression produite par la Révolution. Rôle de l'émigration.

Assemblée législative et Convention. — Chute de la royauté. Girondins; Montagnards. Les clubs; les Jacobins; la Commune de Paris. Le Comité de salut public. La Terreur.

Lutte contre l'Europe et contre les soulèvements à l'intérieur. Les armées et les généraux de la République. Traités de Bâle.

Esprit des réformes de la Convention. Constitution de l'an III.

----

[1] Voir pages 599 et suivantes.

Le Directoire. — Campagnes d'Italie, d'Égypte. Nouvelle coalition. Les coups d'État, le 18 Brumaire.

Le Consulat et l'Empire. — La constitution de l'an VIII et ses transformations jusqu'en 1807. Esprit des institutions du Consulat et de l'Empire. Les Codes. Le Concordat. La Légion d'honneur ; la cour impériale; la noblesse d'Empire. L'Université. Les institutions financières. Travaux publics.

Guerres jusqu'en 1807; la Grande armée; les généraux de l'Empire. Le blocus continental. Commencement des résistances nationales.

Caractères de la guerre d'Espagne et de la guerre de 1809.

État de l'Empire et de l'Europe vers 1810. Caractère du pouvoir impérial. — Lutte contre le pape.

Dernières luttes : Moscou; la bataille de Leipzig. L'invasion. Waterloo et Sainte-Hélène.

Le congrès de Vienne; caractère de son œuvre. L'Europe de 1815,

II

La Sainte-Alliance et les peuples. — Le pouvoir absolu et le régime parlementaire.

La Charte de 1814 en France. Le régime parlementaire sous Louis XVIII. Principaux orateurs et hommes d'État. Charles X. La congrégation.

Les congrès. Lutte contre l'esprit nouveau en Italie, en Espagne et en Allemagne. — Insurrections et interventions. Politique de la France. Affranchissement de la Grèce. Prise d'Alger.

La révolution de 1830.

Mouvement des esprits depuis la fin du XVIIIe siècle. — Part de la France, de l'Angleterre, de l'Allemagne. Renouvellement des littératures allemande et anglaise. Caractère de la littérature française sous l'Empire. Influences étrangères. Le romantisme. La critique littéraire.

Développement de l'érudition. Rénovation des connaissances sur l'Orient, l'antiquité classique, le moyen âge. L'archéologie et les grandes découvertes. L'histoire.

Renaissance de l'esprit classique dans l'art pendant la Révolution et l'Empire. Le romantisme dans l'art. — La musique symphonique et dramatique.

Développement des sciences exactes, physiques et naturelles. Applications : la vapeur, l'électricité. Progrès de l'industrie.

Louis-Philippe. — La nouvelle charte. Principaux orateurs et hommes d'État. Les partis; les sociétés secrètes.

Effet produit par la révolution de 1830 en Europe : Belgique, Pologne, Espagne.

La question d'Orient; caractère de la politique extérieure de Louis-Philippe. — Conquête de l'Algérie.

III

Révolution de 1848. — Causes de la révolution en France. La question électorale. La République de 1848. Contre-coup en Europe.

Changements survenus dans le gouvernement de la France depuis 1848. — La constitution de 1852 et le second Empire. — La République. Lois constitutionnelles en 1875.

La politique extérieure. — Formation de l'unité italienne; guerre de 1859. Le royaume d'Italie.

Formation de l'unité allemande : guerre italo-prussienne contre l'Autriche. Nouvelle constitution de l'Allemagne, de l'Autriche-Hongrie.

Guerre de 1870-1871; l'invasion, le siège de Paris; la lutte en province. — L'Empire allemand. Les stipulations du traité de Francfort.

La question d'Orient : guerres de Crimée et des Balkans. Le Panslavisme.

L'Angleterre et la Russie en Asie.

L'Angleterre. — Principaux hommes d'État et grandes réformes au XIXᵉ siècle. L'Irlande.

Le Nouveau Monde. — Formation des principaux États de l'Amérique du Sud. Extension des États-Unis de l'Amérique du Nord.

IV

DÉVELOPPEMENT OU TRANSFORMATION DES PRINCIPES DE 1789.

Liberté politique : régime constitutionnel; principales formes de gouvernement dans le monde actuel.

Liberté religieuse : liberté des cultes, suppression des religions d'État.

Respect de la personnalité humaine : abolition de la traite, de l'esclavage, du servage.

Idées démocratiques et questions sociales : suffrage; instruction populaire, service militaire obligatoire. — Socialisme, organisation du travail.

Mouvement intellectuel. — Esprit d'observation dans la littérature et dans l'art. L'érudition. Les sciences.

Industrie et commerce : généralisation de l'emploi de la vapeur et de l'électricité. Multiplication des voies de communication à travers le monde. — Protection et libre échange. Traités de commerce et conventions internationales. Expositions universelles.

Expansion de la civilisation européenne. — Explorations. Distribution des principales langues à la surface du globe.

Résumé du rôle de la France dans l'histoire politique, sociale et intellectuelle depuis 1789.

Histoire de la civilisation et histoire de l'art.
(2 heures par semaine.)

1° HISTOIRE DE LA CIVILISATION.

Les époques préhistoriques. — Les empires et les civilisations de l'ancien Orient.

La Grèce. Époque légendaire. Les cités grecques et leurs rivalités. Le génie grec. Sa diffusion en Orient.

Rome. Les institutions primitives. La lutte entre les patriciens et les plébéiens. La conquête de l'Italie et du monde. Les guerres civiles.

L'Empire. Organisation du monde romain. Progrès intellectuel et moral. Le christianisme.

Les barbares. Les empires byzantin, musulman et carolingien.

La société féodale. L'Église et la théocratie. Les croisades. Les communes. Les royautés française et anglaise.

Le déclin du moyen âge. Les grandes inventions et les grandes découvertes.

Révolution intellectuelle et religieuse. La Renaissance et la Réforme.

Luttes et triomphe de l'autorité royale au XVII° siècle. Les monarchies française et anglaise.

Le XVIII° siècle. L'Europe nouvelle; les idées nouvelles. La fin de l'ancien régime.

HISTOIRE GÉNÉRALE DE LA CIVILISATION [1].

Programme développé.

Les époques préhistoriques. — Les sciences qui nous les font connaître.

---

[1] Le programme de l'*Histoire de la civilisation* se borne à l'indication des limites et des grandes divisions du cours. Le professeur peut, en restant dans ces limites, choisir dans ces grandes divisions les faits politiques, sociaux, moraux, qui lui paraîtront essentiels.

Il consultera utilement le *programme*

Les divers âges de la pierre et du métal. Progrès dans l'outillage, l'alimentation, l'habitation Monuments mégalithiques.

Peuples, empires, civilisations de l'ancien Orient. — Religions, mœurs, industrie et commerce.

Les divers systèmes d'écriture. Hiéroglyphes, caractères cunéiformes. L'alphabet. Découvertes modernes.

La civilisation grecque. — L'Asie Mineure, l'Archipel et la Grèce. L'époque homérique. Mythologie, légendes. Ioniens et Doriens. Commerce, colonies. Institutions communes de la race hellénique.

Sparte et Athènes avant les guerres médiques. Organisation sociale et politique.

Établissement de la suprématie d'Athènes. Développement de la constitution démocratique et apogée du génie grec à l'époque de Périclès. La vie grecque.

Rivalités des cités grecques: Prépondérance de la Macédoine. Alexandre. Conquêtes et fondations. Diffusion du génie grec. Alexandrie. Pergame.

Rome. — L'Italie : races et civilisations primitives. L'époque royale. Patriciat et clientèle, plèbe, sénat.

Formation de la cité. Lutte entre les patriciens et les plébéiens. Les magistratures.

L'armée romaine et la politique romaine. Conquête de l'Italie et lutte contre Carthage. Conquête du bassin de la Méditerranée.

Révolutions dans l'esprit et les institutions de Rome. L'hellénisme, l'esclavage. — Les Gracques et les lois agraires.

L'armée dans la cité. Marius, Sylla, Pompée, César. Fin de la République.

L'Empire romain. — Nouvelle organisation du monde romain. Administration des provinces. Travaux publics et voies. Les grands écrivains.

Les Antonins. Organisation municipale. Progrès intellectuel et moral. Monuments; jurisconsultes, philosophes. Le christianisme.

Transformation de l'empire à la fin du IIIe siècle. Triomphe du christianisme et organisation de l'Église.

La Gaule sous la domination romaine. Monuments, écoles, industrie et commerce. Le colonat. Les collèges d'artisans. Principaux emprunts de la civilisation moderne aux civilisations antiques.

---

développé qu'on a joint au précédent à titre d'indication. Il y constatera que le cours se compose de tableaux reliés entre eux par des idées générales beaucoup plus que de récits et de faits détaillés; que les dynasties, les règnes, les guerres et les traités y tiennent peu de place, d'où il suit qu'on doit éviter, par-dessus tout, de transformer cette histoire de la civilisation en un résumé chronologique de l'histoire universelle.

Les premiers siècles du moyen âge (du vᵉ au xᵉ). — Les Germains : religion, institutions et mœurs. Rôle de l'épiscopat en face des royaumes barbares.

Les trois empires bysantin, musulman, carolingien. Leur civilisation: Le code Justinien. Le Coran: Les écoles de Charlemagne.

Les grands siècles du moyen âge (du xiᵉ au xiiiᵉ): — La société féodale, ses principes, ses mœurs. La Chevalerie.

L'Église, la papauté et la théocratie; les ordres religieux. Influence de l'Église sur le développement intellectuel.

Les causes et les résultats des croisades. Emprunts faits par l'Occident à la civilisation orientale.

Les villes. Les chartes de communes. Corporations, commerce, foires.

Apogée de la royauté française au xiiiᵉ siècle. Le domaine royal. Le Parlement et l'Université de Paris.

La royauté anglaise. La grande Charte. Le Parlement.

Le déclin du moyen âge (xivᵉ et xvᵉ siècles). — Affaiblissement de l'autorité royale; décadence de la Chevalerie. La bourgeoisie au xivᵉ siècle. Paris, la Flandre, les villes italiennes. Richesses. Révolutions.

Affaiblissement de l'esprit religieux. Le grand schisme et les conciles.

Commencement des temps modernes. Les grandes inventions, les découvertes maritimes. Leurs conséquences.

Le xviᵉ siècle. — Révolution politique, intellectuelle, religieuse. L'équilibre européen. La Renaissance. La Réforme.

Conséquences politiques de la Réforme. Lutte entre le catholicisme et le protestantisme. Le principe de tolérance.

Le xviiᵉ siècle. — La guerre pendant la première moitié du siècle. Les armées. Misère publique. Saint Vincent de Paul.

Luttes et triomphe de la monarchie absolue en France sous Richelieu et Mazarin. La théorie et l'organisation du pouvoir royal sous Louis XIV. La Cour; Versailles. La protection accordée aux arts, aux sciences. Les persécutions religieuses.

La diplomatie du xviiᵉ siècle. Les révolutions politiques et religieuses en Hollande, en Angleterre. La république des Provinces-Unies, la monarchie anglaise.

Le xviiiᵉ siècle. — Décadence de la monarchie française. Perte de notre empire colonial. Développement de l'Angleterre, de la Prusse, de la Russie.

Progrès de l'esprit français. Les philosophes, les économistes. Influence des idées françaises sur l'Europe. Constitution des États-Unis.

Les tentatives de réforme sous Louis XVI. Leur échec. La fin de l'ancien régime.

2ᵉ Histoire de l'Art.

___

Observations.

Le professeur exposera, sous la forme la plus simple et la plus accessible, les considérations générales; il s'abstiendra, autant que possible, des termes techniques. Il rattachera les explications à l'étude d'un monument pris comme type.

D'ailleurs, les idées qui font rentrer l'art dans le milieu historique où il s'est produit auront été, en partie, abordées dans l'histoire de la civilisation. Il y aura donc grand profit pour les cours d'histoire, de lettres et de beaux-arts, à ce que les professeurs, quand ils seront différents, s'entendent entre eux.

Quand le maître étudiera les parties du programme qui touchent à l'art proprement dit, il évitera à tout prix la nomenclature.

Il n'étudiera pas et n'énumérera pas tous les temples grecs, mais un temple grec, tel que le Parthénon; toutes les églises gothiques, mais une église, telle que Notre-Dame, ou Amiens, ou Reims; tous les châteaux de la Renaissance, mais Chambord, ou le Louvre, ou Fontainebleau; tous les primitifs italiens, mais Giotto, Donatello, Brunelleschi [1]. En un mot, il s'attachera, dans chaque période, aux œuvres qui réunissent, avec le plus de force et de simplicité, les caractères de la *beauté artistique*.

Cette préoccupation devra dominer tout son enseignement; à côté de la nécessité d'expliquer comment l'art est l'expression des idées, des sentiments, des croyances d'une société, il ne faut jamais renoncer à pénétrer les esprits de l'impression du *beau*.

On n'institue pas ici l'histoire de l'art pour en faire connaître toutes les manifestations possibles, mais pour en faire comprendre et apprécier les chefs-d'œuvre [2].

PROGRAMME.

Idée générale du cours :

1. Les beaux-arts. Définitions et divisions : les arts plastiques. L'art et l'industrie.

L'art considéré en lui-même : le sentiment du beau (rapprochement avec la littérature). Ce que c'est que l'esthétique. Réalisme et idéalisme.

Ce que c'est que la technique : l'exécution, la forme.

2. Utilité de rapprocher l'art de l'histoire; l'art considéré dans ses rapports avec la civilisation. Ses transformations suivant le génie des peuples et des époques.

Son développement à travers les âges.

Orient.

Trois centres principaux : Égypte, Assyrie-Babylonie, Perse.

[1] Au lieu d'étudier les œuvres, le professeur pourra choisir la vie d'un grand artiste, tel que Michel-Ange, Poussin, etc.

[2] Des photographies et des gravures faites d'après les monuments, les tableaux, les statues et les œuvres d'art de tous les âges (avec légendes historiques) seront placées sous les yeux des élèves.

3 et 4. *Égypte* : Rôle de la religion et des croyances dans l'art. Tombeau (pyramide, hypogée); temple.
La sculpture.
5. *Assyrie-Babylonie, Perse* : La monarchie assyrienne et persane.
Palais assyrien, palais persan.

Grèce.

Domaine géographique de l'art grec. Coup d'œil sur ses premières origines et sur son influence dans le monde.
6. Génie du peuple grec.
Le sentiment de l'harmonie et de la proportion. Ce qu'on appelle dans l'art grec le réalisme et l'idéalisme.
7. Siècle de Phidias : influence de la religion et de la littérature; rapprochement entre les œuvres de la poésie et celles de l'art.
La statuaire de Phidias et de Polyclète. La beauté physique.
8. Architecture : sur quoi repose la distinction entre les ordres grecs. Les monuments de l'Acropole.
9. L'art grec après Phidias. Diffusion; inspirations nouvelles : la passion, le mouvement, le grandiose.
Sculpture de Scopas et Praxitèle. Peinture : Apelles.

Rome.

10. L'art étrusque. Influence de la Grèce à Rome.
Domaine géographique de l'art romain à son complet développement. Son influence.
11 et 12. L'art romain de l'empire; l'esprit romain. Tendance à l'utile. Le colossal; le luxe dans la décoration. Rôle secondaire de la religion et de la littérature.
Palais. Arc de triomphe. Temple. Amphithéâtre.
Résumé de l'histoire de l'art ancien dans ses grandes manifestations.

Moyen âge et temps modernes.

Trois parties : Moyen âge; Renaissance et temps modernes; époque contemporaine.

A. Moyen âge.

13. Éléments d'un esprit nouveau dans l'art; le christianisme; le germanisme;
Influence de l'art ancien sur la technique de l'art nouveau.
Les Catacombes.
14. L'art byzantin; Sainte-Sophie.

15. L'art musulman; ses caractères particuliers : le pays, la race, la croyance.

Une mosquée; un palais.

Domaine géographique de l'art musulman; son influence.

16. L'art occidental; éléments dont il se compose.

Au moyen âge, il a son centre principal en France.

Influence de la société : l'Église, la féodalité et la chevalerie.

17. L'art roman. L'Église romane; technique de l'architecture; la voûte en pierre; le contrefort. Ornementation; le plein cintre, sculpture.

18. L'art gothique : vrai sens du mot.

Technique de l'art gothique : l'arc-boutant.

Ornementation et dessin : l'arc aigu; le vitrail.

19 et 20. Une cathédrale gothique. Sentiment de la beauté dans l'art gothique.

Ce qu'on appelle les époques du gothique.

Le château fort.

21. Les arts industriels ou secondaires au moyen âge (orfèvrerie, miniature, tapisserie, meuble).

B. Renaissance et temps modernes.

22. Ce qu'on appelle Renaissance; acception générale et spéciale du mot. Influence de l'antiquité. — Renaissance du Nord : la Flandre.

Différence entre l'esprit du moyen âge et celui de la Renaissance montrée par des exemples.

Découvertes pratiques : la peinture à l'huile; la gravure.

23. Renaissance en Italie. Part du réalisme et du sentiment chrétien. Les Primitifs à Florence.

24 et 25. Essor de la Renaissance classique. Rome et les Papes. Léonard de Vinci. Raphaël; Michel-Ange. Le sentiment du beau.

Venise: Le Titien.

26 et 27. La Renaissance en France. La monarchie.

Les châteaux.

La sculpture.

Expansion de la Renaissance en Europe.

28 et 29. Le XVIIᵉ siècle en dehors de France.

L'art flamand : Rubens; Téniers.

L'art espagnol : Vélasquez; Murillo.

L'art hollandais : Rembrandt; le genre; le paysage.

30, 31 et 32. Rôle de la France au XVIIᵉ siècle; ce qu'on appelle l'esprit classique. Rapprochements entre la littérature, l'art et les sentiments de la société.

Le xviiᵉ siècle avant Louis XIV. Poussin; Le Sueur.
Louis XIV.
Versailles : Le Brun, Mansart, Girardon, Puget.
Le Louvre : Claude Perrault.
33. Esprit nouveau au xviiiᵉ siècle. La société du temps, la galanterie, le luxe; le goût.
Watteau et Boucher.

C. Époque contemporaine.

34 et 35. Changements dans les idées vers la fin du xviiiᵉ siècle; nouveau retour à l'antiquité classique.
La Révolution et l'Empire : David, Gros.
36. Nouvelles tendances. Influence de la littérature française ou étrangère. Classiques et romantiques.
Prudhon, Géricault, Ingres et Delacroix.
37. Place considérable de la musique à côté des arts plastiques. Les grands maîtres de la symphonie et du drame lyrique depuis la fin du xviiiᵉ siècle.

Résumé et conclusion.

N. B. — Quatre parties de ce programme formeront la base de l'enseignement :
    Art grec ;
    Art gothique ;
    Renaissance ;
    xviiᵉ siècle.
En dehors de ces quatre périodes principales, le professeur pourra traiter très sommairement les autres parties ou même ne pas traiter certaines d'entre elles.
Il lui est ainsi permis de limiter son enseignement à condition de rester dans les données du programme général et de la méthode d'ensemble, et de ne pas négliger les points ci-dessus indiqués.
Le cours d'histoire de l'art peut être confié à un autre professeur que le professeur d'histoire. Les diverses parties du programme peuvent être traitées par différents professeurs.

Géographie.
(1 heure par semaine.)

GÉOGRAPHIE GÉNÉRALE [1].

I. *Europe. Les six grandes puissances.*

Angleterre. — La race, les institutions. Richesses, l'élevage, les mines.

[1] Toutes les questions qui figurent dans ce programme ont été déjà abordées dans les cours précédents : l'intérêt de celui-ci est tout entier dans le choix que le professeur fera parmi ces questions et dans le relief qu'il donnera aux plus im-

l'industrie manufacturière. Le commerce extérieur. L'empire colonial, les Indes, le Dominion, le Cap, l'Australie. Les positions commandant les grandes routes maritimes.

Russie. — Formation, état politique et social. Répartition inégale de la production agricole, des richesses minières, de l'industrie. La Russie et la question d'Orient. Conquête de l'Asie septentrionale et centrale. Le commerce de la caravane. Le chemin de fer transcaspien.

Allemagne. — Constitution de l'empire. Forces militaires. Principaux centres de l'industrie minière et manufacturière. Progrès du commerce. Grandes voies ferrées traversant l'Allemagne. Ports. Émigration et expansion coloniale.

Autriche-Hongrie. — Formation et transformations récentes. Constitution de 1867. Le dualisme. La question des races. Richesses agricoles de la Hongrie. L'industrie en Autriche, en Bohème. L'Autriche et la question d'Orient.

Italie. — L'unité italienne. Richesses du sol. Industrie. Richesses artistiques. Ports. Grandes voies ferrées de la péninsule et des Alpes.

France. — Comparaison de ses richesses, de ses forces et de son activité extérieure avec celle des autres grandes puissances.

Les États de second ordre. — Comparaison de leur rôle dans le passé et de leur situation actuelle.
Les grandes villes de l'Europe.

II. Le Nouveau Monde.

La découverte, la colonisation, l'émancipation. Les races indigènes, la question de l'esclavage. L'Amérique anglo-saxonne, l'Amérique latine.
Les États-Unis. Formation politique et constitution. Éléments de la race

portantes. Elles sont de tout ordre. Il ne suffit pas de faire connaître à des élèves qui vont devenir des hommes les grandes puissances du monde actuel par leur production agricole et industrielle, par leur activité commerciale. Ce sont là, sans doute, des éléments d'appréciation considérables. Ce ne sont pas les seuls que l'on doive comparer entre eux. Dégager, pour chacun des États avec lesquels nous sommes en relation, les traits caractéristiques, déterminer dans quelle mesure le sol et l'homme, la nature et la race ont collaboré à la prospérité et à la puissance d'une nation, comparer le rôle historique des peuples à leur situation présente, saisir et fixer dans les diverses parties du monde l'*actualité* sur laquelle doit se porter notre attention : voilà l'objet de cet enseignement. Ce sera comme un dernier chapitre de l'histoire de la civilisation. (Voir p. 640 et suivantes.)

31.

et mouvement de la population. Production agricole, industrielle. Activité commerciale. Grands marchés et grandes voies ferrées.

Amérique latine. Le Brésil; plantations et mines. Autres républiques de l'Amérique méridionale et centrale. Leur production agricole et minière. — Les Antilles; les possessions européennes en Amérique. La question du canal interocéanique.

III. *L'Asie, l'Océanie, l'Afrique.*

L'Asie. — Les civilisations primitives, les religions, les invasions d'origine asiatique. Progrès et rivalité des puissances européennes en Asie. L'Asie russe, anglaise, turque, française. Les grands États asiatiques. La Perse, la Chine, le Japon. Leurs richesses, leurs rapports avec l'Occident.

L'Océanie. — Grandes possessions coloniales de la Hollande, de l'Angleterre. Leurs richesses. Les ports de l'océan Pacifique. L'expansion chinoise dans cette région.

L'Afrique. — L'Égypte. Le Nil. Antique civilisation. L'Égypte grecque, romaine, musulmane.

L'Egypte et la France. Richesses. Développement et révolutions contemporaines. Le canal de Suez.

L'Afrique française. — Les routes du Sahara. — L'accès du Soudan.

L'intérieur de l'Afrique. — Les grands lacs et les grands fleuves. — Grands noms de l'exploration au xix⁰ siècle. Les zones d'influence de la France, de l'Angleterre, de l'Allemagne. Nature et objet du commerce en Afrique. L'esclavage.

Histoire naturelle et hygiène [1].

(2 heures par semaine.)

Les programmes sont les mêmes que ceux de la classe de PREMIÈRE (SCIENCES).

Voir ces programmes, pages 489 et 491.

[1] Consulter l'*Instruction générale*, relative à l'enseignement sciences, p. 449.

Langues et littératures étrangères[1].

(Facultatives)

ALLEMAND *ou* ANGLAIS.
(1 heure par semaine.)

ANGLAIS *ou* ALLEMAND, ESPAGNOL, ITALIEN *ou* RUSSE[2].
(1 heure par semaine.)

ARABE (DANS L'ACADÉMIE D'ALGER).

Langues et littératures Allemandes, Anglaises et Italiennes.

Explication et récitation d'auteurs. Les textes expliqués sont commentés en langue vivante.

Expliqués faits en langue étrangère par les élèves.

Composition de genres divers.

AUTEURS ALLEMANDS.

Schiller : *Die Braut von Messina.*
Gœthe : *Iphigenie auf Tauris; Faust* (1re partie).
Voss : *Homer's Ilias* (extraits); *Virgil's Æneide* (extraits).
Choix de ballades et de poésies lyriques modernes allemandes.
Choix de lectures historiques, géographiques et scientifiques.
Freytag : *Soll und Haben.*

AUTEURS ANGLAIS.

Shakspeare : *Macbeth; King Richard III.*
Tennyson : *Enoch Arden.*
George Eliot : *Adam Bede.*
Pope : *Homer's Iliad* (extraits).
Dryden : *Virgil's Æneis* (extraits).
Macaulay : *History of England.*
Choix de lectures historiques, géographiques et scientifiques.

---

[1] Voir l'instruction du 15 juillet 1890, pages 588, 593 et suivantes. — [2]. Il n'a pas été publié de programme pour l'enseignement de la langue russe.

AUTEURS ITALIENS.

Dante : *La Divina Commedia* (extraits); *La Vita nuova e il Canzoniere* (extraits).

Petrarca : *Rime* (choix, avec les commentaires de Leopardi et les notes d'Ambrosoli).

Leopardi : *Opere* (extraits).

Alfieri : *Tragedie* (extraits).

Manzoni : *I promissi Sposi.*

Guerrazzi : *Scritti.*

De Amicis (Edm.) : *Racconti militari*, à l'usage des écoles.

Langue et littérature espagnoles.

Continuation des exercices de l'année précédente.

Suite des études de vocabulaire, avec exercices écrits ou oraux correspondants.

Explication et récitation d'auteurs. Les textes sont commentés en espagnol.

Thèmes et versions.

Essais de composition très simples : récits, descriptions, lettres familières.

Étude méthodique de la syntaxe.

Notions de prosodie.

Histoire sommaire de la littérature espagnole.

AUTEURS ESPAGNOLS.

Cervantès : *Don Quijote* (2° partie).

Romans varios (extraits).

Ercilla : *La Araucana* (extraits).

Lope de Vega : *El Nuevo Mundo descubierto;* théâtre choisi.

Calderon de la Barca : *La Vida es sueño;* théâtre choisi.

Moralin : *El Si de las Niñas; La Comedia nueva.*

Choix de lectures historiques, géographiques et scientifiques.

LANGUE ARABE (DANS L'ACADÉMIE D'ALGER).

Arabe littéral.

Notions d'histoire littéraire.

Thèmes oraux et écrits.

Versions écrites.

Explication et récitation d'auteur.

Ouvrage proposé.

Bel Kassem ben Sedira : *Cours de littérature arabe.*

Arabe vulgaire.

Conversation : proverbes et idiotismes.
Traductions orales et écrites d'historiettes arabes.
Thèmes oraux d'imitation.
Lectures de lettres manuscrites.

Ouvrages proposés.

Medjoub : *Choix de fables.*
Allaoua : *Recueil de versions et de thèmes d'arabe parlé.*
Houdas : *Lettres manuscrites.*
Recueil de devoirs (lettres) publiés par l'École des lettres d'Alger.

Comptabilité.
(Cours facultatif.)
(1 heure par semaine.)

Le programme est le même que celui de la classe de PREMIÈRE (SCIEN-CES). Voir ce programme, page 498.

Dessin.
(Facultatif.)
(1 heure et demie par semaine.)

Le programme est le même que celui de la classe de SECONDE. Voir ce programme, page 465.

Les épreuves de la Première série *de la* SECONDE PARTIE *du Baccalauréat de l'Enseignement secondaire moderne ont pour base le programme de la classe de* PREMIÈRE (LETTRES).

CLASSE DE PREMIÈRE (SCIENCES).
(ÉLÈVES DE 16 À 17 ANS EN MOYENNE.)

Mathématiques, 6 heures par semaine. Physique et chimie, 4 heures. Histoire naturelle, 2 heures (12 leçons d'une heure consacrées à l'*hygiène*). Philosophie, 2 heures. Principes du droit et économie politique, 2 heures par semaine pendant un semestre et 1 heure par semaine pendant l'autre semestre. Histoire, 3 heures. Géographie générale, 1 heure. Comptabilité, 1 heure. Langue et littérature allemandes *ou* anglaises, 1 heure (*facultatif*). Langue et littérature anglaises *ou* allemandes, espagnoles, italiennes *ou* russes, 1 heure (*facultatif*). Dessin, 3 heures.

Mathématiques [1].

(6 heures par semaine.)

COMPLÉMENTS D'ALGÈBRE.

Notions très succinctes de géométrie analytique. — Équation du premier degré. — Coefficient angulaire d'une droite. — Construction d'une droite donnée par son équation.

Représentation d'une fonction par une courbe. — Notion de la dérivée. — La dérivée est le coefficient angulaire de la tangente.

Variation des fonctions suivantes :

$$y = ax^2 + bx + c,$$

$$y = \frac{ax + b}{a'x + b'},$$

$$y = \frac{ax^2 + bx + c}{a'x^2 + b'x + c'}.$$

Pour cette dernière fonction, on se bornera à des exemples numériques.

Remarque. — En vue de la variation des fonctions précédentes, il suffira de faire connaître la dérivée d'une somme, d'un produit et d'un quotient.

TRIGONOMÉTRIE.

Fonctions circulaires. — Définition complète des six lignes trigonométriques. — Théorème des projections. Formules d'addition des arcs. — Duplication et bissection.

COURBES USUELLES.

Ellipse. — Définition de l'ellipse par la propriété des foyers. — Tracé de la courbe par points et d'un mouvement continu. — Axes. Cercles directeurs. — Sommet. — Intersection d'une droite et d'une ellipse. — Tangente. — Normale. — Équation de l'ellipse rapportée à ses axes. — Projection orthogonale du cercle.

Parabole. — Définition de la parabole par la propriété du foyer et de la directrice. Tracé de la courbe par points et d'un mouvement continu. — Axe. — Sommet. Intersection d'une droite et d'une parabole. — Tangente. — Normale. — Sous-normale. — Equation de la parabole.

[1] Consulter l'*Instruction générale*, relative à l'enseignement des sciences, page 449.

Étude géométrique des sections planes du cylindre et du cône de révolution par la méthode de Dandelin.

Hélice. — Définition. Propriété de la tangente.
Projection sur un plan parallèle à l'axe.

COSMOGRAPHIE.

(Revision du cours de l'année précédente, page 462, et compléments.)

Projection stéréographique.
Inégalité des jours et des nuits.
Mesure du temps. — Jour solaire vrai. — Jour solaire moyen. — Calendrier. — Réforme Julienne, réforme Grégorienne.
Lois de Képler. — Inégalité des saisons.
Notions sur l'histoire de l'astronomie : Hipparque, Ptolémée, Kopernik, Galilée, Tycho-Brahé, Képler, Newton, Clairaut, d'Alembert, Lagrange et Laplace, Herschell, Leverrier.

GÉOMÉTRIE DESCRIPTIVE.

Revision. — Changement du plan vertical de projection. — Rotations. — Applications les plus simples.
Cylindre et cône. — Plans tangents. — Sections planes.
Sphère. — Plan tangent en un point donné; plan tangent mené par une droite. — Section plane. — Cône circonscrit. — Cylindre circonscrit.
Ombre d'une sphère, d'un cône et d'un cylindre.
Méthode des plans cotés. — Application aux droites et aux plans. Courbes de niveau. — Problèmes simples. — Lecture d'une carte topographique. — Carte de l'État-Major.
Notions de levé de plans. — Planimétrie et nivellement. — Explication des différentes méthodes. — Usage des instruments. (Exécuter sur le terrain, s'il y a possibilité.)
Notions de perspective.. — Exemples : carrelage hexagonal; croix de pierre; porte avec perron. — Éléments de perspective cavalière.

MÉCANIQUE.

Statique.

Forces; leur mesure. — Résultante de plusieurs forces.
Composition des forces concourantes : 1° Cas de deux forces; 2° Cas de plusieurs forces concourantes. Polygone des forces.

Composition des forces parallèles. — Couple (pas de théorie des couples). Centre d'un système de forces parallèles.

Centre de gravité. Sa recherche dans quelques cas simples : triangle, trapèze, quadrilatère, prisme, pyramide.

Réduction d'un nombre quelconque de forces appliquées à un corps solide, d'abord à trois forces, puis à deux.

Conditions d'équilibre d'un corps solide libre sollicité par un nombre quelconque de forces.

Cas particuliers où le corps est mobile autour d'un point fixe ou d'un axe fixe ou repose sur un plan fixe.

Machines. — 1° Levier. — Charge du point d'appui. — Balance ordinaire. — Balance de Roberval, de Quintenz. — Romaine. — Poulie fixe et poulie mobile. — Moufles.

2° Treuil. — Cric. — Roues à chevilles. — Chèvre. — Grue.

3° Plan incliné. — Applications du plan incliné.

Cinématique.

Mouvement rectiligne. – – Mouvement uniforme. — Mouvement varié. — Vitesse moyenne. — Vitesse à un instant donné. — Diagramme de la loi du mouvement. — La vitesse est égale au coefficient angulaire de la tangente au diagramme de la loi du mouvement. — Graphique des chemins de fer. — Mouvement uniformément varié. — Loi des espaces. — Lois des vitesses.

Appareils enregistreurs. — Machine de Morin.

Mouvement curviligne. — Vitesse moyenne. — Vitesse à un instant donné.

Notions sur le mouvement d'un système matériel invariable. — Mouvement d'une figure plane dans son plan. — Centre instantané. — Mouvement de translation. — Mouvement de rotation autour d'un axe fixe. — Vitesse angulaire.

Notions générales sur la transformation du mouvement. — Engrenages. — Parallélogramme de Watt; losange de Peaucellier. — Bielle et manivelle. — Cames et excentriques.

On montrera des modèles aux élèves.

Dynamique.

Notions sur les machines à l'état de mouvement. — Travail mécanique. Unité de travail. — Travail d'une force constante. — Travail d'une force variable; travail élémentaire; travail total; son évaluation graphique. Le travail de la résultante est égal à la somme des travaux des composantes.

Principe du travail virtuel dans les systèmes à liaisons complètes. On se bornera à l'énoncé du principe et à sa vérification dans les machines simples; application à quelques machines composées.

Énoncé du principe général des forces vives. — Application aux machines. — Égalité du travail moteur et du travail résistant.

Notions sur les résistances passives. — Frottement; ses lois. — Travail des résistances passives. — Rendement d'une machine.

Emploi des volants et des freins.

Physique et chimie.
(4 heures par semaine.)

A la démonstration des vérités scientifiques le professeur rattachera, à l'occasion, l'exposé des méthodes et l'histoire des découvertes.

1° Physique.

Mouvements. — Forces. — Proportionnalité des forces aux accélérations. — Masse. — Travail. — Force vive.

Lois de la chute des corps. — Machine d'Atwood.

Pendule. — Applications.

Poids spécifiques des solides et des liquides. — Densité des gaz.

Manomètres. — Machines pneumatiques et de compression.

Siphon.

Sources de chaleur.

Notions sur la théorie mécanique de la chaleur. — Machines thermiques : machine à vapeur; machine à gaz.

Notions élémentaires et purement expérimentales sur le potentiel et la capacité électrique. — Électromètre de Thomson.

Énoncé des lois fondamentales des courants.

Unités pratiques d'intensité, de résistance et de force électromotrice.

Bobine de Ruhmkorff.

Machines magnéto-électriques et dynamo-électriques. — Réversibilité de ces machines.

Éclairage électrique.

Galvanoplastie. — Dorure. — Argenture.

Sonneries électriques. — Télégraphe. — Téléphone. — Microphone.

Intervalles musicaux. — Gamme.

Vibrations transversales des cordes : lois expérimentales.

Harmoniques. — Timbre des sons.

Spectroscope. — Spectres des diverses sources lumineuses. — Analyse spectrale.

Notions très sommaires de photographie.

2° Chimie.

Chimie générale.

Combinaison chimique. — Décomposition. — Dissociation.
Lois des poids : nombres proportionnels. — Équivalents.
Lois des volumes gazeux. — Poids atomiques. — Lois des chaleurs spécifiques. — Isomorphisme.
Principes de thermochimie. — Application aux cas les plus simples.

Chimie organique.

Éléments des substances organiques. — Principes immédiats.
Méthodes analytiques et méthodes synthétiques.
Classification d'après les fonctions chimiques.

Carbures d'hydrogène. — Carbures gazeux; acétylène; gaz oléfiant; gaz des marais. — Chloroforme.
Carbures liquides et solides. — Pétroles; essence de térébenthine; benzine; toluène: naphtaline; anthracène.

Alcools. — Alcool ordinaire et ses principaux éthers.
Alcool méthylique.
Glycérine. — Corps gras neutres.
Glucoses. — Sucre de canne. Sucre de lait.
Dextrine. — Amidon et fécules. — Gommes. — Cellulose.
Phénol. — Alizarine.

Aldéhydes. — Essence d'amandes amères. — Camphre.

Acides. — Principaux acides volatils (formique, acétique).

Alcalis. — Alcalis artificiels : aniline; toluidines; rosanilines.
Matières colorantes naturelles et artificielles.
Alcalis végétaux (nicotine, morphine, quinine, strychnine).

Amides. — Notions générales. — Urée. — Acide urique. — Indigo.
Albumine et ses congénères (caséine, fibrine, gluten). — Gélatine.
Conservation des matières organiques.
Fermentation alcoolique. — Vin. — Bière.

Analyse chimique.

Caractères des bases et caractères des principaux genres de sels.
Recherche de la base d'un sel soluble. — Recherche de l'acide.

Notions sur la chimie analytique quantitative par l'emploi des liqueurs titrées. — Essais alcalimétriques. — Essais chlorométriques. — Essais de fer.

Analyse élémentaire d'une substance organique.

Dosage de l'azote sous forme d'ammoniaque.

Manipulations de chimie.

(Manipulations sur les matières organiques et analyses chimiques d'après le programme d'analyse chimique : trente heures.)

Acétylène (production par la combustion incomplète et par l'action de la chaleur rouge). Gaz oléfiant. — Liqueur des Hollandais.

Gaz des marais. — Chloroforme.

Rectification de la benzine. — Nitrobenzine. — Sublimation de la naphtaline.

Rectification de l'alcool. — Fermentation alcoolique. — Éther acétique.

Saponification de l'huile par l'oxyde de plomb. — Préparation de la glycérine. — Savon de soude. — Acide stéarique.

Sucre de canne. — Cristallisation dans l'alcool. — Préparation du glucose avec l'amidon. — Préparation de l'amidon et de la dextrine. — Cotonpoudre.

Sublimation du camphre. — Préparation de l'essence d'amandes amères.

Acide formique (préparation). — Acide acétique cristallisable. — Acide oxalique. — Acide tartrique. — Sublimation de l'acide benzoïque.

Préparation de l'aniline. — Sa transformation en rosaniline. — Cuve d'indigo.

Préparation de la morphine. — Préparation de l'urée.

Analyses chimiques.

Histoire naturelle et hygiène.

(2 heures par semaine.)

———

1° Histoire naturelle.

A la démonstration des vérités scientifiques le professeur rattachera, à l'occasion, l'exposé des méthodes et l'histoire des découvertes.

Anatomie et physiologie animales et végétales.

Caractères généraux des êtres vivants. — Animaux et végétaux.

Anatomie et physiologie animales.

Caractères généraux des animaux. — Principaux tissus.

I. *Fonctions de nutrition.* (Étude spéciale de l'homme.)

Digestion : appareil digestif; aliments; phénomènes mécaniques et chimiques de la digestion.

Circulation : sang; appareil circulatoire sanguin; mécanisme de la circulation; lymphe et canal thoracique.

Absorption.

Respiration : appareil respiratoire; phénomènes mécaniques, physiques et chimiques.

Chaleur animale.

Notions sommaires sur les appareils de la circulation et de la respiration dans la série animale.

II. *Fonctions de relation.* (Étude spéciale de l'homme.)

Organes des sens.

L'œil, la vision, l'accommodation. — Quelques mots sur les anomalies de la vision.

L'oreille, l'audition.

L'odorat, le goût et le toucher.

Le larynx, la voix.

Appareil du mouvement : os, squelette, articulations. — Muscles : structure, fonctions.

Centres nerveux : fonctions. — Nerfs moteurs, nerfs sensitifs.

Principales modifications des appareils de relation dans la série animale.

III. *Notions sommaires de paléontologie* [1].

Les animaux des temps primaires. Développement des invertébrés : trilobites; insectes de la houille; premiers poissons.

Les animaux des temps secondaires : ammonites et bélemnites. — Développement des vertébrés à sang froid. — Premiers oiseaux.

Les animaux des temps tertiaires et quaternaires. — Développement des vertébrés à sang chaud. Leurs rapports avec les types actuels. — Histoire du cheval. — L'homme.

Anatomie et physiologie végétales.

Caractères généraux des végétaux. — Principaux tissus.

---

[1] Ces notions représentent, *au maximum*, la matière de cinq leçons d'une heure; le professeur s'attachera surtout à montrer les liens qui unissent les formes anciennes aux formes actuelles, et à mettre en évidence les phénomènes d'adaptation.

I. *Nutrition.* (Étude spéciale d'une plante phanérogame.)

Racine. — Radicelles. — Croissance et fonctions de la racine.
Tige : croissance et fonctions de la tige.
Feuille : structure, croissance et fonctions.

2° HYGIÈNE[1].

[Programme modifié par arrêté du 9 mars 1897.]
(12 leçons d'une heure chacune.)

L'eau. — Les diverses eaux potables : eau de source, eau de rivière, eau de puits. L'eau de source seule est pure; toutes les autres peuvent être contaminées; modes de contamination.
Les moyens de purifier l'eau potable : filtration, ébullition.

L'air. — De la quantité d'air nécessaire dans les habitations, etc. — Dangers de l'air confiné. — Renouvellement de l'air. — Ventilation. — Altération de l'air par les poussières, les gaz.
Voisinage des marais.

Les aliments. — Falsifications principales des aliments usuels, solides et liquides.
Viandes dangereuses : parasitisme et germes infectieux (trichinose, ladrerie, charbon, tuberculose); viandes putréfiées (intoxication par la viande de porc, les saucisses).
Boissons alcooliques. — Boissons fermentées : cidre, bière, vin. — Action physiologique des boissons fermentées. — Effets pathologiques de leur abus.
Boissons distillées : eaux-de-vie. — Effets pathologiques de leur usage habituel.
Boissons alcooliques additionnées d'essences : absinthe et autres liqueurs prétendues apéritives et digestives. — Graves effets pathologiques de leur usage.
L'ivresse et l'alcoolisme. — Influence de l'alcoolisme sur la race (maladies héréditaires).

Les maladies contagieuses. — Qu'est-ce qu'une maladie contagieuse ou transmissible? Exemple : une maladie type dont la transmission est expérimentalement facile. Le charbon, expériences de Pasteur.
Indication rapide des principales maladies contagieuses de l'homme; voies de transmission; l'air, l'eau, l'appareil respiratoire; l'appareil digestif.
Teigne, gale, fièvres éruptives, variole, rougeole, scarlatine, tuberculose.

---

[1] Ces leçons seront faites par le professeur chargé des cours d'anatomie et de physiologie.

Vaccination. Revaccination. — Mortalité par variole.

Mesures de préservation. — Prophylaxie. — Désinfection. — Propreté corporelle.

Conditions de salubrité d'une maison. — La maison salubre; la maison insalubre.

Les maladies transmises par les déjections humaines : fièvre typhoïde, choléra.

Notions de police sanitaire des animaux. — Maladies transmissibles à l'homme. La rage, la morve, le charbon, la tuberculose.

Abatage, enfouissement. (Loi du 21 juillet 1881 sur la police sanitaire des animaux.)

Philosophie.
(2 heures par semaine.)

———

I. — ÉLÉMENTS DE PHILOSOPHIE SCIENTIFIQUE [1].

La science. Les sciences. Classification et hiérarchie des sciences.

Les sciences mathématiques : leur objet, leurs principales divisions. Méthode : définitions, axiomes, démonstrations.

Les sciences de la nature : leur objet, leurs principales divisions, leurs méthodes; l'expérience; les méthodes d'observation et d'expérimentation.

———

[1] Le caractère de cet enseignement devra être historique non moins que théorique. Le professeur ne se contentera pas d'une exposition abstraite des règles de la logique, il s'attachera à en montrer l'origine et à en faire comprendre l'application par de nombreux exemples empruntés à l'histoire des méthodes, des idées, des découvertes scientifiques, en recourant, quand il se pourra, aux réflexions et commentaires que les maîtres de la science nous ont laissés sur leurs travaux et ceux de leurs prédécesseurs. Il a paru bon d'indiquer ici quelques-uns des ouvrages les plus utiles à consulter ;

Sur la science en général : Aristote, *Métaphysique* (les premiers chapitres); Bacon, *Novum organum;* Descartes, *Discours sur la Méthode.*

Sur la classification des sciences : Bacon, *De Dignitate et Augmentis;* D'Alembert, *Discours préliminaire;* Ampère, *Classification des sciences;* Auguste Comte,

Cours de philosophie positive (2ᵉ leçon).

Sur les sciences mathématiques en général : Auguste Comte (3ᵉ et 10ᵉ leçons).

Sur la méthode : Pascal, *De l'esprit géométrique;* Leibniz, *Nouveaux essais;* D'Alembert, *Éléments de philosophie.*

Sur les méthodes dans les sciences physiques: Bacon, Stuart Mill; Herschell, *Discours sur la philosophie naturelle.*

Sur l'hypothèse : Claude Bernard, *Introduction à la médecine expérimentale,* 1ʳᵉ partie; sur la classification : Cuvier, *Règne animal,* préface.

Sur la déduction dans les sciences de la nature : Stuart Mill, *Logique,* liv. III, chap. XI, XII et XIII.

Sur l'objet et la méthode des sciences morales : Stuart Mill, *Logique,* liv. VI.

Sur la critique historique : Daunou, *Cours d'études historiques,* tome I.

Exemples de grandes hypothèses : Laplace, Cuvier, Darwin; l'unité des forces physiques.

La classification. L'hypothèse. L'induction. Rôle de la déduction dans les sciences de la nature.

Les sciences morales : leur objet, leurs caractères propres, leurs principales divisions. Méthode : l'induction et la déduction dans les sciences morales.

Rôle de l'histoire dans les sciences morales; la critique historique.

Exposé sommaire des principales hypothèses générales dans les différents ordres de sciences.

II. — ÉLÉMENTS DE PHILOSOPHIE MORALE.

Les faits de l'ordre moral, leurs caractères propres; la liberté, la responsabilité. La personnalité morale.

Les fins de la vie humaine : le bonheur, l'utilité, le devoir; Platon, les Stoïciens, Kant.

L'individu. — Devoirs envers la personne morale. La dignité humaine.

La famille. — Sa constitution morale. Esprit de famille. L'autorité dans la famille.

La société. — Le droit et les droits. Respect de la personne dans les autres hommes. L'esclavage; le servage; les abus de pouvoir.

Respect de la personne dans ses croyances et ses opinions; liberté religieuse et philosophique; tolérance.

Respect de la personne dans ses biens. Principe de la propriété.

La justice et la charité. Formes diverses de la charité. Le dévouement.

La patrie; la nation, ce qui la constitue. La puissance publique. L'État et les lois. Fondement de l'autorité publique. Le gouvernement. Devoirs et droits des gouvernants.

Sanction de la morale. Dieu. La religion naturelle.

Principes du droit et économie politique.

(2 heures par semaine pendant un semestre et 1 heure par semaine pendant l'autre semestre.)

Le programme est le même que celui de la classe de première (lettres). Voir ce programme, p. 470.

Histoire.

(3 heures par semaine.)

Le programme est le même que celui de la classe de première (lettres). Voir ce programme, p. 473.

Géographie générale.
(1 heure par semaine.)

Le programme est le même que celui de la classe de première (lettres).
Voir ce programme, page 482.

Comptabilité.
(1 heure par semaine.)

Commerce. — Description des opérations les plus habituelles : achats, ventes, trocs, payements, encaissements, règlements, virements.

Commerçants. — Caractères de la profession. Principaux genres de commerce : commerce des marchandises par les négociants, les importateurs et les exportateurs; commerce des métaux précieux par les changeurs; commerce des titres et valeurs par les banquiers; commerce des transports par les commissionnaires et les armateurs.

Intermédiaires. — Courtiers de marchandises; agents de change; courtiers maritimes; commissionnaires.

Transport des marchandises. — Lettre de voiture. — Expéditions par chemins de fer. — Connaissements.

Comptabilité des marchandises. — Factures; comptes d'achats; comptes de ventes; livre d'achats, livre de ventes.

Comptabilité de la caisse. — Reçus. — Bordereaux de versements. — Livre de caisse.

Comptabilité du portefeuille. — Effets de commerce. — Billet à ordre, lettre de change, mandat, chèque. — Clearing-House.

Escompte et négociation des effets de commerce. — Revision des méthodes commerciales et rapides du calcul de l'intérêt et de l'escompte. — Bordereau d'escompte. — Livre d'entrée et de sortie des effets. — Échéancier.

Comptes courants. — Définition. — Méthodes directe, indirecte et hambourgeoise.

Théorie de la comptabilité. — Description des livres de la comptabilité générale. — Classification et mécanisme des comptes. — Passation des articles de la main-courante au journal et du journal au grand-livre.

Balance de vérification. — Son principe et son utilité.

Inventaire. — Définition. — Inventaire des marchandises et valeurs. —

Débiteurs douteux ou insolvables. — Comptes de profits et pertes. — Résultat. — Balance d'inventaire et bilan. Fermeture et réouverture des comptes.

Placements en valeurs mobilières. — Opérations de bourse au comptant. — Cours moyen. — Courtage. — Revenu. — Impôts. — Arbitrage sur les effets publics, sur les actions ou obligations.

Langues et littératures étrangères[1].
(Facultatives.)

———

ALLEMAND OU ANGLAIS.
(1 heure par semaine.)

ANGLAIS OU ALLEMAND, ESPAGNOL, ITALIEN OU RUSSE.
(1 heure par semaine.)

ARABE (DANS L'ACADÉMIE D'ALGER).

Le programme est le même que celui de la classe de première (lettres). Voir ce programme, page 486.

Dessin.
(3 heures par semaine.)

———

N° 6. — DESSIN À MAIN LEVÉE.

§ 1er. Mêmes exercices qu'en seconde (465).
§ 2. Exercices de composition. Modelage.

N° 6 bis. — DESSIN GÉOMÉTRIQUE.

Mêmes exercices qu'en seconde (466).
Notions de la mise au point.

———

Les épreuves de la deuxième série de la seconde partie du baccalauréat de l'enseignement secondaire moderne ont pour base le programme de la classe de première (sciences).

[1] Voir l'instruction du 15 juillet 1890, p. 588-593 et suivantes.

32.

4. — PROGRAMMES DES CLASSES SUPÉRIEURES DE SCIENCES.

CLASSE DE MATHÉMATIQUES ÉLÉMENTAIRES [1].
(PROGRAMMES PRESCRITS PAR ARRÊTÉ DU 24 JANVIER 1891.)

Répartition des heures de classe.
[Arrêté du 20 juillet 1897.]

Mathématiques, 10 heures par semaine. Physique et chimie, 6 heures par semaine. Histoire naturelle, 1 heure par semaine. Philosophie, 2 heures par semaine. Histoire, 3 heures par semaine. Langues vivantes, 1 heure par semaine. Dessin graphique.

Mathématiques.
(10 heures par semaine.)

1. — ARITHMÉTIQUE.

Numération décimale.

Addition et soustraction des nombres entiers.

Multiplication des nombres entiers. — Produit de plusieurs facteurs. — Théorème fondamental et ses conséquences.

Division des nombres entiers. — Théorèmes relatifs à la division.

[1] *Circulaire relative aux classes de mathématiques élémentaires.* — MONSIEUR LE RECTEUR, je suis informé que dans certains lycées on exige des élèves qui désirent suivre les cours dans les classes de mathématiques élémentaires qu'ils justifient de leur admission à la première série des épreuves du baccalauréat classique ou moderne. Des réclamations m'ont été adressées à ce sujet; elles me paraissent fondées.

Cette exigence, Monsieur le Recteur, n'est en effet autorisée par aucun règlement scolaire; elle ne se justifie pas non plus en raison. Outre qu'elle fait obstacle au recrutement de la classe en question, elle peut, dans certains cas, causer un préjudice réel aux intérêts bien entendus des jeunes gens et de leurs familles. Pour un grand nombre d'élèves, il est vrai, ceux, par exemple, qui ont en vue

les carrières dites *libérales* ou les écoles du Gouvernement, le diplôme de bachelier est la sanction nécessaire de leurs études. Mais il n'est pas interdit à d'autres de demander simplement à l'enseignement secondaire les connaissances qui leur permettront de s'initier plus tard à telle ou telle profession commerciale ou industrielle à laquelle ils se destinent. Et si même ils n'ont en vue, comme fin des études secondaires, que la culture générale qui en résulte, il ne s'ensuit pas qu'ils soient, par là même, dans de plus mauvaises conditions pour suivre ce cours d'études avec fruit. On a dit que le baccalauréat est un mal nécessaire. En tout cas, si, par rencontre, quelques-uns peuvent s'en passer, il n'y a pas lieu de leur en faire une obligation.

Comme ces élèves ne nous demandent aucun diplôme, aucun témoignage officiel

Restes de la division d'un nombre entier par 2, 5; 4, 25; 8, 125; 9, 3. — Caractères de divisibilité par chacun de ces nombres.

Plus grand commun diviseur de deux nombres. — Recherche du plus grand commun diviseur par la méthode des divisions successives.

Nombres premiers entre eux. — Tout nombre qui divise un produit de deux facteurs et qui est premier avec l'un des facteurs divise l'autre.

Plus petit commun multiple de deux nombres.

Définition des nombres premiers. — Propriétés élémentaires. — Décomposition d'un nombre entier en un produit de facteurs premiers. — Composition du plus grand commun diviseur et du plus petit commun multiple de plusieurs nombres décomposés en facteurs premiers.

au sujet de leurs études, on n'a pas à exiger d'eux, pour entrer dans la classe dont il s'agit, d'autres garanties que les conditions d'âge et de capacité. Et là où, comme c'est le cas, cette preuve de capacité ne peut être fournie par un examen de passage, puisque le programme de la classe en question n'est pas la suite des programmes précédents, mais se trouve pour la plus grande part constitué par des enseignements nouveaux, il n'y a d'autre moyen de s'assurer si la capacité requise existe ou non chez l'élève, que de le mettre à l'essai et de le voir à l'œuvre dans cette classe même. Quand ils jugeront l'épreuve suffisante, les professeurs auront à donner leur avis pour ou contre son admission définitive.

Ces raisons générales justifient, aux mêmes conditions, l'admission en philosophie. Qu'un élève ne se soit pas présenté à l'examen qui termine la rhétorique ou qu'il ait échoué, dans les deux cas, s'il est réellement capable de suivre la classe de philosophie, il n'y a pas de raison suffisante de l'empêcher d'y entrer. Or, il est certain que l'échec à la première série d'épreuves du baccalauréat ne démontre pas l'incapacité de tirer bon parti des divers cours qui constituent le programme de cette classe. Il est, au contraire, d'expérience que plus d'un élève, qui avait jusqu'alors assez médiocrement réussi, a trouvé dans ce nouvel ordre d'enseignement une occasion de réparer, en partie, le défaut de ses études antérieures et de se relever. Où serait, dès lors, l'avantage

d'en interdire le bénéfice à des jeunes gens qui, dans bien des cas, n'auraient pas le temps ou les moyens de refaire une rhétorique? Sans nous prêter jamais à abaisser le niveau des cours, nous ne devons pas perdre de vue que les élèves ne sont pas faits pour les classes, mais les classes pour les élèves.

J'ajoute, Monsieur le Recteur, que si un élève ayant échoué à la première partie des épreuves du baccalauréat demandait à entrer en philosophie ou en mathématiques élémentaires, sans renoncer, cependant, à tenter ultérieurement, si les circonstances le lui permettent, ce même examen et en continuant par devers lui à s'y préparer dans ses moments de loisir, il ne faudrait pas s'y opposer. Encore une fois, s'il travaille sérieusement dans la classe où il est admis s'il n'est pas un empêchement pour le professeur, un fâcheux exemple pour ses condisciples, s'il tire lui-même de l'enseignement un profit certain, c'est tout ce que nous devons exiger de lui. Pour le reste, nous pouvons le conseiller, nous n'avons pas à lui imposer, bon gré mal gré, à lui ou à sa famille, notre manière de voir sur la direction générale de ses études.

Vous voudrez bien donner, dans le plus bref délai, des instructions très précises dans ce sens à MM. les proviseurs et principaux des lycées et collèges de votre ressort et les inviter à en aviser les familles intéressées. Il importe que ces instructions soient partout mises en vigueur dès la rentrée prochaine (12 juin 1895).

Fractions ordinaires. — Réduction d'une fraction à sa plus simple expression. — Réduction de plusieurs facteurs au même dénominateur. — Plus petit dénominateur commun. — Opérations sur les fractions ordinaires. — Extension de la théorie aux fractions dont les deux termes sont des fractions ordinaires.

Nombres décimaux. — Opérations (en considérant les fractions décimales comme cas particuliers des fractions ordinaires). — Calcul d'un produit ou d'un quotient à une approximation donnée.

Réduction d'une fraction ordinaire en fraction décimale. Condition de possibilité. — Fractions décimales périodiques.

Carré d'un nombre entier ou fractionnaire. — Composition du carré de la somme de deux nombres. — Le carré d'une fraction n'est jamais égal à un nombre entier. — Définition et extraction de la racine carrée d'un nombre entier à moins d'une unité. — Définition et extraction de la racine carrée d'un nombre entier ou fractionnaire à une approximation donnée.

Système métrique. — Exercices.

Rapport de deux nombres. — Rapports égaux.

Partager un nombre en parties proportionnelles à des nombres donnés.

Mesure des grandeurs. — Définition du rapport de deux grandeurs de même espèce — Théorème : le rapport de deux grandeurs de même espèce est égal au quotient des nombres qui les mesurent.

Grandeurs directement ou inversement proportionnelles. Problèmes. — Règle de trois simple ou composée.

Intérêt simple. — Rentes françaises. — Escomptes. — Questions sur les mélanges et les alliages.

Définition de l'erreur absolue et de l'erreur relative. — Théorie sommaire des erreurs relatives. — Exercices.

II. — Algèbre.

Introduction des nombres négatifs. — Exemples : position d'un point sur un axe, formule du mouvement uniforme. — Opérations sur les nombres négatifs. — Fractions algébriques. — Extension des propriétés démontrées en arithmétique.

Expressions algébriques. — Monômes. — Polynômes. — Termes semblables.

Opérations algébriques. — Addition, soustraction et multiplication des polynômes. — Division des monômes. — Exposant zéro. — Division de deux polynômes ordonnés par rapport aux puissances décroissantes d'une même lettre.

Équations du premier degré. — Équation du premier degré à une inconnue.

Équation du premier degré à plusieurs inconnues. — Diverses méthodes de résolution.

Résolution et discussion de deux équations du premier degré à deux inconnues.

Problèmes. — Mise en équation. — Discussion des résultats.

Inégalités numériques. — Inégalités du premier degré.

Équations du second degré $ax^2 + bx + c = 0$. (On ne fera pas la théorie des imaginaires.) — Relations entre les coefficients et les racines. — Nature et signes des racines.

Étude du trinôme du second degré. — Changements de signe. — Inégalités du second degré.

Variations de grandeur du trinôme; représentation graphique. — Équation bicarrée. — Trinôme bicarré.

Problèmes du second degré. — Questions de maximum et de minimum qui peuvent être traitées par la résolution d'une équation du second degré.

Variation du quotient de deux trinômes du second degré; représentation graphique (exemples numériques).

Progressions arithmétiques et progressions géométriques.

Sommes des carrés des n premiers nombres entiers.

Logarithmes vulgaires. — Définition et propriétés. (On ne considérera que les nombres qui peuvent faire partie de la progression géométrique après insertion de moyens géométriques.) — Usage des tables à *cinq* décimales.

Intérêts composés et annuités.

III. — Géométrie.

Figures planes.

Ligne droite et plan. — Angles. — Droites perpendiculaires.

Triangles. — Triangle isocèle. — Cas d'égalité des triangles.

Perpendiculaires et obliques. — Triangles rectangles. — Cas d'égalité.

Définition d'un lieu géométrique. Lieu géométrique des points équidistants de deux points ou de deux droites.

Droites parallèles.

Somme des angles d'un triangle, d'un polygone convexe.

Parallélogrammes.

Figures symétriques par rapport à un point ou à une droite. — Deux figures planes symétriques sont égales.

Translation d'une figure plane de forme invariable. Composition de plusieurs translations.

Usage de la règle et de l'équerre.

Cercle. — Intersection d'une droite et d'un cercle. — Tangente au cercle; les deux définitions de la tangente. — Arcs et cordes.

Positions relatives de deux cercles.

Mesure des angles.

Mouvement de rotation autour d'un point. — Tout déplacement d'une figure plane de forme invariable dans son plan, se ramène à une rotation ou à une translation.

Usage de la règle ou du compas. — Rapporteur. — Problèmes élémentaires et lieux géométriques.

Longueurs proportionnelles. — Toute parallèle à l'un des côtés d'un triangle divise les deux autres côtés en parties proportionnelles. Réciproque.

Propriétés des bissectrices d'un triangle. — Lieu géométrique des points dont le rapport des distances à deux points fixes est constant.

Triangles semblables. — Cas de similitude.

Figures homothétiques. — Centres de similitude de deux cercles. — Polygones semblables.

Relations métriques dans un triangle rectangle et dans un triangle quelconque.

Lignes proportionnelles dans le cercle. — Puissance d'un point par rapport à un cercle.. — Axe radical. — Centre radical.

Diviser une droite en parties proportionnelles à des droites données. — Quatrième proportionnelle; moyenne proportionnelle. — Division d'une droite en moyenne et extrême raison.

Polygones réguliers. — Démontrer qu'il existe des polygones réguliers d'un nombre quelconque de côtés. — Inscription du carré, de l'hexagone, du triangle équilatéral, du décagone, du pentédécagone. Deux polygones réguliers d'un même nombre de côtés sont semblables. Rapport de leurs périmètres.

Longueur d'un arc de cercle. — Rapport de la circonférence au diamètre. Calcul de π.

Aire des polygones, aire du cercle. — Mesure de l'aire du rectangle, du parallélogramme, du triangle, du trapèze, d'un polygone quelconque.

Le carré construit sur l'hypothénuse d'un triangle rectangle est équivalent à la somme des carrés construits sur les côtés de l'angle droit.

Rapport des aires de deux polygones semblables.

Aire d'un polygone régulier convexe. — Aire d'un cercle, d'un secteur et d'un segment de cercle. — Rapport des aires de deux cercles.

Notions d'arpentage. — Usage de la chaîne et de l'équerre d'arpenteur.

Figures dans l'espace.

Plan et ligne droite. — Détermination d'un plan. Droite et plan perpendiculaires.

Propriétés de la perpendiculaire et des obliques menées d'un même point à un plan.

Parallélisme des droites et des plans.

Angle dièdre. — Dièdre droit. — Angle plan correspondant à un angle dièdre.

Le rapport de deux angles dièdres est le même que celui de leurs angles plans.

Plans perpendiculaires entre eux.

Angles trièdres. — Chaque face d'un trièdre est moindre que la somme des deux autres. Limites de la somme des faces d'un trièdre.

Trièdres supplémentaires.

Dans tout trièdre, chaque dièdre augmenté de deux droits est plus grand que la somme des deux autres. Limites de la somme des dièdres d'un angle trièdre.

Si l'on prolonge les arêtes d'un angle trièdre quelconque au delà de son sommet, on forme un nouvel angle trièdre qui ne peut lui être superposé, bien qu'il soit composé des mêmes éléments. — Préciser la disposition des éléments d'un trièdre.

Cas d'égalité des trièdres.

Somme des faces d'un angle polyèdre convexe.

Polyèdre. — Parallélipipède. — Volume du parallélipipède rectangle, volume du parallélipipède droit. — Volume du prisme droit. — Volume du parallélipipède oblique. — Volume du prisme oblique.

Pyramide. — Volume de la pyramide. — Volume du tronc de pyramide à bases parallèles.

Polyèdres homothétiques. — Polyèdres semblables. — Rapport des volumes de deux polyèdres semblables.

Translation d'une figure de forme invariable dans l'espace. — Rotation autour d'un axe.

Figures symétriques. — Symétrie par rapport à un point. Ce second mode de symétrie se ramène au premier. — Symétrie par rapport à une droite. — Deux polyèdres symétriques sont équivalents.

Cylindre droit à base circulaire. — Surface latérale. — Volume.

Cône droit à base circulaire. — Sections parallèles à la base. — Surface latérale du cône, du tronc de cône à bases parallèles. — Volume du cône, du tronc de cône à bases parallèles.

Sphère. — Sections planes, grands cercles, petits cercles. — Pôles d'un cercle. — Étant donnée une sphère, trouver son rayon par une construction plane.

Plan tangent.

Mesure de la surface engendrée par une ligne brisée régulière tournant autour d'un de ses diamètres. — Aire de la zone. — Aire de la sphère.

Mesure du volume engendré par un triangle tournant autour d'un axe mené, dans son plan, par un de ses sommets. Application au volume engendré par un secteur polygonal régulier tournant autour d'un de ses diamètres. — Volume d'une sphère. — Volume d'un segment sphérique.

Notions sur l'ellipse et la parabole. — *Ellipse.* — Définition de l'ellipse par la propriété des foyers. — Tracé de la courbe par points et d'un mouvement continu. — Axes. — Sommets. — Cercles directeurs. — Intersection d'une droite et d'une ellipse. Tangente. — Normale. — Mener à une ellipse une tangente : 1° par un point donné; 2° parallèlement à une droite donnée.

Parabole. — Définition de la parabole par la propriété du foyer et de la directrice. Tracé de la courbe par points et d'un mouvement continu. — Axe. — Sommet.

Intersection d'une droite et d'une parabole. — Tangente. — Normale. — Sous-normale. — Mener à une parabole une tangente : 1° par un point donné; 2° parallèlement à une droite donnée. — Relation entre le carré d'une corde perpendiculaire et sa distance au sommet.

Notions sur l'hélice. — Définition. — Propriété de la tangente.

IV. — TRIGONOMÉTRIE.

Lignes trigonométriques. Relations entre les lignes trigonométriques d'un même arc. Calcul des lignes trigonométriques de quelques arcs : $\frac{\pi}{4}$, $\frac{\pi}{3}$, etc.

Théorème des projections.

Formules d'addition pour le sinus, le cosinus et la tangente.

Expressions de sin $2a$, cos $2a$, tg $2a$.

Toutes les lignes trigonométriques de l'arc a s'expriment rationnellement en fonction de tg $\frac{1}{2} a$.

Connaissant cos a ou sin a, calculer sin $\frac{1}{2} a$ et cos $\frac{1}{2} a$. Connaissant tg a, calculer tg $\frac{1}{2} a$.

Transformer en produit la somme de deux lignes trigonométriques ; sinus, cosinus ou tangentes.

Limite de $\frac{\sin x}{x}$ quand x tend vers zéro.

Usage des tables trigonométriques à *cinq* décimales.

Relations entre les angles et les côtés d'un triangle.

Résolution des triangles.

Applications de la trigonométrie aux différentes questions relatives au lever des plans.

Résolution et discussion de quelques équations trigonométripues simples.

Résolution trigonométrique de l'équation du second degré.

V. — Géométrie descriptive.

Insuffisance du dessin ordinaire pour la représentation des corps. — Utilité d'une méthode géométrique qui, par des constructions graphiques exécutées sur un seul et même plan, fasse connaître exactement la forme et la position d'une figure.

Projections d'un point, d'une droite, d'une ligne quelconque sur un plan.

Plan horizontal et plan vertical de projection.

Représentation d'un point, d'une droite, d'une ligne quelconque par leurs projections horizontale et verticale.

Représentation d'un plan.

Problèmes relatifs à la droite. — Trouver les traces d'une droite déterminée par ses projections. — Trouver les projections d'une droite dont les traces sont données. — Mener par un point une parallèle à une droite donnée. — Reconnaître si deux droites données par leurs projections se coupent.

Problèmes relatifs au plan. — Faire passer un plan : 1° par trois points ; 2° par deux droites qui se coupent ; 3° par deux droites parallèles ; 4° par un point et par une droite donnée. — Mener par un point un plan parallèle à un plan donné.

Déterminer l'intersection de deux plans. — Déterminer le point commun à trois plans.

Problèmes relatifs à la droite et au plan. — Déterminer le point de rencontre d'une droite et d'un plan donnés. — Reconnaître sur une épure si une droite donnée est dans un plan donné. — Mener par un point une droite parallèle à un plan donné et s'appuyant sur une droite donnée. — Mener par un point une droite s'appuyant sur deux droites données. — Mener une droite de direction donnée et s'appuyant sur deux droites données.

Droite et plan perpendiculaires. — Condition nécessaire et suffisante pour qu'un angle droit se projette sur un plan suivant un angle droit. — Mener par un point une droite perpendiculaire à un plan. — Mener par un point un plan perpendiculaire à une droite donnée.

Méthode des rotations (l'axe étant supposé perpendiculaire à l'un des plans de projection).

Changement de l'un des plans de projection. Méthode des rabattements. — Application de ces méthodes aux questions suivantes :
1° *Détermination des distances.* — Distance de deux points. — Distance d'un point à un plan. — Distance d'un point à une droite. — Plus courte distance de deux droites.
2° *Détermination des angles.* — Angle de deux droites. — Angle d'une droite et d'un plan. — Angles d'une droite avec les plans de projection. — Angle de deux plans. — Angles d'un plan avec les plans de projection.

Projections d'un prisme, d'une pyramide. — Parties vues et cachées. Sections planes de ces polyèdres.
Projections d'un cercle.
Projection d'une hélice sur un plan parallèle à son axe.

VI. — MÉCANIQUE.

Éléments de statique.

Notions sur les forces. — Forces égales. — Évaluation numérique d'une force. — On admet que deux forces égales et contraires, appliquées à deux points liés par une droite de longueur invariable et agissant dans la direction de cette droite, se font équilibre. Translation du point d'application d'une force en un point quelconque pris sur sa ligne d'action et supposé lié invariablement au premier.
Composition de deux forces appliquées à un même point. — Théorème des moments par rapport à un point pris dans le plan des forces.
Composition d'un nombre quelconque de forces appliquées à un même point. — Condition d'équilibre.
Composition de deux forces parallèles.
Couple. — Un couple n'a pas de résultante. — Composition et décomposition des couples.
Composition d'un nombre quelconque de forces parallèles. — Centre des forces parallèles. — Centre de gravité; sa recherche dans quelques cas simples : triangle, trapèze, quadrilatère, prisme et pyramide.

Composition d'un système quelconque de forces appliquées à un corps solide. — Leur réduction à une force et à un couple. — Condition générale de l'équilibre. — Conditions d'équilibre lorsque le corps sur lequel agissent les forces n'est pas entièrement libre. Cas particuliers où le corps est mobile autour d'un point fixe ou autour d'un axe fixe, ou repose sur un plan inébranlable.

Des machines simples.

Levier. — Condition générale d'équilibre du levier.

Balances. — Balance ordinaire, balance romaine, balance de Roberval, balance de Quintenz.

Poulie. — Équilibre de la poulie fixe. — Équilibre de la poulie mobile. Moufles.

Treuil. — Condition d'équilibre du treuil. — Treuil des carriers.

Plan incliné. — Équilibre d'un corps placé sur un plan incliné.

VII. — Cosmographie.

[Revision du cours de rhétorique.]

Sphère céleste. — Principales constellations. — Mouvement diurne. — Ascension droite et déclinaison.

Forme sphérique de la terre. — Détermination de la longitude et de la latitude. — Rayon de la terre.

Soleil. — Mouvement apparent sur la sphère céleste. — Écliptique; constellations zodiacales. — Saisons.

Lune. — Ses phases.

Éclipses de lune et de soleil.

Description générale du système solaire. — Planètes et leurs satellites.

Système de Kopernic.

Détails succincts sur les diverses planètes.

Comètes. — Étoiles filantes.

Amas d'étoiles. — Nébuleuses.

Compléments.

Projection stéréographique.

Inégalité des jours et des nuits.

Mesure du temps. — Jour solaire vrai. — Jour solaire moyen. — Calendrier. — Réforme Julienne, réforme Grégorienne.

Lois de Kepler. — Inégalité des saisons.

Physique et chimie.

(6 heures par semaine.)

I. — PHYSIQUE.

Préliminaires.

Divers états de la matière.

Principe de l'inertie. — Forces. — Énoncé, sans démonstration, de la règle du parallélogramme des forces et du théorème relatif à la composition des forces parallèles.

Pesanteur. — Équilibre des liquides et des gaz.

Direction de la pesanteur. — Centre de gravité, poids. — Balance.

Transmission des pressions dans les fluides : principe de Pascal. — Surface libre des liquides en équilibre. — Pressions sur le fond et sur les parois des vases.

Vases communiquants.

Presse hydraulique.

Principe d'Archimède. — Poids spécifiques. — Aréomètres.

Pression atmosphérique. — Baromètre.

Loi de Mariotte. — Manomètres. — Mélange des gaz.

Machine pneumatique. — Pompes. — Siphon.

Aérostats.

Chaleur.

Dilatation des corps par la chaleur.

Thermomètre.

Définition et usages des coefficients de dilatation.

Maximum de densité de l'eau.

Densité des gaz (procédé de Regnault).

Chaleurs spécifiques des solides et des liquides. — Principe de la méthode des mélanges.

Fusion et dissolution. — Solidification. — Chaleur de fusion. — Mélanges réfrigérants.

Vaporisation. — Formation des vapeurs dans le vide. — Vapeurs saturantes et non saturantes. — Force élastique maximum de la vapeur d'eau aux diverses températures.

Mélange des gaz et des vapeurs.

Évaporation. — Ebullition. — Distillation.

Chaleur de vaporisation.

Hygrométrie. — Hygromètre de condensation.
Rosée. — Pluie. — Neige.
Notions sur la conductibilité. — Applications usuelles.

Acoustique.

Production et propagation du son. — Vitesse du son dans l'air.
Réflexion du son. — Écho.
Intensité. — Hauteur. — Intervalles musicaux.
Vibrations transversales des cordes. — Harmoniques.
Timbre des sons.

Optique.

Propagation rectiligne de la lumière. — Vitesse, sans description des procédés de mesure.
Comparaison des intensités de deux lumières.
Lois de la réflexion. — Miroirs plans. — Miroirs sphériques, concaves et convexes.
Lois de la réfraction. — Prismes. — Lentilles.
Composition de la lumière blanche. — Dispersion. — Spectre solaire; spectres des différentes sources lumineuses.
Loupe. — Microscope composé. — Lunette astronomique. — Lunette de Galilée. — Télescope de Newton.
Actions chimiques produites par la lumière. — Notions très sommaires de photographie.
Chaleur rayonnante. — Notions générales sur les phénomènes d'émission, de réflexion, de transmission et d'absorption. — Identité de la chaleur rayonnante et de la lumière.

Électricité et magnétisme.

Électrisation par le frottement.
Énoncé de la loi des attractions et des répulsions électriques.
Distribution de l'électricité à la surface des corps conducteurs. — Pouvoir des pointes.
Notions élémentaires et purement expérimentales sur le potentiel et la capacité électrique.
Électrisation par influence. — Électroscopes. — Électrophore. — Machines électriques.
Foudre. — Paratonnerre.
Aimants naturels et artificiels; pôles.
Définition de la déclinaison et de l'inclinaison.
Boussoles usuelles.
Aimantation par simple touche.

Condensation. — Bouteille de Leyde; batteries. — Électroscope condensateur.

Expériences de Galvani et de Volta. — Pile de Volta. — Effets chimiques des courants. — Piles à courant constant.

Expérience d'OErsted. — Galvanomètre.

Énoncé des lois fondamentales des courants. Unités pratiques d'intensité, de résistance et de force électro-motrice.

Actions des courants sur les courants et sur les aimants. — Solénoïdes.

Aimantation par les courants.

Télégraphes.

Courants thermo-électriques.

Induction électrique; expériences fondamentales. — Principe des machines magnéto-électriques et dynamo-électriques. — Reversibilité de ces machines.

Téléphone.

Effets calorifiques et lumineux des courants. — Arc voltaïque; lampe à incandescence.

Galvanoplastie. — Dorure. — Argenture.

Compléments.

Lois de la chute des corps. — Machine d'Atwood. — Machine de Morin.

Proportionnalité des forces aux accélérations. — Masse. — Sa mesure au moyen du poids.

Pendule. — Applications.

Notions très élémentaires sur le travail, la force vive, l'énergie, l'équivalent mécanique de la chaleur.

Formes diverses de l'énergie. — Principe de la conservation de l'énergie.

Machine à vapeur. — Condensateur. — Détente.

II. — CHIMIE.

Corps simples et corps composés.

Cristallisation. — Isomorphisme et dimorphisme.

Analyse et synthèse.

Nomenclature.

Métalloïdes et métaux.

Acides, bases, sels, corps neutres.

Proportions multiples.

Équivalents chimiques.

Notions générales sur le dégagement ou l'absorbtion de chaleur dans les combinaisons chimiques.

Eau. — Analyse et synthèse. — Lois des volumes.

Hydrogène.

Oxygène. — Combustion; chaleur dégagée.

Air atmosphérique. — Analyse.

Azote. — Oxydes de l'azote. — Acide azotique. — Ammoniaque.

Chlore. — Brome, iode et fluor. — Acide chlorhydrique.

Soufre. — Acide sulfureux. — Acide sulfurique. — Acide sulfhydrique.

Phosphore. — Acide phosphorique. — Hydrogène phosphoré.

Carbone. — Oxyde de carbone. — Acide carbonique. — Sulfure de carbone.

Carbures d'hydrogène : acétylène, gaz des marais, gaz oléfiant. — Gaz de la houille. — Flamme.

Classification des métalloïdes en familles naturelles.

Métaux en général. — Propriétés, classification.

Alliages.

Principaux modes de production des oxydes métalliques. — Action de la chaleur, du carbone et de l'eau.

Potasse, soude, chaux. — Sulfures. — Chlorures; sel marin.

Sels. — Propriétés générales.

Actions des acides, des bases et des sels sur les sels.

Principaux genres de sels. — Carbonates : carbonate de potasse, de soude, de chaux. — Sulfates : aluns. — Azotates : nitre et poudre.

Eaux potables.

Principes de la métallurgie du fer. — Fontes et aciers.

Généralités sur les matières organiques existant dans les êtres vivants ou produites artificiellement. — Méthodes générales : Analyse et synthèse. — Principes généraux de la classification : fonctions.

Deux leçons seront consacrées à l'exposition de ces notions sommaires de chimie organique.

Histoire naturelle.

(1 heure par semaine)

———

ANATOMIE ET PHYSIOLOGIE ANIMALES ET VÉGÉTALES.

[Programme modifié par l'arrêté du 9 mars 1897.]

En ce qui concerne l'anatomie et la physiologie animales et végétales, et en particulier pour toutes les questions relatives à la structure des organes, on ne donnera de développements histologiques que dans la mesure où ils pourront servir à élucider la physiologie.

Caractères généraux des êtres vivants. — Animaux et végétaux.

Anatomie et physiologie animales.

Caractères généraux des animaux. — Principaux tissus.

I. *Fonctions de nutrition.* — (Étude spéciale de l'homme.)

Digestion : appareil digestif; aliments[1]; phénomènes mécaniques et chimiques de la digestion.

Boissons alcooliques. — Boissons fermentées : cidre, bière, vin. — Action physiologique des boissons fermentées. — Effets pathologiques de leur abus.

Boissons distillées : eaux-de-vie. — Effets pathologiques de leur usage habituel.

Circulation : sang, appareil circulatoire sanguin; mécanisme de la circulation; lymphe et canal thoracique.

Absorption.

Respiration : appareil respiratoire, phénomènes mécaniques, physiques et chimiques.

Chaleur animale.

Appareils d'élimination : reins, glandes de la peau.

Foie : ses fonctions.

Notions sommaires sur les appareils de la circulation et de la respiration dans la série animale.

II. *Fonctions de relation.* — (Étude spéciale de l'homme.)

Organe des sens :

L'œil, la vision, l'accomodation. — Quelques mots sur les anomalies de la vision.

L'oreille, l'audition.

L'odorat, le goût et le toucher.

Le larynx, la voix.

Appareil du mouvement : os, squelette, articulations. — Muscles : structure, fonctions.

Centres nerveux : fonctions. — Nerfs moteurs, nerfs sensitifs.

Principales modifications des appareils de relation dans la série animale[2].

[1] A propos de l'alimentation, le professeur insistera sur les dangers de la consommation de l'alcool, en s'inspirant du programme suivant :
Boissons alcooliques additionnées d'essences : absinthe et autres liqueurs prétendues apéritives et digestives. — Graves effets pathologiques de leur usage.

L'ivresse et l'alcoolisme. — Influence de l'alcoolisme sur la race (maladies héréditaires).

[2] Le Conseil supérieur de l'instruction publique a émis le vœu que les notions de *paléontologie*, ajoutées au programme de la classe de philosophie, puissent être aussi enseignés dans la classe de mathématiques élémentaires.

Anatomie et physiologie végétales.

Caractères généraux des végétaux.
Principaux tissus.

I. *Nutrition.* — (Étude spéciale d'une plante phanérogame.)
Racine. — Radicelles. — Croissance et fonctions de la racine.
Tige : croissance et fonctions de la tige.
Feuille : structure; croissance et fonctions.
Nutrition en général : plantes à chlorophylle, plantes sans chlorophylle. — Aliments. — Réserves nutritives. — Respiration.

II. *Reproduction.* — (Étude spéciale d'une plante phanérogame.)
Fleur : enveloppes florales; étamines, athère, pollen, carpelles, ovule.
Fécondation et développement.
Fruit et graine. — Germination, phénomènes qui l'accompagnent.
Cryptogames : reproduction et formes alternantes. — Parasitisme.

Philosophie.
(2 heures par semaine.)

Dissertations françaises.

PROGRAMME DE PHILOSOPHIE.

———

I. — *Éléments de philosophie scientifique* [1].

La science. Les sciences. Classification et hiérarchie des sciences.
Les sciences mathématiques : leur objet, leurs principales divisions.
Méthodes : définitions, axiomes, démonstrations.

[1] Le caractère de cet enseignement devra être historique, non moins que théorique. Le professeur ne se contentera pas d'une exposition abstraite des règles de la logique, il s'attachera à en montrer l'origine et à en faire comprendre l'application par de nombreux exemples empruntés à l'histoire des méthodes, des idées, des découvertes scientifiques, en recourant quand il se pourra, aux réflexions et commentaires que les maîtres de la science nous ont laissés sur leurs travaux et ceux de leurs prédécesseurs. Il a paru bon d'indiquer ici quelques-uns des ouvrages les plus utiles à consulter :

Sur la science en général : Aristote, *Métaphysique* (les premiers chapitres) ; Bacon, *Novum Organum*; Descartes, *Discours sur la Méthode.*

Sur la classification des sciences : Bacon, *De Dignitate et Augmentis* ; d'Alembert, *Discours préliminaire* ; Ampère, *Classification des sciences;* Auguste Comte, *Cours de philosophie positive* (2ᵉ leçon).

Sur les sciences mathématiques en général : Auguste Comte (3ᵉ et 10ᵉ leçons).

Sur la méthode : Pascal, *De l'esprit géométrique ;* Leibniz, *Nouveaux essais ;* d'Alembert, *Éléments de philosophie.*

Sur les méthodes dans les sciences

Les sciences de la nature : leur objet, leurs principales divisions, leurs méthodes; l'expérience; les méthodes d'observation et d'expérimentation. La classification. L'hypothèse. L'induction. Rôle de la déduction dans les sciences de la nature.

Les sciences morales : leur objet, leurs caractères propres, leurs principales divisions. Méthode : l'induction et la déduction dans les sciences morales.

Rôle de l'histoire dans les sciences morales; la critique historique.

Exposé sommaire des principales hypothèses générales dans les différents ordres de sciences.

II. — *Éléments de philosophie morale.*

Les faits de l'ordre moral, leurs caractères propres; la liberté, la responsabilité.
La personnalité morale.
Les fins de la vie humaine : le bonheur, l'utilité; le devoir; Platon, les Stoïciens, Kant.

L'individu. — Devoirs envers la personne morale.
La dignité humaine.

La famille. — Sa constitution morale. Esprit de famille. L'autorité dans la famille.

La société. — Le droit et les droits.
Respect de la personne dans les autres hommes. L'esclavage; le servage; les abus de pouvoir.
Respect de la personne dans ses croyances et ses opinions; liberté religieuse et philosophique; tolérance.
Respect de la personne dans ses biens. Principe de la propriété.
La justice et la charité. Formes diverses de la charité. Le dévouement.
La patrie; la nation, ce qui la constitue. La puissance publique. L'État et les lois. Fondement de l'autorité publique. Le gouvernement. Devoirs et droits des gouvernants.
Sanction de la morale. Dieu. La religion naturelle.

---

physiques : Bacon, Stuart Mill; Herschel, *Discours sur la philosophie naturelle.*

Sur l'hypothèse : Claude Bernard, *Introduction à la médecine expérimentale*, 1re partie; sur la classification : Cuvier, *Règne animal*, préface.

Sur l'objet et la méthode des sciences morales : Stuart Mill, *Logique*, liv. VI.

Sur la déduction dans les sciences de la nature : Stuart Mill, *Logique*, liv. III, chap. XI, XII, XIII.

Sur la critique historique : Daunou, *Cours d'études historiques*, tome I.

Exemples de grandes hypothèses : Laplace, Cuvier, Darwin; l'unité des forces physiques.

Histoire [1].

(3 heures par semaine.)

———

Exercices de composition sur des sujets d'histoire.

I

HISTOIRE CONTEMPORAINE (1789 à 1889).

Préliminaires et causes générales de la Révolution. — L'ancien régime : l'arbitraire et le privilège; la cour, le gouvernement et l'administration; impôt, justice, armée. — Les trois ordres.

Les États généraux et la Constituante. — Les cahiers. Les orateurs de la Constituante. Suppression de l'ancien régime et constitution du nouvel état de choses.

Les monarchies européennes vers 1789. — La question d'Orient. Impression produite par la Révolution. Rôle de l'émigration.

Assemblée législative et Convention. — Chute de la royauté. Girondins ; Montagnards. Les clubs; les Jacobins; la commune de Paris. Le comité du Salut public. La Terreur.

Lutte contre l'Europe et contre les soulèvements à l'intérieur. Les armées et les généraux de la République. Traités de Bâle.

Esprit des réformes de la Convention. Constitution de l'an III.

Le Directoire. — Campagnes d'Italie, d'Egypte. Nouvelle coalition. Les coups d'État. Le 18 brumaire.

Le Consulat et l'Empire. — La Constitution de l'an VIII et ses transformations jusqu'en 1807. Esprit des institutions du Consulat et de l'Empire. Les Codes. Le Concordat. La Légion d'honneur, la cour impériale; la noblesse d'Empire. L'Université. Les institutions financières. Travaux publics.

Guerres jusqu'en 1807 : la Grande Armée, les généraux de l'Empire.

Le blocus continental. Commencement des résistances nationales.

Caractères de la guerre d'Espagne et de la guerre de 1809.

État de l'Empire et de l'Europe vers 1810. Caractère du pouvoir impérial. — Lutte contre le pape.

Dernières luttes : Moscou; la bataille de Leipzig. L'invasion. Waterloo et Sainte-Hélène.

Le congrès de Vienne; caractère de son œuvre. L'Europe de 1814.

———

[1] Voir p. 599 et suivantes.

II

La Sainte-Alliance et les peuples. — Le pouvoir absolu et le régime parlementaire.

La Charte de 1814 en France. Le régime parlementaire sous Louis XVIII. Principaux orateurs et hommes d'État. Charles X. La Congrégation.

Les Congrès. Lutte contre l'esprit nouveau en Italie, en Espagne et en Allemagne. — Insurrections et interventions. Affranchissement de la Grèce. Politique de la France. Prise d'Alger.

La révolution de 1830.

Mouvement des esprits depuis la fin du xviiie siècle. — Part de la France, de l'Angleterre, de l'Allemagne. Renouvellement des littératures allemande et anglaise. Caractère de la littérature française sous l'Empire. Influences étrangères. Le romantisme. La critique littéraire.

Développement de l'érudition. Rénovation des connaissances sur l'Orient, l'antiquité classique, le moyen âge. L'archéologie et les grandes découvertes. L'histoire.

Renaissance de l'esprit classique dans l'art pendant la Révolution et l'Empire. Le romantisme dans l'art. — La musique symphonique et dramatique.

Développement des sciences exactes, physiques et naturelles. Applications : la vapeur, l'électricité. Progrès de l'industrie.

Louis-Philippe. — La nouvelle Charte. Principaux orateurs et hommes d'État. Les partis; les sociétés secrètes.

Effet produit par la révolution de 1830 en Europe : Belgique, Pologne, Espagne.

La question d'Orient; caractères de la politique extérieure de Louis-Philippe. — Conquête de l'Algérie.

III

Révolution de 1848. — Causes de la révolution en France. La question électorale. La République de 1848. Contre-coup en Europe.

Changements survenus dans le gouvernement de la France depuis 1838. — La Constitution de 1852 et le second Empire. — La République. Lois constitutionnelles de 1875.

La politique extérieure. — Formation de l'unité italienne; guerre de 1859. Le royaume d'Italie.

Formation de l'unité allemande : guerre italo-prussienne contre l'Autriche. Nouvelle constitution de l'Allemagne, de l'Autriche-Hongrie.

Guerre de 1870-1871; l'invasion, le siège de Paris; la lutte en province. — L'Empire allemand. Les stipulations du traité de Francfort.

La question d'Orient : guerres de Crimée et des Balkans. Le Panslavisme. L'Angleterre et la Russie en Asie.

L'Angleterre. — Principaux hommes d'État et grandes réformes au XIXᵉ siècle. L'Irlande.

Le Nouveau Monde. — Formation des principaux États de l'Amérique du Sud. Extension des États-Unis de l'Amérique du Nord.

IV

DÉVELOPPEMENT OU TRANSFORMATION DES PRINCIPES DE 1789.

Liberté politique. — Régime constitutionnel; principales formes de gouvernement dans le monde actuel.

Liberté religieuse. — Liberté des cultes, suppression des religions d'État.

Respect de la personnalité humaine. — Abolition de la traite, de l'esclavage, du servage.

Idées démocratiques et questions sociales. — Suffrage, instruction populaire. service militaire obligatoire. — Socialisme; organisation du travail.

Mouvement intellectuel. — Esprit d'observation dans la littérature et dans l'art. L'érudition. Les sciences.

Industrie et commerce. — Généralisation de l'emploi de la vapeur et de l'électricité. Multiplication des voies de communication à travers le monde. — Protection et libre échange. Traités de commerce et conventions internationales. Expositions universelles.

Expansion de la civilisation européenne. — Explorations. Distribution des principales langues européennes à la surface du globe.

Résumé du rôle de la France dans l'histoire politique, sociale et intellectuelle depuis 1789.

Langues vivantes[1].
(1 heure par semaine.)

Exercices de conversation sur les lectures faites.

AUTEURS INDIQUÉS.

Allemands.

Morceaux choisis.
Gœthe : *Faust* (1ʳᵉ partie).

[1] Voir l'instruction du 15 juillet 1890, p. 588, 593 et suivantes.

Auerbach : *Die Frau Professorin.*

Freytag : *Bilder aus der deutschen Vergangenheit* (extraits sur le xviiie et le xixe siècles); *Soll und Haben.*

Poésies lyriques du xviiie et du xixe siècles.

Anglais.

Morceaux choisis.

Shakspeare : *Hamlet.*

Macaulay : *Essays.*

Georges Eliot : *Adam Bede, The Mill on the Floss.*

Choix de poésies du xixe siècle.

Dessin graphique et lavis.

————

CIRCULAIRE AUX RECTEURS (11 juin 1896).

« Monsieur le Recteur, mon attention a été appelée sur l'intérêt qu'il y aurait à organiser l'enseignement du dessin graphique et du lavis dans la classe de mathématiques élémentaires pour les élèves qui se destinent aux écoles du Gouvernement.

« Il convient de remarquer, en effet, que les élèves de mathématiques élémentaires se trouvent en concurrence, pour les examens d'entrée aux écoles, avec leurs camarades de l'enseignement moderne, qui ont suivi, pendant toute la durée de leurs études, des cours de dessin graphique et de lavis.

Il y a donc pour les premiers une cause d'infériorité, qu'il importe de faire disparaître.

« Toutefois, je ne crois pas qu'il soit nécessaire de créer un cours spécial. Il suffira, sans doute, pour remédier à l'inconvénient signalé, d'admettre les élèves de mathématiques élémentaires qui se destinent aux écoles à suivre facultativement ceux des cours de dessin géométrique qui existent au lycée.

On donnera ainsi satisfaction aux familles sans qu'il en résulte pour les lycées aucune dépense nouvelle.

« Je vous prie de donner des instructions dans ce sens à MM. les proviseurs des lycées de votre ressort. »

CLASSE DE MATHÉMATIQUES SPÉCIALES.

MATHÉMATIQUES, 15 HEURES PAR SEMAINE (DONT 3 HEURES DE CONFÉRENCE). GÉOMÉTRIE DESCRIPTIVE ET ÉPURE, 4 HEURES. PHYSIQUE ET CHIMIE, 6 HEURES. LANGUE FRANÇAISE, 1 HEURE. LANGUES VIVANTES, 2 HEURES. DESSIN D'IMITATION, 2 HEURES [1].

MATHÉMATIQUES.

(15 heures par semaine, dont 3 heures de conférence.)

Arithmétique [2].

Numération décimale.

Addition et soustraction des nombres entiers.

Multiplication des nombres entiers. — Le produit de plusieurs nombres

[1] Telle est la répartition des matières d'enseignement généralement adoptée dans les grands lycées de Paris; elle est ici donnée à titre de renseignement et d'indication.

La circulaire du 15 mai 1885 modifie ainsi la répartition des classes dans la classe de mathématiques spéciales des *lycées des départements*.

«Le nombre des heures affectées, dans les classes de mathématiques spéciales des *lycées des départements*, à l'enseignement des mathématiques et à l'enseignement de la physique varie d'un établissement à l'autre. L'organisation de ces cours ne répond plus généralement aux exigences des programmes, et elle présente des difficultés qui créent entre les candidats aux écoles une inégalité regrettable. Cette situation, qui préoccupe depuis longtemps l'Administration, pourrait, en se prolongeant, nuire aux intérêts des lycées, et le moment est venu de la faire cesser. En conséquence, après avoir pris l'avis de MM. les inspecteurs généraux de l'ordre des sciences, j'ai décidé que les cours de mathématiques spéciales des *lycées des départements* seraient réorganisés sur les bases suivantes, à partir de la prochaine rentrée des classes :

Mathématiques. — Sept classes de deux heures par semaine, dont six pour le cours de mathématiques proprement dites

et une pour le cours de géométrie descriptive.

Physique et chimie. — Trois classes de deux heures par semaine.

«Le service normal des professeurs de mathématiques spéciales restant fixé à douze heures par semaine, ces fonctionnaires, lorsqu'ils seront chargés de l'enseignement de la géométrie descriptive, recevront une indmnité pour les deux heures supplémentaires que le développement complet des cours oblige aujourd'hui à leur demander. Il est entendu toutefois que l'application de la nouvelle réglementation aura pour conséquence la suppression des conférences dont l'usage s'était établi dans un certain nombre de lycées.

«En dehors des classes proprement dites, les élèves de mathématiques spéciales prennent part à des interrogations destinées à les préparer aux épreuves qu'ils sont appelés à subir. Mais ici encore on constate une diversité, qu'il est indispensable de faire cesser par l'adoption d'une règle uniforme. La durée de ces interrogations sera fixée ainsi qu'il suit :

Mathématiques. — Vingt minutes par élève et par semaine.

Physique et chimie. — Vingt minutes par élève et par quinzaine.

«Toute interrogation qui, par le fait de l'interrogateur, n'aura pas été faite au

entiers ne change pas quand on intervertit l'ordre des facteurs. — Pour multiplier un nombre par un produit de plusieurs facteurs, il suffit de multiplier successivement par les facteurs de ce produit.

Division des nombres entiers. — Pour diviser un nombre par un produit de plusieurs facteurs, il suffit de diviser successivement par les facteurs de ce produit.

Restes de la division d'un nombre entier par 2, 3, 5 et 9. — Caractères de divisibilité par chacun de ces nombres.

Définition des nombres premiers et des nombres premiers entre eux. — Trouver le plus grand commun diviseur de deux nombres. — Tout

jour convenu sera remplacée le plus tôt possible. Les maîtres étrangers ou les professeurs du lycée qui seront chargés des interrogations en dehors de leur service régulier auront droit à une indemnité calculée d'après le taux en usage dans le lycée pour les heures supplémentaires.

« Je crois d'ailleurs utile, afin d'assurer le bon fonctionnement et l'efficacité des interrogations, de vous adresser quelques recommandations sur lesquelles je vous prie d'appeler l'attention particulière de MM. les proviseurs.

« Chaque interrogateur inscrira, sur un cahier qui lui sera spécialement attribué, la date de l'interrogation, le nom de l'élève, les questions posées et la note donnée; ces cahiers seront déposés dans le cabinet du censeur, chargé du contrôle du service.

« Les notes des élèves seront relevées chaque samedi par les soins de l'administration et transmises le même jour au professeur de mathématiques et au professeur de physique. Chacun de ces deux professeurs, recevant ainsi simultanément communication des deux sortes de notes, sera mis au courant des efforts quotidiens des élèves; il pourra leur adresser d'utiles observations, et par ce moyen accroître son action sur eux.

« La liste des élèves à interroger pendant une semaine sera dressée par l'administration et remise chaque vendredi au professeur de mathématiques, chargé de prévenir les élèves du jour et de l'heure des interrogations qu'ils auront à subir;

l'avis sera donné par lui, autant que possible, vingt-quatre heures à l'avance, l'expérience ayant démontré que c'est dans ces conditions que les interrogations produisent le meilleur effet sur le travail.

« Le programme des matières sur lesquelles porteront, pendant une semaine, les interrogations en mathématiques ou en physique, arrêté chaque samedi par le professeur compétent, sera remis en double à l'administration, qui le fera afficher dans la classe et dans la salle où seront déposés les cahiers des examinateurs.

« L'administration du lycée tiendra constamment à jour un tableau récapitulatif de toutes les notes d'interrogations, et il sera fait, à la fin de chaque mois, d'après ces notes, un classement général des élèves. Le relevé détaillé des notes obtenues et le rang dans le classement général seront régulièrement communiqués aux familles à la fin de chaque trimestre. » — [2] Les programmes ici publiés sont reproduits tels qu'ils ont été prescrits par l'arrêté du 26 janvier 1853. Ils étaient alors conformes aux anciens programmes d'admission à l'École polytechnique et à l'École normale supérieure. Des changements ayant été depuis apportés dans les programmes d'admission à l'École polytechnique et autres grandes écoles, les professeurs de la classe de mathématiques spéciales ont intérêt à conformer leur enseignement à ces derniers programmes, et à comprendre dans leurs cours celles des matières que les présents programmes ne renferment point.

nombre qui divise un produit de deux facteurs, et qui est premier avec l'un des facteurs, divise l'autre.

Décomposition d'un nombre en ses facteurs premiers. — En déduire le plus petit nombre divisible par des nombres donnés.

Fractions ordinaires. — Une fraction ne change pas de valeur quand on multiplie ou quand on divise ses deux termes par un même nombre. — Réduction d'une fraction à sa plus simple expression. — Réduction de plusieurs fractions au même dénominateur. Plus petit dénominateur commun.

Opérations sur les fractions ordinaires.

Nombres décimaux. — Opérations. — Comment on obtient un produit et un quotient à une unité près d'un ordre décimal donné. — Erreurs relatives correspondantes des données et du résultat.

Réduire une fraction ordinaire en fraction décimale. — Quand le dénominateur d'une fraction irréductible contient d'autres facteurs premiers que 2 et 5, la fraction ne peut être convertie exactement en décimales, et le quotient, qui se prolonge indéfiniment, est périodique.

Étant donnée une fraction décimale périodique simple ou mixte, trouver la fraction ordinaire génératrice.

Système des mesures légales. — Mesures de longueur. — Mètre; ses divisions; ses multiples. — Rapport de l'ancienne toise de six pieds au mètre. — Convertir en mètres un nombre donné de toises.

Mesures de superficie, de volume et de capacité.

Mesures de poids. — Monnaies. — Titre et poids des monnaies de France. — Tables de conversion des anciennes mesures en mesures légales.

Formation du carré et du cube de la somme de deux nombres. — Extraction de la racine carrée d'un nombre entier. — Indication sommaire de la marche à suivre pour l'extraction de la racine cubique.

Carré et cube d'une fraction. — Racine carrée d'une fraction ordinaire et décimale à une unité près d'un ordre décimal donné.

Rapports des grandeurs concrètes. — Dans une suite de rapports égaux, la somme des numérateurs et celle des dénominateurs forment un rapport égal aux premiers.

Notions générales sur les grandeurs qui varient dans le même rapport ou dans un rapport inverse. — Solution, par la méthode dite de réduction à l'unité, des questions les plus simples dans lesquelles on considère de telles quantités. — Mettre en évidence les rapports des quantités de même nature qui entrent dans le résultat final, et en conclure la règle générale à suivre pour écrire immédiatement la solution demandée.

Intérêts simples. — Formule générale qui fournit la solution de toutes les questions relatives aux intérêts simples. — De l'escompte commercial.

Partager une somme en parties proportionnelles à des nombres donnés. — Exercices.

Usage des tables de logarithmes pour abréger les calculs de multiplication et de division, l'élévation aux puissances et l'extraction des racines[1].

Emploi de la règle à calcul, borné à la multiplication et à la division.

Géométrie.

REVISION.

Figures planes. — Ligne droite et plan. — Ligne brisée. — Ligne courbe.

Lorsque deux droites partent d'un même point, suivant des directions différentes, elles forment une figure qu'on appelle angle. — Génération des angles par la rotation d'une droite autour d'un de ses points.

Angles droit, aigu, obtus. — Par un point pris sur une droite, on ne peut élever qu'une seule perpendiculaire à cette droite.

Angles adjacents. — Angles opposés par le sommet.

Triangles. — Cas d'égalité les plus simples.

Propriétés du triangle isocèle.

Propriétés de la perpendiculaire et des obliques, menées d'un même point à une droite. — Cas d'égalité des triangles rectangles.

Droites parallèles. — Lorsque deux parallèles sont rencontrées par une sécante, les quatre angles aigus qui en résultent sont égaux entre eux, ainsi que les quatre angles obtus. Dénominations attribuées à ces divers angles. — Réciproques [2].

Angles dont les côtés sont parallèles ou perpendiculaires. — Somme des angles d'un triangle et d'un polygone quelconque.

Parallélogrammes. — Propriétés de leurs côtés, de leurs angles et de leurs diagonales.

De la circonférence du cercle. — Dépendance mutuelle des arcs et des cordes.

Le rayon perpendiculaire à une corde divise cette corde et l'arc sous-tendu, chacun en deux parties égales.

Dépendance mutuelle des longueurs des cordes et de leurs distances au centre. — Condition pour qu'une droite soit tangente à une circonférence. — Arcs interceptés par des cordes parallèles.

Conditions du contact et de l'intersection de deux cercles.

---

[1] On se bornera à l'usage des tables, sans entrer dans aucun détail relatif à leur contruction.

[2] On admettra qu'on ne peut mener, par un point donné, qu'une seule parallèle à une droite.

Mesure des angles. — Si des sommets de deux angles on décrit deux arcs de cercle d'un même rayon, le rapport des angles sera égal à celui des arcs compris entre leurs côtés [1].

Angles inscrits. — Évaluation des angles en degrés, minutes et secondes.

Problèmes. — Usage de la règle et du compas dans les constructions sur le papier. — Vérification de la règle.

Problèmes élémentaires sur la construction des angles et des triangles.

Tracé des perpendiculaires et des parallèles. — Abréviation des constructions au moyen de l'équerre et du rapporteur. — Vérification de l'équerre.

Division d'une droite et d'un arc en deux parties égales. — Décrire une circonférence qui passe par trois points donnés. — D'un point donné hors d'un cercle, mener une tangente à ce cercle. — Mener une tangente commune à deux cercles. — Décrire sur une ligne donnée un segment de cercle capable d'un angle donné.

Lignes proportionnelles [2]. — Toute parallèle à l'un des côtés d'un triangle divise les deux autres côtés en parties proportionnelles. — Réciproque. — Propriétés de la bissectrice de l'angle d'un triangle.

Polygones semblables. — En coupant un triangle par une parallèle à l'un de ses côtés, on détermine un triangle partiel semblable au premier. — Conditions de similitude des triangles.

Décomposition des polygones semblables en triangles semblables. — Rapport des périmètres.

Relations entre la perpendiculaire abaissée du sommet de l'angle droit d'un triangle rectangle sur l'hypoténuse, les segments de l'hypoténuse, l'hypoténuse elle-même et les côtés de l'angle droit.

Relations entre le carré du nombre qui exprime la longueur du côté d'un triangle opposé à un angle droit, aigu ou obtus, et les carrés des nombres qui expriment les longueurs des deux autres côtés.

Si d'un point pris dans le plan d'un cercle ou mène des sécantes, le produit des distances de ce point aux deux points d'intersection de chaque sécante avec la circonférence est constant, quelle que soit la direction de la sécante. — Cas où elle devient tangente.

Diviser une droite donnée en parties égales, ou en parties proportionnelles à des lignes données. — Trouver une quatrième proportionnelle à trois lignes; une moyenne proportionnelle entre des lignes.

---

[1] La proposition étant démontrée pour le cas où il y a entre les arcs une commune mesure, quelque petite qu'elle soit, sera, par cela même, considérée comme générale.

[2] En conservant les énoncés habituels, on devra remplacer, dans les démonstrations, l'algorithme des proportions par l'égalité des rapports.

Construire, sur une droite donnée, un polygone semblable à un polygone donné.

Polygones réguliers. — Tout polygone régulier peut être inscrit et circonscrit au cercle.

Le rapport des périmètres de deux polygones réguliers, d'un même nombre de côtés, est le même que celui des rayons des cercles circonscrits [1].

Le rapport d'une circonférence à son diamètre est un nombre constant.

Inscrire dans un cercle de rayon donné un carré, un hexagone régulier.

— Manière d'évaluer le rapport approché de la circonférence au diamètre, en calculant les périmètres des polygones réguliers de 4, 8, 16, 32... côtés, inscrits dans un cercle de rayon donné.

De l'aire des polygones et de celle du cercle. — Mesure de l'aire du rectangle; du parallélogramme; du triangle; du trapèze; d'un polygone quelconque. — Méthodes de la décomposition en triangles et en trapèzes rectangles.

Relations entre le carré construit sur le côté d'un triangle, opposé à un angle droit ou aigu ou obtus, et les carrés construits sur les deux autres côtés.

Le rapport des aires de deux polygones semblables est le même que celui des carrés des côtés homologues.

Aire d'un polygone régulier. — Aire d'un cercle, d'un secteur et d'un segment de cercle. — Rapport des aires de deux cercles de rayons différents.

Figures dans l'espace [2]. — Du plan et de la ligne droite. — Deux droites qui se coupent déterminent la position d'un plan. — Condition pour qu'une droite soit perpendiculaire à un plan.

Propriétés de la perpendiculaire et des obliques menées d'un même point à un plan.

Parallélisme des droites et des plans.

Lorsque deux plans se rencontrent, la figure que forment ces plans, terminés à leur intersection commune, s'appelle *angle dièdre*. — Génération des angles dièdres par la rotation d'un plan autour d'une droite. — Dièdre droit. Angle plan correspondant à l'angle dièdre. — Le rapport de deux angles dièdres est le même que celui de leurs angles plans.

---

[1] La longueur de la circonférence de cercle sera considérée, sans démonstration, comme la limite vers laquelle tend le périmètre d'un polygone inscrit dans cette courbe, à mesure que ses côtés diminuent indéfiniment.

[2] Pour faire mieux comprendre les questions de géométrie dans l'espace et leurs applications, on aura recours à des modèles en relief.

Plans perpendiculaires entre eux. — Si deux plans sont perpendiculaires à un troisième, leur intersection commune est perpendiculaire à ce troisième.

Angles trièdres. — Chaque face d'un angle trièdre est plus petite que la somme des deux autres.

Si l'on prolonge les arêtes d'un angle trièdre au delà du sommet, on forme un nouvel angle trièdre qui ne peut lui être superposé, bien qu'il soit composé des mêmes éléments. (On se bornera à cette simple notion.)

Des polyèdres. — Parallélipipède. — Mesures du volume du parallélipipède rectangle, du parallélipipède quelconque, du prisme triangulaire, du prisme quelconque.

Pyramide. — Mesure du volume de la pyramide triangulaire, de la pyramide quelconque. — Volume du tronc de pyramide à bases parallèles.

Exercices numériques.

Polyèdres semblables [1].

En coupant une pyramide par un plan parallèle à sa base, on détermine une pyramide partielle semblable à la première. Deux pyramides triangulaires qui ont un angle dièdre égal, compris entre deux faces semblables et semblablement placées, sont semblables. (On se bornera à ce seul cas de similitude).

Décomposition des polyèdres semblables en pyramides triangulaires semblables. — Rapport de leurs volumes. — Exercices numériques.

Cône droit à base circulaire. — Sections parallèles à la base. — Surface latérale du cône, du tronc de cône à bases parallèles. — Volume du cône, du tronc de cône à bases parallèles [2].

Cylindre droit à base circulaire. — Mesure de la surface latérale et du volume. — Extension aux cylindres droits à base quelconque.

Sphère. — Sections planes, grands cercles, petits cercles. — Pôles d'un cercle. — Étant donnée une sphère, trouver son rayon.

Plan tangent.

Mesure de la surface engendrée par une ligne brisée régulière, tournant autour d'un axe mené dans son plan et par son centre. — Aire de la zone; de la sphère entière.

Mesure du volume engendré par un triangle tournant autour d'un axe mené dans son plan, par un de ses sommets. — Application au secteur polygonal régulier, tournant autour d'un axe mené dans son plan et par son centre. — Volume du secteur sphérique; de la sphère entière.

---

[1] On appelle ainsi ceux qui sont compris sous un même nombre de faces semblables chacune à chacune, et dont les angles polyèdres homologues sont égaux.

[2] L'aire du cône (ou du cylindre) sera considérée, sans démonstration, comme la limite vers laquelle tend l'aire de la pyramide inscrite (ou du prisme inscrit), à mesure que ses faces diminuent indéfiniment.

Angles polyèdres. — Chacun des angles plans qui composent un angle trièdre est moindre que la somme des deux autres.

La somme des angles plans qui forment un angle polyèdre convexe est toujours moindre que quatre angles droits.

Si deux angles trièdres sont formés des mêmes angles plans, les angles dièdres compris entre les angles plans égaux sont égaux.

Figures symétriques. — Plan de symétrie. — Centre de symétrie. — Dans deux polyèdres symétriques les faces homologues sont égales chacune à chacune, et l'inclinaison de deux faces adjacentes, dans un de ces solides, est égale à l'inclinaison des faces homologues dans l'autre.

Deux polyèdres symétriques sont équivalents.

Des figures tracées sur la sphère. — Dans tout triangle sphérique, un côté quelconque est plus petit que la somme des deux autres.

Le plus court chemin d'un point à un autre sur la surface de la sphère est un arc de grand cercle.

Mesure de l'angle de deux arcs de grand cercle.

Propriété du triangle polaire ou supplémentaire.

Deux triangles sphériques, situés sur la même sphère ou sur des sphères égales, sont égaux dans toutes leurs parties :

1° lorsqu'ils ont un angle égal compris entre deux côtés égaux chacun à chacun;

2° lorsqu'ils ont un côté égal adjacent à deux angles égaux chacun à chacun;

3° lorsqu'ils sont équilatéraux entre eux;

4° lorsqu'ils sont équiangles entre eux.

Dans ces différents cas, les triangles sont égaux ou symétriques.

La somme des angles de tout triangle sphérique est plus grande que deux droits et moindre que six droits.

Un faiseau est à la surface de la sphère comme l'angle de ce fuseau est à quatre angles droits.

Deux triangles sphériques symétriques sont équivalents.

L'aire d'un triangle sphérique est à celle de la sphère entière comme l'excès de la somme de ses angles sur deux angles droits est à huit angles droits.

Ce qu'on appelle excès sphérique.

A chaque propriété des triangles ou polygones sphériques correspond une propriété analogue des angles trièdres ou polyèdres.

Algèbre.

RÉVISION.

Calcul algébrique. — Emploi des lettres et des signes comme moyen d'abréviation et de généralisation. — Termes semblables [1].

Addition et soustraction.

Multiplication. Règle des signes.

Division des monômes, exposant *zéro*. — Exposé sommaire de la division des polynômes.

Équation du premier degré. — Résolution des équations numériques du premier degré à une ou plusieurs inconnues, par la méthode dite *de substitution*.

Interprétation des valeurs négatives dans les problèmes. — Usage et calcul des quantités négatives.

Des cas d'impossibilité et d'indétermination.

Formules générales pour la résolution d'un système d'équation du premier degré à *deux* inconnues. — Discussion complète de ces formules.

Équation du second degré à une inconnue. — Résolution. — Double solution. — Valeurs imaginaires.

Décomposition du trinôme x^2+px+q en facteurs du premier degré. — Relation entre les coefficients et les racines de l'équation : $x^2+px+q=0$.

Des questions de maximum et de minimum qui peuvent se résoudre par les équations du second degré.

COMPLÉMENT.

Notions sur les nombres incommensurables.

Division des polynômes.

Résolution des équations générales du 1er degré à plusieurs inconnues. On développera les calculs relatifs au cas de deux équations et à celui de trois équations. On fera connaître la règle générale pour former le dénominateur commun et pour en déduire les numérateurs. — Discussion complète des formules générales propres au cas de deux équations.

Lorsque, dans l'équation $ax^2+bx+c=0$, a tend vers zéro, l'une des racines croît indéfiniment. — Calcul numérique des deux racines quand a est très petit.

Équations réductives au 2e degré.

Calculs des valeurs *arithmétiques* des radicaux.

[1] On ne traitera des quantités négatives qu'à l'occasion des problèmes du premier degré.

Exposants fractionnaires. — Exposants incommensurables. — Exposants négatifs.

Des progressions et des séries en général. — Progressions arithmétiques et géométriques. — Sommation des termes.

Ce qu'on appelle *série.* — Convergence et divergence. — Les termes d'une série peuvent décroître indéfiniment sans que la série soit convergente.

Une progression géométrique est convergente si la raison est plus petite que l'unité; divergente, si la raison est plus grande que l'unité.

Une série est convergente lorsque, à partir d'un certain terme, la valeur absolue du rapport d'un terme au précédent est constamment inférieure à un nombre déterminé plus petit que l'unité.

Lorsque les termes d'une série décroissent indéfiniment, et sont alternativement positifs et négatifs, la série est convergente.

Formule du binôme et ses applications. — Arrangements, permutations et combinaisons.

Développement des puissances entières et positives d'un binôme. — Terme général.

Développement de $\left(a+b\sqrt{-1}\right)^n$.

Limite vers laquelle tend $\left(1+\dfrac{1}{m}\right)^m$ quand m croît au delà de toute limite.

Sommation des piles de boulets.

Des logarithmes et de leurs usages. — En formant toutes les puissances d'un nombre quelconque, plus grand ou plus petit que 1, on peut reproduire tous les nombres.

Propriétés générales des logarithmes.

Lorsque les nombres sont en progression géométrique, leurs logarithmes sont en progression arithmétique.

Comment on passe d'un système de logarithmes à un autre système. — Logarithmes népériens. — Logarithmes vulgaires. — Ce qu'on appelle module d'un système de logarithmes.

Usage des logarithmes vulgaires. — Caractéristiques. Caractéristiques négatives.

Un nombre étant donné, trouver son logarithme par le moyen des tables de Callet. Un logarithme étant donné, trouver le nombre auquel il appartient. — Usage des parties proportionnelles.

Usage de la règle à calcul.

Résolution des équations exponentielles au moyen des logarithmes.

Intérêts composés. — Annuités.

Des fonctions dérivées. — Développement d'une fonction entière $f(x)$ suivant les puissances croissantes de h, quand on remplace x par $x+h$. — Dérivée d'une fonction entière.

La dérivée d'une fonction quelconque est la limite vers laquelle tend le rapport de l'accroissement de la fonction à l'accroissement de la variable lorsque celui-ci tend vers zéro.

Dérivée d'une fonction de fonction.

Règles pour trouver la dérivée d'une somme, d'un produit, d'une puissance, d'un quotient de fonctions dont les dérivées sont connues.

Dérivées des fonctions circulaires directes et inverses.

Dérivées de la fonction exponentielle et de la fonction logarithmique.

Une fonction est croissante ou décroissante, suivant que sa dérivée est positive ou négative.

Deux fonctions qui ont des dérivées égales ne peuvent différer que par une constante. — Revenir de la dérivée à la fonction primitive, dans les cas où cette opération peut se faire *immédiatement.* .

Application de la théorie des dérivées au développement des fonctions $l(1+x)$ et arc tang x en séries convergentes ordonnées suivant les puissances croissantes de x, lorsque cette variable reste comprise entre -1 et $+1$.

Calcul des logarithmes au moyen de la série qui donne le logarithme de $n+1$, quand on connaît celui de n. — Calcul des logarithmes népériens. — Valeur du module des logarithmes vulgaires. — Calcul des logarithmes vulgaires.

Calcul du rapport de la circonférence au diamètre d'après la série arc tang x [1].

Théorie des équations. — Comment varie une fonction entière $f(x)$ quand x varie d'une manière continue entre $-\infty$ et $+\infty$.

Lorsque deux nombres a et b substitués dans une fonction entière $f(x)$ donnent des résultats de signes contraires, l'équation $f(x) = 0$ a, au moins une racine réelle comprise entre a et b. Toute fonction $f(x)$ qui reste continue pour toutes les valeurs de x comprises entre a et b jouit de cette propriété.

---

[1] Partir, par exemple, de l'une des formules $\frac{\pi}{4} = $ arc tang $\frac{1}{2} + $ arc tang $\frac{1}{3}$; $\frac{\pi}{4} = 2$ arc tang $\frac{1}{3} + $ arc tang $\frac{1}{7}$; $\frac{\pi}{4} = 4$ arc tang $\frac{1}{5} - $ arc tang $\frac{1}{239}$; auxquelles conduit aisément le procédé de Machin rapporté par M. Lacroix dans l'introduction du Traité des calculs différentiel et intégral.

Pour exercer les élèves aux calculs des séries, on leur fera déterminer les logarithmes vulgaires des nombres, depuis 1 jusqu'à 10, depuis 101 jusqu'à 110, et depuis 10001 jusqu'à 10010. On devra aussi leur faire exécuter le calcul du nombre π.

Une équation algébrique de degré impair a, au moins, une racine réelle. — Une équation algébrique de degré pair, dont le dernier terme est négatif, a, au moins, deux racines réelles.

Toute équation algébrique $f(x) = 0$, à coefficients réels ou imaginaires de la forme $a + b\sqrt{-1}$, a une racine réelle ou imaginaire de la même forme. (On admettra ce théorème sans démonstration.)

Si a est racine d'une équation algébrique, le premier membre est divisible par $x - a$. Une équation algébrique du degré m a toujours m racines réelles ou imaginaires, et elle ne peut en avoir davantage. — Décomposition du premier membre en facteurs du premier degré. — Relations entre les coefficients d'une équation algébrique et les racines.

Lorsqu'une équation algébrique, dont les coefficients sont réels, a une racine imaginaire $a + b\sqrt{-1}$, elle a aussi pour racine l'expression conjuguée $a - b\sqrt{-1}$.

Dans une équation algébrique, complète ou incomplète, le nombre des racines positives ne peut pas surpasser le nombre des variations; conséquence relative au nombre des racines négatives.

Recherche du produit des facteurs du premier degré communs à deux fonctions entières de x. — Recherche des racines communes à deux équations dont les premiers membres sont des fonctions entières de l'inconnue.

Comment on reconnaît qu'une équation algébrique a des racines égales, et comment alors on ramène sa résolution à celle d'autres équations de degré moindre dont les racines sont inégales.

Recherche des racines commensurables d'une équation algébrique à coefficients commensurables.

Des différences. — Différences des divers ordres.

Étant donnés $m + 1$ nombres $u_0, u_1 u_2, \ldots u_m$, trouver : 1° l'expression du terme général u^n en fonction du premier terme u_0 et de ses différences successives; 2° l'expression de $\Delta^n u_0$, en fonction des nombres proposés.

La différence de l'ordre m d'une fonction entière du degré m est constante si la différence de la variable est elle-même constante.

Connaissant les résultats de la substitution de m nombres entiers consécutifs dans une fonction entière du degré m, on obtient facilement, au moyen des différences, les résultats de la substitution de tous les autres nombres entiers positifs ou négatifs. — Application au cas d'une fonction entière du troisième degré dont on connaît les valeurs correspondantes aux valeurs — $1, 0, +1$, de la variable.

Formule d'interpolation. — Application de la méthode d'interpolation de Newton à la représentation exacte d'une fonction entière $f(x)$ du degré m dont on connaît les valeurs $u_0, u_1, u_2 \ldots u_m$ correspondantes aux valeurs de x, $x_0, x_0 + h, x_0 + 2h, \ldots x_0 + mh$. Si la différence h et les quantités u_0,

Δu_0, $\Delta^2 u_0$,... $\Delta^m u_0$ sont positives , $x_0 + (m - 1) h$ est une limite supérieure des racines positives de l'équation $f(x) = 0$.

Application de la théorie des différences à la résolution numérique des équations. — Séparation des racines d'une équation algébrique par la substitution de différents nombres à l'inconnue. — Étude spéciale du cas d'une équation du troisième degré. — Substitution de nombres entiers par le moyen des différences. — Substitution de nombres équidistants d'*un dixième* entre deux nombres entiers consécutifs; de nombres équidistants d'*un centième* entre deux nombres consécutifs de dixièmes, etc., soit pour séparer les racines, soit pour en approcher.

Ces dernières substitutions s'effectuent au moyen de nouvelles différences, déduites des premières. — Usage des constructions graphiques dans l'application de la méthode précédente.

Recherche des racines d'une équation transcendante. Lorsqu'on a substitué des nombres équidistants et assez voisins pour que les différences des résultats puissent être considérées comme égales entre elles à partir d'un certain ordre, on continue l'opération comme s'il s'agissait d'une équation algébrique.

Ayant obtenu, avec un certain degré d'approximation, une racine d'une équation algébrique ou transcendante, en approcher davantage par la méthode de Newton [1]. — Usage des constructions graphiques pour l'application de cette méthode.

Décomposition des fractions rationnelles en fractions simples. — Toute fraction rationnelle $\frac{F(x)}{f(x)}$ est décomposable en une partie entière et en diverses fractions simples. — La décomposition ne peut se faire que d'une seule manière. — Moyens de l'effectuer quand on connaît les facteurs binômes qui divisent le dénominateur $f(x)$.

Trigonométrie.

———

TRIGONOMÉTRIE RECTILIGNE.

———

Revision.

Lignes trigonométriques. (On ne considère que les rapports des lignes trigonométriques au rayon.)

———

[1] Les élèves exécuteront le calcul d'une racine incommensurable d'une équation numérique du troisième degré ou d'une équation transcendante.

Connaissant les sinus et les cosinus de deux arcs, trouver le sinus et le cosinus de leur somme et de leur différence. — Trouver la tangente de la somme ou de la différence de deux arcs, quand on connaît les tangentes de ces deux arcs.

Expressions de $\sin 2a$ et $\tang 2a$. — Connaissant $\cos a$, calculer $\sin \frac{1}{2}a$ et $\cos \frac{1}{2}a$.

Rendre calculable par logarithmes la somme de deux lignes trigonométriques, sinus ou cosinus.

Notions sur la construction des tables trigonométriques.

Usage des tables.

Résolution des triangles.

Relations entre les angles et les côtés d'un triangle rectangle, ou d'un triangle quelconque.

Résolution des triangles rectangles.

Connaissant un côté et deux angles d'un triangle quelconque, trouver les autres parties, ainsi que la surface du triangle.

Connaissant deux côtés, avec l'angle compris, trouver les autres parties, ainsi que la surface du triangle.

Connaissant les trois côtés, trouver les angles et la surface du triangle.

Applications de la trigonométrie aux différentes questions que présente le levé des plans.

Ces questions ont été énoncées dans le programme de géométrie.

Complément.

Valeurs des sinus et cosinus des arcs $\frac{\pi}{3}$, $\frac{\pi}{6}$,...; $\frac{\pi}{5}$, $\frac{\pi}{10}$,...

Le côté du décagone régulier inscrit dans la circonférence est égal à la plus grande partie du rayon *divisé en moyenne et extrême raison*. — Construction géométrique. — Inscription du polygone régulier de 15 côtés.

Calculer $\tang \frac{1}{2}a$ quand $\tang a$ est donnée.

Équation du troisième degré que l'on obtient en cherchant $\sin \frac{1}{3}a$ quand $\sin a$ est donné, ou $\cos \frac{1}{3}a$ quand $\cos a$ est donné, ou $\tang \frac{1}{3}a$ quand $\tang a$ est donnée. Examen des racines de cette équation.

Résolution des équations numériques du deuxième et du troisième degré, par le moyen des tables trigonométriques.

Relations entre les lignes trigonométriques d'un même angle. — Expression du sinus ou du cosinus en fonction de la tangente.

TRIGONOMÉTRIE SPHÉRIQUE.

Formules générales. — Relations fondamentales entre les côtés et les angles d'un triangle sphérique.

$$\cos a = \cos b \cos c + \sin b \sin c \cos A \, ; \text{ etc.}$$

On en déduit, par la voie de l'élimination,

$$\sin A : \sin B = \sin a : \sin b \, ; \cos a \sin b - \cos A \sin C$$
$$= \cos b \cos C,$$

et par la considération du triangle supplémentaire,

$$\cos A = -\cos B \cos C + \sin B \sin C \cos a.$$

Formules relatives aux triangles rectangles :

$$\cos a = \cos b \cos c \, ; \sin b = \sin a \sin B \, ;$$
$$\tang c = \tang a \cos B \, ; \tang b = \sin c \tang B.$$

Dans un triangle rectangle, les trois côtés sont moindres que $90°$, ou bien deux des côtés sont plus grands que $90°$ et le troisième est moindre. Un angle et le côté opposé sont tous deux moindres que $90°$, ou tous deux plus grands.

Résolution des triangles. — Cas des triangles rectangles.

Cas des triangles obliquangles. — 1° On donne les trois côtés a, b, c, ou les trois angles A, B, C. Formules calculables par logarithmes, donnant les valeurs de $\tang \frac{1}{2} a$ et $\tang \frac{2}{1} A$. — 2° On donne deux côtés et l'angle compris, ou deux angles et le côté compris. Formules de Delambre et de Népert. — 3° On donne deux côtés et un angle opposé à l'un d'eux, ou deux angles et un côté opposé à l'un d'eux. Usage d'un angle auxiliaire pour rendre les formules calculables par logarithmes.

Application. — Connaissant les latitudes et les longitudes de deux points du globe, trouver la distance de ces points.

Application de la géométrie et de la trigonométrie au levé des plans.

REVISION.

Tracé d'une droite sur le terrain. — Mesure d'une portion de droite au moyen de la chaîne. — Levé au mètre. — Tracé des perpendiculaires. — Usage de l'équerre d'arpenteur. — Mesure des angles au moyen du graphomètre. — Description et usage de cet instrument. — Rapporter le plan sur le papier. — Échelle de réduction.

Levé à la planchette.

Déterminer la distance à un point inaccessible; la distance entre deux points inaccessibles. — Prolonger une ligne droite au delà d'un obstacle qui arrête la vue.

Par trois points donnés, mener une circonférence, lors même qu'on ne peut approcher du centre.

Trois points, A, B, C, étant situés sur un terrain uni et rapportés sur une carte, déterminer sur cette carte le point P d'où les distances AB et BC ont été vues sous des angles qu'on a mesurés.

Notions sur l'arpentage. — Cas où le terrain serait limité, dans une de ses parties, par une ligne courbe.

COMPLÉMENT.

Mesure des bases au moyen des règles [1].

Mesure des angles. — Description et emploi du cercle. — Usage de la lunette pour rendre la ligne de visée plus précise. — Division du cercle. — Verniers [2].

Mesure et calcul d'un réseau de triangles. — Réduction des angles aux centres des stations [3].

Réduction à l'horizon d'une base mesurée avec la chaîne sur un terrain incliné. — Réduction des angles à l'horizon, dans le cas où cette réduction n'est pas faite par l'instrument lui-même.

Usages de la planchette et de la boussole pour le levé des détails [4].

Géométrie analytique.

GÉOMÉTRIE À DEUX DIMENSIONS.

Des équations et des formules de la géométrie. — Loi de l'homogénéité. — Construction des expressions algébriques.

---

[1] On enseignera aux élèves à mesurer une base avec précision, au moyen des règles.

[2] Le *graphomètre* suffit quand on ne peut recourir, pour comparer les résultats, qu'à des procédés graphiques; mais, dès qu'on veut appliquer à cet objet les méthodes rigoureuses que fournit la trigonométrie, il est nécessaire de donner à la mesure des angles toute la précision possible.

[3] On insistera sur la marche à suivre dans le calcul, et l'on en donnera un exemple aux élèves.

[4] Tous les instruments mentionnés dans la partie du programme relative au levé des plans devront être mis entre les mains des élèves.

Des coordonnées rectilignes. — Détermination d'un point sur un plan par le moyen de ses coordonnées rectilignes.

Représentation des lieux géométriques par des équations.

Transformations des coordonnées rectilignes.

Des équations du premier et du deuxième degré à deux variables. — Construction des équations du premier degré. — Problèmes sur la ligne droite. — Équation du cercle.

Construction des équations du second degré. — Division en trois genres des courbes qu'elles représentent.

Du centre, des diamètres et des axes dans les courbes du second degré.

Réduction de l'équation du second degré à la forme la plus simple, par le changement des coordonnées [1].

Des tangentes et des asymptotes. — Le coefficient d'inclinaison, sur l'axe des abscisses, de la tangente à une courbe est égal à la dérivée de l'ordonnée par rapport à l'abscisse.

Recherche des asymptotes des courbes. — Application aux courbes du second degré.

De l'ellipse. — Équation de l'ellipse rapportée à son centre et à ses axes. — Les carrés des ordonnées perpendiculaires à l'un des axes sont entre eux comme les produits des segments correspondants formés sur cet axe.

Les ordonnées perpendiculaires au grand axe sont aux ordonnées correspondantes du cercle décrit sur cet axe, comme diamètre, dans le rapport constant du petit axe au grand. — Construction de la courbe par points, au moyen de cette propriété.

Foyers, excentricité de l'ellipse. — La somme des rayons vecteurs menés à un point quelconque de l'ellipse est constante et égale au grand axe. — Description de l'ellipse au moyen de cette propriété.

Directrices. — Les distances de chaque point de l'ellipse à l'un des foyers et à la directrice voisine de ce foyer sont entre elles comme la distance des foyers est au grand axe.

Équations de la tangente et de la normale en un point de l'ellipse. — Le point où la tangente rencontre un des axes prolongés est indépendant de la grandeur de l'autre axe. Construction de la tangente en un point de l'ellipse, au moyen de cette propriété.

Les rayons vecteurs, menés des foyers à un point de l'ellipse, font avec

[1] Les élèves appliqueront ces réductions à une équation numérique du second degré, et détermineront la situation des nouveaux axes par rapport aux anciens au moyen des tables trigonométriques.

la tangente, en ce point et d'un même côté de cette ligne, des angles égaux. La normale divise en deux parties égales l'angle des rayons vecteurs. Cette propriété peut servir à mener une tangente à l'ellipse par un point pris sur la courbe ou par un point extérieur.

Diamètres. — Les cordes qu'un diamètre divise en parties égales sont parallèles à la tangente menée par l'extrémité de ce diamètre. — Cordes supplémentaires. On peut, au moyen des cordes supplémentaires, mener une tangente à l'ellipse par un point donné sur la courbe ou parallèlement à une droite donnée.

Diamètres conjugués. — Deux diamètres conjugués sont toujours parallèles à deux cordes supplémentaires, et réciproquement. — Limite de l'angle de deux diamètres conjugués. — Il y a toujours dans une ellipse deux diamètres conjugués égaux entre eux. La somme des carrés de deux diamètres conjugués est constante. — L'aire du parallélogramme construit sur deux diamètres conjugués est constante. — Construire une ellipse, connaissant deux diamètres conjugués et l'angle qu'ils font entre eux.

Expression de l'aire de l'ellipse en fonction des longueurs de ses axes.

De l'hyperbole. — Équation de l'hyperbole rapportée à son centre et à ses axes. — Rapport des carrés des ordonnées perpendiculaires à l'axe transverse.

Foyers et directrices ; tangentes et normales ; diamètres; diamètres conjugués et cordes supplémentaires. Ce qu'on nomme longueur d'un diamètre qui ne rencontre pas l'hyperbole. — Les propriétés de ces points et de ces lignes sont analogues dans l'hyperbole et dans l'ellipse.

Asymptotes de l'hyperbole. — Les asymptotes coïncident avec les diagonales du parallélogramme formé sur deux diamètres conjugués quelconques. — Les portions d'une sécante ou d'une tangente comprises entre l'hyperbole et ses asymptotes sont égales entre elles. — Application à la construction de la tangente.

Le rectangle des parties d'une sécante comprises entre un point de la courbe et les asymptotes est égal au carré de la moitié du diamètre auquel la sécante est parallèle.

Forme de l'équation de l'hyperbole rapportée à ses asymptotes.

De la parabole. — Équation de la parabole rapportée à son axe et à la tangente au sommet. — Rapport des carrés des ordonnées perpendiculaires à l'axe.

Foyer et directrice de la parabole. — Chacun des points de la courbe est également éloigné du foyer et de la directrice. — Construction de la parabole.

La parabole peut être considérée comme la limite d'une ellipse dans laquelle le grand axe augmente indéfiniment, tandis que la distance du foyer au sommet voisin reste constante.

Tangente et normale. — Sous-tangente et sous-normale. Elles fournissent des moyens de mener la tangente en un point de la courbe.

La tangente fait des angles égaux avec l'axe et avec le rayon vecteur mené au point de contact. — Mener, au moyen de cette propriété, une tangente à la parabole : 1° par un point situé sur la courbe; 2° par un point extérieur.

Diamètres. — Les cordes qu'un diamètre divise en deux parties égales sont parallèles à la tangente menée à l'extrémité de ce diamètre.

Expression de l'aire d'un segment parabolique.

Des coordonnées polaires. — Passer d'un système de coordonnées rectangulaires à un système de coordonnées polaires, et réciproquement.

Équations des trois courbes du second degré, en coordonnées polaires, le pôle étant situé à un foyer, et les angles étant comptés à partir de l'axe qui passe par ce foyer.

Des lignes courbes en général. — Discussions de quelques courbes algébriques et transcendantes. — Détermination de la tangente en un de leurs points. — Asymptotes des branches infinies [1].

Constructions des racines réelles des équations de forme quelconque à une inconnue.

Intersection de deux courbes du second degré. — Du nombre de conditions nécessaires pour la détermination d'une courbe du second degré.

Calculer les coordonnées des points communs à deux courbes du second degré. — Étant données les équations de deux courbes du second degré, trouver l'équation générale des courbes du second degré qui passent par les quatre points d'intersection des deux premières. Disposer de l'indéterminée que renferme cette équation, de manière qu'elle puisse se décomposer en deux facteurs du premier degré.

Des sections coniques et cylindriques. — Étude des sections planes du cône et du cylindre droit à base circulaire.

GÉOMÉTRIE À TROIS DIMENSIONS.

Théorie des projections. — La somme des projections de plusieurs droites consécutives sur un axe est égale à la projection de la ligne résultante. — La somme des carrés des projections d'une droite sur trois axes rectangu-

---

[1] On consacrera trois ou quatre leçons à la recherche de quelques lieux géométriques.

laires est égale au carré de cette droite. — La somme des carrés des cosinus des angles qu'une droite fait avec avec trois droites rectangulaires est égale à l'unité.

La projection d'une aire plane sur un plan est égale au produit de cette aire par le cosinus de l'angle des deux plans.

Des coordonnées rectilignes. — Représentation d'un point par ses coordonnées. — Équations des lignes et des surfaces.

Transformation des coordonnées rectilignes.

De la ligne droite et du plan. — Équations de la ligne droite. — Équation du plan. — Toute équation du premier degré à trois variables représente un plan.

Trouver les équations d'une droite : 1° qui passe par deux points donnés ; 2° qui passe par un point donné, et qui soit parallèle à une ligne donnée.

Déterminer le point d'intersection de deux droites dont on connaît les équations.

Faire passer un plan : 1° par trois points donnés ; 2° par un point donné, parallèlement à un plan donné ; 3° par un point et par une droite donnés.

Connaissant les équations de deux plans, trouver les projections de leur intersection.

Mener, par un point donné, une perpendiculaire à une droite donnée ; déterminer le pied et la grandeur de cette perpendiculaire (coordonnées rectangulaires).

Connaissant les équations d'une droite, déterminer les angles de cette droite avec les axes des coordonnées (coordonnées rectangulaires).

Trouver l'intersection d'une droite et d'un plan dont on connaît les équations.

Connaissant les coordonnées de deux points, trouver leur distance.

D'un point donné abaisser une perpendiculaire sur un plan ; trouver le pied et la grandeur de la perpendiculaire (coordonnées rectangulaires).

Mener, par un point donné, un plan perpendiculaire à une droite donnée (coordonnées rectangulaires).

Connaissant l'équation d'un plan, trouver les angles qu'il fait avec les plans coordonnés (coordonnées rectangulaires).

Déterminer l'angle de deux plans (coordonnées rectangulaires).

Surfaces du second degré. — Elles se divisent en deux classes : les unes ont un centre, les autres n'en ont pas. — Coordonnées du centre.

Des plans diamétraux.

Simplification de l'équation générale du second degré par la transformation des coordonnées.

Équations les plus simples de l'ellipsoïde, des hyperboloïdes à une et à deux nappes, des paraboloïdes elliptique et hyperbolique, des cônes et des cylindres du second degré.

Nature des sections planes des surfaces du second degré.

Cône asymptote d'un hyperboloïde.

Sections rectilignes de l'hyperboloïde à une nappe. — On peut, sur la surface de l'hyperboloïde à une nappe, tracer deux droites par chacun de ses points : d'où résultent deux systèmes de génératrices rectilignes de l'hyperboloïde. — Deux droites prises dans un même système ne se rencontrent pas, et deux droites de systèmes différents se rencontrent toujours. — Toutes les droites situées sur l'hyperboloïde étant transportées au centre, parallèlement à elles-mêmes, s'appliquent exactement sur le cône asymptote. — Trois droites d'un même système ne sont jamais parallèles à un même plan. — L'hyperboloïde à une nappe peut être engendré par une droite qui se meut en s'appuyant sur trois droites fixes, non parallèles à un même plan ; et réciproquement, lorsqu'une ligne droite glisse sur trois droites fixes non parallèles à un même plan, elle engendre un hyperboloïde à une nappe.

Sections rectilignes du paraboloïde hyperbolique. — On peut, sur la surface du paraboloïde hyperbolique, tracer deux droites par chacun de ses points : d'où résulte la génération du paraboloïde par deux systèmes de droites. — Deux droites d'un même système ne se rencontrent pas, mais deux droites de systèmes différents se rencontrent toujours. — Toutes les droites d'un même système sont parallèles à un même plan. — Le paraboloïde hyperbolique peut être engendré par le mouvement d'une droite qui glisse sur deux droites fixes, parallèles à un même plan ; ou bien par une droite qui glisse sur deux droites fixes, en restant toujours parallèle à un plan donné. Réciproquement, toute surface résultant de l'un de ces deux modes de génération est un paraboloïde hyperbolique.

Discussion d'une équation numérique du second degré à trois variables.

Des surfaces coniques et cylindriques. — Trouver l'équation générale des surfaces coniques et des surfaces cylindriques.

Géométrie descriptive.

(Enseignement et épure : 4 heures par semaine.)

Problèmes relatifs au point, à la droite et au plan. — Par un point donné dans l'espace, mener une droite parallèle à une droite donnée et trouver la grandeur d'une partie de cette droite.

Par un point donné, mener un plan parallèle à un plan donné.

Construire le plan qui passe par trois points donnés dans l'espace.

Deux plans étant donnés, trouver les projections de leur intersection.

Une droite et un plan étant donnés, trouver les projections du point où la droite rencontre le plan.

Par un point donné, mener une perpendiculaire à un plan donné, et construire les projections du point de rencontre de la droite et du plan.

Par un point donné, mener une droite perpendiculaire à une droite donnée, et construire les projections du point de rencontre des deux droites.

Changement des plans de projection.

Un plan étant donné, trouver les angles qu'il forme avec les plans de projection.

Deux plans étant donnés, construire l'angle qu'ils forment entre eux.

Deux droites qui se coupent étant données, construire l'angle qu'elles font entre elles.

Construire l'angle formé par une droite et par un plan donnés de position dans l'espace.

Problèmes relatifs aux plans tangents. — Mener un plan tangent à une surface cylindrique ou à une surface conique : 1° par un point pris sur la surface; 2° par un point pris hors de la surface; 3° parallèlement à une droite donnée.

Par un point pris sur une surface de révolution, dont on connaît le méridien, mener un plan tangent à cette surface.

Problèmes relatifs aux intersections de surfaces. — Construire la section faite, sur la surface d'un cylindre droit et vertical, par un plan perpendiculaire à l'un des plans de projection. — Mener la tangente à la courbe d'intersection. — Faire le développement de la surface cylindrique, et y rapporter la courbe d'intersection, ainsi que la tangente.

Construire l'intersection d'un cône droit par un plan perpendiculaire à l'un des plans de projection. — Développement et tangente.

Construire la section droite d'un cylindre oblique. (Pour simplifier les constructions on emploiera la méthode du changement des plans de projection.) — Mener la tangente à la courbe d'intersection. — Faire le développement de la surface cylindrique, et y rapporter la courbe qui servait de base, ainsi que ses tangentes.

Construire l'intersection d'une surface de révolution par un plan, et les tangentes à la courbe d'intersection. — Résoudre cette question, lorsque la ligne génératrice est une droite qui ne rencontre pas l'axe.

Construire l'intersection de deux surfaces cylindriques et les tangentes à cette courbe.

Construire l'intersection de deux cônes obliques et les tangentes à cette courbe.

Construire l'intersection de deux surfaces de révolution dont les axes se rencontrent [1].

Physique et chimie.

(6 heures par semaine.)

—

1° PHYSIQUE [2].

Préliminaires. — But de la physique. — Phénomènes. — Lois physiques. Les expériences sont destinées à les faire ressortir des phénomènes. — Théories physiques. — Caractère différent des méthodes expérimentales et des méthodes mathématiques.

Propriétés générales des corps. — Étendue. — Mesure des longueurs. — Mètre. — Vernier. — Cathétomètre. — Comparateur. — Vis micrométrique, sphéromètre. — Machine à diviser.

Divisibilité, porosité. — Idées généralement admises sur la constitution moléculaire des corps. — Ces conceptions purement hypothétiques ne doivent pas être confondues avec les lois physiques. — Élasticité.

Mobilité. — Inertie. — Forces. — Leur équilibre; leur action mécanique; leur évaluation numérique.

---

[1] Depuis 1892, le programme d'admission à l'École polytechnique comprend la *Mécanique*, dont le programme a été fixé comme suit pour le concours de 1898 :

STATIQUE.

Statique du point. — Composition et équilibre des forces appliquées à un même point matériel libre (on ne demandera pas la démonstration de la règle du parallélogramme des forces).

Théorèmes des projections et des moments.

Principe de l'égalité de l'action et de la réaction.

Équilibre d'un point matériel assujetti à demeurer sur une courbe ou sur une surface.

Statique des systèmes invariables. — On admettra que deux forces égales et contraires appliquées à deux points liés par une droite de longueur invariable et agissant dans la direction de cette droite se font équilibre. — Réduction des forces appliquées à un corps solide; composition des couples. — Conditions générales de l'équilibre. Cas particulier des forces concourantes, parallèles ou situées dans un même plan.

Centre des forces parallèles; centre de gravité.

Condition d'équilibre lorsque le corps sur lequel agissent les forces n'est pas entièrement libre. Cas particulier où le corps est mobile autour d'un point fixe, avec ou sans glissement le long de cet axe; cas où le corps repose par un nombre quelconque de points sur un solide inébranlable.

Applications à l'équilibre des machines simples.

Levier. — Balances ordinaire, romaine, de Roberval, de Quintenz. — Poulie fixe, poulie mobile, moufles. Treuil, cabestan. Plan incliné. Vis.

NOTA. — Il sera fait abstraction du frottement dans toutes les questions ci-dessus.

[2] Voir l'addition faite à ce programme, p. 521, note 1.

Pesanteur. — Direction de la pesanteur. — Fil à plomb. — Relation entre la direction de la pesanteur et la surface des eaux tranquilles.

Poids. — Centre de gravité.

Étude expérimentale du mouvement produit par la pesanteur. — Influence perturbatrice de l'air. — Plan incliné de Galilée. — Machine d'Atwood. Démontrer par l'expérience : 1° la loi des espaces parcourus; 2° la loi des vitesses. — Appareil de M. Morin. Démonstration de la loi des espaces et des vitesses.

Loi de l'indépendance de l'effet produit par une force sur un corps, et du mouvement antérieurement acquis de ce corps. — Loi de l'indépendance des effets des forces qui agissent simultanément sur un même corps. — Démonstration expérimentale et généralisation de ces lois. — Loi de l'égalité, de l'action et de la réaction.

Masse. — Accélération. — A égalité de masse, les forces sont entre elles comme les accélérations qu'elles produisent. — Relation entre une force, la masse du corps sur lequel elle agit et l'accélération qui résulte de cette action. — Choc des corps.

Lois générales du mouvement uniformément varié. — Formules.

Pendule. — Loi de l'isochronisme des petites oscillations et loi des longueurs, déduites de l'observation. — Méthode des coïncidences. — Emploi du pendule pour la mesure du temps. — Pendule simple. Formule. — Pendule composé. Les lois des oscillations d'un pendule composé sont identiques aux lois des oscillations d'un pendule simple dont le calcul détermine la longueur. — Détermination, au moyen du pendule, de l'accélération produite par la pesanteur. — Cette accélération est indépendante de la nature des corps.

Remarquer que les formules du mouvement oscillatoire s'appliquent à la comparaison des forces de toute nature qu'on peut regarder comme constantes et parallèles à elles-mêmes dans toutes les positions du corps oscillant.

Identité de la pesanteur et de l'attraction universelle.

Balance. — Conditions de son établissement. — Sensibilité. — Si le point de suspension du fléau et les points d'attache des plateaux étaient exactement en ligne droite, la sensibilité serait indépendante des poids qui chargeraient les plateaux. — Méthode des doubles pesées. — Détails des précautions nécessaires pour obtenir une pesée exacte.

Définition de la densité. — La densité est le rapport du poids d'un corps à son volume.

Hydrostatique et hydrodynamique. — Distinction des divers états des corps.

Principe de Pascal : dans l'intérieur d'un liquide, la pression exercée sur un élément de surface est normale à l'élément et indépendante de sa direction. — La démonstration de ce principe résulte de la vérification expérimentale de ses conséquences. — Principe de l'égale transmission des pressions : si l'on exerce une pression sur une portion plane, égale à l'unité de la surface d'un liquide, l'effort transmis sur une surface plane quelconque, prise à l'intérieur du liquide ou sur les parois, est égal à la pression exercée, multipliée par l'étendue de cette surface. — Vérification de ce principe au moyen de la presse hydraulique.

Application des principes précédents aux liquides pesants. — Direction de la surface libre. — Pressions intérieures, surfaces de niveau. — Pressions sur les parois, en particulier sur le fond des vases; paradoxe hydrostatique. — Appareil de Haldat; expériences diverses.

Principe d'Archimède. — Vérification expérimentale; démonstration théorique déduite des principes précédents. — Corps flottants. (On ne considérera pas les conditions de stabilité de l'équilibre.)

Liquides superposés.

Vases communiquants. — Niveau d'eau. — Niveau à bulle d'air; son usage dans les instruments.

Densité des solides et des liquides. — Balance hydrostatique. — Aréomètres.

Compressibilité des liquides. — Indiquer les appareils propres à la constater. — Faire comprendre la nécessité d'une correction due à la compressibilité de l'enveloppe solide.

Propriétés communes aux liquides et aux gaz. — Principe de l'égalité de pression en tous sens. — Principe de l'égale transmission des pressions. — Pesanteur des gaz. — Pressions dues à la pesanteur. — Principe d'Archimède; poids des corps dans l'air et dans le vide; aérostats.

Liquides et gaz superposés. — Extension du principe des vases communiquants. — Application au baromètre.

Construction détaillée du baromètre. — Baromètres de Fortin, de Gay-Lussac, de Bunten. — Indiquer la nécessité des corrections usitées.

Loi de Mariotte. — Expériences de M. Regnault.

Manomètre à air libre. — Manomètre à air comprimé. — Manomètre de M. Bourdon.

Loi du mélange des gaz.

Machine pneumatique. — Degré de vide. — Machine de compression.

Principe de Torricelli. — Siphon. — Vase de Mariotte. — Fontaine de Héron. — Fontaine intermittente.

Capillarité. — Cohésion des liquides. — Adhérence des liquides au solides. — Lois expérimentales des phénomènes capillaires

Électricité statique. — Phénomènes généraux. — Distinction des corps conducteurs et des corps non conducteurs. — Distinction des deux espèces d'électricité. — Séparation des deux électricités par le frottement. — Hypothèse des fluides électriques.

Démonstration des lois de l'attraction et de la répulsion des fluides électriques. — Expériences de Coulomb.

Déperdition de l'électricité. — Influence de l'air. — Influence des supports isolants; de l'humidité condensée à la surface des supports.

Étude expérimentale de la distribution de l'électricité à la surface des corps. — Méthode du plan d'épreuve. — Propriété des pointes.

Électrisation par influence. — Cas où le corps soumis à l'influence est déjà électrisé. — Étincelles. — Pouvoir des pointes.

Électrisation par influence précédant le mouvement des corps légers. — Électroscopes.

Machines électriques de Van-Marum, de Nairn, d'Armstrong.

Condensateur à lame d'air. — Accumulation d'électricité sur la surface de cet appareil. — Bouteille de Leyde. — Batteries. — Décharges électriques. — Effets principaux.

Électroscope condensateur. — Électrophore.

Électricité atmosphérique. — Phénomènes observés par un ciel serein. — Électricité des nuages. — Orages. — Éclair. — Tonnerre. — Effets de la foudre. — Choc en retour. — Paratonnerre.

Indication des sources diverses d'électricité statique.

Magnétisme. — Aimants naturels. — Action sur le fer et sur l'acier. — Aimants artificiels. — L'action attractive paraît concentrée vers les extrémités des barreaux. — Première idée des pôles.

Direction d'un barreau aimanté sous l'action de la terre. — Action réciproque des pôles de deux aimants. — Dénomination des pôles.

Phénomènes d'influence. — Action d'un aimant sur un barreau de fer doux. — Action sur un barreau d'acier. — Force coercitive. — Effets de la rupture d'un barreau aimanté. — Idées théoriques sur la constitution des aimants. — Définition précise des pôles.

Action de la terre. — Elle se réduit à un couple. — On peut la détruire sensiblement par l'action d'un aimant convenablement placé. — Définition de la déclinaison, de l'inclinaison, du méridien magnétique.

Lois des attractions et des répulsions magnétiques déterminées par la méthode des oscillations.

Procédés d'aimantation. — Armatures. — Points conséquents. — Influence de la trempe, de l'écrouissage, de la chaleur. — Aimantation par l'action de la terre.

Liste des métaux magnétiques.

PROGRAMME DE PHYSIQUE POUR L'ADMISSION À L'ÉCOLE POLYTECHNIQUE (1900).

Propagation rectiligne de la lumière; ombre: pénombre. — Mesure des intensités relatives de deux lumières : photomètres de Rumfort, de Foucault et de Bunsen. — Réflexion de la lumière : miroirs plans et miroirs sphériques.

Réfraction de la lumière. Indices de réfraction : leur mesure. Réflexion totale. Lentilles. Instruments d'optique : Chambre claire. Chambre noire. Loupe. Microscope. Lunette astronomique. Lunette terrestre. Lunette de Galilée. Télescope de Newton. — Vision.

Mesure de la vitesse de la lumière par la méthode de Foucault et celle de M. Fizeau. Dispersion de la lumière. Spectre solaire. Achromatisme des prismes et des lentilles. — Raies de Fraunhofer.

Instruments pour la mesure des longueurs : Vernier. Vis micrométrique. Sphéromètre.

Notions succinctes de mécanique servant de base à l'étude de la pesanteur. — Mouvement rectiligne uniforme. Mouvement rectiligne uniformément varié. Vitesse, accélération : composition de ces mouvements. — Notions sommaires sur les masses, les forces, le travail, la force vive et l'énergie.

Système des unités de mesures absolues ou système C. G. S.

Balance de précision.

Lois de la chute des corps. Vérifications expérimentales.

Pendule. Mesure de l'intensité de la pesanteur.

Principe de Pascal. — Presse hydraulique.

Propriétés générales des liquides en équilibre.

Principe d'Archimède. Niveau à bulle d'air. Cathétomètre.

Poids spécifiques des solides et des liquides : leur mesure.

Lois expérimentales de la capillarité.

Pression atmosphérique. — Baromètres.

Principe d'Archimède appliqué aux gaz : aérostats.

Loi de Mariotte. — Manomètres. — Mélanges des gaz.

Machine de compression. — Pompes. — Siphon. — Vase de Mariotte.

Trompes à eau et trompes à mercure.

Température. — Mesure de la dilatation des solides, des liquides, des gaz à pression et à volume constants.

Thermomètres.

Détermination de la densité des gaz.

Définition et mesure des quantités de chaleur.

Mesure des chaleurs spécifiques des solides, des liquides et des gaz à pression constante.

Fusion; solidification; surfusion. — Mesure de la chaleur de fusion et de solidification. — Mélanges réfrigérants.

Vaporisation. Mesure de la tension maxima des vapeurs. Mélange des gaz et des vapeurs. Évaporation. Ébullition. Liquéfaction des vapeurs et des gaz. — Mesure de la chaleur de vaporisation.

Détermination de la densité des vapeurs.

Hygrométrie.

2° CHIMIE [1].

Préliminaires. — Idée générale des phénomènes dont la chimie s'occupe. — Distinction des corps en corps simples et en corps composés. — Divi-

[1] Voir l'addition faite au programme, p. 521. note 1.

sibilité de la matière. — Différents états des corps. — Force d'agrégation et de cohésion. Affinité chimique. — Loi des proportions multiples. — Caractères physiques et organoleptiques qui servent à spécifier les corps. — Cristallisation des corps. — Circonstances dans lesquelles les corps prennent la forme cristalline.

Règles de la nomenclature chimique. — Anomalies qu'elles présentent aujourd'hui : notations et formules chimiques. — Division des corps simples en métalloïdes et métaux.

Oxygène. — Divers modes de préparation. — Appareil pour recueillir les gaz; gazomètres. — Définition de la densité d'un gaz. — Propriétés physiques et chimiques du gaz oxygène. — Chalumeau à air, à oxygène.

Hydrogène. — Divers modes de préparation. — Propriétés physiques et chimiques de ce gaz. — Chalumeau à gaz hydrogène et oxygène. — Dessiccation du gaz.

Combinaisons de l'hydrogène avec l'oxygène. — Protoxyde d'hydrogène ou eau. — Propriétés physiques de l'eau. — Congélation. — Définition de la densité des vapeurs. — Évaporation. — Vapeur d'eau dans l'atmosphère; substances déliquescentes et efflorescentes. — Distillation, alambic et appareils divers employés dans les laboratoires. Évaporation des dissolutions salines. — Lois de la solubilité des gaz dans les liquides. Procédé à l'aide duquel on détermine la quantité de gaz dissoute dans l'eau qui a séjourné au contact de l'atmosphère.

Analyse de l'eau. — Calibrage et vérification des cloches divisées. — Eudiomètres. — Synthèse de l'eau par la méthode eudiométrique. — Première remarque sur la simplicité des rapports entre les volumes des gaz simples qui se combinent. — Synthèse de l'eau par la combustion de l'hydrogène au moyen de l'oxygène de l'oxyde de cuivre. — Analyse de l'eau par la pile. — Manières diverses d'exprimer la composition de l'eau. — Première notion des équivalents chimiques et des poids atomiques.

Bioxyde d'hydrogène ou eau oxygénée. Mode de préparation. — Propriétés physiques et chimiques. Actions de présence ou catalytiques. — Analyse du bioxyde d'hydrogène.

Azote ou nitrogène. — Modes de préparation. — Propriétés physiques.
Air atmosphérique. — Généralités sur la constitution de l'atmosphère. — Détermination des quantités de vapeur d'eau et d'acide carbonique contenues dans l'atmosphère. Aspirateur à écoulement constant. — Détermination de l'oxygène par les réactifs absorbants et par la combustion dans l'eudiomètre. — L'air est un mélange et non une combinaison des gaz azote et oxygène; preuve fondée sur la loi de solubilité des gaz dans l'eau.

Combinaisons de l'azote avec l'oxygène. — Acide azotique ou nitrique.

Acide azotique anhydre; acides hydratés à proportions définies. — Propriétés chimiques de l'acide azotique à divers états de concentration. — Combinaison directe de l'azote et de l'oxygène sous l'influence de l'étincelle électrique. — Préparation de l'acide azotique dans les arts. Purification de l'acide azotique du commerce. — Analyse de l'acide azotique.

Protoxyde d'azote. Préparation, — Propriétés physiques et chimiques de ce gaz. — Son analyse par le potassium et dans l'eudiomètre.

Bioxyde d'azote. Préparation. — Propriétés chimiques. — Dissolution du deutoxyde d'azote dans l'acide azotique plus ou moins concentré. Explication des colorations diverses que présentent ces dissolutions. — Analyse du deutoxyde d'azote.

Acide azoteux. Circonstances dans lesquelles il se produit.

Acide hypoazotique. Préparation. Son analyse.

Récapitulation des combinaisons de l'azote avec l'oxygène. Remarques sur les rapports en volume et en poids suivant lesquels l'azote et l'oxygène se combinent pour former ces composés. — Équivalent de l'azote.

Combinaison de l'azote avec l'hydrogène ou ammoniaque. Circonstances dans lesquelles l'azote et l'hydrogène paraissent se combiner directement. Origine des composés ammoniacaux. — Préparation du gaz ammoniac et de sa dissolution aqueuse. Préparation dans les arts. — Propriétés physiques et chimiques du gaz ammoniac. — Son analyse. — Combinaison directe du gaz ammoniac avec le gaz acide chlorhydrique; remarque sur le rapport des volumes de ces deux gaz qui se combinent; équivalent de l'ammoniaque.

Soufre. — État sous lequel on le trouve dans la nature. Extraction et purification du soufre naturel. — Propriétés physiques du soufre; dimorphisme; phénomènes curieux qu'il présente à diverses températures. — Propriétés chimiques du soufre.

Combinaisons du soufre avec l'oxygène. Acide sulfureux. Divers modes de production de ce gaz. — Propriétés physiques et chimiques. — Analyse du gaz acide sulfureux. — Emploi de l'acide sulfureux pour le blanchiment de la laine et de la soie et pour enlever les taches de fruits sur le linge.

Acide sulfurique. — Sa formation par l'action de l'acide azotique sur le soufre et sur l'acide sulfureux. — Acide sulfurique monohydraté. — Précautions à prendre dans sa distillation et dans son mélange avec l'eau. Analyse de l'acide sulfurique monohydraté. Divers hydrates définis de l'acide sulfurique. — Acide sulfurique fumant de Nordhausen; sa préparation dans le Hartz. Acide sulfurique anhydre; sa formation par la combinaison directe de l'acide sulfureux et de l'oxygène, sous l'influence de la mousse de platine. Son extraction de l'acide fumant de Nordhausen. —

Préparation de l'acide sulfurique hydraté dans les arts, par la méthode anglaise ou des chambres de plomb. Cristaux des chambres de plomb.

Acide hyposulfurique. Circonstances dans lesquelles il se produit.

Acide hyposulfureux. Circonstances dans lesquelles il se produit.

Récapitulation des combinaisons du soufre avec l'oxygène. Détermination de l'équivalent du soufre.

Combinaisons du soufre avec l'hydrogène. — Acide sulfhydrique. Sa préparation. Propriétés physiques et chimiques de ce gaz. Eaux minérales sulfureuses. — Analyse du gaz acide sulfhydrique.

Bisulfure d'hydrogène. Circonstances dans lesquelles il se produit,

Sélénium, tellure. — Faire voir seulement leur analogie avec le soufre.

Chlore. — Préparation de ce gaz dans les laboratoires et dans les arts. Propriétés physiques. — Dissolution aqueuse. Hydrate défini du chlore. — Propriétés oxydantes de la dissolution aqueuse du chlore. Son emploi pour décolorer les tissus d'origine végétale.

Combinaisons du chlore avec l'oxygène. Acide chlorique; préparation. Composition déduite de l'analyse du chlorate de potasse. — Acide perchlorique. Circonstances dans lesquelles il se produit. — Acides hypochloreux, chloreux et hypochlorique. Circonstances dans lesquelles ces composés se produisent.

Récapitulation des combinaisons du chlore avec l'oxygène. — Équivalent du chlore.

Acide chlorhydrique. — Combinaison directe du chlore avec l'hydrogène, sous l'influence de la lumière solaire. — Préparation de l'acide chlorhydrique dans les laboratoires et dans les arts. — Purification de l'acide chlorhydrique du commerce. — Analyse du gaz acide chlorhydrique.

Combinaisons du chlore avec le soufre. — Quelques mots sur ces composés.

Chlorure d'azote. — Signaler simplement les circonstances dans lesquelles il se produit et les précautions qu'il faut prendre pour éviter la formation de ce composé dangereux dans plusieurs opérations de laboratoire.

Eau régale. — Constitution chimique de l'eau régale. — Son emploi dans les laboratoires comme agent oxydant et comme agent chlorurant.

Brome. — Faire voir son analogie complète avec le chlore.

Iode. — Extraction des eaux mères des soudes de varech. — Propriétés physiques. — Son emploi en médecine. — Quelques mots sur les combinaisons de l'iode avec l'oxygène et avec l'hydrogène.

Iodure d'azote.

Fluor. — Son existence hypothétique. — Acide fluorhydrique. — Préparation. Sa composition déduite de l'analyse du fluorure de calcium. — Emploi de l'acide fluorhydrique gazeux ou en dissolution pour graver sur le verre. Manière de l'employer pour graver les échelles sur verre des instruments de physique.

Phosphore. — Propriétés physiques et chimiques. Divers états isomériques. Précautions à prendre dans la distillation du phosphore. — Préparation du phosphore dans les arts. — Allumettes phosphoriques ou chimiques.

Combinaisons du phosphore avec l'oxygène. — Acide phosphorique. Préparation de l'acide anhydre par la combustion directe du phosphore dans l'oxygène ou dans l'air. Préparation de l'acide hydraté par l'action de l'acide azotique sur le phosphore. — Analyse de l'acide phosphorique.

Acide phosphoreux; circonstances dans lesquelles il se produit. Préparation par l'action du chlore, en présence de l'eau, sur le phosphore. — Acide hypophosphoreux et oxyde de phosphore; circonstances dans lesquelles ces corps se produisent.

Récapitulation des combinaisons du phosphore avec l'oxygène. — Équivalent du phosphore.

Combinaisons du phosphore avec l'hydrogène. — Méthode générale pour faire l'analyse de ces corps.

Chlorures de phosphore. Combinaison du phosphore dans le chlore.

Arsenic. — État sous lequel on le trouve dans la nature. Préparation.

Combinaisons de l'arsenic avec l'oxygène. — Acide arsénieux; sa formation dans les arts par le grillage des arséniures et des arséniosulfures. — États isomériques de l'acide arsénieux.— Acide arsénique. — Équivalent de l'arsenic.

Combinaisons de l'arsenic avec l'hydrogène. — Hydrogène arsénié.

Chlorure d'arsenic; signaler seulement son existence et donner sa composition.

Empoisonnements par l'acide arsénieux; caractères qui les distinguent; contrepoisons. Recherche de l'arsenic dans les cas d'empoisonnements. — Appareil de Marsh.

Bore. — Sa préparation. Propriétés chimiques.

Acide borique. État sous lequel on le trouve dans la nature. Propriétés chimiques de l'acide borique. — Son extraction des lagoni de la Toscane. — Difficultés qui se présentent dans la fixation de l'équivalent du bore.

Fluorure de bore.

Silicium. — Préparation et propriétés physiques.

Acide silicique. Son existence dans la nature. Préparation de l'acide silicique gélatineux. Composition de l'acide silicique déduite de l'analyse du chlorure de silicium. — Difficultés qui se présentent dans la fixation de l'équivalent du silicium et de la formule de l'acide silicique.

Chlorure de silicium. Fluorure de silicium et acide hydrofluosilicique.

Carbone. — États divers sous lesquels le carbone se trouve dans la nature, ou qu'il prend lorsqu'il résulte de la décomposition des diverses matières organiques. Diamant; graphite naturel ou plombagine; graphite des hauts fourneaux; charbon de houille ou coke; charbon de bois; charbon des matières organiques fusibles; noir animal, noir de fumée. Pesanteurs spécifiques variables du carbone. — Absorption des gaz et de diverses matières solubles par le charbon poreux. Emploi du noir animal pour décolorer les liqueurs dont la coloration est due à des matières organiques. Carbonisation intérieure des tonneaux de bois destinés à conserver l'eau.

Combinaisons du carbone avec l'oxygène. — Acide carbonique. Divers modes de formation, préparation. — Propriétés physiques du gaz acide carbonique. Liquéfaction de l'acide carbonique. Appareil de Thilorier pour préparer l'acide carbonique liquide. Emploi de l'acide carbonique liquide dans les expériences de physique qui exigent un froid considérable. — Circonstances dans lesquelles l'acide carbonique se produit dans la nature. — Solubilité de l'acide carbonique dans l'eau. Eaux gazeuses naturelles et artificielles. — Analyse de l'acide carbonique.

Oxyde de carbone; sa production dans les fourneaux à cuve. — Préparation par la réaction du charbon sur l'acide carbonique. Préparation dans les laboratoires par l'action de l'acide sulfurique concentré sur l'acide oxalique. — Propriétés physiques et chimiques du gaz oxyde de carbone. Analyse du gaz oxyde de carbone.

Acide oxalique; son existence dans les sucs acides de certains végétaux. — Préparation dans les laboratoires par l'action de l'acide azotique sur le sucre. — Analyse de l'acide oxalique. — Méthode générale d'analyse des combinaisons de carbone, d'hydrogène et d'oxygène.

Récapitulation des combinaisons du carbone avec l'oxygène. — Détermination de l'équivalent du carbone.

Quelques mots sur les combinaisons du carbone avec l'hydrogène. Application des méthodes eudiométriques à l'analyse des carbures d'hydrogène gazeux.

Sulfure de carbone et acide sulfocarbonique; sa préparation dans les laboratoires et dans les arts. — Analyse du sulfure de carbone. — Analogie chimique du sulfure de carbone avec l'acide carbonique.

Combinaison du carbone avec l'azote, cyanogène. Préparation. Propriétés physiques et chimiques. Analyse du cyanogène. — Acide cyanhydrique ou prussique. Préparation de l'acide anhydre et de l'acide en dissolution. Analyse de l'acide cyanhydrique.

PROGRAMME DE CHIMIE POUR L'ADMISSION À L'ÉCOLE POLYTECHNIQUE (1900).

Nomenclature chimique.
Loi des proportions multiples. Loi de Gay-Lussac. Nombres proportionnels.

Oxygène. — Divers modes de préparation. Propriétés physiques et chimiques.
Ozone.

Hydrogène. — Divers modes de préparation. Propriétés physiques et chimiques.
Eau. Propriétés physiques. Composition. Synthèse par la méthode eudiométrique.
Synthèse au moyen de l'oxyde de cuivre. Analyse par la pile. Propriétés chimiques de
l'eau. Eaux potables.
Bioxyde d'hydrogène ou eau oxygénée. Mode de préparation. Propriétés physiques
et chimiques.

Azote. — Préparations. Propriétés physiques et chimiques.
Air. Généralités sur la constitution de l'atmosphère. Détermination des quantités de
vapeur d'eau et d'acide carbonique contenues dans l'atmosphère. Analyse de l'air. —
Combinaisons de l'azote avec l'oxygène. Acide azotique. Acide azotique anhydre; acides
hydratés à proportions définies. Propriétés chimiques. Combinaison directe de l'azote
et de l'oxygène sous l'influence de l'étincelle électrique. Préparation de l'acide azotique
dans les arts. Purification de l'acide azotique du commerce.
Protoxyde d'azote. Préparation. Propriétés physiques et chimiques. Analyse.
Bioxyde d'azote. Préparations. Propriétés chimiques. Analyse.
Acide azoteux. Circonstances dans lesquelles il se produit. — Acide hypoazotique.
Préparations; propriétés.
Combinaison de l'azote avec l'hydrogène : ammoniaque. Circonstances dans lesquelles l'azote et l'hydrogène se combinent directement. Origine des composés ammo-
niacaux. Préparation du gaz ammoniac et de sa dissolution aqueuse. Préparation
dans les arts. Propriétés physiques et chimiques du gaz ammoniac. Son analyse.

Soufre. — État sous lequel on le trouve dans la nature. Extraction et purification du
soufre naturel. Propriétés physiques et chimiques.
Combinaisons du soufre avec l'oxygène. Acide sulfureux. Divers modes de produc-
tion de ce gaz. Propriétés physiques et chimiques.
Acide sulfurique. Acide sulfurique fumant de Nordhausen. Acide sulfurique anhydre.
Préparation de l'acide sulfurique hydraté dans les arts. Propriétés de l'acide mono-
hydraté. — Acide hydrosulfureux et acide hyposulfureux. Propriétés. Préparations.
Acide sulfhydrique. Sa préparation. Propriétés physiques et chimiques. Analyse.

Chlore. — Préparations de ce gaz dans les laboratoires et dans les arts. Propriétés
chimiques. Propriétés physiques.
Notions sur les combinaisons du chlore avec l'oxygène : acides hypochloreux et chlorique.
Acide chlorhydrique. Combinaison directe du chlore avec l'hydrogène sous l'influence de la lumière solaire. Préparation de l'acide chlorhydrique dans les laboratoires et dans les arts. Analyse du gaz acide chlorhydrique.

Brome. — Acide bromhydrique.

Iode. — Acide iodhydrique.

Fluor. — Acide fluorhydrique.

Phosphore. — Propriétés physiques et chimiques : états allotropiques : combinaisons du phosphore avec l'oxygène. Acides phosphoriques.
Acide phosphoreux. Acide hypophosphoreux.
Combinaisons du phosphore avec l'hydrogène.
Chlorures de phosphore.

Arsenic. — Combinaisons de l'arsenic avec l'oxygène. Acide arsénieux. Acide arsénique.
Combinaisons de l'arsenic avec l'hydrogène et avec le chlore.

Bore. — Acide borique. Chlorure et fluorure de bore.

Silicium. — Silice. Hydrogène silicié. Chlorure et fluorure de silicium. Acide hydrofluosilicique.

Carbone. — Diverses variétés du carbone. Combinaisons du carbone avec l'oxygène. Acide carbonique. Divers modes de formation; préparation. Propriétés physiques et chimiques de l'acide carbonique. Liquéfaction de l'acide carbonique. Circonstances dans lesquelles l'acide carbonique se produit dans la nature. Composition de l'acide carbonique.
Oxyde de carbone. Préparation. Propriétés physiques et chimiques. Analyse.
Sulfure de carbone.
Hydrogène protocarboné. Hydrogène bicarboné. Préparation de ces deux gaz. Analyse par l'eudiomètre.
Combinaison du carbone avec l'azote. Cyanogène. Préparations. Propriétés physiques et chimiques. Analyse du cyanogène. Acide cyanhydrique.

Résumé. — Classification des métalloïdes en familles naturelles.

MANIPULATIONS [1].

Première manipulation. — Cristallisation du sulfate de soude. — Oxygène par le peroxyde de manganèse. — Oxygène par le chlorate de potasse. — Combustion du soufre, du phosphore, du charbon et du fer dans l'oxygène.

[1] «Aux leçons de chimie correspondent douze manipulations qu'il est indispensable de faire exécuter par les élèves, conformément au présent programme.

«Les élèves ne doivent jamais être livrés à eux-mêmes pendant les manipulations. Celles-ci doivent toujours être précédées d'une conférence, où l'on expose, avec tous les détails nécessaires, les procédés opératoires relatifs aux manipulations que les élèves vont effectuer. En décrivant ces opérations, le professeur les exécute, en se servant des appareils mêmes dont les élèves vont faire usage. Enfin, on expose sous leurs yeux les appareils montés d'avance, qui leur indiquent toutes les dispositions qu'ils auront à observer dans l'arrangement des pièces qui les composent.» (*Instruction du 15 novembre 1854.*)

D'autre part, une circulaire du vice-recteur de l'académie de Paris aux proviseurs du ressort, en date du 24 octobre 1885, s'exprime ainsi au sujet des manipulations :

«Les manipulations sont faites à des époques qui varient avec les établissements; il est de toute nécessité que ces exercices suivent la marche des cours, qu'ils commencent au début de l'année

Deuxième manipulation. — Oxygène par le peroxyde de manganèse et l'acide sulfurique. — Hydrogène par le fer et la vapeur d'eau. — Hydrogène par le zinc et l'acide sulfurique. — Détonation d'un mélange d'hydrogène et d'oxygène dans l'eudiomètre.

Chlore sec. — Combustion du phosphore et de l'antimoine dans le chlore. — Décoloration de l'encre ordinaire, de la teinture de tournesol et du vin rouge par le chlore.

Troisième manipulation. — Azote par le phosphore. — Azote par le cuivre.

Cristallisation du soufre. — Soufre mou. — Distillation du soufre brut. Extraction de l'iode. — Iodure d'amidon. — Recherche du brome.

Quatrième manipulation. — Décomposition de l'eau par le charbon. Calcination des os. — Décoloration de la teinture de tournesol et du vin rouge par le charbon d'os.

Analyse de l'air par le phosphore à chaud. — Analyse de l'air par l'hydrogène.

Cinquième manipulation. — Synthèse de l'eau par l'oxyde de cuivre. Extraction de l'air et de l'eau. — Son analyse. Distillation de l'eau.

Essai des eaux par l'eau de chaux, — l'eau de savon, — le chlorure de baryum, — l'azotate d'argent, — l'oxalate d'ammoniaque, — le carbonate de soude, — la teinture de campêche.

Sixième manipulation. — Décomposition du sel marin par l'acide sulfurique. — Préparation de l'acide chlorhydrique et du sulfate de soude.

Gravure sur verre par l'acide fluorhydrique. — Préparation de l'acide iodhydrique par l'iode et l'acide sulfhydrique. — Action de l'acide iodhydrique sur les sels de plomb. — Action du chlore sur l'acide iodhydrique. Préparation du bisulfure d'hydrogène.

Septième manipulation. — Préparation du phosphure de calcium. — Préparation de l'hydrogène phosphoré.

et qu'ils soient terminés à la fin de mai, en raison des examens et des concours dont la session s'ouvre en juin.

«Le règlement fixe à douze le nombre des séances annuelles; leur durée est de quatre heures; les élèves doivent être réunis par groupes de deux ou de trois au plus. Ces prescriptions ne sont pas exactement observées; il est indispensable de les suivre. Il ne peut y avoir d'exception autorisée que pour le temps attribué à chaque séance, qui serait réduit à trois heures si les besoins du service l'exigeaient.

«On demande que les manipulations soient facultatives pour les élèves de deuxième année de mathématiques spéciales, qui les ont déjà faites en première année; je ne fais pas objection à ce que cette mesure soit appliquée.»

Essai d'une dissolution d'acide arsénieux par le procédé de Marsh. — Essai d'une dissolution d'émétique par le même procédé.

Préparation du gaz des marais. — Préparation de gaz oléfiant et de la liqueur des Hollandais.

Huitième manipulation. — Préparation de l'ammoniaque en dissolution. Décomposition de l'ammoniaque par le fer. Analyse du gaz en provenant.

Action du chlore dissous sur l'ammoniaque liquide.

Préparation du protoxyde d'azote.

Neuvième manipulation. — Préparation et étude des propriétés de l'acide azotique.

Préparation du bioxyde d'azote.

Dixième manipulation. — Préparation de l'acide sulfureux. — Préparation de l'acide sulfurique de Nordhausen.

Action de l'acide sulfureux sur le bioxyde d'azote et l'air humide.

Préparation de l'acide phosphorique.

Onzième manipulation. — Préparation et étude de l'oxyde de carbone et de l'acide carbonique.

Préparation de l'acide borique.

Coloration du borax par les oxydes métalliques.

Douzième manipulation. — Préparation des chlorures de phosphore, du chlorure de soufre, du sulfure de carbone et de l'acide fluosilicique.

Langue française.
(1 heure par semaine.)

Revision de l'enseignement littéraire; composition française.

Langues vivantes.
(2 heures par semaine.)

Thème.

Traduction et explication d'auteurs allemands ou anglais[1].

Dessin d'imitation.
(2 heures par semaine.)

---

[1] La langue allemande étant seule exigée obligatoirement pour l'admission à l'École polytechnique, cette langue est spécialement étudiée dans la classe de mathématiques spéciales.

5. — ENSEIGNEMENTS ACCESSOIRES.

ARRÊTÉ RELATIF À L'ENSEIGNEMENT DE LA GYMNASTIQUE.

(27 janvier 1880.)

Art. 1er. L'enseignement de la gymnastique est obligatoire dans tous les établissements d'instruction publique de garçons dépendant de l'État, des départements et des communes.

Art. 4. La disposition de l'article 23 de la loi du 15 mars 1850 concernant la gymnastique dans les établissements publics est abrogée.

CIRCULAIRE RELATIVE À L'ENSEIGNEMENT DE LA GYMNASTIQUE.

(11 septembre 1882.)

Monsieur le Recteur, aux termes de la loi du 27 janvier 1880, l'enseignement de la gymnastique est obligatoire dans tous les établissements d'instruction publique de garçons.

Afin de répondre sur ce point aux intentions du législateur, il serait indispensable que, dans les lycées et collèges, les élèves de toute catégorie puissent être admis aux exercices gymnastiques et militaires. Mais l'espace dont on peut disposer ne se prêterait pas partout à l'adoption immédiate de cette mesure. Toutefois, je désire qu'elle soit appliquée, à partir de la prochaine rentrée des classes, dans tous les établissements où cela est possible, et que les élèves externes prennent part, comme les internes, et sans rétribution spéciale, aux exercices dont il s'agit.

. . . .

CIRCULAIRE RELATIVE AUX EXERCICES GYMNASTIQUES ET MILITAIRES.

(7 juillet 1890.)

(*Extrait.*)

Depuis longtemps, les exercices gymnastiques sont pratiqués dans nos établissements secondaires; ils ont été réglementés par de nombreux décrets, arrêtés et instructions ministériels, en dernier lieu par les circulaires des 11 septembre et 20 décembre 1882. La première de ces circulaires rappelle que les exercices gymnastiques sont, en vertu de la loi du 27 janvier 1880, obligatoires pour les externes au même titre que pour les pensionnaires.

La circulaire du 20 décembre 1882 demande que chaque groupe d'élèves reçoive deux leçons d'une heure au moins par semaine. Comme les leçons auront désormais lieu pendant les récréations et que la durée de celles-ci a été considérablement augmentée, je désirerais que le temps réservé à la gymnastique, non compris les exercices militaires, fût porté à trois heures par semaine, réparties en séances d'une demi-heure ou de trois quarts d'heure. A cet effet, les groupes à exercer pourront être de 50 élèves au lieu de 30.

De nouveaux manuels d'instruction, destinés à remplacer ceux de 1880, seront distribués prochainement aux professeurs.

Dans beaucoup de lycées et collèges, les exercices gymnastiques sont très bien dirigés et donnent d'excellents résultats; les élèves y apportent de l'ardeur et de l'entrain; les maîtres ont de l'autorité; leur enseignement est varié et par cela même attrayant.

Dans d'autres, au contraire, la leçon est morne; les élèves n'y prennent aucun goût; elle serait pour eux presque une corvée, loin d'être une récréation.

Si des professeurs vous étaient signalés comme étant d'une insuffisance notoire, je vous serais obligé de m'en référer; ceux dont l'enseignement ne laisserait à désirer que par suite d'un défaut de méthode seront invités à profiter des vacances pour compléter leur instruction technique.

Il importe aussi que tous les maîtres se rendent un compte exact du rôle que la gymnastique scolaire est appelée à jouer. Son but n'est pas d'amener quelques adeptes à exécuter des tours de force plus ou moins remarquables, mais de soumettre tous les élèves à un entraînement progressif et méthodique, de provoquer chez tous, par des exercices sagement gradués, le développement régulier des divers organes. Au surplus, on sait qu'un violent exercice physique ne repose pas d'un grand labeur intellectuel; ce sont des fatigues qui s'additionnent et ne se compensent pas. Pour les exercices aux agrès, on combinera les mouvements d'ensemble et on disposera les groupes de telle sorte que chaque élève n'ait pas à attendre son tour à l'appareil plus de trois à quatre minutes; à cet effet, on conduira successivement les élèves aux agrès par petits groupes, tandis que le groupe principal continuera les mouvements d'ensemble sous les ordres d'un instructeur adjoint ou d'un moniteur choisi parmi les élèves.

En ce qui concerne les exercices militaires, vous penserez comme moi, Monsieur le Recteur, qu'il y a lieu de se garder de toute exagération. Si nous arrivons à former des jeunes gens vigoureux et alertes, habitués à la marche et à la fatigue, imbus de l'esprit de discipline, ayant conscience des devoirs qui les attendent au régiment, nous aurons rempli largement notre tâche. Il peut être utile et même intéressant pour les élèves de les initier aux diverses formations de la section, du peloton et de la compagnie, de leur faire faire en groupe certaines évolutions d'après les théories en usage dans l'armée; quant à l'exercice du maniement du fusil, il est d'un intérêt tout à fait secondaire; il présente même un inconvénient, celui de condamner les enfants à une immobilité relative qui peut devenir nuisible, en hiver surtout.

On attachera, au contraire, une importance particulière au tir, à l'équitation et à l'escrime, qui exigent généralement une préparation assez longue et une éducation spéciale. Vous inviterez MM. les chefs d'établissement à user de tous les moyens en leur pouvoir pour répandre les goûts de ces exercices autour d'eux et pour ménager aux élèves des classes supérieures la possibilité de les pratiquer. Dans les villes de garnison, ils auront soin de se mettre en rapport avec MM. les chefs de corps, dont le concours sera de nature à aplanir bien des difficultés. Je suis disposé, pour ma part, à intervenir auprès de mon collègue, M. le Ministre de la guerre, toutes les fois que j'en serai sollicité.

L'usage s'est établi, dans un certain nombre de lycées et de collèges, d'attribuer des prix et accessits spéciaux aux divers exercices physiques et de les mentionner au palmarès. Cet usage devra être étendu à tous les établissements; la distribution de ces récompenses se confondra avec celle des prix réservés aux études classiques. D'autre part, les professeurs appelés à voter pour l'attribution du prix d'excellence auront à tenir compte des notes obtenues pour les exercices physiques. Les prix d'excellence devant être, à l'avenir, «décernés aux élèves qui, dans chaque classe et chaque division, auront le mieux satisfait à tous leurs devoirs», nos lycéens seront ainsi amenés à comprendre, ce que trop peu comprennent jusqu'à ce jour, que, dans un pays où chaque citoyen est appelé à faire un soldat, la culture et le développement des forces et des aptitudes physiques n'est pas chose facultative, mais un devoir positif.

. . . .

RÈGLEMENT RELATIF À L'ENSEIGNEMENT DE LA MUSIQUE.
(30 janvier 1865.)

. . . .

ART. 6. L'enseignement de la musique est obligatoire dans les lycées pour tous les élèves des classes inférieures jusqu'à la quatrième inclusivement.

Il est facultatif pour les élèves des classes de troisième et au-dessus.

Art. 7. L'enseignement obligatoire comprend les matières suivantes : Principes élémentaires de musique et de chant.

Lecture, écriture et dictée musicale sur la portée.

Le but final de cet enseignement doit être : la lecture dans tous les tons majeurs et mineurs et avec les mesures les plus usitées, et l'exécution de morceaux de chant d'une difficulté moyenne, à une ou plusieurs voix.

Art. 8. L'enseignement facultatif peut comprendre, outre les matières de l'enseignement obligatoire, les principes élémentaires de l'harmonie.

Art. 9. La musique instrumentale continue à être enseignée individuellement aux frais des familles.

Art. 10. Deux heures par semaine sont consacrées à l'enseignement musical obligatoire, pour chacune des divisions de cet enseignement. Ces leçons ne sont données ni le dimanche, ni aux heures de récréation.

Les élèves sont divisés en plusieurs cours, autant qu'il sera possible, d'après leurs progrès en musique et non d'après la classe à laquelle ils appartiennent.

Une leçon de 1 heure au moins par semaine est consacrée à l'enseignement musical facultatif.

6. — INSTRUCTIONS SUR LES PROGRAMMES.

I

**Lettre du Ministre de l'instruction publique aux membres
du personnel administratif et enseignant des lycées et collèges.**

(15 juillet 1890.)

(*Extrait.*)

Monsieur, depuis sa session de décembre dernier, le Conseil supérieur a adopté, après la Commission des réformes instituée en 1888, une série de mesures qui modifient assez profondément le régime des établissements publics d'enseignement secondaire. Les propositions du Conseil, sanctionnées par le Ministre de l'instruction publique, ont formé la matière de nouveaux règlements concernant l'emploi du temps, la discipline et l'enseignement, que je rends exécutoires pour la rentrée des classes d'octobre 1890.

Mais, en matière de règlements, l'esprit importe encore plus que la lettre. C'est pourquoi je n'ai pas cru suffisant de porter simplement à votre connaissance, par les voies administratives ordinaires, le texte des décisions qui ont donné suite aux propositions du Conseil. J'ai voulu vous faire part des intentions mêmes qui les ont inspirées. Tel est l'objet des instructions que vous trouverez ci-jointes. Pour que la réforme entreprise réussisse, il faut que chacun s'y associe avec conviction et de toute sa volonté. C'est cette franche adhésion et ce loyal concours que je sollicite de votre part. J'y fais appel en toute confiance : lorsque vous connaîtrez la tâche qui vous est proposée, vous la jugerez digne, j'en ai la certitude, de tenter tous les gens de cœur.

I. — CARACTÈRE GÉNÉRAL DE LA RÉFORME.

La réforme qu'il s'agit de mettre à exécution touche à l'éducation tout entière sous ses trois aspects : éducation de l'intelligence, éducation du corps, éducation de la volonté.

Avant tout, on s'est préoccupé d'établir entre ces trois parties de l'éducation un juste équilibre. Notre régime scolaire tendait à rompre cet équilibre nécessaire au profit trop exclusif de la culture intellectuelle. Non seulement l'instruction y était considérée, ce qui est de droit, comme une partie essentielle et le principal moyen de l'éducation générale, mais, à force de réclamer des soins, elle y devenait en fait l'unique moyen et le tout de l'éducation.

Nous serions inexcusables d'en rester là. Après des revers qui ont imposé à tous les devoirs du soldat, après l'avènement du régime démocratique, qui ne permet pas davantage de se dérober à ceux du citoyen, chacun a senti, et l'Université n'a pas été la dernière à comprendre, que nos enfants auront besoin d'autre chose encore que d'une instruction de choix pour faire honneur à leur tâche tout entière. L'idée de l'éducation, qui s'était rétrécie et abaissée dans une période où l'éducation semblait avoir moins à faire, s'est reformée et relevée dans l'esprit de tous quand l'éducation, comme il arrive toujours aux périodes décisives de la vie des peuples, a dû reprendre toutes ses charges.

C'est précisément cette restauration intégrale de l'idée et du devoir de l'éducation que la réforme actuelle, préparée depuis bientôt vingt ans, a pour objet de consacrer définitivement dans l'enseignement secondaire.

Si l'éducation donnée dans nos collèges et dans nos lycées a pour objet, aujourd'hui plus que jamais, de faire des hommes, rien de ce qui est de l'homme ne doit lui être étranger.

En conséquence, le Conseil supérieur a jugé que l'on pouvait enlever aux études, sans en rien retrancher d'essentiel, quelques-unes des heures dont elles disposaient, pour les réserver aux exercices physiques injustement dédaignés; il a voulu par dessus tout que les questions de discipline morale trop négligées reprissent, dans les préoccupations des maîtres à tous les degrés, la place qui leur est due, c'est-à-dire la première; il a pensé enfin que l'Université aura rempli toute sa tâche quand les jeunes gens sortiront de ses mains avec un corps robuste et assoupli, une instruction solide et un jugement sain, une volonté droite et maîtresse d'elle-même. Heureuse, si, par surcroît, elle a pu, dans toute cette jeunesse, reconnaître et préparer quelques talents d'élite. — Cette idée d'une éducation intégrale et harmonieuse de l'homme a présidé aux délibérations du Conseil supérieur. Il l'a traduite en un programme positif qui répond aux besoins du pays et exprime le devoir actuel de l'Université. Quelque surcroît d'effort et de dévouement qu'il exige, aucun de ses maîtres n'hésitera à en faire sa règle.

. . . .

III. — LES PROGRAMMES ET L'ENSEIGNEMENT.

En ce qui concerne l'enseignement, il n'y a que l'enseignement classique d'intéressé dans les instructions ci-jointes. L'enseignement spécial aura son tour [1].

J'ai indiqué récemment, devant le Sénat, les grandes lignes de la réforme que semble appeler cet enseignement, dont l'orientation, les méthodes, le nom même ne sont pas encore fixés. Les détails et les moyens d'exécution de cette réforme sont à l'étude.

Quant à l'enseignement classique, sa voie est tracée depuis longtemps.

Il n'était besoin que de la dégager et de la rectifier par endroits. C'est à cette tâche, ainsi limitée à dessein, que le Conseil supérieur a donné tous ses soins.

La simplification des programmes, exigée d'abord par les nécessités de l'éducation du corps, ne l'était pas moins par l'éducation même de l'esprit, mise en péril par la surcharge du savoir. Pendant une certaine période, il n'a pas été exagéré de dire que dans les programmes de l'enseignement secondaire, le savoir et l'intelligence, l'instruction et l'éducation se trouvaient pour ainsi dire en conflit. Il semblait que pour constituer ces pro-

[1] L'enseignement secondaire moderne, qui a été substitué à l'enseignement spécial, a été organisé par le décret du 4 juin 1891 et par l'arrêté du 15 juin 1891.

grammes on se fût posé cette unique question : Quel est le savoir le plus utile? Et, sans doute, parce qu'on n'avait pas su se décider à choisir entre tant de savoirs utiles, tous également patronnés par ceux qui en ont fait leur spécialité scientifique, on avait entassé dans les programmes toute espèce de savoirs.

L'expérience faite nous a prouvé que la question de l'enseignement secondaire, posée en ces termes, était mal posée; que le meilleur fruit de cet enseignement n'est pas tant la somme de savoir acquis que l'aptitude à en acquérir davantage, c'est-à-dire le goût de l'étude, la méthode de travail, la faculté de comprendre, de s'assimiler ou même de découvrir, et que, pour mesurer le progrès de l'élève à la sortie du lycée, il y a moins à considérer l'espace parcouru que le mouvement qu'il a pour aller plus loin. L'expérience a démontré ce que la théorie enseignait déjà, que la chose utile par excellence, c'est l'intelligence elle-même, puisque seule elle applique le savoir avec discernement et à-propos et seule supplée, à l'occasion, aux insuffisances inévitables de tout savoir, par une réflexion et des méthodes générales dont les ressources sont infinies. Nous avons reconnu par l'effet que, si le savoir justement distribué nourrit, soutient et fortifie l'intelligence, le savoir donné précipitamment ou à dose massive déroute l'intelligence ou l'opprime. Nous nous sommes rendus à cette vérité bien simple et pourtant bien souvent méconnue, que les capacités intellectuelles de l'enfant demeurent à peu près aujourd'hui ce qu'elles ont été de tout temps, tandis que la somme de science acquise s'accroît de siècle en siècle et de jour en jour. D'où l'on a tiré justement cette conséquence, que désormais, pour tous ceux qui auront à faire des programmes en vue d'un enseignement qui doit être général sans doute dans ses principes, mais non pas encyclopédique dans sa matière, le commencement de la sagesse sera de permettre d'ignorer.

C'est d'après ces principes qu'on a choisi et mesuré les matières du programme, sans chercher précisément quels sont les genres de savoir les plus utiles en eux-mêmes, mais avant tout quels sont les plus utiles par leur vertu éducative et comme discipline de l'esprit.

A ce titre, les lettres et les sciences font de droit partie d'un enseignement classique quelconque. Précisément parce que leurs effets sont très différents, leur concours est indispensable pour développer harmonieusement les facultés normales d'un esprit bien fait.

Dans l'enseignement classique littéraire, le seul qui soit l'objet de la révision actuelle, les lettres, c'est-à-dire l'étude des langues et des littératures, avec l'histoire ou la philosophie comme complément ou couronnement, garderont naturellement la première place. En ceci notre tradition universitaire n'a pas cessé d'être vraie. Pour exercer en tous sens l'intelligence et lui donner de la netteté, de la précision, de la logique, tout en la

36.

préservant d'une spécialisation hâtive, qui risque de la stériliser ou de la rétrécir; — pour élever et ennoblir l'individu tout entier par le commerce des grands esprits et l'exemple des œuvres les plus parfaites; — pour transmettre aux générations nouvelles l'héritage d'idées et de traditions qui résument l'expérience des races les mieux douées et qui sont l'âme même de notre civilisation, c'est aux lettres qu'il faut s'adresser. Aujourd'hui comme toujours, plus que jamais peut-être, elles doivent demeurer les premières institutrices de la jeunesse.

A cette éducation générale de l'esprit et du cœur, les sciences d'expérience et de raisonnement viendront, à leur tour, dans l'ordre et la mesure convenables, associer leurs fortes leçons, comme un complément et un correctif indispensables. Tandis que l'élève qui fait ses humanités élargit et assouplit son jugement en parcourant le monde, toujours en évolution, des idées morales, n'est-il pas nécessaire aussi qu'il le fixe et l'affermisse, en lui donnant le lest d'un savoir prouvé, systématisé et définitif? Faute d'initiation aux méthodes des sciences, ne se trouverait-il pas comme dépourvu d'indispensables organes? Faute d'initiation à leurs résultats, ne resterait-il pas comme étranger à son temps et à son pays?

Le Conseil s'est efforcé de déterminer la juste distribution et l'exacte proportion de ces divers enseignements. Et pour en rendre l'action plus certaine, il a dégagé leurs programmes de tous les développements qui n'étaient pas de première nécessité. Mais il compte surtout que le véritable allègement résultera de la manière dont ces programmes seront interprétés et appliqués par les professeurs, s'ils sont bien pénétrés de l'idée générale dont il s'est lui-même inspiré. Le programme est quelque chose, l'esprit est plus encore; car c'est l'esprit qui crée la méthode et qui fixe la mesure. C'est sur la méthode à suivre et la mesure à garder que les instructions ci-après appellent toute l'attention des professeurs. — Il n'est pas inutile de les faire précéder de quelques recommandations essentielles qui s'appliquent à tous les enseignements.

Pour seconder les intentions du Conseil, les professeurs devront sans cesse se demander si, dans le désir de bien faire et d'épuiser jusqu'au fond le programme dont ils sont chargés, ils ne dépassent pas la mesure imposée par les capacités de l'élève et les exigences légitimes des enseignements voisins.

Après s'être, dans leurs réunions, réparti la tâche, tous les professeurs d'une même classe devraient agir comme le ferait un professeur unique qui aurait à donner l'enseignement tout entier. Ils maintiendront ainsi entre toutes les parties du programme général la proportion et l'équilibre nécessaires.

Ils auront, d'autre part, à observer la même réserve dans leur manière d'enseigner. Qu'importe un savoir prodigué avec largesse, dans une exposition magistrale, si les élèves sont hors d'état de se l'assimiler? Le premier devoir du maître c'est d'être compris; son premier soin sera de s'assurer qu'il a été compris en effet. Un bon maître est tout autre chose qu'un livre qui parle.

C'est surtout au début d'un enseignement nouveau qu'il importe d'aller lentement et de simplifier. Dans l'enseignement du latin, du grec, de la philosophie, des mathématiques, si les éléments ne sont pas rendus pour l'élève absolument nets, faciles et familiers, la confusion s'établit à demeure dans son esprit, et parce qu'il a vu trouble aux premières leçons, il voit trouble encore à la dernière. La première condition de santé pour l'intelligence est de vivre dans la clarté.

Pour s'assurer qu'il ne va ni trop loin, ni trop haut, ni trop vite, le professeur ne s'en rapportera pas seulement aux devoirs et aux réponses de quelques élèves d'élite. Le grand problème de la classe c'est de donner aux meilleurs tout ce qu'ils demandent et de ne rien refuser aux autres de ce qui leur est dû. L'Université a toujours été et ne cessera pas d'être sympathique au talent : elle sait d'ailleurs, puisqu'elle l'aide à naître, que le talent est en grande partie le prix de l'effort. Mais, en recevant dans ses établissements des enfants d'aptitudes inégales, elle a pris vis-à-vis de leurs parents l'engagement de n'en exclure aucun de son attention. Si une classe n'est faite expressément que pour quelques privilégiés, ce n'est pas apparemment aux yeux des familles un bénéfice suffisant de leurs sacrifices que les autres y assistent en qualité de simples témoins; le pays non plus n'y trouverait pas son compte. D'ailleurs, s'il y a plaisir à suivre la marche rapide d'une intelligence heureuse dont les progrès flattent l'amour-propre du maître, le mérite est plus rare et la satisfaction plus haute d'avoir peu à peu ouvert et assoupli une intelligence obscure et lente. Une fois en bon chemin, qui sait si ces esprits tardifs ne dépasseront pas beaucoup d'esprits plus précoces? Qui sait s'ils ne rendront pas au pays des services aussi positifs et ne rapporteront pas en somme autant d'honneur à l'Université, qui leur aura la première ouvert la voie et donné le sentiment de leurs forces?

Aussi bien, la caractéristique des études classiques c'est d'être une éducation à longue portée et dont la plus haute utilité ne peut se recueillir qu'à longue échéance.

La vraie fin que le maître, tout en s'attachant avec passion à sa tâche journalière, doit avoir constamment présente à l'esprit, c'est de donner, par la vertu d'un savoir dont la majeure partie se perdra, une culture qui demeure. Par delà les objets et les exercices quotidiens de la classe, c'est à l'esprit, c'est à l'âme même de ses élèves qu'il doit viser; par delà les sanctions prochaines que fournissent à son enseignement examens et concours, sanctions si souvent hasardeuses et illusoires, c'est à la grande et décisive épreuve de la vie qu'il doit les préparer. C'est là, en définitive, que la valeur des leçons reçues au lycée se démontrera par l'effet. Les études classiques, en un mot, comme on l'a dit si souvent, n'ont d'autre but que de contribuer, pour leur part, à former des hommes. C'est la tâche que leur assigne ce nom même d'humanités qu'elles revendiquent à juste titre. Qu'elles perdent de vue cette fin suprême, elles dégénéreront insensiblement en une scolastique aussi puérile que pédantesque. C'est dans la fidélité à leur idéal qu'est leur dignité, leur justification et leur sauvegarde.

II

Enseignement des langues anciennes.

L'objet essentiel de l'enseignement secondaire est évidemment la formation harmonieuse de l'esprit. Entre l'enseignement primaire, qui va d'abord au plus pressé, c'est-à-dire à l'acquisition des connaissances immédiatement utiles, et l'enseignement supérieur, qui vise à faire des savants, c'est-à-dire des hommes capables d'approfondir un ordre particulier d'études, l'enseignement secondaire occupe une place moyenne. Il tend à faire de bons esprits, munis d'une forte culture générale. Il leur donne assurément des connaissances exactes et par là même utiles, mais surtout il leur fait prendre de bonnes habitudes. Il n'a spécialement en vue aucune profession; mais il permet de les aborder toutes avec un fonds de santé intellectuelle et morale qui seul permet d'exceller dans chacune d'elles.

L'étude des langues anciennes doit donc, dans l'enseignement secondaire, se subordonner à ces idées essentielles. Il ne s'agit pas de faire des latinistes et des hellénistes de profession. On demande seulement au grec et au latin de contribuer pour leur part à l'éducation générale de l'esprit.

L'étude méthodique d'une langue comprend nécessairement trois groupes d'exercices et de travaux : 1° étude de la théorie grammaticale; 2° exercices écrits de traduction et de composition; 3° lecture et explication des textes. Il est clair que la lecture des textes est le point capital. L'étude de la théorie grammaticale peut sans doute, entre des mains habiles et discrètes, devenir par elle-même un utile instrument de culture intellectuelle : elle habitue l'esprit à réfléchir, à apprendre, à comparer; mais elle est surtout un moyen pratique d'arriver à l'usage littéraire des textes. Les exercices écrits, d'autre part, sont indispensables pour donner aux connaissances grammaticales toute leur solidité, toute leur précision, toute leur finesse; et, en outre, ils sont pour l'intelligence un puissant instrument de culture formelle; mais ils cultivent et affinent l'esprit plutôt qu'ils ne le nourrissent. C'est surtout par la lecture des textes et par les divers exercices qui s'y rattachent que cette nourriture nécessaire est donnée aux jeunes intelligences. Le profit qui se tire des textes est double : d'abord ils sont la tradition toujours vivante de l'esprit humain, par où le présent se rattache au passé ; ils font parcourir à l'enfant le chemin que l'humanité tout entière a parcouru, et, en lui faisant connaître ses aïeux, ils lui confèrent, à la lettre, ses véritables titres de noblesse intellectuelle. Ensuite ils sont, pour une large part, des modèles ; ils l'initient à la connaissance du vrai, du bien, du beau ; ils éveillent dans son âme un sentiment d'amour actif et fécond pour toutes les choses que résument ces trois mots ; ils enrichissent et fortifient sa substance même, c'est-à-dire qu'ils accomplissent éminemment l'œuvre qui est l'objet essentiel de l'enseignement secondaire.

Ces principes établis, il s'agit de les faire passer dans la pratique par l'étude attentive des questions de méthode et de programme qui sont relatives à chacun de ces trois groupes d'exercices scolaires.

I. — Étude de la théorie grammaticale.

Les réformes de 1880 ont ajourné jusqu'à la sixième les débuts de l'étude du latin et jusqu'au milieu de la cinquième ceux de l'étude du grec. Sur ces deux points, rien n'est changé. Il ne faut toucher qu'avec prudence à l'économie générale de l'enseignement public. Il est d'ailleurs possible, sans briser le cadre actuel, d'arriver à de bons résultats. Mais il est indispensable, pour mener à bien cette entreprise, de voir clairement quels dangers peuvent y faire obstacle.

Le premier danger réside certainement dans le désir d'aller trop vite. Il est impossible qu'un élève qui commence le latin en sixième en sache autant, dès le début de la cinquième, que celui qui le commençait en huitième. Cette vérité si évidente, mais si facile à méconnaître dans la pratique, ne saurait pénétrer trop profondément les programmes et l'esprit même de l'enseignement. On ne sait bien que ce qu'on a plusieurs fois oublié. Il faut avoir le temps d'oublier et de rapprendre. L'étude de la grammaire, pour fournir à l'éducation littéraire proprement dite un point d'appui solide, doit être menée très lentement, très doucement, avec des poses et des retours en arrière.

Elle doit aussi être très simple, ou du moins très soigneusement graduée suivant l'âge de l'élève, et toujours proportionnée au temps dont il dispose. L'érudition, qui est en soi une excellente chose, peut devenir un péril dans l'enseignement secondaire, si elle en détruit la simplicité. Elle n'y est vraiment utile que dans la mesure exacte où elle permet au maître de substituer la vérité à l'erreur, de mieux faire comprendre un fait obscur, de piquer à l'occasion la curiosité de l'enfant. Rien ne serait plus dangereux que de vouloir le jeter trop tôt dans des problèmes au-dessus de son âge. Tandis qu'on croirait lui apprendre l'histoire et les origines de telle forme grammaticale usuelle, il oublierait de retenir cette forme elle-même, et n'aurait plus le temps d'acquérir cette familiarité avec la langue qui est indispensable à la lecture des textes.

Enfin l'étude de la grammaire ne doit pas non plus cesser trop tôt. Aujourd'hui surtout qu'elle commence plus tard qu'autrefois, il est tout à fait nécessaire qu'elle se prolonge aussi longtemps que possible, sauf à se transformer suivant le développement des esprits.

C'est en s'inspirant de ces principes que le Conseil supérieur a modifié ou complété sur quelques points le plan d'études de 1885.

En ce qui concerne la distribution de la théorie grammaticale entre les diverses classes, on a débarrassé la sixième de toute étude suivie de la syntaxe latine. L'étude des formes régulières, avec ce que l'étude des formes implique nécessairement de syntaxe latente pour ainsi dire (ne fût-ce que par les applications à de petites phrases), suffit largement à une première année de latin. La syntaxe est donc reportée en cinquième; et cette classe, à son tour, est soulagée au profit de la quatrième de toute étude théorique et suivie sur la dérivation et la composition des mots. La quatrième reste avant tout une classe de revision, particulièrement pour les formes. En troisième, le nouveau programme maintient la revision de la grammaire latine, mais appliquée surtout à la syntaxe (qui présente déjà un vif intérêt littéraire) et pratiquée d'une manière un peu différente de celle qui convenait aux classes précédentes. Relativement à la grammaire grecque, il n'est fait aux programmes actuels que de très légères modifications, et qui s'expliquent d'elles mêmes; par exemple, l'introduction en cinquième de l'étude des adverbes et des prépositions, qui n'est pas une surcharge, et qui se lie si naturellement à l'étude des adjectifs et à celle des cas.

En corrélation avec les divers changements, destinés à mieux graduer l'étude de la théorie grammaticale, certains points de méthode doivent être nettement établis. Dans les classes de grammaire, il est nécessaire que l'élève apprenne par cœur non seulement les paradigmes des formes, mais aussi les exemples-types de la syntaxe avec la règle rattachée à chacun d'eux, le professeur devant toujours d'ailleurs, bien entendu, multiplier les applications parallèles et les interrogations.

En troisième, au contraire, la revision de la grammaire, sous forme de récitation textuelle, serait fastidieuse; mais il serait excellent de donner à l'avance une partie de chapitre à étudier aux élèves et de les exercer en classe sur ce sujet par des interrogations. Avant tout, les professeurs doivent être pénétrés de cette nécessité, dont il a été question plus haut, de graduer et de simplifier, de telle sorte que les modifications proposées soient entendues et appliquées dans leur véritable esprit.

II. — LES EXERCICES ÉCRITS.

Il y a trois formes essentielles d'exercices écrits : le thème, la version et la composition originale. Inutile de parler des exercices accessoires et purement grammaticaux, tels que phrases à retourner ou à imiter, mots à grouper et à rapporter, etc., qui ne sont que des variantes écrites de l'interrogation faite oralement en classe sur la grammaire ou sur le texte expliqué. Ce sont là des exercices fort utiles, mais évidemment subordonnés. Au contraire, le thème, la version et la composition sont le fond même des exercices scolaires écrits. Tous ont le caractère commun de rendre plus précise et plus complète la connaissance des deux langues mises en parallèle, et, en même temps, d'assouplir l'intelligence, de l'habituer à voir clair dans ses propres idées aussi bien que dans celles des autres. Mais chacun de ces exercices [1], dans cette tâche commune, a son rôle propre, et s'adresse à des facultés différentes : le thème, surtout à la mémoire et au

[1] « Si grand est le nombre des élèves qui sortent des lycées et collèges sans être en état de lire un texte latin, grec, anglais ou allemand, que notre système d'étude serait vraiment criminel, si ces élèves n'avaient tiré cependant quelques sérieux profit des efforts qu'ils ont faits et du temps qu'ils ont consumé pour les apprendre, sans parvenir à les savoir. En effet, de l'apprentissage même d'une langue autre que la maternelle résulte, pour la formation de l'esprit, un effet immédiat, qui n'est peut-être pas inférieur, quoique d'un autre genre, à celui qui suit l'usage de cette langue, une fois connue, pour les lectures des textes. Cet apprentissage consiste principalement en deux exercices, le thème et la version. Or, par le thème et la version, on apprend à écrire, à lire, à penser.

« On fait souvent remarquer que nous ne voyons clair dans notre propre pensée qu'après l'avoir exprimée. Pour l'exprimer en effet, nous sommes obligés de la résoudre d'abord en ses éléments, puis de la reconstituer, en marquant les rapports de ces éléments entre eux; en deux mots, d'en faire, à la fois, l'analyse et la synthèse. Mais, quand nous n'usons que de la langue maternelle, la facilité même que nous avons d'en user ne nous laisse pas le temps de faire ces opérations avec

le soin voulu et une conscience expresse. Si donc nous n'avons jamais lu ou parlé que notre propre langue, il nous sera presque impossible de savoir bien nettement ce qu'elle exprime, n'ayant guère jamais été dans la nécessité d'y regarder de bien près. De même, quand nous lisons un texte français, l'esprit, emporté par le sens général, glisse sur les détails et sur les nuances. Qui lit tout d'un trait une page de Pascal ou de Bossuet ne la comprend jamais qu'en gros, c'est-à-dire qu'à demi.

« Voilà pourquoi, tant que l'enfant ne s'est pas mis à l'étude d'une langue autre que celle qu'il a apprise au jour le jour par l'usage, il y a dans son esprit quelque chose de vague et de confus et comme une sorte de bégaiement. Après qu'il a appris à articuler les mots, il faut donc lui apprendre à articuler ses idées. C'est à quoi sert merveilleusement l'exercice de la traduction.

« L'écolier a-t-il à faire un thème? Il faut nécessairement qu'il pèse chaque mot et en précise la valeur, pour en chercher ensuite l'équivalent dans le vocabulaire étranger; qu'il relève tous les rapports des mots, pour enchâsser ces rapports dans une syntaxe étrangère. Le thème, — il s'agit bien entendu du thème de précision et non pas du thème

goût; la version, à l'esprit de finesse et de divination logique; la composition, à la faculté d'analyser et d'enchaîner ses pensées. Tous ces exercices d'ailleurs peuvent prêter à des abus : il est aisé de les tourner à la subtilité, d'en faire des tours de force, de leur sacrifier d'autres parties plus essentielles de l'enseignement.

a. Version.

Sur la version, soit latine, soit grecque, aucune difficulté théorique ne s'élève, et nul changement de programme n'a été fait. Mais une question de méthode pratique fort importante est celle du choix des textes. Il faut que l'attention des professeurs soit appelée sur la nécessité d'éviter les textes trop difficiles. Il ne s'agit pas, bien entendu, de dispenser les élèves de l'effort, qui est une part essentielle de l'éducation. Mais c'est une grave erreur pédagogique de croire que la difficulté provoque toujours l'effort. Si elle est trop rude, elle le décourage. Il faudrait n'avoir jamais été élève soi-même pour ne pas savoir le peu de travail effectif que représente sou-

d'élégance, — force donc à regarder comme à la loupe les mots et les idées ; c'est un maître de clarté et d'exactitude. — Dans la version, le profit est équivalent lorsque, une fois le sens découvert, il s'agit de traduire, c'est-à-dire de trouver des mots pour l'idée, après avoir déterminé l'idée par les mots. La recherche des mots et des tournures propres à traduire une idée donnée, alors surtout que, d'une langue à l'autre, ni les mots, ni les tournures ne se correspondent et pour ainsi dire ne se superposent exactement, est un exercice incomparable pour enseigner, par la nécessité de les mettre en œuvre, toutes les ressources, toutes les finesses de sa propre langue. Or qui dit progrès dans la science de l'expression ne dit-il pas progrès parallèle dans la pensée ?

« Mais, dans la version, l'opération la plus féconde est peut-être celle du premier temps, la découverte du sens. On sait assez que la connaissance du vocabulaire et de la grammaire n'y suffit pas. Faute du raisonnement qui donne le fil conducteur, faute de l'imagination qui, de même ici que dans la découverte des secrets de la nature, alors que le raisonnement est à court, fait faire encore du chemin par d'heureuses conjectures, faute,

dis-je, de cette activité de l'esprit, le latiniste ou l'helléniste consommé ne serait à l'abri ni des contresens, ni, parfois, de l'impuissance à dégager aucune espèce de sens. Quant à nos élèves, moins soutenus, moins contenus aussi par la connaissance des règles grammaticales, ils n'usent que trop, à l'occasion, de l'inférence et de la conjecture. Mais, en somme, comment nier que ce travail d'esprit, souvent très intense, quelquefois animé comme une sorte de lutte, et qui trouve toujours dans l'explication faite en classe son contrôle et sa rectification, ne soit éminemment propre à fortifier, à assouplir, à aiguiser la pensée ?...

« En somme, qu'il s'agisse pour l'élève d'aller des mots aux idées ou des idées aux mots, il y a toujours nécessité pour lui de mettre l'idée à nu. Durant ce travail, le regard de l'esprit, ordinairement arrêté ou dévié par le mot, tombe d'aplomb sur l'idée même. C'est une mise en demeure de penser expressément et nettement.

Dans les pensées d'un esprit méthodiquement soumis à un tel régime, il devra donc se trouver à la fin plus de relief, de clarté et de précision. » (*Extrait des rapports et procès-verbaux de la Commission des réformes.*)

vent dans une classe le plus imposant paquet de copies, et les artifices
grâce auxquels des enfants peuvent remettre au professeur un devoir qui
ne leur a rien coûté. C'est là un mal qui ne disparaîtra sans doute jamais
radicalement, tant que la paresse sera un vice naturel à l'humaine nature
et surtout à l'enfance. Mais il serait certainement aisé de le restreindre. Un
élève même médiocrement laborieux fait volontiers un devoir qui lui semble
facile. Cette facilité l'attire et le séduit; il goûte un vrai plaisir intellectuel
à comprendre son texte; il est fier d'ailleurs de se sentir au-dessus de sa
tâche; il apprend ainsi, à son insu, à s'estimer davantage lui-même et à
aimer le travail. La nécessité de bien choisir les textes est d'autant plus
urgente que, nos élèves ne commençant le latin qu'en sixième et le grec
qu'en cinquième, on ne saurait leur demander de trouver faciles, en quatrième ou même en troisième, des morceaux qui pouvaient autrefois être
traduits dans ces classes sans trop de peine. Donner des devoirs difficiles
est une tentation qui s'explique par le désir de susciter chez quelques élèves
particulièrement ardents et avancés des facultés qui ne demandent qu'à
s'éveiller. Un petit nombre, en effet, y réussissent passablement, un ou
deux même d'une manière surprenante. Mais ce sont là des succès équi-
voques et exceptionnels, qui n'empêchent pas la classe, dans son ensemble,
d'avoir tout à fait perdu son temps, et qui ne sauraient donner le change
à un maître expérimenté.

Un autre souci de tous les pédagogues est cette difficulté de mauvais
aloi qui vient de ce que le texte dicté en classe a été mal entendu par les
élèves et mal écrit. Les textes mal écrits, et devenus par là des énigmes in-
déchiffrables, sont une des plaies de notre enseignement. D'autre part, on
ne saurait s'en tenir aux textes imprimés des auteurs inscrits au programme
sans priver la classe d'un élément de variété fort important. En attendant
qu'il soit possible de distribuer partout des textes autographiés, il est nécessaire que du moins la dictée et la revision du texte se fassent avec le
plus grand soin, et qu'à la difficulté, toujours sérieuse pour l'enfant, de
traduire un texte isolé et nouveau, ne s'ajoute pas celle d'avoir à le reconstituer comme pourrait le faire un philologue de profession. On appelle
sur ce point, d'importance secondaire en apparence, en réalité de très
grande importance, toute l'attention des professeurs.

b. *Thème.*

Une partie des observations précédentes s'appliquent au thème. Celui-
ci, comme la version, doit être d'une difficulté modérée, et pour les mêmes
raisons. Est-il besoin d'ajouter qu'il ne doit jamais porter sur des idées
tellement modernes qu'elles soient, pour ainsi dire, réfractaires à la traduction, et qu'on ne puisse les mettre en grec ou en latin que par de véritables tours de force? La matière à traduire ne manque pas dans nos

écrivains classiques, à la fois si français et si près des anciens. On peut
souvent aussi donner comme sujet de thème une traduction française d'un
original grec ou latin. L'original est alors le plus authentique des corrigés,
et, pourvu que la traduction soit vraiment française, c'est-à-dire à la fois
exacte pour le sens (même le plus fin) et fidèle au génie de notre langue,
la comparaison des deux morceaux peut devenir l'occasion d'une étude
littéraire et grammaticale infiniment intéressante. Ces idées, d'ailleurs, ne
sont pas nouvelles, et il s'agit bien plus de les faire passer dans la pratique
de chaque jour que de les proclamer théoriquement.

Mais on ne saurait s'en tenir, pour ce qui concerne le thème, à ces
conseils généraux de méthode. Les programmes aussi ont dû être modifiés:
le thème grec est rétabli en troisième et en seconde, le thème latin est introduit en rhétorique.

Le thème, grec ou latin, est un exercice de première nécessité. Si l'on
veut que nos élèves sachent les langues anciennes, il faut leur faire faire
des thèmes presque autant que des versions. Quand il s'agit des langues
vivantes, tout le monde sent bien que le thème est indispensable. Et ce
n'est pas seulement parce qu'on se propose de les parler: voulût-on seulement les lire, mais les lire de manière à les bien entendre, il serait absolument nécessaire de les avoir beaucoup pratiquées par le thème. Les
langues anciennes ne diffèrent pas à cet égard des langues vivantes: il est
impossible de les bien savoir sans les écrire. Quelques personnes s'éton-
nent que nos élèves sortent du collège sachant si mal le grec, et elles en
concluraient volontiers que le grec doit disparaître. Mais ni cet étonnement
ni cette condamnation ne sont justifiés. On saura le grec au lycée quand
on y fera pour le grec ce qu'on fait pour toute langue qu'on veut apprendre. Commencer à épeler l'alphabet en cinquième et abandonner le thème
après la quatrième est un procédé contraire à toute méthode.

Une objection qu'on peut faire au thème, c'est que la répétition prolongée de cet exercice à travers toute la série des classes finira par rebuter
les élèves. L'objection, si elle est juste, s'appliquerait avec la même force
à la version, que personne n'attaque cependant. Mais elle n'a qu'une apparence de vérité, ou du moins il dépend de l'application de faire qu'elle
n'en ait qu'une apparence. En réalité, le thème de sixième et le thème de
rhétorique doivent être et seront nécessairement deux choses fort différentes, absolument comme le passage de Cicéron qu'on donne à traduire à
des rhétoriciens ressemble peu aux petites phrases détachées d'un *Epitome*
quelconque. Dans les petites classes, le thème est surtout un excellent
moyen de fixer dans le souvenir des élèves les mots et les formes, ainsi que
les règles essentielles. Il enseigne, en outre, à mieux comprendre le français. Dans les classes plus élevées, il peut devenir un instrument d'éducation littéraire tout à fait délicat et précis. Il ne s'agit pas de retomber

dans certaines puérilités des cahiers d'expressions; mais rien ne fait pénétrer plus avant que le thème bien pratiqué dans le génie même des langues que l'on rapproche, et par conséquent dans l'éclat d'esprit et de civilisation d'où ces langues sont sorties. Ce n'est pas là un exercice pédantesque et puéril; c'est de l'histoire et de la psychologie expérimentale, mais pratiquée avec un instrument d'une sensibilité incomparable.

Une autre objection consisterait à dire que ce nouvel exercice sera une nouvelle cause de surcharge. Mais il est aisé d'y répondre. On ne fera pas plus de devoirs : on en fera d'autres. Au lieu de faire deux versions par quinzaine, par exemple, on fera une version et un thème. Rien n'empêche d'ailleurs de donner des devoirs courts. La brièveté des devoirs est même, avec leur facilité relative, une des choses à recommander aux professeurs. Six lignes de thème ou de version faites avec réflexion valent mieux que douze bâclées. Or l'élève, même paresseux, fait toujours avec plus de soin un devoir court qu'un devoir long. Quand au bon élève, s'il a du temps de reste, il saura bien l'employer utilement par des lectures.

c. Composition.

La composition latine, vivement attaquée par quelques personnes, reste inscrite au programme de la rhétorique.

On ne peut proscrire un exercice qui, pratiqué avec mesure, est bien vu des bons élèves. Un élève qui sait assez de latin pour écrire en cette langue sans trop de peine est bien aise de s'y exercer parfois. Cela rompt l'uniformité des autres devoirs; c'est du nouveau. Cela le provoque, d'ailleurs, à lire du latin, et, bien que la lecture ainsi faite ne soit pas toujours pratiquée dans l'esprit le plus louable, elle a pourtant ses bons effets. L'imitation des écrivains latins est d'ailleurs excellente pour donner au style français lui-même certaines qualités de retenue et de fermeté qui sont le support nécessaire des autres qualités plus personnelles et plus brillantes. Pour toutes ces raisons, l'exercice de la composition latine ne saurait être condamné d'une manière générale. Il faut seulement qu'il soit pratiqué avec discrétion, selon les circonstances, selon les aptitudes des élèves.

Il ne s'agit pas de jeter brusquement des élèves inexpérimentés dans l'exercice de la composition latine, auquel rien ne les a préparés. On peut les y conduire peu à peu, et par degrés. Qui empêche le professeur de dicter aux élèves un texte susceptible d'être étendu et développé? Tandis que les plus faibles le traduisent exactement, le mieux qu'ils peuvent, les plus forts s'exercent ou à exprimer l'idée de différentes manières, ou à y ajouter d'autres idées, qui la complètent. Les développements seront tous les jours plus abondants, plus faciles, et l'on arrivera ainsi, presque sans s'en douter, à de petites compositions latines, qui auront l'avantage de

forcer l'élève à faire usage de tout ce qu'il sait de latin et d'être un exercice utile pour son intelligence. Le professeur, qui surveille ce progrès et
l'encourage, est toujours libre d'arrêter le travail au point où il voit que la
force des élèves ne permet pas de le pousser plus loin.

Il a donc paru sage de conserver dans ces limites la composition latine
en rhétorique. Il est bien entendu qu'on ne l'imposera pas aux élèves qui
sont incapables d'en tirer quelque profit. Ceux-là se contenteront de faire
un thème; mais il ne leur sera pas inutile d'entendre corriger des devoirs
auxquels ils sont demeurés eux-mêmes étrangers. Cette correction, tout en
leur apprenant de nouvelles formes latines, les initiera de loin à des travaux dont ils n'avaient aucune idée. Dans nos anciennes rhétoriques, un
bon discours qu'on lisait en classe causait une excitation salutaire à tout
le monde et servait même au plus médiocre.

III. — Les textes.

On pourrait concevoir à la rigueur une éducation littéraire, sans thèmes,
sans versions, sans exercices écrits. Ce serait un enseignement médiocre et
incomplet, mais non pas inintelligible *a priori*. Au lieu qu'on ne saurait
imaginer un enseignement secondaire d'où la lecture des textes serait
exclue. Fréquenter les grands écrivains de tous les temps, apprendre d'eux,
par ce commerce familier, d'abord ce que l'esprit humain a pensé, senti,
voulu aux siècles passés, ensuite l'art de penser, de sentir, de vouloir soi-
même, à leur exemple, avec toute la raison, toute la délicatesse et toute la
vertu dont on est capable, voilà le fond même de l'éducation. La première
chose est d'expliquer et de lire les textes; d'autres études doivent ensuite
compléter ce premier travail; par exemple, on peut les apprendre par
cœur, en étudier l'histoire, etc.

a. *Explication et lecture des textes.*

On a beaucoup discuté depuis vingt-cinq ou trente ans sur la manière
d'expliquer les textes, sur les explications cursives ou approfondies, sur le
choix à faire entre les deux méthodes. Il semble pourtant que, si l'on remonte aux principes, la question n'est pas très difficile à résoudre.

Le principe essentiel, c'est qu'on explique des textes grecs et latins, non
pour apprendre le grec et le latin, mais pour lire ces textes eux-mêmes,
pour s'assimiler la nourriture intellectuelle qu'ils renferment, c'est-à-dire
pour en comprendre l'intérêt historique et psychologique, la beauté littéraire. C'est seulement au début, dans les petites classes, qu'on peut admettre
que l'explication soit subordonnée à l'étude grammaticale, parce qu'il s'agit
alors, avant tout, d'acquérir la clef dont on se servira plus tard. Mais
aussitôt que l'élève se trouve en présence de textes vraiment classiques, il

est clair que c'est le fonds même des choses qui l'emporte, et que la grammaire ne doit plus être qu'un moyen, un moyen nécessaire, il est vrai. D'où cette règle générale : pas d'à peu près, car, en matière d'art, l'à peu près supprime la beauté, qui est justement l'essentiel. Mais pas de minuties purement grammaticales non plus, car le commentaire alors effacera le fond. Il faut être très précis, mais pour arriver à mieux saisir les choses elles-mêmes dans leur réalité. Pour trouver la mesure exacte, il suffit d'avoir toujours devant les yeux le but, qui est l'intelligence complète du texte dans sa vérité et dans sa beauté. Si l'on ne perd pas de vue cet objet, on ne risque pas de s'égarer dans les préliminaires grammaticaux; mais on ne sera pas davantage induit à les supprimer, car on supprimerait du même coup une partie de l'intelligence même du texte, et justement la plus délicate, c'est-à-dire la plus nécessaire. Il faut en dire autant des explications historiques, si utiles pour éclairer l'explication, mais qui ne doivent pas non plus dégénérer en digressions capables de faire perdre de vue le principal, c'est-à-dire le texte [1].

[1] «On a parlé, au cours de la discussion, de culture purement formelle. Cette expression est aussi malheureuse que possible. Il ne s'agit pas de développer les facultés de l'esprit, au sens le plus étroit du mot; de créer une certaine habileté à discuter, à composer, à tourner agréablement des vers et de la prose; ou du moins il ne s'agit de tout cela que très secondairement. Si c'était là toute l'éducation, ce serait l'éducation du rhéteur et du sophiste. Il s'agit beaucoup plutôt de culture morale, dans le sens le plus large de ce mot. L'enseignement secondaire, tel que je le définis, n'a pas affaire aux choses matérielles; mais il a essentiellement affaire aux choses morales. Son véritable objet est la nature et la vie morale de l'homme, interprétée et idéalisée — et idéaliser est ici la vraie manière d'interpréter — par l'art des grands écrivains. En un sens, celui qui n'aurait reçu que cet enseignement ne saurait rien; en un autre, il saurait tout ce qu'il importe à un homme de savoir. Savoir littéralement trois ou quatre langues, c'est évidemment posséder le nombre immense de notions morales, infiniment variées et nuancées, que ces langues expriment. Il est impossible, d'autre part, de lire avec suite les grands écrivains de l'antiquité et des temps modernes sans apprendre un nombre immense de faits, presque tout ce que les hommes ont fait, pensé, senti aux principales époques de l'histoire. Ce n'est donc pas là une école d'ignorance. Le centre de gravité des études secondaires doit être dans l'explication : il faut beaucoup expliquer en classe et, par là, mettre les élèves en état et en goût de lire beaucoup en leur particulier. Tout le reste, apprentissage des formes et des règles de la grammaire, analyse grammaticale et logique, version, thème (et tout cela est excellent et l'on n'en saurait trop faire, surtout au début des études classiques), doit avoir pour fin unique l'explication. Il ne s'agit plus de former des hommes capables de parler, ni peut-être même d'écrire en latin, et l'on peut gagner bien du temps sur l'étude minutieuse des règles, le thème d'élégance, etc. Mais l'explication doit être faite non pour les mots, mais pour les choses. Il faut, sans doute, parfaitement expliquer les mots, et ce n'est pas une petite besogne, mais il faut que ce soit pour arriver à l'intelligence et surtout au sentiment des choses. Il faut même que le professeur ait passé par l'enseignement supérieur, qu'il ait le sens historique et critique, qu'il sache, en quelques mots,

Cela posé, les règles pratiques sont aisées à établir. Il faut commencer par une interprétation très littérale; ce qui ne veut d'ailleurs pas dire qu'on doive toujours séparer les mots un par un; mais la valeur exacte de chaque mot et de chaque forme doit être, d'une manière ou d'une autre, exactement indiquée. Il faut ensuite faire ce qu'on appelle « le français », opération indispensable pour s'assurer que l'élève a compris, et surtout pour fixer ses idées, pour l'habituer à ne pas se contenter d'une approxi-

placer ses élèves au véritable point de vue; mais il faut avant tout qu'il ne disserte pas, qu'il leur laisse le contact et le sentiment vif des textes. Il s'agit, en un mot, d'apprendre la grammaire pour pouvoir lire Virgile et Tacite, de lire Virgile pour apprendre à aimer la campagne, et Tacite pour prendre les sentiments de Thraséas et d'Helvidius Priscus.

«La mise en pratique de ces idées, sans exiger une profonde modification des programmes, ne va peut-être à rien moins qu'à en renouveler l'esprit. L'idéal qui vient d'être décrit, bien loin d'être toujours atteint, n'est pas même toujours celui que l'on poursuit. Dans les classes, en général, l'explication vient tard et dure peu. Dans beaucoup de classes de grammaire, au lieu d'enseigner le latin et le grec par la méthode la plus simple et la plus courte, à savoir la méthode empirique, qui court aux textes dès qu'elle peut s'éclairer d'une ferme connaissance des paradigmes et des règles essentielles de la syntaxe, on procède par la méthode rationnelle qui est lente et demande un stage prolongé dans l'analyse des formes verbales et le détail de la grammaire. Plus tard, dans les classes de lettres, l'histoire littéraire tend de même à usurper sur l'explication. Aussi, comme on lit très peu, on n'apprend pas à lire; et réciproquement, parce qu'on ne sait pas lire, on lit très peu.

«Les auteurs français ne sont pas toujours pour cela pratiqués davantage. L'étude des textes français se réduit assez souvent au commentaire des bribes minuscules qui servent de leçons à apprendre par cœur. Si bien que, en fin de compte, si toutes les pages de grec, de latin, de français qui ont été lues et expliquées

dans un cours d'études étaient rassemblées, on n'en ferait pas toujours un volume de l'épaisseur d'un doigt. Est-ce là une alimentation suffisante ? — Encore est-il qu'on ne tire pas toujours de ces textes si courts toute la substance qu'ils renferment. C'est que la critique purement littéraire prend trop d'importance relative dans l'étude qu'on en fait. On s'attache trop au bien dire, pas assez à ce qui est dit de vrai et de bien. On lit parfois les grands maîtres de la pensée, comme on écouterait un discur ou un chanteur, pour admirer la perfection de leur art et savourer les délicatesses de leur style. C'est ainsi que les Athéniens écoutaient Démosthène; comme lui, les grands écrivains s'indigneraient d'être lus de cette façon. L'attention trop exclusive accordée à la forme aux dépens du fond tend, de la sorte, à rapetisser l'enseignement secondaire et ramène au formalisme pur, duquel on voulait sortir. — Si l'on s'inspire, au contraire, des vues indiquées plus haut, l'enseignement des lettres sera moins littéraire, mais plus philosophique et plus humain; il deviendra à sa manière une véritable leçon de choses morales professée par des écrivains de génie : il sera, suivant un mot de Descartes, comme une conversation avec les plus honnêtes gens des siècles passés, où se formeront tout à la fois le jugement, le sentiment et le caractère.

«Ainsi, dans l'étude des langues, à l'éducation de forme succède l'éducation de fond : l'esprit y apprend à penser par lui-même, et, simultanément, il s'y enrichit des pensées excellentes dont ces langues ont le dépôt. » (*Extrait des rapports et procès-verbaux de la Commission des réformes.*)

mation grossière, et pour lui donner, avec une intelligence plus fine des différences qui séparent un ancien d'un moderne, le respect de sa propre langue. Le « français » bien fait tiendra souvent lieu d'un commentaire. Celui-ci à son tour sera d'autant meilleur qu'il sera plus sobre et plus attaché à l'essentiel. Ce sont là, dans l'Université, de vieilles pratiques; mais un peu d'indécision paraît s'être produite, çà et là, sur la convenance d'adopter l'une ou l'autre. Il est donc nécessaire de les recommander très catégoriquement.

Un autre point très important, c'est de savoir le temps qu'il faut donner à l'explication. On ne saurait évidemment tracer à ce sujet une règle inflexible et absolue. Il peut arriver que la correction d'un devoir réclame un jour, par hasard, un peu plus de place que d'habitude. Mais ce serait aller de la façon la plus directe contre tous les principes qui doivent inspirer l'enseignement, que de restreindre habituellement, au profit de la correction des devoirs, la durée de l'explication. Celle-ci doit avoir la place d'honneur. En lui consacrant, autant que possible, la moitié du temps de la classe, un bon maître est assuré de rendre à ses élèves le plus utile service.

Même ainsi comprise, l'étendue des textes qu'on peut traduire en un an reste encore assez limitée. Presque toujours il sera impossible d'expliquer en entier ceux qui figurent au programme de la classe. L'essayer serait souvent dangereux : on risquerait de passer trop vite sur le tout et de ne laisser aux élèves que des impressions superficielles, c'est-à-dire presque inutiles. D'ailleurs, dans un livre de Tite-Live ou dans un discours de Cicéron, toutes les pages ne sont pas de nature à exiger une étude également approfondie. L'usage des « Extraits » et des « Morceaux choisis » s'explique par cette double considération. On s'en servait beaucoup autrefois. Aujourd'hui, nous sommes plus sensibles au danger de présenter à l'esprit des enfants des fragments qui, détachés de leur place naturelle, perdent une partie de leur intérêt historique, de leur vérité et de leur beauté. On pourrait, ce semble, concilier assez facilement les avantage des deux systèmes et faciliter, en outre, aux élèves la connaissance plus complète des œuvres anciennes. Il suffirait d'expliquer, dans une œuvre étendue, les morceaux les plus importants, en ayant soin de relier entre elles ces explications par la lecture d'une bonne traduction. Un emploi judicieux des traductions peut rendre de très grands services; non pas, bien entendu, que les traductions puissent, en toutes circonstances, dispenser des originaux, ni que l'explication proprement dite doive être sacrifiée à ce genre de lectures. Il n'est pas besoin de démontrer qu'une page de Tacite ou de Démosthène lue dans l'original est tout autre chose, soit pour la connaissance de l'antiquité, soit pour la formation esthétique de l'esprit, que la même page lue dans une traduction. Et que dire des

poètes, de Virgile, par exemple, ou de Sophocle? Mais, si l'étude directe
des originaux doit rester sans conteste au premier rang, les traductions
n'en ont pas moins aussi leur rôle à jouer, et un rôle plus considérable,
sans aucun doute, que celui qui leur est souvent attribué dans la tradition
de nos lycées. Pour fixer tout de suite les idées par un exemple, qui
doutera de l'immense profit qu'il y aurait pour des élèves, après avoir
expliqué sur le texte grec trois ou quatre chants de l'Iliade, à lire le reste
du poème en français? L'étude ainsi faite sera moins pénétrante, à coup
sûr, et moins achevée, mais combien plus abondante, plus facile, plus
agréable! De cette façon, les jeunes esprits seront vraiment jetés en pleine
antiquité; ils s'abreuveront largement à la source; ils en goûteront toute
la fraîcheur; et, si ces lectures s'appuient sur de solides explications
préalables, elles seront pour eux une incitation plus forte qu'aucune autre
à revenir quelque jour au texte même, à vouloir retrouver, dans la pureté
de l'original, des impressions dont ils auront senti une première fois, sans
aucune peine, la douceur et le charme.

Reste la question du choix des auteurs les plus convenables à chaque
classe. Les programmes ont subi à cet égard quelques modifications,
inspirées, comme celles qui concernent l'étude de la théorie grammaticale,
par le désir de graduer et de simplifier, et en outre par la ferme volonté
de n'offrir aux jeunes intelligences que les œuvres les plus significatives et
les plus belles.

b. *Récitation.*

Il a toujours été de tradition dans nos lycées qu'il ne suffisait pas d'expliquer les grands textes classiques, mais qu'il fallait en apprendre par
cœur au moins les principaux passages. Sur ce point, il suffit de rappeler
en peu de mots les règles principales qui ont toujours gouverné cette pratique dans les classes bien faites. Ces règles, évidentes par elles-mêmes,
peuvent s'énoncer ainsi : faire apprendre par cœur surtout des vers, et,
parmi les œuvres en prose, celles que la structure serrée ou le rythme de
la phrase grave le plus aisément dans la mémoire ; éviter de donner plusieurs leçons à chaque classe et des leçons trop longues ; ne jamais faire
apprendre un texte qui n'ait été expliqué avec le plus grand soin ; faire de
la récitation un exercice de diction qui prouve que l'élève a l'intelligence
du morceau ; revenir de temps en temps sur les leçons antérieurement
étudiées, afin de les fixer définitivement dans la mémoire et de rendre
aux morceaux appris leur suite et leur ampleur [1]. Il n'y a d'ailleurs aucune
raison pour exclure de la récitation les textes grecs. Quelques vers

---

[1] « Il ne faut pas que la récitation
des leçons se prolonge d'habitude aux
dépens des exercices vraiment actifs de
la classe. On doit faire en sorte que les
morceaux choisis pour leçons ne soient
pas, comme il arrive, dénués de tout

d'Homère hien compris s'apprennent très aisément, et rien ne peut remplacer cet exercice pour donner aux élèves la connaissance familière du vocabulaire, si indispensable en toute étude de langues.

c. *Histoire littéraire.*

Depuis quelques années, l'histoire littéraire est entrée officiellement dans les programmes et dans la pratique de l'enseignement secondaire. Cet exercice, bien pratiqué, est excellent.

Le danger de l'histoire littéraire est d'usurper dans la classe une place excessive et de reléguer au second plan les exercices essentiels. Si quelque jeune maître peu expérimenté se laissait aller au plaisir de faire, devant des élèves de seconde ou de rhétorique, de véritables leçons de Faculté au détriment des explications et des corrections des devoirs, il se tromperait. Il ne s'agit pas de présenter aux enfants des considérations littéraires prématurées sur des textes qu'ils ne connaissent pas encore. L'objet de l'histoire littéraire au lycée est plus modeste et plus utile. C'est de coordonner historiquement et logiquement les notions qui leur sont présentées d'une manière fragmentaire à l'occasion des explications et des lectures. Celle-ci, à cause de la nécessité de graduer les difficultés, ne peuvent suivre un ordre chronologique. De là un certain décousu qui pourrait laisser de la confusion dans les esprits, si l'histoire littéraire ne venait corriger ce mal inévitable, en remettant chaque chose à sa place. Cette sorte d'histoire n'a pas besoin d'être fort développée; elle doit surtout offrir aux élèves un cadre où viennent se replacer comme d'elles-mêmes les idées et les impressions suggérées par les lectures antérieures. Quelques dates, quelques faits précis et les principales idées générales, qui sont comme le fil conducteur de l'intelligence à travers la diversité des œuvres et des genres, voilà tout ce qu'exigent les besoins du lycée. Aller plus loin serait faire fausse route et compromettre peut-être, pour un avantage incertain, les résultats solides que doivent donner les exercices véritablement propres à l'enseignement secondaire.

III

Enseignement du français.

L'enseignement du français garde la place qui lui a été reconnue par les programmes de 1880 et de 1885. Personne ne songe plus à en con-

intérêt; il faut qu'il y ait plaisir et profit à les savoir. Les versions grecques et latines peuvent fournir pour les leçons des textes excellents: car d'ordinaire ils ne manquent pas d'intérêt; après la correction, ils se trouvent bien éclaircis, et,

si les versions ont été travaillées, ils sont déjà plus qu'à moitié dans la mémoire.

« La poésie aura, dans les leçons, une part au moins égale à celle de la prose. » (*Extrait des rapports et procès-verbaux de la Commission des réformes.*)

tester la vertu éducative ni à soutenir que l'étude de notre langue et de notre littérature nationales soit moins propre que celle des langues anciennes à étendre et à fortifier, chez de jeunes Français, la culture intellectuelle et morale. Peut-être même, après avoir si longtemps négligé les auteurs français, leur a-t-on tout d'abord demandé trop de services à la fois ? Peut-être est-on allé, avec la grammaire, jusqu'aux subtilités, avec l'histoire littéraire, jusqu'aux curiosités de l'érudition ? Dès 1885, on s'est préoccupé de revenir à la juste mesure. C'est encore à éclaircir, à graduer, à simplifier que s'applique la revision actuelle : les légères retouches subies par le programme ne visent pas d'autre résultat.

I. — Enseignement grammatical.

Ainsi, pour l'enseignement grammatical, rien n'est changé dans la méthode ni même dans la distribution des matières ; seulement quelques prescriptions nouvelles invitent encore les maîtres à ne pas oublier que plus leurs leçons seront modestes, appropriées à l'instruction acquise par les enfants, plus elles porteront de fruits. On ajoute, pour la classe préparatoire : « *Étude élémentaire* des différentes espèces de mots » ; pour la huitième : « *Verbes irréguliers les plus usuels* » ; pour la septième : « Étude *des règles les plus importantes* de la syntaxe ».

C'est donc bien à l'essentiel qu'est réduite la théorie grammaticale dans les classes élémentaires ; mais on n'en sera que plus exigeant pour que ces connaissances indispensables deviennent familières aux élèves.

C'est parce que l'on compte sur ce progrès qu'après avoir allégé le programme jusqu'en sixième, on le fortifie dans la division de grammaire. On ajoute pour la sixième : « *Étude plus développée de la syntaxe* », pour la cinquième : « *Étude plus approfondie des principales difficultés de la grammaire. Étude plus complète des formes* », pour la quatrième : « *Revision complète de la grammaire* ».

Les élèves qui étudient depuis la sixième la grammaire latine, depuis la cinquième la grammaire grecque, sont de plus en plus capables de comprendre une syntaxe, et les comparaisons naturellement amenées entre la forme et les règles des trois langues classiques les aideront à mieux saisir chacune d'elles.

Il reste entendu que les règles seront surtout enseignées par l'usage, qu'elles seront constamment expliquées grâce aux exemples fournis par le langage parlé ou écrit. Une grammaire n'en sera pas moins mise entre les mains des élèves ; mais on ne fera apprendre par cœur que les définitions les plus simples, les conjugaisons, les règles les plus importantes.

On s'assurera toujours, par des interrogations, que les élèves ont compris ce qu'ils récitent et qu'ils sont capables de fournir à leur tour des exemples.

On continuera à éviter l'abus des analyses grammaticales, de ces longs et fastidieux devoirs qui n'imposent aucun travail réel à l'esprit; on réduira toujours l'analyse logique à ses formes les plus simples. Autant il est profitable de distinguer une phrase bien faite en ses principaux éléments, autant il est inutile, sinon nuisible, de s'attacher à démêler un enchevêtrement compliqué de propositions. Les enfants, dont la mémoire retient tout, débitent aisément les termes abstraits qu'on leur a appris; mais ils ne voient plus la subordination des idées. L'exercice les fatigue sans utilité, et, pour peu qu'il se prolonge, les ennuie. Or l'ennui est ce que les enfants pardonnent le moins — avec raison; — car c'est le plus mortel ennemi de toute bonne discipline.

II. — Histoire de la langue française.

L'enseignement historique de la langue française avait donné lieu aussi à quelques malentendus. On s'était parfois mépris sur l'importance qu'il convient de lui attribuer dans nos classes; on avait fait de longues et érudites leçons, au lieu de se contenter de *notions élémentaires sur la formation des mots français.* Avec la rédaction actuelle du programme, cette erreur ne serait plus guère excusable.

Ce que l'on doit se proposer, c'est simplement d'expliquer aux élèves que notre langue n'est point sortie du latin sous la forme actuelle; qu'elle a traversé une période de transition; que pendant cette période elle était cependant soumise à des règles; que ces règles, à ne prendre que les principales, sont fort claires et peu nombreuses. Est-il besoin d'un cours suivi pour le faire comprendre?

Personne ne le pensera, d'autant plus que c'est en quatrième que seront d'abord enseignées ces *notions élémentaires.* Un maître serait bien inexpérimenté s'il consacrait plus de quelques heures à un enseignement qui, réduit à ces proportions, éveille très vivement la curiosité des élèves.

En troisième, on reviendra sur ces notions, qui sans cette précaution seraient trop vite oubliées; on les complètera par des *exemples* et une *étude grammaticale et littéraire;* en seconde enfin on continuera ces études à l'occasion *des textes lus et expliqués.* En rhétorique on a effacé, comme obscure ou inutile, la formule de 1885 : « *Complément de l'étude de la langue française au point de vue de la composition et du style* ». On espère néanmoins que le professeur ne manquera pas, chemin faisant, de s'assurer que les élèves n'ont pas oublié ces utiles notions; mais on avait, avant tout, le souci de ne plus laisser supposer que l'on demandait sur l'histoire de la langue française un cours suivi et développé de la quatrième à la rhétorique. Il n'en est rien. Sur ce point, comme sur tant d'autres, faisons un modeste emprunt à l'enseignement supérieur, n'essayons pas de rivaliser avec lui. Nous n'avons pas les mêmes auditeurs et nous ne poursuivons pas le même but.

III. — Lecture et explication des textes

Ce qui nous appartient en propre c'est la lecture et l'explication des textes : là est le fond et la vie même de l'enseignement secondaire. Tout ce que dit la présente instruction des avantages à tirer de l'étude des œuvres grecques et latines s'applique avec la même force à l'étude des chefs-d'œuvre de la littérature française. Le service capital rendu par la réforme de 1880 c'est d'avoir replacé sous ce rapport les grands écrivains français à leur véritable rang, à côté des poètes, des orateurs, des historiens, des philosophes d'Athènes et de Rome.

Aussi est-ce sur cette partie des programmes que l'attention se porte avec le plus de sollicitude toutes les fois que l'on songe à les remanier. Aujourd'hui, comme en 1885, il ne s'agit pas d'introduire des modifications essentielles, mais seulement de préciser ou de compléter certaines indications. La méthode reste, bien entendu, la même.

Dans les classes élémentaires, on introduit, dès la préparatoire, un *Recueil de morceaux choisis.* On s'était contenté jusqu'ici du livre de lecture courante : ce n'était pas assez pour la vivacité, pour la curiosité de ces jeunes esprits dont Montaigne disait « qu'il n'est rien si gentil que les petits enfants de France ». On a enfin suivi ses conseils pour ne les point « abrutir »; on aura encore son suffrage, si l'on met entre leurs mains des anthologies bien faites, pour nourrir leurs esprits d'idées claires et justes, leurs cœurs de sentiments purs et généreux.

La lecture dans les classes élémentaires a la même importance que l'explication dans les autres ; elle doit occuper, sans conteste, le premier rang. On n'y tient pas toujours assez la main. Le maître, pourtant, ne doit avoir de cesse qu'il n'ait formé ses élèves à bien lire. Presque partout les enfants lisent trop vite, sans poser leur voix, ici, en serrant les dents, là, en brodouillant sans allonger les lèvres. On s'accoutume à ce train, et le mauvais pli est pris pour longtemps, sinon pour toujours. Au sortir de la septième, un élève devrait toujours *savoir bien lire,* d'une voix claire, avec une articulation nette.

Il en sera heureux lui-même, il fera plaisir aux camarades qui l'entendront, la classe sera animée, intéressante, tous seront plus aptes à bien comprendre les mots qui auront été bien prononcés, les phrases qui auront été franchement articulées.

Le maître les y aidera par quelques explications, toujours sobres, exactes et précises. Avec les enfants surtout il faut redouter les phrases vagues : leur donner des notions imparfaites ce serait déjà fâcheux en soi ; mais la faute, bien autrement grave par ses conséquences, serait de les accoutumer à se contenter d'à peu près.

Pendant la fameuse querelle, aujourd'hui éteinte, du *latin en septième*, un des arguments invoqués par les maîtres, à qui il semblait trop tardif d'aborder le latin en sixième, c'est-à-dire à onze ans, c'était que la septième ne serait pas assez occupée. Assurément cette objection tomberait devant le programme actuel.

Recueil élémentaire de morceaux choisis.

Lecture, récitation française : explication du sens précis des mots et des phrases.

Écriture.

Grammaire française : étude des règles les plus importantes de la syntaxe.

Analyse logique réduite à ses formes les plus simples.

Exercices de langue française et d'orthographe.

Petits exercices de composition : courtes reproductions d'une description ou d'un récit préparés en classe.

Et pour tant d'études et de si grande importance on aurait trop de neuf heures par semaine ! Ajoutez l'histoire sommaire de la France depuis Charles VIII jusqu'à 1870 et les langues vivantes et les premières notions des sciences.

Est-ce trop d'une année pour acquérir ces connaissances indispensables ? d'une année pour mûrir un peu l'esprit d'enfants de dix ans, pour les mettre en état de commencer avec plaisir, partant avec profit, l'étude des langues anciennes ?

Dans les classes de grammaire, le programme en ce qui concerne les auteurs français, est à peine modifié[1]. Les morceaux choisis sont partout maintenus; un écrivain du xviii° siècle est ajouté (VOLTAIRE, *Charles XII*), un autre est écarté (BUFFON, *Morceaux choisis*); quelques ouvrages sont transportés d'une année à l'autre : BOILEAU (*Épisodes du Lutrin*) va de la cinquième à la quatrième; dans la même classe, BOSSUET (*Discours sur l'histoire universelle*) remplace MONTESQUIEU (*Considérations*), et FÉNELON (*Dialogues des Morts*) les lettres choisies de MADAME DE SÉVIGNÉ. L'expérience a conseillé ces légères modifications, désirées par la plupart des maîtres.

L'expérience a démontré aussi que certains professeurs, fort consciencieux d'ailleurs, semblaient croire que dans les classes de grammaire il était interdit de sortir des rudiments et de la syntaxe, de donner d'un texte une explication vraiment littéraire, comme s'il était raisonnable d'ou-

[1] Voir la circulaire du 10 juillet 1896, relative aux auteurs classiques, p. 417.

blier les idées et les sentiments pour ne plus voir que les mots et les constructions ! Ce serait une bien regrettable erreur de méthode. Vient-on de lire en classe quelques beaux vers, les élèves, les plus jeunes souvent, séduits par l'harmonie des mots, l'éclat des images, éprouvent une vague émotion, la croient partagée par leur professeur, comptent sur lui pour leur faire mieux apparaître ces beautés confusément entrevues. Il parle : c'est pour réclamer l'analyse grammaticale ou logique. La déception est très vive. Ce n'est donc plus une strophe de Corneille, de Lamartine ou de Victor Hugo qu'ils viennent de lire, ce n'est plus de la poésie, c'est un fragment de *grammaire française,* un recueil de sujets, d'attributs, de régimes directs ou indirects, de propositions indépendantes, subordonnées ou coordonnées ?

Sans doute ces remarques sur les mots peuvent être faites, mais plus tard, quand les enfants auront eu « l'intelligence et surtout le sentiment des choses », et pour les y aider le professeur se gardera bien d'un long commentaire ; le plus souvent quelques mots précis, parfois une intonation juste lui suffiront.

C'est dans les classes de lettres surtout qu'il convient de multiplier les lectures et de prolonger les explications. Pour en mieux marquer encore la nécessité, le programme contient cette nouvelle formule : « *Lecture et explication de textes suivis et de morceaux choisis* ». Elle ne fait que consacrer le progrès réalisé depuis plusieurs années, depuis qu'on ne se contente plus, comme autrefois, de lire et de commenter quelques pages de français apprises par cœur, mais que l'on veut connaître de nombreux morceaux et des ouvrages complets. Il est désormais entendu que l'explication française aura dans la classe autant d'importance que l'explication grecque ou latine.

Aussi n'a-t-on pas hésité à augmenter, plutôt qu'à diminuer, la liste des grands écrivains portés au programme, non pas pour obliger les professeurs à expliquer chaque année tous leurs auteurs, mais pour laisser à leur choix plus de latitude et plus de liberté. Suivant les aptitudes, les goûts, les connaissances de leurs élèves, ils peuvent tourner leurs études tantôt vers une œuvre, tantôt vers l'autre, puisque pas un des classiques ne leur est interdit depuis le xvi⁰ siècle jusqu'à nos jours. Il leur appartient de mettre dans ces études un ordre méthodique, et de ne pas remplacer la monotonie par la diffusion. De plus en plus les programmes font appel à leur esprit d'initiative et les convient à prendre des responsabilités.

Ainsi, à propos des écrivains du xixᵉ siècle, nous supprimons la formule de 1885 : « *Toutefois les professeurs ne devront les admettre qu'avec la plus grande prudence* ».

La recommandation a été jugée superflue. Les maîtres, en effet, non seulement devront s'inspirer, dans leur choix, des règles éternelles du bon sens et du bon goût, mais, dans l'enseignement littéraire comme dans l'enseignement historique, ils voudront orienter leurs élèves vers le monde moderne et tenir compte des nécessités du temps présent. Or jamais il ne fut plus urgent de former des générations saines, vigoureuses, toujours prêtes à l'action et même au sacrifice. Ils banniront donc sévèrement de leur classe tout ce qui, dans les œuvres contemporaines, sent la recherche, le sophisme, la prétention impuissante et maladive; ils proscriront surtout, quel que soit le nom de leurs auteurs, les livres capables d'incliner les jeunes gens vers l'ironie et le scepticisme. Si l'on pouvait excuser ces vices de l'esprit, ce serait chez des vieillards désabusés qui demandent quelquefois à l'ironie une vengeance et au scepticisme du repos; mais il serait désolant de les trouver, aujourd'hui, dans notre pays, chez des jeunes gens pour qui la vie va s'ouvrir. Le maître qui, par légèreté ou par dilettantisme plus que ridicule, conseillerait à ses élèves la lecture d'une seule page capable d'affaiblir leur vigueur morale et de les détourner de l'action, trahirait son devoir et son devoir le plus impérieux.

Ce danger n'est heureusement pas à craindre pour nos classes, et nous en serons toujours sauvés par la vertu même des grands écrivains classiques, dont l'étude domine tout l'enseignement du français. A une condition toutefois, c'est que les élèves les connaissent autrement que par ouï-dire et les aiment pour leur propre compte. Faire devant eux le perpétuel éloge de Corneille, de Racine, de Bossuet, ce n'est rien, c'est quelquefois même les mettre en défiance. Tout est gagné, au contraire, si l'on arrive à leur faire éprouver une émotion vive et sincère, sincère surtout, à la lecture d'une scène du *Cid* ou d'*Andromaque,* d'une page de l'*Oraison funèbre d'Henriette d'Angleterre.* Tous les maîtres d'ailleurs sont d'accord sur ce point, et il serait bien inutile d'insister.

A tant de raisons de cultiver avec plus de foi et d'ardeur que jamais l'étude des classiques, peut-être s'en ajoute-t-il aujourd'hui une nouvelle. Les grands écrivains français figurent à présent sur tous les programmes : dans l'enseignement moderne ils tiennent la première place; par les écoles supérieures de Saint-Cloud et de Fontenay-aux-Roses, ils pénètrent dans l'enseignement primaire pour l'élever et le vivifier. N'offrent-ils pas ainsi le lien que l'on cherchait pour unir entre eux, sur quelques points du moins, des enseignements si dispersés? Du lycée à la plus modeste école de village ne peut-il ainsi s'établir une sorte de concert entre tous les enfants de la même patrie?

Il est quelques grands noms que tous connaîtront, quelques belles pages que tous auront lues, admirées, apprises par cœur; n'est-ce pas une richesse de plus ajoutée au patrimoine commun? n'est-ce pas un précieux secours pour maintenir, par ce qu'il a de plus intime et de plus durable, l'unité de l'esprit national?

IV. — Devoirs écrits.

Des élèves ainsi formés par la lecture et l'explication des meilleurs ouvrages sont en bon chemin pour arriver à penser juste et à s'expliquer clairement : les devoirs écrits ne se proposent pas d'autre fin. Il ne s'agit nullement, en effet, pour nous de former des écrivains de profession; nous risquerions trop, en ce cas, d'augmenter le nombre des rhéteurs, des futiles et vaniteux artisans de phrases. Laisser croire, même aux meilleurs élèves, dès qu'ils montrent quelque vivacité, qu'ils sont déjà des littérateurs, c'est leur faire perdre la réelle notion des choses, c'est produire des esprits artificiels et susciter de fausses vocations. Défions-nous des maturités trop précoces : un élève de dix-sept ans paraît-il raisonner et s'exprimer comme un homme de quarante? Craignons qu'à cinquante ans il ne parle et n'écrive comme le rhétoricien de dix-sept. Habituons plutôt nos élèves à être bien eux-mêmes et bien de leur âge, à parler en leur nom, à exprimer sincèrement ce qu'ils pensent et ce qu'ils sentent [1]. S'il en est ainsi, les devoirs français ne laisseront personne indifférent dans la classe. Si le sujet est bien choisi (et, sur ce point encore, le programme laisse toute liberté au professeur), s'il a été bien préparé, s'il est approprié à la force de chacun, il n'est pas un élève qui ne pourra s'y appliquer et en profiter.

N'allons pas ensuite reprocher aux premiers de ne point écrire comme Pascal, ni aux derniers d'être moins intelligents que leurs camarades : il faut, en leur signalant leurs défauts, féliciter tous ceux dont l'effort a été consciencieux.

A ce compte les devoirs des élèves les plus faibles sont quelquefois les plus intéressants.

Depuis la classe préparatoire jusqu'à la rhétorique les compositions françaises tendent au même résultat : fortifier et développer en chacun ses facultés naturelles, donner à chaque esprit la pleine connaissance et la pleine possession de soi-même.

Tel est le véritable but de l'enseignement du français; c'est par là qu'il se rattache à toutes nos autres études et les achève.

---

[1] « Il y a lieu d'engager les professeurs à éviter soigneusement les sujets de composition trop difficiles, et particulièrement les sujets de critique littéraire où l'élève serait invité à dire ce qu'il pense d'auteurs ou d'ouvrages qu'il n'a pas lus. Mieux vaut pour lui s'exercer sur le plus banal lieu commun que sur un chef-d'œuvre qui lui est inconnu. Règle générale, il sera plus profitable à l'élève, même à celui des classes supérieures, d'élever par son effort personnel un sujet très humble, que de rester au-dessous d'un grand sujet, sans même chercher à y atteindre. » (*Extrait des rapports et procès-verbaux de la Commission des réformes.*)

IV

Enseignement des langues vivantes.

I. — L'étude de la langue doit précéder l'étude littéraire.

Chaque enseignement a sa méthode conforme à sa nature ; mais certains principes sont communs à toutes les méthodes. Dans tous les ordres d'études, il faut aller du simple au composé, du facile au difficile, et approprier les matières à l'âge de l'élève et au degré de développement de ses facultés. En français, nous n'introduisons nos élèves dans le commerce des grands écrivains qu'après leur avoir appris à s'exprimer eux-mêmes avec une certaine correction. En latin, nous avons soin de les mettre au courant des formes grammaticales, de leur apprendre même à s'en servir et à les appliquer dans les devoirs élémentaires, avant de leur présenter un texte de Virgile ou de Tacite. Dans les langues vivantes, le besoin d'une sage lenteur et d'une gradation habile est d'autant plus grand que ces langues sont plus différentes de la nôtre, et que les littératures dont elles sont les organes ont un caractère plus original. A lire trop tôt Shakspeare et Gœthe, on risque de ne jamais les comprendre. Vouloir unir prématurément l'étude littéraire à l'étude de la langue, c'est tout compromettre à la fois, c'est s'exposer à ne jamais lire couramment la langue, à ne jamais la parler surtout, et à ne jamais goûter la littérature dans ce qu'elle a de réellement original, c'est-à-dire dans ce qui en fait le véritable intérêt. S'il fallait sacrifier l'une des deux études à l'autre, il serait encore préférable de s'en tenir modestement à la langue et de réserver la littérature pour un âge où l'esprit a conquis, avec la maturité, sa liberté d'allure, sa souplesse et son indépendance.

II. — Il faut commencer par la langue usuelle.

La langue doit être commencée dès le début, c'est-à-dire dans la classe de neuvième : c'est sur la langue, comme simple assemblage de mots, comme organe primitif de la pensée, que doivent se porter, du moins dans les premières années, toute l'attention du maître et tout l'effort de l'élève.

Mais la langue elle-même est multiple dans ses applications : chaque art, chaque science, chaque profession a la sienne. Toutes, cependant, supposent cette langue qui convient aux usages les plus communs de la vie et que, pour cela, on appelle la langue usuelle. C'est par celle-là qu'il faut commencer. Pourquoi ? Par cette raison même que toutes les autres la supposent et dépendent d'elle. Elle est la plus simple, étant la plus ordinaire. Elle est la mieux faite, étant l'œuvre de tous. C'est elle qui contient le plus d'idiotismes, le plus de métaphores; elle est la plus frappante, la plus parlante, pour ainsi dire, par conséquent la plus intéressante. Elle est en même temps la plus utile : elle est la clef de toutes les autres. En partant d'elle, on passe facilement à une langue spéciale quelconque, à celle d'une industrie, d'une science, d'un art, ou à la langue littéraire proprement dite : ce n'est plus qu'un vocabulaire à élargir, ou peut-être un peu plus d'ampleur à donner à la phrase. Celui qui ne connaît que l'allemand commercial ou scientifique, ou même littéraire, ne peut pas encore dire qu'il ait réellement pénétré dans le génie du peuple allemand; ce n'est que le parler populaire, à la fois simple et riche, libre et mesuré, qui ouvre tous les trésors de la pensée intime d'une nation.

III. — LA MÉTHODE. — DÉFAUT D'UNE TRADITION DANS L'ENSEIGNEMENT DES LANGUES VIVANTES.

Cette langue usuelle, ce fonds primitif et inaliénable d'une langue nationale, par quel procédé faut-il l'enseigner à de jeunes élèves?

Le commencement de la méthode, c'est de comprendre la nécessité d'une méthode, c'est de se demander d'abord où l'on veut aller et par quel chemin on peut y arriver. L'incertitude du but et des moyens a été jusqu'ici — sans parler d'autres causes dans le détail desquelles, nous ne pouvons entrer ici — la cause principale de la faiblesse de l'enseignement des langues. En littérature, en histoire, en sciences, il existe une tradition fondée sur une longue expérience, une tradition qui se modifie d'âge en âge, selon les besoins nouveaux, mais qui reste ferme dans ses principes, qui a fait partie de l'éducation du maître et qui lui sert de guide dans toute sa carrière. Dans les langues vivantes, cette tradition n'existe pas. Lorsque cet enseignement fut créé, dans les conditions modestes que l'on sait, il fallut chercher un personnel à qui l'on pût le confier. A qui s'adresser? Aux professeurs de l'enseignement classique? Ils ne savaient, à peu d'exceptions près, aucune langue moderne. On prit donc, en dehors des cadres ordinaires, des maîtres parlant l'anglais ou l'allemand, généralement pleins de zèle, mais pour la plupart dépourvus de toute expérience pédagogique. Loin de nous la pensée de les accuser : ils furent les premiers, et c'est déjà un titre; ils ont fondé une chose qui leur a survécu et qui a grandi après eux. D'ailleurs, furent-ils seuls responsables de leurs tâtonnements et de leurs erreurs? Savaient-ils toujours au juste ce que l'on attendait d'eux? Tantôt on étalait devant leurs yeux une liste d'auteurs à expliquer, où tous les genres étaient représentés, depuis le conte enfantin, jusqu'au poème philosophique. D'autres fois, on leur demandait seulement de faire converser leurs élèves comme pouvaient le faire de simples bourgeois de Munich : cela semblait plus facile. Incertains de leur tâche et se défiant d'eux-mêmes, ils regardèrent ce que faisaient leurs collègues des classes latines, ou ils se souvinrent de ce qu'ils avaient fait eux-mêmes lorsqu'ils étaient sur les bancs de l'école. Ils firent faire à leurs élèves de la grammaire, des versions, des thèmes. La lecture des auteurs fut elle-même une sorte de version orale commençant par le mot à mot et finissant par le *bon français*. Bref, les langues vivantes devinrent des langues mortes.

IV. — INCONVÉNIENTS QUI EN RÉSULTENT.

1° *Défaut d'unité dans la méthode.* — Cette situation s'est améliorée depuis. Il importe cependant de signaler deux inconvénients qui n'ont pas encore entièrement disparu. Le premier, c'est le défaut d'unité et de cohésion dans l'enseignement. Dans les établissements où plusieurs professeurs sont chargés d'une même langue (et c'est aujourd'hui le cas de presque tous nos lycées), les élèves, en passant d'une classe à l'autre, reçoivent des directions différentes et parfois contradictoires. Tel professeur insiste sur la grammaire, tel autre sur l'explication des textes; l'un s'applique aux exercices oraux, l'autre juge inutile ou même impossible d'obtenir une bonne prononciation. Ainsi l'élève est dérouté, faute d'entente entre les professeurs, et les professeurs ne s'entendent pas parce qu'ils ne se rendent pas assez compte du but qu'ils poursuivent. On a institué, il y a quelques années, des réunions où les professeurs d'un même établissement discutent, sous la présidence de leur proviseur ou de leur principal, les questions pédagogiques ou disciplinaires d'un intérêt commun. Des réunions semblables, plus restreintes, pourraient avoir lieu entre les professeurs appartenant à un même ordre d'études, et les langues vivantes, sur lesquelles l'entente est le moins faite, ne pourraient qu'y gagner. On éviterait les redites et les contradictions; on chercherait dans quelle proportion il faut combiner les exercices indispensables : ce serait une économie de temps et de travail; maîtres et élèves en profiteraient.

2° *Assimilation des langues vivantes aux langues mortes.* — Un autre inconvénient qui dure encore, c'est la fausse assimilation des langues vivantes aux langues mortes. Il est à peu près admis aujourd'hui qu'on apprend surtout le latin pour mieux savoir le français : c'est déjà un point de vue un peu étroit et fort discutable. S'il fallait appliquer la même règle aux langues vivantes, mieux vaudrait peut-être les rayer du programme. Eh quoi! se frayer laborieusement un chemin à travers la conjugaison et la déclinaison des langues germaniques, s'orienter dans les détours de la construction, dans la forêt touffue du vocabulaire, pour ne trouver au bout qu'un nouveau terme de comparaison avec la langue maternelle! Ce serait le cas de dire, avec le poète anglais : *Much ado about nothing*, beaucoup de peine pour rien, ou du moins pour peu de chose. Qu'une langue qu'on a apprise offre, une fois qu'elle est apprise, des points de comparaison intéressants avec celle que l'on sait, qui voudrait le nier? Il n'y a pas de plus grand charme pour l'esprit que de suivre une idée à travers les nuances dont chaque langage l'a revêtue. C'est le rayon de lumière tombant sur un prisme; chaque peuple y met sa couleur, c'est-à-dire son originalité, sa poésie. Mais, pour apprendre une langue, il faut commencer par l'isoler, il faut n'avoir affaire qu'à elle. Si, sachant le français, nous voulons apprendre l'allemand, oubliez pour un moment le français. Si, sachant le français et l'allemand, vous voulez encore apprendre l'anglais, oubliez pour un moment le français et l'allemand. Une langue s'apprend par elle-même et pour elle-même, et c'est dans la langue, prise en elle-même, qu'il faut chercher les règles de la méthode.

V. — La prononciation et l'accentuation.

En tête de toute méthode, pour apprendre une langue vivante, il faut écrire le mot *prononciation*. Les détails de la méthode peuvent varier, selon le caractère et l'âge de l'élève, même selon le goût du maître; mais cette première règle est immuable.

Apprendre une langue, c'est d'abord se mettre en état de produire les sons dont elle se compose, selon qu'on veut éveiller dans l'esprit des autres les idées auxquelles ces sons correspondent. A mesure que les sons se répètent, la voix s'habitue à les produire; la parole, d'abord hésitante et pénible, devient coulante, facile, naturelle. C'est l'expérience que fait l'enfant, lorsqu'il apprend sa langue maternelle, et que l'élève doit répéter, lorsqu'il commence l'étude d'une langue étrangère : il faut d'abord qu'il change les habitudes de sa voix. C'est une sorte de gymnastique à laquelle il doit se livrer, la gymnastique des organes, ayant pour but de les assouplir, de les rompre au service nouveau qu'on leur demande.

Gymnastique nécessaire. Les langues mortes s'en passent. Pourquoi? Parce qu'elles sont mortes. Le latin que nous étudions, ce n'est pas le parler des anciens Romains, ce sont des caractères inscrits sur un parchemin. Nous recueillons ces signes muets, et nous leur rendons une vie artificielle, en leur associant les sons de notre propre langue. Il est admis que le latin se prononce comme on veut : ce n'est pas un avantage. Nous le prononçons à la française : c'est notre droit, et les élèves y sont tellement habitués que cela ne les étonne plus. Mais essayez de leur faire prononcer de même l'anglais ou l'allemand : ils le feront peut-être encore, par paresse, quoique ce ne soit pas toujours facile; mais, en tout cas, ils ne le feront plus avec la même confiance. Ils sentiront que quelque chose leur échappe, que c'est un demi-savoir qu'on leur donne. Entrez dans une classe où l'on prononce mal, et faites lire par un élève un passage anglais ou allemand. Au bout d'un instant, vous aurez pitié de lui et vous finirez sa torture, car vous surprendrez chez lui un double sentiment : d'abord le sentiment de mal faire, ensuite cet autre sentiment plus pénible, que, dans les conditions où il est placé, il lui est impossible de faire mieux. Le grand stimulant de l'étude, l'intérêt direct et personnel n'est plus là.

Quelquefois; on augmente à plaisir les difficultés de la prononciation par le retard qu'on met à les vaincre. Tout le monde sait qu'il est plus malaisé de corriger une mauvaise prononciation que de donner d'abord une prononciation correcte, et c'est un point sur lequel il est inutile d'insister. Mais il y a une manière moins apparente et tout aussi réelle de perdre du temps. Le professeur n'est vraiment en possession de tous ses avantages qu'au début, c'est-à-dire au moment où aucun texte écrit n'a encore passé sous les yeux de l'élève. Le premier mot marqué par des lettres qu'on aura fait voir à l'élève, avant de lui avoir fait prononcer, sera une difficulté de plus qu'on se sera créée; car, involontairement, il épellera ces lettres à la française, et ce sera un souvenir fâcheux qu'il faudra ensuite chasser de son esprit. Que le mot parlé, du moins au commencement, précède toujours le mot écrit! Que le professeur le dise d'abord devant la classe! Qu'il le fasse dire ensuite par plusieurs élèves successivement, ou même par tous les élèves ensemble! Lorsque enfin le mot écrit apparaîtra au tableau, la surprise qu'ils éprouveront en voyant le rapport entre la prononciation et l'écriture sera pour eux une première leçon d'orthographe en même temps qu'un incident qui reposera leur attention. Dans les mots de plusieurs syllabes, qu'on se rende d'abord maître de la syllabe accentuée, lors même qu'elle n'est pas la première du mot! Cette syllabe une fois bien établie, les autres suivront d'elles-mêmes. L'accentuation est la clef de la prononciation. L'accent, a-t-on dit avec raison, est l'âme du mot; la syllabe accentuée est la seule que les étrangers prononcent avec force; c'est quelquefois la seule qu'on entend. Il est bon de familiariser tout de suite les élèves avec ces traits caractéristiques de la langue qu'on veut leur enseigner. Il en est de l'accentuation comme de la prononciation elle-même : négligée, elle se venge des dédains qu'on a eus pour elle, et elle devient une difficulté insurmontable; apprise de bonne heure, elle est un secours, un moyen de piquer la curiosité et de stimuler l'intérêt.

Comme le mot parlé doit, surtout au début, précéder le mot écrit, le professeur ne pensera pas à figurer la prononciation étrangère avec des lettres françaises. C'est déjà en vertu d'une convention que les sons qui frappent l'oreille sont représentés par des signes visibles qui ne sont faits que pour les yeux. Mais la convention serait tout à fait arbitraire, elle pourrait devenir un danger et une source d'erreur, si l'on voulait traduire les sons d'une langue au moyen des signes orthographiques d'une autre langue; les nuances de la prononciation, c'est-à-dire les parties les plus fines, les plus délicates, les plus caractéristiques, se perdraient. En même temps, la leçon d'orthographe se compliquerait inutilement. L'élève à qui vous présentez un mot écrit, et à côté le même mot en prononciation figurée, ne voit bientôt plus que ce dernier, et il a désormais trois choses à apprendre : l'orthographe, la figuration et la prononciation. C'est sur la bouche du maître que l'élève doit lire le mot; c'est de la bouche du maître qu'il doit recevoir les sons de la langue étrangère, laquelle, peu à peu et par ce seul moyen, cessera d'être étrangère pour lui.

Il y a dans chaque langue certaines lettres ou certains assemblages de lettres difficiles, et l'on sait que l'anglais en offre surtout un grand nombre.

On devra les attaquer méthodiquement, les ramener plusieurs fois dans des mots qu'on aura groupés à dessein. Il sera même bon de rattacher chaque prononciation difficile à un mot que l'on conservera comme type et qu'on rappellera toutes les fois que la même difficulté se présentera. Au reste, l'exercice de prononciation doit se fondre peu à peu dans les autres exercices, et, s'il a été énergiquement mené au début, il prendra de moins en moins de temps. La pire méthode serait de le considérer toujours comme un exercice à part, de tenir à une bonne prononciation pendant une partie de la leçon et, ce court moment passé, de laisser les mots tomber au hasard en les redressant tout au plus par une correction sommaire. Il n'est pas rare d'entendre dire à des professeurs, laissant mal lire un texte : « Tout cela sera corrigé à la leçon de prononciation. » Ils ne s'aperçoivent pas qu'ils perdent d'un côté le terrain qu'ils gagnent de l'autre. Chaque leçon à apprendre, chaque texte de version, avant d'être donné, doit être lu à haute voix. Toute phrase allemande ou anglaise, italienne ou espagnole qui passe sous les yeux de l'élève doit sonner à ses oreilles et doit être mise sur sa langue.

Il est un avantage des exercices de prononciation que l'on ne considère pas assez : c'est le secours qu'ils offrent à la mémoire. Apprendre une langue, c'est, surtout pour des jeunes gens, une opération de la mémoire. Or un mot qu'on a répété plusieurs fois pour en saisir la vraie prononciation est tout appris. Un mot mal prononcé se retient malaisément. On ne sait pas le dire tout haut, et l'on n'aime pas à se le redire tout bas. Il passe, fuit, s'échappe, et on ne le regrette pas. C'est un hôte gênant, qu'on a reçu un instant chez soi, mais avec lequel on ne s'entendait pas, un véritable étranger dont on se défait au plus vite et qu'on oublie l'instant d'après. Au contraire, un mot bien prononcé vous appartient; on le garde volontiers, parce qu'on peut compter sur lui. Il se loge dans l'esprit, il y reste. Et ce qu'il y a de plus heureux, c'est qu'il n'est pas seul; il a derrière lui tout un cortège de mots pareils qui ne demandent qu'à le suivre parce qu'ils sonnent comme lui. Ainsi toute la langue entre peu à peu, non plus comme un assemblage de signes muets, mais comme l'âme parlante d'un peuple.

VI. — LES EXERCICES.

La leçon de mots. — Du moment que l'on commence par la méthode orale et qu'on se propose d'y rester fidèle, l'ordre dans lequel les matières de l'enseignement doivent se succéder est tout indiqué. On dit que l'élève doit apprendre la langue étrangère de la bouche du maître, comme l'enfant apprend la langue maternelle de la bouche de sa mère ou de sa nourrice. Oui, à condition que le maître fasse avec méthode ce que la mère et la nourrice font sans méthode. La mère est toujours là pour réparer les oublis ou pour corriger les fautes qu'elle a pu commettre; l'enfant, de son côté, n'est pas pressé de s'instruire. Le maître est moins heureux : les heures lui sont comptées; il ne lui est pas permis de se tromper ni de perdre du temps. Il faut qu'il sache à l'avance ce qu'il doit dire et dans quel ordre il le dira.

La première chose à donner à l'élève, ce sont les éléments de la langue, c'est-à-dire des mots. Mais ces mots ne doivent pas être pris au hasard. On commencera, naturellement, par quelques substantifs, en les groupant d'après l'analogie du sens, pour qu'ils se classent facilement dans la mémoire. Quels groupes de substantifs faut-il faire apprendre dans une classe élémentaire? Le maître intelligent n'a pas besoin qu'on lui donne à ce sujet des indications détaillées. La seule règle à observer, c'est de ne prendre que des mots concrets, répondant à des objets que l'élève a sous les yeux, ou du moins qu'il ait vus et qu'il puisse aisément replacer devant son imagination. Si l'école possède des tableaux servant aux leçons de choses, on ne manquera pas d'en profiter.

Aux substantifs on joindra aussitôt quelques adjectifs exprimant eux-mêmes des qualités tout extérieures, telles que la forme, la dimension, la couleur. Que manque-t-il pour former de petites propositions? La troisième personne de l'indicatif présent du verbe *être,* et, avec deux questions fort simples : « Qu'est ceci? Comment est ceci? » on fera le tour de la salle d'école, de la cour, de la maison paternelle, de la ville et de la campagne.

Thème oral et écrit. Version. — Ce sera déjà un thème oral que fera l'élève, avec cette différence, qu'au lieu de traduire un texte français il traduira les objets mêmes, ce qui vaut mieux. Les premiers thèmes écrits ne seront que la répétition ou la continuation des mêmes exercices. La version, dans l'ordre logique, arrive un peu plus tard. Là, ce n'est plus l'allemand ou l'anglais, c'est le français qui paraît être le but. Dans un enseignement qui vise avant tout à l'acquisition d'une langue nouvelle, la version n'a toute sa raison d'être que si on la tourne aussitôt en thème oral, le maître disant le français, et l'élève retrouvant le texte qu'il vient de traduire. Le thème écrit devra toujours être repris de vive voix; on ne devra pas le quitter avant que l'élève ait logé dans sa mémoire et sur sa langue toutes les phrases qu'il a mises dans son cahier. Thèmes et versions devront être faits, surtout au début, avec des mots connus. L'usage prématuré du vocabulaire alphabétique, outre la perte de temps qu'il occasionne, habitue l'élève à se défier de sa mémoire.

Grammaire. — La grammaire accompagne tous ces exercices comme un guide nécessaire, comme une garantie d'exactitude et de précision. Vouloir s'en passer tout à fait, même au début, serait une illusion dangereuse; tout rapporter à elle, ce serait dessécher l'enseignement. Elle est le régulateur qui empêche la machine d'aller trop vite ou trop lentement; mais elle ne doit pas gêner les ressorts actifs. Elle n'est là, dans les classes élémentaires et même encore dans les classes de grammaire, que pour les exemples qu'elle amène et qu'elle confirme, et l'ordre dans lequel ses différentes parties doivent se succéder dépend de l'emploi qu'on en veut faire dans les exercices oraux et écrits.

La grammaire allemande élémentaire. — Dans l'enseignement élémentaire de la grammaire, c'est surtout au professeur d'allemand qu'il faut recommander la prudence. On peut dire que toute grammaire offre des difficultés à peu près égales à qui veut pénétrer dans les finesses d'une langue. Mais, en allemand, les éléments mêmes sont difficiles à simplifier et peuvent rebuter un commençant si l'on exige de lui un effort trop continu. Il faut avancer avec précaution, éviter les formules trop abstraites et tâcher que les exemples, du moins, soient toujours intéressants. Généralement, l'élève retient plus facilement l'exemple que la règle; il faut profiter de cette disposition de son esprit et incorporer, pour ainsi dire, la règle dans un exemple bien choisi, qu'on rappellera toutes les fois qu'un cas pareil se présentera. Parfois, il faut donner à l'élève la satisfaction de formuler lui-même la règle, d'après les exemples qu'il a déjà vus. Les ouvrages sur la grammaire commencent d'ordinaire par le substantif et finissent par les mots invariables; il n'est pas nécessaire de s'astreindre à cet ordre. Il est plus naturel de prendre d'abord les premières formes grammaticales dont on a besoin pour former des phrases, c'est-à-dire les temps simples du verbe *être* et du verbe régulier actif. Il ne serait pas sage, d'ailleurs, de jeter d'abord l'élève dans les broussailles de la déclinaison allemande. Dans la théorie du substantif, deux points surtout doivent fixer l'attention du maître : le genre et le nombre. Les genres ne correspondent pas toujours en français et en allemand : c'est pour l'élève une cause de trouble et de

surprise, il faut l'habituer, dès le début, à ne jamais énoncer un substantif
sans l'accompagner de l'article défini qui en marque le genre. Il sera même
facile, à mesure qu'il connaîtra plus de mots, de lui apprendre à les grouper selon leur genre en se guidant soit d'après le sens, soit d'après la terminaison. Un moyen de simplifier la théorie de la déclinaison dans un
cours élémentaire, c'est de séparer le singulier du pluriel. On peut grouper les pluriels à terminaison semblable; on peut même les encadrer dans
des textes suivis, qu'on fait redire de vive voix : l'élève retient mieux ce
qui lui est présenté sous une forme concrète.

Éviter les devoirs longs et les devoirs difficiles. — Il faut éviter, jusqu'à la
fin des classes de grammaire, les devoirs longs et les devoirs difficiles.
Rien, évidemment, ne s'acquiert sans effort; mais un devoir trop difficile,
outre qu'il décourage l'élève, ne laisse rien dans sa mémoire. Un devoir
long nécessite une correction rapide; il ne laisse point de place à l'exercice
oral qui doit s'y rattacher et qui en confirme les résultats.

La lecture. Les morceaux choisis. — De même, les lectures doivent être
soigneusement appropriées à la force de chaque classe. C'est pour donner
à ce sujet plus de latitude aux professeurs qu'un recueil de *Morceaux choisis*
a été mis en tête de chaque liste d'auteurs. Les Morceaux choisis ne sont
pas pris nécessairement dans les auteurs du programme. L'Angleterre et
l'Allemagne possèdent une riche littérature de contes et de récits en partie
signés de noms peu connus. L'élève d'une classe élémentaire et même
d'une classe de grammaire n'apprécie guère encore ce qu'on appelle le
style, surtout dans une langue étrangère. Ce qui l'intéresse, c'est le contenu. Il ne faut même pas craindre d'approprier un récit, par quelques
changements discrets, au goût de nos petits lecteurs français, ou de composer des morceaux spécialement pour eux. Il ne leur déplaira point, par
exemple, d'entendre raconter ou de raconter eux-mêmes en anglais ou en
allemand un fait ou une anecdote empruntés à notre histoire nationale.
Au reste, une lecture en langue étrangère doit avoir les mêmes qualités
qu'une lecture française. Après que la prononciation de chaque mot aura
été bien établie, on partagera la phrase en ses compartiments naturels et
on lui donnera son rythme. En d'autres termes, à l'accent du mot on ajoutera l'accent de la phrase. Il va sans dire que, préalablement, le sens des
mots aura été expliqué : on ne lit bien que ce qu'on comprend. S'agit-il
d'une poésie, on scandera le vers, on en marquera les accents. Le professeur ne se croira jamais tenu, même dans la division supérieure, de faire
un cours complet de prosodie; mais il donnera toujours, à propos des
textes en vers, toutes les indications nécessaires pour qu'ils soient bien lus.
Parmi les exercices prescrits pour la classe préparatoire figurent la lecture
rythmée et le chant. La première est un exercice d'ensemble que tout pro-

fesseur peut pratiquer et qui demande seulement une extrême précision. Quant au chant, il est recommandé au professeur, sans lui être imposé; c'est un excellent moyen d'habituer une classe à une bonne prononciation.

La conversation. — Tous les exercices précédents peuvent se compléter par un exercice de conversation. Certains professeurs se servent de la langue étrangère pour tous les mouvements qu'ils font faire à l'élève : c'est une excellente habitude; elle fait retenir sans peine un petit nombre de mots qui se gravent par leur répétition même; mais elle ne mène pas fort loin. Ce qu'il faut éviter, dans l'exercice de conversation, c'est la monotonie; il faut empêcher aussi qu'il ne dégénère en une leçon apprise par cœur. Rien n'est plus contraire à l'esprit de cet exercice que le *Livre de conversation,* qu'on fait redire machinalement à l'élève, de manière que la question prévue amène toujours la réponse préparée d'avance. La conversation ne peut se faire, évidemment, qu'avec des mots connus; mais il y faut un peu d'imprévu, sinon dans le fond, du moins dans la forme; il faut lui garder au moins l'apparence d'une conversation improvisée. Le meilleur moyen d'y jeter de la variété, tout en lui laissant la précision et la sûreté d'un exercice scolaire, c'est de la faire venir à la suite des autres exercices. Une lecture, une leçon, même un thème ou une version, gagneront à être repris une dernière fois sous cette forme vivante.

VII. — LES AUTEURS.

Jusqu'à la fin de la division de grammaire, la série des textes à expliquer et à redire de vive voix ne contient guère que des contes et quelques scènes de comédie. Jusque là, l'élève n'a guère été habitué qu'à dénommer et à qualifier les objets qui l'environnent et à exprimer sa propre pensée en langue étrangère. Le moment semble venu de le mettre en contact plus direct avec les écrivains. S'il a bien profité des six dernières années, et, même en lui concédant un peu de temps perdu, il doit posséder les cinq cents mots qui forment le fonds uniforme et indispensable du langage; il doit être à même d'analyser une phrase, d'en relever les expressions saillantes, de sentir la vivacité d'une tournure ou la beauté d'une image. Il peut faire alors ce qu'on appelle lire un auteur, sans le déchiffrer laborieusement à l'aide du dictionnaire et de la grammaire, sans le torturer surtout par un triste mot à mot hérissé de contresens. Le programme de quatrième nous apportait déjà la principale comédie de Lessing, *Minna de Barnhelm,* un modèle de conversation élégante et simple, et les *Récits d'un grand-père,* de Walter Scott, qui se recommandaient par leur contenu historique. En troisième, nous voyons apparaître les noms de Gœthe, de Schiller, de Goldsmith, de Macaulay, auxquels s'ajouteront bientôt ceux de Shakspeare, de lord Byron, de Dickens et de George Eliot.

Comment ces auteurs doivent-ils être lus et expliqués? Il sera tout naturel que l'explication se fasse d'abord au point de vue de la langue. Et que de découvertes on peut faire faire à l'élève dans ce vaste champ d'un idiome qui est construit sur un autre plan que le nôtre! Que de révélations inattendues! Que de surprises qui stimulent la curiosité! Souvent, l'impossibilité de traduire est le meilleur des commentaires. Quand Macbeth, dans une de ses dernières tirades, s'écrie, en maudissant la vie: *Out, out, brief candle!* nous traduisons: *Éteins-toi, court flambeau!* Mais quelle énergique éloquence dans ce monosyllabe répété, d'un sens si plein, qu'il n'a plus besoin du verbe qui l'accompagne d'ordinaire! De même, la Lénore de Bürger s'écrie: *Hin ist hin!* ce qui veut dire que *les morts sont morts*, pâle interprétation de ces deux adverbes monosyllabiques reliés par la plus simple des formes verbales. Une ballade de Gœthe, intitulée *le Pêcheur*, est, d'un bout à l'autre, pour le traducteur, une lutte contre un texte impossible à atteindre. Faut-il éviter ces textes? Il faut les rechercher, au contraire. Ce sont des occasions de pénétrer dans le génie de la langue, et le professeur qui négligerait ces occasions se priverait d'une vraie source d'intérêt.

Il faut de même recueillir avec soin les expressions qui sont habituelles à un écrivain, et qui caractérisent sa manière, les mots qui appartiennent spécialement à une époque et qui contiennent des allusions aux mœurs. Ces remarques prennent peu de temps, elles jettent de la variété dans l'explication, elles nourrissent la leçon, elles laissent une trace dans la mémoire. Elles sont plus instructives que des digressions littéraires qui ne se rattachent directement ni aux textes expliqués, ni aux connaissances générales de l'élève.

L'histoire littéraire; ses limites. — Dans l'histoire littéraire proprement dite, c'est surtout l'excès qui est à craindre. Le programme porte, pour la classe de rhétorique seulement, des *Notions d'histoire littéraire à propos des textes expliqués*. Ces notions devront réellement se borner à ce qui peut éclairer les textes; elles ne devront jamais dégénérer en cours. Au reste, toutes les fois que le professeur, au milieu d'une explication, pourra faire un rapprochement entre la littérature dont il est l'interprète et les littératures classiques, plus familières à l'élève, il ne se refusera pas ce moyen de l'intéresser: il sera là dans son véritable rôle. En traduisant, par exemple, un *lied* de Henri Heine ou une romance de Wordsworth, il n'aura pas de peine à montrer combien ces strophes si simples, si peu ornées, qui visent si peu à l'éloquence, sont en dehors de nos habitudes littéraires. Dans un autre ordre d'idées, Shakspeare apparaîtra comme le représentant l'un drame où la fatalité antique ne joue presque aucun rôle, et dont le principal ressort est la liberté humaine. D'autres fois, par quelques textes bien choisis, on montrera comment l'histoire, école d'éloquence chez les anciens, est devenue philosophique en France, politique en Angleterre, scientifique en Allemagne. Le but de ces comparaisons, qui interviendront de temps en temps sans retarder la marche régulière de l'enseignement, ne sera point de dresser une échelle de dignité entre les écrivains, mais de laisser entrevoir comment le génie de plusieurs nations, si proches voisines, peut s'exprimer différemment dans des genres pareils.

C'est là, en somme, la fin dernière de l'étude des langues et des littératures étrangères, et c'est par là que cette étude justifie la place qui lui est faite aujourd'hui dans le plan de notre enseignement secondaire. On a dit que notre tradition littéraire était un peu trop en ligne droite : elle va directement d'Athènes à Rome, et de Rome à Paris. Si l'étude des langues et des littératures étrangères n'est pas vaine, elle aura pour effet d'infléchir un peu cette ligne, sans la faire dévier tout à fait. L'Angleterre et l'Allemagne ont hérité, comme la France, de la civilisation antique; mais, comme la France, elles y ont mêlé quelque chose de leur propre génie. C'est ce quelque chose que nous recueillons, et ce sont les langues qui nous ouvrent les chemins.

VIII. — Emploi du temps; la classe et la conférence.

Le temps consacré aux langues vivantes a été réparti entre les différentes classes de manière à favoriser l'application de la méthode qui vient d'être définie. Le plus grand nombre d'heures a été attribué à la division élémentaire. Ici, en effet, l'étude de la langue vivante doit se faire presque entièrement dans la classe; les exercices oraux doivent être très développés. Les devoirs écrits peuvent être très courts; ils servent surtout, au début, à fixer et à graver les explications qui ont été données de vive voix. Dans la division de grammaire et dans les classes de troisième et de seconde, le programme attribue aux langues vivantes une leçon d'une heure et demie et une conférence d'une heure. Cette conférence, pour laquelle on ne donnera pas de devoirs, n'en a pas moins son importance, et le professeur ne devra jamais la considérer comme accessoire. Elle devra servir, au contraire, à prolonger jusque dans la division supérieure la suite des exercices oraux inaugurés dans la division élémentaire. La leçon proprement dite, ou la classe, sera faite pour les devoirs écrits, sans que pour cela les exercices oraux en soient exclus. La conférence sera consacrée spécialement à ce dernier genre d'exercices.

On reprendra de vive voix ou l'on tournera en conversation un thème ou une version qui auront été expliqués dans la classe précédente; on s'exercera, selon la force des élèves, aux applications du vocabulaire, à la lecture courante, à la conversation libre.

La conférence est destinée, selon le programme, soit à la totalité, soit à une partie des élèves. Il vaudra toujours mieux y réunir tous les élèves. Les forts serviront à entraîner les faibles; une phrase dite par l'un sera reprise par un autre. Les exercices d'ensemble, qu'on pratiquera surtout à la conférence, contribueront à mettre de l'unité dans la classe. En un mot, la conférence, par son caractère libre et spontané, sera la vraie pierre de touche du professeur; celui qui en saura tirer parti y trouvera un grand secours pour tout l'ensemble de son enseignement.

V
Enseignement de l'histoire.

I. — DU RÔLE DE L'ENSEIGNEMENT HISTORIQUE DANS L'ÉDUCATION.

L'office principal de l'enseignement de l'histoire est de contribuer à l'éducation intellectuelle et morale des écoliers.

L'enseignement de l'histoire contribue à l'éducation intellectuelle : en exerçant la mémoire; en cultivant l'imagination, à laquelle il donne des objets réels, mais variés et pittoresques; en habituant l'esprit à discerner, à apprécier et juger des faits, des personnes, des idées, des époques, des pays; en plaçant les faits intellectuels, les lettres et les arts dans leurs milieux, c'est-à-dire à leur place dans la vie politique et sociale.

L'enseignement de l'histoire contribue à l'éducation morale; mais il importe de dire de quelle façon et dans quelle mesure, pour que la vertu éducatrice de l'histoire ne se perde pas dans des lieux communs.

Il n'est pas vrai que les justes soient toujours récompensés ni les méchants toujours punis. Malheureusement, le mensonge et la violence procurent quelquefois des succès, dont la valeur pratique n'est pas diminuée par l'immoralité des moyens. Il n'est pas vrai non plus que les destinées des peuples soient expliquées et justifiées uniquement par leurs vertus et par leurs vices : il entre dans la force et la fortune d'une nation d'autres éléments.

L'intention de faire servir l'histoire à une sorte de prédication morale est louable; mais un éducateur doit être avant tout et toujours sincère. Il ne peut transformer en une école de moralité l'histoire, où l'on voit trop souvent que «les fautes sont plus que des crimes», et qu'elles ne sont expiées ni par les hommes ni par les générations qui les ont commises.

Cela dit, il n'est pas douteux que l'enseignement de l'histoire peut et doit servir à fortifier le sentiment moral.

Tout d'abord, il est une recherche de la vérité; il fait effort pour la prouver; il la dit sans réticences. Le professeur est un juge impartial des faits et des doctrines; ses croyances personnelles et son patriotisme ne prévalent point sur son équité, qui doit être absolue. Tout l'enseignement de l'histoire ainsi pratiqué est une leçon de morale. D'autre part, s'il arrive aux historiens de juger d'une manière différente le même individu, il n'y a point de panégyristes pour des coquins avérés, ni pour des actes de lâcheté. Toute belle action, au contraire, ou toute belle vie a ses louanges. Il existe pour le jugement sur la valeur morale des hommes et des actions un consentement universel, dont le prix est considérable, en un temps où les bases métaphysiques de la morale sont discutées.

Le professeur d'histoire a donc le droit d'être un moraliste : il en a le devoir. Il évitera de dogmatiser, de déclamer, de prêcher; mais il s'arrêtera devant les honnêtes gens, quand il en rencontrera. Il s'étendra sur la charité d'un saint Vincent de Paul. Il économisera sur les détails des campagnes de Louis XIV le temps nécessaire pour faire aimer les personnes de Corneille, de Molière, de Turenne et de Vauban. Il louera les actions vertueuses comme les hommes de bien.

L'éducation civique est une partie de l'éducation morale; la charge principale en revient au professeur d'histoire. L'enseignement des lettres et des sciences forme l'honnête homme cultivé : l'enseignement de l'histoire prépare l'écolier à la vie pour une date précise et des conditions déterminées.

La science de l'éducation a des principes immuables, applicables aux hommes de tous temps et de tous pays; mais les générations qui se succèdent dans les écoles ne se ressemblent pas. Elles perdent certaines qualités et en acquièrent d'autres; elles échangent un défaut contre un autre tout opposé. Toutes les générations ont de communs devoirs; chacune d'elles en a de particuliers. Il faut que l'éducateur étudie la génération qu'il doit élever et se fasse une théorie des devoirs de cette génération, afin que, connaissant bien le but à atteindre, il y conduise l'écolier par les moyens les mieux appropriés. Aucun maître ne peut se dispenser de suivre cette méthode; mais le professeur d'histoire y est plus strictement obligé que tout autre.

Les jeunes générations françaises ont de la bonne volonté, de la générosité, de la docilité et l'esprit ouvert. Elles ont besoin d'être prémunies contre l'esprit d'indifférence, contre le scepticisme, la défiance d'elles-mêmes et la redoutable opinion que l'individu est peu de chose et l'effort d'une personne de nul effet. Il faut donc éveiller en elles le goût de l'action.

Le pays, qui leur appartiendra demain, est affaibli par des divisions politiques et religieuses : il faut leur inspirer l'esprit de tolérance; il est menacé par les périls extérieurs : il faut cultiver en elles le sentiment national.

Le professeur démontrera l'efficacité de l'action, en faisant voir qu'à telle date, tel homme, ou tel groupe d'hommes, a, par sa volonté, modifié l'histoire. S'il est juste envers tous les peuples, toutes les civilisations, toutes les doctrines sincèrement proposées et crues sincèrement, il inspirera la tolérance. Il la fera aimer comme une vertu nécessaire par le spectacle même des dangers extrêmes qui naissent des divisions religieuses ou politiques, et qu'un seul remède peut conjurer : la liberté.

La culture du sentiment national est délicate. Il faut avant tout fortifier le naturel amour du pays natal, raisonner cet instinct et l'éclairer; mais, en France, sous peine d'une déchéance de notre esprit, nous ne devons ni oublier l'homme dans le citoyen, ni rétrécir, au profit apparent de notre pays, la place de l'humanité.

Si notre histoire doit être particulièrement étudiée, l'histoire universelle doit donc être enseignée. Celle-là sera toujours encadrée dans celle-ci. La méthode qui prescrit de mettre partout notre pays au premier plan et le monde en prolongement expose l'écolier à des préjugés trop forts. Elle va directement contre le but qu'elle se propose. Nul pays n'a subi plus que la France l'action du dehors, puisqu'elle est un mélange de races et qu'à son origine elle a reçu de Rome et de la Germanie des éducations diverses. Par contre, nul pays n'a, plus que le nôtre, agi sur le monde. Nous n'avons jamais été, nous ne serons jamais des particularistes. Il fait partie de notre profession de Français d'aimer l'humanité et de la servir. La connaissance de l'histoire générale nous est indispensable.

Donner à l'écolier l'idée exacte des civilisations successives et du progrès accompli au cours des siècles, et la connaissance précise de la formation et du développement de la France; lui montrer l'action du monde sur notre pays et de notre pays sur le monde; se servir de la comparaison avec l'étranger pour éclairer son jugement sur nous-mêmes; lui enseigner à rendre à tous les peuples la justice qui leur est due; élargir l'horizon de son esprit, et, à la fin, lui laisser avec la connaissance de l'état de son pays et de l'état du monde la notion claire de ses devoirs de Français et de ses devoirs d'homme : telle est la part de l'enseignement historique dans l'éducation.

II. — Théorie de l'enseignement historique.

Il est possible d'enseigner à des écoliers, sans les en accabler, l'histoire générale, mais à de certaines conditions :

1° L'enseignement doit être réparti sur un nombre suffisant d'années et adapté à la force intellectuelle de l'écolier;

2° Le professeur ne se perdra point dans la quantité des faits et des détails qui sont le fléau de l'enseignement historique. Il procédera par sélection. Il reconnaîtra et choisira les personnages dont les actes ont duré et les faits qui ont eu de longues conséquences;

3° L'enseignement de l'histoire doit être une démonstration. Le professeur composera son cours, donnera aux élèves à l'avance une idée de l'ensemble et des diverses parties, et les conduira du point de départ à la conclusion, en marquant bien chacun de ses pas, de façon que la route entière soit visible. Il ne se contentera pas de faire tout son cours : il fera de son cours un tout;

4° En même temps que démonstratif, l'enseignement doit être pittoresque, c'est-à-dire peindre les personnages et décrire les faits, de façon que les personnages et les faits d'une même période se distinguent les uns des autres, et que cette période, dans son ensemble, se distingue de celle qui précède et de celle qui suit.

I. *De la répartition et de l'adaptation de l'enseignement.* — L'enseignement de l'histoire est actuellement réparti sur neuf années, divisées en trois groupes : classes élémentaires, classes de grammaire, classes supérieures.

Tout au début, dans la classe préparatoire, le maître raconte des biographies d'hommes célèbres ou des actions fameuses. En huitième et en septième, il raconte l'histoire de France. Ce n'est là qu'une première initiation, très simple et familière, aux études historiques.

L'enseignement méthodique de l'histoire universelle commence avec les classes de grammaire, entre lesquelles est partagée l'antiquité : antiquité orientale en sixième, grecque en cinquième, latine en quatrième.

Les quatre années des classes supérieures sont réservées au moyen âge, aux temps modernes et contemporains.

Cette répartition n'est pas parfaite. Elle provoque une objection grave : l'histoire de l'antiquité hellénique et romaine ne peut être enseignée, comme il faudrait, à de si jeunes enfants, et elle risque d'être oubliée vite et pour toujours. Ne conviendrait-il pas de placer à la fin des études une revision générale, où revivraient, en se précisant, les souvenirs d'Athènes et de Rome? Ne serait-ce pas le couronnement naturel de l'enseignement classique?

L'idée est séduisante, mais ne paraît pas applicable. Une philosophie de l'histoire est extrêmement difficile à enseigner, même dans la classe de philosophie. L'immensité du sujet est un grand danger; car on n'admettra pas sans doute que la revision se borne à l'histoire ancienne; il n'est pas bon que le professeur quitte l'écolier sur des notions nécessairement très générales et très vagues. Pour faire place à cette revision, il faudrait, d'ailleurs, bouleverser l'ordre général des programmes actuels, qui n'est point chose indifférente. Il y a aujourd'hui pour chacune des classes, entre l'âge des élèves, le caractère de l'enseignement littéraire et la matière de l'enseignement historique, une harmonie, que tous les plans d'études ont respectée, et qu'il serait fâcheux de rompre. Il est indispensable que l'enfant arrive en troisième avec les notions sur l'antiquité classique, que l'enseignement historique lui donne en cinquième et en quatrième. L'histoire du moyen âge, qu'il trouve en troisième, lui apprend à connaître un monde nouveau, qui l'intéresse, mais qu'il a quelque peine à comprendre; il serait absolument inutile de l'y faire pénétrer plus tôt. Le programme de seconde offre à l'imagination et à la raison, toutes deux éveillées, la formation de la patrie française, les inventions et les découvertes de la fin du moyen âge, la Renaissance, la Réforme. L'histoire des xviie et xviiie siècles, enseignée en rhétorique, est en parfait accord avec l'étude des chefs-d'œuvre de notre littérature classique. Celle de l'histoire du xixe siècle est le complément indispensable des études philosophiques. Si c'est aux dépens de ce dernier programme qu'on voudrait instituer une courte et insuffisante revision, nous répéterons que l'histoire, payant la rançon du désintéressement des études littéraires, doit mettre l'écolier en communication avec le monde moderne et le mener au seuil de la vie. L'histoire contemporaine est la fin nécessaire de l'enseignement historique au collège.

Remarquons, d'ailleurs, que si l'histoire de l'antiquité est bien enseignée par un maître expérimenté en cinquième et en quatrième, l'écolier aura, du moins, un sentiment de la façon d'être hellénique et romaine; qu'il développera ensuite par l'étude des lettres anciennes. L'esprit historique pénètre aujourd'hui partout. Nos professeurs de lettres ne sont plus de purs esthéticiens; ils aiment les informations exactes sur les œuvres, les écrivains, les milieux. Il leur est aisé de compléter, à propos de Démosthène, d'Aristophane, de Cicéron et de Tacite, l'éducation historique de leurs élèves. Leur attention peut être appelée sur ce point. Peut-être ne savons-nous pas assez coordonner les efforts ni organiser la collaboration des maîtres.

Tout ne finit pas, d'ailleurs, avec le lycée. Les jeunes gens qui ont besoin d'une connaissance approfondie de l'antiquité, par exemple les futurs professeurs et les étudiants en droit, la pourront acquérir dans les Facultés des lettres. C'est un de nos torts les plus graves que de vouloir tout demander au collège.

L'adaptation de l'enseignement à la force intellectuelle de l'écolier est le devoir essentiel du maître. Un professeur d'histoire peut n'être pas compris du tout par ses élèves, s'il ne calcule pas exactement le degré d'intelligence où ils sont parvenus, s'il ne suit pas, pour ainsi dire, sa parole et son enseignement dans l'esprit de ceux qui l'écoutent.

Il s'adressera surtout à la mémoire et à l'imagination des plus jeunes écoliers, évitant avec eux toute abstraction et la phraséologie banale où abondent les mots inintelligibles. Il suivra le progrès de l'intelligence chez l'adolescent, sans négliger jamais l'imagination; à la fin seulement, en rhétorique et en philosophie, il pourra en toute liberté parler raison.

Le professeur, pour se mettre à la portée de l'élève, s'appliquera toujours à lui faire comprendre la différence des temps et des lieux. L'enfant n'en a pas la moindre idée; il croit naturellement que le monde a toujours été comme il le voit être. Il est dans la situation d'esprit de ces peintres d'autrefois, qui, pour représenter le siège de Carthage, dessinaient au premier plan deux armées de chevaliers lances croisées, et au fond, dans la fumée des canons, une ville flanquée de tours et dominée par des clochers d'église. Pour faire chez l'écolier l'éducation du discernement historique, il est bon de lui montrer des représentations authentiques des hommes et des choses d'autrefois; mais cet enseignement par l'aspect, que nous négligeons d'ailleurs beaucoup trop, ne suffit pas. Peu d'écoliers sont capables d'interpréter des images. Il n'y a qu'une façon efficace de rendre sensibles les différences : c'est de prendre dans le présent des points de comparaison pour le passé. Des élèves de troisième comprendront mieux la féodalité, qui est difficile à expliquer, si le maître, faisant appel à la connaissance générale qu'ils ont des rapports actuels de fermier à propriétaire, et de préfet à gouvernement central, compare ces rapports à ceux de serf à seigneur et de vassal à suzerain. Il ne faut pas craindre d'aller parfois jusqu'à la naïveté dans l'emploi de ce procédé. Il n'est pas si ridicule qu'on pourrait le croire d'avertir l'élève que les chemins de fer n'existaient pas avant notre siècle. Précisément, la comparaison de la facilité et de la rapidité des moyens de communication d'aujourd'hui avec l'ancienne lenteur et l'ancienne difficulté est une des meilleures façons de faire saisir la différence des moyens d'action.

Il est de première nécessité de rendre visible la succession des plans historiques. L'histoire, quand elle n'a pas ce souci, manque son objet : elle est une banalité encombrante.

II. *Du choix des faits et des personnages.* — Sur aucune question d'histoire, un professeur ne doit tout dire au collège. Tout dire, ou, du moins, dire tout ce qu'on sait, est d'ailleurs ce qu'il y a de plus aisé au monde. La difficulté, c'est de choisir. Le maître, avons-nous dit, doit s'en tenir aux faits et aux personnes dont les conséquences ou dont les actes ont duré. Appliquons cette maxime, par exemple, à la période mérovingienne.

La suite de l'histoire universelle et de notre histoire nationale échapperait à l'écolier qui ne saurait pas que les Francs ont conquis la Gaule et une partie de la Germanie, après s'être convertis au christianisme; qu'ils

ont mêlé en Gaule des institutions et des coutumes germaniques aux institutions et aux mœurs romaines; qu'une société a commencé alors, procédant de celle qui a précédé, mais différente en beaucoup de points, et
préparant le régime féodal; que les rois francs, par la coutume des partages, ont aidé au morcellement de la France en régions. Voilà ce qui a
duré de l'histoire mérovingienne. Il faut donc exposer à l'écolier, très brièvement, la conquête de la Gaule et de la Germanie occidentale, lui donner
l'idée d'un roi mérovingien, de la façon dont il vit et règne; lui présenter
un grand, un évêque (non pas personnage abstrait, mais personnage qui
a vécu), l'éclairer sur la condition de ceux qui n'étaient ni grands, ni
évêques; lui faire comprendre ce qu'était cette coutume des partages entre
fils de rois; lui montrer le sol de la future France divisé en régions historiques : Neustrie, Austrasie, Aquitaine, Bourgogne. L'écolier a-t-il besoin
de savoir les noms de tous ces rois, la série des partages et toutes les querelles qui en sont nées? Lui enseigner ces inutilités, c'est au contraire
l'empêcher de percevoir nettement l'utile, le nécessaire.

La diplomatie et la guerre comptent parmi les principales occupations
des hommes. Elles sont très visibles et bruyantes. Il est clair qu'il faut leur
donner dans l'enseignement une grande place; mais nulle part le détail ne
doit être évité plus soigneusement qu'ici. L'écolier a besoin de savoir les
modes généraux de la diplomatie de Louis XIII et de Louis XIV; il n'a que
faire d'une longue énumération de conventions et de traités. Il vaut mieux
évidemment lui expliquer l'état de civilisation qui permettait à un souve-
rain, comme le roi d'Espagne, de disposer en propriétaire de ses États et
de ses peuples, que de lui donner par le menu les actes diplomatiques
relatifs à la succession d'Espagne, ou la discussion des droits des divers
prétendants.

La guerre surtout est périlleuse au professeur d'histoire; elle l'expose à
sacrifier l'essentiel à l'accessoire, voire même à l'inutile. Ce qu'il est essentiel de savoir dans la guerre de Trente ans, par exemple, c'est la liste des
belligérants et les raisons qui ont fait prendre les armes à chacun d'eux;
c'est la façon d'être des armées, qui est une des manifestations de la vie
intime des nations; c'est le caractère général de la stratégie et la manière
de se battre; c'est encore la personne des grands hommes de guerre. Tout
cela est nécessaire pour l'intelligence de ce grand événement, dont les
suites ont été si considérables; mais l'exposé méthodique des faits, de tous
les faits, ne l'est pas le moins du monde. Un professeur qui raconte la
guerre de Trente ans doit dominer tout son sujet et procéder très librement. Il dira : Cette guerre a duré trente ans, de 1618 à 1648, de manière à en toucher tout de suite le terme. Il introduira les belligérants,
dans l'ordre où ils sont intervenus, expliquera ce qu'ils venaient faire. Il
ajoutera qu'on s'est battu en Allemagne, aux Pays-Bas, en Italie, en

Espagne, dans la Méditerranée, marquant ainsi l'étendue du théâtre. Quelques exemples lui permettront de décrire les armées et les bandes. Il choisira quelques actions, très peu nombreuses, les plus décisives. S'il procède, au contraire, par divisions en périodes, par sous-divisions en théâtres, il fatiguera l'écolier et lui imposera le redoutable ennui des noms, des dates et de la stratégie en classe. Il ne lui apprendra point, par contre, la différence qui existe entre les bandes de Wallenstein et l'armée nationale de Gustave-Adolphe. Il lui laissera ignorer que les rois de Suède ont, avant les rois de Prusse, donné le modèle d'un état militaire, et qu'à cause de cela leur pays a été, pendant un temps, une grande puissance.

III. *La méthode démonstrative.* — Le professeur, par cela même qu'il choisit entre les faits, les groupe en vue d'une démonstration. Cette méthode doit être appliquée à chaque leçon et à l'ensemble de chaque cours.

Le cours de troisième, par exemple, comprend la période qui s'étend entre les invasions des barbares et la mort de saint Louis. Au commencement, il y a un grand empire romain partagé en deux, l'empire d'Occident et l'empire d'Orient; en dehors habitent des étrangers et des barbares. Ceux-ci entrent par toutes les frontières sur le territoire romain. En Occident, des royaumes barbares s'établissent et se fondent dans le royaume des Francs. Cependant le vieil empire dure toujours à Constantinople; mais une puissance nouvelle, la papauté, s'élève et s'allie aux Francs, avec lesquels elle refait l'empire en Occident. A cette date, le monde semble être retourné au point de départ du IVe siècle; il est divisé encore une fois en deux empires romains. Mais des acteurs nouveaux sont en scène : les Arabes fondent une troisième domination, très différente des deux autres. Puis l'empire d'Occident se divise en royaumes, qui se subdivisent en seigneuries. A la place de l'ancienne unité romaine, il y a la diversité et le désordre. Cependant, au-dessus de ce chaos, persistent des institutions générales : le Saint-Empire et l'Église, et une civilisation chrétienne qui produit les croisades, la chevalerie, la communauté de la vie intellectuelle. A la fin, commencent à paraître les États modernes : l'Occident, lassé des pouvoirs universels et des actions universelles, fait les nations.

Le passage de l'universel à l'individualisme national : voilà ce qu'il faut démontrer dans ce cours. Bien entendu, le maître n'emploiera pas les termes abstraits qui viennent d'être dits. Pour avoir mis un ordre réfléchi dans son enseignement, il ne cessera point d'exposer son cours simplement et avec toutes les précautions requises. Tous les écoliers ne comprendront pas cet ordre; mais tous les écoliers ne comprennent jamais tout un enseignement. Les plus faibles ne perdront rien à ce que leur maître soit quelque peu philosophe : les autres y gagneront beaucoup. Enfin, le professeur, qui aura considéré à l'avance l'ensemble d'un cours, ne s'attardera nulle part. Il ne se perdra pas dans le chaos des invasions; il se débarrassera d'un mot des rois fainéants; il ne nommera ni tous les papes ni tous les empereurs. Ayant marqué le but et dessiné la route, il ira jusqu'au but.

Le cours de seconde commence en 1270 et finit en 1610. C'est, d'abord, pour ainsi dire, la liquidation du moyen âge, par la décadence définitive des pouvoirs généraux : l'empire a été déjà ruiné par la papauté; la papauté est amoindrie par le schisme et limitée par les rois. Il n'y a plus d'action commune; les croisades ont cessé; l'Infidèle s'établit à Constantinople. La France et l'Angleterre achèvent de prendre conscience d'elles-mêmes dans leur duel, qui a duré cent ans; l'Espagne s'unifie. Par contre, l'Allemagne et l'Italie sont en pleine anarchie et destinées à être, l'Italie d'abord et l'Allemagne ensuite, des champs de bataille pour les États organisés. La décadence de l'Allemagne et de l'Italie, c'est encore la liquidation du moyen âge, où elles ont tenu, par l'empire et la papauté, la première place. Au même moment, apparaissent les phénomènes de l'esprit nouveau : les essais de réforme de l'Église, les commencements de la Renaissance, les inventions et les découvertes. De cet état procèdent, au xve et au xvie siècle, les guerres d'Italie et la rivalité des maisons de France et d'Espagne-Autriche; d'autre part, des idées et des sentiments nouveaux, la Renaissance et la Réforme, qui produisent le despotisme des rois et les guerres politico-religieuses de la fin du xvie et du commencement du xviie siècle.

Le cours de troisième était plus compliqué que les précédents; celui de seconde se prête moins encore à une synthèse. Cette complexité est un des caractères de la vie moderne. La marche générale des choses est claire cependant. Elle peut être montrée à l'écolier. Il est évident que le maître qui voudra la bien expliquer ne tombera pas dans l'impardonnable travers de donner le détail de la guerre des Deux Roses, des guerres d'Italie, ou des guerres de François Ier et de Charles-Quint.

Le cours d'histoire en rhétorique (de 1610 à 1789) se divise en deux périodes très distinctes. Celle de 1610 à 1715 contient la fin des guerres politiques et religieuses, qui se terminent par les traités de Westphalie, l'abaissement de la maison d'Autriche; l'apparition de puissances nouvelles, Provinces-Unies et Suède; la révolution d'Angleterre; la suprématie sur l'Europe acquise à la France par Richelieu et par Mazarin; l'exercice de cette suprématie par Louis XIV; l'éclat et la grandeur de la monarchie française et de l'esprit français; la résistance de l'Europe, qui s'organise dans la coalition d'Augsbourg; les guerres soutenues par la France contre le continent presque entier; la fin de la prépondérance française de

Louis XIV. La seconde période, 1715 à 1789, présente le règlement d'affaires relevant de la succession d'Espagne, puis de très grands faits de tout ordre : l'entrée en scène de la Russie; l'avènement de la Prusse, qui sort victorieuse de son duel avec l'Autriche; la décadence des puissances qui ont fait longtemps le jeu de la France : Suède, Turquie, Pologne; les luttes pour l'empire des mers et le triomphe de l'Angleterre; le développement du parlementarisme anglais; la diffusion des idées nouvelles sur la politique et la société; les réformes du despotisme éclairé; la naissance des États-Unis d'Amérique; enfin les préludes de la Révolution française.

Ce cours est réputé facile, mais cette facilité n'est qu'apparente. Le péril, ici, c'est de laisser l'histoire de l'Europe dans l'ombre de la nôtre. Volontiers nous nous représentons, par exemple, la guerre de Trente ans comme un épisode de notre histoire, alors qu'elle résulte de faits antérieurs nombreux, variés, où nous n'avons pas eu part. Supprimez la France, cette guerre existera tout de même. Il est certain que l'intervention de notre politique et de nos armes a modifié les résultats; mais nous nous représentons trop comme subordonnés des acteurs indépendants, tels que les Provinces-Unies et le roi de Suède. Nous ne donnons point sa valeur à chacun des êtres de la famille européenne. Nous les prenons et les emportons dans le cours de notre histoire, chaque fois qu'on les rencontre. Ce n'est pas une bonne façon d'apprendre à les connaître. Il ne faut pas que la Hollande arrive incidemment à propos de la guerre de 1672 : l'élève ne comprendra jamais pourquoi et comment ce petit pays a été une si grande puissance. Cette erreur de méthode a d'autres effets : en empêchant le maître de décrire les diverses physionomies d'États (il n'en est pas de plus curieuse, de plus originale que celle de la Hollande, et qui soit en plus complet contraste avec la France), elle étend une monotonie perpétuelle sur toute la surface de l'histoire.

Dans les classes supérieures, le professeur doit, autant que possible, orienter son enseignement vers le présent. Il marquera les origines des faits les plus considérables d'aujourd'hui. Tel fait a pu paraître pendant longtemps le plus considérable d'une époque, mais le temps a marché; on découvre alors que tel autre, plus petit en apparence, était gros de conséquences. Dès que ces conséquences ont apparu, l'enseignement doit en tenir compte. Il serait aisé de donner ici nombre d'exemples. Dans l'histoire de l'établissement des Barbares sur la terre romaine, nous n'avons plus le droit de négliger les peuples et races balkaniques, depuis que leurs affaires sont devenues européennes. Dans l'histoire des croisades, nous n'avons plus le droit de passer sous silence la conquête de la Prusse par les Teutoniques, ni celle de la Livonie par les Porte-Glaives, depuis qu'il existe une question des provinces baltiques. Plus nous approchons des temps modernes, plus nécessaire est cette sollicitude envers les nouveautés. De 1715 à 1740, la diplomatie européenne se donne beaucoup de mouvement : ce ne sont que ligues et contre-ligues, négociations et congrès. Mais qu'est donc tout cela? Qu'est-ce que l'établissement des infants d'Espagne en Italie à côté de l'ordre de cabinet par lequel Frédéric-Guillaume Ier organise le recrutement de l'armée prussienne?

C'est par la réflexion personnelle que le professeur arrive à déterminer ainsi son choix entre les événements, et à se soustraire à la tyrannie des habitudes prises et des préjugés en faveur de tel ou tel ordre de faits.

Le cours d'histoire en philosophie, c'est l'histoire de notre siècle, celle que nous faisons.

Le professeur est plus libre ici que dans les classes précédentes : la brièveté de la période l'affranchit d'une obéissance exacte à la chronologie et lui permet une méthode logique; l'âge de l'écolier l'autorise d'ailleurs, comme nous avons dit, à parler raison. Il peut donc suivre d'abord le développement général des faits groupés en leurs périodes : de 1789 à 1815; de 1815 à 1848; de 1848 à nos jours; puis, à la fin du cours, se réserver le temps nécessaire pour traiter théoriquement, mais avec l'appui des faits, les questions de notre siècle : abolition de la traite, de l'esclavage et du servage; — liberté religieuse et liberté des cultes, — suppression des religions d'État; — liberté politique : principales formes de gouvernement dans le monde actuel; — questions démocratiques et sociales : le droit de suffrage, l'instruction populaire, le service militaire universel, le socialisme, l'organisation du travail, le nihilisme; — mouvement intellectuel : lettres, arts, sciences, érudition; — industrie et commerce : vapeur et électricité, voies et moyens de communication, protection et libre échange, traités de commerce et conventions internationales; — enfin expansion de la civilisation européenne : les voyages d'exploration, la distribution des races et des langues européennes à la surface du globe. Tout cela, c'est sans doute de la politique; mais le moyen n'a pas encore été trouvé de distinguer entre l'histoire et la politique. Puis nous ne pouvons pas faire que l'élève de philosophie ne soit pas électeur trois ans ou plus souvent deux ans, voire même un an après s'être levé des bancs du collège.

Le programme d'histoire contemporaine est certainement le plus difficile de tous. Nulle part la netteté de l'intention et l'ordre ne sont plus nécessaires qu'ici. Le maître doit soigneusement comparer et apprécier les valeurs respectives des divers sujets. Il n'a pas une minute à perdre. S'il s'attarde, au début, dans les détails de la revision de l'ancien régime, ou dans la stratégie des guerres de la Révolution et de l'Empire, ou, plus loin, dans les complications de l'histoire constitutionnelle, dans les querelles de parlement et les crises ministérielles, il encourt une grave responsabilité. Il n'aura plus le temps de traiter les questions importantes de notre temps, ni de donner, pour finir, un résumé du rôle de la France dans l'histoire politique, sociale et intellectuelle du xixe siècle : chapitre essentiel où sera montrée, entre autres choses, la collaboration de la France à la naissance de la Grèce, de la Belgique, de l'Italie, et exposée la doctrine que nul ne peut disposer d'un peuple et d'un fragment de peuple sans le consentement des intéressés.

IV. *La méthode pittoresque.* — Raisonner l'enseignement historique, le régler d'après certains principes, le conduire à des fins déterminées, ce n'est point le rendre abstrait, difficilement intelligible, inaccessible à l'écolier. La méthode démonstrative s'allie avec la méthode pittoresque, qui peut seule être employée avec des enfants.

Il va sans dire que le pittoresque et le démonstratif doivent être répartis par portions inégales sur les diverses périodes des neuf années d'enseignement. Le premier doit dominer, et de beaucoup, dans les classes élémentaires et de grammaire. Dans la classe préparatoire, tout l'enseignement consiste à raconter des histoires, comme disent les enfants. Le maître les choisit où il lui plaît, dans tous les pays et dans tous les temps, en faisant pourtant la plus belle part aux temps modernes. En huitième et en septième, même méthode; mais les histoires à raconter sont prises dans l'histoire de France; le maître les relie les unes aux autres par une trame discrète, où il fixe quelques dates. Il dessine une première ébauche; mais, déjà, il donne, dans leur ordre, les grands noms et les grands faits; il éveille la notion de la succession des choses, de la continuité de l'histoire, mais en s'appliquant toujours à se rendre intelligible par une extrême simplicité.

Le pittoresque seul peut donner aux élèves de sixième l'intelligence de l'antiquité orientale, où il abonde : description de pays, de villes, de monuments, de cours des rois, d'armées.

L'histoire de la Grèce et celle de Rome, c'est déjà notre histoire, puisque les origines de l'intelligence et de la politique moderne y sont en partie contenues. Il faut montrer à l'écolier ces origines et les lui expliquer, mais à peu près sans qu'il s'en doute; ne pas lui proposer de considérations philosophiques, ni l'embarrasser dans aucun détail d'institutions. La vie hellénique est à la fois simple, brillante et gaie. Elle a, dans la paix et dans la guerre, des scènes lumineuses. Elle a des fêtes régulières, auxquelles l'histoire intellectuelle et même l'histoire politique peuvent être en partie rattachées. De l'ensemble, enfin, se détachent quelques beaux personnages. Faire connaître ces personnages; montrer la politique et l'éloquence en action dans l'Agora, les poètes et la poésie dramatique en action au théâtre, le commerce d'Athènes en action au Pirée; décrire quelques grandes batailles; en un mot, présenter sous une forme concrète les divers aspects de la vie hellénique, les localiser, pour ainsi dire, et les dramatiser en évitant les abstractions esthétiques et politiques, c'est la façon d'apprendre à des enfants l'histoire de la Grèce.

L'histoire romaine est plus étendue dans l'espace et dans le temps. Elle se prolonge, par ses effets, très loin dans les temps modernes. Elle a un caractère remarquable d'unité et se présente sous la forme d'un développement logique. Par là même est diminuée la difficulté de l'enseignement; mais elle reste grande. Il est impossible de ne pas expliquer les institutions, les magistratures, la société. Le recours au pittoresque est ici très nécessaire; heureusement, s'il n'abonde pas comme dans l'histoire grecque, il ne fait pas défaut : nous pouvons reconstituer telle assemblée du Forum et telle séance du Sénat, et montrer ainsi les lois et les mœurs en action. La guerre nous offre de très belles scènes; les grands Romains nous sont connus aussi bien que des contemporains; Rome enfin nous offre des exemples de toutes les vertus viriles. La description, le portrait, l'anecdote, aideront le maître à retenir l'attention de l'écolier, et le conduiront des obscures origines de Rome jusqu'au moment où l'univers sera entré dans la cité.

L'emploi judicieux du pittoresque éclairera, simplifiera l'histoire du moyen âge et des temps modernes.

Il y a des scènes et des personnages que l'on peut appeler symboliques, parce qu'ils contiennent les traits principaux d'une catégorie de personnes ou d'une suite de faits, Attila et Clovis, l'un destructeur et l'autre fondateur, expriment les deux façons de l'invasion : le portrait anecdotique de ces deux hommes donnera une idée générale juste de cet événement. Justinien représente à merveille le βασιλεύς, et Grégoire le Grand, le pape d'une certaine époque. Une civilisation tout entière se reflète dans l'esprit de Charlemagne. Otton Ier, restaurateur de l'empire; Otton III, le théoricien mystique de ses idées et de ses chimères, Frédéric Ier, suzerain de princes et de rois, juriste naïf et fleur de la chevalerie chrétienne, donnent les caractères principaux de l'institution du Saint-Empire. Les biographies comparées de trois rois de France et d'Angleterre, Philippe Ier et Guillaume Ier, Philippe-Auguste et Jean sans Terre, saint Louis et Henri III, feront comprendre les différences primordiales du développement national de la France et de l'Angleterre. Pendant toute la durée de l'histoire, jusqu'à nos jours, des personnes peuvent servir ainsi à caractériser les choses : il ne serait pas difficile de trouver dans notre siècle les types principaux du soldat, du diplomate, du parlementaire, de l'homme de lettres et du savant.

La description de scènes et de milieux bien choisis, faite avec les mêmes intentions, aura les mêmes effets. Les écoliers se représentent assez bien le règne de Charlemagne, parce que la description de sa vie privée et publique, empruntée aux documents contemporains, est entrée dans les habitudes de l'enseignement; mais les documents peuvent rendre les mêmes

39.

services pour presque toutes les époques et presque toutes les questions, même celles qui ont le plus mauvais renom. L'histoire de la décadence carolingienne est intéressante et dramatique dans les procès-verbaux des colloques fraternels, où les frères et cousins carolingiens se confessent les affronts qu'ils endurent et les douleurs qu'ils souffrent, et dans les capitulaires où Charles le Chauve se plaint littéralement de mourir de faim.

Le Saint-Empire est négligé d'ordinaire dans nos classes, et c'est dommage; car il est un des deux grands pouvoirs du moyen âge, et il a pesé sur l'Allemagne et sur l'Italie jusqu'à nos jours. Demandons aux documents la scène de l'élection d'un roi, un *iter Romanum*, un couronnement, une diète solennelle, une guerre privée, une guerre contre les peuples de l'Est, et nous ferons comprendre le Saint-Empire. La querelle du sacerdoce et de l'empire est bien plus intelligible, si nous décrivons d'abord l'investiture d'un évêque, et si nous présentons à l'écolier, la crosse, l'anneau, l'épée, l'étendard, ces symboles, les uns d'autorité spirituelle, les autres d'autorité temporelle, que les deux pouvoirs ont voulu tour à tour accaparer, et qu'ils se sont à la fin partagés. Les descriptions de cette sorte sont indispensables pour l'histoire du moyen âge, qui, sans elles, demeure incompréhensible; mais c'est à tort qu'elles paraîtraient inutiles pour les temps modernes. Il est vrai que, si nous sommes distingués des hommes du moyen âge par la différence marquée des couleurs, des nuances seules nous différencient de nos ancêtres des deux derniers siècles; mais ces nuances sont fortes.

C'est dans l'art difficile de ces descriptions que s'achève la perfection de l'enseignement historique. Aucun professeur n'y pourrait atteindre, s'il n'y était aidé par des instruments de travail. Actuellement, quelques-uns de ces instruments existent; mais d'autres sont à créer ou à perfectionner. Quelques indications seront données sur ce point dans le chapitre suivant. Nous répéterons, en terminant celui-ci, que la méthode pittoresque et la méthode démonstrative combinées laisseront dans l'imagination et dans l'esprit de l'élève l'idée, éclairée par des images, des transformations successives. Cette idée, c'est précisément toute l'histoire.

III. — DE LA PRATIQUE DE L'ENSEIGNEMENT HISTORIQUE.

L'enseignement historique est celui où le maître est le plus exposé à s'égarer par le désir de bien faire et par le zèle à payer de sa personne. La classe d'histoire est, avec la philosophie, celle où le professeur parle le plus, et, par conséquent, où il court le plus grand risque de trop parler. S'il veut faire un cours complet, si, par excès de conscience, il ne se fie qu'à lui-même, ou bien s'il aime l'exercice de la parole devant un auditoire docile, il parlera pendant la moitié, voire pendant les deux tiers de la classe. Pas un seul élève, peut-être, ne le suivra jusqu'au bout avec une attention soutenue. Admettons qu'une attention suffisante soit obtenue de quelques-uns : il n'en restera pas moins vrai que les classes où le maître parle le plus sont celles où se rencontre le plus grand nombre d'élèves passifs.

Dans l'enseignement historique, le péril c'est l'inertie de l'élève; si nos habitudes ont besoin d'être amendées, le principal objet de la réforme doit être de stimuler l'enfant à l'activité. Il n'y a pas lieu de prescrire des règles applicables à toutes les classes, depuis la sixième jusqu'à la philosophie, ni à tous les maîtres : chacun de ceux-ci a son tour d'esprit particulier, qui le rend plus ou moins apte à employer tel ou tel procédé d'enseignement. Le maître doit demeurer libre de régler comme il l'entend la pratique de sa classe; mais il n'est peut-être pas inutile de proposer ici, sans prétendre l'imposer, une méthode qui diffère de celle qui est aujourd'hui à peu près uniformément suivie.

Cette méthode, qui est, à proprement parler, celle de la collaboration du maître et de l'élève, suppose l'existence d'un nouvel instrument de travail, d'un livre à faire pour chaque classe, et qui prendra place, à côté du manuel, dans la petite bibliothèque de l'écolier.

Ce livre ne présenterait pas, comme le manuel, la suite complète des faits; il ne serait pas un abrégé d'histoire universelle; il donnerait, en les décrivant, les grands événements, les usages, les institutions, avec les biographies ou portraits des très grands personnages. Chacun des chapitres correspondrait à une des leçons du programme. Il serait lu par les élèves avant la classe. Le professeur s'assurerait qu'ils ont fait cette lecture et résumerait à grands traits le chapitre; puis il présenterait familièrement, mais en bon ordre, des remarques et des jugements.

Le livre, par exemple, a décrit, pour l'histoire d'Assyrie, la vie du roi, le costume, le cérémonial, l'armement et l'organisation des guerriers; il a raconté une expédition militaire, en choisissant les traits propres à faire comprendre le caractère de ces guerres de dévastation. Au chapitre des guerres médiques, il a décrit les armées perse et grecque, raconté les batailles, avec les détails donnés par Hérodote. Au chapitre de la fondation de la royauté anglaise, il a décrit (il faut toujours répéter ce mot) les guerriers saxons et les aventuriers normands, raconté les grands épisodes de la conquête, et montré, par des anecdotes bien choisies, les procédés du gouvernement, des agents royaux et des cours royales. Le maître montrera en quoi les expéditions assyriennes et les guerres médiques diffèrent des guerres modernes, et l'administration d'un roi au moyen âge de nos gouvernements d'aujourd'hui. Il expliquera comment le roi de Perse a été amené à faire la guerre aux Grecs, les rois d'Angleterre à établir un régime despotique; comment les guerres médiques ont fondé la puissance d'Athènes; comment la tyrannie des rois d'Angleterre a provoqué et organisé des résistances, et préparé le *self government*.

Le livre, ainsi conçu, est difficile à faire. Il suppose la connaissance directe des documents de l'histoire, où il faut chercher la vie dans sa vérité et sa familiarité pittoresque. Un même auteur ne pourrait vraisemblablement accomplir ce travail pour toutes les périodes; mais nous sommes au temps des spécialités et des collaborations : une collection de ce genre peut être assez rapidement mise sur pied. Plusieurs tentatives en ce sens ont été faites déjà : il faudrait procéder à de nouvelles. Les auteurs futurs feront bien de ne pas se contenter de transcrire les documents; car le nombre des écrivains directement accessibles à l'intelligence de l'écolier est très petit. Des hommes cultivés sentiront le pittoresque d'une page d'un chroniqueur du moyen âge, parce qu'ils se reportent dans son milieu, et, à mesure qu'ils lisent, font la transposition en langue et en sentiments modernes : l'enfant est moins capable de ce travail. Il faut mettre pour lui le document au point, lui parler sa langue de tous les jours, ne pas l'embarrasser par des difficultés philologiques et par la diffusion de la phrase et de la composition.

Des objections peuvent être présentées contre cette méthode : l'élève ne perdra-t-il pas dans un encombrement de récits et de portraits la suite des choses, et, avec ce système, saura-il, comme on dit, son histoire? Définissons ce terme : savoir son histoire. Lequel sait son histoire de deux écoliers, dont l'un voit comment vivait et gouvernait un roi d'Angleterre à telle date, et l'autre récite par cœur le tableau généalogique des descendants de Guillaume Ier? De sincères et vives images des temps passés resteront dans la mémoire, comme des commencements d'idées sur lesquelles l'esprit travaillera plus tard; des noms et des faits accompagnés de notions abstraites s'effaceront à coup sûr. D'ailleurs, pour montrer la suite des faits, le maître est là. Il peut toujours s'aider du précis, et il ne renoncera pas à l'excellent usage du sommaire dicté de chacun des chapitres du cours. En quelques paragraphes bien articulés, ce résumé marquera le plan, c'est-à-dire l'ordre des événements, avec les dates importantes et la conclusion.

Cette méthode a, du moins, l'avantage de régler, dans le commun travail, la part de l'élève et celle du maître. Il semble qu'elle puisse être appliquée surtout dans la division de grammaire, mais sans être exclue pour cela des classes supérieures. Ici encore, elle conviendrait à de certains chapitres d'histoire. Il n'est absolument pas nécessaire que les maîtres emploient tous la même méthode, ni que le même maître applique toujours les mêmes procédés. Mettre de la variété, même des surprises dans l'enseignement, c'est en raviver l'intérêt.

Quelque méthode qu'il choisisse, dans la liberté de son jugement, le professeur devra toujours s'assurer que la classe le suit, le comprend et qu'elle travaille. Il ne donnera pas à la leçon une telle place qu'il néglige les autres exercices : devoirs, exposés oraux faits par les élèves, interrogations.

Les exercices écrits sont actuellement de deux espèces : la rédaction et le devoir sur un point particulier. La rédaction n'est que la copie de notes prises en classe ou la reproduction d'un livre. Le mauvais élève n'apprendra pas l'histoire par cette besogne machinale : il possède le secret d'écrire sans lire ce qu'il écrit. Quant au bon élève, la rédaction, toujours un peu longue, lui gâte la main. Il y a un mauvais style propre à la rédaction d'histoire. Cet exercice, qui est déjà, du reste, en partie abandonné, doit donc être absolument proscrit.

Au contraire, le devoir est un travail très recommandable, que le sujet en soit un récit, le développement d'un point indiqué par le maître, l'essai d'un jugement sur un personnage ou sur une série de faits, l'expression des opinions et impressions éveillées par une lecture. La matière variera naturellement avec l'âge de l'écolier; mais il sera, pour les grands comme pour les petits, très court. L'amour-propre que met l'élève fort en histoire à écrire le plus grand nombre possible de pages est très mal placé. Le devoir doit être soigné comme une narration ou un discours, ce qui exclut les longs développements. Il ne faut pas, d'ailleurs, que le professeur donne un devoir à chaque classe, ni qu'il impose le même à tous. Proposer plusieurs sujets, c'est provoquer les élèves à la réflexion qui détermine le choix; c'est ainsi rendre plus intéressante et plus instructive la correction.

L'usage de l'exposé oral doit être réglé avec prudence. L'écolier doit avoir appris longtemps à parler en réponse à des questions, avant de parler de lui-même et de suite. Dans la division de grammaire, et même en troisième, cet exercice est prématuré. Un enfant qui fait une leçon sur les Gracques est parfaitement ridicule. A partir de la seconde, quand l'écolier a l'esprit plus mûr, et quand l'histoire moderne lui offre des sujets dont la préparation par la lecture est plus facile, l'exposé oral pourra être plus utile, si le sujet en est bien délimité, et si les lectures à faire sont indiquées avec précision. Il serait très fâcheux que l'élève s'habituât à discourir sans préparation suffisante et qu'il jouât à l'orateur; mais il est bon qu'il apprenne à exprimer quelques idées ou à développer un récit simplement, modestement, avec cette sorte de petit courage qu'il faut pour entendre sa parole dans le silence de la classe, sans en être troublé.

L'interrogation est le meilleur moyen de s'introduire dans l'esprit de l'élève. Elle ne doit pas avoir uniquement le caractère d'un interrogatoire de juge, avec sanction pénale. Elle ne doit être ni hâtive ni désordonnée. S'assurer que le sommaire est su, ajouter quelques questions, demander au hasard quelques dates, c'est faire la partie matérielle de l'œuvre. L'interrogation pédagogique doit être préparée et avoir des intentions. Le maître qui la pratique ainsi s'assure qu'il a été bien compris; il laisse l'élève le lui prouver. Il trouve le moyen de reprendre tel point important, de combler une lacune, quelquefois de refaire, d'une façon plus substantielle, la leçon précédente. Il peut interroger aussi, au cours ou à la fin d'une leçon, en dictant quelques questions et en demandant à la classe une courte réponse écrite à trouver en quatre ou cinq minutes. L'attention de l'auditoire est, par ce moyen, tenue en éveil, et l'esprit de l'élève exercé à la promptitude. Le temps ainsi employé sera prélevé sur les moments d'inertie.

IV. — LES PROGRAMMES.

Les principes de méthode plus haut exposés étant admis, il est utile d'introduire quelques modifications dans les programmes. Voici, pour chacune des classes, l'ancien programme et le programme modifié, avec les principales raisons des propositions de changements.

DIVISION ÉLÉMENTAIRE.

CLASSE PRÉPARATOIRE.

ANCIEN PROGRAMME.	NOUVEAU PROGRAMME. (1 h. 1/2.)
Biographies d'hommes illustres des temps anciens et modernes.	Biographies d'hommes illustres des temps anciens et modernes. — Scènes historiques célèbres.
Petits récits faits par le maître et répétés de vive voix par l'élève.	Petits récits faits par le maître et répétés de vive voix par l'élève.
PROGRAMME.	
Biographies d'hommes illustres des temps anciens et modernes.	
Grands voyageurs. — Grands patriotes. — Grands inventeurs.	
Récits et entretiens familiers sur les principaux personnages et les grands faits de l'histoire nationale, des origines à 1789.	

Le programme est simplifié. Les récits et entretiens familiers sur l'histoire nationale, qui se trouveront en huitième et en septième, disparaissent ici. Ils faisaient double emploi à la fois avec le programme de la neuvième et avec ceux de la huitième et de la septième, et ils pouvaient entraîner le professeur à se contenter d'une espèce de nomenclature historique. Le maître sera libre de choisir, comme il l'entendra, ses biographies. Il est seulement invité à les prendre surtout dans la période moderne. Aux biographies sont ajoutées les scènes historiques célèbres, qui seront peut-être encore plus aisément comprises par les enfants.

CLASSE DE HUITIÈME.

ANCIEN PROGRAMME.

Histoire sommaire de la France jusqu'à l'avènement de Louis XI.

Récits simples; courts exposés faits par le maître et répétés de vive voix par l'élève.

PROGRAMME D'HISTOIRE.

Histoire de la France jusqu'à l'avènement de Louis XI.

Les anciens Gaulois. Conquête de la Gaule par les Romains. Jules César. Vercingétorix. Les grandes villes de la Gaule romaine. Le christianisme en Gaule.

Invasion des Barbares. — Les Francs en Gaule. Clovis.

Charles Martel. — Pépin le Bref.

Charlemagne. Ses guerres. Son couronnement à Rome.

Louis le Pieux. Le traité de Verdun. Charles le Chauve. Les Normands.

Démembrement de la France en grands fiefs. — Les premiers Capétiens. Les Croisades.

Affranchissement des communes.

Philippe-Auguste. Bataille de Bouvines.

Règne de saint Louis. — Les monuments religieux et militaires.

Philippe le Bel.

Les Valois. — La guerre de Cent ans.

Charles V et Duguesclin. — Charles VI.

NOUVEAU PROGRAMME.

(1 h. 1/2.)

Histoire sommaire de la France jusqu'à la mort de Louis XI.

Courts sommaires dictés par le maître et récités par l'élève. Courts exposés, récits simples répétés de vive voix par l'élève [1].

PROGRAMME.

La Gaule et les Gaulois. La Conquête romaine. Le Christianisme. — Aspect de la Gaule. Les Gaulois à Rome. Jules César et Vercingétorix. — Le pont du Gard. — Sainte Blandine à Lyon.

Invasion des Barbares. Les Mérovingiens. — Clovis baptisé à Reims. La mort de Brunehaut. Charles Martel à Poitiers.

Les Carlovingiens. — Charlemagne recevant la soumission de Witikind. Charlemagne couronné empereur par le pape. Charlemagne visitant les écoles. Les Normands devant Paris.

Les premiers Capétiens et les Croisades. — Le seigneur dans son château fort. Un suzerain recevant l'hommage. Hugues Capet sacré roi. Robert et les pauvres. Robert excommunié. La trêve de Dieu. — Un chevalier. — Urbain II et Pierre l'Ermite prêchant la première croisade. Godefroy de Bouillon à Jérusalem.

Louis VI et Louis VII. — Louis VI devant le château du Puiset. Saint Bernard prêchant la seconde Croisade. — Les bourgeois de Laon révoltés contre leur

---

[1] Cette liste de scènes historiques, pour la classe de huitième et pour la classe de septième, n'est ni exclusive ni obligatoire.

Les professeurs restent libres de choisir les sujets qui leur paraîtront les plus propres à éveiller l'intérêt et à développer l'imagination des enfants.

Charles VII. Jeanne d'Arc. Fin de la guerre de Cent ans. Avènement de Louis XI.

seigneur. Un seigneur accordant une charte de commune. Le trouvère au château du seigneur. — La construction de la cathédrale de Chartres. Le portail d'une église gothique.

Philippe-Auguste et saint Louis. — Philippe-Auguste à Bouvines. Les Halles de Paris. Les écoliers de l'Université de Paris. Saint Louis élevé par Blanche de Castille. Saint Louis et les pauvres. Saint Louis rendant la justice. Saint Louis prisonnier en Égypte. Mort de saint Louis.

Philippe le Bel. — Les premiers États généraux dans l'église Notre-Dame. Supplice de Jacques de Molay.

Les Valois et la guerre de Cent ans. — Philippe VI vaincu à Crécy. — Les bourgeois de Calais. — Le Grand Ferré. — Jean II prisonnier à Poitiers. L'enfance de Duguesclin. Charles V dans l'hôtel Saint-Pol. — La folie de Charles VI. L'assassinat de Louis d'Orléans. Perrinet Leclerc et les Bourguignons. — Jeanne d'Arc.

Louis XI. — Louis XI à Péronne. Charles le Téméraire à Granson et à Nancy. Louis XI au Plessis-les-Tours. — Les premiers imprimeurs et les premiers livres.

Le cours s'arrêtait à l'avènement de Louis XI; il sera conduit jusqu'à la mort de ce roi. — Le nouveau programme prescrit de courts sommaires, qui seront dictés, et que l'élève apprendra par cœur. Dans ces sommaires, qui ne devront jamais dépasser une dizaine de lignes, et dont il pourra trouver le cadre dans les en-têtes de chapitres marqués ici en italique, le professeur se bornera à indiquer les faits principaux et les dates les plus importantes. Car, si le moment est venu de donner à l'écolier la connaissance précise des grands événements mis à leur place chronologique, il importe de faire un choix rigoureux et d'éviter le détail : c'est à ce prix seulement que la mémoire de l'élève fera aisément l'effort nécessaire, et que cet effort sera fructueux. Ces sommaires bien sus, le maître sera libre, dès lors, de suivre les indications du nouveau programme, qui substitue à la mention trop sèche des noms et des faits une série de très grandes scènes, dont chacune est caractéristique de la période à laquelle elle appartient. Ces scènes, brièvement et vivement racontées, seront autant d'images; les dates du sommaire mettront de l'ordre dans cette galerie.

CLASSE DE SEPTIEME.

ANCIEN PROGRAMME.

———

Histoire.

Histoire de France depuis l'avènement de Louis XI jusqu'à 1815.

Exposés faits par le maître et reproduits par l'élève, de vive voix ou par écrit.

PROGRAMME D'HISTOIRE.

Histoire de France depuis l'avènement de Louis XI jusqu'à 1815.

Louis XI et Charles le Téméraire.

Charles VIII et Louis XII. — Guerres d'Italie.

François Ier. — Lutte de François Ier et de Charles-Quint. La Renaissance.

La Réforme et les guerres de religion. — Henri II. Charles IX. La Saint-Barthélemy.

Fin des guerres de religion. — Henri III et la Ligue. Avènement de Henri IV. L'édit de Nantes.

Henri IV et Sully. — Minorité de Louis XIII.

Richelieu. — Lutte contre les protestants. Guerre de Trente ans.

Louis XIV. — **Mazarin.** Traités de Westphalie et des Pyrénées.

Colbert et Louvois. — Guerres de Louis XIV. Traités d'Aix-la-Chapelle et de Nimègue.

Fin du règne de Louis XIV. — Révocation de l'édit de Nantes. Guerres de la ligue d'Augsbourg et de la succession d'Espagne. — Les écrivains, les savants et les artistes du siècle de Louis XIV.

Règne de Louis XV. — Le duc d'Orléans et le cardinal de Fleury. Guerres de la succession de Pologne, de la succession d'Autriche, et guerre de Sept ans. Les grands écrivains du xviiie siècle.

NOUVEAU PROGRAMME.

(1 h. 1/2.)

———

Histoire sommaire de la France jusqu'en 1815.

Courts sommaires dictés. Récits simples. Courts exposés.

PROGRAMME.

Charles VIII et Louis XII. Guerres d'Italie. — Charles VIII à Naples. Bayard au pont de Garigliano. Gaston de Foix à Ravenne. François Ier à Marignan.

Lutte de François Ier et de Charles-Quint. — François Ier vaincu à Pavie, prisonnier à Madrid. Le connétable de Bourbon et Bayard. Charles-Quint à Paris. — Siège de Metz sous Henri II.

La Réforme et les guerres de religion. — Mort de Henri II. — La Saint-Barthélemy. — La journée des Barricades. Assassinat de Henri de Guise, de Henri III.

Henri IV. — Enfance de Henri IV. Henri IV à Ivry. Entrée de Henri IV dans Paris. — Henri IV et Sully. Assassinat de Henri IV.

La guerre de Trente ans. Louis XIII et Richelieu. — La digue devant la Rochelle. Exécution de Cinq-Mars. — Condé à Rocroy, à Fribourg.

Mazarin. La Fronde. — Anne d'Autriche à la journée des Barricades. Courage civil de Mathieu Molé. — Charité de saint Vincent de Paul. — Turenne et Condé au combat du faubourg Saint-Antoine.

Louis XIV. — Captivité de Fouquet. — Colbert, les artisans et les paysans. Le canal du Midi. — Passage du Rhin par Louis XIV. Turenne en Alsace. Sa mort. — Louis XIV et Vauban devant Valenciennes. — Tourville à la Hogue. Exploits de Jean Bart. — Louis XIV à Versailles. Boileau et la pension de Cor-

Louis XVI. — Turgot et Malesherbes.

La Révolution française. — Assemblées constituante et législative.

La Convention. — La République. Guerres de la République. Paix de Bâle.

Le Directoire. — Campagne d'Italie. Expédition d'Égypte. 18 brumaire.

Le Consulat. — Paix de Lunéville et d'Amiens.

L'Empire. — Austerlitz, Iéna, Friedland.

Guerres d'Espagne, de Russie, d'Allemagne et de France.

Chute de l'Empire.

neille. — Le duc d'Anjou proclamé roi d'Espagne. — Villeroi à Crémone. — Fénelon à Cambrai. — Louis XIV et Villars. Villars à Denain. Vendôme à Villaviciosa. Louis XIV et Samuel Bernard. Mort de Louis XIV.

Louis XV. — Les agioteurs de la rue Quincampoix. Villeroi et l'éducation de Louis XV. Le comte de Plélo à Dantzig. Chevert à Prague. Maurice de Saxe à Fontenoy. — Dupleix à Pondichéry. Montcalm au Canada. Exécution de Lally-Tollendal.

Louis XVI. — Le roi et Turgot. — La Fayette en Amérique. — Franklin et Voltaire. — Le combat de la *Belle-Poule.* Mort de La Pérouse.

L'Assemblée constituante. — Mirabeau et le marquis de Dreux-Brézé. La journée du 20 juin. La prise de la Bastille. La nuit du 4 août. La fête de la Fédération. La fuite du roi.

La Législative et la Convention. — Les enrôlements volontaires. Valmy. L'arrestation et le supplice des Girondins. — Hoche en Alsace. L'entrée des Français à Amsterdam.

Le Directoire. — Bonaparte à Arcole, à Rivoli. — Bonaparte aux Pyramides. — Masséna à Zurich.

Le Consulat et l'Empire. — Passage du Grand Saint-Bernard. Desaix à Marengo. — Napoléon couronné empereur. — Napoléon à Austerlitz. Davout à Auerstaedt. Ney à Friedland. — Napoléon à Tilsitt. Lannes et Masséna à Essling. — Le général Éblé et les pontonniers à la Bérésina. Napoléon à Fontainebleau. La Garde à Waterloo. Napoléon à Sainte-Hélène.

Dans les dernières leçons, le professeur racontera les grands épisodes des guerres d'Algérie, de Crimée, d'Italie et de la guerre de 1870.

Les modifications ont été faites dans le même esprit que pour la classe précédente.

DIVISION DE GRAMMAIRE.

CLASSE DE SIXIÈME.

<table>
<tr><td>ANCIEN PROGRAMME.</td><td>NOUVEAU PROGRAMME.
(1 h. 1/2.)</td></tr>
</table>

ANCIEN PROGRAMME.

*Histoire ancienne des peuples de l'Orient.
— Géographie ancienne.*

Monde connu des anciens.

Description de l'ancienne Égypte. — Le Nil. — L'ancien empire. Le moyen empire. Invasion des pasteurs. — Le nouvel empire. — Monuments, religion, mœurs et coutumes. — Les systèmes d'écriture. — Les découvertes de Champollion et de Mariette.

La région du Tigre et de l'Euphrate. — Chaldéens et Assyriens. — La dynastie des Sargonides. — Babylone et le nouvel empire chaldéen. — Monuments. — Religion, mœurs et coutumes.

Géographie de la Palestine. — Les Israélites en Égypte et dans la Terre promise. — Moïse. — Les Juges. — Le royaume de David et de Salomon. — Schisme des dix tribus. — Destruction des deux royaumes.

Géographie de la Phénicie. — Sidon et Tyr. — Le commerce maritime et terrestre, l'industrie, les colonies. — Fondation de Carthage. — L'alphabet.

L'empire mède. — Le royaume de Lydie et les premières monnaies. — L'empire perse. — Cyrus, Cambyse et Darius. — Organisation de l'empire de Darius. — Mœurs, coutumes. — Monuments des Perses.

NOUVEAU PROGRAMME.

Histoire de l'Orient.

Égypte. — Description de l'ancienne Égypte. Le Nil. — Memphis et l'ancien empire; Thèbes et les Rhamsès; l'Égypte conquise. — Religion, monuments, mœurs, industrie. — Découvertes de Champollion; les égyptologues français.

Chaldéens et Assyriens. — Description de la région du Tigre et de l'Euphrate. — Ninive et Babylone. Sargon et Nabuchodonosor. — Ruine de Babylone. — Mœurs et coutumes, monuments. — Découvertes contemporaines.

Les Israélites. — Description de la Palestine. — Les Israélites en Égypte et dans la Terre promise. — Moïse, les Juges. — Le royaume de David et de Salomon, le Temple. — Le schisme des dix tribus. Destruction des deux royaumes.

Les Phéniciens. — Description de la Phénicie. — Sidon et Tyr : le commerce, l'industrie, les colonies. — Fondation de Carthage. — L'alphabet.

Les Mèdes et les Perses, — Description de l'Iran et de l'Asie mineure. — Les Mèdes et les Perses. Cyrus, Cambyse, Darius. Conquête de la plus grande partie de l'ancien Orient, et organisation de l'empire des Perses. — Monuments, religion, mœurs et coutumes.

Les modifications sont peu nombreuses. Elles ont pour objet d'écarter toute tentative d'érudition, du genre de celles qui sont contenues dans ces mentions de l'ancien programme : « Monde connu des anciens », « les systèmes d'écritures », « les premières monnaies »; de proscrire les énumérations, qui semblent imposées par un article comme « la dynastie des Sargonides »; d'inviter le maître à décrire les pays (le mot *description* a été substitué à dessein au mot *géographie*); à localiser, pour ainsi dire, aux endroits principaux l'attention de l'élève. Au lieu de « l'ancien empire, le moyen empire », le programme nouveau dit : « Memphis et l'ancien empire, Thèbes et les Rhamsès ». Au chapitre des Israélites, il nomme le Temple. L'élève qui connaîtra Memphis, Thèbes, Babylone, Ninive, Jérusalem et le Temple, comprendra l'histoire de l'antiquité orientale, que ne lui apprendraient pas les listes des dynasties.

CLASSE DE CINQUIÈME.

ANCIEN PROGRAMME.

Géographie de la Grèce ancienne et du littoral de la Méditerranée.

La race hellénique; la religion et les légendes; les guerres de Troie et de Thèbes; les oracles ; les amphictyonies; les jeux.

Invasion des Doriens; les villes grecques d'Asie. — Le commerce et les arts en Ionie.

Extension de la race grecque en Italie, en Sicile, en Afrique.

Sparte : ses institutions, les rois, le sénat, les éphores.

Athènes : l'ancienne royauté; les Eupatrides et l'Archontat, l'Aréopage. — Solon, Pisistrate et Clisthène.

Les deux guerres médiques; Marathon, Salamine et Platée.

Périclès; changements dans la constitution : l'assemblée du peuple; le Conseil des Cinq-Cents; les Héliastes.

Les arts et les lettres à Athènes, les poètes dramatiques et les orateurs.

Guerre du Péloponèse. — Les Quatre-Cents et les Trente. — Mort de Socrate.

Puissance de Sparte. — Expédition de Cyrus et retraite des Dix-Mille. Agésilas. — Traité d'Antalcidas.

Puissance de Thèbes. — Épaminondas.

Puissance de la Macédoine. — Philippe. — Démosthène et Eschine; ba-

NOUVEAU PROGRAMME.

(1 h. 1/2.)

Histoire grecque.

Géographie de la Grèce ancienne et du littoral de la Méditerranée orientale.

La race hellénique. — Les dieux et les légendes; la guerre de Troie; les poèmes d'Homère. — Les oracles, les amphictyonies, les jeux; Olympie, Delphes, Délos.

Les Doriens et les Ioniens. — Les villes grecques d'Asie. Les colonies de la Grande-Grèce, de la Sicile et de l'Afrique. — Premier développement du commerce et des arts.

Sparte. — Ses mœurs. — Les rois, le sénat, les éphores. — Lycurgue.

Athènes. — Ses mœurs. — L'ancienne royauté, l'Archontat, l'Aréopage. — Solon, Pisistrate, Clisthène.

Les guerres médiques. — Batailles de Marathon, Salamine, Platée. — Miltiade, Thémistocle, Aristide, Cimon.

Suprématie d'Athènes. — Périclès, la constitution de la démocratie athénienne. — Le commerce athénien, le Pirée.

Les arts et les lettres à Athènes. — L'Acropole : Phidias. — Les fêtes et les représentations théâtrales, le théâtre. Les poètes dramatiques. — L'assemblée du peuple et les orateurs. — La vie grecque. — Les historiens.

Guerre du Péloponèse. — Alcibiade,

taille de Chéronée. — Hégémonie macédonienne.

Alexandre. — Conquête de l'Asie. Fondation d'Alexandrie. Étendue de l'empire macédonien à la mort d'Alexandre.

Histoire très sommaire de l'Égypte sous les Lagides et de la Syrie sous les Séleucides. Diffusion de l'esprit grec en Orient. — Le commerce, les lettres et les arts à Alexandrie et à Pergame.

La ligue achéenne et la ligue étolienne; Aratus et Philopœmen. — Conquête de la Macédoine et de la Grèce par les Romains. — Diffusion de l'esprit grec en Occident.

Lysandre. — Prise d'Athènes. — Mort de Socrate.

Suprématie de Sparte. — Expédition de Cyrus et retraite des Dix-Mille. — Agésilas. — Traité d'Antalcidas.

Suprématie de Thèbes. — Épaminondas.

Suprématie de la Macédoine. — Philippe et Démosthène. — Bataille de Chéronée.

Alexandre le Grand. — Destruction de Tyr, fondation d'Alexandrie. — Conquête de l'Asie. — Les philosophes et les savants grecs.

Principaux États formés du démembrement de l'empire d'Alexandre. — Les Ptolémées. — Diffusion de l'esprit grec en Orient. — Alexandrie. Pergame.

Dernières luttes civiles en Grèce. — Les ligues achéenne et étolienne. Aratus et Philopœmen. — La conquête romaine. Diffusion de l'esprit grec en Occident.

Revision des grands faits et résumé du cours.

Le nouveau programme, comme pour la classe précédente, prend ses précautions contre l'érudition : le mot « institutions » est remplacé par le mot « mœurs », qui est à la fois plus familier et plus compréhensif. Si le « Conseil des Cinq-Cents » et les « Héliastes » ont disparu, ce n'est pas pour interdire aux professeurs de parler des « Cinq-Cents » et des « Héliastes »; c'est pour le mettre en garde contre des développements trop techniques. Au lieu de « la religion et les légendes », le programme dit : « les dieux et les légendes », de peur que le mot « religion » n'induise le maître à un exposé complet et philosophique de la mythologie grecque. Suivant la méthode indiquée au cours de ce rapport, la politique, les lettres et les arts ont été placés dans les cadres même de la vie : les poèmes d'Homère après la guerre de Troie, le commerce au Pirée, les arts à l'Acropole, les poètes dramatiques au théâtre, les orateurs dans l'assemblée du peuple. Les plus grands personnages de l'antiquité grecque, ceux qui résument en eux-mêmes les caractères d'une période, sont nommés; avec la Grèce commencent les individus que nous connaissons, et, pour le professeur, l'obligation de faire comprendre l'action des personnages historiques en histoire. Il trouvera le moyen de grouper les événements autour des hommes qui les ont conduits. La guerre de Péloponèse, par exemple, sera bien plus intelligible et plus intéressante, si Alcibiade et Lysandre, au lieu d'être perdus dans le détail des faits, sont mis en lumière au premier plan.

A la fin du programme se trouve une prescription, qui sera répétée à la fin de chacun des programmes suivants : Revision des grands faits et sommaire général du cours. Il n'échappera point au professeur que les dernières heures de l'année qu'il consacrera à cette revision seront les mieux employées et les plus utiles du cours.

CLASSE DE QUATRIÈME.

ANCIEN PROGRAMME.

Géographie de l'Italie. — Anciennes populations. — Les Étrusques. — Les colonies grecques.

Fondation de Rome. — Institutions primitives : le patriciat et la clientèle; la plèbe. — Les rois et le sénat. — Notions sommaires sur la religion romaine.

Abolition de la royauté. — Le consulat. — La dictature. — Le tribunat. — Comices par curies, par centuries et par tribus.

Législation des décemvirs. — La censure, la préture. — Efforts pour établir l'égalité politique et religieuse entre les deux ordres.

Histoire extérieure de Rome; énumération très rapide des guerres contre les Latins, les Sabins, les Étrusques, les Gaulois, les Samnites, Pyrrhus. — L'armée; les colonies et les voies militaires.

Guerres contre Carthage : Hamilcar et Annibal; les deux Scipions.

Conquêtes en Orient : Flaminius et Paul-Émile; réduction de la Macédoine et de la Grèce en provinces et acquisition du royaume de Pergame.

Conquêtes en Occident; formation des provinces de Gaule Cisalpine, d'Espagne et de Gaule Narbonnaise.

Jugurtha et les Cimbres. — Guerres contre Mithridate. — Administration des provinces.

NOUVEAU PROGRAMME.

(1 h. 1/2.)

Histoire romaine

Géographie de l'Italie. — Anciennes populations : les Étrusques; les colonies grecques.

Fondation de Rome. — Époque royale; le Sénat; le patriciat et la clientèle; la plèbe. — Notions sommaires sur le culte.

Abolition de la royauté. — Le consulat; la dictature, le tribunat; les comices. — Une séance du Sénat, une assemblée du peuple. Le Forum.

Conquête de l'égalité civile, politique et religieuse. — Les décemvirs et loi des Douze tables. — La censure; la préture.

Les premières luttes de Rome. — Conquête de l'Italie. — L'armée; les colonies et les voies militaires.

Les guerres puniques. — Hamilcar et Annibal; les deux Scipions. — Ruine de Carthage.

Conquête du bassin de la Méditerranée. — Caractères de la politique et de la guerre en Orient et en Occident.

Conséquences des conquêtes. — L'hellénisme à Rome. Révolution religieuse, morale et littéraire. — Caton le censeur.

Conséquences politiques et sociales. — La noblesse; l'ordre équestre; la plèbe; l'esclavage. — L'administration des provinces.

Histoire intérieure de Rome. Conséquences des conquêtes : formation d'une nouvelle noblesse et de l'ordre équestre.

Projets de réforme de Tibérius Gracchus. — Loi agraire. — Caïus Gracchus; loi judiciaire; loi frumentaire.

Guerre sociale. — Extension du droit de cité à l'Italie.

Guerre civile de Marius et de Sylla; lois cornéliennes. — Sertorius. — Spartacus.

Pompée. — Cicéron. — Catilina.

Premier triumvirat. Consulat de César. — Conquête de la Gaule. Vercingétorix.

Guerre civile. Pharsale.

Dictature de César; ses réformes et ses projets.

Octave et Antoine; bataille de Philippes; fin du gouvernement républicain.

Auguste. — Organisation du gouvernement nouveau. Administration des provinces. Lutte contre les Germains. — Bornes de l'empire.

Lettres et arts à Rome depuis la mort de Sylla jusqu'à la mort d'Auguste. — Monuments, commerce et routes.

Empereurs de la famille d'Auguste.

Conquête de la Bretagne. — Les Flaviens. — Ruine de Jérusalem.

Conquêtes de Trajan. — Voyages d'Adrien. Antonin et Marc-Aurèle.

Gouvernement des Antonins : le sénat et le conseil du prince. — Les grands jurisconsultes.

Lettres et arts depuis la mort d'Auguste jusqu'au règne de Marc-Aurèle. — Développement du christianisme.

Les empereurs syriens. Septime-Sévère; l'édit de Caracalla.

L'anarchie militaire. — Relèvement de l'empire par Aurélien. Probus et Dioclétien.

Constantin. — Concile de Nicée; orga-

Lois agraires et projets de réforme de Tibérius et de Caïus Gracchus.

Marius et Sylla. — Guerres contre Jugurtha, les Cimbres, Mithridate. Guerre sociale et guerre civile. Extension du droit de cité. Proscriptions. Les lois Cornéliennes.

Pompée. — Son rôle militaire et politique. Spartacus. — Cicéron; Verrès; Catilina.

César. — Premier triumvirat. Conquête des Gaules; Vercingétorix.

Guerre civile. — Pharsale. — Dictature, réformes et projets de César. — Octave et Antoine. Bataille d'Actium. — Fin du gouvernement républicain.

L'Empire. — Auguste. Organisation du gouvernement nouveau. — Administration de Rome et des provinces. Lutte contre les Germains : Varus. — Limites de l'empire.

Les lettres et les arts. — Grands écrivains depuis la mort de Sylla jusqu'à la mort d'Auguste. — Monuments. Commerce; routes.

Les empereurs de la famille d'Auguste. — Conquête de la Bretagne. — Les Flaviens. — Ruine de Jérusalem.

Les Antonins. — Conquêtes de Trajan. — Voyages d'Adrien. — Antonin et Marc-Aurèle. — Gouvernement des Antonins.

Les arts. — Grands monuments à Rome et dans les provinces. — Les spectacles. — La maison romaine.

Les lettres. — Grands écrivains depuis la mort d'Auguste jusqu'à la mort de Marc-Aurèle. — Les Stoïciens.

Le christianisme. — Église primitive : catacombes.

Septime-Sévère. — Les grands jurisconsultes; l'édit de Caracalla. — Anarchie. — Premières invasions. — Relèvement de l'empire par Dioclétien.

Constantin. — L'édit de Milan. Le concile de Nicée. — Organisation de l'Église

nisation de l'Église chrétienne. — Fondation de Constantinople. — Changements dans le gouvernement et l'administration sous Dioclétien et Constantin.

Réaction païenne de Julien. — Lutte contre les Germains et les Perses. — Règne de Théodose. — Suppression officielle du paganisme. — Séparation définitive des deux empires.

chrétienne. — Fondation de Constantinople. — Nouvelle organisation de l'empire.

Derniers temps de l'empire. — Julien. Théodose. — Suppression officielle du paganisme. — Les deux empires. — Étendue du monde romain.

Revision des grands faits et résumé du cours.

Très peu de changements ont été introduits dans le programme de quatrième. Quelques termes de l'histoire des institutions ont été supprimés : le professeur ne doit, en cette matière, donner que l'essentiel. Les mentions des guerres ont encore été simplifiées et écourtées, et le professeur est engagé à renoncer à la nomenclature des faits d'ordre purement militaire, lorsqu'ils ne lui fournissent pas l'occasion de faire ressortir le caractère des luttes entreprises ou le rôle des grands hommes de guerre. Il est à craindre en effet que, s'il s'arrête aux détails inutiles de la conquête romaine, il n'ait plus le temps nécessaire pour traiter l'histoire de l'empire, dont la connaissance est indispensable pour comprendre l'histoire du moyen âge. Quelques indications telles qu'une séance du sénat, une assemblée du peuple au forum, les spectacles, la maison romaine, les catacombes, invitent le professeur à décrire et à s'attacher quand cela est possible, à l'histoire de la civilisation. Quelques modifications ont été faites dans l'ordre des chapitres, pour mieux marquer l'ordre des faits. Une plus grande place a été donnée à l'histoire de l'église chrétienne, qui ne peut évidemment être traitée en passant.

DIVISION SUPÉRIEURE.

CLASSE DE TROISIÈME.

ANCIEN PROGRAMME.	NOUVEAU PROGRAMME.
	(1 h. 1/2.)

La Gaule avant la conquête romaine et sous l'empire : administration provinciale et municipale; le colonat. — Écoles, monuments, civilisation. — Le christianisme, l'épiscopat.

Les Germains, leurs invasions : énumération des États qu'ils ont fondés. — Les Huns et Attila; les Goths et Théodoric.

Histoire de l'Europe et de la France jusqu'en 1270.

L'empire romain à la fin du IVe siècle. — L'empereur, les préfets, l'impôt; la cité; les grandes propriétés; les colons. Civilisation romaine : écoles, monuments, mœurs. Exemples pris en Gaule.

Les Francs. — Clovis. — Clotaire II. Dagobert. — Gouvernement et institutions de l'époque mérovingienne. — Notions sur les lois barbares; la loi salique.

L'empire romain d'Orient. — Justinien; son œuvre législative.

Mahomet. — L'islamisme et le califat. — Éclat de la civilisation arabe.

Pépin d'Héristal. — Charles Martel. — Pépin le Bref. — Charlemagne; ses guerres; rétablissement de l'empire. — Gouvernement et institutions de l'époque carlovingienne. — Capitulaires.

Louis le Pieux. — Traité de Verdun.

Charles le Chauve. — Les Normands. — Démembrement de l'empire en royaumes, et de la France en grands fiefs. — Avènements des Capétiens.

Le régime féodal.

L'Église : épiscopat; papauté; conciles; ordres religieux.

L'empire. — Otton le Grand. — Les Franconiens. — La querelle des investitures; Grégoire VII.

Les Croisades. — Le royaume de Jérusalem. — Les Assises.

L'empire latin de Constantinople.

Alexandre III et Frédéric Barberousse. — Innocent III. — Guerre des Albigeois. — Innocent IV et Frédéric II. — La maison d'Anjou en Italie.

Conquête de l'Angleterre par les Normands. — Henri II.

La Grande Charte. — Henri III. Progrès des populations urbaines et rurales; les communes.

Progrès du pouvoir royal en France. Louis VI, Louis VII et Philippe-Auguste.

Règne de saint Louis.

Les arts, les lettres, les écoles aux xiie

Comparaison de la Gaule avant la conquête et de la Gaule romaine.

Le christianisme; les évêques, les conciles.

Les Barbares. — Mœurs des Germains. — Les invasions germaniques : Alaric. Simple énumération des États fondés par les Germains. — Les Huns et Attila. — Les Goths et Théodoric.

Les Francs : Clovis. Conquête de la Gaule et d'une partie de la Germanie.

Mœurs de l'époque mérovingienne : loi salique. Les rois, les grands, les évêques; Grégoire de Tours. Les régions franques : Neustrie, Austrasie, Bourgogne, Aquitaine.

Empire romain d'Orient. — Justinien. Mœurs byzantines, la cour, les lois; l'église Sainte-Sophie.

Les Arabes. — Mahomet : le Coran; l'empire arabe; la civilisation arabe.

La papauté. — Grégoire le Grand, monastères et missions en Occident.

Les ducs austrasiens. — Charles Martel. Relations avec les papes. Avènement de Pépin le Bref.

L'empire franc. — Charlemagne; la cour, les assemblées, les Capitulaires, les écoles; l'armée et la guerre; restauration de l'empire.

Louis le Pieux. Le traité de Verdun. Démembrement de l'empire en royaumes. Les Normands en Europe.

La féodalité. — Démembrement de la France en grands fiefs. Avènement des Capétiens.

Le régime féodal : l'hommage, le fief, le château, le serf, la trêve de Dieu; évêques et abbés. — La chevalerie.

L'Allemagne et l'Italie. — Les duchés allemands; Henri Ier; les Marches; Otton Ier en Italie. Nouvelle restauration de l'empire.

L'empereur et le pape : la réforme de l'Église. Grégoire VII : la querelle des investitures. Alexandre III et Frédéric Barberousse. Innocent III : Frédéric II.

40.

et xiii° siècles; le commerce et l'industrie.

Tableau des États de l'Europe en 1270.

Les croisades. — Fondation du royaume de Jérusalem. La prise de Constantinople. Influence de la civilisation orientale sur l'Occident.—Croisades et missions dans l'orient de l'Europe.

Les villes. — Progrès des populations urbaines et rurales en Occident. — Les communes. L'industrie, le commerce, les métiers, les foires.

La royauté française. — Les premiers rois capétiens. Le roi, sa cour, son domaine; les grands vassaux.
Louis VI, Louis VII et Philippe-Auguste. Progrès du pouvoir royal; extension du domaine.
Le règne de saint Louis.

L'Angleterre. — Guillaume le Conquérant; Henri II. La Grande Charte. Le Parlement.

Civilisation chrétienne et féodale. — L'Église; les hérésies; les ordres mendiants: l'Inquisition; la croisade albigeoise. — Les écoles; l'Université de Paris. — La littérature : trouvères, troubadours: Villehardouin, Joinville. — Les arts: un château, une église romane, une église gothique.

Revision des grands faits et sommaire général du cours.

Le point de départ du cours est mis, non en Gaule, mais dans l'empire, pour les raisons que nous avons dites plus haut, auxquelles il convient d'ajouter celle-ci : l'idée de l'empire domine tout le moyen âge, produit la restauration carlovingienne de l'an 800 et les luttes des pouvoirs spirituel et temporel. De plus, la royauté, dans presque tous les pays, se recommande du souvenir de Rome. Pour concilier avec la vérité historique les droits particuliers de la Gaule à notre attention, le programme recommande de prendre en Gaule le tableau de la civilisation romaine. Il ajoute, pour donner au maître l'occasion d'un retour sur l'histoire antérieure de notre pays, la comparaison de la Gaule avant la conquête et de la Gaule romaine.

L'ancien programme plaçait trop loin, après la dissolution de l'empire carolingien, l'Église et la papauté, et intervertissait ainsi l'ordre des grands faits.

L'ancien programme plaçait le chapitre consacré au progrès des populations urbaines et rurales après l'histoire d'Angleterre et avant l'histoire de France. On l'a placé ici avant l'une et l'autre, comme un fait de civilisation générale, dont la connaissance est nécessaire pour comprendre la formation politique des deux royaumes.

Dans l'ordre que nous avons adopté, l'écolier rencontre toutes les questions que l'on peut appeler d'histoire universelle : la féodalité, le sacerdoce et l'empire, les croisades, la transformation des populations urbaines et rurales, avant d'arriver à la fondation d'états particuliers, qui est la caractéristique de la fin du moyen âge.

Le nouveau programme place à la fin un tableau de la civilisation chrétienne et féodale, autrement conçu que celui qui est indiqué dans l'ancien. Le commerce et l'industrie, qui ont été placés avec les villes, n'y figurent plus; mais une grande place a été faite à l'Église. La croisade albigeoise, détachée du lieu où elle avait été mise, au risque d'interrompre et de troubler la difficile histoire des rapports du sacerdoce et de l'empire, avec laquelle elle n'avait rien à voir, est reportée ici.

D'autres modifications ont été inspirées par le désir d'éviter le détail, les énumérations inutiles de princes. Des noms de Mérovingiens ont été effacés. La mention des Franconiens a disparu; l'énumération complète des empereurs allemands, par dynasties, n'est pas plus nécessaire que celle des rois francs.

Le nouveau programme invite les professeurs à éviter les abstractions, en substituant à « administration provinciale et municipale; le colonat », *les préfets, l'impôt, la cité, les grandes propriétés, les colons;* à « gouvernement et institutions de l'époque mérovingienne; notions sur les lois barbares, la loi salique », *mœurs de l'époque mérovingienne, loi salique, les rois, les grands, les évêques, Grégoire de Tours;* à « Justinien, son œuvre législative », *Justinien, mœurs byzantines, la cour, les lois, l'église Sainte-Sophie,* en ajoutant à « progrès des populations urbaines et rurales, les communes », *commerce, métiers, foires;* à « régime féodal », *hommage et fief, le château, le servage, la trève de Dieu, la Chevalerie.*

Au lieu de « les arts, les lettres, les écoles », il dit : *les écoles, l'Université de Paris; la littérature, trouvères, troubadours, Villehardouin, Joinville; les arts : un château, une église romane, une église gothique,* indiquant ainsi un exemple concret à côté de chacune des notions abstraites.

CLASSE DE SECONDE.

ANCIEN PROGRAMME.

*Histoire de l'Europe,
et particulièrement de la France,
de 1270 à 1610.*

Philippe le Bel; caractère nouveau du gouvernement; les légistes; les premiers États généraux. — Lutte contre Boniface VIII. — Condamnation des Templiers. — Soulèvement de la noblesse en 1314. Les trois fils de Philippe le Bel.

Première partie de la guerre de Cent ans. — Les États généraux et Étienne Marcel. — La Jacquerie. — Charles V et Duguesclin; guerres et gouvernement. — Paris au xive siècle.

Allemagne. — Avènement des Habsbourg. — Affranchissement de la Suisse. — La Bulle d'Or. — La Hanse.

Déclin du moyen âge. — Commencement de la Renaissance en Italie; Dante, Giotto, Pétrarque.

La poudre à canon; la boussole; le papier.

Les papes à Avignon; le grand schisme d'Occident. — Wiclef en Angleterre; agitations en Europe.

Deuxième partie de la guerre de Cent ans. — Charles VI; rôle de la maison de Bourgogne. — Charles VII et Jeanne d'Arc; traité d'Arras.

Institutions de Charles VII; armée permanente; Pragmatique de Bourges. — Mœurs; la chevalerie nouvelle; la cour de Bourgogne. — Guerre des Hussites. — Fin du grand schisme.

Démembrement de l'empire d'Orient. — Slaves et Hongrois; les Turcs en Europe; Mahomet II. — La Moscovie; Ivan III.

Nouveaux progrès du pouvoir monarchique. — France; Louis XI et Charles le Téméraire. — Charles VIII et Anne de Beaujeu. — États généraux de 1484.

NOUVEAU PROGRAMME.
(1 h. 1/2.)

*Histoire de l'Europe et de la France,
de 1270 à 1610.*

L'Europe à la fin du xiiie siècle. — Europe et papauté. Principaux États.

La royauté en France. — Philippe le Bel; caractère nouveau du gouvernement; l'impôt et l'armée; le Parlement; les États généraux. Lutte contre Boniface VIII. Condamnation des Templiers. Avènement des Valois.

La guerre de Cent ans. — Les armées et les grandes compagnies. Les États généraux; Étienne Marcel. La Jacquerie. — Charles V et Duguesclin. Paris au xive siècle. Charles VI et la Maison de Bourgogne. — Charles VII; Jeanne d'Arc. Expulsion des Anglais.

France et Angleterre à la fin de la guerre de Cent ans. — Institutions de Charles VII : armée permanente; pragmatique de Bourges. — Féodalité : Bretagne et Bourgogne. — Troubles en Angleterre : Henri VI.

L'Église. — Les papes à Avignon; le grand schisme d'Occident; Wiclef et Jean Huss; les grands conciles.

L'anarchie en Allemagne et en Italie. — Avènement des Habsbourg : affranchissement de la Suisse; la Bulle d'Or; la Hanse. Les grandes villes d'Italie : Florence et Venise.

Démembrement de l'empire grec et formation de l'empire ottoman. — Slaves et Hongrois; les Turcs : Mahomet II. — L'Europe orientale : la Moscovie, Ivan III.

Les États de l'Europe occidentale à la fin du xve siècle. — France : Louis XI et Charles le Téméraire. Charles VIII et Anne de Beaujeu. États de 1484.

Angleterre : les Tudors.

Espagne : Formation du royaume; Ferdinand et Isabelle.

Angleterre ; avènement des Tudors ; la Constitution anglaise à la fin du xvᵉ siècle.

Formation du royaume d'Espagne ; Ferdinand et Isabelle. — Découvertes maritimes. — Christophe Colomb ; les Portugais aux Indes; les Espagnols en Amérique.

États de l'Italie. — Les Médicis à Florence. Guerres d'Italie; Louis XII; les papes Jules II et Léon X.

Rivalité de la France et de la Maison d'Autriche ; François Iᵉʳ, Charles-Quint, Henri VIII et Soliman. — Henri II. — Acquisition des trois évéchés; paix de Cateau-Cambrésis.

Gouvernement et institutions de la France, de Charles VIII à François II ; l'administration, l'armée, la justice, les finances; le concordat de 1516.

La Renaissance. — Invention de l'Imprimerie. — Les arts et les lettres en Italie (Brunelleschi, Machiavel, l'Arioste, le Tasse; les écoles italiennes: Léonard de Vinci, Raphaël, Michel-Ange). — Flandre et Allemagne (les Van Eyck ; Érasme, Dürer, Copernic). — France : le Cardinal d'Amboise; le Collège de France; Rabelais, Ronsard, Montaigne; l'école de Fontainebleau (Jean Goujon, Philibert Delorme).

La Réforme en Suisse, en Allemagne et dans les États scandinaves. — Zwingle et Luther; paix d'Augsbourg. — Calvin à Genève.

Angleterre. — Henri VIII, Élisabeth et Marie Stuart.

Le concile de Trente ; la Société de Jésus. — Philippe II, son rôle en Europe. — Affranchissement des Provinces-Unies; Guillaume le Taciturne.

Commencements de la Réforme en France et guerres de religion. — Charles IX, le chancelier de l'Hospital. — Les Guises : les États généraux; Henri III et

Le déclin du moyen âge. — Commencement de la Renaissance en Italie : Dante, Giotto, Pétrarque, Brunelleschi, Donatello.

Les grandes inventions et leurs effets sur la civilisation générale. — Poudre à canon, boussole, papier, imprimerie. Les découvertes maritimes : connaissances géographiques à la fin du xvᵉ siècle ; découvertes des Portugais et des Espagnols; Christophe Colomb. Les voies de commerce ; les épices et l'or.

La politique européenne. — Guerre d'Italie : les États italiens à la fin du xvᵉ siècle ; les belligérants : France, Espagne, Maison d'Autriche. Jules II et Léon X.

La rivalité des Maisons de France et d'Autriche. — François Iᵉʳ et Charles-Quint; Henri VIII et Soliman. Henri II. Abdication de Charles-Quint ; traité de Cateau-Cambrésis.

Le pouvoir royal en France. — La cour au temps de François Iᵉʳ et de Henri II ; les principales familles nobles; le clergé et le concordat de 1516 ; l'armée, la justice, les finances.

La Renaissance. — Les arts et les lettres en Italie : Machiavel, Arioste, le Tasse, Léonard de Vinci, Raphaël, Michel-Ange, Titien. — Renaissance aux Pays-Bas et en Allemagne: retour sur l'histoire de l'art aux Pays-Bas : les Van Eyck. — Érasme, Dürer. — Copernic. — Renaissance en France : le cardinal d'Amboise, le collège de France ; Rabelais, Ronsard, Montaigne ; les Italiens à Fontainebleau; Jean Goujon et Philibert Delorme. Châteaux et palais.

La Réforme. — Zwingle, Luther, Calvin. La paix d'Augsbourg. — Propagation du luthéranisme au nord, du calvinisme à l'ouest. — Henri VIII et l'anglicanisme.

La contre-réforme. — Le concile de Trente; l'Inquisition : la Société de Jésus.

Guerres politiques et religieuses. — Philippe II : politique religieuse en Esla Ligue. — Henri IV et Sully. Édit de Nantes. — Administration et politique.

État de l'Europe en 1610.

pagne et aux Pays-Bas. Affranchissement des Provinces-Unies : Guillaume le Taciturne. Aperçu général de la politique de Philippe II en Europe. Décadence de l'Espagne.

Angleterre. Lutte d'Élisabeth contre Philippe II; Marie Stuart. — Prospérité de l'Angleterre : bourgeoisie, industrie, marine. Shakspeare.

France : catholiques et protestants; l'Hospital et le parti de la tolérance : les Guises, Coligny, la Saint-Barthélemy; Henri III et la Ligue.

Henri IV : lutte contre l'Espagne; édit de Nantes. Sully. Reconstitution du royaume.

Revision des grands faits et sommaire général du cours.

Le nouveau programme ne commence pas brusquement par « Philippe le Bel, lutte contre Boniface VIII », cette lutte ne pouvant être expliquée que par un rappel d'histoire générale que nous mettons à la première ligne.

L'ancien programme procède ainsi : Philippe le Bel; première partie de la guerre de cent ans ; Allemagne : les Habsbourg, la Bulle d'Or, la Hanse; déclin du moyen âge, commencement de la Renaissance en Italie ; les inventions ; les papes à Avignon ; le schisme; seconde partie de la guerre de Cent ans ; institutions de Charles VII; fin du schisme ; les Turcs ; nouveaux progrès du pouvoir royal en France; Angleterre : les Tudors; le royaume d'Espagne et les grandes découvertes; l'Italie... Il nous a paru ne pas respecter l'ordre logique ; il enferme dans des cadres particuliers des faits généraux, comme la fin du schisme dans le règne de Charles VII, et les grandes découvertes dans l'histoire de l'Espagne. Le programme modifié nous semble mieux présenter les événements dans leur succession normale, sans s'éloigner trop de la chronologie ; après l'état de l'Europe en 1270, Philippe le Bel : la guerre de Cent ans tout entière ; la France et l'Angleterre à la fin de cette guerre ; l'Église avec le schisme, les hérésies et les conciles; l'Allemagne et l'Italie avec leur anarchie ; la fondation de l'empire ottoman; les États occidentaux à la fin du xvᵉ siècle, la France de Louis XI, l'Angleterre des Tudors, l'Espagne de Ferdinand et d'Isabelle; puis le déclin du moyen âge et la préparation des temps modernes ; les grandes inventions avec leurs effets dans la civilisation ; les grandes découcouvertes ; ensuite la polique européenne. Le départ de ce qui finit et de ce qui commence est ainsi mieux indiqué, l'entrée en scène des acteurs, des faits et des idées plus nettement marquée. — La seconde partie de l'ancien programme a été remaniée dans la même condition.

Il est inutile de revenir ici sur le sens de modifications et d'additions de détails, qui appellent l'attention du professeur sur la nécessité de décrire les choses, comme les armées de la guerre de Cent ans, la cour de François Ier, etc.

RHÉTORIQUE.

Révolution de 1688 en Angleterre. — Guillaume III. Déclaration des droits.

Guerre de la ligue d'Augsbourg. — Traité de Ryswick. — Guerre de la succession d'Espagne. — Traités d'Utrecht et de Rastadt.

Fin du règne de Louis XIV. — Détresse financière. — Testament et mort du roi.

Tableau des lettres, des arts et des sciences sous Richelieu et Louis XIV.

Lutte de la Suède et de la Russie. — — Charles XII et Pierre le Grand. — État de l'Europe orientale après les traités de Carlowitz, de Passarowitz et de Nystadt.

Louis XV. — Régence du duc d'Orléans. — Système de Law. — Ministère du cardinal Fleury. — Guerre de la succession de Pologne.

Progrès de l'État prussien. — Frédéric II. — Guerre de la succession d'Autriche ; Marie-Thérèse. — Guerre de Sept ans.

Rivalité maritime et coloniale de la France et de l'Angleterre. — Perte des colonies françaises. — Traité de Paris.

Gouvernement de Louis XV ; le Parlement, le clergé. — D'Argenson, Machault. — Choiseul. — Le Triumvirat ; réforme judiciaire du chancelier Maupeou.

Tableau des lettres, des arts et des sciences au XVIIIᵉ siècle. — Économistes et philosophes. — Influence des idées françaises en Europe.

Mouvement de réformes en Europe. Charles III d'Espagne. — Pombal en Portugal. — Joseph II en Autriche. — Frédéric II en Prusse. — Gustave III en Suède. — Beccaria. — Léopold de Toscane.

La Russie au XVIIIᵉ siècle. — Catherine II. — Démembrement de la Pologne. — Guerre de la Russie contre la Suède et la Turquie.

L'Angleterre au XVIIIᵉ siècle. — Gou-

Théorie du roi sur le pouvoir royal. La cour, les conseils, les secrétaires d'État. Colbert, Louvois, Vauban. Les affaires religieuses : la déclaration de 1682 ; la révocation de l'édit de Nantes.

La politique de Louis XIV. — Lyonne et Pomponne. — Guerre de Hollande. — Formation de la ligue d'Augsbourg.

La Révolution d'Angleterre. — Les Stuarts et le Parlement : Whigs et Tories. Déclaration des droits : avènement de Guillaume III.

Les coalitions contre Louis XIV. — La succession d'Espagne.

Dernières années de Louis XIV. — La cour ; Port-Royal ; détresse financière ; testament et mort du roi.

Le mouvement intellectuel. — Les lettres : les grands classiques. Les arts : Le Brun, Mansart. Le Louvre. Versailles. — Les sciences.

Commencement d'opposition : Fénelon et le duc de Bourgogne. — Vauban. — Bayle.

L'Europe vers 1715. — Europe occidentale après les traités d'Utrecht et de Rastadt. Europe orientale après les traités de Carlowitz, de Passarowitz et de Nystadt. Pierre le Grand.

La France de 1715 jusqu'au milieu du XVIIIᵉ siècle. — La Régence et les essais de réforme. Law. Fleury. D'Argenson. Machault.

Les affaires européennes. — Règlement de la succession d'Espagne, des successions de Pologne et de Toscane. Les Bourbons d'Espagne en Italie. Stanislas Leczinski en Lorraine.

Autriche et Prusse pendant la première moitié du XVIIIᵉ siècle. — L'État prussien. Frédéric II et Marie-Thérèse. Guerre de la succession d'Autriche et de Sept ans : exposé général de la politique. Indication des principales actions militaires. Rôle de la France dans ces guerres.

Les affaires maritimes et coloniales. — Rivalité de la France et de l'Angleterre en

vernement parlementaire. — Conquêtes des Anglais dans l'Inde. — Voyages et découvertes.

Progrès et soulèvement des colonies d'Amérique. — Guerre de l'indépendance des États-Unis. — Traité de Versailles. — Constitution américaine de 1787.

Louis XVI. Turgot et Malesherbes. Réformes. Necker. Politique extérieure. Vergennes. Assemblée des notables. Convocation des États généraux.

Situation politique de l'Europe en 1789.

Amérique et aux Indes. L'empire anglais. Voyages de découvertes.

L'Europe orientale. — La Russie : Catherine II. Conquêtes sur la Turquie. Partages de la Pologne.

Le mouvement intellectuel et politique. — Les lettres et les arts, les sciences, les philosophes et les économistes en France. Les livres, la presse, les salons; les Parlements.

Le gouvernement parlementaire en Angleterre. — Rois, parlement et ministres; triomphes des whigs : les libertés politiques, la presse.

Mouvement de réformes en Europe. — Influence des idées françaises. Charles III en Espagne; Pombal en Portugal; Léopold de Toscane et Beccaria en Italie; Gustave III en Suède.

Joseph II en Autriche. — Frédéric II en Prusse. — Situation de la Prusse en Allemagne à la fin du règne de Frédéric II.

Préludes de la Révolution française. — La France à l'avènement de Louis XVI. — État des esprits à cette époque; opposition entre les idées et les institutions. — Essais de réformes : Turgot. Malesherbes. Necker. Désordres financiers. Les États généraux.

La guerre d'indépendance en Amérique. — Les colonies anglaises d'Amérique, leur soulèvement. — Intervention de la France. — Constitution américaine de 1787.

Vue générale sur l'Europe en 1789. — Conclusion du cours.

Le nouveau programme marque plus nettement que l'ancien les divisions en périodes. La première finit en 1660, au moment où les grandes questions politiques, qui ont leur origine au xvie siècle, sont réglées par les traités de Westphalie, des Pyrénées et d'Oliva. Une période intellectuelle est close à la même date : elle diffère notablement de la suivante, avec laquelle elle ne peut être confondue, comme elle l'était dans l'ancien programme. La seconde correspond au gouvernement de Louis XIV. La troisième finit au milieu du xviie siècle; avant les grandes guerres continentales et maritimes qui ont modifié l'équilibre des forces. La quatrième comprend la fin du xvIIIe siècle, jusqu'aux préludes de la Révolution française, qui forment une cinquième édition.

Des précautions ont été prises afin que la politique générale soit étudiée pour elle-même, et non pas subordonnée à la politique de la France. Un état de l'Europe en 1660 prépare à comprendre les succès et les échecs de Louis XIV. Un autre état en 1715 expliquera pourquoi la France a cessé de mener les événements du xvIIIe siècle.

Par la façon même dont les articles relatifs aux guerres sont dirigés, le professeur est averti qu'il ne doit pas s'attarder dans l'histoire militaire; il emploiera le temps qu'il gagnera ainsi à mieux faire comprendre l'histoire intellectuelle, dont l'importance est si grande aux xvIIe et xvIIIe siècles, et à faire connaître la cour de France et la société française, qu'admirait et imitait l'Europe presque entière. D'un autre côté, les noms de Fénelon, de Bayle, attirent l'attention sur le mouvement des idées, dont il est important de suivre les principales phases, aux approches du xvIIIe siècle et de la Révolution française. Les mots « règlement de la succession d'Espagne, des successions de Pologne et de Toscane », indiquent que le maître doit surtout s'attacher aux résultats de l'action militaire et diplomatique, si confuse au commencement du xvIIIe siècle.

CLASSE DE PHILOSOPHIE.

ANCIEN PROGRAMME.

État de la France avant la Révolution. — La cour et le gouvernement. — L'administration provinciale. — La justice et la législation. — Les impôts, l'armée. — Les trois ordres. — Le clergé. — Privilèges de la noblesse et droits féodaux. — La noblesse de robe. — La bourgeoisie. — Corporations industrielles. — État de la propriété.

Élection des députés aux États généraux. — Rédaction des cahiers. — Ouverture des États.

Assemblée constituante. — Prise de la Bastille (14 juillet 1789). — Abolition des privilèges. — Déclaration des droits. — Constitution de 1791. — Assignats. — Constitution civile du clergé. — Liberté du commerce et de l'industrie.

Assemblée législative. — Déclaration de guerre à l'Autriche. — Campagne de 1792.

NOUVEAU PROGRAMME.

(Deux classes de 1 h. 1/2 pendant le 1er semestre.)
(Une classe de 1 h. 1/2 pendant le 2e semestre.)

Histoire contemporaine (1789-1889).

I. *Préliminaires et causes générales de la Révolution.* — L'ancien régime : L'arbitraire et le privilège; la cour, le gouvernement et l'administration ; impôt, justice, armée. — Les trois ordres.

Les États généraux et la Constituante. — Les cahiers. Les orateurs de la Constituante. Suppression de l'ancien régime et constitution du nouvel état de choses.

Les monarchies européennes vers 1789. — La question d'Orient. Impression produite par la Révolution. Rôle de l'émigration.

Assemblée législative et Convention. — Chute de la royauté. Girondins ; Montagnards. Les clubs ; les Jacobins ; la com-

La Convention nationale. — Établissement de la République. — La Commune de Paris. — Girondins et Montagnards. — Procès et mort de Louis XVI. — Le Comité de Salut public. — La Terreur. — Le 9 Thermidor.

Première coalition. — Campagnes de 1793 et 1794. — Guerre de Vendée. — Campagne de 1795. — Traité de Bâle.

Institutions et créations de la Convention. — Grand-Livre de la dette publique. — Système métrique. — L'Institut. — Organisation de l'enseignement. — Constitution de l'an III.

Le Directoire. — Mesures financières. — La conscription militaire. — Campagne de 1796 ; Bonaparte en Italie. — Traité de Campo-Formio. — Congrès de Rastadt. — Expédition d'Égypte. — Deuxième coalition. — Campagne de 1799.

Le 18 brumaire. — Le Consulat. — Constitution de l'an VIII. — Organisation administrative, financière et judiciaire.

Le Code civil — Le Concordat et les articles organiques. — La Banque de France. — La Légion d'honneur.

Campagne de 1800. — Traités de Lunéville et d'Amiens. — Le Consulat à vie. — Rupture de la paix d'Amiens.

L'Empire. — Constitution impériale. — Nouvelle noblesse. — L'armée. — Politique intérieure de Napoléon. — Suppression du Tribunat. — Rôle du Sénat et du Conseil d'État. — Les Codes. Les finances. — Grands travaux d'utilité générale. — L'Université. — Sciences, lettres, beaux-arts et industrie.

Politique extérieure de Napoléon. — Guerres de 1804 à 1807 ; Austerlitz, Iéna, Friedland. — Traités de Presbourg et de Tilsitt. — Création d'États feudataires. — Blocus continental. — Guerre d'Espagne. — Traité de Vienne.

L'Europe en 1810. — État politique et moral. — Campagnes de Russie et mune de Paris. Le Comité de Salut public. La Terreur.

Lutte contre l'Europe et contre les soulèvements à l'intérieur. Les armées et les généraux de la République. Traités de Bâle.

Esprit de réformes de la Convention. Constitution de l'an III.

Le Directoire. — Campagnes d'Italie, d'Égypte. Nouvelle coalition. Les coups d'État. Le 18 brumaire.

Le Consulat et l'Empire. — La constitution de l'an VIII et ses transformations jusqu'en 1807. Esprit des institutions du Consulat et de l'Empire. Les Codes. Le Concordat. La Légion d'honneur ; la Cour impériale ; la noblesse d'empire. L'Université. Les institutions financières. Travaux publics.

Guerres jusqu'en 1807 : la Grande Armée, les généraux de l'empire.

Le blocus continental. Commencement de résistances nationales.

Caractères de la guerre d'Espagne et de la guerre de 1809.

État de l'empire et de l'Europe vers 1810. Caractère du pouvoir impérial. — Lutte contre le pape.

Dernière lutte : Moscou ; la bataille de Leipzig. L'invasion. Waterloo et Sainte-Hélène.

Le congrès de Vienne ; caractère de son œuvre. L'Europe en 1815.

II. *La Sainte-Alliance et les peuples.* — Le pouvoir absolu et le régime parlementaire.

La Charte de 1814 en France. Le régime parlementaire sous Louis XVIII. Principaux orateurs et hommes d'État. Charles X. La Congrégation.

Les Congrès. Lutte contre l'esprit nouveau en Italie, en Espagne et en Allemagne. — Insurrections et interventions. Affranchissement de la Grèce. Politique de la France. Prise d'Alger.

La révolution de 1830.

Mouvement des esprits depuis la fin du XVIIIe siècle. — Part de la France, de l'Angleterre, de l'Allemagne. Renouvel-

d'Allemagne. — Campagne de France. — Chute de l'Empire.

La Restauration. — Charte de 1814. — Traité de Paris.

Les Cent jours. — L'Acte additionnel. — Waterloo. — Le Congrès de Vienne. — Les traités de 1815. — Tableau comparé des puissances européennes et de leurs colonies en 1789 et en 1815.

Règne de Louis XVIII. — Le régime parlementaire. — Lois sur les élections, sur le recrutement militaire, sur la presse. — Mesures économiques. — Système protecteur. — Agitations intérieures.

Règne de Charles X. — La Congrégation. — Chute du ministère Villèle.

Les Ordonnances. — Révolution de Juillet.

Politique extérieure de la Restauration. — Intervention en Espagne. — Navarin. — Expédition de Morée. — Prise d'Alger.

La Sainte-Alliance, les congrès et la politique d'intervention. — Les universités allemandes. — Le carbonarisme. — Insurrection en Italie et en Espagne.

Affranchissement de la Grèce. — Traité d'Andrinople.

Règne de George IV en Angleterre. — Politique extérieure. — Canning. — Réformes économiques. — Huskisson. — Émancipation des catholiques.

Émancipation des colonies espagnoles. — Le Brésil.

Règne de Louis-Philippe. — Charte de 1830. — Sociétés secrètes, émeutes. — Lois de septembre. — Lois sur l'instruction primaire et sur les travaux publics. — Développement de l'industrie. — Chemins de fer. — Loi d'apanage. — Loi de régence. — La campagne réformiste. — Révolution de Février.

Politique extérieure de Louis-Philippe. — Intervention en Belgique. — Occupation d'Ancône. — Quadruple alliance. — Le droit de visite. — Mariages espagnols.

Conquête et colonisation de l'Algérie.

lement des littératures allemande et anglaise. Caractère de la littérature française sous l'empire. Influences étrangères. Le romantisme. La critique littéraire.

Développement de l'érudition. Rénovation des connaissances sur l'Orient, l'antiquité littéraire, le moyen âge. L'archéologie et les grandes découvertes. L'histoire.

Renaissance de l'esprit classique dans l'art pendant la Révolution et l'empire. Le romantisme dans l'art. — La musique symphonique et dramatique.

Développement des sciences exactes, physiques et naturelles. Applications : la vapeur, l'électricité. Progrès de l'industrie.

Louis-Philippe. — La nouvelle Charte. Principaux orateurs et hommes d'État. Les partis ; les sociétés secrètes.

Effet produit par la révolution de 1830 en Europe : Belgique, Pologne, Espagne.

La question d'Orient ; caractères de la politique extérieure de Louis-Philippe. — Conquête de l'Algérie.

III. *Révolution de 1848.* — Causes de la révolution en France. La question électorale. La République de 1848. Contre-coup en Europe.

Changements survenus dans le gouvernement de la France depuis 1848. — La constitution de 1852 et le second empire. — La République. — Lois constitutionnelles de 1875.

La politique extérieure. — Formation de l'unité italienne ; guerre de 1859. Le royaume d'Italie.

Formation de l'unité allemande : guerre italo-prussienne contre l'Autriche. Nouvelle constitution de l'Allemagne, de l'Autriche-Hongrie.

Guerre de 1870-1871 ; l'invasion, le siège de Paris ; la lutte en province. — L'empire allemand. Les stipulations du traité de Francfort.

La question d'Orient : guerres de Crimée et des Balkans. Le Panslavisme.

L'Angleterre et la Russie en Asie.

L'Angleterre. — Principaux hommes

État des lettres, des arts et des sciences depuis 1815. — Romantiques et classiques. — Influence des littératures étrangères. — Nouvelles applications de la science à l'industrie.

Mouvements en Europe après 1830. — Création du royaume de Belgique. — Insurrection de Pologne. — L'Italie de 1831 à 1848. Établissement du régime constitutionnel en Espagne et en Portugal. — Union douanière en Allemagne. — Le Sonderbund.

Angleterre. — Bill de réforme parlementaire et électorale. — Robert Peel et Richard Cobden. — Réformes coloniales. — Le libre échange. — L'income tax.

Question d'Orient. — Le sultan Mahmoud. — Méhémed-Ali. — Traité de Londres. — Convention des Détroits. — Progrès des Russes et des Anglais en Asie.

Changements survenus dans le gouvernement de la France depuis 1848. — Constitutions de 1848 et de 1852. — Lois constitutionnelles de 1875.

Changements territoriaux survenus en Europe depuis 1848. — Formation de l'unité italienne et de l'unité allemande. — Monarchie austro-hongroise. — Guerre de 1870 et traité de Francfort. — États danubiens.

Expansion coloniale des puissances européennes. — Principales modifications dans l'ordre économique. — Les traités de commerce. — Le canal de Suez. — L'abolition de l'esclavage.

d'État et grandes réformes au xixe siècle. L'Irlande.

Le Nouveau Monde. — Formation des principaux États de l'Amérique du Sud. Extension des États-Unis de l'Amérique du Nord.

IV. *Développement ou transformation des principes de 1789.*

Liberté politique : régime constitutionnel ; principales formes de gouvernement dans le monde actuel.

Liberté religieuse : Liberté des cultes, suppression des religions d'État.

Respect de la personnalité humaine : abolition de la traite, de l'esclavage, du servage.

Idées démocratiques et questions sociales : suffrage ; instruction populaire, service militaire obligatoire. — Socialisme ; organisation du travail.

Mouvement intellectuel. — Esprit d'observation dans la littérature et dans l'art. L'érudition. Les sciences.

Industrie et commerce. — Généralisation de l'emploi de la vapeur et de l'électricité. Multiplication des voies de communication à travers le monde. — Protection et libre échange. Traité de commerce et conventions internationales. Expositions universelles.

Expansion de la civilisation européenne. — Explorations. Distribution des principales langues européennes à la surface du globe.

Résumé du rôle de la France dans l'histoire politique, sociale et intellectuelle depuis 1789.

C'est pour la classe de philosophie que l'ancien programme a été le plus profondément remanié. Il est allégé de l'étude sur l'ancien régime, qui a été placée à la fin du cours précédent. Il est divisé en quatre parties : période de la Révolution et de l'Empire ; période de 1815 à 1848 ; période de 1848 à nos jours. La quatrième partie est l'histoire du développement et des transformations des idées politiques et sociales du xixe siècle. L'histoire de la France a été soigneusement encadrée dans l'histoire de l'Europe. L'ancien programme introduit brusquement les guerres de la Révolution; le nouveau prescrit une description préalable de l'état du continent. La même idée a été appliquée aux années qui suivent 1815.

D'assez nombreuses mentions de faits ont été supprimées, soit dans l'histoire militaire, soit dans l'histoire politique. On a rayé des termes qui ne se rapportaient qu'à des évènements secondaires et semblaient, dans un programme relativement restreint, leur donner une place prépondérante : congrès de Rastadt ; lois d'apanage et de régence ; occupation d'Ancône, etc. On a pensé que des indications de ce genre entraînaient forcément le professeur à morceler ses développements. Il suffira désormais qu'il fasse rentrer ces faits et ceux de même espèce dans l'exposé des questions générales, s'il le juge utile, au lieu de les étudier pour eux-mêmes. En comparant la première partie aux autres, on verra que ce programme suit d'abord l'ordre chronologique; s'il s'en éloigne ensuite, c'est qu'après 1815 les faits deviennent extrêmement complexes, que bien des problèmes politiques et sociaux ont été posés à la fois, non seulement en France et dans l'Europe, mais dans le monde, et qu'il devient plus utile de suivre les choses dans leur développement logique que dans la succession des dates. A procéder ainsi, le professeur gagnera du temps et fera mieux comprendre l'histoire de notre siècle. Cependant il est des cas où le récit des faits eux-mêmes s'imposait, et le programme met en vedette des guerres telles que celles de 1859 et de 1866. Il indique aussi, en insistant davantage sur la guerre de 1870, et en précisant quelques points, que cette guerre forme le sujet d'une étude douloureuse, mais nécessaire, et que le professeur a le devoir de s'y arrêter.

L'ancien programme ne donnait pas à l'histoire intellectuelle de notre siècle la place qui lui est due, et que le nouveau lui assure. Les idées politiques, sociales, économiques, n'étaient nulle part présentées d'ensemble; elles auront désormais leur chapitre, qui sera la conclusion naturelle du cours d'histoire contemporaine et même de tout l'enseignement historique.

VI

Enseignement de la géographie

I. — Caractère de l'enseignement géographique; son rôle dans l'éducation.

Personne ne conteste l'utilité des connaissances géographiques, dans un temps où l'accroissement extraordinaire des relations entre les hommes et des échanges entre les peuples a créé pour tous les pays civilisés des conditions nouvelles d'existence.

Mais, pour assurer à la géographie son rang dans l'enseignement secondaire, il ne suffit pas de reconnaître son utilité. Il est nécessaire de prouver qu'elle a, elle aussi, une valeur éducative, et qu'elle concourt, comme l'histoire, sinon au même degré, au développement des diverses facultés de l'élève. C'est à ce prix seulement qu'elle aura, dans notre plan d'études, son droit complet de cité. D'ailleurs, définir son rôle dans l'éducation est le meilleur moyen de tracer ses règles et de fixer sa méthode. De ce qu'elle doit produire, on conclura aisément à ce qu'elle doit être.

Éducation de l'imagination. — Pour l'imagination, il est à peine besoin d'indiquer de combien de façons différentes le professeur de géographie peut l'éveiller et l'enrichir, si, par l'emploi de procédés laissés à son choix, il prend soin de montrer les objets et de mettre sous les noms des images. Ce seront d'abord des images simples, qu'il évoquera facilement au moyen de comparaisons familières, et qu'il fixera en quelques traits dans l'esprit de l'enfant : l'aspect monotone d'une vaste plaine, l'étranglement d'un col, les boursouflures d'un terrain volcanique, l'assiette d'une grande ville au confluent de deux rivières, une curiosité naturelle, un monument célèbre. Il est de toute nécessité que, derrière chaque ligne du livre et chaque mention de la carte, l'élève perçoive distinctement une réalité. Ce premier résultat obtenu, le maître pourra composer des tableaux plus larges, ceux-là vivants, parce que l'homme y aura sa place. En nommant un port ou une région industrielle, il décrira les formes diverses de l'activité humaine. Les grands lacs et les fleuves de l'Afrique centrale lui fourniront l'occasion d'opposer la vie barbare à la vie civilisée. Ces sortes de peintures ne sont pas seulement un ornement pour l'enseignement géographique; elles en constituent l'objet essentiel; elles sont sa raison d'être. On dira peut-être que c'est encore de l'histoire; mais la frontière des deux enseignements est bien difficile à marquer. Si l'imagination géographique et l'imagination historique ne s'exercent pas par les mêmes procédés, elles travaillent sur le même fonds. Les phénomènes que l'histoire constate et tâche d'expliquer à travers les différents âges sont ceux que la géographie observe sous les diverses latitudes. On retrouve dans toutes les parties du monde, à l'heure présente, l'âge de la pierre, la vie patriarcale, le régime féodal. La connaissance des sociétés humaines et des lois du progrès est l'objet commun des deux sciences; et l'on pourrait presque dire qu'en dernière analyse la géographie c'est de l'histoire développée en surface.

Éducation du raisonnement. — Après l'imagination, le raisonnement. Avec le pittoresque seul, la géographie risquerait de n'être qu'une récréation de l'intelligence, un luxe de l'éducation. C'est seulement par l'emploi de la méthode démonstrative qu'elle devient une véritable matière d'enseignement. En groupant les connaissances de même ordre, en enchaînant les causes et les conséquences, en essayant de s'élever des faits aux lois, elle remplit une de ses fonctions essentielles, elle exerce l'esprit à former des idées générales. La géographie physique le fera en marquant avec force les relations des phénomènes entre eux; la géographie économique, en rattachant à leurs causes naturelles la richesse agricole ou la production industrielle d'une région; la géographie politique, en expliquant par les accidents du sol et par les ressources d'un pays le rôle et la situation actuelle d'un peuple.

Sans doute, il faudra se garder, en pareille matière, des théories ambitieuses. Un système du monde physique, économique et politique, qui imposerait ses conjectures comme des vérités scientifiques et prétendrait rendre raison de tout, aurait plutôt pour effet de fausser l'intelligence que de la former. Mais le danger de l'esprit de système n'est guère à redouter pour les enfants : à cet âge, on risque beaucoup plus de ne pas raisonner que de raisonner à faux. D'ailleurs, l'enseignement géographique est moins exposé que d'autres à bâtir dans le vide. La réalité présente, tangible, à laquelle il emprunte tous ses éléments, le préserve des exagérations. Sa logique, obligée d'établir sur des données précises et facilement vérifiables toutes ses conclusions, est placée sous le contrôle perpétuel du sens commun.

Elle est, d'ailleurs, cette logique, particulièrement propre à l'éducation de l'enfant, parce qu'elle s'exerce tout d'abord sur des objets connus de lui, sur des notions qui lui sont familières. Les explications que le maître donnera tout d'abord seront empruntées au ruisseau du village, à la montagne voisine, à l'usine qui fait vivre le pays. Former les premières idées générales avec les premières choses vues, c'est faciliter singulièrement le passage du concret à l'abstrait. Aussi a-t-on souvent remarqué que l'enseignement géographique est, pour les écoliers du premier âge, non seulement l'un des plus accessibles, mais l'un des plus suggestifs. Alors que l'histoire doit encore se contenter de leur offrir une simple succession de scènes, la géographie peut déjà répondre à quelques-uns de leurs éternels *pourquoi?*

Éducation morale. — Quant à l'éducation morale, la géographie y concourt d'une façon moins active ou plutôt moins directe que l'histoire. Cependant on ne saurait l'exclure de ce domaine. Toute étude qui a l'homme pour objet est une étude morale. On pourrait objecter que la conscience n'a rien à voir dans les connaissances relatives à la formation du globe, à la distribution des végétaux et des animaux sur la surface de la terre, que la statistique politique ou économique ne relève pas de son autorité. Mais nous parlons de l'enseignement, non de la science ou des sciences géographiques. Pour l'enseignement, l'homme est la raison de toutes ces recherches et doit occuper le centre du tableau.

A ceux qui pourraient craindre que cette action des forces de la nature sur les peuples et les individus, que cette explication des grandeurs et des décadences politiques par des causes purement physiques n'eût pour effet de décourager notre énergie et de faire des générations trop résignées, la réponse serait facile : la géographie enseigne aussi l'effort et glorifie aussi l'énergie. Quand nous aurons énuméré les nécessités qui pèsent sur l'homme, il nous suffira le plus souvent de tourner la page pour montrer celui-ci triomphant des forces ennemies, « faisant sortir de terre par son infatigable labeur le bien-être, le savoir, la moralité. Ainsi, au lieu de renfermer nos enfants dans la triste et dégradante histoire des luttes de l'homme contre l'homme, et de leur faire compter sans cesse les morts sur les champs de bataille, nous détournerons leurs regards sur le spectacle consolant de l'humanité luttant contre la nature, de l'esprit essayant de dompter la matière [1]... ». Par là, l'enseignement géographique sera le complément et, dans certains cas, le correctif des leçons de l'histoire : car celles-ci ne sont pas toujours consolantes.

Éducation civique. — Comment oublier d'ailleurs, dans cette énumération des services qu'il peut rendre à la jeunesse, la part considérable qui lui revient dans l'éducation civique? Là encore, là surtout il est l'auxiliaire indispensable de l'enseignement historique. Celui-ci, nous l'avons dit ailleurs, préparant le citoyen à la vie pour une date précise et des conditions déterminées, ne doit jamais oublier qu'il s'adresse à des élèves d'un certain temps, d'un certain pays. Les nécessités de ce temps, les besoins de ce pays, c'est à la géographie surtout qu'il appartient de les faire connaître. Comme l'histoire le fait pour le passé, elle assigne à notre patrie sa place dans le monde actuel; elle pèse ses ressources de toute sorte, elle les compare; elle trace son champ d'action, montre dans quelle direction on pourra l'étendre, sur quels points il faudra la défendre; elle signale les obstacles, les concurrences, et nous marque le rang que nous devrons garder ou prendre dans la grande mêlée des intérêts contemporains. Elle nous prémunit en outre contre une aveugle confiance dans notre supériorité; elle nous apprend qu'il n'y a pas de dons naturels qui ne doivent être fécondés par le travail; que nous n'exerçons pas, qu'aucun peuple ne saurait se flatter d'exercer sur le monde une sorte de royauté héréditaire. Elle nous rend aussi plus tolérants, par la comparaison des croyances et des mœurs, plus justes pour les mérites, les travaux, les conquêtes scientifiques des autres peuples; elle nous inspire de l'estime pour tous ceux qui contribuent à accroître la somme du bien-être et du bien dans le monde.

[1] MANEUVRIER, *L'Éducation de la bourgeoisie sous la République.*

41.

Un enseignement qui fortifie le patriotisme en l'éclairant est sans contredit un des éléments essentiels de l'éducation morale.

Éducation de la mémoire : usage, abus. — Faut-il ajouter enfin que la géographie exerce et développe la mémoire? C'est un mérite que tout le monde lui reconnaît; mais on lui fait grand tort quand on ne lui reconnaît que celui-là. Les véritables études géographiques n'ont rien de commun avec cet exercice presque mécanique qui décourage les mémoires rebelles et écrase les mémoires dociles. Il y a donc tout intérêt à dissiper sur ce point des préjugés opiniâtres, à distinguer nettement, en pareille matière, l'usage de l'abus, à énoncer un principe, à tracer la règle.

C'est par la mémoire et non pour la mémoire qu'il faut travailler : voilà le principe. Ainsi il est bien entendu que la nomenclature géographique n'est pas la géographie : elle lui fournit des éléments. Apprendre par cœur tous les mots d'un dictionnaire, ce n'est pas apprendre une langue; de même, l'élève qui énumérerait, sans une erreur de position, tous les noms inscrits dans un atlas, n'aurait pas même franchi le seuil de la science géographique.

Le principe dicte la règle : ne retenir que les *noms essentiels* pour la connaissance des choses, c'est-à-dire ceux qui méritent une explication, qui supportent une description, qui concourent à une démonstration. Trois exemples, empruntés à la géographie la plus élémentaire, feront mieux comprendre cette formule : le Loiret, la Sorgues de Vaucluse, le Furens, sont de très petits cours d'eau; ils pourront cependant trouver place dans la plus simple des leçons sur les bassins de la Loire et du Rhône : le premier, parce qu'il est nécessaire d'expliquer la singularité de sa formation; le second, à cause du pittoresque de ses sources, de la riche végétation, de l'activité industrielle qu'il développe sur ses rives; le dernier, pour montrer, en sens inverse, quelle vie intense la présence de la houille est capable de créer dans une vallée isolée et âpre. Ainsi entendue, la nomenclature restera ce qu'elle doit être, la matière de la géographie, comme les mots sont les matériaux de la langue; mis en valeur par le commentaire, fixés par des images, reliés par des idées, les noms seront un moyen, non une fin.

II. — Méthode générale; pratique de l'enseignement géographique.

En essayant de définir ainsi, par sa fonction éducative, l'enseignement géographique, nous n'avons pas eu en vue la défense d'un ordre d'études dont personne ne songe à amoindrir le rôle. Nous avons voulu déterminer les règles générales de la méthode à laquelle la géographie scolaire doit s'astreindre rigoureusement sous peine de voir s'affaiblir son action. Car

la géographie, aussi bien que l'histoire, traverse une période critique; et
c'est, pour ceux qui les aiment, un sujet de sérieuses préoccupations. Ni
l'une ni l'autre ne sont attaquées; toutes les deux sont menacées, mises en
péril par leur progrès même. On sait dans quelle mesure les connaissances
relatives aux hommes et aux choses du passé se sont accrues depuis cent
ans. En un demi-siècle seulement, les conquêtes géographiques ont augmenté dans des proportions plus considérables encore la somme des notions physiques, économiques, politiques, qui sont utiles ou indispensables
à l'homme instruit. La science marche, le monde s'élargit. Les savants,
du moins, peuvent se cantonner sur un terrain de recherches spéciales.
L'enseignement est obligé de parcourir le champ tout entier: sous peine
d'épuiser ses forces, il est tenu de faire un choix. La maxime « enseigner
c'est choisir », applicable à tous les enseignements, devient, pour l'ensei-
nement géographique et historique, une loi chaque jour plus impérieuse
et une condition d'existence.

Il faut donc enseigner toute la géographie, mais non pas tout dans la
géographie. Ce choix, qui ne saurait être évidemment de pur caprice,
sera déterminé par une méthode générale, dont on peut énoncer en deux
mots les traits essentiels : *ordonner* et *caractériser*. Ordonner, c'est-à-dire
établir un lien logique entre les notions de nature différente, prendre
comme point de départ l'état physique du globe pour aboutir graduellement à l'état économique et politique du monde; caractériser, c'est-à-dire
marquer nettement la diversité des choses, donner autant que possible
aux objets leur physionomie et leur individualité. C'est à ce double besoin
d'unité et de variété que doivent répondre notre plan d'études et nos programmes géographiques.

Géographie physique. — La base de l'enseignement est une connaissance
solide et rationnelle de la géographie physique.

Là, la première place sera donnée au relief du sol : c'est lui qui détermine les autres phénomènes. Cette étude du relief doit être entendue dans
son sens le plus large et comprendre, avec la description des montagnes,
celle des vallées et des plaines. C'est dire que, sans renoncer à l'indication
des lignes d'arête principales, à la notion des *chaînes de montagnes*, dont
les traits sont faciles à dessiner et dont les formes restent fixées dans la
mémoire, il faudra présenter aux élèves les *massifs* partout où cela sera
nécessaire, soit pour donner une idée générale de la configuration d'une
région, soit pour expliquer la distribution des eaux. La description de la
vallée du Rhône, par exemple, serait non seulement incomplète mais
inexacte, si l'on faisait des Alpes une simple barrière entre la France et
l'Italie. Le fleuve et ses grands affluents dessinent eux-mêmes les contours
des trois groupes qu'il faut prendre soin d'adosser à la chaîne principale :

d'abord les systèmes orographiques qui s'épanouissent sur toute la Savoie et s'avancent entre le Rhône et l'Isère avec les monts de la Grande-Chartreuse, puis la masse énorme de l'Oisans, partageant les eaux de ses glaciers entre l'Isère et la Durance et se prolongeant par le promontoire du mont Ventoux dans la plaine du Comtat, enfin les hauteurs qui, confusément jetées entre la Durance et la mer, dessinent les côtes rocheuses de la Provence. Les choses seront ainsi montrées de haut, dans leur simplicité et leur réalité.

L'écueil à éviter dans cette partie de la géographie physique est l'énumération fastidieuse des divisions et des subdivisions, des points culminants et des cols. Il n'y a pas de nomenclature plus insupportable à la mémoire que la nomenclature orographique; il n'y en a pas non plus de moins bien établie. Il est rare de trouver sur ce point deux livres, deux atlas d'accord. Cette anarchie déroute l'élève. Le maître fera donc sagement de se borner aux blocs principaux du relief, sans poursuivre dans leurs derniers détails les ramifications et les sous-ramifications. Il fera aussi des économies sur l'énumération des cols. Les grandes routes et les voies ferrées, chaque jour plus nombreuses, qui relient, le plus souvent par des percées, les deux versants d'une chaîne de montagne, déterminent et limitent son choix à cet égard. Il se bornera de même, pour les points culminants, à la mention de ceux que leur notoriété impose ou que leur physionomie distingue. Le mont Viso, le mont Blanc, le mont Cervin, le mont Rose, doivent figurer, à des titres divers et pour des raisons qu'il est facile de donner, dans une description des Grandes Alpes. Ces quatre noms, localisés soigneusement et bien vus par l'enfant, vaudront mieux, à eux seuls, qu'une longue liste.

Bien vus, il faut le répéter; et l'on ne saurait trop insister sur cette nécessité de donner aux objets géographiques une physionomie individuelle. La montagne devient une chose réelle et presque vivante, au lieu d'être une tache sur la carte ou un ensemble de caractères sur le livre, lorsqu'on fixe ses aspects, lorsqu'on revêt ses divers étages de leur végétation caractéristique, lorsqu'on dispose sur les Grandes Alpes les glaciers et les névés, lorsqu'on arrive par degrés, à travers les plissements du Jura français, jusqu'aux hauteurs qui tombent brusquement sur la Suisse, lorsqu'on fait surgir du plateau central le soulèvement volcanique de l'Auvergne avec son originalité saisissante.

Que deviendra, dans l'application de cette méthode, le système des *ceintures de bassins?* Il faut distinguer : s'il s'agit de disposer autour d'une région hydrographique les chaînes, les massifs, les plateaux dont les eaux sont portées à la mer par un même fleuve, rien de mieux. Par ce procédé se trouveront marquées en même temps les grandes dépressions qui ouvrent de larges communications entre deux régions voisines. Mais nous sacrifierons résolument ces lignes artificielles où l'on fait figurer au besoin des montagnes imaginaires, ces listes de noms que l'élève débite du même ton et classe de la même façon dans sa mémoire, sans distinguer entre le Morvan et le trop célèbre plateau d'Orléans; nous ne lui permettrons pas de sacrifier les Causses et les monts du Rouergue aux collines bordelaises, sous prétexte que celles-ci *sont de la ceinture,* tandis que les autres *n'en sont pas.* C'est là une pratique que la science a depuis longtemps condamnée, et que l'enseignement abandonnera certainement, lorsqu'on aura cessé d'en faire aux examens le critérium des études géographiques.

Entre l'orographie et l'hydrographie il y a un lien nécessaire : c'est l'étude du régime des pluies, ou, en termes moins scientifiques, l'explication des causes qui déterminent la distribution des eaux pluviales et la formation des eaux fluviales. Cela se fera simplement, par voie d'explications familières, sans tableaux compliqués, sans accumulation de chiffres. L'étude des terrains sera comme une dépendance de la précédente; on se préoccupera moins de leur constitution et de leur âge que de l'influence qu'ils exercent sur le ruissellement des eaux. On complétera ce chapitre par quelques indications sur les lacs ou groupes de lacs qui, dans certaines régions, ralentissent les crues, régularisent le débit, transforment les torrents en rivières.

C'est alors seulement que l'hydrographie sera introduite, et elle tirera de ces premières notions tous ses éléments d'intérêt. Connaître la direction d'un fleuve, ce n'est pas connaître le fleuve. La rapidité de son cours, la régularité de son débit, la fréquence de ses débordements, l'encaissement de son lit, l'orientation et l'aspect de sa vallée, enfin ce qu'on pourrait appeler les accidents de son voyage, les *pertes,* les *portes,* les rapides, et le régime de son embouchure, estuaire ou delta, tout cela doit tenir une place, la plus large place, dans l'hydrographie. On prendra utilement le temps nécessaire à ces explications et à ces descriptions, sur l'énumération des cours d'eau dont il n'y a rien à dire. On ne se croira nullement obligé de mentionner une rivière sans importance, parce qu'elle arrose une ville sans notoriété.

Les fleuves sont, au reste, parmi les objets de la géographie physique, ceux auxquels il est le plus facile de donner la vie. Leur personnalité se laisse aisément saisir, et rien n'est plus varié que leurs caractères. Pour faire concevoir une idée de la puissante originalité des grands fleuves d'Amérique, de l'Amazone ou du Mississipi, le professeur n'a que l'embarras du choix à faire entre les descriptions. Le *merveilleux* du Nil frappe les plus petits enfants, comme il a frappé les hommes des premiers âges. Quelques traits suffiront pour opposer la fougue presque sauvage du Rhône à la douceur et à l'humeur sociable de la Seine; d'un mot on établira un rapprochement entre deux *fleuves-types* comme le Pô et le Gange, coulant dans une direction continue, au milieu de larges plaines qu'ils enrichissent, au pied de hautes montagnes qui les alimentent; une simple remarque gravera dans la mémoire le rôle des petits fleuves anglais, si précieux pour l'industrie et le commerce, tandis que certains grands fleuves du plateau de Castille coulent inutiles dans leurs ravins profonds — quand ils coulent; car on dit d'eux, en Espagne, qu'ils ressemblent à l'ancienne Université de Salamanque : deux mois de cours, dix mois de vacances.

On appliquera enfin les mêmes règles à la description des côtes et des mers. Leur nature, leur relief, les modifications qu'elles ont pu subir, car elles ont leur histoire physique, feront l'intérêt de cette étude. Ici encore les détails doivent être choisis avec soin. Il est bien entendu qu'on renoncera, par exemple, aux longues listes de caps, pour se borner à ceux qui marquent une puissante saillie du rivage, le pied d'une grande chaîne de montagnes, ou qui supportent l'effort des courants et forment comme des pierres d'angle d'un continent.

Il est peut-être utile aussi de rappeler que le nom d'une mer ne doit pas être dans la mémoire une simple étiquette. Autant qu'un fleuve d'un autre fleuve, qu'une montagne d'une autre montagne, une mer se distingue d'une autre mer; elle a son aspect propre, ses richesses spéciales, ses produits et ses espèces; elle a son tempérament et son humeur; elle a enfin ce qu'on pourrait appeler ses états de service, son rôle historique. N'avons-nous pas le droit, comme les Romains, mais pour d'autres raisons, d'appeler *mare nostrum* cette Méditerranée autour de laquelle se sont formées presque toutes les civilisations dont notre civilisation procède?

Il manque à la géographie physique ainsi exposée un dernier chapitre : ce chapitre, qui servira de transition pour passer à la géographie économique et politique, sera consacré à l'étude des climats. Avec le relief du sol et la distribution des eaux, avec le régime des fleuves et la nature de leurs vallées, avec la mer, sa température, ses courants, on possède les principaux éléments de la climatologie. Réduisons ce mot, trop ambitieux pour notre enseignement, à ses modestes proportions. Il y aurait peu de profit à s'attarder dans la classification toujours un peu artificielle des *climats* locaux. Mais la distinction entre les climats humides ou secs, les climats tempérés ou excessifs, avec la raison de ces différences, exposée sans grand appareil scientifique, sera la conclusion nécessaire de tout ce qui précède : et, sans encombrer les cartes de lignes isothermes, isochimènes et isothères, un maître saura toujours expliquer, par l'altitude, l'orientation des vallées, le voisinage de la mer, pourquoi, sous le même degré de latitude, deux pays peuvent soumettre à des conditions très différentes la végétation et la vie humaine.

Géographie économique. — Si nous avons particulièrement insisté sur les caractères de la géographie physique, c'est en raison des difficultés qu'elle présente, des abus de nomenclature où elle peut se laisser entraîner. Nous serons plus brefs pour la géographie économique et la géographie politique; leur place assurément n'est pas moindre, ni moindre leur intérêt; mais l'ordre et l'enchaînement des idées s'y établissent plus aisément; l'homme s'y montre dans ses travaux et ses œuvres, et il y apporte avec lui la logique et la vie. Le choix des objets destinés à nous montrer son activité et des circonstances propres à expliquer sa manière de vivre, voilà ce qu'il importe surtout de régler.

La première chose à faire est de replacer le producteur dans son milieu naturel et de mettre bien en évidence le lien qui rattache les faits économiques aux phénomènes physiques. La connaissance du sol et des eaux, de la mer et des climats, est l'élément primordial de toute étude relative à la production et à la circulation de la richesse; il ne suffit pas que le maître le sache, il faut qu'il le répète et surtout qu'il le démontre sans cesse. Dans cet ordre d'études, pas une notion qui ne puisse, qui ne doive être introduite logiquement, subordonnée à sa raison d'être, accompagnée de son *pourquoi*.

Et cela même détermine le départ à faire entre ces notions : pour la production agricole, il conviendra de se borner aux végétaux qui caractérisent l'altitude, le climat, la nature du sol, ou à ceux qui constituent essentiellement la richesse d'un pays. La Beauce, par exemple, produit autre chose que du blé : pour l'enseignement, la Beauce est un pays de blé. Les rivières de Lombardie font songer à celles de la vallée du Gange et s'expliquent par les mêmes agents physiques. L'absence de tel ou tel produit, celle de la végétation arborescente dans certaines plaines, steppes ou pampas, est parfois aussi caractéristique : elle mérite alors une mention ou peut compléter une description.

Pour l'industrie, une classification raisonnée sera fort utile; les matériaux que le sol, le règne végétal et le règne animal fournissent à l'homme, leur transformation en vue des différents besoins de l'existence en détermineront les lignes générales. Quant à l'énumération, même règle que plus haut : car la production industrielle est une végétation d'une autre sorte. On fait de tout presque partout; mais le maître retiendra seulement, pour chaque région, les industries qui sont comme les fruits du sol; en les localisant, il n'oubliera pas de les expliquer; et, lorsqu'il les aura groupées sur certains points de la carte, il se croira tenu de justifier leur groupement. Parfois il se trouvera en présence d'une richesse manufacturière qui semble donner un démenti à ces lois générales; il s'y attachera, car l'exception n'est ni moins intéressante ni moins explicable que la règle. Pour la Suisse, par exemple, qui a su devenir une puissance industrielle en dépit de la nature, il cherchera dans les conditions politiques et sociales de cette nation, dans le régime de ses échanges, la raison de ce qu'on a justement appelé « une merveille économique »[1].

L'étude de la géographie commerciale est, en somme, celle des grands marchés, des produits qui s'y échangent, des voies de communications qui les desservent. L'importance de ces grands marchés, maritimes ou autres, est toujours déterminée par des conditions physiques. Quant aux voies et moyens de communication, routes, canaux, chemins de fer, lignes de navigation, télégraphe on ne peut guère lui donner d'autres instructions que d'être très sobre, de renoncer à ces *réseaux* où l'élève cesse bien vite de distinguer entre le principal et l'accessoire, entre le *général* et le *local*. En Belgique, en Angleterre, les voies ferrées s'entre-croisent en tous sens : c'est un filet à mailles serrées, dont l'enseignement ne peut tirer aucun profit. S'il s'agit de la France, à quoi bon imposer à la mémoire des élèves des pages entières du *Livret Chaix*? Autant vaudrait leur faire apprendre par cœur la liste et dresser la carte des routes nationales. Il suffira de dégager de ces réseaux les fortes nervures, les traits qui méritent un commentaire : pour la France, les voies qui relient un grand centre de production à un grand marché; pour l'Europe, les grandes lignes internationales. Ce sera chose excellente enfin de faire une place à part aux créations qui attestent, à notre époque, un redoublement de l'activité et de la hardiesse humaines, comme les percements de montagnes ou d'isthmes, le chemin de fer du Pacifique, le chemin de fer transcaspien, la grande ligne télégraphique d'Australie. Car l'actualité est le propre domaine de la géographie : un bon professeur n'aura garde de négliger les *faits divers* géographiques.

Les chiffres ont aussi leur place marquée dans cette étude. Mais l'abus de la statistique serait, on le comprend, aussi fâcheux que celui de la nomenclature. Les évaluations numériques seront donc rares ; on les donnera surtout pour établir des relations. Elles ne vaudront que par la comparaison. Il n'est pas nécessaire de faire connaître la production houillère de tous les États européens; mais il y aura un grand intérêt à comparer la production houillère de l'Angleterre avec celle de toute l'Europe et avec celle de la France.

Géographie politique. — Cette règle touchant les chiffres trouve aussi son application dans la géographie politique. Les données numériques relatives à la population, à la race, à la langue, à la religion des divers États, peuvent être fournies avec la description de chaque État; pour quelques-uns, elles ont une importance capitale. On ne saurait rien politiquement de l'Autriche-Hongrie, si l'on ignorait la proportions des races

[1] FONCIN, *Géographie générale.*

qui la constituent. Mais ces éléments devront toujours être rapprochés les uns des autres, dans un tableau général établi de préférence à la fin de chaque cours ; on y joindra la comparaison des forces militaires et celle de la densité des populations ; car on ne peut se soustraire ni à la dure nécessité du présent ni au souci de l'avenir. Bien commenté, ce tableau ne sera pas la moins suggestive des leçons.

Sur d'autres points, il devient presque impossible de formuler des règles. Par exemple, vingt raisons différentes et diversement excellentes peuvent déterminer le choix que le maître fera entre les villes pour peupler la carte physique, raisons économiques ou politiques, vieux souvenirs ou événements du jour, site pittoresque ou richesse artistique. L'important est qu'il ait une raison, qu'il la dise ou plutôt qu'il la montre ; là surtout se révélera son talent d'enseignement. C'est encore à l'étendue de ses connaissances, à son savoir bien digéré, qu'il faut s'en rapporter pour choisir et surtout pour exclure dans l'énumération des divisions politiques. Placer sur la carte d'Angleterre tous les comtés anglais, ce serait enseigner, au lieu de la géographie d'Angleterre, un jeu de patience. Mais un maître expérimenté sait pour quelles raisons il devra mentionner au moins les noms d'York, de Kent, de Cornouailles. Nous n'avons que faire de la liste complète des vingt-six États allemands, tandis que les provinces prussiennes, simples subdivisions pourtant, apparaissent comme autant de chapitres d'histoire ; les noms des provinces italiennes ne nous disent rien ; mais ceux des vieilles régions italiennes, qui ne sont plus qu'un souvenir, nous en apprennent trop pour qu'on les laisse oublier. De même, en Suisse, il faudra bien tirer de pair le Valais, qui est quelque chose, et le canton de Berne, qui est quelqu'un.

Géographie historique. — Ce qu'on aura fait pour les villes et les provinces, il va sans dire qu'on le fera pour les États. Toute la géographie politique n'est pas dans l'*Almanach de Gotha*. Plus que tout le reste, dans le tableau du monde, les nations sont des personnes : on ne saurait se dispenser de définir leur caractère et leur rôle. C'est de cette façon qu'il convient d'entendre la géographie historique ; l'histoire ne sera plus alors juxtaposée à la géographie sous la forme de sèches notices ou de simples dates accolées aux noms de lieux ; elle la pénétrera et l'animera ; elle lui permettra surtout de faire, parmi les causes de divisions de l'heure présente, la part de ce qui n'est que préjugé, malentendu, grief d'un jour. Ces leçons, on ne saurait trop le redire, ne seraient pas données dans un esprit vraiment français, si elles n'étaient conçues dans un esprit largement humain.

Résumé de la méthode générale. — Des principes plutôt que des règles, voilà le dernier mot de ce chapitre de la méthode générale. L'ordre même des matières, l'ordre logique dont on vient de voir les avantages, n'est pas si inflexible qu'on n'y puisse déroger. On a fait observer avec raison que, dans les classes enfantines, là où il faut surtout décrire et frapper l'imagination, il vaut quelquefois mieux aller de la mer à la terre, de la vallée à la montagne, et convier les attentions à une espèce de voyage d'exploration qui les tiendra en éveil. Et cette méthode peut être encore utilement employée dans les vues d'ensemble, dans les éléments de géographie générale, qui, précédant la description particulière des régions, sont comme la prise de possession d'un continent. Rien d'absolu non plus ne peut être dit au sujet de la proportion qu'il convient de donner à chacun des trois ordres, physique, économique, politique. Tout dépend du sujet qu'on traite, du degré de maturité de ceux pour qui on le traite. Tous les aliments ne sont pas également nutritifs, ni tous les appétits égaux. Ce qui reste bien établi, c'est qu'il faut nourrir d'images et d'idées les intelligences. Nous ne proscrivons que l'indigeste : *Omne supervacuum*...

Pour assurer l'entière application de ces principes, l'Université sait qu'elle peut compter sur le zèle et le savoir des maîtres. C'est à leur esprit d'initiative qu'elle fait surtout appel. Ils comprendront en effet que, loin d'enchaîner leur liberté, on les convie à en user largement dans la voie qui leur est montrée. Il suffit qu'ils voient clairement le but, c'est-à-dire l'éducation intellectuelle et morale par la connaissance du monde actuel. Fermes sur ce point, ils seront plus à l'aise à l'égard des examens et des concours, en face des habitudes encore tyranniques ou des exigences désormais injustifiables.

Méthode pratique. — C'est dire assez qu'il n'y a pas lieu d'entrer ici dans le détail des procédés de travail ; ils doivent varier d'une classe à une autre, d'un sujet à un autre sujet ; ils peuvent être bons ou mauvais suivant le tour d'esprit du maître qui les applique ; il convient donc de laisser à celui-ci la faculté de les éprouver, avec la responsabilité de l'emploi qu'il en fera. Il suffira de condamner une fois de plus certaines pratiques qui ont été déjà souvent proscrites, et qui ne devront plus fausser l'enseignement géographique.

Le précis, l'atlas ou le texte-atlas, dont le choix a certes une grande importance, resteront les auxiliaires essentiels de l'enseignement ; mais ils ne sauraient le donner : c'est le maître seul qui peut montrer et démontrer. L'enseignement est dans la leçon parlée, comme pour l'histoire ; il ne peut pas sortir d'un livre, moins encore d'un cahier rempli de longues et fastidieuses dictées. Des notes rapides, et, au besoin, quelques séries de dictées, mais toujours très courtes, de noms et de chiffres pour lesquels on ne veut pas renvoyer au précis, voilà ce qui doit constituer le tableau de géographie où l'élève gardera la substance du cours.

Autres instruments de travail : la carte murale et le croquis au tableau noir, instruments du même genre et se prêtant un mutuel appui. L'un et l'autre, en effet, ont pour fonction de dégager de la foule des traits et des noms géographiques, les traits et les noms essentiels à l'intelligence de l'exposé oral. C'est dire que la carte murale ne sera jamais une sorte de carte d'atlas développée ; que, par la disposition des couleurs, des lignes, des caractères, elle simplifiera toute chose : qu'elle aura un caractère démonstratif, nullement documentaire ; c'est dire encore que le croquis au tableau sera clair, lui aussi, et simple, étant destiné à fixer des formes sommaires, des contours caractéristiques, et à déterminer des positions par de grands accidents physiques. Il arrive quelquefois qu'en pareille matière le fini de l'exécution nuit à l'ensemble et compromet le résultat.

Le fini de l'exécution, ou du moins ce que l'écolier croit être tel, voilà encore une qualité qu'il faut décourager dans les cartes qu'on demande aux élèves. On a souvent blâmé, jamais trop, ces travaux patients où l'enfant perd un temps précieux, et qu'il juge d'autant meilleurs qu'ils ressemblent plus au modèle copié, c'est-à-dire qu'ils sont plus inutiles. Ici nous n'hésitons pas à tracer une règle, facile d'ailleurs à appliquer : le croquis-devoir renfermera ce que la nature aura dit, rien de moins, rien de plus ; il sera le commentaire, ou mieux, l'illustration de la leçon. Il n'aura qu'un mérite, la fidélité, qu'une élégance, la clarté.

Enfin le professeur n'oubliera ni dans les interrogations, ni dans les compositions, les principes exposés plus haut. Ayant enseigné des idées au moyen des noms, il n'accordera ni l'éloge ni la primauté aux détestables tours de force de mémoire qui stérilisent l'intelligence.

III. — Modifications apportées aux programmes.

Tel est l'esprit que le Conseil supérieur s'est efforcé de faire passer dans la lettre des programmes. A cet effet, il en a revu soigneusement le texte. Le plus souvent il lui a suffi de quelques retouches pour mieux marquer, dans chaque classe, la proportion des diverses parties du cours, pour rendre l'enseignement plus simple et plus logique.

Deux modifications plus profondes ont été opérées : l'une porte sur la répartition des matières entre les diverses classes ; l'autre, sur le programme du dernier cours, celui de rhétorique.

Sous le régime des programmes précédents, l'enseignement géographique était partagé en trois cycles et parcouru trois fois en entier, dans les classes préparatoires et élémentaires, dans les classes de grammaire, dans les classes supérieures. Le Conseil supérieur a conservé cette méthode concentrique, consacrée par un long usage ; mais il l'a conservée sous deux réserves expresses : la première, c'est que le caractère des trois cycles soit fortement marqué, de telle sorte que l'enseignement aille vraiment en *s'élargissant* et en s'élevant, et qu'à chaque période l'élève apprenne non seulement *plus*, mais *autrement* ; la seconde, qu'on ne sacrifie pas tout à la symétrie de cette distribution, et que, dans la confection des cadres, on se préoccupe avant tout de l'importance *actuelle* des sujets.

Classes préparatoires et élémentaires. — Classes de grammaire. — Il sera donc bien établi que dans le premier cycle, celui des classes préparatoires et élémentaires, l'enseignement s'adressera surtout aux yeux et à l'imagination, sera borné à de véritables leçons de choses géographiques, et ne prétendra nullement s'ériger en un *petit cours*. Ce qui importera pour cet âge, ce n'est pas ce que l'enfant aura appris, mais ce qui l'aura intéressé. De là les changements plus significatifs que nombreux apportés aux programmes de la classe préparatoire, de la huitième et de la septième. — L'âge suivant est celui où on peut demander le plus à la mémoire ; elle est alors fraîche, docile, avide même ; on en profitera, sans en abuser ; on s'adressera non pas à elle seule, mais à elle plus qu'on ne l'aura fait encore, plus qu'on ne le fera ensuite. On fera voir aussi, et déjà on fera comprendre ; mais on fera recueillir dès ce moment une partie des matériaux qui seront utilisés dans la suite pour des études d'une autre portée. — Le développement du raisonnement, la formation des idées générales, seront vraiment à leur place dans la dernière série, et c'est là que la géographie deviendra, au sens où nous l'avons entendu, pleinement éducative.

Classes supérieures. — Modifications. — Mais si l'on admet, sans les fausser par une interprétation absolue, ces trois phases de l'imagination, de la mémoire, du jugement, dans l'enseignement géographique, on n'est pas tenu de leur accorder des parts rigoureusement égales. Le dernier cycle surtout ne saurait, sans un préjudice réel pour les études, être parcouru à la hâte.

C'est dans cette série des classes supérieures que le Conseil supérieur a fait un remaniement, dont l'expérience avait démontré la nécessité absolue.

Les programmes de 1885 renfermaient dans le seul cours de seconde (34 leçons d'une heure) les notions de géographie générale sur les mers, l'atmosphère, le sol, les eaux, etc., et l'étude de *la terre moins l'Europe*. Les professeurs étaient unanimes à déclarer qu'avec toute la sobriété et toute la simplicité possible, ils ne pouvaient traiter un sujet aussi compréhensif et d'un intérêt aussi puissant sans l'appauvrir ou le mutiler. Que l'on songe, en effet, aux découvertes et aux beaux travaux, dont les phénomènes physiques de la mer et des terres ont été l'objet en ce siècle : qu'on imagine, d'autre part, ce qui a été conquis sur l'inconnu depuis cinquante ans; qu'on se représente ce qu'était en 1839, ce que doit être aujourd'hui, une leçon sur l'Australie, ou sur le *Far-West* américain, ou sur le Nil; qu'on se rappelle enfin (cet argument est d'hier, mais on ne peut méconnaître les droits de l'actualité dans l'enseignement géographique) ce que l'Amérique du Sud vient de nous montrer d'elle-même, et l'on conviendra que le moment est venu d'accorder à ces pays, à ces mondes, un peu plus que le temps de les nommer. L'horizon s'est singulièrement élargi de ce côté, et, s'il faut briser un cadre hors d'usage, c'est celui-là.

En conséquence, le Conseil supérieur s'est arrêté au projet suivant : on limitera à deux classes la seconde série des études géographiques; en sixième, le monde, y compris l'Europe; en cinquième, la France. On donnera à la dernière série quatre cours entre lesquels les matières seront réparties ainsi qu'il suit :

Classe de quatrième. — En quatrième, les notions de géographie générale et l'étude des deux Amériques. La géographie générale ne perdra rien à être transposée ainsi : on la fera connaître plus à loisir, sous une forme moins scientifique, plus familière, et probablement plus utile. Il y a là, avec les courants, les volcans, les îles madréporiques, etc., la matière d'une foule de tableaux intéressants. Les deux Amériques ont, d'autre part, des traits physiques simples; elles présentent des paysages, des scènes, des spectacles qui laisseront mieux qu'un souvenir, une impression durable.

Classe de troisième. — En troisième, l'Asie, l'Afrique, l'Océanie. Ces continents qui présentent une structure un peu plus compliquée; les civilisations y ont pris naissance; les formes diverses de la vie sauvage, que les explorations nous font mieux connaître chaque jour, sont à la portée des intelligences de cet âge et de nature à éveiller des idées nouvelles.

Classe de seconde. — En seconde, l'Europe; on transportera à cette classe le programme de la troisième. Il y sera mieux placé. C'est une étude plus abstraite, d'un caractère, si l'on peut dire, plus politique. D'ailleurs, les nations européennes, dont l'élève apprendra à connaître les ressources et le rôle actuel, sont justement celles dont le cours d'histoire lui expose, au XVe et au XVIe siècle, la formation. Il y aura, ce qui est toujours avantageux, une parfaite harmonie entre les deux enseignements.

Classe de rhétorique. — Enfin la France continuera à être l'objet des études géographiques en rhétorique. On demande seulement au professeur de comprendre largement ce sujet, qui en réalité les résume tous. A cet effet, le programme a été remanié. On fera ensuite la part qui leur revient à nos vieilles provinces, à leur physionomie propre, à leurs traditions, aux éléments dont elles ont enrichi la vie nationale. *Notre pays*, voilà, en un mot, si l'on donne à ce mot sa plénitude de sens, tout le programme de rhétorique. De plus, pour mettre la jeunesse française en garde contre un défaut qui a pu être un défaut français, ne voir que soi dans le monde, on étendra ce cours jusqu'aux limites du monde, par des aperçus sur notre colonisation, notre protectorat, nos relations commerciales, politiques et même intellectuelles. On donnera ainsi à notre patrie sa place parmi les nations, et ce sera le terme naturel de l'enseignement géographique ; car c'est la *fin* de l'éducation morale et civique que nous nous faisons un devoir de ne jamais séparer de la culture intellectuelle.

Les professeurs tireront aisément de ce qui précède les conclusions suivantes :

Ce n'est pas seulement à l'*enseignement de la géographie* qu'ils devront donner tous leurs soins, c'est aussi à l'*éducation par la géographie ;* et ils s'efforceront de mettre en jeu, par cette étude, toutes les facultés de l'enfant.

Ils y réussiront en se soumettant à une méthode rigoureuse qu'on peut résumer en trois mots : toujours *simplifier,* tout *coordonner, caractériser* les objets autant qu'il sera possible.

Quant au détail des procédés de travail, on le laisse à leur discernement. On n'a pas entendu leur tracer des règles étroites, les enfermer dans des cadres immuables. En leur montrant ce qu'on attend d'eux, on les invite, au contraire, à apporter dans leurs leçons ces trois choses inséparables : la liberté, la variété et la vie.

Le texte des programmes n'a été remanié que pour fixer l'attention sur les éléments essentiels de chaque sujet ; si la distribution des matières a été modifiée, c'est parce que la répartition de la richesse, de la puissance, de la civilisation dans le monde actuel s'est modifiée elle-même.

Ainsi comprise, allégée par des sacrifices nécessaires, vivifiée par l'esprit moderne, la géographie contribuera, comme l'histoire, et dans une large mesure, à former l'homme instruit et le bon Français.

VII

Enseignement de la philosophie.

I. — LA PHILOSOPHIE DANS L'ENSEIGNEMENT SECONDAIRE.

Bien peu de personnes contestent l'utilité et la nécessité de l'enseignement philosophique. Mais l'on se demande où cette étude doit être placée.

Appartient-elle à l'enseignement secondaire ou à l'enseignement supérieur ? Aux lycées ou aux facultés ? Quelques bons esprits, précisément à cause de la haute idée qu'ils se font de la philosophie, croient que cette science appartient spécialement à l'enseignement supérieur et est au-dessus de la portée des jeunes gens qui font leurs études secondaires. Ce ne serait donc pas diminuer la philosophie, mais lui rendre un juste hommage, que de la replacer à son véritable rang, c'est-à-dire au nombre des études supérieures.

Cette question est très importante ; et quoiqu'elle soit tranchée parmi nous depuis longtemps par l'usage et la tradition, elle mérite cependant d'être examinée ; car elle va nous conduire à fixer le véritable sens de l'enseignement philosophique dans nos lycées.

Remarquons d'abord que, dans l'opinion que nous venons de résumer, il y a une certaine illusion, dont les défenseurs de cette opinion ne se rendent pas compte. Que la philosophie, en effet, soit placée dans l'enseignement secondaire ou dans l'enseignement supérieur, dans les deux cas, il sera toujours impossible de faire commencer les élèves par les idées les plus abstraites et les plus difficiles. Nulle part, pas plus en Allemagne qu'ailleurs, on ne peut commencer par précipiter les esprits tête baissée dans les systèmes de Spinoza ou de Hegel ; on ne commencera pas par leur faire lire le *Parménide* de Platon ou la *Critique de la raison pure* ; et si, par impossible, on employait une telle méthode, ce serait au détriment d'une bonne éducation philosophique et de la liberté d'esprit des étudiants. Plongés tout d'abord dans des formules qu'ils ne comprendraient pas, ils les accepteraient toutes faites, en raison du goût bien connu de la jeunesse pour les formules abstraites. Tel serait le danger d'un enseignement philosophique où l'on commencerait par les choses les plus difficiles, au lieu de débuter par les plus simples. A la vérité, l'on prétend que c'est là un des défauts actuels de notre enseignement philosophique dans les lycées ; nous aurons à revenir sur ce point ; mais, en tout cas, on ne guérirait pas ce mal, s'il existe ; on ne ferait au contraire que l'aggraver, et lui fournir une apparente justification, en lui donnant le nom d'enseignement supérieur. Dans le fait, pas plus dans les facultés que dans les lycées, on ne peut se passer d'un premier enseignement qui donne les notions les plus simples et les plus faciles, à l'aide desquelles on doit s'élever plus tard aux plus difficiles. Il y a donc, de toute nécessité, un enseignement élémentaire en philosophie comme du reste dans toutes les autres sciences. Or, je le demande, si cet enseignement élémentaire est déterminé par la nature même des choses, s'il doit être absolument le même dans les facultés et dans les lycées, si de plus il doit être suivi par les mêmes élèves, au même âge, c'est-à-dire au sortir de la rhétorique, comme cela a lieu dans les Universités étrangères, quel avantage

y a-t-il à ce que cet enseignement soit donné dans les murs d'une faculté
plutôt que dans ceux d'un lycée? Cela étant, les avantages ou les inconvénients, s'il y en a, étant les mêmes de part et d'autre, rien de plus simple
que de maintenir la solution existante, qui a pour elle parmi nous l'histoire et la tradition.

Cependant la raison que nous venons d'indiquer ne serait pas encore
suffisante pour attribuer la philosophie à l'enseignement secondaire, si
l'on ne prouvait pas en outre qu'elle entre nécessairement dans l'idée de
cet enseignement. En effet, il y a des enseignements dans les facultés qui
sont aussi obligés de commencer par les éléments, lorsque les élèves n'en
savent encore rien : par exemple, l'archéologie ou l'étude du sanscrit. Si
donc la philosophie par nature appartenait à l'enseignement supérieur,
elle pourrait lui être restituée, à charge pour cet enseignement d'organiser comme il lui conviendrait l'étude des éléments. Or, qui est-ce qui
appartient à l'enseignement supérieure ? Deux ordres d'études : d'une part,
les connaissances générales, fond de toute éducation, déjà enseignées dans
les lycées, mais poussées plus loin ; de l'autre, des études libérales
et élevées, mais spéciales, qui, venant à l'appui des études classiques et
les continuant, n'en font pas cependant partie : de ce dernier genre sont
les études que nous venons de citer, l'archéologie et le sanscrit. La question se présente donc maintenant sous cette forme : la philosophie fait-elle
partie des études générales ou des études spéciales ?

Partons d'abord d'une considération importante : c'est que l'enseignement secondaire, quoiqu'il se distingue de l'enseignement supérieur par
l'âge des élèves, ne s'en sépare pas par son essence. Âge à part, on peut
dire que l'enseignement secondaire de nos lycées est lui-même déjà un
enseignement supérieur; car il est l'enseignement le plus élevé que l'on
puisse donner à des enfants ou des jeunes gens de tel ou tel âge.
Cet enseignement en effet prépare aux carrières les plus importantes de
la société, et dans chacune de ces carrières il forme l'élite qui doit les
recruter. En effet, on peut affirmer que tous ceux qui seront à la tête de
la société dans tous les genres, dans quinze ou vingt ans d'ici, font, à
l'heure qu'il est, leurs études classiques. Cet enseignement est donc l'appropriation de la civilisation tout entière à tous les âges, depuis l'enfance
jusqu'à la jeunesse. Aussi voit-on que toutes les grandes branches de l'activité intellectuelle de l'humanité sont représentées dans notre enseignement
secondaire. On n'y apprend pas toutes les langues, mais on y apprend les
langues ; on n'y apprend pas toutes les histoires, mais on y apprend l'histoire; on n'y apprend pas toutes les sciences, mais on y apprend les
sciences. De même, dirons-nous, on ne devra pas apprendre au lycée tous
les systèmes de philosophie, ni toutes les questions philosophiques, mais
on devra y apprendre la philosophie ; autrement, une des branches les

plus importantes du savoir humain, de la pensée humaine, fera défaut à nos études.

II. — Services rendus par l'enseignement philosophique.

Que représente donc la philosophie dans le plan de nos études ? Elle y représente le principe d'unité.

L'enseignement secondaire comprend, en effet, deux branches parallèles : les lettres et les sciences ; les lettres sans doute plus que les sciences, mais enfin les sciences pour une bonne partie ; et même la grammaire et l'histoire, quoique faisant partie des lettres, se rattachent, à quelques égards, aux sciences. Il y a donc deux directions et deux courants. Ces deux courants doivent aboutir à un terme unique, qui est la philosophie. Elle est le couronnement des études, et elle est la synthèse des lettres et des sciences. Par la psychologie et la morale, elle donne l'unité aux lettres ; par la logique et la métaphysique, elle donne l'unité aux sciences, le tout ramené à l'unité de l'esprit humain. Aux esprits littéraires elle donne quelque chose de l'esprit scientifique ; aux esprits scientifiques elle donne quelque chose de l'esprit littéraire. Par l'analyse de l'imagination et de la sensibilité, par l'étude sur le beau et sur le langage, les élèves retrouveront, sous une forme plus générale et plus élevée, les études de goût et de langue auxquelles ils ont été formés dans toutes leurs classes de lettres. Par l'étude des définitions, du raisonnement et des méthodes, ils retrouveront l'explication généralisée de tous les procédés logiques dont ils se sont servis dans l'étude des sciences. Enfin, au-dessus de ce double courant d'études, ils rencontreront des préoccupations nouvelles, très appropriées à leur âge, les préoccupations des problèmes moraux et religieux. A quel moment leur parlera-t-on de ces problèmes, si ce n'est au moment où ils entrent dans la vie, et où ils ont besoin de toutes leurs forces pour en soutenir les épreuves ?

Non seulement la philosophie vient compléter et couronner les études littéraires et scientifiques, et, par là, entre nécessairement dans l'enseignement secondaire ; mais elle y entre encore comme moyen de culture intellectuelle, ayant sa vertu propre et son efficacité originale. Elle développe, en effet, des facultés qui ne trouvent pas une nourriture suffisante dans les exercices antérieurs : c'est l'esprit d'analyse, l'esprit d'examen, l'abstraction et la généralisation, le raisonnement ; en un mot, toutes les facultés discursives, mais appliquées aux faits moraux, qui ne tombent pas sous les sens et qui ne sont pas pesés dans des balances matérielles.

En effet, les lettres s'adressent surtout à l'imagination et à la sensibilité. Loin de moi la pensée de dire qu'elles ne développent pas aussi les facultés logiques. La grammaire est déjà par elle-même toute une logique ; l'élo-

42.

quence en est une autre. Dans les exercices les plus modestes, la version par exemple, tout le monde sait que la difficulté la plus grande est de saisir la suite des idées. Il y a donc incontestablement une logique littéraire, mais toujours mêlée à la forme littéraire, c'est-à-dire aux formes de l'imagination et de la sensibilité. Il faut quelque chose de plus : pour fortifier complètement l'esprit, il faut développer les facultés logiques en elles-mêmes et pour elles-mêmes. Il faut mettre les jeunes esprits en présence des idées abstraites, leur apprendre à les manier et à se diriger conformément aux lois de l'esprit. On montrera, en rhétorique, que l'esprit est la dupe du cœur en faisant parler un orateur qui réfuterait les raisonnements de son adversaire comme s'appuyant sur des sentiments et des passions contraires à la raison et à la justice. En philosophie, on démontrera la même vérité par la psychologie et la logique, en opposant la raison à la sensibilité, et en éclaircissant leurs différents rôles et leurs fonctions respectives. Le raisonnement, en rhétorique, sera enveloppé dans la forme oratoire et poétique; il reste à exercer la faculté elle-même dépouillée de ses ornements, et c'est l'office de la philosophie.

D'un autre côté, les facultés logiques et discursives trouvent sans doute déjà leur application précise et particulièrement utile dans l'étude des sciences. C'est précisément dans l'intérêt de ces facultés que nous mêlons les sciences avec les lettres. Mais d'abord, dans les sciences proprement dites, ces facultés ne s'exercent que sur des matières spéciales et techniques, qui ne sont qu'une portion de la connaissance humaine en général et non pas celle qui occupe la plus grande place dans la vie. En outre, ces facultés sont soutenues dans les sciences par des méthodes d'un caractère tellement exact et tellement précis, que l'erreur y est par là rendue très difficile et que, lorsqu'elle se produit, elle est presque immédiatement dévoilée, soit par les expériences, soit par les signes du calcul. C'est ce qu'exprimait le philosophe Hamilton sous cette forme paradoxale et exagérée, mais qui recouvre une pensée vraie : « L'art de raisonner juste ne peut être enseigné par une méthode dans laquelle il n'y a pas de raisonnement faux. On n'apprend pas à nager dans l'eau par un exercice préalable dans un réservoir de vif-argent ». Les questions que l'homme a à résoudre dans la vie ne sont pas de cet ordre et ne se résolvent pas par les mêmes méthodes. Elles reposent d'abord sur des notions communes à tous les hommes, et elles ne sont susceptibles d'être traitées ni par l'expérimentation, ni par le calcul. Questions de droit ou d'équité, questions de conduite morale ou de conduite politique, question de l'éducation des enfants, du choix des amis, questions sociales, toutes ces questions, qui sont le fond de la vie civilisée, se rapprochent beaucoup plus, soit pour les notions, soit pour les méthodes, des questions que l'on traite en philosophie que de celles des sciences exactes et positives. Toutes les grandes discussions qui ont eu lieu parmi les hommes, sauf les intérêts pratiques et techniques, celles qui séparent les peuples, qui divisent les classes, qui sont l'objet des débats dans les assemblées politiques, dans les assemblées communales, dans les conseils pédagogiques, couvrent toutes un fond de philosophie et ne peuvent se traiter que par l'analyse des idées, appuyée sans doute sur l'observation, mais sur une observation qui n'a pas la rigidité absolue des observations astronomiques ou chimiques, et aussi par le raisonnement; mais par un raisonnement qui ne peut devenir un calcul, et qui même ne se rapproche de la rigueur du calcul qu'au détriment de la vérité.

La philosophie sert encore à un autre point de vue : elle nous apprend l'usage et l'abus des idées générales. Sans idées générales, point de pensée; car c'est là surtout ce qui distingue l'homme de l'animal. Mais l'abus des généralisations va justement au vide et peut conduire à prendre des formules creuses pour des choses réelles. Tels sont les deux excès. Or, ce que l'on reproche surtout à la philosophie, c'est de pousser les esprits aux généralisations vides. Cette objection est du même genre que celle que l'on fait à la rhétorique, lorsque l'on dit qu'elle nous apprend à déclamer. Au contraire, c'est le fait de la vraie rhétorique de nous apprendre à ne point déclamer. De même la vraie philosophie a précisément pour office de nous apprendre à ne pas généraliser à faux. Ce sont souvent les esprits les plus habitués aux sciences positives qui se complaisent le plus dans des généralisations vides. Les mathématiciens ont toujours fait beaucoup d'utopistes. C'est l'usage de la philosophie qui nous apprend, au contraire, la mesure dans laquelle il faut ou il ne faut pas généraliser : « Les sages d'entre les hommes d'aujourd'hui, dit Platon, font *un* à l'aventure (c'est-à-dire généralisent au hasard), et *plusieurs* plus tôt ou plus tard qu'il ne faut. Après l'unité, ils passent tout de suite à l'*infini* (c'est-à-dire à la multitude des détails); et les nombres intermédiaires leur échappent; cependant ce sont ces nombres intermédiaires qui distinguent la discussion conforme aux lois de la dialectique de celle qui n'est que contentieuse ».

On peut donc dire qu'en général la philosophie, considérée surtout au point de vue de l'enseignement secondaire, n'est autre chose que « l'art de penser », et l'on peut appliquer à la philosophie tout entière cette définition que Port-Royal n'avait appliquée qu'à la *logique*. En même temps que l'art de penser, elle enseigne l'art de penser librement, car c'est une seule et même chose. Penser librement, c'est penser par soi-même, c'est voir clair dans ses propres idées, « n'admettre pour vrai que ce qui paraît évidemment être tel ». Pour former l'esprit à cette rare faculté, le professeur a plusieurs moyens. Le premier est l'exemple : il pense devant l'élève, en lui montrant comment on s'y prend pour traiter une question et la résoudre; c'est ce qu'on appelle la leçon. Il commence par indiquer, expli-

quer clairement et circonscrire la question posée; il en montre les différentes parties; il expose ce qu'il faut savoir déjà pour traiter cette question,
les différentes notions qu'elle implique, l'ordre dans lequel ces notions
doivent se suivre et se déduire les unes des autres, les diverses difficultés,
les faits qui sont à expliquer ou ceux qui servent à expliquer, et il conclut
par voie de déduction ou d'induction, suivant les cas. Bientôt on passe de
l'exemple à la pratique, et on exerce l'élève à penser lui-même. Après qu'il
a vu comment on traite une question, on lui en donne une à résoudre en
se servant soit des idées qui lui ont été fournies par l'enseignement, soit
des idées qu'il puisera dans les livres, soit des siennes propres. Muni de
ces matériaux, il imitera d'abord avec plus ou moins d'indépendance la
méthode des maîtres en la reproduisant de très près, puis, au fur et à
mesure, avec plus de liberté; et enfin, après plusieurs mois, s'il est bien
doué, il se sentira de force à aborder de lui-même une suite de pensées
plus ou moins personnelles. Un troisième procédé est celui de l'interrogation et de la discussion. Ce procédé bien conduit est le plus difficile de
tous et le plus laborieux pour le maître. Il est aussi le plus fécond. Il habitue l'élève à tirer le plus possible de son propre fonds. Mais il faut que
le maître soit toujours présent pour l'aider, le soutenir, le remettre dans la
voie, lui imprimer un nouvel élan. Par là l'esprit est exercé, assoupli, sti-
mulé. Il sort de cette lutte, quand il est fort, tout prêt à marcher dans sa
propre voie, et, même faible, il acquiert quelque chose de cette indépendance et de cette énergie. La liberté de penser ainsi définie doit se distinguer profondément de ce qu'on appelle quelquefois de ce nom, et qui consiste à nier certaines choses, à rejeter certains dogmes, certaines autorités. Mais la liberté de penser en elle-même ne consiste pas plus à nier
qu'à affirmer. On peut nier très servilement lorsqu'on ne fait que répéter
ce que l'on a entendu dire; on peut affirmer très librement lorsqu'on a
réfléchi sur ce qu'on affirme, et que l'on s'est approprié les raisons que
l'on invoque. Il ne faut donc pas dire que la philosophie contribue à faire
des révoltés et des sceptiques. Elle sert au contraire à apprendre aux
jeunes gens à distinguer la liberté de la révolte et l'examen du scepticisme.
C'est l'absence de philosophie qui, au sortir du collège, au premier choc
d'une contradiction absolue entre l'école et le monde, fera des révoltés et
des sceptiques. C'est une bonne discipline de la raison qui fera des esprits
éclairés qui sauront, suivant l'expression de Pascal, « croire où il faut,
douter où il faut, affirmer où il faut ».
    Ce n'est pas seulement comme méthode et comme forme logique que
la philosophie contribue à la culture de l'esprit; c'est encore en introduisant dans l'esprit un certain nombre de notions qui sont une partie nécessaire et considérable de la raison civilisée. Les notions psychologiques sur
les facultés de l'âme, logiques sur les opérations intellectuelles et sur les

méthodes, morales sur les différents devoirs, et même métaphysiques sur
les notions les plus générales de l'entendement et les principes supérieurs
de la nature, ces notions, aussi bien que les notions littéraires et les notions
scientifiques, sont le fonds de la raison humaine. Sans doute, ces notions
ne restent pas dans l'esprit à l'état de distinction technique et de forme
abstraite qui a accompagné leur introduction; mais elles se fondent avec
les autres notions et elles s'incorporent à la substance de l'esprit de manière à devenir le fonds commun dont plus tard l'esprit se sert pour former
ses pensées sur l'homme et sur la vie. Lorsque cette matière manque, faute
d'éducation philosophique, il y a un vide dans l'esprit que l'expérience
externe ne peut combler.

III. — DE LA RÉDUCTION MATÉRIELLE D'UN COURS DE PHILOSOPHIE INUTILE ET NUISIBLE.

On a autrefois pensé à conserver sa place à la philosophie dans l'enseignement secondaire, mais en réduisant son domaine et en le réduisant à
telle ou telle de ses parties, en apparence plus inoffensive que les autres.
Ce n'était en réalité qu'une apparence; car on avait trouvé moyen, par
toutes sortes de combinaisons artificielles, de faire rentrer sous le nom de
logique la philosophie tout entière. C'était donner à l'esprit l'habitude du
sophisme que de dissimuler ainsi les choses sous les noms. C'est ainsi que
l'existence de Dieu, de l'âme, de la loi morale, de la liberté, revenait
dans le cours tout aussi bien qu'auparavant, mais seulement à titre « d'applications des règles de la méthode ». Ces grands principes réduits à n'être
plus que des exemples de logique (et bientôt peut-être des exemples de
grammaire ou d'orthographe) en étaient abaissés et déconsidérés dans
l'esprit des élèves et contribuaient à encourager l'esprit de dispute, en
éloignant l'attention des choses elles-mêmes pour ne la faire porter que
sur la forme du raisonnement.

La même réduction, à la vérité, pourrait se faire avec plus de sincérité, en restreignant strictement la philosophie à l'une de ses parties, sans
y introduire subrepticement les autres. Ce serait, je suppose, la logique
avec quelques notions de psychologie et de morale. Cette solution, en remédiant, si l'on veut, à quelques inconvénients, aurait le défaut de supprimer par là même les principaux avantages d'une culture philosophique.
Ce qui caractérise la philosophie, c'est l'unité, l'esprit d'ensemble : c'est
le sentiment de l'harmonie universelle. Platon disait : Ὁ φιλόσοφος συν-
οπτικός. Il disait encore dans le même sens : Ὁ σοφὸς μουσικός. Est-ce
trop demander que de vouloir que le sentiment de l'unité de l'univers res-
sorte de l'enseignement philosophique? Nous ne le pensons pas. La philosophie, sans doute, doit être proportionnée à l'intelligence des élèves;

mais, quoique appropriée au niveau intellectuel de la jeunesse, il faut qu'elle soit philosophie, ou elle n'est rien. L'enfant qui apprend le catéchisme reçoit une instruction appropriée à son âge; et cependant il y a déjà dans ce petit livre toute une vue sur l'ensemble des choses. L'âme, Dieu, toute la morale, y sont contenus. C'est une philosophie en raccourci : et ce petit enfant aurait donc, par là même, une vue plus étendue sur l'univers que celui que l'on aurait réduit à quelques maigres chapitres de logique.

Ce serait d'ailleurs une illusion de croire que l'on peut réduire la philosophie en en limitant le domaine. Ce qui caractérise la philosophie, c'est que tout est dans tout. Toutes les questions s'enveloppent les unes dans les autres. Donnez une seule question à un philosophe : il en fera sortir toutes les autres; et, à moins de lui mettre un bâillon sur la bouche, vous ne l'empêcherez pas de philosopher.

Rien que la définition de la philosophie enveloppe la philosophie tout entière. Vous réduisez-vous à la logique? Rien n'y fera. La *Logique* de Port-Royal, si modeste qu'elle soit, commence par un chapitre sur l'origine des idées; et l'origine des idées, c'est toute la métaphysique.

IV. — NIVEAU DE L'ENSEIGNEMENT.

Ce n'est donc pas par des réductions matérielles que l'on réussira à corriger ce qu'il peut y avoir d'excessif dans l'ambition philosophique de quelques professeurs. Cette ambition est louable en elle-même; mais elle peut être déplacée. En imposant un frein extérieur, on irriterait sans persuader; en proscrivant tel ou tel ordre de questions, on leur donnerait l'attrait du fruit défendu; on ne garantirait pas la sobriété de l'enseignement. Non, ce n'est pas par ces procédés qu'il faut agir : c'est par la raison, par la raison seule; c'est en s'adressant à l'esprit philosophique lui-même. c'est en partant de l'idée d'une éducation par la philosophie que l'on persuadera aux professeurs de proportionner leur enseignement à l'esprit de la jeunesse. C'est encore philosopher que philosopher par degrés et à dose modérée, en raison de l'inexpérience des esprits.

Nous avons vu que la philosophie entre comme élément nécessaire dans toute éducation; mais elle n'y entre pas à titre de science pure, de science spéciale; elle y entre surtout comme un haut moyen de culture intellectuelle et morale, soit comme méthode, soit comme ensemble de notions, mais toujours dans cette mesure, qu'elle est et ne doit être qu'un instrument d'éducation. Il en est de même, du reste, de toutes les autres parties de l'enseignement. On n'enseigne pas le latin pour faire des latinistes, ni l'histoire pour faire des historiens, ni les sciences pour faire des savants; de même on n'enseignera pas la philosophie comme une science spéciale ayant elle-même pour but. La philosophie, avons-nous dit, doit être ce qu'elle est, tout ce qu'elle est, et nous n'en rabattons rien; mais il ne faut pas qu'elle se prenne elle-même pour but. Nos professeurs ne doivent pas oublier une chose : c'est qu'ils sont des professeurs, des éducateurs. Leur travail est bilatéral : ils ne doivent pas penser tout seuls, mais penser avec les jeunes gens et pour les jeunes gens. Leur enseignement doit être en rapport, composé de la raison savante et de la raison ignorante. Ils doivent se rappeler cet admirable mot de saint Anselme : *Fides quærens intellectum;* c'est le mot du jeune homme entrant en philosophie, curieux, avide de connaître et de comprendre, et aspirant à transformer ses croyances naïves en convictions raisonnées. L'aider dans ce travail n'est au-dessous d'aucune intelligence; c'est en étant le serviteur des esprits qu'on en est le véritable maître.

Ce ne serait pas d'ailleurs par excès de philosophie, mais par défaut de philosophie, que les professeurs croiraient au-dessous d'eux de se mettre au niveau de leurs élèves. Eh quoi! n'est-ce pas un problème philosophique des plus importants que de chercher par la pratique comment les idées philosophiques s'introduisent dans les esprits qui en ont été jusque-là dépourvus? On parle de psychologie expérimentale; mais n'est-ce pas de la psychologie expérimentale au premier chef que l'étude des conditions intellectuelles d'un jeune homme exclusivement formé par les sciences et par les lettres? On nous dit aujourd'hui que, pour connaître l'homme, il faut commencer par le sauvage, l'animal ou l'aliéné; cela n'est pas commode; mais, à défaut de ces types rudimentaires ou dégénérés, que l'on n'a pas toujours à sa disposition, ne pourrait-on pas au moins commencer par étudier les esprits, déjà civilisés sans doute, mais au moins privés de la plupart des abstractions philosophiques, et par là même apprendre jusqu'à quel point ces abstractions sont naturelles; immédiates ou éloignées? On a dit souvent contre la psychologie qu'elle n'est jamais que la psychologie du philosophe. Eh bien? Quand vous recevez vos élèves au sortir de rhétorique, vous avez l'occasion de faire de la psychologie sur des natures non philosophiques. Pourquoi n'en profitez-vous pas? Au lieu de vous hâter d'ingurgiter dans ces esprits naïfs votre trop-plein d'abstractions philosophiques, faites durer le plus longtemps possible cette innocence première; continuez pendant quelque temps les méthodes littéraires et étudiez ce qui se passe dans ces esprits-là. Je me représente un jeune philosophe qui, sans avoir besoin de travailler en dehors de la classe (sinon pour rédiger des notes), préparerait les éléments d'une étude intitulée : *De l'esprit philosophique chez les jeunes gens qui entrent en philosophie.* On a l'habitude dans les classes d'interroger les élèves sur la leçon faite; pourquoi ne pas les interroger sur la leçon que l'on va faire? On verrait par là comment ils pensent, avant de leur avoir appris à penser. Un ingénieux philosophe avait eu, il y a quelques années, cette idée paradoxale en apparence : c'est que, de même que les sciences sont représentées dans toutes les classes, de même il devrait y avoir un enseignement philosophique dans toutes les classes, depuis la huitième jusqu'à la philosophie. C'était là une idée théorique dont nous ne demandons pas l'application, mais, comme idée théorique, combien cette idée est juste et ingénieuse! Combien il serait intéressant pour le psychologue de pouvoir suivre dans l'être vivant le progrès des idées abstraites depuis la plus tendre enfance jusqu'à l'adolescence, d'étudier l'imagination, les sentiments, les idées d'art, les idées morales à tous ces étages, et encore plus intéressant en bas qu'en haut. Oh! combien je voudrais voir nos jeunes philosophes, au lieu de dédaigner l'enseignement modeste que l'on désire d'eux, demander eux-mêmes, au contraire, à faire une classe de huitième, s'essayer à des leçons de choses! Ils vérifieraient ainsi par leur propre expérience les assertions psychologiques de J.-J. Rousseau, et contribueraient pour leur part à cette science qui n'existe encore que par fragments, la psychologie de l'enfant, et à cette autre qui n'existe pas du tout, la psychologie du jeune homme.

V. — MÉTHODES D'ENSEIGNEMENT.

De ces considérations générales, tirons quelques conseils pratiques qui éclairciront notre pensée. Les professeurs de philosophie n'ont pas à aller chercher bien loin les principes de leur enseignement. Il n'ont qu'à s'appliquer à eux-mêmes les règles qu'ils expliquent tous les jours à leurs élèves, à savoir les règles de Descartes dans son *Discours sur la Méthode.*

La première règle consistera à ne donner aux élèves que des idées claires et distinctes, de manière à ne leur proposer pour vrai que ce qui leur paraîtra évidemment être tel. Pour cela, il ne suffit pas que ces notions paraissent claires au professeur : c'est de la clarté pour les élèves qu'il s'agit. Il faut s'assurer par l'interrogation qu'elles ont été bien comprises, que d'autres idées ne sont pas venues à la traverse de celles-là, que des difficultés, dont les jeunes gens eux-mêmes n'ont pas conscience, ne font pas obstacle aux notions reçues et n'en altèrent pas la nature. Il faut que le professeur s'interroge lui-même et se dise : Si tu n'avais pas la longue préparation philosophique que tu as reçue, comprendrais-tu toi-même ces idées qui te paraissent si simples? Il faut tenir compte des idées moyennes, de ce qu'on appelle le sens commun, trop dédaigné par nos philosophes, qui ne réfléchissent pas que le sens commun d'aujourd'hui est le résultat du travail philosophique des siècles. Il faut partir de ce qui est généralement accepté, et, comme dit Descartes, « communément reçu parmi les mieux sensés ». C'était la méthode de Socrate : διὰ τῶν μάλιστα ὁμολογουμένων διεπορεύετο. Aristote lui-même pratique souvent cette méthode. A la vérité, il ne faut pas rester dans ce milieu moyen, puisque la philosophie a précisément pour but de nous apprendre à considérer les idées en elles-mêmes. Mais ces idées moyennes sont des échelons, ἐπιβάσεις, comme dit Platon, pour monter plus haut.

La seconde règle de Descartes consiste « à diviser les difficultés ». Cette règle s'applique merveilleusement à l'enseignement de la philosophie. Il ne faut pas traiter toutes les questions à la fois; il faut les distinguer et les échelonner. C'est un abus et un danger que de donner trop d'idées à digérer en même temps. Chaque question doit être étudiée en elle-même et pour elle-même. C'est le fait de la faiblesse ou de l'inexpérience d'appliquer à tous les sujets les mêmes formules et de tout résoudre par un « Sésame, ouvre-toi » universel. Il y a, sans doute, une difficulté particulière en philosophie : c'est que dans cette science, comme nous l'avons dit, tout est dans tout; toutes les questions rentrent les unes dans les autres. C'est là cependant un écueil qu'il faut éviter. Quelque liaison que les problèmes aient ensemble, ils ont cependant chacun leur difficulté propre : il faut les dégager l'un de l'autre et mettre en relief le point spécial de chacun d'eux. Après tout, la pensée est une, et le langage est successif. Nous sommes obligés, en parlant, de séparer l'attribut du sujet, quoique nous les pensions ensemble : nous avons donc le pouvoir et nous subissons la nécessité de dire les choses les unes après les autres. On doit avertir des rapports; mais ces rapports n'auront leur prix que lorsque chaque partie du tout aura été étudiée en elle-même. C'est ce que Descartes exprimait ainsi : « Il m'a semblé très raisonnable que les choses qui demandent une particulière attention, et qui doivent être considérées séparément d'avec les autres, furent mises dans des méditations séparées » (*Réponses aux 2ᵉˢ objections*). C'est pourquoi dans la seconde méditation il se contente d'établir que l'âme est une chose qui pense, et renvoie à la sixième méditation la réelle distinction de l'âme et du corps, quoique la preuve décisive de Descartes soit déjà dans la seconde méditation.

Platon, dans le *Philèbe*, a relevé, avec une ironie charmante et une profonde connaissance de la jeunesse, l'abus auquel celle-ci est le plus portée et auquel elle se laisse toujours le plus prendre, à savoir celui que nous signalions tout à l'heure et qui consiste à appliquer à tous les sujets et en toute circonstance une formule vague et vide, qui, disant tout, ne dit rien en réalité : « Le jeune homme qui se sert pour la première fois de cette formule (*l'un et le plusieurs*), charmé comme s'il avait découvert un trésor de sagesse, est transporté de joie jusqu'à l'enthousiasme, et il n'est point de sujet qu'il ne se plaise à remuer, tantôt le roulant et le confondant en un, tantôt le développant et le coupant par morceaux, s'embarrassant lui-même et quiconque l'approche, plus jeune ou plus vieux ou de même âge que lui; il ne fait quartier ni à son père, ni à sa mère, ni à aucun de ceux qui l'écoutent; il attaque non seulement tous les hommes, mais en quelque sorte tous les êtres, et je réponds qu'il n'épargnerait aucun barbare, s'il pouvait se procurer un truchement ».

La troisième règle, qui se déduit des deux autres, c'est qu'il faut procéder graduellement, aller du simple au composé, du plus facile au plus difficile. Il est certain que, tout en commençant par un petit nombre d'idées à la fois et en divisant et en graduant les difficultés et les problèmes, il faut néanmoins avancer; à mesure que le nombre d'idées augmentera, et qu'on aura résolu plus de problèmes, on pourra présenter aux esprits des idées plus complexes et des difficultés plus grandes. En un mot, il est dans la nature des choses que le cours de philosophie soit plus fort à la fin qu'au commencement. Mais il reste cependant une difficulté à résoudre : c'est de savoir quelle sera la limite où l'on s'arrêtera. Où finit l'enseignement secondaire? Où commence l'enseignement supérieur? Nous avons dit déjà que cette délimitation ne peut pas se faire par la réduction des matières; car cela ne servirait à rien, puisqu'il peut y avoir une logique transcendante comme une métaphysique transcendante : on peut raffiner sur les sensations aussi bien que sur les idées. Nous croyons qu'il n'y a ici d'autre règle que le tact et l'expérience du professeur; cela dépend aussi beaucoup de la force de la classe et des élèves. Il en est du reste de même dans la rhétorique. Dans certaines classes très fortes, on pourra aller assez loin en littérature; dans d'autres, on côtoiera le modeste rivage du baccalauréat. Sans déprécier le baccalauréat, on ne peut nier qu'il ne soit surtout fait pour les masses; les élèves d'élite méritent qu'on les porte plus haut. Il serait vraiment injuste que des esprits distingués fussent condamnés aux idées médiocres par égard pour l'intelligence médiocre de leurs camarades. Une tradition nouvelle, qui s'est introduite dans nos classes de philosophie, a contribué à élever le niveau d'une manière un peu exagérée : c'est l'usage des vétérans. Autrefois il n'y avait de vétérans qu'en rhétorique; aujourd'hui on fait deux et quelquefois trois années de philosophie. Quoi d'étonnant que ces élèves ne se contentent pas de la classe de l'année précédente et poussent malgré lui le professeur en avant?

On voit combien peut être variable la force d'une classe en philosophie.

Il n'y a pas ici d'autres conseils à donner que ceux que nous avons donnés plus haut, et qui doivent servir de direction et d'orientation : considérer surtout la philosophie comme une partie et un moyen de l'éducation en général, et non comme une science spéciale; aimer les esprits des élèves plus que le sien propre; préparer des hommes, et non des professeurs de philosophie.

VI. — Les doctrines en philosophie.

Ce rapport serait incomplet si nous n'étudiions la difficulté qui porte sur l'un des points les plus importants et les plus délicats du sujet, à savoir la nature des doctrines qui seront enseignées en philosophie.

Il est un point d'abord sur lequel tout le monde est d'accord : c'est qu'il n'y a plus de philosophie officielle, de philosophie d'État, telle qu'on se représente avoir été celle de l'enseignement philosophique depuis 1830 jusqu'en 1852. Peut-être, au point de vue historique, on n'a pas apprécié cet enseignement du passé avec équité et avec une suffisante intelligence des conditions dans lesquelles il s'est produit. Mais c'est là une question d'histoire sur laquelle il n'y a pas à revenir en ce moment. La vérité acquise est celle-ci : il n'y a plus de philosophie d'État, pas plus que de religion d'État.

C'est aujourd'hui le régime sous lequel nous vivons depuis une vingtaine d'années. Les deux grands examens qui ouvrent l'entrée de l'enseignement philosophique, soit dans les lycées, soit dans les Facultés, l'agrégation et le doctorat ès lettres, reposent sur le principe de la liberté.

Maintenant, cependant, nos professeurs de philosophie sont trop éclairés, trop philosophes, pour ne pas comprendre qu'il y a une différence, quant au degré de liberté, entre l'enseignement secondaire et l'enseignement supérieur; voici pourquoi :

D'abord, les élèves de philosophie dans nos lycées sont de tout jeunes gens, dépourvus, quand ils entrent dans cette classe, de toute notion philosophique, et, par conséquent, sans défense contre les opinions de leurs professeurs. Dans les Facultés, les auditeurs sont des hommes faits, qui ont eux-mêmes, la plupart du temps, leurs propres doctrines philosophiques. Ils peuvent contrôler, contredire, juger les opinions du professeur, ce que les élèves de nos lycées ne peuvent pas faire. De là pour les professeurs une grande responsabilité, qui leur impose une extrême réserve : réserve d'autant plus nécessaire que les jeunes gens sont toujours portés à pousser à l'extrême les idées qu'ils reçoivent du dehors, et à supprimer en tout les nuances, les degrés, les tempéraments.

Un second fait accroît encore cette responsabilité : c'est qu'ils enseignent dans un lieu fermé, où nul ne pénètre que leurs élèves, si ce n'est, et rarement, un proviseur ou un inspecteur. Dans les cours des facultés, il y a un contrôle public, un jugement de l'opinion, une tradition faite. On sait d'avance que l'on va entendre un néokantien, un positiviste, un psychophysicien. Ceux qui n'aiment pas ces idées peuvent ne pas venir ou ne pas y envoyer leurs enfants. Mais ici, dans cet enseignement à huis-clos, et dont les professeurs changent souvent, je ne puis savoir d'avance quel enseignement on va donner à mes enfants. Je n'ai aucun moyen de le juger. Même les rédactions sont un critérium insuffisant, puisqu'il y a, en outre, les interrogations, les conversations, les corrections de devoirs. De plus, le professeur n'est pas connu; souvent il est jeune : il vient de sortir des bancs de l'école. Que pense-t-il? Que ne pense-t-il point? On n'en sait rien. Croit-on que, dans ces conditions, les familles puissent donner leur confiance à l'Université, s'il n'y a pas un accord tacite qui les garantisse que la liberté individuelle du professeur ne passera pas certaines limites, et qu'il ne s'éloignera pas trop du niveau d'idées moyennes sur lesquelles jusqu'ici ont reposé les sociétés?

Ces considérations se fortifient encore de ce fait, que cet enseignement est, dans une certaine mesure, obligatoire. Il ne l'est pas, sans doute, comme au temps du monopole. On n'est pas forcé de venir dans nos lycées; mais ce qui est obligatoire, c'est l'examen de philosophie. Or, l'expérience prouve que la meilleure manière de se préparer à cet examen est encore une classe de philosophie; comme il n'y a que deux sortes d'établissements où il y ait des classes de ce genre, les établissements ecclésiastiques et les lycées, ceux qui ne veulent pas des premiers, et qui veulent cependant une classe ont, en quelque sorte, la carte forcée: de là encore une raison nouvelle pour le professeur d'apporter une grande réserve dans l'expression de ses opinions individuelles. Il y a donc des limites fixées par la nature des choses.

Quelles sont ces limites? Il nous semble que, quelque grandes que soient la liberté laissée au professeur et la diversité des directions entre lesquelles il peut choisir sa voie, il y a cependant un fond de principes qui ne peuvent être mis en question. Ce sont ceux qui sont contenus dans l'idée même d'une éducation, et sans lesquels l'idée d'une éducation serait quelque chose de contradictoire. Que l'on nous permette un exemple : l'État enseigne les lettres depuis un temps immémorial, et, sans doute, il ne doit pas imposer à ses professeurs ni s'imposer à lui-même une orthodoxie étroite en matière littéraire : défendre, par exemple, à un professeur d'admirer Shakspeare et Victor Hugo, ne lui permettre que l'admiration de Virgile et de Racine, serait complètement absurde; mais, quelque large que puisse être l'éclectisme de l'État, il y a cependant un principe sous-entendu, et sans lequel il n'y aurait plus du tout d'éducation littéraire : c'est sans doute qu'il y a des œuvres belles et d'autres qui ne sont pas, des œuvres nobles et sublimes, et d'autres basses, plates et grossières; et, si l'État devait être absolument indifférent en matière littéraire, quelle raison aurait-il de se donner tant de mal, de dépenser tant d'argent, de s'imposer une administration aussi accablante? Il aurait tout intérêt à laisser chacun s'instruire comme il le voudrait et à telle école qu'il lui plairait. Ainsi, l'idée même d'une éducation littéraire, à moins de se détruire elle-même, repose sur la distinction du beau et du laid, c'est-à-dire de ce qui est noble, pur, délicat, et de ce qui est bas, grossier, vulgaire, insignifiant. Or, cette distinction est le fond de la morale aussi bien que de la littérature. En même temps que l'État élève les esprits, il doit élever les âmes, et cela, dans les deux sens du mot : donner l'éducation et diriger vers le haut les âmes que la nature entraîne vers le bas. Telle est la pensée fondamentale que l'État doit maintenir, ou il n'a plus qu'à abdiquer. Or, cette pensée, c'est ce que l'on appelle la distinction de la chair et de l'esprit, de l'animal et de l'homme, du plaisir et de la vertu, des passions et de la raison; et la loi qui nous prescrit de sacrifier et de subordonner ce qui est plat et vulgaire à ce qui est généreux, noble et délicat, est ce que l'on appelle la loi du *devoir*. Il ne peut donc y avoir pour un État d'autre morale que la morale du devoir. Toutes les controverses abstraites et épineuses de la philosophie et de la morale doivent céder devant ces considérations impérieuses et imposantes; et, libres dans le domaine de la science pure, s'évanouir devant la nécessité pratique de former des hommes.

VII. — Exercices pratiques.

De ces hautes considérations, descendons à des conseils plus modestes. Il ne faut pas perdre de vue que l'enseignement philosophique se compose de quatre parties distinctes qui doivent être maintenues dans une certaine proportion. Ces quatre parties sont : le cours proprement dit ou la leçon, l'interrogation des élèves, la correction des devoirs et l'explication des textes. Nous avons déjà parlé de ces divers exercices au point de vue de la philosophie en général : considérons-les maintenant en eux-mêmes.

On a quelquefois proposé de supprimer l'enseignement doctrinal suivi, c'est-à-dire la leçon, et de le remplacer, soit par l'interrogation, soit par l'explication des textes. Aucun professeur ayant l'expérience de l'enseignement ne souscrira à l'une ou l'autre de ces deux propositions. Sans doute, l'interrogation doit avoir une très grande place; et nous avons nous-même recommandé l'interrogation avant la leçon, comme excellent exercice préparatoire. Mais il ne peut pas conduire très loin, à moins qu'on ne se substitue soi-même à l'élève et qu'on ne fasse une véritable leçon sous forme d'interrogation apparente entrecoupée par des *oui* et des *non* absolument inutiles, comme cela a lieu, dans les *Dialogues* de Platon, d'une manière, il faut l'avouer, assez monotone et très fatigante pour l'esprit. Sans doute, il faut que l'élève apprenne à penser par lui-même mais, pour cela, il lui faut un certain fonds d'idées qu'il ne trouvera pas tout seul; et, pour qu'il les comprenne et devienne capable de les discuter, il faut qu'elles lui soient présentées d'une manière suivie, logique et graduée. L'interrogation a trop de hasards, ou, si elle n'en a pas, c'est qu'elle est une fausse leçon. Il en est de même de l'explication des textes. L'élève aimera toujours

mieux entendre une parole vivante que de suivre un texte mort et qui ne
parle pas. Autant cet exercice est utile et fécond quand il est soutenu par
un bon cours, autant il est froid et difficile quand on en veut faire le fond
d'un enseignement. La plupart des grands livres de philosophie n'ont pas
été faits pour les écoliers : chacun a sa méthode propre et ses vues systématiques. L'élève verra autant de philosophies différentes qu'il lira d'auteurs divers. De plus, le commentaire que le maître devra donner est nécessairement coupé, irrégulier; ce sont des notes comme celles que l'on
met au bas des pages et qui ne donnent rien de suivi. En un mot, il faut
fournir à l'élève une certaine matière à l'aide de laquelle il puisse ensuite
lire et comprendre les auteurs, les discuter et, à l'aide de son maître, les
juger. Telle est la raison d'être de la leçon, sans laquelle on n'agira jamais
sur un auditoire d'écolier. — Quant à la manière de faire le cours, il n'y
a pas lieu d'imposer une méthode uniforme. Mais, si le système des rédactions est pratiqué, il faut vérifier les résultats qu'il donne pour la majorité
des élèves. Les rédactions de la seconde moitié de la classe sont-elles de
telle nature qu'il y ait pour les élèves péril plutôt que profit à s'en servir
en vue de l'examen, on devra changer de système. Mettre un élève dans la
nécessité de se pourvoir en dehors du cours, c'est en réalité le désintéresser
du cours et lui donner le droit de n'être plus à la classe. Le mieux est de
joindre à une leçon orale un sommaire dicté soit avant, soit après la leçon;
et ce sommaire doit être assez étendu pour que les élèves puissent y retrouver toute la substance de la leçon et soient, par suite, dispensés de la
rédiger. Quelques professeurs trouvent avantage à distribuer à leurs élèves
des sommaires autographiés.

Il faut, d'autre part, que l'élève intervienne d'une manière active dans
la classe; le mettre en scène et le forcer de parler, tel est l'office de l'interrogation. C'est une des tâches les plus pénibles du professeur, on le sait,
car il faut qu'il soit toujours prêt à suivre les tâtonnements d'une pensée
inexpérimentée, qui s'essaye, qui n'a pas de mots à sa disposition, qui
chancelle à chaque pas. Le talent de l'interrogateur consiste non pas à se
substituer à l'élève en répondant pour lui et en répétant ce qu'il a dit dans
le cours, mais, au contraire, à faire valoir, autant que possible, la réponse
de l'élève, en la traduisant à lui même, en lui fournissant les idées qu'il
cherche et les mots qu'il n'a pas, jusqu'à ce qu'il apprenne à marcher seul
et à diriger librement sa pensée et sa parole. Chez les plus forts, il faut
éveiller leurs propres idées, leur signaler les difficultés, leur ouvrir certains problèmes. C'est surtout dans la liberté d'une conversation contradictoire que l'on peut, dans une certaine mesure, chez les sujets d'élite, dépasser le niveau moyen.

La correction des devoirs est encore un moyen très efficace de faire
intervenir activement l'élève dans la classe : car c'est une occasion encore

d'interrogation, de discussion, de conversation. L'élève a naturellement plus d'idées, la plume à la main, qu'il n'en a par la parole : car il est plus habitué à écrire qu'à parler. Il a aussi plus de facilité à parler sur sa propre pensée que sur celle du maître. Évidemment, ce seront les copies des meilleurs élèves qui seront les plus suggestives et les plus intéressantes pour tous. Ce n'est pas une raison pour négliger les autres; et il est souvent possible de transformer une copie faible en copie passable, en montrant à l'élève comment, dans son propre plan et avec ses propres idées, si faibles qu'elles soient, il serait possible de faire quelque chose de meilleur. Rien n'encourage mieux un esprit médiocre et qui voudrait travailler que de lui persuader que son travail n'est pas nul, même lorsqu'il ne s'en faut pas de beaucoup.

Enfin, le dernier exercice est celui de l'explication des textes. Inutile d'insister sur l'intérêt et l'importance de cet exercice, qui est encore une occasion de faire parler l'élève, de s'assurer qu'il comprend. Il ne faut pas oublier que parmi les auteurs précités il y en a de grecs et de latins qui doivent être expliqués dans le texte, afin que, jusqu'au dernier moment de leurs classes, les élèves ne perdent pas complètement de vue les études classiques.

Tel est l'ensemble d'idées qui nous paraissent devoir diriger l'enseignement philosophique dans nos lycées. Cet enseignement doit être surtout *propédeutique,* comme dit Kant, c'est-à-dire préparatoire. C'est une introduction à la science philosophique. Ceux qui voudront la pousser plus loin et l'étudier comme science pure pourront le faire en suivant les cours de nos Facultés. Ils le feront surtout d'une manière utile en se préparant à la licence en philosophie.

VIII

Enseignement scientifique dans les classes de lettres.

Extraits des rapports et procès-verbaux de la Commission des réformes sur l'enseignement scientifique.

MATHÉMATIQUES.

«Si l'enseignement des mathématiques rencontre dans beaucoup de classes de lettres tant d'esprits indifférents et réfractaires, il est difficile de croire que la cause n'en soit pas, pour une certaine part, dans la manière dont il y est quelquefois donné. C'est ici surtout qu'il faut assurer les prin-

cipes et se hâter lentement. Pour répandre dans les leçons plus d'attrait et
de lumière, on recommandera notamment au professeur de bien marquer
la liaison et l'importance relative des théorèmes. Souvent la géométrie
reste confuse aux regards des élèves, parce que tout y est mis sur un
même plan. »

SCIENCES PHYSIQUES.

« Dans l'enseignement des sciences physiques, le défaut le plus ordinaire, que signalait déjà, avec autant de force que d'autorité, l'instruction
de 1854, c'est que le caractère de la leçon, qui est celui d'un exposé
dogmatique, y dénature le caractère de la science, qui est expérimental. Il
faudrait que l'expérience, principe et nerf de la science, n'intervînt pas
dans le cours seulement à titre d'illustration et pour l'agrément. En physique, un bon exposé des vérités acquises est déjà, sans doute, une chose
fort utile. Il serait plus utile encore de donner aux élèves un commencement d'initiation à cette méthode, la plus féconde et la plus générale de
toutes, dans laquelle des faits bien analysés fournissent au raisonnement
son point de départ, ou sa rectification, ou sa preuve. On demandera donc
au professeur de faire servir son enseignement à la culture de l'esprit, en
d'autres termes, de le rendre éducatif. La méthode analytique est ici la
seule applicable. De faits bien constatés, d'expériences simples, répétées
devant les élèves au cours même de la leçon, il s'élèvera à l'étude des phénomènes plus complexes pour aboutir finalement à l'énoncé de la loi qui
les régit. On l'invitera, pour quelques questions qui s'y prêtent facilement,
à exposer sommairement la marche qu'a suivie l'esprit humain et les tâtonnements successifs par lesquels il est passé pour arriver à la découverte
de la vérité scientifique. C'est la démonstration la plus frappante que l'on
puisse donner de l'influence qu'a exercée l'emploi judicieux de la méthode
expérimentale sur le développement et les progrès des sciences physiques. »

Extraits de l'instruction de 1854 sur le plan d'études des lycées.

Dans l'instruction de 1854, sur le plan d'études des lycées, un maître
de la science, qui était aussi un maître dans l'enseignement, J.-B. Dumas,
donne, avec une grande hauteur de vues, des conseils analogues aux professeurs chargés d'enseigner les sciences physiques. Il ne sera pas sans intérêt ni sans utilité de les reproduire ici en partie :

Les professeurs de quelques lycées s'attachent un peu trop encore à dicter leurs leçons et à exiger des élèves de longues rédactions, procédé qui est surtout propre à
exercer la mémoire et point assez à montrer comment on observe un fait, et comment,
d'un fait qu'on observe bien, on tire soi-même des conséquences précises.

Aussi, quoique les expériences soient généralement disposées avec soin dans les cours
de nos lycées et qu'elles y réussissent bien, elles ne font pas toujours sur les élèves

l'impression qu'on en devrait attendre. Le plus souvent, le professeur les emploie pour démontrer ce qu'il vient d'affirmer. Comme il sent bien qu'il est cru sur parole, et que, de leur côté, les élèves, convaincus d'avance, ne croient plus avoir le moindre effort d'esprit à faire, les expériences sont rejetées sur le second plan. D'ailleurs, le professeur, sans le vouloir, passe trop rapidement sur les expériences, pour se réserver le temps de dicter sa leçon et de la faire écrire sous sa dictée.

Or, rien de plus facile avec la souplesse et la sûreté de mémoire qu'on rencontre chez nos jeunes élèves, que de leur faire apprendre par cœur un cours de chimie. Ils retiendront tout, principes généraux, formules, chiffres, développements, et pourront se faire illusion sur leur savoir réel; mais, à peine sortis du lycée, ils s'apercevront qu'ils s'étaient bien trompés; car il ne leur restera rien de ce qu'ils avaient si aisément appris.

Au contraire, si le professeur leur fait réellement comprendre la science, ses élèves seront moins brillants peut-être, mais il leur aura donné des notions plus solides et plus durables.

Pour y parvenir, il doit les accoutumer, par de fréquents exemples, à trouver eux-mêmes des raisonnements, à tirer des conséquences, à préciser des conclusions, à développer des applications. S'adressant d'abord aux sens, il doit partir de l'expérience fondamentale toutes les fois que le sujet le permet, en fixer les conditions, en mettre en relief toutes les circonstances, obliger les élèves à s'en rendre compte par eux-mêmes, puis fonder tout l'édifice de sa discussion sur cette base solide. Lorsqu'il s'agit de ces expériences qui ont donné naissance à une grande théorie, comme l'analyse de l'air par Lavoisier; qui ont servi à découvrir une grande application, comme l'action décolorante du charbon; qui se tient à des phénomènes d'un intérêt universel, comme la combustion du charbon ou celle de l'hydrogène, loin de glisser sur les détails, le professeur doit suivre ces expériences dans tout leur cours, les peindre à mesure qu'elles s'effectuent, attirer sur elles l'œil de l'auditoire, en prévoir les diverses phases, les annoncer, en expliquer les accidents, en un mot, concentrer sur elles toute la puissance d'attention des élèves.

Si le temps dont le professeur dispose le permettait, l'emploi général de ce procédé lui serait recommandé; car, lorsqu'il affirme d'abord et qu'il prouve ensuite, il lui faut un grand art pour intéresser: un problème étant, au contraire, donné par la nature, si professeur et élèves luttent de concert pour le résoudre, l'auditoire s'anime spontanément.

Envisager la chimie comme une conception pure de l'esprit et les faits comme un complément d'information, dont à la rigueur on pourrait se passer, c'est enseigner non la chimie, mais une science fausse qui formerait de jeunes présomptueux.

On ne saurait trop le répéter aux professeurs : bornez votre enseignement; loin de vous engager par delà du programme, restez en deçà plutôt. Mais, quand vous faites une expérience fondamentale, analysez-en les conditions essentielles avec soin; faites-en bien ressortir les conséquences immédiates. Quand vous exposez un sujet d'un intérêt général, résumez-en l'histoire : rendez ainsi familière la logique des inventeurs; apprenez à vos élèves à connaître et à vénérer les noms des hommes illustres qui ont créé la science. Défiez-vous des exposés abstraits. La vanité du professeur peut s'y complaire, il peut se dire : voilà comment je m'y serais pris pour inventer la science, si elle n'eût pas été déjà inventée. Mais, qu'il y prenne garde, cette satisfaction a pour résultat certain d'inspirer aux élèves une confiance mal fondée dans la puissance du raisonnement. Si le besoin d'abréger amène quelquefois la nécessité de préférer une telle méthode d'exposition, qu'un coup d'œil rapide sur l'histoire de la question vienne toujours, du moins, en donner le correctif.

Ce sont les faits qui ont servi de point de départ à toutes les découvertes de la chi-

43.

mie; ce sont les faits qui la guideront encore dans l'avenir. Sa logique est là, non pas ailleurs. Dans l'exposition des grandes théories, on ne saurait donc trop recommander aux professeurs de marcher du connu à l'inconnu. Ils donneront pour base à leurs leçons, en pareil cas, une idée ou un fait familier aux élèves, vulgaire s'il se peut, et ils en feront sortir devant eux, par voie de déduction, en justifiant celles-ci par des expériences appropriées, toutes les conséquences que la science en a tirées.

Tout ce qui tend à confondre l'étude des sciences physiques avec les observations et les notions de la vie commune doit être saisi avec empressement. L'élève s'accoutume par là à raisonner ses impressions, à classer ses remarques, à les préciser. Il acquiert pour toute la vie l'habitude de raisonner en chimiste, au lieu de se borner à savoir par cœur, pour quelques mois, le texte de son cours.

La tâche du professeur ne sera pas remplie si tous ses élèves n'emportent pas de son enseignement des notions justes sur les faits qui sont d'observation générale et vulgaire; s'ils n'ont pas pris l'habitude d'en parler avec simplicité et clarté; s'ils ne savent pas les discuter et s'en rendre compte.

. . . .

Aussi, pour la parfaite exécution du nouveau plan d'études, les professeurs trouveront-ils bien plus de profit à préparer leur leçon dans le laboratoire même, au milieu des appareils, en prenant part à la disposition matérielle des expériences, qu'à l'étudier dans leur cabinet, abstraction faite des objets qu'ils vont avoir à manier et à faire passer sous les yeux des élèves. Car, c'est dans la nature, bien plus que dans les livres, qu'il faut chercher des inspirations pour un enseignement qui doit demeurer élémentaire, pratique, et toujours approprié aux intelligences moyennes. Car la science que le lycée enseigne est celle qui, par la généralité de ses notions, convient à tout le monde, et non la science plus élevée ou plus détaillée réservée aux Facultés.

. . . .
. . . .

Le professeur veut-il se rendre compte des résultats qu'il a obtenus : qu'il fasse lire tout haut par un de ses élèves un passage d'un traité de chimie, et qu'il en exige l'explication et le commentaire, soit de la part de cet élève même, soit de la part de ses camarades. Lorsque l'interrogation en classe, sur des questions de chimie, n'obtient pas tout le succès désirable, cette forme d'examen sur un texte précis réussit toujours. L'examen porte alors sur un sujet bien déterminé. Dans le passage choisi, les mots sont employés avec justesse, et les idées énoncées avec précision. Si l'élève montre, par ses réponses aux questions nombreuses que chaque terme de chimie peut provoquer, qu'il en a le sentiment exact; s'il donne aux idées leur valeur précise, il sait déjà beaucoup. Si, au contraire, il hésite ou se trompe, rien n'est mieux fait pour lui prouver qu'il a besoin de nouveaux efforts; car tout élève sensé comprendra que, si le lycée n'est pas destiné à faire des chimistes, on doit en sortir en état, du moins, de lire avec profit un livre de chimie élémentaire pris au hasard.

A mesure que l'enseignement se fortifie, on peut donner aux exercices un caractère plus profitable; poser aux élèves des problèmes numériques et en faire contrôler la solution de temps en temps. Après avoir demandé à un élève combien 1 gramme de craie fournira de centimètres cubes d'acide carbonique, rien de plus facile, par exemple, que de faire immédiatement vérifier son résultat par l'élève lui-même sur la cuve à mercure et devant tous ses camarades. Par quelques exercices de ce genre, les jeunes gens apprennent bientôt à calculer, à peser, à mesurer, et on leur inspire le goût de l'expérience avec la confiance de ses enseignements.

. . . .

Si la chimie doit se garantir des abstractions, cette règle n'est pas moins applicable à la physique.

. . . .
. . . .

L'homme n'a pas inventé la physique; il a saisi des observations données par le hasard; il en a varié les conditions et il en déduit les conséquences.

Persuader aux jeunes gens que l'esprit humain pouvait se passer du fait qui sert de base à chaque découverte importante, qu'il pouvait créer la science par le raisonnement seul, c'est préparer au pays une jeunesse orgueilleuse et stérile.

. . . .
. . . .

Quand il s'agit de marquer le premier jet de la pensée humaine, son origine, il n'y a rien de plus beau, de plus fécond et de plus moral que la vérité.

. . . .
. . . .

Que, dans l'étude des mathématiques, on fasse table rase du passé, qu'on les enseigne dégagées de tout document historique, cela n'est pas sans inconvénient; mais qu'un pareil procédé soit étendu aux sciences physiques, ce sera en dénaturer complètement le sens.

On ne saurait donc trop recommander aux professeurs de physique de commencer l'exposition de toutes les grandes théories par un précis historique très fidèle, et, au besoin, par l'exacte reproduction de l'expérience d'où l'inventeur est parti. Ils n'oublieront pas que la physique est une science expérimentale, qui tire parti des mathématiques pour coordonner et pour exposer ses découvertes, et non point une science mathématique qui se soumettrait au contrôle de l'expérience.

Les professeurs de physique ne sauraient trop se défier, d'ailleurs, d'une particularité de leur enseignement qui se rattache plus qu'il ne semble à la considération précédente. On veut parler de ces appareils de luxe que l'usage a introduits dans leurs cabinets.

. . . .
. . . .

Le plus souvent, la pensée première de l'inventeur, dénaturée dans ces appareils pour revêtir une forme qui en fait disparaître toute la naïveté, s'éloigne trop des dispositions premières qu'il avait adoptées.

Presque toujours, ces appareils offrent des dispositions accessoires compliquées, sur lesquelles l'attention des élèves s'égare, et qui les distraient de l'objet essentiel de la démonstration.

Leur prix élevé éloigne de l'esprit des élèves toute pensée de s'occuper un jour de physique; cette science leur semble réservée aux personnes qui disposent d'un grand cabinet ou d'une grande fortune.

Nous ne saurions donc trop rappeler aux élèves de l'École normale l'utilité des travaux d'atelier qu'ils ont à accomplir; aux proviseurs, le parti qu'ils peuvent tirer, au profit de l'enseignement, d'un atelier placé près du cabinet de physique comme sa dépendance nécessaire; nous ne saurions trop encourager les professeurs de physique à simplifier leurs appareils; à les construire eux-mêmes toutes les fois qu'ils le peuvent; à n'y employer que des matériaux communs; à se rapprocher, dans leur construction, des appareils primitifs des inventeurs; à éviter ces machines à double et triple fin dont la description devient presque toujours inintelligible pour les élèves.

Quoi de plus simple que les moyens à l'aide desquels Volta, Dalton, Gay-Lussac, Biot, Arago, Malus, Fresnel, ont fondé la physique moderne?

Il y a quarante ou cinquante ans, lorsque cette génération de physiciens illustres reconstituait sur de nouvelles bases tout l'édifice de la science, elle y parvenait avec des outils si communs, d'un prix si modique et d'une démonstration si facile, qu'on a le droit de se demander si l'enseignement de la physique ne s'est pas trop soumis à l'empire des constructeurs d'instruments.

Insensiblement, on en est venu parfois à subordonner la pensée qu'il s'agit de faire entrer dans l'esprit des élèves à l'appareil qui devrait en être seulement la traduction matérielle ou la vérification. Les professeurs de physique craignent d'aborder l'étude d'une classe de phénomènes quand la machine imaginée par les constructeurs de Paris manque à leur cabinet, comme si cette exposition perdait quelque chose à être faite à l'aide des procédés matériels très simples imaginés par les inventeurs mêmes, et toujours de nature à être réalisés à peu de frais partout.

Cependant, lorsque la recherche d'une précision inutile conduit à aborder des détails où l'intelligence des élèves ne peut plus pénétrer, ils ne retiennent ni l'expression trop raffinée de la loi qu'on voulait mettre dans leur mémoire, ni son expression plus simple qui, présentée seule, aurait été comprise et conservée.

Prétendre, par exemple, qu'on ne peut parler de la dilatation des gaz par la chaleur sans faire connaître les appareils délicats qui en ont donné la dernière mesure, c'est une erreur. Que la chaleur dilate l'air, c'est une notion utile à tout le monde; que cette dilatation se montre sensiblement la même pour tous les gaz, c'est ce que tous les jeunes gens instruits doivent savoir, car c'est une des belles lois de la nature. Mais que cette loi ne soit vraie qu'à titre de loi limite, et qu'elle soit seulement approximative dans les circonstances ordinaires; que chaque gaz ait un coefficient de dilatation spécial et variant de l'un à l'autre à la troisième ou à la quatrième décimale, c'est l'affaire des savants de profession.

Gay-Lussac s'était assuré que tous les gaz se dilatent de la même manière, au moyen de tubes gradués contenant des quantités égales de divers gaz et disposés dans une étuve qu'on échauffait de 10 à 100 degrés. La mesure directe du volume occupé par chaque gaz au commencement et à la fin de l'expérience lui avait suffi pour donner la loi du phénomène.

Exposée de la sorte, la question ne trouvera jamais d'intelligence rebelle dans le jeune auditoire des lycées. A quoi servirait pour lui d'y rien ajouter?

Ainsi : 1° caractériser exactement le procédé des inventeurs toutes les fois qu'il s'agit d'une grande classe de phénomènes; 2° s'astreindre, autant que possible, à l'emploi des appareils et des procédés les plus familiers; 3° laisser à l'enseignement des Facultés les détails plus compliqués, réservés aux savants; 4° se borner à l'exposition des idées simples, dont tout le monde a besoin de faire usage : telles doivent être les règles à suivre dans l'enseignement de la physique.

La description et la discussion des procédés ou des appareils qui se rattachent aux applications communes de la physique doit trouver place dans cet enseignement. Ne dédaignons pas d'apprendre à nos élèves sur quels principes sont fondés les appareils d'éclairage domestique et comment on en doit gouverner l'emploi. Qu'ils apprennent à quels signes on reconnaît un bon appareil de chauffage et comment on en tire le meilleur parti. Qu'ils sachent ventiler leurs demeures. Qu'ils sachent constater si elles sont humides et qu'ils soient en état de les assainir.

Que le professeur mette en un mot le plus grand soin à se rapprocher de la vie réelle; qu'il se propose d'en améliorer les conditions et qu'il y puise toutes les inspirations qu'elle pourra lui fournir.

Bien entendu que si toutes ces observations sont applicables à l'enseignement de la physique pour la section des sciences, à plus forte raison conviennent-elles lorsqu'il s'agit de la section des lettres.

Il dépend du professeur de physique de faire que, pour ses élèves, la nature ait un langage, que son spectacle soit plein d'instruction, que leur curiosité, toujours en éveil, y trouve un aliment toujours nouveau. Mais comment y parviendrait-il, s'il ne commençait pas à éprouver pour son propre compte les impressions qu'il est chargé de transmettre?

L'enseignement des mathématiques avait été pris au point de vue abstrait ; celui de la physique avait fini par subir les mêmes influences ; celui de la chimie tendait à tomber dans les mêmes erreurs. Eh bien! il faut avoir le courage de le dire, la jeunesse en avait perdu ce sentiment qui est la source de toutes les découvertes, le sentiment de la curiosité. A quoi bon s'occuper du monde extérieur, en effet, si c'est en soi-même que chacun doit tout trouver? et lorsqu'on sent son impuissance à rien produire spontanément, comment se garantir du découragement?

Bien enseignée, la physique élargit et élève la pensée. Elle embrasse, en effet, les phénomènes les plus merveilleux ; elle maîtrise les forces les plus mystérieuses ; elle explique les manifestations les plus redoutables des puissances de la nature.

Qu'elle se garde donc d'abaisser son point de vue, et qu'elle n'oublie pas d'apprendre à admirer les phénomènes et les lois du monde, pour concentrer toute l'attention des élèves sur les appareils qui en donnent la mesure précise ou qui servent à les constater.

. . . .
. . . .

Dans le cours de physique, l'exposition des phénomènes et des théories sera précédée fort utilement par un aperçu de la marche de la science. Les jeunes gens verront dans ces indications par quel genre de raisonnement ont été faites ou perfectionnées la plupart des découvertes. Des inductions plus ou moins heureuses conduisent à rapprocher certains phénomènes ; en expérimentant pour étudier plus attentivement leurs ressemblances et leurs différences, on trouve des faits nouveaux ; puis on cherche à tout expliquer par des principes ou des hypothèses dont il est possible de déduire de nouvelles conséquences. Si elles se vérifient dans un grand nombre de circonstances, l'observateur prend confiance et se donne carrière ; dans le cas contraire, quand l'expérience a prononcé sans appel, il ne peut sans s'égarer continuer à suivre sa première voie ; il est forcé de reconnaître que ses raisonnements, si rigoureux en apparence, pèchent par leur base. Sans doute, il ne connaît pas toutes les causes qui interviennent dans la production des phénomènes examinés, ou bien encore les principes sur lesquels il se fondait sont moins sûrs ou moins étendus qu'il ne l'avait pensé. Il revient sur ses pas, et ses efforts se dirigent vers de nouveaux problèmes.

Les élèves verront ainsi qu'en physique, comme dans presque toutes les sciences, la géométrie exceptée, il faut se garder de pousser trop loin les conséquences d'un principe même certain, lorsqu'on n'a pu les vérifier, les contrôler par l'expérience. De toutes les leçons qu'ils recevront, celle-ci n'est pas la moins importante.

Il doit être bien entendu que, pour les élèves de la section littéraire, plus encore que pour ceux de la section scientifique, il serait inutile d'insister longuement sur les précautions minutieuses que nécessitent les recherches en physique. Il serait également superflu de consacrer un temps précieux à décrire les instruments dans tous leurs détails. Les parties essentielles des appareils et leur usage, les traits principaux de la méthode énoncés en langage ordinaire, suffiront dans la plupart des cas, pourvu que les expériences fondamentales soient bien faites en présence des élèves.

IX

Enseignement du dessin.

Le dessin a toujours été considéré comme indispensable à l'exercice de certaines professions. Dans la plupart des anciennes corporations, il constituait une partie essentielle de l'apprentissage; pour l'artiste, il reste une occupation de toute la vie. On n'a donc jamais cessé de l'enseigner à tous ceux pour qui il était un instrument de travail nécessaire. Mais, avant la fin du siècle dernier, il n'entrait pas dans le cadre d'un enseignement général. C'est seulement pendant la Révolution qu'il a pris place dans nos programmes d'instruction publique. On eût dit que l'on entrait alors dans l'idée d'Aristote, qui le considérait comme le complément d'une éducation libérale. Mais on lui demandait bien davantage : on pensait qu'il devait être l'objet d'une étude obligatoire, soit à raison des nombreuses applications qu'il comporte, soit comme élément d'appréciation et de critique, soit comme exercice de l'œil et de la main. On avait donc décidé de l'introduire dans les écoles de tous les degrés. Les promoteurs de cette mesure avaient surtout en vue les services qu'il peut rendre dans un grand nombre de carrières. Sans doute, aussi, ils n'oubliaient pas qu'il est un des moyens les plus propres à initier la jeunesse aux arts et à former le goût. Cependant on l'envisageait plutôt par son côté très général de langue universelle et largement communicative.

Mais bientôt l'opinion que l'on s'était faite de son rôle dans l'éducation générale se modifia. On se plut à le considérer, de préférence, dans ses rapports avec la peinture et les beaux-arts; il fut classé parmi les arts d'agrément. C'était réduire singulièrement la conception que l'on avait eue de son universalité. Il devint donc une sorte d'enseignement aristocratique, destiné à ceux qui en avaient le goût, et qui, procédant sans méthode, n'était qu'une récréation sans conséquence. L'Université, à sa fondation, ne fut pas étrangère à cette dérogation à l'idée qui avait guidé les premiers organisateurs de l'instruction publique. Nous nous étonnons aujourd'hui que le dessin ait été rangé parmi les arts d'agrément. Rien cependant n'était plus naturel, du moment qu'on le rattachait uniquement aux beaux-arts. Au commencement de notre siècle, la philosophie était encore sensualiste; elle n'admettait pas, dans les arts, la notion d'un idéal supérieur. Diderot ne voyait dans le Beau qu'une série de rapports très divers. On ne reconnaissait que l'agréable, et, l'agréable étant le but auquel devaient tendre les arts, le dessin, qui s'y rattachait, devait être considéré comme répondant à l'agrément. C'était une tradition du xviiie siècle, et elle a longtemps persisté.

Logiquement, on eût dû revenir depuis soixante ans au moins sur une conception aussi erronée, la philosophie officielle ayant changé. Aujourd'hui, en rendant le dessin obligatoire, on a suffisamment montré qu'on le regarde comme constituant une partie essentielle de l'éducation. On a reconnu qu'il ne relève point uniquement du sentiment, qu'il procède d'une méthode rationnelle, et que, étant données ses applications nombreuses, l'État a le devoir d'en donner la notion à tous les citoyens. Aujourd'hui le caractère primaire du dessin est bien défini. Mais, cela étant acquis, ne devrait-on pas, dans les hautes classes, s'en servir pour initier les élèves aux arts, comme on les initie aux lettres par les humanités, aux sciences par l'étude des mathématiques, de la physique et de la chimie? Il n'est pas encore question de demander qu'une épreuve de dessin soit ajoutée au baccalauréat. En attendant, il reste dans une sorte de discrédit, parce qu'il n'a ni objet clairement défini, ni sanction.

S'il ne relevait que du sentiment, si l'habileté à dessiner ne devait s'acquérir que par des exercices échappant à toute justification, le dessin ne mériterait pas d'entrer dans le cadre de l'instruction publique. Il y aurait, pour l'enseigner, des systèmes variables, il n'y aurait pas de méthode proprement dite et point d'unité. Le professeur serait sans autorité certaine, les résultats obtenus sans sûreté. On ne pourrait les juger que de sentiment; leur exactitude comme leurs erreurs ne pourraient être constatées. Mais, en réalité, il n'en est rien. On verra bientôt que, dans les opérations du dessin, rien n'échappe à une méthode sûre et à un contrôle rigoureux.

Pendant son passage au Ministère de l'instruction publique, M. Duruy avait songé à rendre à l'enseignement du dessin son véritable caractère. S'il n'eut pas le temps de réaliser cette réforme, du moins il montra quelle importance il fallait attacher à cet exercice, en lui faisant une place dans le concours général des lycées de Paris.

En 1879, après plus de dix ans, la tâche fut reprise successivement par M. Bardoux et par M. Jules Ferry. Sous l'administration de ce dernier, le Conseil supérieur de l'instruction publique adopta une méthode et formula des programmes tels que le dessin put être enseigné régulièrement depuis la ligne droite jusqu'au paysage et à la figure humaine, et cela à partir des premières classes jusqu'à celles qui sont le terme des études secondaires. Cet ensemble de dispositions a été appliqué dans tous les établissements universitaires, et l'Administration possède la statistique exacte de cet enseignement. Elle sait, notamment, comment, dans chaque lycée et dans chaque collège, il est donné, et comment il réussit. Ces renseignements lui sont fournis par les inspecteurs spéciaux (inspecteurs de l'enseignement du dessin), qui visitent chaque année tous ces établissements, sans exception. Enfin on a pu vérifier l'exactitude de ces rapports à l'Exposition universelle : un jury spécial, composé d'artistes, d'industriels et de professeurs de dessin, a jugé la valeur des efforts faits depuis dix ans pour mettre notre pays au niveau de ce qui a été fait depuis plus de vingt années par les nations étrangères. Ce jugement a été favorable.

Il importe de faire connaître ici la théorie du dessin telle qu'elle a été adoptée par le Conseil supérieur de l'instruction publique, les vues d'après lesquelles son enseignement est réglé, et les moyens pratiques mis en usage pour en assurer le succès.

I. — LA MÉTHODE.

Le dessin, si l'on en veut avoir la vraie notion, doit être considéré en lui-même; il faut s'arrêter à ses principes. Rien ne serait plus propre à en altérer l'idée que de se préoccuper, en l'étudiant, de quelqu'une des applications qu'il comporte. Aussi, lorsqu'on l'enseigne, quel que soit le parti que l'élève soit appelé à en tirer plus tard, faut-il préalablement l'envisager dans son essence et dans ses procédés, le faire connaître à la fois dans ses modes et dans son unité. Ces données sont d'un caractère très général et vraiment élémentaire; elles sont d'une utilité pour ainsi dire universelle; et voilà pourquoi le dessin est inscrit dans les programmes de toutes les écoles. Il n'est pas besoin, ce semble, de dénombrer les arts, les métiers et toutes les professions pour lesquels il est un instrument indispensable. La moindre réflexion suffit pour faire comprendre l'étendue de ses applications.

Pris en lui-même, le dessin est une représentation, et, essentiellement, une représentation par le trait, par le contour. Figurer les choses par une ligne qui marque leur limite, c'est le procédé instinctif de l'homme primitif et de l'enfant; c'est la manifestation de notre faculté graphique. En même temps, on peut dire que ce procédé est parfaitement rationnel : la science n'en connaît pas d'autre pour exprimer le lieu que les formes occupent dans l'espace et les points caractéristiques où elles expirent.

Si l'on considère maintenant l'exercice du dessin, on reconnaît qu'on ne peut figurer les objets que de deux manières : ou tels qu'ils sont réellement, ou tels que nous les voyons. Il est impossible de concevoir une représentation qui ne rentre pas dans ces deux modes. Pour représenter les objets tels qu'ils sont, on doit les montrer soit dans leurs vraies dimensions, soit grandis ou diminués, à condition que, dans cette transcription, toutes leurs parties restent entre elles dans leurs relations proportionnelles. On sait que ces relations ou rapports sont de trois sortes : rapports de longueur, de largeur et d'épaisseur, qui constituent les dimensions possibles des objets.

Dans ce sens, le modèle à reproduire peut être à deux ou à trois dimensions, suivant qu'il consiste en une figure plane ou en un solide. Le travail du dessinateur consiste à rendre ce modèle en tenant un compte rigoureux de ses dimensions.

Pour obtenir ce résultat, on recourt à un système de mesures qui établit, au moyen de chiffres, la relation des parties avec l'ensemble, et de l'ensemble avec les parties. Ces mesures déterminent les points essentiels par lesquels passent les contours extérieurs ou intérieurs de l'objet; elles renferment et représentent exactement le modèle. Le tracé obtenu de la sorte est le schème de l'objet représenté, et on peut dire qu'il le contient en puissance.

On comprend sans peine quel profit on peut tirer d'un pareil dessin. Mis entre les mains d'ouvriers sachant le lire, il leur donne le moyen de reproduire exactement l'original. Grâce à lui, ils le font avec une telle précision que, si plusieurs d'entre eux doivent exécuter cette reproduction, les exemplaires obtenus peuvent être confondus les uns avec les autres. Par là, ce genre de dessin rend les plus grands services à toutes les professions qui ont pour but de construire, de créer des formes, ou simplement de multiplier des images. C'est un moyen de communication d'une telle valeur que rien ne saurait le suppléer. Aucune description n'en donnerait l'équivalent. Présentant à la fois les formes et leurs mesures, les figurations et leurs justifications, il est un instrument de travail indispensable et sans équivalent pour l'architecte, pour l'ingénieur, pour tout artiste ou artisan.

Ce dessin porte le nom de *dessin géométral*. Il est, dans son essence et dans ses procédés, purement mathématique; sa sûreté est absolue. Mais, à bien prendre, il est une abstraction. Il représente les objets dans leur intégralité; cependant, telle est la conformation de nos yeux, que nous ne voyons que par exception les choses dans de pareilles conditions. Optiquement, nous ne les percevons jamais que par un point qui correspond, dans l'œil, à celui où la vision est le plus sensible. Quelle que soit l'agilité du regard, nous embrassons difficilement la totalité de ce qui est placé devant nous. Par suite, nous ne voyons généralement les objets qu'avec des déformations, qui naissent de leur situation par rapport à la direction de nos yeux et à leur plus ou moins d'éloignement. Dans ces conditions, nous pouvons avoir besoin de figurer les choses telles qu'elles nous apparaissent, et c'est là ce que l'on se propose essentiellement dans un ouvrage de peinture. L'espace y est occupé par des corps de formes diverses, placés à différentes distances et s'offrant à nous sous des aspects divers : c'est bien ainsi que nous devons concevoir le domaine pittoresque. Or, si nous pouvons rendre géométralement les choses telles qu'elles sont, pouvons-nous, avec une égale sûreté, les représenter telles que nous les voyons? Sans aucun doute. Une science existe qui nous en donne le moyen : c'est la perspective. Elle ramène les objets perçus à l'unité du point de vue et elle reconstitue les conditions de la vision dans l'image.

La difficulté que nous éprouvons à voir et à dessiner en perspective est vraiment singulière; en principe, nous semblons y répugner. Cependant, dessiner en perspective, c'est dessiner ce que nous voyons comme nous le voyons. Mais, par instinct, nous sommes disposés à rendre les choses, non telles que nous les percevons, mais telles que nous savons qu'elles sont. La figuration graphique est un fait qui semble relever plutôt de la connaissance que de l'observation directe. Cependant, l'obéissance aux lois de perspective s'impose à nous comme le respect de la vérité : c'est à la fois une nécessité et un devoir. L'application que l'on fait de ses règles donne aux œuvres une autorité indiscutable. Et comment en serait-il autrement, puisque les solutions obtenues ont le caractère de vérités à la fois physiologiques et mathématiques.

Ainsi entendu, le dessin devient une science d'observation et un exercice dans lequel l'œil et la main sont intéressés comme conséquence d'un travail de l'esprit. C'est l'observation s'exerçant dans les conditions scientifiques au moyen d'opérations d'une rigueur absolue, pouvant servir aussi bien de moyens initiaux que de contrôle.

En conséquence, on peut dire que, de quelque manière qu'on l'envisage, que ce soit comme représentation des objets tels qu'ils sont, ou comme image de ce qui s'offre à nos yeux, il présente toujours dans ses résultats une précision absolue : c'est un instrument de nature exacte. Ainsi donc, qu'il s'agisse de géométral ou de perspectif, il donne une figure vraie des choses. Certes, on peut se plaire à son exercice; mais il dépasse de beaucoup, par les moyens dont il dispose et par sa portée, l'idée que l'on se fait d'un art d'agrément.

Maintenant, si l'on réfléchit aux opérations mêmes du dessin, on reconnaîtra que, pour rendre les choses rigoureusement telles que nous les voyons, il faut les connaître telles qu'elles sont. Dans la pratique, on a à figurer, le plus souvent, des objets inaccessibles, et c'est à le faire correctement que sert la perspective dite d'observation. Mais dans les exercices de perspective purement géométrique, on part d'un relevé géométral. On passe donc ainsi d'un mode de dessin à l'autre. Et cela est absolu; car, s'il est possible de mettre dans les conditions de la perspective un objet déterminé géométralement, on peut opérer inversement et reconstituer un géométral d'après sa perspective. Cette double faculté de transposer les images constitue, en dernière analyse, l'unité du dessin.

Ce qui vient d'être dit du trait s'applique également à l'effet. Ainsi, lorsqu'il s'agit des ombrés, que l'on ait à déterminer les ombres propres d'un corps ou son ombre portée, c'est encore mathématiquement que l'on doit régulièrement procéder. Et là encore, les tracés, aussi bien que l'intensité relative du clair et de l'obscur, le modelé, en un mot, arrivent à être des vérités d'ordre scientifique, et, par là, à se placer au-dessus de la discussion.

En résumé donc, il n'y a rien dans ce que le dessin embrasse qui ne puisse être établi mathématiquement. Ce qui est vrai du trait et des ombres l'est également du développement des surfaces. Il n'y a pas un trait vraiment dessiné qui n'ait sa raison.

La langue technique du dessinateur, de l'artiste, n'est pas différente de celle du géomètre. Les lignes, les surfaces, les plans, l'équilibre, la symétrie, la proportion, sont des dénominations qui se trouvent dans la bouche du savant et dans celle de l'artiste avec un sens identique. Il y a donc entre l'art et la science des liens étroits, et nous en trouvons la confirmation dans cette expression si juste et si bien française : la science du dessin.

C'est à la science du dessin, à sa partie certaine, que l'enseignement doit d'abord s'attacher. Mais, qu'on ne s'y trompe pas, il ne s'agit point, dans la pratique et d'une manière absolue, de l'emploi de la règle et du compas, d'un travail d'épure. Tout au contraire, le dessin reste surtout, au lycée, un travail de l'œil et de la main. Mais cet exercice est méthodique, et c'est la correction qu'il doit viser avant tout, comme c'est la correction que l'on a en vue dans le premier enseignement des langues. A bien prendre, le dessin est une langue et il a sa grammaire. Ici, le sentiment particulier de l'élève et sa vocation ne sauraient se présumer, pas plus qu'à l'école primaire, et dans les premières classes du lycée et du collège on ne prévoit que tel enfant sera un poète, un orateur ou un historien. Mais on cherche à mettre à la disposition de tous l'orthographe comme un instrument indispensable, avec cette idée que, quelle que soit la carrière qu'ils embrassent, ils devront savoir, avant tout, parler et écrire correctement.

Il est vrai que l'application du dessin aux beaux-arts est celle qui préoccupe le plus, et que c'est une des plus importantes. L'architecture, la sculpture et la peinture forment le groupe des arts du dessin. Faut-il de préférence pousser l'enseignement de ce côté? A notre avis, il est préférable de montrer à dessiner comme si la carrière d'artiste ou celle d'ingénieur n'existaient pas. Les vocations se décident d'elles-mêmes. Mais cela ne veut pas dire que l'on doive négliger l'occasion qui est offerte par l'étude du dessin de cultiver d'une manière générale le goût des élèves des différents ordres d'enseignement, et, partant, le goût public. C'est d'abord par le choix des modèles que l'on atteindra ce but. Ceux-ci devront être pris parmi les chefs-d'œuvre de l'art et en offrir les types les plus excellents. Qu'il s'agisse donc d'ornements, d'éléments d'architecture, de figures, d'organes de machines, de modèles de construction, ou, à plus forte raison, de grands ensembles, on devra présenter aux élèves les plus beaux et les plus parfaits parmi les exemples qui en existent. Les maîtres de dessin devront s'attacher à faire ressortir leur mérite. En même temps, les professeurs d'humanité et d'histoire pourront chercher dans les monuments figurés des auxiliaires pour leurs leçons, et les professeurs de philosophie se référer à la collection des modèles pour ce qu'ils auront à dire sur l'esthétique. Sous ce rapport, il y a, ce semble, beaucoup à faire. Mais la pédagogie demande à être maintenue dans son domaine, et le professeur de dessin doit principalement enseigner à dessiner.

Le dessin est obligatoire dans les établissements d'ordre primaire et d'ordre secondaire de l'Université. Dans les uns et dans les autres, il est réglé d'après la même méthode. Mais, selon l'ordre des enseignements, les programmes sont plus ou moins développés. Cependant, dans leur partie élémentaire, ils sont identiques. Dans les classes primaires, quelles qu'elles soient, on donne la notion essentielle du dessin, et c'est sur cette notion fondamentale et impersonnelle qu'il importe d'insister. Elle contient tout le reste, et c'est à la faire pénétrer dans l'esprit des enfants qu'il faut principalement s'appliquer.

II. — Les modèles.

On a formé une collection de modèles, qui est en quelque sorte la figure de la méthode. Chacun des morceaux qui la composent correspond à une partie essentielle du programme, et leur ensemble en fait ressortir la raison. Si cette collection était augmentée, elle servirait de noyau à un petit musée, qui serait très utilement placé dans les lycées et dans les collèges. On sera certainement conduit à donner à la réunion des modèles le caractère d'une galerie. Ce sera un moyen de les faire respecter, et, si l'on y ajoute quelques livres, de les faire servir à différentes sortes de références, dont nous parlerons bientôt. Leur choix a été l'objet d'un examen sévère. Ils ont été pris parmi les spécimens les plus remarquables de l'art, parmi les chefs-d'œuvre de l'antiquité, du moyen-âge et de la Renaissance. Cependant ils sont, pour la plupart, empruntés à l'antiquité classique. C'est par la vue de ces beaux exemples que le goût sera éveillé chez les élèves, et que, peu à peu, il arrivera à se former. Il dépendra du professeur spécial et aussi, à mon sens, des professeurs d'histoire, de lettres et de philosophie, que cet appel au goût ne soit pas stérile.

Les modèles ont été catalogués dans l'ordre même où ils servent à l'enseignement. Ne fût-ce que dans l'intérêt de la pédagogie, il importe de s'arrêter sur les principaux d'entre eux pour en faire connaître la provenance et le caractère. Il est nécessaire d'insister sur leur valeur, d'abord au point de vue de l'enseignement du dessin et aussi au point de vue de l'art et de l'histoire.

Ceux que l'on nomme les modèles muraux consistent en de grandes images ou en dessins tracés au tableau par le professeur; ils peuvent appartenir à l'ordre purement géométrique ou rentrer dans la catégorie des ornements tirés de l'architecture ou de la flore. Dans ce dernier cas, les motifs ne seront empruntés qu'aux arts anciens et modernes, et ils seront choisis avec soin. Mais, pour avoir le caractère de modèles primaires, il convient qu'ils présentent à l'analyse une occasion facile de s'exercer, ce qui se produira si l'un des éléments qui les composent peut être pris pour unité de mesure. De la sorte, l'élève sera initié à chercher, dans son travail, le rapport d'une partie avec l'ensemble, et il prendra, dès le principe, l'habitude de procéder, en dessinant, par voie de comparaison ou d'évaluations comparatives.

Les modèles qui viennent ensuite sont des figures géométriques en relief. Elles n'ont pas, à la rigueur, de signification esthétique, bien que, parfois, quand elles sont développées dans des proportions colossales, elles produisent, comme c'est le cas pour les pyramides d'Égypte, une impression profonde. Mais ici, les figures géométriques, représentées par des solides pleins ou par leurs schèmes en fil de fer, ont une grande importance : elles servent à établir par l'observation les principes de la perspective, et à exercer l'œil à des appréciations, la main à des tracés rigoureux, qui servent de base à l'enseignement du dessin et à sa pratique.

Presque en même temps, l'élève est exercé à dessiner des ornements en relief. Ce sont d'abord des denticules (n° 2839 du catalogue), denticules appartenant à la corniche d'un temple d'ordre corinthien situé dans le Forum romain, au pied du mont Palatin. Ce temple, à présent ruiné, ne présente plus que trois colonnes debout surmontées de leur entablement. D'abord considérées comme les restes de la Græcostasis, elles sont connues aujourd'hui sous le nom de colonnes du temple de Jupiter Stator, et aussi du temple de Castor et Pollux ou des Dioscures. Par l'élégance des proportions et le goût du décor, ce temple peut être regardé comme un des chefs-d'œuvre de l'art romain. On pense qu'il est du temps d'Auguste. On en a restitué deux colonnes avec leur entablement dans la cour vitrée de l'École des Beaux-Arts. Des fragments retrouvés dans les fouilles de 1872 et 1873 ont permis de donner à cette restauration un grand caractère de certitude.

Le temple des Dioscures a été mis grandement à contribution pour nos modèles. Les denticules dont nous parlons sont réduits à la moitié de l'original.

Les oves qui appartiennent à la même période (n° 2739) sont empruntées à la corniche du temple de Mars Vengeur, édifice aussi d'ordre corinthien, dont les restes se voient dans le Forum d'Auguste, et qui appartient également à la plus belle période de l'art romain. Les rais de cœur qui portent le n° 2740 proviennent des caissons de ce monument.

La frise grecque (n° 2942) est de provenance inconnue.

Les rosaces inscrites sous les numéros 2934 et 2936 décoraient les voûtes rampantes des escaliers de l'ancien Hôtel-de-Ville de Paris.

La feuille d'acanthe n° 1085 est tirée d'un des chapiteaux du temple des Dioscures, et la feuille d'acanthe n° 2777 d'un des chapiteaux du temple de Mars Vengeur, comme il est dit au catalogue.

La rosace-fleuron (n° 1086) orne le caisson du larmier de la corniche du temple des Dioscures.

Le modèle 2842 est le couronnement d'une stèle de style grec; le modèle n° 405 est également un couronnement de stèle grecque; celle-ci porte le nom de Numénius; le modèle n° 406 est de même nature et de même style; le nom de Philocarès y est inscrit. Les originaux de ces trois fragments sont au musée du Louvre. Enfin le couronnement de stèle n° 751 est un moulage dont le modèle est à Athènes.

La frise avec rinceaux n° 2741 décorait, selon toute vraisemblance, la frise d'un édifice romain d'ordre corinthien.

Les numéros 2786, 2796 et 2770 sont ceux de différents fragments de l'ordre dorique du théâtre de Marcellus. Les numéros 2772, 2773, 2774, 2775 et 2776 désignent des fragments de l'ordre ionique du même monument. Cet édifice est à Rome; il a été terminé par Auguste. Ses ruines n'ont conservé que deux des ordres qui le décoraient. Ils sont du caractère le plus remarquable : ils nous montrent la transformation des ordres grecs par les Romains en vue d'applications spéciales. Tous ces morceaux sont restaurés; ils sont à la moitié des originaux. En général, toutes ces restaurations ont été faites de manière que les modèles puissent aussi bien servir au dessin géométrique qu'au dessin à vue.

Maintenant, nous nous élevons à des modèles d'un autre ordre : ce sont ceux qui ont pour objet de préparer les élèves à la représentation de la figure humaine. Ils dessineront d'abord la tête d'un des écorchés de Houdon, ouvrage dans lequel l'anatomie paraît comme vivante, et non comme cadavérique, et qui a aussi cet avantage de présenter la science dans les conditions de l'art, tant au point de vue des proportions que de l'interprétation de la forme. Cette tête est inscrite sous le n° 1143. Viennent ensuite : le masque colossal de Junon, un des plus beaux marbres de l'ancienne villa Ludovisi à Rome (n° 1497); le masque du Dante, dont l'original est à Florence (n° 2146); le masque de l'admirable buste d'Ariane, qui est à Rome, au musée du Capitole (n° 1589); le masque d'Omphale, qui est à Berlin (n° 1349) et le masque de Lucius Verus, tiré du buste dont l'original est au Louvre.

Il n'y a rien à ajouter pour le chapiteau ionique du théâtre de Marcellus (n° 2773). L'original de la griffe à tête de lion (n° 2778) est à Rome au musée du Capitole. Les numéros 102 et 100 sont des fragments de frises de style romain. Le premier représente une chimère : l'original est au musée du Vatican; le second, qui porte un griffon, est de provenance inconnue.

Les trois vases, de différentes formes, qui portent les numéros 2868,

2869 et 2870, ont été exécutés d'après des originaux en terre cuite, qui sont au Musée du Louvre.

Le molosse, dont la tête est représentée sous le n° 2625, et la tête de cheval, qui porte le n° 676, viennent de la galerie des Offices à Florence. De ces morceaux, le premier est monté sur un marbre, le second sur un bronze.

Viennent maintenant des bas-reliefs offrant des ensembles de la figure humaine; ce sont : n° 1271, une femme dansant, fragment qui provient de la villa Albani; n° 2941, une Bacchante qui danse en jouant des castagnettes et un Faune flûteur, qui décorent la panse du vase Borghèse que l'on voit au Louvre; n° 1514, un retour de chasse ou des Ménades, également au Louvre; et enfin, n° 218, un Faune avec une panthère, dont le modèle est conservé au musée du Vatican. Les originaux de tous ces ouvrages sont en marbre.

L'étude des éléments de la figure humaine appelle l'emploi de modèles de différentes sortes : écorchés, moulages sur nature et moulages sur des chefs-d'œuvre de la sculpture. L'Hercule Farnèse, dont les élèves devront dessiner un pied (n° 1970), est une statue colossale en marbre; elle fait partie du musée de Naples. Les deux jambes du Faune à l'enfant (n°ˢ 1478, 1479) sont les fragments du groupe célèbre qui est au musée du Louvre, et qui porte aussi le nom de «Silène portant le jeune Bacchus». Le Germanicus, autre belle statue antique du musée du Louvre, a fourni les deux jambes inscrites sous les n°ˢ 1471 et 1472. L'original du torse, dit de «l'Amour grec» (n° 1378), est un marbre du musée du Vatican. Des bustes portés au programme, le premier, le Brutus jeune (n° 1473) est au Capitole; le deuxième, Agrippa (n° 1451), est au Louvre; le troisième, celui de Voltaire (n° 1301), est la tête de la statue assise de Voltaire qui est placée dans le foyer de la Comédie française; c'est un ouvrage du sculpteur français Houdon; le quatrième, appelé Cicéron (n° 1558), est à Rome, au musée du Capitole; tous les originaux sont en marbre. Quant au buste dit le Platon, ou plutôt le Bacchus indien (n° 1908), c'est le moulage d'un buste en bronze qui appartient au musée de Naples.

Les modèles qui sont affectés à l'étude du dessin dans les classes supérieures à partir de la troisième présentent généralement des ensembles et ont, au point de vue de l'art, une signification très marquée. C'est d'abord le chapiteau corinthien du temple des Dioscures (n° 2824), puis un chapiteau gothique du xiiiᵉ siècle, tiré de Notre-Dame de Paris (n° 1403), un chapiteau-pilastre du château de Gaillon, qui appartient à la Renaissance française (n° 1599), et, enfin (n° 2912), un fragment du fleuron qui décore la partie supérieure du monument choragique de Lysicrate à Athènes.

Les monuments choragiques sont ceux qu'élevaient des citoyens qui, chargés d'organiser et de diriger des chœurs de musique dans des fêtes et des concours publics, avaient remporté la victoire.

Des vases inscrits sous les numéros 304 et 1198, le premier, décoré d'une danse de Ménades, fait partie de la collection de la villa Albani, à Rome; le second est à Londres. Tous deux sont en marbre. L'ornement n° 1075, composé de palmettes et de culots, décorait l'architrave de l'entablement du temple des Dioscures; il est de la grandeur de l'original. Le fragment de frise trouvé dans le forum de Trajan, à Rome, appartenait à l'entablement d'un édifice d'ordre corinthien; il est conservé au musée du Vatican. Quant aux morceaux qui portent les numéros 2431, 2430, 2435 et 2436, les originaux en étaient au musée de Boulaq, au Caire: ils sont transportés dans le palais affecté aujourd'hui à ce musée. Sous le n° 1316 est cataloguée une tête de chien de Benvenuto Cellini; elle est moulée sur le bronze du grand bas-relief qui représente la nymphe de Fontainebleau. Le taureau en ronde-bosse (n° 2088) est tiré du musée du Vatican ainsi que la vache et le taureau en bas-relief (nos 369 et 368).

Maintenant viennent les modèles d'après lesquels on peut étudier l'ensemble de la figure humaine; ils reproduisent quelques-unes des plus belles statues anciennes et modernes. Nous n'avons ici qu'à en indiquer la provenance; peut-être faudrait-il entrer dans plus de détails. Mais, pour nous borner, nous dirons que l'Achille Borghèse (n° 2815) est au Louvre, et le Discobole (n° 2816) au Vatican; ce sont des réductions des originaux. Le Faune au chevreau (n° 2818) est au musée de Madrid; il est dans sa vraie grandeur. Il en est de même de l'Uranie (n° 1337); cette figure est au Vatican.

L'original de l'Esclave de Michel-Ange est au Louvre, dans le musée de sculpture de la Renaissance. Notre plâtre est une réduction; il est inscrit sous le n° 2814. Le Tireur d'épine (n° 1388) est moulé sur le modèle en bronze qui est conservé au musée du Capitole à Rome. Le Faune dansant a été trouvé à Pompéi, dans une maison antique, à laquelle il a donné son nom; le plâtre (n° 864) est aussi de la grandeur du modèle. Le Gladiateur combattant (n° 2919) est une réduction de l'original, qui est au Louvre. Quant au Sophocle (n° 605) l'original en est à Rome, au musée de Saint-Jean-de-Latran.

III. — Observations pratiques.

L'enseignement du dessin, tel qu'il a été organisé depuis dix ans, fonctionne régulièrement dans les établissements d'ordre secondaire. La direction de cet enseignement possède des tableaux statistiques qui donnent sur cette partie des études les informations les plus complètes: tous les lycées et collèges y figurent sans exception. En consultant ces documents on est renseigné sur la nature des locaux affectés à la classe de dessin, sur leur situation et leur éclairage, sur l'état de la collection des modèles, sur le nombre des élèves qui suivent les cours et sur la valeur des maîtres qui enseignent. C'est un livre de vérité. Depuis, tous ces établissements ont figuré à l'Exposition universelle de 1889 ; on a pu voir dans quelle mesure ils répondent à ce que l'on est en droit d'attendre d'eux.

Les programmes qui sont appliqués dans les lycées et collèges sont rigoureusement ceux qui ont été adoptés par le Conseil supérieur de l'instruction publique. Les professeurs sont chargés d'en maintenir l'esprit et la lettre. Dans son principe, le dessin doit être enseigné comme un moyen de représentation sûr et devant fournir des images exactes. Il est enseigné dans ses éléments comme une langue figurée, soumise à des règles fixes, comme une transcription qui ne doit jamais fausser la vérité. On doit d'abord en faire comprendre l'essence exacte et enseigner les procédés qui assurent sa correction. On établit ainsi une base solide sur laquelle toutes les applications, quelles qu'elles soient, trouvent à s'appuyer. C'est dans cet esprit que le professeur, sans entrer dans des développements abstraits, doit diriger les premiers essais des commençants. Il ne les soumettra point à des pratiques qui laissent leur intelligence inactive. Il les exercera tout d'abord à un certain ordre d'observations. Ainsi, il leur fera exécuter à main levée, et sans le secours de la règle et du compas, les tracés linéaires qui sont placés au début des études. C'est un excellent exercice pour former l'œil à des appréciations, la main à une rectitude, qui sont, pour la pratique ultérieure du dessin, de première nécessité.

Le caractère de l'enseignement est d'être collectif. Un certain nombre d'élèves seront groupés autour d'un même modèle. Si ce modèle est en relief, le professeur veillera à ce que les sièges soient rangés à l'entour, de façon que chaque élève puisse être convenablement placé.

Les salles de dessin présentent les dispositions les plus inattendues : on a rarement songé à les construire et à les aménager en vue de leur affectation spéciale. Le professeur cherchera à parer à ce que l'éclairage aurait de défectueux, au moyen de rideaux faisant que la lumière vienne d'un seul côté et autant que possible de haut, mais au plus à 45 degrés. Pour ménager le temps, il fera en sorte que la classe soit prête au moment de l'arrivée des élèves, que les cartons et le modèle soient en place. Celui-ci devra être éclairé de telle façon que, si c'est un objet en relief, sa plus grande partie ne soit pas dans l'ombre. Si le modèle est plan, il sera appliqué au mur ou dessiné au tableau aussi avant la leçon.

Les modèles présentent une série graduée, qu'il faut, autant que possible, passer en revue. On ne consacrera pas à chacun d'eux un trop grand nombre de séances. Dans la première, le professeur en donnera des explications orales. Elles seront brèves et substantielles. Le programme du dessin part de la ligne droite pour arriver graduellement à la figure humaine. À mesure qu'il se développe, les commentaires deviennent plus nécessaires. Lorsque l'élève commence à dessiner les solides géométriques, les éclaircissements deviennent indispensables. A l'aide de schèmes de ces figures exécutés au fil de fer, le maître arrive à rendre immédiatement sensibles les phénomènes de la perspective, et par suite, il est amené à donner, de cette science, les premières notions pratiques. Plusieurs élèves dessinant à la fois le même modèle, chacun d'eux, de sa place, voit ce modèle sous un aspect différent et avec des déformations particulières. La multiplicité de cas dont la solution est ramenée à un petit nombre de règles aide singulièrement à l'intelligence de cette science, qui, selon Léonard de Vinci, constitue le dessin pittoresque tout entier. Cette multiplicité rend les phénomènes perspectifs plus sensibles et plus intelligibles à la fois. Pour y contribuer encore, les explications du professeur seront toujours données à haute voix. On exigera toujours aussi que, dans les dessins des élèves, la normale verticale et la ligne d'horizon soient préalablement tracées et restent visibles jusqu'à la fin. Comme l'élève recevra en même temps la première leçon de dessin géométrique, il se trouvera initié par là au dessin tout entier ; il en aura la notion intégrale. En effet, le maître ne manquera pas d'expliquer comment ces deux modes de dessin se prêtent un mutuel concours et comment ils rentrent l'un dans l'autre.

Tout en étant initié à ces notions exactes, l'élève en trouvera une application intéressante, en copiant des modèles d'ornement en relief. Les exemples de ce genre sont, en général, empruntés aux plus beaux monuments antiques. Ils seront pour le maître une occasion de parler de ces édifices et de jeter ainsi dans l'esprit de ses auditeurs les premières notions de l'histoire de l'art. Au début, ces modèles ne sont que des fragments; mais ils ont tous les caractères du génie de la Grèce et de Rome ; et ils sont précisément à l'usage des mêmes élèves qui, dans leurs classes, étudient l'histoire des Grecs et des Romains.

L'attention de l'élève est plus fortement attirée et fixée par le dessin, quand il aborde la tête humaine. Des explications plus générales et plus délicates sur la perspective se rattachent à cet exercice, dans lequel on a toujours à représenter, indépendamment du buste lui-même, le piédouche rond ou carré qui le porte. Cet élément ne doit jamais être négligé. Quant à la tête elle-même, on ne peut réellement se rendre compte des lignes qu'elle présente, sans avoir d'abord tracé la verticale normale et la ligne d'horizon. L'intelligence des modifications optiques des formes dépend du bon établissement de ces premières données. Mais ici, pour ses corrections et ses démonstrations, le professeur appellera à son aide d'autres notions aussi de nature exacte. L'anatomie, dont il doit enseigner les éléments essentiels, donnera aux observations qu'il est appelé à faire

une autorité nouvelle. La construction d'une tête est constante, et les
différents éléments qui la constituent se retrouvent dans tous les modèles.
Toutes les formes ont leur raison. De là naissent un grand nombre de
considérations précises, de leçons de choses d'un ordre particulier, propres
à intéresser l'élève. Mais, indépendamment de ce qui en détermine les
formes, il y a dans la tête humaine le caractère et l'expression. Le caractère varie, selon que l'œuvre d'art est grecque ou romaine; et, comme, en
même temps, il est individuel, il est infiniment divers. Ainsi les personnages mythologiques appartiennent à un monde idéal, qui n'est pas celui
des personnages historiques. La tâche du professeur est d'indiquer tout
cela en peu de mots ; et tout cela lui vient en aide pour ses corrections.
Et si, à propos de l'architecture, il a été conduit à parler des styles, à
propos de la sculpture il en viendra à dire quelque chose de la symbolique. Cependant l'élève avance dans ses études; et, tout en appliquant les
règles du dessin dans toute leur rigueur, il acquiert des idées sur les arts,
et son goût commence à se former. Grâce à cette direction, il s'attache au
dessin et se plaît aux leçons de son maître.

Lorsque l'élève arrive à dessiner de grands morceaux d'ornement, des
fragments d'architecture, des ensembles de figures, il prend une idée plus
complète des chefs-d'œuvre d'art classique. Ce que le professeur peut lui
dire alors aura encore plus d'importance au point de vue du goût. Dessiner
des chapiteaux et des entablements d'ordre dorique, ionique et corinthien,
c'est travailler de l'esprit. On fera bien de laisser l'élève quelque temps
en leur présence. On devra l'y faire demeurer de même qu'on l'arrête sur
quelque texte, en présence de quelque idée dont il importe qu'il pénètre
le sens profond, en regardant de près à la forme dont l'écrivain l'a revêtue. Il y a là un travail dans lequel l'élève doit être assisté par le maître.
Celui-ci, par ses réflexions, l'intéressera aux formes, aux proportions, et
le soutiendra dans son travail, qui doit être de quelque durée, en appelant continuellement l'esprit au secours de la main.

L'étude de la figure nécessite aussi la correction par l'anatomie, et,
avec elle, d'autres considérations que le programme ne manquera pas de
faire valoir. Ce sont celles qui ont trait à l'équilibre, que l'on peut analyser et dont on définit les lois. D'autre part, la juste relation des parties
du corps avec l'ensemble et de l'ensemble avec les parties constitue certaines conditions d'harmonie, qui, reposant sur des moyennes, ont été
formulées par les plus grands artistes aussi bien que par les savants. Dans
leur principe, elles répondent à un instinct qui est en nous, et, en même
temps, elles font concevoir un état physique qui, une fois réalisé, serait le
plus favorable à l'expansion de notre énergie. L'idée de proportion n'est
pas un vain caprice : elle répond à la conception d'un être normal. En
réalité, toute dérogation à son principe constitue, à différents degrés, une

difformité. Les professeurs sont préparés à exposer, sur ce sujet, la théorie
la plus accréditée : celle de Jean Cousin.

Les élèves qui se préparent aux écoles de l'État doivent être l'objet
d'une attention spéciale. Les programmes d'admission à ces écoles ont
été mis d'accord avec l'enseignement du dessin tel qu'il existe dans les
lycées et dans les collèges. On est en droit d'attendre des candidats de
bonnes épreuves, car jusqu'à présent on ne leur demande que de dessiner
une tête d'après la bosse. Peut-être ne tardera-t-on pas à avoir de plus
grandes exigences. Il faut prévoir le cas possible où l'on en viendrait à
inscrire dans les programmes le dessin de la figure entière.

IV. — Considérations sur les rapports du dessin avec les autres enseignements.

La condition à laquelle appartient généralement la jeunesse des lycées
et des collèges, le caractère classique de l'éducation qu'elle reçoit et le
développement que prend cette éducation en s'élevant des classes de grammaire à celles des humanités, appellent sur l'art du dessin dans les établissements de l'Université des considérations spéciales. Le dessin graphique est naturellement rattaché à l'enseignement scientifique. Mais il
faudrait réagir contre le discrédit dont paraît frappé dans l'enseignement
secondaire tout ce qui touche aux beaux-arts, discrédit qui laisse ainsi sans
préparation et sans culture tout un côté des esprits. Les arts auront eu
dans notre siècle une importance considérable, et le peu d'attention qu'on
leur accorde dans les études est une singulière anomalie. Il semble qu'on
puisse s'en occuper et les juger sans la moindre notion du principe sur
lequel ils reposent et des lois qui les régissent. Le goût public se trouve
ainsi exposé à toutes les surprises et risque de n'être guidé que par le
hasard.

Le dessin peut servir à combler cette lacune. C'est un progrès, réalisé
depuis dix ans, que, dès les classes de grammaire, les enfants soient
initiés aux premiers éléments du dessin linéaire et géométrique, comme de
l'ornement : en cela on a fait simplement pour eux ce qui se pratiquait
déjà pour les élèves du même âge dans les écoles primaires. Il en résulte
ceci : c'est que dès le commencement le dessin tient une place dans les
études : partant de là, il suit un développement régulier. Assurément nous
ne prétendons pas que le cours de dessin doive prendre dans les lycées une
extrême importance ; mais il offre une occasion précieuse de donner aux
élèves les premières notions artistiques. Grâce à lui, on a quelque chance
de leur faire connaître les grandes époques de l'art, en mettant sous leurs
yeux les chefs-d'œuvre classiques. Au dessin de l'ornement, du paysage
et de la figure, on pourrait joindre de bons éléments d'architecture, qui

seraient donnés concurremment avec les études scientifiques. Tout cela, appuyé sur d'excellents modèles, ne serait pas inutile à des jeunes gens qui, devenus hommes, peuvent être appelés, dans les conseils de leur pays, ou pour leurs propres affaires, à se rendre compte d'un projet et juger des arts.

Pour obtenir ce résultat, il faudrait que la pratique du dessin trouvât dans celles des branches de l'enseignement qui le comporteraient un appui efficace; il serait à désirer que l'on rapprochât autant que possible les monuments écrits des monuments figurés. A Paris, avec les ressources dont on est entouré, avec les promenades dans les expositions rétrospectives et les musées, ce rapprochement pourrait se faire, si les élèves étaient accompagnés d'un professeur capable de leur donner cette leçon. Mais dans les provinces, il faudrait un choix de moulages, de photographies et de livres spéciaux.

Une connaissance exacte de la mythologie est indispensable pour bien comprendre et pour goûter les écrivains classiques et les poètes en particulier; tout l'art des anciens est né de la poésie, il en est l'inséparable complément. Nous ne croyons pas qu'il existe un ouvrage élémentaire sur la mythologie ayant pour but d'aider à l'intelligence des auteurs et de remonter à la raison et à la source de l'art. Nous n'avons pas une idée suffisamment haute des fables de la Grèce. Ces fictions, pleines d'un sens si juste, souvent d'une délicatesse si exquise et quelquefois d'une si grande moralité, s'offrent à nous dépouillées de leur signification originaire et profonde, sommairement réduites à des conceptions assez grossières qui faussent la vérité et ne donnent point l'idée de l'anthropomorphisme grec, vrai modèle de l'art. Les ouvrages de M. Decharme et de M. Collignon sont excellents, mais sont, pour l'objet que nous indiquons, trop tournés vers l'archéologie. Il faudrait une mythologie littéraire s'appuyant sur l'art et y cherchant sa figure. En attendant, des gravures et des photographies exécutées d'après les antiques seraient nécessaires pour bien faire connaître les formes dont les artistes ont revêtu les types créés par l'imagination des poètes. Pour seconder l'action des maîtres, on devrait déposer dans les bibliothèques universitaires, à côté d'ouvrages tels que *La Symbolique*, de Creuzer et Guignault, l'*Histoire des religions de l'antiquité* de M. Maury, des livres comme la *Galerie mythologique* de Millin, travail déjà ancien, mais encore utile; le *Manuel d'archéologie* de M. Ottfried Müller et le *Dictionnaire des antiquités grecques et romaines* de Rich; ces derniers se rapportent également à la religion et à l'histoire.

Cette dernière science embrasse chaque jour un champ plus étendu. A côté des faits, elle montre le développement des idées; le tableau des mœurs appelle des considérations sur les beaux-arts. L'histoire fait plus : elle estime que les productions de l'art et de l'industrie sont une source

d'informations aussi respectable que les textes eux-mêmes, et elle les met
à contribution. Il serait à souhaiter que ces précieux témoignages de la
physionomie des temps pussent être mis sous les yeux des élèves au moyen
de reproductions exactes. Cette idée qui avait été conçue par M. Duruy,
dont l'initiative en tout ce qui intéresse l'enseignement a été si féconde,
cette idée avait été développée dans une Histoire de France, fruit de la
collaboration de MM. Bordier et Charton. M. Duruy acheva de lui donner
toute sa portée dans sa belle Histoire romaine et dans son Histoire
grecque, qui, elle aussi, restera comme un monument de science et de
science figurée. Mais pour le professeur des lycées et des collèges, il faudrait former des portefeuilles réunissant, par nations et par époques, des
images, des monuments nombreux, sculptures, peintures, médailles et
monnaies, armes, costumes, ustensiles caractéristiques. Au fond, c'est
bien là le point de vue de l'histoire, qui, pour rendre ses leçons plus complètes, ne doit pas dédaigner de s'adresser aux yeux. L'idée d'appeler l'art
à faire ainsi subsidiairement sa propre histoire mérite d'être largement
étendue.

Partant de là, ne serait-ce pas créer une source de vif intérêt pour
l'élève que de lui montrer, tandis qu'il traduit les poètes, des collections
de monuments anciens inspirés directement par eux ou se rapportant simplement aux sujets qu'ils ont chantés? Citons parmi les recueils de ce
genre, d'ailleurs contenus en germe dans la *Galerie mythologique* de Millin,
la *Galerie homérique* d'Inghirami, la *Galerie héroïque* d'Owerbeck, les *Monu-*
ments inédits d'antiquité figurée grecque, étrusque et romaine, cycle héroïque,
contenant l'*Achilléide*, l'*Orestéide*, l'*Odysséide* par Raoul Rochette, etc.
L'Illiade et l'Odyssée, bien antérieure à toute œuvre d'art proprement
dite, renferment toutes les aspirations de la Grèce, déjà si profondément
artiste, et tout ce que le langage peut exprimer d'idées propres à un art
qui eût été parfait. Il est fort peu des épithètes d'Homère qui n'aient un
sens plastique ou ne se rapportent à un effet pittoresque. Les vases grecs,
sur lesquels il existe tant de publications, abondent en sujets qui, par leur
style et leur expression simples et grandioses, semblent un éloquent commentaire des plus anciennes traditions cosmogoniques et héroïques. Disons
aussi que tout ce qui concerne le costume reste incompréhensible sans les
monuments. D'un autre côté, quel ouvrage plus capable d'intéresser les
élèves, qui expliquent, avec les poètes, les historiens et les orateurs, que
l'*Iconographie grecque et romaine* de Visconti? Est-il un écolier intelligent
qui ne soit désireux de connaître l'image de chacun de ces grands hommes,
dont le nom est comme le résumé, et l'œuvre comme l'idéal de quelque
partie du génie? Si l'on passe au caractère moral, la supériorité sereine
d'un Périclès, la sensibilité d'un Euripide, la pénétration et l'ironie d'un
Ménandre, la contention d'esprit d'un Démosthène, éclatent sur leur

visage par des traits qu'on ne peut plus oublier dès qu'on les a vus une fois. En même temps, quels documents plus propres à éclaircir l'histoire de l'aristocratie romaine que ces têtes de patriciens dans lesquelles l'énergie romaine et la gravité sacerdotale s'allient si étroitement à la dureté du légiste et du financier? L'étude plus complète de l'homme, celle qui, en invoquant son image, le fait revivre dans son extérieur et dans l'enveloppe typique qu'ont revêtue ses facultés, ne viendrait-elle pas enrichir le domaine des humanités? Nous irons plus loin. Un bas-relief de style attique, comme celui qui a pour sujet Bacchus chez Icarius, ou encore celui qui représente Antiope, Zétus et Amphion, la statue d'Aristide enveloppée d'un étroit manteau, dans l'attitude austère que les usages de la tribune imposaient aux orateurs athéniens, quelque stèle funéraire, ou l'un des nombreux vases que décorent des bacchanales, sont on ne peut plus propres à faire comprendre le génie littéraire de la Grèce et le caractère riant et serein de la vie hellénique. La manière naturelle d'exposer un sujet, la simplicité lumineuse de la forme, la savante retenue de l'expression, toutes les qualités qui, dans l'art de bien dire, constituent l'atticisme, ont été possédées par les artistes grecs au même degré que par les écrivains.

Il me semble que le professeur de rhétorique rendrait un grand service en signalant ces rapprochements toutes les fois qu'il en aurait l'occasion et en s'en autorisant pour faire remarquer que les œuvres de l'esprit, quelles que soient les formes qu'elles revêtent, sont soumises aux mêmes lois générales; qu'elles sont justiciables de la même critique, et que, pour bien juger des arts, il est au moins sage de se régler d'après l'analogie, qui, prise dans son acception la plus universelle, est un des grands auxiliaires du jugement. Mais c'est surtout en philosophie qu'il serait possible de jeter d'une manière solide les bases d'un vrai critérium de l'art. Bien que les élèves de cette classe soient distraits de la suivre par la préparation d'un examen fort important, le professeur peut trouver le temps d'insister sur cette observation, que, dans les arts, les conceptions ne se forment pas d'une manière isolée, et que leur dignité dépend de la faculté dont elles dérivent; que la passion et l'intérêt ne sauraient être la source de l'inspiration véritable, parce que, en art, comme en morale, le but doit être désintéressé. De même, il sera toujours très important, tout en reconnaissant que l'art a une fin originale, de dire quelles sont les limites imposées à son indépendance. Je n'ai pas à dire le parti qu'il y a à tirer de l'esthétique pour préparer de jeunes esprits à n'être point dupes des théories erronées, et à ne pas se parer de formes défectueuses. C'est l'affaire du professeur, qui s'en tirera à merveille, de même qu'il ne sera point embarrassé de classer les arts, de déterminer leur domaine et de faire voir qu'ils ne gagnent rien à empiéter les uns sur les autres. Il suffit que l'attention des très distingués agrégés de l'Université soit attirée de ce côté pour que nous ayons lieu d'espérer qu'il est réservé à l'art d'avoir bientôt des générations d'appréciateurs sérieux.

En recevant des enseignements de ce genre, les élèves des lycées pourraient, sans que nous en eussions trop de regret, donner au dessin le peu de temps qui lui est consacré. C'est par le niveau des idées, et non par de vains talents d'amateurs, que doit s'établir le genre de supériorité qui convient aux classes élevées de la société. L'opinion publique n'aurait qu'à gagner, si les hommes du monde, éclairés par leurs études et placés d'ailleurs au-dessus de l'intérêt, étaient capables de la diriger; tandis qu'à présent on les voit subir les caprices de la mode ou les inspirer, et que, sous le rapport de la théorie, comme de la pratique de l'art, ils sont exposés à se trouver fort inférieurs aux habiles ouvriers de nos industries.

En dernière analyse, l'éducation des gens du monde ne serait-elle pas plus parfaite si l'union des arts avec les lettres était rendue plus étroite dans l'enseignement universitaire, et si l'art y était continuellement relevé par le soin que l'on aurait de le rattacher, non à la fantaisie, mais aux plus nobles de nos facultés? Au sommet des hautes études, nos écoles d'Athènes et de Rome prouvent combien cette union peut être féconde. Nous voudrions qu'elle fût consacrée dès la classe de grammaire; et que l'art, après avoir été présenté comme une des plus vivantes expressions du sentiment politique et religieux, comme une des sources de l'histoire et l'indispensable auxiliaire de l'intelligence littéraire, fût rattaché, sous le rapport de sa critique, aux principes qui règlent toutes nos productions et, sous le rapport de son origine, aux idées constitutives de l'esprit humain [1].

INSTRUCTION SUR L'ENSEIGNEMENT DU FRANÇAIS DANS LES CLASSES ÉLÉMENTAIRES.

(Mars 1899.)

L'étude de la langue française est le fond même de l'enseignement dans les classes élémentaires de nos lycées et collèges, comme à l'école primaire. Mais, tandis que l'enseignement primaire est à lui-même sa fin, l'enseignement donné dans les classes élémentaires n'est qu'un commencement; d'où la possibilité d'aller moins vite, d'embrasser moins de choses en même temps, mais de mieux approfondir celles qu'on embrasse, en s'appliquant surtout à développer chez les élèves l'habitude de l'attention et de la réflexion.

---

[1] Aucun changement n'a été apporté au contenu du programme de l'enseignement du dessin de 1885.

Sans dédaigner les résultats prochains qui sont la récompense de leur zèle, les professeurs élémentaires savent que le but principal de leurs efforts doit être de préparer de bons élèves aux classes de grammaire, c'est-à-dire de former de bons esprits, prêts à recevoir la culture classique.

D'accord sur le but, ils peuvent ne pas l'être toujours, soit entre eux, soit avec leurs collègues de grammaire, sur les moyens à employer pour l'atteindre. Aussi est-il bon d'établir partout, ce qui existe en quelques endroits, une conférence périodique entre professeurs de grammaire et professeurs élémentaires : ils s'y entendront sur l'unité de direction à donner à leur enseignement sur la valeur relative à attribuer aux divers exercices, sur le choix des livres, sur les termes grammaticaux mêmes, qui varient souvent de classe à classe. C'est aux chefs des établissements qu'il appartiendra de provoquer ces réunions, les unes entre professeurs élémentaires, tous les deux mois, les autres entre professeurs de grammaire et professeurs élémentaires, tous les trimestres.

Dès à présent, il ne peut leur échapper que tous les exercices français en usage dans les classes élémentaires sont loin d'avoir la même importance, si l'on se soucie non seulement d'occuper le présent, mais de préparer l'avenir.

Il en est peu dont le sacrifice absolu soit nécessaire. On citera cependant l'exercice puéril des « périphrases » qui tend, d'ailleurs, à disparaître et celui des « homonymes », du moins en tant qu'exercice à part; car il tourne vite à l'amusement futile, même au jeu de mots. L'usage indiscret de cet exercice conduit à collectionner les mots qui sonnent *à peu près* de même, c'est-à-dire à ne pas tenir compte des nuances de la prononciation et à favoriser en particulier les prononciations locales vicieuses.

La recherche de l'étymologie latine ou grecque n'est pas du domaine des classes élémentaires. Mais rien n'interdit au professeur d'éclairer par l'étymologie le sens ou l'orthographe d'un mot, quand il peut le faire à l'aide du seul français. Même dans cette mesure restreinte, l'étymologie doit rester un exercice tout oral.

D'autres exercices garderont utilement leur existence propre, pourvu qu'ils soient pratiqués dans un certain esprit : tel l'exercice des phrases à compléter, s'il ne se transforme pas en énigme et ne met pas à la torture l'esprit de l'enfant; tel encore l'exercice analogue des synonymes, lorsqu'il consiste à suppléer le mot laissé en blanc, à l'aide d'une liste de mots entre lesquels l'élève doit choisir. Mais ce même exercice n'offre que des inconvénients lorsqu'il habitue les élèves à réunir et à énumérer pêle-mêle de prétendus synonymes que séparent des nuances de sens assez marquées. Il n'est pas besoin de les encourager à prendre les mots les uns pour les autres. De même l'exercice des familles de mots, surtout fait oralement et dirigé par le maître, fait appel à l'intelligence et à la réflexion personnelles.

Il donne à l'enfant un vocabulaire qui l'empêche de s'assimiler les locutions vicieuses; il l'éclaire sur la raison d'être de l'orthographe d'usage. Mais si, au lieu de classer les mots dans un ordre méthodique et de préciser les *rapports de sens* qu'ils peuvent avoir entre eux, on se borne à énumérer le plus de mots possibles appartenant à la même famille, sans excepter les mots rares que les élèves n'auront peut-être jamais occasion d'employer, ou ceux qu'une parenté incertaine rapproche plus ou moins arbitrairement de la famille légitime, on ne retirera de l'exercice ainsi dénaturé aucun profit intellectuel.

Les meilleurs de ces exercices, qui sont proprement des exercices auxiliaires, ne sauraient être mis sur le même plan ni tenir dans l'emploi du temps la même place que les exercices de première importance, comme la récitation, la grammaire et l'analyse, la dictée.

Les exercices de récitation doivent revenir quatre fois au moins dans la semaine, la récitation de la grammaire non comprise. Celle-ci, sans rien perdre de son importance comme exercice, doit éviter l'écueil de la monotonie : il n'est pas besoin de faire répéter par tous les élèves la même leçon. D'autre part, si la récitation exacte et complète des conjugaisons, par exemple, s'impose, les interrogations, sur d'autres points, peuvent ne porter que sur les définitions et les règles les plus simples, comme le veulent les instructions de 1890.

On ne saurait apporter un soin trop attentif au choix des morceaux de récitation : pendant longtemps ils seront presque la seule nourriture intellectuelle de l'enfant. On sent combien il importe de ne graver dans cette mémoire fidèle rien d'insignifiant comme fond ni de médiocre comme forme. Il n'est pas aisé, sans doute, de trouver des morceaux qui soient simples à la fois et intéressants; mais c'est peu à peu que le maître saura se faire à lui-même un recueil au cours de ses lectures, ce qui n'exclura pas l'usage réfléchi des recueils composés par d'autres. L'essentiel est que le morceau soit toujours *choisi* par lui, et choisi parce qu'il répond à certains besoins, réalise certaines conditions, dont la principale est qu'il soit compris et goûté des élèves. Si le morceau est court, expressif et clair, il sera vite appris et facilement retenu.

Le temps consacré à la récitation ne sera pas du temps perdu pour les autres exercices, si l'on sait rattacher ces exercices à la récitation même, les fondre avec elle. Par exemple, rien n'empêche tantôt de prendre comme morceau de récitation le texte d'une dictée bien choisie, tantôt de faire sortir un devoir du texte récité. En tout cas, les exercices de la lecture courante et de la lecture expliquée se rattacheront d'eux-mêmes à la récitation, tout morceau qui doit être récité devant commencer par être lu et expliqué en classe.

Comme la récitation, la lecture courante habitue les élèves non seulement à bien dire, en ponctuant avec intelligence le texte qu'ils lisent, mais à prononcer les mots sans précipitation, sans bredouillement. L'auteur des instructions de 1890 souhaitait qu'au sortir de la septième tout élève sût bien lire, d'une voix claire, avec une articulation nette. Les professeurs élémentaires s'appliqueront à réaliser ce modeste idéal et multiplieront les exercices de lecture courante.

La lecture la plus rapide appellera quelques éclaircissements; de même les textes de récitation et de dictée ne peuvent rester inexpliqués. Mais la lecture expliquée proprement dite demande à être abordée avec prudence et traitée avec simplicité. Il est des textes peu compliqués qui parlent soit à la raison naissante de l'enfant, soit, plus souvent, à son imagination, qu'il faut éveiller, sans l'inquiéter. L'esprit de l'enfant n'a pas seulement besoin de données précises, et le merveilleux même est une nourriture appropriée à son âge. Mais il ne suffit pas de bien choisir le texte, il faut choisir aussi dans les observations qu'il appelle, ne pas mêler vingt remarques de nature différente, suivre plutôt une série naturelle que l'élève puisse suivre à son tour sans effort. Tout expliquer par le menu énerverait l'attention en la dispersant; il est préférable de mettre dans tout leur jour le petit nombre des observations essentielles, une ou deux sur le fond du morceau, si l'on croit pouvoir en laisser à l'élève une idée claire; un plus grand nombre sur la fonction des mots dans la phrase et sur leur sens précis.

Tous ces exercices supposent une connaissance préalable des règles générales de la grammaire. Il n'est pas superflu de rappeler que les instructions de 1890 prescrivaient de réduire à l'essentiel la théorie grammaticale, d'enseigner surtout les règles par l'usage, en se servant constamment, pour les expliquer, des exemples fournis par le langage parlé ou écrit. Elles condamnaient ainsi les formules apprises et non comprises, mais elles ne se prononçaient pas entre les deux méthodes possibles d'enseignement de la grammaire. L'une part d'exemples d'où les règles se dégagent d'elles-mêmes : elle appelle l'attention des élèves sur plusieurs phrases où les mêmes faits de langage se reproduisent, sous des formes différentes, et les achemine à trouver d'eux-mêmes la conclusion qui s'impose. Voyant la grammaire se faire sous leurs yeux, contribuant à la faire, les élèvent s'y intéressent comme à leur œuvre propre. L'autre méthode, plus dogmatique, mais plus courte, fait passer la règle avant l'exemple, mais de manière que l'exemple vérifie aussitôt la règle, que l'élève, dans un devoir parallèle, est mis en demeure d'appliquer. Ce qui importe, c'est que, de façon ou d'autre, la règle et l'exemple se rejoignent dans l'esprit de l'élève. Mais dans aucun cas la règle ne doit rester un texte mystérieux qu'il faut apprendre par cœur sans l'entendre.

Une fois la règle comprise et apprise, il sera prudent, d'une part, d'en multiplier avec méthode les applications pratiques avant de passer à une règle nouvelle; d'autre part, de ne pas l'obscurcir par de trop nombreuses exceptions. L'esprit des enfants ne voit bien qu'une chose à la fois et s'inquiète si l'on semble démentir ce qu'on avait d'abord affirmé.

Parmi les exercices grammaticaux, l'analyse est peut-être celui qui prépare le plus directement à l'étude des langues anciennes, si le maître, au lieu d'en faire une exercice mécanique, n'oublie pas qu'elle a surtout pour but de montrer comment la pensée, ses divers éléments, et les rapports de ces éléments entre eux, s'expriment dans le discours. On ne distingue pas ici entre l'analyse grammaticale et l'analyse logique, toute analyse étant nécessairement à la fois grammaticale et logique. Commencer par indiquer les divers éléments d'une proposition, les définir toujours au point de vue, non de la place ou de la forme, mais du rôle que joue le mot dans le groupe où il se trouve, ce qui implique l'intelligence du sens; les distinguer sans rompre les liens qui les unissent au corps vivant de la phrase; s'en tenir à des propositions très simples; éviter tout ce qui prête à des distinctions et à des interprétations trop délicates, c'est le seul moyen de faire porter tous ses fruits à un exercice qui demeurerait stérile s'il était compliqué.

Le nombre des exercices oraux doit être sensiblement supérieur à celui des devoirs écrits. L'expérience prouve que les exercices grammaticaux sont surtout utiles quand ils sont faits oralement, sous la direction du professeur. La dictée elle-même offre plus d'avantages, quand elle est faite et corrigée dans la classe même : pas un mot n'est écrit alors qui ne soit aussitôt éclairé dans sa forme et dans son sens; le maître peut s'assurer qu'il a été suivi et sait que le travail qu'il a devant lui est bien celui de l'élève. Plus rares, les dictées écrites auront aussi leurs avantages, à condition que le texte en soit bref et à la portée des enfants.

C'est un attrait particulier, mais aussi ce sont des difficultés particulières qu'offrent les exercices de rédaction et d'invention autorisés par le programme des classes élémentaires. Mais le programme est sage quand il demande seulement de « courtes reproductions d'une description ou d'un récit préparé en classe ». Il est nécessaire, en effet, que le professeur soit ici le guide de l'élève, sans exiger que l'élève reproduise à la lettre ce qui lui aura été dit. D'ailleurs, le programme n'a donné qu'une indication : rien n'empêche le professeur de varier la forme de ces petits devoirs. Il est bon, d'ailleurs, que ces exercices ne se renouvellent pas trop souvent. Il est essentiel surtout qu'ils soient simples et portent toujours sur des sujets concrets : une image que l'enfant aura vue, un fait curieux dont il aura été le témoin, une solennité, une excursion à laquelle il aura pris part, tout ce qu'il aura pu observer et sentir. Même dans ces conditions, le maître ne procédera qu'avec prudence et par degrés.

La correction des devoirs et des compositions a particulièrement appelé l'attention de l'inspection générale. En aucun cas, pour les devoirs faits en dehors de la classe, la correction ne doit suivre immédiatement la remise des copies. Pour être précise et vive, elle a besoin de s'appuyer sur la connaissance des devoirs : de la comparaison des fautes, le professeur tire partie pour associer à sa correction toute la classe. Qu'il corrige des devoirs ou des compositions, il n'oubliera pas que les fautes sont de valeur très inégale et ne sauraient être notées par le même chiffre inflexible. Il y a telle notation strictement arithmétique qui est moralement fausse. Pour établir les règles d'un classement vrai, pour graduer la notation d'une manière équitable, pour accorder enfin à l'intelligence cette sorte de coefficient qui n'est pas un privilège, mais un droit, il suffira aux professeurs élémentaires de se concerter chaque année, dans chaque lycée.

A leur tour, les professeurs des classes primaires, dont les rapports avec les classes élémentaires sont si étroits, auront à s'entendre avec leurs collègues, de façon que l'enseignement donné de la dixième à la sixième soit bien lié et bien gradué, le domaine de chaque professeur étant délimité aussi nettement que possible. Ceux qui dirigent les classes primaires prendront donc utilement leur part des instructions formulées ci-dessus et dont quelques-unes acquièrent même ici une force nouvelle : tels les principes de la prédominance des exercices oraux sur les exercices écrits, de l'importance attribuée à la récitation, à ces exercices modestes, lecture, écriture, dictée accentuée et ponctuée, qu'il serait périlleux de négliger pour des exercices plus relevés. C'est dans sa simplicité même que l'enseignement élémentaire et primaire de nos lycées puisera sa force. Etre simple à la fois et méthodique, c'est à ce conseil que tout se ramène; c'est le fond commun de toutes les instructions données à un personnel qui fait tout son devoir, mais le fera d'autant plus efficacement que ses efforts seront plus nettement orientés vers le même but.

CIRCULAIRE RELATIVE À L'ENSEIGNEMENT DE LA GÉOLOGIE.

(10 août 1898.)

Monsieur le Recteur, j'ai l'honneur de vous transmettre copie d'un arrêté que je viens de prendre, après avis du Conseil supérieur, et qui est relatif à l'enseignement de la géologie dans les classes de l'enseignement secondaire classique et de l'enseignement secondaire moderne.

Le rapport joint à cet arrêté expose les motifs et l'économie générale du projet.

Conformément au vœu émis par le Conseil, sur la proposition de sa

Commission, les leçons de paléontologie, prescrites pour les classes de philosophie et de première (sciences), pourront être enseignées en mathématiques élémentaires dans la limite du temps dont le professeur disposera.

Le Conseil a émis également le vœu qu'une composition de géologie, donnant lieu à des prix et accessits, soit faite en seconde classique et en troisième moderne.

Je vous prie de communiquer les documents ci-joints à MM. les proviseurs et principaux de votre ressort et de m'accuser réception de la présente circulaire.

RAPPORT PRÉSENTÉ AU CONSEIL SUPÉRIEUR SUR L'ENSEIGNEMENT DE LA GÉOLOGIE DANS LES CLASSES DE L'ENSEIGNEMENT SECONDAIRE CLASSIQUE ET DE L'ENSEIGNEMENT SECONDAIRE MODERNE.

(Juillet 1898.)

Messieurs, vous avez été sollicités, à plusieurs reprises, par les géologues les plus éminents, d'intervenir en faveur d'un enseignement entièrement sacrifié dans les plans d'études de l'enseignement secondaire. Malgré vos sympathies pour une science aussi attrayante que la géologie, vous avez hésité jusqu'ici à ajouter un nouveau fardeau à celui, déjà considérable, des connaissances inscrites dans nos programmes.

A la suite d'un vœu émis par un certain nombre de nos collègues, la Section permanente a établi un projet qui concilie les exigences de la culture générale et le désir, plusieurs fois exprimé, par les géologues.

Ce projet a été adopté à l'unanimité par votre Commission, et j'ai l'honneur de vous demander de l'accepter, sauf de très légères modifications de détail introduites en vue de simplifier les leçons ou de préciser leur caractère.

Voici l'économie générale du projet. Dans la classe de cinquième classique ou de cinquième moderne, l'enseignement de la géologie ne comprendra plus qu'un trimestre, du 1er octobre au 1er janvier, et sera consacré à l'examen des phénomènes géologiques actuels.

Par des descriptions toujours accompagnées de dessins ou de photographies, au moyen de pierres ou de fossiles mis entre les mains des élèves, ceux-ci acquerront la connaissance des modifications lentes mais continues du sol. L'histoire du torrent ou de la rivière, le récit de la promenade sur les côtes, de l'ascension des montagnes et des volcans présentés au moyen d'exemples choisis de préférence en France, prépareront l'enseignement ultérieur de la géographie.

Dans la classe de seconde classique ou de troisième moderne, le projet introduit 12 conférences d'une heure, spécialement employées à l'étude de la formation du sol. La revision des phénomènes actuels et leur comparaison avec les phénomènes anciens, permettra d'abord de faire connaître le mécanisme de la formation des terrains.

Une instruction placée en tête du programme proscrit rigoureusement les listes des fossiles ou des nombreux étages distingués dans chaque terrain. Le professeur choisira, dans chaque grande période, les faits dominants de son histoire, et par l'examen des êtres, par celui des dépôts les plus importants, il s'attachera à retracer la physionomie de chacune de ces périodes et à faire connaître l'état des continents.

C'est ainsi que, dans les temps primaires, il insistera sur la constitution du massif armoricain, du plateau central et des Vosges; sur l'origine et la formation de la houille, sur les éruptions de granite et de porphyres.

Dans les temps secondaires, il fera ressortir l'importance et la variété des reptiles qui pullulaient dans les mers ou sur les terres; il insistera sur l'existence des mers calmes baignant l'Armorique, le plateau central, les Vosges, qui ont formé les puissantes assises de calcaire, les récifs de polypiers, si répandus dans le Jura, la vallée de la Meuse.

Dans les temps tertiaires, caractérisés par l'extension des mammifères herbivores, l'attention de l'élève sera, en outre, attirée sur la poussée qui a fait surgir du sein des mers les massifs montagneux de l'Europe et de l'Asie; en France notamment, il assistera à la naissance des Alpes et des Pyrénées et à la formation consécutive du Jura.

Ces exemples suffisent pour vous montrer l'importance des conférences que nous vous proposons d'instituer, au point de vue de la culture générale.

Mais ces conférences ne porteraient aucun fruit si elles étaient dépourvues de tout caractère pratique. Non seulement le professeur devra utiliser en classe tous les matériaux : roches, fossiles, planches murales, etc.; mais il est indispensable qu'il conduise ses élèves sur le terrain; c'est dans la carrière voisine du lycée ou du collège, au bord de la rivière ou sur les coteaux environnants, qu'il résumera les leçons faites en classe. Votre Commission insiste tout spécialement sur la nécessité de ces promenades géologiques.

Dans la classe de philosophie enfin, 4 ou 5 leçons d'une heure, prises sur le temps normal de la classe, seront consacrées à des notions très sommaires de paléontologie. Tandis que dans la classe de seconde, on étudie surtout la formation du sol, les formes vivantes servant seulement à établir la chronologie des périodes; dans la classe de philosophie, le professeur reprend une à une les principales formes vivantes, il les compare de manière à mettre en relief les perfectionnements progressifs dus à l'adaptation.

Au moyen des données fournies par les travaux des savants de tous les pays, parmi lesquels les paléontologistes français tiennent une place prépondérante, il est possible, aujourd'hui, en se restreignant à quelques types bien connus, de donner aux élèves de philosophie des idées nettes sur l'évolution et de montrer que, dans la suite des temps, le transformisme règle la succession des êtres.

Le petit programme de paléontologie a été remanié par la Commission en vue de préciser le caractère des leçons qui seront données.

En adoptant ces propositions, vous aurez réalisé, sous une forme modeste, un enseignement concret, approprié à chaque âge des élèves. qui ouvre à leur esprit des horizons nouveaux et les invite à penser.

A la suite de la discussion, sur l'observation faite par un de ses membres, la Commission a émis le vœu que les notions de paléontologie puissent être aussi enseignées dans la classe de mathématiques élémentaires.

CHAPITRE VI.
RÉGIME INTÉRIEUR.

I. — EMPLOI DU TEMPS.

Lettre du Ministre de l'Instruction public au personnel des lycés et collèges.

(15 juillet 1890.)

(*Extrait.*)

II. — EMPLOI DU TEMPS. — ÉDUCATION PHYSIQUE.

. . . .

Pour assurer, sans nuire aux études, le développement normal des forces physiques de l'élève, depuis l'enfance jusqu'à l'adolescence, il a d'abord fallu déterminer avec précision, et pour chaque âge, le nombre d'heures qu'une hygiène bien entendue commande de donner au travail, au sommeil, aux repas, aux récréations. Il est déraisonnable d'imposer à des enfants de dix ou douze ans la même somme de travail sédentaire qu'à des jeunes gens de seize ou dix-huit ans et de soumettre à un régime uniforme tous les élèves d'un même lycée, en exigeant que tous, quel que soit leur âge, se lèvent, aillent en étude ou en classe, mangent, travaillent, jouent et se couchent en même temps. Le Conseil supérieur a introduit dans le règlement la diversité nécessaire; il a fixé, pour chaque catégorie d'élèves et d'exercices, des limites qui devront être rigoureusement respectées. La nature ne doit pas se plier aux commodités du régime intérieur; c'est ce régime qui doit être établi d'après les indications et les exigences de la nature. D'autre part, la distribution uniforme de ces divers exercices dans tous les établissements secondaires n'est pas davantage une nécessité. Cette distribution peut varier, jusqu'à un certain point, suivant les climats et les régions, les habitudes locales, les besoins et les ressources des divers établissements.

Dans les propositions qu'ils auront à soumettre à MM. les recteurs au

45.

sujet de l'emploi du temps, MM. les proviseurs et principaux sont donc invités, d'une part, à se conformer rigoureusement aux prescriptions limitatives du règlement, et, d'autre part, à user au mieux des intérêts de tous de la latitude nouvelle qu'il leur laisse. Nulle difficulté d'ailleurs pour les heures de sommeil et de repas. Il n'en sera peut-être pas de même pour les heures de classe et de récréation. Mais on cherchera, on s'ingéniera : la nécessité fera trouver les moyens de résoudre le problème.

Il serait inutile, il serait même funeste d'avoir augmenté le nombre et la durée des récréations, si l'inertie et l'oisiveté n'en étaient bannies avec la même rigueur que des études et des classes.

Les jeux et les exercices de force ou d'adresse sont, pour le jeune âge, une condition absolue de santé morale non moins que de vigueur physique. A ce double titre, nous devons les encourager par tous les moyens. J'ai lieu de croire qu'aujourd'hui tous les chefs d'établissement et tous les maîtres sont convaincus de cette nécessité. Il ne leur est pas permis de professer ni d'entretenir en eux, à l'égard des exercices physiques, cette espèce d'indifférence que nous reprochons à leurs élèves. En dédaignant les jeux de leur âge, nos élèves ne savent pas quel tort ils se font à eux-mêmes. Mais nous devons le savoir pour eux. Nous n'avons pas le droit d'oublier que des jeunes gens dont le corps, l'esprit et la volonté se forment ne peuvent pas plus se passer de libre et heureuse activité que d'air et de soleil pour compenser l'effort précoce qu'on leur demande. Nous devons nous rendre compte que, dans tout établissement où les récréations actives ont cessé, la tristesse et l'ennui s'établissent bientôt à demeure et qu'un pareil milieu, intolérable même pour un homme fait, est réellement accablant et pernicieux pour la jeunesse.

Il y a quelque chose de malade ou qui va l'être dans une jeunesse qui ne joue pas. Qu'on sache, à cet égard, voir par delà les apparences et se tenir en garde contre une trompeuse sécurité. Les manquements à la discipline, graves ou même véniels, ne risquent guère, par leur nature même, d'échapper à la vigilance des maîtres. Mais qu'on se défie du mal qui va son chemin d'autant plus sûrement qu'il s'opère insensiblement et sous le couvert même de la discipline et du bon ordre. Dans une cour où le temps des récréations se passe régulièrement en promenades à pas comptés et en causeries monotones, un surveillant même très attentif ne trouve peut-être rien à reprendre. Ce calme même a cependant tout sujet de nous inquiéter et il est par lui-même un grave symptôme, si l'on songe que dans ce désœuvrement prolongé le corps peu à peu s'anémie et s'étiole et que, dans l'ennui qui en est la suite, les caractères finissent par s'aigrir et s'énerver. En pédagogie, non moins qu'en économie politique, « ce qu'on ne voit pas » a souvent des effets aussi graves que « ce qu'on voit ».

Défions-nous aussi des préoccupations utilitaires prématurées ou trop exclusives. Dans l'antiquité, l'éducation tout entière n'était qu'un jeu. Les temps sont plus durs aujourd'hui pour la jeunesse. De bonne heure le souci légitime de son avenir, l'inquiétude du succès doublent pour elle le poids du travail. Aidons-la à secouer de temps en temps ce lourd fardeau. Prolongeons pour elle la période heureuse et féconde du désintéressement. Prenons garde qu'en dédaignant les exercices du corps comme inutiles elle ne s'achemine bientôt à dédaigner tout ce qui ne lui apparaît pas comme positivement utile dans les exercices de l'esprit.

Ce n'est donc pas seulement un caprice d'opinion et une mode, c'est une pédagogie mieux informée et plus attentive à tous les besoins de la jeunesse qui impose à l'Université ce souci des exercices physiques. Aussi les chefs d'établissement ne croiront pas avoir fait tout leur devoir, si après quelques essais malheureux d'entraînement ils s'arrêtent et se découragent. Je sais la difficulté de la tâche. C'est pourquoi je suis tout disposé à faire crédit à nos proviseurs et à nos principaux sur le temps et sur les moyens, à tenir compte de tous leurs efforts, à leur savoir gré des moindres succès. Mais le mal à combattre et le bien à faire sont à mes yeux trop grands et trop bien démontrés pour que, en aucun cas, je puisse admettre l'inaction indifférente ou le découragement résigné.

Comme je demande aux chefs d'établissement d'encourager les jeux par tous les moyens, je verrais aussi avec satisfaction nos jeunes maîtres se mêler aux divertissements des élèves, les diriger même discrètement au besoin. Je veux qu'ils sachent qu'il y a autant de mérite à organiser une récréation qu'à assurer la discipline dans une étude. Qu'ils ne craignent pas, d'ailleurs, de voir ainsi leur autorité diminuée : les enfants leur sauront gré de s'intéresser à leurs plaisirs comme à leurs travaux.

Les promenades ne sont pas moins importantes que les récréations. Après une demi-semaine de réclusion au lycée, les élèves ont besoin d'espace et de grand air. Les proviseurs veilleront à ce que le temps de la promenade soit employé en grande partie à des marches assez longues pour élargir les poitrines, fortifier les muscles et former à l'avance le futur soldat. L'armée victorieuse est presque toujours celle qui marche le mieux. Cette seule pensée devrait assurer le succès des longues promenades. Pour que ces marches soient une fatigue sans être une corvée, on y intéressera les élèves en variant l'itinéraire, en les appelant parfois à le tracer eux-mêmes, en leur signalant un but à atteindre, en excitant leur amour-propre, en ranimant par d'adroites innovations l'ardeur qui menacerait de s'éteindre. De loin en loin il sera bon de permettre une excursion en chemin de fer, la visite d'une usine, d'un monument, d'une ville voisine; on se rappellera que tout ce qui renouvelle l'imagination, tout ce qui entretient la confiance et la bonne humeur, profite à la santé morale autant qu'à celle du corps. Le profit serait plus grand encore si les professeurs consentaient parfois à accompagner leurs élèves : ce qu'ils auraient dépensé de temps et de peine leur serait rendu en affection et en reconnaissance. Je sais que bon nombre ont devancé cette invitation. Je les en remercie et les propose comme exemple à leurs collègues.

En dehors de tous ces exercices, qui auront pour résultat certain d'endurcir les corps et d'assainir les âmes, qu'on ne dédaigne pas d'accorder une attention particulière à tout ce qui concerne la bonne tenue et la propreté. La propreté est déjà une vertu; elle implique le respect de soi-même et des autres. Celui qui, dès l'enfance, aura appris par une longue habitude cette propreté régulière et simple qui exige une continuelle surveillance de soi-même sera en voie de progrès moral. Le souci d'une correction extérieure obtenue par de nombreux efforts passera insensiblement de la tenue au langage et du langage à la pensée et aux mœurs elles-mêmes. Dans les jeux, les exercices gymnastiques, les soins réguliers du corps et de la tenue, il y a ainsi pour la pensée, la volonté et le sentiment comme une discipline naturelle, dont les effets vont plus loin qu'on ne croit, et qui permet de faire bien des économies sur la discipline répressive des règlements et des punitions. L'éducation physique, soigneusement entretenue parmi la jeunesse, est la meilleure alliée de l'éducation morale.

CIRCULAIRE AUX PROVISEURS SUR L'ENSEIGNEMENT SECONDAIRE.

(27 septembre 1872.)

Extrait relatif aux réunions périodiques des professeurs.

. . . .

Il sera nécessaire aux professeurs de se concerter, soit pour l'application des mesures que je viens de rappeler, soit, pour l'étude des plans de réforme que vous me transmettrez, en leur nom à la fin de l'année scolaire. En conséquence, vous les réunirez tous, une fois par mois, sous votre présidence. Le nombre des maîtres étant trop considérable dans la plupart des lycées pour que les questions puissent être utilement débattues, dans une réunion commune, vous recevrez successivement les professeurs de sciences et les professeurs de lettres ; vous pourrez même, d'accord avec M. le recteur, diviser en plusieurs groupes les professeurs de lettres et d'humanités. Il sera tenu de chaque séance un procès-verbal, qui devra être lu et approuvé à la séance suivante, et signé de vous et du secrétaire de l'assemblée. Le secrétaire sera élu, au commencement de la première séance, pour la durée d'un an, à la majorité relative des membres présents. En votre absence, le censeur présidera.

Les procès-verbaux resteront déposés dans la salle du conseil et pourront être consultés par tous les professeurs du lycée, par les inspecteurs généraux, le recteur et les inspecteurs de l'Académie.

. . . .

CIRCULAIRE RELATIVE AUX ASSEMBLÉES DE PROFESSEURS.

(13 octobre 1881.)

Monsieur le Recteur, les réunions mensuelles des professeurs de l'enseignement secondaire, instituées par la circulaire du 27 septembre 1872, sont, pour des causes diverses, rapidement tombées en désuétude. Le moment me semble venu de reprendre une expérience dont le succès est assuré, si ces assemblées se renferment dans les attributions purement pédagogiques qui leur avaient été primitivement assignées.

Dans cet ordre d'idées, la matière ne manquera pas à leur activité.

. . . .

Je ne doute pas qu'un certain nombre de professeurs ne tiennent à honneur de préparer à loisir, soit sur l'ensemble, soit sur un point particulier de nos études, des mémoires qui, émanant d'hommes pratiques et compétents, se recommanderont d'une façon toute spéciale à l'attention de l'administration supérieure. Ces mémoires, après avoir été discutés en assemblée générale, me seront transmis par vous, avec les conclusions qui auront été adoptées.

Dans les établissements où le nombre des professeurs est très considérable, MM. les proviseurs pourront, après avoir pris votre avis, réunir séparément ceux qui appartiennent à l'enseignement scientifique et ceux de l'ordre des lettres. Mais des assemblées plénières n'en devront pas moins être tenues à des époques fixes, afin de discuter les questions d'ordre général et d'intérêt commun, et de maintenir l'unité et l'esprit d'ensemble qui caractérisent essentiellement notre enseignement secondaire.

Je vous prie de transmettre ces instructions à MM. les chefs des établissements d'enseignement secondaire et de veiller à leur exécution.

EXTRAIT DE LA CIRCULAIRE RELATIVE AUX PROCÈS-VERBAUX DES ASSEMBLÉES DE PROFESSEURS.

(27 février 1894.)

. . . .

Monsieur le Recteur, je vous signale également la réponse faite au vœu demandant que MM. les recteurs et inspecteurs d'académie fussent invités à n'accepter des procès-verbaux des assemblées de professeurs que des copies complètes, portant comme garantie la signature du secrétaire de l'assemblée. J'ai décidé, conformément à l'avis de la Section permanente, que les copies intégrales de ces procès-verbaux devraient être transmises à l'autorité académique, sans qu'il soit d'ailleurs nécessaire, pour garantir l'exactitude de ces copies, d'une autre signature que celle du chef de l'établissement.

CIRCULAIRE RELATIVE À LA PARTICIPATION DES PROFESSEURS
À LA DIRECTION DE L'ENSEIGNEMENT.

(19 juillet 1898.)

Monsieur le Recteur, j'ai l'honneur de vous transmettre, à titre de renseignement, copie d'une lettre que mon prédécesseur a adressée, le 27 juin dernier, à M. le recteur de l'Académie d'Aix, en réponse à un vœu émis par le Conseil académique.

Dans sa session de novembre dernier, le Conseil académique d'Aix a émis le vœu :

« Qu'un règlement fixât les conditions dans lesquelles les professeurs doivent être associés à la direction générale de l'enseignement dans chaque établissement;

« Que ce règlement, si l'on renonce à rendre obligatoire la reconstitution du Conseil d'enseignement, reconnût, pour la convocation des réunions destinées à remplacer ce conseil, un droit d'initiative des professeurs à côté de celui du chef de l'établissement. »

Dans les conditions actuelles, la direction générale de l'enseignement est fixée par les règlements relatifs aux études et par les programmes des classes, des examens et des concours. C'est au chef de l'établissement qu'il appartient de s'assurer si la direction effective des études est conforme à ces règlements et à ces programmes.

D'autre part, pour les questions d'ordre général qui peuvent se présenter, l'assemblée des professeurs est appelée à donner son avis.

Pour les questions qui regardent plus particulièrement telle ou telle division (élémentaire, de grammaire ou supérieure), telle ou telle classe, ou pour celles qui concernent les diverses matières d'enseignement (grammaire, langues vivantes, mathématiques, etc.), les professeurs spécialement intéressés doivent se concerter pour assurer, par leur entente, la juste répartition du travail, la continuité des méthodes, etc.

Il est également désirable qu'à certaines époques de l'année, tous les professeurs d'une même classe se réunissent pour s'entretenir de l'état de la classe, du travail et des progrès des élèves.

Il est loisible aux professeurs de provoquer la convocation de l'assemblée ainsi que de ces diverses réunions. Mais il doit être entendu que le chef de l'établissement seul arrête l'ordre du jour, que les questions à traiter doivent lui être soumises quelques jours au moins à l'avance et qu'aucune question ne figurant pas à l'ordre du jour ne peut être introduite en séance.

Dans les cas douteux, le chef de l'établissement doit en référer au recteur.

ARRÊTÉ RELATIF À L'EMPLOI DU TEMPS DANS LES LYCÉES (DIVISION ÉLÉMENTAIRE).

(12 juin 1890.)

I. Durée du travail sédentaire.

ARTICLE 1er. Dans les lycées et collèges, le maximum des heures de travail sédentaire (classes et études, y compris le dessin) est fixé à six heures pour les classes primaires et dans la division élémentaire; à huit heures dans la division de grammaire; à dix heures et demie en été et à dix heures en hiver dans la division supérieure (non compris les cours préparatoires aux écoles du Gouvernement).

III. Emploi de la journée.

. . . .

ART. 7. *Dispositions générales.* — Le lever aura lieu au plus tard, pour les divisions élémentaire et de grammaire, à 6 heures et demie; pour la division supérieure, à 6 heures en hiver, à 5 heures et demie en été.

Une demi-heure sera accordée pour les soins de la toilette; quelques minutes prises sur cette demi-heure pourront, dans la belle saison, être consacrées à une courte récréation dans la cour.

ART. 8. La veillée facultative est supprimée. Elle pourra être temporairement rétablie dans les hautes classes à l'approche des concours et examens.

ART. 9. La durée de l'étude du soir sera de deux heures dans

les classes de grammaire, de deux heures et demie en troisième
et en seconde; de trois heures en rhétorique et en philosophie.

Dans les divisions élémentaires et dans celles de sixième et de
cinquième, cette étude sera coupée au milieu par quelques minutes
de repos et de libre conversation.

Art. 10. L'entrée en classe pourra avoir lieu le matin, soit
à 8 heures, soit à 8 heures et demie.

Une demi-heure sera consacrée aux deux principaux repas.

Le dîner aura lieu soit à 11 heures et demie, soit à midi.

. . . .

Art. 12. Le temps nécessaire pour les mouvements ne sera
pris sur celui des classes que lorsque celles-ci auront une durée de
deux heures. Pour toutes les classes d'une heure et demie, le temps
des mouvements sera pris sur les récréations, sauf les récréations
d'un quart d'heure. Dans ce dernier cas, il sera pris sur l'étude.

Art. 13. *Disposition particulière.* — La distribution des heures
de classe, d'étude et de récréation dans la journée sera déterminée,
dans ces limites et sous ces conditions générales, par le recteur,
sur la proposition des chefs d'établissements et après avis de
l'assemblée des professeurs.

———

CIRCULAIRE RELATIVE À L'EMPLOI DU TEMPS, À L'ÉDUCATION PHYSIQUE ET À L'HYGIÈNE.

(7 juillet 1890.)

———

Monsieur le Recteur, dans les rapports que vous avez adressés à mon
Administration, en réponse aux circulaires des 8 mars et 4 septembre 1888,
vous étiez d'accord avec tous vos collègues pour déclarer insuffisante la
part réservée jusqu'ici à la vie physique dans le régime de nos établissements d'instruction secondaire. La Commission instituée par l'arrêté
du 12 juillet 1888 et, après elle, le Conseil supérieur de l'instruction
publique n'ont pas hésité à partager votre manière de voir.

Ils ont pensé qu'en acceptant la charge des internats, l'Université s'est
imposé l'obligation de pourvoir à l'éducation physique des jeunes gens qui
lui sont confiés, comme à leur éducation morale et intellectuelle. Aussi
bien, la culture du corps est en relation étroite avec celle du cœur et de
l'esprit. On a dit, non sans raison, que «la base naturelle, la première

garantie d'une bonne éducation morale, c'est une saine et virile éducation physique »[1]. Les exercices corporels ne servent pas seulement à accroître la force musculaire, à entretenir la santé; ils peuvent être « de véritables leçons pratiques de moralité et de virilité »; ils ont une valeur pédagogique, une vertu éducatrice incontestables. On ne saurait, d'ailleurs, contester leur utilité pour les études elles-mêmes : tout travail intellectuel exige un effort; l'effort impose une fatigue; la fatigue sera moindre si le corps est vigoureux et dispos.

La première mesure à prendre, pour faire à l'éducation physique la place à laquelle elle a droit, devait consister à alléger les programmes; le plan d'études de 1880 avait déjà été réduit en 1885; de nouvelles réductions ont été opérées; l'arrêté du 28 janvier 1890 les a consacrées.

Réduction du travail sédentaire. — Dès lors, il devenait possible de diminuer la durée quotidienne du travail et d'établir une proportion rationnelle entre l'activité intellectuelle et l'activité physique, en tenant compte de l'âge des enfants. c'est-à-dire de leur force plus ou moins grande de résistance.

Conformément à l'avis émis par le Conseil supérieur, j'ai fixé le maximum des heures de travail sédentaire à six heures dans les classes primaires et la division élémentaire; à huit heures dans la division de grammaire; à dix heures et demie en été et à dix heures en hiver dans la division supérieure.

La même réduction s'applique aux classes correspondantes de l'enseignement spécial. Je regrette qu'il ne soit pas possible de l'étendre dès maintenant aux cours qui préparent aux écoles du Gouvernement (École normale supérieure, polytechnique, spéciale militaire, centrale, etc.); mais avant d'apporter un changement à la situation actuelle il convient d'attendre que les programmes des concours d'admission à ces écoles aient été modifiés.

J'insiste sur ce fait que la limite indiquée pour chaque catégorie d'élèves est un maximum et qu'elle ne devrait par conséquent jamais être dépassée. De l'avis des hommes compétents, elle représente ou peut-être excède déjà la somme de travail utile que peuvent fournir des enfants et des adolescents; aller au delà, c'est s'exposer à compromettre leur santé et leur développement physique, sans profit pour les études.

Le temps affecté au travail sédentaire comprend, indépendamment des études et des classes, le dessin, les conférences, les interrogations, les

[1] Les citations dont l'origine n'est pas indiquée sont tirées des procès-verbaux ou des rapports de la commission pour l'étude des améliorations à introduire dans le régime des établissements d'enseignement secondaire.

compositions, en un mot, tous les exercices scolaires qui exigent l'immobilité, le silence et une application intellectuelle suivie.

La journée moyenne de l'écolier variant entre quatorze et seize heures, le reste du temps sera consacré aux exercices physiques, aux récréations, aux repas, etc.

Les cours de chant, les leçons d'arts d'agrément et de gymnastique se donneront à l'avenir pendant la récréation, et non pendant les études.

C'est à vous qu'il appartient, Monsieur le Recteur, de déterminer, sur la proposition des chefs d'établissement et après avis de l'assemblée des professeurs, la distribution des heures de classe, d'étude et de récréation. Le Conseil supérieur n'a pas voulu la fixer lui-même. Il a admis que le principe de l'uniformité absolue dans le régime de tous les lycées et collèges ne répondait à aucune nécessité; que la règle pouvait varier, entre certaines limites, suivant les climats et les régions, les habitudes locales, suivant les besoins et les ressources des divers établissements; il a pensé qu'étant placé sur les lieux, vous étiez, mieux que personne, à même de juger des moyens pratiques à employer pour assurer le succès de la réforme et qu'il était sage de s'en remettre, pour le règlement de toutes les questions de détail, à votre initiative éclairée et à votre connaissance des hommes et des choses de votre académie.

La réforme sera appliquée à partir de la rentrée des classes d'octobre prochain. Je vous prie de saisir dès maintenant de cette question de l'emploi du temps MM. les proviseurs et principaux de votre ressort et de les inviter à vous soumettre sans retard leurs propositions.

En leur faisant connaître les limites et les conditions générales établies par les votes du Conseil supérieur, vous voudrez bien appeler leur attention sur la nécessité d'organiser le service de telle sorte que les maîtres répétiteurs conservent intégralement les heures de liberté qui leur sont garanties par le décret du 8 janvier 1887 et que les élèves externes puissent rester au lycée, les jours de classe, le même nombre d'heures que par le passé.

Régime des classes. — Cette double condition ne me paraît pas aussi difficile à réaliser qu'on pourrait le croire tout d'abord : le régime des classes n'est pas modifié profondément.

L'entrée en classe pourra avoir lieu le matin, soit à 8 heures, soit à 8 heures et demie.

La classe de la matinée du jeudi restera supprimée en principe; elle ne pourra être rétablie que dans les conditions prévues par la circulaire du 13 septembre 1884.

Dans les divisions primaire et élémentaire, les classes seront de deux heures. Il n'y avait pas lieu d'en abréger la durée. Pour des élèves aussi jeunes, le contact presque continuel avec le professeur est presque indispensable; il s'agit d'ouvrir leur esprit, de les initier aux éléments de toutes choses, et tout d'abord aux méthodes mêmes du travail: c'est en travaillant sous l'œil et avec la collabortaion de leurs maîtres que peu à peu ils prennent le goût et apprennent les moyens de travailler seuls.

Dans ces deux divisions, les classes seront toujours coupées par une récréation d'un quart d'heure; cette récréation se prendra dans la cour, sous la surveillance des professeurs. On profitera de l'absence des élèves pour aérer les locaux [1].

. . . .

Études. — C'est principalement sur les études que portera la réduction du travail sédentaire.

Dans les divisions primaire et élémentaire, il ne peut en résulter aucun inconvénient. Dans les autres divisions, où le travail personnel de l'élève a plus d'importance, le temps réservé chaque jour à l'étude paraît devoir répondre d'une manière suffisante aux besoins de l'enseignement, tout en étant assez réduit pour ne pas dépasser les limites imposées par l'hygiène. Il variera, dans la division de grammaire, entre quatre et cinq heures : dans la division supérieure, entre cinq et six heures environ.

Il est, sans doute, de toute nécessité que ces heures soient bien remplies, d'autant mieux remplies qu'elles seront plus courtes; mais il convient aussi de veiller à ce que le travail donné à l'élève soit proportionné aussi exactement que possible au temps dont il aura à disposer. Des abus commis sous ce rapport avaient été signalés, il y a plusieurs années. Je sais que la situation s'est beaucoup améliorée depuis; cependant quelques plaintes me sont encore parvenues. « Autrefois, disait la circulaire du 4 novembre 1882, un même professeur était chargé de tout l'enseignement littéraire, historique, scientifique, dans les classes de grammaire. Il lui était facile de coordonner les diverses parties de son cours et de mesurer le travail total à la force moyenne de ses élèves. Aujourd'hui les responsabilités sont partagées; mais il en résulte presque nécessairement que chacun des maîtres, préoccupé des résultats à obtenir, force en quelque sorte la note et contribue par ses exigences personnelles, par son zèle, si l'on veut, à détruire l'équilibre. » Ces excès de zèle peuvent être attribués le plus souvent à un défaut d'entente entre les professeurs de la même classe; il semble donc facile d'y remédier : il suffira de provoquer des réunions dans lesquelles la question sera réglée à l'amiable par les intéressés, sous le contrôle du proviseur ou du censeur. Le temps de l'étude devra

[1] Pour la répartition du temps consacré à l'enseignement dans la division de grammaire et la division supérieure, voir arrêté du 20 juillet 1897, p. 305.

être partagé entre les différents enseignements, suivant l'importance et les besoins de chacun.

J'ajouterai que, même dans l'intérêt des progrès des élèves, il importe que les devoirs ne soient ni trop longs ni trop difficiles. « C'est une grave erreur pédagogique de croire que la difficulté provoque toujours l'effort. Si elle est trop rude, elle le décourage... Un élève même médiocrement laborieux fait volontiers un devoir qui lui semble facile. Cette facilité l'attire et le séduit; il goûte un vrai plaisir intellectuel à comprendre son texte; il est fier d'ailleurs de se sentir au-dessus de sa tâche; il apprend ainsi, à son insu, à s'estimer davantage lui-même, et à aimer le travail. »

D'un autre côté, en mesurant le travail de l'étude à la force moyenne de la classe, on donnera à tous les élèves la possibilité de se livrer à la lecture. Cet exercice bien dirigé est le complément le plus utile de l'enseignement du maître.

La circulaire du 27 septembre 1872 l'avait vivement recommandé; celle du 4 novembre 1882 insiste sur les avantages qu'il offre dans les termes suivants : « On n'apprend à penser soi-même que par l'étude de ce qu'ont pensé ceux qui ont été, à toutes les époques, les guides et les initiateurs du genre humain. Qu'on fasse donc une place aux lectures régulières, suivies, de nos bons auteurs; que les maîtres témoignent de l'importance qu'ils y attachent en interrogeant de temps à autre leurs élèves sur ce qu'ils ont lu aux heures de repos ou de loisir, en redressant les idées fausses qu'ils peuvent s'être formées. Ainsi encouragé et dirigé, cet exercice ne tardera pas à reprendre faveur et à porter d'excellents fruits. »

Les études du dimanche soir et du jeudi soir seront, suivant un usage qui existe déjà depuis longtemps, consacrées à la lecture, à la correspondance personnelle et au travail libre.

Les autres jours, la durée de l'étude du soir sera de deux heures dans les classes de grammaire, de deux heures et demie en troisième et en seconde, de trois heures en rhétorique et en philosophie. Dans la division élémentaire et dans celles de sixième et de cinquième, cette étude sera coupée au milieu par quelques minutes de repos et de libre conversation. Les élèves ne sortiront pas de la salle, mais ils pourront quitter leurs places. On aura soin d'ouvrir les fenêtres pendant quelques instants pour aérer la pièce; la même précaution devra être prise dans les études des grands; la température ne devrait jamais y dépasser 15 à 16 degrés centigrades.

Si les études de la journée sont sérieusement et intelligemment employées, il semble que l'utilité des veillées soit fort contestable; au point de vue hygiénique, leurs inconvénients sont réels. Pour l'immense majorité des jeunes gens, il vaut mieux se coucher de bonne heure et se lever de même; le travail du matin est généralement moins pénible et plus fécond. Cependant, le Conseil supérieur n'a pas pensé qu'il y eût lieu d'interdire absolument les veillées; il a été d'avis de les tolérer dans les hautes classes, à titre temporaire, et à l'approche des examens et concours.

J'ai décidé, en conséquence, qu'elles seront interdites dans toutes les classes inférieures à la rhétorique et à la 6e année d'enseignement spécial; que, dans ces dernières classes, elles auront lieu seulement pendant le second semestre de l'année scolaire et à raison de trois par semaine, de façon qu'elles soient toujours séparées par un intervalle d'une journée. Il me paraît, en outre, indispensable qu'elles ne suivent pas immédiatement le repas; la digestion et le sommeil ne pourraient que s'en ressentir d'une manière fâcheuse.

Récréations. Jeux. — Les récréations tiendront à l'avenir une large place dans la vie scolaire [1].

Pour qu'elles soient activement employées, mieux vaut assigner à chacune une certaine durée que de les multiplier. Lorsqu'elles sont trop courtes, les enfants hésitent à se mettre à jouer, à commencer une partie qu'ils craignent d'être obligés d'interrompre au moment où elle deviendra le plus attrayante. Pour toutes les récréations qui n'ont pas simplement pour objet de couper par un moment de détente une classe ou une étude trop longue, une demi-heure me paraît être un minimum. Il serait désirable que la récréation principale eût lieu après le dîner et qu'elle durât, sauf dans certains cas particuliers, au moins une heure et demie, de manière à séparer, par un temps de repos assez long, les exercices scolaires de la journée. Si les cours sont trop étroites, on conduira, quand la situation de l'établissement s'y prêtera, les élèves au dehors, dans la campagne autant que possible. Il va de soi que, pour les sorties de ce genre, la tenue d'uniforme ne serait pas obligatoire. J'aime à penser qu'avec le bienveil-

---

[1] Une circulaire du vice-recteur de l'Académie de Paris, en date du 18 janvier 1899, a communiqué à MM. les proviseurs le règlement suivant, approuvé par le Ministre, relativement aux leçons de musique instrumentale dans les lycées du département de la Seine :

«Art. 1er. Les leçons de musique instrumentale seront données aux pensionnaires pendant les récréations, et, en outre, s'il y a lieu, pendant les études libres du jeudi et du dimanche, ou encore, sur une autorisation spéciale du proviseur ou directeur, pendant certaines études des jours de classe. Elles pourront toujours être données aux externes et aux demi-pensionnaires pendant les heures d'études, avec l'assentiment du directeur ou proviseur.

«Art. 2. Chaque leçon durera une demi-heure, le professeur ne devra prendre qu'un élève pour chaque leçon.

«Art. 3. Le nombre maximum qu'un professeur pourra être autorisé à donner, soit dans un seul, soit dans plusieurs établissements, est fixé à une moyenne de 40 par semaine, soit 20 heures par semaine. »

lant concours des municipalités, il sera facile de se procurer sans frais, partout où la nécessité s'en fera sentir, des emplacements favorables.

Sur ce point, comme sur tous ceux qui touchent à l'éducation physique des élèves, j'attends beaucoup de l'initiative, du tact et de la bonne volonté de MM. les proviseurs et principaux, et les résultats encourageants déjà obtenus par plusieurs d'entre eux m'autorisent à y avoir pleine confiance. Sans doute, ces améliorations que nous vous proposons d'introduire dans le régime de nos établissements ne pourront être réalisées sans quelques dépenses; l'installation matérielle d'un certain nombre d'entre eux aura besoin d'être modifiée; il y aura à pourvoir à des aménagements nouveaux, à diverses acquisitions. En attendant que le Parlement vote pour cet objet des crédits si nécessaires, il est certain que les administrations locales auront à s'ingénier pour tirer le meilleur parti des éléments qu'elles ont actuellement à leur disposition.

En ce qui concerne particulièrement la question de l'organisation des exercices physiques libres (jeux, travaux manuels, jardinage, etc.), on aura quelquefois la ressource de s'adresser non seulement aux municipalités, mais aux associations amicales d'anciens élèves, aux sociétés de sport existant dans la région, à des personnages influents dont on connaîtra le dévouement à la cause de l'éducation.

Il est reconnu que l'enfant, aussi bien que l'homme, porte l'intérêt le plus actif à tout ce qui est son œuvre propre, aux entreprises, aux plaisirs pour lesquels il a dépensé quelque effort et fait quelque sacrifice : c'est ainsi que l'élève use plus volontiers et avec plus de ménagement des livres qui sont à lui que de ceux que l'Administration met pour un temps à sa disposition. Pour la même raison, alors même que les principaux frais des jeux scolaires seraient faits par d'autres, il serait encore sage d'inviter les élèves à y participer dans une proportion si modeste qu'on voudra, ne serait-ce que pour rendre, par le sentiment d'un certain droit de propriété, l'usage des instruments de jeu moins banal et plus réservé.

On pourrait craindre peut-être que l'organisation des sociétés donnât lieu à des divisions ou tout au moins à des distinctions fâcheuses entre les élèves et ne provoquât des sentiments de tristesse ou d'envie chez ceux qui n'en feraient pas partie. Mais à ce compte, il faudrait interdire dans nos lycées toutes les leçons particulières, et tout d'abord les leçons d'escrime et d'équitation. D'ailleurs, en ce qui concerne les jeux, l'objection n'a guère de raison d'être si la cotisation est mise à un taux assez bas pour être à la portée de toutes les bourses. Il va de soi qu'elle doit être égale pour tous.

D'autre part, si les associations de jeux suscitent par accident quelques difficultés disciplinaires, dont une surveillance vigilante, quoique réservée, viendra aisément à bout, plus ordinairement, on peut l'espérer, elles contribueront, par la saine occupation qu'elles donneront au corps et à l'imagination, à prévenir ou à dissiper tout mauvais esprit; peut-être même, ne pouvant se passer, non plus qu'aucune société, d'obéissance et de direction, elles feront sentir à plus d'un, mieux que bien des punitions et bien des retenues, la nécessité de la règle.

On pourra enfin examiner si un appel discret aux parents aurait des chances d'être entendu.

Grâce aux efforts d'une propagande aussi intelligente que dévouée, l'opinion publique s'est prononcée énergiquement en faveur de l'œuvre de la régénération physique de la jeunesse; il est permis de supposer que, parmi les familles, il en est qui consentiraient volontiers à quelques sacrifices pour seconder ceux que l'État s'impose dans l'intérêt de la santé morale et physique de leurs enfants.

Promenades. — Les promenades seront obligatoires, sauf dispense du médecin, pour tous les élèves sans exception. Les retenues de promenades ont été supprimées; ce n'est pas pour que certains élèves les rétablissent à leur usage.

Les promenades auront lieu, comme précédemment, deux fois par semaine, le jeudi et le dimanche. Dans certaines académies, on en a organisé une troisième le mardi; cet usage peut être maintenu partout où il a réussi, sous la réserve qu'il n'en résultera aucune diminution des heures de travail de la semaine : la classe du mardi soir sera, en ce cas, reportée au jeudi matin.

Un exercice physique que n'accompagne pas et n'anime pas le plaisir perd la moitié de sa vertu. Pour rendre la promenade attrayante, il ne faut pas trop compter sur les distractions et les agréments qu'on peut accidentellement y associer. Quelquefois, sans doute, on pourra, pendant la promenade, «faire de l'herborisation, visiter un vieux château, des ruines importantes, un ancien champ de bataille, une collection d'objets d'art, une usine, etc. »; mais les ressources de ce genre sont en somme assez vite épuisées. Le plus sûr et le plus facile est encore de demander à la promenade le genre d'agrément qu'elle offre naturellement, à savoir l'occasion de belles parties de jeu ou le plaisir de la marche elle-même. Mettons en honneur l'activité physique et donnons-en le goût et le besoin à nos élèves; dès lors, une marche de 10 à 15 kilomètres, par un beau jour, dans un beau pays, sera pour une division sagement entraînée un vrai plaisir et un vrai profit.

Indépendamment des promenades ordinaires, je verrais avec plaisir que, pendant la belle saison, on autorisât de temps en temps de grandes excursions qui demanderaient la journée entière, dont les écoliers se réjouiraient à l'avance et garderaient ensuite un bon souvenir. Cette institution a donné de bons résultats dans plusieurs académies; elle mérite d'être encouragée [1].

[1] «Depuis deux ou trois ans, m'écrit un recteur, ces excursions deviennent de plus en plus nombreuses dans mon académie, où j'ai trouvé chez presque tous les proviseurs, principaux, directeurs d'écoles normales, un concours dont je tiens à les remercier ici. D'ordinaire, pour simplifier, le lycée tout entier prend part à la même excursion; les petits s'acheminent au rendez-vous par la route la plus courte (12 ou 15 kilomètres environ, aller et retour), les moyens par un itinéraire un peu plus long, et les grands de même. Les instituteurs prêtent avec une bonne grâce parfaite leur maison d'école pour le dépôt des provisions et les préparatifs des repas. Les chefs de l'Administration s'y rendent de leur côté, et j'ai vu avec plaisir tel d'entre eux se joindre à une colonne de marche pour donner l'exemple. Ce sont là d'heureux symptômes d'un esprit nouveau.... Un progrès inappréciable serait accompli le jour où les professeurs accepteraient d'accompagner les élèves dans les excursions.... Soit en marchant au milieu des élèves, soit en les retrouvant au rendez-vous, tel pourrait leur montrer et expliquer une ruine historique ou leur apprendre à faire un levé de topographie; tel autre leur donnerait son cours d'histoire naturelle (botanique, géologie, etc.), au hasard des rencontres du chemin; et surtout, alors même que le professeur préférerait ne pas enseigner en ce jour de fête, sa conversation élevée et sérieuse, sa présence même au milieu des écoliers ne seraient-elles pas le plus sympathique de tous les enseignements?» Ce progrès si désirable est accompli dès aujourd'hui dans un certain nombre de lycées et de collèges. La cause des exercices physiques sera vite gagnée, si le personnel enseignant, venant librement en aide à l'Administration, y donne de son côté quelques marques d'intérêt.

Circulaire du vice-recteur de l'Académie de Paris relative aux promenades d'instruction (18 octobre 1897). — Je crois devoir vous renouveler mes instructions pour les promenades, dans les collèges et lycées de garçons et de filles, comme je l'ai fait pour les écoles normales.

Il importe de prendre la dénomination de ces promenades dans son sens le plus large. Si, depuis longtemps, on a utilisé, le mieux qu'on a pu, les ressources des diverses régions, au point de vue de l'enseignement scientifique, on n'a pas assez tenu compte de celles qu'elles nous offrent au point de vue de l'enseignement historique et artistique. Or, de même qu'il est indispensable de faire connaître aux élèves les industries essentielles du pays qu'ils habitent, et de s'en servir pour éclairer l'enseignement théorique de la classe, de même il est difficilement admissible que nous leur laissions ignorer ou mal connaître les champs de bataille, les monuments, les musées qu'il nous est possible de leur faire visiter, et qui nous aideront à faire mieux comprendre l'histoire générale comme à expliquer plus complètement certains faits considérables de l'histoire locale. Plusieurs villes du ressort académique, sans parler de Paris, sont particulièrement riches en ce genre, mais toutes possèdent, soit par elles-mêmes, soit dans leurs environs, quelque monument intéressant, et il n'est si modeste musée où l'on ne trouve matière à un enseignement artistique. Vous remarquerez, en outre, que ces promenades, si vous y associez la photographie, ce qui sera presque partout possible, et ce qui a déjà été pratiqué dans plusieurs établissements, vous permettront de constituer en quelques années, une collection de reproductions qui, même incomplète, n'en sera pas moins une aide appréciable pour l'enseignement de l'histoire de l'art. Je n'ai pas besoin d'ajouter que la même application de la photographie peut être faite avec non moins de profit pour le

II. — DISCIPLINE.

INSTRUCTION RELATIVE À LA DISCIPLINE.

Extrait de la lettre du Ministre de l'instruction publique aux membres du personnel administratif et enseignant des lycées et collèges.

(15 juillet 1890.)

. . . .

IV. — DISCIPLINE.

L'éducation morale, dont l'enseignement ne peut se désintéresser, est le principal objet de la discipline.

Le Conseil a voulu que le régime disciplinaire du lycée fût une école

présent et pour l'avenir, aux excursions scientifiques et topographiques, et il va de soi que l'existence dans un établissement d'une collection de clichés photographiques facilite singulièrement l'usage des projections lumineuses dont on peut tirer si bon parti dans certains enseignements.

Mais, pour que vous arriviez à faire produire aux promenades d'instruction tout ce qu'elles sont capables de donner, il est nécessaire que vous fassiez appel à la bonne volonté et au zèle de tous vos collaborateurs et que chacun d'eux apporte à cette œuvre commune la contribution que ses études particulières lui permettent de fournir. Il est indispensable que le programme spécial à chaque classe soit étudié en commun, sous votre direction, par tous les professeurs de la classe, afin d'éviter les omissions, les doubles emplois et les pertes de temps. Si, après une étude ainsi faite, on s'aperçoit que le nombre des promenades intéressantes est trop considérable pour qu'on puisse, en une année, en épuiser la liste, il sera facile de les répartir à l'avance sur plusieurs années, de telle sorte que les élèves, pen-

dant la durée de leur scolarité, soient assurés de les faire toutes. Quelque intérêt que présente en effet ce moyen d'instruction, vous ne devez pas perdre de vue que l'emploi en est subordonné à la marche régulière des études. D'ailleurs, il est certain qu'en coordonnant des efforts jusqu'ici trop dispersés, et en procédant avec méthode, vous pourrez réaliser une économie de temps. Une excursion historique peut déjà être l'occasion d'applications photographiques, elle peut aussi être combinée avec la visite d'un établissement industriel, avec un exercice de dessin en plein air, avec une herborisation, avec des conversations en langues étrangères. Il ne saurait y avoir, en pareille matière, de règle conforme. Vous n'aurez pas de peine, de concert avec vos collaborateurs, à trouver les solutions qui, tout en ménageant les nécessités du service, vous permettront de tirer des promenades d'instruction tout leur effet utile.

A ces indications générales, je dois ajouter quelques observations particulières :

Lorsqu'il s'agira de visites d'usines,

de caractère. C'est pourquoi il a nettement manifesté sa préférence pour une discipline libérale et son éloignement d'une discipline purement répressive.

Celle-ci, reposant sur la défiance, n'usant que de la contrainte, se contente d'un ordre apparent et d'une soumission extérieure, sous lesquels se dissimulent les mauvais instincts comprimés, mais non corrigés, et les

principalement de celles où la machinerie, très développée dans un espace relativement restreint, oblige à songer aux accidents possibles, vous examinerez s'il ne conviendrait pas de diviser les élèves en plusieurs groupes, qui feraient la visite successivement, de telle sorte que la surveillance soit plus complètement assurée, et, en même temps, que le professeur puisse plus aisément donner à chacun toutes les explications utiles.

Il est bon que, quelques jours avant la promenade, le professeur en explique rapidement le but et s'assure que tout le monde en a compris l'intérêt. Il faut aussi que les élèves consignent par écrit les principales observations qu'ils en auront rapportées. C'est le seul moyen de constater le profit qu'ils en ont tiré. C'en est un aussi pour leur apprendre à faire un choix dans ce qu'ils ont vu et à distinguer les détails intéressants de tout ce qui ne mérite pas d'être retenu. Les professeurs restent juges de la forme qu'il convient de donner à ces comptes rendus, qui peuvent être soit des narrations plus ou moins développées, soit des résumés très précis qui obligent l'élève à coordonner plus exactement ses idées. Vous m'adresserez, comme d'habitude, quelques spécimens de ces travaux auxquels vous joindrez les rapports particuliers que chaque professeur devra vous remettre sur l'ensemble des promenades qu'il aura plus spécialement dirigées.

Il serait utile qu'on se proposât pour but des herborisations l'établissement d'un herbier où la flore de la région serait plus spécialement étudiée, et qui serait conservé au cabinet d'histoire naturelle, ce qui n'empêcherait pas que chaque élève constituât pour son compte un herbier particulier.

Comme je l'ai déjà dit, il est possible d'associer les conversations en langues étrangères à des promenades ayant un but scientifique ou historique. Dans les classes élémentaires, les professeurs qui enseignent l'allemand pourront profiter des promenades pour converser dans cette langue avec leurs élèves et enrichir leur vocabulaire usuel.

Vous voudrez bien, Monsieur l'Inspecteur, communiquer à MM. les professeurs les indications qui précèdent. Je connais trop leur dévouement pour n'être pas assuré qu'il vous donneront le concours le plus complet. Ils verront dans les promenades d'instruction, conçues avec plus d'unité et de méthode, non seulement le profit intellectuel qu'elles procurent, mais aussi le gain moral que les élèves en peuvent retirer, et ils saisiront avec empressement cette occasion d'entretien plus libre et plus intime qui leur permettra de pénétrer plus profondément dans l'âme des jeunes gens, de dire une vérité, de faire accepter un conseil. Il n'en peut résulter qu'un accroissement de confiance, d'affection et de respect des élèves pour leurs maîtres.

Vous inviterez, dès le début de l'année, vos collaborateurs à préparer un programme des promenades, chacun dans sa spécialité, et à vous le communiquer par écrit. Vous les réunirez ensuite, en temps utile, et vous arrêterez en réunion le programme définitif que vous m'adresserez, avec vos observations et votre avis. Vous y joindrez les programmes particuliers proposés par chaque professeur.

Quant au dossier d'ensemble où vous rassemblerez tous les documents qui me permettront d'apprécier les résultats des promenades, je désire qu'il me parvienne avant la fin de l'année scolaire.

sourdes révoltes qui éclateront plus tard. Cette discipline est mauvaise ; elle est maladroite et bornée. Elle sacrifie tout l'avenir à la sécurité du moment présent ; elle se satisfait de l'ordre apparent qu'elle obtient et ne sait pas ou ne veut pas voir le désordre profond qu'elle tolère, moins encore celui qu'elle crée. La discipline purement répressive n'a pas droit de cité dans nos maisons d'éducation.

La discipline libérale cherche, au contraire, à améliorer l'enfant plutôt qu'à le contenir, à le gagner plutôt qu'à le soumettre. Elle veut toucher le fond, la conscience, et obtenir non cette tranquillité de surface qui ne dure pas, mais l'ordre intérieur, c'est-à-dire le consentement de l'enfant à une règle reconnue nécessaire : elle veut lui apprendre à se gouverner lui-même. Pour cela, elle lui accorde quelque crédit, fait appel à sa bonne volonté plutôt qu'à la peur du châtiment ; elle conseille, avertit, réprimande plutôt qu'elle ne punit ; son principal moyen d'action est la bonté, non pas cette bonté aveugle et lâche qui laisse tout faire parce qu'elle est incapable de rien empêcher, mais la bonté clairvoyante et courageuse qui a d'autant plus de force pour réprimer qu'elle a tout fait pour prévenir.

Il est vrai qu'il faut compter avec la paresse et la légèreté des enfants, quelquefois avec leur perversité. La répression est donc nécessaire. Il ne peut venir, il n'est venu à l'idée de personne qu'il fût possible généralement, dans nos établissements scolaires, de se passer de punitions. Mais on a voulu et on a eu toute raison de vouloir que, dans l'usage des punitions, on se préoccupât également de deux choses également nécessaires : le bon ordre qui, dans nos lycées et collèges, est le besoin et le droit de tous, et l'amélioration individuelle qui est notre devoir envers chacun. Pour que cette dernière fin, qui est après tout la fin véritable, ne se trouve pas sacrifiée, et que le bon ordre obtenu ne soit pas seulement un trompe-l'œil dangereux, il faut que la répression soit appliquée avec mesure ; il faut, en outre, qu'elle ait un caractère moral et réparateur.

On emploiera donc de préférence la mauvaise note, qui touche l'amour-propre de l'enfant sans l'humilier, qui permet le repentir et la réparation qui peut être renforcée, affaiblie ou effacée. On proscrira absolument les punitions quotidiennes multipliées, piquets, pensums, privations de récréation et de repos, punitions qui ne sont qu'afflictives, nuisent au travail et à la santé de l'élève, le mettent en posture de guerre en face de ses maîtres et l'irritent sans le corriger. En dehors des mauvaises notes, les leçons à rapprendre, les devoirs à refaire, les devoirs extraordinaires, les retenues du jeudi et du dimanche, les privations de sortie, l'exclusion de la classe ou de l'étude, l'exclusion temporaire de l'établissement sont les punitions qui demeurent autorisées.

Comme on voit, il ne serait pas exact de prétendre, ainsi que l'ont fait peut-être quelques personnes mal informées, que dans les établissements universitaires « il n'y aura plus de punitions ». Il ne le serait pas davantage de dire qu'on a porté atteinte à l'autorité des maîtres. Sans parler ici de l'institution du Conseil de discipline, qui étend leurs attributions, les fait participer à la direction morale de l'établissement tout entier et fortifie chaque maître individuellement par la solidarité qu'il établit entre tous, le nouveau règlement disciplinaire doit avoir lui-même pour effet de relever et d'affermir l'autorité de tous ceux qui voudront l'appliquer avec fermeté et persévérance. Il n'ôte à personne le droit de punir, mais, dans l'intérêt bien entendu des maîtres aussi bien que des élèves, et conformément à tous les règlements antérieurs, dont on s'était peut-être à la longue trop écarté dans la pratique, il pose certaines restrictions, plus ou moins étendues suivant l'âge, l'expérience des maîtres, la nature de leurs rapports avec les élèves, à l'exercice de ce droit, et, dans tous les cas, le soumet à un contrôle. Par des précautions qui ne rappellent que de bien loin celles que l'on prend à l'égard d'un juge quelconque, il vise à prévenir, autant qu'il se peut, l'erreur, l'abus, l'injustice involontaires, l'apparence même de l'injustice, toutes choses aussi dommageables pour l'enfant que pour l'homme fait. En quoi il sert l'autorité véritable. L'autorité véritable, en effet, n'est pas attachée à un appareil menaçant de punitions, dont l'emploi le plus ordinaire est de masquer tant bien que mal une réelle faiblesse. Elle réside dans la personne, et rien ne tend davantage à l'établir dans l'esprit des enfants qu'une réputation justifiée de modération et d'équité. L'idéal que nous proposons à tous nos maîtres, c'est d'acquérir une autorité telle, qu'elle les dispense le plus souvent de recourir à des mesures de rigueur.

Je n'ai pas d'ailleurs le dessein d'imposer partout uniformément, dès le jour de la rentrée prochaine, la stricte et entière exécution du nouveau règlement disciplinaire. Si certains établissements sont déjà en avance sur ce règlement, ce qui prouve bien qu'il ne demande rien d'impossible, je reconnais que, dans certains autres, pour certaines divisions d'élèves, la prudence conseille de procéder graduellement. Je suis donc disposé à autoriser, le cas échéant, sur la proposition motivée des recteurs, les mesures transitoires qui me seraient demandées touchant l'exécution de certains articles secondaires du règlement. Mais je compte qu'elles ne seront jamais demandées qu'avec l'intention loyale et l'engagement de s'en servir comme de moyens pour aboutir au plus vite à l'application intégrale du nouveau régime.

D'autre part, il est vrai qu'un pareil système de discipline ne serait pas suffisamment armé contre certains élèves incorrigibles. Nous n'entreprendrons pas cependant d'égaler la rigueur de nos châtiments à la force de leurs mauvais instincts. Une telle lutte est l'affaire des maisons de discipline; elle n'est pas à sa place dans une maison d'éducation. Contre les élèves obtinément paresseux, grossiers ou rebelles, il n'y a pas à notre usage d'autre remède que l'exclusion. Ainsi, même en ces cas extrêmes, l'autorité des professeurs et des répétiteurs sera sauvegardée. S'ils ont sur ce point quelques inquiétudes et craignent de rester sans protection contre des enfants pervers, qu'ils se rassurent : ils trouveront toujours dans leurs chefs des défenseurs décidés de leur dignité.

Le même souci de l'éducation morale a inspiré les règlements relatifs aux récompenses. Les récompenses, comme les punitions, doivent être rares, et, comme elles, servir au progrès moral de l'élève. Elles seront données à la bonne volonté plutôt qu'à la réussite. Sans renoncer aux heureux effets de l'émulation, surtout chez les petits enfants, on se gardera de l'exciter outre mesure et par de mauvais moyens. En sollicitant par des récompenses l'ardeur de l'enfant, prenons garde d'éveiller sa vanité et son égoïsme. Il faut donc encourager l'effort plutôt que le savoir-faire, et l'intention plutôt que le succès. Les *satisfecit* ne doivent pas être une monnaie banale qui permette à l'élève de payer ses punitions et de régler sa conduite comme un compte courant. De telles pratiques abusent les enfants sur la nature du bien et du mal; le bien n'existe plus, à leurs yeux, que par ce qu'il rapporte, et le mal n'est tel que s'ils n'ont pas de monnaie pour se racheter. De même que les avertissements devraient suffire pour les fautes, les félicitations devraient être l'unique récompense. C'est à ce but que doit tendre la discipline tout entière. Il faut amener peu à peu l'élève à diriger sa conduite d'après les mouvements de sa conscience, dont les réprimandes et les éloges de ses maîtres ne sont que l'expression autorisée et indiscutable.

Tels sont les principes généraux de la réforme disciplinaire : quelques mots suffisent à en exprimer la pensée maîtresse. Ou bien l'éducation de l'enfant consiste dans un dressage artificiel, tyrannique et vain, ou bien elle doit être le travail d'éclosion d'une conscience et de formation d'un caractère. Le Conseil supérieur a repoussé la première hypothèse ; il a invité l'Université à ouvrir plus généreusement les sources profondes où l'enfant, l'homme futur, puise la force morale. Ses résolutions sont un acte de confiance dans la conscience humaine et dans l'idée de liberté.

Chacun a le droit, cela va de soi, de faire personnellement des réserves sur tel ou tel détail de cette réforme; la pédagogie ne peut, comme les mathématiques, prétendre à un consentement absolu et universel ; mais personne du moins n'en contestera le principe. Personne non plus ne méconnaîtra les raisons morales et sociales qui imposent aujourd'hui à l'Université une transformation profonde de son régime disciplinaire, si elle veut tout de bon prendre à cœur ce qui doit être son devoir par excellence, la formation de mœurs publiques à la hauteur de nos institutions. Comme elle ne saurait rendre au pays de service comparable à celui-là, et que son patriotisme égale son amour de la liberté, il lui suffira, j'en suis sûr, de savoir ce qu'on attend d'elle pour entreprendre unanimement, avec cette confiance et cette bonne humeur qui assurent le succès, la réforme la plus considérable, sans conteste, et la plus honorable qu'elle ait encore tentée. Elle le voudra d'autant plus que cette réforme, je me plais à le proclamer, est son œuvre, et que l'initiative lui en revient.

Veuillez agréer, etc.

Rapport de la Sous-Commission de discipline.

[Afin que les administrateurs, les professeurs et les maîtres chargés d'appliquer la réforme disciplinaire fussent informés d'une manière plus complète et en quelque sorte plus intime des motifs qui l'ont inspirée, il a paru bon de leur adresser, au lieu d'une instruction, le rapport même présenté par la Sous-Commission de discipline [1] à la Commission instituée en 1888 pour étudier les améliorations à introduire dans le régime des établissements d'enseignement secondaire. La Commission d'abord, le Conseil supérieur ensuite, ont adopté l'esprit et les propositions fondamentales de ce rapport. On verra, en le lisant, de quelles études préparatoires, de quelles longues discussions cette réforme de la discipline a été l'objet. Ce document résume, pour ainsi dire, l'enquête persévérante que l'Université poursuit sur elle-même depuis plusieurs années. Le libéralisme dont il est animé est l'esprit même, la tradition, la raison d'être de l'Université : elle n'aura pas de peine à s'y associer.]

PREMIÈRE PARTIE.

CONSIDÉRATIONS GÉNÉRALES.

(LE BUT ; LES GRANDS DESIDERATA.)

OBJET DES ÉTUDES DE LA SOUS-COMMISSION : L'ÉDUCATION MORALE.

Messieurs, votre Sous-Commission de la discipline a pris le mot « discipline » au sens le plus élevé : elle a examiné tout ce qui a trait à la direction morale des élèves dans nos établissements d'enseignement secon-

---

[1] Président de la Sous-Commission : M. GRÉARD, vice-recteur de l'Académie de Paris.

Membres de la Sous-Commission : MM. Boutan, inspecteur général de l'instruction publique ; Brouardel, doyen de la Faculté de médecine de Paris ; Buisson, directeur de l'enseignement primaire ; Burdeau, député, ancien élève de l'École normale ; Compayré, député, ancien élève de l'École normale ; Croiset (A.), professeur à la Faculté des lettres de Paris ; Dupuy (Ch.), député, vice-recteur honoraire ; Edon, professeur au lycée

daire, en tant, du moins, que cette direction morale est distincte de l'hygiène générale et de la culture intellectuelle. En d'autres termes, elle
s'est regardée comme saisie de toute la grande question de l'éducation
au lycée, en évitant seulement d'empiéter sur le terrain des autres sous-
commissions.

Ce n'était pas toujours facile, car tout se tient en ces matières.

Nous avons eu mainte occasion de le constater, et nous tenons à le
proclamer une fois pour toutes : la base naturelle, la première garantie
d'une bonne éducation morale, c'est, à nos yeux, une saine et virile éducation physique. Comme ce grand sujet était, à côté de nous, l'objet
d'un étude approfondie, il ne nous a pas arrêtés ; mais nous n'avons cessé
de l'avoir présente à l'esprit, de sentir au vif la portée de toutes les questions qui s'y rattachent. Si nous n'avions eu lieu de croire que ces questions
allaient être résolues dans le sens d'une régénération physique de la jeunesse, notre premier soin aurait été d'appeler votre attention sur cette
condition *sine qua non* de la régénération morale, objet propre de notre
étude. La bonne discipline et les bonnes mœurs sont, pour nous, dans
un étroite relation avec la bonne humeur, l'hygiène et les mâles exercices.

D'un autre côté, l'enseignement, si distinct soit-il de l'éducation proprement dite, contribue nécessairement, surtout par ses méthodes, à former
les caractères en même temps que les intelligences. Les bonnes habitudes
d'esprit, la fermeté et la finesse du jugement, la netteté des idées, le savoir, le goût, influent dans une large mesure sur la conduite. On ne sait
pas assez peut-être à quel point la bonne éducation de l'esprit importe à
celle de la volonté ; du moins est-ce là un point de vue auquel on ne se
place pas assez, d'ordinaire, dans la discussion des méthodes, qui en serait éclaircie en même temps que relevée. Le problème de l'enseignement
secondaire ne serait plus inextricable au point où il le paraît, le jour où
l'on serait unanime à assigner aux études pour fin essentielle de faire
avant tout de bons esprits, prêts à se montrer tels dans la vie, munis des
qualités que réclame la *pratique* au sens philosophique de ce mot. Heureu-

Henri IV, membre du Conseil supérieur;
Foncin, inspecteur général de l'instruction publique; Girard (Julien), proviseur du lycée Condorcet; Godard, directeur de l'École Monge, membre du Conseil
supérieur; Jallifier, professeur au lycée
Condorcet. membre du Conseil supérieur;
Lange, professeur au lycée Louis-le-Grand,
membre du Conseil supérieur; Lavisse,
professeur à la Faculté des lettres de
Paris; Lemonnier, professeur à l'École
nationale des beaux-arts et à l'École
normale de Sèvres ; Liard, directeur de
l'enseignement supérieur; Marion, professeur à la Faculté des lettres de Paris;
Morel, inspecteur général de l'instruction
publique; Pécaut, inspecteur général de
l'instruction publique ; Proust, membre
de l'Académie de médecine; Rabier, directeur de l'enseignement secondaire ;
Rieder, directeur de l'École alsacienne,
membre du Conseil supérieur; — *Rapporteur* : M. Marion ; — *Secrétaire des
séances* : M. de Galembert.

sement, nous pouvions compter aussi que ce problème, repris par vous avec tout le soin qu'il mérite, allait recevoir une solution de plus en plus conforme aux besoins moraux du pays.

A la prendre toute seule et en elle-même, c'est une question d'une singulière importance que celle de la discipline dans nos lycées[1]; si on la sépare des questions d'enseignement, elle l'emporte infiniment sur elles en intérêt. En effet, il s'agit de savoir à quel régime moral seront soumis dans les établissements de l'État les jeunes Français. Or, au moral comme au physique, le régime fait le tempérament; soit qu'il affermisse ou modifie, aggrave ou corrige les dispositions premières ; il fait petit à petit du naturel de l'enfant le caractère de l'adulte. Mais, que l'on considère la valeur et le sort de l'individu isolé, ou, ce que l'enseignement public ne doit pas moins avoir à cœur, la dignité et la destinée de la nation, le caractère pèse d'un bien autre poids que l'esprit. Qu'importe ce que sait un homme, en comparaison de ce qu'il vaut, et qu'importe ce qu'il pense au prix de ce qu'il fait ?

L'UNIVERSITÉ CONSCIENTE DE SA RESPONSABILITÉ À CET ÉGARD. PROGRÈS DÉJÀ RÉALISÉS.

L'Université, qui a toujours eu conscience de sa responsabilité à cet égard, en est aujourd'hui particulièrement soucieuse. Il est vrai que des publications récentes ne se sont pas fait faute de le lui rappeler; mais les écrivains, qui l'ont fait avec le plus de passion et le plus de talent, sont de ces propres élèves, formés par elle-même à la critique; et ils n'ont trouvé nulle part ni plus d'écho, ni meilleur accueil qu'auprès d'elle.

La meilleure preuve du sentiment qu'elle a de son devoir d'éducatrice, c'est l'institution même de cette Commission, la circulaire ministérielle du 28 mars 1888, qui l'annonçait aux recteurs, les rapports si remarquables des recteurs en réponse à cette circulaire, enfin les termes dans lesquels, le 3 novembre suivant, M. le directeur de l'enseignement secondaire, G. Morel, présentait au Ministre les *Extraits* de ces rapports qui ont servi de base à nos travaux.

Tout en signalant, en effet, les réclamations pressantes de l'opinion et en déclarant le moment venu d'y donner satisfaction d'une manière plus décisive, M. le Ministre Faye reconnaissait que ces réclamations étaient en grande partie celles de l'opinion universitaire elle-même, et que l'initiative libérale des recteurs les avait, en maint endroit, devancées. A défaut

---

[1] Lycées et collèges, bien entendu. Est-il besoin de dire qu'il s'agit dans tout ce rapport de tous les établissements publics d'enseignement secondaire, et que, si l'on dit le plus souvent *lycées* au lieu de *lycées et collèges*, *proviseurs* au lieu de *proviseurs et principaux*, c'est uniquement pour abréger ?

des grandes réformes d'ensemble, qu'il ne leur appartient pas d'accomplir, l'attention des recteurs, depuis quelque temps déjà, « s'était portée, disait-il, sur ces réformes d'apparence modeste qui peuvent cependant, en remédiant aux inconvénients inévitables de l'internat, faciliter et assurer les bonnes études, favoriser le développement physique et moral de nos élèves, entretenir chez eux, avec la santé, la belle humeur ». Ils avaient « tenté, chacun à sa mode, de remanier la discipline scolaire, d'assouplir sa rigidité formaliste, de lui donner une allure plus aisée, plus libérale, en la fondant sur l'autorité plutôt que sur la contrainte ». Le Ministre leur demandait, pour en faire juge notre Commission, d'indiquer soit les mesures qu'ils avaient déjà mises en pratique dans les lycées et collèges de leur académie, soit les perfectionnements qu'ils se proposaient d'introduire dans le régime intérieur et la vie domestique de ces établissements.

Les documents ainsi mis sous nos yeux ne témoignent pas seulement d'efforts très intéressants et d'un esprit d'initiative que l'opinion refuse d'ordinaire à l'administration universitaire; ils révèlent des progrès dès maintenant acquis, que les mieux informés d'entre nous ne connaissaient pas tous, et dont vous avez été très heureux de prendre acte.

Disons-le une fois pour toutes : les critiques qui se sont produites dans la Sous-Commission, et dont on trouvera ici l'expression franche, vive au besoin, appellent presque toutes des réserves et comportent des tempéraments que nous n'avons jamais manqué d'y mettre. Si nous n'avons pas cru devoir nous arrêter à chaque pas pour rendre hommage aux efforts des uns, aux résultats obtenus par les autres, au zèle de tous, c'est pour ne pas ralentir inutilement notre exposé et pour ne pas donner, par un tableau trop effacé de nos *desiderata*, un sentiment trop faible de la nécessité d'une réforme. Nous savons tous, et l'Administration supérieure nous a rappelé, en toute occasion, ce qu'il y a de bon vouloir et de dévouement dans l'Université. Mais, précisément parce que cela est notoire, il nous a paru superflu de le redire à chaque ligne, trop universitaires nous-mêmes, pour être suspects d'injustice et peut-être aussi pour insister là-dessus avec convenance. L'Université n'a que faire de se congratuler. Son honneur, au contraire, est d'être difficile pour elle-même. Tout ce qui lui importe, c'est de répondre de mieux en mieux à la confiance du pays. Or, une condition pour cela, c'est de procéder bravement à un examen de conscience, qu'elle ne craint pas, qu'elle a été la première à vouloir complet et public.

N'hésitons pas à le dire, ce qui a été fait est peu de chose encore auprès de ce qui reste à faire. Il faudrait, pour s'en contenter, un optimisme que vous interdisent et votre connaissance des difficultés pratiques auxquelles on se heurte et votre sentiment profond des besoins, en partie nouveaux, en partie aussi contradictoires, auxquels il s'agit de faire droit.

LE BUT ET LA DIFFICULTÉ : L'INTERNAT.

Le régime intérieur de nos établissements d'enseignement secondaire, c'est presque essentiellement l'internat. Certains lycées, sans doute, et non des moins prospères, sont de purs externats; mais ils sont en si petit nombre et constituent chez nous une telle exception, qu'on pourrait presque les mettre hors de cause. Sans doute encore, dans tous les lycées et collèges, la proportion des externes est considérable; mais ce n'est pas sur eux, on le sait, que pèse surtout la discipline; ce n'est pas leur sort qui a le plus lieu de préoccuper l'opinion. L'éducation des externes est, en somme, l'affaire des familles autant et plus que de l'Université. En nous les donnant à instruire, leurs parents se réservent implicitement, et quelquefois expressément, de les élever. Le milieu domestique et social, soit qu'il agisse dans le même sens que la classe, soit qu'il en contrarie et parfois en détruise l'effet, exerce une telle action sur leurs manières, leurs mœurs, leur caractère, que notre responsabilité, en ce qui les concerne, est réduite. C'est vis-à-vis des internes surtout qu'elle est lourde, ou, plus exactement, vis-à-vis du pays à propos d'eux. Au reste, la plupart des mesures qui vont être proposées sont communes aux externes et aux internes.

De ces milliers d'enfants qui lui sont absolument confiés, l'Université doit faire, autant qu'il se peut, les hommes dont le pays a besoin. Qui préparera à la nation, si ce n'est l'éducation nationale, les caractères que nos institutions réclament, les mœurs publiques sans lesquelles la liberté n'est pas viable? L'éducation morale et civique, qui est une nécessité pressante à tous les degrés, que l'école primaire s'efforce aujourd'hui de donner à tous, est deux fois nécessaire à ceux qui n'auront pas seulement à se conduire eux-mêmes, mais qui, par la parole, la presse, le livre, l'influence sociale, feront l'esprit public et mèneront l'opinion.

Nous avons trop cru, jusqu'ici, que cette éducation se fait suffisamment d'une manière indirecte, impliquée qu'elle est dans la culture générale. Ce que donne bien la culture, quand elle est ce qu'elle doit être, ce sont les connaissances historiques, les habitudes philosophiques, le bon sens et le bon goût, qui, servant à tout, servent aussi à voir clair dans les choses publiques et à s'y comporter honnêtement : il n'est que juste, sans doute, de faire honneur pour une bonne part à l'éducation universitaire du solide fonds de sagesse, de modération et de clairvoyance qui survit, Dieu merci, à toutes nos crises. Mais dût-il y survivre indéfiniment (ce qui n'est pas sûr, après tout, s'il était soumis à de trop rudes épreuves), ce n'est point assez des qualités de cet ordre, si le caractère ne s'y joint pour les rendre actives. L'esprit, on l'a bien dit, sert à tout, mais ne suffit à rien. Il ne suffit pas, à coup sûr, pour jouer un rôle utile dans une démocratie; car il n'assure pas même les plus modestes, les plus négatives des vertus que suppose la

pratique de la liberté : la patience, le sang-froid, la résistance aux entraîne-
ments. Il faut que l'éducation toute entière, et non pas seulement l'instruction, prépare nos jeunes gens à la vie libre.

Mais ici éclate la difficulté de la tâche et ce qu'il y a de contradictoire
en quelque sorte dans nos *desiderata*. On ne se prépare à la liberté qu'en
s'y exerçant; or l'internat par nature ne peut faire qu'une part très restreinte à la liberté. C'est presque nécessairement un régime d'autorité. Le
mécanisme est l'essence de sa discipline. Comment modifier le type militaire sur lequel le lycée a été d'abord conçu, au point d'en faire une école
d'autonomie pour les volontés?

Sans doute, c'est aussi une préparation à la vie libre que de s'habituer
à obéir; mais cette préparation est vraiment trop indirecte. Il y a, d'ailleurs, divers genres d'obéissance. Obéir faute de pouvoir faire autrement,
non sans saisir de loin en loin les occasions de révolte, n'est-ce pas, en
somme, tout le contraire de savoir se gouverner? Plier la jeunesse à cette
sorte d'obéissance ne saurait donc être, tout le monde le sent, le meilleur
moyen de faire des hommes libres.

Et pourtant l'internat apparaît comme une nécessité dans notre état social; car sans lui la moitié peut-être des jeunes gens qui, chez nous, font
des études secondaires, n'en feraient pas. Tout ce qu'on peut demander
raisonnablement, si pénétré qu'on soit de ses dangers, c'est que l'État fasse
tout ce qui dépend de lui pour en enrayer le développement et en corriger
les effets. La suppression pure et simple en peut être souhaitée : encore y
aurait-il beaucoup à dire là-dessus, et cette disparition pourrait-elle laisser
des regrets même au point de vue de la théorie pure. Ce qui est sûr, c'est
que pratiquement il n'y a rien à attendre, quant à présent, de propositions de ce genre. Peut-être même, tout excellentes qu'elles sont dans leur
partie critique, ont-elles eu l'inconvénient, en donnant comme possible
une mesure radicale qui ne l'était pas, d'empêcher l'attention de se porter,
autant qu'il l'eût fallu, sur les améliorations qui étaient et qui sont réali-
sables.

Certes, nous verrions avec joie, et nous sommes d'avis de favoriser par
tous les moyens toute tentative sérieuse pour inaugurer à la place de l'internat, qui a pris vraiment en France un développement excessif, un régime qui rendît les mêmes services sans offrir les mêmes inconvénients.
Mais ces tentatives ne peuvent guère venir que de l'initiative privée. Elles
supposent tout au moins un effort spontané des individus et un bon vouloir confiant de la part des familles, qui, jusqu'ici, ne se sont pas rencontrés. Les essais honorables, mais isolés, qui se sont produit n'ont pas
eu un succès qui permette de compter, à brève échéance, sur la transformation que nous appelons de nos vœux. Ni le système *tutorial* des Anglais,
qui n'est pas d'ailleurs sans prêter à la critique, ni l'*hospitalité familiale*,

trop coûteuse chez nous, mais surtout trop contraire à notre conception tout intime de la famille, ne semblent près de s'acclimater dans notre pays. L'Administration nous a assurés qu'il n'avait pas tenu à elle que l'essai n'en fût fait sous son patronage même, notamment lors de l'ouverture du lycée Lakanal; elle promet de s'y prêter en toute occasion, comme de résister toujours à l'extension de l'internat là où il ne sera pas d'une nécessité rigoureuse. On ne peut évidemment lui demander davantage. Sans nous attarder plus à des discussions d'un intérêt vif assurément, mais d'un caractère trop peu pratique, il ne nous restait donc qu'à chercher, après MM. les recteurs, les moyens d'amender, au point de vue moral, notre éducation publique dans les conditions générales que lui imposent, probablement pour longtemps encore, l'état économique du pays et la coutume.

PREMIER CORRECTIF NÉCESSAIRE AU RÉGIME DE L'INTERNAT :
POINT D'ÉTABLISSEMENTS DÉMESURÉS. VOEU À CE SUJET.

Mais, s'il faut accepter l'internat (et quelques-uns, on le sait, l'acceptent sans nulle peine, le jugeant presque nécessaire à un certain âge pour l'éducation des caractères), il y a à cela une condition expresse, que votre Sous-Commission a constatée à chaque pas, et sur laquelle je dois insister d'abord de la façon la plus pressante : c'est que la population de chaque établissement soit contenue dans des limites raisonnables et ne prenne jamais, sous aucun prétexte, le développement exagéré qu'elle atteint dans certaines maisons, à l'heure actuelle.

Un principe, en effet, domine, selon nous, toute la question de la discipline : comme l'unité est le trait essentiel d'un caractère, l'unité aussi est la première nécessité d'une éducation. Ce n'est pas proprement une maison d'éducation, celle où chaque enfant ne peut pas être intimement connu par le chef de la maison, suivi d'un bout à l'autre par un même regard dans son développement individuel.

L'enfant, sans doute, ne saurait être dès le collège un caractère au sens fort de ce mot. Si, comme le dit un philosophe, « le fondement d'un caractère consiste non dans un ensemble de qualités, mais dans l'unité absolue du principe interne de conduite », on peut croire, avec ce philosophe, que de rares adultes (bien rares en effet, et jamais sans doute avant leur pleine maturité) opèrent en eux cette soudaine révolution, prennent vis-à-vis d'eux-mêmes ce solennel et irrévocable engagement de se conduire désormais suivant un seul principe et de se soustraire, une fois pour toutes, à la fluctuation des tendances. Mais, quelque vérité qu'il y ait dans cette conception, l'on accordera qu'il y a une base naturelle, par conséquent une certaine préparation possible à ces crises décisives de la vie morale. Il appartient à l'éducation et de faire connaître en temps utile ces principes dignes de dominer toute une vie, et de faire contracter tout d'abord des habitudes qui en donnent le goût et en fassent sentir le besoin. Comment le décousu dans la discipline, le conflit des influences contraires tirant en tous sens un enfant non seulement d'une année à l'autre, mais du jour au lendemain, mais d'une heure à l'autre dans la même journée, formeraient-ils cet esprit de suite dans la conduite, cette tenue de la volonté qui font un homme soucieux et capable d'ordonner sa vie selon des principes?

Une certaine diversité d'influences est sans doute bonne pour favoriser la diversité des caractères, qui, lorsqu'elle reste dans de justes limites, est un bien et une force pour une société. Cette diversité est pour chacun une garantie de son libre développement; et, quand le moule serait excellent, il ne faudrait pas que l'éducation publique jetât toute la jeunesse dans le même moule. Mais, d'une part, la variété est largement assurée par les différences de dispositions natives et d'éducation première, et, de l'autre, c'est un des devoirs précisément, c'est une des principales raisons d'être de cette direction suivie que nous réclamons, de connaître chaque élève dans son individualité, de l'observer dans son évolution, de favoriser le développement de ses qualités propres et d'enrayer celui de ses défauts, en le soutenant dans ses moindres efforts. Il n'est point de nature dont un chef de maison, homme d'esprit et de cœur, ne tirât bon parti par le soin affectueux et vigilant qu'il mettrait à demander à chacun ce qu'il peut donner, de façon que le moins bien doué eût au moins, comme on dit, les qualités de ses défauts.

Mais, pour que cette action s'exerce, ferme et souple à la fois, une et diverse, il faut que chaque élève, à travers tous les changements de maîtres que comporte sa vie scolaire si compliquée, se sente toujours non pas tenu en lisière, mais personnellement connu, aimé, veillé, par quelqu'un à qui rien d'essentiel n'échappe, qui lui tienne compte de ses efforts, même malheureux, et le soutienne ou le secoue dans ses défaillances. Ce guide, qui doit remplacer le père absent, c'est naturellement l'homme qui, aux yeux de l'enfant, incarne l'autorité publique et représente, plus que tout maître particulier, la discipline vivante, c'est le chef même de la maison. Cette tâche d'éducateur est proprement la sienne : le mettre à même de l'accomplir, tel est, Messieurs, le premier objet des mesures que nous allons vous proposer.

Pour que le Proviseur puisse réellement faire œuvre d'éducateur, pour qu'il ait de tous les élèves qui lui sont confiés une connaissance réelle et exerce sur tous une action pénétrante, il faut d'abord qu'il ne soit pas accablé par les soins administratifs. Or comment ne le serait-il pas, s'il a sur les bras une maison de 1,000, 1,200, 1,500 élèves et même plus, avec tout ce que cela suppose de préoccupations diverses et de responsabilités? Les hommes éminents qui portent une pareille charge font certes

des prodiges de dévouement et d'habileté; leur action est puissante et
féconde quand même, et quelques-uns ont laissé un grand souvenir. Mais
il est évident que cette action serait autrement bienfaisante dans des
conditions normales permettant à l'homme de paraître plus sous l'administrateur et d'observer de plus près sous l'écolier l'homme en formation.

C'est pourquoi, Messieurs, votre Sous-Commission vous propose
d'émettre avant tout le vœu formel que le nombre des élèves à admettre
dans nos établissements d'enseignement secondaire soit rigoureusement
limité; limité à 500 pour les externats et à 400 pour les établissements
mixtes; limité surtout à 300 internes au maximum; la direction étant dé-
doublée sans retard dans tout lycée où ces chiffres seraient dépassés de
moitié [1].

A cette condition, croyons-nous, mais à cette condition seulement, on
peut inaugurer dans les lycées une discipline qui n'ait pas pour objet
unique d'obtenir la régularité dans les mouvements, l'ordre extérieur,
mais qui vise résolument à préparer des volontés raisonnables pour la vie
libre.

LA DISCIPLINE PRÉVENTIVE. COMMENT ELLE EST COMPATIBLE AVEC LA PLUS GRANDE FERMETÉ.

Dans la discipline ainsi conçue, la punition n'est que le dernier des
moyens. Votre Sous-Commission, tout en sachant qu'on ne peut s'en passer
tout à fait, et qu'une partie de sa tâche serait de recevoir, pour l'adapter
aux fins que je viens de dire, le système des châtiments scolaires, a évité
à dessein de s'engager d'abord dans ces détails. Elle a bien moins cherché
le système idéal de punitions (car le meilleur ne vaut rien, s'il est toute
l'éducation à lui seul) que les moyens de faire qu'on ait le moins possible
le besoin d'y recourir, l'occasion d'en user et la tentation d'en abuser.

Sans doute, quelques-uns aiment à le redire, et nous le savons, la punition aussi est éducative à sa manière; mais elle ne l'est que dans la mesure restreinte où elle anime à faire mieux et remet dans l'ordre la volonté
elle-même. Le profit social peut n'être pas à dédaigner; mais le profit

---

[1] A cette occasion, la question du
meilleur mode de dédoublement a été examinée au passage. La Sous-Commission
est unanime à demander que tout lycée
soit un lycée complet. Elle ne méconnaît
pas tout ce qu'on peut dire en faveur des
« petits lycées ». Mais l'avantage qu'il peut
y avoir pour les plus jeunes élèves à être
dans une maison où il n'y a que des enfants, et où tout peut être réglé en conséquence, lui paraît payé trop cher par
l'inconvénient de changer de direction au
milieu des études. Elle voudrait qu'il n'y
eût que des lycées petits par le nombre,
mais dans chacun desquels l'éducation
s'achevât avec le plus de suite et d'unité
possible.

moral est faible, quand l'ordre n'est rétabli qu'à la surface et dans les actes.

La bonne discipline est donc préventive. Visant à améliorer, non à mater, elle fait peu de fond sur les pénalités, qui n'amendent guère. Elle les veut rares, car elles amendent d'autant moins qu'elles sont plus multipliées ; elle les veut discrètes, pour qu'elles portent et fassent un *maximum* d'effet avec un *minimum* de violence. C'est une vérité banale et dont nous retrouvons l'expression dans presque tous les rapports des recteurs, que les meilleurs maîtres punissent le moins, soit qu'ils n'en éprouvent pas le besoin et que l'occasion leur en soit à peine offerte, soit qu'ils évitent sagement de se montrer prompts à la saisir, ayant par ailleurs sur quoi asseoir leur autorité et sentant bien qu'en éducation ce qu'on obtient par la force ne vaut pas toujours ce qu'il coûte.

Les maîtres qui, en multipliant les prescriptions et les défenses comminatoires, multiplient du même coup les occasions de sévir et n'en laissent échapper aucune, devraient bien méditer cette parole d'Arnauld, si vraie et toujours oubliée : « Les châtiments jettent tout dans la tristesse, et le dégoût achève de tout perdre. » Voilà pourquoi, si ferme et si mâle qu'on veuille la discipline, si résolu qu'on soit à ne pas l'énerver, chercher à l'amender c'est presque nécessairement l'adoucir. Le progrès sensible qu'elle a fait déjà dans nos internats s'est accompli dans ce sens : c'est dans cette voie qu'il faut avancer résolument.

Adoucir encore la discipline! Naïveté dangereuse aux yeux de quelques-uns, qui la trouve déjà trop relâchée. Nous n'avons pas à convaincre ceux qu'un idéal social et pédagogique tout autoritaire rend aveugles aux besoins nouveaux de notre pays, défiants de la raison et sceptiques sur les bienfaits de la liberté. Mais aux autres je puis donner l'assurance que votre Sous-Commission s'est préoccupée, autant qu'ils pouvaient le souhaiter, de sauvegarder les droits de l'autorité. Elle admet d'avance, elle recommande expressément toutes les précautions nécessaires pour ménager la transition vers un régime plus libéral dans les milieux qui y seraient peu préparés : et cette discipline libérale, elle la veut d'autant plus ferme qu'elle sera plus douce, inflexible dans les limites qu'elle se sera tracées.

S'il est, par exemple, des élèves que leur naturel ou leur mauvaise éducation antérieure rendent notoirement rebelles à l'action éducative, des élèves dont la présence fasse obstacle à toute amélioration en donnant un air chimérique à ce qui sans eux serait possible et bon, la première règle doit être d'éliminer sans hésiter ces élèves-là, dans les petites classes du moins, où l'on est sûr de n'être en rien responsable de leur fâcheuse disposition. Certes, il faut faire crédit aux enfants, attribuer beaucoup de leurs fautes à leur légèreté et avec un scrupule infini se défendre à leur endroit des rigueurs irréparables ; mais la première condition pour que cette longanimité soit sans danger pour les bons et profitable à ceux qui en sont dignes, c'est d'en refuser net le bénéfice à ceux envers lesquels elle serait pure duperie. On ne saurait trop le rappeler : « le lycée n'est pas une maison de correction ». Comme nul n'est tenu d'y venir ni d'y rester, le lycée n'est pas tenu non plus de garder les élèves qui ne sont point d'un tempérament à permettre l'emploi d'une discipline raisonnable et délicate.

La qualité, non le nombre des élèves, fait la valeur d'une maison. Il appartient à l'État de donner l'exemple à cet égard, en se plaçant toujours uniquement à ce point de vue dans le jugement de ses écoles et de ses maîtres. A ceux qui ont l'honneur de le représenter auprès des familles et de la jeunesse, nous voudrions qu'il donnât pour unique mot d'ordre cette parole célèbre d'un éducateur anglais : « Il n'est pas nécessaire que cette maison ait trois cents élèves plutôt que deux cents, mais il est nécessaire qu'elle n'ait que des *gentlemen* »; disons en français : « des jeunes gens honorables, sensibles aux bons moyens d'éducation et susceptibles de faire des hommes bien élevés ». Il faut que toute famille sache que c'est un honneur d'avoir ses enfants dans nos lycées.

NÉCESSITÉ DE S'ADRESSER PLUS À LA RAISON DES ÉLÈVES. LE PROFESSEUR ÉDUCATEUR.

Une première considération nous a frappés : c'est qu'il y a trop de sous-entendus dans le régime moral de nos lycées. Quand les choses y vont bien, très bien même (car ce n'est pas rare), c'est par l'heureux effet des bonnes volontés isolées, si nombreuses que même sans cohésion elles l'emportent; et c'est aussi un peu par la force d'un mécanisme presque aussi bon qu'un mécanisme peut l'être, assoupli d'ailleurs par le temps, adouci par l'habitude, le bon esprit et le bon sens de tous. Tout le monde, en effet, sent confusément où l'on doit tendre; mais cela demeure, je le répète, trop impliqué, et tant de sous-entendus ne vont pas, quelquefois, sans de gros malentendus.

Nous sentons tous plus ou moins et parfois très vivement ce que nous avons à faire; mais nous le sentons chacun à notre manière, sans être même tenus d'y réfléchir, sans avoir l'occasion ni éprouver le besoin de nous en pénétrer les uns les autres. Il semble que nul plus qu'un autre n'ait qualité pour grouper les bons vouloirs, pour incarner l'esprit de la maison et le relever s'il y a lieu, pour le communiquer aux arrivants, le rappeler à qui l'oublie, l'interpréter aux élèves, faire circuler enfin dans tout le corps l'âme de l'Université.

Nul n'est censé ignorer la loi; mais, en fait, qui connaît bien le règlement des lycées? Professeurs et maîtres débutent sans en avoir entendu parler. J'ai enseigné vingt ans sans savoir autrement que d'instinct ce qu'il demandait de moi, et je ne sais pas encore à l'heure qu'il est où l'on en trouverait un exemplaire. Quant aux élèves, ils l'apprennent au fur et à mesure qu'ils l'enfreignent.

La lettre tue, je le sais, et c'est un mal dont on se console aisément que cette absence d'un règlement littéral, qui, en prévoyant toutes les fautes, donne, dit-on, l'idée de les commettre, et en soulignant les interdictions les fait paraître plus importunes. Mais au moins faut-il que l'esprit supplée à la lettre. L'action vivifiante, voilà ce qu'à tout prix nous devons tâcher d'introduire dans notre discipline. Il faut substituer à l'ordre de fait, subi plutôt qu'aimé, l'ordre conscient et voulu, le concert des volontés.

On ne voit guère pour cela d'autre moyen que la parole. Nous parlons vraiment trop peu éducation au lycée, voire dans l'Université tout entière. Élèves et maîtres, tout le monde est censé savoir *a priori* ce qu'on se doit les uns aux autres, ce qu'on doit au pays et à soi-même.

Ne parlons d'abord que des élèves. N'est-il pas clair pourtant qu'on ne peut les présumer tous exactement instruits, le jour où ils entrent au lycée, de ce qu'ils y viennent faire? Ce ne serait pas des enfants s'ils n'ignoraient de ce qu'on espère et attend d'eux, de l'ordre d'une grande maison, du rôle de chacun dans cette communauté, de la place de cette petite société dans la grande. Eh bien, tout ce qu'ils ignorent ainsi et doivent pourtant savoir pour prendre une conscience nette de leurs devoirs d'écoliers, qui donc commence par le leur apprendre? Où et quand les entretient-on, individuellement même, collectivement surtout, de ces choses?

Individuellement, ils seront gourmandés, quelquefois même longuement, quand ils auront fait une faute; collectivement, ils recevront, à l'occasion (et les occasions ne manqueront pas), de vertes semonces. Mais les esprits alors sont dans une médiocre disposition : les reproches refroidissent et ferment les cœurs, qui ne s'ouvrent guère à qui se fâche. On goûte peu la beauté de la règle au moment où elle sévit, et, si elle choisit ce moment pour s'expliquer soit sèchement, *ab irato*, soit verbeusement, chacun sait qu'elle prend mal son temps. Surtout, on parle toujours trop en punissant : l'enfant qu'on châtie et qu'on sermonne à la fois est nécessairement dans l'état d'esprit de ce soldat indien à qui son capitaine anglais tenait un discours biblique tout en le faisant fouetter, et qui, exaspéré, s'écriait : « Capitaine, si vous prêchez, prêchez; si vous fouettez, fouettez; mais, prêcher et fouetter à la fois, c'est trop. »

C'est avant tout conflit, et dans les meilleurs moments, c'est au commencement de l'année surtout, quand tout le monde arrive plein de bon vouloir, et qu'il n'y a encore point d'orage dans l'air, qu'il conviendrait, semble-t-il, que quelqu'un entretînt les élèves, très simplement, mais avec accent, du bon ordre de la maison, le premier intérêt et l'honneur commun de tous. Tout le monde est censé le faire; mais c'est pour cela précisément que si souvent personne ne le fait.

Quelquefois, les professeurs consacrent à une causerie de ce genre une partie de la première classe de l'année : on n'en conçoit guère un meilleur emploi. Mais le professeur se borne à ce qui est son affaire propre, les traditions, les exercices, la discipline particulière de sa classe. Qui donnera la note générale, qui parlera à tous de ce qui est l'affaire de tous? Au proviseur, évidemment, il appartient de donner cette impulsion d'ensemble, et de coordonner les efforts. Centre conscient et dirigeant de tout l'organisme, l'unité dont nous parlons sera son œuvre, ou elle ne sera pas.

Mais, dira-t-on, cette unité, ne peut-il la faire régner en fait, par une action vigilante et forte, quoique silencieuse? Il suffit qu'il la veuille et la réalise. — Eh bien! non! cela ne suffit point. L'Administration doit viser plus haut, dès qu'elle a charge d'âmes; et, si c'est de l'éducation qu'on entend faire, si c'est l'éducation de la liberté, il faut, à coup sûr, autre chose. Ce n'est pas assez que les élèves ne fassent point de sottises; il faut qu'ils n'en veuillent point faire. Ce n'est pas assez que tout soit dans l'ordre; il faut que tous se sentent dans l'ordre et s'y tiennent avec joie, même pouvant en sortir; que ce soit, comme dit Montaigne, « assez de leurs propres yeux à les tenir en office ». Des êtres intelligents ont besoin de savoir au juste ce qu'on veut d'eux, et pourquoi on le veut, à quelle œuvre on les fait coopérer. Il faut d'autant plus le leur dire que cette œuvre, en effet, est plus élevée. N'étant autre que leur préparation à la vie virile et au service du pays, elle suppose par définition leur collaboration consciente et cordiale, et ne peut être achevée que par eux.

Il y a tant de bonnes choses à leur dire là-dessus, et il est si nécessaire qu'elles leur soient dites en temps utile, que plusieurs d'entre nous se demandaient s'il ne conviendrait pas de prescrire à tout chef d'établissement d'avoir à ce sujet, de temps en temps et surtout au commencement de chaque année, avec les élèves réunis, au moins par groupes homogènes, des conférences familières, où il mettrait le meilleur de lui-même. La majorité, tout en jugeant ces entretiens on ne peut plus désirables, a pensé qu'il suffirait d'en signaler l'extrême intérêt, sans en faire l'objet d'une prescription réglementaire.

Il s'agit ici, avant tout, de vaincre une certaine timidité toute française qui retient l'expression des vérités morales sur les lèvres des mieux intentionnés, des meilleurs parmi les éducateurs. Tout le monde sent qu'en cette matière chacun doit être laissé libre de faire selon ses aptitudes, son tempérament et le milieu où il vit; et surtout qu'il faut éviter jusqu'à l'apparence d'un apostolat commandé.

Il doit être bien entendu, cependant, qu'en reconnaissant la délicatesse de ce qu'il y a à faire et la nécessité de s'en remettre au zèle intelligent des personnes, nous ne saurions nous résigner pour cela au *statu quo.* Il est impossible vraiment de tenir pour suffisante de tout point cette éducation morale, exquise assurément, mais indirecte, lente et parfois problématique, que les bons professeurs savent faire sortir des textes classiques et greffer sur tous les enseignements. Cette action elle-même pourrait être plus vive et plus forte, si on se la proposait plus expressément. Mais il n'est pas admissible que nos jeunes gens, selon les fortes expressions d'un de nos collègues, ne reçoivent jamais d'exhortation morale que par « la voix morte des vieux auteurs » ou de temps à autre, en passant, par la voix vivante d'un professeur, qui est un homme, et qui met en jeu, dans sa classe, d'autres sentiments que l'amour-propre. Il n'est pas admissible qu'en dehors de la classe le lycée soit un corps sans âme, dont toute la vie tienne à un régime, plus ou moins bien réglé, de peines et de récompenses. Or l'âme, quand il y en a une, a besoin de s'exprimer pour se mieux sentir elle-même, de s'affirmer pour se faire sentir. C'est en vain que l'Université serait cette grande « corporation » dont parle Guizot, « corporation laïque comme la société elle-même, profondément pénétrée de l'esprit national », si, avec cet excellent esprit qui l'anime, elle ne saisissait pas toute occasion et tout moyen de l'inspirer à la jeunesse.

Nous ne perdons de vue aucun des facteurs de l'éducation ; nous n'avons garde, en particulier, de méconnaître l'influence du sentiment religieux. Aux ministres des diverses religions revient de plein droit leur grande part dans l'éducation morale. Mais leur action, si utile qu'elle soit, n'en rend superflue aucune autre. Si bien qu'ils fassent leur devoir, cela ne peut dispenser personne de faire le sien. Le proviseur, en particulier, ne peut, sans descendre de son rang, laisser à personne l'honneur de donner le ton moral dans sa maison.

C'est pourquoi, Messieurs, sans demander une règle expresse et uniforme, qui ne ferait que compliquer le mécanisme et ne pourrait que gêner, choquer même, les meilleures inspirations, vous attacherez sans doute, comme nous, le plus grand prix à ce que le but, au moins, soit hautement rappelé à tous, chacun restant juge des moyens. Entre ces moyens, la conférence familière faite à propos, discrète, sentie, grave ou enjouée selon les cas, étant le plus naturel, est sans doute aussi des plus à recommander ; mais toute question de forme et de mesure doit être laissée au tact individuel, rien ne doit être condamné, que l'abstention sceptique et le silence dédaigneux.

RÉPONSE AUX OBJECTIONS.

On dira qu'il faut prendre garde à l'esprit de moquerie de l'écolier français et compter avec les sourires qui accueilleraient le sermon laïque.

Mais demandons-nous d'abord si ce sourire n'est pas pour une part l'effet de l'étonnement que cause la pratique inusitée de l'exhortation morale. Elle ne surprendra plus quand elle sera dans le ton de la maison. Puis, sous la moquerie même, le bon esprit et le bon cœur français cachent un fond sain et généreux. En aucun pays, certaines paroles dites d'une certaine façon ne sont plus vite comprises et ne provoquent une émotion plus contagieuse. Et, si par hasard, le scepticisme qu'on redoute était vraiment en train de pénétrer dans nos collèges, ce serait une raison de plus pour attaquer de front ce mal moral. On peut, d'un coup d'épingle donné à point, crever ces vessies de vanité, ou, d'un souffle un peu franc, les emporter comme des bulles.

Voici d'ailleurs une règle que nous proposerons de suivre pour l'application de la plupart des réformes que nous jugeons nécessaires. Un proverbe défend de mettre le vin nouveau dans les vieilles outres. Répandons partout l'esprit nouveau; mais ne heurtons nulle part violemment les habitudes prises. Procédons résolument et en toute liberté dans les lycées nouveaux, où il doit être relativement facile, en s'y prenant bien et surtout à temps, d'établir les choses sur le pied que l'on désire. Dans les autres, comptons principalement sur les élèves les plus jeunes. C'est aux *petits* qu'il faut surtout s'adresser; c'est d'eux qu'il faut s'emparer quands ils arrivent tout neufs au lycée, non pour leur demander une sagesse qui n'est pas de leur âge, mais pour leur apprendre l'abîme qu'on entend mettre entre les légèretés d'enfants, pour lesquelles on n'a jamais assez d'indulgence, et les vices naissants pour lesquels on en a toujours trop. Les avertir, les exhorter, les soutenir, ne suffira sans doute pas toujours, surtout du premier coup; au moins cela est-il de toute nécessité. Et la fermeté de main qu'il faudra toujours joindre à la parole, peut-être conviendrait-il de l'appliquer, dans l'origine, moins à tenir tout le monde constamment en bride qu'à écarter résolument en temps utile ceux qui apportent du dehors des dispositions ou habitudes ayant par trop besoin de la cravache ou du mors.

NÉCESSITÉ DU CONCOURS DES FAMILLES.

Mais, pour que l'action du proviseur sur les élèves soit tout ce qu'elle doit être, il faut qu'ils le sentent en communion étroite avec les familles et avec tous ses collaborateurs.

Il est dans la logique de l'internat de se passer volontiers du concours des familles, lorsque, étant d'un type militaire ou religieux, il se regarde moins comme chargé de continuer l'œuvre des parents que de la refaire. Mme de Maintenon elle-même, qui ne voulait pourtant faire que « de bonnes séculières », n'admettait la visite des parents à Saint-Cyr que quatre fois l'an, et demandait que l'entretien, chaque fois, ne durât pas plus d'une demi-heure. Tout autre est l'idéal dans notre conception toute civile et nullement claustrale. L'État n'entend pas soustraire les enfants à la famille, ni faire leur bien en dépit d'elle. Sans se flatter que toutes les familles donnent aux enfants, jusqu'au jour où elles les lui confient, la meilleure éducation possible, ni que toutes, également, soient à même de le seconder dans la suite, il ne lui appartient pas de se défier, *à priori*, de qui lui témoigne confiance.

Encore moins peut-il assumer à lui seul toutes les responsabilités, s'ériger en une sorte de providence capable de tout réparer, ou disposée à tout souffrir.

Il convient, à tous égards, que les parents soient avertis d'abord, d'une manière générale, du régime de la maison et sachent ce qu'on attend de leurs fils et d'eux-mêmes; il faut ensuite qu'ils soient régulièrement informés du point où en est chaque enfant, de ses efforts et de ses chutes, des crises petites ou grandes qu'il peut traverser, afin de joindre leur action à celle de la discipline intérieure pour les aider à en bien sortir. Comme tel est leur devoir élémentaire, il est digne de l'Université de supposer qu'ils veulent l'accomplir et de le leur rappeler au besoin. Elle n'est pas une entreprise qui se charge à forfait de les en dispenser.

Son intérêt en cela est d'ailleurs clair : il ne faut pas qu'il y ait de surprise ni qu'on puisse lui faire de reproches, le jour où elle aurait à exercer de ces rigueurs extrêmes, nécessaires quelquefois, toujours si douloureuses aux familles. Dûment tenues au courant de l'évolution de chaque enfant et invitées à y veiller pour leur part, celles-ci ne pourront, du moins, rejeter toute la faute sur le lycée.

Quand on le voudrait, d'ailleurs, quand ce ne serait pas contraire à notre notion actuelle de l'éducation publique, les mœurs ne permettent plus de compter sans l'intervention de la famille. L'élève interne lui-même n'échappe-t-il pas périodiquement pour des jours entiers, pour des semaines, pour des mois, à la surveillance du lycée? Quelle duperie n'y aurait-il pas dès lors à accepter tacitement, faute de dire assez haut le contraire, la responsabilité de tout ce qui peut, durant ce temps-là, compromettre l'œuvre à peine commencée, la détruire au fur et à mesure, et rendre stériles ensuite tous les efforts!

Pour toutes ces raisons, un des points qui nous ont le plus occupés a été la recherche des moyens d'associer plus étroitement la famille à l'action éducative du lycée. Sans avoir des mesures entièrement neuves à vous proposer sur ce point, nous indiquerons, du moins, des améliorations nécessaires et la voie dans laquelle l'initiative locale devra être invitée à en chercher d'autres, selon les cas et les milieux. Mais, auparavant, il nous faut parler d'une condition encore plus plus indispensable à la bonne marche du lycée.

NÉCESSITÉ DU CONCERT DE TOUS LES MAÎTRES.

Cette condition, c'est l'entente parfaite de tous les collaborateurs du proviseur avec lui et entre eux sur tout ce qui regarde le gouvernement des élèves, c'est le concert de tous ceux qui ont une part quelconque d'autorité. L'accord existe de fait en tant qu'il est affaire de bon vouloir général, de respect des règlements et de l'ordre hiérarchique; mais ce n'est pas ainsi que nous l'entendons. Il ne suffit pas que chaque maître veuille du bien aux élèves à sa manière et fasse son devoir comme il l'entend. Il est d'un intérêt capital que tous l'entendent bien et obéissent aux mêmes principes concertés entre eux. Si tous avaient reçu d'avance une même et excellente préparation pédagogique, le besoin d'une entente expresse serait encore impérieux, et cette nécessité est une des premières choses qu'ils auraient apprises : que sera-ce dans l'état actuel, où tous, à si peu de chose près, débutent sans aucune préparation théorique, sans autre guide que leur inspiration et le souvenir de ce qu'ils ont vu faire comme élèves? N'est-il pas à craindre, dans ces conditions, que les mauvais errements ne se perpétuent, si l'on n'y prend garde, et que les bonnes volontés, égales mais discordantes, n'aboutissent à faire d'assez pauvre besogne? Et, si elles en font de passables, serons-nous satisfaits? N'aurons-nous pas une ambition plus haute pour nos grandes maisons d'éducation?

Avouons-le de bonne grâce : le résultat, même où il est le meilleur, n'est pas tout ce que l'on doit souhaiter, et quelquefois, vraiment, il n'est guère bon. Un de nos écoliers (la remarque est de M. le recteur de Toulouse) peut avoir affaire, dans la journée, à cinq maîtres différents et souvent plus. Que la moitié seulement de ces maîtres soient de médiocres éducateurs (et ce serait miracle qu'il en fût autrement quand les choses de l'éducation, si délicates, sont les seules qu'on ne leur demande pas de savoir), notre élève, pour peu qu'il soit léger, rieur, pétulant, pourra, dans sa journée, « récolter » plus de punitions qu'il n'en saurait faire. Cela, sans avoir l'ombre de malice et peut-être en ayant de rares qualités, par le seul fait qu'il est de son âge, et que ses maîtres ne se concertent pas entre eux à son sujet. Pendant que les uns l'apprécient pour certains dons et lui passeraient tout, tant ils lui savent gré d'être vivant, les autres le molestent sans mesure, parce qu'il les agace, et que leur idéal pédagogique est d'obtenir qu'on les laisse en paix. Lui, naturellement, les oppose les uns aux autres; il se fait, de l'estime de ceux-ci, un appui contre ceux-là et n'est pas loin de croire, notamment, qu'un bon rang dans la classe donne le droit d'être indiscipliné à l'étude, sans parler des cas où la mauvaise humeur l'envahit tout, et où d'un étourdi, sans s'en apercevoir, « on fait un insurgé ».

L'assemblée des professeurs, même si elle était mieux passée dans les mœurs, même si elle s'occupait des cas individuels et de l'éducation proprement dite, au lieu d'aborder tout au plus les questions générales d'enseignement, répondrait encore imparfaitement au besoin d'entente que nous signalons ici, parce qu'elle laisse trop en dehors les maîtres d'études, dont, au point de vue qui nous occupe, le rôle est d'une extrême importance. Le professeur, s'il a le don et le sens pédagogique, est dans des conditions infiniment plus favorables pour exercer une action bienfaisante : aussi peut-être y manque-t-il moins souvent; mais ce n'est pas à dire que la participation du maître d'études dans les entretiens touchant les élèves soit moins nécessaire que celle des divers professeurs; au contraire, elle l'est d'autant plus, et son apport est d'un prix au moins égal; car il vit plus avec les élèves; témoin de leur travail et de leurs jeux, il peut, s'il s'y applique, les connaître plus vite et peut-être mieux.

Il exerce sur eux une influence plus constante, sinon plus vive : il est d'une extrême importance qu'il soit informé, guidé, remis au point s'il se trompe. En revanche, il peut apprendre même aux meilleurs professeurs et sur l'élève le plus en vue, quantité de choses qu'ils ignorent, parce qu'elles ne se voient pas en classe, et qu'ils ont besoin de savoir cependant, pour connaître entièrement leur terrain, pour porter juste où il faut leur effort. Le maître d'études sait, en général, assez bien la manière dont les choses vont en classe et ne manque guère d'en tenir compte. Le professeur, au contraire, assez mal informé par le cahier de correspondance, de ce qui se passe à l'étude, s'en soucie peu à l'ordinaire; s'il s'y intéresse parfois, c'est dans la mesure où il y trouve la confirmation de ses propres impressions; il ne songe guère à voir là un moyen de les contrôler utilement et de les corriger au besoin. De là, une fois de plus, ce défaut d'unité, ce décousu dans la direction morale, qui est la grande faiblesse de notre discipline, même où elle est la plus douce et la plus sage.

Pénétrés des inconvénients de cet état de choses, voyons par quels moyens pratiques on y pourrait porter remède. Comment coordonner, réunir en un faisceau toutes les forces entre lesquelles est comme dispersée actuellement l'action éducative? Comment faire concourir, d'une manière expresse et efficace, non seulement tous les maîtres de chaque maison à sa bonne police, mais tous les divers maîtres de chaque enfant et les familles à la fois au développement des caractères individuels et à la formation d'un esprit public qui les soutienne et les élève tous?

DEUXIÈME PARTIE.

LES MOYENS. — RÉFORMES PROPOSÉES.

A. — DISCIPLINE PRÉVENTIVE.

De tout ce qui précède découlent naturellement les règles qui doivent dominer notre discipline rajeunie. Voulant donner, avant tout, à nos jeunes gens le sentiment de leur responsabilité et l'habitude de se conduire, il faut réduire au strict nécessaire, dans nos lycées, tout ce qui est contrainte et punition, établir partout résolument ce qu'ont inauguré déjà avec succès plusieurs établissements, un régime libéral au plus haut sens du mot, c'est-à-dire proprement moral.

Il s'agit non pas de faire craindre la règle, mais de la faire respecter et aimer. Au vieux système de punitions et de récompenses, déjà fort amendé, qui ne s'adressait qu'aux instincts égoïstes, doit succéder, en dépit des sceptiques, car on ne fera rien si on les écoute, la mise en œuvre patiente, obstinée, systématique, de la raison et des sentiments moraux.

Les élèves tout d'abord doivent être bien avertis qu'on ne veut plus les mener aux lisières, mais aussi, pour qu'il n'y ait point de malentendu, que le relèvement de la discipline n'en sera pas le relâchement. C'est notre conviction profonde, qu'on les rendra dignes de confiance en leur en témoignant, qu'on obtiendra sans peine, par un régime absolument libéral, un ordre égal à tous égards et très supérieur en qualité à celui qu'ont jamais fait régner les procédés scolaires traditionnels. Aussi bien l'expérience est-elle faite, puisqu'il ne s'agit guère que de généraliser prudemment ce qui se fait depuis quelque temps déjà dans nos lycées les meilleurs à l'insu du public, mais à la satisfaction générale.

Plus de *pénalités* n'ayant pour but que d'exercer des représailles, d'infliger une souffrance en retour d'une infraction au règlement. Il ne doit pas y avoir au lycée de sanctions qui n'aient un caractère moral : là est la différence radicale entre une maison d'éducation et un établissement pénitentier. Si un point semble acquis en ces matières, c'est qu'en maltraitant on abaisse, et que plus on châtie, moins on améliore.

Mais élever les sanctions ce n'est pas les supprimer. Punitions et récompenses seront toujours nécessaires pour fortifier la règle et pour la faire prendre au sérieux. A quoi se réduirait-elle, si celui qu'elle gêne pouvait la violer à plaisir ? Et comment la conscience indécise de l'enfant saurait-elle qu'elle est dans l'ordre, si elle ne trouvait pas plus de joie à y être qu'à en sortir ? Les enfants ont besoin d'être heureux pour être bons, comme aussi d'être avertis vivement dans leurs écarts et arrêtés net sur certaines pentes. Le tout est de savoir au juste ce qu'il faut punir et comment.

L'appréciation des fautes scolaires peut donner lieu à des erreurs bien dangereuses. Il n'en est pas de plus redoutable que de multiplier, par des défenses ou des exigences inutiles, les occasions de sévir, que de se croire obligé de reprendre et de menacer sans cesse, de frapper souvent, de frapper fort, au mépris des lois de l'habitude, qui font que les impressions s'émoussent en se répétant. Conserver à tous les élèves une sensibilité délicate, doit être le premier de nos soins.

Abandon des exigences inutiles ; la règle du silence.

S'il en est ainsi, le commencement de la sagesse sera de supprimer résolument toute prescription étroite dont la nécessité n'apparaît point, et qui, pour des avantages problématiques, a l'inconvénient certain d'être une source de punitions. De ce genre est, au premier chef, la règle monastique du silence. Autant le silence est nécessaire au travail, dans la classe ou dans l'étude, autant il est inutile dans les mouvements et durant les repas. Au réfectoire, comme dans la famille, on ne peut voir qu'avantages à ce que le repas soit égayé par la conversation. S'il en dure quelques minutes de plus, où sera le mal, et les hygiénistes s'en plaindront-ils? Plus on y réfléchit, plus le silence imposé là semble contraire à la nature des choses. On ne peut le justifier que par la crainte du bruit ; mais les élèves, avertis que le bruit ne sera point toléré, apprécieront trop la liberté qu'on leur donnera pour risquer de la compromettre. Ils garderont la mesure naturellement : l'expérience en a été faite, et elle a toujours réussi. Il n'y a pas plus d'abus à craindre en ce qui concerne la causerie permise dans les rangs au sortir de la classe et de l'étude. Pourquoi refuser aux enfants cette minute de détente et de communication, dont nous-mêmes aurions besoin à leur place ?

Substitution désirable de l'état de paix à l'état de lutte : conséquences morales.

D'une manière générale, nous pensons que la discipline sera facilitée, dans une mesure qu'on ne saurait dire, par tout ce qu'on pourra faire pour que les élèves soient heureux, confiants, de bonne humeur, et ne songent plus à s'arroger, vis-à-vis de leurs maîtres, les droits de belligérants. Il y aurait, au contraire, un sérieux danger pour le caractère national, à laisser se perpétuer, ou revivre, car il est presque mort, ce vieil et sot état de lutte traditionnel, qui justifie aux yeux des enfants, non seulement tous les enfantillages, mais les ruses de guerre, la dissimulation, les complots.

Depuis qu'il y a des écoliers, c'est pour eux un péché véniel que de tromper leurs maîtres et de nier effrontément leurs fautes. Ce ne sont pourtant pas là de bonnes habitudes à prendre; et l'on peut toujours craindre qu'il n'en reste quelque chose. Nul doute que cette tendance ne décroisse à mesure que l'élève risquera moins à se montrer ingénûment tel qu'il est. C'est à quoi il faut l'inviter, l'encourager par tous les moyens[1]. Au lieu de suspecter *a priori* sa bonne foi, supposons-la de parti pris, croyons-le sur parole, faisons-lui crédit largement, et que les présomptions en cas de doute soient toujours en sa faveur. Prodiguons-lui l'estime pour qu'il veuille la mériter. Comme nous tenons infiniment moins à ce qu'il fasse ceci ou cela et plus ou moins bien tel exercice qu'à ce qu'il soit honnête et droit, montrons-lui que nous mettons la loyauté avant toutes les vertus scolaires, et que nous lui passerons tout plutôt que le manque de vérité. Non contents de le lui dire dans les entretiens dont il a été question plus haut, prouvons-le lui au jour le jour en inaugurant un état de paix qui laisse sans excuse à ses propres yeux toute faute de mauvais aloi. « On aurait honte de mentir à Arnold, disaient les élèves de Rugby : il vous croit toujours. »

Le droit de punir réservé en principe au chef de la maison.

Dans une maison qu'on a su mettre à ce ton, avec quelle autorité l'on punit quand surviennent les incidents qui ne permettent pas de fermer les yeux! Mais les punitions, même justifiées, même judicieuses, manquent leur effet en s'accumulant : il faut donc aller plus loin, et, de peur qu'on n'en abuse encore, déterminer exactement à qui il appartiendra de les prononcer. En principe, le rôle de juge, par conséquent le devoir et le droit de punir, est la prérogative essentielle du chef de la maison. C'est au proviseur d'infliger, après examen et par un véritable jugement, les peines positives; le professeur et le maître d'études devraient se borner, sauf certains cas extrêmes, à avertir et à noter.

Malheureusement, la charge des proviseurs est déjà bien lourde, et l'on doit prendre garde d'accroître outre mesure leur responsabilité. D'autre part il ne faut pas que les autres maîtres, habitués à user librement des punitions, puissent se croire tout à coup désarmés. Pour ces deux raisons, il suffira sans doute de rappeler fermement à tous que le proviseur a le contrôle de toutes les punitions, parce qu'en dernière analyse la responsabilité d'ensemble lui appartient.

« Désarmés » est d'ailleurs un terme de guerre, qui, pour nous toucher beaucoup, rappelle un peu trop la mauvaise pédagogie avec laquelle, jus-

---

[1] « Qu'on ne se serve jamais de leur propre aveu pour les punir. » Mme DE MAINTENON.

tement, nous voulons rompre. Les bons maîtres n'éprouvent pas ce besoin
de se sentir dans leur chaire comme dans une forteresse, et volontiers on
désarmerait un peu ceux qui ont à ce point peur de l'être. Mais « désarmé », personne ne le sera. Donner, en les pesant bien, des notes qui
portent, est une plus grande force, et plus réelle, que de distribuer, quelquefois *ab irato,* des punitions qui glissent si souvent, à moins qu'elles ne
dépassent le but, et, en exaspérant, ne tuent le respect. L'essentiel est de
faire que toute note porte. Il le faut de toute nécessité, pour que la note
soit une vraie sanction. Mais, si elle en est une, comme nous croyons
qu'elle peut l'être, plus fine, plus pénétrante, plus nuancée que les grosses
punitions, si nous trouvons le moyen de la rendre plus vraiment sensible
à la conscience plus délicate des élèves, qui donc osera se dire désarmé
sans s'avouer par là même un pauvre éducateur ?

Comment la note peut être une vraie sanction.

Eh bien voici, selon nous, des conditions qui peuvent faire de la note
un moyen de discipline très efficace.

Tout d'abord, il faut qu'elle soit discrète, afin de garder sa valeur : aucune sanction ne peut se passer de cette qualité. On n'en trouvera pas qui,
par elle-même, ait assez de vertu pour pouvoir être impunément appliquée à tort et à travers. Il faut donc renoncer à tout noter. Non ! avec les
enfants il ne faut pas tout noter, parce que tout n'est pas grave. Le premier avantage de la note, c'est que, devant être motivée dès qu'elle sortira
de l'ordinaire, elle ne pourra signaler que ce qui aura de l'importance.
Puis, elle n'est ni immuable ni irrévocable. Elle s'assouplit aux incidents
de la journée. On peut sans bruit l'effacer, la baisser, la relever, admettre
au bout de la journée, de la semaine, d'intelligentes compensations.

Mais toute note arrêtée dans ces conditions de réflexion et de sang-froid
constitue un témoignage sérieux qui ne doit jamais passer inaperçu. Il
faut qu'elles fassent toujours l'objet d'un examen attentif, les notes quotidiennes, de la part du censeur, qui y relèvera ce qui tranche en bien ou en
mal, les notes hebdomadaires, de la part du proviseur lui-même.

La lecture des notes de chaque semaine dans les classes et les études
par le censeur et le proviseur réunis, n'a pas toujours peut-être, dans la
pratique, autant d'intérêt et d'action qu'il le faudrait, parce que cette lecture a pris trop souvent un caractère de pure formalité. Pour que ce ne
soit pas seulement un rapide passage à jour dit dans tous les quartiers ou
toutes les classe, un défilé de noms et de chiffres, dont un trop petit
nombre donnent lieu à des observations plus ou moins banales, n'allant
au cœur de personne et n'ajoutant rien au prestige de l'autorité, il est désirable que le proviseur et le censeur aient à l'avance étudié d'un peu près

les dossiers, en faisant au besoin auprès des maîtres une enquête un peu
approfondie sur ce qui vaut vraiment la peine d'être relevé. Ils feront surtout œuvre utile en mandant devant eux individuellement, pour leur tenir
au juste le langage qu'il convient, les élèves à qui il y aura quelque chose
de plus particulier à dire. Ceux dont la conscience n'est pas nette seraient
plus punis, croyons-nous, et le seraient surtout d'une meilleure manière
par l'attente de cet entretien, qu'ils ne le sont actuellement par les punitions.

Ainsi, la simple note isolée, qui est déjà une sanction par elle-même,
en touve une, à son tour, dans l'attention qu'elle obtient, dans l'éloge ou
le blâme qu'elle attire à celui qui l'a méritée. Mais ce n'est là que le train
quotidien de la vie scolaire. L'élève peut encore, à part lui, opposer ses
maîtres les uns aux autres.

Les notes mensuelles et trimestrielles. — Les bulletins.

Un progrès plus décisif sera de faire délibérer en commun de temps en
temps par tous les maîtres qui ont affaire aux mêmes élèves des notes qui,
coordonnées et condensées, lues devant le proviseur ou par lui dans des
conditions toute nouvelles, objet de sa part d'un commentaire public,
enfin communiquées aux familles, seront le grand ressort de la discipline.
Il n'échappera à personne que ce que nous proposons ici diffère profondément de ce qui existe actuellement sous le nom de notes et de bulletins
trimestriels.

Ce qui aujourd'hui est communiqué aux familles, ce sont, avec les
places (objet principal de leur attention), les notes éparses des professeurs, éparses, c'est-à-dire données séparément, sans souci de les mettre
d'accord. L'appréciation du proviseur doit, il est vrai, faire la synthèse du
tout. Mais il peut arriver qu'en tâchant de résumer en une phrase les impressions les plus différentes, elle prête à tel élève une physionomie que
reconnaissent mal ceux qui le connaissent le mieux. Ne conviendrait-il
pas, au lieu de cela, que le jugement de chaque maître fût donné intégralement, mais éclairé, avant d'être émis, par la mise en commun des
impressions, tempéré ensuite et mis dans sa valeur vraie par son rapprochement avec les autres?

Cela n'empêcherait pas le proviseur de donner une note générale. Il
est même naturel que cette note d'ensemble, ainsi donnée en toute connaissance de cause, absorbe les autres plus ou moins; et quelques-uns de
nous iraient jusqu'à admettre que, rédigée avec soin, disant bien tout ce
qu'il y a à dire, elle pût au besoin les remplacer toutes dans le bulletin
envoyé aux familles. La majorité cependant, afin d'être plus sûre que rien
ne sera omis de ce qui peut intéresser des parents vigilants, aimerait mieux
que les notes explicites au moins des principaux professeurs figurassent

sur le bulletin, soit transcrites exactement, soit écrites directement de leur main, le dernier mot, toutefois, le droit d'interprétation et de mise au point appartenant toujours au proviseur.

Maintenant, cette communication des notes aux familles, si vous nous en croyez, ne devrait pas avoir lieu pour tous tous les trois mois seulement. En restant trimestrielle pour les grands élèves, elle devrait pour tous les autres avoir lieu deux fois par trimestre. Des parents soucieux de leur devoir ont le droit d'être un peu plus souvent renseignés sur la santé, la tenue, le travail, le développement moral de leurs enfants. Beaucoup voudront de plus avoir de temps en temps des communications orales avec le chef de la maison ; il s'y prêtera toujours, bien entendu, et tous les maîtres comme lui, avec l'empressement et les égards convenables, et surtout aucun incident notable ne se produira dans l'intervalle des bulletins périodiques sans que la famille en soit immédiatement avisée.

Cela posé, et les externes étant mis à part, pour qui subsistera, naturellement, le carnet de correspondance presque partout en usage, il nous a semblé que le bulletin bi-trimestriel suffisait même pour les plus jeunes écoliers. Plus fréquent, il ne donnerait pas seulement à tous les maîtres un surcroît de travail qui ne peut être que fâcheux, s'il n'est point nécessaire ; il perdrait, croyons-nous de son autorité et auprès des familles et auprès des enfants. Ceux-ci le redouteront plus, un peu rare. Il faut, en effet, qu'il y ait là une véritable et vivante sanction. Il faut que tout le monde attache au bulletin une importance proportionnée au soin avec lequel il sera établi. L'élève qui aura fait une grosse faute ou trop de petites, à moins qu'il n'ait pas de parents ou qu'il soit avec eux dans des rapports bien exceptionnels, que nous ne devons pas présumer, pensera avec appréhension au jour où les siens recevront ces notes, et le bon élève, au contraire, trouvera là sa meilleure récompense. Il en sera de la sorte, si réellement le bulletin n'est ni trop fréquent ni trop rare.

Informés trop souvent, les parents le seraient de trop de choses. Leur indulgence, presque toujours disposée à en rabattre un peu des sévérités du collège, prendrait vite l'habitude de passer indistinctement condamnation sur tout ce qu'on leur signalerait, comme autant de peccadilles. Et le mal ne serait guère moindre, en sens inverse, si quelques autres, comme il en est, allaient prendre tout au tragique. L'enfant a besoin de crédit. Rarement ses progrès sont continus, il y a des hauts et des bas ; des élans et des reculs ; il avance *per itus et reditus,* comme Leibniz le dit du progrès en général. Il ne faut pas tous les jours compter avec lui ou du moins publier son bilan ; son développement en souffrirait certainement, et il est bien à croire que la nature reprendrait ses droits tôt ou tard, si, par impossible, on réussissait à contenir en lui la grande somme d'enfantillage qui doit se dépenser pour faire un homme.

La lecture des notes.

Mais ce règlement de comptes ne doit pas demeurer secret ni consister seulement en écritures. Une innovation capitale entre celles que nous vous proposons, c'est de communiquer aux élèves tous les premiers, aux élèves réunis par classe devant tous les maîtres dont ils relèvent, ces notes arrêtées en commun, les mêmes dont leurs familles auront le lendemain connaissance.

Il ne s'agit pas ici d'une lecture hâtive, ressemblant même de loin à celle des notes hebdomadaires que nous rappelions tout à l'heure.

Pour bien marquer la différence, nous exprimons d'abord le vœu que la séance dont il s'agit ait lieu non dans la classe ou dans l'étude, mais dans la salle des actes.

Dans cette séance tout naturellement, soit à propos des cas particuliers, soit avant ou après les admonestations individuelles, trouveront place ces exhortations générales dont la nécessité était signalée et l'absence déplorée plus haut, ces rappels du but où l'on doit tendre ensemble, ces examens de conscience collectifs, cet encouragement des efforts méritoires, ce blâme senti des vrais écarts. Chaque élève, à son tour, doit obtenir sa minute d'attention, même les médiocres, qui parfois peut-être, vu leur point de départ, ont déjà gagné à le devenir, mais qui souvent, au contraire, doivent rougir d'être tombés à ce niveau ou d'y rester.

Pour faire de ce compte rendu une sanction plus haute encore et plus sûre, nous nous sommes demandé s'il n'y aurait pas lieu d'y inviter, d'y admettre au moins les familles. Ce serait là sans doute un de ces moyens que nous cherchions de les associer à la vie scolaire. Mais nous avons craint de fausser le caractère de cette solennité, qui, pour rendre les services qu'on en attend, ne doit pas être trop publique. Si les parents sont là, il faudra les ménager, compter avec leurs susceptibilités légitimes, craindre de dépasser le but en disant tout ce qu'on sent, dans des conditions faites pour décupler la portée des moindres paroles. Ce serait aller contre la fin qu'on se propose. Des parents peuvent lire avec profit et sans avoir le droit de s'en fâcher telle note confidentielle, dont ils n'entendraient pas aisément ni avec pleine convenance la lecture et le commentaire en public. Il faut chercher, croyons-nous, d'autres et meilleures occasions d'ouvrir aux familles les portes du lycée; nous reviendrons à cette question tout à l'heure; mais il nous a semblé qu'ici le risque était trop grand de gâter une institution sur laquelle nous comptons beaucoup, en ôtant à la parole du proviseur, avec la familiarité, quelque chose de la franchise, de la saveur, de la verdeur au besoin qu'elle doit avoir.

Le conseil de discipline.

Enfin, comme couronnement de cette organisation disciplinaire indépendante des sanctions positives et destinée à les rendre presque inutiles, nous sommes d'avis d'établir dans chaque lycée et collège un conseil de discipline. L'expression est un peu forte; nous aurions préféré à certains égards « conseil de famille », qui évoque des idées moins sévères. Mais ce nom, à son tour, a quelque chose de trop sentimental : il ne faut ni faire sourire ni alarmer les partisans d'une autorité ferme, qui jugeraient, non sans raison, un peu molle pour de grands internats une discipline exclusivement familiale. Fortifier l'autorité est, au contraire, notre vœu unanime; car plus elle sera forte, plus elle pourra être libérale. Le moyen, c'est d'assurer et de faire paraître aux yeux la solidarité étroite, le concours de toutes les forces de la maison dans l'exercice de l'action disciplinaire.

Sous la présidence du proviseur, ce conseil de discipline serait composé du censeur, membre de droit, de cinq professeurs, d'un surveillant général et de deux maîtres répétiteurs, respectivement élus par leurs collègues. Afin de garder tout son prestige, comme aussi de laisser à chacun sa responsabilité et ses coudées franches, il n'interviendrait qu'à d'assez grands intervalles, et non, pour l'ordinaire, dans les questions de détail. Ce serait assez qu'il se réunît tous les trois mois, pour prendre connaissance de l'état moral de la maison; sauf à être convoqué, s'il y avait lieu, dans l'intervalle de ces réunions régulières, pour infliger un avertissement aux élèves qui lui seraient déférés et donner son avis sur telles mesures proposées par le proviseur. L'avertissement ainsi prévu devrait toujours précéder l'exclusion, sauf dans les cas d'une gravité exceptionnelle, où l'exclusion prononcée d'urgence serait seulement soumise à la ratification du conseil. Les très bons élèves, d'autre part, pourraient, à l'occasion, être appelés devant lui, pour recevoir en son nom des félicitations, qui seraient une très haute récompense.

De la sorte, et déjà par son existence même, ce conseil serait comme un régulateur de la discipline. Le fait seul que les gros incidents devraient lui être soumis et être par lui examinés contradictoirement les rendrait probablement plus rares. Même les entretiens familiers, auxquels on peut espérer que se borneraient souvent les séances, contribueraient grandement à prévenir à la fois l'excès de rigueur et l'excès de mollesse, avec les désordres petits et grands qui s'ensuivent, en permettant à tous d'échanger leurs impressions sur la marche de la maison et de s'avertir mutuellement, quand il y a de l'orage dans les esprits.

Le conseil de discipline serait élu dès le commencement de l'année scolaire; la durée de ses pouvoirs serait de trois ans; mais il serait pourvu sans retard aux vacances qui se produiraient au cours de l'année.

Les professeurs ne briguent pas volontiers les mandats. Ils sont, de plus en plus, enclins à se désintéresser de ce qui touche à l'administration du lycée et, par suite, à sa discipline, puisque aujourd'hui c'est quasi tout un. Cependant la grande majorité a reconnu depuis longtemps et déplore ce qu'il y a d'affaiblissant pour tous dans cette tendance de chacun à séparer sa cause. Il ne faut pas douter que ceux qui seront honorés des suffrages de leurs collègues ne soient heureux de mettre leur expérience au service du lycée. On peut tout espérer de leur sentiment du devoir professionnel; ce n'est pas leur habitude de se dérober, ni de ménager leur peine quand elle peut servir à quelque chose. Il y a lieu vraiment de s'étonner qu'on n'ait point encore trouvé le moyen de faire concourir à la discipline intérieure une telle influence morale.

Ne quittons point ce chapitre de la discipline préventive sans rappeler la règle indiquée plus haut pour l'application de ces réformes. Il nous paraît nécessaire de les introduire sans retard dans les lycées nouveaux et progressivement dans les anciens lycées en commençant par les petites classes. Nous pouvons faire mieux encore. Tous nos efforts tendent à faire que le corps entier des maîtres dans chaque maison ait une opinion et exerce une action sur la discipline; partout donc où cette opinion est faite aujourd'hui, si l'on se sent prêt à exercer cette action et si l'adhésion sincère des volontés est acquise, la réforme peut s'appliquer dès maintenant, sinon tout entière, au moins avec des tempéraments sur lesquels l'accord se fera sans peine entre les lycées et les recteurs.

B. — DISCIPLINE RÉPRESSIVE.

Les punitions.

Maintenant, toutes les forces morales, unies et coordonnées, suffiront-elles à faire régner de tout point l'ordre désirable? C'est le but où il faut tendre; mais il ne faut pas se flatter d'y atteindre du premier coup. Or avertir, reprendre, noter, blâmer, graduer comme il convient les avis et les blâmes, puis, en cas d'insuccès, aboutir d'emblée à l'exclusion, cela constituerait un régime très doux en apparence, terrible en réalité, vu la légèreté des enfants et des jeunes gens eux-mêmes, et l'état présent des habitudes scolaires. Il est donc nécessaire que les notes et les avis soient comme ponctués de certaines peines destinées à les rendre plus sensibles.

Punitions à proscrire.

Ce n'en est pas une acceptable à nos yeux que l'inscription des élèves mal notés sur un tableau spécial affiché dans les classes ou au parloir et faisant pendant au tableau d'honneur. Cette punition, indiquée dans le rapport d'un recteur comme ayant réussi quelque part, a un caractère infamant, qui pourrait à bon droit paraître excessif aux familles. D'ailleurs, elle est encore d'ordre purement moral : trop forte où elle serait prise très au sérieux, elle pourrait ne pas l'être partout également. Elle suppose formé l'esprit des élèves, plutôt qu'elle ne paraît de nature à le former; elle est inutile si cet esprit est bon, et serait fort dangereuse s'il était mauvais.

A aucun prix cependant il ne faut retomber dans le *pensum*, qui doit être et demeurer définitivement supprimé, ni à plus forte raison dans les vieilles pénalités physiques, plus mortelles encore à la bonne volonté : arrêts, séquestre, privations d'air et de mouvement, travaux forcés où l'esprit n'a point de part, legs d'une pitoyable pédagogie. Legs éternel, dit-on : raison de plus pour le répudier avec la dernière énergie.

Punitions de bon aloi.

Les punitions suivantes, au contraire, semblent de nature à renforcer notre discipline morale sans la fausser. Si ce ne sont pas les seules admissibles rigoureusement, au moins n'en faut-il permettre que d'analogues.

Au premier rang est *la privation de sortie*, peine de très bon aloi, et toujours sensible. En graduant mieux cette peine, on pourrait, semble-t-il, en tirer plus de parti qu'on ne le fait. La privation partielle devrait suffire dans la plupart des cas; la seule notification aux parents en fait une punition très sérieuse. La privation totale prendrait alors une gravité exceptionnelle.

Mais beaucoup d'élèves ne sortent pas d'ordinaire, et ne peuvent être atteints de la sorte. Reste *la retenue du jeudi* et, à la rigueur, du dimanche. Dans les conditions que nous allons dire, c'est la punition tout indiquée pour le travail insuffisant et la paresse.

Quand une leçon n'est pas sue, il n'est pas toujours absolument nécessaire qu'elle soit réparée : si le bon vouloir y était, si l'on était sûr de l'effort, il serait souvent sage de s'en contenter. L'important est d'obtenir que la leçon du lendemain soit mieux sue, et non d'exercer une vindicte. Il en sera de même quelquefois pour tel devoir manqué. Aussi croyons-nous que les punitions pourront toujours, sans inconvénient, être rares dans toute classe bien faite. Quoi qu'on ait pu nous dire de la nécessité où croient être certains professeurs de beaucoup sévir pour faire beaucoup travailler, nous ne pouvons nous empêcher de voir là surtout une fâcheuse habitude. C'est une loi générale, vérifiée par les piquantes statistiques de M. le recteur de Toulouse, que le nombre des punitions dans une classe est en raison inverse de la qualité des méthodes; elles sont moins nécessaires, en effet, à mesure qu'on fait de meilleure besogne. L'élève travaille assez, sauf de bien rares exceptions, quand l'enseignement est vivant et l'autorité grande, quand les leçons et les devoirs sont bien donnés, bien corrigés, et que toutes les exigences sont raisonnables. Nos meilleurs souvenirs à tous sont pour les professeurs qui entendaient ainsi leur tâche.

Nous reconnaissons, toutefois, que ceux-là même ont besoin de pouvoir, s'il le faut, exiger certaines réparations. Telle leçon non sue doit l'être à tout prix ; tel exercice négligé doit être fait et bien fait sous peine de laisser des lacunes, dont souffrirait toute la suite des études. Le mauvais vouloir, en tout cas, ne doit jamais être impuni. Le jeudi donc, non pas à l'heure ni au détriment de la promenade, mais le matin, pendant que les camarades s'appartiennent et trouvent dans un travail plus libre une détente méritée, il est juste que les paresseux soient tenus de réparer leur négligence. Point de dictée, point de tâche mécanique. Celui-ci apprend la leçon qu'il n'a pas sue ; celui-là fait le devoir qu'il n'a pas fait, ou même refait simplement la partie du devoir qu'il a manquée.

Même chose le dimanche matin, si besoin est. Et rien n'empêche que les externes ne soient appelés à ces retenues. Mais ni externes ni internes n'y seront nécessairement condamnés, s'ils peuvent fournir autrement les réparations dues, sans que rien dans leur travail en souffre. Sauf les cas de paresse obstinée et de mauvaise volonté notoire, l'important, encore une fois, n'est pas de châtier, c'est d'obtenir l'effort utile. La tâche la plus courte sera la meilleure, pourvu que ce soit un travail intelligent, toujours l'objet d'un sérieux contrôle, un travail qui remette l'ordre dans la volonté et qui mette dans l'esprit les connaissances qui doivent y être.

La promenade aura toujours lieu. La suppression n'en pourrait être admise que dans des conditions vraiment exceptionnelles. On a imaginé dans quelques lycées un moyen de la conserver comme exercice hygiénique en lui ôtant le caractère de libre récréation, pour les élèves qui, à l'heure où elle a lieu, ne sont pas en règle avec la discipline. Le *peloton de punition*, au lieu d'une promenade proprement dite, avec causerie et halte pour les jeux, ne ferait qu'une marche vive en silence. Il n'y a rien là d'inacceptable, si ce n'est peut-être que ce silence dans les rangs ne sera pas facile à obtenir au dehors quand on ne l'exigera plus à l'intérieur, et qu'il ne faudrait pas que cette punition fût pour les élèves une occasion d'en attraper d'autres.

Si, d'autre part, le peloton de punition devait être reconnu de tout le monde au passage, attirer par exemple l'attention par un espacement insolite des rangs, il y aurait là une peine très dure et même d'une convenance douteuse.

La peine est douce, au contraire, mais, comme telle précisément, ne serait pas pour nous déplaire, si l'exécution en est confiée à un maître ayant le tact avec l'autorité et n'y mettant point de mauvaise humeur.

Tout ce qu'on en peut dire, c'est donc qu'elle n'est pas inadmissible *a priori*; mais elle est d'une application délicate, et l'épreuve n'en est pas assez faite.

Conclusions touchant les punitions.

La Sous-Commission estime que l'amélioration du régime disciplinaire dans le sens qu'on vient d'indiquer doit être immédiatement entreprise. Bien qu'il y faille du temps, et qu'il convienne de suivre ici encore une marche progressive, deux mesures générales nous paraissent devoir être prises sans retard : l'emploi des punitions reconnues pitoyables, des *pensums* surtout et de la retenue quotidienne, doit être rigoureusement prohibé; et il faut interdire absolument la punition infligée *ab irato* aussitôt après la faute [1]. La faute sera notée aussitôt que commise ; mais le châtiment ne sera notifié que plus tard. Il faut que le maître ait le temps de réfléchir, l'écolier le temps de se racheter.

Ne nous lassons pas de le rappeler : les meilleurs punitions ne sont guère bonnes, et l'idéal doit être de s'en passer. Nous n'aurions pas perdu notre peine si nous avions bien fait sentir dans quel esprit, avec quelle mesure doivent être infligées celles mêmes qui sont de bon aloi, et qu'il n'y en a pas qui n'aillent pas contre le but quand l'inspiration morale y manque.

C. — Moyens auxiliaires de la discipline. — Questions d'organisation intérieure.

Avant de passer aux récompenses, je dois encore insister sur certains moyens auxiliaires de la discipline dont la Sous-Commission s'est occupée avec un vif intérêt. Tout ce qui peut contribuer à faire des jeunes gens bien élevés, non seulement au sens profond du mot, mais aussi dans son acception moins grave et toute sociale; tout ce qui peut, inversement, faire péricliter le caractère, les mœurs ou simplement les bonnes manières, est digne d'une extrême attention.

Il n'y a rien de petit en fait de tenue, de propreté, de décence. Une mère très intelligente, très amie de l'Université, ne reprochait qu'une chose au lycée (un bon lycée du Midi) où son fils avait fait comme externe toutes ses études : c'est que l'enfant n'avait jamais été dans une classe où il y eût un portemanteau. Il avait toujours dû tenir son manteau et sa cas-

---

[1] «Un âme menée par la crainte en est toujours plus faible... Quand tout a été employé sans fruit, on peut bien en venir au châtiment, mais non le rendre ordinaire et journalier ; car c'est pour lors que le remède est pire que le mal... La première règle est ne point punir un enfant dans l'instant même de sa faute.» Rollin, *Traité des Études*, liv. VIII, 1re partie : Des châtiments.

quette sur ses genoux, à moins qu'il ne les glissât sous le banc, c'est-à-
dire à peu près sous ses pieds, ou qu'il ne prît, pour varier, le parti de
s'asseoir dessus. Reproche souriant, qui a sa gravité. Espérons qu'à l'heure
qu'il est il ne serait plus possible dans aucun lycée ni collège.

Le dortoir.

Le coucher, la tenue au dortoir sont d'une importance particulière.

La Sous-Commission de l'éducation physique s'est prononcée, au point
de vue de l'hygiène, en faveur du dortoir divisé en cellules ; nous ne pouvons qu'appuyer cet avis au point de vue des convenances morales. On
nous a rappelé, il est vrai, que le système des cellules avait été jadis condamné à ces deux mêmes points de vue de la moralité et de l'hygiène ;
c'est ce qui explique qu'adopté dans les écoles normales, il ne l'ait pas été
dans les lycées nouveaux, où l'installation d'ailleurs a réalisé tant de progrès. Les notions d'hygiène ont gagné en précision, et, du moment que
certaines dispositions permettent d'assurer parfaitement le nettoyage et
l'aération des cellules, on semble d'accord aujourd'hui à y voir une sauvegarde pour la santé. Nous y verrions de même une condition de décence,
d'ordre personnel et d'intime propreté.

Les divertissements.

Ce qui importe aussi singulièrement à la bonne discipline, c'est que le
travail soit accompagné de divertissements. Or il faut avouer qu'en l'état
actuel ils manquent dans nos lycées. Les meilleurs de tous, ce sont les
jeux d'adresse ; et vous pensez sans nul doute avec votre Sous-Commission
de l'éducation physique qu'il faut par tous les moyens possibles en favoriser la renaissance et le développement. Notre tâche, à nous, était d'examiner s'il n'y aurait pas quelque manière de faire revivre aussi ou d'acclimater certains délassements d'un caractère plus intellectuel, qui ont été en
usage chez nous-mêmes ou qui le sont ailleurs.

La difficulté d'en trouver qui n'aient pas autant d'inconvénients que
d'avantages, qui ne fassent pas perdre notamment un temps que réclame
la vie physique dès que l'étude ne l'exige point, nous a fait discuter d'abord
une proposition connexe, bien que différente, qui se trouvait posée dans
le rapport de M. le recteur de [Lille]. Le délassement incomparable,
n'est-ce pas, chaque fois qu'il est possible, le retour dans la famille ? Ne
serait-ce pas faire beaucoup pour rompre les traditions de gaminerie ou
les mauvaises habitudes résultant de l'accumulation entre les murs du collège, que d'en ouvrir largement les portes à ceux que leur famille récla-
merait plus souvent et pourrait recevoir dans des conditions suffisantes ?
Un père, par exemple, dans un département du Nord, demande qu'on

veuille bien lui donner son fils chaque semaine du samedi soir au lundi matin : l'élève est bon, la famille excellente. Faut-il opposer un refus absolu en dépit de la proximité qui rend la demande raisonnable, du sentiment irréprochable qui l'inspire, de toutes les convenances morales qui sont en sa faveur? N'est-ce pas le cas, au contraire, d'élargir et d'assouplir le règlement, en souhaitant qu'une exception si heureuse ne soit point isolée ?

Le cas est fort intéressant. Votre Sous-Commission est d'avis que c'est un de ceux où il est bon que la plus grande latitude soit laissée aux recteurs pour l'interprétation de la règle. La vouloir ferme et égale pour tous, ce n'est pas demander qu'elle soit d'une rigide uniformité, incapable de s'adapter aux circonstances, fût-ce pour se plier aux intérêts moraux les plus avérés.

Mais précisément parce que les cas de ce genre doivent être affaire d'appréciation, il ne semble pas qu'il n'y ait là matière à une mesure générale sur laquelle nous puissions compter beaucoup pour l'éducation de nos internes. Pour la grande majorité d'entre eux, les sorties réglementaires suffisent et au delà. Beaucoup n'en peuvent pas profiter, et c'est ce qui arrive souvent aux meilleurs; d'autres sortent chez des correspondants, qui ne demandent point à les avoir davantage, et dans des conditions de milieu, de surveillance relâchée, qui n'ont rien de particulièrement éducatif. S'il y avait à innover à cet égard, ce ne serait pas dans le sens d'une multiplication de ces sorties banales, dont le bienfait n'est pas toujours évident. Tout ce qu'on peut faire, c'est de maintenir les règles déjà larges qui les régissent en émettant le vœu qu'une interprétation intelligente et libérale puisse toujours en être faite, par le recteur pour les mesures d'un caractère plus ou moins général et permanent, par le proviseur pour les cas isolés. Seulement, afin d'éviter tout soupçon d'arbitraire, les exceptions doivent toujours pouvoir être expressément motivées, expliquées tout haut, de manière à faire bien voir que ce qui est accordé à l'un, tous l'obtiendraient dans les mêmes conditions.

Il n'y a rien là, on le voit, qui réponde même indirectement à cette question : comment égayer la vie intérieure du lycée, en particulier pour les bons élèves qui ont peu de distractions au dehors? Nous avons examiné avec soin tous les moyens qui ont été proposés, il n'en est presque point qui ne puissent être autorisés et même vus d'un œil favorable, où l'initiative locale voudra en faire l'essai dans de bonnes conditions; malheureusement, il n'en est guère, en revanche, qu'il faille recommander sans réserve.

Jouer des pièces de théâtre, par exemple, est un exercice agréable et intelligent. Les élèves des jésuites et des oratoriens y prenaient jadis un plaisir extrême. Mais ils avaient plus de temps que nos élèves. Les pro-

grammes d'études sont autres aujourd'hui, et la vie a d'autres exigences.
On conçoit bien encore un acte de Molière ou de Corneille joué de verve
devant leurs camarades, un jour de pluie, par les élèves qui l'ont appris
en classe; tout le monde verrait sans doute une perte de temps, au moins
hasardeuse, dans le travail d'apprendre, de répéter, de monter sérieusement une pièce d'un caractère moins littéraire, surtout due à la plume
même des élèves.

Les grands collèges anglais ont des académies qui se recrutent par
cooptation, selon le mérite scientifique ou littéraire, des sociétés de discussion (*debating societies*), où les jeunes gens s'exercent à la parole publique. M. le directeur de l'École Monge va tenter, nous a-t-il dit, d'acclimater chez lui ses usages. Ils sont là-bas très vivaces, et quelques uns de
nous étaient frappés des avantages qu'ils offriraient en France, où, pendant que des gens qui n'ont rien de bon à dire osent tout, on voit si souvent des gens instruits, honnêtes, délicats, réduits à la protestation tout
intérieure et stérile du bon sens par je ne sais quelle timidité qui les
glace. Mais à cette infirmité trop réelle, le vrai remède, croyons-nous,
c'est de faire parler les élèves en classe. Les bons professeurs le font partout aujourd'hui, surtout en rhétorique et en philosophie. On le fera de
plus en plus, à mesure que prévaudront les bonnes méthodes. S'exercer à
la parole sur ce qu'on a étudié précédemment, discuter sous le contrôle
d'un maître, est une meilleure préparation à la vie publique que d'imiter
prématurément les débats juridiques et parlementaires, en visant à l'effet
plus qu'à la qualité des arguments, et en parlant hardiment de ce qu'on
ne peut pas bien savoir.

La bonne audace de se mettre en avant en temps utile, le talent de
dire à propos ce qu'il faut dire, sont en grande partie affaire de caractère
et valent surtout à ce titre. L'habitude de parler est toujours une force assurément, mais ce n'est pas une grande vertu civique quand c'est surtout
une habitude. L'éloquence fait plus d'effet lorsqu'on y sent moins l'exercice. Cultivons comme il faut les dons de nos élèves par nos méthodes,
leur caractère par notre discipline : quand ils penseront assez vivement et
assez juste, quand ils sentiront et voudront avec assez de force, ils par-
leront toujours assez.

Une sorte de dilemme semble, d'ailleurs, pratiquement laisser bien peu
de place, dans nos lycées, aux institutions dont il s'agit. Il ne peut en être
question pour les élèves qui sont encore des enfants, et presque tous ceux
qui ont une maturité relative ont trop peu de loisir, des intérêts trop pres-
sants, des examens trop sérieux en perspective, pour se donner vraiment
à ce passe-temps. Or, si l'on ne s'y donne un peu, comment y fera-t-on
rien qui vaille? Ajoutons que, pour tous, c'est peut-être entrer un peu tôt
dans la voie des candidatures académiques ou dans le jeu des rivalités publiques.

Il y a dans les collèges anglais quelque chose que nous verrions plus volontiers s'établir dans les nôtres; ce sont, par exemple, les sociétés musicales, où l'on s'organise spontanément pour chanter des chœurs et exécuter des morceaux d'ensemble. Quand elles sont assez fortes pour donner des concerts où l'on peut inviter les parents, rien n'est plus susceptible d'intéresser tout le monde et de produire les effets moraux que nous souhaitons. Telles sont encore les sociétés d'histoire naturelle, de géographie, de langues vivantes, où l'on se groupe selon ses goûts, entre naturalistes, physiciens, touristes, amateurs de voyages et de langues, pour s'entretenir de ce qu'on aime, mettre en commun son expérience, son travail, son acquis, ses ressources de tout genre. Ce libre groupement est particulièrement indiqué pour les exercices physiques et les grands jeux de vigueur et d'adresse, que nous désirons tant voir réussir dans nos collèges. Il faut l'encourager sous toutes les formes acceptables qu'il pourra prendre. Surtout, avec la surveillance nécessaire pour empêcher les abus, il faut laisser les élèves, dans ces petites associations, s'administrer, faire leurs affaires et leur police eux-mêmes. Qu'on ne puisse plus nous accuser de garder en tutelle dix ans ces futurs hommes libres, sans leur laisser une seule occasion de s'exercer à la liberté.

Les fêtes.

Supposez un lycée où prospèrent quelques sociétés de ce genre : on n'y sera guère embarrassé pour organiser de ces fêtes dont nous regrettions l'absence tout à l'heure, fêtes où les parents et les maîtres prendront d'autant plus d'intérêt qu'elles seront données par les élèves eux-mêmes, et données dans des conditions nouvelles, où le succès ne sera pas nécessairement pour les lauréats habituels des distributions de prix, où des vertus et des dons trop longtemps négligés auront leur tour. Tantôt ce serait un assaut d'armes, tantôt des exercices de gymnase ou de manège. Pourquoi pas, dans certains cas, des joutes nautiques, des courses à l'aviron ou à la nage, toujours, bien entendu, avec l'assentiment exprès des familles et toutes les précautions commandées par la prudence?

Rien n'empêcherait de mêler à ces divertissements, quand on aurait les éléments pour le faire, quelques exercices littéraires, la lecture d'un travail vraiment distingué. La fête ne serait que plus complète le jour où un professeur aimé consentirait à donner une causerie familière. Les anciens élèves de la maison, les old boys, se plaisent chez nos voisins, non seulement à assister à ces fêtes comme invités, mais à y jouer un rôle actif, quand les jeunes veulent bien le leur permettre. Pourquoi n'en serait-il pas de même quelquefois chez nous? Excellent moyen de former l'esprit, de perpétuer la tradition d'une maison, et de faire entendre aux jeunes gens, de la bouche de leurs aînés, des choses qu'il peut être bon qu'ils entendent!

D. — Des récompenses.

Usage et abus des récompenses.

Reste à parler des récompenses. Les meilleures, les vraies, sont toutes impliquées dans ce qui précède. Si la récompense, philosophiquement, est la satisfaction attachée à un acte comme bon, les satisfactions de ce genre ne sauraient manquer à l'élève sous le régime que nous venons d'esquisser : estime, approbation, éloges discrets mais sentis, vie joyeuse et douce à la seule condition d'être correcte, liberté plus grande à mesure qu'on en est plus digne, bonheur proportionné au mérite. Que faut-il de plus pour que la bonne volonté se sente toujours soutenue? Récompenses purement morales et qui n'en valent que mieux. Tout éducateur digne de ce nom, tout psychologue sait qu'au fond ce sont les seules qui vaillent.

Ceux qui posent en principe qu'il en faut d'autres à l'enfant n'ont pas tort quand il s'agit du petit enfant à l'école maternelle ou à l'école primaire. Peut-être à celui-là, en effet, faut-il des *signes concrets, ostensibles* du contentement de ses maîtres. Encore est-il à croire que l'on confond un peu, même à ce degré, de médiocres habitudes, complaisamment entretenues, avec de vraies nécessités de nature. Dans les meilleures écoles, on a, si je ne me trompe, sans inconvénients d'aucune sorte, fait de notables économies de matériel et de temps sur les bons points et la comptabilité compliquée, puérile, à laquelle ils donnent lieu ailleurs. A plus forte raison, ne pouvons nous laisser poser en axiome qu'on ne saurait mener à bien les élèves de nos lycées que par l'intérêt, par l'appât de quelque gain palpable ou de quelque grosse satisfaction d'amour-propre! A ceux qui nous disent : « Tel est l'homme », ou, plus durement encore : « Tel est le Français », nous avons envie de répondre avec Rousseau : « Oui, tel que vous l'avez fait ! »

C'est affaire aux étrangers, qui ne s'en font pas faute, de relever comme un trait de notre caractère national ce qui n'est peut-être qu'un trait de notre éducation. Mais, nous appartient-il de le perpétuer et de l'aggraver à plaisir? Nous vous proposons, au contraire, de réagir, persuadés qu'en mettant en jeu un peu moins l'égoïsme et l'esprit de rivalité, un peu plus les motifs désintéressés, on obtiendra sans peine de nos jeunes gens autant ou plus qu'on n'obtient ailleurs.

Mme de Maintenon, à cet égard, avait un mot qui lui fait bien honneur; elle ne voulait pas même qu'on abusât de l'éloge : « Je suis ravie de ce que vous me mandez sur le travail des demoiselles; mais je n'approuve pas les empressements que vous avez toutes pour les louer et pour que je les loue; c'est par cette conduite qu'on les a gâtées, et qu'elles croient qu'on leur en doit de reste. Quand elles font leur devoir, dites-leur donc simplement que l'ouvrage va bien et rien de plus. » L'Université, aujourd'hui, ne saurait rendre au pays un plus grand service qu'en s'efforçant de former des hommes dont tout le soin, dans leur fonction privée ou publique, soit de faire que l'ouvrage aille bien, sans souci du salaire qui doit leur en revenir.

Au reste, nous ne proposons nullement de supprimer les manifestations visibles et tangibles de la satisfaction des maîtres; tout ce qu'il faut, c'est de bien placer les récompenses, de leur donner le caractère moral qu'elles doivent avoir et qu'elles n'ont pas toujours, en les attachant à l'effort méritoire, fût-il d'ailleurs malheureux, plutôt qu'au succès, même brillant, où la bonne volonté n'a point de part.

Le satisfecit.

Les récompenses usitées aujourd'hui sont le *satisfecit*, l'inscription au tableau d'honneur, les bonnes places dans les compositions, les prix. Toutes sont légitimes; mais peut-êtres ne forment-elles pas un système parfaitement coordonné; et serait-il bon d'apporter quelques correctifs dans leur emploi.

Le succès est à lui-même sa récompense. Quand un élève a bien fait un devoir, une composition, sa récompense est de savoir qu'il a réussi; c'est assez l'encourager que de le lui dire devant tous, et, si le travail en question est bon absolument, de le proposer en modèle. Ne craignons pas que l'élève soit insuffisamment sensible à cet honneur.

Passe encore d'insister, cependant, pour faire mieux remarquer aux autres ce qu'on leur propose à imiter, et aussi parce que ce succès absolu va rarement sans l'effet moral. C'est justice alors, et c'est plaisir de le souligner. Si le *satisfecit*, dans ce cas, fait un peu double emploi avec l'éloge, au moins n'a-t-il pas d'inconvénients. Mais quand le succès, comme il arrive parfois, n'est que relatif; quand il est dû aux seuls dons naturels, à une heureuse mémoire, à une facilité qui n'empêche pas la dissipation, voire l'indiscipline, et qui cache mal la paresse, le « témoignage de satisfaction » n'a-t-il pas quelque chose de dérisoire?

Il est d'autant plus mal placé que, selon le nom d'*exemption* qu'il portait naguère et que les élèves aiment à lui conserver, il sert naturellement à racheter certaines fautes. Or, quelle logique y a-t-il à ce qu'une place de premier ou de second en quoi que ce soit puisse compenser et effacer un manquement à la discipline? Sans doute, le rachat n'est jamais de droit; mais, quand il est refusé, ce refus paraît toujours à l'élève un surcroît de rigueur, presque une injustice. Tout ce qu'on fera pour supprimer ces malentendus sera un gain certain pour l'éducation. Substituons autant que possible, en fait de récompenses comme en fait de punitions, l'appréciation équitable, l'action morale nuancée au mécanisme.

Il conviendrait donc de réserver le *satisfecit* à ce qui est seul satisfaisant en éducation : l'effort. Le premier ou le second en tel ou tel exercice n'y auraient plus droit *ipso facto*; le dernier pourrait y prétendre.

Nous aimons par-dessus tout, en France, l'intelligence; nous faisons au collège primer sur toute chose le talent : rien de mieux pour porter au maximum l'émulation des esprits; mais c'est une médiocre condition pour la formation des caractères. On a sagement réduit le rôle naguère démesuré des concours, parce que le concours risque de fausser l'éducation en donnant aux promesses de talent (promesses, on le sait, quelquefois trompeuses) une importance sans proportion avec la valeur réelle des choses, sans rapport exact avec l'intérêt vrai des enfants eux-mêmes et du pays.

Le talent, est-il besoin de le dire, personne n'entend le sacrifier : nous l'aimerons toujours; nous n'avons à craindre ni d'en perdre, ni d'en ôter le goût. Le danger, c'est de l'exalter outre mesure quand il n'est qu'en germe; c'est de lui apprendre prématurément nous-mêmes, ce qui est trop vrai, qu'on lui passe presque tout dans le monde. Le plus grand service qu'on puisse lui rendre, c'est de l'habituer à compter avec les qualités d'un autre ordre, dont il ne se passe jamais impunément, et qui lui ménagent quelquefois des surprises; car elles ont leur revanche de temps en temps sur les talents du collège qui s'en sont fait accroire.

Le tableau d'honneur.

Même si les maîtres prenaient tous sur eux de le vouloir, ce ne sera pas une petite affaire, dans l'état d'esprit des élèves, que de rendre à la valeur morale auprès d'eux une partie du prestige que la « force » et l'esprit ont usurpé. On sait le cas qu'ils font en général des récompenses notoirement destinées à honorer la conduite et le travail. Il n'est pas rare que les élèves les plus intelligents se fassent un point d'honneur de les dédaigner.

Dans la campagne à entreprendre contre ce mauvais préjugé, le premier point est d'avoir pour soi la véritable élite des bons élèves qui d'ordinaire sont bons en tout. Il faut que le premier de la classe tienne à être inscrit au *tableau d'honneur*. Il y tiendra, croyons-nous, si tout le monde attache un haut prix à le voir y figurer, si c'est la marque d'une appréciation d'ensemble qui prime tout succès. Pour cela, l'inscription au tableau d'honneur ne doit pas plus tenir à la conduite seule qu'à la seule force en classe : on ne doit pas pouvoir l'obtenir par cette vertu négative trop chère à certains maîtres, la tranquillité inerte, ni même par l'effort trop peu intelligent, sauf peut-être le cas rarissime où il aurait quelque chose de touchant et d'héroïque. L'inscription au tableau d'honneur doit résulter d'un examen exprès et complet des dossiers. Nous proposons qu'elle se fasse après avis des professeurs, dans les conditions mêmes prévues pour les notes trimestrielles, dont, jusqu'aux notes suivantes, elle resterait la durable expression.

De l'émulation en général.

Que dirons-nous maintenant des places et des prix? Ce sont des récompenses naturelles et fort bonnes; mais la manière dont elles sont réglées présentement appelle quelques observations.

Les élèves sont au lycée pour étudier : il est très bon qu'ils se rendent compte exactement du point où ils en sont. Se sentir en progrès est la vraie récompense de leurs efforts; se voir stationnaires ou en retard est le juste châtiment de leur paresse, en tout cas, un utile avertissement. Mais, pour les renseigner de la sorte sur la qualité de leur travail, il n'est pas nécessaire peut-être de les soumettre à une perpétuelle comparaison entre eux. Et si ce n'est pas nécessaire, est-ce sage? Cette comparaison va-t-elle au but? Est-elle surtout la meilleure manière d'y aller?

Le nombre des compositions a été diminué; on ne peut que s'en applaudir. Peut-être sont-elles encore un peu trop fréquentes dans certaines classes. Mais la vérité est qu'elles le seront trop partout, tant que la composition, par un malentendu qui ne soutient pas l'examen, sera un exercice où le but proposé à l'enfant n'est pas de se surpasser lui-même. mais seulement de surpasser les autres.

Nous savons bien que, dans cette lutte, on cherche à donner sa mesure. Mais il s'agit de savoir si le même effort ne pourrait pas être obtenu et plus sain, plus vraiment fécond pour l'esprit lui-même, meilleur en tout cas moralement, sans cette excitation de la lutte. — Les grands théoriciens de l'éducation libérale sont unanimes à le penser.

Tout ce qu'on peut dire en faveur de l'émulation, nous nous le sommes rappelé à nous-mêmes et nous ne songeons pas à le contester. Mais, quand on en abuse, elle a de sérieux dangers, et moralement et au point de vue même du seul développement intellectuel. Car elle excite plus qu'elle ne fortifie, elle échauffe, mais non de la meilleure manière; elle développe la docilité plus que la personnalité, le savoir-faire plus que l'esprit d'initiative et l'amour désintéressé de l'étude. La seule qui soit bonne sans réserve, c'est l'émulation avec soi-même, le désir ardent de faire bien, et, en attendant, de faire mieux qu'hier. Mais, qui ne sait que tout élève qui vise au premier rang n'a d'autre but que d'y atteindre? Sa composition lui paraît toujours assez bonne s'il y atteint; il serait désolé qu'elle fût meilleure si une meilleure encore le rejetait au second rang.

Mettre ainsi les élèves aux prises (quelques élèves, pourrait-on dire, car on sait combien la deuxième moitié de la classe se désintéresse souvent de ces tournois), c'est donner, à ceux mêmes qu'on excite ainsi une ardeur fiévreuse qu'il ne faut pas confondre avec la chaleur bienfaisante de l'étude aimée pour elle-même. Que sera-ce si, pour rendre à quelques-uns ce service douteux on fait perdre le temps des autres? Car autre chose est faire preuve de son acquis, autre chose l'accroître. Or, si ceux mêmes que les compositions passionnent y acquièrent peu, il est clair que ceux qu'elles laissent indifférents y acquièrent moins encore.

Aussi a-t-on pu dire, — et quelle critique, si elle est fondée! — que rien ne contribue plus que les compositions, telles qu'on les entend chez nous, à produire ce fléau de nos lycées, les traînards et les cancres, la séparation de chaque classe en une tête, objet de tous les soins, et une queue, plus ou moins dédaignée.

Les prix, auxquels les compositions aboutissent, sont naturellement sujets aux mêmes critiques.

Les prix, « manière de récompenser les enfants qui ne donne de l'espérance et du courage qu'à deux ou trois dans un cent », dit, avec une éloquente exagération, un commentateur du *Règlement des études* d'Antoine Arnauld, s'inspirant de l'esprit de Port-Royal. Or, le premier devoir d'un professeur est de soutenir et d'encourager tout le monde, de ne désespérer ni sacrifier personne.

C'est une chose très digne de remarque que notre pays soit le seul, ou peu s'en faut, où les compositions ont pris dans l'éducation publique la part que nous leur accordons, le seul où l'institution des prix existe avec cette importance démesurée. Nos usages à cet égard font sourire les étrangers et leur causent plus de surprise que d'envie. Ce n'est pas une raison pour rompre avec une tradition séculaire, qui, pour nous être venue des jésuites, n'en répond pas moins à un trait de notre caractère, et, passée comme elle l'est dans les mœurs, a du moins les avantages de ses inconvénients. Mais il faut faire en sorte d'en corriger un peu les inconvénients tout en en gardant les avantages.

Réforme désirable dans le régime des compositions.

La composition a sa raison d'être de loin en loin comme exercice à faire dans un temps donné et dans des conditions identiques pour tous, le but étant pour chacun non de faire moins mal qu'un rival, mais de faire le mieux possible, d'éprouver ses ressources, son acquis, sa présence d'esprit, d'apprendre à se connaître et à donner sa mesure à heure dite. Mais de ce point de vue, le classement rigoureux des élèves selon une série linéaire (1, 2, 3, 4, ...) apparaît comme une puérilité d'abord et souvent comme une injustice; car il répond très mal à la réalité des choses.

De toutes les manières dont un professeur consciencieux peut perdre son temps et sa peine, la plus évidente n'est-elle pas de passer des heures à relire des copies d'enfants en s'ingéniant à trouver des degrés où il n'y en a point, à mettre en balance, comme s'il s'agissait d'une affaire d'État (c'en est une en effet pour les rivaux et quelquefois pour leurs familles), des mérites qui souvent sont d'ordre différent, et par suite sans commune mesure? Combien ce temps serait mieux employé en lectures et en travaux personnels par lesquels le professeur renouvellerait sa provision d'idées; combien même il serait plus utilement donné au repos, source de bonne humeur et de fraîcheur d'esprit!

Quant aux élèves, le classement linéaire leur donne-t-il une idée bien exacte de la vie? Sans exagérer ce qu'il peut donner aux premiers d'illusion sur leur valeur réelle, de prétention à toujours primer dans la suite; et ce qu'il peut donner aux derniers, soit d'aigreur si leur orgueil proteste, soit d'excessive humilité s'ils se résignent; ne convient-il pas mieux de leur apprendre, comme plus vrai à la fois et plus encourageant moralement, qu'on peut se valoir avec des mérites différents, que les qualités diverses ont leur prix sans nous faire nécessairement inférieurs ou supérieurs les uns aux autres?

Nous demandons, en conséquence, qu'au lieu d'être toujours nécessairement classés un par un du premier au dernier, les élèves soient, dans les compositions, plutôt groupés selon les notes que leur copie mérite absolument. Ils se compareront toujours assez. Quand un seul élève aura la note *très bien* ou *bien,* il sera premier par le fait, et le sentira de reste. En revanche, s'ils sont plusieurs qui aient mérité la même note, il n'y aura ni premier ni dernier entre eux; ils formeront un même groupe, dans lequel d'ailleurs rien n'empêchera de marquer les nuances individuelles, afin que chacun sache au juste ses qualités et ses défauts, le fort et le faible de son travail. Au lieu d'une liste de places offrant toujours le même aspect, quelles que soient la force de la classe, la qualité de la composition et la valeur relative des élèves, on aura diverses catégories de notes, qu'on fera aussi nombreuses qu'il le faudra, et qui pourront varier d'un jour à l'autre.

Dans telle classe ou dans telle Faculté, il n'y aura jamais de note *très bien;* dans telle autre il y en aura toujours plusieurs. Ici les noms se grouperont en nombre sous deux ou trois notes; là il en faudra huit ou dix pour exprimer les différences de force. On verra de la sorte au premier coup d'œil si la classe marche en peloton serré, comme c'est l'idéal; s'il y a une avant-garde et à quelle distance elle est du reste; s'il y a des traînards, et en quel nombre, et de combien ils sont en arrière. Autant la lecture des places dans les classes par le proviseur est souvent aujourd'hui une froide formalité, et qui donne lieu de sa part à peu d'observations utiles, autant le compte rendu des compositions comme nous le concevons pourra être l'occasion de remarques intéressantes et de félicitations ou de remontrances précises distribuées à bon escient.

La Commission, d'ailleurs, n'entend pas pour cela proscrire le classement linéaire. Dans la mesure où il est juste et bon, il se combine tout

naturellement avec le système du groupement par notes. L'essentiel est
d'apporter plus de souplesse et, avec moins de rigueur apparente, une
justice plus délicate dans l'appréciation des efforts et des résultats. Il suffirait presque, sans rien changer en apparence, au mode de classement traditionnel, que le professeur pût faire autant d'*ex æquo* qu'il le jugera bon.
Si deux copies ou même plusieurs témoignent que leurs auteurs ont à un
égal degré des qualités différentes, mais également estimables, il pourra
y avoir deux ou trois premiers *ex æquo*, seconds *ex æquo*, etc. La possibilité
de donner le même rang à deux copies équivalentes constitue à la fois un
soulagement pour la conscience du professeur et une garantie pour les
efforts des élèves laborieux. N'étant plus soumis à la pénible nécessité de
choisir le meilleur entre deux très bons, le maître sera plus à l'aise pour
accueillir et faire valoir des qualités très diverses, dont les plus précieuses
peut-être et les plus originales risquent, dans le système actuel, d'être
découragées par l'application d'une règle inflexible.

Le but à ne pas perdre de vue, c'est de corriger l'abus des comparaisons individuelles et les dangers de l'émulation surexcitée à l'excès. À cette
fin, on ne saurait trop réduire, surtout pour les enfants des petites classes,
l'importance du classement proprement dit. A cet âge surtout, il convient
de mettre la *note* bien plus en évidence que la *place*. Mais, pour les écoliers de tout âge, la note doit prendre une importance qu'elle n'a pas. Cela
dépendra beaucoup de l'action personnelle du professeur sur sa classe et
de l'autorité du proviseur auprès des familles. Combien la note n'en dit-
elle pas plus que la place à l'élève vraiment soucieux de bien faire, aux
parents désireux d'être exactement renseignés! Il y a tant de façons d'être
premier, et tant de façons aussi de ne pas l'être.

Réforme dans le régime des prix.

Cette réforme entraîne celle des prix. Le prix en lui-même est une
récompense excellente. Donner comme encouragement à l'élève qui aime
l'étude un bon livre, c'est-à-dire un instrument de travail et de progrès
ultérieur, qu'y a-t-il de plus judicieux? Ce qui l'est moins, c'est de donner
toujours un prix au premier, fût-il paresseux et même faible, et de n'en
jamais donner au troisième, fût-il un excellent élève.

La distribution des prix doit être pour tous une sanction exacte. Il ne
faut pas qu'elle puisse tourner au chagrin et à l'humiliation d'un seul bon
sujet, à la gloire exclusive des plus habiles et des plus heureux, chose particulièrement choquante et anti-pédagogique quand ceux-ci, par hasard,
ne sont pas les plus consciencieux.

La distribution des prix est jusqu'ici la seule fête de l'année qui réunisse
maîtres, parents et élèves, et qui donne à l'Université l'occasion de se faire

connaître aux familles. Il est excellent que les résultats du travail de l'année soient proclamés ainsi publiquement pour chaque classe et pour chaque ordre d'exercices. Mais c'est à condition que cette sorte de compte rendu soit d'une justice délicate, d'une parfaite vérité, et porte la lumière où il faut.

Tous les élèves qui ont atteint, en somme, dans chaque matière d'enseignement le niveau que leur classe comporte devraient être nommés, non pas nécessairement à la file, mais, s'il y a lieu, par catégories de notes. Si personne ne s'est élevé au-dessus du médiocre, on le constate, et il n'y a pas de prix. Il peut y avoir, au contraire, plus de deux prix, si plusieurs élèves en ont réellement mérité. Selon les établissements et selon les classes, selon les ressources dont on dispose, on pourrait ne donner de livres qu'aux élèves ayant obtenu la note *très bien*, ou se contenter de la note *bien*. Ce serait affaire de règlements locaux et d'appréciation particulière, à condition qu'on évite partout d'avilir les prix en les prodiguant. L'essentiel est que les élèves d'une même classe qui auront obtenu la même note d'ensemble dans une même matière d'enseignement en reçoivent tous témoignage. Le prix n'est qu'un surcroît et un symbole; la vraie récompense, c'est la proclamation des résultats du travail.

Récompense et punition à la fois : car le silence se trouverait être un châtiment, et même fort dur, le jour où, au lieu d'être le partage de l'immense majorité des élèves, il serait le lot de ceux-là seuls qui seront demeurés insuffisants, passables tout au plus. Proclamer pour chaque exercice les très bons élèves, s'il y en a, puis les bons et même les assez bons, ce ne sera pas seulement donner à tous ceux-là juste la part d'honneur à laquelle ils ont droit, ce sera dire clairement : « Le reste ne vaut pas l'honneur d'être nommé ». Les parents sauront à quoi s'en tenir, préparés et éclairés qu'ils seront d'ailleurs par les notes mensuelles et trimestrielles.

Maintenant, ce n'est pas tout de récompenser solennellement le progrès intellectuel, le savoir et les promesses de talent. Une large part d'honneur doit être réservée aux qualités d'un autre ordre. Si nous voulons que nos lycées ne soient pas seulement des établissements d'instruction, mais de grandes maisons d'éducation, au sens plein et fort de ce mot, il faut qu'on sache que nous y prisons quelque chose au-dessus de l'intelligence elle-même et du savoir, et que, si nous applaudissons au talent, nous honorons surtout le caractère.

Dans une maison où l'on connaît tout le monde, où l'on voit à l'œuvre, d'un bout de l'année à l'autre et durant des années, non pas seulement les esprits, mais les volontés et les cœurs, où l'on a la prétention de former des hommes, n'y a-t-il pas quelque chose de faux, parfois de dérisoire, à attacher la belle qualification de *prix d'excellence* aux résultats du seul travail de tête, à des exercices de classe, où l'habileté peut tout faire avec la chance?

Le *prix d'excellence* ne doit pas se gagner comme les autres par des compositions seulement et ne dépendre que d'un calcul de points.

Nous proposons donc de réserver ce nom à un prix d'ensemble, distinct et indépendant de tous les autres, décerné, dans chaque classe et chaque division, *aux élèves qui auront le mieux satisfait à tous leurs devoirs et mérité au plus haut point l'estime générale.* Ce sera vraiment ainsi la plus élevée de toutes les récompenses. Tant pis pour les jeunes gens intelligents qui feraient les dédaigneux à son égard.

Une question d'un vif intérêt nous a arrêtés un moment au sujet de ce prix : ne serait-il pas possible et bon d'appeler les élèves à désigner eux-mêmes, par un vote, non pas seuls, mais conjointement avec tous les maîtres, ceux de leurs camarades qui le mériteront? La Sous-Commission tout entière aurait avec plaisir saisi une si bonne occasion et si rare de faire faire aux jeunes gens un acte de liberté. Mais, pendant que la chose paraissait à certains membres si désirable qu'ils auraient, pour la tenter, bravé toutes les difficultés pratiques, la majorité a jugé ces difficultés trop grandes dans l'état actuel de la discipline.

On ne peut, en effet, sans contradiction d'abord, sans risques ensuite quant au résultat, faire à tous les élèves indistinctement l'honneur de les appeler à voter. Or à quel critère, à la fois simple et sûr, recourir pour dresser la liste électorale? Comment l'arrêter sans prêter au reproche d'arbitraire? Tout en croyant qu'on en trouvera le moyen, tout en souhaitant qu'on le cherche dès maintenant, partout où l'état des esprits et des mœurs scolaires inspirera assez de confiance, nous avons jugé plus sage de réserver cette question de la participation des élèves. L'important, pour nous, est d'indiquer les progrès désirables. Le soin de l'exécution, ici comme plus haut, doit être laissé à MM. les recteurs, qui ont la responsabilité, qui connaissent leur terrain, et à l'initiative desquels on peut s'en remettre.

CONCLUSION.

LA QUESTION DU RECRUTEMENT ET DE LA PRÉPARATION DES MAÎTRES.

Telles sont, Messieurs, les propositions que votre Sous-Commission de la discipline vous apporte. Si vous les adoptez, et si M. le Ministre les fait siennes, nous avons confiance qu'elles amélioreront profondément le régime des lycées et collèges. Elles avanceront beaucoup la transformation de la discipline traditionnelle dans le sens d'une véritable éducation morale, d'une éducation libérale.

Si ce n'est pas encore tout ce qu'on peut souhaiter pour mettre notre éducation publique en harmonie avec nos institutions, c'est sans doute tout ce que comporte l'organisation actuelle de nos établissements d'enseignement secondaire, et il paraît difficile de faire plus dans de grands internats. Le succès de ces réformes ne tardera pas, on peut le croire, à en rendre d'autres possibles. En fait de raison et de liberté, en effet, le capital acquis, ce qui est une bonne fois entré dans les mœurs, donne une sécurité qui permet d'oser plus avec moins de risques. La transition seule est hasardeuse; mais qui ne tente rien ne fait rien.

Les obstacles au succès ne manqueront pas : cent fois chemin faisant nous les avons rencontrés. La ferme volonté de l'autorité supérieure en triomphera avec le temps et la patience, à une condition toutefois, à une condition *sine qua non* : c'est qu'on prenne des mesures pour les empêcher de renaître de génération en génération.

La discipline que nous voulons inaugurer suppose chez tous ceux qui l'exerceront pour une part petite ou grande des dispositions naturelles ou acquises, des manières de voir et de sentir qu'on n'obtiendra que par un soin exprès apporté au recrutement et à la préparation de tous les maîtres. L'État ne fera œuvre d'éducation que s'il commence par former des éducateurs.

Mais on naît éducateur, on ne le devient pas! c'est un axiome pour quelques uns. S'il en est ainsi, dirons-nous, que l'État cherche donc au plus vite le moyen de discerner ceux qui sont nés éducateurs; car cette préoccupation doit alors primer toutes les autres. Or quelle place occupe-t-elle dans notre recrutement?

Mais non, le recrutement des maîtres n'est pas seulement affaire de choix initial. Il ne s'agit pas de trouver des éducateurs comme on trouve les sources avec la baguette divinatoire; il s'agit d'en former avec les éléments dont on dispose.

Quand les beaux-arts eux-mêmes, malgré ce qu'ils supposent de dons innés, comportent une préparation technique et demandent un apprentissage, que peut valoir ce prétendu axiome suivant lequel l'œuvre la plus importante de l'homme serait précisément la seule vouée au hasard et soustraite à toute espèce de règles? Comme si, dès qu'une chose peut être bien faite ou mal faite, il n'y avait pas des conditions déterminées pour la bien faire et des fautes certaines à éviter; comme si un point essentiel en tout n'était pas de réfléchir aux fins qu'on doit se proposer, puis de connaître les moyens entre lesquels on a le choix, puis de comparer entre eux ces moyens.

Il y aurait certes une rare naïveté à attendre des miracles d'un enseignement dogmatique de la pédagogie : cette illusion n'est pas la nôtre. En revanche, c'est un scepticisme gratuit et stérile à plaisir que de nier que la morale, la psychologie et l'histoire jettent une vive lumière sur les choses de l'éducation, et qu'il y ait là matière à une étude indiquée entre toutes pour les jeunes gens qui se vouent à l'éducation publique.

A ne considérer même que l'enseignement, ce n'est pas assez pour être un bon professeur d'avoir appris tout ce qu'on doit enseigner et même mille fois plus. Moins de science et une meilleure méthode pour en transmettre ce qu'il faut ferait souvent mieux notre affaire. A plus forte raison n'est-ce pas former des éducateurs au sens plein du mot, des maîtres prêts à appliquer notre nouvelle discipline, que de faire des érudits très subtils, des écrivains ou des parleurs très habiles, voire des savants dont l'esprit critique se sera appliqué, intéressé à tout, excepté à leur nouvelle fonction.

Encore pour les professeurs, peut-on se flatter qu'une culture très haute et très raffinée les prépare indirectement à leur tâche d'éducateurs? Cela est vrai en partie, bien qu'on ait grand tort d'y trop compter. Mais c'est sur les maîtres répétiteurs que repose pour la grande part, dans nos maisons, la discipline, c'est-à-dire l'éducation même. Il est urgent de leur assurer une préparation qui les mette tous à la hauteur d'une tâche si difficile.

Le président de la Sous-Commission, M. le vice-recteur Gréard, nous a exposé à ce sujet une solution jadis conçue par M. de Salvandy, qui lui paraît encore la plus pratique, et qui serait assurément digne d'étude : il s'agit d'un projet d'École normale spéciale pour les maîtres répétiteurs. A côté d'une instruction générale les préparant à des grades, les élèves-maîtres recevraient une éducation pédagogique appropriée et seraient exercés à la pratique dans une école annexe.

On peut craindre, malheureusement, que cette École normale, même à la supposer fondée, ne suffise pas à faire de la surveillance dans nos lycées une carrière comparable à celle de l'enseignement et susceptible d'attirer au même titre. Au moins faudrait-il pour cela assurer aux jeunes gens qui se destineraient à cette école un avancement régulier, en leur réservant les places de censeurs et de proviseurs. Mais ce serait couper au corps enseignant l'accès des fonctions administratives, résultat tout opposé à la fusion intime que nous regardons, au contraire, comme désirable, et l'on rendrait du même coup plus ingrate que jamais la condition des maîtres, toujours très nombreux nécessairement, qui ne seraient pas sortis de cette École. Si bien qu'on peut se demander si, ce qu'on aurait gagné sur quelques-uns, on ne le reperdrait pas sur l'ensemble.

D'autre part, les tentatives intéressantes, faites de différents côtés pour faire exercer la surveillance intérieure par les professeurs eux-mêmes, ne semblent pas de nature à réussir bientôt dans l'Université. Il faudrait non seulement augmenter, mais transformer singulièrement le personnel enseignant, pour pouvoir employer les mêmes hommes alternativement à faire la classe ou à surveiller la récréation ou l'étude sans qu'une partie du service fît tort à l'autre. Le professeur a besoin de se maintenir en fraîcheur d'esprit par beaucoup de repos, de lecture, de travail libre. Si vivement qu'il faille souhaiter de pouvoir l'associer d'une manière plus étroite à la vie intime du lycée, ce ne serait pas une solution, que celle qui prendrait sur ses loisirs pour lui imposer comme une corvée ce qui ne peut être bien fait qu'avec bonne grâce.

Toutes ces questions, Messieurs, sont d'une extrême complexité. Votre Commission ne pouvait s'y attarder sans ajourner indéfiniment les solutions relativement simples et dès maintenant pratiques qu'elle avait hâte de vous soumettre. Mais, rencontrant à chaque pas ces questions et sentant combien elles sont liées à toutes celles dont nous étions saisis, nous avons voulu au moins, et vous voudrez avec nous les signaler à l'attention de M. le Ministre. De la solution qu'elles recevront dépendront, en dernière analyse, la valeur de notre éducation publique et le succès de toutes les améliorations qu'on pourra tenter d'y apporter.

Dès aujourd'hui, on peut tirer, nous le croyons, un parti beaucoup meilleur qu'on ne le fait des éléments dont on dispose : il suffirait pour cela d'avancer résolument dans la voie où l'on est entré il y a quelques années, en attribuant expressément aux Facultés, ce qui est, par nature, une partie essentielle de leurs fonctions, la préparation, non seulement générale et scientifique, mais professionnelle et proprement pédagogique de tous les maîtres de l'enseignement secondaire.

Il faudrait que dans quelques années personne, je ne dis pas n'enseignât dans les lycées, mais n'y exerçât une part quelconque de l'action éducative. sans avoir reçu dans les Facultés, outre une culture élevée, certifiée par des grades, ce qui a son importance, une initiation suffisante à la théorie, à l'histoire et à la pratique de l'éducation.

Cela n'empêchera pas sans doute bien des fautes de se faire encore; mais peut-être s'en fera-t-il moins. Elles seraient, en tous cas, relativement faciles à corriger du jour où elles ne seraient plus inconscientes. Un personnel ainsi préparé comprendrait à demi-mot et essayerait avec joie toute réforme jugée nécessaire.

C'est alors surtout qu'on pourrait avoir bon espoir dans les fruits que doit porter, avec le temps, celle que nous vous proposons aujourd'hui.

Elle n'est qu'un *minimum* à nos yeux. Il ne faut pas oser moins si l'on veut faire quelque chose. Il ne faut pas non plus différer sous le prétexte que le personnel n'est pas au point. Il contient, tel qu'il est, d'admirables éléments, dont on peut tout espérer, et qu'on s'étonnera d'avoir si imparfaitement utilisés jusqu'ici.

Quant au reste, il faut compter sur le temps, mais non attendre tout

de lui seul. Le temps ne fait germer que ce qu'on sème. L'effort vigoureux
qu'on va faire aujourd'hui, qui est nécessaire à tous égards, et qui peut
être aussi utile qu'honorable, n'aura d'effet durable, nous ne nous lassons
pas de le redire, que si l'on prend des mesures pour qu'il ne soit pas toujours à recommencer. Faute de ces mesures, tout serait vain. Notre tentative finirait en déception, donnant raison une fois de plus aux pessimistes
et aux sceptiques; car aucun prodige de bon vouloir n'a jamais triomphé
d'un coup, pour toujours, du poids d'un long passé et de la force de la
coutume. Avec ces mesures de prévoyance, au contraire, et si l'on sait
employer le bon vouloir d'aujourd'hui à préparer le lendemain, les difficultés tomberont d'elles-mêmes peu à peu; la disparition des résistances
respectables qu'on n'aura pu vaincre tout d'abord sera l'affaire de quelques
années.

ARRÊTÉ DU MINISTRE DE L'INSTRUCTION PUBLIQUE RELATIF AU RÉGIME DISCIPLINAIRE
ET AUX RÉCOMPENSES DANS LES LYCÉES ET COLLÈGES.

(5 juillet 1890.)

LE MINISTRE DE L'INSTRUCTION PUBLIQUE ET DES BEAUX-ARTS,

Vu l'arrêté du 7 avril 1854 sur le régime disciplinaire des
lycées;

Vu les propositions de la Commission pour l'étude des améliorations à introduire dans le régime des établissements publics d'instruction secondaire;

Le Conseil supérieur de l'instruction publique entendu,

ARRÊTE :

ART. 1er. Les élèves sont autorisés à causer entre eux pendant
les repas, dans les mouvements et pendant les exercices gymnastiques. Le bruit ne sera pas toléré.

ART. 2. Les punitions auront toujours un caractère moral et réparateur. Le piquet, les pensums, les privations de récréation,
sauf l'exception des retenues du jeudi et du dimanche prévues à
l'article suivant, la retenue de promenade, sont formellement interdits. La mise à l'ordre du jour, comme peine disciplinaire, est
supprimée.

Art. 3. Les seules punitions autorisées sont les suivantes :

a. La mauvaise note;

b. La leçon à rapprendre en totalité ou en partie;

c. Le devoir à refaire en totalité ou en partie;

d. Le devoir extraordinaire;

e. La retenue du jeudi et du dimanche;

f. La privation de sortie;

g. L'exclusion de la classe ou de l'étude;

h. L'exclusion temporaire ou définitive de l'établissement.

Art. 4. Les maîtres répétiteurs punissent par le moyen de notes, soumises au surveillant général, au censeur ou au proviseur.

Art. 5. Plusieurs mauvaises notes peuvent entraîner une punition plus grave.

Art. 6. Le devoir extraordinaire sera de même nature que les devoirs ordinaires, mais de moindre étendue, afin de ne pas nuire à la bonne exécution de ces devoirs.

Art. 7. Les réparations et les devoirs extraordinaires ne seront exigibles que le lendemain des jours de congé.

Art. 8. Dans les cas d'une certaine gravité, les professeurs pourront ordonner que les leçons non sues soient apprises, que les devoirs négligés soient refaits, que les devoirs extraordinaires soient faits dans une étude avec tâche obligatoire du jeudi. Le travail imposé dans cette étude n'aura jamais un caractère purement pénal et devra faire l'objet d'un contrôle sérieux. — Les externes pourront être appelés à cette étude.

Dans le cas où cette retenue ne pourrait avoir lieu le jeudi, elle sera reportée au dimanche; si elle peut avoir lieu le jeudi et le dimanche, la retenue du dimanche sera prononcée seulement par le proviseur.

Art. 9. Les diverses peines encourues pendant la classe ne seront déterminées qu'à la fin de la classe.

Art. 10. L'exclusion momentanée de la classe et de l'étude ne peut être prononcée par un professeur ou un maître répétiteur qu'à titre tout à fait exceptionnel, en cas de manquement grave, avec rapport immédiat au proviseur.

Art. 11. Le proviseur a le contrôle de toutes les punitions.

Toutes les punitions données en classe, de quelque nature qu'elles soient, seront consignées par le professeur sur un registre spécial, visé chaque semaine par le proviseur.

Art. 12. Lorsque plusieurs tâches extraordinaires ont été infligées à un élève dans la même journée ou plusieurs retenues du jeudi dans la même semaine, le proviseur détermine, suivant la gravité des circonstances, si ces peines doivent être confondues, exécutées successivement, ou transformées en une peine plus grave.

Art. 13. Le proviseur peut, dans tous les cas, en raison de la bonne volonté dont l'élève aurait fait preuve ultérieurement, lever ou réduire une punition encourue après en avoir conféré avec le professeur.

Art. 14. La privation de sortie ne sera prononcée que par le proviseur; elle pourra être plus ou moins prolongée, mais ne sera totale que dans les cas de réelle gravité.

Art. 15. Les bulletins resteront trimestriels pour les élèves de la division supérieure. Il seront envoyés deux fois par trimestre pour les autres.

Art. 16. Les notes des bulletins trimestriels ne seront arrêtées qu'après une réunion dans laquelle tous les maîtres à qui ont affaire les mêmes élèves auront échangé sur chacun d'eux leurs impressions. Ces notes exprimeront l'opinion propre de chaque maître, de façon à renseigner exactement les familles. Elles seront accompagnées d'une note générale rédigée par le proviseur.

Art. 17. Les notes arrêtées à la fin de chaque trimestre, dans les conditions prévues à l'article 16, pour être communiquées aux familles, seront lues et commentées par le proviseur aux élèves réunis par classe dans la salle des actes. Ce compte rendu trimestriel devra être pour chaque élève la punition de ses défaillances ou la récompense de ses efforts. Il offrira au chef de la maison la meilleure occasion d'adresser à tous et à chacun les exhortations et les avis nécessaires.

Art. 18. Il est institué, dans chaque lycée ou collège, un Conseil de discipline, composé du proviseur ou du principal, président; du censeur, membre de droit; de cinq professeurs; d'un surveillant général et de deux maîtres répétiteurs, élus respectivement par leurs collègues. Il a pour objet d'assurer et d'affirmer la solidarité étroite et le concours de toutes les forces de la maison dans l'exercice de l'action disciplinaire. Il est élu pour trois ans dès le commencement de l'année scolaire. Si des vacances se produisent au cours de l'année, il y est pourvu sans retard.

Dans les collèges qui ne sont pas de plein exercice, le cadre du conseil sera arrêté par le recteur.

Le Conseil de discipline se réunit tous les trois mois pour prendre connaissance de l'état moral de l'établissement.

Dans l'intervalle de ces réunions régulières, il peut être convoqué pour donner son avis sur telles mesures proposées par le proviseur, ou pour infliger un avertissement aux élèves qui lui seraient déférés. — L'avertissement ainsi prévu devra précéder l'exclusion, sauf dans les cas d'une gravité exceptionnelle où l'exclusion doit être prononcée d'urgence.

Les élèves qui se seraient particulièrement distingués pourront aussi être appelés devant le Conseil de discipline pour recevoir ses félicitations.

Art. 19. Le *satisfecit* est donné à la conduite et au succès mérité par le travail. Il pourra être refusé, sur la proposition du professeur, aux élèves qui auront obtenu les premières places dans les compositions.

Art. 20. L'inscription au *tableau d'honneur* est arrêtée par les maîtres réunis, en même temps et dans les mêmes conditions que les notes trimestrielles.

Art. 21. Dans les compositions, chaque copie aura sa note chiffrée de o à 20.

L'attention des élèves sera appelée sur la note plus que sur la place.

Le classement linéaire comportera autant d'*ex æquo* que le professeur le jugera nécessaire.

Art. 22. Les prix et accessits seront décernés d'après le total des notes obtenues par tous les élèves dans les compositions, les compositions finales ayant un coefficient double.

Selon le travail des élèves et la valeur des compositions, il pourra n'être attribué aucun prix, ou, au contraire, en être attribué plus de deux dans une Faculté donnée.

Tous les élèves ayant bien travaillé et convenablement réussi pourront être nommés à la distribution des prix, à condition d'avoir atteint une moyenne déterminée.

Art. 23. Le nom de *prix d'excellence* est réservé à des prix d'ensemble décernés aux élèves qui, dans chaque classe et chaque division, auront le mieux satisfait à tous leurs devoirs.

Le prix d'excellence sera décerné par un vote de l'ensemble des maîtres de chaque classe et de chaque division.

Les notes obtenues dans les exercices physiques entrent en ligne de compte pour le prix d'excellence.

Il pourra y avoir un prix distinct pour les externes.

Les recteurs pourront autoriser les chefs d'établissement, qui en feront la demande, à faire intervenir les élèves pour une part déterminée dans l'attribution des prix d'excellence.

CIRCULAIRE RELATIVE À LA DISCIPLINE DANS LES LYCÉES ET COLLÈGES DE GARÇONS.

(22 janvier 1897.)

Monsieur le Recteur, j'ai l'honneur de vous communiquer l'avis de la Section permanente concernant deux vœux présentés par des membres du Conseil supérieur, au sujet de la discipline dans les lycées et collèges de garçons.

J'ai adopté cet avis et je l'ai porté à la connaissance du Conseil supérieur.

Le Comité consultatif des inspecteurs généraux et des recteurs, saisi de la question dans sa séance du 20 décembre dernier, s'était déjà prononcé dans le même sens.

La Section permanente et le Comité consultatif ont été d'accord pour juger que le règlement du 5 juillet 1890 doit suffire à assurer la discipline et à protéger l'autorité des maîtres, à condition que ceux-ci feront usage sans faiblesse, comme sans abus, des moyens préventifs et répressifs qu'il met à leur disposition.

Si l'on compare, à cet égard, le règlement actuel au règlement de 1854, lequel, en raison même de sa date, encourra difficilement le reproche d'avoir désarmé l'autorité, on constate que, de toutes les peines prévues par le règlement de 1854, deux seulement sont interdites par le règlement actuel : « les arrêts dans un lieu isolé » et « la retenue, avec tâche extraordinaire, pendant une partie de la récréation ». Les arrêts étaient déjà abolis par une circulaire ministérielle du 2 mai 1883. Quant à la retenue, aux jours de classe, la fréquence extraordinaire de cette punition, constatée par l'enquête de 1889, en avait démontré le peu d'efficacité. On ne doit pas oublier, d'ailleurs, que la durée du travail sédentaire dépasse déjà, dans nos établissements, les limites fixées par les corps médicaux les plus compétents. Réduire encore, par mesure disciplinaire, le temps de repos et d'exercice au grand air jugé strictement nécessaire à la santé des enfants, paraîtrait aujourd'hui aussi fâcheux que de réduire, comme l'admettaient d'anciens règlements, la part ordinaire de nourriture.

Par contre, le règlement de 1890 institue pour la première fois un Conseil de discipline. Le projet de statut présenté en 1854 au Conseil supérieur prévoyait également un Conseil de discipline. Mais, dans la pensée du Ministre, sa fonction devait être d'empêcher désormais l'abus des punitions, dont on s'était plaint. A cet effet, le Conseil de discipline était, par ce projet, seul investi du droit de punir et substitué aux professeurs et aux maîtres d'étude dans l'exercice de l'action disciplinaire.

Le Conseil de discipline de 1890 est institué, au contraire, pour seconder et fortifier l'action disciplinaire de chaque maître. Il n'inflige pas les punitions ordinaires, mais il y ajoute, quand il le faut, la sanction d'avertissements plus graves et de peines plus sévères.

Tout règlement, Monsieur le Recteur, ne vaut, d'ailleurs que par l'application. Sans une fermeté de main suffisante, le règlement le plus rigoureux sera beaucoup moins efficace que le règlement le plus libéral, si cette fermeté s'y joint. C'est dans l'application du règlement, non dans le règlement lui-même, qu'on a pu relever, en certains cas, quelque faiblesse. L'avis motivé de la Section permanente, que j'ai adopté, rétablira le vrai sens, parfois dénaturé, la véritable intention, parfois méconnue, de la réforme de 1890. Il rendra à chacun de nos maîtres, avec le sentiment de son autorité, la confiance nécessaire pour en user.

J'ai donc l'assurance, Monsieur le Recteur, que, s'inspirant des motifs qui ont dicté cet avis, les chefs d'établissements et leurs collaborateurs de tous les degrés s'attacheront, avec plus de cœur que jamais, à mener à bien la tâche si difficile, mais si haute, qui leur incombe : créer chez l'enfant, dont la personnalité naissante leur est confiée, l'habitude d'une soumission consentie aux règles nécessaires et justes, et former ainsi, à l'école même, l'homme de devoir et le citoyen libre et digne de l'être sous l'autorité respectée des lois.

Vous voudrez bien donner communication de l'avis ci-joint de la Section permanente à tous les établissements secondaires de votre ressort.

VOEUX

RELATIFS À LA DISCIPLINE DANS LES ÉTABLISSEMENTS PUBLICS D'ENSEIGNEMENT SECONDAIRE PRÉSENTÉS AU CONSEIL SUPÉRIEUR DANS LA SESSION DE JANVIER 1897.

I

M. Barthélemy a demandé qu'il soit procédé à une réforme du règlement du 5 juillet 1890 sur la discipline, à l'effet :

1° De restreindre l'importance de la personnalité de chaque élève, exagérée par ce règlement;

2° De restreindre la part de responsabilité attribuée par le même règlement aux chefs d'établissement et d'accroître celle de chaque professeur ou maître;

3° D'étendre les pouvoirs, la compétence et l'initiative des Conseils de discipline.

II

MM. Amigues, Mangin, Sigwalt, Bernès, Chalamet, Clairin, Fournier, Lhomme, Barthélemy ont demandé :

1° La restitution au répétiteur du droit de punir autrement que par le moyen de notes pouvant entraîner des punitions;

2° La restitution aux professeurs du droit de consigner les élèves les jours de sortie;

3° La suspension du droit des élèves de causer dans les rangs, pendant la durée des classes et des conférences, dans le voisinage des classes où l'on travaille.

AVIS DE LA SECTION PERMANENTE.

La Section permanente,

Considérant que la discipline est incontestablement la première nécessité des maisons d'éducation, mais que, dans tout établissement de ce genre, le choix et le bon usage des moyens disciplinaires ne sont pas moins nécessaires que la discipline elle-même·

Qu'en effet, un appareil disciplinaire oppressif ou tracassier, des répressions trop rudes ou multipliées sans mesure, risquent de créer, sous un ordre de surface et d'apparence, un désordre profond, l'impatience de la règle et l'esprit de rébellion;

Que le règlement disciplinaire du 5 juillet 1890, les instructions qui le commentent, la circulaire ministérielle qui en explique les intentions et les principes essentiels n'ont méconnu ni l'une ni l'autre de ces nécessités;

Qu'en effet, d'une part, ce règlement — beaucoup moins éloigné d'ailleurs des statuts antérieurs, notamment du statut du 7 avril 1854, que du régime de fait par lequel, grâce au retour des anciens abus, ce dernier statut avait été insensiblement oblitéré, — prévoit une série de neuf peines disciplinaires, graduées de la mauvaise note à l'exclusion définitive; qu'ainsi à condition d'être appliqué sans faiblesse, il fournit les moyens suffisants de maintenir une discipline exacte, autant que l'exigent le bon ordre et le travail;

Que, d'autre part, ledit règlement, tant par l'interdiction de certaines peines de mauvais aloi que par les précautions qu'il commande pour prévenir, dans l'application des peines reconnues nécessaires, les excès, les erreurs, les injustices involontaires que pourraient produire l'inexpérience, la précipitation ou l'irritation, sert encore, loin de les affaiblir, la discipline et l'autorité des maîtres, par les caractères mêmes de modération et de justice qu'il y attache aux yeux de l'enfant;

Qu'en outre, par la création d'un conseil de discipline dont l'autorité impersonnelle échappe aux réclamations et aux sollicitations, ce règlement a voulu constituer un soutien inébranlable de la règle et un sûr appui de l'autorité individuelle de chaque maître;

Qu'en fait, les résultats obtenus par l'application de ce règlement n'ont pas, dans la grande généralité des cas, trahi les intentions de la Commission de réformes qui l'a préparé et du Conseil supérieur qui l'a délibéré et adopté;

Qu'il résulte des rapports présentés depuis lors aux Conseils académiques, du témoignage unanime et formel des recteurs et des inspecteurs généraux récemment réunis en comité et consultés à ce sujet, des aveux mêmes d'un grand nombre de ceux qui ont manifesté des inquiétudes, signalé quelques relâchements et demandé des modifications au nouveau régime, que les rapports des élèves avec leurs maîtres n'ont jamais été empreints de plus de déférence, de confiance et d'affection de leur part; que les actes graves d'insubordination n'ont jamais été plus rares, et qu'en somme, à un état de sourde hostilité et d'irritation toujours menaçante a succédé un état de paix;

Que, toutefois, dans l'interprétation de ce règlement, des méprises ou de véritables contresens ont été commis; qu'on est allé jusqu'à conclure, du fait que ce règlement ne laissait à personne une autorité discrétionnaire et sans contrôle sur les enfants, qu'il n'y avait plus d'autorité, et du fait que certaines punitions étaient proscrites, qu'il n'y avait plus de punitions;

Que, dans l'application, indépendamment des insuffisances ou des fautes particulières, auxquelles, comme dans toute réforme, on devait s'attendre, cette interprétation erronée a pu, à elle seule, engendrer parfois un certain laisser-aller, entièrement opposé à l'esprit du règlement;

Qu'en s'accréditant, cette interprétation risquerait de provoquer de véritables défaillances;

Qu'au surplus, la tâche de maintenir la discipline parmi la jeunesse est aujourd'hui rendue plus difficile que jamais par l'état général des mœurs, la nature des influences extérieures et l'insuffisance trop fréquente du concours prêté par les familles;

Qu'enfin, des difficultés spéciales peuvent surgir dans certains établissements, soit à raison du nombre des élèves, soit à raison des conditions dans lesquelles sont donnés certains enseignements, soit par d'autres circonstances particulières,

Est d'avis :

Que la réforme disciplinaire de 1890, laquelle n'est que l'affirmation renouvelée et accentuée des vrais principes d'éducation dont l'Université s'est toujours réclamée, ne saurait être avec honneur reniée et abandonnée;

Que le règlement du 5 juillet 1890, lequel, en grande partie, n'est que la restauration des règlements antérieurs, doit être maintenu dans ses dispositions essentielles;

Qu'il y a lieu de dissiper les préventions ou les inquiétudes auxquelles cette réforme a pu donner lieu, de rectifier les interprétations abusives du règlement et d'empêcher le retour des faiblesses qui en ont, en certains cas, compromis l'application;

Qu'à cette fin, il est opportun de relever, chez ceux qui ont mission de l'appliquer, la confiance en leur propre autorité et aux moyens disciplinaires mis à leur disposition, et qu'il faut les inviter à en user avec vigilance, décision et fermeté;

Qu'il est bon, notamment, que les chefs d'établissement, sans rien abdiquer de leurs attributions ni de leur responsabilité, associent plus étroitement le Conseil de discipline à leur action disciplinaire et que, par un appel plus fréquent à ses avis et à son concours, ils en étendent l'influence et en fortifient l'autorité;

Qu'enfin, en raison des circonstances particulières ou de certaines difficultés spéciales qui peuvent se présenter, des dispositions additionnelles au règlement, ou des mesures transitoires, puissent être, en vue d'y pourvoir, autorisées sur la proposition des chefs d'établissement;

Qu'à ces fins des instructions soient données à qui de droit.

Le Ministre a adopté cet avis.

Des instructions seront données en ce sens.

III. — HYGIÈNE. ALIMENTATION. CONGÉS.

CIRCULAIRE RELATIVE AU RÉGIME DES ÉLÈVES.

(7 juillet 1890.)

. . . .
. . . .

Soins d'hygiène et de propreté. — Je voudrais aussi qu'ils fussent bien convaincus de la nécessité de contracter, dès l'enfance, des habitudes rigoureuses d'ordre, de tenue extérieure et de propreté; l'éducation morale et l'hygiène y sont également intéressées. « La propreté est une vertu, la plus humble, si l'on veut, et la plus facile, mais non la moins profitable »; elle est une des formes du respect de soi-même.

A cette fin, il a paru utile d'accorder un temps plus long à la toilette du matin. Le lever aura lieu au plus tard, pour les divisions élémentaires et de grammaire, à 6 heures et demie; pour la division supérieure, à 6 heures en hiver, à 5 heures et demie en été; la demi-heure qui suivra sera affectée à la toilette; quelques minutes prises sur cette demi-heure pourront, dans la belle saison, être consacrées à une récréation dans la cour.

Il serait à désirer qu'on fit prendre aux élèves deux bains de pieds par semaine et par mois deux bains complets. Je me propose d'examiner si, à défaut d'une installation suffisante pour assurer ce double service, on ne pourrait pas se servir d'appareils à douches tièdes, semblables à ceux qui fonctionnent dans un certain nombre d'établissements.

Je crois inutile d'ajouter qu'en été on devra conduire les élèves aux bains froids au moins une fois par semaine, partout où la chose sera possible. Le professeur de gymnastique fera faire, quelque temps à l'avance, à ceux qui ne savent par nager les exercices de natation à sec indiqués dans les manuels de gymnastique.

Repas. Alimentation. — Le dîner aura lieu, soit à 11 heures et demie, soit à midi; comme le prescrivait l'arrêté du 1er septembre 1853, il durera une demi-heure. Le même temps sera consacré au souper. Cette demi-heure ne paraîtra pas trop longue, les élèves devant avoir désormais l'autorisation de causer au réfectoire. Il est d'ailleurs utile qu'ils s'habituent à ne pas manger trop vite.

Je ne crois pas avoir besoin, Monsieur le Recteur, de vous recommander de veiller à ce que le régime alimentaire, dans les lycées comme dans les collèges, présente toutes les garanties désirables au point de vue de la qualité et de la quantité.

Je ne puis que confirmer les prescriptions de l'arrêté du 1er septembre 1853, relatives aux inspections et vérifications à faire, à la préparation des menus de la semaine et à la composition des repas. Je vous prie également de vous reporter à la circulaire du 13 septembre de la même année qui complète l'arrêté sur certains points; les instructions qu'elle renferme continueront d'être suivies, sauf en ce qui concerne le paragraphe visant les maîtres répétiteurs, lequel a été modifié par l'article 19 du décret du 8 janvier 1887.

Ainsi que je vous l'ai fait savoir récemment, la Commission de réformes de l'enseignement secondaire et la Section permanente ont demandé quelques modifications à l'article 1er du règlement de 1853, qui a fixé la quantité de viande à servir par tête et par repas à chaque catégorie d'élèves.

En ce qui concerne la proportion des divers aliments, la viande devrait, d'après la Commission, représenter environ les deux cinquièmes des matières azotées reconnues nécessaires à l'alimentation normale, les trois autres cinquièmes étant fournis par des aliments d'origine animale, mais moins azotés que la viande, et surtout par des aliments d'origine végétale, pain, légumes frais ou secs, pâtes, fruits, que la viande ne saurait remplacer.

Sans parler des éléments chimiques que ces aliments apportent dans l'économie, ils exercent par leur volume même sur les fonctions digestives une action utile et en quelque sorte mécanique. Il y a là une mesure et une proportion à observer avec soin. Les économes qui rédigent les menus de nos lycées et les médecins qui les contrôlent trouveront de précieuses indications dans la note suivante rédigée par M. le docteur Bouchard, membre de l'Académie de médecine :

« L'alimentation des adolescents doit comprendre des substances diverses qui introduisent dans le corps les principes essentiels, quaternaires et ternaires, suivant une proportion déterminée. Pour une partie de substance azotée ou protéique, il faut cinq parties de substance hydrocarbonée, amidon, sucre ou graisse, ces deux derniers comptés comme représentés par leur équivalent en carbone d'amidon. Si les substances azotées sont relativement trop abondantes, si le rapport devient : 1 : 4, on observe les troubles digestifs, la fétidité de l'haleine, les éruptions cutanées, les sédiments urinaires; si la graisse ou l'amidon prédominent au delà de la proportion normale, si le rapport devient 1 : 6, on observe l'affaiblissement, l'anémie, les états scorbutiques.

« La proportion des deux ordres de substances varie beaucoup suivant les aliments; on devra s'efforcer de rétablir la proportion normale en associant les aliments plus riches en matière azotée aux aliments plus riches en graisse ou en amidon, le sucre pouvant, pour une part, se substituer à ces derniers. Le tableau suivant pourra être utilisé pour assurer à l'alimentation mixte sa proportion normale de matières protéiques et de matières ternaires. La quantité de matière protéique est comptée comme 1 : le chiffre des matières ternaires est indiqué, en les comptant d'après leur teneur en carbone, comme si elles étaient de l'amidon. Le même tableau indique le poids de chaque aliment qui contient 1 de matière protéique.

NATURE DES ALIMENTS.	RENFERMANT		POIDS CORRES- PONDANTS.	OBSERVATIONS.
	en MATIÈRE protéique ou azotée.	en MATIÈRE ternaire, comptée comme amidon.		
Œufs............................	1	1.28	7.40	
Fromages (en moyenne).........	1	1.54	3.50	
Viande de bœuf avec sa graisse....	1	2.00	7.00	
Lentilles........................	1	2.10	4.00	
Fèves...........................	1	2.20	3.50	
Haricots........................	1	2.20	3.90	
Pois............................	1	2.30	3.90	
Viande de mouton avec sa graisse..	1	3.00	8.00	
Lait de vache...................	1	3.65	25.60	
Carottes........................	1	4.00	53.90	
Pain blanc......................	1	4.50	11.00	
Froment........................	1	4.60	6.85	
Maïs...........................	1	5.60	7.80	
Seigle	1	5.70	11.00	
Riz............................	1	12.30	15.50	
Pommes de terre................	1	13.17	62.00	

« *En résumé, à l'exception de deux, tous ces aliments sont relativement trop riches en matière protéique. On rétablira le rapport 1 : 5, soit en associant à l'alimentation le riz ou les pommes de terre, soit en y introduisant la graisse et le sucre.* 100 *de graisse valent* 173 *d'amidon;* 100 *de sucre de canne valent* 95 *d'amidon.* »

« J'ajouterai qu'il est indispensable de varier le plus possible le choix et la préparation des aliments; il ne faut pas qu'on puisse dire que, dans nos établissements, «les mêmes jours ramènent invariablement les mêmes repas, si bien que le menu devient une sorte de calendrier ».

J'insisterai aussi sur la nécessité de veiller scrupuleusement à ce que le pain soit d'une qualité irréprochable et parfaitement cuit; il sera autant que possible servi frais, c'est-à-dire cuit de la nuit précédente et donné toujours à discrétion.

Pour la bière et le cidre, on se conformera, comme par le passé, aux usages locaux; on n'oubliera pas que ces liquides sont moins riches en alcool que le vin et que, par suite, les quantités à servir doivent être doublées et même triplées dans certains cas.

On a reconnu que la boisson à laquelle on a donné le nom d'*abondance* ne peut être hygiénique qu'à la condition d'être préparée immédiatement avant le repas; lorsqu'on la laisse attendre, il se forme des précipités qui lui enlèvent ses qualités et ne sont même pas toujours d'une innocuité absolue. Vous signalerez le fait à l'attention de MM. les proviseurs. Il serait préférable que les bouteilles ou les carafes destinées à recevoir l'abondance ne continssent au moment où les élèves se mettent à table que la quantité réglementaire de vin pur. Ils feraient eux-mêmes l'abondance en achevant de les remplir avec de l'eau.

Enfin, je ne saurais trop insister sur la nécessité d'assurer avant tout aux enfants *une eau potable parfaitement pure et à l'abri de toute contamination.* « On sait aujourd'hui que bon nombre de maladies, entre autres la fièvre typhoïde, si redoutable pour les jeunes sujets, se contracte surtout par l'usage d'eaux souillées par des germes infectieux. Il est donc indispensable d'assurer aux établissements d'instruction publique une distribution d'eau potable pure, soit d'eau de source bien captée, soit, à défaut de cette dernière, d'eau convenablement filtrée à l'aide des appareils efficaces dont nous disposons aujourd'hui. »

CIRCULAIRE RELATIVE À LA REVACCINATION OBLIGATOIRE DES ÉLÈVES DES LYCÉES ET COLLÈGES.
(30 août 1883.)

MONSIEUR LE RECTEUR, dans une discussion récente, les membres de la Société médicale des hôpitaux de Paris ont, en présence des heureux résultats produits au lycée Louis-le-Grand par la revaccination obligatoire, émis le vœu que mon administration généralisât cette mesure pour tous les établissements de l'État.

Depuis l'époque où la revaccination est devenue obligatoire pour tout élève nouveau entrant au lycée Louis-le-Grand, aucun cas de variole ni de varioloïde n'y a été constaté.

Persuadé que la mesure demandée par la Société médicale des hôpitaux de Paris ne pourrait produire que d'excellents résultats, j'ai décidé que la revaccination sera obligatoire pour tous les élèves internes des lycées et collèges.

Je vous prie de donner des ordres pour assurer l'exécution de cette décision.

CIRCULAIRE RELATIVE À LA COMPOSITION DU TROUSSEAU.

(23 juillet 1890.)

MONSIEUR LE RECTEUR, l'examen des rapports qui m'ont été transmis par vous et par vos collègues, m'a donné lieu de constater que la transformation du trousseau des élèves des lycées, telle qu'elle a été proposée par la commission d'habillement, entraînerait non seulement un accroissement de prix de revient pour la fourniture première du trousseau, mais encore une augmentation de dépense pour les renouvellements annuels. D'un autre côté, on a fait remarquer qu'un certain nombre d'objets introduits dans le nouveau trousseau n'étaient pas indispensables et pouvaient être laissés à la charge des familles qui jugeraient utiles d'en pourvoir leurs enfants; que le chiffre des objets de lingerie indiqué par la circulaire du 31 mai dernier, était le plus souvent trop considérable, et qu'enfin il fallait tenir compte, dans une certaine mesure, de la différence des climats et aussi des habitudes locales. Quant aux périodes de renouvellement pour les objets d'habillement, on a été à peu près unanime à les trouver trop éloignées.

Ces observations m'ont paru fondées, et j'ai décidé, en conséquence, que la composition du trousseau et les époques de renouvellement seraient fixées ainsi qu'il suit :

Trousseau. — Une capote en drap bleu avec capuchon mobile ou une pèlerine avec capuchon en drap bleu également, soit en drap ordinaire, soit en drap hydrofugé;

Un veston ou une redingote en drap bleu avec palmes brodées en or au collet et boutons du lycée;

50.

Deux pantalons d'hiver en drap bleu, larges et tombant bien sur la chaussure;

Deux gilets d'hiver en drap bleu;

Deux pantalons d'été en laine douce ou en coutil;

Deux gilets d'été en laine douce ou en coutil;

Deux vareuses d'hiver en molleton ou deux blouses en étoffe de laine;

Deux vareuses ou deux blouses d'été en étoffe de laine et coton;

Une casquette en drap bleu avec palmes en or[1];

Un béret ou toute autre coiffure d'intérieur au choix de l'administration du lycée;

Trois paires de bottines lacées ou de brodequins avec talon large et plat et un bout suffisamment ample pour permettre le libre jeu des doigts de pied;

Quatre draps de lit;

Douze serviettes;

Quatorze chemises (dix de jour, quatre de nuit);

Dix-huit mouchoirs;

Quatre caleçons;

Quatre cravates;

Quatorze paires de bas ou chaussettes;

Un nécessaire de toilette;

Un sac à linge.

Je laisse d'ailleurs aux administrations collégiales le soin de choisir entre la capote et la pélerine, d'adopter ou non les vêtements d'intérieur d'été ou d'hiver; les bas ou chaussettes, dont une partie pourra être en laine, si on le juge utile; et de déterminer l'étoffe (cretonne ou coton) avec laquelle seront confectionnés les caleçons.

Renouvellements. — Veston et redingote, tous les dix-huit mois;

Pantalons d'hiver et d'été, tous les ans;

Gilets d'hiver, tous les dix-huit mois;

Casquette, tous les dix-huit mois;

Vareuses ou blouses d'été et d'hiver et coiffure d'intérieur, tous les ans;

Linge et chaussure, au fur et à mesure de l'usure naturelle.

Le renouvellement de la capote ou de la pélerine sera, comme précédemment, laissé à la charge des familles.

Veuillez, je vous prie, communiquer un exemplaire de la présente circulaire à MM. les inspecteurs d'académie, proviseurs et économes des lycées de votre ressort.

---

[1] Dans les lycées du midi, on pourra adapter à la casquette un couvre-nuque en toile.

ARRÊTÉ RELATIF AUX CONGÉS DANS LES LYCÉES ET COLLÈGES.

(1er août 1892.)

Art. 1er. Dans les lycées et collèges de garçons et de jeunes filles, les classes vaquent les dimanches, les jours de fêtes légales (Toussaint, Noël, premier jour de l'An, lundi de la Pentecôte, Ascension, 14 juillet) et les jeudis (sauf les exceptions autorisées par décision spéciale).

Art. 2. Les vacances de Pâques sont réglées ainsi qu'il suit :
Sortie : le mercredi qui précède Pâques, à partir de midi ;
Rentrée : le lundi soir de la Quasimodo, à l'heure réglementaire.

Art. 3. La durée totale des congés extraordinaires avec sortie facultative accordés au cours de l'année scolaire ne peut excéder huit jours pour l'année entière.

Ces congés sont répartis par le Recteur, pour chaque établissement de l'Académie, après avis de l'assemblée des professeurs et sur la proposition du Conseil académique, qui en délibère dans sa première session de l'année scolaire.

Art. 4. MM. les recteurs sont chargés de l'exécution du présent arrêté.

CIRCULAIRE RELATIVE AUX CONGÉS ACCORDÉS AU COURS DE L'ANNÉE SCOLAIRE.

(30 septembre 1892.)

Monsieur le Recteur, l'arrêté du 8 juin 1891 [1], délibéré en Conseil supérieur de l'instruction publique, a déterminé l'époque et la durée des grandes vacances dans les lycées et collèges.

Désirant mettre fin à certains abus qui m'ont paru d'autant plus préjudiciables aux études que la durée du travail sédentaire a été réduite pour les jours de classe, à partir de 1891, j'ai cru devoir saisir également la haute assemblée d'un projet de réglementation des congés accordés au cours de l'année scolaire.

[1] Abrogé par l'arrêté du 19 avril 1895. Voir p. 791.

J'ai l'honneur de vous transmettre copie de l'arrêté que j'ai pris, sur l'avis du Conseil, le 1ᵉʳ août dernier, et qui a été inséré au Bulletin administratif du 6 du même mois.

L'article 1ᵉʳ de cet arrêté consacre les dispositions antérieures relatives aux jours fixes de liberté, communs à tous les établissements (dimanches, jeudis et fêtes légales); il maintient le *statu quo* en ce qui concerne les classes de la matinée du jeudi instituées soit par application de la circulaire du 13 septembre 1884 ou du règlement de 1890, soit de décisions spéciales.

L'article 2 est relatif aux vacances de Pâques; il modifie très légèrement la règle suivie depuis un certain nombre d'années dans presque toutes les Académies.

C'est l'article 3 qui renferme la disposition la plus importante du nouveau règlement. Le paragraphe 1ᵉʳ détermine le nombre maximum des journées de vacances mobiles, pouvant être, selon les établissements, adjointes aux congés fixes, ou constituer, à elles seules, des congés spéciaux attribués en raison de circonstances, de fêtes ou de traditions locales.

Le nombre de ces journées est le même pour toute la France; il est fixé à huit pour l'année entière; il ne pourra être dépassé en aucun cas.

Aux termes du paragraphe 2, c'est à vous, Monsieur le Recteur, qu'est confié le soin d'arrêter la répartition des congés au cours de l'année scolaire : vous aurez à consulter à ce sujet, en premier lieu, les assemblées des professeurs, qui devront en délibérer dans leur réunion d'octobre; en second lieu, le Conseil académique, qui en délibérera dans sa première session de l'année scolaire.

La réglementation à adopter ne devra pas être nécessairement uniforme pour tous les établissements de l'Académie; vous aurez à tenir compte des habitudes locales dans la mesure que vous jugerez opportune, à la condition que la durée totale des congés n'excédera pas, pour chaque lycée ou collège, le chiffre limitatif indiqué plus haut. Il y a lieu d'observer que les journées de vacances mentionnées à l'article 1ᵉʳ n'entrent pas en compte dans le calcul des huit jours : si, par exemple, le premier jour de l'an tombant un lundi, un congé est accordé du samedi soir qui précède au jeudi soir, ce congé ne sera compté que pour deux jours (mardi et mercredi) dans le total des congés extraordinaires prévus à l'article 3; de même, si la fête du 14 juillet tombe un vendredi et si le congé est accordé du vendredi matin au dimanche soir, la journée du samedi sera seule considérée comme congé extraordinaire.

Dans ces conditions, le maximum fixé par l'arrêté est suffisant pour permettre de donner satisfaction à toutes les demandes légitimes; le nouveau règlement aura donc pour résultat, d'une part, de maintenir la mesure de repos utile et hygiénique pour les professeurs et les élèves, tout en sauvegardant l'intérêt des études; d'autre part, de couper court à tout abus, en mettant les autorités locales à l'abri des sollicitations qui n'auraient aucune chance d'être accueillies par l'autorité supérieure.

Vous voudrez bien insister particulièrement sur ce point auprès de MM. les proviseurs et principaux et de Mmes les directrices des lycées et collèges, en leur notifiant les dispositions de l'arrêté du 1er août et de la présente circulaire.

ARRÊTÉ RELATIF AUX GRANDES VACANCES DANS LES LYCÉES ET COLLÈGES DE GARÇONS.

(19 avril 1895.)

ART. 1er. La durée des grandes vacances dans les lycées et collèges de garçons est fixée à deux mois.

ART. 2. L'ouverture des grandes vacances ne peut avoir lieu ni avant le 1er août, ni après le 8 août. La date en est fixée par le recteur, après avis du Conseil académique, pour chacun des établissements de son ressort.

La distribution des prix a lieu la veille de l'ouverture des vacances.

Si le jour réglementaire de la rentrée est un dimanche, la rentrée s'effectuera le lendemain.

ART. 3. Le présent arrêté n'est pas applicable aux lycées et collèges de l'Algérie.

ART. 4. L'arrêté du 8 juin 1891 est et demeure abrogé.

ART. 5. MM. les Recteurs sont chargés de l'exécution du présent arrêté.

CIRCULAIRE RELATIVE AUX GRANDES VACANCES.

(8 mai 1895.)

MONSIEUR LE RECTEUR, l'arrêté du 8 juin 1891 avait fixé au 1er août l'ouverture des grandes vacances dans les lycées et collèges de garçons, et au 1er octobre la rentrée des classes.

L'expérience a démontré que le choix d'une date fixe pour l'ouverture des vacances présentait, dans la pratique, de réels inconvénients, et que, par suite de nécessités locales, il était souvent difficile d'appliquer stricte- ment la règle à tous les établissements d'un même ressort académique. Mon Administration a reçu, à cet égard, un certain nombre de réclama- tions qui m'ont paru fondées.

J'ai cru devoir, en conséquence, modifier la disposition dont il s'agit, et j'ai pris, le 19 avril, après avis du Comité supérieur, un nouvel arrêté dont vous trouverez ci-joint copie.

L'article 1er de cet arrêté maintient la durée des grandes vacances, telle qu'elle avait été déterminée en 1891; elle n'excédera pas deux mois. Aux termes de l'article 2, l'ouverture des vacances aura lieu dans les huit pre- miers jours d'août; vous en fixerez vous-même la date, après avis du Con- seil académique, pour chacun des établissements de votre ressort; elle ne pourra être ni antérieure au 1er août, car il importe que le mois de juillet reste tout entier consacré aux études, ni postérieure au 8 août.

Les distributions des prix se feront la veille de l'ouverture des va- cances.

Je vous rappelle, à cette occasion, que les discours prononcés par les professeurs dans les distributions des prix, doivent avoir été soumis préa- lablement à votre approbation; vous voudrez bien donner des instructions à MM. les proviseurs et principaux pour qu'ils vous soient communiqués en temps utile.

CIRCULAIRE RELATIVE À LA PRÉSENCE DES ÉLÈVES AUX OBSÈQUES DES FONCTIONNAIRES PUBLICS.

(17 septembre 1891.)

MONSIEUR LE RECTEUR, mon attention a été appelée sur la question de sa- voir s'il convient que les élèves de nos établissements d'instruction secon- daire et primaire assistent en corps ou soient représentés par une déléga- tion aux funérailles de personnes ayant rang dans la hiérarchie des fonctions publiques.

J'estime, Monsieur le Recteur, que cette question doit être résolue dans le sens de la négative. Les enfants qui nous sont confiés n'appartiennent à nos établissements qu'en vue de l'instruction qu'ils y doivent recevoir. Toute manifestation étrangère à leur vie scolaire serait en dehors des attri- butions du maître, de l'objet propre de l'établissement et des prévisions des parents.

La seule exception à faire est le cas où il s'agirait, pour les élèves, de rendre les derniers devoirs à un de leurs maîtres où à l'une des autorités préposées à l'instruction publique. La participation aux funérailles n'est alors de leur part qu'un témoignage naturel et presque nécessaire de reconnaissance ou de respect envers ceux auxquels leurs familles les ont confiés.

Vous voudrez bien, Monsieur le Recteur, vous concerter avec MM. les inspecteurs d'académie de votre ressort pour l'exécution de ces instructions.

CHAPITRE VII.
BOURSES ET REMISES.

———

I. — BOURSES.

———

DÉCRET PORTANT RÈGLEMENT POUR LA COLLATION DES BOURSES DE L'ÉTAT, DES DÉPARTEMENTS, DES COMMUNES ET DES PARTICULIERS DANS LES LYCÉES ET LES COLLÈGES.

(19 janvier 1881.)

———

ART. 1er. Les bourses, soit d'enseignement classique, soit d'enseignement spécial, entretenues par l'État, les départements et les communes dans les lycées et collèges, sont partagées en trois catégories :

1° Bourses d'internat;

2° Bourses de demi-pensionnat;

3° Bourses d'externat simple ou surveillé.

ART 2. Les bourses de l'État ne sont accordées qu'après enquête constatant l'insuffisance de fortune de la famille, elles sont conférées aux enfants qui se sont fait remarquer par leurs aptitudes et particulièrement, à ceux dont la famille a rendu des services au pays.

. . . .

ART. 6. Un arrêté ministériel, rendu sur l'avis du Conseil supérieur, détermine les conditions, le programme et l'époque de l'examen.

. . . .

ART. 8. Les candidats aux bourses fondées par des particuliers doivent avoir subi l'examen règlementaire dans les formes déterminées par les articles 6 et 7, à moins que l'acte de fondation ne contienne une disposition expressément contraire.

ART. 9. Les candidats aux bourses entretenues par les départements dans des établissements secondaires *libres*, conformément à la loi du 10 août 1871, sont soumis au même examen.

. . . .

ART. 10. Les boursiers des départements sont nommés par les conseils généraux, en conformité de l'article 45 de la loi du 10 août 1871 sur l'organisation départementale.

Les boursiers des communes sont nommés par les conseils municipaux, avec approbation des préfets.

Le recteur de l'Académie intervient comme délégué du Ministre de l'instruction publique, afin de constater l'exécution des règlements scolaires.

CIRCULAIRE CONCERNANT LES EXAMENS DES BOURSES.

(9 février 1883.)

(*Extraits.*)

. . . .

MONSIEUR LE RECTEUR, il convient, de ne pas perdre de vue les dispositions du décret du 19 janvier 1881. Ainsi que vous le faisait observer une circulaire du 5 avril de la même année, l'article 2 de ce décret a modifié profondément la législation antérieure : le décret du 7 février 1852 réservait les bourses aux fils des fonctionnaires civils et militaires dépourvus de fortune; aujourd'hui, les principaux titres à l'obtention des bourses sont «l'aptitude constatée du candidat et l'insuffisance de fortune de sa famille»: Le Conseil supérieur a pensé que, sous notre régime démocratique, il importe de fournir aux jeunes gens particulièrement bien doués les moyens d'acquérir une instruction qui fera d'eux des citoyens utiles et profitera par là même au pays.

S'il est assez facile de savoir quels services les familles ont rendu à l'État, la constatation des aptitudes des candidats présente, au contraire, de sérieuses difficultés. Jusqu'ici, l'examen prescrit par les règlements a été le seul élément d'appréciation dont pût disposer le Ministre. Mais les commissions instituées dans chaque département, et dont je ne saurais d'ailleurs trop louer le zèle et le dévouement, ne peuvent pas avoir toutes la même mesure dans leurs appréciations : tel jury paraît enclin à l'indulgence, tel autre se montre plus rigoureux; le niveau des épreuves n'étant pas le même partout, les notes obtenues n'ont pas la même valeur. Il en résulte que l'examen, tout en présentant des garanties très sérieuses, ne peut pas être considéré comme un criterium absolu et que, pour apprécier exactement l'instruction et l'aptitude de chaque candidat, il serait utile de joindre à son dossier d'autres éléments d'information.

Je vous prie en conséquence, Monsieur le Recteur, de donner des instructions pour qu'à l'avenir tous les candidats produisent, en se présentant à l'examen, outre les pièces mentionnées à l'article 2 de l'arrêté du 20 janvier 1881 (§ 3), les documents dont l'énumération suit, certifiés par le chef de l'établissement auquel ils appartiennent :

1° Un relevé sommaire des notes qui leur ont été données pour le travail et l'aptitude pendant l'année précédente;

2° Une liste des places qu'ils ont obtenues dans les compositions, avec l'indication du nombre des élèves de la classe;

3° Une liste de leurs prix et accessits.

Si l'élève sort d'une école primaire, les mêmes pièces seront fournies par l'instituteur, qui y joindra, s'il y a lieu, la mention du certificat d'études primaires.

Je désire aussi, et j'appelle spécialement votre attention sur ce point, que MM. les inspecteurs d'académie vous adressent, avec les procès-verbaux des examens d'aptitude, les compositions écrites des candidats admis. Ces compositions me seront transmises par vous avec les autres pièces énumérées plus haut.

Les copies des aspirants ayant échoué à l'examen continueront à être conservées pendant un an dans les archives de l'inspection académique, ainsi que le prescrit la circulaire du 5 avril 1881.

. . . .

Je crois inutile de vous rappeler que, s'il ne s'est produit aucun changement dans la situation des pétitionnaires, vous n'avez pas à m'adresser un nouveau rapport au sujet des demandes qui ont été soumises antérieurement à l'instruction réglementaire; vous aurez donc à m'envoyer seulement les pièces ci-dessus pour les candidats dont les dossiers existent déjà au Ministère: pour les autres, on procèdera comme par le passé.

ARRÊTÉ RELATIF AUX EXAMENS POUR L'OBTENTION DU CERTIFICAT D'APTITUDE AUX BOURSES DANS LES LYCÉES ET COLLÈGES DE GARÇONS.

(12 janvier 1887.)

ART. 1er. Les commissions chargées d'examiner les candidats aux bourses dans les lycées et collèges, tant pour l'enseignement secondaire classique que pour l'enseignement secondaire spécial, sont composées d'un inspecteur d'académie, président, et de quatre membres choisis par le recteur parmi les professeurs ou les anciens professeurs des Facultés, des lycées et des collèges. Un professeur de langues vivantes est adjoint au jury pour les catégories où les langues vivantes sont obligatoires.

Art. 2. Les examens pour la délivrance du certificat d'aptitude aux bourses ont lieu dans la première quinzaine d'avril au chef-lieu de chaque département.

Les candidats doivent être inscrits, du 1er au 25 mars, au secrétariat de la préfecture de leur résidence ou de la résidence de leur famille.

La demande d'inscription est accompagnée : 1° de l'acte de naissance de l'enfant; 2° d'un certificat du chef de l'établissement où il a commencé ses études : ce certificat donne le relevé sommaire des notes obtenues par l'élève pour la conduite et le travail depuis la rentrée des classes et pendant l'année scolaire précédente, la liste de ses places de composition, avec indication de sa classe et du nombre des élèves de sa division, la liste de ses prix et accessits; le certificat n'est pas exigé des candidats qui ont été élevés dans leur famille; 3° d'une déclaration du père de famille faisant connaître sa profession, les prénoms, âge, sexe et profession de chacun de ses enfants vivants, le montant de ses ressources annuelles et celui de ses contributions; ladite déclaration, qui doit être signée du postulant et certifiée exacte par le maire de la commune, indiquera, en outre, si des bourses, remises ou dégrèvements ont déjà été accordés précédemment au candidat ou à ses frères ou sœurs.

Art. 3. Les candidats sont distribués en séries, suivant leur âge. Chaque série correspond à une classe.

Aucune dispense d'âge ne peut être accordée.

Dans l'enseignement classique, la première série correspond à la septième et comprend les candidats qui doivent entrer en sixième.

La première série de l'enseignement spécial comprend les candidats qui doivent entrer en première année.

Le résultat de l'examen est valable aussi longtemps que le candidat appartient, par son âge, à la série dans laquelle il a été examiné.

Les candidats peuvent, sur leur demande, subir l'examen dans une série supérieure à celle de leur âge.

ART. 4. Les candidats aux bourses de l'enseignement classique doivent avoir :

Pour entrer en sixième (1re série), moins de douze ans au 1er janvier de l'année où l'examen est subi ;

Pour entrer en cinquième (2e série), moins de treize ans au 1er janvier de l'année où l'examen est subi ;

Pour entrer en quatrième (3e série), moins de 14 ans au 1er janvier de l'année où l'examen est subi ;

Pour entrer en troisième (4e série), moins de 16 ans au 1er janvier de l'année où l'examen est subi ;

Pour entrer en seconde (5e série), moins de 17 ans au 1er janvier de l'année où l'examen est subi ;

Pour entrer en rhétorique (6e série), moins de 18 ans au 1er janvier de l'année où l'examen est subi.

Les candidats aux bourses de l'enseignement spécial [1] doivent avoir :

Pour entrer en première année (1re série), moins de 13 ans au 1er janvier de l'année où l'examen est subi ;

Pour entrer en deuxième année (2e série), moins de 14 ans au 1er janvier de l'année où l'examen est subi ;

Pour entrer en troisième année (3e série), moins de 15 ans au 1er janvier de l'année où l'examen est subi ;

Pour entrer en quatrième année (4e série), moins de 16 ans au 1er janvier de l'année où l'examen est subi ;

Pour entrer en cinquième année (5e série), moins de 17 ans au 1er janvier de l'année où l'examen est subi ;

Pour entrer en sixième année (6e série), moins de 18 ans au 1er janvier de l'année où l'examen est subi.

ART. 5. Les candidats aux bourses de l'enseignement classique sont examinés, savoir :

Pour la classe de sixième, sur les matières du programme des classes élémentaires ; pour la classe de cinquième, sur les matières de sixième, et ainsi de suite jusqu'à la rhétorique.

. . . .

[1] Cette disposition s'applique aux candidats aux bourses de l'enseignement moderne. — Voir, en outre, l'arrêté du 13 janvier 1892, page 813.

ART. 6 [1]. L'examen comprend deux épreuves : une épreuve écrite et une épreuve orale.

L'épreuve écrite est éliminatoire ; elle comprend :

1° Pour la 1re et la 2e série de l'enseignement classique : une dictée française et une composition sur une des matières du cours (histoire, géographie, sciences) ; pour les quatre autres séries : une composition française et une version latine ou une version grecque ;

. . . .

3° Pour la 1re série de l'enseignement spécial : une dictée française et une composition sur une des matières du cours ; pour les autres séries du même enseignement : une composition sur l'une des matières du cours, et un exercice écrit de langues vivantes (thème et version).

Les sujets de composition sont choisis par le Ministre.

ART. 7. Le nombre maximum des points à compter pour chaque épreuve écrite est de 20. Pour être admis à l'épreuve orale, le candidat doit obtenir au moins 20 points dans l'ensemble des deux épreuves écrites.

La nullité d'une composition entraîne l'ajournement.

ART. 8 [2]. L'examen oral comprend :

1° Pour la 1re série de l'enseignement classique, trois épreuves : Lecture et explication d'un texte français (coefficient double) ; Interrogations sur les sciences ; Interrogations sur l'histoire et la géographie ;

2° Pour la 2e et la 3e série du même enseignement, cinq épreuves : Explication française ; Explication latine ; Interrogations sur les sciences ; Interrogations sur l'histoire et la géographie ; Interrogations sur les langues vivantes.

3° Pour les autres séries, cinq épreuves : Explication française ; Explication latine ou grecque ;

---

[1] Modifié par l'arrêté du 8 août 1890. Voir p. 809. — [2] Voir p. 813, l'arrêté du 13 janvier 1892 relatif aux examens des bourses de l'enseignement moderne.

Interrogations sur les sciences;
Interrogations sur l'histoire et la géographie;
Interrogations sur les langues vivantes.

. . . .

Art. 9. Une note de o à 10 est attribuée à chaque épreuve orale.

Nul ne peut être admis définitivement au certificat d'aptitude qu'avec la moitié du maximum des points attribués à l'ensemble des épreuves écrites et orales.

Art. 10. L'épreuve de langues vivantes, à l'examen écrit et à l'examen oral, dans l'enseignement classique et dans l'enseignement spécial, porte sur l'anglais ou l'allemand.

Art. 11. Immédiatement après les examens, le président du jury rédige un procès-verbal auquel il joint la liste nominative des candidats qui se sont présentés, avec les notes qu'ils ont obtenues; les candidats sont inscrits sur cette liste, par ordre alphabétique et par séries.

Le procès-verbal est transmis au Ministère avec la liste des candidats, dans la quinzaine qui suit la clôture de la session.

Art. 12. Les examens qui n'auraient pas été subis dans les conditions réglementaires peuvent être annulés par le Ministre.

Art. 13. L'obtention du certificat d'aptitude ne confère aucun droit absolu. Toutes les demandes de bourses de l'État sont soumises à une commission centrale, siégeant au Ministère, qui les classe par ordre de mérite, d'après l'ensemble des titres produits à l'appui.

Cette commission tient compte aux candidats des deux premières séries de la production du certificat d'études primaires.

Art. 14. Les candidats pourvus du baccalauréat ès lettres, ès sciences ou de l'enseignement spécial sont dispensés de l'examen d'aptitude.

Il en est de même : 1° pour les candidats pourvus de la première partie du baccalauréat ès lettres, s'ils sont âgés de moins de 19 ans au 1er janvier; 2° pour les boursiers d'enseignement primaire supérieur, dans les conditions prévues par l'article 61 de l'arrêté sur les bourses d'enseignement primaire supérieur.

Art. 15. Les élèves boursiers de l'enseignement spécial qui, dans le cours de leurs études, ont fait preuve d'aptitude pour l'enseignement classique; peuvent, sur l'avis du recteur, être transférés dans l'enseignement classique par l'autorité dont relève la nomination première, sans avoir à subir un nouvel examen.

Art. 16. L'arrêté du 20 janvier 1881 est et demeure rapporté.

CIRCULAIRE RELATIVE AUX EXAMENS DES BOURSES.

(2 février 1887.)

Monsieur le Recteur, l'article 1er du décret du 8 août 1886 ayant supprimé, dans l'enseignement secondaire spécial, la classe préparatoire et porté, de cinq, à six ans la durée du cours normal des études, il était devenu nécessaire de modifier les dispositions de l'arrêté du 20 janvier 1881, concernant les examens à subir par les candidats aux bourses dudit enseignement.

J'ai pensé qu'il y avait lieu de saisir cette occasion pour réformer le même arrêté sur d'autres points. Les innovations que j'ai proposées au Conseil supérieur et qu'il a acceptées ont pour but d'améliorer le recrutement des boursiers, en réduisant le nombre des candidats admissibles au certificat d'aptitude et en entourant de garanties plus efficaces les opérations de classement des demandes.

L'article 1er de l'arrêté du 12 janvier 1887 reproduit textuellement l'article 1er du 20 janvier 1881.

L'article 2 réduit les deux sessions d'examen à une seule, qui aura lieu en avril. La première session s'ouvrait à une époque trop rapprochée de la rentrée des classes; c'est à peine si le travail des élèves commençait à porter ses fruits. La seconde session avait lieu trop tard; j'ai constaté qu'un grand nombre de dossiers n'étaient pas expédiés en temps utile et que la Commission centrale ne pouvait pas toujours terminer son travail de classement dans le délai voulu. L'article 2 impose, en outre, aux familles des candidats, l'obligation de produire, à l'appui de la demande d'inscription à l'examen, tous les renseignements de nature à permettre d'apprécier leur situation et leurs titres. L'enquête que MM. les préfets ont à faire à la suite de l'examen exigera ainsi moins de temps que par le passé.

L'article 3 supprime, dans l'enseignement classique, les séries qui correspondaient aux classes élémentaires[1]; la première série ne comprendra désormais que les candidats qui devront entrer en sixième. L'étude du latin ne commençant pas avant cette classe et l'enseignement primaire étant gratuit, l'État n'a pas à prendre à sa charge, sur le budget de l'enseignement secondaire, l'instruction d'enfants en âge de fréquenter l'école communale. D'autre part, chez des candidats aussi jeunes, l'aptitude aux études classiques est particulièrement difficile à apprécier; on s'exposait, en leur accordant des bourses, à égarer les bienfaits de l'État; aussi la Commission centrale chargée du classement des demandes avait pris le parti d'ajourner presque tous les candidats au-dessous de la sixième.

Rien ne s'oppose d'ailleurs à ce que, conformément à une jurisprudence qui avait déjà été adoptée depuis plusieurs années et qui se trouve consacrée par le dernier paragraphe de l'article, un candidat subisse l'examen dans une série supérieure à son âge.

L'article 4 maintient les limites d'âge qui avaient été indiquées précédemment pour l'entrée en sixième, en cinquième et en quatrième; la limite a été reculée d'un an pour les classes supérieures à la quatrième; on a voulu faciliter aux jeunes gens bien doués qui, par suite de circonstances indépendantes de leur volonté, auraient commencé tardivement leurs études, le moyen de réparer les lacunes de leur première éducation.

Pour l'enseignement spécial, les candidats de la 1re série devront avoir moins de 13 ans au 1er janvier, ceux de la 2e série moins de 14 ans, et ainsi de suite. Les élèves pouvant obtenir le certificat d'études primaires dès l'âge de 11 ans, il n'y avait aucun motif de ménager un intervalle plus long entre la sortie de l'école primaire et l'admission aux cours de l'enseignement spécial.

Les épreuves écrites, dont il est question à l'article 6, continueront à être corrigées d'après les règles établies par la circulaire du 31 janvier 1884. Vous voudrez bien insister auprès des jurys d'examen pour qu'ils s'y conforment strictement. En 1885 et en 1886, un certain nombre d'examens ont dû être annulés, sur la proposition de la Commission de classement; il est très désirable, dans l'intérêt des postulants et pour éviter des réclamations, que le fait ne se renouvelle pas.

Aux termes du paragraphe 2 de l'article 7, la nullité d'une composition écrite entraîne l'ajournement; cette règle n'avait pas été formulée dans l'arrêté du 20 janvier 1881 et, par suite, un candidat qui avait obtenu 20 points pour une composition et 0 pour l'autre, pouvait être déclaré admissible; il y avait tout avantage, en raison de l'importance que doit avoir l'examen écrit, à faire disparaître cette anomalie.

---

[1] Aux termes du décret du 6 août 1895 (art. 7), les bourses d'essai sont accordées à partir de la classe de septième, voir p. 817 l'arrêté du 7 août 1895.

L'article 8 énumère les épreuves orales de chaque série; vous remarquerez que, dans la 1re série de l'enseignement classique et de l'enseignement spécial, le coefficient attribué à la lecture et à l'explication d'un texte français est double; le maximum des points sera, pour cette épreuve, de 20 au lieu de 10. Je crois inutile d'ajouter que chaque épreuve orale peut comprendre plusieurs interrogations, tout en ne donnant lieu qu'à une seule note.

D'après l'article 10, l'épreuve de langues vivantes devra porter exclusivement sur l'anglais ou l'allemand; cette mesure est la conséquence d'une décision prise antérieurement par le Conseil supérieur et aux termes de laquelle l'étude de l'une de ces deux langues, dites fondamentales, est devenue obligatoire.

L'article 13 rappelle aux candidats que l'obtention du certificat d'aptitude aux bourses ne leur confère aucun droit absolu; dans une circulaire du 4 février 1884, j'ai déjà eu soin de protester nettement contre une tendance qu'ont les familles à s'imaginer que le succès de leurs enfants aux examens implique forcément l'octroi de la bourse; je désire qu'il ne subsiste aucune équivoque à ce sujet; il doit être bien entendu que, suivant les termes de l'article 4 du décret du 19 janvier 1881, l'épreuve a pour but de constater l'aptitude du postulant « à suivre la classe correspondant à son âge »; que l'admission à l'examen ne peut préjuger la décision à intervenir en ce qui concerne sa nomination comme boursier, qu'elle lui permet simplement d'être porté sur la liste des candidats dont les dossiers pourront être examinés utilement par la Commission centrale siégeant au Ministère, s'il s'agit d'une bourse de l'État; par le conseil général ou par le conseil municipal, s'il s'agit d'une bourse départementale ou communale. J'ai constaté que, dans certains départements, les jurys d'examens dressaient une liste par ordre de mérite des aspirants déclarés admissibles; cette pratique, qui est contraire à l'esprit du règlement, peut présenter de réels inconvénients; vous voudrez bien l'interdire dans votre ressort.

L'article 14 étend aux jeunes gens pourvus de la 1re partie du baccalauréat ès lettres, sous la condition qu'ils auront moins de 19 ans au 1er janvier, la dispense réservée jusqu'ici aux candidats qui justifiaient du baccalauréat complet. Le même article vise également les boursiers d'enseignement primaire supérieur, qui pourraient être transférés dans l'enseignement secondaire; j'enverrai ultérieurement sur ce point spécial des instructions à MM. les inspecteurs d'académie.

Je crois devoir faire observer, en terminant, que l'arrêté du 12 janvier 1887 est destiné à remplacer l'arrêté du 20 janvier 1881, rendu en exécution du décret du 19 du même mois; les prescriptions qu'il renferme sont obligaoires pour les candidats aux bourses de toute nature dans les

lycées et collèges (nationales, départementales, communales ou de fondation particulière); il en résulte qu'à l'avenir, des bourses ne pourront être
accordées, dans l'enseignement classique, qu'aux aspirants capables d'entrer
en sixième ou dans une classe supérieure. Les départements et les communes ont d'ailleurs le droit, conformément à l'article 5 du décret précité,
d'ouvrir un concours pour les bourses entretenues à leurs frais, à la condition que les candidats aient préalablement subi l'examen réglementaire.

J'ajoute que l'arrêté du 12 janvier ne s'applique qu'aux examens pour
l'obtention du certificat d'aptitude aux bourses des lycées et collèges de
garçons; il n'y a donc rien de changé pour les examens des bourses dans
les lycées et collèges de jeunes filles; l'institution de ces bourses étant relativement récente, j'ai pensé qu'il était préférable d'attendre quelque temps
avant de modifier, s'il y a lieu, le règlement.

L'instruction des demandes de bourses de l'État se fera, comme par le
passé, conformément aux prescriptions des circulaires du 14 décembre 1880
et du 9 février 1883.

Vous trouverez ci-annexés des modèles d'imprimés :

1° Pour la déclaration à faire par les familles, au moment de l'inscription des candidats;

2° Pour le certificat scolaire à produire;

3° Pour le certificat d'aptitude qui doit être joint au dossier de chaque
candidat admis.

J'ai fait également dresser un nouveau tableau des épreuves écrites indiquant l'heure et la durée de chaque composition; ce tableau remplacera
celui qui avait été annexé à la circulaire du 28 janvier 1886.

Vous voudrez bien communiquer la présente circulaire à MM. les inspecteurs d'académie de votre ressort et m'en accuser réception.

DÉPARTEMENT D

RENSEIGNEMENTS concernant la demande de [A]

faite en faveur d   jeune   pour [B]

[A] Indiquer s'il s'agit d'une bourse, d'une demi-bourse d'interne, de demi-pensionnat ou d'externat.
[B] Indiquer la nature de l'établissement.

NOM, QUALITÉ ET DEMEURE de la personne qui a fait la demande.	NOM et PRÉNOMS du CANDIDAT. Indiquer s'il est orphelin.	LIEU et DATE de la naissance.	GRADE DU PÈRE. Si le candidat est militaire, l'indiquer également.	NOMBRE DES ENFANTS. Age, sexe et position de chacun. [D]	MOYENS D'EXISTENCE DE LA FAMILLE [C].									MONTANT DES CONTRIBUTIONS				AVIS DU MAIRE.
					RE-VENU profes-sionnel	TRAITEMENT			DOTA-TION.	PEN-SION.	RE-VENC fon-cier.	REN-TES sur l'État ou autres	TO-TAL.	fon-cière.	per-son-nelle.	mobi-lière.	TOTAL.	
						MILI-TAIRE.	CI-VIL.	de la LÉ-GION d'hon-neur.										

Déclaration à faire par le pétitionnaire,

Je soussigné déclare que je ne possède rien, tant en mon nom personnel que du chef de ma femme, en dehors des ressources ci-dessus énoncées.

[C] Celles des colonnes pour lesquelles il n'y aura aucune indication numérique à donner devront porter le mot *Néant* en toutes lettres.
[D] Indiquer si des bourses, remises ou dégrèvements ont déjà été accordés précédemment au candidat ou à ses frères ou sœurs.

Vu par le Préfet :

A   , le   188   .

MODÈLE N° 2.   ° SÉRIE.

PRÉFECTURE DU DÉPARTEMENT D...

BOURSES DANS LES LYCÉES ET COLLÈGES.

Certificat scolaire de l'élève...,
né le..., *à*...

	ANNÉE 188....-188....,		ANNÉE 188...-188 ...
	CLASSE DE.............................,		CLASSE DE.............................
	Places de composition sur........... élèves.		Places de composition sur........... élèves.

Français,.......												
Allemand.......												
Lecture												
Écriture.......												
Histoire et géographie........												
Calcul........												
Sciences naturelles........												
Récitation......												

Moyenne déduite de toutes les places .... *Moyenne déduite de toutes les places* ....

Note moyenne de conduite... ....   Note moyenne de conduite... ....
   —   de travail ....   —   de travail..... ....
   —   d'aptitude.... ....   —   d'aptitude..... ....

**Prix et accessits obtenus à la fin
de l'année classique.**

....
....
....
....

CERTIFIÉ EXACT.

...., le.. 188..... .

MODÈLE N° 3.

Moins de ...... ans.
au 1ᵉʳ janvier 18——.

(¹) Classique ou spécial.

PRÉFECTURE DE

CERTIFICAT D'APTITUDE AUX BOURSES
DANS LES LYCÉES ET COLLÈGES DE GARÇONS.

SESSION DU MOIS D'AVRIL 188 ....

ENSEIGNEMENT SECONDAIRE⁽¹⁾.

Procès-verbal de l'examen subi par l'élève..
né le..

ENSEIGNEMENT CLASSIQUE.	NOTES.	TOTAL.	TOTAL GÉNÉRAL.
ÉPREUVES ÉCRITES.			
Dictée ou version........................			
Composition sur une matière du cours.......			
ÉPREUVES ORALES.			
Explication française ⁽¹⁾..................			
———— latine ou grecque.............			
Interrogation sur les sciences.............			
————sur l'histoire et la géographie ...			
————sur les langues vivantes........			
ENSEIGNEMENT SPÉCIAL.			
ÉPREUVES ÉCRITES.			
Dictée ou exercice de langues vivantes.......			
Composition sur une matière du cours.......			
ÉPREUVES ORALES.			
Explication française ⁽¹⁾..................			
Interrogation sur les sciences.............			
————sur l'histoire et la géographie...			
————sur les sciences mathématiques ⁽²⁾.			
————sur les sciences physiques et naturelles ⁽²⁾.................			
————sur les langues vivantes........			
————sur la morale et la législation ⁽³⁾.			
————sur l'économie politique ⁽⁴⁾......			

⁽¹⁾ Pour la 1ʳᵉ série, le coefficient de cette épreuve est double.

⁽²⁾ Dans la 5ᵉ et la 6ᵉ série, ces deux interrogations forment une épreuve unique.

⁽³⁾ Épreuve spéciale à la 5ᵉ série.

⁽⁴⁾ Épreuve spéciale à la 6ᵉ série

Pour extrait certifié conforme au registre des procès-verbaux.

A , le avril 188 .

Le Préfet d

EXAMENS POUR L'OBTENTION DU CERTIFICAT D'APTITUDE
AUX BOURSES
DANS LES LYCÉES ET COLLÈGES DE GARÇONS.

TABLEAU DES ÉPREUVES ÉCRITES.

SÉRIES.	À 9 HEURES DU MATIN.	DURÉE de la COMPOSITION.	À 2 HEURES DU SOIR.	DURÉE de la COMPOSITION.
ENSEIGNEMENT CLASSIQUE.				
1ʳᵉ série...	Dictée..............	(1)	"	"
	Composition..........	1 heure.	"	"
2ᵉ série...	Dictée..............	(1)	"	"
	Composition..........	1 h. 1/2.	"	"
3ᵉ série...	Version latine ou grecque.	2 h. (2).	Composition en français sur une des matières du cours..........	2 h. (2).
4ᵉ série...	Version latine ou grecque.	Idem.	Idem...............	Idem.
5ᵉ série...	Idem................	Idem.	Idem...............	Idem.
6ᵉ série...	Idem................	Idem.	Idem...............	Idem.
Mathématiques élémentaires.	Version latine........	Idem.	Composition scientifique.	Idem.
ENSEIGNEMENT SPÉCIAL.				
1ʳᵉ série...	Dictée.............	(1)	"	"
	Composition..........	1 heure.	"	"
2ᵉ série...	Langues vivantes (thème et version)........	2 h. (2).	Composition sur une des matières du cours....	2 h. (2).
3ᵉ série...	Idem................	Idem.	Idem...............	Idem.
4ᵉ série...	Idem................	Idem.	Idem...............	Idem.
5ᵉ série...	Idem................	Idem.	Idem...............	Idem.
6ᵉ série...	Idem	Idem.	Idem...............	Idem.

(1) Le texte est lu, dicté, puis relu; dix minutes sont accordées aux candidats pour revoir leurs copies.
(2) Y compris le temps de la dictée.

ARRÊTÉ CONCERNANT LES EXAMENS DU CERTIFICAT D'APTITUDE AUX BOURSES
DANS LES LYCÉES ET COLLÈGES DE GARÇONS.

(8 août 1890.)

L'article 6 de l'arrêté du 12 janvier 1887 est modifié ainsi qu'il suit :

Art. 6. L'examen comprend deux épreuves : une épreuve écrite et une épreuve orale.

L'épreuve écrite est éliminatoire ; elle comprend :

1° Pour la 1re et la 2e série de l'enseignement classique : une dictée française *suivie de questions sur certaines parties du texte dicté permettant de constater chez les candidats la connaissance de la langue et l'intelligence du texte*, et une composition sur une des matières du cours (histoire, géographie, sciences) ; pour les quatre autres séries : une composition française et une version latine ou une version grecque ;

2° Pour la 1re série de l'enseignement spécial : une dictée française *suivie de questions sur certaines parties du texte dicté permettant de constater chez les candidats la connaissance de la langue et l'intelligence du texte*, et une composition sur une des matières du cours ; pour les autres séries du même enseignement : une composition sur l'une des matières du cours et un exercice écrit de langues vivantes (thème et version).

Les sujets de composition sont choisis par le Ministre.

CIRCULAIRE RELATIVE AUX EXAMENS DU CERTIFICAT D'APTITUDE AUX BOURSES
DANS LES LYCÉES ET COLLÈGES.

(27 décembre 1890.)

Monsieur le Recteur, sur la proposition de la Commission centrale des bourses et conformément à l'avis du Conseil supérieur de l'instruction publique, j'ai pris à la date du 8 août 1890, deux arrêtés[1] dont vous trou-

---

[1] Voir ci-dessus. — Le deuxième arrêté dont il est question est relatif aux examens du certificat d'aptitude aux bourses dans les lycées et collèges de filles.

verez ci-joint copie et qui ont pour objet de modifier l'épreuve écrite de langue française dans les premières séries des examens du certificat d'aptitude aux bourses des lycées et collèges de garçons et de filles.

Cette épreuve a consisté jusqu'ici en une dictée d'orthographe. Malgré certaines critiques qui ont été formulées récemment, on ne saurait méconnaître que, parmi les épreuves écrites susceptibles d'être imposées à des enfants de dix à douze ans, la dictée offre encore le moyen le plus efficace d'apprécier d'une manière absolue et relative leurs aptitudes, qu'elle leur permet le plus sûrement de montrer la connaissance qu'on peut avoir à leur âge de la grammaire et du vocabulaire et de donner la mesure de leur attention, de leur mémoire et de leur jugement.

Il ne pouvait donc être question de faire disparaître cet exercice des examens des bourses, ni même de le remplacer par un autre.

Mais il a paru utile, pour justifier plus pleinement encore la valeur prépondérante attribuée dans ces examens à l'étude de la langue française d'ajouter au texte dicté quelques questions simples, tirées de ce texte même, auxquelles les candidats auront à répondre par écrit et qui porteront sur la signification et l'emploi de certaines expressions, la formation et la dérivation de quelques mots, l'analyse d'une phrase, l'ordre des idées, etc. [1]. Cette seconde partie de l'épreuve sera la répétition écrite,

----

[1] Voici un spécimen des questions auxquelles pourrait donner lieu le texte d'une dictée :

ENFANCE DE CHARLES XII, ROI DE SUÈDE.

À l'âge de sept ans, il savait manier un cheval. Les exercices violents où il se plaisait, et qui découvraient ses inclinations martiales, lui formèrent de bonne heure une constitution vigoureuse, capable de soutenir les fatigues où le portait son tempérament.

Quoique doux dans son enfance, il avait une opiniâtreté insurmontable. Le seul moyen de le plier était de le piquer d'honneur; avec le mot de gloire on obtenait tout de lui. Il avait de l'aversion pour le latin; mais, dès qu'on lui eut dit que le roi de Pologne et le roi de Danemark l'entendaient, il l'apprit bien vite et en retint assez pour le parler le reste de sa vie. On s'y prit de la même manière pour l'engager à entendre le français;

mais il s'obstina, tant qu'il vécut, à ne jamais s'en servir, même avec les ambassadeurs français qui ne savaient point d'autre langue.

Dès qu'il eut quelque connaissance de la langue latine, on lui fit traduire Quinte-Curce; il prit pour ce livre un goût que le sujet lui inspirait beaucoup plus encore que le style. Celui qui lui expliquait cet auteur lui ayant demandé ce qu'il pensait d'Alexandre : « Je pense, dit le prince, que je voudrais lui ressembler. — Mais, lui dit-on, il n'a vécu que trente-deux ans. — Ah! reprit-il, n'est-ce pas assez quand on a conquis des royaumes? » On ne manqua pas de rapporter ces réponses au roi son père, qui s'écria : « Voilà un enfant qui vaudra mieux que moi et qui ira plus loin que le grand Gustave [a] ! »

Un jour il s'amusait dans l'appartement du roi à regarder deux cartes géographiques, l'une d'une ville de Hongrie

----

[a] Les deux derniers paragraphes ne doivent être dictés qu'aux candidats de la deuxième série classique et de la première série de l'enseignement spécial (*moderne*).

c'est-à-dire réfléchie et vraiment significative d'une pratique scolaire dont tous les pédagogues s'accordent à reconnaître l'excellence, la lecture expliquée. Elle permettra à des candidats méritants de racheter par un commentaire intelligent les lapsus plus ou mois graves qui auraient pu leur échapper dans la transcription de leur dictée, et aux examinateurs de pallier, par une note compensatrice, ce que le mode de correction des fautes d'orthographe a nécessairement d'uniforme et de rigoureux. Par contre, les aspirants qui répondront médiocrement ou mal aux questions posées perdront en partie le bénéfice d'une dictée relativement correcte.

Cette épreuve sera cotée de o à 20; la note obtenue se combinera avec

prise par les Turcs, sur l'Empereur, et l'autre de Riga, capitale de la Livonie, province conquise par les Suédois depuis un siècle. Au bas de la carte de la ville hongroise, il y avait ces mots tirés du livre de Job : «Dieu me l'a donnée, Dieu me l'a ôtée, le nom du Seigneur soit béni!» Le jeune prince, ayant lu ces paroles, prit sur-le-champ un crayon, et écrivit au bas de la carte de Riga : «Dieu me l'a donnée , le diable ne me l'ôtera pas. »

Ainsi, dans les actions les plus indifférentes de son enfance, ce naturel indomptable laissait souvent échapper de ces traits qui caractérisent les âmes singulières, et qui marquait ce qu'il devait être un jour.

VOLTAIRE.

QUESTIONS.

1. *Cheval, martial.* Quelle est la règle du pluriel dans les noms et les adjectifs en *al?*
2. Qu'est-ce que le mot *où?* Quel est son homonyme?
3. *Où le portait son tempérament?* Analysez grammaticalement ce membre de phrase.
4. *Le seul moyen de le plier.* Quelle différence y a-t-il entre les deux *le?*
5. *On obtenait tout.* Analysez les mots *on* et *tout?*
6. Que signifie *aversion?*
7. *Bien vite.* Qu'est-ce ici que le mot *bien?*
8. *Que le roi de Pologne et le roi de Danemark l'entendaient.* Expliquez ce dernier mot.
9. *La même manière... même avec des ambassadeurs.* Quelle différence y a-t-il entre ces deux *même.*
10. Qu'est-ce qu'un *ambassadeur?*
11. Quelles sont les irrégularités du verbe *dire?*
12. Décomposez le verbe *rapporter.* Citer des dérivés et des composés du mot primitif *port.*

DEUXIÈME SÉRIE
DE L'ENSEIGNEMENT CLASSIQUE.

PREMIÈRE SÉRIE DE L'ENSEIGNEMENT SPÉCIAL.
(Candidats âgés de 12 ans accomplis.)

1. Que signifie *manier un cheval?* D'où vient le mot *manier?*
2. Quel est ici le sens de *constitution?* Quels sont ses synonymes?
3. Que signifie l'expression *piquer d'honneur?*
4. Pourquoi cite-t-on à Charles XII l'exemple des rois de Pologne et de Danemark?
5. *Que le sujet lui inspirait plus que le style.* Quelle différence y a-t-il entre ces deux *que?*
6. Connaissez-vous *Alexandre?*
7. *Voilà un enfant qui vaudra mieux que moi...* Combien de propositions dans ce membre de phrase? Quelle est la principale?
8. Quelles sont les irrégularités du verbe *aller?*
9. Qu'est-ce qu'un *siècle?*
10. Rappelez quels sont, dans ce morceau les traits par lesquels se révèle l'opiniâtreté de Charles XII enfant et quels sont ceux où se montre son amour de la gloire?

celle de la dictée, et c'est d'après la moyenne des points que la note définitive sera fixée. Si, par exemple, un candidat obtient 8 points pour le
questionnaire et 16 points pour la dictée, la note d'ensemble sera 12.

Il n'y aura d'ailleurs rien de changé pour ce qui concerne la correction
de la dictée. Les examens des bourses devant aboutir à des résultats com-
parables autant que possible, et les sujets de composition étant les mêmes
dans tous les départements pour les candidats appartenant à la même
série, la nécessité d'une règle uniforme ne saurait être contestée. Je rap-
pellerai, toutefois, qu'il y a en orthographe faute et faute. Les unes indiquent une ignorance grossière de la langue, de l'orthographe d'usage et
des règles élémentaires de la syntaxe; elles dénaturent le sens et dénotent
chez le candidat l'inintelligence du texte; d'autres, au contraire, sont
légères et doivent être appréciées avec moins de rigueur. Je sais que les
jurys d'examen ne manquent pas, dans la pratique, de faire cette distinction, qu'ils ont coutume de «peser» les fautes d'orthographe, et non de
les «compter mathématiquement». Je ne puis que les inviter à se conformer, comme par le passé, à ce principe.

La durée de l'épreuve écrite de la langue française (dictée et questionnaire) sera la même dans la 1re série et la 2e série de l'enseignement classique, dans la 1re série de l'enseignement spécial et de l'enseignement des
jeunes filles. Sur l'avis de la Commission des bourses, j'ai cru devoir la
fixer à une heure, y compris les dix minutes qu'il est d'usage de laisser
aux candidats pour revoir leur copie, et non compris le temps que mettra
l'examinateur à dicter et à relire le texte.

La seconde composition écrite, portant sur une des matières du cours,
sera faite immédiatement après, de telle sorte que, dans les séries dont il
s'agit, l'examen écrit puisse être terminé le matin même du premier
jour de la session, comme le prescrivait la circulaire du 28 janvier
1886.

Vous voudrez bien en notifiant les dispositions qui précédent à MM. les
inspecteurs d'académie de votre ressort, les prier d'inviter MM. les proviseurs et principaux, ainsi que Mmes les directrices des lycées et collèges, à
compléter de la manière suivante les certificats scolaires qu'ils ont à délivrer à ceux d'entre leurs élèves qui se présentent aux examens des bourses
En premier lieu, il conviendra d'indiquer si le candidat est interne, demi-
pensionnaire ou externe et depuis quand il est au lycée ou au collège. En
second lieu, les places de composition devront être accompagnées des
notes (Art. 21 du règlement du 5 juillet 1890). Enfin, *chacun des professeurs de la classe* sera appelé à donner par écrit ses appréciations motivées
sur les aptitudes, le travail et les progrès de l'élève; ces appréciations
pourront être transcrites au verso de la feuille. J'attache une importance
particulière à cette dernière recommandation. Les bourses devant être

réservées avant tout au mérite, il importe que la commission centrale chargée du classement des demandes, soit éclairée d'une manière aussi complète que possible sur la valeur des candidats dont les dossiers lui sont soumis.

ARRÊTÉ RELATIF AUX EXAMENS DES BOURSES D'ENSEIGNEMENT MODERNE.

(13 janvier 1892.)

Art. 1er. Les candidats aux examens du certificat d'aptitude aux bourses de l'enseignement secondaire moderne sont distribués, suivant leur âge, en cinq séries.

La première série comprend les élèves qui doivent entrer en sixième; la seconde série ceux qui doivent entrer en cinquième, et ainsi de suite.

Le certificat d'admission à la première partie du baccalauréat de l'enseignement secondaire moderne tient lieu du certificat d'aptitude pour les candidats qui doivent entrer soit dans la classe de première, soit dans la classe de mathématiques élémentaires, et qui sont âgés de moins de dix-neuf ans au 1er janvier.

Art. 2. Les épreuves orales des examens du certificat d'aptitude aux bourses de l'enseignement secondaire moderne sont déterminées ainsi qu'il suit :

1re série. 3 épreuves. — Lecture et explication d'un texte français (coefficient double);
Interrogations sur les sciences;
Interrogations sur l'histoire et la géographie.

2e et 3e séries. 5 épreuves. — Explication française;
Interrogations sur l'arithmétique;
Interrogations sur l'histoire naturelle;
Interrogations sur l'histoire et la géographie;
Langue allemande (explication et interrogation).

4e série. 6 épreuves. — Explication française;
Interrogations sur l'arithmétique;
Interrogations sur la géométrie;
Interrogations sur l'histoire et la géographie;
Langue allemande (explication et interrogation);

Langue anglaise, italienne ou espagnole (explication et interrogation).

5ᵉ série. 6 épreuves. — Explication française;
Interrogations sur les mathématiques;
Interrogations sur la physique et la chimie:
Interrogations sur l'histoire et la géographie;
Langue et littérature allemandes (explication et interrogations);
Langues et littératures anglaises, italiennes ou espagnoles (explication et interrogations).

Art. 3. Les dispositions de l'arrêté du 12 janvier 1887 sont abrogées, en ce qu'elles ont de contraire au présent arrêté.

DÉCRET RELATIF AUX BOURSES DANS LES LYCÉES ET COLLÈGES DE GARÇONS
ET AUX REMISES DE FAVEUR DANS LES LYCÉES DE GARÇONS.

(6 août 1895.)

Art. 1ᵉʳ. Les bourses dans les lycées et collèges de garçons sont conférées aux enfants de nationalité française dont l'aptitude a été constatée, et, particulièrement, à ceux dont la famille a rendu des services au pays. Elles ne sont accordées qu'après enquête établissant l'insuffisance de fortune de la famille.

Art. 2. Les bourses sont de deux catégories : 1° les bourses d'essai, accordées à titre provisoire; 2° les bourses de mérite, accordées à titre définitif.

Art. 3. Les bourses d'essai ne peuvent être accordées qu'à des candidats ayant subi avec succès un examen spécial dont les conditions et les programmes sont déterminés par des règlements délibérés en Conseil supérieur de l'instruction publique.

Art. 4. Cet examen est subi devant une commission de cinq membres, nommée par le recteur et siégeant au chef-lieu du département.

Art. 5. Les candidats aux bourses fondées et entretenues par les départements, les communes et les particuliers sont soumis au même examen.

Art. 6. Les bourses sont accordées pour les classes auxquelles donne accès l'examen subi.

Aucun candidat ne peut être admis comme boursier dans une classe supérieure à celle pour laquelle il a concouru.

Art. 7. Les bourses d'essai sont accordées à partir de la classe de septième; elles sont concédées pour une année scolaire.

Elles peuvent être renouvelées : deux fois pour les élèves auxquels elles ont été attribuées pour la classe de septième; une fois seulement pour ceux qui les ont obtenues pour une classe supérieure à la septième.

Les candidats aux bourses de la classe de septième doivent justifier, au moment de l'examen, d'un stage de six mois au moins dans un lycée ou dans un collège.

Art. 8. Les bourses de mérite sont accordées, soit à des élèves jouissant d'une bourse d'essai et dont l'aptitude a été constatée, soit à des candidats ayant subi avec succès l'examen prévu par l'article 3 et justifiant, en outre, d'un stage d'un an au moins dans un lycée ou collège.

Aucune bourse de mérite n'est accordée pour une classe inférieure à la cinquième.

Art. 9. Les bourses d'essai peuvent être converties en bourses définitives, après avis délibéré par les professeurs et les répétiteurs de la classe réunis, sur la présentation du chef de l'établissement et la proposition du recteur.

Peuvent seuls prétendre aux bourses définitives les élèves qui sont inscrits sur un tableau d'honneur spécial dressé conformément à l'article 11.

Art. 10. Lorsqu'une bourse d'essai n'a pas été, à la fin de l'année scolaire, renouvelée ou convertie dans les conditions prévues par les articles 7 et 9, la jouissance de cette bourse cesse de plein droit.

Art. 11. Les tableaux d'honneur des boursiers d'essai et des boursiers de mérite sont dressés par le chef de l'établissement avec le concours des professeurs et des répétiteurs de la classe.

Aucun élève ne peut y être inscrit s'il n'a obtenu, à chacun des trimestres de l'année scolaire, des notes supérieures à la moyenne pour sa conduite, son aptitude et ses progrès.

Art. 12. Les bourses nationales d'essai sont concédées par arrêté ministériel, les bourses nationales de mérite par décret du Président de la République, après avis d'une commission chargée du classement des candidatures.

Art. 13. Les bourses de l'État, des départements et des communes, sont concédées en totalité ou par fractions.

Des promotions de bourses peuvent être accordées aux élèves qui justifient de leur inscription au tableau d'honneur visé par l'article 11.

Art. 14. Les boursiers de mérite de l'État, des départements et des communes, restent en possession de leur bourse jusqu'à l'âge de dix-neuf ans accomplis. S'ils atteignent cet âge avant l'expiration de l'année scolaire, leur bourse est prorogée de plein droit jusqu'à la fin de ladite année.

Les boursiers âgés de dix-neuf ans et de moins de vingt ans peuvent obtenir une prolongation de bourse d'une année, à la condition d'être inscrits au tableau d'honneur des boursiers; ceux qui sont âgés de vingt ans accomplis doivent, pour obtenir une prolongation, justifier, en outre, de l'admissibilité à une grande école de l'État.

Art. 15. Des bourses peuvent être concédées sans examen à des élèves ayant moins de vingt et un ans, s'ils ont subi avec succès au moins la première partie des épreuves du baccalauréat, et s'ils se préparent à une grande école de l'État.

Sont exclus du bénéfice de la disposition ci-dessus les élèves, âgés de plus de dix-neuf ans, à qui une prolongation de bourse n'a pas été accordée.

Art. 16. En cas de faute grave, le chef d'établissement a le droit de rendre provisoirement un boursier à sa famille, sauf à en référer immédiatement au recteur de l'académie.

Les boursiers qui, sans avoir encouru la peine de l'exclusion, n'obtiennent que des notes insuffisantes pour la conduite ou le travail, sont déférés au Conseil de discipline qui leur inflige, s'il y a lieu, un avertissement. Cet avertissement est notifié à la famille par l'inspecteur d'académie.

Après deux avertissements, les élèves boursiers qui continuent à être mal notés encourent la déchéance de leur bourse.

La déchéance peut être également prononcée contre ceux qui, à la suite des examens de passage, sont reconnus incapables d'entrer dans une classe supérieure.

La déchéance des boursiers nationaux et des boursiers communaux est prononcée par le Ministre.

ART. 17. L'article 14 du décret du 19 janvier 1881, interdisant le cumul de fractions de bourse d'origine différente, est abrogé.

ART. 18. Les remises de frais de pension ou d'études, dites « remises de faveur », sont supprimées.

Des exemptions peuvent être exceptionnellement accordées : 1° à des enfants déjà présents dans un lycée, dont la famille a rendu des services signalés à l'État et se trouve, par suite d'événement grave, hors d'état de continuer à acquitter les frais des études secondaires; 2° aux soldats en congé ou régulièrement autorisés par leur chef de corps à suivre les cours d'un lycée en vue de la préparation à une grande école de l'État et à condition qu'ils aient été, l'année précédente, déclarés admissibles au concours de cette école; 3° aux enfants de troupe. Toutefois, pour ces derniers, la condition d'examen est obligatoire.

ART. 19. Les dispositions des règlements antérieurs sont abrogées en ce qu'elles ont de contraire au présent décret.

ARRÊTÉ RELATIF AUX EXAMENS DES CANDIDATS AUX BOURSES D'ESSAI
DE LA CLASSE DE SEPTIÈME.

(7 août 1895.)

ART. 1er. Les candidats aux bourses d'essai instituées par le décret du 6 août 1895 pour la classe de septième doivent avoir moins de onze ans au 1er janvier de l'année où ils subissent l'examen d'aptitude.

Art. 2. La série dans laquelle ces candidats sont inscrits pour l'examen prend le nom de série *élémentaire*.

Art. 3. L'examen est subi dans les formes prescrites par l'arrêté du 12 janvier 1887.

Il porte sur le programme de la classe de huitième.

Il comprend deux épreuves : une épreuve écrite et une épreuve orale.

Art. 4. L'épreuve écrite comprend :

1° Une dictée française suivie de questions très simples sur certaines parties du texte dicté, permettant de constater chez les candidats la connaissance des premières notions de grammaire et l'intelligence du texte;

2° Une petite composition sur une des matières du cours.

Le nombre maximum des points à compter pour chaque composition est de 20. Pour être admis à l'épreuve orale, le candidat doit avoir obtenu au moins 20 points dans l'ensemble des deux compositions.

La nullité d'une composition entraîne l'ajournement.

Art. 5. L'examen oral comprend deux épreuves :

1° Lecture d'un texte français, suivie de questions très simples;

2° Interrogations sur l'arithmétique et les leçons de choses;

Une note de o à 20 est attribuée à l'épreuve de français, une note de o à 10 à l'autre épreuve.

Art. 6. Nul ne peut être admis au certificat d'aptitude à la bourse s'il n'a obtenu au moins la moitié du maximum des points attribués à l'ensemble des épreuves écrites et orales.

CIRCULAIRE SUR LES BOURSES ET REMISES.

(26 août 1895.)

Monsieur le Recteur, vous trouverez ci-joint un certain nombre d'exemplaires du décret du 6 août 1895, relatif aux bourses dans les lycées et collèges de garçons et aux remises de faveur dans les lycées.

Ce décret renferme deux innovations principales : la première consiste dans la création des bourses d'essai, la seconde a trait à la suppression des remises dites « de faveur ».

Les bourses d'essai ont pour but, ainsi que leur nom l'indique, de mettre des enfants, remplissant les conditions prévues à l'article 1er du décret et ayant subi avec succès l'examen d'aptitude, à même de faire leurs preuves dans un établissement secondaire, avant d'être nommés boursiers à titre définitif.

Ces bourses seront accordées à partir de la classe de septième; elles ne seront concédées que pour une année scolaire; les articles 7 et 9 déterminent les conditions que les bénéficiaires auront à remplir pour en obtenir le renouvellement ou la conversion en bourse définitive.

Le nouveau décret n'apporte aucune modification au régime actuel des examens d'aptitude; les arrêtés du 12 janvier 1887 et du 13 janvier 1892 restent donc en vigueur, en ce qui concerne les bourses à accorder à partir de la classe de sixième, soit dans l'enseignement classique, soit dans l'enseignement moderne. Pour les candidats aux bourses d'essai de de la classe de septième, l'arrêté du 7 août 1895 a établi une série spéciale qui prendra le nom de *série élémentaire;* l'examen de cette série sera subi dans les formes prescrites par l'arrêté du 12 janvier 1887 et portera sur le programme de huitième. Nul ne pourra être inscrit pour l'examen d'aptitude aux bourses de septième s'il est âgé de plus de onze ans au 1er janvier et si, d'autre part, il ne justifie d'un stage de six mois, au moins dans un établissement secondaire public.

Cette condition de stage n'est pas imposée aux candidats aux bourses d'essai de la classe de sixième et des classes supérieures.

Le stage préalable d'un an dans un lycée ou collège est, au contraire, absolument obligatoire pour tous les candidats aux bourses de mérite ou définitives (art. 8).

Les dispositions des articles 11 à 16 du décret du 6 août 1895 sont conformes, sauf sur certains points de détail, à celles du décret du 19 janvier 1881.

Afin d'assurer l'exécution des prescriptions du paragraphe 2 de l'article 16, je vous prie de recommander à MM. les proviseurs et principaux de communiquer au Conseil de discipline, dans ses réunions trimestrielles, les notes de tous les boursiers et de lui signaler ceux qui paraîtraient mériter un avertissement. L'inspecteur d'académie sera mis sans retard au courant des mesures arrêtées par le Conseil; en notifiant les avertissements aux familles, il leur rappellera qu'aux termes de l'article précité, après deux avertissements, les élèves qui continuent à être mal notés encourent la déchéance de leur bourse.

Les états de situation morale seront dressés conformément aux instructions des anciens règlements, et notamment de la circulaire du 12 juillet

1886; on aura soin, toutefois, d'y porter dans une liste à part, à la suite de celle des boursiers de mérite, les noms des boursiers d'essai. Les états devront être transmis dès que le Conseil de discipline aura terminé son examen des notes. Les rapports joints à ces états mentionneront les avertissements qui auront été infligés. Vous me les ferez parvenir au plus tard dans la quinzaine qui suivra l'expiration du trimestre.

L'article 17 du décret du 6 août abroge l'article 14 du décret du 19 janvier 1881, qui interdisait d'une manière absolue le cumul de fractions de bourses d'origine différente.

L'article 18 supprime les remises de frais de pension et les exonérations ou exemptions de frais d'études, dites « remises de faveur ». Ces subsides ayant le caractère de véritables bourses d'essai, il a paru inutile de les maintenir, du moment où les bourses de cette catégorie étaient créées. Vous aurez, en conséquence, à prévenir immédiatement MM. les proviseurs qu'ils n'auront pas de propositions collectives à m'adresser, à la rentrée de la prochaine année scolaire, par application de la circulaire du 30 juin 1890.

Le paragraphe 2 de l'article 18 énumère limitativement les catégories d'élèves en faveur desquels une exception au principe posé dans le paragraphe 1er peut être demandée.

Il n'est rien innové, quant à présent, en ce qui concerne les exonérations de frais d'externat surveillé, dites « hors cadres », accordées aux fils, petits-fils ou pupilles légaux des fonctionnaires de l'enseignement secondaires et aux fils des membres de l'enseignement primaire; ces enfants seront admis, comme par le passé, à bénéficier de ladite exonération, sans avoir à subir un examen spécial; mais l'exonération ne sera renouvelée qu'à ceux qui seront reconnus dignes de la conserver; si un élève est mal noté pour la conduite ou pour le travail, ou s'il est jugé incapable de faire avec profit des études secondaires, elle lui sera retirée en totalité ou en partie.

À cet effet, les dossiers scolaires de tous les exemptés hors cadres seront soumis, chaque année, à un contrôle rigoureux.

Je vous prie, Monsieur le Recteur, de transmettre des exemplaires de la présente circulaire, ainsi que du décret et de l'arrêté ci-joints, à MM. les inspecteurs d'académie, proviseurs et principaux de votre ressort.

(26 mars 1898.)

Art. 1ᵉʳ. Le paragraphe 2 de l'article 14 du décret du 6 août 1895 est modifié ainsi qu'il suit :

« Les boursiers âgés de 19 ans et de moins de 20 ans peuvent obtenir une prolongation de bourse d'une année, à la condition d'être inscrits au tableau d'honneur des boursiers; ceux qui sont âgés de 20 ans accomplis doivent, pour obtenir une prolongation, justifier, en outre, de l'admissibilité à une grande école de l'État, à moins que, *par une mesure tout à fait exceptionnelle,* ils ne soient, à raison de leurs notes et de leurs chances de succès dans un concours ultérieur, l'objet d'une proposition spéciale du recteur, après avis délibéré par le chef de l'établissement et les professeurs de la classe réunis. »

(6 avril 1898.)

Monsieur le Recteur, vous trouverez ci-joint copie d'un décret du 26 mars 1898, relatif aux prolongations d'études qui peuvent être accordées aux boursiers dans les lycées et collèges.

Aux termes de l'article 14, paragraphe 2, du décret du 6 août 1895, les élèves âgés de 20 ans accomplis ne pouvaient obtenir une prolongation de leur bourse qu'à la condition : 1° d'avoir été inscrits au tableau d'honneur des boursiers; 2° de justifier de l'admissibilité à une grande école de l'État.

L'expérience a démontré que l'application de la règle exigeant l'admissibilité pouvait être, dans certains cas, considérée comme trop rigoureuse, et que les lycées se trouvaient exposés ainsi à perdre de bons élèves qui auraient eu des chances sérieuses de réussir au concours de l'année suivante, s'ils avaient été mis à même de continuer leurs études.

Le nouveau décret permettra d'atténuer la rigueur de la règle en faveur de ceux dont l'échec devrait, d'après le témoignage unanime de leurs professeurs, être attribué à une cause purement accidentelle et que leurs aptitudes, leurs notes et leurs succès antérieurs désigneraient d'une manière toute spéciale à la sollicitude de l'Administration.

C'est donc seulement dans des cas tout à fait exceptionnels, ainsi que l'indique son dispositif, que le décret sera appliqué. Il ne saurait être question d'en étendre le bénéfice à des jeunes gens médiocrement doués qui, ayant déjà suivi pendant deux ou trois ans des cours préparatoires à une école, n'auraient pas obtenu de résultats vraiment appréciables; outre que des études d'une nature aussi ardue ne peuvent se prolonger au delà d'une certaine durée sans risquer de devenir déprimantes pour l'esprit comme pour le corps, il serait contraire aux principes d'une bonne administration d'imposer à l'État la continuation de sacrifices dont l'utilité ne serait pas démontrée; il y a tout intérêt à diriger ces jeunes gens dans une autre voie.

En conséquence, les propositions que vous pourrez avoir à m'adresser en fin d'année scolaire, devront être très fortement motivées; suivant l'usage adopté pour les demandes de transfèrement, de promotion, etc., ces propositions seront individuelles; les certificats scolaires dont elles seront accompagnées comprendront non seulement les places et notes de composition et d'interrogation, ainsi que les appréciations de chacun des professeurs, mais l'extrait de la délibération prise par le chef de l'établissement et les professeurs de la classe réunis.

Le décret du 26 mars vise les boursiers des diverses catégories; je vous rappelle que, pour les boursiers départementaux, il appartient au Conseil général de statuer; pour les boursiers communaux, au Conseil municipal avec approbation du préfet.

RAPPORT AU PRÉSIDENT DE LA RÉPUBLIQUE ET DÉCRET RELATIFS AUX BOURSES DE L'ALGÉRIE.

(1ᵉʳ juillet 1899.)

Monsieur le Président, aux termes de l'article 12 du décret du 6 août 1895, les bourses nationales d'*essai*, c'est-à-dire accordées à titre provisoire pour une année scolaire, sont concédées par arrêté ministériel, les bourses nationales de *mérite*, c'est-à-dire accordées à titre définitif, sont conférées par décret du Président de la République, après avis d'une commission chargée du classement des candidatures.

En vertu du paragraphe 2 du même article, qui a reproduit des dispositions semblables du décret du 19 janvier 1881 et de l'arrêté du Chef du pouvoir exécutif du 16 août 1848, le gouverneur général de l'Algérie a le droit de présentation pour les deux tiers des bourses affectées à la colonie.

Une expérience de plusieurs années a conduit à penser qu'il y aurait avantage à étendre, en cette matière, les pouvoirs du gouverneur général de l'Algérie.

Alors, en effet, que le budget de la colonie est distinct de celui de la métropole, que, par suite, les candidats de l'Algérie concourent exclusivement entre eux et que leurs dossiers sont soumis à l'examen d'une commission de classement siégeant à Alger, il semble qu'il serait à la fois plus simple et plus rationnel de laisser au gouverneur général le soin de statuer lui-même, sur la proposition du recteur de l'académie, dans la plupart des cas où une décision ministérielle est restée jusqu'ici nécessaire.

Cette mesure de décentralisation serait d'ailleurs conforme à l'esprit du décret du 23 août 1898, qui a eu pour but d'augmenter les attributions du gouverneur de l'Algérie.

Elle ferait aussi disparaître de nombreuses causes de retards et de complications dans l'expédition des affaires relatives à la collation des bourses dans les lycées et collèges de l'Algérie.

Le projet de décret ci-joint a, en conséquence, pour objet d'autoriser le gouverneur général de l'Algérie :

1° A nommer lui-même les boursiers nationaux d'*essai,* sur la proposition du recteur et après avis de la commission de classement siégeant à Alger;

2° A user du droit de présentation pour la totalité des ressources reconnues disponibles sur le crédit inscrit au budget, en vue de la concession des bourses de *mérite;*

3° A accorder, sur la proposition du recteur, des promotions et des prolongations de bourse aux boursiers de *mérite* qui remplissent les conditions réglementaires, et à statuer sur les demandes de transfèrement;

4° A prononcer, par délégation du Ministre et sur la proposition du recteur, la déchéance des boursiers nationaux et des boursiers communaux.

DÉCRET.

Art. 1er. Le paragraphe 2 de l'article 12 du décret du 6 août 1895, relatif à la collation des bourses nationales dans les lycées et collèges de garçons, est modifié ainsi qu'il suit :

Les bourses nationales de mérite, dans les lycées et collèges de garçons de l'Algérie, sont concédées par décret du Président de la République, le gouverneur général ayant le droit de présentation pour la totalité des sommes reconnues disponibles sur le crédit inscrit au budget spécial de l'Algérie.

Par délégation du Ministre de l'instruction publique, le gouverneur général nomme les boursiers nationaux d'essai, sur la proposition du recteur de l'Académie d'Alger, après avis de la commission de classement siégeant à Alger.

ART. 2. Par délégation du Ministre, le gouverneur général accorde, sur la proposition du recteur, des promotions de bourse aux boursiers de mérite qui justifient de leur inscription au tableau d'honneur visé par l'article 11 du décret du 6 août 1895 et des prolongations d'études à ceux qui remplissent les conditions prévues par l'article 14 du même décret ou l'article 1er du décret du 26 mars 1898.

Il statue également sur les demandes de transfèrement d'un établissement dans un autre de l'Algérie.

ART. 3. La déchéance des boursiers nationaux et des boursiers communaux est prononcée par le gouverneur général, sur la proposition du recteur.

ART. 4. Le Ministre de l'instruction publique et des beaux-arts est chargé de l'exécution du présent décret.

DÉCRET CONFÉRANT DE NOUVELLES ATTRIBUTIONS AUX RECTEURS
CONCERNANT LES BOURSIERS.

(19 novembre 1899.)

ART. 1er. Par délégation du Ministre de l'instruction publique, les recteurs des académies statuent :

1° Sur les demandes de prolongation d'études, concernant les boursiers et les boursières de l'État, âgés de 19 ans accomplis et de moins de 20 ans;

2° Sur les demandes de congés, pour raisons de santé, en faveur des boursiers et des boursières, et des élèves bénéficiant de l'exemption universitaire;

3° Sur les demandes des familles des boursiers de l'Etat, tendant à obtenir l'autorisation de fournir et d'entretenir elles-mêmes le trousseau;

4° Sur les demandes en autorisation, pour les boursiers et les boursières de l'État, de doubler ou de franchir une classe, ou de changer d'enseignement;

5° Sur les demandes d'ouverture de sessions extraordinaires d'examen d'aptitude aux bourses, en vue de l'attribution de bourses départementales ou communales vacantes dans un lycée ou collège;

6° Sur l'admission dans les lycées, en qualité d'exemptés universitaires, des fils, petits-fils ou pupilles légaux des fonctionnaires et professeurs des lycées de garçons et filles en exercice;

7° Sur les transfèrements dans les lycées du même ressort académique des élèves bénéficiant de l'exemption universitaire.

Art. 2. La disposition contenue dans le paragraphe 1° de l'article précédent n'est pas applicable à l'Algérie.

II. REMISES. — EXEMPTIONS.

CIRCULAIRE RELATIVE AUX REMISES DE PRINCIPE DANS LES LYCÉES
DE GARÇONS ET DE JEUNES FILLES.

(18 mars 1896.)

Monsieur le Recteur, la circulaire du 9 juin 1893 sur les remises accordées aux familles ayant plusieurs enfants simultanément présents dans les lycées de l'État a établi comme règle que la remise du quart, du tiers, etc., suivant le cas, serait calculée, non plus sur les frais scolaires payés par la famille pour le plus jeune des enfants, mais sur la moyenne des sommes payées pour tous les enfants simultanément présents dans un ou plusieurs lycées.

Cette règle en elle-même est juste et doit être maintenue; mais il importe de fixer les conditions de son application avec plus de précision qu'il n'a été fait jusqu'ici afin d'éviter les abus que l'expérience a permis de constater.

La circulaire précitée ne distingue pas, entre les frais payés par les familles pour la pension, la demi-pension ou l'externat. Par suite, l'usage s'est établi de faire la moyenne, qui sert de base à la remise, sur l'ensemble des frais de toute nature, alors même que les enfants présents au lycée n'y sont pas tous en la même qualité et n'acquittent pas tous les mêmes frais. Si, par exemple, de deux frères présents au lycée, l'un a la qualité d'externe, l'autre la qualité d'interne, la famille obtient une réduction non seulement sur les frais d'externat, ce qui est juste puisque les frais de cet ordre se répètent pour chacun des enfants, mais encore sur les frais de pension qu'elle ne paye pourtant qu'une fois. Il suit de là que, en certains cas, tandis que le nombre de frères ou sœurs envoyés au lycée augmente, la rétribution scolaire à la charge de la famille diminue.

Un pareil résultat est évidemment inadmissible.

En conséquence, il y aura lieu de distinguer à l'avenir les frais scolaires de diverse nature (pension, demi-pension, externat) et d'examiner si les frères ou sœurs, simultanément présents dans les lycées, y sont tous au même titre et, dans le cas de la négative, de ne faire porter la remise que sur les frais qui se répètent en la calculant, suivant les bases établies précédemment, d'après le nombre de fois que les parents doivent les acquitter.

Si, par exemple, on suppose trois frères simultanément présents dans un lycée, l'un comme pensionnaire à 850 francs, l'autre en la même qualité à 950 francs, le troisième comme externe simple à 150 francs, la remise sera calculée de la manière suivante :

$$
\begin{array}{l}
1^\circ \text{ Total des frais} \left\{ \begin{array}{l} \text{Pour les 2 pensionnaires......} \left\{ \begin{array}{l} 120^f \\ 200 \end{array} \right\} \ 470^f \ 00^c \\ \text{Pour l'externe...............} \ 150 \end{array} \right. \\
\quad\quad \text{Moyenne des frais d'externat.................} \ 156^f \ 66^c \\
\text{Remise de moitié....................................} \ 78^f \ 33^c \\
2^\circ \text{ Total des frais de pension, déduction faite des} \left\{ \begin{array}{l} 730^f \\ 750 \end{array} \right\} \ 1{,}480^f \ 00^c \\
\quad\quad \text{frais d'externat.} \\
\quad\quad \text{Moyenne des frais de pension................} \ 740^f \ 00^c \\
\text{Remise du quart....................................} \ 185 \ 00 \\
\hline
\quad\quad\quad \text{Total de la remise à prononcer..............} \ 263^f \ 33^c \\
\end{array}
$$

Un calcul analogue serait fait si l'un des élèves était pensionnaire, l'autre demi-pensionnaire et le troisième externe. On établirait d'abord la moyenne des frais d'études pour les trois élèves; puis, pour deux, la moyenne des frais de demi-pension, déduction faite des frais d'études.

Il est bien entendu d'ailleurs que, dans les lycées de jeunes filles, les frais d'internat, qui sont payés à la ville, n'entreront pas en ligne de compte dans le calcul des remises et ne donneront lieu à aucune réduction sur les sommes à verser aux lycées.

D'autre part, la circulaire du 9 janvier 1893 prescrivait aux administrations collégiales d'opérer d'office les réductions auxquelles pouvaient avoir droit les familles. Cette manière de procéder ne semble pas devoir être maintenue et il a paru nécessaire d'exiger, comme par le passé, une demande écrite, ainsi que cela a lieu d'ailleurs pour les autres remises de quelque nature qu'elles soient.

Il est arrivé, en effet, que des familles qui se trouvaient en situation d'acquitter le tarif plein n'ont consenti qu'à regret à bénéficier de la réduction réglementaire; quelques-unes mêmes, pour des raisons dont elles sont seules juges, l'ont formellement refusée.

Les demandes des familles, ainsi que les états de propositions des chefs d'établissement, devront m'être adressées du 1er au 15 novembre pour le premier trimestre de l'année scolaire et du 1er au 15 avril pour les autres trimestres.

Toutes les autres dispositions de la circulaire du 9 juin 1893 sont maintenues.

En raison des inconvénients qu'il y aurait à mettre en vigueur une réforme de cette nature dans le courant d'une année scolaire, j'ai pensé qu'il convenait d'en ajourner l'application à la prochaine rentrée des classes. Mais vous voudrez bien inviter MM. les proviseurs et Mmes les directrices à porter, avant la fin de l'année scolaire, à la connaissance des familles intéressées la présente circulaire dont vous trouverez ci-joint un certain nombre d'exemplaires pour les chefs d'établissement et les inspecteurs d'académie.

CIRCULAIRE RELATIVE AUX REMISES DE PRINCIPE.

(14 décembre 1897.)

Monsieur le Recteur, deux circulaires en date des 18 mars 1896 et 2 février 1897 ont stipulé que les remises dites « de principe » ne seraient plus accordées qu'aux familles qui en feraient la demande, cette demande devant être renouvelée au début de chaque année scolaire.

Ces prescriptions ont donné lieu à des réclamations nombreuses qui ont paru généralement justifiées.

La remise de principe n'étant d'ailleurs jamais refusée quand la demande en est faite, il m'a semblé plus rationnel de revenir, sur ce point, à l'application de la circulaire du 9 janvier 1893. En conséquence, ces remises seront, à l'avenir, faites d'office par les administrations collégiales sur la déclaration faite une fois pour toutes, par écrit ou verbalement, par la famille, étant entendu que la remise sera calculée au prorata du temps passé par les élèves dans les lycées, d'après les bases indiquées dans la circulaire du 18 mars 1896.

Il n'est pas besoin d'ajouter qu'une nouvelle déclaration devrait être faite si le nombre des enfants présents dans les lycées venait à augmenter ou à diminuer.

Je vous prie, Monsieur le Recteur, de vouloir bien inviter MM. les proviseurs et Mmes les directrices à porter la présente circulaire à la connaissance des familles intéressées.

CICULAIRE RELATIVE AUX EXEMPTIONS DE FRAIS D'ÉTUDES ACCORDÉES AUX FILS DE FONCTIONNAIRES DÉCÉDÉS.

(24 janvier 1896.)

MONSIEUR LE RECTEUR, je suis informé que des demandes d'exemption de frais d'études en faveur de fils ou de filles de *fonctionnaires et de professeurs des lycées* décédés, retraités ou en congé pour raison de santé, auraient été écartées par des chefs d'établissement.

Je vous prie de vouloir bien faire savoir à MM. les proviseurs et à MM^{mes} les directrices des lycées de votre ressort que je suis disposé à examiner les demandes de cette nature avec la plus grande bienveillance et à accorder à ces élèves, comme par le passé, la remise universitaire, sous cette réserve toutefois qu'ils sauront s'en montrer dignes par leur conduite et leur travail.

Il y aura lieu, en conséquence, d'inviter les chefs d'établissement à m'adresser d'urgence celles de ces demandes qui auraient été écartées depuis la rentrée dernière.

Il est bien entendu, d'ailleurs, que les dossiers scolaires des élèves de cette catégorie seront joints à ceux des autres élèves qui jouissent normalement de l'exemption universitaire, pour être soumis à l'examen de la Commission centrale.

CIRCULAIRE RELATIVE AUX CUMUL DES BOURSES ET DES REMISES DANS LES LYCÉES DE L'ÉTAT.

(20 juin 1898.)

MONSIEUR LE RECTEUR, la question du cumul des bourses avec les remises de diverses catégories, dans les lycées de l'État, a fait naître des difficultés auxquelles il ne semble pas qu'il ait été suffisamment pourvu par les dispositions des circulaires antérieures sur la matière. Un nouvel examen de la question m'a permis d'établir à ce sujet une réglementation plus rationnelle et plus précise.

Les remises qui peuvent être accordées dans les lycées, en dehors des remises d'ordre et des remises provisoires prévues pour certains cas exceptionnels par l'article 18 du décret du 6 août 1895, sont de deux espèces : les remises dites « universitaires » et les remises dites « de principe ».

I. En ce qui concerne d'abord les remises universitaires, le cumul d'une remise de ce genre avec une fraction de bourse de quelque nature qu'elle soit ne paraît pas soulever d'objections sérieuses.

1° S'il s'agit en effet d'une fraction de bourse communale, départementale ou de fondation particulière, la possibilité du cumul de cette fraction avec la remise universitaire, qui n'est elle-même qu'une espèce de bourse accordée, soit après concours, s'il s'agit des fils d'instituteurs, soit d'office, s'il s'agit des fils de professeurs, se justifie par les mêmes raisons qui ont déjà fait admettre récemment la possibilité du cumul de bourses d'origines différentes.

Il n'y a aucun motif d'interdire à une ville, à un département ou à des particuliers d'associer leurs sacrifices à ceux de l'État en faveur d'élèves méritants et de familles particulièrement dignes d'intérêt. La seule condition à exiger, c'est que la chose ne soit faite qu'à bon escient ; or les prescriptions rigoureuses qui règlent la concession et le maintien, soit des bourses, soit des remises universitaires, donnent à cet égard toute garantie.

2° S'il s'agit des bourses nationales, l'addition d'une fraction de bourse de cette catégorie à une remise universitaire, laquelle n'est elle-même, comme on vient de le dire, qu'une sorte de bourse de l'État, équivaut à une promotion de bourse. Donc, ici non plus, il n'y a pas de raison de principe qui s'oppose à ce cumul. C'est même sous cette forme de promotion de bourse qu'il conviendra de procéder s'il s'agit du fils d'un instituteur. En pareil cas, en effet, la remise universitaire *est remboursable*. Si, à cette remise, vient s'ajouter une fraction de bourse, il y aura par suite tout avantage à convertir cette remise elle-même en fraction de bourse équivalente et à donner, en conséquence, à la faveur nouvelle obtenue par l'élève la forme d'un complément de bourse. Les pièces de comptabilité s'en trouveront simplifiées, puisque, au lieu de deux imputations faites sur deux crédits différents, il n'y aura qu'imputation sur un seul et même crédit.

Une procédure identique ne peut être suivie s'il s'agit du fils d'un fonctionnaire de l'enseignement secondaire. En ce cas, en effet, la remise n'est pas remboursée à l'établissement. La conversion de cette remise en fraction de bourse équivalente, dans le cas où une fraction de bourse est accordée, en sus de cette remise, par mon Administration, aurait pour effet de grever d'autant le crédit des bourses. J'ai donc décidé que, dans les cas de ce genre, la remise non remboursable serait maintenue, sous cette forme, à l'élève qui devient, en outre, boursier de l'État. En conséquence, sera seule remboursée à l'établissement la fraction de bourse qui s'ajoute à cette remise.

II. La question du cumul des bourses avec les remises se pose aussi en ce qui concerne les remises dites « de principe », accordées aux familles qui ont simultanément plusieurs enfants présents dans les lycées de l'État.

Jusqu'à ce jour, la concession d'une fraction de bourse entraînait la suppression de la remise de principe. Cette règle ne paraît pas pouvoir être maintenue. Elle a parfois des conséquences inadmissibles et qui ont soulevé les réclamations les mieux fondées; par exemple, il peut en résulter que l'obtention d'une bourse ou d'une fraction de bourse constitue une perte réelle pour la famille.

D'autre part, le maintien intégral de la remise de principe, dans le cas où une bourse ou fraction de bourse est accordée, aboutirait également à des conséquences injustifiables : ainsi, dans certains cas, la présence de plusieurs enfants d'une même famille dans les lycées, au lieu d'imposer à cette famille une dépense, pourrait devenir pour elle une occasion de recette.

La solution équitable se trouve entre ces deux solutions extrêmes et elle résulte de la nature des remises dites « de principe ».

La remise de principe est une réduction consentie par l'État aux familles dont plusieurs enfants sont simultanément élèves des lycées nationaux, en raison des sacrifices particulièrement onéreux qui en résultent pour elles.

Si, par le fait de l'obtention d'une bourse ou d'une fraction de bourse, ou d'une remise universitaire, ces charges sont allégées, il n'y a lieu, sans doute, ni de supprimer la remise de principe (car il en résulterait parfois un accroissement de dépense pour la famille), ni de maintenir la remise au même taux (car la remise de principe ne peut porter sur des sommes que la famille va se trouver dispensée de payer); mais, la remise étant maintenue, elle devra porter uniquement sur les sommes qui restent réellement à la charge de la famille.

III. En résumé, le cumul des bourses ou fractions de bourses d'origines différentes étant déjà autorisé par le décret du 6 août 1895, article 17 :

a. Est également autorisé le cumul des remises dites *universitaires* avec les bourses ou fractions de bourses nationales ou autres. Toutefois, s'il s'agit d'une remise universitaire remboursable, accordée après concours au fils d'un membre de l'enseignement primaire, l'octroi ultérieur d'une fraction de bourse *nationale*, en sus de cette remise, entraîne la conversion en bourse d'externat de cette remise elle-même; l'addition d'une fraction de bourse à la remise universitaire a lieu en conséquence sous forme de promotion de bourse;

b. Est également autorisé le cumul des remises dites « de principe », soit avec les remises dites « universitaires », soit avec les bourses ou fractions de bourses nationales ou autres, sous les réserves et conditions suivantes : les payements effectués par l'État, les départements, les communes ou par prélèvement sur les fondations particulières, ainsi que les sommes pour lesquelles on a accordé à la famille dispense de payement (remises universitaires, etc.), sont déduits du montant des frais au compte des parents; la part qui reste à la charge de la famille entre seule en compte pour le calcul de la réduction consentie par l'État à titre de remise de principe.

CHAPITRE VIII.
ENSEIGNEMENT SECONDAIRE LIBRE.

LOI SUR L'ENSEIGNEMENT.

(15 mars 1850.)

TITRE III.
DE L'INSTRUCTION SECONDAIRE[1].

CHAPITRE 1er.

DES ÉTABLISSEMENTS PARTICULIERS D'INSTRUCTION SECONDAIRE.

ART. 60. Tout Français âgé de vingt-cinq ans au moins, et n'ayant encouru aucune des incapacités comprises dans l'article 26 de la présente loi[2], peut former un établissement d'instruction secondaire, sous la condition de faire au recteur de l'académie où

[1] Voir décret sur la dénomination des établissements d'enseignement secondaire, p. 27.

[2] ART. 26. Sont incapables de tenir une école publique ou libre, ou d'y être employés, les individus qui ont subi une condamnation pour crime ou pour un délit contraire à la probité ou aux mœurs, les individus privés par jugement de tout ou partie des droits mentionnés en l'article 42 du Code pénal, et ceux qui ont été interdits en vertu des articles 30 et 33 de la présente loi.

Article 42 du Code pénal. — Les tribunaux jugeant correctionnellement pourront, dans certains cas, interdire, en tout ou en partie, l'exercice des droits civiques, civils et de famille suivants :

1° De vote et d'élection;

2° D'éligibilité;

3° D'être appelé ou nommé aux fonctions de juré ou autres fonctions publiques, ou aux emplois de l'administration, ou d'exercer ces fonctions ou emplois;

4° Du port d'armes;

5° De vote et de suffrage dans les délibérations de famille;

6° D'être tuteur, curateur, si ce n'est de ses enfants, et sur l'avis seulement de la famille;

7° D'être expert ou employé comme témoin dans les actes;

8° De témoignage en justice, autrement que pour y faire de simples déclarations.

il se propose de s'établir les déclarations prescrites par l'article 27[1], et, en outre, de déposer entre ses mains les pièces suivantes, dont il lui sera donné récépissé :

1° Un certificat de stage constatant qu'il a rempli, pendant cinq ans au moins, les fonctions de professeur ou de surveillant dans un établissement d'instruction secondaire public ou libre;

2° Soit le diplôme de bachelier, soit un brevet de capacité délivré par un jury d'examen dans la forme déterminée par l'article 62;

3° Le plan du local et l'indication de l'objet de l'enseignement.

Le recteur à qui le dépôt des pièces aura été fait en donnera avis au préfet du département et au procureur de la République de l'arrondissement dans lequel l'établissement devra être fondé.

Le Ministre, sur la proposition des Conseils académiques et l'avis conforme du Conseil supérieur, peut accorder des dispenses de stage.

Art. 61. Les certificats de stage sont délivrés par le Conseil académique, sur l'attestation des chefs des établissements où le stage aura été accompli.

Toute attestation fausse sera punie des peines portées en l'article 160[2] du Code pénal.

Art. 62. Tous les ans, le Ministre nomme, sur la présentation

---

[1] Art. 27. Tout instituteur qui veut ouvrir une école libre doit préalablement déclarer son intention au maire de la commune où il veut s'établir, lui désigner le local et lui donner l'indication des lieux où il a résidé et des professions qu'il a exercées pendant les dix années précédentes.

Cette déclaration doit être, en outre, adressée par le postulant au recteur de l'Académie, au procureur de la République et au sous-préfet.

Elle demeurera affichée, par les soins du maire, à la porte de la mairie, pendant un mois.

[2] *Article 160 du Code pénal.* (Ainsi remplacé, *Loi du 13 mai 1863*). Tout médecin, chirurgien ou autre officier de santé qui, pour favoriser quelqu'un, certifiera faussement des maladies ou infirmités propres à dispenser d'un service public, sera puni d'un emprisonnement d'une année au moins et de trois ans au plus. — S'il y a été mû par dons ou promesses, la peine de l'emprisonnement sera d'une année au moins et de quatre ans au plus. — Dans les deux cas, le coupable pourra en outre être privé des droits mentionnés en l'article 42 du présent Code pendant cinq ans au moins et dix ans au plus, à compter du jour où il aura subi sa peine. — Dans le deuxième cas, les corrupteurs seront punis des mêmes peines que le médecin, chirurgien ou officier de santé qui aura délivré le faux certificat.

du Conseil académique, un jury chargé d'examiner les aspirants au brevet de capacité. Ce jury est composé de sept membres, y compris le recteur, qui le préside.

Un Ministre du culte professé par le candidat et pris dans le Conseil académique, s'il n'y en a déjà un dans le jury, sera appelé avec voix délibérative.

Le ministre, sur l'avis du Conseil supérieur de l'instruction publique, instituera des jurys spéciaux pour l'enseignement professionnel.

Les programmes d'examen seront arrêtés par le Conseil supérieur.

Nul ne pourra être admis à subir l'examen de capacité avant l'âge de vingt-cinq ans.

ART. 63. Aucun certificat d'études ne sera exigé des aspirants au diplôme de bachelier ou au brevet de capacité.

Le candidat peut choisir la faculté ou le jury académique devant lequel il subira son examen.

Un candidat refusé ne peut se présenter avant trois mois à un nouvel examen, sous peine de nullité du diplôme ou brevet indûment obtenu.

ART. 64. Pendant le mois qui suit le dépôt des pièces requises par l'article 60, le recteur, le préfet et le procureur de la République peuvent se pourvoir devant le Conseil académique et s'opposer à l'ouverture de l'établissement, dans l'intérêt des mœurs publiques ou de la santé des élèves.

Après ce délai, s'il n'est intervenu aucune opposition, l'établissement peut être immédiatement ouvert.

En cas d'opposition, le Conseil académique prononce, la partie entendue ou dûment appelée, sauf appel devant le Conseil supérieur de l'instruction publique.

ART. 65. Est incapable de tenir un établissement public ou libre d'instruction secondaire, ou d'y être employé, quiconque est atteint de l'une des incapacités déterminées par l'article 26 de la présente loi[1], ou qui, ayant appartenu à l'enseignement public, a été révoqué avec interdiction, conformément à l'article 14 [2].

---

[1] Voir cet article en note, p. 832, note 2. — [2] Cet article a été remplacé par l'article 11 de la loi du 27 février 1880. Voir p. 23.

Art. 66. Quiconque, sans avoir satisfait aux conditions prescrites par la présente loi, aura ouvert un établissement d'instruction secondaire, sera poursuivi devant le tribunal correctionnel du lieu du délit et condamné à une amende de 100 à 1,000 francs. L'établissement sera fermé.

En cas de récidive, ou si l'établissement a été ouvert avant qu'il ait été statué sur l'opposition, ou contrairement à la décision du Conseil académique qui l'aurait accueillie, le délinquant sera condamné à un emprisonnement de quinze jours à un mois et à une amende de 1,000 à 3,000 francs.

Les ministres des différents cultes reconnus peuvent donner l'instruction secondaire à quatre jeunes gens au plus, destinés aux écoles ecclésiastiques, sans être soumis aux prescriptions de la présente loi, à la condition d'en faire la déclaration au recteur. Le Conseil académique veille à ce que ce nombre ne soit pas dépassé.

Art. 67. En cas de désordre grave dans le régime intérieur d'un établissement libre d'instruction secondaire, le chef de cet établissement peut être appelé devant le Conseil académique et soumis à la réprimande avec ou sans publicité.

La publicité ne donne lieu à aucun recours.

Art. 68. Tout chef d'établissement libre d'instruction secondaire, toute personne attachée à l'enseignement ou à la surveillance d'une maison d'éducation, peut, sur la plainte du ministère public ou du recteur, être traduit, pour cause d'inconduite ou d'immoralité, devant le Conseil académique, et être interdit de sa profession, à temps ou à toujours, sans préjudice des peines encourues pour crimes ou délits prévus par le Code pénal.

Appel de la décision rendue peut toujours avoir lieu, dans les quinze jours de la notification devant le Conseil supérieur.

L'appel ne sera pas suspensif.

Art. 69. Les établissements libres peuvent obtenir des communes, des départements ou de l'État un local et une subvention, sans que cette subvention puisse excéder le dixième des dépenses annuelles de l'établissement.

Les Conseils académiques sont appelés à donner leur avis préalable sur l'opportunité de cette subvention.

Sur la demande des communes, les bâtiments compris dans

l'attribution générale faite à l'Université par le décret du 10 décembre 1808 [1] pourront être affectés à ces établissements par décret du pouvoir exécutif.

Art. 70. Les écoles secondaires ecclésiastiques actuellement existantes sont maintenues, sous la seule condition de rester soumises à la surveillance de l'État.

Il ne pourra en être établi de nouvelles sans l'autorisation du Gouvernement.

CIRCULAIRE RELATIVE AUX CONCESSIONS DE LOCAUX OU DE SUBVENTIONS FAITES
AUX ÉTABLISSEMENTS LIBRES D'INSTRUCTION SECONDAIRE.

(30 mars 1899.)

Monsieur le Recteur, aux termes de l'article 69 de la loi du 15 mars 1850. et de l'article 4, § 5, de la loi de 19 mars 1873, les Conseils académiques et le Conseil supérieur de l'instruction publique sont appelés à donner leur avis sur les concessions de locaux ou de subventions faites par des villes aux établissements libres d'instruction secondaire.

Parmi les pièces qui doivent constituer les dossiers relatifs à ces affaires, et qui se trouvent énumérées dans la circulaire du 14 mai 1851, figure le budget de l'établissement. C'est d'après les chiffres portés au budget qu'est fixée la quotité de la subvention à allouer, laquelle ne peut excéder le dixième des dépenses annuelles de l'établissement; il importe donc que ce document soit établi avec le plus grand soin et présente toutes les garanties désirables d'authenticité; aussi, l'avis a-t-il été émis,

---

[1] *Décret du 10 décembre 1808.* — Art. 1er. Tous les biens meubles, immeubles et rentes ayant appartenu au ci-devant Prytanée français, aux Universités, académies et collèges tant de l'ancien que du nouveau territoire de l'Empire, qui ne sont point aliénés, ou qui ne sont point définitivement affectés par un décret spécial à un autre service public, sont données à l'Université impériale.

Art. 2. Dans tous les chefs-lieux des anciennes Universités où il existerait encore des biens suffisants pour la fondation et l'entretien d'un lycée ou d'un collège, l'Université impériale entretiendra un de ces deux établissements, et des bourses y seront données par nous, suivant la destination des fondateurs, et, de préférence, aux familles de ceux-ci, sans déroger toutefois aux dispositions particulières, prises par nos précédents décrets, pour les Universités de Gênes, Turin, Genève et autres.

Ces Universités prendront seulement le nom d'Académie.

dans la dernière session du Conseil supérieur, qu'à l'avenir les budgets produits à l'appui des demandes en autorisation de recevoir une subvention municipale devraient être accompagnées de pièces justificatives; ces pièces pourraient consister soit en extraits des registres de comptabilité, soit en copies de listes d'émargement des professeurs, de mémoires des principaux fournisseurs, etc.

D'autre part, je crois devoir vous rappeler que, d'après l'article 69 de la loi du 15 mars 1850, les Conseils académiques donnent leur avis *préalable* sur l'opportunité des concessions faites aux établissements. La circulaire du 12 janvier 1851 invitait les recteurs à exiger que tout traité qui pourrait intervenir entre un conseil municipal et un établissement libre, «par lequel une subvention en argent, un secours, une allocation de meubles, une affectation de bâtiments, serait attribué à cet établissement», ne pût être mis à exécution qu'après avoir été adressé au Ministre et examiné par lui en Conseil supérieur.

Ces prescriptions s'appliquent aux traités qu'il s'agit de renouveler comme à ceux qui seraient passés pour la première fois. En conséquence, si un traité allouant une subvention venait à expiration, par exemple, le 1ᵉʳ octobre prochain, et si le conseil municipal votait le renouvellement de ce traité, le directeur de l'établissement devrait faire toute diligence pour que le dossier de l'affaire fût soumis au Conseil académique dans sa session de juin.

Le nouveau traité ne pourrait recevoir aucun commencement d'exécution tant qu'il n'aurait pas été approuvé, après avis du Conseil académique et du Conseil supérieur.

Je vous prie de communiquer la présente circulaire à MM. les inspecteurs d'académie de votre ressort et d'en donner connaissance aux chefs d'établissements libres qu'elle pourrait intéresser.

LOI SUR L'ENSEIGNEMENT.

(15 mars 1850.)

. . . .

ART. 78. Les étrangers peuvent être autorisés à ouvrir ou diriger des établissements d'instruction primaire ou secondaire, aux conditions déterminées par un règlement délibéré en Conseil supérieur.

DÉCRET RELATIF AUX CONDITIONS IMPOSÉES AUX ÉTRANGERS POUR ÊTRE ADMIS À ENSEIGNER.

(5 décembre 1850.)

§ 1er. DES ÉTRANGERS DANS LES ÉTABLISSEMENTS LIBRES D'INSTRUCTION PRIMAIRE ET SECONDAIRE.

Art. 1er. Pour ouvrir et diriger une école primaire[1] ou secondaire libre, tout étranger admis à jouir des droits civils en France est soumis aux mêmes obligations que les nationaux. Il devra, en outre, avoir préalablement obtenu et produire une autorisation spéciale du Ministre de l'instruction publique, accordée après avis du Conseil supérieur.

Cette dernière condition est imposée à tout étranger appelé à remplir dans un établissement d'instruction primaire ou secondaire libre une fonction de surveillance ou d'enseignement.

L'autorisation accordée par le Ministre, après avis du Conseil supérieur, pourra toujours être retirée dans les mêmes formes.

Art. 2. Dans le cas particulier d'écoles primaires ou d'établissements secondaires spécialement autorisés, conformément à l'article précédent, et uniquement destinés à des enfants étrangers résidant en France, des dispenses de brevets de capacité ou de grades pourront être accordées par le Ministre de l'instruction publique, après avis du Conseil supérieur.

Art. 3. Le Ministre de l'instruction publique pourra, après avoir pris l'avis du Conseil supérieur, déclarer équivalents aux brevets ou diplômes nationaux exigés par la loi, tous brevets et grades obtenus par l'étranger des autorités scolaires de son pays[2].

Art. 4. Pourront être également accordées par le Ministre, en Conseil supérieur, des dispenses de brevets et de grades aux étrangers qui se seraient fait connaître par des ouvrages dont le mérite aura été reconnu par le Conseil supérieur de l'instruction publique.

---

[1] En ce qui concerne l'enseignement primaire, cet article a été modifié par l'article 4 de la loi du 30 octobre 1886.

[2] En ce qui concerne l'enseignement primaire, cet article a été modifié par l'article 184 du décret du 18 janvier 1887.

ART. 5. Les chefs ou directeurs étrangers d'établissements d'instruction secondaire ou primaire libres, régulièrement autorisés avant le 1ᵉʳ septembre 1850, continueront d'exercer leur profession sans être soumis aux prescriptions de l'article 1ᵉʳ du présent décret.

CIRCULAIRE RELATIVE À L'AUTORISATION POUR LES ÉTRANGERS D'ENSEIGNER EN FRANCE.

(29 juin 1891.)

MONSIEUR LE RECTEUR, le décret du 5 décembre 1850 a déterminé les conditions auxquelles les étrangers sont tenus de satisfaire, soit pour ouvrir et diriger une école secondaire libre en France, soit pour y remplir une fonction de surveillance ou d'enseignement.

Parmi ces conditions figure, en premier lieu, l'admission à la jouissance des droits civils; aucune demande d'autorisation d'enseigner ne peut être accueillie par le Ministre, en Conseil supérieur, si elle n'est accompagnée de l'ampliation du décret prononçant l'admission à domicile.

Jusqu'ici ces autorisations étaient concédées pour un temps indéterminé. Il ne pourra plus en être ainsi à l'avenir.

L'article 13 du Code civil, relatif à l'admission à domicile, a été modifié ainsi qu'il suit par la loi du 26 juin 1889 sur la nationalité :

« L'étranger qui aura été autorisé par décret à fixer son domicile en France y jouira de tous les droits civils.

« L'effet de l'autorisation cessera à l'expiration de cinq années si l'étranger ne demande pas la naturalisation ou si la demande est rejetée. »

L'autorisation d'enseigner étant nécessairement liée à la jouissance de l'admission à domicile, il va de soi que du jour où celle-ci aura cessé d'exister, l'étranger perdra *ipso facto* le droit d'exercer en France une fonction de surveillance ou d'enseignement. Les termes du paragraphe 2 précité s'appliquent strictement aux autorisations d'enseigner comme aux admissions à domicile; l'effet de ces autorisations deviendra nul exactement dans les mêmes conditions et à l'expiration du même délai.

Pour les étrangers qui auront obtenu l'admission à domicile postérieurement à la loi du 26 juin 1889, le délai court à partir de la date du décret d'admission à la jouissance des droits civils; pour ceux qui l'ont obtenue antérieurement, le délai expire, en vertu d'une disposition transitoire, à la fin des cinq années qui suivent la promulgation de ladite loi.

Il résulte de ces dispositions que toutes les autorisations d'enseigner

accordées à des étrangers, avant le 26 juin 1889, se trouveront périmées
le 28 juin 1894, si les intéressés n'ont pas demandé leur naturalisation
ou si leur demande a été rejetée.

Vous voudrez bien, Monsieur le Recteur, faire procéder à une enquête
sur la situation des étrangers exerçant actuellement dans l'enseignement
secondaire libre; il y aura lieu de porter à leur connaissance les prescriptions de la présente circulaire et de les inviter à solliciter leur naturalisation, sous peine de s'exposer à perdre le bénéfice de l'autorisation dont ils
jouissent.

DÉCRET RELATIF À L'ENSEIGNEMENT SECONDAIRE LIBRE.
(20 décembre 1850.)

Art. 1ᵉʳ. Lorsque le recteur, le préfet ou le procureur de la
République croiront devoir user du droit d'opposition qui leur est
conféré par l'article 64 de la loi organique de l'instruction publique [1], l'opposition sera motivée, signée de son auteur et écrite
sur papier libre.

Elle sera déposée au secrétariat de l'Académie et notifiée à la
personne ou au domicile de la partie intéressée, à la diligence du
recteur de l'Académie, en la forme administrative.

Art. 2. Dans la quinzaine qui suivra la notification de l'opposition, il y sera statué par le Conseil académique. Trois jours avant
la séance fixée pour le jugement de l'opposition, la partie intéressée sera citée à comparaître devant le Conseil académique, à la
diligence du recteur de l'Académie.

Le jugement est notifié dans le délai d'un mois par le recteur
à la partie intéressée, et au procureur de la République ou au
préfet, s'ils ont formé opposition.

Si dans la quinzaine, à dater du jour de la dernière notification,
il n'est interjeté appel ni par le recteur ni par la partie intéressée,
le jugement sera réputé définitif.

Art. 3. Les jugements des Conseils académiques portant réprimande avec publicité seront insérés, par extrait, dans le *Recueil*

---

[1] Voir l'article 64 de la loi du 15 mars 1850, page 834.

des actes administratifs de la préfecture et dans un journal du département désigné par le jugement.

ART. 4. Lorsque, par application des articles 66 et 68 de la loi organique [1], un établissement particulier d'instruction secondaire se trouve dans le cas d'être fermé, le recteur et le procureur de la République doivent se concerter pour que les parents ou tuteurs des élèves soient avertis, et pour que les élèves pensionnaires soient recueillis dans une maison convenable.

S'il se présente une personne digne de confiance qui offre de se charger des élèves pensionnaires ou externes, le recteur pourra l'y autoriser provisoirement; il en informera immédiatement le Conseil académique, qui examinera s'il y a lieu de maintenir l'autorisation accordée. Cette autorisation ne sera valable que pour trois mois au plus.

ART. 5. Les ministres des cultes qui auraient été interdits ou révoqués ne peuvent profiter de la faculté accordée par le troisième paragraphe de l'article 66 de la loi organique [2].

ART. 6. Chaque chef d'établissement particulier d'instruction secondaire est tenu d'inscrire sur un registre spécial les noms, prénoms, date et lieu de naissance des répétiteurs ou surveillants qu'il emploie, avec l'indication de la fonction qu'ils remplissent.

Ce registre doit être communiqué à toute réquisition des autorités préposées à la surveillance et à l'inspection.

ART. 7. Le Ministre de l'instruction publique et des cultes est chargé de l'exécution du présent décret.

CIRCULAIRE RELATIVE AUX PROFESSEURS DES COURS ACCESSOIRES.

(30 mars 1893.)

MONSIEUR LE RECTEUR, à la suite de l'enquête prescrite par mon Administration au sujet de la situation des étrangers exerçant dans les établisse-

[1] Voir page 835.

ments libres d'enseignement secondaire, j'ai été consulté sur les deux points suivants :

1° Les professeurs de musique et des autres cours dits accessoires doivent-ils être inscrits sur le registre du personnel?

2° Ceux d'entre eux qui seraient étrangers doivent-ils être pourvus de l'autorisation d'enseigner en France?

L'affirmation ne me paraît pas douteuse.

La loi du 15 mars 1850, les règlements et les circulaires qui s'y rattachent ne font aucune distinction entre les divers professeurs, en ce qui concerne l'inscription au registre et les conditions imposées aux étrangers.

D'autre part, l'instruction du 17 février 1851 dit : « Le règlement du 5 décembre 1850, en soumettant, conformément au vœu de la loi, les étrangers qui veulent enseigner en France à l'autorisation préalable, s'est uniquement proposé de protéger les établissements publics ou particuliers contre ces aventuriers sans patrie qui n'oseraient pas rendre compte de leurs antécédents. »

Dans ces conditions, les professeurs des cours accessoires, bien qu'ils n'aient pas avec les élèves un commerce aussi prolongé, ni aussi susceptible de conséquences morales que les professeurs chargés des enseignements principaux, n'en doivent pas moins présenter les plus sûres garanties d'honorabilité. Si, pour un étranger, ces garanties consistent, avant tout, dans la nécessité de « rendre compte de ses antécédents » et de fournir ainsi les moyens d'une enquête sérieuse, il est naturel de soumettre à cette enquête les professeurs des cours accessoires, au même titre que les autres professeurs et surveillants.

Il convient d'ailleurs d'ajouter, si l'on sort un moment du domaine propre à l'enseignement, que l'obligation imposée aux étrangers, chargés d'enseignements accessoires, d'obtenir l'autorisation d'enseigner en écartant ceux qui ne voudraient pas faire les démarches nécessaires à cet effet, constitue une protection légitime pour le travail des nationaux et peut même, en certains cas, être une précaution politique.

Pour ces divers motifs, j'estime qu'il y a lieu d'exiger que, dans les établissements libres d'instruction, les professeurs de musique, de dessin, d'escrime ou d'autres cours dits accessoires, figurent au registre du personnel, et que ceux d'entre eux qui sont étrangers soient munis de l'autorisation d'enseigner en France.

Je vous serai obligé d'inviter MM. les inspecteurs d'académie à veiller tout spécialement, dans l'avenir, à ce que ces prescriptions soient rigoureusement observées.

CIRCULAIRE RELATIVE À LA DÉLIVRANCE DES CERTIFICATS DE STAGE.

(4 juillet 1898.)

MONSIEUR LE RECTEUR, vous avez bien voulu me consulter au sujet de l'application du décret du 20 décembre 1850 concernant la délivrance des certificats de stage.

L'article 4 de ce décret dispose que le certificat « est délivré par le Conseil académique du département où le postulant se propose d'ouvrir un établissement. »

Il en résulte que la compétence du Conseil académique en cette matière, est déterminée par la désignation de la localité où le postulant a l'intention d'exercer.

J'estime, en conséquence, que ce renseignement doit toujours être fourni au moment où la demande est introduite; s'il manquait au dossier, l'affaire ne serait pas en état et le Conseil devrait ajourner sa décision, attendu que sa compétence ne serait pas légalement établie; d'autre part, si la localité indiquée se trouvait située en dehors du ressort académique, le dossier devrait être transmis au Conseil académique du ressort compétent.

TABLE CHRONOLOGIQUE
DES MATIÈRES.

TABLE ALPHABÉTIQUE
DES MATIÈRES.